I love you!

Adelina

You are my sunshine!

Sis ♡

PROF. SCARLAT DEMETRESCU

DIN TAINELE VIEȚII ȘI ALE UNIVERSULUI

PRESTIGE
București - 2020

Editor: Luminița Bratu
Copertă: Flory Preda
Tehnoredactare: Florența Sava
Corectură: Ioana Patriche

Foto coperta 1: Sfântul Paul în închisoare - Rembrandt Van Rijn. Pictura în ulei pictată manual.

Descrierea CIP a Bibliotecii Naționale a României
DEMETRESCU, SCARLAT
Din tainele vieții și ale universului / prof. Scarlat Demetrescu. - București : Prestige, 2020
ISBN 978-606-9651-26-1

2
133

ISBN: 978-606-9651-26-1

Tel.: 0732.55.88.33
www.edituraprestige.ro
www.facebook.com/edituraprestigeoficial

Închin această carte generației tinere, care va cunoaşte prin ea de unde vine, pentru ce s-a născut şi unde se duce după moartea trupului lor.

Închin această carte celui care a fost înțeleptul Khaladan, în a cărui casă din Ierusalim Domnul nostru Iisus Christos a luat cea din urmă cină, împreună cu ucenicii Săi, și care s-a întrupat și în neamul nostru, sub numele de Bogdan Petriceicu Hasdeu.

Închin această carte Celui care mi-a luminat calea vieții, Celui care de atâtea ori îmbracă haina de om - Arjuna, Parsifal, Rasik, Melchisedek, Hermes, Moise, Osimandias... şi totuşi este Stăpânul suprem al planetei Pământ.

PRECUVÂNTARE

M-am hotărât să dau la iveală acest tratat pentru ca omul să-şi potolească întrucâtva setea de a cunoaşte marile mistere ce-l înconjoară.

Ştiu de pe acum că, după ce va parcurge câteva pagini, cititorul se va opri din lectură, punându-şi întrebarea: „Dar de unde ştie autorul cărţii de aceste mistere ale universului?"

Întrebarea e firească şi merită să primească un răspuns. *Prezenta lucrare este fructul comunicărilor entităţilor spirituale superioare, Lumini ale Cerului, care au revelat Adevărul câtorva iubiţi fraţi ai lor de pe pământ*[1]. La aceste comunicări am adăugat, în prima carte a lucrării, cunoştinţele ezoterice publicate până în prezent, în a doua carte vorbind doar Cerul prin trimişii săi.

Aşadar, această lucrare este un mănunchi de cunoştinţe adunate de la diferiţi autori, din relatările marilor lucizi spirituali pe care i-a avut pământul până acum, dar mai ales din comunicările primite de la marile Lumini Cereşti.

Desigur, adevărurile descrise în acest tratat vor depăşi înţelegerea mulţimii. Numai entităţile spirituale evoluate le vor înţelege, aprecia, sorbi cu nesaţ, până la ultima pagină. Cei care încă nu se ridică la nivelul acestor destăinuiri, vor zâmbi, socotindu-le fantezii, rătăciri ale unor minţi bolnave. Acestora le recomand cu insistenţă să închidă cartea şi să nu o mai citească, deoarece, într-adevăr, le tulbură mintea şi mersul vieţii.

Să dea Domnul ca Lumina, ca adevărurile expuse în această operă, să se reverse în sufletele semenilor mei, iar razele ei binefăcătoare să-i conducă pe calea binelui şi a iubirii. Amin!

* * *

Ce minte redusă avea omul cu mii şi mii de ani în urmă! Ce greu îşi ducea el traiul, prin câte suferinţe a trecut, urcând treaptă cu treaptă, până să ajungă la libertatea de azi, la înţelegerea diferitelor fenomene, la cunoaşterea legilor fizice, chimice şi biologice, care domină şi conduc lumile fizice!

Comparând viaţa omului primitiv cu aceea a omului din ţările civilizate de azi, constatăm o prăpastie imensă. Într-adevăr, în primele timpuri omul era atât de neştiutor, încât îşi ducea viaţa aproape ca un animal. Gol, flămând, gonit de fiare, omul rătăcea să-şi astâmpere foamea, când pe marginea mărilor – adunând plantele sau animalele aruncate de valuri, când prin păduri – culegând fructele arborilor, când prin câmpii – smulgând rădăcini şi tulpini suculente.

---

[1] Scriem Pământ - când ne referim la planeta Pământ în ansamblul ei, constituit din globul terestru înconjurat de Cerul sau sferele sale spirituale; scriem pământ - când ne referim doar la Terra, globul terestru pe care ne întrupăm, coborând din Cer, pentru a ne face şcoala planetară.

Această regulă este valabilă şi pentru Soare, Lună sau planete.

În aceeaşi idee, scriem Cer pentru desemnarea sferelor spirituale, a spaţiului locuit de entităţile spirituale aparţinătoare Pământului sau oricărei alte planete sau corp ceresc; şi scriem cer pentru spaţiul fizic aflat deasupra orizontului - bolta cerească sau firmamentul.

Azi omul civilizat se răsfaţă în locuinţe comode şi somptuoase, îşi procură hrană peste necesar, se împodobeşte cu haine scumpe, iar mintea i se înalţă de la preocupările animalice de altădată la probleme subtile, invenţii minunate, descoperiri ştiinţifice, subiecte care ajung până la infinit: suflet, spirit, nemurire, Dumnezeu, Creatorul lumilor!

Cu toată această ascensiune infinită a minţii omeneşti, adâncindu-se în studiul materiei şi al forţelor ce o animă, savantul constată că este înconjurat de o infinitate de enigme, de o serie nesfârşită de mistere.

Într-adevăr, suntem foarte departe de punctul de unde am pornit, dar mai este mult până la ajungerea progresului final, destinat globului terestru pe care vieţuim. Azi comunicăm peste mări şi continente, zburăm spre înălţimile cerului şi străbatem adâncul mărilor. Ne minunăm de câte ştim, de câte am realizat, şi cu toate acestea, atâtea probleme frământă mintea omenească, aşteptându-şi soluţia, încât ne îngrozim de numărul şi profunzimea lor.

Comparând cunoştinţele noastre actuale cu cele pe care ni le rezervă viitorul, obţinem o relaţie asemănătoare cu raportul dintre o picătură de apă şi apa unui ocean. Cunoaştem multe, dar cu toate acestea, putem spune că nu ştim nimic, faţă de câte suntem chemaţi să aflăm.

Cu mii şi mii de ani în urmă, graţie naturii fericite, a pământului fertil, climatului cald şi a unei rase de oameni ce îşi trage originea din noaptea vremurilor, în sudul Asiei şi în nord-estul Africii spiritul uman s-a luminat, a avansat şi a emis idei şi cunoştinţe profunde, juste şi cu o înălţime spirituală umilitoare pentru noi, europenii, care ne credem promotorii civilizaţiei, luminătorii omenirii.

Este adevărat că acele cunoştinţe înalte nu erau posedate de mulţime, de poporul întreg, ci doar de preoţime, şi dintre aceştia numai de ocupanţii treptelor superioare; secretele fiind transmise doar iniţiaţilor destinaţi să urce treptele ierarhice ale preoţimii.

Poporului neştiutor i se făceau servicii şi ceremonii impresionante, li se comunicau precepte morale şi cunoştinţe folositoare, *exoterice* – omul simplu fiind determinat să vadă lumea şi adevărul sub forme voalate, iar în preot – conducătorul vieţii sale terestre. Cunoştinţele reale, *ezoterice*, nu se comunicau vulgului, fiind sub ameninţarea pedepsei cu moartea.

„Adu-ţi aminte, fiul meu – spunea preotul brahman noului iniţiat – că nu există decât un singur Dumnezeu, Suveran al lumilor, Principiul tuturor lucrurilor, pe care tu să-L adori în secret. Dar să ştii, de asemenea, că acesta este un mister ce nu trebuie niciodată dezvăluit vulgului stupid. Dacă totuşi o vei face, te vor lovi cele mai mari nenorociri."

Numele secret al Tatălui creator – cunoscut doar de preoţi şi pronunţat numai în serviciile şi rugăciunile lor – era cuvântul „AUM"[1]. „Sfânta silabă, compusă din trei litere A-U-M, cuprinde Trinitatea vedică şi trebuie păstrată în secret", spunea marele legislator Manu[2], care a trăit în Epoca Indiană, cu mii de ani înaintea vremurilor noastre.

---

[1] AUM (OM) - Verbul divin care desemnează Sursa divină, cauza primordială a întregii creaţii, Sfera de unde venim şi în care ne întoarcem. Acest cuvânt se pronunţă din gât către buze, fiind compus din guturala cea mai deschisă A, din labiala cea mai închisă M, legate prin U. În tradiţia mistică este reprezentat prin treimea literelor ebraice אמש.

[2] Manu (sanscr. - gânditor) - Cel de-al treilea Logos, sau Logos-ul planetar, Guvernatorul unui ciclu evolutiv planetar. El este Creatorul a tot ceea ce apare în Rondul sau Lanţul planetar pe care îl guvernează. Orice Rond presupune doi Manu: unul produce viaţa şi forma umană, a începutului unui Rond; şi altul sintetizează, ca într-o sămânţă, bilanţul şi rezultatele unui sfârşit de Rond.

Ideea de a încredința cunoştințele înalte numai celor inițiați, o întâlnim mai târziu, în Epoca Persană, la vechii perşi. În Zend-Avesta[1] citim următorul text: „Curatul, Sfântul, Spiritul primordial al universurilor – ți-o spun desluşit, înțeleptule Zoroastru[2] – exista înainte de cer, de apă, de pământ, de foc, de plante şi animale, înainte de omul sfânt, înainte de toate".

La asemenea cunoştințe nu aveau acces decât magii, preoțimea înaltă a vechilor perşi. Vulgul nu trebuia să le afle, sub pedeapsa de a fi torturat până la nebunie, ori de a fi supus morții.

Ideea păstrării în secret a cunoştințelor înalte o găsim şi la evrei. Iluminații lor profeți sau mediumi îşi inițiau discipolii în privința textelor sacre. Mişna[3] cuprinde următorul text: „Este oprit să vorbeşti chiar unei singure persoane din Merkava[4]. Doar dacă ai în față un bătrân inteligent îți este permis să-i comunici, în secret, şi numai unele din capitolele ei".

„Nu iniția în această ştiință teribilă inteligențele slabe, pentru că ea poate să le conducă la nebunie", spunea cabalistul[5] elevului său.

---

[1] Zend-Avesta. (zend - lege) - Culegere de texte sacre atribuite lui Zarathustra, ce cuprind invocații, imnuri, învățături şi texte referitoare la ritualuri.

[2] Zoroastru sau Zarathustra - Inițiat persan, fondatorul mazdeismului. El recunoştea ca Divinitate supremă pe Ahura Mazda, învingătorul lui Ahriman - principiul răului.

[3] Mişna (ebr. - repetiție, reiterare) - Culegere de comentarii referitoare la Tora.

[4] Prin Merkava - Car ceresc - iluminatul pătrunde în misterele cele mai intime şi profunde ale esenței şi calităților Divinității. Prin ascensiunea extatică a lui neşamah - sufletul superior - misticii Merkava ating Heihalot - Palatele, lăcaşurile celeste. Purificați prin asceză, îndeplinind mițvot - comandamente divine şi trăind în Deveikut - ataşament şi comuniune intimă cu Divinitatea, maeştrii misticii Merkava ating momente de extaz prin contemplarea Numelor divine. Pornind de la viziunea Carului celest a lui Ezechiel şi de la descrierea Tronului divin, Maasei Merkava - Creațiile carului, reprezintă împreună cu Maasei Bereişit - Creațiile dintâi, cele două axe ale tradiției misticii evreieşti - Cabala. Născută dintr-o revelație divină, Cabala este primită de om şi transmisă prin cuvânt de la om la om, începând cu Moşe (Moise), care a primit-o de la Puterea divină. Învățătura fundamentală a misticii evreieşti este cuprinsă în Sefer Ietira - Cartea creației şi Sefer HaZohar - Cartea splendorii. Constituit într-un text cabalistic cosmogonic, într-o ştiință a limbii sacre, Sefer Ietira dă o interpretare mistică alfabetului ebraic. Sefer Ietira este atribuită patriarhului Abraham, care, prin contemplarea literelor ebraice, a pătruns sensul revelației divine.

Literele ebraice sunt considerate vehicule ale potentelor creatoare, forțe revelatoare ale Creatorilor - אלהים Elohim, valoarea lor numerică având o funcție esențială în creație. Angajat în căutarea Absolutului, misticul este călăuzit de puterea Cuvântului, a Verbului. Universul verbal, comparat cu un instrument muzical, reprezintă scara ascensiunii mistice, limbajul manifestat de Gândirea divină în momentul creației. Creația este limbajul exprimat de Gândirea divină, manifestându-se ca putere creatoare a universurilor. După cum creația constituie un proces lingvistic şi numerologic, omul este chemat să fie atent la sentimentele şi gândurile sale, la cuvintele rostite, la privirile, gesturile şi faptele sale.

Rezumând esența divină şi modurile Sale de manifestare, Sefer HaZohar - scrisă în aramaică şi având adaosuri în ebraică - este un midraş, un comentariu al celor cinci Cărți ale lui Moise, al Cântării Cântărilor şi Cărții lui Ruth.

[5] Cabaliştii, înțelepții Adevărului, cei care doresc să cunoască Adevărul, comunică prin grai viu învățătura lor. Cabala - transmiterea tradiției mistice - se face printr-un mecubal, un cabalist care a primit Cabala, către un mecabel. Cabaliştii îşi transmit învățătura doar discipolilor trecuți de patruzeci de ani, când sufletul uman - neşamah - a atins maturitatea necesară primirii Adevărului. Literele ebraice care formează cuvântul neşamah - suflet - alcătuiesc şi cuvintele mem şana - patruzeci de ani.

Din această mică expunere, pe care nu o mai lungim, se vede preocuparea constantă a marilor savanţi de altădată, de a nu spune adevăruri subtile unor oameni nepregătiţi în pătrunderea înţelesului adânc al lucrurilor şi faptelor.

Iată trei exemple – la trei epoci şi neamuri deosebite – din care se poate vedea că lumea de jos avea cultul ei special şi cunoştinţe exoterice despre Dumnezeu şi fenomenele din natură, iar preoţimea superioară, stăpâna absolută a tuturor bunurilor – şi chiar a vieţilor celor de jos – deţinea înaltele cunoştinţe ale Adevărului, ale tuturor ştiinţelor. O condiţie se cerea acestor epoci şi neamuri: cei care primeau cunoştinţe din lumea spirituală să fie inteligenţi, morali şi bătrâni.

* * *

Din cele enumerate, se pare că atât în India primitivă, atât la vechii perşi, egipteni şi chaldeeni, cât şi la evreii din cele mai vechi timpuri, capitolul constituirii universului, al existenţei lumii invizibile, al forţelor din natură şi al comunicării cu entităţile spirituale ce au trăit pe pământ constituia o ştiinţă secretă, plină de mister şi pericole, la care avea acces doar un număr redus de iniţiaţi.

Existau lucrări scrise, opere religioase sau filosofice ale epocilor respective: Vedele[1], Zend-Avesta ori Tora[2], pe care toată lumea le putea citi, dar ştiinţa ocultă – cu

---

[1] Veda (sanscr. - cunoaştere, ştiinţă) - O culegere de patru cărţi sacre ale hinduşilor (Rig Veda, Yajur Veda, Sama Veda şi Atharva Veda) cuprinzând imnuri, incantaţii şi formule magice recitate în timpul ritualurilor de sacrificiu, cântece religioase, formule magice pentru exorcisme şi descântece.

[2] Tora (ebr. - învăţătură, Arătare) - Este revelaţia divină ce stă la obârşia iudaismului. Tora reprezintă intenţia Creatorului exprimată printr-un ansamblu de texte sacre, fiind constituită din Pentateuh, cele cinci Cărţi revelate ale lui Moise: Geneza, Exodul, Leviticul, Numerii, Deuteronomul.

Tora scrisă este precedată şi urmată de o Tora orală. Prin literele şi cuvintele sale, Tora exprimă Numele divin. Prin Tora, Divinitatea a creat lumea şi prin Tora ne dezvăluie scopul Său în momentul creaţiei, Numele, atributele şi intenţiile Sale. Stând la baza oricărei existenţe, Numele divin conţine sensul profund ascuns sub aparenţe. Meditând asupra Numelui divin, misticul ajunge la extaz. Considerând că Limbajul divin este realitatea profundă, cabaliştii afirmă că fiecare lucru există numai proporţional cu participarea sa la Numele divin, manifestat în creaţie, fiind esenţa ascunsă a acesteia.

Tora a fost scrisă prin intermediul celor douăzeci şi două de litere ale alfabetului ebraic. Prin combinarea acestor litere s-a născut creaţia. Legea care a guvernat crearea universurilor stă la baza naşterii limbii ebraice. Prin urmare, meditând asupra literelor ce formează Tora şi socotind valoarea lor, vom descoperi tainele creaţiei - geneza, scopul şi finalitatea ei.

Tora se revelează doar celor care respectă ale sale miţvot, comandamente divine. Există patru căi, canale sau trepte de interpretare ale textelor sacre ebraice, ale Sfintei Scripturi:

1. Peşat - sensul literal al textului;
2. Remez - sensul alegoric;
3. Deruş - sensul omiletic, teologic;
4. Sod - sensul mistic.

Cele patru trepte sunt legate între ele şi nu se pot separa. Ca urmare, cele trei canale inferioare vor răspândi focul mistic, lumina căii lui Sod. Doar după ce, urcând cele patru trepte de interpretare, înţeleptul se va înălţa de la sensul literal la cel mistic, va înţelege deplin şi limpede toate cele patru sensuri.

Lui Rabi Şimon bar Yohai, care a trăit în Galileea secolului al II-lea al erei creştine, considerat autorul Cărţii Splendorii -Sefer HaZohar - îi sunt atribuite următoarele cuvinte: „Nefericire celor ce văd în Tora doar poveşti simple şi vorbe obişnuite! Dacă ar fi aşa, am putea să redactăm şi noi o altă Tora, la fel de minunată. Dar adevărul este că fiecare cuvânt din Tora are un sens superior şi un mister sublim, îmbrăcate în veşmintele unor poveşti. Nefericit cel ce ia aceste veşminte drept Tora! Dacă Tora ar fi fost făcută din cuvinte şi poveşti obişnuite, cum ar fi fost ea proclamată Tora Adevărului, Tora perfecţiunii, mărturia autentică oferită de Divinitate?"

filosofia şi practicile ei deosebite, învăluite în cel mai adânc mister – se transmitea numai oral, celor aleşi.

Din noaptea veacurilor, centrul Asiei este locul de origine al tuturor civilizațiilor lumii vechi, al credințelor şi practicilor profesate de-a lungul timpului, rând pe rând, de toate popoarele, cu alternări, cu suprimări, dar găsindu-le pe toate, sub diferite forme, până în ziua de azi.

Aceste cunoştințe erau ascunse deoarece se refereau la domeniul înalt al materiilor subtile, al forțelor superioare şi legilor guvernatoare ale altor lumi; cunoştințe neînțelese de mintea nepregătită a omenirii, mai ales a celei de pe atunci.

Azi omenirea a făcut un pas pe treapta evoluției, motiv pentru care nu mai este nevoie ca aceste cunoştințe să fie atât de ascunse. Nu se mai şoptesc la ureche, nu se mai propovăduiesc prin păduri, temple ori munți izolați, ca în alte vremuri, ci se scriu şi se pun la îndemâna tuturora; dar chiar şi în zilele noastre încă nu pot fi înțelese decât de foarte puțini.

Omul a ajuns azi la un alt nivel moral şi intelectual, şi pentru a se înălța, i se oferă asemenea cunoştințe, asimilate cu nesaț de cei chemați, de cei pregătiți spiritual. Aceste cunoştințe vor contribui la schimbarea conduitei omului, la lărgirea orizontului concepției sale despre viață şi natură, pregătindu-l pentru o viață mai bună şi mai iubitoare.

Cititorule, citeşte cu răbdare şi atenție această carte de ştiință şi filosofie cerească, pentru că îți va lumina şi înălța sufletul.

Cartea I

EXISTENȚA LUMILOR INVIZIBILE

De mult, în timpurile îndepărtate, marii inițiați comunicau discipolilor Adevărul. Azi, marile Lumini ale lumii spirituale comunică celor chemați Adevărul. Astfel aflăm că în natura înconjurătoare există o diversitate de materii eterice, de diferite grade, a căror finețe este atât de mare, încât simțurile fizice nu sunt în stare să ni le reveleze. Aceste materii sunt animate de unde vibratorii, diferite de cele care animă materia vizibilă, tangibilă, în sânul lor existând o infinitate de viețuitoare, de aceeaşi compoziție cu mediul unde trăiesc.

Aceste afirmații, ca şi multe altele, sunt primite azi de lumea savantă cu neîncredere, ba chiar cu ironie, invocând întrebarea: „De ce nu se poate proba existența acestor materii şi forțe, de ce nu pot fi văzute, auzite şi pipăite de toți oamenii?"

Răspunsul la această întrebare este următorul: Lumile hiperfizice, cu materiile şi forțele lor, nu pot fi văzute şi simțite, nu se poate lua cunoştință de existența lor, pentru că oamenii nu dispun deocamdată decât de organele de simț necesare perceperii lumii fizice.

Este adevărat că omul are în ființa sa – pe lîngă organele de simț fizice – şi organe de simț impresionabile de prezența materiilor invizibile şi a entităților spirituale viețuitoare în mediile hiperfizice, dar aceste simțuri dorm, stau latente în ființa noastră. Numai când aceste simțuri superioare vor fi puse în activitate, când vor fi chemate la viață, omul va deveni un medium între Cer şi pământ. Din acel moment el va auzi, simți şi vedea materii şi ființe animate de alte forțe decât cele fizice.

Cu alte cuvinte, lumea hiperfizică este pentru om la fel cum este lumea culorilor pentru omul născut orb. El va auzi sunetele, va simți cald sau rece, va pipăi lucrurile moi sau tari din lumea fizică, dar nu va avea nicio idee despre ceea ce înseamnă roşu, albastru sau verde. Mintea sa nu are posibilitatea să definească peisajele, perspectivele şi culorile, deoarece nu a avut niciodată un organ capabil de a primi vibrațiile luminii, care, sosind pe scoarța cerebrală, se transformă în noțiuni de culori şi forme. În mintea orbului din naştere, lumea vizibilă de către un om sănătos nu provoacă nicio noțiune corespunzătoare; însă, cu toate că nu o vede, ea există.

Faptul că cea mai mare parte din omenire nu vede ființele, materiile din lumile hiperfizice, nu este un argument că ele nu există. Dacă printr-o „minune" sau operație, orbul din naştere ar dobândi vederea, la început n-ar pricepe nimic, ar rămâne uluit, dar treptat, făcându-şi educația vizuală a imaginilor sosite pe cortex, ajunge să ia pe deplin cunoştință şi de acest domeniu necunoscut lui până atunci.

La fel s-ar întâmpla cu oricare dintre oamenii care dobândesc vederea spirituală. Dacă grație unor evenimente neprevăzute, unei educații sau practici speciale, omul ajunge să-şi dezvolte simțurile superioare ale lumilor suprafizice, ar vedea forme şi ar auzi sunete neinteligibile la început, dai încetul cu încetul, obişnuindu-se cu ele, le va înțelege şi distinge unele de altele.

Pentru cunoaşterea acestei lumi invizibile se cer ani de zile de observaţii şi o continuă educaţie. Se petrece acelaşi fenomen ca în lumea fizică. Toţi oamenii au ochi; cei sănătoşi văd lucrurile şi fiinţele, dar oare toţi cunosc natura, funcţia şi rostul lor în angrenajul universului? Sunt necesari ani de studii pentru a le cunoaşte, deosebi şi afla rostul în decorul vast al naturii.

Unii oameni afirmă: „Deoarece noi, deocamdată, nu simţim, auzim sau vedem aceste lumi invizibile, înseamnă că nu a sosit timpul să le cunoaştem. Când va veni vremea, se vor dezvolta treptat şi simţurile superfizice din noi şi atunci le vom cunoaşte. La ce bun să ne batem capul cu ele de pe acum? Să terminăm cu deplina cunoaştere a lumii fizice, şi apoi omenirea va trece şi la cunoaşterea lumilor necunoscute".

Argumentul este puternic în aparenţă, însă greşit în fond, şi iată de ce. Să presupunem că suntem chemaţi neapărat într-o ţară îndepărtată, unde va trebui să trăim mulţi ani. Ei bine, se cade să cunoaştem din vreme condiţiile în care vom trăi acolo, mediul şi influenţa lui asupra noastră.

Bineînţeles că ajungând acolo, ne vom adapta, vrând-nevrând, acelui mediu, dar oare nu este mai bine să cunoaştem din vreme noile condiţii şi să ne pregătim pentru ele? Evident că da.

Aşa fiind, nu numai că nu este de prisos, dar chiar se impune să cunoaştem lumile invizibile, deoarece cunoscându-le din timp vom şti cum să ne comportăm atunci când dezbrăcând haina carnală, trupul, vom pătrunde în aceste lumi, unde ne vom desfăşura existenţa în forme noi de viaţă. Pregătiţi ca atare vom fi scutiţi să rătăcim ani şi ani în neştiinţă şi să pierdem astfel o vreme îndelungată până să ne obişnuim iarăşi cu „noua" noastră patrie spirituală, veche din veşnicia veacurilor fără număr.

În afara acestui motiv esenţial, se cade să luăm cunoştinţă de aceste lumi şi pentru faptul că ceea ce vedem pe pământ nu este decât efectul unor cauze aflate în lumea invizibilă. Aşa de exemplu: un om simplu constată cum telefonul transmite voci de la un loc la altul, vede cum tramvaiul circulă pe străzi, vede efectul, dar cauza care le pune în funcţiune – electricitatea – nu o vede, nu o cunoaşte. Acelaşi raport există şi între lumea fizică şi cea hiperfizică. Noi nu vom ajunge să cunoaştem pe deplin lumea fizică, lumea efectelor, până nu vom avea cunoştinţe despre lumea invizibilă, hiperfizică – domeniul cauzelor tuturor fenomenelor, lucrurilor şi fiinţelor vizibile pe pământ.

Ori de câte ori o problemă este complexă prin natura ei, se cade să se vină cu exemple cât mai numeroase. Iată un arhitect decis să proiecteze o casă. Acest om nu va îngrămădi material peste material, fără nicio ordine, fără necesitate şi în cantităţi de prisos. Mai întâi se foloseşte de gândirea şi imaginaţia sa. Îşi croieşte în minte o formă de casă, cu o anumită distribuţie, cu un anumit aspect şi dimensiuni. După aceea aşterne pe hârtie ceea ce croise mental, şi încetul cu încetul, urmărindu-şi imaginaţia, face pe hârtie un plan. După acest plan, începe construcţia – realizarea fizică a unei concepţii. Cu alte cuvinte, întâi a fost o creaţie mentală, ideală, apoi a urmat realizarea ei într-o imagine, într-o formă aşternută pe hârtie, într-un proiect, şi în fine – realizarea ei în lumea fizică, cu material fizic. Ideea aparţine Lumii divine; imaginea, planul, aparţine lumii astrale; iar construcţia fizică aparţine lumii fizice.

Casa, opera fizică este trecătoare, pieritoare. Un foc, un cutremur o poate rade de pe suprafaţa pământului. Proiectul aşternut pe hârtie se poate distruge şi el, dar arhitectul are în minte imaginea casei, care nu se va distruge niciodată. Omul fizic, personalitatea creatoare va pieri şi ea, dar imaginea, creația sa mentală, va dura în vecii vecilor în lumea invizibilă, unde s-a imprimat ca pe o placă fotografică.

Într-adevăr, universul este plin de o sumă de materii extraeterate, numite fluide[1]. Aceste fluide au, printre alte însuşiri, calitatea de a fixa pe ele imaginile, ideile emise de oameni, îngeri, supraîngeri şi alte entități spirituale. Cu alte cuvinte, în spațiile infinite se găsesc arhivele[2] naturii, unde se imprimă toate gândurile, evenimentele şi sentimentele omenirii, fie întrupate, fie destrupate.

Tot ce există pe pământ – aer, apă, munți şi câmpii, flora şi fauna, totul are influență asupra omului. Dar în afară de influențele lumii vizibile, asupra fiecăruia dintre noi se exercită influențe şi mai mari, şi mai puternice – influențele lumilor invizibile. Noi suntem, la un moment dat, rezultatul influenței mediului vizibil şi invizibil asupra noastră, şi al muncii depuse de spirit - stăpânul trupului – potrivit evoluției sale.

Să nu credem că ştim tot ce ne înconjoară. Chiar în lumea fizică – tangibilă, vizibilă şi cercetată cu simțurile noastre – se petrec o mulțime de fenomene de care rămânem neştiutori, pentru că simțurile noastre mărginite nu ni le fac cunoscute. De exemplu, se află înaintea noastră o statuie.

Undele luminoase căzute pe această formă se reflectă şi vin la ochii noştri, de unde sunt transmise la centrul văzului aflat pe cortex, de aici la suflet, şi prin intermediul sufletului conştiința noastră, spiritul, traduce aceste vibrații în culoare şi formă.

Dar oare cunoaştem noi totul despre această lumină? Nu, şi iată de ce. Se ştie că lumina ce scaldă cu vibrațiile ei suprafața pământului, vine de la soare. Dacă facem să treacă printr-o prismă o rază de lumină, vom vedea că ea se descompune în mai multe fâşii colorate, care întâlnind un ecran, ne dau spectrul solar, compus din şapte culori: roşu, portocaliu, galben, verde, albastru, indigo şi violet. Noi atât vedem cu ochii. Cu toate acestea, adevărul este că fâşia de lumină mai dă naştere, trecând prin prismă, şi altor culori, unele înaintea roşului – infraroşu, şi altele dincolo de violet – ultraviolet. Într-adevăr, dacă punem o lentilă în dreptul spațiului gol dinaintea roşului şi aşezăm în focarul acestei lentile o bucată de fosfor, vom vedea că fosforul se aprinde, deoarece razele obscure, invizibile ochiului nostru, trecând prin lentilă, s-au concentrat, s-au manifestat sub formă de căldură, aprinzând fosforul. Prin urmare, înaintea roşului există unde vibratorii producătoare de căldură.

Dacă punem la finele spectrului un paravan şi alături de el o placă unsă cu o soluție de cianură de potasiu, vom vedea cum această placă se va lumina sub acțiunea razelor ultraviolete.

Aşadar, există în razele soarelui culori infraroşii şi ultraviolete, invizibile ochilor noştri, dar sesizabile prin efectele lor.

După cum ochiul nostru nu vede decât între anumite limite, urechea noastră nu aude decât sunetele produse în aer cu o frecvență între 32-36.000 de vibrații pe

---

[1] Fluidul este o materie formată din particule infinit de mici, de natură electrică sau magnetică. Aceste particule oferă un suport energetic pentru informații mentale şi sentimentale organizate în diverşi algoritmi. În funcție de gradul evolutiv al vibrațiilor şi algoritmilor care animă aceste particule, există o scară infinită de calități ale fluidelor, de la cele inferioare, ce însoțesc pietrele, până la cele superioare, care intră în constituția Divinității.

[2] Arhiva Akaşa (sanscr. - eter, fluid) - Cronica sau memoria spirituală permanentă a tuturor vibrațiilor din univers.

secundă. Or în natura fizică înconjurătoare se produc vibrații de o frecvență mai înaltă de 36.000 Hz şi mai joase de 32 Hz; dar urechea noastră nu le percepe, nu le aude, ca şi cum n-ar exista.

De aici tragem concluzia că suntem scăldați din toate părțile de vibrații – unele transmise prin aer, altele transmise prin eter – de care însă nu avem cunoştință, pentru că nu deținem organe potrivite recepționării lor.

Aşa, de exemplu, electricitatea – ale cărei unde se transmit prin eter – are de la 1.046.000 până la milioane de vibrații pe secundă. Fluidul electric ce se scurge pe firele electrice nu este văzut de ochiul nostru, pentru că vibrațiile sale au o frecvență foarte mare. Dar imediat ce curentul electric întâmpină o rezistență în drumul său – un filament de bec electric – numărul vibrațiilor prin eter scade între 350 de milioane şi 760 de milioane de vibrații pe secundă, filamentul devine luminos şi ochiul nostru vede lumina.

Până în prezent se cunosc 63 de categorii de vibrații, din care fac parte undele hertziene, undele nancy, undele x, y etc. Dintre acestea, noi nu percepem decât opt categorii, prin urmare avem cunoştință de prea puțin.

Să presupunem că nervul optic n-ar dispune de sensibilitatea dobândită până în prezent; desigur n-am avea nici o cunoştință de lumina soarelui, atmosfera din jurul nostru fiind întunecată. Să presupunem acum că nervul ochiului ar fi impresionabil de undele electrice; în acest caz noi am vedea totul în jurul nostru, grație luminii emise de electronii care ne înconjoară din toate părțile.

Astfel n-ar mai fi pentru noi, nici noapte, nici zi, ci o lumină continuă, atâta vreme cât electronii vor fi mânați mereu în vârtejul infinit de rapid al mişcării lor de rotație şi revoluție.

Având în vedere acest principiu, înțelegem facultatea văzului şi auzului spiritual a unor persoane numite clarvăzătoare sau lucide.

Cu toții primim vibrații din lumea hiperfizică, dar rămânem nesimțitori la acțiunea lor, deoarece conştiința noastră nu răspunde la influența lor, nu sesizează sosirea lor. Clarvăzătorii, lucizii, primind aceste vibrații, le înțeleg, conştiința lor ia act de prezența lor, şi ei văd fenomene, ființe, materii şi forțe la a căror descriere rămânem pe gânduri.

Evident că şi între lucizi există diferite grade: unii văd binişor, alții bine şi alții foarte bine, la fel ca în cazul văzului fizic comun. Pentru aceşti oameni, vederea în lumea invizibilă este un act involuntar – privesc şi văd. Ei pot vedea şi cu ochii deschişi şi cu ochii închişi, ceea ce denotă o independență între vederea fizică şi cea spirituală. Ei văd cartea pe care o au în mână, dar în jurul ei, prin ea şi dincolo de ea văd lumea invizibilă.

În această lume, luminoasă prin ea însăşi, prin care circulă valuri de materii subtile, se vede o mişcare deosebit de rapidă în toate direcțiile. Prin urmare, lumea invizibilă este şi ea materială, animată de numeroase forțe, desfăşurate conform unor anumite legi. Aceste materii sunt de diferite densități, formate fiecare din particule eterice de anumite dimensiuni şi constituții, materii dispuse unele deasupra altora, conform fineții lor, dar în acelaşi timp pătrunzându-se rând pe rând, cele mai fine pe cele mai grosolane, sau cu particule mai mari. Vom descrie aceste materii dispuse în zone diferite, unele deasupra altora, în decursul capitolelor următoare.

* * *

În peregrinarea lui pe calea evoluției, timp de mii şi milioane de ani, omul abia a ajuns să-şi dezvolte inteligența. Grație acestei inteligențe, el face azi descoperiri din ce în ce mai numeroase şi mai uimitoare. După scurgerea a mii şi mii de ani şi veacuri, omul va deveni mai bun şi mai înțelept, iubind tot ceea ce-l înconjoară. În fine, când evoluția omenească va fi spre sfârşit, pe lângă o înaltă inteligență şi o bunătate îngerească, omul va dobândi puteri deosebite, forțe divine. Atunci se va termina evoluția omenirii pe această planetă. Masa umanității înaintată astfel, ridicată până la termenul final al existenței sale terestre, va trece pe un alt corp ceresc, pentru a-şi continua drumul evolutiv infinit, iar cei înapoiați, întârziații, vor fi trecuți prin întrupări, pe un alt glob, de aceeaşi natură cu Pământul, ca să-şi continue drumul neterminat.

Constatăm că evoluția omului necesită multe secole, şi totuşi fiecare dintre noi poate grăbi sau scurta durata acestei evoluții. Aceasta presupune o metodă specială, o hotărâre nestrămutată, sacrificii mari, adică viața sfinților, a marilor mistici sau a yoghinilor. Prin alimentație şi meditație, prin retragerea departe de vâltoarea lumii, prin sfințenia, iubirea şi jertfa manifestată pentru tot ce a creat Tatăl şi prin rugăciunile lor nesfârşite, aceşti oameni ajung să-şi activeze spiritul, dezvoltă forțele latente ascunse în adâncul lor, se iluminează şi dobândesc puteri divine şi cunoştințe ignorate de omenire. Din rândul acestor oameni ieşeau savanții de altădată, întemeietorii unei ştiințe vaste, din care s-a oferit omenirii numai atât cât putea pricepe şi avea nevoie pentru avansarea ei.

Bietul savant de azi se străduieşte să ştie ce este eterul, cum este constituit atomul. Se zbate în ipoteze asupra vieții, a constituției lui, dar nu va cunoaşte tainele vieții decât în ziua în care îşi va ilumina ființa printr-o viață morală, corectă, conformă legilor divine – de blândețe şi iubire pentru tot ce există în jurul său. Numai atunci spiritul său va lucra puternic prin cuirasa, prin învelişul său trupesc, şi va vedea cu ochii spiritului atomul mare cât roata plugului, îi va vedea constituția, va înțelege viața şi evoluția ei. Numai atunci când trupul său, când sistemul său cerebral va ajunge să vibreze ca şi atomul, savantul modern va ajunge să cunoască mai mult. Atunci nu va mai exista pentru el niciun mister privitor la atom. Va cunoaşte rând pe rând toate materiile invizibile, toate forțele ce lucrează asupra lor şi toate cauzele fenomenelor petrecute în natură.

Reducând totul la materia fizică şi la legile ce o stăpânesc, savantul de azi nu poate, tocmai datorită acestui materialism feroce, să se înalțe în sfere mai înalte, să cunoască materii, legi, forțe şi ființe mai subtile, decât cele cunoscute în jurul său din copilărie.

În Antichitate, cei dotați cu inteligență, cei pregătiți de natură, se puneau sub conducerea unui mare preot, sfânt în conduita lui şi versat în cunoştințe oculte şi ale naturii. Acesta, timp de 20-30 de ani, îi povățuia pe discipoli, le descria şi arăta experimental tot ceea ce se referă la om şi natură, în tot acest timp discipolii erau ținuți în locuri retrase, în plină natură, feriți de influențele lumii, de gândurile ei josnice, de pornirile ei pătimaşe, de influențele ei magnetice. Somnul, alimentația, băile şi exercițiile fizice, antrenamentele mentale şi rugăciunile, toate erau reprezentate şi executate cu scrupulozitate. An de an, se dezvolta în ei vederea în lumea invizibilă şi auzul în lumea tăcerii, a celor fără glas.

Când discipolul dobândea aceste două instrumente de cercetare a naturii, dincolo de materia tangibilă şi analizabilă, marele guru, iniţiat sau preot, începea să-i descrie lumea fizică şi lumea hiperfizică. Îi făcea cunoscută matematica, biologia, chimia şi aşa, rând pe rând, tot ce înconjoară pe om, natura întreagă. Odată intrat în stăpânirea lor, trecea la studiul forţelor şi a materiilor superfizice, a materiilor eteriforme, a fiinţelor invizibile ochilor fizici. Când – după ani de zile – îşi însuşea întreg acest domeniu, trecea la cunoaşterea originii şi a creaţiei universurilor, a vieţii şi a tuturor fiinţelor.

După aceea îşi încheia cariera de discipol cu aflarea celor mai înalte cunoştinţe îngăduite unui muritor – noţiuni referitoare la Creatorul lumilor şi a atributele Sale.

Din ziua când a reuşit să-şi înfrâneze simţurile şi dorinţele, să-şi ordoneze gândurile, să respingă influenţele semenilor săi, el ieşea în lume, păşea în mijlocul omenirii, devenea la rândul său o mare lumină spirituală.

De acum înainte, cunoscător a ceea ce există pe pământ şi în Ceruri, el poate să-şi lase trupul pe pat, la umbra unui copac, într-un loc retras, iar împreună cu o parte din sufletul său să iasă şi să se îndepărteze de trup, să se ridice în spaţiu, ca un nor nevăzut, şi acolo să vadă, să cerceteze, să audă şi să primească sfaturile marilor Lumini spirituale, înaltele entităţi spirituale diriguitoare ale evoluţiei lucrurilor şi fiinţelor de pe planeta noastră.

În această fază, iniţiatul posedă puteri deosebite; poate face ceea ce omul numeşte „minuni"[1]. El se ridică în aer, merge pe suprafaţa apei, stă în mijlocul flăcărilor, se face invizibil, vindecă boli şi face o serie nesfârşită de fapte, pentru că ştie să mânuiască toate materiile, cunoaşte secretul legilor ce le guvernează, realizând – asemenea unui mic creator – orice doreşte. Vai lui dacă o va face din vanitate sau împotriva semenilor săi!

Un asemenea om era privit – cum ar fi privit şi azi – ca un supraom, respectat de toţi. De la aceşti iniţiaţi au rămas până în zilele de azi ceea ce se mai cunoaşte, ca tradiţie, despre lumea superfizică.

CORPUL FIZIC AL OMULUI

Corpul fizic serveşte spiritului drept instrument prin care observă, învaţă şi se manifestă în lumea fizică. Acest corp este format din materie fizică aflată sub patru stări distincte unele de altele; solidă, lichidă, gazoasă şi eterică sau radiantă. Dintre aceste patru stări ale materiei fizice, trei sunt vizibile, tangibile şi analizabile, iar a patra – cea eterică – este invizibilă, imposibil de captat şi de analizat în laboratoarele actuale. Din această cauză suntem nevoiţi să distingem, în corpul nostru fizic, două părţi: trupul şi corpul eteric.

---

[1] Anumite fenomene şi activităţi spirituale sunt în mod greşit denumite „minuni" sau „fenomene paranormale", ele fiind cât se poate de normale. Dacă în urmă cu câteva sute de ani i s-ar fi prezentat omului imaginea unui televizor, el ar fi spus că este vorba de ceva paranormal şi cu toate acestea televizorul este azi foarte normal chiar şi pentru cei mai neştiutori copii. Mai paranormal este faptul că deşi suntem creaţi de Tatăl şi vieţuim în creaţia Sa, ne sustragem mereu de a-l fi recunoscători şi de a ne considera adevăraţii Săi copii.

Trupul

Trupul[1] este partea cea mai dură a corpului nostru fizic, fiind învelitoarea exterioară a ființei noastre reale, a entității spirituale[2]. Format dintr-un complex de celule orânduite în organe, reunite în sisteme, grupate la rândul lor în diferite aparate[3], trupul desfăşoară diverse funcții biologice.

---

[1] Pe parcursul întregii lucrări vom folosi termenul de trup în loc de corp carnal sau corp de carne.

[2] Entitatea spirituală, spiritul sau duhul este format din scânteia divină învelită de perispirit sau de învelişurile fluidice prin care scânteia divină evoluează în creație.

Cabala împarte omul în trei părți fundamentale:

1. Nefeş - corpul eteric sau principiul vieții ce stă la baza corpului fizic şi al existenței concrete. Nefeş este forța care contribuie la construirea trupului. Cabala ne spune că nefeş se introduce în sămânța bărbatului când se uneşte cu soția sa. După ce omul, duhul, a părăsit lumea terestră, nefeş înconjoară mormântul său;
2. Ruah - suflu, viață, sufletul format din corpul dorințelor şi mentalul concret, este un mediator între nefeş şi neşamah. Ruah nu este atât de sensibil la influențele lumii exterioare ca şi nefeş şi cuprinde personalitatea sau ego-ul. Plutind între activ şi pasiv, între interior şi exterior, ruah reprezintă legătura dintre spirit şi materie, unind în om lumea internă cu cea externă;
3. Neşamah - „arborele vieții", este spiritul ce cuprinde voința, inteligența şi memoria. Este în legătură cu Divinitatea, astfel că ruah şi nefeş ajung la Sursa divină prin neşamah. Pătrunzând în neşamah, Divinitatea îi dă viață lui ruah şi lui nefeş.

Nefeş şi neşamah sunt esențe diferite - ca uleiul şi apa - între care nu poate exista o conexiune directă. Din acest motiv este nevoie de un mediator, de ruah, care le uneşte. Nefeş, ruah şi neşamah nu sunt complet distincte şi separate ci se interferează asemenea culorilor spectrului, care deşi sunt succesive se topesc una în alta. După moartea biologică, nefeş, ruah şi neşamah se separă de trup şi se înalță fiecare în sfera de unde au venit.

În loc să-şi ia energia din Cer, trăind în Divinitate şi primind de la Ea în mod constant spiritualitatea de care are nevoie, omul îşi îndreaptă atenția mai mult spre pământ, spre lumea terestră, se afundă tot mai mult în dragostea de sine şi în senzualitate, absorbind energie din sufletul pământului. Ca urmare ruah s-a îndepărtat de neşamah şi s-a ridicat deasupra acestuia, preluând guvernarea ființei umane. Prin involuție, partea inferioară a lui nefeş, fiind inițial un corp de lumină, a devenit un trup îmbrăcat în piele. În acest fel omul a fost descompus în cele trei părți fundamentale ale alcătuirii sale - spirit, suflet şi trup.

[3] Organismul uman, trupul, cuprinde:

I. Aparatul de susținere şi mişcare, compus din sistemul osos, articular şi muscular;
II. Aparatul de transport al materiei, cuprinzând sistemul cardiovascular - cu rol de a vehicula oxigenul şi substanțele nutritive spre țesuturi, luând de acolo produsele de dezasimilație, pentru a fi eliminate, şi sistemul nervos periferic - cu rolul de a conduce stimulii nervoşi;
III. Aparatul de import al materiei, asigurând, prin sistemul respirator, introducerea în organism a oxigenului - respirația, iar prin sistemul digestiv, introducerea hranei - nutriția;
IV. Aparatul de eliminare a materiei, format din sistemul urinar şi genital;
V. Aparatul de corelație a organismului, cu rolul de a uni într-o entitate individuală componentele sale:
   1. sistemul grandular subdivizat în: a) sistemul hematopoietic, ce reface elementele sanguine şi b) sistemul endocrin, cu rol de a produce hormonii, mesagerii chimici de legătură între componentele organismului;
   2. sistemul nervos central, numit sistem cerebrospinal sau nevrax, format din măduva spinării şi encefal, având rolul de a comanda întreaga organizare individuală, întregind-o ca entitate în mediul extern şi intern.

Fiecare celulă este alcătuită din molecule şi acestea din atomi. Atomul se comportă în lumea fizică precum o fiinţă vie, fiind capabil să ducă o viaţă independentă. Ca orice fiinţă, atomul are o conştiinţă proprie, extrem de redusă, dar nu mai puţin reală; formă de conştiinţă pe care noi, pământenii, nu o putem aprecia.

Până azi s-au descoperit 92 de categorii de atomi, constituind elementele chimice[1] ale lumii fizice. Cum toate organele, toată materia gazoasă, lichidă sau solidă a trupului nostru, sunt formate din asocierea acestor elemente chimice, trupul s-a mai numit şi corp chimic.

Pentru a servi cât mai bine spiritului, suntem chemaţi să procurăm trupului alimente din cele mai apropiate de natură, fără să fie prelucrate printr-o serie nesfârşită de procese fizice şi chimice. Aceste alimente trebuie să formeze, prin absorbţie şi asimilare, un vehicul sensibil, bun reflector în exterior al voinţei spiritului, şi bun receptor al impresiilor lumii fizice şi astrale.

Pentru ca trupul să răspundă la intervenţiile lumii astrale şi să redea fidel şi integral manifestările duhului, trebuie hrănit cu alimente vegetale şi produse lactate în proporţii şi sub forme cât mai asimilabile. Vom evita carnea, dulciurile, băuturile alcoolice, tutunul şi cafeaua. Aceste substanţe, introduse în corpul nostru fizic, îl întunecă, făcându-l nesimţitor la vibraţiile eterice, venite din lumea invizibilă sau de la entitatea spirituală aflată în interiorul său, devenind astfel un rău interpret al voinţei spiritului.

Se impune eliminarea alimentelor de origine animală din viaţa noastră, sau măcar consumarea lor în cantităţi cât mai reduse. Evident că în regiunile reci, unde vegetaţia este foarte săracă, sau în zonele cu un regim climateric variabil, în timpul iernii când vegetaţia doarme, omul va fi nevoit să consume şi alimente de origine animală.

S-ar părea că viaţa este imposibilă fără alimente de origine animală, dar cu toate acestea, sute de milioane de oameni trăiesc în diferite regiuni ale pământului, fiind deplin sănătoşi şi inteligenţi, hrănindu-se cu vegetale. Este doar o problemă de obişnuinţă.

În fiecare particulă de aliment există viaţă, cu atât mai vie, mai puternică, cu cât fiinţa din care provine alimentul respectiv aparţine unui regn mai înalt pe scara evoluţiei. Celulele animale au o individualitate mai puternică decât cele vegetale şi incomparabil mai vibrantă decât particulele minerale. Această facultate de individualizare a celulelor animale face ca alimentul de origine animală să fie greu digerabil şi asimilabil, necesitând o mare cheltuială de energie şi fiind asimilat numai parţial.

Dar ceea ce contribuie la îngreunarea asimilării alimentelor de origine animală sunt fluidele eterice animale ce le însoţesc, purtând în ele toată animalitatea, toate înclinările vieţuitorului din care au provenit, toate tendinţele şi brutalitatea sa.

După Cabala, omul reprezintă modelul de alcătuire a cosmosului, prin principiile constitutive identice. Astfel, după cum planetele se grupează între ele pentru a forma sisteme solare, organele omului se grupează în sisteme, alcătuind aparate, care generează funcţii variate. După cum viaţa universurilor este întreţinută de curenţi vitali, alcătuiţi dintr-un număr infinit de fiinţe ultramicroscopice, ce scaldă astrele şi planetele, răspândind principiul vieţii, viaţa omului este întreţinută de curentul sanguin, format din globule receptoare şi purtătoare de viaţă, care scaldă şi regenerează organele, antrenând elementele inutile.

[1] În prezent se cunosc 109 elemente chimice, grupate în tabelul periodic al elementelor.

Poate că, asemenea plantelor, şi omul va avea facultatea de a se hrăni numai cu substanțe minerale, pentru că ele posedă o foarte mică energie vitală, motiv pentru care sunt uşor supuse prefacerilor. Atunci am consuma mai rar şi în cantități mai mici decât acum, când, având un regim alimentar de origine animală, suntem nevoiți să mâncăm mult şi de multe ori pe zi. Poate că va veni odată vremea când omul se va hrăni cu alimente concentrate, de natură minerală, chimică, sub formă de pastile, care nu vor cere timp atât de îndelungat pentru digestie, absorbție şi asimilație, rămânând organismului un mare spațiu de timp pentru odihnă sau alte preocupări.

Întrebuințarea unui aliment de origine animală are ca urmare introducerea în trupul nostru a prea multe elemente chimice – fosfați, carbonați şi sulfați – care, purtați de sânge în toate celulele, se depun în pereții vaselor sanguine, şi din elastice le fac rigide. Aceste elemente chimice, ca şi altele, create în trupul nostru prin diferite combinații chimice – urați şi oxalați – năvălesc în țesuturile organelor şi astfel, încetul cu încetul, organismul întreg îşi pierde plasticitatea, vigoarea de mai înainte, devine rigid, îşi reduce activitatea şi bătrânețea soseşte mai devreme decât ar fi timpul; ca urmare, părul cade, dinții se cariază, pielea se zbârceşte, muşchii devin flasci şi activitatea totală a organismului se încetineşte. În modul acesta, trupul nu mai corespunde cerințelor spiritului, acesta fiind nevoit să-l părăsească.

Dacă am căuta să introducem în trupul nostru numai alimente cu rol de întreținere şi reparare a organismului – care se uzează prin însăşi funcționarea sa – alimente care nu-i fac rău, nu-i distrug țesuturile şi nu-i întăresc organele, vigoarea s-ar menține multă vreme, bătrânețea sosind mai târziu.

Este necesar ca atâta timp cât stăm pe pământ, să fim pe deplin sănătoşi, pentru a culege cât mai multe învățăminte, prin intermediul cărora spiritul să se lumineze, să evolueze din ce în ce mai mult, iar conştiința noastră să se ridice şi să devină cât mai clară.

Deoarece nu există aliment, fie de origine vegetală sau animală, care să nu conțină elemente ce solidifică şi întăresc țesuturile, se cere – mai ales în a doua jumătate a vieții – ca măcar apa[1] pe care o bem să fie cât mai săracă în săruri minerale, în special carbonați de calciu.

Dar regimul ideal este cel al fructelor şi semințelor. Ele conțin apă curată, substanțe zaharoase uşor asimilabile şi albumine, sub forma cea mai simplă, uşor de descompus şi asimilat de organism.

Fructele şi legumele sunt alimente care conțin proporțiile cele mai ridicate de materii nutritive şi cea mai scăzută proporție de substanțe solide.

Mierea de albine este încă un aliment excelent pentru organism.

Cei care au luat cunoştință de existența lumilor invizibile, ştiu că animalele sunt frații noştri cei mai tineri şi că spiritul lor va anima, în veacurile viitoare, corpuri umane. Se cade să nu chinuim, ucide şi mânca pe frații noştri mai mici, ci, dimpotrivă, să-i ajutăm în existența lor terestră, după cum şi noi suntem ajutați de ființe superioare nouă, ca să ne urmăm mai uşor evoluția pe pământ.

---

[1] Apa absoarbe cu uşurință fluidele, păstrând în moleculele ei memoria trecutului; ea poate fi uşor încărcată cu vibrații sfinte dar şi cu cele contrare. Din acest motiv, nu este indicată folosirea apei din conducte şi din lacuri de acumulare, deoarece ne otrăvim templul trupesc; pe cât posibil să folosim apa de izvor. De asemenea, dacă ne-am pierdut armonia şi pacea interioară, o baie scurtă în apă curată va absorbi fluidele contrare, ajutându-ne să ne restabilim pacea sufletească.

Putem consuma produsele obținute de la animale – laptele şi preparatele lactate (brânza, smântâna, untul) – pentru că acestea sunt alimente ideale, natura punând în ele, într-o formă cât mai asimilabilă, tot ceea ce este necesar micilor urmaşi ai acestor viețuitoare. Laptele se obține prin însăşi actul vieții lor, fără a provoca animalelor suferințe fizice sau spirituale.

Încorporând alimente uşor asimilabile, înlesnim formarea în trupul nostru de celule noi, care le vor înlocui pe cele uzate, generând în decurs de şapte ani organe noi, total schimbate, cu totul noi față de cele avute cu şapte ani în urmă. În acest mod, începând cu substanța moale a sistemului cerebrospinal, şi până la țesutul osos compact ce alcătuieşte scheletul, toată ființa noastră fizică este supusă unei necontenite primeniri[1]. Aşadar, în timpul vieții terestre, la intervale de şapte ani, trupul nostru se topeşte şi se reformează de mai multe ori. Cu toate aceste transformări, noi rămânem aceiaşi. Materia cerebrală se reînnoieşte, schimbându-se complet, dar gândirea persistă şi împreună cu ea memoria îşi păstrează amintirile unui trecut ce depăşeşte şapte ani, şi la care actualul nostru trup nu a participat. Tocmai acest fenomen dovedeşte existența în noi a unui principiu deosebit de materia fizică, a unei forțe invizibile, care persistă în mijlocul prefacerilor fizice. Prin urmare, facultățile noastre spirituale n-au nimic comun cu materia fizică. Inteligența, judecata şi voința sunt însuşiri abstracte, pe care nu le putem confunda sau presupune că se nasc din materia sistemului cerebral sau a substanței sanguine.

Spiritul persistă, este acelaşi chiar dacă dispare materia fizică pe care o conduce. La terminarea vieții terestre, când se va dizolva pentru ultima oară această materie fizică, rămâne spiritul nepieritor. Fizica şi chimia ne spun că materia nu se pierde, ci se transformă. Ei bine, la moartea noastră biologică materia fizică se va întoarce în lumea fizică de unde a fost încorporată.

De asemenea, cunoştințele ştiințifice de azi ne spun că energia nu piere nici ea, ci se transformă. Spiritul – forța care a condus corpul fizic – va părăsi la moartea biologică trupul, haina carnală sau instrumentul de care nu se mai poate servi, rămânând însă acelaşi ca înainte şi ducându-şi mai departe, sub o formă eterică, noua sa viață.

Pentru cel dornic să facă studii în lumea invizibilă, se recomandă regimul alimentar vegetarian, dar cu observația ca trecerea la alimentația vegetariană să se facă gradat, pe cât posibil primăvara sau vara. Nu se poate trece dintr-odată de la un regim alimentar de origine animală – cu care ne-am obişnuit din copilărie şi pe care l-au avut mai multe generații – la un regim absolut vegetarian, ci trebuie să păşim treptat, pentru a da răgaz organismului să se obişnuiască cu noul regim, altfel riscăm să ne îmbolnăvim.

Organismul nostru se poate fortifica evitând cu grijă alimentele ce conțin prea multe materii minerale şi consumând apă curată – pe cât posibil de izvor – iar pe de altă parte, favorizând cât mai mult eliminarea, prin epidermă, a produselor vătămătoare din organism, făcând băi cât mai dese. Iată motivul pentru care cele mai

---

[1] Grație acestui mecanism de regenerare este posibilă vindecarea spontană şi totală a unui organism, dar numai în cazul dispariției cauzelor sufleteşti sau karmice ale bolii respective, sau dacă amprentele eterice ale unor gânduri şi sentimente contrare au fost şterse din memoria celulelor.

multe religii prescriu băi cât mai frecvente, pentru că ele purifică trupul şi întreţin sănătatea. Băile făcute cât mai des contribuie la o uşoară transpiraţie, ocazie cu care se elimină mari cantităţi de săruri din organism. Altfel aceste săruri s-ar depune treptat prin ţesuturi, iar în plus, apa cu care ne îmbăiem conţine o mare cantitate de fluide, ce vor împrospăta fluidele fizice din corpul nostru fizic.

Se recomandă să fricţionăm tot trupul cu apă rece, pentru a produce o năvălire a sângelui către extremităţi şi să provocăm astfel o circulaţie activă în tot trupul, antrenând sărurile către aparatul urinar, pentru a fi eliminate.

Trupul trebuie dezvoltat prin exerciţii moderate pentru a-l face flexibil şi ager. Către bătrâneţe, aceste exerciţii se pot înlocui cu plimbări uşoare, dar nu prea îndepărtate şi obositoare.

Din când în când este necesar să nu mâncăm câte o zi deloc, ca să dăm răgaz aparatului digestiv să se odihnească, iar organismul să elimine toxinele. Însă nu e indicat ca aceste zile de ajunare să fie prea dese sau prelungite, deoarece atunci, în loc să ajutăm organismului, îl ruinăm.

O grijă deosebită trebuie să avem ca defecarea să fie cât mai regulată, colonul trebuie golit zilnic şi matinal. Trebuie să acordăm o atenţie deosebită eliminării excreţiilor rezultate în interiorul trupului nostru.

Când mâncăm, să fim cu gândul la actul mâncării, căci acest gând activează secreţia glandelor digestive şi astfel digestia va fi completă.

Este bine ca laptele sau cafeaua cu lapte să fie consumate încet, puţin câte puţin, pentru ca pe măsură ce le introducem în stomac, să fie atacate de sucul gastric; altfel, laptele intrat brusc în stomac, se coagulează în masă, formând o bulă mare de brânză, greu de fărâmiţat şi atacat de sucul gastric.

De asemenea să acordăm o atenţie deosebită aerului inspirat, pentru că în aer se găsesc atomi[1] purtători de energie vitală. Să evităm, pe cât posibil, incintele aglomerate – teatre, cinematografe, săli de concert, întruniri politice, deoarece acolo se găseşte un aer foarte viciat.

Cât timp nu se cunoştea anatomia trupului omenesc, nu se bănuia sublima sa alcătuire. Azi se cunoaşte interiorul său, structura sa intimă, până la ultima sa celulă. Studiile histologice, ale diferitelor ţesuturi din trupul uman, au arătat savantului structura complexă a diferitelor organe, dar mai ales a sistemului cerebrospinal, nevraxul fiind un labirint de celule nervoase. Luat în ansamblul său, trupul omenesc se arată ca o operă grandioasă, a cărei complexitate nu o întrece nicio maşinărie terestră. Aşa cum el se arată anatomistului, pare rezultatul unei evoluţii ce se pierde în noaptea adâncă a veacurilor.

Omul nici nu bănuieşte ştiinţa posedată de marile şi glorioasele forţe angelice şi efortul lor depus la construirea trupului în care îşi duce traiul spiritul omenesc. Trupul omului este opera cea mai grandioasă din tot universul. În el se cuprinde, în rezumat, tot ce a creat Tatăl – binecuvântat fie Numele Său – de la scânteia divină, până la mineralul globului nostru. În el găsim o arhitectură desăvârşită, fizica şi chimia pământului realizate sub formele cele mai armonioase.

Dacă ai şti tu, omule, ce alcătuire sublimă ţi s-a încredinţat de Atotputernicul,

---

[1] Prana (sanscr. – suflu, răsuflare) – Viaţa universală, forţa vitală, care se manifestă pe toate planurile creaţiei.

pentru a te bucura de frumuseţile operei Sale, l-ai îngriji ca pe o nestemată de mare preţ," ca pe un bun de nepreţuit. Aşadar, fii atent, păstrează-l, îngrijeşte-l, dar nu uita, totuşi, că trupul este vremelnic, că el a fost făcut din pământ şi în pământ trebuie să se întoarcă. Tu eşti veşnic. Din Ceruri te-ai coborât în trup şi în Ceruri, patria ta veşnică, te vei întoarce. Unul va coborî iar celălalt se va sui.

* * *

Când vrem să cunoaştem compoziţia minerală a unei plante, o luăm şi-o cântărim, iar după aceea o uscăm. Prin căldura aerului, ea pierde toată apa trupului său. O cântărim din nou şi aflăm câtă apă a pierdut prin evaporare. Luăm acum planta uscată şi o ardem într-un cuptor închis. Din cauza aerului fierbinte se vor degaja toate elementele volatile: bioxidul de carbon, hidrogenul sulfurat, amoniacul etc. În cuptor, în vasul de argilă refractară va rămâne, din toată planta, o cenuşă, un praf format din mineralele ce intră în compoziţia plantei. Cântărim acest praf şi diferenţa până la planta uscată arată elementele chimice volatile. Trecem la analiza cenuşii şi constatăm că este alcătuită din aproximativ 12 elemente chimice – O, H, C, Ca, Ph, Mg, K, Na, Cl, S, N, Mn – organizate sub formă de diferite săruri – fosfaţi, sulfaţi, carbonaţi, cloruri.

De când s-au creat în diferite puncte ale globului crematorii pentru incinerarea cadavrului omenesc, din care rămâne doar o mână de cenuşă, s-a trecut la analiza acestei cenuşe, constatându-se că trupul omenesc cuprinde aceleaşi elemente chimice întâlnite la plante, şi organizate tot sub formă de diferiţi compuşi – cloruri, sulfaţi, carbonaţi, fosfaţi, oxalaţi.

Din studiile făcute de agrogeologi asupra scoarţei pământului, s-a găsit că el cuprinde diferite minerale simple sau compuse, dar oricum ar fi, elementele lor chimice sunt Si, C, Ca, Mg, Mn, S, Na, K, O, H, Pb, Fe. Comparând seria de elemente din solul şi subsolul pământului cu seria de elemente chimice ce intră în constituţia trupului uman, se constată o identitate aproape perfectă.

Acelaşi material mineral intră în constituţia pământului pe care îl călcăm cu piciorul, ca şi în constituţia trupului nostru. Evident, unul se prezintă aşa cum a fost constituit primordial, iar celălalt se prezintă sub o formă atât de transformată, încât un neştiutor nici n-ar bănui că diferitele organe, substanţa sanguină, sistemul osos sau muscular sunt una cu ţărâna de pe drum.

Într-adevăr, mineralele pământului se dezagreghează din cauza căldurii şi a frigului, din cauza dilatării şi a contractării continue şi sfârşesc prin a se sfărâma şi pulveriza. Apa ploilor se infiltrează în pământ şi dizolvă particulele lui, transformându-le în diferite soluţii minerale – sulfaţi, carbonaţi, azotaţi. Pe suprafaţa pământului cresc o infinitate de forme vegetale. Oricare ar fi gradul lor evolutiv, toate absorb aceste soluţii minerale, le introduc în trupul lor şi le prefac, graţie luminii solare, în substanţe organice, cu care alcătuiesc celule vegetale. Acestea, prin orânduirea şi diferenţierea lor, vor constitui elemente reproducătoare, cu ajutorul cărora specia se va înmulţi şi răspândi.

Prin rădăcinile, tulpinile, frunzele şi fructele lor plantele servesc drept hrană animalelor. Trupul plantei, introdus în trupul animalului suferă prefaceri, finalizate prin alcătuirea unei serii infinite de compuşi chimici, ce vor constitui trupul celulelor animalului, contribuind astfel la creşterea lui sau la repararea elementelor anatomice distruse prin însăşi actul vieții lor.

După câțiva ani, animalul va termina actul existenței sale terestre, va muri. Trupul îi va rămâne pe terenul unde i-a sosit moartea, fiind expus aerului, căldurii, umezelii, uscăciunii şi microbilor ce-l vor năpădi. Un proces lung se produce sub acțiunea acestor factori, materia lui trecând din etapă în etapă, până nu vor mai rămâne din el decât oasele. Unele materii se prefac în gaze – pierdute în atmosferă, altele se transformă în lichide – strecurate printre particulele pământului. În fine, părțile tari, oasele, se vor pulveriza sub acțiunea bioxidului de carbon, a oxigenului, a căldurii şi a frigului, fiind, încetul cu încetul, risipite de vânt pe întinsul pământului şi cărate la distanță de apa ploilor, iar apoi dizolvate. Astfel, din bietul animal nu a mai rămas nimic. Materia ce a constituit trupul său s-a reîntors iarăşi în pământul din care a plecat.

Există câteva animale, pe care omul le prinde sau le creşte pe lângă casa lui, pentru a-i servi ca aliment. Materia trupului lor, intrată în uzina trupului uman, suferă o prefacere şi mai adâncă decât prefacerea plantei în trupul animalului. Din elaborările multiple şi complicate se nasc în trupul omului o serie de compuşi chimici, care, în definitiv, alcătuiesc celulele diferitelor țesuturi.

Când s-a terminat firul existenței noastre, spiritul se înalță la Cer, iar trupul îl depunem în pământ, de unde a pornit odată, căci pământ era şi în pământ s-a reîntors. Cine ar bănui că mâna cu care scriem, ochiul cu care admirăm frumusețile naturii, sistemul cerebral cu care scrutăm lucrurile şi ființele din jurul nostru sunt pământ prefăcut! De necrezut, şi totuşi acesta este adevărul.

Piatra a trecut în plantă, transformându-se în substanță organizată, iar de aici în animal sau om, revenind la sfârşitul existenței sale de unde a plecat, la mineral.

Roata vieții împinge materia din prefacere în prefacere, pentru a crea forme noi, instrumente în care să vină alte entități spirituale, pentru a învăța la marea şcoală a universului, a vieții veşnice.

Corpul vital

Un corp solid poate fi pus în mişcare prin acțiunea unui alt corp solid. Aşa de exemplu, arcul de oțel al unui ceas, strâns în jurul său şi apoi lăsat liber, caută să se desfacă. În mişcarea sa de destindere, învârte o rotiță şi aceasta, prin angrenaje, mişcă o alta şi din roată în roată se mişcă minutarul şi orarul ceasului.

Dar un corp solid poate fi mişcat şi de un corp lichid. Astfel apa unui iaz, a unei gârle, lovind paletele unei roți de moară sau ale unei turbine, pune în mişcare o piatră de moară sau un motor.

De asemenea, un corp solid poate fi pus în mişcare de un gaz, curenți de aer ce pun în mişcare o moară de vânt.

Ei bine, există corpuri solide puse în mişcare de curenți eterici. Astfel trupul plantelor, animalelor şi al omului este străbătut de anumiți curenți de natură eterică – invizibili ochilor – care întrețin viața, întreaga activitate internă şi externă a trupului.

În acest subcapitol ne vom ocupa de viața trupului – principiul şi vehiculul care dă vitalitate şi pune în mişcare trupul uman.

Dacă ochiul nostru vede, dacă inima bate şi muşchii se contractă, dacă gândim, vorbim şi lucrăm, într-un cuvânt întreaga viaţă şi activitate diversă a trupului nostru se datoreşte unui curent de natură eterică, numit curent de viaţă, curent vital.

Am văzut până acum că, în ultimă analiză, trupul nostru nu este decât pământ prefăcut, având aceeaşi compoziţie minerală, sub diferite stări, solidă – sistemul osos, semisolidă – sistemul muscular şi cerebrospinal, lichidă şi gazoasă – sângele, conţinând atomi de O, N, H, CO_2 etc.

Acest trup plurimineral are o existenţă parabolică, adică se naşte, creşte, atinge un apogeu şi apoi se stinge treptat, scăzându-i puterile şi sfârşind cu moartea. Cu alte cuvinte, are o naştere, o existenţă şi o moarte. Toată această existenţă – la unii scurtă, la alţii mai lungă – se datoreşte celui de-al doilea corp fizic, numit corp vital, corp eteric.

Dacă umplem un vas cu nisip, acesta va lua forma vasului. Să turnăm acum apă în acest vas, vom vedea că ea va lua forma nisipului. Acelaşi lucru îl putem face cu un burete înmuiat în apă.

Apa va ocupa ochiurile libere ale buretelui şi, pentru un moment, va lua forma buretelui.

La fel se întâmplă şi cu vehiculul nostru fizic. Alături de trup şi în interiorul său, pătrunzându-l din toate părţile, se află corpul vital, având aceeaşi formă cu el, dar alcătuit din materie eterică[1] sau fiuidică. După cum trupul are diferite organe, orânduite în sisteme şi aparate, corpul vital, umplând interiorul trupului şi pătrunzând organele sale, va reproduce absolut toate aceste organe, până la ultima celulă.

Corpul vital este o copie atât de fidelă a trupului, încât apare, pentru un clarvăzător, ca un al doilea trup, o imagine identică a acestuia, motiv pentru care a fost denumit dublul eteric.

Am afirmat că vehiculul vital este format din materie eterică sau fiuidică. Dar ce este fluidul?

Ştiinţa pozitivă de azi, cea predată în universităţi şi academii, nu cunoaşte decât trei stări ale materiei: solidă, lichidă şi gazoasă. Ştiinţa ocultă sau superştiinţa veacurilor trecute, vorbeşte de stări ale materiei fizice, care nu se văd, nu se simt şi deocamdată, nu se pot cerceta şi analiza în laborator; materii fizice numite radiante, eterice sau fluidice.

---

[1] Corpul vital uman este alcătuit din patru categorii de eteruri fizice:

1. Eterul chimic – cel mai dens din cele patru eteruri care intră în constituţia corpului vital. Acest eter înzestrează regnul mineral cu proprietăţile sale chimice, produce creşterea regnului vegetal, iar regnului animal şi uman îi conferă facultăţi legate de asimilaţie, nutriţie şi creştere.

2. Eterul vital – nu este activ în regnul mineral, iar în regnul vegetal, animal şi uman asigură perpetuarea speciei.

3. Eterul lumină – este în stare latentă, inactivă, la regnul vegetal, urmând a se dezvolta în timp. În regnul animal şi uman produce căldura corpului fizic, animă sistemul nervos şi muscular şi asigură percepţia senzorială.

4. Eterul reflector – este mai puţin activ la regnul animal. El este foarte dinamic la om, unde conduce vehiculul gândirii şi înmagazinează în memorie experienţele trecutului.

Prin urmare corpul nostru fizic este alcătuit din materie fizică aflată în şapte stări: cele trei stări chimice: solidă, lichidă şi gazoasă – şi patru stări eterice – necunoscute încă de ştiinţa actuală.

Fluidul intră în constituția tuturor corpurilor din natură – de la microb până la astre, de la om până la universuri. Această materie eterică, şi totuşi fizică, ce nu lipseşte din niciun corp, este formată din particule infinit de mici. Cu toată dimensiunea lor neînchipuit de mică, particulele au volume şi naturi diferite, în funcție de gradul de evoluție al vibrațiilor care le animă.

Există o scară infinită de calități ale fluidelor, de la cele inferioare, ce însoțesc pietrele, până la cele superioare, care intră în constituția marilor Ființe creatoare – Auxiliarele Ființei supreme – Creatorii miliardelor de corpuri cereşti risipite în spațiu şi ale ființelor ce le populează.

Din toată această serie nesfârşită de fluide, marile Lumini spirituale ale planetei noastre disting patru categorii de fluide fizice:

1. fluid planetar;
2. fluid solar;
3. fluid universic;
4. fluid cosmic.

Pentru o mai bună înțelegere, este necesară următoarea descriere.

Să ne închipuim în mijlocul spațiului infinit o sferă uriaşă, ale cărei dimensiuni întrec orice fantezie omenească. Aceasta este sfera creației sau cosmosul, plin cu un eter, cu un fluid de cea mai fină calitate, din seria fluidelor fizice, numit fluid cosmic, în interiorul sferei cosmice, plutesc patru sfere de dimensiuni inimaginabile, numite sfere-univers. Ele sunt aşezate în cruce, pe o linie spirală, la distanțe deosebite față de un punct central al cosmosului. Aceste sfere-univers sunt pline cu un fluid sau eter, de o calitate inferioară celui cosmic, numit fluid universic. În interiorul fiecărei sfere-univers se găsesc zeci de miliarde de stele, sisteme planetare de diferite mărimi, de diferite grade evolutive şi constituții fizice. Aşezarea lor în sfera-univers este ordonată după o ordine numerică, descriind între ele forme geometrice. De pe pământ, ochiul nostru le vede sub diferite forme – triunghi, greblă, car, şarpe – dar acest aspect al constelațiilor nu este decât perspectiva lor văzută de om de pe pământ. În realitate, ele sunt grupate câte două, trei, patru şi aşa mai departe.

Având în vedere evoluția lor de la nebuloasă până la sori sau planete, sistemele planetare sunt împărțite în 12 grade evolutive, iar numărul lor total trece de cincizeci de miliarde în fiecare univers - după afirmațiile marilor entități spațiale.

După cum fluidul din cele patru sfere-univers diferă unul de altul, existând patru feluri de fluide universice, tot aşa şi cele 12 grade de sisteme planetare din fiecare univers au în jurul lor şi în sânul lor un anumit fluid. Aşadar, în fiecare univers există 12 categorii de fluide, numite fluid solar.

În jurul fiecărui soare sau stele gravitează unul, două, trei sau mai multe corpuri cereşti, numite planete. Toate aceste planete plutesc în marele ocean al fluidului solar respectiv. Fiecare planetă fiind înconjurată de o atmosferă eterică, mai subțire sau mai groasă, numită fluid planetar.

Fluidul fiecărei planete diferă de cel al surorilor sale din acelaşi sistem, din cauză că fiecare are o vârstă şi ca atare, o evoluție diferită. Prin urmare, vor fi tot atâtea feluri de fluide planetare câte planete există în acel sistem solar.

După ce am făcut această paranteză revin la eterul sau fluidul corpului nostru vital. Totuşi, nu pot trece mai departe fără a enunţa de pe acum că în fiinţa noastră integrală se află toate categoriile de fluide fizice expuse mai sus, a căror totalitate formează ceea ce unii iniţiaţi numesc perispirit – o serie de corpuri fluidice intermediare între corpul fizic şi scânteia divină, numită spirit.

Corpul nostru vital este format din eterurile inferioare conţinute în gama de eteruri ale planetei noastre. Totuşi, particulele lui au o mişcare, o vibraţie, cu mult mai intensă decât mişcarea miceliilor ce compun substanţa protoplasmatică a celulelor trupului nostru.

Vibraţia particulelor fluidice pune în vibraţie protoplasma şi nucleul celulei, mobilizând astfel întreaga celulă. Mişcarea, percepţia, asimilaţia, metabolismul, respiraţia, reproducerea şi excreţia celulei se datorează fluidului vital. Dacă fluidul corpului vital s-ar opri brusc din activitatea sa, din mişcarea sa vibratorie, imediat ar încetini şi mai apoi s-ar opri activitatea celulară. Din această cauză corpul eteric, corpul vital, poate fi considerat motorul trupului, animatorul său, de unde şi numele de corp vital, corp întreţinător de viaţă.

Corpul eteric este intermediar între trup şi un corp mai fin, aflat mai profund şi cu o existenţă mai lungă, numit corp planetar, denumit de unii ocultişti corp astral, considerând Pământul ca fiind una dintre numeroasele astre ale universului nostru.

Despre trupul nostru am spus că are o existenţă efemeră, adică are un început, o dezvoltare, un declin şi un sfârşit. Din pământul sau lutul părinţilor s-a format, din laptele mamei a crescut, din natură s-a întreţinut şi în pământ se va întoarce. Ca orice în lume, e supus şi el legii existenţei ciclice – se naşte, trăieşte şi piere, asemenea planetelor, stelelor şi a tot ce există în sfera creaţiei, pentru ca din materia lor să se formeze alte corpuri, pe o scară evolutivă mai ridicată. Totul urcă pe o scară ce se pierde în veşnicie şi către o perfecţiune fără de sfârşit.

Pe măsură ce trupul nostru – din microscopic cum era în pântecele mamei – devine din ce în ce mai mare, alături de el şi în interiorul său, se dezvoltă şi corpul său vital. După cum trupul se întreţine prin asimilarea de materii terestre, tot astfel se dezvoltă şi se întreţine şi corpul vital, absorbind din spaţiu substanţa vitală, fluidul, asemănător fluidului din care e format şi eliminând materia uzată care şi-a îndeplinit rolul de motor, de mobilizator al trupului.

Când – dintr-un motiv oarecare: boală, bătrâneţe sau accident – trupul şi-a terminat existenţa, corpul vital părăseşte şi el trupul, nemaiputând primi materia vitală din spaţiu. Când trupul şi corpul său vital sunt prea uzate, spiritul nu le mai poate utiliza în observările şi studiile sale. Atunci spiritul se retrage din aceste învelişuri şi se ridică în spaţiu, trăgând după el perispiritul său.

După moartea biologică, vehiculul vital va rămâne o vreme în trup, stând în preajma lui, în jurul coşciugului, al casei sau al mormântului, dar apoi îl părăseşte. Noaptea, în primele zile după moarte, se poate vedea pe întuneric o masă alburie de formă umană, oscilând, mişcată fiind de curenţii fluidici ai spaţiului. Acesta este corpul vital al trupului părăsit de stăpânul său – spiritul sau scânteia divină. Corpul vital zace în preajma trupului până ce încetul cu încetul materia sa eterică se risipeşte în mediul înconjurător, dispărând cu totul.

Cu atât mai sănătos şi viguros va fi trupul, cu cât corpul său vital va fi mai puternic şi cu vibraţii mai înalte şi armonioase. Corpul vital este cu ceva mai mare decât trupul, depăşind periferia acestuia cu câţiva centimetri. Persoanele clarvăzătoare, ori cele adormite prin pase magnetice, văd în jurul omului o ceață alburie, un nimb cu o lățime de 10-20 centimetri – constituind aura eterică.

Rar găsim doi oameni care să aibă acelaşi fel de materie eterică. Vehiculul vital este format şi el din materie eterică de diferite calități, existând o strânsă relație între calitatea trupului şi calitatea corpului vital. Cu cât un trup este format dintr-o materie mai pură, cu atât şi însoțitorul său, corpul vital, va fi alcătuit dintr-o materie de o calitate mai fină. Prin urmare, intervine şi aici legea asocierii şi se potriveşte vorba: „Spune-mi cu cine te însoţeşti, ca să-ţi spun cine eşti".

Corpul vital, ca şi orice corp de materie din lume, are o sensibilitate a sa proprie, o orientare, şi din această cauză am zice o conştiinţă, redusă bineînţeles, dar nu mai puțin existentă. Într-adevăr, el se micşorează în fața agresiunii, şi se măreşte când este înconjurat de iubire.

Atâta timp cât spiritul locuieşte în corpul fizic, corpul vital este legat de perispirit şi întreţine funcţiile, sănătatea, căldura şi puterea trupului. Corpul vital nu părăseşte complet trupul şi nu se rupe deplin de perispirit, decât în momentul morții. Noaptea, când spiritul – pentru a-şi trăi viața de spirit – părăseşte trupul adormit, trage după ei o parte din corpul vital[1]. Acesta îmbăindu-se în oceanul de fluid eteric existent în jurul său, absoarbe o cantitate din acest fluid, pentru a-şi înlocui particulele uzate prin funcționarea lor.

Prin magnetizare, se produce o separare între trup şi spirit. De-o parte rămâne trupul împreună cu nivelul inferior al corpului vital, iar de cealaltă parte, spiritul cu perispiritul său şi cu nivelul superior al corpului vital. În acest caz, spiritul se comportă ca şi cum ar fi liber în spaţiu, deşi el se găseşte tot în trup, sau prea puțin ieşit în afara lui. O asemenea separare şi o evadare parțială a spiritului are loc şi în timpul anesteziei. În acest caz se poate ciopârţi trupul fără ca acesta să sufere, întrucât corpul planetar – sediul sensibilității şi ale senzațiilor plăcute sau dureroase – a evadat împreună cu spiritul pe care îl înconjoară.

Totul, marele şi micul, imperfectul, ca şi sublimul, sunt formate din materii de grade diferite de vibraţie. Totul provine din acelaşi unic eter, care pe măsură ce s-a îndepărtat de Centrul creației şi-a încetinit vibraţia, iar eterul, devenind din ce în ce mai compact, mai dens, mai rece, a trecut în stare gazoasă, lichidă şi a sfârşit prin a se solidifica.

Departe, în adâncul cerului pe care-l admirăm în nopțile de vară, se află o sferă a cărei mărime întrece pe a oricăreia din cele patru universuri. Aceasta este Sfera-Laborator a tot ce vedem şi nu vedem, a tot ce ştim şi nu ştim, sfera din care pleacă spiritul – pentru a evolua secole nesfârşite, după care se întoarce la Centrul creator, pentru a porni iarăşi la drum, spre o nouă etapă evolutivă. Din această sferă pornesc – din veşnicie şi în veşnicia care va veni – în fiecare dintre cele patru universuri, doi

---

[1] Spiritul, care.părăseşte trupul adormit, trage după sine, prin perispirit, nivelul superior al corpului vital, şi anume cel format din eter reflector şi eter lumină. Această evadare are loc fără ruperea legăturii.existente între nivelul superior şi cel inferior al corpului vital. Nivelul inferior, format din eter vital şi eter chimic, rămâne în continuare în trup. În cazul când se produce ruptura între aceste două nivele, survine moartea biologică.

curenți[1] cu o viteză deosebit de mare la început, parcurgând o traiectorie spiralată, incomensurabilă. Aceşti curenți vin şi înfăşoară cele patru universuri, obligându-le la o rotație în jurul axei lor, asemenea roților unui angrenaj, silite să se învârtească de o curea de transmisie. În acelaşi timp cele patru universuri sunt purtate de cei doi curenți, într-o mişcare de revoluție în jurul Sferei-Laborator.

Când aceşti curenți – unul de natură electrică şi altul de natură magnetică – ajung la sfera universurilor, desprind câte o ramură care pătrunde în fiecare univers. Odată intrați în cele patru sfere-univers, ocolesc fiecare stea sau sistem planetar, le determină să se învârtească în jurul axei lor şi în acelaşi timp le poartă pe o traiectorie eliptică, de la periferia sferei-univers spre centru şi înapoi. Apoi părăsesc acest sistem periferic pentru a trece rând pe rând la cele intermediare şi, în fine, ajungând la cele mai apropiate de centru. Curentul care a înconjurat un soare se abate rând pe rând la fiecare planetă a acelui sistem solar, imprimându-le şi acestora două mişcări, una de rotație în jurul axei lor şi alta de revoluție în jurul soarelui lor. Pe măsură ce se îndepărtează de Centru, curentul electric şi magnetic îşi încetineşte viteza şi devine din ce în ce mai dens şi mai puțin activ. După ce curentul cosmic – electric şi magnetic – a străbătut toate universurile, toate sistemele solare şi toate planetele, se întoarce pe o altă traiectorie spiralată, în Centrul creației, în Sfera-Laborator, pentru a fi împrospătat cu o nouă materie fluidică, trimisă din nou să întrețină mişcarea şi viața întregii creații.

Cei doi curenți – electric şi magnetic – au calități infinite, fiind în măsură să producă o infinitate de efecte. Curentul electric, electricitatea, va da naştere la lumină,

---

[1] După cum viața omului este întreținută de curentul sanguin, în cosmos sau creație viața este întreținută de curenți de lumină.

Fohat (energie, forță, viață) reprezintă suflul sau lumina Logos-ului, manifestarea vieții, principiul pozitiv sau masculin al cosmosului, spre deosebire de materia cosmică (prakriti) – principiul negativ sau feminin. Fohat este polenul, sperma cosmică, ce fecundează materia virgină (prakriti), zămislind cosmosul, creația manifestată. Printr-o emanație de iubire, primul Logos fecundează materia virgină, creând un vid, un vortex, o emulsie de bule în materia devenită mamă. Fiecare bulă este un ou, o sferă plină cu viață, constituind urzeala cosmosului, universurilor, astrelor, planetelor, atomilor etc.

Materia vizibilă este absența materiei cosmice invizibile (Mulaprakriti), o gaură sculptată de energie, de Fohat, în materia invizibilă. Materia vizibilă o putem compara cu bulele de aer aflate în apă, care în acest caz reprezintă materia invizibilă. Aceste bule sunt formate în cele patru universuri de un vortex, vârtej de energie Fohat, care îşi modelează o sferă, formează un vid în materia cosmică invizibilă. Universurile sunt sfere sculptate în materia cosmică (Mulaprakriti), sistemele solare sunt sfere modelate de Fohat în materia universică (prakriti) etc. Prin urmare, sfera-cosmos, sfera-univers, sfera-soare, sfera-planetă, sfera-atom sunt modelate de Fohat în diversele stări ale materiei invizibile.

Unu în esența sa, Fohat devine triplu, septuplu, şi urmând legea septenară se divide la infinit, dând naştere, în universul obiectiv, la diferitele energii convertibile între ele: electricitate, lumină, căldură, sunet, mişcare etc. Fohat nu este Spiritul, Logos-ul, ci emanația Logos-ului care leagă în mod indisolubil spiritul de materie, Puruşa de Prakriti.

Cabala spune despre Fohat că este „calul călărit de gând".

Pe lângă energia transmisă prin sânge, procesele vitale ale organismului uman sunt dominate de energie nervoasă sau magnetism. O formă de manifestare a magnetismului este Prana, întâlnită pe toate planurile creației. Această Voință guvernatoare revărsată pretutindeni este denumită de ocultişti *magnetism universal*, de cabalişt – Aour, reprezentând *aurul* alchimiştilor, *cauza atracției universale, iubirea astrelor.*

căldură, mişcare şi sunet. Curentul magnetic, magnetismul, va genera combinații chimice, fenomene fizice, vitalitate şi sănătate. Din această cauză magnetismul mai este numit curentul de viață, curentul vital, iar ocultiştii indieni l-au denumit curentul afinității, al gravitației, al simpatiei între oameni – curentul iubirii.

Aceste două feluri de materii-forțe nu se pot transforma una în alta. Ele sunt deosebite şi reprezintă forțele prin care se manifestă însuşi Creatorul, forțele prin care El mişcă şi unifică totul. Prin urmare, vitalitatea sau curentul de viață întreține viața de pretutindeni, deci şi de pe Pământ.

Fără curentul vital, corpurile viețuitoare de pe planeta noastră, şi din întreaga creație, ar rămâne nemişcate, nesimțitoare, fără viață. Însuşi globul nostru, ca de altfel toate globurile din cosmos, ar pieri, s-ar fărâmița, pulveriza şi transforma în fluid, în materia primă, primordială.

Materia vitală este o substanță născută în infinitatea mileniilor, prin însăşi evoluția fluidului primordial. Prin urmare, ea este forța care ordonează materia fizică, determinând mineralele să se cristalizeze în anumite forme, plantele să aibă anumită culoare, înfățişare şi mărime, animalele să crească şi să îmbrace o varietate de forme. Fără această materie-forță, fără această viață, celulele trupului nostru nu ar mai fi legate unele de altele, pentru a forma țesuturi, organe, sisteme şi aparate. Toate ființele de pe suprafața pământului şi de pe suprafața infinitelor corpuri cereşti, îşi datoresc viața acestei materii-forță, acestei materii-viață, substanță fluidică radiatoare de viață, din Forța infinit de mare a Creatorului creatorilor.

Tot ce e puțin, nu e de-ajuns – este rău. Tot ce e prea mult, este însă şi mai rău. Când, în totalitatea sa, organismul corpului vital funcționează neregulat sau nearmonic, absorbind din mediul înconjurător prea mult sau prea puțin, se îmbolnăveşte şi trupul, care stă sub dependența lui. Astfel, trupul slăbeşte, pierde putere fizică, oboseşte uşor, îi creşte temperatura, până când într-o zi, încetează să mai funcționeze. Atunci, activitatea lui încetând, se zice că a murit.

Această materie vie, această forță de viață ce intră şi se răspândeşte în trupul nostru, pătrunde până la ultima celulă, se furişează în interiorul ei şi prezidează toată seria de fenomene fizice şi chimice ce au loc în sânul ei, activând prefacerea alimentelor în substanțe asimilabile şi a acestora în substanță protoplasmatică, iar pe de altă parte contribuind la prefacerea şi eliminarea substanțelor care nu mai folosesc la viața celulei.

Curentul de viață sosit la Soare, după ce primeşte tonalitatea vibratorie a evoluției astrului nostru, se îndreaptă de jur-împrejurul împărăției Soarelui până la ultimul său slujitor şi copil, până la cea mai îndepărtată planetă născută din el – planeta Pluto.

Pentru noi, oamenii, ca şi pentru toate viețuitoarele pământului, soarele este corpul dătător de lumină, căldură şi viață. Fără el, pământul ar fi cuprins de un frig îngrozitor, fără el, orice viață ar înceta. Omenirea nu ştie de existența curentului cosmic, ci doar de cel pe care îl vede şi îl simte, cel venit de la Soare, unde tronează marea Lumină – Fiul iubit al Tatălui ceresc, Stăpânul şi iubitorul nostru Mântuitor.

La trecerea sa prin Soare, curentul vital primeşte încă radiațiile fluidice ale Sfintei Treimi solare, conducătoarea evoluției a tot ce este în sistemul nostru. Sosit astfel în preajma Pământului, acestui curent i se mai adaugă razele strălucitoare ale Sfintei Treimi planetare, conducătoarea Pământului, pe care îl înfăşoară şi îl vivifică sau îi dă viață.

Prin urmare, curentul vital venit la suprafața pământului cuprinde materii fluidice de la Tatăl ceresc, de la Fiul divin şi de la Sfântul Duh.

Materia vitală, risipită în toate părțile trupului, se fixează mai ales în jurul nervilor şi a centrilor nervoşi. Grație materiei vitale, neuronul transmite impresiile venite din afară, sub formă de vibrații, care trecând prin perispirit ajung la spirit; de la spirit, prin perispirit, pornesc comenzi la sistemul cerebrospinal şi de aici la organe, muşchi etc. Aşadar, mulțumită materiei vitale, ochii văd, urechile aud, pielea pipăie, nasul miroase şi limba gustă.

Acestei materii-viață i se datorează faptul că mineralul, în decursul veacurilor, devine mai subtil, se cristalizează şi, mai târziu, se transformă într-un mineral, cu o compoziție atomică mai bogată în electroni şi protoni, urcând astfel pe o treaptă evolutivă superioară.

Curentul vital sau magnetic cuprinde o gamă variată de fluide magnetice, necesare tuturor treptelor evolutive ale planetelor, sorilor şi universurilor. Astfel, se înțelege că fluidul magnetic mineral are o calitate şi deci o vibrație inferioară fluidului magnetic vegetal. De asemenea, fluidul magnetic animal este superior fluidului magnetic vegetal, dar inferior celui uman.

Prin urmare, urcând pe scara evoluției, organizarea corpului vital este tot mai perfectată, iar acest corp vital, la rândul său, ajută la crearea şi întreținerea unui trup cât mai complicat, superior prin percepțiile sale.

* * *

După cum trupul are nevoie de hrană – ca să crească şi să-şi înlocuiască părțile uzate – şi corpul vital al omului se hrăneşte, absorbind din mediul înconjurător materie vitală, pentru înlocuirea celei uzate şi eliminate. Această absorbție se face prin actul respirației, prin porii pielii şi odată cu ingerarea alimentelor, care, ca orice materie fizică, sunt animate de fluid vital. Însă corpul vital absoarbe cea mai mare cantitate de materie vitală prin organele sale speciale, pe care le vom descrie numaidecât.

Absorbția – directă sau indirectă – de vitalitate se face în mod diferit, după condițiile mediului înconjurător. Astfel, când spațiul este mai luminos, cantitatea de materie vitală fiind mai mare, absorbția este mai activă, prin urmare, puterile şi funcțiile corpului vital sunt şi ele mai active. Când însă cerul este înnorat, şi în special noaptea, când este întuneric, absorbția este mai redusă. Ca urmare, trupul primind un impuls mai mic, puterile sale, vitalitatea lui sunt mai reduse. Iată înțelesul dispoziției noastre sufleteşti – mai bună vara, când e soare şi lumină, şi tristețea sau indispoziția iarna sau când vremea este închisă. Aşadar, sufletul este influențat de instrumentele avute la dispoziție – corpul vital şi trupul.

Persoanele cu vederea spirituală văd prin aer o puzderie de particule luminoase aflate într-o continuă mişcare sau vibrație, fiind mai vizibile în zilele cu soare, cu multă luminozitate. Aceste infinite punctulețe luminoase sunt aglomerări de particule din fluidul magnetic sau vital.

Cantitatea de materie vitală absorbită ziua abia face față nevoilor trupului, aflat într-o continuă activitate. Din această cauză, către seară ne simțim obosiți. Noaptea, activitatea trupului se reduce, consumul de materie vitală fiind mai mic. Absorbind în continuare fluid vital, corpul vital acumulează mari cantități de materie vitală, motiv pentru care dimineața, după odihna nopții, omul se simte dispus sufleteşte şi capabil să reînceapă activitatea fizică sau intelectuală. Aşadar, ziua consumăm mai mult decât acumulăm, noaptea, însă câştigul este mai mare decât consumul.

Încorporarea fluidului vital este mai amplă în prima parte a nopții şi mai redusă către ziuă. Poporul a concretizat acest adevăr, spunând: „Un somn de o oră înainte de miezul nopții face cât două către ziuă". În a doua parte a nopții, când vitalitatea este mai redusă, spiritul muribundului părăseşte trupul său obosit sau bolnav.

Spiritul nostru se simte fericit în lumea materiei fizice, când are la dispoziție instrumente în plină putere şi activitate. Omul este mai sensibil şi mai înțelegător când se află la o temperatură potrivită, decât în condiții de căldură ori frig exagerat.

Într-adevăr, în regiunile ecuatoriale, electricitatea din atmosferă fiind foarte mare, creşte temperatura şi luminozitatea. Căldura exagerată împiedică vitalizarea trupului; motiv pentru care omul nu poate gândi, simți şi lucra bine în regiunile cu temperatură prea ridicată. Situația este asemănătoare în regiunile polare, unde, datorită luminii slabe şi a temperaturii foarte scăzute, absorbția de materie vitală este dificilă şi insuficientă, sistemul cerebral aflându-se în imposibilitatea de a înregistra cu fidelitate ideile emise de spirit.

Prin urmare, electricitatea moderată favorizează vitalitatea corpului vital şi în mod indirect a trupului. Însă o cantitate prea mare sau prea mică de electricitate împiedică activitatea corpului vital.

Centrele de activitate ale corpului vital

Toate părțile trupului nostru sunt importante, toate sunt necesare unei bune viețuiri, dar unele sunt indispensabile. Astfel, se poate trăi fără un picior, o mână sau un rinichi, dar nu se poate trăi fără inimă sau ficat. Cu alte cuvinte, există o scară ierarhică a importanței dintre diferitele părți componente ale trupului.

La fel se întâmplă şi cu vehiculul vital. Deşi este format din aceeaşi materie, totuşi el este organizat, adică în unele zone materia sa este mai fină, dând naştere unor centre sau organe, aflate într-o vibrație, într-o activitate ce depăşeşte pe cea a corpului vital în ansamblu.

Clarvăzătorii văd la suprafața corpului vital discuri sau rozete de forma unor mici farfurioare, cu mijlocul scobit şi puțin adânciți, având diametrul între 1-3 centimetri.

Aceste rozete sau discuri sunt centrele de absorbție ale fluidului vital din mediul înconjurător.

Ele sunt în număr de şapte, poziționate astfel:

1. La baza coloanei vertebrale;
2. În dreptul splinei;
3. Deasupra ombilicului;
4. În dreptul inimii;
5. În dreptul furcii gâtului;
6. În dreptul spațiului dintre sprâncene;
7. În dreptul creştetului capului.

La majoritatea oamenilor, dintre aceste şapte centre numai una este într-o activitate intensă, şi anume, cea din dreptul splinei, celelalte abia se învârtesc sau la unii chiar stau pe loc.

Privit de persoanele magnetizate şi mai ales de cele clarvăzătoare, centrul splenic are aspectul unei flori cu şase petale. El se roteşte de la stânga spre dreapta, cu o viteză deosebită. Prin această învârtire se produce un sorb, care atrage din mediul ambiant fluid vital, îndreptat către o mică deschidere din mijlocul său. Procesul este asemănător cu cel petrecut la un aspirator electric, care absoarbe aerul dintr-o încăpere şi-l elimină în afară. Din cauza rotației şi acumulării de fluid vital, acest disc se arată strălucitor.

Fluidul absorbit este îndreptat în interiorul corpului vital pentru a acționa, fără oprire, asupra diferitelor organe, țesuturi şi celule ale trupului. Fluidul vital lucrează asupra fiecărui organ dar cu preponderență asupra sistemului cerebrospinal, centrul de comandă al trupului.

Un sistem cerebral bine învăluit şi pătruns de materia vitală se află în deplină funcțiune şi mai ales în stare de a primi ideile-imagini venite de la spirit, şi de a le imprima pe miceliile protoplasmei celulelor nervoase. Sistemul cerebral bine alcătuit şi condus de corpul vital se bucură de o memorie excelentă, fie în stare de veghe, fie de somn.

Orice percepție vizuală, auditivă, tactilă, olfactică şi gustativă din timpul zilei, se imprimă în perispirit sub formă de imagini reale sau simbolice, de dimensiuni ultramicroscopice, trimise în acelaşi timp de perispirit pe cortex, pentru a se imprima şi depune în miceliile celulelor sale.

În timpul nopții, spiritul – înconjurat de perispirit sau suflet – retrăgându-se din trup, vede, aude şi simte tot ce există în lumea eterică. Aceste percepții, ale unor duhuri sau forme eterice, sunt transmise de perispirit sistemului cerebral, prin cordonul fluidic care-l leagă de corpul vital, imprimându-se în celulele sale nervoase asemenea imaginilor primite, de la lumea materiei fizice, prin organele de simț.

Cum sistemul cerebral diferă de la om la om, cum puterea de recepție a spiritului diferă, iarăşi, de la spirit la spirit, după gradul său de evoluție, se înțelege că şi imprimarea imaginilor, mai ales a celor eterice, se va face la unii foarte puternic, la alții mai slab, iar la alții atât de nebulos, încât la deşteptarea din somn, cortexul nu mai poate reda nimic conştiinței de zi. Iată motivul pentru care unii oameni rețin perfect, sub formă de simboluri, de vise, călătoriile şi experiențele lor din timpul somnului trupului, iar majoritatea nu-şi amintesc decât fragmente. Cauza rezidă evident în calitatea sistemului cerebral, în gradul de evoluție al spiritului, dar într-o bună măsură şi în calitatea corpului vital, care face legătura dintre perispirit şi sistemul cerebrospinal, dintre suflet şi trup.

Curentul de materie vitală absorbit de centrul splenic se precipită perpendicular pe centrul discului. O parte din el pătrunde în corpul vital, dirijându-se în special către sistemul cerebrospinal, iar o altă parte o porneşte paralel cu suprafața corpului vital, adică în sensul celor şase petale ale discului, formând astfel şase curenți tangențiali, care se îndreaptă către toate părțile corpului vital, dar mai ales spre celelalte şase centre vitale, pentru a le stimula.

Datorită acestor şase curenți radiali se naşte prin inducție un curent circular, care trece o dată pe deasupra unei petale, apoi pe dedesubtul petalei vecine, unduindu-se asemenea nuielelor de răchită, de pe fundul unui coş, ce împletesc bețele aşezate radial, asemenea spițelor unei roți.

Discul de la baza coloanei vertebrale are 4 petale, discul splenic, 6 petale, discul ombilical, 10 petale, discul inimii, 14 petale, discul laringian, 16 petale, discul dintre sprâncene 96 de petale, iar cel din creştetul capului, 190 de petale.

După cum lumina soarelui pare unică şi de culoare albă, tot astfel curentul vital este alb. Dar ştim că raza de lumină solară trecută printr-un cristal se descompune într-un spectru format dintr-o succesiune de şapte benzi colorate, începând cu roşu şi sfârşind cu violet. De asemenea, curentul vital absorbit de centrul splenic se desface în şapte culori.

Curentul care pătrunde direct şi perpendicular pe disc – animând sistemul nervos central şi periferic – are culoarea roz, asemenea unui trandafir. Ceilalți şase curenți, de culori diferite, apucă fiecare pe câte una din cele şase petale ale centrului splenic, astfel: pe o petală curge curentul vital roşu, pe a doua, portocaliu, pe a treia, galben, pe a patra, verde, pe a cincea, albastru şi pe a şasea, violet...

Ajungând la destinația lor, aceşti curenți se difuzează în tot corpul vital, dar în special în jurul centrelor vitale, pentru a le pune cândva într-o mişcare de rotație. La început, când omul este atras de mirajul forțelor şi lucrurilor pământeşti, aceste centre se mişcă foarte încet. Dar, dacă omul va înfăptui cât mai mult bine în jurul său şi va împlini toate cerințele morale, centrele vitale intră într-o mişcare deosebit de rapidă, absorbind şi ele direct din spațiu fluidul corespunzător, încărcând astfel cu mari cantități de fluid corpul vital.

Corpul vital se uzează îndeplinindu-şi rolul de organizator al vieții şi activității tuturor organelor din trup. Particulele sale venind în contact intim cu trupul, suferă o slăbire a calităților vitale, motiv pentru care trebuie, treptat, eliminate, prin porii pielii şi extremitățile trupului – cap, mâini şi picioare.

Oamenii se influențează unii pe alții prin fluidele emanate din ființa lor, cu toate că aceste fluide nu se văd, Mergând într-o vizită şi stând lângă o persoană, deşi antrenat într-o discuție interesantă, omul simte ceva nedefinit, ceva ce-l nemulțumeşte. Pleacă indispus din acea vizită şi bietul om se întreabă ce-o fi cu el. Nu găseşte nicio explicație, dar simte un efect negativ asupra sa. Cauza acestei nemulțumiri este fluidul vecinului său. Acea persoană, având o viață prea lumească, o conduită echivocă, o concepție de trai prea legată de bunurile pământului, este plină de fluide de pe treapta celor inferioare. Ea emană, ca şi o sobă, efluvii invizibile, care învăluie şi pătrund corpul vital al celor din preajmă. Aceste efluvii lucrează asupra trupului – şi el prost influențat – iar spiritul resimte această influență nenorocită. Iată înțelesul depresiunii sufleteşti.

Oamenii se încarcă între ei, în mod direct, cu fluide de calitate inferioară. Atmosfera fluidică a sălilor de spectacol, teatru, conferință etc., ne scaldă cu fluidele lor, de cele mai multe ori de calitate joasă. Câți.oameni au intrat în aceste săli! Câte suflete josnice, pline de vicii de tot felul, au stat pe scaunele acelea! Totul din acea sală – pereți, podele, fotolii – este păstrător al fluidelor degajate de mulțimea care a frecventat sala respectivă.

Această influență nefericită asupra noastră are loc şi când călătorind în alte localități suntem nevoiți să dormim într-un hotel. Camera, mobilierul, saltelele, patul sunt îmbibate cu fluidele diferitelor persoane care au poposit prin ele.

Trecerea prin fața unui abator, a unei cârciumi, a unui local de toleranță, şederea prin sălile de jocuri – unde sufletele au fost zbuciumate de dorința câştigului ori de tristețea pierderilor – ne încarcă cu fluide de calitate inferioară şi greu, foarte greu ne purificăm de ele.

După cum stând într-o tăbăcărie, o bucătărie, ori o fabrică de coloranți, diferite gaze cu un miros neplăcut îmbibă hainele, părul sau pielea noastră şi multă vreme nu scăpăm de ele, tot astfel fluidele aninate de ființa noastră se desprind târziu de pe noi şi din noi.

O, şi dacă ar fi numai atât! Dar încărcați cu această materie eterică de calitate inferioară, ne transformăm în magneți ce atrag ființe şi duhuri, de la baza scării umanității, entități inferioare cărora le plac aceste fluide mizerabile. Prezența lor, într-un număr mai mare sau mai mic, contribuie şi mai mult la infectarea noastră. Corpul lor perispiritual fiind de cea mai joasă calitate, ne bombardează cu fluidele lor accentuându-ne otrăvirea.

Totuşi, nevoile vieții ne târăsc prin aceste localuri, zise de distracție – teatru, cinematograf, ateneu. În acest caz se recomandă ca cel puțin cât stăm în aceste locuri să ne creăm o învelitoare protectoare la exteriorul corpului fizic. În acest scop, în momentul când păşim pragul acestor localuri, ne oprim şi fără să ne gândim la altceva, adunăm, mental, din atmosferă, din spațiu, fluide benefice şi le aşezăm în jurul nostru, formând o învelitoare luminoasă, o coajă strălucitoare şi protectoare. Nu este vizibilă, nu o putem pipăi dar ea totuşi există. De acum, grație acestei învelitoare fluidice superioare, nu vor mai pătrunde în corpul nostru vital fluidele de calitate inferioară. Corpul nostru vital va fi străbătut numai de fluide superioare pe care le aspiră pentru menirea sa, şi de care e însetat prin natura sa. Această învelitoare ne apără nu numai de o proastă influență, dar şi de furtul de vitalitate din partea celor săraci în ea ori a celor bolnavi.

Vitalitatea, fluidul magnetic, este la dispoziția oricărui viețuitor, în cantități infinite, căci un curent uriaş soseşte mereu la suprafața pământului din Sfera divină, Laboratorul tuturor creațiilor. Dar după cum există indivizi care mănâncă din abundență, dar asimilează prea puțin, tot astfel există oameni care, deşi au la dispoziție tot ce le trebuie, nu sunt capabili să absoarbă, şi mai ales să rețină şi să utilizeze fluidul vital absorbit. Corpul lor vital nu poate produce acea vibrație care să stimuleze celulele trupului lor.

Asemenea oameni, lipsiți de fluid vital, entități spirituale lipsite de puterea de a imprima o anumită vibrație materiei vitale absorbite, sunt adevărate pompe aspiratoare. Ei caută, în mod inconştient, să absoarbă fluidul altor oameni, fără ca aceştia să-şi dea seama.

Acum se va înțelege şi mai bine de ce, de câte ori intrăm în camera unui bolnav, de câte ori întâlnim un om debil, ori stăm în vecinătatea unei persoane nervoase, avem neapărat nevoie de învelişul protector amintit mai sus. Învelişul acesta ne mai apără şi de miliardele de unde-gânduri care străbat văzduhul în lung şi în lat, în sus sau în jos, şi care, trecând prin trupul şi mentalul nostru, valuri-valuri, stârnesc idei identice, pomenindu-ne cu gânduri fără sens, fără nicio legătură logică între ele, născute ca din senin în mintea noastră trupească. Ele nu sunt idei născute din spiritul nostru, ca o urmare a activității sale proprii, ci sunt o consecință a ideilor venite de aiurea, generate de alte entități.

Dar, mai trist este că, deşi din fire suntem serioşi, deşi prin educație suntem morali, deşi prin instrucție suntem înțelegători, ne pomenim că gândim la acte reprobabile, la combinații josnice, la plăceri animalice. Când ne oprim din cursul fără sfârşit al gândurilor şi analizăm ceea ce am gândit, ne mirăm de unde ne-au venit în cap asemenea gânduri comune.

Grație învelişului fluidic protector putem fi feriți de aceste unde-gânduri, ce străbat spațiile în fiecare moment, căci miliardele de entități spirituale întrupate ca şi cele destrupate din jurul pământului generează necontenit gânduri care necurmat bat la poarta sufletului nostru.

Am spus că această pătură eterică protectoare nu se vede, nu se simte şi ea totuşi există. Ca probă a existenței sale sunt demonstrațiile fachirilor indieni, care prin puterea voinței şi a imaginației lor, creându-şi această învelitoare protectoare, pot străbate prin flăcări, sau se pot culca pe jăratic, fără ca focul să le producă vreo arsură, fără să simtă vreo durere.

Dacă noi, oamenii, nu suntem pregătiți decât pentru lumea fizică, terestră, fără să putem înregistra fenomenele eterice, nu înseamnă că ele nu există. Faptele le demonstrează, şi omul, cu o judecată pusă în slujba analizării acestor fenomene, trebuie să se plece în fața faptelor.

Există persoane cu un trup sănătos şi un corp vital în deplină activitate – instrumente admirabile ale unui spirit evoluat – având capacitatea să absoarbă cu putere cantități mari de fluid vital, astfel încât sunt adevărați acumulatori magnetici. Aceste persoane influențează pe cei cu care vin în contact, producând în ei o intensă atracție şi simpatie. În acelaşi timp, aceşti oameni au facultatea de a vindeca, prin gândul, privirea sau atingerea lor. Prin voință, ei revarsă din belşugul lor de fluid magnetic asupra unui om suferind, producând armonie în corpul său vital, care, la rândul său, va însănătoşi trupul debilizat de boală. Astfel se produc vindecări miraculoase, de către mediumi numiți vindecători.

În această operă sublimă de iubire, de vindecare, în afară de aportul acestor persoane, se adaugă şi fluidul revărsat din spațiu de anumite mari entități spirituale, numite *medici spațiali*. Fluidul medicilor spațiali, după ce a fost absorbit de omul vindecător, este umanizat şi apoi se scurge prin mâinile şi ochii lui, peste omul suferind.

Plantele şi animalele absorb şi ele vitalitate, dar utilizarea lor este mai redusă decât la om.

Dintre toate plantele, bradul şi araucaria au cele mai mari puteri de absorbție şi eliminare. Iată de ce pădurile de brazi sunt dătătoare de sănătate, de forță vitală, mai ales bolnavilor de nervi.

La un om sănătos, curenții vitali ce ies prin porii trupului sunt perpendiculari pe suprafața acestuia. Din această cauză ceața, sau aura din jurul trupului său se arată striată. Când omul este bolnav sau debil, prin nopți nedormite, prin muncă excesivă sau depresii sufleteşti, liniile de expulzare – strimerii – sunt aplecate, sub un unghi oarecare, față de suprafața trupului.

Radiațiile fluidice puternice resping orice microb aflat în atmosfera din jurul corpului fizic, tot aşa cum muştele sunt îndepărtate de un. ventilator. Când însă radiațiile fluidice sunt slabe, obstacolul fiind mic, microbii pătrund în trup mai ales prin căile respiratorii şi omul cade bolnav.

Persoanele dotate cu darul vederii spirituale văd, de jur-împrejurul omului, emanații fluidice mai intense prin ochi, prin orificiile nazale, ale urechilor şi prin vârful degetelor de la mână.

Oricât de uzate ar fi aceste radiaţii fluidice, dacă pornesc dintr-un corp viguros, perfect sănătos, pot contribui la sănătatea şi vigoarea unui corp debil sau slăbit de boală, numai prin apropierea celor două corpuri. Fluidul revărsat de corpul sănătos va fi absorbit de cel debil, simţindu-se astfel mai dispus, sau bolnav fiind, se va însănătoşi.

Nu e bine ca un om sănătos să doarmă în acelaşi pat cu un bolnav, căci fluidul său vital va fi absorbit cu toată puterea de cel bolnav, sărac în fluid vital. De asemenea, nu e bine ca un copil să doarmă în pat cu o persoană mai în vârstă deoarece corpul vital al celui bătrân va absorbi, inconştient şi insesizabil, sănătate, fluid vital din corpul vital al copilului, a cărui creştere şi dezvoltare va fi lentă şi insuficientă.

* * *

Ştim deja că cel mai de jos centru de forţă vitală al corpului eteric este aşezat la baza măduvei spinării. Acest centru al iubirii trupeşti, are patru raze, şi când este în rotaţie, se arată sub o culoare roşie-portocalie sau culoarea focului.

În dreptul ombilicului se află pe suprafaţa corpului vital centrul ombilical, având o culoare roşie cu reflexe verzi, fiind văzut de lucizi în momentul când se află în activitate. El animă partea inferioară a trupului, în special sistemul digestiv, cu glandele sale anexe – ficatul şi pancreasul - şi sistemul urinar sau excretor, format din rinichi şi căile urinare.

Deasupra centrului ombilical se găseşte centrul inimii, arătându-se lucizilor, în momentele de activitate, sub o culoare aurie. Pulsaţiile, diastola, sistola, şi repausul inimii se află sub influenţa acestui centru. Activitatea intensă a centrului inimii este un indiciu că duhul acelui om este înclinat spre spiritualitate, spre problemele filosofice ale vieţii spirituale.

Mai jos de laringe, aproximativ în dreptul scobiturii pe care o formează gâtul cu sternul şi oasele claviculare se află centrul laringian. El se arată sub o culoare albăstruie cu reflexe albe, argintii, ca acelea ale lunii pline pe luciul apei.

Al şaselea centru se află între sprâncene şi are o culoare albastră-violacee. Maximum său de activitate conferă omului vederea eterică, vederea lumii invizibile a spaţiilor.

Al şaptelea centru, cel de deasupra capului, are o mulţime de raze şi se prezintă celor cu vederea spirituală sub o culoare albă strălucitoare, asemenea soarelui. Acest centru conferă fericitului care îl are în activitate capacitatea de a se îndepărta de trupul său, ca spirit, şi de a avea deplina conştiinţă a percepţiilor vizuale şi auditive din lumea spaţiilor, reţinându-le perfect în mintea trupească, după reîntoarcerea în trup.

Toate corpurile, toate învelişurile, sunt sub dependenţa sau influenţa spiritului. Cu voinţă, printr-o viaţă curată şi prin exerciţii regulat repetate, reuşim să punem în activitate centrul din dreptul bazei măduvei spinării. Acest centru, odată pus în rotaţie, absoarbe fluid vital, pe care îl trimite şerpuitor de-a lungul măduvei, până la sistemul cerebral, până la centrul din creştetul capului, în ascensiunea acestui curent de foc, omul simte o căldură, ca un fir cald ce porneşte de jos în sus, în tot lungul spatelui, până la cap.

Persoanele cu adevărat cunoscătoare ale acestor mistere nu găsesc destule cuvinte să prevină pe cei care vor să facă asemenea exerciţii fără prezenţa şi sfaturile unui inițiat, căci din binefăcător, acest curent poate provoca o nenorocire, arzând țesuturile, dezorganizând sistemul cerebrospinal şi aducând, dacă nu chiar moartea, cu siguranță paralizia ori nebunia.

Cel decis la un astfel de antrenament trebuie să aibă un corp sănătos şi o viață perfect morală. Urmarea nepriceperii mai este că acest curent, nefiind hotărât dirijat mental în sus, o poate apuca în jos, spre organele genitale pe care le supraexcită, şi din normal omul devine o brută, un monstru depravat, care nu-şi mai poate înfrâna beția simțului sexual.

Învățătura trasă din nefericirea celor imprudenți sau nesocotiți este să nu forțăm natura. E mai bine să lăsăm curs evoluției fireşti, silindu-ne pe calea morală şi prin credință să grăbim ridicarea spiritului pe treptele evoluției, el producând, în mod direct, perfecționarea instrumentelor sale.

Varietatea şi numărul fenomenelor sufleteşti este foarte mare. Iată încă unul Am arătat că în afară de persoanele sărace în fluid vital, există persoane bogate în fluid magnetic, pe care îl cedează cu uşurință. În paginile anterioare, am văzut că acest fluid vital poate fi corupt de unii oameni sau de mediul ambiant, ori poate fi absorbit de alții.

Dar absorbția fluidului vital poate fi exercitată şi de către una sau mai multe entități spirituale, oameni spațiali, spirite sau duhuri neîntrupate. Oare cu ce scop fac ele această operație?

Prin puterea lor spirituală absorb această materie eterică, învecinată cu materia fizică a Pământului, pentru ca, după ce o concentrează, să producă diferite fenomene de natură terestră. Astfel produc sunete ciocănituri, zgârieturi, deplasări de obiecte sau ridicarea lor în spațiu.

Dacă entitățile spirituale au o putere mare în mânuirea, combinarea şi concentrarea fluidelor vitale, pot produce vorbire umană ori pot conduce mâna unei persoane numită medium – uneori chiar şi fără voința ei – pentru a scrie un text oarecare, cu un conținut străin de cunoştințele sale şi uneori, chiar în limbi străine.

Dacă scopul lor se extinde pe o rază mai mare, pe lângă fluid magnetic, entitățile spirituale absorb chiar gaze, lichide şi semisolide din trupul mediumului, pentru ca dematerializându-le să realizeze din ele un om eteric, numit fantomă. O asemenea operație se numeşte materializare.

Uneori această materializare este doar exterioară, adică entitatea spirituală face numai un înveliş material, cât mai apropiat de materia carnală, înfățişarea lui exterioară fiind asemănătoare cu trăsăturile, mărimea şi forma omului pe care îl reprezintă. În această materializare entitatea spirituală reproduce chiar veşmintele, podoabele, armura sau armele epocii în care a trăit. Această materializare se poate compara cu un balon de cauciuc, cu chip de om. Cel mai mic zgomot, cea mai mică tulburare adusă mediumului, cea mai mică distracție a asistenței sau tendința de a pune mâna pe materializare, pot provoca o micşorare, o turtire a: fantomei, ca şi cum s-ar dezumfla un balon. Acest proces precipitat are ca urmare suferința mediumului, şi chiar a spiritului operant; iar dacă greşeala asistenței a fost nesocotită, se poate produce un asemenea dezechilibru în corpul mediumului, încât el să cadă bolnav pentru multă vreme, până în pragul morții sale.

În asemenea cazuri îşi asumă o mare răspundere entitățile spirituale operante, dar mai ales asistenții ignoranți ai marilor taine ale vieții. De aceea se cere ca, în prealabil, participanții să cunoască, din literatura parapsihologică, procesul acestor fenomene şi să fie animați de un mare calm, de o sfântă credință şi să procedeze cu o desăvârşită metodă şi prudență. Se impune o participare liniştită şi conştientă cu toată atenția şi precauțiile posibile, cel puțin în primele luni de antrenament. După ce procesul materializării a avansat destul de mult şi s-a consolidat prin apariții repetate, micile perturbări sau imprudențe nu mai au rezultatele dezastruoase amintite mai sus.

Când, sub conducerea forțelor îngereşti participante la creație, la apariția primilor oameni pe pământ, se fac experimente care reproduc acest proces, când o entitate spirituală doreşte să se arate în trup, aşa cum a fost ea într-una din viețile sale pământeşti, materializarea nu mai este doar exterioară, ci completă. Entitatea spirituală care doreşte să se materializeze reface până la ultima celulă organismul fizic avut odinioară, cu toate organele şi aparatele sale, cu alte cuvinte, un om desăvârşit. Odată operația terminată şi mai apoi consolidată prin repetări, un asemenea om, venit din Cer, în mijlocul asistenței, se poate mişca, poate vorbi, dansa, cânta din voce sau la un instrument, cu alte cuvinte, se comportă ca un om născut din pântecele mamei sale pământeşti, având toate facultățile intelectuale din întruparea sa precedentă.

Aceasta este opera cea mai sublimă pe care şi-o poate imagina un om, este suma tuturor ştiințelor de acum şi din vecii vecilor; cu această ocazie având loc cele mai înalte fenomene chimice, fizice şi biologice din tot universul.

Materia cu care se fac asemenea opere grandioase este împrumutată de la medium, de la asistenți şi din spațiu. Au fost cazuri când s-a constatat că după materializare, corpul fizic al mediumului a pierdut din înălțime şi greutate. Uneori, această operație a necesitat dematerializarea membrelor sau chiar a trupului întreg, mediumul dispărând în acest caz din văzul asistenței, fotoliul său rămânând gol. La finele şedinței, când entitatea spirituală îşi dezbracă haina materializată şi se retrage, trupul mediumului se reface, reapărând treptat pe fotoliu.

În tot timpul acestor mărețe creații, mediumul doarme, iar conştiința lui e suspendată, deoarece spiritul său, înconjurat de învelişurile sale perispirituale, se află în afară, în spațiu, în aceeaşi cameră unde are loc această operație divină.

Dacă puterile mediumului sunt insuficiente sau când entitățile spirituale doresc să-l menajeze, ele fac economie de materie şi energie, materializând doar mâna sau capul celui pe care vor să-l reproducă. O asemenea materializare se numeşte parțială.

S-au văzut cazuri când o mână materializată, ce se pierdea la cot într-o ceață fluidică, ridica un scaun sau scria pe o foaie de hârtie cu un creion pus la îndemână. De asemenea s-a văzut cum două mâini cântau la pian sau la o mandolină ce plutea în spațiul odăii. Au fost materializări fotografiate, văzându-se pe placa fotografică ființa materializată alături de mediumul adormit.

Pentru ca cei care au văzut asemenea fenomene ale lumii spațiale să nu susțină că sunt doar iluzii, aceste mâini şi-au lăsat amprenta în parafină caldă, care fiind apoi umplută cu ipsos, reproduce o mână, cu toate amprentele pielii şi ale venelor.

Marile entități spirituale fac aceste operații sublime dintr-un ordin înalt, pentru a arăta omenirii că există un spirit şi că el este nemuritor. Scopul evidențierii acestui mare adevăr este ca omul să ducă un trai firesc, dar cu ochii şi gândul îndreptați mereu spre Cer, pentru a nu greşi şi pentru a iubi tot ce a creat Tatăl ceresc din eternitate.

Mediumul suferă cu ocazia acestor strălucitoare probe ale existenței şi nemuririi spiritului. El suferă în tot timpul şedinței, ba chiar două-trei zile după aceea organismul îi este slăbit, mai ales sistemul nervos. Dar şi-a pus corpul fizic la dispoziția semenilor săi trupeşti şi a luminilor cereşti, din dragoste şi respect pentru Adevăr, pentru dovedirea Adevărului.

Legea sacrificiului are urmările ei strălucitoare. Acest om, cu trupul alcătuit conform spiritului său evoluat, se supune cu liberă voință şi dezinteresat, oferind omenirii o probă a nemuririi spiritului şi a menirii sale în veşnicie. El suferă, dar tocmai prin faptul că aduce un serviciu omenirii, în virtutea legii iubirii aproapelui, urcă scara evoluției spirituale. Prin sacrificiul său, el atrage iubirea entităților spirituale superioare, fiind acoperit cu lumina şi puterea lor, în viața sa terestră. Înaltele entități spirituale vor conlucra pentru ca viața lui să se scurgă mai lin, în mijlocul furtunilor vieții omeneşti terestre, să fie ferit de boli, de influența fluidelor vătămătoare; pe scurt, va fi ajutat în toate împrejurările, chiar şi în cele pământeşti, dar mai ales în evoluția sa spirituală.

Prin dragostea de a pune în evidență tainele Cerului, sufletul mediumului dobândeşte o deosebită luminozitate; şi, după cum în jurul unei lămpi electrice puternic luminoase se adună o mulțime de fluturi, mulți aleargă în jurul său, căutând să-i absoarbă fluidele superioare. Dar orice tentativă a celor care vor să profite de trupul inert al mediumului este zădărnicită de o puternică gardă de entități spirituale luminoase, aflată în jurul său.

În afară de medium – am spus şi repet – în timpul demonstrațiilor de materializare toți asistenții contribuie, mai mult sau mai puțin, cu fluidele lor. Dar mai presus de toți suferă entitatea spirituală care produce fenomenul de materializare. Suferința ei se datorează, în primul rând, faptului că din sferele înalte ale Cerurilor, coboară în masa fluidelor inferioare. Sforțările sale de a produce această creație umană, trupească, precum şi adversitatea curenților gândurilor josnice şi a fluidelor otrăvite, îi fac şederea în tot timpul operației – aici jos, printre oameni – sufocantă şi istovitoare pentru subtilitatea şi finețea sa spirituală. Dar după cum mediumul se înalță prin sacrificiul corpului şi al sufletului său, tot astfel sacrificiul acceptat de acest spirit evoluat îl ridică pe o treaptă de evoluție superioară. El urcă mereu pe scara ce duce la Lumina infinită a Ființei supreme.

* * *

Mintea omenească se va dezvolta pe parcursul secolelor prin subtilizarea materiei sistemului cerebrospinal; iar paralel cu perfecționarea lui, prin suferință, prin experiențe repetate, spiritul omului dobândeşte tot mai multă înțelegere şi cunoaştere, fiind împins spre perfecțiune de legea de neînlăturat a evoluției.

În anul 1911, dr. Walter I. Kilner, într-o lucrare intitulată „The Human Atmosphere", arăta că printr-un anumit dispozitiv se poate vedea aura din jurul trupului omenesc, în special aura vitală.

Pentru a urmări starea de sănătate a pacienților săi, dr. Kilner a realizat din vase de sticlă subțiri şi turtite, umplute cu diferite lichide colorate[1], o lentilă sui-generis, prin care privea pacientul. De regulă, punea în aceste vase o soluție alcoolică de cianină. Dacă dorea să aibă şi alte nuanțe colorate, adăuga carmin, albastru de Prusia sau galben de Cambodgia.

Dr. Kilner privea mai întâi câteva minute printr-o sticlă, care conținea o soluție de culoare închisă, apoi repede privea pacientul printr-o sticlă cu soluție de culoare deschisa. În prealabil, pacientul era aşezat în dreptul unui ecran negru, la o distanță de 30 de centimetri. Privindu-l, vedea în jurul său o ceață alburie de 10-20 de centimetri, asemenea unei benzi, unui nimb, cu o lățime egală în jurul trupului dar mai lată în jurul capului. Ea era oarecum transparentă şi prezenta strimeri perpendiculari pe suprafața trupului. După direcția strimerilor, dreaptă sau aplecată, dr. Kilner ştia dacă pacientul său merge spre bine sau nu.

El a mai constatat că aura vitală a unui bărbat se deosebea în lărgime şi contur, de cea a unei femei; iar persoanele intelectuale au în general o aură mai lată. De asemenea, a observat în aură prezența unor raze colorate care apar şi dispar. Ele par a fi în legătură cu sexul, cu starea morală şi mai ales cu voința pusă în acțiune.

* * *

Orice obiect care vine în atingere cu o persoană, absoarbe magnetismul uman al persoanei respective. Această absorbție este cu atât mai puternică, cu cât contactul a fost de mai lungă durată. Dacă un anumit obiect – inel, ceas, stilou, brățară – este purtat mai târziu de o altă persoană, tot magnetismul acumulat în el se va revărsa asupra noului purtător, influențându-l într-o asemenea măsură încât îi va imprima aceleaşi porniri sentimentale şi va fi străbătut de gânduri asemănătoare cu ale persoanei care a posedat inițial acel obiect. În felul acesta se explică acțiunea exercitată de talismane asupra purtătorilor ei.

Pe baza acestui adevăr se explică şi influența asupra credincioşilor a tot ce există în biserică. Din toți cei care au venit să se roage în lăcaşul Domnului au emanat gânduri de supunere, smerenie, iertare, iubire şi implorare a Divinității. Toată simțirea, toată gândirea lor, unită cu actele şi ruga preotului, au impregnat pereții şi mobilierul acelui templu cu fluide de ordin superior, care vor scălda pe cei ce vor mai veni în acea biserică.

Pe orice pune mâna omul – căci mai ales prin mână se scurge magnetismul – se

---

[1] Pentru observarea şi fotografierea aurei eterice, azi se practică electronografia. Prin această metodă un sistem viu este supus, pentru un timp foarte scurt, unui curent electric de intensitate mare. În acest fel se transmite sistemului un impuls electric ce determină un răspuns electromagnetic, care se imprimă pe o placă fotosensibilă. După developare, se pune în evidență o zona luminoasă în jurul sistemului testat. De asemenea, se observă radiații – strimeri – care au o luminozitate, formă şi structură variabilă. La persoanele sănătoase strimerii sunt luminoşi, drepți, organizați armonios şi perpendicular pe întreaga suprafață a trupului. La persoanele bolnave strimerii au o luminozitate redusă, prezintă curburi, sunt răspândiți haotic, aplecați în jos şi cu pete întunecate – zonele respective nerăspunzând semnalului electric. Pe electronograma făcută la două persoane cu afinități şi compatibilități între ele, se observă că strimerii se atrag, iar la persoanele incompatibile – se resping. Electronograma sistemelor vii diferă de a celor nevii prin faptul că este variabilă.

încarcă cu fluid magnetic. Pietrele prețioase şi apa se încarcă cel mai uşor şi cu mai mult magnetism. Patul în care dormim ani în şir se îmbibă cu fluidele noastre. Ele vor exercita o influență atât de mare, încât dacă fluidele noastre sunt de un ordin inferior, o altă persoană culcându-se în acel pat va fi agitată, indispusă, va avea vise urâte sau va suferi de insomnie. De aceea se recomandă expunerea la aer şi soare a saltelelor şi schimbarea lenjeriei de pat când suntem găzduiți la un hotel sau pensiune.

* * *

Un rol deosebit a jucat corpul vital, în Egipt, pe timpul domniei faraonilor. Materia eterică a acestui corp, posedând anumite însuşiri, a fost întrebuințată mii de ani de către preoții egipteni, pentru impunerea supremației lor în stat, pentru apărarea țării contra altor neamuri, pentru vindecări, pedepsirea trădătorilor de țară sau menținerea formei de stat.

Am arătat că rolul corpului vital este să conducă angrenajul trupului. Noaptea, duhul stăpân evadează din trupul său, pentru a-şi retrăi câteva ceasuri viața de duh. În momentul ieşirii, duhul trage după sine şi corpul vital, dar numai parțial, căci dacă l-ar lua complet, trupul rămânând fără un diriguitor ar înceta să mai funcționeze. De aceea spiritul ia cu el numai o parte din materia corpului vital, pentru ca prin intermediul lui să-şi mențină forma umană, asemănătoare, cu trupul lăsat să doarmă. Cealaltă jumătate, după ce îşi repară materia uzată se întoarce în trup, conducându-l mai departe, până la întoarcerea stăpânului.

Învelit în hainele sale perispirituale şi având la exterior o parte din dublul său vital cu chip de om, duhul este legat de restul dublului rămas în corpul fizic printr-un fir format din materia eterică a corpului vital. Rolul acestui cordon este ca forța spirituală a duhului să se reverse asupra dublului rămas în trup, iar pe de altă parte, duhul să fie înştiințat de tot ce se întâmplă cu trupul său. Orice va simți trupul, se va transmite corpului vital rămas în trup, iar acesta, prin cordonul vital, va transmite cele întâmplate corpului vital luat de duh. Prin intermediul perispiritului ştirea se va transmite la spirit, care va analiza şi decide dacă e cazul să se întoarcă acasă, în trupul său, ori rămânând unde se află, să dispună ce să facă trupul său.

Prin urmare, acest cordon fluidic are funcția de a transmite informații de la trup la spirit şi de la spirit la trup, realizând comunicarea între două vase – corpul eteric rămas în trup şi cel care, învăluind perispiritul, însoțeşte spiritul.

Când un duh întrupat iese în spațiu, este numaidecât recunoscut de un duh liber – o entitate spirituală destrupată – deoarece, pe de-o parte, atârnă de el un fir fluidic, iar pe de alta, are o formă umană perfect conturată, grație corpului vital purtat de spirit prin spațiu. Duhurile libere de curând destrupate au de asemenea o formă umană, dar ea nu este atât de clar conturată ca la entitatea spirituală captivă sau întrupată. La duhul liber această formă este efemeră, fiind construită dintr-o altă materie, dintr-un fluid mai subtil, care intră în constituția corpului planetar.

Când două duhuri umane întrupate, se întâlnesc noaptea în spațiu, se recunosc, pentru că se văd oameni, ca pe pământ. Aceste forme umane se deplasează, fac mişcări cu capul, cu mâinile şi cu corpul, la fel ca oamenii întrupați. Aşa, de exemplu, când vorbesc, mişcă buzele ca şi orice om sau gesticulează cu mâinile. Când un al treilea intră în vorbă, întorc capul, pentru a vedea şi asculta pe cel intervenit.

Aşadar, duhul întrupat se comportă în evadările lui nocturne prin spaţiu ca orice om întrupat.

Numai picioarele nu şi le mai mişcă, nu mai păşeşte cu ele, întrucât duhul pluteşte prin spaţiu.

După cum trupul uman creşte din copilărie până la maturitate, tot aşa şi corpul vital sau dublul creşte în mărime. Spiritul copilului iese din trup tot sub formă de copil. Treptat, cu înaintarea în vârstă, trupul ia alte înfăţişări şi dimensiuni, şi paralel cu el, dublul eteric îl însoţeşte mereu ca aspect şi mărime. Dublul vital al omului bătrân, se arată prin spaţiu – în ieşirile duhului – sub forma unui bătrân, asemănător cu trupul lăsat să doarmă acasă.

Dar în afară de aceste schimbări paralele cu schimbările trupului, dublul mai poate lua forme diferite – prin voinţa stăpânului sau a duhului. Aşa de exemplu, dacă omul este cocoşat, duhul poate să-şi reducă această cocoaşă a dublului său şi astfel corpul vital să se prezinte cu o formă corectă, fără nicio diformitate, fără această ştampilă a corecţiei aplicată entităţii spirituale în viaţa sa terestră. De asemenea, dacă îi lipseşte vreuna din membre, duhul îşi poate crea mâna sau piciorul amputat, prezentându-se prin spaţiu complet, ca şi orice alt duh. Numai forma feţei, înfăţişarea chipului său uman, nu stă în putinţa duhului să-l schimbe, să-l modifice. Ea este ştampila permanentă a duhului, cât timp va fi întrupat.

Pentru a se face cunoscut oamenilor trupeşti, când se arată în visele lor sau ca stări fantomale, duhul îşi poate modela dublul vital până la a crea veşminte în jurul său, asemenea îmbrăcămintei care înveleşte trupul omului. Procedeul este asemănător cu cel prin care sculptorul creează haine în jurul statuii sale, haine confecţionate din acelaşi material, marmură sau bronz, ca şi faţa sau mâna statuii. Sentimentul pudorii există într-un grad şi mai ridicat la duhuri. De aceea, în spaţiu, organele genitale nu mai sunt realizate. Iar pentru ca duhurile să se recunoască mai uşor între ele, când călătoresc prin spaţiu, îşi creează veşmintele cu care obişnuiesc să-şi îmbrace trupul.

În peregrinările sale nocturne, când trupul său se odihneşte, duhul este însoţit de o parte din materia corpului său vital. Există cazuri rare, când duhul întrupat este chemat în faţa Tribunalului suprem, pentru a răspunde de o faptă comisă împotriva legilor divine. Dar entitatea spirituală nu îşi poate părăsi corpul vital, de care este legat prin perispirit, deoarece survine moartea trupului; pe de altă parte, cordonul fluidic nu se poate lungi atât de mult, iar ruperea sa înseamnă iarăşi moartea trupului. În ambele cazuri moartea se produce prin asfixiere, respiraţia şi inima oprindu-se brusc, întrucât duhul este legat de trup, prin bulbul rahidian, în sânul căruia se află centrul nervos care coordonează mişcările plămânilor şi ale inimii. Pentru a se evita această situaţie Tribunalul suprem nu îl mai cheamă pe cel greşit la înălţimea considerabilă a sediului Său – 300.000 de kilometri – ci instituie un tribunal ad-hoc, într-o zonă inferioară, înaintea căruia apare pârâtul.

Odată cu sosirea nopţii trupurile adorm, iar duhurile pleacă să se întâlnească în spaţiu cu rudele, prietenii şi cunoscuţii, continuând convorbirile întrerupte în timpul zilei. Ieşirea corpului vital care-şi urmează duhul se face prin toţi porii trupului, asemenea aburilor dintr-un vas cu apă fiartă sau dintr-o pâine scoasă din cuptor.

Entităţile spirituale care au depăşit un anumit grad de evoluţie îşi pot părăsi complet corpul vital, dacă au de făcut călătorii mai lungi. Această operaţie este necesară pentru că materia eterică a corpului vital este greoaie, iar spiritul vrea să fie cât mai uşor în călătoria sa. În acest caz, duhul îşi ocroteşte trupul şi dublul său, tot aşa cum noi, oamenii, înainte de culcare avem grijă să încuiem poarta, uşile şi ferestrele, pentru a nu se furişa vreun hoț în casă şi să ne surprindă în somn. Duhul îşi ia toate precauțiile, ca nu cumva vreun alt duh să intre – în lipsa sa – în trupul şi dublul său şi să se facă stăpân pe el. În acest scop roagă pe un prieten spațial să-i supravegheze de aproape trupul şi să-l ferească de orice duh, care ar căuta să intre în el.

Despărțirea completă a perispiritului duhului de corpul său vital nu e o operație tocmai uşoară. De aceea, pentru o asemenea operație entitatea spirituală are nevoie de ajutorul unui confrate, duh liber, şi de regulă face apel la duhul aflat mai tot timpul pe lângă el, la dreptaşul[1] său.

Odată eliberat, duhul îşi ia forma sferică şi o porneşte la drum. Prin urmare, forma sa este identică cu cea pe care o va avea după ce – prin actul morții – îşi va părăsi definitiv trupul.

Dar să vedem cum se desfăşoară actul morții. Duhul, înconjurat de perispiritul său, iese din trup trăgând după sine dublul vital. După aceea, dublul vital este părăsit şi el, rămânând fără stăpân, lângă angrenajul sau trupul pe care l-a condus până acum. Acest dublu va dăinui atâta timp cât trupul va fi încă viu, căci se ştie că trupul, chiar după actul morții, trăieşte încă o perioadă de vreme, prin celulele sale vii. Încetul cu încetul, celulă cu celulă, trupul moare, dublul vital se destramă, iar materia lui se risipeşte în spațiu.

După părăsirea vieții terestre, duhul inferior mai vine pe la cimitir să-şi vadă trupul care se distruge zi de zi. Îl doare dispariția trupului său, îl plânge, îi e milă de el, pentru că a fost un instrument prin care s-a bucurat în viața lui trupească. Duhul superior nu vrea să mai aibă niciun raport cu fostul său trap şi ca să evite orice atracție magnetică din partea trupului său, doreşte ca acesta să fie ars, şi nu îngropat.

Chiar şi azi, există în lumea spațiului două grupări cu păreri diferite: unii cer ca trupul lor să fie ars, odată cu aceasta risipindu-se şi corpul vital, pentru ca nimic să nu-i mai influențeze şi să-i atragă spre lumea terestră; alții susțin îngroparea trupului, ca să persiste cât mai mult dublul vital, a cărui materie să poată fi întrebuințată în îndeplinirea unor scopuri.

Din a doua grupare de entități spirituale fac parte şi preoții egipteni, care prin conservarea trupului şi deci prin păstrarea corpului vital s-au străduit să-şi impună dominația asupra poporului, pentru ca religia lor să dăinuiască peste veacuri şi țara lor să fie populată mereu de duhuri aparținătoare grupului lor, devenind astfel o putere armată şi economică. Or pentru acest scop aveau nevoie de un instrument ceresc, o forță puternică şi totuşi nevăzută. Din cercetările lor şi din revelațiile cereşti, au aflat că acest instrument poate fi materia eterică a dublului eteric, a corpului vital. De aici s-a născut ideea mumificării trupului, prin el persistând şi dublul său vital, cu a cărui materie eterică să lucreze în mod ocult, în scopul urmărit.

Astfel, preoții egipteni au reuşit să mențină statul lor, cu religia lor populară şi cu inițierile lor secrete, peste douăsprezece mii de ani, după cum afirmă duhurile superioare actuale ale Pământului, în acest scop, li s-a revelat metoda de mumificare a

---

[1] Dreptaşul este entitatea spirituală de rang egal cu entitatea spirituală întrupată, pe care o ocroteşte pe tot parcursul vieții sale terestre.

trupului, operație migăloasă, dar trainică, îngăduind trupului să dăinuiască mii de ani. Prin această operație, trupul trăia mereu o viață vegetativă lentă şi invizibilă; iar paralel cu el, trăia şi dublul vital, legat de trupul ce nu murea definitiv. Astfel entitatea spirituală era înlănțuită oarecum de corpul vital şi de trupul pe care îl animase. Liber devenea duhul şi totuşi era într-un fel subjugat celor două corpuri lăsate jos, era prizonierul corpului său fizic, neputându-se reîntrupa în altă țară şi în sânul altor neamuri. Prin urmare era silit să plutească mereu în atmosfera fluidică a țării sale, influențând pe cei de jos în sensul tradiției şi culturii egiptene. Aşadar, puterea statului egiptean era determinată de operațiile magice ale preoțimii şi era susținută din spațiu de puternicele duhuri – foştii preoți şi faraoni, cu familiile lor. Multe veacuri, faraonii au fost mari inițiați şi erau exponenții lumeşti ai castei preoțeşti.

Duhurile superioare, ale celor inițiați, conduceau din spațiu viața terestră şi spirituală a poporului egiptean. La înmormântarea acestor oameni de elită, se făceau conjurații teribile şi se scria un blestem, pus în sarcofag. Sarcofagul era aşezat, în secret, în cripte săpate în inima munților sau în locuri neştiute decât de marii preoți. De atunci au trecut mii de ani. Multe duhuri ale căror trupuri au fost mumificate au plecat de pe planeta noastră şi cu toată ştiința preoților de a menține necurmat trupul viu, acesta a suferit, în aceşti mii de ani, o alterare, risipindu-se şi dublul său vital.

Legea e lege.

Dublul vital al entităților spirituale care încă n-au plecat, au o asemenea forță în ele, încât grație jurământului legat de existența lor, produc efectul jurământului, când le sunt profanate mumiile. Aşa s-a întâmplat în cazul dezgropării mumiei faraonului Tutankamon, provocând moartea a şapte persoane. Toți cei atinşi de dublul vital al mumiei faraonului au fost otrăviți fluidic, plătind cu viața încălcarea blestemului[1]. Pericolul profanării, şi în special venirea în contact cu dublul vital al mumiei, erau cunoscute de poporul egiptean, îngrozit de ideea de a-l atinge. Numai străinii, numai tâlharii altor neamuri, necunoscând sau nesocotind forța acestui blestem şi a dublului vital al mumiei, devastau mormintele, pentru a fura podoabele.

Din cele expuse se vede că, deşi mumia în aparență pare a fi un corp mort, în realitate este încă un corp viu şi datorită vieții sale, rămâne viu şi dublul vital, care trăieşte, palpită, respiră şi îşi primeneşte mereu materia. Unul e viu prin altul şi duhul e captiv amândurora.

Azi, a dispărut interesul pentru crearea mumiilor, odată cu părăsirea planetei noastre de către marile şi strălucitele duhuri care au inaugurat această practică. Din grupul lor au mai rămas, în atmosfera fluidică a Pământului, câteva entități spirituale, ce făcându-se vinovate de mari greşeli au fost părăsite de marele stol al duhurilor albe, care a plecat.

Entitățile spirituale întrupate în Egipt posedau cunoştințele îmbălsămării, ale mumificării, de pe planeta de unde veniseră pentru a se întrupa la şcoala Pământ. Cunoştințele marilor preoți egipteni, referitoare la mumificare, s-au pierdut, iar pe de altă parte, alte idei animă acum umanitatea duhuală a Pământului şi de aceea nu se mai recurge la această operație. Îmbălsămările de azi nu pot păstra trupul mii de ani, ele fiind slabe imitații ale îmbălsămărilor egiptene.

---

[1] „Moartea îşi va întinde aripile sale asupra celui ce va tulbura liniştea marelui faraon" – blestemul conjurației scrise pe sarcofagul lui Tutankamon.

Biserica creştină, prin preoţii ei, ca şi cultul mozaic, prin rabinii săi, sunt împotriva arderii trupului. Noaptea, în timpul somnului trupului lor, aceste duhuri se supun injoncțiunilor conducătorilor grupului spiritual din care fac parte, forțe cereşti care prin intermediul dublului vital vindecă pe cei cărora legea o îngăduie, sau supun cu ele duhurile recalcitrante.

Foarte rar se mai descoperă câte un trup care se usucă şi pare că se mumifică de la sine. Aici e opera Cerului, prin intervenția unor anumite duhuri spațiale, prin acțiunea lor fluidică, mumificând trupul omului cuminte, care a dus o viață de sfânt. O fac în ideea ca dublul lor vital să persiste sute de ani, iar cu materia sa fac anumite vindecări, considerate de om miraculoase. Însă această înaltă medicină cerească nu este cunoscută decât de marile forțe albe ale Pământului.

Pe scurt – materia dublului vital uman este formată dintr-o materie eterică, o sabie cu două tăişuri. Prin această materie eterică se pot face vindecări, dar tot prin ea se pedepseşte ori se supune ordinii stabilite orice duh răzvrătit. Ea este un instrument ceresc, cu proprietăți oculte, nebănuite de lumea trupească.

Trupul se poate asemăna cu un automobil, al cărui proprietar şi animator este entitatea spirituală. După cum automobilul este condus şi întreținut de un mecanic, corpul vital se îngrijeşte de bunul mers al trupului. În general, duhul nu se ocupă de administrarea şi bunul mers al trupului. Toată această operă o exercită dublul vital. Prin urmare, conducerea funcțiilor fiziologice se face numai de către dublul vital, fără ştirea duhului, acesta având preocupări de ordin superior, şi anume, analizarea gândurilor sosite din toate părțile universului.

* * *

Cât de neştiutori suntem, Doamne! Câte taine există în universul Tău! Câte fenomene nevăzute se petrec în jurul nostru, de care nu avem nicio idee! Căldura sau frigul, lumina sau întunericul, viața sau moartea, mişcarea sau gândirea şi multe altele, sunt efectul unor forțe ce sălăşluiesc în lumea invizibilă a spațiului.

Fie Numele Domnului binecuvântat, omenirea le va cunoaşte odată pe toate! Amin.

CORPUL PLANETAR SAU TERESTRIAN AL OMULUI

Al treilea corp al omului este corpul terestrian[1] sau planetar, denumit de unii ocultişti corp astral.

Denumirea de *astral* nu este potrivită, întrucât dă naştere la confuzii sau la interpretări greşite. Într-adevăr, vechii ocultişti îşi închipuiau că după părăsirea trupului, a învelişului carnal, spiritul omului, devenind liber prin actul numit moarte, poate vagabonda de la un corp ceresc la altul, printre planete şi stele. Având în ve-

[1] Acest corp este cunoscut şi sub numele de corpul dorinței, pentru simplul fapt că este purtătorul sau vehiculul dorințelor.

dere că astrele înoată într-un ocean specific de materie fluidică, entitatea spirituală neputând peregrina pe un astru, fără un vehic-l format dintr-o materie asemănătoare mediului astral respectiv, au denumit corp astral, acest înveliş fluidic al spiritului.

Entitatea spirituală venită la şcoala lungă a planetei Pământ nu se poate mişca, după destrupare, decât în spaţiile fluidice ale planetei noastre. Ea nu se poate îndepărta de zona fluidică a Pământului, pentru a se duce, de exemplu, în Jupiter sau Neptun, asemenea evadări fiind îngrădite de legi inflexibile şi de condiţii îndeplinite doar de entităţile spirituale conducătoare ale evoluţiei Pământului. Aceste entităţi se numesc îngeri terestrieni, şi nici lor nu le este îngăduit să părăsească atmosfera fluidică a planetei decât pentru îndeplinirea unor misiuni.

Grosimea atmosferei fluidice proprie globului nostru terestru este de aproximativ 700.000 de kilometri, ea fiind cu desăvârşire deosebită de eterul, de atmosfera fluidică a celorlalte planete din sistemul nostru. Iată motivul, printre multe altele, pentru care o entitate spirituală terestră nu poate călători pe altă planetă, ea fiind nevoită să dezbrace mai întâi haina fluidică terestriană, corpul planetar, şi apoi să îmbrace o haină planetară formată din fluidele planetei respective. Dar de unde să-şi procure învelişul fluidic al planetei pe care ar dori să peregrineze, căci aici pe Pământ nu-l găseşte, şi chiar dacă ar exista, nu ştie cum să şi-l însuşească.

Pe scurt – al treilea înveliş al scânteii divine este un corp fluidic, format din materia ce înveleşte planeta unde duhul îşi face şcoala evolutivă. Acest vehicul corespunde învelişului fluidic al planetei noastre, denumirea sa corectă fiind cea de corp terestrian sau corp planetar.

După ce am stabilit acest adevăr, să vedem rolul îndeplinit în fiinţa noastră de acest corp fluidic.

După poziţia sa, corpul planetar se află în profunzimea corpului vital, fiind intermediar între corpul vital şi corpul solar – aşezat şi mai adânc în masa fluidică a perispiritului.

Învelişul terestrian al omului este de diferite calităţi, după cum şi învelişul fluidic planetar al globului este şi el de diferite calităţi, reprezentate prin culorile şi nuanţele adecvate. Fiecare entitate spirituală îmbracă un corp planetar format din materia fluidică planetară corespunzătoare sferei unde îşi are reşedinţa.

Materia ce formează învelişul fluidic general al pământului este cu mult mai fină decât materia fluidică vitală, ce înveleşte orice corp de pe suprafaţa pământului. Ceea ce – în mare – este atmosfera terestriană a globului nostru, în mic, este corpul fluidic planetar ce înconjoară şi pătrunde orice corp mineral, vegetal, animal sau uman de pe suprafaţa planetei.

Superioritatea materiei planetare faţă de cea vitală constă în intensitatea şi puterea mai mare de vibraţie a particulelor ce o compun. Energia născută din vibraţia materiei planetare este cu mult mai mare decât cea produsă de particulele vitale, care animă corpurile de pe suprafaţa pământului. Pe măsură ce ne îndepărtăm de pământ, de globul terestru, apropiindu-ne de periferia atmosferei sale fluidice, materia terestriană este mai fină, are o lungime de undă mai mică şi o frecvenţă vibratorie mai mare, motiv pentru care este din ce în ce mai vie şi mai luminoasă, până la albul cel mai strălucitor.

Vibrația puternică a materiei terestriene îi dă însuşirea de a străbate prin fluidul vital şi prin aerul, lichidele şi solidele pământului, de parcă ele nici nu ar exista. Astfel se explică faptul că materia fizică este pătrunsă de materia terestriană, şi că entitățile spirituale, învelite la exteriorul perispiritului cu haina terestriană, au posibilitatea de a pătrunde – în deplasările lor terestre – prin ziduri, uşi, ferestre, prin toate corpurile fizice. Duhurile inferioare, bântuind cu miliardele suprafața pământului, străbat prin case, munți, copaci, fără ca ele să simtă ceva şi fără ca noi să ştim de ele.

Uneori aceste entități spirituale inferioare pătrund în corpul fizic al omului şi, din nefericire, în acelaşi trup şi corp vital viețuiesc două entități spirituale – stăpânul, care nu-şi dă seama că este posedat, şi un intrus care constituie ceea ce se numeşte un posedant.

Dincolo de materia fluidică terestriană ce acoperă ca un înveliş general, de jurîmprejur, globul nostru, printre planetele sistemului nostru se află materia solară sau atmosfera fluidică a soarelui nostru, în care înoată toate planetele, îmbrăcate cu învelişurile lor planetare de calități diferite, în funcție de gradul lor de evoluție.

Materia terestriană este împărțită în trei zone mari: albă la periferie, albastră la mijloc şi roşie la suprafața pământului. Zonele exterioare, cele mai fine, penetrează pe cele mijlocii şi inferioare. Zonele mijlocii penetrează pe cele inferioare, precum şi toate corpurile de la suprafața pământului. Prin urmare, la suprafața pământului întâlnim toate categoriile de materii terestriene, predominând materia terestriană roşie, ceva mai redusă fiind cea albastră şi cu totul infimă, cea albă.

Dacă o entitate spirituală albă – cu reşedința în zonele periferice ale atmosferei fluidice terestre, având o haină planetară formată din fluidul terestrian alb – vrea să coboare pe suprafața pământului, trebuie să se învelească, fulgerător, cu toate materiile fluidice terestriene de culoare albastră şi roşie, ca să aibă posibilitatea de a se menține aici jos unde predomină mediul fluidic roşu.

Această materie roşie, inferioară celei albe din care este alcătuit subtilul său corp planetar, îi procură o suferință spirituală de nedescris. Iată motivul pentru care coborârea pe suprafața pământului a entităților spirituale superioare este un mare sacrificiu. Din această cauză comunicările omului cu frații din spațiu se stabilesc de regulă cu entități spirituale inferioare, sau puțin evoluate, şi foarte rar cu cele albe, care dirijează şi comandă celor de sub ele.

Materia terestriană pătrunde prin corpul vital şi trup, arătându-se la exteriorul trupului nostru sub forma unei aure, mai subțiri sau mai groase, mai întunecate sau mai luminoase, după cum spiritul acelui om este mai mult sau mai puțin evoluat. Grosimea ei poate atinge 40-50 de centimetri şi va fi cu atât mai întinsă şi mai luminoasă, cu cât omul va fi mai corect în viață, mai pios, mai moral, mai intelectual – cu alte cuvinte, o entitate spirituală cu o mare vechime şi o mai lungă şcoală evolutivă.

Aura corpului planetar este într-o continuă vibrație, suferind variații de la moment la moment, în funcție de condițiile meteorologice, starea de sănătate a omului şi starea sa sufletească: dorințele, sentimentele şi gândurile sale, calmul sau iritarea, cumințenia sau ticăloşia sa etc.

Dacă, prin actul morții, duhul unui om pios, bun şi corect şi-a părăsit trupul, el va părăsi şi corpul vital, şi dacă gradul său evolutiv este de spirit alb, va dezbrăca, rând pe rând, fluidele planetare roşii şi albastre, rămânând în sfera sa, învelit numai cu fluidele albe corespunzătoare gradului său evolutiv. Când o asemenea entitate spirituală coboară pe suprafața pământului, cu o oarecare misiune sau pentru a comunica cu anumite entități spirituale întrupate, strălucirea sa este atât de puternică – cu toate că este învelită în materie planetară inferioară – încât este văzută de omul trupesc.

Aura planetară, asemenea aurei vitale, înconjoară trupul omului, reproducând oarecum, într-o formă cu mult mai vagă, conturul trupului său, şi are înfăţişarea unui ou cu vârful în jos. Această materie planetară nu o deține numai omul, ci fiecare corp viu de pe suprafața pământului. Aşadar, în afară de aura vitală, toate corpurile au în jurul lor şi o aură planetară, bineînțeles formată dintr-o materie planetară de o calitate cu mult inferioară celei din care este format corpul planetar uman.

Dacă un om şi-a pierdut un picior sau o mână, membrul fluidic planetar persistă multă vreme, din cauza atracției magnetice foarte puternice dintre particulele materiei planetare, şi în anumite zile, când aerul este foarte umed sau încărcat cu multă electricitate, simte o durere la piciorul pe care nu-l mai are. Cu timpul, acest membru fluidic se resoarbe, materia care-l formează retrăgându- se treptat în restul corpului planetar.

La fel se petrece şi cu ramurile unui copac. Dacă tăiem o creangă, partea planetară corespunzătoare acestei ramuri persistă multă vreme. De asemenea, materia astrală a unui obiect din jurul nostru - o oală, un scaun, o statuetă – se divide în tot atâtea bucăți în câte s-a rupt obiectul.

Pentru punerea în evidență a acestui fapt, s-a făcut următoarea experiență. S-a trecut o rază luminoasă printr-o prismă obținându-se astfel un spectru solar. Dacă între prismă şi ecranul pe care s-au proiectat cele şapte culori ale spectrului solar se interpune membrul planetar corespunzător celui trupesc amputat, se constată că nu se mai formează pe ecran niciun spectru. Aceasta se întâmplă pentru că ceva a împiedicat trecerea razelor colorate spre ecran, şi acel ceva este membrul fluidic planetar, persistent în momentul experienței.

Corpul planetar este organizat pentru îndeplinirea misiunii sale, adică diferitele lui particule sunt ordonate, aşezate în anumite dispoziții şi direcții, cu vibrații adecvate. Cu alte cuvinte, el este viu, or prin faptul că trăieşte şi funcționează, materia din care e compusă se uzează, se corupe, şi ca atare trebuie eliminată şi înlocuită cu alta, proaspătă, nutritivă şi asimilabilă. În acest scop corpul planetar exercită o dilatare şi o contractare asemănătoare cu cea a corpului vital, deci o mărire şi o micşorare a volumului său, absorbind la fiecare pulsație a sa, materie planetară din mediul înconjurător. Când se dilată, absoarbe materie nouă; când se contractă, o elimină pe cea uzată.

Asemenea trupului şi corpului vital, corpul planetar se hrăneşte şi este într-o continuă primenire.

S-ar părea că toți oamenii, având un corp planetar, absorb din atmosfera fluidică a pământului aceeaşi materie. Nu se întâmplă aşa, pentru că fiecare individ are un corp planetar deosebit, conform gradului evolutiv al spiritului său. Potrivit naturii sale, corpul planetar absoarbe, pe cale selectivă, numai acea calitate de fluid planetar din care se compune el însuşi.

Corpul planetar este o icoană fidelă a sentimentelor, impresiilor, senzațiilor şi dorinţelor noastre. El se schimbă în tonalităţi de culori şi vibraţii, după stările noastre sufleteşti. Fiecare calitate sau defect al sufletului nostru – nobleţea sau ticăloşia fiinţei noastre – se arată în exterior, în aura noastră planetară, prin anumite culori. Dacă punem în faţa unui clarvăzător, a unui om care a dobândit vederea spirituală, o persoană – veselă sau tristă, calmă sau iritată, vicioasă sau cuminte – mediumul lucid ne va indica anumite culori şi vibraţii în undele aurei din jurul corpului şi în special în cea care înconjoară capul persoanei examinate. Astfel, roşu aprins denotă mânia de care e cuprins un om, roşu închis arată că acel om e un senzual desfrânat, roşu brun dezvăluie pe omul zgârcit, pe avarul al cărui gând e îndreptat numai la bani, uitând că totul va rămâne aici, când va sosi momentul cel mare. Cenuşiu deschis arată frica, portocaliu indică un om orgolios, mândru de fiinţa sa.

Galbenul denotă pe omul ce posedă o inteligenţă superioară. Violetul arată pe omul spiritualizat. Rozul deschis, asemenea rozelor, arată iubirea sub toate formele ei.

Culorile corespunzătoare sentimentelor şi pasiunilor omeneşti, fiind legate de gradul de evoluţie al entităţii spirituale, au un caracter permanent, persistând pe parcursul unei vieţi terestre. Numai stările sufleteşti ocazionale – durerea, veselia, iritarea de moment – se arată prin culori corespunzătoare lor, care pier odată cu schimbarea stării sufleteşti.

Stările sufleteşti superioare generează vibraţii armonioase, unde vibratorii egale, ritmice şi ordonate, care se propagă în spaţiu pe mari distanţe. Dacă întâlnesc în calea lor un om, îi provoacă o armonizare a vibraţiilor învelişului său spiritual, iar acesta se va simţi mai liniştit, mai mulţumit, fără să ştie cauza noii sale stări.

Omul preocupat de gândul răzbunării, al uciderii, al furtului, omul frământat de invidie şi pasiuni josnice, răspândeşte în jurul său unde neregulate, dezordonate, cu intensităţi şi amplitudini diferite. Prin vibraţiile lor, aceste unde dezarmonizează tot ce întâlnesc în cale. Un om nervos, ce nu-şi găseşte liniştea, pe care îl irită toţi şi toate, are corpul planetar într-o continuă furtună. Unor asemenea oameni li se recomandă un mediu liniştit, la ţară, departe de vâltoarea lumii, de furnicarul marilor centre urbane, locuri unde influenţele nefericite ale omenirii în frământare sunt mai reduse. Spaţiile sunt îmbâcsite de un păienjeniş de idei şi sentimente propagate în diferite direcţii, sub formă de unde, fără a se deranja unele pe altele. Ele sunt mai bogate în marile aglomeraţii omeneşti şi mai puţine în regiunile îndepărtate, sate, munţi, păduri sau în largul mărilor. Din acest motiv naturilor suprasensibile li se recomandă călătorii pe mări, şederea la munte sau în localităţi izolate.

Intrând într-o casă unde e tristeţe, plâns şi jale, omul se simte de la o vreme cuprins de o mâhnire ce-i face rău, căutând să se îndepărteze de acel focar de vibraţii, care îl copleşesc. Intrând într-un cerc vesel, de mare bucurie, vibraţiile planetare plecate din fiinţa acestor persoane dispun pe orice om, simţindu-se atras şi reţinut cât mai mult lângă această sursă de vibraţii binefăcătoare.

Dintre toate defectele omului, ura este cea mai puternică, vibraţiile ei propagându-se departe de autorul lor, lovind şi zdruncinând corpul planetar al altora. Un asemenea om plin de venin este un criminal anonim, care contribuie prin defectul său la întârzierea evoluţiei omenirii.

Funcțiile corpului planetar

Corpul planetar îndeplinește în om următoarele funcții:

1. este puntea de legătură între corpul vital și restul perispiritului, sau mai pe scurt, între suflet și corpul fizic;

2. servește de vehicul, căci prin ajutorarea lui, entitatea spirituală întrupată sau destrupată se poate deplasa prin spațiile planetei noastre;

3. este centrul de transformare în senzații al impresiilor din lumea exterioară.

Știința pozitivă de azi, predată în facultăți și academii, crede și afirmă că procesul elaborării senzațiilor are loc în sistemul cerebral uman. Cât de departe sunt de adevăr oamenii de știință! Va sosi timpul când se vor convinge că această afirmație a fost greșită. Toate la vremea lor.

O persoană adormită prin fluid magnetic sau printr-un anestezic – al cărei suflet a ieșit din trup – poate fi înțepată, i se poate tăia un organ, i se poate pune la nas un flacon cu amoniac sau introduce în gură chinină, și cu toate acestea vom observa că trupul său adormit rămâne insensibil, nu simte absolut nimic. Sistemul său nervos cental și periferic este la locul său, atunci de ce impresia exterioară nu se transformă în senzație? Răspunsul vine de la sine. Senzația se produce în corpul planetar, aflat în afara trupului, în momentul experienței.

Având particulele sale într-o continuă activitate, denotând o anumită sensibilitate și chiar tendința de reflex, corpul planetar se poate considera ca fiind un corp viu, ce are o viață proprie, și prin extensie – o conștiință și o voință a sa particulară. E greu de cuprins ideea că o materie este considerată vie prin ea însăși, și în plus că are capacitatea să exprime o voință și să aprecieze ceea ce-i convine și ceea ce-i dăunează; și totuși, acesta este purul adevăr. Oricare ar fi gradul de evoluție al unei materii – căci și materia este supusă legii evoluției – ea are sensibilitate, înțelegere și voință, pentru că e vie, fiind formată din particule vii, adevărate ființe, infinit de mici.

Dar, să mă întorc la corpul nostru planetar. Materia solidă, lichidă și gazoasă a pământului nostru are destinul să evolueze, pentru a se transforma în materie planetară de un grad superior. Dar oricât de fină ar fi materia planetară, ea simte o atracție exercitată de surorile sale inferioare – materia gazoasă, lichidă și solidă a globului, pe care stă piciorul nostru.

Atunci când, prin îndeplinirea funcțiilor sale, corpul nostru planetar sărăcește în materia sa constitutivă, se naște în el o stare particulară de necesitate, de respirație, tradusă omului trupesc sub formă de foame sau sete. Această aspirație, această chemare a corpului nostru planetar se numește dorință. Cu alte cuvinte, corpul nostru terestrian – al entităților spirituale întrupate – este sediul dorințelor omenești, a tot ceea ce satisface gura, a tot ceea ce produce senzații – unirea sexuală etc. Corpul planetar este sediul unde se naște și se fixează mândria, ura, avariția, lăcomia și multe alte vicii. El ne leagă puternic de pământ, prin toate bunurile și plăcerile pe care acesta ni le procură.

Din această cauză, corpului planetar i s-a mai dat, de către unii ocultiști, numele de suflet-animal. El fiind bruta din om, care îl împinge la satisfacerea simțurilor și a pasiunilor josnice.

Impresiile venite din afară – după ce au fost înregistrate de organele de simț –

sunt transmise corpului planetar, sub formă de vibrații, prin intermediul corpului vital, în special al celui din jurul nervilor. In corpul planetar sunt transformate în senzații de durere sau plăcere, duse mai departe la scânteia divină, entitatea spirituală reală şi veşnică a tuturor fiinţelor. Spiritul ia cunoştinţă prin proprietăţile corpului intelectului, corp aflat în imediata vecinătate a spiritului, şi în interiorul căruia senzaţiile înregistrate sunt transformate în stări particulare, numite emoţii. Aşadar, impresiile lumii fizice sunt percepute de organele de simţ ale trupului, de unde sunt transmise din corp în corp – vital, planetar, solar, mental – până la gânditorul central, scânteia divină, care ia cunoştinţă şi decide, potrivit gradului său evolutiv.

Am arătat că învelişul planetar se află în toate corpurile de pe globul nostru, începând cu mineralele şi sfârşind cu omul. Evident că în fiecare îşi are rolul şi gradul său funcţional, în conformitate cu treapta de evoluţie a sistemului respectiv. Sensibilitatea şi reflexele corpului planetar al mineralelor vor fi foarte reduse, nefiind sesizate de organele noastre de simţ. Ele sunt ceva mai accentuate la plante şi se arată cu o notă destul de puternică la animale.

Graţie corpului său planetar, un câine simte durere, ţipă şi fuge când este lovit. Apariţia stăpânului său îi produce o mare bucurie, iar lipsa mai îndelungată a acestuia îi provoacă tristeţe. Moartea stăpânului o plânge cu lacrimi, căzând într-o profundă depresie sufletească. Câinele are manifestări asemănătoare cu ale omului; el iubeşte până la sacrificiu, dar şi urăşte până la moarte. E lacom, e gelos pe un alt câine, când vede că e mângâiat sau i se dă mai multă atenţie, şi aşa mai departe. De aici tragem concluzia că vehiculul planetar este un instrument general pe planeta noastră, pentru orice spirit, de orice fel şi grad ar fi el – mineral, vegetal, animal sau uman.

Orice corp sau instrument al spiritului, fiind format din materie vie – cu sensibilitate, cu înţelegere şi voinţă – poate înregistra impresiile mediului înconjurător prin oricare parte a sa. Iată o probă.

Se adoarme magnetic un om, sufletul său din cauza curentului magnetic al magnetizatorului suferă o separare de corpul său fizic. Din această cauză, el se comportă ca şi cum ar fi oarecum liber în spaţiu. Punem acum un ziar în faţa ochilor celui adormit; cu pleoapele lăsate, el citeşte ziarul. Dar ceea ce e mai curios este faptul că el citeşte chiar dacă îi punem ziarul la ceafă. Se citează numeroase cazuri când o persoană a citit cu vârful degetelor de la mână sau picior. În ultimul timp, experienţele au fost duse şi mai departe. Astfel, sufletul unei persoane a fost scos din trupul său şi dus la câţiva metri. Dacă s-a aşezat un ziar într-un punct indicat de un lucid, punct corespunzător locului unde se afla sufletul celui magnetizat, s-a constatat că el vede, iar trupul său aşezat pe fotoliu spunea cele scrise în ziar.

* * *

Până aici am vorbit despre funcţiile generale ale materiei planetare, care intră în constituţia corpului nostru planetar. Dar asemenea corpului vital, şi corpul planetar prezintă nuclee unde materia planetară pare a fi mai activă, formând ca şi în cea vitală, rozete, centre de forţă.

Asemenea centrelor vitale dintre care – la omul obişnuit – doar unul este în activitate, şi în cazul centrelor planetare – în general – numai unul este activ. Dar prin evoluţie, spiritul le poate activa rând pe rând pe toate.

De asemenea, în corpul planetar se disting şapte centre de o activitate deosebită:

1. centrul din dreptul bazei coloanei vertebrale;
2. centrul splenic;
3. centrul ombilical;
4. centrul inimii;
5. centrul laringian;
6. centrul dintre sprâncene;
7. centrul din dreptul creştetului.

Intrarea în activitate a fiecăreia dintre aceste centre aduce în plus o facultate nouă omului. Dacă centrul inimii este în funcţiune, omul va simţi prezenţa unei entităţi spirituale, şi anume printr-o senzaţie de aer rece, de răceală, în cazul unui spirit inferior şi de căldură, în cazul unei entităţi spirituale superioare. Când centrul laringian intră în rotaţie, omul devine medium auditiv, iar prin activarea centrului dintre sprâncene el va vedea entităţile spirituale care străbat spaţiile asemenea licuricilor. Această viziune este mai clară în întuneric, deoarece lumina zilei maschează duhurile, la fel cum lumina soarelui nu permite vederea stelelor pe cer.

S-ar putea naşte în mintea cuiva întrebarea: „De ce spiritul, când este în afara trupului, vede, aude şi simte lumea înconjurătoare prin intermediul corpului planetar, iar când revine în trup, nu mai poate vedea, simţi, auzi în lumea invizibilă decât ceea ce permite trupul său, numai ceea ce înregistrează organele sale de simţ?"

Cauza acestei neputinţe este prezenţa corpului vital, care este un corp semifluidic. El are funcţia de a întreţine viu şi într-o perfectă activitate trupul. Dar tocmai prezenţa corpului vital constituie un fel de paravan între trup şi spirit. Corpul vital aparţinând lumilor fizice, fiind semifluidic, nu permite ca impresiile spirituale din afară să ajungă la entitatea spirituală şi deci ca spiritul să ia cunoştinţă de existenţa şi fenomenele lumii spirituale şi a entităţilor sale. Iată de ce noi, oamenii, nu vedem nimic dincolo de lumea fizică.

O intoxicare a trupului cu cărnuri stătute, cu peşte conservat, cu băuturi alcoolice sau diferite narcotice, produce, prin repercusiune, o învolburare, o întunecare, o slăbire a puterii de sensibilitate şi funcţionare a corpului planetar. Dar chiar şi o tulburare a corpului vital poate dezechilibra organismul planetar al omului. Astfel, o iritare continuă produce o dezarmonie funcţională a corpului vital şi, prin reflexie, şi a corpului planetar. De asemenea, o emoţie puternică, provocată de frică, e în stare să zdruncine atât de puternic corpul planetar, vital şi trupul, încât omul poate orbi, poate încărunţi sau îmbătrâni într-un minut, poate să rămână mut, să paralizeze, sau chiar să moară.

* * *

Din cele descrise mai sus s-a putut vedea că există o corelaţie strânsă între instrumentele pe care le are la îndemână spiritul. Nu se poate ca alături de un trup degradat să existe un corp planetar subtil şi sensibil. Entitatea spirituală nu poate fi înfiorată de un sentiment sau o emoţie nobilă, dacă nu posedă un corp intelectual superior şi un corp planetar constituit dintr-o materie fină. Josnicia unuia le coboară şi pe celelalte.

Se înțelege că un corp fizic nu poate fi un instrument perfect, dacă el se hrănește cu cărnuri, mai ales de mamifere. Cu cât carnea aparține unui animal mai evoluat, mai apropiat de regnul uman, cu atât va produce în corpul nostru fizic substanțe mai puțin asimilabile și o cantitate mai mare de toxine, absorbite în sânge și duse în toate părțile trupului nostru. Carnea este însoțită de fluidul planetar animal. Or dacă acest fluid, care aparține unei trepte evolutive inferioare pe scara fluidelor planetare ale globului nostru, este încorporat în corpul planetar al omului, îl va vicia și îi va coborî gradul calitativ, din uman, în animalic.

Omul are impresia că e greu, chiar imposibil să trăiască fără carne, și aceasta, deoarece generații nesfârșite au consumat carne, organismul său cerând imperios alimentul cu care s-a obișnuit din copilărie. Dar dacă e greu să se renunțe în totalitate la alimentația carnală, cel puțin masa de seară să fie lipsită de carne. Cine are o voință puternică poate să renunțe cu totul la carnea de mamifere și să consume tot mai multe vegetale, în special fructe.

Un corp fizic întreținut curat, hrănit numai cu vegetale, produse lactate și ouă, va deveni un corp pur fizicește. Potrivit evoluției sale în corelație cu trupul, spiritul își va agonisi un corp vital și planetar cât mai fin, care să răspundă cu ușurință la toate manifestările, la emoții frumoase, sentimente religioase, nobile, de iubire și milă. Un asemenea om, aflat în fața unei nenorociri, se simte zguduit, sare în ajutor și nu e capabil să facă rău nimănui, el fiind o pildă frumoasă semenilor săi, prin răbdarea și pacea ființei sale.

Pe când carnea otrăvește corpul fizic și degradează corpul planetar, băuturile alcoolice și narcoticele – tutun, hașiș, opiu și altele – distrug organismul, ruinându-l de timpuriu și reducând puterile corpului vital și planetar. Un asemenea om devine nesimțitor, iar ca să fie mișcat întrucâtva și el, are nevoie de pasiuni puternice, grosolane – beție sau sexualitate desfrânată.

O plagă a omenirii este fumatul, care, prin spiritul de imitare și printr-o concepție greșită se întinde din ce în ce mai mult, până și la tinerele fete. Urmările sunt multiple și nenorocite! În afara faptului că ruinează dinții, corupe saliva, intoxică stomacul, plămânii, sângele, întregul trup, părțile eterice ale nicotinei se strecoară și otrăvesc corpul vital și planetar. Urmarea este reducerea sensibilității, slăbirea memoriei și ruinarea fizicului. Celor care doresc să progreseze pe calea spiritualității li se recomandă să renunțe cu desăvârșire la acest obicei josnic, ce distruge totul în calea lui. Un om al cărui regim alimentar este exclusiv carnal, care bea cafea, băuturi alcoolice și fumează întruna, atrage și emite fluide inferioare, formând în jurul său o atmosferă fluidică de proastă calitate. Prin acest fapt, el devine un magnet pentru entitățile spirituale inferioare, care se complac în această atmosferă, se alipesc de aura lui, urmărindu-l peste tot și îndemnându-l prin sugestie să mai bea, să mai fumeze, și astfel, asemenea unor demoni nevăzuți, caută prin gândurile lor josnice să influențeze mintea bietului pământean, împingându-l cât mai adânc în vicii de tot felul. Unele duhuri inferioare o fac din răutate, altele din gelozie – deoarece ele sunt mai decăzute decât alții, altele o fac din dorința propriei lor satisfaceri, prin faptul că omul, afundându-se din ce în ce mai jos în viciu, emanațiile eterice ce se ridică din jurul lui satisfac propriile lor pasiuni.

Omul care se silește și își impune o anumită linie de conduită, adună zi de zi materie superioară, atât pentru corpul său vital, cât şi pentru cel planetar.

Spiritul având o anumită directivă şi dispunând de instrumente cât mai fine, se dezvoltă mai repede, scoţând la iveală, cât mai devreme şi cât mai multe calităţi spirituale. Astfel, urmând ani de zile, spiritul urcă treptele evoluţiei cu paşi uriaşi. Divinitatea a creat în aşa fel lucrurile în lume, orânduind astfel forţele în infinit, încât entitatea spirituală – liberă sau întrupată – să nu stea pe loc o veşnicie. O forţă nevăzută – legea mişcării, a activităţii – o împinge mai departe, în mersul său, în evoluţia-sa. Oricât de leneş ar fi un spirit, oricât de mult ar greşi un om, nu se poate ca în noianul faptelor sale josnice să nu-i licărească şi lui un sentiment frumos, să nu facă şi el un bine, să nu ajute şi el un nefericit ca el. Nu se poate ca în vârtejul vieţii sale animalice să nu aibă un gând mai nobil, mai iubitor. Efectul produs de aceste câteva fapte, simţuri şi gânduri altruiste, contribuie la iluminarea spiritului său şi la îmbunătăţirea corpului său vital şi planetar. Din zi în zi, din an în an, entitatea spirituală avansează, astfel că la plecarea din viaţa trupească duce cu sine un capital – e drept, mic, dar care adăugat la cel câştigat în alte vieţi, contribuie la progresul său. Rari, extrem de rari sunt oamenii care să ducă o existenţă atât de întunecată încât să nu poată avansa cu absolut nimic, într-o viaţă terestră.

Este adevărat că, în general, umanitatea progresează foarte încet, precum, de asemenea, sunt cazuri rare când unele entităţi spirituale, graţie unei voinţe tari, se decid la o viaţă spirituală, la o viaţă dacă nu de sfânt, dar cel puţin sfinţită. Aceste entităţi spirituale păşesc atâtea trepte evolutive într-o singură viaţă, cât parcurg altele în 20-50 de reîntrupări succesive. Mersul lor pe drumul nevăzut al spiritualizării îi duce cât mai repede către Divinitate, Izvorul de unde revarsă în lume viaţa, forţa, ideile şi hotărârile.

Să nu uităm că anumite stări psihice ajută sau vatămă corpului nostru planetar. Aşa, de exemplu, o depresiune sufletească, pierderea unei persoane dragi contribuie foarte mult la dezorganizarea corpului planetar şi la întunecarea spiritului celui lăsat în valurile gândurilor negre şi ale deznădejdii. Oricât de grea ar fi viaţa, oricâte adversităţi întâlnim pe calea ei, să căutăm, cu hotărâre fermă, să înlăturăm negura grijilor din mintea noastră. Numai rămânând liniştiţi, reci la diversele greutăţi, vom fi în măsură să receptăm razele fluidice coborâte din Infinit – de la Tatăl ceresc – spre Pământ, raze prin care să întărim părţile componente ale triplei noastre fiinţe umane – spirituale, sufleteşti şi trupeşti.

Mânia, iritarea produc o mare furtună în corpul planetar uman, născându-se cu această ocazie curenţi dezordonaţi, care atrag din spaţiu entităţi spirituale inferioare, malefice, cărora le place să se scalde în valurile furtunoase ale corpului planetar. Prezenţa lor întăreşte şi mai mult iritarea omului, astfel că azi aşa, mâine aşa, persoana respectivă ajunge cu vremea să se supere din nimic, să nu se mai poată stăpâni, căci corbii lumii invizibile contribuie prin fluidele lor ca planetarul lui să fie mereu în dezordine. Iată un om care va patina aproape pe loc, având o viaţă trăită pe pământ în chinuri, dar fără niciun folos sau cu un folos prea mic.

În fine, calitatea gândurilor care ne trec zilnic prin minte contribuie la întărirea sau slăbirea corpului planetar. Gândurile plecate din focarul central, de la lumina scânteii noastre, pun într-o vibraţie mai puternică vehiculul planetar, decât pe cel fizic. Când aceste gânduri sunt înalte, nobile, generoase, exprimând frumosul şi binele, ele trec către exterior, către corpul fizic, prin corpul planetar punându-l pe acesta în vibrație cu o anumită frecvență vibratorie şi îl obişnuiesc cu acest fel de vibrație, ordonată, dându-i deci o anumită rezonanță. Când însă ne trec prin minte gânduri josnice, de plăceri sexuale, de ură şi răzbunare, corpul planetar vibrează dezordonat şi cu o frecvență joasă. Cu vremea, corpul planetar se obişnuieşte cu acest gen de vibrații şi devine uşor influențabil la undele corespunzătoare acestor gânduri, ale altor oameni, gânduri care plutesc, într- un număr foarte mare, prin atmosfera pământului. Un asemenea corp devine un instrument netrebnic al duhului, care va fi ca un stăpân nobil în haine zdrențuite. Dar asupra acestei idei vom reveni.

* * *

Existența noastră este asemănătoare mişcării pendulei, a succesiunii zilelor şi nopților sau a anotimpurilor. Omul trăieşte o viață de zi şi o viață de noapte, o viață pământeană şi una spațială sau spirituală. Ziua, omul este conştient de lumea fizică înconjurătoare, prin intermediul corpului său fizic. Noaptea, entitatea spirituală, înconjurată de perispirit, părăseşte acest corp fizic şi se depărtează mai mult sau mai puțin de el, după cât este de evoluat. Duhul străbate spațiile, se întâlneşte cu frații destrupați sau întrupați, se consultă, întreabă şi se instruieşte. Aşadar, noaptea îşi trăieşte viața spirituală, de spirit eliberat de trupul său, în care totuşi este captiv, legat fiind de el printr-un fir asemenea unui balon legat prin cablu de pământ.

În înalta Ei înțelepciune, Divinitatea a înțeles că e nevoie ca spiritul întrupat să se elibereze puțin noaptea, după atâtea ceasuri de temniță în trup. Entitatea spirituală n-ar putea să rabde în temnița trupului său zeci de ani, cât durează o viață de om, de aceea Divinitatea a orânduit odihna trupului în timpul nopții, ca şi odihna pământului şi a vegetației în timpul iernii. Noaptea, în timpul evadării sale, spiritul e conştient de lumea spirituală, ca şi de cea fizică, prin întregul său corp spiritual, prin perispirit. El vede, simte, aude atât în lumea fizică a Pământului, cât şi în lumea invizibilă, spirituală a acestuia. Conştiința spiritului şi impresionabilitatea corpului planetar este mai mare când spiritul se găseşte în afara trupului, în patria sa spirituală, decât atunci când stă afundat în materia fizică a trupului său, care îi reduce din vibrație şi deci din sensibilitate.

Eliberat de corpul său fizic, spiritul poate umbla prin dormitor, trece prin ziduri, uşi şi ferestre, călătoreşte prin împrejurimi, ori la mari distanțe, pentru a vizita locuri şi prieteni pământeni, parcurgând aceste spații cu o viteză deosebit de mare. Entitatea spirituală aproape că nu cunoaşte timp şi spațiu, ea deplasându-se cu o viteză ce depăşeşte viteza luminii. Am putea spune că ea străbate spațiile ca şi gândul. Doreşte să meargă la Paris; când a gândit să plece, se pomeneşte că a şi ajuns, putând înconjura pământul în câteva secunde.

Călătorind prin spații, prin atmosfera planetară a pământului, spiritul se poate întâlni cu prieteni de pe pământ, al căror corp fizic se află în somn, sau îi poate întâlni pe iubiții săi destrupați, care au părăsit complet corpul fizic. Se poate întâlni cu entități spirituale mai evoluate decât el, duhuri de la care poate afla cunoştințe noi. În timpul peregrinării sale, poate lega prietenii noi, asistă la conferințe spațiale, ori meditează asupra unor proiecte sau probleme, pe care acum, având o conştiință superioară, le va rezolva cu uşurință, şi la deşteptarea din somn va descoperi cu mirare dezlegarea problemei pe care în ajun nu o putuse soluționa. De exemplu, un medic nu a reuşit să stabilească diagnosticul unei boli; în starea de spirit liber o vede clar, şi la deşteptare cunoaşte precis natura bolii pacientului său.

În stadiul actual de evoluţie, omul nu a ajuns la gradul spiritual în care să-şi amintească perfect trăirile şi experienţele avute în lumea spaţială, în timpul somnului trupului său. Foarte rari sunt oamenii, de diferite grade de cultură şi categorii sociale, cu minunatul dar de a-şi aminti aproape exact ceea ce au văzut, simţit şi auzit noaptea, în peregrinările lor spirituale. Majoritatea oamenilor nu-şi amintesc absolut nimic, un număr restrâns îşi aminteşte confuz şi neclar câteva fapte fără legătură între ele, clişee din care nu rezultă nicio concluzie. Cauza necunoaşterii activităţii nocturne a spiritului uman se datoreşte prezenţei corpului vital şi mai ales a materiei sistemului cerebral.

Am mai spus şi repet – corpul vital rămâne totdeauna în trap, ca să-l conducă în timpul când stăpânul pleacă în călătorii de studii prin sfere cereşti. Aşadar el nu participă la înregistrarea panoramică a activităţii intelectuale a fiinţelor din spaţiu. Spiritul, revenit în corpul fizic, suferă un fel de întunecare a memoriei sale, uitând cele petrecute în timpul nopţii. O ceaţă, o nebuloasă se lasă şi acoperă memoria sa. Din această cauză, odată intrat în cuşca sa, nu mai are limpezimea ideilor sale; ca atare, nu le poate proiecta cu fidelitate pe celulele cortexului, pentru a şi le pune în vibraţie şi reaminti în timpul zilei.

Aşa se întâmplă cu majoritatea oamenilor. Însă există cazuri când în vederea evoluţiei şi a realizării unei misiuni deosebite, marele întrupător lucrează, contribuie ca vehiculul vital al entităţii spirituale pe care îl întrupează la o nouă viaţă terestră, să fie în unele zone, oarecum incomplet sau cu orificii. Prin aceste mici spărturi, spiritul acestor oameni va avea posibilitatea să transmită, corpului fizic adormit, imaginile şi ideile culese în spaţiu.

În fine, există oameni care pe lângă faptul că au corpul vital cu mult mai subţire şi cu mai multe spărturi, mai au şi un corp fizic delicat şi sensibil. Spiritul lor, foarte evoluat, are atâta forţă de manifestare şi vitalitate, încât supleneşte ceea ce lipseşte din puterea de conducere a corpului vital. Asemenea oameni pot cu uşurinţă proiecta pe cortex tot ce au aflat, auzit şi văzut în timpul nopţii. Nu numai că ei îşi amintesc experienţele din viaţa lor nocturnă, dar au posibilitatea să vadă în lumea fizică şi apoi, fixându-şi atenţia în lumea invizibilă, văd şi aud ceea ce este inaccesibil altora. Aceşti oameni, foarte rari, deşi sunt în trup, deşi sunt în stare de veghe, pot trăi şi în alte lumi, dincolo de cea terestră. Pentru ei nu mai există actul morţii, la ceasul cel mare dezbrăcându-şi definitiv haina trupească, părăsesc conştient lumea terestră, pentru a se reîntoarce în patria lor eternă, între iubiţii lor, în sferele lumii spirituale.

Această stare excepţională este urmarea unui şir de vieţi trăite în renunţări, în ceea ce priveşte fascinaţia vieţii omeneşti. Aceşti oameni s-au condus cu înţelepciune, înţelegând că totul e efemer în viaţa pământească. Aceste entităţi spirituale au absolvit şcoala vieţii terestre cu mare vrednicie, urcând zeci de trepte spirituale într-o singură viaţă, pe când alţii, pentru aceeaşi ascensiune, au nevoie de zeci de vieţi trupeşti. Oricine poate ajunge la aceste stări fericite, dar îţi trebuie voinţă, ca să duci o viaţă conformă planului divinului Creator. Să iubeşti, să ajuţi în tot momentul, să te mulţumeşti cu ceea ce ţi-a dat destinul şi să nu te mai preocupe problemele lumeşti. Somnul reglementar, alimentaţia vegetariană, purificarea, rugăciunea la tot pasul, dar mai presus de toate – iubirea faţă de tot ce a creat Tatăl, te duc sigur la aceste stări şi grade evolutive. Ei, dar cine o poate face? Greu, foarte greu ca omul să se smulgă din noianul plăcerilor şi poftelor vieții pământeşti; şi totuşi, repet, e posibil.

Într-adevăr, există în lume o lege a obişnuinței, care poate ajuta oricărui om la realizarea atingerii unui scop. Totul e să vrei.

Făcând exerciții zilnice, cu consecvență şi la anumite ore stabilite, poți să ajungi, cu ajutorul Cerului, la rezultate uimitoare. E posibil, dar pentru aceasta se cere mai întâi o moralitate desăvârşită, o credință profundă şi o înclinare nețărmurită de a face binele în jurul tău. Cel ce nu va avea aceste prealabile dispoziții sufleteşti, să nu se apuce de aceste exerciții. Saltul sufletului său va fi prea puternic şi îşi va pierde noțiunea realităților. Mintea acestui om se va tulbura şi va deveni un dezechilibrat mintal şi chiar mai rău.

Aşadar, atenție! Nu vă angajați pe căi necunoscute. Ştii de unde pleci, dar nu ştii unde vei ajunge. Pentru asemenea oameni este preferabilă evoluția normală – firească, înceată dar sigură – care îi duce la stări gradate şi conştiente ale spiritului.

Marii asceți indieni şi tibetani ajung, prin viața lor austeră şi consacrată exercițiilor spirituale, să părăsească vehiculul lor fizic, parcurgând mari distanțe. Acolo pot să-şi creeze un alt corp material, prin care se manifestă, se arată şi vorbesc cuiva, şi apoi, dematerializându-se, se întorc, precum fulgerul în trupul lor. Asemenea mari spiritualişti, numiți yoghini, pot să meargă deasupra apei, pot să stea în mijlocul flăcărilor, fără ca un fir de păr să ardă de pe trupul lor; pot să se ridice cu trupul lor în spațiu, şi ca un aeroplan, să treacă peste lacuri, munți şi păduri; pot să se facă nevăzuți, dematerializându-şi propriul lor trup, şi refăcându-l apoi în altă parte. Dar niciodată nu fac aceste fenomene ca demonstrație ostentativă marelui public, ci numai pentru a-şi încredința ucenicii. Mici şi uşoare evadări ale spiritului din temnița sa se petrec la oricare dintre noi, dar numai în caz de boli grave, când tiranul nostru, trupul, a slăbit încât forțele sale s-au redus şi nu mai are tăria de a reține sufletul în interiorul său. Atunci, spiritul călătoreşte departe, prin alte oraşe şi țări, şi se arată celor dragi, sub forma unui om de ceață, a unei fantome. De asemenea, în preajma morții sau imediat după moartea trupului, entitatea spirituală pleacă în depărtări şi se arată la iubiții săi, ori la cel căruia i-a făgăduit în timpul vieții că i se va arăta.

Față de fenomenele produse de marii maeştri yoghini, aceste manifestări fantomatice sunt comparabile cu începuturile modeste ale unui copil la vioară, față de genialitatea unui valoros muzician. Marii şi rarii asceți ai planetei noastre sunt capabili să producă fenomene pe care mintea omului, judecata noastră, la lumina cunoştințelor ştiințifice actuale, nu le pot admite, mai ales că mulți, foarte mulți nu le-au văzut şi nici nu au auzit de ele. Totuşi, despre aceste fenomene au scris şi au vorbit mari şi serioşi învățați, şi mulți guvernatori englezi, civili şi militari, din regiunile Indiei și ale Tibetului.

Omeneşte ai dreptate să te îndoieşti, dar să nu uităm că întotdeauna au existat fenomene şi lucruri pe care omul le-a socotit imposibile şi azi le vedem realizate. Imposibilul nu există decât pentru un anumit moment al evoluției omenirii.

CORPUL SOLAR ȘI CORPUL MENTAL AL OMULUI

Crearea unei nebuloase are loc în Sfera divină. Acolo, nenumărați Creatori divini, sublimele Auxiliare ale Tatălui ceresc, pregătesc totul, materii și spirite, după noul plan al Creatorului, pentru noua creație, care se află pe o treaptă superioară față de cele precedente. Când totul a fost pus la punct, nebuloasa pleacă în fruntea unei strălucite Entități spirituale, a cărei vechime evolutivă se pierde în veșnicie. Această Entitate are rangul de *Fiu divin, Fiu de Dumnezeu*. În jurul Său are milioane de entități spirituale, îngeri solari și îngeri planetari, care vor fi ajutoarele Sale pe soarele central și în planetele împărăției Sale. În același timp, Conducătorul nebuloasei are la dispoziția Sa toate treptele de fluide, de la particulele simple din infinit, până la cele mai complicate fluide și categorii de atomi. În fine, în jurul Său mai are o infinitate de duhuri de toate gradele, și anume, duhuri care vor anima atomii, moleculele și mineralele ce vor intra în constituția soarelui și a planetelor împărăției Sale. De asemenea, va avea duhuri care se vor întrupa în viitoarele forme vegetale, animale și umane ce vor popula viitoarele planete. Cu alte cuvinte, Guvernatorul acestei nebuloase are în jurul Său totul, materii și duhuri, de la a (alfa) la w (omega).

Această vastă arcă sau corabie spațială este purtată prin cosmos și apoi prin unul dintre cele patru universuri, de *curentul cosmic*. Pentru ca entitățile spirituale să poată trăi în mediul cosmic - adică în mediul fluidic aflat între cele patru universuri - trebuie să fie îmbrăcate într-o haină formată din fluid cosmic, numită *corp cosmic*.

Din momentul intrării în una din cele patru sfere-universuri - unde se află un mediu mai dens decât cel din cosmos - entitățile spirituale sunt învelite de marii Constructori ai sistemului, cu o altă haină, aplicată peste cea cosmică, o învelitoare fluidică asemănătoare cu mediul fluidic al universului unde se află, și fără de care nu s-ar putea menține în acest mediu. Acestei învelitori i-am dat numele de *corp universic*.

După o călătorie de mii de ani, având o traiectorie spiralată, nebuloasa ajunge la destinație. Aici se oprește din călătoria sa și începe să fie răsucită pe loc de către curentul cosmic și deci silită să ia o formă sferică. Din acest moment, unele fluide din centrul nebuloasei încep să se transforme în atomi și astfel nebuloasa, din fluidică, a trecut în stare atomică, adică s-a transformat într-o stea, într-un soare.

În jurul soarelui atomic, strălucitor și luminos, se află o atmosferă fluidică, în sânul căreia vor trăi toată gama de duhuri, de la cele mai simple, până la Guvernatorul solar. Pentru ca duhurile să poată subzista în acest mediu fluidic solar, e necesar să aibă în jurul lor fluidul ajuns prin concentrare până la punctul stării de soare. Așadar, duhurile vor obține în jurul lor o haină formată din fluid solar, numită *corp solar*.

În fine, din cauza rotației soarelui gazos în jurul axei sale, se naște o forță centrifugă, provocând desprinderea uneia sau a mai multor bucăți din masa fluidică ce înconjoară soarele gazos. Din cauza dimensiunilor mai mici, aceste bucăți s-au condensat mai repede, dând naștere mai întâi unor mici sori, iar mai apoi, printr-o nouă condensare, unor planete lichide, care, continuând procesul de răcire și condensare, au ajuns la starea solidă.

Ca orice astru planetar, și globul nostru a trecut prin aceste trei stări - gazoasă, lichidă și solidă. În toate stadiile însă, el a fost și va rămâne înconjurat, până la finele existenței sale, cu o atmosferă fluidică planetară.

Când s-au desprins planetele din soare, s-a separat din el și gama de duhuri planetare, dar pentru ca ele să nu fie atrase înapoi de soare, au fost învelite cu o haină și mai densă decât cea avută în soare, învelitoare numită *corp planetar.*

Așadar, duhul sau scânteia divină primește în Sfera divină trei haine fluidice - *haina tatară, haina respiratorie* și *haina mamară* - cărora apoi li se adaugă *haina cosmică, haina universică, haina solară* și *haina planetară.* Prin urmare, entitatea spirituală este formată din opt părți: scânteia divină și cele șapte învelișuri ale sale.

În momentul de față Soarele este un corp fierbinte, luminos, înconjurat de o atmosferă fluidică deosebit de mare, unde înoată toate planetele sale.

Unele duhuri albe și îngerii planetari au posibilitatea să-și dezbrace haina fluidică a pământului - corpul planetar - și să se ducă în Soare, unde participă la cursurile de înaltă știință cerească, predate de superiorii cohortelor îngerești. După terminarea cursului se înconjoară din nou cu haină fluidică planetară, pentru a se putea întoarce pe planeta de care aparțin, și fără de care nu ar putea sta pe acest astru, căci Soarele i-ar atrage către sine.

Deși Soarele în definitiv e un astru ce în veacurile viitoare va deveni o planetă, totuși fluidul său este superior fluidului planetar, care învelește pământul. Din această cauză, corpul solar al omului nu mai ia forma trupului, așa cum o face corpul vital și planetar. El rămâne sferic, învelind corpurile mai profunde, ale duhului sau scânteii. De altfel vom vedea mai târziu că însuși corpul planetar nu-și mai menține forma de om, după părăsirea corpului fizic, prin actul numit moarte. Perispiritul duhului întors, din exil, în patria sa, își reia forma sferică, prezentându-se prin spațiu ca o sferă. Același lucru se petrece și cu învelișul universic și cosmic. Ele sunt în jurul scânteii sub formă sferică, învelindu-se concentric unul pe altul. Amândouă îi servesc la plutirea și mișcarea prin spațiul cosmic și universic. Acesta și numai acesta e rolul lor.

Scânteia divină sau duhul este o individualitate veșnică. Ea nu poate trăi singură decât în sânul Tatălui. Însă, destinul ei este să cunoască opera Tatălui, tot ce a creat El din infinitatea timpurilor. În acest scop scânteia divină călătorește prin cosmos, prin cele patru universuri și infinitatea de sisteme solare, primind ca vehicul, în aceste călătorii de studiu, mai multe învelișuri fluidice, care îi servesc drept instrument de cercetare și înregistrare a tot ce va experimenta în creația, în opera Părintelui său. Cum mediile pe unde va călători au diferite consistențe, scânteia a fost învelită în șapte haine, sau tunici, dintre care trei centrale și patru periferice. Cele patru haine externe - corpul planetar, solar, universic și cosmic - sunt numite de unii ocultiști: *haina astrală,* datorită faptului că este formată din materiile în care înoată miliardele de corpuri cerești sau astre. Celor trei învelișuri sau corpuri interne le-am dat numele de *corpuri divine.*

Al treilea din aceste trei corpuri sau învelișuri divine, și anume cel extern, este sediul în care se alcătuiesc formele materiale care corespund unor *idei* ale spiritului, al doilea înveliș este sediul *memoriei* sau arhiva unde se depun toate cunoștințele câștigate de duh în nesfârșita lui carieră, și, în fine, primul, cel mai profund înveliș este sediul *voinței.* Prin puterea de a crea idei, se dezvoltă cultura și inteligența duhului, prin însumarea acestor cunoștințe se dezvoltă memoria și sentimentele divine, iar în prima haină se dezvoltă voința. Voința, memoria și inteligența sunt cele trei mari facultăți pe care scânteia și le dezvoltă în lunga școală a vieții sale.

* * *

În continuare ne propunem să studiem învelișul producător de idei, sau corpul unde iau naștere formele diferitelor idei, create de duh.

Orice duh are acest corp al gândurilor, corp mental, dar nu la toate este deopotrivă de dezvoltat. După cum tot omul normal are ochi, dar nu toți oamenii văd deopotrivă de bine, după cum toți oamenii au sistem cerebral, dar nu toți pot vorbi și gândi la fel, pentru că la unul e mai bine alcătuit și la altul e în curs de perfecționare, de asemenea, corpul mental este diferit organizat și perfecționat la fiecare entitate spirituală. La unele duhuri umane, el a fost pus mai demult în funcțiune, și ca atare, organizarea lui e mai evoluată, la alte duhuri - desigur, mai tinere sau mai neatente, mai leneșe, am putea spune - el a fost pus la treabă mai rar, și ca atare este mai puțin organizat.

Așadar, corpul gândurilor diferă de la duh la duh și, ca urmare, de la un om la altul. Astfel, omul simplu - duhul mai tânăr - nu poate crea și recepționa decât idei comune, puține la număr, și în general din categoria celor concrete. Omul superior - duhul mai bătrân - poate crea și primi idei superioare și poate înțelege conținutul ideilor abstracte, științifice și filosofice. Prin urmare, între omul vecin cu animalul și omul savant se întinde o gamă infinită de individualități, care au corpul mental în diferite stadii de dezvoltare.

Duhul întrebuințează acest instrument, corpul mental, în veșnicie. Or prin însuși faptul funcționării sale, materia fluidică din care e alcătuit se uzează și ea, ca orice materie din lume. Din această cauză, materia acestui corp trebuie primenită necontenit. În vederea acestui scop, duhul execută un fel de pulsație - o mișcare de dilatare și contractare asemănătoare cu respirația - grație căreia corpul gândurilor elimină materia uzată și absoarbe din mediul înconjurător materie proaspătă. În acest fel corpul mental își poate îndeplini rolul său de modelator al formelor ce exprimă o idee. Să nu ne închipuim că învelișurile scânteii divine se acoperă complet unele pe altele. Fiecare înveliș sau corp tinde să aibă contact cu planul din care provine materia sa, deci să fie în legătură cu lumea de aceeași substanță cu sine. Materia fiecărui înveliș pătrunde printre particulele materiei învelișului extern - care este mai dură - și se arată la exteriorul trupului, dacă este vorba de un duh întrupat, contribuind astfel la formarea aurei umane. Cum corpul mental trebuie să stea în jurul scânteii divine și cum scânteia are sediul în sistemul cerebral sau deasupra capului - dacă duhul este mai evoluat - se înțelege că aura gândurilor se va afla mai mult în jurul capului.

Să expunem în câteva cuvinte mecanismul vieții omenești. Trupul are o necesitate. El influențează corpul planetar prin intermediul corpului vital. În corpul planetar se naște o dorință corespunzătoare necesității sau impresiei primită de la trup. Dorința corpului planetar se transmite sub formă de vibrații, de-a curmezișul celorlalte corpuri, până la scânteie - suveranul central. Scânteia divină ia cunoștință de ce s-a petrecut în afara corpului său, cugetă în interiorul său și apoi se decide. Atunci, pune în acțiune voința sa, după care corpul său începe să vibreze. Prin vibrațiile sale trezește din corpul memoriei anumite forme sau clișee corespunzătoare dorinței sau necesității respective. În fine, potrivit celor știute și experimentate deja, se concretizează în corpul gândurilor o formă ultramicroscopică, o individualitate de-sine-stătătoare, un corp viu, o ființă, numită *idee*. Această idee este expulzată în afară, determinând în drumul ei anumite vibrații în corpul planetar. La rândul său - datorită impulsului venit de la această idee - corpul planetar, prin intermediul corpului vital, comandă unui anumit centru din sistemul cerebrospinal să intre în acțiune, pentru îndeplinirea necesității cerute, a evitării neajunsului simțit, sau a obținerii lucrului dorit. Iată foarte pe scurt, traiectul acțiunilor din afară la scânteie și transmiterea deciziei de la scânteie spre exterior, la trup.

Lumea fizică impresionează trupul, scânteia divină ia cunoștință, iar prin corpul gândurilor, emite ordine, idei, executate de trup.

La unele duhuri facultatea voinței ia o dezvoltare deosebit de mare. Un asemenea om are o voință puternică, dar neavând un capital bogat de cunoștințe nu prea poate realiza opere durabile și de mare importanță. Există duhuri cu o mare inteligență, datorită faptului că și-au exercitat continuu și sistematic corpul mental, acumulând cunoștințe. Din cauza acestei deosebite activități spirituale, acest corp a luat o dezvoltare, o putere mai accentuată față de celelalte. Un asemenea om are o ascuțime de spirit deosebită, fiind o mare inteligență în mediul său de viață. Unele duhuri se silesc din răsputeri să păstreze și să memoreze adânc senzațiile vizuale și auditive. Asemenea oameni își dezvoltă în mod deosebit corpul-arhivă sau memoria. Evreii memorând din copilărie pasaje întregi din cărțile lor religioase și-au dezvoltat memoria foarte puternic. Prin urmare, oamenii se deosebesc între ei prin puterea voinței, inteligenței și a memoriei. Ferice de cine le va dezvolta deopotrivă pe toate trei.

Grație impresiilor din afară - idei și fapte, spiritul caută mereu, în marea arhivă a corpului său memorial, ideile corespunzătoare, pe care le înșiră, le combină și deduce ceea ce va urma - ca fapte, sau ceea ce va hotărî - ca idei, un altul. Acest proces, repetat mereu, acordă acestui om o facultate superioară, numită *intuiție*. Scormonirea ideilor din rafturile corpului memorial și punerea lor pe primul plan se numește *imaginație*. Duhul nu poate imagina ceea ce nu a recepționat, ceea ce nu a văzut, citit sau auzit cândva. Imaginația este facultatea de a crea mental idei noi, având ca model ideile deja câștigate și depozitate în corpul memorial. Din cele expuse mai sus se înțelege că gândirea este materială, reprezintă o forță deosebită și se produce sub impulsul voinței duhului. O probă că ideile omului sunt materiale și exteriorizabile este faptul că, dacă unei persoane adormite prin fluid magnetic i se descrie un obiect sau i se transmite mental ideea referitoare la acel obiect, ea spune că vede acea idee sau mai exact, că vede obiectul la care se referă acea idee. Se poate merge și mai departe. Luăm o foaie de hârtie și ne gândim în fața ei la o idee, de exemplu un scaun. Ideea noastră se exteriorizează, se materializează și se înregistrează pe hârtie. Amestecăm această hârtie, pe care aparent nu e nimic, cu alte hârtii asemănătoare la culoare, mărime și calitate, și le arătăm magnetizatului, care va indica faptul că pe una dintre ele se vede un scaun. Este chiar foaia de hârtie în dreptul căreia am gândit și pe care, pentru a o recunoaște, am înțepat-o ușor cu un ac la un colț, lucru de care hipnotizatul nu avea cunoștință. Așadar, ideea noastră a fost exteriorizată și ca atare, mediumul adormit a văzut-o. Când hârtia pe care era înregistrată presupusa formă-idee - scaunul - a fost prezentată întoarsă hipnotizatului, acesta a întrebat: „De ce mi-o prezinți răsturnată?" Hipnotizatul va vedea dublu atunci când este invitat să privească hârtia printr-o prismă. Cu alte cuvinte, forma-idee este atât de reală, atât de materială și exterioară, încât ea trimite raze luminoase, care trecând prin prismă, produc o dublă refracție. Dacă e invitat să privească printr-un binoclu, și anume prin lentilele ocularului, magnetizatul vede obiectul mai aproape, iar dacă privește prin lentilele obiective, îl vede mai departe decât este în realitate. În fine, mediumul va vedea imaginea reflectată și într-o oglindă. În urma acestor experiențe, psihologii vor fi nevoiți să recunoască materialitatea gândului și anume că ideea, forma ei spirituală, a fost emisă de spirit, a trecut prin corpul mental, s-a învelit cu o porțiune din materia lui și apoi a fost proiectată din corpul omului atât de obiectivă, încât a putut fi văzută de hipnotizat sau înregistrată pe o placă fotografică.

Orice idee referitoare la un obiect din lumea fizică, va reproduce, într-o formă microscopică, obiectul respectiv. Dacă cineva se gândește la idei abstracte - avariție, justiție, frumusețe, sublim etc. - acestea vor fi reprezentate prin simbolurile respective.

Tot ceea ce ne înconjoară în lumea fizică ne impresionează. Orice impresie se transmite de la organele de simț prin nervi, și anume prin fluidul care înconjoară nervii, până la sistemul cerebrospinal, mai precis până la corpul vital ce-l învelește. Aici, imaginile venite din afară se transformă în senzații, trec ca fulgerul prin corpurile astrale și, ajungând în corpul mental, stau ca imagini în fața scânteii, care le examinează și înțelege sensul. Din acest moment duhul a perceput înțelesul imaginilor sosite și conform acestor imagini decide în ce sens să acționeze. Așadar, din exterior spre interior au urmat o serie de acte spirituale: impresii, senzații, percepții, concepții. Pe măsură ce crește numărul observațiilor și atenția acordată înregistrării lor este mai încordată, cunoștințele vor fi mai numeroase și mai bine reținute.

Trăind în lumea fizică, adică în lumea materiei celei mai dense, omul se înțelege cu semenul său prin vorbire. Vorbirea este o vibrație sonoră a aerului. Ea învelește sau conține o imagine, o figură, corespunzătoare unei idei. Duhurile nemaiavând trup, nu mai au posibilitatea de a produce unde sonore. Ideile lor fiind lipsite de haina vorbirii sonore, apar una după alta în fața duhului, care le vede, le știe înțelesul și astfel află ceea ce gândește „vorbitorul" său. Ideile sunt imagini, forme, care au fiecare o culoare și o anumită vibrație, deci o anumită muzică eterică. Duhul privește ideile colorate și muzicale și înțelege prin înșirarea lor gândirea emitentului lor. Gânditorul emite fulgerător, și la fel de fulgerător înțelege și răspunde receptorul.

Datorită necesității de a produce sunete, cu ajutorul expirației și a vibrației coardelor vocale, omul trupesc vorbește extrem de încet, față de viteza fulgerătoare a convorbirii dintre două duhuri. În general, omul trupesc nu vede și nu aude gândirea duhului. Unii oameni aud această vorbire spirituală, percepând-o de parcă ar auzi o convorbire telefonică. O aud în capul lor, în spirit, dar li se pare exterioară, venită din afară. Acești foarte rari oameni se numesc *mediumi auditivi*. Alte persoane, asemenea duhurilor libere, văd aceste idei. Ele privesc un om și văd emanând gândirea din capul său, cunoscând ce gândește. Acești oameni sunt și mai rari și se numesc *cititori de gânduri*.

Din descrierea de mai sus se înțelege că autorul gândirii este scânteia sau spiritul, iar corpul mental nu face decât să procure material pentru crearea imaginilor care corespund acelor idei.

După cum, prin exerciții fizice practicate sistematic, se dezvoltă trupul unui om, prin studiu, meditații și concentrări continue, se dezvoltă corpul mental sau al gândurilor. Dar, după cum executând un travaliu fizic, prelungit, simțim că ne slăbesc puterile din ce în ce mai mult, până la epuizarea completă, când vrând-nevrând suspendăm acea activitate, corpul gândirii, tot citind sau meditând, obosește, se epuizează și simte nevoia unui repaus, pentru ca în acest interval de timp să-și refacă materia uzată.

Am arătat că fiecare idee are o culoare proprie. Când sunt însoțite de stări emotive, ideile sunt mai clare, mai viu colorate și cu o vibrație mai puternică. Clarvăzătorii ne-au revelat câteva culori corespunzătoare unor stări sufletești. Astfel iubirea se manifestă printr-o culoare roză, supărarea, mânia - printr-o culoare roșie aprinsă, egoismul - printr-o culoare mohorâtă, brună închisă, iar spiritualitatea sau credința - printr-o culoare violet deschisă.

Cu cât duhul evoluează, stările sale sufletești se ridică din inferioare spre stări superioare. Corpul său mental devine mai fin, se transformă, construindu-se dintr-o materie fluidică din ce în ce mai fină, ca urmare, va avea o vibrație tot mai rapidă.

Corpul mental format dintr-o materie de calitate inferioară este supus influențelor corpului fizic, și va atrage din afară idei inferioare, comune, cu vibrații lente, urâte și respingătoare ca formă și culoare. Veacurile trec, observațiile permanente și suferințele îndurate îl fac pe duh mai activ, mai tare în voință și mai atent. Din această cauză, el se dezrobește din ce în ce mai mult de influențele și dorințele corpului fizic, iar de la o vreme, chiar de atracțiile, dorințele și înclinațiile materiei vii, care constituie corpul său planetar. Din acest moment, ideile ce frământă corpul mental devin mai înalte, mai abstracte, mai filosofice, într-un cuvânt, mai spiritualizate.

Suferințele îndurate secole nenumărate au făcut duhul mai înțelept. De acum înainte el știe să înfrâneze materia corpului său planetar și să elimine din corpul gândurilor ideile venite din afară, ideile de o calitate inferioară. Omul ajunge uneori atât de conștient, încât în fața unei situații grave, a unei împrejurări excepționale, pare că aude în interiorul sufletului său o voce - vocea conștiinței sale - spunându-i cum să decidă, ce atitudine să ia pentru a rezolva o situație sau o împrejurare dificilă. Această voce este graiul tăcut al duhului către sistemul său cerebral, către personalitatea în care s-a întrupat.

Duhul face o școală prin intermediul instrumentelor sale, și în special prin corpul mental, cu care culege ideile ce plutesc prin spațiu, ca praful prin atmosferă. Dar pentru ca acest corp să funcționeze perfect, se cere pace și calm în celelalte corpuri, și în special în corpul planetar sau corpul dorințelor și emoțiilor. Dacă aceste corpuri sunt liniștite, toate ideile sosite din afară vor fi redate clar și spiritul le va putea interpreta.

Când aerul e liniștit, când nu bate niciun vânt și suprafața lacului este lină, cerul și stelele se reproduc fidel pe luciul apei, ca într-o oglindă. Pe furtună, apa de la suprafață se încrețește și mișcarea ei nu permite reflectarea cerului. Tot așa, când corpurile eterice ale omului sunt într-o vibrație ordonată și calmă, în corpul gândurilor se reflectă nu numai imaginile lumii fizice, ci chiar și cele ale lumii fluidice.

Omul ajuns la stăpânirea de sine, vede duhurile din spațiu, pentru că imaginile lor fiind bine recepționate de scânteie, sunt reflectate din interior spre exterior, imprimându-se pe cortex. Un asemenea om, numit *lucid,* vede cu ochii minții sale entitățile spirituale din jurul său. Așadar, facultatea de a fi lucid are la bază dezvoltarea corpului mental, care redă perfect imaginile lumii fizice înconjurătoare și ale celei spațiale. Se înțelege că un asemenea dar nu este opera unei vieți, ci rezultatul a numeroase reîntrupări și a stăruinței, din ce în ce mai mari a duhului.

* * *

Rămâne bine stabilit că atunci când un om gândește, emite șiruri nesfârșite de forme-idei, care părăsind ființa umană se propagă prin spațiu. La ieșirea din corpul duhului, ideile penetrează materia eterică, aflată peste tot în univers. Din această cauză materia eterică ce umple universul intră în vibrație ondulatorie, sub forma unor sfere concentrice. Materia fluidică a spațiilor nesfârșite este asemănătoare apei unui imens ocean. Prin urmare, undele fluidice mentale pot fi comparate cu undele create de o piatră aruncată în apă, unde care pe măsură ce se îndepărtează de locul contactului dintre piatră și apă, pierd tot mai mult din amplitudinea oscilațiilor. Fenomenul propagării formelor-idei se aseamănă și mai mult cu vibrațiile produse de limba ce lovește clopotul unei biserici, vibrații care pun în mișcare aerul ce se mișcă sub forma unor unde sferice concentrice. La fel se petrece și cu gândirea noastră. Ea joacă rolul clopotului, care, vibrând, pune în vibrație materia subtilă mentală, risipită în universul nostru. Aceste unde ale materiei mentale întâlnesc mii și milioane de alte unde, trecând unele prin altele fără să-și perturbe vibrațiile și fără să-și devieze sensul mișcării. Fenomenul se aseamănă cu fenomenul fizic numit interferență, când undele de lumină trec unele prin altele fără să se deformeze.

Se înțelege că puterea de propagare a undelor mentale este direct proporțională cu puterea prin care ideile au penetrat această materie și au pus-o în mișcare; la rândul lor, ideile vor avea o vibrație, o forță, cu atât mai mare, cu cât ele aparțin unei game mai înalte din seria nesfârșită de idei create de duh.

Anumite împrejurări – ca, de exemplu, apropierea de sistemul nostru a unei comete, stările de opoziție sau conjuncție ale unor planete, efluviile magnetice mai mari ori mai slabe ale stelelor etc. – produc agitații în oceanul fluidic al universului. În acest caz, propagarea undelor ce vor purta ideile emise de duh va fi, oarecum, paralizată.

În Cer totul se petrece asemănător ca și pe pământ. Aceleași legi domnesc în toate lumile, de toate gradele, bineînțeles adaptate mediului respectiv.

În zilele când magnetismul cosmic, solar sau planetar este mai mare, aerul e agitat și sunetul clopotului de la biserică moare la o mică distanță de el. Dacă aerul e liniștit, vibrațiile clopotului se propagă în depărtare, fiind auzite până în satele vecine.

Același fenomen se petrece și cu propagarea ideilor noastre prin spațiu. Când atmosfera mentală este calmă, gândirea noastră e purtată pe undele materiei mentale, până la locul destinat, impresionând destinatarul gândului nostru. Ziua, din cauza căldurii solare, aerul vibrează. Datorită curenților fluidici se produc agitații în atmosfera materiei mentale, motiv pentru care gândirea noastră nu străbate prin oceanul fluidic decât foarte greu și la o distanță apropiată. Noaptea, când aerul este mai liniștit și materia gândurilor e mai calmă, ruga noastră, sugestia noastră, poate străbate prin oceanul fluidic la distanțe de zeci de ori mai mari decât în timpul zilei. Iată de ce se recomandă ca rugăciunea să o înălțăm la miezul nopții. Ea va străbate spațiile până la Soarele nostru, de unde anumite duhuri, îngeri-solari, au datoria să o transmită mai departe, prin tot universul, până la centrul Sferei divine, sediul Tatălui creator.

Când un om analizează ceva, face o reflexie, meditează asupra unei probleme oarecare, el creează idei. Ele neavând nicio destinație, ieșind din corpul eteric al omului, vor rămâne în jurul său, formând o atmosferă de gânduri în jurul capului. Cât timp acest născocitor de idei va fi activ, preocupat de diferite probleme ale vieții, aceste idei nu vor avea niciun rol, nu pot produce niciun efect. Însă de îndată ce creatorul lor va fi liniștit, cu mintea liberă, aceste idei, prin vibrația lor, vor pune în vibrație materia sa mentală, generând idei similare, cu aceleași forme, muzică și culori, care, emise în afara lor, le vor întări pe cele preexistente. Acum forța lor a devenit dublă. Cu o altă ocazie, ideile vor lucra din nou asupra mentalului acestui om, și gândul său va fi preocupat mereu de aceleași idei, bune sau rele, până într-o zi, când îl vor decide la o acțiune corespunzătoare acelei gândiri sau serii de idei.

Pentru a ilustra și mai bine influența gândului asupra noastră, să luăm două exemple. Cineva a fost nedreptățit sau păgubit de un altul. În mintea păgubașului sau a nedreptățitului s-a născut ideea de ură, de răzbunare. Această gândire a dat naștere unor forme-idei, care stau în preajma lui. Din timp în timp, aceste forme-idei se furișează în interiorul, în mentalul său, iar spiritul, amintindu-și de paguba, de nedreptatea ce i s-a făcut este răscolit de ideea răzbunării. Gânduri noi întăresc pe cele dintâi, până când ideea urii și a răfuielii, lucrând mereu asupra mentalului său, îl determină să execute fapta răzbunării, ce îi încolțise în minte. Astfel, într-una din zile, lovește, rănind grav, sau ucigând pe cel care l-a nedreptățit. Nefericitul crede că și-a făcut dreptate, uitând că nu are dreptul să judece faptele omului pedepsite sau nepedepsite de legile omenești.

Un om consideră că soarta sau Divinitatea l-a năpăstuit și i-a dat nenorociri, pierderi materiale, boli sau suferințe morale pe care i se pare că nu le mai poate suporta. Într-o zi, răsare în mintea sa ideea că pierind de pe arena vieții, va scăpa de nenorocirile ce i s-au abătut pe cap. Se decide să se sinucidă, dar încă nu are curaj. Zilele următoare, gândurile negre îi răsar iar în minte, și din analiza lor ajunge la aceeași soluție - numai moartea le poate pune capăt. Azi așa, mâine așa, ideea sinuciderii se înrădăcinează din ce în ce mai tare în mintea lui, și într-o zi, un glonț a sfărâmat o existență umană. E o dezertare în fața vieții terestre, pentru a scăpa de durere - crede el - dar vai lui! căci, pentru actul său nesocotit, va suferi și mai atroce în lumea duhurilor.

Iată de ce se impune să examinăm din timp în timp, ce fel de idei aleargă prin mintea noastră, și de îndată ce constatăm că ele sunt de o calitate inferioară sau josnică, să trecem la alte idei, adică să căutăm să le gonim din mentalul nostru, pentru a nu ne mai influența.

Dar este posibil ca gândul nostru să fie destinat pentru o anumită persoană. În acest caz, această formă-gând se îndreaptă, prin spațiu, asemenea unui glonț, până la persoana respectivă, și dacă o va găsi liberă, se va introduce în corpul gândurilor ei și de acolo va lucra asupra spiritului, producând anumite efecte, după natura și destinația formei-gând. Dacă persoana destinatară este ocupată, forma-gând va sta în preajma ei până în momentul când, devenind liberă, se strecoară în interior și o influențează.

Să exemplificăm și acest fenomen.

O mamă află printr-o scrisoare că fiul ei este bolnav. Această mamă își iubește copilul ca pe ochii din cap, și înainte de culcare înalță o rugă fierbinte Celui Atotputernic, ca să-i trimită sănătate fiului ei. Gândul de iubire, rugăciunea au dat naștere la anumite forme-idei, care s-au îndreptat ca fulgerul către fiul ei și vor revărsa în organismul lui toată energia spirituală a materiei ce compune aceste idei de iubire, ale dorinței de însănătoșire. Sub impulsul acestei materii și a razei desprinse din marele curent cosmic ce cutreieră lumile solare și planetare, fiul ei se va vindeca. Nu este o minune, ci pur și simplu un act de chimie spirituală, de vindecare cerească.

Cineva mi-a făcut un mare rău. Am suferit greu de pe urma lui, și totuși, amintindu-mi de preceptul Luminii, numit Isus Christos, l-am iertat. Gândul de iertare s-a dus ca o săgeată, direct la el, dar din cauza firii, a naturii sale răutăcioase, mintea fiindu-i mereu într-o furtună, respinge formele-idei de iertare. Ele revin la autorul lor, dar în drumul lor de întoarcere - pe firul magnetic pe care au fost emise - atrag din spațiu fluide mentale de același grad superior, acoperind cu binecuvântare emițătorul. Acest om iertător a rupt orice legătură karmică[1] cu acel spirit inferior, pentru că l-a iertat, iar pentru gestul său sublim a fost urcat pe o treaptă spirituală superioară.

Un om poartă o ură de moarte cuiva. A auzit de puterea gândului, și ca atare îl blestemă. Dar pentru ca opera să fie deplină, cere concursul unor persoane care practică magia neagră. Forma-gând a acestui om și a slujitorilor săi se îndreaptă către persoana indicată. Dar dacă această ființă este un suflet bun, pios și drept, fluidele sale, având o vibrație cu o frecvență foarte înaltă, resping aceste imagini-idei trimise. Ele se întorc pe drumul pe care au venit, dar, în traiectoria lor prin spațiu, atrag un val de fluide de aceeași calitate inferioară, copleșindu-l pe autorul lor. Astfel se adeverește zicala: „Cel, care pregătește groapa altuia, cade el în ea!"

Așadar, luați seamă la ce gândiți, și amintiți-vă mereu că puteți face un mare bine prin gândurile voastre, dar și un mare rău. Fiți atenți să nu greșiți prin gânduri, căci orice gând ce are la bază răutatea și invidia, își va produce efectul matematic. Dar vai ție, gânditorule! Căci amarnic vei plăti această acțiune nevăzută, dar cu efecte vizibile și palpabile.

Amintiți-vă mereu că cea mai mare forță din lume este ideea sau gândul. Cu gândul a creat divinul Tată tot ce vedem și nu vedem. Dar ideea cea mai sublimă este rugăciunea. În bucurie, mulțumiți prin rugă Tatălui. În nenorocire, înălțați-vă gândul la Cel care conduce și ține în mână tot universul. Ideile rugăciunii se înalță spre Centrul divin și de acolo coboară o rază strălucitoare, care te scaldă dându-ți sănătate în boală, ajutor în primejdie, mângâiere în durere, liniște și pace sufletului tău zbuciumat.

---

[1] Karma (sanscr. - acțiune) – Legea cauzalității universale, care leagă toate acțiunile de efectul lor, aceste efecte devenind cauzele unor noi acțiuni. În virtutea legii cauzei și a efectului, omul se naște sub o fatalitate care va acționa asupra sa și a vieții sale, conform determinărilor din existențele sale anterioare. Prin urmare, karma desemnează un grup de afinități benefice sau malefice, generate de ego-ul uman, pe parcursul unor vieți terestre. Karma poate fi individuală sau colectivă, manifestându-se pe plan fizic, mental și sentimental.

* * *

Știința, și în special armata, sunt preocupate, de câțiva ani, de problema transmiterii gândului. Grație nenumăratelor experiențe făcute, fenomenul sugestiei a intrat, în fine, în templul unde oficiază savanții pământului.

Oamenii pământului se înțeleg între ei prin grai, dar fiind la distanțe mari între ei, se pot înțelege și numai prin puterea transmiterii gândului - telepatie.

Telegrafia mentală este posibilă pentru oricine, numai că se cere o pregătire prealabilă, un exercițiu prelungit. Literatura parapsihologică citează diferite exerciții. Iată, pe scurt, un exercițiu care trezește facultatea transmiterii gândului.

Două persoane dornice să dobândească acest dar se întâlnesc într-o cameră în fiecare zi și la aceeași oră. După ce se așază fiecare pe câte un scaun, spate în spate, se stabilește ca unul să fie transmițător, iar celălalt receptor, roluri schimbate cu vremea, pentru ca nu cumva unul să devină prea activ iar celălalt prea pasiv. Amândoi se hotărăsc să facă gol în mintea lor, pentru câteva minute. Apoi, transmițătorul gândește, repetând în mintea sa o idee simplă, de exemplu, a unei figuri geometrice sau a unui obiect din cameră. Se concentrează puternic asupra acestei idei, pentru a o trimite partenerului său. În primele zile se va constata că din zece idei, două sunt recepționate și opt nu. În zilele următoare, cinci din zece sunt primite, iar după câteva săptămâni, opt. Când progresul a ajuns aproape sută la sută, se trece la exprimarea unei propoziții cât mai simple. După câteva săptămâni, când este însușită această formă simplă de comunicare, se trece la transmiterea de asocieri de propoziții, adică a unei fraze simple. Pe acest drum se pășește cu răbdare și cu o voință de fier, luni de zile, dar truda nu va fi zadarnică. Reușita se va vedea sosind curând, îndemnând la continuarea exercițiului. Când s-a ajuns la recepționarea primelor fraze, partenerii se vor separa în încăperi diferite, aflate în același imobil. După ce reușita a început să fie câștigată și în acest fel, fiecare din cei doi se înarmează cu câte un creion și un caiet, pe care notează cele comunicate și primite. Adică transmițătorul formulează în caiet ceea ce gândește, iar receptorul scrie în caietul său ideile ce par să se fi născut în mintea sa. După experiență se compară caietele între ele, constatându-se exactitatea sau eroarea cu care au fost recepționate gândurile. Prin exerciții continue, reușita îndeamnă partenerii să se îndepărteze, unul fiind într-o parte a orașului iar celălalt în altă parte, și la ora convenită, unul transmite și altul primește, după care își controlează caietele. Urmând astfel - cu răbdare și consecvență - se poate ajunge la transmiterea unor fraze complexe, recepționate și citite ca într-o carte.

Telegrafia mentală este practicată de oamenii primitivi. Trupele franceze din Senegal, sau cele engleze din Nigeria, au avut ocazia să constate că mișcările lor erau cunoscute cu zile înainte de către triburile aflate la mari distanțe, fără existența telegrafului și a poștei.

Dacă fenomenul transmiterii gândului este un fapt cert, să-l folosim spre binele semenilor noștri. Știm că există persoane cu o pasiune oarbă pentru jocurile de noroc, risipindu-și banii și pâinea copiilor. Prin puterea gândului avem posibilitatea să determinăm un astfel de om să nu-și mai piardă nopțile, sănătatea și rodul muncii în aceste localuri nenorocite. În acest scop - după miezul nopții când presupunem că trupul său doarme - îi evocăm duhul. La chemarea noastră, el sosește și stă în fața noastră. Deși nu-l vedem, îl rugăm stăruitor, cu toată puterea de argumentare, să nu-și mai azvârle banii la jocuri de noroc, ci să se gândească la soție și copii, la responsabilitatea pe care o are de a-i hrăni, îmbrăca și educa. Repetând sugestia mai mult timp, constatăm cu bucurie că am reușit să scăpăm o familie de la mizerie. Povața noastră a intrat în corpul mental al jucătorului pasionat, lucrând asupra spiritului atât de puternic, încât la deșteptare rațiunea l-a îndemnat spre o nouă conduită, a simțit o poruncă internă, care l-a îndemnat să nu-și mai arunce la masa verde agoniseala. Am corijat un viciu, am făcut un bine.

Transmiterea și puterea gândului a fost cunoscută cu mii de ani în urmă de marii preoți din India, Chaldeea și Egipt, dar dezvăluirea ei se pedepsea cu moartea, deoarece, dacă prin puterea gândului înțeleptul putea face bine, omul nepriceput putea face cel mai mare rău semenului său. Legile divine nu sunt scrise peste tot, dar încălcarea lor aduce asupra celui care a păcătuit toată greutatea lor. Vai de duhul care va întrebuința puterea gândului pentru a nenoroci pe altul!

Am văzut cum prin puterea gândului, a rugăciunii, se poate vindeca un bolnav. În diferite centre parapsihologice de pe glob se recurge la vindecarea sau eliberarea de vicii pe calea magnetismului, dar tot prin intermediul ideii. În acest scop, bolnavul este adormit, hipnotizat de către un magnetizor. După ce a fost complet adormit, i se spune: „Ai fost bolnav, dar de acum boala va trece, mâine vei fi mai bine, poimâine mai ușurat, iar peste trei zile vei fi complet vindecat." Dacă e vorba de un viciu, i se sugerează să nu mai bea, să nu mai fumeze, să nu mai fure etc. De cele mai multe ori, dacă n-au intervenit alte împrejurări, această metodă a dat rezultate frumoase.

* * *

Ca orice în lume, obișnuința, buna educare duc la perfecțiune. Astfel și corpul mental trebuie silit să lucreze ordonat, atent și metodic. Suntem chemați să facem tot posibilul ca materia mentală să devină din ce în ce mai fină. În acest scop, vom hrăni corpul mental cu ideile unor conferințe morale, științifice și filosofice. Vom citi lucrările de seamă ale marilor gânditori ai omenirii. Dar mai presus de toate, ceea ce contribuie cel mai mult la fabricarea și subtilizarea materiei mentale este propria noastră gândire, reflectarea la ceea ce am făcut și urmările ei, reflectarea la ceea ce va trebui să facem și analizarea sub toate aspectele a efectelor ce vor urma. De la actele și vorbele noastre, vom trece la vorbele și faptele celor cu care am venit în contact. Care e dedesubtul vorbelor și faptelor, de ce au procedat așa și nu altfel, ce au vrut ei să zică etc. Deosebit de mult se dezvoltă puterea gândirii noastre, când examinăm natura și ordinea din ea.

Gândind mereu la probleme abstracte, filosofice, ne vom obișnui într-o asemenea măsură cu acest grad înalt de gândire, încât ideile banale sau josnice ne vor provoca neplăcere. O conversație trivială ne va determina să plecăm din acel mediu. Obișnuit cu adevărul, mentalul nostru nu mai e capabil să emită minciuna. Cantitatea de cunoștințe acumulate ne face mai înțelept, așa că zâmbim de milă când primim explicații și argumentări care denotă o desăvârșită ignoranță a naturii omenești și a legilor naturii. Spiritul se va ascuți într-o asemenea măsură, încât prin inducție sau prin deducție, întrevedem sau descoperim adevărul în toate situațiile și împrejurările cele mai complexe. Corpul mental este o masă de ființe ultramicroscopice vii și în veșnică activitate. Ca urmare, mentalul omului este veșnic în activitate, gândește mereu, secundă de secundă. Duhul gândește în veșnicie, neputând sta în repaus, trebuie deci să-i oferim idei, pe care să le frământe, să le analizeze, să tragă din ele concluzii; pe scurt, să-și facă educația, care îl va înălța cândva la rangul de Divinitate.

Dacă îl lăsăm fără idei, fără această hrană spirituală, duhul devine flotant și este asaltat de valurile de gânduri de toate calitățile, care plutesc prin spațiu. Astfel se explică ciudățenia ideilor ce ne trec prin minte, mirându-ne de unde am pornit cu gândul și unde am ajuns. Nu e de mirare să constatăm că ne gândim la lucruri, ființe și fapte de care ne rușinăm. Așadar, noi trebuie să provocăm ideile, spiritul trebuie să fie generatorul lor, pentru a nu ne lăsa influențați și târâți de valuri de idei sosite din afară, spre gânduri contrare naturii și educației noastre.

După cum prin exerciții fizice sistematice dezvoltăm trupul nostru, tot astfel trebuie să dezvoltăm și instrumentul gândirii. Deosebit de important este ca atunci când citim sau ascultăm ceva, să fim atenți, adică să facem abstracție de tot ce există în jurul nostru, să facem să tacă însăși gândirea noastră și să ne concentrăm toată atenția spiritului asupra cărții citite sau asupra oratorului. În felul acesta, toată energia ființei noastre o revărsăm asupra cărții sau oratorului, ideile scrise sau emise defilând în forme clare prin fața scânteii. Astfel, scânteia divină va face o înaltă școală; iar conștiința, puterea ei de pătrundere, de înțelegere, crește în fiecare zi.

Să nu pierdem din vedere că suma de idei, de noțiuni, depusă în arhiva spiritului, se transformă, sau mai exact, dă naștere la aptitudini ce vor constitui în viitor comoara noastră spirituală; facultăți a căror totalitate va constitui forța noastră creatoare din veacurile viitoare.

Să nu uităm că atâta vreme cât vom peregrina din planetă în planetă și dintr-un sistem solar în altul, corpul nostru mental va fi același. Din viață în viață, prin diferite întrupări, suntem chemați să-l facem mai fin, mai puternic, capabil de a prinde orice noțiune, oferind scânteii divine posibilitatea de a înțelege conținutul ei.

Animalul are gândurile și reflexiile sale, și el are un corp receptor al gândurilor, un creator de forme-gânduri, dar ce distanță evolutivă desparte corpul său mental de cel al omului!

Privește în urma ta, omule, și vezi ce drum nesfârșit ai parcurs! Ai pornit de la *somnul* adânc al duhului mineral, ai *visat* ca duhul vegetal, ai *înțeles* ca duhul animal și *gândești* la infinit, ca om! Ești sus! Negrăit de sus pe scara evoluției, și cu toate acestea, ce drum nesfârșit stă în fața ta! Curaj, alții l-au parcurs, și azi miliarde de Forțe divine cântă osanale Celui dintru început.

Mărire Tatălui, Fiului și Sfântului Duh, în veci. Amin.

MOARTEA

Fenomenul morții l-a preocupat pe om de la apariția sa pe pământ. Niciun eveniment nu l-a pus mai adânc pe gânduri ca starea de nemişcare şi răceală din momentul morții trupului omenesc. Sălbaticul cel mai primitiv are noțiunea morții, are sentimentul că s-a petrecut ceva extraordinar cu semenul său, căci nu mai simte şi nu se mai mişcă. Acest sentiment s-a întărit prin observarea că toate ființele mor după o vreme.

Într-adevăr, tot ce există, materii şi fiinţe, trebuie să-şi schimbe starea. Toate mor, după înţelesul nostru omenesc, toate trec prin diferite faze, din punct de vedere spiritual. Săracul şi bogatul, ignorantul şi savantul, cu toţii trebuie să trecem prin poarta morţii, care ne duce la viaţa spirituală. Toţi suntem supuşi durerii de a vedea pe cineva iubit, plecând de lângă noi în lumea invizibilă ochilor noştri fizici.

Acest eveniment, extrem de natural, instituit cu desăvârşită înţelepciune de Cel Atotputernic, a produs asupra omului – pe parcursul a mii şi mii de secole – atâta frică, atâtea griji şi superstiţii, încât toată existenţa lui a stat sub teroarea zilei fatale, că va muri, se va prăpădi pentru totdeauna.

Nici azi, când omul a ajuns să scruteze multe din secretele naturii, omenirea nu este lămurită ce este dincolo de mormânt. Altădată, marii iniţiaţi cunoşteau cauza şi scopul acestui fenomen.

Restul omenirii era neştiutoare şi prea înapoiată ca să înţeleagă tainele şi actele intime ce au loc cu prilejul trecerii din lumea materiei grosolane, în cea a materiei eterice. Azi însă, lărgindu-se gradul de înţelegere al omului, e posibil să se reveleze unui număr mai mare de oameni seria de fenomene ce au loc în timpul desprinderii entităţii spirituale din haina sa terestră.

În infinita Sa înţelepciune, Tatăl iubitor aprinde în anumite locuri candele, înalte cercuri de revelaţie, şi prin aleşii Săi spaţiali formează instrumente – mediumi, prin intermediul cărora entităţile spirituale revelează oamenilor întregul proces al morţii, modul cum se face trecerea din starea fizică în cea spirituală. Prin aceste cercuri de revelaţie sau de iniţiere, omul primeşte cunoştinţe direct din Cer, prin intermediul mediumului.

Există câţiva oameni, risipiţi prin mulţimea omenirii, cu darul minunat de a vedea şi auzi fenomene şi lucruri pe care majoritatea nu le vede şi nici nu le aude. Aceştia văd entităţile spirituale şi aud vorbirea lor exprimată prin gânduri ce par a fi vorbire omenească. Un asemenea om e un fericit al pământului, pentru că are cunoştinţă de entităţile spirituale care îşi duc traiul în sferele cereşti. Pentru un asemenea om, moartea nu mai prezintă un aspect îngrozitor, el văzând toate etapele morţii, actul morţii în toată desfăşurarea ei, înţelege că moartea nu este decât un fapt ce înlesneşte omului ascensiunea pe scara evoluţiei veşnice.

Este o necesitate imperioasă ca omul să ştie ce este moartea, să se convingă de rostul acestui mare act din existenţa sa, pentru a scăpa de povara gândului „Am să mor!". Cunoscând Adevărul, el nu va mai fi copleşit de durere, bătut de vântul gândurilor negre, că şi-a pierdut pentru veci e iubita sa soţie, scumpa sa mamă ori adoratul său copilaş.

De ce această jale, de ce această nelinişte? Dacă omul ar cunoaşte Adevărul, n-ar mai fi atâtea zbuciumări sufleteşti, atâtea tragedii, sinucideri şi tulburări mentale, cu ocazia plecării celor apropiaţi.

Această trecere de la o stare la alta este un fenomen comun întregii creaţii. Apa este lichidă, ea poate trece în anumite condiţii în stare solidă, gazoasă sau radiantă. Dar în orice stare s-ar afla, ea tot apă rămâne. Mineralul dilatat prin căldură, contractat prin frig, crapă, se sfărâmă în bucăţele, în, ţărână. La rândul său, praful poate fi dizolvat de apa ploilor, prefăcut în soluţie şi absorbit astfel în corpul plantelor, unde se preface în materia constitutivă a plantei. Cei neştiutori, privind o plantă, nici nu bănuiesc că în interiorul ei există acelaşi mineral, acelaşi lut, piatra de var sau nisipul pe care calcă piciorul lor. Plantele mor, animalele mor şi ele, adică sunt părăsite de sufletul lor, de acel ceva care le dă viață. Planetele şi stelele, la o vreme se destramă, se pulverizează şi apoi se risipesc în spațiu, pulberea lor fluidizându-se mai târziu şi reîntorcându-se la izvorul de unde au purces cândva, cu miliarde de veacuri în urmă.

În lumina acestui adevăr, viața omului dobândeşte un alt înțeles, iar moartea, din oribilă, respingătoare, devine un eveniment firesc, chiar fericit, pentru motivul că omul scapă din întunericul vieții pământeşti, pentru a trece într-o lume de lumină, unde viața este mai uşoară, scapă de noianul suferințelor şi grijilor necurmate, pentru a trece într-o lume liniştită şi plină de fericire – dacă s-a silit să păzească legile divine.

Este o necesitate absolută ca omul să cunoască ce se va petrece cu el în momentul morții, pentru ca acest prag ce desparte două existențe – cea terestră şi cea spațială – să fie trecut cu toată încrederea, deoarece numai astfel ne redobândim repede conştiința în lumea cealaltă. Dacă, la ora fatală, omul vine cu idei false din lumea terestră, rămâne sub domeniul fricii şi al neştiinței, iar trecerea se va face greu, cu o agonie prelungită; în plus, ajuns acolo, multă vreme spiritul nu e lămurit unde se află, ce s-a întâmplat cu el, se zbate în neştiință, şi târziu, uneori foarte târziu, află că nu mai este în lumea fizică, ci într-o lume formată dintr-o materie diferită şi în condiții cu totul deosebite de cele pământeşti.

Acest act general şi natural a generat nenumărate presupuneri şi diferitele credințe. Astfel, cei care pretind că ar cunoaşte mecanismele lumii fizice, nu văd în viața plantelor, animalelor şi a omului decât fenomene fizice, chimice şi biologice, considerând că viața omului este trăită acum pe pământ, şi nu este altceva decât rezultatul funcțiilor aparatelor şi sistemelor din organismul său.

Aşadar, „Bucură-te, omule, cât trăieşti, căci după moarte nu mai eşti decât un stârv nesimțitor, pe care viermii îl vor roade şi fărâmița. Totul s-a isprăvit cu tine, când ai ieşit din cadrul vieții".

O altă categorie de oameni cred că mai există poate ceva dincolo de moartea trupului. Ei vorbesc despre o viață din lumea cealaltă, deşi nu ştiu ce este, cum este, unde este acea lume şi cum îşi duce omul acea viață? Aceşti oameni – suflete bune, miloase, cumpătate în fapte şi în cuvinte – cred în afirmațiile reprezentanților bisericii de care aparțin, şi anume, că există o altă viață, pentru care omul trebuie să se silească să o dobândească. Dar slujitorii bisericii nu pot da nicio lămurire despre această viață spirituală, deoarece, ei înşişi au pierdut orice contact cu Cerul, rămânând doar cu zidurile bisericilor care au devenit simple construcții; pentru că o biserică întreagă poate deveni o casă obişnuită când cei care intră în ea respiră doar în mărginirea lutului lor terestru, pe când un copac devine templu sfânt când este îmbrățişat de două mâini al căror suflet este un canal al Divinității. Aşadar, reprezentanții bisericilor nu sunt în stare să explice sau să descrie absolut nimic din fenomenele sau ființele sferelor cereşti, ei doar impunând o simplă afirmație care te lasă rece şi nu te scoate din cercul îndoielii. Bieții oameni ar dori să se conformeze unei vieți exemplare, dar nu se pot scutura de apăsătoarea şi zdrobitoarea îndoială: „Aşa o fi? Mai există pe undeva un loc unde spiritul omului îşi mai continuă existența?"

În fine, există oameni, foarte puțini la număr, care cunoscând ceva din ceea ce se află dincolo de vălul ce desparte lumea vizibilă de cea invizibilă, se silesc să-şi ducă existența terestră în deplină cunoştință de urmările ei, pentru a putea, după moartea trupului lor, să se bucure de o viață spirituală cât mai fericită.

Din cele expuse, se vede că există cel puțin trei categorii principale de oameni care au vederi deosebite asupra vieții. Unii nu cred în existența vieții dincolo de moarte. Alții înclină a crede, şi ca atare se silesc să dobândească fericirea cerească, dar nu ştiu cum o fi şi unde o fi. În fine, a treia categorie cunoaşte o parte din Adevăr şi se sileşte să ducă o viață corectă, ştiind că ceea ce seamănă, în viața terestră, va culege în viețile viitoare.

Curios este faptul că în vremurile îndepărtate, omenirea era mai simplă, necunoscătoare a fenomenelor din natură, dar era mai încrezătoare în existența unei vieți după moartea fizică. Azi, când mintea omului este mai clară şi când suma cunoştințelor terestre duce la concluzia existenței unei Divinități şi a unui plan de evoluție, nu se mai crede în nemurirea spiritului, într-o viață dincolo de hotarul morții. Curiozitatea creşte când vedem că statele civilizate care domină pământul prin puterea lor militară, prin prosperitate economică şi descoperiri ştiințifice, sunt atât de înapoiate în cunoaşterea legilor spirituale şi sufleteşti, iar popoarele sărace şi înapoiate cunosc unele legi şi fenomene din domeniul invizibilului, şi anume, legea evoluției veşnice şi rolul vieților nenumărate, pe care omul trebuie să le parcurgă pe Pământ şi pe alte planete, ca să urce pe scara cunoaşterii şi a moralității. Răspunsul îl găsim în faptul că noi, europenii, suntem o rasă de oameni noi, care avem, e drept, toată vigoarea tinereții, dar şi o superficialitate în cugetare, pe când popoarele Orientului - indienii, chinezii, tibetanii etc. sunt popoare bătrâne, al căror trecut se pierde în negura vremurilor, ei numărând în istoria lor dinastii, legislatori şi învățați de acum 30.000 de ani.

Occidentalii, cu viața lor intensă, cu goana după realizări pământeşti, cu frământări pentru câştiguri materiale, acordă prea puțină atenție preocupărilor sufleteşti. Popoarele Orientului, pe lângă satisfacerea vieții trupeşti, acordă o atenție deosebită necesităților sufleteşti şi spirituale; din această cauză, puterile lor sufleteşti sunt mai mari. Astfel se explică numărul mare al celor care se bucură de facultăți spirituale în rândul acestor popoare, pe când în țările occidentale persoanele clarvăzătoare sunt foarte rare.

S-ar fi cuvenit ca aceste taine să fie cunoscute de preoțimea tuturor religiilor şi să fie comunicate omului, dar cei care le cunosc – rabinii – o țin ascunsă. Preoțimea creştină – care a cunoscut şi propovăduit timp de două sute de ani după plecarea Domnului din preajma Pământului, nemurirea spiritului şi reîntruparea acestuia – a pierdut orice cunoaştere referitoare la lumea invizibilă, iar azi, neştiutoare, se mărgineşte să propovăduiască doar dogma referitoare la conduita vieții fizice. Ea nu mai este în măsură să explice viața omului după moarte, mărginindu-se doar la simple afirmații despre o viață plină de chinuri în iad, pentru cei care s-au făcut culpabili în lumea pământeană, şi de o viață fericită în rai, pentru cei care s-au conformat preceptelor propovăduite de Sfânta Scriptură, interpretată de fiecare biserică după bunul său plac, prin judecăți infirme şi mărginite. Unde este iadul şi raiul, sub ce formă şi cât timp îşi petrece omul existența în aceste locuri – nu ştie nici ea. Biserica era inițial în posesia Adevărului, dar azi nu mai este în măsură să ne descrie originea vieții, rolul vieții şi legile care îi domină evoluția, în eternitate.

În timpurile îndepărtate inițiații transmiteau oral discipolilor aceste cunoştințe, iar în prezent, se aştern pe hârtie, formând diferite tratate. Obținute de la autori diferiți, în țări şi timpuri diferite, prin compararea lor s-au ales părțile comune şi constant transmise, construindu-se Doctrina spiritistă revelată. Din expunerea ei, omenirea află azi despre rostul spiritului şi sufletului în lumea fizică şi metafizică, despre creația Tatălui şi despre natura şi atributele Ființei supreme.

În general, aceste comunicări nu sunt crezute de ignoranți, cei care se pretind savanți le neagă cu încăpățânare, fără ca măcar să le studieze, deşi Tatăl ceresc a dat fiecărui om judecată, prin care să cerceteze lucrurile şi faptele, să le cântărească şi să extragă din ele Adevărul.

Este la mintea celui mai simplu om că dacă explicațiile referitoare la modul în care moare omul, cum se reîntrupează şi traiul său în spațiu, ca entitate spirituală, se potrivesc la douăzeci, o sută, o mie de comunicări făcute în timpuri diferite şi unor persoane clarvăzătoare, străine între ele şi aflate în țări îndepărtate unele de altele, este nepermis, ca să nu zic stupid, să nu le dai crezare. Logica, bunul-simț cere să citeşti, să cercetezi şi să cauți să te convingi prin propriile tale simțuri, în felul acesta, oricine are ocazia să descopere comunicările entităților spirituale luminoase, coborâte printre noi, pământenii. Prin aceste comunicări ele ne descriu existența lor în imensitatea spațiilor, senzațiile trăite cu ocazia trecerii pragului morții, oferindu-ne totodată sublime sfaturi prin care să ducem o viață cuminte, frățească, pentru a ne bucura de fericirea vieții spațiale.

Cunoscându-se aceste taine, omenirea va vedea în actul morții o simplă trecere de la o formă de viață la alta, asemănătoare oarecum ieşirii dintr-o casă în curte, dintr-o închisoare la libertate.

Fenomenul se petrece ca şi cum unul şi acelaşi om şi-ar dezbrăca un pardesiu şi l-ar agăța în cui. Oare, prin acest act, îşi pierde omul personalitatea? Desigur că el rămâne absolut acelaşi, cu aceeaşi judecată, cu aceleaşi simțăminte, calități şi defecte; cu alte cuvinte, cu acelaşi bagaj intelectual şi moral, cu afecte şi pasiuni pe care le-a avut până atunci. Moartea fizică nu schimbă cu nimic ceea ce a văzut, citit, auzit şi experimentat omul în diferitele sale vieți terestre. După moartea fizică, la deşteptarea sa în lumea spațială, el nu este nici mai presus nici mai prejos de gradul său evolutiv.

Se poate întâmpla ca într-o viață terestră o entitate spirituală să fie un profesor universitar, un ministru sau orice altă personalitate şi cu toate acestea, duhul său are un grad evolutiv inferior. Dar e posibil ca un biet cioban, un biet țăran, neştiutor, dar admirabil ca moralitate, după destrupare să fie o mare lumină spirituală, ocupând în viața cerească un înalt grad spiritual. Prin urmare, valoarea unei entități spirituale nu se măsoară după rangul său social pământesc, după cunoştințele sale lumeşti, ci după vechimea scânteii sale divine, după gradul său de evoluție morală şi intelectuală.

Deşi omenirea este încă departe de cunoaşterea înaltelor taine ale naturii, totuşi citirea şi auzirea lor o pune pe gânduri, şi într-o oarecare măsură îşi va schimba conduita, pentru că ideile lucrează asupra ei asemenea unor forțe, îndemnând-o să nu mai genereze cauze ale căror efecte se vor întoarce împotriva ei. Cunoscând câte puțin din aceste taine, linia vieții umane va fi mai fermă, mai demnă, şi moartea nu va mai stârni groaza încercată de toți cei care nu cunosc Adevărul.

O, Doamne, cât aş dori ca frații mei să ajungă cu toții la cunoaşterea acestor adevăruri, orânduite de Tine în lume! Pentru că cine se osteneşte să studieze această ştiință, nu va mai greşi!

Cunoştinţele cu privire la univers şi viaţă constituie o ştiinţă, pentru că fenomenele se produc veşnic după aceleaşi legi, norme fixe, după care se desfăşoară viaţa. Or o sumă de legi ce privesc aceleaşi fenomene, produse totdeauna în aceleaşi condiţii, formează o ştiinţă. Dar această ştiinţă te poartă către Autorul tuturor forţelor şi legilor stabilite, la Fiinţa supremă, Tatăl creator. Raportul dintre om şi Creatorul lumilor văzute şi nevăzute se numeşte religie. Cunoaşterea acestei ştiinţe nu te va mai lăsa să cazi în greşeala atâtor bănuieli şi superstiţii, ce bântuie omenirea.

Când va ajunge să se convingă că moartea e un act absolut natural, ca orice necesitate fiziologică – fiind o trecere necesară dintr-o formă de trai într-alta – omul nu va mai cădea în greşeala de a boci zile şi ani plecarea în lumea invizibilă a celor dragi. El va şti că durerea sa produce vibraţii, ale căror unde eterice străbat spaţiile din jurul pământului. Aceste unde, având o anumită forţă, o anumită lungime de undă, merg şi se adresează direct celui plecat din lumea fizică, producând asupra lui o impresie penibilă. Sărmanul spirit nici nu şi-a revenit bine din zăpăceala trecerii pe poarta morţii şi este copleşit de tristeţea, de vibraţiile simţămintelor de durere, jale şi deznădejde ale celor rămaşi în lumea fizică. Această durere îl zguduie atât de mult, îl tulbură atât de puternic, încât multă vreme nu-şi poate lămuri noua stare, şi foarte târziu ia cunoştinţă pe deplin de mediul unde se află. Suferinţele iubiţilor săi lăsaţi jos, în planul pământesc, îl întristează atât de mult, încât, în loc să-l ajute la desluşirea noii situaţii, la avansarea lui, aceştia îl trag în jos, lângă ei, aproape de pământ, şi nu-i dau posibilitatea sufletească să se despartă de ei, pentru a se înălţa în sfera cerească, în zona spaţială, cuvenită gradului său evolutiv. Astfel, îi fac un rău, din necunoaşterea legilor vieţii şi ale morţii, şi din egoismul lor că nu-l mai au fizic printre ei.

Orice efort este insuficient pentru a convinge, pentru a îndemna pe toată lumea să se lase de doliu, de haina neagră, de crepul de jale – semnul deznădejdii, al regretului plecării în lumea luminii, a celui drag. Nu mai este nevoie de aceste demonstraţii arhaice, de pe vremea când omenirea abia se orienta în viaţă, ca şi bietul copilaş în primii săi ani de existenţă. A trecut vremea când în mormânt se puneau bani pentru ca defunctul să aibă cu ce plăti transportul şi taxele pe la diferitele vămi cereşti, sau era îngropat cu armele sale. Au fost timpuri de grozavă ignoranţă, când se îngropa sau se ardea soţia, sclavul şi calul celui plecat în lumea sferelor cereşti.

Dacă îi iubiţi cu adevărat pe cei plecaţi de lângă voi, nu-i mai plângeţi, căci aceste lacrimi îi ard fluidic, cum arde jăraticul trupul vostru. Este mai bine, mai demn, mai spiritual, să vă înălţaţi gândul cu iubire, cu respect, rugându-vă zilnic pentru luminarea şi avansarea pe cărarea vieţii lor veşnice. Alături de aceste rugăciuni este de mare folos – pentru cel ce se roagă şi pentru cel pentru care se roagă – ca vorba sau gândul să fie tradus în faptă.

Tot ce există în natură, de la electron la univers, e legat unul de altul, formând un bloc condus pe calea destinului spre mai bine, mai frumos, spre perfect. Tatăl doreşte ca omul, deşi absolut liber în gândurile, vorbele şi mai ales pe faptele sale, să lucreze la marea operă de solidaritate, la ajutorarea celui slab, la mângâierea celui întristat, la adăpostirea, îmbrăcarea şi hrănirea celui în mizerie. În această idee, având în vedere legea solidarităţii, ajutaţi, în numele celui plecat, după posibilitatea voastră, pe orice nenorocit ieşit în cale, indiferent de neam sau religie. Prin aceasta ajutaţi un greşit al vieții, din alte întrupări, iar pe de altă parte, ajutați pe iubitul vostru din spațiu, care în virtutea legii corespondenței, va primi unde fluidice superioare şi situația lui se va îmbunătăți. Ilustrez această recomandare cu un exemplu.

Într-una din zilele lui decembrie 1936, ghidul cercului nostru de revelație – Sfântul Mina, ne recomandă să ne rugăm pentru sufletul unui oarecare Vasile. „Rugați-vă pentru el, sărmanul, căci, născut orb în lumea voastră, a trăit până către bătrânețe în întunericul vieții fizice. Dar la o vreme, disperat de soarta lui, sărmanul şi-a curmat viața, crezând că termină cu nenorocirea. Vai lui! A scăpat de întunericul lumii voastre, dar venind aici a dat peste o beznă şi mai profundă. O faptă necugetată, prin care acum e şi mai nenorocit."

Noi, asistenții, ne-am propus să ne rugăm pentru sufletul său, să aprindem câte o lumânare la biserică şi să facem câte o mică pomană în numele lui. A trecut o vreme şi într-o seară, la o şedință, ne pomenim că ghidul ne anunță prezența lui Vasile, care în cuvinte foarte înduioşătoare, ne mulțumeşte şi ne aduce la cunoştință că a început să se risipească bezna din jurul său şi că întrezăreşte lumina materiilor spațiale.

Nu există entitate spirituală, care, după ce a părăsit lumea fizică, să nu coboare la suprafața pământului, pentru a-i vizita pe cei lăsați jos, pentru a-i sugestiona cu îndemnuri de curaj sau a-i ajuta, dându-le fluide de întărire fizică, de sănătate, ori chiar să-i ajute efectiv în activitatea lor intelectuală sau fizică. Evident, duhurile neavând trup nu pot ajuta în această direcție decât pe cale fluidică – materie pe care o concentrează cu puterea voinței şi a gândului lor până aproape de a deveni o forță fizică. Ele vin mereu lângă noi, ne îmbrățişează, ne sărută, îşi sprijină capul pe pieptul nostru, dar având vehicole formate din materii subtile celei fizice, rămân imperceptibile organelor noastre senzoriale. Se întristează când ne văd şi ne fac cunoscută prezența lor prin mici semne: trosnituri de obiecte, ciocănituri în oglindă sau geam, spargerea de la sine a unui pahar, ori printr-o străfulgerare, dacă odaia este întunecată.

Va veni vremea, peste mii şi mii de ani, când omenirea avansând mereu pe cărarea nevăzută a progresului spiritual, va ajunge să-i vadă şi să-i audă pe cei din lumea,spațială. Prin concentrare mentală, oamenii trupeşti vor lua legătura cu lumea spirituală, aşa cum vorbim şi ne înțelegem azi noi, oamenii, între noi. Atunci, cei mai mulți vor crede în existența spiritului veşnic nemuritor, atunci vor înțelege tainele naşterii, ale vieții şi ale morții, şi motivul pentru care Tatăl ceresc Populează din veşnicie spațiile infinite cu miliarde de corpuri cereşti. Dar până atunci, doar acei oameni au darul de a auzi şi vedea lumea spirituală cu locuitorii săi, a-l căror spirit a revenit de toarte multe ori la viața trupească, trezind prin suferință la o conştiință superioară scânteia divină dinei – miezul spiritului lor, care a dobândit un grad înalt pe scara evoluției. Chemând mental pe cei iubiți, aceşti clarvăzători se pot întreține cu ei, primind răspuns la întrebări, în limita permisă oe superiorii entităților spirituale cu care comunică. Orice comunicare fără învoire prealabilă este pedepsită. Voi da un exemplu.

Trăia în Bucureşti un cetățean care ducea o viață cuminte şi retrasă, din modestul său venit. Potrivit trecutului său spiritual, Domnul l-a învrednicit cu darul auzului spiritual. Pe vremea când era elev la şcoala comercială din Bucureşti, avea un coleg cu care se înțelegea foarte bine. Acest coleg a părăsit de tânăr viața terestră, întorcându-se în lumea spirituală. Într-o seară, mentalul cetățeanului fiind liber şi liniştit, aude „glasul" fostului său coleg – locuitor al Cerului – care îi aduce la cunoştință că în curând va avea o mare nemulțumire, de unde nici nu se aşteaptă; şi anume, fratele îl va da în judecată, cerându-i o pretinsă sumă pe care ar fi primit-o de la mama lui, înainte de moartea acesteia. Într-adevăr, peste câteva zile primeşte citație de chemare în judecată, dar neexistând nicio probă, fratele pierde procesul.

Entitatea spirituală a făcut această comunicare cu de la sine putere, fără permisul superiorului său. Urmarea a fost că, pentru greşeala sa a fost judecată şi condamnată la o nouă întrupare. A trecut mai bine de un an şi cetățeanul nu a mai fost vizitat din spațiu de prietenul său spiritual. Într-o seară îi aude cu mirare din nou „glasul". Întrebându-l de ce a lipsit atâta vreme, primeşte următorul răspuns: „Dragul meu, orice greşeală, cât de mică, se plăteşte, fie de către voi, fie de către noi. Iată, pentru faptul că te-am prevenit de ceea ce intenționa fratele tău, am fost pedepsit să mă nasc în sânul unei mame aici, în Bucureşti. Am stat în întunericul întrupării şi după naştere, trupul meu a mai trăit câteva luni, după care m-am întors, lăsând în lacrimi şi durere pe sărmana mea mamă, care cu mare dragoste m-a purtat la sânul ei. Acum iată-mă iar liber şi voi mai veni la tine, dar nu îți voi comunica nimic, fără învoirea celor mai mari."

* * *

A nega este uşor şi comod. Cuminte este ca atunci când auzi despre o problemă care depăşeşte sfera cunoştințelor tale sau despre un fenomen ce ți se pare ieşit din comun, să spui: „Poate o fi aşa! Voi cerceta, şi voi avea ocazia să mă conving." Dar nu ți-e permis ca fără niciun studiu, fără nicio cercetare, sentențios, să spui: „E imposibil! Această afirmație nu este serioasă, nu este cunoscută de ştiință!"

Am ştiut noi ceva despre existența microbilor, care fiind atât de mici – trei-şapte miimi dintr- un milimetru – nu se pot vedea cu ochiul liber nici în apă, nici în aer, nici pe corpurile sau obiectele din jurul nostru? Nu! Pentru că ochiul nostru nu percepe decât până la o anumită limită. Or corpul viețuitorului fiind sub această limită e transparent şi razele de lumină trec prin el şi-l scaldă într-un ocean de lumină, din care cauză bietul nostru ochi nu-l mai vede. Când s-a descoperit microscopul, care măreşte de mai multe mii de ori, am aflat de existența acestor viețuitoare, şi de atunci s-au scris mii de pagini despre viața şi forma lor, despre activitatea lor malefică sau benefică.

La fel se petrece cu entitățile spirituale, omul nu le vede dar cu toate acestea ele există. Lumea terestră de azi va forma mâine pe cea spirituală din spațiu. Noi trimitem în spațiu morții noştri, iar ei ne trimit noii-născuți. A sosit timpul ca pe lângă cunoştințele referitoare la materia fizică, să cunoaştem şi ființele spirituale, rostul şi viața celor două lumi care se întrepătrund, se influențează una pe alta şi se ajută la ascensiunea entității spirituale pe Scara lui Iacob, în veşnicie, spre infinita cunoaştere şi putere.

Actul morții

Senzațiile care preced şi urmează actul morții fizice sunt infinit de variate de la om la om, şi ele depind mai ales de meritul, de înălțimea morală a spiritului care părăseşte pământul.

În general, separarea spiritului de corpul fizic se face gradat, foarte lent. Uneori, această separare se face cu mult înaintea încetării funcțiilor organismului uman. Cu cât legătura fluidică dintre trup şi suflet este mai mare, omul al cărui trup moare simte o durere mai mare şi agonia este mai lungă.

Pentru omul cu multe greşeli, momentul destrupării spiritului este plin de frică. Ce va fi, unde va merge? Are impresia că în față i se deschide un abis, care îl cheamă şi unde se va prăvăli. Pentru cel blând, milos şi moral, moartea se manifestă sub forma unei slăbiciuni; îl cuprinde o piroteală, care îl trage pe nesimțite într-un somn dulce, plăcut. Degajarea spiritului se face pe nesimțite, deoarece prin îndeplinirea datoriilor morale nu s-a legat puternic de partea materială a acestei lumi, prin urmare a fost slab unit de corpul său fizic. Câtă luptă, câtă agonie la omul lipit de bunurile pământului, care nu a cunoscut decât plăcerile materiale, uitând că e vremelnic pe acest pământ!

Când omul e gata să treacă din viața pământească în viața cerească, se observă stingerea treptată a funcțiilor vitale, deşi organele fac mari sforțări pentru a-şi îndeplini în continuare rolul. Cauza reducerii treptate a puterilor trupului se datorează corpului vital, întreținătorul vieții trupeşti, stingându-se ca o candelă în care s-a consumat untdelemnul. Corpul vital nu mai are vitalitate suficientă, pentru că nu mai primeşte influxuri suficiente de la sufletul retras treptat din corpul fizic, în caz de accident, acest proces este scurt şi rapid, iar în caz de boală, slăbiciunea fiziologică îl cuprinde pe om cu o derulare mai lentă.

Când ora morții a sunat, nicio putere din lume, nicio ştiință omenească nu mai poate împiedica plecarea spiritului din lumea fizică şi trecerea lui în lumea spirituală. În momentul când perispiritul începe să-şi desfacă legăturile de celulele trupului, se simt furnicături în tălpile picioarelor. Treptat, perispiritul se retrage din picioare şi mâini. Vitalitatea părăsind extremitățile trupului, acestea se răcesc şi îşi pierd sensibilitatea. Perispiritul se retrage în lungul picioarelor, apoi în lungul abdomenului, şi se întâlneşte în piept cu partea venită din mâini. Aici se face un mic popas, după care retragerea continuă în lungul gâtului, ajungând în cap, unde înconjoară sistemul cerebral. Din cauza comprimării perispiritului în encefal, acesta dobândeşte o puternică luminozitate, ce radiază prin craniu, formând în jurul său o aureolă. Această aureolă poate fi observată, pe întuneric, de către cei care veghează muribundul. În aceste momente, omul e dus, pierdut ca într-un vis, văzându-şi defilând prin mental toate actele vieții, întâmplările prin care a trecut şi manifestările sale de cruzime sau iubire. Nimic nu se uită; imaginile acțiunilor se derulează înaintea spiritului, asemenea unui cinematograf. Îşi vede ambițiile neîmplinite sau succesul obținut, vede recunoştința celor pe care i-a mângâiat, sau ura celor pe care i-a făcut să sufere. Se vede aşa cum este în realitate – nu mai este nici bogatul, nici săracul, nici împăratul, nici țăranul, ci omul cu merite şi greşeli.

Panorama întregii vieți terestre se derulează fulgerător, după care spiritul este cuprins de o amnezie completă, de o întunecime, de o inconştiență desăvârşită. Învelit de perispirit, spiritul se strecoară afară prin creştetul capului, sub forma unei cete alburii, ce se înalță spre tavanul încăperii. Entitățile spirituale inferioare, mai materialiste, părăsesc trupul prin gură, odată cu ultimul suspin. După ce întreaga masă fluidică a perispiritului s-a degajat din corpul fizic, se adună, se concentrează şi ia forma trupului ce îşi sfârşeşte viața. În fine, cordonul se rupe şi spiritul îşi ia zborul spre regiunile subtile ale spațiului, trecând prin tavan, perete sau fereastră, fără nicio dificultate.

Până când nu s-a rupt cordonul fluidic – sufletul fiind legat de corpul fizic – sistemul cerebrospinal mai funcţionează, vorbirea se manifestă sub voinţa spiritului exteriorizat şi muribundul spune că vede în cameră, în jurul său, fiinţe fluidice, în care îşi recunoaşte părinţii sau prietenii, plecaţi deja din lumea terestră. Uneori, întreţine conversaţie cu ei, iar cei de faţă ascultă, se uită, dar nu văd nimic. Aceste fiinţe invizibile – dintre care una este călăuza în noua viaţă spaţială – au venit, din iubirea ce o poartă celui care părăseşte pământul, să-l ajute la destrupare şi apoi să-l conducă în noua sa călătorie. În fine, o respiraţie profundă, un suspin adânc este semnul separării complete a spiritului de trup. În acest moment inima îşi opreşte activitatea. Totul s-a isprăvit. Omul real, cel veşnic, şi-a părăsit haina trupească, s-a eliberat din strânsoarea materiei.

În acest moment solemn, cei din jurul mortului sunt cuprinşi de fiori, jalea copleşeşte sufletul lor, plâng şi se aruncă peste trupul ce moare, dar totul e în zadar. Aceste manifestări sunt fapte necugetate, pentru că ţipetele lor, exploziile lor sufleteşti, tulbură spiritul care se destrupează şi nu-i dau libertatea necesară de a se separa de trup, ba chiar contribuie uneori la rechemarea sa în trup, pentru câteva momente, pentru ca din nou, cu mari sforţări, să efectueze destruparea hotărâtă. Dacă lumea ar şti cât rău face spiritului prin aceste văicăreli, s-ar abţine de la ele. Dacă l-am iubit cu adevărat pe acest om, se impune să ne stăpânim durerea, să facem linişte absolută în jurul său, şi în această tăcere religioasă să ne rugăm şi să mulţumim Celui care a orânduit atât de sublim creaţia, în acest fel să ajutăm entităţii spirituale care părăseşte planul fizic să dobândească puteri şi să se desprindă cu uşurinţă de trupul său.

Să nu-l plângem pe cel ce se destrupează, pentru a se naşte în lumea cerească, într-o lume unde omul este mai conştient şi mai cunoscător al legilor eterne, ci să ne plângem pe noi, cei rămaşi încă în valea plângerii, în lumea suferinţei şi a întunericului spiritual. Să nu-i mai plângem pe iubiţii noştri, pentru că ne vor vizita, şi din spaţiu, ochii lor vor fi mereu îndreptaţi spre noi, dragostea şi ajutorul lor vor lucra pentru ridicarea noastră, pentru a ne susţine în existenţa noastră tristă pe acest pământ. Ei ne plâng, cu drept cuvânt, pentru că încă n-am terminat seria încercărilor şi sufletul lor e torturat de mila ce ne-o poartă. Se străduiesc să întărească trupul şi sufletul nostru, pentru a trece cu uşurinţă încercările ce vor contribui la evoluţia noastră spirituală.

În continuare voi reda comunicarea unei entităţi spirituale superioare, referitoare la actul morţii. „Omul este bătrân, dar sănătos. A venit însă timpul să-şi părăsească trupul. Ce se petrece în preajma acestui ceas final? Doreşte oare spiritul să-şi părăsească trupul pe care l-a armonizat, l-a condus şi căruia îi datorează o serie de realizări, de plăceri şi bucurii? Anii s-au scurs. Viaţa în comun, dintre trup şi spirit, i-a unit într-o legătură deosebit de puternică. În această perioadă de timp, sufletul a învăţat să-şi hrănească vehiculul eteric sau corpul vital, care în definitiv este şi el de natură fizică. Se simte bine în el, îi este dragă viaţa în corpul său fizic. Se vede îmbătrânit şi totuşi ar mai dori să trăiască. E drept că nu mai are vioiciunea şi vigoarea din tinereţe, dar încă e bine şi sănătos. Vrea să se mai bucure de frumuseţile şi bunurile pământului. Legătura dintre spirit şi corpul fizic a devenit atât de puternică, încât dacă nu şi-ar simţi slăbită puterea, memoria, vederea şi auzul, nici nu s-ar gândi la altă existenţă. De moarte nici nu vrea să audă. Vede, aude că a murit cutare ori cutare

– dar parcă acest fenomen e departe de el, existând doar pentru alții, nu pentru el, şi mai ales, nu în curând!

Fraților, am întrebuințat termenul vostru – «a muri», dar el nu este potrivit, pentru că omul nu moare, ci numai îşi părăseşte cele două învelişuri fizice – trupesc sau carnal şi semifluidic sau eteric. Atât de bine s-a obişnuit entitatea spirituală în corpurile sale fizice, încât nu-i mai vine să plece din ele, fiind asemenea unui ocnaş, care după zece ani de temniță a uitat să mai trăiască în libertate. Dar cum totul în univers are un sfârşit, aşa şi omul; vrând-nevrând, va trebui să plece.

Când, în virtutea Legii divine, soseşte termenul destrupării – termen fixat înainte de momentul întrupării entității spirituale – din înălțimile spațiilor soseşte o entitate spirituală, un mesager special, numit destrupător. Acest mesager se apropie de omul ajuns la capătul existenței sale pământeşti, şi începe să-i vorbească noaptea – spirit către spirit – despre frumusețile sferelor cereşti, despre vremelnicia vieții terestre, despre şcoala terestră pe care deocamdată a terminat-o; îi spune că a sosit momentul să se reîntoarcă acasă, în patria spiritelor, sfere infinite din jurul pământului. Stând zi şi noapte lângă el, destrupătorul îl influențează. Ziua îi sugerează ideea că viața pe pământ e trecătoare - nimeni nu a rămas veşnic aici, toți şi toate viețuitoarele trebuie să părăsească, la o vreme, viața din mijlocul materiei fizice. Noaptea, când spiritul îşi părăseşte trupul, mesagerul destrupător se adresează direct spiritului evadat din peştera trupului, spunându-i: «Frate, ai stat destul în acest trup al tău, te-ai bucurat în el, ai suferit cu el, acum a sosit momentul să te reîntorci la noi».

Astfel, zi şi noapte, spiritul bătrânului începe să se convingă, iar ziua, când se află în casa lui de lut, are idei vagi că nu mai are mult de stat printre oameni, are presimțiri că s-a apropiat socoteala pământească şi începe să comunice această impresie celor din jurul său. Aceştia caută să-i combată presupunerile, să-l încurajeze, deşi văd şi ei adevărul, cel iubit se topeşte din zi în zi, se stinge ca o candelă ce şi-a consumat uleiul.

Slăbiciunea omului bătrân nu provine de la sugestiile strecurate de mesagerul destrupător, ci de la operațiile executate de acesta metodic şi cu mare răbdare. Să vedem în ce constă această operație.

Voi, cei întrupați, vă susțineți, vă reparați trupul prin asimilarea alimentelor digerate. Dar şi corpul eteric funcționează şi din această cauză se uzează şi el. Cum se face repararea, regenerarea lui? Corpul vital se reînnoieşte, se repară prin absorbirea fluidului semimaterial, eteric, aflat în atmosfera din jurul globului vostru. Această absorbire se face ziua prin actul respirației, dar este mult mai intensă noaptea, când spiritul iese din trupul adormit, trăgând după el învelişurile perispirituale, împreună cu o parte din corpul vital. Prin puterea voinței şi a gândului, spiritul adună din atmosfera înconjurătoare fluid eteric fizic sau semieteric, şi îl introduce în corpul său eteric, silind în acelaşi timp să iasă din interiorul său elementele uzate, fluidul perimat. Odată această absorbire îndeplinită, dublul eteric este reintrodus în trup. Prin urmare, omul fizic se hrăneşte prin două modalități: în timpul zilei îşi hrăneşte trupul prin alimente, şi tot ziua – dar cu preponderență noaptea – îşi hrăneşte cu fluid eteric corpul vital.

Spiritul mesager-*destrupător*, care stă mereu în preajma moşului nostru, începe să-i fure din fluidul fizic, îl demagnetizează sau defluidizează, absorbind din el cantități de fluid eteric. În felul acesta, bietul om mănâncă ziua alimente fizice, se hrăneşte noaptea cu fluide magnetice; dar ce folos? pentru că destrupătorul îi ia o cantitate mai mare de fluid decât absoarbe el noaptea, în stare de somn. Aşadar o entitate spirituală destrupată execută o operație ocultă şi clandestină asupra unei entități spirituale întrupate. În această operație nu se amestecă nicio altă entitate spirituală, deoarece fiecare este conştientă că se procedează la o faptă bună, şi anume, la eliberarea unei entități spirituale din cătuşele cărnii, ale materiei fizice, şi că se acționează conform ordinelor superioare, date în virtutea Legilor divine.

Destrupătorul ar putea împiedica asimilarea de fluide din timpul nopții, dar aceasta ar însemna pentru duhul exteriorizat al bătrânului, o tortură mai vie decât chinuirea trupului prin frustrarea de hrană fizică. Or această cruzime nu este permisă în lumea cerească, unde domnesc Legile sfinte şi eterne ale universului. Defluidizarea corpului fizic se face ziua, subtil şi nevăzut, în mod consecvent şi progresiv, fără ştirea spiritului, prizonier în întunericul trupului. Defluidizarea bruscă nu este permisă, aceasta producându-se doar în caz de accident sau sinucidere.

Omul se topeşte ca o lumânare, şi în măsura în care îi slăbesc puterile fizice spiritul se eliberează de milioanele de legături nevăzute, înnodate cu corpul său fizic. Astfel spiritul, fiind ceva mai eliberat, devine mai sensibil, mai senzitiv la undele vibrațiilor psihice sosite din spațiu.

Încetul cu încetul, bătrânul nostru, sănătos până mai lunile trecute, se deprinde cu ideea plecării, începe să se împace cu ideea părăsirii lucrurilor scumpe lui, dar mai ales se împacă cu ideea că Tatăl îl recheamă la El, părăsind pe cei dragi de pe pământ.

În fine, a sosit ziua fericită pentru cei care se vor bucura de sosirea lui în Cer, şi tristă pentru cei de pe pământ, care se despart de părintele, fratele sau prietenul lor. Când ceasul cel mare a bătut, sosesc entitățile spirituale din familia sa – frați, surori, părinți, copii – care au părăsit pământul înaintea lui. Ele vin atrase de tainicele legături magnetice şi de vibrațiile primite, aflând că iubitul lor pământean este gata de a se întoarce în Cer. Atunci ele coboară ca fulgerul, îl înconjoară şi stau în aşteptarea ieşirii sale din trup. Prin prezența lor, prin vibrațiile corpurilor lor spirituale şi prin rugăciunea lor, înlesnesc descătuşarea spiritului de corpul fizic. Odată cu ele soseşte şi o entitate spirituală, un expert al spațiului, un medic ceresc, cu misiunea de a rupe cordonul fluidic ce uneşte perispiritul de corpul vital. El are un rol asemănător cu al moaşei voastre terestre, care taie cordonul ombilical ce uneşte copilul de placenta mamei sale."

* * *

Corpul omului se poate compara cu o clădire, construită inițial pe un schelet de beton armat, în care se înalță ziduri de cărămizi, pentru a despărți încăperile între ele. Schema, canavaua trupului omenesc o croieşte spiritul, în momentul începerii operei de reîntrupare, folosind drept materie primă fluidul ce însoțeşte cele două elemente sexuale ale părinților. Printre firele acestei canavale, se orânduiesc celulele născute din diviziunea oului, dezvoltându-se cu ajutorul materiilor venite de la mamă. Pe parcurs, spiritul îşi măreşte rețeaua, dintr-o materie asemănătoare luată mereu de la părinții copilului, şi în acelaşi timp celulele se ordonează după liniile acestor fire. Canavaua creşte şi paralel cu ea creşte şi trupul micuțului din pântecele mamei.

În general, fiecare celulă se compune din trei părți: o *membrană* la exterior, o substanță asemănătoare albuşului de ou – la interior, numită *protoplasmă* şi un mic corp strălucitor – la mijloc, numit nucleu. În masa protoplasmei se află o mulțime de granule microscopice, numite *micelii*.

Totalitatea rețelei pe care este clădit trupul nostru formează corpul vital. Materia corpului vital este într-o veşnică circulație, şi această mişcare este provocată de o mică ramură a marelui curent cosmic, care circulă prin întregul cosmos şi în tot ce se află în el. Sub influența acestui curent vital, ce constituie o muzică sublimă, miceliile din interiorul protoplasmei se mişcă, dansează în jurul nucleului. Prin mişcarea lor, se freacă de protoplasmă, dar mai ales unele de altele, generând în corpul lor electricitate. Totalitatea electricității din micelii produce, prin inducție, magnetism în masa celulei. Grație acestei forțe magnetice, celulele țin una de alta, se atrag între ele, şi constituie ceea ce se numeşte coeziune celulară.

La începutul vieții umane, celulele se înmulțesc şi trupul creşte. Acest proces se petrece până în jurul vârstei de 28 de ani. Urmează perioada când celulele uzate se înlocuiesc pe măsura distrugerii lor, şi ca urmare, trupul rămâne acelaşi. În fine, vine a treia parte a vieții terestre, când celulele noi nu le mai înlocuiesc în acelaşi număr pe cele uzate – constatăm scăderea grăsimii, reducerea treptată a sistemului muscular, a taliei trupului şi apar zbârciturile pielii – de aici debilitatea celor ajunşi în vârstă, nemaiavând la dispoziție dinamismul asigurat de miceliile din celulele numeroase avute în anii precedenți.

Celulele care se reînnoiesc pe o distanță mare de timp şi se reduc ultimele sunt celulele nervoase. Din această cauză, encefalul este cel din urmă organ ce pierde contactul cu perispiritul.

Toată această operă de reparare, de înlocuire, se face sub imboldul, sub conducerea spiritului stăpân. Către sfârşitul vieții, se alătură omului mesagerul-destrupător, un spirit din spațiu de un anumit grad, cunoscător şi meşter în desfacerea legăturilor fluidice, eliberând astfel firele fluidice ale perispiritului de corpul fizic. Acest specialist, fizician ceresc, face operația de slăbire a adeziunii perispiritului de corpul fizic, pentru ca la timpul oportun, desprinderea spiritului de trup să se facă cu o mai mare uşurință.

În caz de plecare prin boală, fratele spațial retrage zi de zi o anumită cantitate din fluidul corpului vital al celui pregătit să părăsească viața terestră. În dreptul organului din care lipseşte cantitatea de fluid vital, necesar întreținerii mişcării miceliilor celulare, nu se mai produce electricitate, Şi deci, nici magnetism. Din această cauză, slăbeşte vitalitatea organului respectiv, începe dezorganizarea sa şi celulele nu mai au forța necesară funcționării lor. În fine, uneori apar aici şi vietăți microscopice, viruşi, care desăvârşesc opera distrugerii celulare. Slăbiciunea funcțională a acestui organ produce, prin influență, o perturbare, o tulburare şi în alte organe interne şi astfel tot trupul slăbeşte în puteri iar omul se topeşte ca şi ceara la para focului. Când s-a împlinit termenul durerii şi mâhnirii la care trebuia supus, intervine mesagerul-destrupător şi desprinde ultimele fire ale legăturii cu acest corp fizic redus şi fără putere. Entitatea spirituală, scânteia însoțită de perispiritul său, iese în afara corpului său fizic bolnav, întreținând, de la distanță, viața trupului ruinat de boală. Din acest motiv moartea acestui om, la ora cea sfântă, se face uşor. S-a stins viața din el, zi cu zi, ceas cu ceas. Un ultim efort şi totul s-a isprăvit.

* * *

Moartea prin sinucidere are un alt aspect.

Pentru a şterge cât mai mult din lista greşelilor făcute în alte vieţi, duhul, încrezut în puterile sale, a cerut Forului suprem o viaţă grea, plină de boli, dureri sufleteşti, amărăciuni şi lipsuri materiale de tot felul. Venind jos, ca om, a uitat – conform Legii – ceea ce el însuşi a cerut, şi în această existenţă terestră oftează, plânge şi crede că este năpăstuit de soarta impusă de Tatăl divin.

După o vreme, i se pare că nu mai poate îndura această viaţă şi crezând că dacă va pieri de pe arena vieţii, va scăpa şi de mizeria ei, se sinucide. Vai, nefericitul de el! Prin actul său nesocotit, prin dezertarea sa de la şcoala vieţii planetare, cerută şi voită de el prin liberul său arbitru, a încălcat Legea divină, care interzice distrugerea. Din acest motiv el va suferi şi mai groaznic în viaţa cerească şi în vieţile lui trupeşti viitoare.

Duhul omului care şi-a distrus trupul, instrumentul orânduit de Tatăl divin ca să-l ajute în învăţarea iubirii, va rămâne pe lângă cadavrul său până în ziua când ar fi trebuit să-l părăsească în mod firesc, conform destinului său. În tot acest timp, el va repeta mereu actul sinuciderii, până la nebunie, până la exasperare, provocându-i dureri atroce, de neînchipuit.

* * *

Câţi oameni, atâtea feluri de a părăsi trupul la ora fatală. Iată o femeie devenită mamă, dar ea nu-şi asumă responsabilitatea de a trece prin procesele fiziologice ale sarcinii şi urmările ei. Nu vrea să nască şi să se încarce cu neplăcerile,, greutăţile şi responsabilitatea alăptării, vegherii, creşterii şi educaţiei copilului. Prin urmare, recurge la avort – un mijloc brutal pentru a scăpa de el. Se poate întâmpla ca din cauza acestor demersuri, voite de ea, să moară. Evident, în acest caz moare şi copilul. Dar ce diferenţă între moartea unuia şi a celuilalt, a mamei fiind echivalentă cu sinuciderea, iar copilul fiind victima mamei. Spiritul copilului se desparte cu uşurinţă de embrionul din pântecele mamei, legăturile fiind puţine şi slabe. Însă, spiritul mamei iese din corpul său fizic – nepregătit de mesagerul-destrupător – cu mare greutate, cu mari sforţări, din care cauză are o agonie sfâşietoare. Dar nu numai atât; spiritul mamei trebuie să înţeleagă grozăvia faptei comise. Din acest considerent, Legea divină a sortit ca spiritul să stea, ca în cazul sinucigaşilor, lângă cadavru, resimţind durerile de naştere ale unei mame, dureri repetate până în ziua fixată în destinul ei, ca fiind data părăsirii corpului fizic. Numai rugăciunea fierbinte către Cel Atotputernic – a ei sau a celor rămaşi în urma ei – o pot uşura din această tortură de neînchipuit. Treptat, îşi revine şi îşi recunoaşte greşeala comisă. Se naşte în ea dorinţa de a reveni pe pământ pentru a-şi repara greşeala, devenind mamă şi născând cu plăcere, cu toată dragostea, copiii prin care, Legea divină a hotărât, să coboare entităţi spirituale la o nouă viaţă terestră.

* * *

Când omul moare prin accident dreptaşul, entitatea spirituală asistentă care însoţeşte toată viaţa terestră a acestui om, cunoscând că se apropie termenul fatal, cheamă pe misionarul desemnat de a-l asista în momentul producerii accidentului. Acesta, sosit ca fulgerul, odată ce spiritul – prin violenţa accidentului – a fost expulzat din temniţa sa, taie rând pe rând ultimele rădăcini fluidice ce mai reţin spiritul de trup. Eliberat cu totul, spiritul îşi ia zborul către sferele cereşti, spre locul rezervat lui, după meritele vieţii sale terestre.

Acest caz de destrupare este adoptat foarte rar de către înaltul For Judecătoresc al Pământului, şi de obicei este aplicat spiritelor leneşe, indolente, care au nevoie de zguduiri, de comoţii puternice, pentru a fi puse în ritmul evoluţiei normale şi generale, a entităţilor spirituale. O asemenea moarte este o durere, o nenorocire pentru omul terestru, dar fiind o deşteptare a conştiinţei entităţii spirituale, constituie pentru ea o fericire. Astfel se adevereşte vorba omului – „Tot răul spre bine."

* * *

Există cazuri când un bărbat sau o femeie sunt întrupări ale unor frumoase lumini cereşti. În acest caz se stabileşte o conversaţie de la spirit la spirit, urmată de o înţelegere între spiritul mesager destrupător şi spiritul întrupat, ajuns la finele existenţei terestre. În urma acestei înţelegeri operaţiile destrupării decurg în mod normal şi treptat, prin buna învoire a entităţii spirituale întrupate.

În unele cazuri spiritul întrupat s-a ataşat atât de tare de viaţa şi bucuriile pământeşti, încât nici nu vrea să audă de părăsirea trupului, care îi procură atâtea plăceri lumeşti. S-a obişnuit în el şi îi place aici printre oamenii trupeşti. Dar legea e lege, şi el trebuie să se întoarcă în marea patrie cerească, căci a sosit timpul recoltării roadelor semănate pe pământ în existenţa sa terestră. Ca urmare a dispoziţiei sale sufleteşti, el se opune, nu vrea să revină la viaţa veşnică, nu vrea să părăsească viaţa temporară. În acest caz, mesagerul-destrupător îşi impune voinţa şi puterea, cu mult superioare, o luptă de natură mentală şi fluidică se angajează între cei doi, din care, desigur, cel superior – mesagerul-destrupător – va ieşi învingător. În cele din urmă entitatea spirituală întrupată se va supune şi va trebui, vrând-nevrând, să părăsească trupul şi viaţa terestră.

De multe ori, în locul forţei, se face uz de diplomaţie, şiretenie, de o oarecare momeală. În acest scop, în afară de fratele misionar, sunt trimişi în jurul candidatului la moartea fizică, iubiţii săi, întorşi înaintea lui din planul fizic. Ei vin, şi dacă nu mai au formă umană, adună materie fluidică şi îşi fabrică un corp fluidic, asemănător cu cel avut în viaţa terestră precedentă, cu îmbrăcămintea pe care au purtat-o. Fizionomia şi forma trupului lor o păstrează perfect în memoria lor spirituală, şi la nevoie o găsesc înregistrată în arhiva spirituală a planetei noastre. Odată ce au luat înfăţişarea ultimei lor întrupări, vin şi se arată spiritului candidat la naşterea în lumea spaţiilor şi stau toată noaptea de vorbă, aducându-i aminte cu multă duioşie de cei dragi, trezindu-i în suflet dorul după ei. Zilele trec, dorul după cei dragi se intensifică şi după un timp, spiritul se decide să nu se mai agaţe cu disperare de materia carnală, de trupul în care şi-a dus atâţia ani nenorocita existenţă terestră.

* * *

Există situaţii când destruparea se face cu o uşurinţă de care se miră cei de faţă. Astfel, prin conduita celor care au dus o viaţă cuminte, semănând blândeţe, mângâiere şi iubire în jurul lor, spiritul şi perispiritul se află deja în afara trupului, conducându-l din exterior, prin intermediul corpului vital. La ora fatală, la ora cea sfântă nu mai rămâne de făcut decât o mică sforţare şi spiritul urmat de suflet se desprinde de trup, luându-şi zborul în spaţiu. Rolul mesagerului-destrupător a fost, în acest caz, foarte redus. O simplă formalitate legală, tăind numai cordonul fluidic, care abia mai ţinea captiv sufletul de trup. Oamenii aceştia trec de la viaţa trupească la cea spaţială ca într-un vis, fără niciun zbucium, fără nicio durere; s-au întors pe partea cealaltă, au oftat şi au plecat.

O desprindere uşoară de trup o au şi cei idioţi, orbi, cocoşaţi, schilozi etc. Starea lor fizică – voită de ei sau acceptată, pe când erau în spaţiu diferă pe pământ de cea a majorităţii oamenilor, provocând în adâncul sufletului lor o mare mâhnire, o negrăită durere sufletească. Această stare fizică dezavantajată a fost urmarea unor mari şi grozave greşeli din alte vieţi. Ca spirite, au acceptat în mod conştient, spre ispăşire, această cumplită formă de viaţă, dar revenind – ca om trupesc – în lumea fizică, au uitat de ceea ce s-au angajat în faţa Forului suprem, când şi-au dat consimţământul grăind: Amin!

Aceste dureri sufleteşti, resimţite ani de-a rândul, au împins spiritul la exteriorul trupului, legăturile sufleteşti dintre trup şi spirit fiind foarte slabe. Când a sosit termenul plecării, destruparea se face foarte uşor, ca şi în cazul entităţilor spirituale miloase şi drepte. Opera mesagerului-destrupător este foarte redusă: taie cordonul fluidic care ţine legat spiritul, prin suflet, de trup.

* * *

Din situaţiile prezentate mai sus, se poate deduce că moartea survine:

1. din cauza uzurii corpului – bătrâneţe;

2. prin violenţa produsă de un liber arbitru nesocotit – sinucidere, crimă ori accident;

3. prin boală, uneori foarte de timpuriu, având-se în vedere provocarea durerii în sufletele celor dragi, în scopul conştientizării sau a plăţii unor greşeli din trecut, din alte vieţi.

În continuare vom cunoaşte actul morţii, pe baza comunicărilor primite de la Sfântul Mina, una din marile Lumini ale Pământului.

Iată cum glăsuieşte el, ca o notă mai amănunţită a fenomenului destrupării:

„Greu s-a afundat în lut spiritul când s-a reîntrupat, dar tot atât de greu se desprinde din lut la ora fatală. În acest scop, e nevoie de concursul mai multor forţe spaţiale, spirite superioare sosite la momentul hotărât, pentru a înlesni desprinderea spiritului ce şi-a terminat şcoala vieţii terestre. După gradul evolutiv al entităţii spirituale care se destrupează, sosesc trei mesageri-destrupători, fiecare cu o misiune specială.

Cel mai mic în grad are rolul de a demagnetiza şi deelectriza corpul fizic, pentru a nu mai avea puterea de a reţine, prin forţa sa atractivă, sufletul.

Al doilea, superior celui dintâi, meşter în mânuirea fluidelor, taie pe rând toate firele fluidice ce sunt aninate de celulele trupului, operă asemănătoare cu tăierea rădăcinilor unui copac, ca să poată fi smuls din pământ.

Al treilea, superior celui de-al doilea, operează din exterior, asemenea unui sorb, a unui puternic magnet spiritual, atrăgând toate particulele eterice ce formează perispiritul spiritului, pe cale de eliberare. El atrage la exteriorul corpului fizic – fir cu fir, particulă cu particulă – tot perispiritul, şi-l aglutinează într-o masă care prin memoria ce o posedă – căci orice materie îşi are viaţa şi memoria sa – se adună într-o formă umană, eterică, absolut identică cu forma trupului ce agonizează pe patul de moarte.

În acelaşi timp, acest savant al spaţiilor lucrează asupra celei mai divine părţi din om, asupra scânteii spiritului, pentru ca ea – fiind de esenţă divină – să iasă cea dintâi, să părăsească din prima secundă trupul, pentru ca după ea să vină, rând pe rând, celelalte părţi componente ale spiritului, cele şapte haine eterice ale scânteii. Acest destrupător, de cel mai înalt grad ierarhic, se străduieşte ca nu cumva să mai rămână legat de perispirit resturi din materia eterică a corpului vital, pentru că în acest caz spiritul va suferi pe tot timpul şederii sale în spaţiu; în plus, aceste particule eterice de o calitate inferioară vor prejudicia felul şi calitatea noului corp fizic, în care se va întrupa spiritul în viitor.

Prezenţa acestor mari entităţi spirituale, a destrupătorilor, este absolut necesară, pentru că în jurul muribundului, adeseori se află membrii familiei sale, care prin jalea şi prin dorinţa lor de a menţine printre ei pe iubitul lor, exercită o forţă de reţinere puternică. Această forţă atractivă a celor iubiţi este neutralizată, este învinsă de forţa atractiv-spirituală a entităţilor superioare, care prezidează destruparea.

Se întâmplă uneori, ca forţa celor din jurul muribundului să fie atât de puternică, de sfâşietoare, încât spiritul este rechemat, readus din nou în trupul său, care, oarecum galvanizat de dorinţa vie a celor din jurul său, reia pentru câteva clipe cursul vieţii terestre, deschizând ochii, privind şi chiar vorbind conştient în lumea fizică. Însă această revenire e de scurtă durată, pentru că forţele spirituale, cu puteri dublate, atrag din nou în afară pe cel care şi-a întrerupt calea spre descătuşare. De aici necesitatea ca în ultimele momente, lângă muribund să nu stea decât o singură persoană. Toţi ceilalţi – familia şi prietenii muribundului, să se adune într-o cameră mai depărtată şi să rămână acolo în tăcere şi rugăciune, pentru a uşura efortul celui ce-şi părăseşte cuşca în care s-a prins atât de puternic la reîntruparea sa.

Odată ce cordonul fluidic ce leagă sufletul de trup a fost tăiat, duhul e luat de spiritele asistente şi este înconjurat cu o reţea fluidică creată de ele. Motivul acestei operaţii este următorul. După ce spiritul s-a desprins de trup şi a devenit liber, treptat, spiritele asistente îl dezbracă şi de haina planetară. Cum spiritul nu poate sta în preajma globului pământesc fără acest înveliş, spiritele destrupătoare îl îmbracă cu o nouă haină fluidică, o haină provizorie în care se va prezenta în faţa Forului suprem, când i se va da una potrivită ascensiunii sale evolutive. Dezbrăcarea hainei planetare trebuie să se facă treptat, cu mare prudenţă, pentru că altfel spiritul suferă, i se tulbură claritatea conştiinţei, aducându-se prejudicii viitoarei sale reîntrupări.

Cât priveşte materia hainei planetare dezbrăcate, aceasta se risipeşte şi se dizolvă în spaţiul înconjurător. Această materie planetară va servi entităţilor spirituale de acelaşi grad evolutiv cu a entităţii care a dezbrăcat acest corp planetar, la crearea unui nou înveliş planetar, în momentul întrupării lor. Aşadar o haină nouă se va crea din materia ce a mai fost utilizată, şi deci perfecţionată, în acest mod fiecare materie a creaţiei este spiritualizată, urcând tot mai sus pe treptele evoluţiei.

Deşi devenit liber, spiritul mai păstrează oarecum legături fluidico-sufleteşti cu fostul său trup. Aceste legături trebuie rupte treptat, şi nu brusc. Iată motivul pentru care recomand – în special occidentalilor vechiului continent – înmormântarea în locul incinerării, deoarece prin incinerare ultimele legături fluidice ale trupului cu fostul său stăpân şi constructor se rup brusc. Din această cauză spiritul suferă o comoţie în urma căreia îşi pierde pentru multă vreme conştiinţa. Prin înmormântare, dezagregarea corpului este lentă, materia sa se descompune în minerale, iar legăturile fluidice se desprind încet de tot ce a aparţinut fostului trup pământesc."

* * *

Voi prezenta câteva expuneri ale unor entităţi spirituale, care ne descriu principalele impresii trăite în momentul trecerii lor din lumea fizică în cea spirituală. Fenomenele exterioare, văzute de cei din jurul muribundului, aparţin lumii fizice, aşadar, ele nu ne pot orienta asupra senzaţiilor resimţite de spirit în momentele când, trăgând după el sufletul sau perispiritul, păşeşte pragul existenţei lumii fizice. Numai entităţile spirituale care au trecut prin această experienţă ne pot descrie impresiile şi ideile avute în momentul părăsirii trupului. Numai după relatările lor vom putea reconstitui întreaga serie de fenomene ce au loc în momentul morţii fizice. Pentru a cunoaşte cât mai pe larg întreaga gamă de fapte ce au loc în momentul când spiritul părăseşte corpul său fizic până trece în deplină conştiinţă în lumea spirituală, unde îşi va petrece existenţa o bună vreme, trebuie să luăm legătura cu Cerul, prin intermediul unui medium, dar numai într-un cerc de revelaţie condus de un ghid, de o mare Lumină cerească. Fără să invocăm noi anumite spirite, acestea vor fi aduse de către ghidul cercului, din rândul rudelor, prietenilor sau cunoştinţelor noastre, şi ne vor descrie cum au trecut pragul morţii, ce au simţit, văzut şi auzit în jurul lor în acele momente şi cum se simt acum în sfera, în nivelul spaţial în care se află. Dacă aceste comunicări se vor potrivi şi asemăna în părţile lor fundamentale cu cele primite de alţi mediumi, în timpuri şi localităţi diferite, nu poate exista nicio îndoială că cele văzute şi simţite de spiritele care se destrupează sunt o realitate ce constituie un capitol din marea serie de fenomene desfăşurate în natură, din veşnicie.

Iată cum se exprimă eminentul profesor universitar Hyslop, din SUA, după ce a studiat ani de zile fenomenele spirituale şi mesajele primite de la entităţile spirituale care au părăsit lumea trupească:

„Majoritatea oamenilor ridiculizează conceptul unei lumi spirituale. Dar aceşti domni, care dispreţuiesc cu atâta uşurinţă aceste probleme de o covârşitoare importanţă, nu se gândesc că, procedând astfel, îşi dau aerul că ar cunoaşte toate fenomenele naturii? Cărţile literaturii revelate sunt deosebit de importante pentru că ne dau o idee asupra lumii spirituale, oferindu-ne prilejul de a compara între ele detaliile conţinute în diferitele comunicări obţinute. Or din cele primite până acum, se constată că învăţămintele transmise de entităţile spirituale care ni se revelează prin mediumi diferiţi, concordă între ele. Este evident că, în asemenea împrejurări, o concordanţă de informaţii fundamentale şi repetate va avea o mare valoare pentru demonstrarea existenţei reale a lumii spirituale."

* * *

Voi descrie una dintre comunicările celor ce au trecut pragul morţii, extrasă din lucrarea eminentului profesor universitar italian Bozzano. Iată un mic pasaj din expunerea făcută de judecătorul american Edmonds, intitulată „Letters and Tracts on Spiritualism", referitoare la moartea bunului său prieten şi coleg, judecătorul Peckam, care a pierit într-un naufragiu.

„...Dacă aş fi putut să-mi aleg în acel moment modul destrupării, desigur că n-aş fi adoptat pe acela impus de legea destinului. Cu toate acestea, acum nu mă mai plâng de ceea ce mi s-a întâmplat, dată fiind natura minunată a noii mele existențe.

În momentul morții, am revăzut ca într-o panoramă evenimentele întregii mele existențe.

Toate scenele, toate acțiunile făcute în decursul vieții trupeşti, mi-au trecut prin fața privirii, ca şi cum ar fi fost gravate în mintea mea, în formule luminoase. Niciunul dintre amicii mei, din copilărie şi până la moarte, n-au lipsit la apel. În momentul când mă afundam în mare, ținându-mi soția în brațe, mi-au apărut părinții, şi mama îmi întinse mâna şi mă trase din apă, dând dovadă de o energie pe care n-am înțeles-o decât abia acum. Nu-mi amintesc să fi suferit. Când m-am scufundat în apă, nu am încercat nicio senzație de frică, răceală sau asfixiere. Nu-mi amintesc de asemenea, să fi auzit zgomotul valurilor, care se zdrobeau deasupra capului meu. M-am desprins de trup aproape fără să-mi dau seama şi avându-mi soția strânsă lângă mine, am însoțit-o pe mama, venită pentru a mă primi şi conduce. Primul sentiment penibil m-a cuprins când îmi zbură gândul la scumpul meu frate, dar mama îmi observă neliniştea şi-mi spuse: «Fratele tău nu va întârzia să vină şi el aici». Din acel moment, orice sentiment dureros dispăru din sufletul meu."

* * *

O expunere şi mai interesantă o găsim în cartea „Startling Fact in Modern Spiritualism", scrisă de medicul american E. Wolfe. Comunicarea provine de la entitatea spirituală a unui soldat care a murit de tifos, într-un spital, în timpul războiului pentru abolirea sclaviei dintre statele de nord şi cele de sud ale SUA. Fiind întrebată ce impresii a avut când a intrat în lumea spirituală, entitatea spirituală a răspuns: „M-am simțit ca şi cum m-aş deştepta din somn. Nu mă mai simțeam bolnav, lucru de care mă miram grozav. Aveam o vagă bănuială că s-a întâmplat cu mine ceva ciudat, dar nu puteam să-mi dau seama ce anume. Îmi vedeam trupul întins pe pat şi-mi ziceam: «Ce fenomen ciudat!» Am privit în jurul meu şi mare mi-a fost mirarea când i-am văzut pe cei trei camarazi ai mei ucişi în tranşeele din fața Wickburg-ului, camarazi pe care eu însumi îi îngropasem.

– Ce ai simțit apoi?

– Am avut o senzație asemănătoare cu aceea când te cuprinde somnul, când gândurile se pierd încetul cu încetul. Dar până la această întunecare, gândul meu lucra întruna. Mi-am amintit deodată de toate evenimentele vieții, de tot ce am văzut şi auzit, de tot ceea ce am făcut, spus şi gândit. Îmi aminteam de jocurile şi glumele din copilărie, le-am gustat ca şi atunci când s-au produs.

– Povesteşte-ne primele tale impresii când ai sosit în lumea spirituală.

– Vă spun că cei trei camarazi nu m-au părăsit, din momentul destrupării mele până în momentul când îmi făcui intrarea în lumea spiritelor. Aici aveam bunici, frați, surori, care, cu toate acestea, n-au venit să mă primească. După destrupare, mi se părea că umblu pe pământ solid şi am văzut o femeie bătrână, care mi se adresă, spunându-mi: «Jim, iată-te. Ai venit la noi?» Am privit-o cu atenție şi deodată am strigat: «O, mamă-mare, tu eşti?» «Eu sunt, dragul meu Jim. Vino cu mine». Ea m-a condus departe de acel loc, la locuința ei. Odată sosiți, îmi spuse că trebuie să mă odihnesc şi să dorm. M-am culcat şi am dormit mult timp.

– Locuința de care îmi vorbeşti are aspectul unei case de pe pământ?

– Desigur, în lumea spiritelor poți să creezi, cu puterea gândului, orice doreşti."

* * *

Extragem un caz din lucrarea intitulată „The Morrow of Death by Amicus". În această culegere de comunicări, spiritul preotului N. A. Stockwell comunică prin mediumul numit Ernest H. Peekam, următoarele idei, referitoare la moartea sa fizică:

„Când eram în lumea terestră, nu mi-am putut face nicio idee despre existența omului dincolo de mormânt. Aveam asupra acestui subiect idei confuze şi nesigure, care se învârteau mereu în jurul concepțiilor obişnuite – ale unui paradis rezervat celor buni şi ale unui infern gata să înghită pe cei răi. Pe timpul meu nu se prea cunoştea posibilitatea comunicării cu entitățile spirituale. Nu rămânea decât să faci teorie şi să ai credință în Dumnezeu. Credința o aveam. În aceste condiții, e inutil să mai spun că atunci când m-am găsit în lumea spiritelor, am rămas profund mirat în fața realității.

Am fost primit, întărit şi ajutat de persoane cunoscute pe pământ şi care mă precedaseră în marea călătorie. Primii mei paşi în lumea cerească au fost supravegheați de ghidul meu. Dar ceea ce constituia pentru mine suprema bucurie, în acel moment, a fost întâlnirea cu scumpa mea soție, care mă înconjura cu toată atenția, plină de devotament şi afectuoase mângâieri. Pot afirma că prima mea impresie în lumea spirituală a fost proba că iubirea soției mele nu slăbise prin moartea ei. Moartea nu poate suprima afecțiunea, nici împiedica întâlnirea a două spirite care s-au iubit pe pământ.

Una dintre primele descoperiri în această nouă lume a fost aceea de a mă descoperi pe mine însumi. Adevărata mea personalitate se desfăşura înaintea mea cu toată cruzimea culorilor şi această descoperire nu era prea măgulitoare pentru ființa mea.

Procesul morții fizice – ca şi cel al renaşterii în lumea spirituală – este foarte interesant. În mod normal, de îndată ce încetează funcțiile trupului – proces care poate dura uneori un timp foarte lung - suferințele fizice şi mâhnirea sufletului încetează şi ele, şi încetul cu încetul se trece gradat la starea de inconştiență absolută. Dar aripa morții odată trecută, vine o dezlegare sublimă: spiritul renaşte la o nouă existență. Duhul la început nu bagă de seamă că a dezbrăcat trupul, dar dacă se întâmplă să observe prea devreme acest lucru, el rămâne deosebit de tulburat, mai ales când moartea a rupt legături afective puternice. Dar în lumea spirituală nimeni nu e părăsit.

Toate entitățile spirituale, fără excepție, când ies din criza morții sunt primite de conducători experimentați, pentru a-i întări, consola şi asista. Ei vor intra în noua existență după cum cer condițiile lor morale, intelectuale şi spirituale. Mediul care îi va primi va fi determinat de gradul lor de spiritualitate. Dincolo de moarte ne aşteaptă pe fiecare o situație pregătită de noi pe pământ Nu poți să te duci în alt loc decât în sfera de care aparții. Calificările noastre spirituale ne fac să gravităm, cu o precizie de neînfrânt, către condițiile de existență corespunzătoare meritelor şi lipsurilor noastre. Marea lege a afinității reglează acest proces inexorabil. Omul merge după moartea sa în locul de el pregătit, prin traiul său pe pământ. Acolo, el se adună cu semenii săi, gravitând în sânul acelor legiuni spirituale în mijlocul cărora se va simți foarte bine.

* * *

Voi descrie în două cuvinte natura substanței întrebuințate în construcțiile sau creațiile mediului nostru spiritual, precum şi metodele întrebuințate. Lumea noastră este cea mentală, a gândului. Tot ceea ce se vede aici, tot ce e utilizat aici, este creația gândirii. Chiar corpul nostru spiritual prin care ne exercităm activitatea este o creație substanțială a gândului Creatorului. În jurul nostru iau formă creațiile gândirii noastre, care se unesc şi se armonizează cu gândurile celorlalți.

Unele dintre ele sunt exteriorizări inconştiente ale unor spirite, altele, din contră, sunt rezultatul forței creatoare a gândului voit şi cu un scop determinat. Noi suntem ființe construite din gândire, şi existăm într-o lume creată prin gândire. Aici, tot ce există pare a fi constituit după felul cum a lucrat gândirea. Substanța asupra căreia se exercită forța gândirii este – în raport cu noi – tot atât de solidă şi de durabilă ca piatra şi metalele din mediul vostru terestru. Vouă vă este greu, fireşte, să concepeți asemenea lucruri. Asemenea vouă şi eu îmi imaginam că toate creațiile de aici sunt formate dintr-o materie vaporoasă, dar venind aici, am văzut că ele sunt, în felul lor, tot atât de solide şi viu colorate ca şi obiectele solide şi colorate ale mediului terestru. Casele sunt zidite de spirite specializate în a modela, prin puterea gândului, această materie eterică, spirituală.

Desigur, cei ce trăiesc în mediul terestru, radical deosebit de al nostru, vor înțelege cu greu, iar unii chiar deloc cele afirmate de noi. Cu toate acestea, te asigur că procesul de care îți vorbesc este foarte simplu, natural şi eficace. Învățămintele date acum pământenilor, constituie una dintre numeroasele taine pe care Isus din Nazaret nu le-a propovăduit decât ucenicilor Săi, pentru că omenirea de atunci nu era coaptă pentru a le primi."

Voi descrie acum ideile şi impresiile unei doamne care în timpul vieții trupeşti nu prea frecventa biserica, dar văzând, citind şi auzind despre fenomenele şi manifestările spiritului a devenit credincioasă. Trecând dincolo, prin actul morții fizice, ea comunică prietenei sale, doamna Dufey, care era medium.

„Ştiam că am să mor, şi totuşi nu-mi era teamă de această plecare. Amenințările bisericii pierduseră de mult orice putere asupra mea. Mă simțeam gata să înfrâng criza morții cu o seninătate filosofică. Mi-am propus chiar să urmăresc, cu interesul unui cercetător, apropierea domoală a marelui ceas. Nu voiam să pierd această supremă ocazie de a câştiga cunoştințe psihologice, care scapă cercetătorilor ştiințifici. Am rămas deci liniştită în fața progresiei lente a agoniei mele, sperând să pot comunica, mai târziu, observațiile mele, făcând astfel un serviciu umanității, risipind teama produsă de ora fatală asupra omului.

Mi se părea că înot în afara trupului meu, într-un mediu necunoscut. Nu vedeam nimic din ceea ce credeam că se va produce în timpul crizei morții. Citisem descrieri interesante, referitoare la un fel de «epilog al morții», în virtutea căreia evenimentele vieții se derulează în conştiința muribundului. Eu nu am avut nimic din acestea. Cu toate că nu am fost o femeie prea drăgăstoasă, un singur gând, un singur sentiment domina atunci conştiința mea, şi anume, iubirea purtată persoanelor dragi pe care le părăseam. Mă sileam ca rațiunea să-mi stăpânească toate impulsurile, toate emoțiile. Atenția îndreptată asupra actului morții mele fizice sfârşi prin a mă obosi, şi treptat o somnolență mă năpădi. Era atât de dulce şi mă odihnea atât de bine, că în cursul acelei perioade de semiconştiență, care a precedat starea de inconştiență totală, reflectam asupra faptului că am mai încercat o senzaţie asemănătoare de două ori în viaţa mea pământească.

Am deşteptat marcată de un sentiment de ciudă, cum se întâmplă adesea, când îţi dai seama că ai dormit peste timpul convenit. Dar în curând această deşteptare mi s-a părut şi mai dulce decât perioada care precedase somnul. Mă simţeam bine, ceea ce îmi demonstra că nu eram pe punctul de a muri. Deodată, aud în camera vecină câteva persoane vorbind cu jumătate de voce. Ascultându-le prin uşa întredeschisă, nu prea înţelegeam sensul conversaţiei lor. Dar concentrându-mi mai bine atenţia, ajung să prind înţelesul cuvintelor lor.

Iată fraza în discuţie: «Fără îndoială, era o excentrică». O altă voce răspunse: «O, da, şi în plus era o încăpăţânată în părerile ei». Prima reluă: «Pentru asta a fost lovită mereu de atâtea nenorociri». Şi aşa mai departe, urma conversaţia asupra unor incidente din viaţa mea.

Eram surprinsă, vorbeau de mine întrebuinţând verbul la imperfect; ce înseamnă asta? Mă credeau moartă? îmi veni ideea că poate doar se prefac, că mă consideră moartă, numai ca să aud conversaţia lor. De aceea am hotărât să o chem pe una dintre ele, ca să vadă că n-am murit şi că acum mă simt mai bine ca oricând. Dar ele nu au luat în seamă chemarea mea şi continuau să vorbească mai departe. Am chemat din nou, cu o voce şi mai tare, dar degeaba. Atunci m-am decis să întrerup bârfa lor, mergând eu la ele. Dar am rămas uimită. Cine era manechinul aşezat în patul meu, cu faţa validă, ca un cadavru? L-am examinat şi am văzut că avea braţele încrucişate pe piept şi picioarele stinse şi ţepene; un cearşaf alb îl acoperea. Dar, lucru ciudat: îl puteam vedea şi prin această pânză am recunoscut în acel manechin trăsăturile mele. «Dumnezeul meu! înseamnă că am murit!» – mi- am zis, şi în acel moment o puternică senzaţie m-a copleşit, pătrunzând până în adâncul sufletului. Tot trecutul meu apăru şi năvăli ca un val în conştiinţa mea. Tot ce-am învăţat, tot ce-am sperat, cu privire la marea trecere şi la existenţa.spirituală, se prezenta spiritului meu cu o claritate de nedescris. Era un moment solemn şi înfricoşător, dar groaza s-a risipit repede şi solemnitatea grandioasă a acestui eveniment a rămas singură.

Trebuia să mă resemnez şi să ascult tot ce spuneau despre mine acele femei bârfitoare, fără să le pot reduce la tăcere. Astfel, era pentru prima oară când trebuia să mă văd în lumina în care mă vedeau alţii. Cele spuse erau pentru mine ca şi o oglindă convexă aşezată în faţa vederii mele spirituale, în care defectele caracterului meu erau exagerate şi deformate prin convexitatea sticlei reflectoare. Astfel că prima lecţie spirituală îmi era dată chiar de amicele mele. Odată satisfăcute, cele două femei se ridicară pentru a veni să contemple, pentru ultima oară, trăsăturile amicei lor decedate, al cărei caracter l-au disecat cu atâta cruzime.

Trei entităţi contemplam la acest cadavru, cu toate că a treia nu era văzută de celelalte două.

Priveam aspectul feţei mele, distrusă de suferinţă, şi în timp ce cu mâna mea invizibilă am încercat să îndepărtez de pe frunte câteva şuviţe albe de păr, o milă negrăită îmi copleşi sufletul, gândindu-mă la soarta acestui trup bătrân, de care mă vedeam separată acum pentru totdeauna. Eram moartă! Ce senzaţie stranie – să te ştii mort şi totuşi să te simţi plin de viaţă! Cât de neştiutori sunt pământenii! Cum nu ştiu ei că murind, eşti animat de o viaţă nouă, extraordinară! Probabil că murisem de vreo 24 de ore. Adormisem în lumea pământenilor şi m-am deşteptat în lumea entităților spirituale. Numai în acest moment mi-am dat seama că sunt în lumea spațiilor cereşti.

Dar unde sunt spiritele atâtor persoane scumpe, care au trecut înaintea mea frontiera morții?

Mă aşteptam să le văd ieşindu-mi înainte şi urându-mi bun sosit în lumea cerească, pentru a-mi servi de consilieri şi ghizi. Izolarea în care mă aflam nu mă înfricoşa, dar totuşi am încercat un penibil sentiment de decepție. Această stare n-a durat decât un moment, căci abia reflectam asupra acestor idei, că a şi dispărut camera unde mă aflam. Cum – nu ştiu, dar m-am trezit în mijlocul unei câmpii întinse. Frumusețea peisajului era de nedescris. Peisajele pământului sunt frumoase, dar cele cereşti sunt minunate. Mergeam, dar, lucru ciudat: picioarele mele nu atingeau «pământul», alunecam peste el, ca într-un vis. Dar unde erau cei pe care îi iubisem? Unde erau amicii de care eram atât de legată pe pământ, şi care au venit aici înaintea mea? Pentru ce această izolare în noua mea existență? Nu-mi amintesc să fi rostit aceste gânduri, dar ca şi cum m-ar fi auzit cineva, am văzut înaintea mea doi tineri a căror frumusețe întrecea tot ce spiritul uman poate să-şi imagineze.

Cu mulți ani în urmă, cu lacrimi de durere şi disperare, puneam în mormânt, unul după altul doi copii mici, pe care îi adoram. Adesea, plângând pe mormântul lor, întindeam brațele înainte, ca şi cum aş fi vrut să-i recâştig din ghearele morții care mi-i răpise. O, dragii mei copii, cât v-am dorit! Când au apărut aceşti tineri, fulgerător, din instinct, am simțit că sunt copiii mei, deveniți acum adulți. N-am mai ezitat şi am întins brațele ca şi altădată pe pământ, dar de data aceasta i-am strâns cu adevărat la sânul meu! «O, scumpii mei copii, v-am regăsit, în fine, şi acum sunteți ai mei pentru totdeauna!»"

Cu regret întrerup expunerea acestui spirit care îşi revede apoi părinții, prietenii şi spiritul său ghid, pentru a examina şi alte mărturisiri din lumea spațială.

* * *

Revista engleză „Light" publica în anul 1922, în câteva numere consecutive, comunicările trascendentale primite de doamna Hope Hunter – femeie simplă şi necunoscătoare a doctrinei revelate – de la fratele ei mai tânăr, care murise pe câmpul de luptă, în Franța.

Aflând de moartea fratelui ei, se deşteptă în ea dorința de a afla ceva despre el. În acest scop, se duse la o prietenă care poseda o planşetă cu literele alfabetului şi încercând să ia legătura cu fratele ei, descoperi cu mirare că primeşte silabe, cuvinte, fraze, deci constată prezența unei inteligențe, care se străduia să-i comunice. În curând, entitatea spirituală îi recomandă să părăsească planşeta şi să scrie. Ceea ce făcu, şi astfel deveni un medium scriitor automat.

Ulterior ea scrie directorului revistei: „Nu am avut ocazia să mă instruiesc. La 14 ani, după moartea tatălui meu, am renunțat la şcoală. Ca atare, nu pot să compun un text. Nu ştiam şi nu ştiu nimic despre experiențele spiritualiste. Însă, spiritele care îmi comunică mă îndeamnă să prezint mesajele primite unei persoane competente în această privință."

Iată un crâmpei din comunicările fratelui său.

„Am murit lovit de un fragment de obuz. Mi s-a spus de cei de aici că moartea mea s-a produs în mai puțin de un minut. Convulsiile agoniei au fost foarte scurte, cu toate că mi s-a părut că au durat ore. Când am fost lovit, mă găseam pe marginea tranşeei. După încetarea convulsiilor, m-am văzut din nou, aşa cum eram înainte, şi în perfectă sănătate. Mă vedeam soldat. Primul meu gând fugi la Ben al meu (micul său copil), şi deodată m-am trezit acasă la mine, unde l-am văzut dormind alături de mama lui, scumpa mea soție Carrie. Îi vedeam tot atât de bine ca şi cu ochii trupului. Pe urmă te-am văzut pe tine şi pe John (soțul sorei sale). M-am gândit apoi la mama şi m-am văzut transportat la ea. Şedea pe pat, i-am adresat câteva cuvinte, dar ea nu a dat niciun semn că m-ar fi auzit.

Atunci am revenit în Franța, la locul unde am căzut mort. Ştiam că am murit! Aici mi s-a întâmplat un lucru ciudat: am văzut trecând pe dinaintea mea toate evenimentele vieții mele, constatând cât de rău m-am purtat.

După aceea, un spirit se apropie de mine. Era tatăl meu. În primele momente nu l-am recunoscut, dar când mă cheamă pe nume – «Will», l-am recunoscut şi m-am aruncat plângând în brațele lui. Eram deosebit de emoționat. Nu mai ştiu cât timp am stat aşa. Mi-amintesc numai că în acest timp nu-mi mai vedeam camarazii şi nu mai auzeam zgomotul bătăliei. Dar ce ciudat! vedeam gândurile camarazilor mei! Am aflat astfel că au rămas foarte impresionați de moartea mea. Când amicul meu Frank s-a apropiat de cadavrul meu, pentru a se asigura că eram cu adevărat mort, l-am văzut încă o dată, ca şi cu ochii trupului. Eram apoi într-o stare de confuzie de idei. Tata era tot lângă mine, încurajându-mă şi spunându-mi că nu va trece mult şi-mi voi recâştiga echilibrul mental. După care m-a condus la locuința sa, unde trăim acum, împreună, aşteptând venirea mamei la noi.

Într-o zi, tata îmi spuse: «Vrei să o vezi pe mama-mare?» Nu o întâlnisem încă în lumea spirituală, ea găsindu-se într-un loc îndepărtat. Apoi tata adăugă: «Formulează-ți puternic dorința de a fi lângă ea şi eu voi face la fel». Am făcut-o amândoi şi deodată ne-am avântat în spațiu cu iuțeala fulgerului. În mai puțin de o secundă am fost lângă ea. Era împreună cu tata-mare şi cu unchiul Walter, pe care nu-l cunoscusem în timpul vieții mele terestre, dar mi-am dat seama imediat că îl cunoşteam de pe când întrupat fiind, tata mă conducea, în timpul somnului, de multe ori la el." Într- un alt mesaj, entitatea adaugă detalii referitoare la momentul morții sale: „Au murit şi alți camarazi de-ai mei, ei însă, neputându-şi da seama că au murit, credeau că visează. Eu mi-am dat seama imediat că am murit, dar nu-mi puteam explica acest fapt, pentru că vedeam la fel ca înainte. Înainte de a pleca în război, nu m-am gândit niciodată la condițiile probabile ale lumii spirituale. În timpul şederii în tranşee, mi-a fugit gândul la Cer, dar nu-mi puteam imagina adevărul. Fireşte, aveam în cap descrierile din cărțile bisericeşti despre coruri şi harfe îngereşti. Dar ceea ce era de neînțeles pentru mine, după ce am murit, era faptul că mă vedeam şi simțeam absolut ca şi mai înainte, pe când în realitate eram o umbră, o ceață.

De asemenea, nu-mi puteam explica faptul că atunci când vă vizitam, vă vedeam pe toți ca pe o ceață, ca umbre. Imediat după moarte, când v-am vizitat acasă, v-am văzut ca şi când eram printre voi, dar mai târziu, treptat, voi îmi deveneați din ce în ce mai puțin corporali; acum vă văd asemenea unor corpuri diafane, adică vă văd aşa cum veți fi aici, ca spirite. Aici sunt foarte ocupat, şi aşa suntem cu toții. Nu întrerupem lucrul nostru decât când ne simțim obosiți. Să ştii însă că oboseala noastră este de altă natură decât a voastră. îți voi vorbi altă dată de ocupațiile mele. Pentru acum, noapte bună!"

Într-o altă comunicare, intervine spiritul-ghid al acestui tânăr, care dă explicații referitoare la cele spuse de pupilul său. Iată comunicarea sa:

„De îndată ce a fost lovit de o schijă de obuz, fratele tău a ştiut că ora morții a sosit pentru el. Necunoscutul i se prezenta teribil în spasmele agoniei sale. În momentul când îți comunica, a retrăit aceste grozave momente. De aici tresăririle convulsive ale mâinii tale, care te-au impresionat atât de mult. În fond, criza morții este aceeaşi pentru toată lumea. Dar pentru un soldat ucis fulgerător, lucrurile diferă întrucâtva.

Când a sosit momentul fatal, corpul eteric, care pătrunde trupul, începe să se desfacă de el, pe măsură ce vitalitatea se retrage. Procesul e asemănător cu acela al ieşirii fluturelui din crisalida sa. În timp ce corpul eteric se eliberează de trup, vin anumite entități spirituale, pentru a da ajutor spirituîui ce se destrupează. Este o naştere întocmai ca şi a unui copil în mediul terestru; şi aici e nevoie de o îngrijire, de ajutor. Fără acest sprijin, el s-ar simți pierdut, dezorientat, înfricoşat. Or primul lucru este să convingi spiritul că nu e mort. În general, cu această misiune sunt însărcinate rudele noului sosit.

Fratele tău ți-a spus că s-a transportat imediat la Somerset, unde îşi văzu mama, copilul, soția Şi pe tine cu soțul tău. Voi încerca să-ți explic cum s-a petrecut acest fenomen.

În momentul morții, spiritul mai rămâne câtva timp impregnat de fluide umane, fluidele corpului vital. Aceasta înseamnă că el are încă raporturi cu lumea terestră. Părăsind trupul său, el rămâne învelit numai de corpul sufletesc. În aceste condiții este suficient ca el să se gândească la un loc oarecare, pentru ca să fie transportat la locul unde îl poartă dorința sa. Primul gând al fratelui tău a fost îndreptat cu mare iubire către soția şi micul său copil. El se găsi deci instantaneu la ei, şi fiind impregnat încă de fluide umane, a putut să-i vadă ca şi cu ochii fizici.

Apoi, fratele tău ți-a povestit: «Am văzut trecând pe dinaintea mea toate evenimentele vieții mele, constatând cât de rău m-am purtat». Este vorba de un fenomen foarte important al existenței spirituale, care, în general, precede sancțiunilor ce vor urma şi cărora trebuie cu toții să ne supunem, în vederea corectării greşelilor noastre. Viziunea se desfăşoară înaintea noastră într-o secundă, dar ea ne apasă prin volumul său şi ne zguduie prin intensitatea sa. Atunci ne vedem aşa cum am fost, de la leagăn până la mormânt. N-aş putea să-ți spun cum se produce acest fenomen, dar fundamentul lui rezidă din timpul existenței noastre terestre. Toate acțiunile şi gândurile, bune sau rele, sunt înregistrate pentru totdeauna în eterul care impregnează organismul nostru. În definitiv, e un procedeu fotografic.

Fratele ți-a comunicat cum l-a întâlnit pe tatăl vostru. Toate acestea s-au produs într-o secundă a timpului vostru, dar fratelui tău, care calcula timpul după intensitatea evenimentelor, i s-au părut ore. La început nu l-a recunoscut, ceea ce se întâmplă des. Într-adevăr, destrupatul nu se aşteaptă să se întâlnească cu rudele lui; oricum, aspectul lor se schimbă. În general, o creştere a corpului spiritual există şi la noi. Un copil care părăseşte viața terestră creşte până atinge maturitatea, iar un bătrân redevine tânăr, până la punctul deplinei lui validități. Tatăl vostru a murit în plenitudinea vârstei adulte şi de aceea fiul său nu l-a recunoscut, pentru că au trecut prea mulți ani de atunci şi el a atins în lumea noastră o stare de o radiantă frumusețe. îl recunoscu totuşi, când i-a vorbit. În lumea spirituală nu te poți înşela.

O altă afirmaţie a fratelui tău e desluşită prin ea însăşi. El spune: «Puteam să văd ceea ce gândeau camarazii mei». Faptul acesta are loc în viaţa spirituală, pentru că transmiterea gândului este modul normal de conversaţie între entităţile spirituale. Când un pământean gândeşte, ideile se exteriorizează din fruntea lui şi iau anumite forme concrete, corespunzătoare ideilor sale, forme pe care toate entităţile spirituale ştiu să le citească.

Fratele te-a informat că trăieşte cu tatăl său în locuinţa acestuia. Este absolut adevărat. Ţi-am explicat altă dată, într-un alt mesaj, că în lumea spirituală gândirea şi voinţa sunt forţe prin care se poate crea orice doreşti. Gândirea e totul în lumea spirituală. Prin forţa gândului unită cu voinţa, entităţile spirituale creează tot ce au nevoie."

Ne oprim aici, pentru a nu da o extensie prea mare acestei expuneri.

* * *

Am descris până acum comunicările unor entităţi spirituale care au dus pe pământ o viaţă morală obişnuită. Voi descrie acum cele comunicate de o entitate spirituală care s-a abătut din calea normală a vieţii. Iată ce spune un nobil englez care nu era un om rău, şi totuşi şi-a dus viaţa în petreceri, ba chiar şi depravări. Comunicarea lui a venit prin doi mediumi, două persoane ce erau prietene, şi anume doamna Aimee Earle şi doamna Florence Dismore.

Într-o zi, pe când doamna Dismore cânta la pian, doamna Earlc – clarvăzătoare – îi atrage atenţia prietenei sale, că vede o entitate spirituală, având chipul unui om brunet. A doua zi, pe când cele două prietene erau din nou împreună şi comentau cele citite într-o carte a literaturii revelate, doamna Earle vede din nou aceeaşi fantomă, care părea că ascultă subiectul comentat de cele două prietene, şi venind vorba de persoana lui, se adresă celor două femei: „Dar eu nu sunt mort, iată-mă, sunt aici lângă voi". Spiritul-ghid al doamnei Earle – care era de faţă şi totuşi invizibil tuturor – îi spuse să nu răspundă niciun cuvânt acelui spirit şi să continue să citească, făcând abstracţie de prezenţa spiritului.

Spiritul-ghid al noului venit în lumea cerească îl aduse aici ca să-l convingă că el într-adevăr a murit şi că acum se găseşte în lumea spirituală. După ce a înţeles noua stare şi lumea în care se află, spiritul a fost convins să-şi destăinuie, ca o spovedanie, viaţa sa greşită.

„De câte lucruri trebuie să te dezobişnuieşti când vii în noua existenţă! Oh, de câte, de câte!

Dar cum să faci ca să te ridici? E târziu pentru mine, şi cu toate acestea am în jurul meu spirite generoase, care mă încurajează, întărindu-mi credinţa că voi vedea şi eu splendorile spaţiilor şi voi auzi armonia cerească. Acum nu mă mai simt egoist, ba chiar am o mare simpatie pentru toţi. Mi s-a aplicat un tratament energic, dar necesar.

O secundă din viaţa terestră mi-a fost de-ajuns să mă sinucid. Căzusem la baza unei stânci. Un bloc se desprinse mai apoi de sus şi-mi strivi capul cu desăvârşire, făcându-mă de nerecunoscut.

Am fost identificat după hârtiile avute la mine. După aceea, am fost cuprins de întunericul cel mai profund. Am încercat să merg, pipăind prin întuneric. Nu zăream nicio lumină. O tăcere de mormânt era în jurul meu, ceea ce mă îngrozea. Îmi părea însă că licăreşte în depărtare o lumină şi că prind anumite sunete muzicale. Mă întrebam: «Ce să însemne acestea?» Simțeam că înnebunesc, pentru că luptam cu necunoscutul. În fine, obosit, am căzut la pământ, într-o depresie morală de nedescris. Când mi-am revenit, m-am trezit – nu ştiu cum – lângă stânca unde era întins trupul meu. Am încercat să-l ridic, să-l înviez, dar am fost nevoit să mă îndepărtez, respins de mirosul care se ridica din el. îmi veni iarăşi ideea că trebuie să fiu nebun, fără să mă gândesc la eventualitatea morții mele fizice. Nu ştiu cât timp am rătăcit în jurul acestor stânci, dar în sfârşit, într-o zi «nebunia» mea ajunse într-o fază neaşteptată. Eram într-o casă, de unde nu puteam pleca, şi în care se aflau două persoane necunoscute. La început am ascultat muzică la pian, apoi, lectura unei cărți şi conversațiile care au urmat. Am aflat pe urmă că cele două doamne ştiau de prezența mea.

Ascultam atent, aflând de la ele că omul posedă un spirit care continuă să trăiască şi după moartea trupului. Îmi ziceam: «Ce absurdități vorbesc aceste doamne!» Dar deodată, cineva îmi face cunoscut că ceea ce se spunea era adevărat, şi că eu eram cel ce murise. Atunci m-am întrebat:

«Cum? Eu sunt mort? Dar atunci unde mă găsesc? Ce am devenit?»

De îndată ce m-am convins că am murit, lucrurile s-au schimbat. Eram înconjurat de spirite doritoare să mă asiste. Nu vă puteți face idee ce frământări se produceau în mine. Am întrebat:

«Sunt mort? Dar mai curând mă cred nebun». Mi se răspunse: «Eşti mort, dar numai pentru lumea trupească, a percepțiilor fizice; eşti însă mai viu decât oricând, pentru că eşti în lumea spirituală. Acum te găseşti într-o altă lume. Asemenea ție, şi noi am trecut prin asemenea crize ale morții, înainte de acomodarea la această lume. De îndată ce îți vei da seama de noile condiții de existență, continuă progresul tău spiritual».

Spre marea mea surpriză, eram informat că această adunare de spirite se reunise pentru a mă ajuta, şi că aceasta se făcea după intervenția unuia dintre vechii mei amici. Nu-mi trecea prin minte cine putea fi acel amic generos. Spiritele din jurul meu îmi spuneau că trebuie să reintru pentru câtva timp în mediul oribil de unde abia mă scoseseră, dar că o rază de lumină va străluci pentru mine, ca o stea de speranță, care în fine mă va ajuta să ies din întuneric la lumină.

După puțin timp, m-am regăsit în acelaşi mediu întunecat, dar o slabă luminiță strălucea lângă mine şi deveni steaua mea polară. Cu cât o priveam mai mult, cu atât lumina sa părea că devine mai strălucitoare. Ea se arătă, când la dreapta, când la stânga mea, dar nu se stingea niciodată. N-aş putea calcula durata şederii în întunericul atenuat prin acea rază luminoasă.

Parcă nu-mi vine să descriu evenimentele prin care a trecut sufletul meu! Prin bunătatea unui alt spirit – demn de Isus din Nazaret – spiritul meu se precipită în abisul remuşcărilor. Nedreptățile mele s-au ridicat în fața mea ca o fantomă, care mă urmărea şi mă arăta ca fiind cel mai mare ticălos. Cu toate acestea, trebuie să-mi continui povestea, ca să vă puteți face o idee despre puterea iubirii mediului spiritual. Nu există în lume decât o singură lege: Iubirea, care atrage iertarea.

În fine, mă grăbesc să mă spovedesc. Iertați-mă, dacă puteți; cât despre mine, nu-mi pot ierta ceea ce am făcut. Cel care a putut să mă ierte este cel mai sublim dintre oameni, iar generozitatea lui îmi sfâşie inima. Amicul pe care l-am trădat în viața terestră, pe care l-am părăsit pradă destinului său, făcându-l un proscris al societății, a chemat spiritele în jurul meu, ca să mă asiste. Am văzut cum aceste spirite s-au dat deoparte şi cum nn spirit avansa spre mine, surâzându-mi. L-am privit atent; el era – Ambrosie, amicul pe care l-am trădat! îmi întinse braţele, iar eu mi-am ascuns faţa în umărul său! Mă opresc; nu mai pot continua de emoţie... destul pentru azi".

Ne oprim şi noi cu descrierea făcută de această entitate spirituală pentru a nu ieşi din subiectul nostru. Din această expunere constatăm că omul care a dus o viaţă plină de desfătări şi greşeli, omul care şi-a curmat firul vieţii, venind în lumea spirituală, este marcat cu fluide impure, de o calitate inferioară. Gândurile de ură şi răzbunare, clevetirea şi blestemul, ca şi fapta contra legilor morale şi divine, determină un sorb de fluide inferioare, care se încorporează în corpul sufletesc al spiritului greşit. Sosind în lumea cerească împovărat de această materie greoaie, spiritul nu are posibilitatea de a se elibera de ea decât printr-o suferinţă morală şi o durere corporală – de natură spirituală. De aici groaza de întuneric şi tortura prin frig sau flăcări arzătoare. Durerea este medicamentul, instrumentul care face ca spiritul, scânteia divină să aibă o vibraţie atât de înaltă, încât să provoace eliminarea materiei eterice ordinare. Treptat, spiritul se dezbracă, se scutură de această materie impură. De îndată ce s-a purificat, este atras în sus către nivelul gradului său spiritual. Timpul necesar acestei purificări nu se poate fixa. Unii stau puţin timp în această izolare, întuneric, foc sau gheaţă, iar alţii stau secole.

* * *

În continuare dau cuvântul unei alte entităţi spirituale, care îşi mărturiseşte impresiile primelor momente ale trecerii pragului morţii.

Cine nu a auzit de celebrul actor Rudolf Valentino? Acest distins artist în viaţa sa terestră era un medium scriitor şi văzător. Fiind în turneu în SUA, la New York, a trecut printr-o operaţie care s-a sfârşit cu plecarea lui în spaţiu.

Soţia lui Valentino, Nataşa Rambova, locuia în Franţa, lângă Nisa, unde făcea şedinţe cu mediumul american G. Benjamin Wehner, utilizat pe vremuri şi de teosoful Helena Petrovna Blavatski. Pe când Valentino era operat la una dintre clinicile din New York, la Nisa, soţia sa Nataşa ţinea o şedinţă în care se manifestă spiritul unei bune prietene a familiei Valentino, cu numele Jenny, comunicând că a stat tot timpul la căpătâiul muribundului, descriindu-i transportul şi operaţia. După o săptămână Nataşa primeşte o scrisoare de la sora ei aflată la New York, comunicându-i, printre altele, că Valentino în ultimele momente ale vieţii spunea că vede şi se întreţine cu fosta doamnă Jenny. În fine, însuşi spiritul lui Valentino a venit într-o altă şedinţă şi a confirmat că a fost asistat de Jenny în ultimele momente ale vieţii sale trupeşti.

Redăm acum comunicarea lui Valentino, despre felul cum a trecut pragul morţii.

„Pe când mă găseam în condiţii foarte grele, deşi nu ştiam că am să mor, am văzut fantoma lui Jenny. Am fost surprins de venirea ei şi cred că mi-am exprimat mirarea, spunându-i pe nume. Era înconjurată de o lumină de culoare roz, şi mă privea surâzând, întocmai cum făcea când era printre noi, mai ales când vedea că am nevoie de încurajare; apoi îşi întinse braţele către mine. Prin surâsul ei, părea că îmi spune: «Nu te mâhni că pleci». Viziunea dispăru în secunda următoare, dar am înțeles că va trebui să mor. Din acel moment aveam intuiția că durata existenței mele terestre s-a sfârşit. Mă îngrozeam de acest gând, nu voiam să mor!

O senzație ciudată mă cuprinse apoi, mi se părea că mă scufund în abis. Lumea mi se părea mai frumoasă şi mai plăcută ca oricând. Mă gândeam la lucrurile mele, care îmi plăceau atât de mult. Gândul îmi fugea la casa mea, la lucrurile şi animalele mele favorite. Diferite amintiri mi se îngrămădeau în minte, despre automobile, iahturi, bani, costume, călătorii. Totul îmi părea de mare preț, iar gândul că voi părăsi toate acestea mă îngrozea.

Aveam impresia îngreunării trupului meu, şi în acelaşi timp, ceva din mine devenea din ce în ce mai uşor, ca şi cum s-ar urca în aer dintr-un moment în altul. Timpul trecea. Ceva misterios şi necunoscut se arăta ochilor mei în depărtare. Mă simțeam scufundat în ceva imens, care îmi făcea să tremure sufletul. Sutele de proiecte propuse să le realizez mi se prezentau spiritului. Viziunea trecătoare, dar vie, a lui Jenny mă convinsese însă că nu voi mai putea materializa nimic din ceea ce plănuisem. Nu puteam uita surâsul ei încântător, brațele întinse către mine şi lumina spirituală care o înconjura.

În mintea mea se prezenta confuz amintirea tuturor persoanelor cunoscute. Fețe, fețe şi iarăşi fețe. Erau persoane cunoscute doar de câteva zile sau cu mult timp în urmă. Mă gândeam la veselii mei confrați, la persoanele care îmi cereau ajutor, la cele aparținând altei clase, venind la mine pentru nevoile lor. Am văzut figura Măriei, a lui Albert, a Adei, a tantei Tesje, a lui Schenk, a Muziei şi a ta. Apoi îmi veniră în gând amintiri în legătură cu tata şi cu mama. Îmi văzui copilăria, şcoala, frumoasa mea Italie, primul meu voiaj în America, totul. Acest flux de amintiri îmi adormi suferințele. Evenimentele cele mai neînsemnate, cele mai ridicole, ale existenței mele se prezentau vii în mintea mea. Plăceri, nebunii, dureri, tot ceea ce făcusem în cursul vieții mele soseau nechemat, nu ştiu de unde, pentru a face act de prezență. Toate acestea sfârşiră prin a mă ameți, şi, în fine, mi-am pierdut cunoştiința.

Când mi-am revenit, operația chirurgicală se terminase. Toată lumea îmi surâdea şi mă încuraja. Trebuia să stau absolut liniştit, cu toate că aveam multe de întrebat. Deşi mă simțeam destul de tare, în cele din urmă zile ale vieții aveam un sentiment inexplicabil de frică. Credeam că dacă aş putea să mă ridic şi să mă ocup de problemele neglijate, aş fi înlăturat această frică misterioasă. Natural, nu mi se permitea să mă mişc. Scrisoarea primită de la tine m-a încurajat.

Aveam chiar o intuiție ciudată, că în curând te voi revedea şi că, dintr-un moment în altul, te voi vedea intrând în camera mea. Ghidul meu spiritual de moment, doamna H. Blavatski, îmi explică faptul că această senzație înseamnă că eu însumi voi veni să te văd.

Mai târziu am fost cuprins de o mare greutate în respirație. Atunci am înțeles că sfârşitul mi se apropie. Ora extremă mă prindea prea repede. Nu cred, scumpa mea Nataşa, să mă fi cuprins frica de moarte, dar tremuram de necunoscut. Tu ştii că întotdeauna am fost neliniştit în fața. nesiguranței unei situații. Atunci, draga mea Nataşa, am început să înțeleg că o schimbare se produce în ființa mea. Îmi părea că se desprinde ceva din mine. Simțeam un fel de tragere, ca şi cum ceva din trupul meu era smuls, şi paralel cu această senzație îmi apăru tot cortegiul funerar: prohodirea, incinerarea sau înmormântarea – lucruri care îmi produceau oroare.

Preotul sosi, ca o rază de lumină în întuneric. M-am spovedit, cu tot sentimentul de frică ce îmi provoacă faţada unei catedrale ce defila pe dinaintea ochilor. Mi s-a dat împărtăşania. La terminarea ceremoniei, mă simţeam deja departe de mediul terestru. Situaţia mea mentală se modificase. Biserica mă ţinea ca şi o mână prietenă. Nu mai eram singur, nu-mi mai era frică.

Aş putea spune cât timp a durat această stare. În fine, am deschis ochii ca şi după trezirea dintr-un greu şi adânc somn, având în acelaşi timp sentimentul că sunt luat repede în sus. Eram cufundat într-o splendidă lumină albastră şi am văzut venind în întâmpinarea mea pe Black Feather[1], pe Jenny şi pe mama mea. Eram deci totuşi viu!

Acestea sunt, draga mea Nataşa, primele mele impresii când am trecut pragul morţii."

Într-o altă comunicare, Valentino îşi continuă povestea.

„Era în ziua când trupul mi-a fost transportat la locaşul său cel din urmă. Se vedea deja o slăbire a interesului publicului, faţă de persoana mea. Dar după ce trupul îmi era depus în mormânt şi jurnalele au încetat să se mai ocupe de mine, am încercat un sentiment de singurătate nemângâiată. Mă revoltam împotriva destinului, care m-a smuls din apogeul gloriei mele. Mi se părea că arta nu mai poate exista de aici încolo fără mine. Acum râd de mine, de naivitatea de a crede că dispariţia lui Valentino ar produce un doliu ireparabil pentru artă.

Eram în mediu terestru, mă plimbam pe Broadway. Această stradă îmi părea atât de reală şi mă simţeam atât de viu, încât uitasem starea în care mă aflam. Dar nimeni nu-mi acorda nicio atenţie. Mă vedeam şi vedeam atât de reali oamenii, încât nu puteam să desluşesc marea schimbare produsă în mine. Mă plictiseam de atâta plimbare printre trecătorii atât de grăbiţi, care păreau toţi hotărâţi să mă îmbrâncească. La un moment dat, venii piept în piept cu o femeie. Ea îngălbeni şi se strânse lângă domnul care o însoţea, strigând: «Dumnezeul meu, de unde veni suflarea aceasta atât de îngheţată pe care am simţit-o?» Această exclamare mă înfurie. Aşadar moartea mă schimbase într-o suflare glacială?

M-am îndreptat către un grup de actori de teatru, care se găseau în colţul Străzii 47, aproape de teatru. Luând pe unul de braţ, îi strig tare: «Sunt Rudolf Valentino!» Dar omul meu nu auzi şi nu simţi nimic. El continua să discute şi să râdă cu celălalt. Nu-ţi pot spune ce resentiment mă cuprinse atunci! Aş fi plâns de durere şi ciudă. Dar orice revoltă era de prisos.

Deodată, îmi amintesc de tine, de scrisoarea ce mi-ai trimis-o când eram grav bolnav, ca şi de telegrama Muziei şi a unchiului Dick. Pe când mă gândeam astfel, mă simt atins de braţ. M-am întors, lângă mine era o femeie cu forme matronale, cu ochi inteligenţi şi generoşi. Nu voi uita niciodată vocea sa dulce şi încurajatoare, care, cu hotărâre impetuoasă, îmi spuse: «Condamnare la flăcările infernului ţi-a prezis biserica. Vino cu mine! Nimic nu e adevărat din ceea ce ţi s-a infiltrat în spirit de către reprezentanţii confesiunii creştine. Sunt nişte sărmani orbi. Tu ai nevoie în acest moment de un ghid. Iată-mă! Am fost în viaţa terestră H.P. Blavatski», şi zicând aceasta, mă luă cu ea.

---

[1] Entitate spirituală care a primit misiunea de a fi ghidul spiritual al lui Valentino, în activitatea sa de medium. Ultima întrupare a lui Black Feather a fost în India.

Mi-am pierdut cunoştinţa, după care mă trezesc în salonul unchiului Dick. Era noapte. Scările vilei erau luminate. Ghidul meu era pe prag şi îmi făcu semn să avansez. Am trecut împreună prin mai multe odăi cunoscute şi am ajuns în camera Muziei. Tu erai cu ea. În faţa voastră era Georges Wehner, dormind adânc într-un fotoliu. Doamna Blavatski îmi spuse: «Acum poţi vorbi cu ai tăi». Astfel am început să comunic cu tine."

* * *

O anumită categorie de entităţi spirituale rămân legate de mediul unde au trăit, devenind adesea spirite turbulente sau fantome. Multe spirite nou venite, în lumea spirituală, nu rezistă comoţiei mentale provocată de schimbarea produsă. Ca urmare, printr-un efect al ignoranţei lor, al fricii, al resentimentului avut – deoarece au fost smulse din lumea materiei, lumea plăcerii pe care atât de mult o iubeau – vor petrece mult timp jos, la suprafaţa pământului, vizitând locurile pe unde au trăit. Prin urmare – din cauza concepţiilor false, a ataşamentului faţă de materie şi a pasiunilor lor terestre – ele se găsesc în pătura roşie, cea mai joasă a atmosferei fluidice a pământului, în afara lumii fizice şi totuşi prin lume. Aceşti nenorociţi sunt cei cărora li s-au dat numele de spirite rătăcitoare, despre care se vorbeşte atât de mult în experienţele mediumice inferioare. Unele dintre aceste spirite rătăcitoare sunt atât de neclintite în încăpăţânarea şi felul lor de a gândi pământean, încât sunt adevăraţi orbi, care în acest răstimp nu au posibilitatea avansării spirituale. Ceea ce e mai rău este faptul că aceste nefericite spirite rămân alipite lumii pământene timp de mulţi ani, şi uneori timp de secole.

Concluzii

De zeci de ani se fac diferite observaţii, se experimentează şi se adună material referitor la manifestările spirituale. Azi, numărul manifestărilor spirituale înregistrate este atât de mare, iar numărul celor care le-au analizat şi sintetizat este atât de impozant, încât doar aceia nu se încredinţează de valoarea revelaţiilor venite de dincolo de vălul lumii fizice, care închid ochii şi nu vor să vadă, care îşi astupă urechile şi nu vor să audă. Este inadmisibil ca omul să manifeste ignoranţă faţă de modul cum moare trupul său, faţă de sentimentele şi senzaţiile resimţite de entităţile spirituale, când trec în lumile spaţiale.

Examinând seriile nesfârşite de mărturisiri ale entităţilor spirituale ce şi-au dezbrăcat trupul, se constată o concordanţă între ele, confirmându-se unele pe altele. Nu se poate admite ca persoane inculte sau necunoscătoare ale fenomenelor spirituale, din ţări şi timpuri diferite, să se concerteze între ele şi să debiteze – conştient sau din subconştientul lor – despre fenomene identice, referitoare la existenţa omului dincolo de hotarele morţii. Când entitatea ce comunică dă probe – prin comunicările ei personale şi intime, neştiute de nimeni – că într-adevăr, ea este fosta personalitate terestră, şi când ea, ca şi alte entităţi spirituale, descrie aceleaşi fenomene, petrecute şi resimţite în lumea invizibilă, o minte rezonabilă, dezbrăcată de orice idee prestabilită, nu poate să nu admită realitatea lor.

Din enumerarea acestor câteva cazuri, se poate constata că există fenomene fundamentale – care se produc în mod constant, indiferent de gradul evolutiv al entității spirituale ce se destrupează, şi există fenomene secundare – care se produc sau nu, în funcție de evoluția spiritului trecut în lumea spațială.

Fenomenele fundamentale prin care trece entitatea spirituală după părăsirea vieții terestre sunt:

1. La început, nu crede că trupul său a murit;
2. Se vede om, ca şi mai înainte;
3. I se derulează panorama întregii vieți terestre;
4. Este întâmpinată de rude sau prieteni;
5. Cade într-un somn;
6. Sesizează că lumea unde a sosit este splendidă sau întunecoasă, conform faptelor sale;
7. Observă că lumea cerească este substanțială, reală şi asemănătoare ca aspect cu cea terestră;
8. Constată că entitățile spirituale comunică între ele prin gândire – limbajul spiritual;
9. Remarcă faptul că gândirea este forța creatoare a lucrurilor şi fenomenelor;
10. Vede că entitățile spirituale străbat spațiile, ca gândul, în sus sau împrejurul pământului;
11. Constată că potrivit condiției lor morale şi evoluției lor intelectuale, entitățile spirituale gravitează automat către nivelul spiritual corespunzător.

Fenomenele de ordin secundar prin care trece entitatea spirituală după părăsirea vieții terestre sunt:

1. După ce-şi vede trupul întins rece şi palid pe pat, observă că are un corp eteriform;
2. Constată că, după cum în lumea trupească nu există doi indivizi absolut identici, tot aşa două entități spirituale nu pot să treacă în mod absolut prin aceleaşi fenomene spirituale, fiind vorba de diferite grade evolutive;
3. Două duhuri care au trăit pe pământ împreună ca soți se vor duce fiecare în nivelul lor spiritual, dar pot să se întâlnească şi să-şi comunice ideile şi sentimentele de câte ori doresc;
4. Cu toate că orice entitate spirituală poate crea prin puterea gândului său, marile creații sunt rezervate doar anumitor ierarhii de spirite specializate;
5. Entitățile spirituale dominate de pasiuni umane rămân totdeauna legate de mediul unde au trăit, un timp mai scurt sau mai lung, după intensitatea pasiunii lor. În general, moartea fizică nu le produce nicio schimbare în înțelegere, de aceea ele se cred tot pământeni, cred că trăiesc tot printre oameni trupeşti. Dintre aceste spirite sunt şi cele ce bântuie anumite locuințe;
6. Durerea sfâşietoare a celor rămaşi pe pământ îi produc torturi groaznice şi din această cauză nu poate să intre în relație cu ei. În acelaşi timp, este reținut la suprafața pământului, nepermițându-i-se să se ridice la nivelul corespunzător evoluției sale;
7. Văzându-se singură, se înspăimântă, dar imediat aude o voce sosită de departe. Este vocea unui spirit amic, care simțind din depărtare neliniştea sa, vine să-i vorbească şi să-l sfătuiască.

Din toate aceste afirmații se relevă cât de numeroase taine există în operele Creatorului, pe care omul nu le cunoaşte şi nici nu caută să le afle. El se alipeşte cu toată puterea sufletului de lucrurile pământeşti, trecătoare precum fumul, uitând că e un musafir al pământului, al acestei forme de viață trupească.

JUDECATA, VIAȚA ŞI OCUPAȚIA DUHULUI

Judecata duhului

Întrupându-se ca om pe pământ, entitatea spirituală sau duhul îşi duce viața săvârşind uneori fapte bune, dar, de cele mai multe ori – fapte necugetate. În înțelepciunea Ei, Divinitatea a socotit că nu e bine ca greşelile comise de un duh în decursul întrupării sale să i se înscrie mereu în cartea vieții, pentru că el are deja acumulate destule crime, minciuni, pasiuni şi alte greşeli din viețile trecute. Duhul s-a întrupat să lichideze sau să corijeze o parte din ele, dar dacă se adună greşeli noi în cartea vieții sale, nu va mai putea să le achite niciodată. Prin urmare, Divinitatea a hotărât ca multe dintre greşelile comise de un om trupesc, în decursul unei vieți, să fie plătite chiar în acea viață.

Prima judecată a duhului are loc în timpul vieții sale terestre. La câteva ceasuri sau zile de la greşeala comisă, duhul este chemat sus, în fața unui Tribunal compus din cei trei superiori ai marelui grup din care face parte – grupul german, latin, slav etc. În fața acestui For de prim-grad, apare spiritul culpabil şi acuzatorul său. Acuzatorul îşi formulează plângerea contra fratelui său, care i-a adus o critică nedreaptă, o pierdere nemeritată, o suferință nemotivată etc. şi cere ca Justiția divină să-i dea satisfacție. Inculpatul este însoțit de dreptaşul său, care a văzut şi auzit tot, asistând ca martor al Divinității. Vinovatul nu-şi poate nega fapta, ci cel mult caută să o motiveze, pentru că patru martori glăsuiesc împotriva sa. Astfel fapta este înscrisă în perispiritul greşitului, este cunoscută de dreptaşul său, de dreptaşul victimei, şi, în plus, e fotografiată în arhiva eterică a Pământului. Aşadar, negarea este imposibilă, cel mult acuzatul caută să se scuze. Examinând împrejurările, judecătorii apreciază gravitatea faptei, iar Legea divină, cerând ca nimeni să nu se facă judecătorul semenului său, dictează o pedeapsă mai mare ori mai mică.

Către dimineață, duhurile se coboară în trupurile lor şi niciunul dintre ele nu ştie ce s-a petrecut în acea noapte, sus în spațiu. Dar în zilele următoare, anumite forțe execută sentința asupra culpabilului şi el cade greu bolnav, are o pierdere oarecare, ori suferă moralmente din cauza unei acțiuni făcută contra persoanei sale. Cu alte cuvinte, omul trece prin zile grele, în care sufletul îi este zdruncinat din seninătatea, pacea şi mulțumirea lui.

În general, aceste pedepse nu sunt de lungă durată şi nici atât de drastice, încât să schimbe prea mult destinul. Este ca şi cum s-ar țese o pânză şi, din timp în timp, un nod apare în urzeală sau bătătură şi pânza iese cu mici noduri. Cu alte cuvinte, viața îşi urmează firul trasat, orânduit dinaintea întrupării duhului, dar în decursul ei intervin lacrimi şi suferinţe, care sunt fructul greşelilor actuale ale duhului. Aşadar, în decursul vieţii trupeşti, duhul se prezintă de multe ori în faţa Juriului suprem al marii colectivităţi din care face parte, plătind greşelile comise în această viaţă.

* * *

Dar în fine, aţa de pe mosorul vieţii s-a terminat, ziua plecării a sosit şi duhul trebuie să-şi părăsească locuinţa de lut. După încetarea vieţii terestre, duhul e luat de ghidul său, urcat în faţa celor trei superiori ai grupului său, care, examinându-l sumar, dau o sentinţă provizorie, ordonând în ce nivel va locui pe durata şederii sale în spaţiu. După aceea e luat de ghid şi coborât la suprafaţa pământului, pentru a sta o vreme în preajma celor dragi, consolându-i, conducându-le paşii, corectându-i şi încurajându-i. Cu această ocazie, el asistă la înmormântarea trupului său, observându-şi trupul pe care l-a animat şi cu care a gustat toate plăcerile lumii trupeşti. După aproximativ 42 de zile – timp în care se purifică în sferele inferioare – duhul îşi ia zborul şi se înalţă în nivelul desemnat, conform hotărârii superiorilor grupului său. După o şedere mai scurtă sau mai îndelungată în spaţiu, timp în care a luat cunoştinţă de tot trecutul său, superiorii săi decid coborârea la o nouă întrupare.

În vederea stabilirii noii forme de viaţă, duhul va fi prezentat înaintea Forului suprem al Pamantului. Pentru desfăşurarea acestei judecăţi, ghidul său îl prezintă în faţa celor trei superiori al Pământului, superiorii îngerilor care conduc evoluţia globului, cu tot ce se află pe el. Acest Juriu suprem al Pământului este prezidat, de la distanţă, de Stăpânul sistemului solar. Juriul Pământului examinează toată viaţa duhului candidat la reîntrupare – binele şi răul făcut de el, şi examinarea sa este văzută, auzită şi ştiută, chiar în acel moment, de Guvernatorul solar. În fine, Domnul, stând pe tronul Său solar, pronunţă sentinţa care este transmisă mental, de la distanţă.

După gradul de evoluţie al duhului putem spune că există două moduri în care decurge judecata.

Dacă duhul ce se va întrupa este de un ordin inferior, cei trei superiori ai grupului său expun fulgerător viaţa lui umană, faptele luminoase şi petele întunecate ale existenţei sale. Judecata este audiată de Domnul din tronul Său solar şi de Juriul suprem al Pământului. Sentinţa se dă de Domnul şi este pronunţată de preşedintele Juriului suprem al Pământului format din trei entităţi angelice, înconjurat de 9 asesori şi 27 de delegaţi, toţi îngeri, aparţinând Forului suprem al Pământului, compus din 39 de sfinte duhuri angelice.

Entitatea candidată la întrupare care aparţine unei trepte evolutive superioare, fiind conştientă de puterea legilor cereşti şi cunoscându-şi acum, ca duh – după o analiză îndelungată – toate greşelile, îşi alcătuieşte singură planul noii vieţi terestre, prin care să-şi achite datoriile sau să-şi repare greşelile, din alte vieţi. Înfăţişându-se în faţa Forului suprem – format din 39 de îngeri, sfinte duhuri ale Adevărului şi Domnului suprem şi nevăzut – duhul decis să se întrupeze îşi prezintă planul întocmit pentru noua sa viaţă trupească. Stăpânul sistemului solar, examinând planul şi găsindu-l bun îşi dă binecuvântarea, iar Juriul suprem al Pământului, prin preşedintele său, în numele Celui de sus, pronunţă Amin, adică: Să fie aşa precum tu ai dorit.

Spiritele inferioare nu au discernământul necesar întocmirii unui destin nou prin care să-şi achite datoriile şi să repare greşelile comise împotriva părinţilor, copiilor, fraților, semenilor. Nu e ușor să alcătuiești o formă nouă de existență pământească, în care angrenajele să fie astfel făcute încât să satisfacă, dintr-odată, mai multe exigențe, și să realizeze mai multe reparații. De aceea, în asemenea cazuri, cele trei sfinte duhuri supreme ale grupului de care aparține duhul examinează trecutul vieții sale, adună faptele, le elimină pe unele, le preferă pe altele, pentru a fi reparate cât mai multe din datorii sau supărări, și în fine, din totalul lor alcătuiesc un nou destin, pe care duhul inferior îl primește, i se supune, cunoscând înalta înțelepciune a celor care au examinat și hotărât.

Judecata fiind făcută, duhul e coborât de ghidul său în nivelul cuvenit gradului său evolutiv, și de acum, până la viitoarea sa întrupare, face următoarele trei lucruri capitale:

1. îndeplinește misiunea primită de la superiorul grupului său;
2. asistă la conferințele-lecții ale superiorilor săi, pentru a învăța noi taine cerești;
3. pregătește viitoarea sa viață pământească, căutând duhurile împreună cu care se va întrupa, încheind cu ele anumite înțelegeri.

Prin urmare, a doua judecată se face între două întrupări ale duhului.

* * *

În fine, a treia și cea mai înfricoșătoare judecată are loc când s-a terminat ciclul, pentru care a venit o entitate la școala planetei noastre. Ea are loc aproximativ după 26.000 de ani de existență pe acest glob. Pe parcursul celor 26.000 de ani, entitatea spirituală și-a dus existența când pe pământ – ca om trupesc, când în Cer – ca om ceresc sau duh spațial. În scurgerea acestui timp, omul a trăit sute și mii de vieți. Unele dintre ele au fost mai bune, altele mai zbuciumate, unele mai înțelepte, altele pline de ticăloșii. Dar, în fine, legea evoluției l-a împins mereu mai sus. Timpul trece încet, dar secolele se înșiră, și iată că a sosit finalul școlii planetare. Acum se face marea alegere, acum are loc marele examen al acestei existențe ciclice de aproximativ 26.000 de ani.

Pentru acest examen, amănunțit și nepărtinitor, însuși Guvernatorul solar se coboară din Tronul măririi Sale și înconjurat de Juriul Său solar, compus din sfintele duhuri angelice solare, vine spre Pământ și își stabilește Judecata în atmosfera fluidică a Lunii noastre. La această *Judecată divină* asistă fără consultare Juriul Pământului, format din marile entități conducătoare ale planetei noastre, care de acum nu mai au niciun cuvânt, ele asistând doar ca simpli martori la sfânta și divina Judecată. Unul câte unul, duhurile Pământului, care au terminat ciclul șederii lor pe această planetă, trec pe dinaintea Domnului și a îngerilor Săi. Negrăita știință a Divinului solar vede meritele fiecăruia, și cei buni și drepți sunt trecuți la dreapta Lui, iar cei nevrednici, la stânga.

Entitățile spirituale tremură din toată ființa lor, stând în fața Divinului solar, la Judecata făcută în numele Tatălui ceresc. Înfricoșate sunt sufletele lor, căci știu că dreaptă e Judecata Celui care strălucește cu o lumină orbitoare în fața lor. Acum văd toată grozăvia conduitei lor, cât au stat pe acest glob.

Cei care au dus o existență din bine în mai bine, vor fi conduși de îngerii solari pe o altă planetă, mai avansată, iar cei care au stagnat, din existență în existență – opunându-se curentului evolutiv, prin liberul lor arbitru, rău aplicat – vor fi luați de alți îngeri și duși pe o planetă inferioară a sistemului nostru. Aici duhul leneş se va trezi din toropeala sa şi nu va mai ignora legile cereşti şi omeneşti. Însă, de multe ori, aceste duhuri sunt duse pe un alt soare, dați în primire Guvernatorului altui sistem, pentru a fi repartizați pe una dintre planetele acelui sistem, de o evoluție asemănătoare cu a Pământului nostru.

Entitățile spirituale rămase în urmă cu evoluția lor nu mai pot fi reținute în jurul Pământului, pentru că în locul valului de spirite de care aparțin şi care trebuie să plece, soseşte un alt val de duhuri, de pe o altă planetă, inferioară Pământului, val sosit aici să-şi facă noua şcoală ciclică, planetară, superioară celei precedente. Astfel, val după val pleacă, şi alte valuri de duhuri sosesc. Acest ciclu se va repeta miliarde de ani, până ce planeta noastră va ajunge la finele existenței sale.

Aproximativ la fiecare 26.000 de ani are loc, în fața divinului nostru Stăpân, marea Judecată, de care vorbeşte şi Sfânta Scriptură.

Prin urmare, pe acest glob terestru, omul trece prin trei feluri de judecăți:

1. Judecățile din timpul unei întrupări;

2. Judecățile de după fiecare întrupare;

3. Judecata divină de la finele şcolii planetare.

Doamne, dă tărie sufletului meu să nu mai greşesc, şi astfel să nu mă ruşinez, de faptele mele, în fața gloriei Tale! Fă Doamne, ca sufletul meu să fie conştient de Legile Tale, ca astfel să mă întorc cât mai curând în sânul Tău, de unde am purces cândva, în noaptea adâncă a miliardelor de ani. Amin.

Viața duhului în spațiu

După ce şi-a părăsit trupul şi corpul vital – corpuri aparținând globului pământesc – o perioadă duhul are forma corporală asemănătoare cu a omului trupesc. Se vede pe sine şi mai vede un altul întins pe pat, galben şi nemişcat, care seamănă nespus de mult cu el, parcă s-ar vedea într-o oglindă. Caută să înțeleagă şi nu poate să se lămurească. Doar spiritul evoluat, părăsindu-şi haina de lut, înțelege că el nu moare niciodată, iar cel de pe pat nu e decât veşmântul său.

Curând, şi duhul evoluat şi cel mai puțin evoluat cad într-un somn adânc, când nu mai ştiu nimic de ei. Acest somn ține la unele duhuri câteva zile, la altele câteva luni, dar sunt cazuri când durează un an, doi. Somnul acesta este indispensabil, oferind duhului posibilitatea să se odihnească, să-şi refacă forțele pierdute prin efortul desprinderii de corpul său fizic. Prin urmare, se petrece un fenomen asemănător cu somnul noului-născut, care, obosit de presiunile şi durerile expulzării din matricea mamei sale, are nevoie să doarmă pentru a se reface şi obişnui cu noua lume unde a sosit. După un timp, mai scurt sau mai lung, duhul se deşteaptă şi îşi începe noua carieră de om spațial.

Unele entități spirituale sunt înconjurate de duhuri cunoscute şi înțeleg pe deplin noua situație.

Altele însă, chiar şi după acest repaus, nu pot să-şi dea seama unde sunt. Ar întreba, şi nu văd pe nimeni în jurul lor. Aceste duhuri – al căror perispirit este încă impur, adică îmbibat cu materie vitală – simt necesitatea să se coboare la suprafața pământului, şi pe firul legăturilor eterice revin acasă, unde îşi găsesc familia şi semenii, în toiul activității. Văzând la fel cum vedeau pe vremea când aveau un trup, văzându-se şi simțindu-se pe sine, se cred vii, trăind printre oamenii trupeşti.

La omul simplu sau neştiutor ideea morții este legată de ideea unei pieiri veşnice, dar constatând că trăieşte, văzându-se încă viu, el se crede om pământean. Târziu desluşeşte că totuşi a trecut în ceata celor de sus. Aşa, de exemplu, vrea să ia un obiect din casa lui, să-l aşeze în altă parte, şi constată că mâna îi trece prin acel obiect. Se adresează soției, copiilor, dar, cu mirare, vede indiferența lor, parcă ar fi surzi. E normal să nu-l audă, pentru că vorbirea lui este eterică, spirituală, diferită de cea sonoră a oamenilor trupeşti.

De multe ori s-a întâmplat ca un astfel de duh să sosească la şedințele de comunicări cu entitățile cereşti, şi întrebat de un om trupesc ce mai face, răspunde că e foarte ocupat, că îşi construieşte o casă nouă. Nu ştie că a murit şi că în lumea cerească nu mai are nevoie de haine, mâncare şi adăpost. El cară cărămizi, le îmbină cu var şi vede cum treptat se înalță zidul său. Toate acestea sunt realități – dar realități eterice, construite cu puterea gândului său şi din materia eterică ce umple universul; construcții vremelnice, ce dăinuiesc doar până când gândul său are astfel de preocupări. Asemenea acte, similare cu cele terestre, sunt foarte numeroase şi frecvent executate de locuitorii sferelor inferioare ale Cerului.

Duhul inferior umblă, dar constată că pluteşte deasupra pământului şi nu mai are nevoie de mişcarea picioarelor. Când vrea să se ducă undeva, se şi pomeneşte ajuns acolo, în virtutea dorinței, care îl proiectează cu viteză în locul dorit. Sosind acasă, vrea să deschidă uşa dar constată că a trecut prin ea şi se află în mijlocul camerei. Un şir de asemenea experiențe face lumină în mintea lui, şi de la o vreme îşi dă seama că nu mai e printre cei „vii" şi că acum e în ceata „morților". Iată pentru ce este de mare folos pentru om, ca încă de pe când se află în lumea trupească să studieze fenomenele spirituale, fie că le crede, fie că nu, pentru ca atunci când va trece pragul morții şi se găseşte în lumea de dincolo, să-şi amintească de cele citite, şi astfel să nu mai rătăcească vreme îndelungată, făcând şcoală şi ajungând târziu la cunoaşterea Adevărului.

Repet, ca să fie bine lămurit. Lumea cerească, invizibilă pământenilor, nu se află într-un anumit loc din spațiile universului, ci este chiar în jurul pământului. Ea este orânduită în diferite nivele, sfere sau zone, populate de duhuri după vechimea şi meritul lor.

Acel om care a dus pe pământ o viață vecină cu a animalului, uneori chiar şi mai rea, pentru că s-a afundat în mocirla pasiunilor degradante, la trecerea sa în lumea cerească îşi va continua existența tot atât de mizerabil ca şi pe pământ, căci va locui în stratul inferior al Pământului, în eterul cel mai grosolan din jurul pământului. El va simți sete, va suferi de foame şi va avea dorințe bestiale, dar cum nu mai are trup, şi deci posibilitatea de a le satisface, va suferi grozav de mult, rătăcind fără țintă în spațiu, în sfera corespunzătoare purității şi evoluției sale. Se coboară la suprafața pământului, frecventând cârciumi, baruri, cluburi, case de toleranță, abatoare etc., adică locuri unde se exercită acțiuni, pe care firea şi josnicia sa le mai doreşte. În aceste locuri se alipeşte de câte un om, şi prin sugestii, îl îndeamnă să se afunde şi mai adânc în viciu, simțind astfel o satisfacție directă – prin emanațiile primite, şi indirect – prin plăcerea de a ispiti şi pe altul să fie pătimaş ca el. Ducându-şi astfel vreme îndelungată o viaţă netrebnică, el devine un spirit malefic, un demon al bietului om trupesc, slab în voinţa şi judecata sa.

Omul care a dezertat din faţa unei vieţi grele, pline de amărăciune şi suferinţă – destin acceptat de el înainte de a se naşte, ori omul care din ură a suprimat viaţa unui semen al său, când se va deştepta la viaţa spaţială, se va găsi înconjurat de o ceaţă fluidică, neagră ca noaptea cea mai întunecată, simţind un frig care face să-i tremure toată fiinţa, până la exasperare. Umblă ca orbul prin spaţiu, nevăzând feeria fluidelor, nevăzând pe nimeni. Starea aceasta poate să se prelungească sute de ani, până când îi va deveni atât de chinuitoare, atât de insuportabilă, încât va striga: „O, Doamne! de eşti pe undeva, scoate-mă din acest chin!" La apelul său către Divinitate, un glas se va auzi curând lângă el şi îi va spune: „Frate, ai greşit, ai încălcat Legile în faţa cărora se pleacă tot universul. Roagă-te şi ţi se va uşura starea." La îndemnul acestui binevoitor, duhul greşit înalţă o rugă fierbinte de iertare, la care Divinitatea răspunde prin trimiterea unei raze fluidice, risipind ceaţa întunecată. Duhul începe să vadă în jurul său şi astfel nu mai rătăceşte la voia întâmplării prin spaţiu.

Ducându-şi viaţa pământească în preocupări numai materiale, trăind numai pentru el şi considerând rugăciunea ca un act inutil şi pierdere de vreme, când va reveni în lumea veşnică, omul va pluti în prima perioadă a vieţii spirituale în nivele apropiate pământului, în sfera unde îşi duc viaţa eterică şi sufletele animalelor, care au nevoie de o scurtă şedere în spaţiu. Sufletul plantelor nu stă decât foarte puţin timp în spaţiu, deoarece se coboară curând în trupul noii plante. Duhurile animalelor vor avea însă o atitudine duşmănoasă, văzând în acel duh pe cel care le-a urmărit cu ură şi le-a ucis cu lăcomie pentru a le devora. Astfel, şederea duhului uman în acest nivel este plină de groază. Din fericire pentru el, pe parcursul timpului şi pe măsura rugii sale de a fi scăpat din această sferă a groazei, se ridică în nivelul corespunzător gradului său evolutiv.

În timpul şederii lor prin spaţiu, entităţile spirituale mai evoluate duc o viaţă de studii, de analize şi concluzii. Ele sunt foarte active, circulă în toate direcţiile sferei lor, adunându-se pentru a discuta diferite probleme cereşti sau omeneşti, prin care înţeleg creaţia şi fenomenul vieţii. Aşadar, fiecare duh îşi are ocupaţia sa şi este preocupat de ceea ce îi place. Duhurile sunt cu atât mai fericite, cu cât se află în nivele superioare, cât mai depărtate de suprafaţa pământului. Fericirea le este provocată de vibraţia, culoarea şi muzica fluidului sferei unde vieţuiesc.

În stare normală, când nu este pedepsit, duhul nu simte nici cald, nici frig, deşi are noţiunile acestea de la oamenii pământului şi din amintirile lui, de pe când avea trup. Este însă impresionat de umezeala aerului, când se coboară la suprafaţa pământului cu scopul îndeplinirii unei anumite misiuni, întrucât apa are proprietatea de a absorbi fluidele ce compun corpurile sale.

În lumea fizică, ochii omului nu văd decât exteriorul corpurilor. Ochiul spiritului – reprezentat prin întregul său corp spiritual – vede şi exteriorul şi interiorul oricărui obiect, adică privirea fluidică a duhului străbate din exterior spre interiorul oricărui obiect, şi se poate opri să observe la nivelul unde intenţionează să vadă mai bine.

Iată un ceas de buzunar. Ochiul omului vede doar capacele lui, sau un capac şi o lentilă, sub care se observă cadranul şi cele două indicatoare. Spiritul vede prin cadran şi rotiţele, până dincolo de capacul opus. Rotiţele le vede nu numai suprapuse, ci pe fiecare în parte, căci fiecare piesă e străbătută de vederea sa şi se poate opri la una dintre rotițele pe care vrea să o examineze mai de aproape.

Omul trupesc priveşte o carte. El vede numai coperta de carton a acestei cărți. Duhul, privind aceeaşi carte, cu vederea sa străbate coperta de carton şi rând pe rând toate filele, până la cea din urmă. Dacă doreşte, se poate opri cu vederea sa la pagina 75, de exemplu, şi poate în acest caz să citească, rând cu rând, tot ce stă scris pe această pagină, fără ca această carte să fie deschisă şi fără să fie scoasă din raftul bibliotecii unde se află.

Omul nu poate vedea decât vibrațiile cele mai rare şi mai lente ale lumii fizice în care se află. Duhul, ajuns în lumea spațiilor, vede vibrația celulei nervoase, mişcarea miceliilor dintr-o celulă, vibrațiile diferitelor categorii de fluide şi aura din jurul tuturor lucrurilor şi ființelor. Orice gând, dar mai ales orice discuție despre cel plecat din planul fizic provoacă o vibrație a fluidului din jur, vibrație care, propagându-se prin spațiu, penetrează duhul, luând cunoştință că cei dragi sau prietenii săi vorbesc de el. Concentrându-şi atenția, duhul ia cunoştință de tot ce se discută despre el.

Atenție, dragii mei cititori! Morții voştri ştiu tot ce vorbiți şi tot ce gândiți despre ei. Cuprinşi de dor, ei coboară ca fulgerul, vă privesc, vă îmbrățişează, vă sărută cu înfocare, dar fiind mai subtili decât aerul, voi nu-i vedeți, nu-i auziți, nu-i simțiți, nu ştiți că ei sunt alături de voi. Văzându-vă uneori în suferință sau în mari dureri sufleteşti, ar vrea să vă vorbească, să vă facă cunoscut că au murit, că trăiesc, că stau lângă voi, dar nu pot să se manifeste în chip vizibil omului trupesc. Câteodată produc prin vibrații de dragoste o căldură iubitului lor, asemănătoare cu radiația caldă ce vine de la o sobă, dar bietul om – preocupat de gândurile şi durerile sale nenumărate – nu bagă de seamă căldura dulce, care îl încălzeşte, în general, pe partea dreaptă a trupului. Uneori, mai ales imediat după destrupare, când încă au ceva din puterile fluidului vital, duhurile pot absorbi fluid din spațiu, îl condensează până la punctul de a realiza un deget semimaterial, şi apoi ciocăne cu el, o dată sau de mai multe ori, în mobilă, oglindă sau fereastră, ori sparg un pahar sau trântesc un mic obiect de pe masă. Alteori, camera fiind închisă pe deplin, se simte un curent, o mişcare de aer care încetează repede. Se citează cazuri când s-a arătat fulgerător o flacără ori un punct luminos.

Duhurile fac tot posibilul – după natura şi puterile lor – să-i încredințeze pe iubiții lor că sunt şi ei prezenți, şi li se sfâşie sufletul de durere când constată că nu reuşesc. După puterile lor, cvasifizice, după nivelul lor, duhurile pot produce diferite manifestări, ca să arate că sunt prezenți şi că aprobă sau nu cele spuse.

Lumea trupească ar trebui să fie conştientă de bucuria pe care o provoacă duhurilor când îşi aminteşte de personalitatea lor, vorbind duios despre ea. Ar trebui să ştie ce sentimente profunde de recunoştință şi iubire stârneşte în sufletul duhurilor depunerea unei flori pe mormântul lor. Dar pe când amintirile duioase şi parfumul florilor le procură o fericire nesfârşită, plânsul necurmat şi disperarea celor lăsați pe pământ îi torturează într-o mare măsură. Dacă îi iubim cu adevărat, să nu-i mai supunem la asemenea torturi, să ne stăpânim, pe cât posibil, lacrimile care îi ard şi să-i ajutăm în drumul lor ceresc prin undele vibratorii ale rugăciunilor noastre, care le sosesc ca o briză binefăcătoare. În loc de morminte costisitoare – şi în definitiv, pieritoare – mai bine să se facă milostenie în numele celui plecat, uşurând mizeria unui bătrân, sărăcia unei mame văduve sau ajutând un copil orfan, lipsit de dragoste şi de necesarul material. Duhul ia cunoştinţă de gândurile noastre îndreptate către el şi se coboară ca fulgerul pe firul dragostei pentru a asista la rugăciunea noastră înălţată către Cel Atotputernic pentru uşurarea sufletului său. Undele vibraţiilor de rugăciune îi dau puteri să-şi desprindă de pe perispirit impurităţile eterice contractate în viaţa sa pământească. Eliberat de impurităţi, vibraţiile perispiritului său iau un ritm mai rapid, duhul putându-se înălţa la un nivel mai înalt, până în sfera unde va întâlni un eter ale cărui vibraţii corespund cu ale perispiritului său. Aşadar, rugăciunile celor de jos ajută mult celor de sus, după cum şi rugăciunile celor de sus ajută celor de jos, în mersul vieţii lor terestre.

Oamenii care au trăit modest, silindu-se să facă binele, cu vorba şi cu fapta, pe cât le-a fost posibil, care n-au uitat pe Cel de unde au purces cândva şi au întreţinut prin rugă legătura mentală cu El, implorându-L pentru cei bolnavi şi suferinzi, pentru cei liberi şi întrupaţi, în momentul destrupării se vor depărta imediat de cadavrul lor, nedorind să asiste la înhumarea trupului lor.

Aceste duhuri vor trece repede prin perioada de somn, şi la deşteptare vor fi perfect conştiente de starea şi locul în care se află. Ele vor străbate ca un balon toate sferele inferioare ale Pământului, înălţându-se fără oprire până în sfera corespunzătoare propriilor merite spirituale. Da, dar asemenea spirite sunt rare, ele aparţin lumii anonime, în general puţin instruite, dar cu o inimă de aur, fiind înzestrate cu sentimente altruiste, ajutând cu ce pot şi devotându-se pentru mângâierea aproapelui lor în suferinţă. Asemenea duhuri îşi duc în spaţiu o existenţă de mulţumire deplină, de cea mai mare fericire pe care o poate oferi în prezent planeta noastră. Însă şi această fericire are un sfârşit, duhul fiind trimis jos, la o nouă lecţie, o nouă misiune, o nouă întrupare.

Dacă nu există fericire perpetuă, nu există nici suferinţă veşnică. Într-adevăr, cel mai rău criminal, monstrul cel mai întunecat pe care l-a avut umanitatea, va plăti prin groaznice suferinţe – pe planeta noastră, ori va fi trimis spre expiere pe o altă planetă, unde va fi supus unei existenţe echivalente cu iadul biblic. Dar, după o vreme, fie ea şi veacuri, tortura lui va lua sfârşit. Răul produs de el se va anihila prin însăşi suferinţa sa; treptat i se va lumina conştiinţa şi va licări în el dorinţa de a repara tot răul produs celor cu care a venit în contact, pe când trăia pe pământ. Un asemenea specimen a fost Torquemada, capul Inchiziţiei din Spania, care a stat în întuneric şi frig trei sute de ani; un exemplar şi mai groaznic a fost şi este Nero, împăratul roman care a ucis zeci de mii de creştini în arenele romane, fiind aruncaţi fiarelor sălbatice, ori unşi cu păcură şi arşi ca adevărate torţe vii, luminând parcurile, în timpul nopţii. Nero suferă de atunci până în prezent în inelul fluidic al lui Saturn.

Prin urmare, cel care şi-a desăvârşit cu fidelitate destinul, programul vieţii sale pământeşti, când va trece în lumea celor tăcuţi şi invizibili, va resimţi o uşurare, o fericire, sentimentul libertăţii, ca şi când ar fi ieşit dintr-o temniţă care îi mărginise mişcările şi puterea de înţelegere. Sosit în spaţiu, toate simţurile lui – văzul, auzul, simţirea – sunt însutite. Acum se mişcă precum fulgerul, vede până în zările depărtate ale abisurilor cereşti, aude din spaţiu până la suprafaţa pământului, realizează fluidic tot ce mintea lui poate concepe. Pe scurt – o viaţă sublimă, plină de farmec, având un câmp infinit de acţiune. Cu drept cuvânt se poate spune că a trecut din moarte la viaţă.

Noi îi considerăm morți pe cei plecați dintre noi, şi îi plângem. Mai morți suntem noi, pentru că toate facultățile noastre sunt mărginite de trupul nostru. Ei sunt cei vii, pentru că au revenit la viața adevărată, la forma de viață care e veşnică şi umple tot universul.

Ocupația duhului în spațiu

Creatorul inițial – care a făcut tot ce există în cosmos – gândeşte şi lucrează în veşnicie. El e însăşi legea activității, El nu se odihneşte niciodată, El a creat, creează şi va crea în veşnicie. Toate ființele născute din El şi prin voința Lui, vor fi deci supuse acestei legi, adică să lucreze continuu.

Această lege este aplicabilă şi materiilor, de toate gradele evolutive – de la eterul primordial şi până la mineralul ce constituie planetele. Materiile sunt într-o continuă evoluție, într-o continuă vibrație, a cărei frecvență creştere mereu. Aşadar, nu există pasivitate nici chiar la piatră sau stânca muntelui – pe care o bate vântul, ploaia, gerul, soarele etc. – şi ea este într-o continuă vibrație, prefacere chimică şi mecanică. Totul este în activitate.

Omul trupesc nu cunoaşte legile eterne ale Creatorului, dar Tatăl ceresc i-a pus în viață necesități, condiții, care îl silesc să lucreze, să fie într-o veşnică activitate. Acțiunea, gândirea, determină scânteia din om să fie atentă, să vadă, să înțeleagă, să prevadă şi să învețe.

Pentru ca duhul să câştige experiență, omul trebuie să muncească. Munca de orice fel are ca urmare perfecționarea, avansarea spiritului. Cum din fire omul – din cauza lutului care tinde să redevină la starea sa de activitate lentă – are tendința să trândăvească, să tânjească şi, de s-ar putea, să-i vină totul de-a gata, Divinitatea i-a creat necesități pe care el trebuie să le satisfacă, căci altfel ar pieri. Trupul trebuie hrănit, deci procurarea hranei este prima lui preocupare; de dimineața până seara, trebuie să aibă în vedere satisfacerea foamei şi a setei. Dar procurarea hranei solicită muncă, alergătură, bătaie de cap. În afara satisfacerii acestor necesități, trupul trebuie ferit de intemperii şi frig. Atunci – goana pentru haine, dar acestea se procură direct sau indirect, prin bani, obținuți tot prin muncă. În fine, vremea rea, apărarea contra atacului animalelor sălbatice, aspirația unui confort a dictat omului dorința construirii unui cuib, bordei sau casă. Dar obținerea materialului de construcție şi construirea casei cer iarăşi muncă sau echivalentul acesteia – banul.

Aşadar, pentru satisfacerea strictelor lui necesități vitale, omului îi trebuie casă,, hrană, îmbrăcăminte, pe care nu şi le poate însuşi decât muncind din greu, din tinerețe până la adânci bătrâneți. Toate acestea au fost orânduite de înțelepciunea Tatălui ceresc, pentru că munca este rugăciune, şcoală şi scara pe care se înalță puterea de înțelegere a spiritului, ca să vadă cât mai departe şi să înțeleagă frumusețea şi adâncimea înțelepciunii Celui etern. Munca are ca scop iluminarea duhului, transformarea spiritului dintr-o scânteie abia pâlpâindă într-o lumină creatoare de lumi şi ființe, pentru a deveni cândva un auxiliar al Tatălui ceresc.

După ce şi-a dezbrăcat haina de lut, duhul se înalță ca un fluture în spațiu, unde îşi petrece multă vreme viața reală, permanentă, viața de duh spațial. Aici, după o perioadă de odihnă, de reculegere, reintră în horă, pentru a munci la opera Tatălui ceresc.

Se spune des: „Ce e pe pământ este ca în Cer"[1], ceea ce corespunde unei realități. Într-adevăr, omenirea este mânată azi, în cursul activității sale, într-o continuă frământare, din ce în ce mai intensă și mai înaltă. Dar munca este deosebit de variată, fiecare îndeplinind o activitate diferită, iar drama vieții se joacă mereu, duhul specializându-se din ce în ce mai mult, și în același timp perfecționându-și vechile ocupații. Aceeași activitate intensă și frământare o întâlnim și în Cer, în spațiile din jurul corpurilor cerești. Văzduhurile sunt pline de o infinitate de duhuri, care – ca și albinele unui stup – sunt într-o continuă activitate, fiecare făcând un anumit lucru. Așadar, specializare există și în Cer ca și pe pământ. De fapt, specializările din Cer au adus, rând pe rând, pe cele de pe pământ. În Cer se gândește, se studiază, se perfecționează o ocupație oarecare, și apoi prin reîntruparea duhului este aplicată și în lumea materiei fizice.

Mă voi strădui să vă descriu fugitiv câteva dintre ocupațiile exercitate de lumea spațială. Una dintre ocupațiile de căpetenie ale lumii spațiale este studierea mediului unde plutesc și trăiesc. Într-adevăr, toate duhurile sunt împinse de necesitatea de a studia eterul în care se mișcă, cu care se hrănesc și construiesc ceea ce priceperea și sfera lor de cunoștințe le permit.

Evident, această preocupare nu poate să aparțină decât spiritelor cu o evoluție mai avansată. Este vorba de studierea fenomenelor fizice – cu legile lor, și de studierea fenomenelor chimice – cu multiplele lor combinații; cu alte cuvinte, cunoașterea legilor fizice și chimice ale mediului eteric ce umple spațiile și în special spațiul planetei noastre.

După cum am mai spus, în lumea spațiilor cerești totul se petrece ca și pe pământ. Milioane, sute de milioane de oameni trupești respiră aer, consumă hrană, dar habar n-au ce compoziție are aerul sau hrana consumată, nu cunosc ce fenomene intime se petrec cu aerul și alimentul introdus în trupul lor. Simt doar că e nevoie să respire și să mănânce, în rest, procesele prin care se transformă aceste substanțe nu le cunosc și, de fapt, nici nu-i interesează.

Situația este asemănătoare și în spațiu, în lumea spiritelor. Majoritatea duhurilor au cunoștințe sumare despre seria nesfârșită a fluidelor și legilor care prezidează la combinarea și desfacerea lor. Numai o minoritate se dedică – la fel ca pe pământ – cercetării proceselor de combinare a fluidelor, studierii analizelor și sintezelor la care pot fi supuse și cunoașterii legilor fizice și chimice care guvernează fluidele. Aceste duhuri, fizicienii și chimiștii cerești, cercetează dispunerea fluidelor în jurul pământului, calitățile, vibrațiile și curenții lor. Studiază efectele fluidelor – favorabile sau nefavorabile – asupra anumitor existențe sau creații. Rezultatele muncii lor sunt apoi comunicate mental duhurilor cu alte îndeletniciri.

În afară de duhurile savante în chimie și fizică, unii savanți studiază corpul duhului și bolile la care este expus. Oricât de ciudată ar părea această afirmație, ea corespunde totuși unei realități.

---

[1] „Precum în Cer, așa și pe pământ". În *Tabula Smaragdina,* Hermes Trismegistos afirmă: „Ceea ce e jos este ca și ceea ce este sus".

Duhul are un corp material, dar foarte subtil, diafan, eteric. Acest corp are o anumită anatomie, organizare, compoziție şi fiziologie, un mod de funcționare, deci este supus diferitelor influențe şi expus tulburărilor funcționale şi maladiilor. Aceste cauze, influențe sunt studiate, cercetate, şi se caută prevenirea lor sau vindecarea efectelor lor.

Pe lângă studiul anatomiei şi fiziologiei duhului, medicii spațiali fac studii asupra raportului dintre corpul spiritual şi corpul fizic al omului trupesc. Deşi îşi duc existența în spațiu, entitățile spirituale studiază anatomia şi fiziologia trupului, pentru a diagnostica şi vindeca anumite boli.

Spiritele medici sunt preocupate de cunoaşterea din ce în ce mai completă a corpului uman şi a bolilor la care este supus, pentru că au interesul ca atunci când vor veni pe pământ, întrupându-se, să pună în practică studiile lor – făcute în spațiu – referitoare la diferitele operații şi tratamente ale corpului uman, dezvoltând astfel cunoştințele omenirii.

Când în urma studiilor, medicii cereşti au ajuns la rezultate noi, când s-au desăvârşit într-o anumită ramură medicală, primesc misiuni de pus în practică jos, pe pământ, vizitând bolnavi, mai ales în spitale şi clinici, lucrând direct cu instrumentul lor – fluidul, şi cu metodele lor proprii, pentru vindecarea bolnavilor care nu sunt încă destinați să plece din lumea trupească. Alteori, sugerează medicilor pământului, luminându-le duhul, să descopere boala reală a pacientului sau îi îndrumă cum să intervină în operația chirurgicală.

Multe descoperiri, tratamente, şi perfecționări realizate pe pământ, în materie de procedee operatorii, se datoresc sugestiilor şi influențelor duhurilor medicale, care au aflat în spațiu o nouă metodă de a realiza o operație, pentru vindecarea unor boli incurabile până atunci.

Chimia şi fizica stau la baza existenței lumilor. Anatomia şi fiziologia sunt pârghia existenței duhului, dar în afară de aceste temeiuri ale existențelor materiale şi spirituale, în lumea spațiilor se exercită toate preocupările pământeşti. Tot ce există pe pământ a fost inițial realizat fluidic, în spațiu, şi apoi creat pe pământ, cu materia fizică a pământului.

Medicina, chimia şi fizica stau la baza cunoştințelor savanților care fac destruparea sau întruparea spiritului uman. Anumite entități – perfect cunoscătoare ale fluidelor, a compoziției şi combinațiilor lor – sunt desemnate să asiste spiritele întrupate în momentul eliberării lor din lutul unde au trăit, înlesnind desprinderea fluidelor corpului lor perispiritual de corpul fizic.

Se ştie că spiritul este într-o legătură intimă cu cămăşile sau învelişurile sale. Aceeaşi puternică coeziune există între aceste învelişuri şi trup. Corpul planetar este unit cu corpul vital, ale cărui firişoare eterice pătrund printre țesuturile şi celulele trupului, legându-se cu protoplasma fiecărei celule. După cum trunchiul unui copac se ramifică în ramuri din ce în ce mai fine, până la cele din urmă ramuri care poartă o frunză, tot astfel corpul vital şi planetar se ramifică formând scheletul eteric al țesuturilor trupului, terminațiile lor având câte un fir înfipt în centrul celulei.

Învelişurile fluidice planetare şi vitale sunt legate între ele printr-o țesătură intimă, dar sunt legate şi cu celulele trupului, şi cu perispiritul, care la rândul său este legat cu scânteia divină sau spiritul, toate aceste corpuri formând împreună un tot unitar numit om. La momentul hotărât – moartea trupească – această legătură strânsă şi intimă trebuie ruptă. Duhul, pe cale de plecare, cade într-un fel de vis, de slăbiciune, de inconştienţă. El este incapabil să desprindă miliardele de fire care leagă corpul planetar de celulele corpului fizic.

Având în vedere că omul nu poate executa această operaţie asupra lui însuşi, Cerul – din experienţa miliardelor de veacuri – a prevăzut ajutorul unor entităţi speciale, numite medici cereşti sau destrupători, care cu experienţa lor, cu forţele de care dispun corpurile lor fluidice, desfac rând pe rând toate firele eterice care vivifică celulele trupului. Această operaţie se face subtil şi treptat, cu mult înainte de ziua ultimului suspin. Pe măsura ruperii acestor fire, trupul slăbeşte, puterile vitale se reduc şi omul se topeşte pe picioare. Concomitent cu această desfacere, perispiritul duhului părăseşte corpul fizic. Aşadar, procesul morţii nu se mărgineşte la cele câteva ore de agonie, ci el poate începe cu zile, săptămâni şi chiar cu luni înainte. Chiar dacă ochii au devenit sticloşi, trupul s-a răcit şi înţepenit, procesul morţii continuă încă multă vreme. Spiritul şi-a părăsit corpul fizic, şi totuşi viaţa acestuia, a celulelor ce-l compun, durează încă multă vreme, chiar după ce a fost părăsit de stăpânul sau cârmaciul său. Într-adevăr, fiecare celulă este activată în funcţiile sale de către corpul vital, dar cu ocazia morţii, duhul se desparte de corpul său vital. La rândul său, corpul vital, graţie educaţiei de o viaţă întreagă şi a memoriei sale – asigurată de inerţia micilor vietăţi, corpuri ultramicroscopice, din care este alcătuit – continuă să pompeze din mediul înconjurător eterul vital cu care hrăneşte protoplasma celulei. Astfel se explică creşterea în continuare a părului, a unghiilor şi mişcarea miceliilor din protoplasmă.

Să nu pierdem din vedere că, în definitiv, alimentele cu care se hrăneşte orice om sunt ţesuturi formate din celule, acestea la rândul lor sunt alcătuite din molecule, formate din atomi, iar atomii au provenit din organizarea protonilor şi electronilor, care sunt particule eterice. Materia fizică solidă, lichidă sau gazoasă este eter condensat, energie condensată. Aşadar, a te hrăni eteric este tot una cu a te hrăni cu un aliment solid sau lichid – format din totalitatea unitară a particulelor eterice – care în intimitatea trupului se desface în părţile lui componente. Să nu uităm că şi entităţile spirituale se hrănesc, îşi repară corpul, perispiritul, cu eter corespunzător din spaţiu.

Prin urmare – în Cer, unele entităţi spirituale au rolul de asistenţi la căpătâiul omului trupesc, pentru a-l ajuta, prin ştiinţa lor, să părăsească lutul în care a fost ani de zile întrupat. Cum oameni trupeşti sunt cu miliardele şi cum ei mor pe rând, se înţelege că Cerurile sunt pline de aceşti specialişti, care se desăvârşesc pe măsura exerciţiului misiunii lor, asemenea medicilor tereştri.

Dacă există medici destrupători, care execută eliberarea entităţii spirituale din carapacea sa carnală, înseamnă că există şi medici întrupători, care în funcţie de gradul evolutiv al entităţii ce coboară în lutul vieţii terestre, îl asistă, mai mult sau mai puţin, în procesul de întrupare.

Când unui duh i-a sosit timpul să părăsească nivelele sferelor sale fluidice şi să coboare la întrupare, el cade treptat într-o somnolenţă. Această stare este provocată de anumite duhuri superioare, pe care duhul candidat la întrupare nu le vede, fiind mai evoluate decât el, şi deci, au un corp mai subtil, format din fluide mai fine. Legea cerească sună astfel: Duhul inferior nu vede niciodată pe cel superior. Duhul superior îl magnetizează, îl adoarme întrucâtva, pentru a-i suprima o parte din conştiinţă şi voinţă. În această stare duhul are o conştiinţă vagă, aude şi vede într-o oarecare măsură, dar n-are claritate în înţelegerea fenomenelor ce au loc în jurul său. În condiţiile acestea duhul nu este capabil să lucreze – în plenitudinea conştiinţei şi a ştiinţei sale – la construirea viitorului său trup. De aceea – în funcţie de gradul celui care se întrupează – Cerul desemnează unul sau mai mulţi medici întrupători, care în deplinătatea conştiinţei şi a ştiinţei posedate, execută opera lor în părţile hotărâtoare ale trupului, potrivit cu destinul noului întrupat.

Oricât de hotărât şi de tare ar fi un duh pe voinţa sa, dacă trebuie să-şi facă un trup netrebnic, în vederea împlinirii unui destin mizerabil, îi vine greu să-şi construiască un trup urât, cocoşat, un sistem nervos central idiot sau alte organe mizerabil alcătuite. Din acest motiv Divinitatea a orânduit ca alţii să conlucreze la orânduirea celulelor, la formarea ţesuturilor şi aglomerarea lor în organe.

Întruparea este o operă mai complexă şi mai dificilă decât destruparea, şi numai ştiinţa savanţilor medici întrupători poate pregăti casa, temniţa în care bietul duh se va coborî pentru împlinirea destinului său. La timpul său, vom vedea ce operă complexă execută aceşti maeştri întrupători de duhuri umane.

Cu această ocazie trebuie amintită şi întruparea duhului vegetal şi animal. Când împrejurările au devenit imposibile vieţii plantei, sau când ciclul vieţii sale s-a terminat, la destruparea sa asistă şi ajută anumite duhuri umane. Duhul vegetal însă nu are o şedere de lungă durată în spaţiu, el fiind curând atras într-un nou ciclu de viaţă, într-o nouă sămânţă, pe cale de dezvoltare într-un embrion sau pui de plantă. La fel se întâmplă şi cu animalul, care – asemenea plantei şi omului – este asistat în momentul morţii sale de un duh uman, specializat în acest scop. De asemenea, după fecundarea femelei, apare duhul uman, care sub ocrotirea şi pregătirea necesară, înlesneşte întruparea duhului animal în pântecele femelei speciei sale.

* * *

Seria specialiştilor cereşti este nesfârşită, ca şi a celor pământeşti. Iată un fapt neştiut nici chiar de slujitorii bisericii creştine. În altarul fiecărei biserici se află şase entităţi spirituale albe – trei la dreapta şi trei la stânga mesei sfinte – având forţe opuse şi acţionând în sens contrar. În momentul când preotul îngenunchează şi invocă harul divin, pentru sfinţirea vinului şi anaforei din potir, se roagă şi cele două categorii de forţe treimice, atrăgând din spaţiu, din marele curent cosmic ce înconjoară planeta noastră, un fir fluidic, o rază pe care o dirijează către potir, unde se combină profund cu vinul şi anafora, dându-le din acest moment însuşiri divine. Cuminecătura va fi acum o hrană sfântă pentru sufletul curat şi smerit, ori un foc distrugător pentru cel mândru şi impur, care, prin viaţa sa păcătoasă şi trupul său pângărit, a îndrăznit să se atingă de această rază divină, trup din trupul Tatălui, Fiului şi Sfântului Duh.

Tot în legătură cu lăcaşul de înălţare al gândului şi sentimentului către Cel Atotputernic, vă fac cunoscut că, odată cu târnosirea unei biserici, se desemnează din spaţiu un duh alb, din ceata preoţilor şi călugărilor cereşti, care va avea sub protecţia sa acel lăcaş, închinat unui martir, cuvios sau sfânt.

Nu doresc să extind prea mult această paranteză, dar se cere pomenit următorul fapt. În fiecare duminică sau sărbătoare religioasă, în afara preotului terestru al sfântului lăcaş, mai oficiază şi un duh superior, ţinând locul duhului ce are sub patronare acel lăcaş. Când preotul oficiază jos printre oameni trupeşti, preotul ceresc oficiază în spaţiul bisericii, asistat de duhuri umane şi acompaniat de corul spaţial.

* * *

În primele 40 de zile după destrupare, duhul văzând durerea celor dragi pe care i-a lăsat pe pământ, coboară lângă ei şi îi înconjoară cu fluidele sale, pentru a-i linişti şi restabili oarecum armonia fluidică a vibraţiilor eterice ale corpurilor acestora. Noaptea, în timp ce dorm trupurile celor dragi, se întâlnesc – duh cu duh – şi îi face atenţi să nu mai plângă, să nu mai fie disperaţi, pentru că el trăieşte. La deşteptare, întrupatul uită de întâlnirea şi dialogul avut în decursul nopţii cu cel drag plecat din sfera fizică. Alteori, spiritul destrupat creează decoruri fluidice şi ia forma umană, asemănătoare formei din ultima sa viaţă terestră. Cele două duhuri, cel întrupat – al cărui trup doarme – şi cel destrupat se întâlnesc în acest decor artificial, vorbesc şi îşi deapănă amintirile comune. Uneori impresia decorului, forma chipului şi dialogul se imprimă atât de puternic în spiritul omului trupesc, iar de aici pe cortexul său, încât la deşteptare îşi aminteşte de cel drag care a părăsit lumea terestră.

După trecerea acestei perioade – acordată spiritului destrupat pentru a-i linişti pe iubiţii săi îndureraţi, el se ridică în spaţiu, pentru a i se încredinţa o anumită misiune sau ocupaţie. Totuşi, din când în când, el va reveni, vizitând pe cei dragi, dându-le câte un vis, dar îşi va vizita şi mormântul, locul unde a fost depus veşmântul său de pământ. Timp de şapte ani, duhul inferior coboară mereu la suprafaţa pământului, şi privind prin stratul de pământ de deasupra cadavrului, vede ca prin geam starea de descompunere în care se găseşte adoratul său trup. El poate intra cu uşurinţă în mormânt, pentru a examina mai de aproape destrămarea vehiculului său omenesc. Toate aceste vizite şi analize au scopul de a i se face o educaţie, de a i se întipări adânc în spirit că el nu a fost trupul, ci trupul i-a fost dat ca un instrument în lumea fizică, un înveliş şi un vehicul prin care a învăţat, a lucrat şi s-a deplasat.

Aceste vizite sunt determinate de două cauze:

1. faptul că între duh şi fostul său trup există încă o puternică atracţie magnetică, provocată de eterul mineral ataşat de materia carnală sau minerală a trupului, eter care exercită o atracţie irezistibilă spre locul unde a fost depus trupul;

2. influenţa exercitată de entitatea spirituală investită cu rolul de ghid asupra pupilului său, duhul inferior fiind luat, vrând-nevrând, de ghidul său şi dus la cimitir, ca să vadă cum organele, ţesuturile şi celulele fostului său trup – dezvoltat în decursul vieţii sale trupeşti din alimente animale sau vegetale, crescute din materia pământului – trec printr-un proces de descompunere, prefăcându-se în pământ.

Cu această ocazie reamintesc că în general majoritatea oamenilor stau în primele zile în jurul cadavrului lor, văd şi aud toate pregătirile pentru înmormântarea fostului lor trup şi iau cunoştinţă de bucuria moştenitorilor şi de sinceritatea celor ce cu adevărat i-au iubit. Aceste duhuri asistă la prohodul preoţilor, urmăresc carul mortuar şi privesc scena înhumării trupului lor. Citesc în inimile prietenilor şi rudelor, sinceritatea sau ipocrizia, cunoscând acum, la ceasul cel mare, sentimentele cele mai adânci ale celor din mediul unde au trăit. Om pe om se poate înşela, dar om pe duh niciodată, pentru că el vede, aude şi simte gândurile şi sentimentele oricărui om cu care vine în contact, citindu-le ca într-o carte deschisă.

* * *

După ce s-a destrupat şi a devenit liber, dispunând de posibilitatea de a se mişca la viteze mari prin spațiu, în momentele libere şi cu acordul superiorilor săi, duhul porneşte în călătorii de studii terestre. Cât a fost om trupesc, timpul – dar mai ales mijloacele materiale – nu i-au permis să călătorească. Acum nu mai are nevoie de bani, vize, paşaport, vapor sau hotel. Este suficient să vrea, să se gândească la locul dorit şi se îndreaptă spre el ca un glonț. Călătorind, priveşte câmpiile, dealurile, munții, satele şi oraşele. Se plimbă pe străzile oraşelor, vizitează muzee, instituții culturale, localuri de distracție, asistă la spectacole de teatru, conferințe şi astfel îşi face educația sufletului, văzând, cunoscând şi înțelegând şi alte culturi, alte forme de viață umană, decât cea cunoscută în mediul său natal. Uneori vizitează laboratoare şi asistă la experiențele savanților. În fine, vizitează marile biblioteci unde zile şi ani la rând urmăreşte anumite cărți şi subiecte, citindu-le pagină cu pagină, cartea rămânând nedeschisă în raft.

În afară de publicul trupesc ce umple sălile ateneelor, amfiteatrele conferințelor literare sau ştiințifice, se mai află în atmosfera sălii sute şi mii de auditori nevăzuți, duhuri, care asemenea întrupaților, sorb cu nesaț cele revelate, expuse sau interpretate cu această ocazie. Aşadar omul duh îşi urmează cultura şi în spațiu, asistând uneori la cursurile şi conferințele terestre.

Adesea duhul călătoreşte prin alte țări, ca să-i viziteze pe cei dragi, din viața precedentă sau din viața actuală, despărțiți prin actul morții sau al întrupării. Asemenea vizite fac şi duhurile întrupate, în timpul nopții, când, lăsându-şi trupul dormind, se duc prin depărtări, unde, vizitează pe cei dragi şi discută cu ei ca de la duh la duh.

Legăturile contractate într-o viață anterioară sunt reînnodate în alte vieți, iar pe măsură ce trece vremea şi numărul lor se înmulțeşte, cu atât ele devin mai puternice. În asemenea condiții, duhul din Cer vizitează, urmăreşte şi ajută pe cel iubit, care îşi desfăşoară viața pe pământ; de asemenea, duhul întrupat, noaptea, când trupul i se odihneşte, se ridică în spațiu şi îşi cheamă iubitul spațial – dacă nu are posibilitatea să se ducă până la el. Iubirea face minuni şi evoluția este mult înlesnită de ajutorul reciproc al celor care s-au iubit cu înfocare.

* * *

Orice lucrare omenească este urmărită de aproape şi de un duh spațial. Iată, un artist pictează un tablou sau un sculptor se străduieşte să realizeze o lucrare artistică. Opera la care lucrează nu este numai a lui, căci în jurul său se află unul sau mai multe duhuri, care îl inspiră. Sugestiile curg şi spiritul întrupat realizează frumoase opere de artă, fiind convins că propriul său duh i-a dictat să facă aşa. Realitatea este că la această operă au contribuit două entități spirituale, una întrupată şi alta liberă.

De multe ori, mediumii clarvăzători văd la repetițiile teatrale cum un spirit, fost mare artist, insuflă prietenului, colegului său trupesc, modul de interpretare, o atitudine, anumite gesturi şi aşa mai departe. Când vor exista mai mulți clarvăzători, umanitatea trupească va afla şi va înțelege cât de intim este legată lumea de jos cu cea de sus, lumea trupească cu cea spirituală. Este firesc să fie aşa, pentru că traiul uneia e continuarea celeilalte, cei de jos fiind întruparea celor de sus, iar cei de sus fiind duhurile eliberate din temniţa materiei fizice.

* * *

Printre numeroasele ocupaţii şi specializări cereşti obţinute de marile lumini, duhurile albe, prin rangul la care au ajuns, li se impune şi trecerea prin şcoala creaţiei, pentru a-şi însuşi ştiinţa creării formelor de diferite vieţuitoare: minerale, vegetale şi animale. Iar cei mai evoluaţi ai lumii spirituale albe învaţă şi crearea trupurilor umane.

În zonele superioare ale Pământului şi în special în jurul Lunii, duhurile angelice arată entităţilor spirituale albe cum se poate face dintr-un fluid o piatră, un mineral oarecare. Bineînţeles, când este vorba ca acest corp fluidic să fie tradus chiar într-un mineral pământesc, coboară spre suprafaţa pământului, unde găsesc fluidul cel mai concentrat, cu ajutorul căruia fac forma cristalină sau amorfă a acelui mineral.

Îngeri de un grad superior arată duhurilor-elevi şi îi pun să execute corpurile diferitelor plante, în anumite timpuri şi locuri de pe pământ – în faţa unui număr restrâns de oameni aleşi, găsiţi vrednici să asiste la aceste experienţe – duhurile angelice sau elevii lor fac în şedinţele de materializare o plantă terestră, care imediat după terminarea experienţei trebuie dematerializată în fluidul din care a fost alcătuită. De această experienţă profită mii de duhuri albe, care au asistat nevăzute la aceste înalte studii de creaţie.

O altă categorie de îngeri arată celor ajunşi la o anumită treaptă evolutivă, cum se procedează – prin concentrarea fluidelor – la crearea unui animal. Asistenţii văd, învaţă şi apoi creează şi ei un trup animal, prin concentrarea fluidelor. În unele ocazii, foarte rare, în cercurile înalte de revelaţie au fost realizate materializări de animale, bineînţeles cu scop pur demonstrativ şi instructiv. În aceste laboratoare spirituale, duhurile albe au realizat din fluidele avute la dispoziţie – luate din spaţiu, de la medium şi de la asistenţi – o formă, un tipar în care a fost introdus un duh de animal.

În fine, duhurile de pe ultimele trepte ale evoluţiei terestre sunt instruite, la un moment dat, de modul cum se alcătuieşte un trup uman. Materializări umane, aidoma unui om viu, se fac pe pământ în cercurile de revelaţie, unde omul trupesc comunică cu Cerul, cu mari Lumini cereşti care se revelează, coborând Iubirea şi Adevărul pe pământ. Este opera cea mai grandioasă la care poate fi martor un om, şi anume să asiste la crearea unui trup de om, animat de un duh uman, cunoscut sau necunoscut în acel cerc. Asemenea demonstraţii sunt prezentate numai oamenilor care şi-au însuşit teoria şi trebuie să pună în practică cele învăţate de la profesorii lor îngeri.

Cum duhurile creatoare sunt rare şi cum cei care merită să asiste la asemenea manifestări sunt şi ei puţini, se înţelege de ce mediumii de materializări sunt atât de rari.

* * *

Viaţa duhului în eternitate este o şcoală. El trebuie să înveţe despre tot ce a creat Fiinţa supremă, Tatăl ceresc – binecuvântat fie Numele Său.

Cosmosul este cutreierat de gânduri-ordine, plecate de la Unicul Creator, al tuturor creatorilor şi de la marii Creatori, din Sfera-Laborator. Aceste ordine brăzdează fluidul care umple universurile şi sunt recepţionate de entităţi spirituale înălţate la rangul de Fii divini, singurii capabili de a le înţelege. Fiii divini sau Guvernatorii sistemelor planetare, după ce descifrează şi prelucrează aceste ordine sosite din Sfera-

Laborator, le transmit guvernatorilor sau îngerilor planetari. Prea puține duhuri umane aud sau descifrează aceste ordine.

Prin urmare, distingem trei categorii de unde-gânduri: fiulare, angelice şi umane.

Asemenea unde-gânduri mai pot porni de la înger la înger, în jurul Pământului. Undele- gânduri angelice pot pleca de la îngerii solari la îngerii planetari, cu diferite ordine, pentru a se face pe pământ anumite acțiuni. Undele-gânduri pot porni de la un Fiu divin sau Guvernator solar către un alt Fiu divin.

Aşadar, spațiile intersiderale sunt pline de o rețea de unde-gânduri, care trec în toate direcțiile, fiind auzite sau recepționate numai de către cei cărora le sunt destinate.

Undele emise de posturile de radio reprezintă în mic ceea ce se petrece, în mare, în câmpul infinit al universului nostru.

Luna este şcoala unde îngerii Pământului instruiesc duhurile albe despre undele-gânduri şi fac experiențele necesare pentru învățarea acestui capitol din marea Carte a Tatălui divin.

* * *

Şcoala creației Tatălui nostru este fără sfârşit ca şi opera Lui. Duhurile avansate trebuie să învețe legile principale ce domnesc în lumile create de Tatăl ceresc. Ele sunt chemate, în primul rând să învețe legea legilor – Iubirea, sub toate formele ei, aplicată la fluid, particulă eterică, atom, moleculă, protoplasmă, celulă, țesut, organ, organism, planetă, soare, univers, la întregul cosmos. Duhurile trebuie să-şi însuşească toate formele sub care se prezintă legea evoluției în regnul mineral, vegetal, animal, uman, angelic şi Creator divin; trebuie să învețe regulile, durata, etapele şi toate aspectele acestei veşnice transformări, a evoluției, care poartă totul, în veşnicie, tot mai sus, spre desăvârşire. Preocuparea cea mai însemnată dintre toate este ştiința vieții, ştiința operei Tatălui divin – binecuvântat fie Numele Său.

Copilul-om ajuns la vârsta de 7 ani este capabil să înțeleagă multe lucruri şi memoria sa reține multe învățături. Ani de zile, ființa lui se străduieşte să afle despre trecutul şi prezentul a tot ce-l înconjoară. La 14 ani, înțelegerea lui cuprinde un orizont destul de vast, iar la 21 de ani – de trei ori şapte – se află în deplinătatea judecății. Puterile sale sufleteşti sunt acum atât de înalte, încât poate analiza evenimentele şi fenomenele din jurul său. Prin raționamente, doar din câteva premise, el poate scoate la iveală adevăruri abstracte. De acum a pornit pe drumul unei cariere, asigurându-şi oarecum existența trupească. Îşi încheagă o familie şi începe adevărata sa operă omenească. De acum începe să-şi depene firul destinului, învățând viața sub toate aspectele ei, cu toate bucuriile şi amărăciunile ei.

De la naştere şi până în mormânt viața este o continuă şcoală. Scopul reîntrupării este învățarea şi iar învățarea. Ne naştem pentru a veni la şcoala materiei celei mai dense, pentru a cunoaşte, pentru a învăța tot ce se referă la ea, ca fenomene, ca viață şi legi.

Tatăl a statornicit ca această şcoală – teoretică şi practică – să fie continuată şi în spațiu. Ea va fi urmată, pe rând, pe toate categoriile de planete, pe toate rangurile de sori, în toate cele patra universuri, şi mai departe – în toată creația născută în Sfera centrală sau Laboratorul divin. Putem spune că şcoala nu are sfârşit, căci Tatăl mereu creează alte forme de materii şi ființe, stabileşte legi noi. Viața fiind veşnică, şi învățarea este veşnică.

Prin urmare, după o perioadă de recuperare, duhurile planetei noastre sunt adunate din timp în timp, în anumite locuri, unde li se predau cursuri sau conferinţe în legătură cu diferite subiecte, potrivit gradului lor evolutiv. Conferenţiarul este totdeauna o entitate din lumea albă. Îngerii planetei noastre ţin la rândul lor conferinţe duhurilor albe, făcând destăinuiri asupra tainelor cereşti, iniţial despre cele privitoare la Pământ, apoi despre cele referitoare la sistemul nostru solar, şi, în fine, despre tainele legate de cosmos şi infinit.

Nu mă pot opri fără să evidenţiez misiunea[1] acordată unor entităţi spirituale – de a lua legătura cu lumea terestră. Sfânta Treime a Pământului, cu aprobarea Forului solar, desemnează în anumite perioade şi în anumite puncte ale planetei, entităţi spirituale, duhuri albe, din ceata preoţilor, călugărilor şi arhiereilor cereşti, pentru a prezida, sfătui şi conduce cercurile de revelaţie de pe suprafaţa globului. În toate veacurile, Cerul, conducerea spirituală şi materială a Pământului a căutat să stabilească câteva faruri, de unde să radieze lumina nemuririi spiritului şi a cunoştinţelor privitoare la natura văzută şi nevăzută. Din aceste cercuri de revelaţie se răspândesc cunoştinţele şi astfel se dă prilej omenirii să ia contact şi să mediteze asupra ideilor care au frământat-o din veşnicie, aici sau pe alte planete. Ele vor constitui tradiţia, legenda, ştiinţa iniţiatică, anonimă despre viaţă, îngeri, Creatori, Divinitate.

Tot Forul solar suprem permite, în anumite cercuri, ca mari Lumini – cu savanta lor ştiinţă şi cu ajutorul a sute şi mii de entităţi – să producă diferite fenomene, levitaţii, scrieri, materializări etc. Dar crearea unei fiinţe umane, animale, vegetale sau minerale, reprezintă culmea manifestărilor forţelor cereşti. Ele produc omului – demn de a participa la asemenea manifestări – o negrăită impresie şi, de aici, o nezdruncinată convingere în ceea ce priveşte existenţa vieţii dincolo de mormânt.

Nu mai insist asupra acestui capitol care şi-a propus să expună judecata, viaţa şi ocupaţia duhului în spaţiu, aceste subiecte putând face obiectul unui tratat voluminos. Intenţia mea este să dau cititorului o idee generală despre natura în mijlocul căreia îşi duce traiul. Vor veni alţii după mine, care vor lărgi cercul revelaţiilor, spre luminarea omenirii şi gloria Tatălui ceresc – binecuvântat fie Numele Său, acum şi în vecii vecilor. Amin.

REÎNTRUPAREA

Reîntruparea sau reîncarnarea este fenomenul revenirii spiritului omenesc din spaţiile cereşti în lumea fizică, într-un nou trup omenesc.

Adevărul reîntrupării a fost cunoscut de iniţiaţii veacurilor apuse şi revelat şi azi de marile Lumini ale spaţiilor. Această cunoştinţă o posedau pieile-roşii din America – din Alaska până în Peru şi Bolivia, celţii din Europa, locuitorii băştinaşi din Insulele Hawaii. În Asia, ideea reîntrupării este şi azi foarte răspândită exercitând o mare influenţă în conduita omului. Peste 600 de milioane de locuitori ai Indiei, Indochinei,

[1] Prima carte a acestei lucrări conţine fragmente din comunicările unor entităţi spirituale. Cartea a doua este în întregime comunicată de entităţi spirituale, fiind fructul unei asemenea colaborări dintre Cer şi pământ.

Tibetului, Chinei, Mongoliei şi Japoniei, cred în reîntrupare şi cunosc legile ei la fel cum noi, occidentalii, ştim că sângele circulă prin vasele sanguine. Pentru asiatici, legea reîntrupării este o lege ca orice lege naturală – legea contracției la frig şi a dilatației la cald a corpurilor. Ea este socotită o lege fundamentală, care se exercită asupra tuturor entităților, fie ele minerale, vegetale, animale, umane, fie soare sau univers.

Vechimea acestei cunoaşteri se pierde în noaptea veacurilor şi aproape că nu există religie sau legendă care să nu aibă un sâmbure din această idee.

Reîntruparea fiind cunoscută din timpuri foarte îndepărtate şi trecută prin mintea diferitelor popoare, a ajuns la noi sub diferite forme şi însoțită de numeroase erezii. Gândirea superioară a omului de azi a înlăturat părțile absurde aparținând superstiției pentru a-i reda valoarea filosofică şi morală avută în trectul îndepărtat. Grație nenumăratelor comunicări făcute de entități spirituale, în şedințele de revelație, această idee se întinde peste tot pământul, fiind găsită firească, deoarece explică multe probleme sociale, religioase şi filosofice, nerezolvate până azi.

* * *

Este mai bine de un secol de când ştiința a luat un avânt uimitor, valul descoperirilor purtând omul pe undele nevăzutului, spre înălțimile infinitului. An de an, omul îşi îmbogățeşte cunoştințele cu privire la lumea înconjurătoare, dar în aceeaşi măsură credința lui slăbeşte şi omenirea alunecă pe panta materialismului. Bisericile sunt din ce în ce mai puțin frecventate de credincioşi deoarece preotul de azi, pierzând legătura cu Cerul, cu ştiința şi cu arta, nu mai este în stare să dea un răspuns acceptabil la întrebările referitoare la viață, creație, destin, Absolut, nefiind în măsură să explice fenomenul naşterii şi al morții. Din această cauză, mulți afirmă că religia este de prisos, ba chiar dăunătoare, întrucât ea stagnează progresul omenirii, şi în loc să-l apropie pe om de Tatăl său creator, îl îndepărtează. Se susține că biserica – fiind îngrădită de dogme şi deci, anchilozată în aceleaşi forme de mai bine de o mie de ani – vine flagrant în conflict cu datele ştiințifice răspândite în masele populare. Omul de azi nu este satisfăcut de răspunsul oferit de biserică, el având nevoie de o religie ştiințifică şi artistică, bazată pe iubire, cunoaştere şi comuniune cu Divinitatea.

Dar şi savanții – grăbiți să proclame domnia materiei şi a legilor ei – se vor convinge, în curând, că în afara materiei tangibile, mai există şi alte substanțe eterice, conduse de legi diferite celor fizice. La începutul apariției materialismului se credea că acesta va da un răspuns satisfăcător la toate întrebările. Se afirma că, în definitiv, nu există în univers decât materie, energie şi legile care le pun în activitate, că au murit pentru totdeauna vechile credințe care, secole de-a rândul, au stagnat civilizația, că spiritul de care se tot vorbeşte nu este decât produsul imaginației, iar religia, o înşiruire de poveşti şi rugăciuni, care nu lămuresc viața şi adâncul prefacerilor din natură şi din corpul omului. Fizicianul a demonstrat prin experiențe că natura este condusă de legi; chimistul, grație cercetărilor ingenioase, revelează lumii structura necunoscută a materiei; biologul, în teoria sa evoluționistă, arată că există o ordine în lume şi un scop în toate domeniile complexe ale viețuitoarelor. În straturile succesive ale scoarței terestre se citeşte, azi, minunata istorie a secolelor scurse. Telescoape gigantice ne aduc mai aproape nebuloase, galaxii şi miliarde de sori îndepărtați; trupul omenesc este studiat şi cunoscut până în cele mai ascunse celule. Lumea întreagă este în freamăt la fiecare nouă descoperire. Dar cu toate acestea, flacăra de entuziasm a materialiştilor se stinge treptat; iar la lumina maturităţii spiritului, lucrurile şi fenomenele sunt văzute mai clar, spiritul nostru revenind la ştiinţa ezoterică, la tradiţia şi comoara spirituală a omenirii.

Din acest considerent ne vom strădui să reluăm ideile abandonate în vremurile materialismului, acordând acestor studii atenţia cuvenită. Asemenea cercetătorului de minereu preţios – care reia şi realege metalul preţios din bucăţelele aruncate – omul caută azi în aceste cunoştinţe vechi, să mai găsească multe şi nebănuite bogăţii, desconsiderate de-a lungul secolelor de ignoranţă şi întuneric.

Este evident că printre lucrurile noastre de preţ există şi podoabe false, fără valoare, cu toată strălucirea lor. Astfel, ştiinţa va fi obligată să mai arunce din teoriile sale inexacte, religia – din dogmele, ritualurile şi ipocrizia ei, iar filosofia – din speculaţiile ei deşarte.

În faţa acestor frământări intelectuale, prefaceri şi conflicte, omul rămâne dezorientat şi se întreabă cu nelinişte: „Care este adevărul?"

Natura omului este făcută să caute mereu, să-şi explice existenţa lucrurilor şi a faptelor, să-şi chinuie sufletul în faţa enigmelor ce se ridică mereu în drumul său. Din această cauză, materialismul – atât de trâmbiţat şi pompos întronat – se năruie, şi omul se întoarce către datele ştiinţei ezoterice, către tradiţia spirituală a lumilor invizibile, ascunsă şi încuiată cu zeci de lacăte, căutând să-şi explice prin ea existenţa lumilor şi a destinului omenesc.

Bietul om se întreabă mereu: „Există un Dumnezeu, o Putere inteligentă, infinită, care a creat totul în univers atât de armonios?" „Da", îi răspunde biserica. „Da", răspunde şi sufletul său, dar el vede în jurul său nedreptăţi, războaie, calamităţi, boli, suferinţe de tot felul. În sufletul său se naşte întrebarea: „Dacă există un Dumnezeu, de ce permite atâta suferinţă şi nedreptate? De ce slabul cade pradă celui puternic?" Priveşte în jur şi constată violenţă şi cruzime: şopârla mănâncă furnici, ea este mâncată de şarpe, şarpele este mâncat de un arici, care la rândul său cade pradă unei vulpi. Toate fiinţele omoară şi la rândul lor sunt omorâte, şi atunci se întreabă bietul om: „Unde este mila şi dreptatea lui Dumnezeu?"

Omul nu înţelege nimic din desfăşurarea evenimentelor petrecute în jurul său, pentru că nu cunoaşte adâncul tainelor ce îl înconjoară, după cum nu ştie că moartea va face să se nască viaţa şi mai strălucitoare. El nu ştie, pentru că în faţa lui stă aparenţa, iar nu realitatea. Omul neştiutor nu vede în lume decât un vast complot al sălbăticiei fără milă, de la mic la mare, şi nedumerit, se întreabă: „Dacă există, într-adevăr, un Dumnezeu, de ce există atâta mizerie în lume? De ce oameni puternici şi sănătoşi devin într-o bună zi orbi? De ce copii nevinovaţi sunt loviţi de boli, şi mame – care strâng cu dragoste la sân un copilaş – sunt omorâte?"

De câte ori nu se întreabă ignoranţii: „De ce în această lume binele rămâne nerecompensat şi răul nepedepsit? Adesea criminalul circulă liber şi inocentul este aruncat în închisoare. Dispreţul îi urmăreşte pe cei ce muncesc şi îi împinge către mormânt, pe când în lume forfotesc neruşinaţi şi şarlatani. De ce atâta nedreptate?"

Religia ar vrea să ne facă să înţelegem că în lumea cealaltă aceste suferinţe vor fi răsplătite, păcatele noastre vor fi iertate şi ignoranţa luminată. Bazaţi pe aceste afirmații, timp de secole, oamenii au ridicat ochii spre Cer, au suferit încercările acestei lumi, cu speranța că se vor bucura dincolo de fericirea promisă.

Scepticul însă, zâmbind, răspunde acestor suflete frumoase şi încrezătoare: „Dacă Dumnezeu a creat această lume pe care o vedem atât de nedreaptă, ce mai putem aştepta în lumea de dincolo? Dacă nu este dreptate aici pe pământ, pentru ce ar fi mai multă acolo? Dacă toate sufletele se nasc egale, de ce soarta oamenilor este atât de diferită?"

Oare să fie la mijloc o simplă întâmplare? Se poate concepe un univers alcătuit de Tatăl ceresc, în care viețile oamenilor sunt aruncate la voia întâmplării? Nu, de o mie de ori nu – răspunde omul cunoscător – deoarece, chiar dacă nu vedem totul şi toate, lumea noastră fizică este guvernată de legi sublime şi absolut juste.

Cu toate acestea, neştiutorul, dar mai ales materialistul, vine mereu, în fața aparențelor ce ne înconjoară, cu argumente noi şi cu întrebări de felul: „De ce unii oameni au un trup sănătos şi plin de viață, iar alții îl au slab şi bolnav? De ce unii sunt frumoşi şi din ființa lor respiră distincția, iar alții au o înfățişare grosolană şi brutală? De ce unora li s-a dat o inteligență vie, iar alții sunt animați de puține gânduri, şi acelea confuze?"

Cu mulți ani în urmă, trecătorii puteau vedea pe treptele Universității din Bucureşti un om mic, diform. Avea aproape 40 de ani, dar trupul său nu era mai mare decât al unui copil de 8 ani. Brațele îi erau închircite, capul mare, iar picioarele, arcuite. Îți era greu să-l priveşti. Îşi câştiga existența vânzând piepteni, butoni de manşetă şi multe alte nimicuri. Universul său intelectual se limita la răspântiile unde îşi petrecea viața. Dacă s-ar compara sărăcia acestei vieți, suferințele lui morale, dorința lui vagă de iubire, zilele sale triste, orizontul cunoştințelor sale restrânse cu existența lipsită de griji a unora aflați în plenitudinea fizică şi mentală, ori cu desfătarea sentimentală şi morală, cu înțelegerea largă a altora, multora dintre noi ni s-ar tulbura mintea şi nu am mai putea spune niciun cuvânt.

Acestea sunt faptele, şi tu – care ştii că în dosul acestor inegalități există totuşi o dreptate – te mâhneşti deoarece nu o poți demonstra pe înțelesul tuturor. Toți te combat cu emfază şi îți aruncă în față fel de fel de argumente. Materialistul, scepticul şi ateul te vor întreba: „Pentru ce un copil se naşte într-un bordei, condamnat prin însăşi naşterea sa la o viață restrânsă, iar un altul se naşte în mijlocul unei societăți avansate în cultură şi civilizație, unde are prilejul să învețe şi să fie educat. Unul vine în lume într-o cameră tristă şi murdară, unde stau grămadă şi alți nefericiți. Fireşte, de pe el curg zdrențele, iar educația şi-o va face pe întinsul maidanelor. Un altul se naşte într-o familie bogată, crescut în cele mai bune condiții şi instruit în cele mai bune şcoli. Unul va fi mai târziu un cerşetor, iar celălalt, o personalitate de seamă. Dacă există într-adevăr entități spirituale şi dacă ele se nasc egale, pentru ce atâta favoritism? De ce un copil sosit în lumea aceasta este condamnat dinainte la o viață mizerabilă, plină de privațiuni, pe când un altul cunoaşte o viață fericită? Ei, unde este Dumnezeul tău, de care tot vorbeşti? Dacă El ar exista, n-ar mai fi această diferență, această distribuire inegală de înlesniri ale vieții."

Oare destinul ne este impus fără o lege şi fără niciun scop? Pentru ce ocaziile oferite oamenilor sunt atât de inegale? Unul va lucra penibil toată viața sa, şi din cauza unui accident îşi va sfârşi zilele într-un azil, iar un altul moşteneşte o moşie întinsă, posedă palate şi automobile, călătoreşte prin țări îndepărtate şi cu toate acestea este un inactiv, un membru inutil societății. Cum de este permis acest lucru, când se spune că niciun fir de iarbă nu crește fără voia lui Dumnezeu? Totuși, cu această orânduire – în aparență nedreaptă – suntem în mod instinctiv înclinați să credem că, în adâncul tuturor lucrurilor și întâmplărilor, trebuie să existe Gândirea și Voința Tatălui, plină de iubire și întemeiată pe dreptate, dar din nefericire nu o putem proba sprijinindu-ne numai pe faptele acestei lumi, pentru că haosul moral este mai evident decât Ordinea divină.

Este adevărat că biserica creștină încearcă să rezolve aceste probleme, dar nu dispune de mijloace științifice pentru a-l convinge pe om de existența unui spirit, veșnic trăitor, într-o evoluție continuă, trecând prin toată gama formelor existente, pentru îndeplinirea Legilor divine și atingerea perfecțiunii. Religiile pământului neputând da lămuriri asupra acestor stări de lucruri, majoritatea omenirii – neștiind ce este dincolo de mormânt, dincolo de lumea materiei fizice – rămâne dezorientată, întrebându-se cu teamă și îndoială dacă într-adevăr există spiritul și Dumnezeu.

Cu toate acestea Adevărul este cunoscut prin comunicările fraților noștri din Cer, comunicări care ne permit să vedem viața sub alt aspect, întărind credința noastră, în bunătatea Tatălui și în existența unui scop al vieții. La baza acestui adevăr stă realitatea revenirii noastre în viața terestră, a repetatelor noastre reîntrupări.

Puțini oameni își dau osteneala să găsească o explicație lucrurilor și fenomenelor lumii înconjurătoare. Dacă totuși se apucă să cerceteze, sunt luați imediat de curentul ideilor actuale și revin la credința mulțimii. De exemplu: se naște un copil. Credința generală este că spiritul s-a născut odată cu trupul copilului. Această explicație superficială provine din observația omului că pe măsură ce se dezvoltă trupul copilului, conștiința lui dobândește un orizont mai întins. Mai târziu, după ce omul dispare prin actul morții, dispare și conștiința, în mod aparent, pentru că observatorul cercetează doar cadavrul celui plecat. Dezvoltarea paralelă dintre trup și conștiință dă impresia că sediul și organul producerii conștiinței ar fi sistemul cerebral, dar adevărul este cu totul altul.

În urma numeroaselor experiențe parapsihologice, putem afirma că nu sistemul cerebral este sediul înțelegerii, al rațiunii și al conștiinței, el fiind doar instrumentul spiritului. Înțelegerea sau conștiința este fructul, rezultatul unei activități de mii și milioane de secole a spiritului omenesc, care se manifestă în lumea exterioară prin intermediul sistemului cerebrospinal.

Să nu neglijăm faptul că ascuțimea inteligenței, a conștiinței, depinde de subtilitatea alcătuirii scoarței cerebrale, de sensibilitatea și calitatea acestui instrument. Encefalul unui copil reflectă greu înțelegerea spiritului său, pentru că încă nu a atins dezvoltarea completă; ca urmare, și inteligența de care dă dovadă este redusă. Pe măsură ce crește copilul, encefalul său se organizează și inteligența lui se arată tot mai clară. Către bătrânețe, celulele nervoase încep să degenereze, și din această cauză exteriorizarea spiritului declină din zi în zi, făcându-se greu și confuz. Când moartea distruge sistemul cerebral – instrumentul spiritului, acesta nu se mai poate exprima în lumea fizică, dar conștiința persistă, pentru că este o însușire a spiritului – consecința unei vaste învățături dobândite în lunga serie de existențe prin care a trecut. Așadar, spiritul trăind veșnic, existența conștiinței omenești nu depinde de sistemul cerebrospinal, după cum un artist nu depinde de vioara sa. Este adevărat că spiritul sau conștiința – asemenea muzicianului – are nevoie de un instrument, pentru a se exprima în lumea fizică, şi că această manifestare va fi cu atât mai fidel şi mai admirabil redată, cu cât instrumentul – sistemul cerebral, va fi mai bine organizat.

Entitatea spirituală, asemenea trupului, are o vârstă. Există spirite tinere şi altele bătrâne, însă nu există un paralelism între trup şi spirit în privința vârstei trupului. Evident, când spiritul a fost trimis de Tatăl ceresc în lume, pentru a cunoaşte şi învăța, era la începutul carierei sale evolutive. Milioane de secole s-au înşirat, şi el – peregrinând prin diferite planete, sisteme solare şi universuri – s-a ridicat în înțelegere şi putere, devenind tot mai bun cunoscător a tot ce a creat Ființa supremă.

Cu alte cuvinte, după cum există o evoluție a formelor de viață minerală, vegetală, animală şi umană, tot astfel există o continuă şi veşnică evoluție pentru spirit.

La început, viața se arată – cel puțin pentru globul nostru – prin ființe infinit de mici şi extrem de simple, care în decursul miliardelor de ani s-au dezvoltat, prin evoluție, spre forme tot mai complicate, sfârşind cu omul. Nu există niciun motiv să credem că această evoluție nu va continua mereu în veacurile următoare, apărând noi forme de plante, animale şi oameni.

Revin încă o dată asupra ideii de evoluție. Există două serii de evoluții: evoluția corpurilor sau a formelor, şi evoluția spiritului care animă aceste forme. Am văzut din rândurile precedente că pe măsură ce spiritul se ridică la o conştiință mai înaltă, caută să conducă o formă mai perfecționată, mai subtilă şi mai bine organizată. Grație acestor forme superioare, contactul spiritului cu lumea înconjurătoare este mai profund, iar manifestările sale sunt mai fidel exprimate.

Entitatea spirituală îşi câştigă din lumea exterioară înțelegerea, iluminarea, grație unei puteri aflate în stare latentă, potențială, în scânteia divină. Am putea compara facultățile spiritului cu facultățile acumulate într-o sământă. De exemplu, în sământa de stejar sunt cuprinse toate calitățile acestei plante. Mărimea copacului, forma frunzelor, a florilor, fructelor, toate calitățile plantei sunt strânse, comprimate în sământă. Ele nu aşteaptă decât mediul propice de dezvoltare, pentru a se transforma într-un falnic copac.

Tot astfel, spiritul caută mediul corespunzător dezvoltării facultăților sale. Acest mediu este forma pe care prin vibrațiile sale o va perfecționa din ce în ce mai mult. Dar pe când sământa se dezvoltă în câțiva ani, spiritul îşi pune în valoare toate puterile şi facultățile într-un timp deosebit de mare, de miliarde de secole. Pentru ca această dezvoltare să aibă loc, spiritul colindă din trup în trup, din ce în ce mai fin, mai mlădios, mai bine alcătuit.

Sistemul cerebrospinal, format din numeroase celule nervoase, cu numeroase ramificații protoplasmatice şi sinapse nervoase, este un instrument care primeşte impresii din afară şi le transmite sufletului. În starea de veghe a trupului, spiritul, conducătorul trupului, prin intermediul sistemului cerebrospinal şi al sufletului, culege mereu informații, învățăminte, pe care le adună în nepieritoarea sa comoară de cunoştințe. Dar conştiința stării de veghe, din timpul zilei, este numai un episod din conştiința omenească. Noaptea, evadând din corpul fizic, spiritul are o putere de înțelegere mai mare, expresia sa este mai luminoasă, deoarece nu mai este îngrădit de trupul dens, nu mai are datoria să lumineze conştiința acestuia. Prin urmare, conştiința este atributul spiritului şi persistă după părăsirea temporară sau definitivă a corpului fizic, fiind mai luminoasă decât atunci când spiritul era prizonier trupului.

Micuțul copil este micuț numai cu trupul, căci nu se știe ce forță spirituală, ce talent, ce geniu zace în el în stare latentă. Cine știe ce conștiință puternică așteaptă momentul să-și dezvolte instrumentul fizic, pentru a-și manifesta puterea de înțelegere, culeasă în milioane de veacuri prin alte vieți, petrecute pe acest glob și pe multe altele.

Reîntruparea este actul spiritului de a îmbrăca în decursul secolelor, rând pe rând, trupuri noi. Fenomenul acesta arc loc în tot universul, în natura întreagă, nu numai în regnul uman. Pretutindeni unde vedem o formă viețuitoare, să fim siguri că există un spirit închis în acea formă, un spirit aflat pe drumul evoluției, al perfecțiunii. El se servește de această formă fizică pentru a câștiga cunoștințe și experiență, pentru dezvoltarea voinței și învățarea iubirii.

Trupul uman fiind un instrument dintre cele mai perfecționate de pe pământ, permite spiritului manifestările cele mai înalte, neîntâlnite în regnurile inferioare. La nici un viețuitor nu găsim un centru nervos mai complex alcătuit decât la om.

Când studiem natura, vastul plan al universului, observăm cum conservarea formei nu are nicio importanță, cum natura nu face economie de forme. Moartea este pretutindeni. Nenumărate corpuri fizice se distrug pentru ca din materia lor să se formeze alte corpuri, în care să vină să-și facă școala vieții un nou spirit. Natura distruge formele, fără nicio milă, dar entitățile spirituale care le utilizează, existând mereu, păstrează toate amintirile, toate facultățile, după moartea corpului fizic, facultățile manifestându-se mai departe, când spiritul va trece în alt corp. De aici tragem concluzia: reîntruparea este trecerea unor ființe conștiente nepieritoare, într-un alt corp fizic, potrivit stadiului lor evolutiv, proces prin care spiritul, ființa conștientă, va lua mai departe cunoștință de fapte și lucruri din lumea fizică, le va analiza și va trage învățăminte.

Din acest punct de vedere, Pământul – ca și universul întreg – este o vastă școală. Într-adevăr, natura este destinată să ofere ființelor viețuitoare experiențe de tot felul, pentru a le stimula în dezvoltarea lor, formând astfel o succesiune infinită, din care regnul fizic cunoscut nu formează decât o mică parte.

După cum un școlar care se duce în fiecare zi la școală învață, face experiențe și se ridică dintr-o clasă în alta, entitatea spirituală coboară de multe ori pe pământ, la marea școală a vieții, pentru a învăța, a suferi, a dobândi experiență și a se ridica mereu, din treaptă în treaptă, către spiritualitate.

La începutul evoluției noastre omenești, eram sălbatici, deoarece puterile noastre morale și intelectuale abia erau trezite. După ce am parcurs mai multe vieți în aceste condiții primitive, ne-am ridicat puțin mai sus, ne-am dezvoltat încet facultățile mentale și moralitatea, și ne-am născut într-o civilizație ceva mai avansată. În aceste întrupări diferite am suferit mult, pentru că am fost perverși, pasionați și câteodată criminali. Dar pe măsura trecerii secolelor, după ce am semănat destul rău, vocea conștiinței noastre a început să se facă auzită din adâncul tainic al ființei noastre, evitând astfel să mai facem acțiuni rele. Din acest moment, ne-am născut într-o țară civilizată.

Pe măsura înmulțirii întrupărilor, ne ridicăm facultățile intelectuale și moralitatea, grație disciplinei și presiunii legilor sociale. Suntem încă neștiutori, capabili de a face și câte o faptă grosolană, și cu toate acestea ne ridicăm mereu, pe scara binelui și a perfecțiunii.

Viețile trec astfel unele după altele, fiecare aducând bucurii şi dureri, circumstanțe favorabile şi obstacole de tot felul, succese şi nereuşite – toate având scopul de a ne face să ajungem ființe care posedă cunoştințe cât mai multe despre viață, cu experiențe felurite şi o inteligență vastă. Treptat începem să gândim, să reflectăm, înainte de a porni la o acțiune, nemailăsându-ne târâți de sentimente nerezonabile, de pasiuni sau de impulsul momentului.

Pentru a profita de observațiile, suferințele, piedicile şi seria întreagă de dureri şi bucurii ale vieții terestre – care ne duc, vrând-nevrând, pe drumul unei evoluții lungi, lente, penibile – este necesar să ne retragem departe de pământ, în mijlocul unor noi condiții, cele ale lumii invizibile. După fiecare reîntrupare, pentru a face bilanțul, pentru a cântări faptele, vorbele, percepțiile, sentimentele, bucuriile şi durerile noastre, ne retragem în lumea cerească, fiecare în sfera de care aparține. O imagine palidă a acestei retrageri ar fi aceea a negustorului care toată ziua s-a străduit în prăvălia sa, pentru bunul mers al afacerilor, şi seara se retrage cu condicile acasă, să facă socoteala zilei respective: cât a vândut, cât a cumpărat, cât are de plătit şi de încasat.

În urma analizelor efectuate în sferele superioare ale atmosferei fluidice terestre, ni se dezvoltă facultățile mentale, creşte simțul nostru moral, spiritualitatea ni se deşteaptă. Deoarece am dobândit în numeroasele noastre vieți, în lumea civilizată, o sumă de experiențe, suntem pe cale de a deveni gânditori mai profunzi şi ocupăm o situație – relativ importantă, pe scara socială. Unii dintre noi sunt mai avansați, fiind cunoscuți de lume ca guvernatori ai civilizației, fie prin splendoarea inteligenței lor, fie prin frumusețea caracterului lor moral, ori prin profunzimea viziunii spirituale.

În toată această cale lungă – de mii, de zeci de mii de secole – nu există favoritism; scopul este creşterea şi dezvoltarea conştiinței. Starea atinsă de unii o vor atinge şi alții în viitor, dacă vor şti să utilizeze experiențele lor din trecut. Unii sunt înaintați şi au mai multă putere, pentru că evoluția lor a început mai demult şi au o experiență mai bogată. Să nu ne mâhnim când vedem că unii dintre colegii noştri sunt în clase superioare, pentru că vom ajunge şi noi acolo; e vorba numai de timp.

Înaintea noastră sunt spirite bătrâne, iar în urma noastră vin spiritele tinere, şi acest lanț merge la infinit. Pe când milioane de entități spirituale trec dintr-o clasă în alta, pentru a ajunge scopul final – perfecțiunea divină, alte milioane urmează mereu pe urmele lor. Astfel, la lumina reîntrupării, putem să ne reprezentăm umanitatea urcând o imensă scară, al cărei capăt inferior se scufundă în începutul obscur al primilor paşi, şi al cărui capăt superior se pierde în gloria Tatălui divin. Nu cunoaştem lungimea acestei scări, dar aceasta n-are nicio importanță; ceea ce e important este faptul că ne găsim acum pe una dintre treptele ei şi că locul nostru în urcuşul acestei scări ni-l arată iubirea, moralitatea, cumințenia, voința şi inteligența de care dăm dovadă.

Marii bărbați şi marile femei ale acestei lumi, prin viața şi prin efortul lor, nu sunt decât exponenții unor experiențe, a unei lungi serii de reîntrupări. Individualitatea noastră este totdeauna aceeaşi, cu toate că putem să îmbrăcăm un trup masculin într-o întrupare, şi un trup feminin în alta. Aceasta, pentru a armoniza şi completa evoluția noastră.

În fiecare întrupare avem un corp fizic diferit, un nume diferit, părinții noştri pot fi entități spirituale diferite, dar aceste schimbări nu ne împiedică deloc să ne păstrăm individualitatea. În momentul naşterii în lumea fizică, entitatea spirituală nu iese dintr-un ocean de viață, cum o cred unii filosofi, iar moartea biologică nu ne face să ne pierdem sentimentul existenței individuale.

Entitățile spirituale n-au sex, dar planul evoluției stabileşte un sex corpului nostru fizic, generând familia, căminul, responsabilitatea pentru copii, sacrificiul personal, relațiile de afecțiune prin care temperamente diferite vin în contact – întâlnirea lor având o mare valoare educativă.

Trupul nostru are nevoie de hrană, de îmbrăcăminte şi de locuință, iar eforturile depuse pentru obținerea acestor bunuri materiale au dus la dezvoltarea civilizației. Astfel s-a dezvoltat forța fizică, morală şi mentală a oamenilor. Locuitorii zonelor cu o climă caldă, tropicală – unde natura oferă gratuit tot ce este necesar omului – sunt leneşi şi necivilizați. Creşterea şi dezvoltarea noastră este mai rapidă când circumstanțele exterioare ne forțează să gândim şi să lucrăm pentru a supraviețui. Suntem cu atât mai favorizați, cu cât viața ne este mai activă; evoluăm cu atât mai repede, cu cât viața ne este mai dificilă, trecută prin dureri.

Mecanismul vieții umane este astfel alcătuit de Guvernatorul sistemului nostru planetar, ca omul să-şi croiască singur calea prin noianul nevoilor vieții. Este adevărat că e păzit, condus în mod nevăzut, sfătuit mental pe ce drum să apuce, dar în definitiv omul are liberul său arbitru. Ferice de sufletul său, dacă va lua calea cea dreaptă a moralității, a cinstei şi a iubirii. Vai de viața sa viitoare, în noua sa întrupare, dacă se va abate de la destinul ales de el, pe când se afla în lumea invizibilă.

Metodele noi de educație au demonstrat că cel mai bun mijloc de a dezvolta inițiativa şi inteligența copilului este de a-l lăsa la propria lui judecată, oferindu-i prilejul de a-şi exercita singur facultățile. Spunându-i totul, explicându-i totul, i se poate dezvolta memoria, dar în rest copilul rămâne de o slăbiciune de plâns. Ceea ce este adevărat pentru dezvoltarea şi educația unui copil, este adevărat şi corespunde şi şcolarului vieții terestre. Aplicând principiile de mai sus, înțelegem pentru ce sunt necesare obstacole de tot felul în cursul vieții şi pentru ce chiar greşelile noastre sunt indispensabile progresului nostru spiritual.

Reîntruparea nu înseamnă că spiritul omului renaşte într-un trup de animal. Această credință a fost răspândită în popor de preoții egipteni, asirieni şi indieni, ca o sperietoare pentru omul imoral şi redus mental. Ea nu corespunde adevărului. Este absurd să credem că o ființă omenească – înzestrată cu o simțire aleasă, cu un simț moral şi inteligență superioară – să se nască într-un trup de animal imoral şi neinteligent. Cu ce ar contribui la evoluția generală o asemenea întrupare? Toate faptele naturii au un scop determinat – evoluția, regulă de la care nu poate face excepție nici reîntruparea.

Legea reîntrupării nu cere ca noi să ne naştem imediat după moarte, cu toate că se poate întâmpla, în unele cazuri, ca ea să se facă în minutele următoare părăsirii trupului. În această privință s-au citat cazuri când o persoană a murit, şi-a părăsit trupul uzat de boală sau distrus printr-un accident, şi s-a reîntrupat imediat în trupul unui copil în agonie. Spiritul copilului s-a desprins de trupul său fraged şi imediat i-a luat locul un spirit, care şi el îşi părăsise reşedința carnală.

Asemenea cazuri de reîntrupări pripite sunt rare, provenind din ignoranță, nesupunere la reguli şi dintr-o dorință vie de a mai trăi în lumea cărnii.

În revelațiile făcute de entitățile spirituale de înaltă evoluție, se spune că perioada dintre moarte şi naşterea viitoare poate fi extrem de scurtă – când e vorba de un sălbatic. Cu cât spiritul este mai evoluat, cu atât timpul şederii sale în spațiu este mai mare. Ea se poate prelungi la marile Lumini ale spațiilor globului nostru, la mii de ani. Perioada medie, generală, între două întrupări este de aproximativ două sute de ani. Repet însă că acest interval este variabil, din diferite motive. Astfel spiritul poate să dorească o ascensiune spirituală mai rapidă – prin suferința vieții trupeşti. Poate dori coborârea în lumea fizică mai devreme, pentru a repara nedreptățile comise. De aceea nu se poate da o regulă generală.

Ideea reîntrupării displace multor oameni, la gândul că iarăşi va trece prin ignoranța copilăriei, greşelile tinereții, slăbiciunile maturității şi neputința bătrâneții, trecând din nou prin şiroaiele lacrimilor, prin seria durerilor fizice şi morale. Dar oricâte neplăceri încearcă omul, oricât de îngrozitoare ar fi perspectivele noii vieți, nu se poate înlătura legea reîntrupării, stabilită în natură de Creatorul lumilor.

Istoria depune mărturie cât de greu îşi face drum legea evoluției, cu câtă batjocură şi ironie au fost întâmpinate noile idei ştiințifice, filosofice sau artistice. Totdeauna ideile noi au întâmpinat o mare opoziție şi o dârză neîncredere. Este firesc ca şi ideea reîntrupării să fie respinsă la început, mai cu seamă când nu se acordă atenție şi bunăvoință în examinarea faptelor. Dar oricare ar fi părerea unora sau a altora, ea este şi va rămâne în veci o lege divină.

Aversiunea pe care omul o resimte la ideea reîntrupării provine din faptul că spiritul său are conştiința deplină a greutăților vieții de pe această planetă. Cu alte cuvinte, nu îi displace ideea reîntrupării în sine, ci îi displace reîntoarcerea pe pământ, în lumea încercărilor şi a suferințelor. Această perspectivă este adevărata cauză a antipatiei pe care o manifestă omul față de reîntrupare.

Omul nu consideră viața ca un mijloc, ca un teren favorabil dezvoltării spiritului, ci o apreciază totdeauna după măsura în care şi-a satisfăcut dorințele, ambițiile sau după cât s-a distrat. Cum viața nu abundă în aceste fericiri dorite, şi în locul lor avem parte de suferință, de muncă grea, de mâhniri – care nu au alt scop decât de a ne învăța repede şi bine – suntem determinați să refuzăm reînceperea vieții pe această planetă. Da, am accepta, dacă am fi siguri că la revenire nu vom mai trece prin suferință şi ne vom bucura de modalități mai fericite ale vieții terestre, de a vedea toate dorințele noastre împlinite. Cu toate acestea, să nu uităm că experiențele cele mai greu de suportat ne fac să învățăm cele mai mari lecții ale vieții, că suferințele şi nereuşitele noastre, care ne deprimă, reprezintă o forță foarte puternică, o lumină vie pentru viitor, pentru viața următoare. Atunci vom vedea revenirea pe pământ sub un alt aspect.

Dacă ne gândim numai la plăcerile noastre, reîntruparea este o perspectivă tot atât de neplăcută ca şi aceea de a parcurge din nou anii lungi de studiu prin şcoală. Dar dacă ştim că prin revenirea noastră urcăm treptele care ne duc la lumina înțelegerii şi la puterea divină, că revenind în lume, putem fi utili acesteia, contribuind la fericirea semenilor, ideea reîntrupării ne umple de entuziasm şi ne insuflă voința de a reveni. De altfel, trebuie să ştim – iar dacă nu vrem, viața ne-o va demonstra – cele mai multe dureri omeneşti provin din faptul că nu ascultăm de anumite principii morale. Când vom şti să ne conducem în lume astfel ca faptele noastre să fie în rezonanță cu armonia universală, vom culege rezultate fericite.

* * *

Marele scop al reîntrupării este educația. Din acest motiv ne naştem mereu pe pământ, nu pentru că am fi siliți de cineva, ci pentru că entitatea spirituală – în timpul şederii sale în spațiu – înțelege legile divine care guvernează în univers, înțelege legea evoluției şi necesitatea ascensiunii spiritului pe scara infinită a spiritualității. Ne întrupăm mereu, pentru că Divinul a sădit în esența noastră, în scânteia divină, dorința neînfrânată de a ajunge la picioarele Celui care ne-a chemat la viață.

Entitatea spirituală doreşte să revină mereu în materia fizică pentru a învăța, pentru a se lumina şi purifica. Cel care trăieşte pe pământ, uitând de legile din spațiu, nu doreşte să revină pe pământ, el simțind doar că s-a săturat de atâta muncă şi amar.

Într-adevăr, omul care a mâncat, şi încă prea mult, nu se mai gândeşte la mâncare. De aceea, la finele unei întrupări terestre e de aşteptat să nu mai dorim reîntruparea. Această dorință nu se naşte în prima perioadă a şederii noastre în spațiu, pentru că avem nevoie de un răgaz, timp în care entitatea spirituală înțelege noua condiție de existență, cunoaşte scopul venirii sale acolo şi a vieții sale terestre.

Conştiința spiritului întrupat este mărginită de corpul fizic, şi această conştiință devine splendidă, extinsă, când nu mai este limitată de acest corp. Între aceste două condiții – de duh întrupat şi duh liber – există un spațiu de timp, în care entitatea spirituală îşi ia un avânt deplin şi intră în posesia conştiinței sale luminoase. Iată de ce în prima perioadă a existenței sale în spațiu, entitatea spirituală se cutremură la ideea unei noi reîntrupări în întunericul şi zbuciumul vieții terestre.

Puterea, înțelepciunea şi forța caracterului sunt rezultatul unei educații de secole şi nu urmările unui destin capricios. Cunoaşterea legilor şi principiilor care conduc universul se dezvoltă încet, pe parcursul timpului infinit. Prima şcoală a spiritului-om se face la suprafața corpurilor solide, pe pământ, în lumea fizică. Aşadar, ne trebuie multe corpuri ca să ne ridicăm la o înțelegere din ce în ce mai înaltă, mai profundă, şi prin urmare, avem nevoie de multe vieți, serii nenumărate de reîntrupări. Pe parcursul lor, se deşteaptă facultățile mentale ale spiritului, întocmai cum se luminează şi se manifestă inteligența copilului, pe măsură ce el creşte.

Scopul vieții este de a dezvolta puterile noastre, care zac latente, embrionar, în spirit. Cu alte cuvinte, avansarea spiritului nu provine din adăugarea a ceva nou, ci pune în valoare predispozițiile spiritului, grație experiențelor făcute în infinitatea timpului.

Se petrece cu noi exact ceea ce se petrece cu sământa, care fiind pusă în pământ ca să germineze, dezvoltă ceea ce era deja creat în ea, grație acțiunii mediului înconjurător asupra sa. Existența fizică are ca scop stimularea facultăților latente ale spiritului.

Spiritul conține potențial forțe deosebite, grație cărora vom poseda în viitor puteri şi cunoştințe infinite. Prin urmare, viața noastră terestră are ca scop acumularea de experiențe, care la rândul lor vor dezvolta facultăți – din ce în ce mai numeroase şi mai puternice – de care ne vom servi în diferitele lumi pe unde vom trăi.

Dacă vecinul are o virtute sau o calitate prețioasă pe care noi nu o posedăm, nu înseamnă că el a primit mai mult decât noi, doar că el şi-a dezvoltat această calitate mai devreme decât noi. Dacă vrem să fim şi noi ca el, nimic nu ne împiedică să depunem eforturi, prin care vom scoate din adâncul scânteii noastre divine acea calitate.

Talentul unui artist, armoniile divine percepute de un muzician inspirat, spiritul lucid şi răbdător al unui savant, profunzimea gândirii unui filosof, toate aceste calități şi multe altele se pot dezvolta în noi, şi aşteaptă momentul să le scoatem la iveală, prin magia voinței noastre.

Evoluția spiritului, a scânteii divine este fără sfârşit. Evoluția formei este o funcție a lumii fizice, dar nu este singura. Lumea noastră şi altele au ca scop înflorirea conştiinței până ajunge în Preajma Celui veşnic. Evoluția materiei se produce lent, în timpuri incomensurabile, pentru a transforma eterurile în atomi, atomii în materie minerală, materia minerală în materie vegetală, materia vegetală în materie animală sau umană, materia umană în materie angelică.

Într-un timp care se pierde în negura unui trecut infinit, am părăsit sediul nostru sublim, Cerul, pentru a stăpâni materia oferită de Creator. Atunci ne-am început evoluția în sistemul material. La început ne era foarte greu să punem materia în vibrație. Conştiința noastră era redusă şi puterile ei foarte slabe pentru a înțelege ceva din lumea materiei. Cu trecerea timpului, încetul cu încetul, am dublat materia voinței noastre, şi acum – când am atins stadiul de om – avem capacitatea de a înțelege vibrațiile fizice şi de a ne impune voința asupra trupului nostru. Mai mult chiar: am început să înțelegem vibrațiile lumii astrale şi să dominăm puțin corpul nostru emoțional. Dar umanitatea încă nu cunoaşte nimic din regiunile spirituale ale patriei noastre cereşti.

Aici, la şcoala Pământului, avem trupuri tinere şi bătrâne, a căror vârstă se socoteşte după anii scurşi între leagăn şi mormânt; de asemenea, avem spirite tinere şi bătrâne, al căror câmp de viață este mai vast şi cuprinde mii de reîntrupări pe pământ. Dar luat ca element esențial al naturii, spiritul este fără măsură, fără vârstă şi fără limită. El va fi făuritorul noilor lumi în veşnicia ce va veni.

Cel mai înalt ideal visat, cele mai vaste şi radiante puteri dorite există în noi. Pentru a le obține, este inutil să întrebuințăm chemări şi rugăciuni; trebuie să lucrăm ca să le dezvoltăm, întocmai după cum exersăm la pian ore în şir, pentru a câştiga uşurința de a ne exprima simțirea prin clapele lui. Suntem întocmai ca omul aflat lângă o comoară ascunsă sub pământ. Ea nu iese din locul unde a fost pusă; trebuie să muncim, săpând pământul, până ce o scoatem la iveală. Dar pentru a câştiga înțelepciunea, trebuie să culegem din grădina lumii florile durerii şi plăcerii, ale iubirii şi urii, ale acțiunii şi inerției, ale succesului şi insuccesului, ale veseliei şi tristeții, ale păcii şi neliniştii. Vom creşte pe măsură ce vom stăpâni aceste forțe contrare, şi vom ajunge cu timpul să mergem cu un pas sigur în mijlocul furtunii vieții.

Când ne naştem, natura nu caută decât un singur lucru: educația noastră. Ea nu încearcă să ne distreze, ci caută să ne dezvolte spiritul prin fel şi fel de experiențe. Natura ne oferă din sânul ei învățăminte valoroase, care ne lărgesc înțelepciunea. În general, suferința – considerată de lume o nenorocire – este un excelent răscolitor al spiritului coborât în materie, un excelent antrenament pentru dezvoltarea facultăților spirituale.

Azi începem să înțelegem că educația adevărată nu se mărgineşte la învățarea diferitelor ramuri de cunoştințe – filologie, matematică, ştiințele naturii, filosofie etc. – care nu pot stimula decât facultățile intelectuale. Educația adevărată este făcută de natura care armonizează caracterul, întăreşte simțul moral, încurajează emoțiile generoase, disciplinează inteligența, deşteaptă puterea voinței şi dezvoltă capacitatea de a simți Prezența divină. Lumea fizică este singura şcoală unde se studiază întregul program. Creația este o vastă universitate, minunat organizată, pentru progresul miliardelor de ființe viețuitoare, care locuiesc suprafața, interiorul şi atmosfera planetelor. Toate observațiile şi experiențele noastre – mari sau mici – fac parte din acest studiu. Dar nu suntem cu toții în aceeaşi clasă, şi nu învățăm aceeaşi lecție, entitățile spirituale având vârste diferite.

Toate ființele viețuitoare, oricare ar fi – un atom, un microb, o plantă, un animal, un om, ori un înger – vor întâlni în şcoala lumii lucruri de observat şi experiențe de făcut, care îi vor duce cu un pas mai departe pe drumul evoluției. Din nefericire, nu toți sunt convinşi de acest adevăr.

Avem impresia că în alte lumi, în alte medii, progresul nostru ar fi mai rapid, şi nu vedem, nu înțelegem că împrejurările vieții de aici, din viața actuală, ne invită să învățăm multe lucruri pentru a ne ridica. Din diferite motive, prea puțini dintre noi ştiu să profite de învățămintele vieții cotidiene. Numai când suntem doborâți de încercări amarnice, învățăm câte ceva. De aceea avem nevoie de multe vieți, pentru a învăța să distingem binele de rău. Am putea înțelege această deosebire într-o vreme mai scurtă, dacă ne-am sili să facem acest discernământ, dar ne târâm viața în voia întâmplării, şi când încercăm o amărăciune, aruncăm vina pe soarta noastră ticăloasă.

Alergăm toată ziua, încoace şi încolo, ca şi copiii după fluturi strălucitori, şi atenția superficială nu ne permite să ne însuşim lecțiile profunde, prezentate de împrejurările vieții terestre.

Divinitatea a orânduit lucrurile de aşa natură încât să învățăm perfect, contrar ignoranței şi inconştienței noastre. Ea a dispus ca aceeaşi lecție să se repete în fiecare zi, în fiecare an, în fiecare viață, pentru ca înțelesul ei să ne lumineze odată şi odată spiritul. Când nu suntem atenți sau nu vrem să ne însuşim o lecție, ni se impune prin suferință, pentru a reține atenția noastră dispersată; alteori, lecția este însoțită de o plăcere captivantă, pentru a excita dorința noastră. Cu o răbdare sublimă, mama iubitoare întrebuințează mângâieri pentru a-şi face copilul ascultător, cuminte.

Dacă am fi elevi buni, viețile noastre ar fi mai puțin întunecate de suferință, dar pentru că nu ascultăm vocea interioară a conştiinței, pentru că nu acordăm atenție actelor noastre, vine durerea, bate la poarta vieții, pentru a ne face ascultători. Dacă am fi mai hotărâți să învățăm, dacă am culege cu plăcere din fiecare eveniment o învățătură, dacă am vrea să ne asociem cu dragoste evoluției şi să colaborăm cu Divinitatea – în loc să ne încăpățânăm să rezistăm şi să ne revoltăm, creşterea noastră ar fi rapidă şi fericirea mai constantă.

Vom cunoaşte măreția vieții când ne vom aminti de experiențele din trecut, când vom vedea legăturile care le unesc, când vom poseda înțelepciunea, când vom şti sensul profund şi scopul spiritual al evenimentelor din viață, de atâtea ori repetate. Aşadar, înțelepciunea este esența descoperirilor, cunoştințelor şi experiențelor, distilate prin filtrul suferințelor.

Dacă am cerceta esența materiei noastre şi am studia neîncetat gândurile şi sentimentele noastre secrete, am vedea că cele mai multe din dureri sunt cauzate de egoismul nostru, de dorința arzătoare de a poseda lucruri şi ființe. Egoismul este tendința de a strânge avere, de a face din eul nostru personal centrul universului. În spațiu, când ne legănăm pe undele eterice, spiritul ştie că suntem uniți cu toate ființele, dar când această înțelegere curată este întunecată de corpul fizic pe care-l îmbrăcăm, simțul nostru de unitate se limitează la cercul strâmt al trebuințelor şi dorințelor noastre, transformându-se în egoism.

În timpul când roata vieții şi a morții se rostogoleşte, suntem nevoiți să lărgim hotarele egoismului nostru individual, pentru a cuprinde în el şi familia. Vom munci pentru soția şi copiii noştri, căci înțelegem în mod clar că ei sunt uniți cu noi. Cu vremea, stabilim legături cu prieteni, consacrându-ne şi lor, cu aceeaşi dragoste cu care ne-am dăruit familiei noastre. Mai târziu, în acest egoism colectiv vom cuprinde națiunea noastră şi, în fine, omenirea întreagă. Astfel, încetul cu încetul, egoismul se transformă în altruism. Marii Luminători ai lumii au atins acest nivel, pe care îl vom ajunge cu toții în veacurile viitoare.

Încă nu am ajuns la acest nivel sublim de spiritualitate; cu toate acestea, spiritele noastre sunt foarte bătrâne şi în adâncurile conştiinței noastre sunt înscrise toate amintirile unui trecut trăit în alte țări şi în alte trupuri. De multe ori am iubit, dar de multe ori, orbiți de pasiunile noastre, în timpul furtunoaselor noastre întrupări, am urât, am luptat, am ucis, cu inima plină de mânie. De multe ori durerea ne-a sfâşiat inima la moartea trupurilor celor dragi nouă, şi cu toate acestea, mereu ne-am întâlnit cu aceste ființe scumpe, cu care am trăit şi lucrat în alte întrupări. Dar în acelaşi timp, ne-am întâlnit şi cu cei pe care i-am urât, jefuit sau omorât.

De aici trebuie să înțelegem că este o absurditate să-i tratăm drept păgâni pe cei care nu adoră Divinitatea în acelaşi mod ca noi, cu acelaşi ceremonial, în aceeaşi limbă şi sub acelaşi nume. În alte vieți şi sub alte orizonturi am avut naționalitatea şi am iubit şi venerat Divinitatea sub numele şi cultul celor pe care acum refuzăm să-i recunoaştem ca frați.

Ce nebunie – să-i disprețuim pe cei mai puțin dezvoltați decât noi; ei sunt frații noştri tineri, care încep să învețe lecțiile vieții, cunoscute deja de noi. Ce îngustime de spirit – să-i desconsiderăm pe cei care au un trup de o culoare diferită de a noastră; pentru că şi noi am trăit în aceste rase, şi nu se ştie dacă nu ne mai mână destinul, ca trimişi ai Divinității, ca misionari, în mijlocul acestor frați ai noştri, pentru că în plan spiritual toți oamenii sunt la fel şi toți suntem frați.

Cunoscând adevărul reîntrupării, nu am mai râvni la bunurile şi însuşirile altora, nu ne-am mai mâhni că alții au şi noi nu avem. Astfel, ce nu avem azi, în această viață, vom realiza în viitor cu muncă, răbdare şi încredere în puterile noastre spirituale, căci Tatăl – binecuvântat fie numele Său – oferă bogățiile Sale celui ce stăruieşte.

Nu există țel, oricât de îndepărtat, pe care să nu-l putem atinge prin eforturi repetate, sacrificii, renunțări, chiar dacă pentru reuşită avem nevoie de mai multe existențe sau întrupări.

* * *

Entitatea spirituală inferioară nu-şi poate determina locul şi părinții viitoarei sale întrupări, pentru că ea nu este destul de avansată ca să poată face alegerea cu discernământ.

Spiritele superioare care au această misiune – observând gradul de inferioritate al spiritului candidat la întrupare – decid şi îl trimit, aproape fără voia sa şi inconştient, într-un anumit mediu prielnic pentru avansarea sa.

Spiritele evoluate nu mai au nevoie de această tutelă sau impuls de la spate, ci singure – când sunt în spaţiu – îşi aleg locul pe care-l consideră potrivit dezvoltării unor anumite facultăţi ori reparării unor greşeli făcute în viaţa terestră anterioară.

În general, locul naşterii este determinat de iubirea sau ura contractată altădată pe pământ. Iubirea este un fel de legătură magnetică între fiinţele ce s-au iubit cu mare foc. Deşi separate, una fiind în lumea fizică, alta în lumea spaţiilor, duhurile se cercetează noaptea, se iubesc mai departe şi caută să se apropie în viitoarea viaţă pământească, după cum se caută şi trăiesc împreună în Cer. Această legătură le determină să revină pe pământ, sub diferite aspecte – ca părinţi şi copii, ca fraţi, soţi, amanţi, rude sau prieteni. Este posibil ca relaţiile lor fizice să se schimbe la fiecare reîntrupare, în scopul întăririi cât mai puternice a legăturii de iubire dintre ele.

Reîntruparea spiritului uman poate să se facă în trupuri diferite ca sex; într-o viaţă fiind bărbat, în alta femeie. Progresul pare a fi mai accentuat când un spirit a avut o serie de reîntrupări într-un sex, urmată de o altă serie într-un alt sex, şi aşa mereu, pe cărarea lungă a evoluţiei noastre. În general, după 6-7 reîntrupări, trecem în trupuri de sex opus. Aceste forme sexuale sunt determinate de nevoile avansării noastre ori ale reparaţiilor de îndeplinit. Este clar că bărbatul are o serie de calităţi – vigoare fizică, voinţă, curaj, iar femeia are alte calităţi – răbdare, sensibilitate etc. În funcţie de necesitatea dobândirii uneia dintre aceste calităţi, spiritul e nevoit să se reîntrupeze într- un trup masculin ori feminin.

Şirul reîntrupărilor pe pământ se face până ce spiritul şi-a însuşit tot ce putea învăţa, cerceta şi observa pe această planetă. Când termină şcoala acestui glob pământesc, entitatea spirituală se reîntrupează pe o altă planetă, de un grad superior, unde aerul, apa, mediul, viaţa în general, se prezintă în condiţii superioare. Aici, spiritul va avea posibilitatea să înceapă o altă serie de experienţe, de studii, care îl vor duce la cunoştinţe mai înalte.

Argumente aduse în sprijinul legii reîntrupării

Toate afirmaţiile referitoare la revenirea spiritului uman în corpuri fizice noi nu prea pot convinge pe omul care aude pentru prima oară de acest fapt. Pe buzele tuturor se va naşte întrebarea: „Care este dovada că într-adevăr spiritul revine pe pământ, în chip uman, în carne şi oase, pentru o nouă viaţă terestră?"

Într-adevăr, problema este de cea mai mare importanţă, pentru că se referă la existenţa noastră, la spirit, şi merită toată osteneala pentru a face să pătrundă acest adevăr în mintea oamenilor.

Înainte de a arăta seria de argumente care pun într-o lumină deplin convingătoare adevărul legii reîntrupării, voi expune mai întâi câteva obiecţii la adresa acestui adevăr.

S-a afirmat: „Spiritul uman poate să avanseze şi în cer, fără a mai fi nevoie să revină pe pământ, în trup". După afirmaţiile teologilor diferitelor biserici, rezultă că dacă omul a trăit pe pământ conform anumitor precepte, când va muri, spiritul său se va duce în cer şi acolo va trăi până la judecata cea din urmă. Nu ni se spune nimic despre activitatea omului, atâtea şi atâtea milioane de ani. În ce stare se găseşte el acolo? Rămâne cu aceleaşi cunoştinţe şi conştiinţă ca pe pământ? Ni se răspunde: „El îşi duce acolo viaţa, prosperând mereu spre perfecţiune". Dar cum – nu ni se arată.

Noi, spiritualiştii, afirmăm: în Cer, omul face studii de ordin spiritual, dar evoluţia cere studii şi în sânul materiei fizice. Aici, pe globul acestei planete sau pe alte globuri similare, se îndeplineşte progresul, mai ales cel moral, pentru motivul că în Cer nu există atâtea tentaţii ca pe pământ, şi deci, aici pe pământ avem ocazii să ne dezvoltăm forţele, caracterul moral şi discernământul nostru mental. În Cer trecem în revistă faptele de la naşterea şi până la moartea noastră biologică. În Cer nu mai există afaceri ori zbuciumări politice, care să-l preocupe pe om şi să-l facă să-şi dezvolte facultăţile mentale. Acolo nu există decât probleme înalte, precum cele ale evoluţiei spiritului, fizica şi chimia fluidelor, creaţia, pe care puţini din oamenii sosiţi în Cer sunt capabili să le analizeze şi cerceteze pe deplin. Cei mulţi, infinit de mulţi, nu simt nicio atracţie spre asemenea analize şi nici nu sunt în stare să le înţeleagă, deoarece conştiinţa şi evoluţia lor sunt abia la început.

Să presupunem că am lua nouă părţi din populaţia globului terestru şi le-am duce într-o parte a universului unde nu există afaceri, jurnale, cărţi, teatru, cinematograf, călătorii, politică; într-un loc unde nu au posibilitatea să mănânce, să bea, să doarmă, să muncească, să inventeze; într-un loc unde nu este posibilă pictura, sculptura, muzica – cu alte cuvinte, nicio ocupaţie şi niciun interes care să le preocupe mintea, să le impulsioneze inteligenţa. Aceşti oameni s-ar plictisi îngrozitor. O asemenea viaţă, în cerul descris de reprezentanţii dogmelor bisericeşti, nu ar putea să-l ducă pe om la niciun progres, şi în special pe omul sălbatic sau mediocru din punct de vedere moral. Numai prin revenirea pe pământ, prin reîntruparea în corp fizic omenesc reluăm firul întrerupt cu ocazia morţii fizice, şi culegem – în această mare şcoală a Pământului – observaţii noi, trecem prin încercări şi dureri, ne zbuciumăm şi vom pleca cu un capital bogat de cunoştinţe şi învăţături morale, pe care le vom analiza şi din care vom scoate rezultate ce ne vor ridica pe o nouă treaptă a evoluţiei noastre veşnice.

Unii înclină să creadă că spiritul omului se reîntrupează după o şedere de câtva timp în spaţiile eterate, dar nu mai revine pe globul Pământului nostru, ci se reîntrupează direct pe alte planete cu condiţii superioare, unde progresul omului se realizează mai uşor. E drept că şi pe alte planete există fiinţe umane; cât despre nivelul lor evolutiv, la unele este inferior Pământului, pe când la altele este superior. Dacă spiritul s-ar întrupa în prima categorie de planete, omul s-ar găsi acolo în asemenea condiţii, încât în loc să progreseze ar sta pironit locului, pentru că totul îi este inferior. În cazul în care omul s-ar întrupa pe o planetă superioară, ar întâlni acolo condiţii şi oameni atât de avansaţi, încât nu ar putea să-şi ducă traiul nici între cei mai sălbatici oameni ai acelei planete.

Numai pe Pământ – unde, la interval de 26.000 de ani, au sosit în valuri milioane de entităţi spirituale, ca şi cârdurile de rândunele – putem să evoluăm, pentru că numai aici găsim totul în jurul nostru în armonie cu natura noastră fizică şi spirituală. Oricare ar fi mediul de unde am plecat, vom găsi aici în această perioadă de timp multe scenarii prielnice pentru reîntrupare. Pe pământ ni se prezintă toată gama evoluției: de la sălbaticul din pădurile Braziliei şi până la sfântul religiei brahmane, mozaice sau creştine – modelul suprem al evoluției pământeşti. La ce bun să rătăcească omul prin alte planete, când el trebuie să facă şcoala de gradul corpului nostru ceresc? Numai în anumite situații ar putea să se reîntrupeze pe o planetă inferioară, şi anume, când e trimis acolo ca misionar de spiritele înalte, slujitorii Tatălui, pentru a lumina şi duce la progres rapid, anumite populații de pe acea planetă, sau când, fiind un spirit recalcitrant, care nu poate progresa pe planeta noastră, e trimis pe o altă planetă, unde condițiile de viață sunt mai grele decât pe pământ.

Unii afirmă că reîntruparea este o noțiune contrară credinței creştine. Oare de unde au scos acest argument? când despre ea se face aluzie chiar şi în Sfânta Scriptură. Mai întâi, trebuie să ştim că această credință a revenirii spiritului la viața terestră este veche de când lumea. În primii două sute de ani după Christos, creştinii credeau în această revenire necontenită pe pământ, şi numai de atunci s-a început înlăturarea acestei credințe, prin votul celor ignoranți, ca fiind o părere eretică.

S-a mai zis că ideea reîntrupării nu înalță spiritul. Părerea aceasta e cât se poate de necugetată. Cum poate fi înălțătoare ideea că după moarte spiritul omului pleacă în cer şi acolo duce o viață de visare extrafizică, nefăcând nimic, stând alene mii şi milioane de secole?! Unde şi cum mai avansează el când a părăsit viața terestră din fragedă copilărie sau direct de la coarnele plugului?

Adevărul este că după ce spiritul şi-a analizat toată viața pământească şi a tras învățămintele folositoare, este cuprins de o iubire nesfârşită față de cei lăsați pe pământ, față de întreaga umanitate, în credința că – prin experiența dobândită în suferințele şi greşelile sale trecute – le poate fi de folos, doreşte să revină pe pământ, cu scopul de a-i îndruma şi sfătui să nu repete răul făcut de el altădată, îndemnându-i să se ridice la fapte bune, care i-au procurat fericire în spațiu, provocând astfel, după puterea lui, progresul fraților săi pământeni. Dorința duhurilor evoluate de a reveni pe pământ, pentru sprijinirea şi povățuirea celor înapoiați nu este oare un act sublim, ce concordă cu iubirea la care ne-a îndemnat strălucitul Spirit, sublimul nostru Domn şi Dumnezeu Isus Christos? Care concepție este mai nobilă? Să trăieşti etern într-un paradis, în mod inactiv şi numai pentru tine, egoist, ori să revii periodic pe pământ şi să participi la progresul omenirii, să-i ajuți pe frații tăi mai tineri, care şovăie ori cad în drumul evoluției lor?

Dezbrăcați de povara dogmelor create omeneşte de conducătorii bisericii creştine, dezbrăcați de orice prejudecată, vom descoperi că ideea reîntrupării răspunde unui plan sublim în evoluția universului, planul Celui infinit în înțelepciune, Creatorul nostru – binecuvântat fie Numele Său.

Dacă viața noastră terestră a fost presărată cu mai multe împrejurări şi evenimente de o importanță deosebită, durata şederii în sfera cerească este mai mare, pentru ca prin examinarea vieții terestre să putem analiza şi extrage învățătura morală sau ştiințifică, înregistrată în noi sub formă de aptitudini, înclinații ori facultăți cu care vom reveni în viitoarea reîntrupare.

S-a mai afirmat: „Dacă este adevărat că omul se reîntrupează mereu, atunci soțul va fi separat de soție, copiii de părinți şi prieten de prieten, deci se elimină posibilitatea de a se regăsi în cer".

Mulți şi-au închipuit că întoarcerea pe pământ se face curând după moartea fizică şi că atunci când revenim la întrupare, ai noştri s-ar sui la Cer. Or adevărul este că şedem multă vreme în spațiile din jurul pământului, unde sosesc rând pe rând cei dragi. Iubirea este una dintre cele mai mari forțe ale universului. Prin iubirea ce ne-a legat pe pământ, ca prieteni, frați, soți sau părinți şi copii, ne căutăm şi ne întâlnim în bucuria neînchipuită şi neegalată cu nimic pe pământ.

În spațiu, toți cei care se aseamănă se adună. Toți cei care au suferit, au plâns, au fost buni ca noi, cu toții ne adunăm şi formăm, cu cei iubiți, o vastă familie, în cadrul căreia discutăm, observăm și ne comunicăm impresiile şi învățămintele. Aşadar, nu suntem separați în Cer, şi ne vedem după moartea terestră. Temporar se poate întâmpla să nu ne mai întâlnim în reîntruparea noastră pe Pământ, pentru că ne naştem în țări diferite, în familii diferite – bogate sau sărace etc. – după nevoile avansării noastre. Dar această situație nu este cea caracteristică. Regula generală este că spiritele, când pornesc la reîntrupare, caută să revină unele lângă altele, în aceeaşi familie, pentru ca astfel iubirea şi sprijinul lor să continue pe mai departe, în noua viață terestră.

Într-adevăr, două entități spirituale legate prin iubire într-o viață terestră, când vor reveni în laboratorul naturii terestre vor căuta să se apropie una de alta – ca frați sau surori, părinți şi copii, ca prieteni sau rude. În aceste noi forme fizice, în aceste noi legături, iubirea va lua altă înfățişare, alt colorit şi în definitiv, la fiecare întrupare ea va sfârşi mai spirituală decât era la început.

În spațiu, în timpul analizei spirituale, ni se revelează în mod regresiv cauzele şi împrejurările apropierii noastre de acele entități spirituale cu care ne-am legat prin legătura divină a iubirii – fundamentul creației tuturor universurilor din trecut şi viitor. Prin urmare, spiritul nostru nemuritor păstrează întreaga conştiință: cine a fost, unde a trăit, cu cine s-a legat în bine şi în rău, are memoria deplină a vieților trecute şi dorința vie a unei ascensiuni ce duce la Perfecțiunea divină.

* * *

Cei care nu cred decât în lumea terestră, se agață mereu de fel de fel de argumente. Astfel, ei întreabă: „Dacă actul reîntrupării este un adevăr, atunci de ce populația creşte mereu pe pământ? Ar trebui ca ea să rămână constantă. Dacă oamenii de pe pământ vor forma lumea invizibilă iar aceştia, la rândul lor, vor reveni să-l populeze, ar trebui ca populația pământului să rămână aceeaşi."

Argumentul ar putea fi valabil, dar se uită că evoluția este un fenomen universal, valabil pentru fiecare regn – mineral, vegetal, animal, uman, că şi pietrele, plantele şi animalele evoluează, urcând treaptă cu treaptă. Datorită evoluției, spiritul animalelor superioare, ajuns la o anumită etapă evolutivă, se va întrupa într-o personalitate umană, într-un corp uman aparținând unei rase primitive. Pe lângă acest aport venit din lumea animală, mai există şi un contingent de spirite care au evoluat pe alte planete, inferioare Pământului; atingând acolo maximum de evoluție, ele vin să-şi continue evoluția pe planeta noastră.

* * *

Este adevărat că ştiinţa a făcut progrese mari în domeniul cercetării materiei vizibile, palpabile şi analizabile, dar în domeniul sufletului şi mai ales al spiritului se cunoaşte prea puţin, şi de un număr restrâns de oameni.

În jurul nostru se petrec atâtea fenomene neexplicate de ştiinţa materialistă – vise, prevestiri, materializări, vindecări, comunicări cu entităţi spirituale – fapte care probează că spiritul şi conştiinţa lui persistă de-a lungul vremii şi după moartea corpului fizic.

Dacă studiem cu atenţie aceste fapte, ajungem la convingerea că nici una dintre calităţile mentale, morale şi spirituale posedate de conştiinţa omenească nu sunt pierdute după moartea corpului fizic, deci aceste calităţi nu pot fi produsul structurii celulare a organismului nostru, şi nu se transmit prin ereditate fizică.

Ştiinţa revelată este Adevărul care luminează regiunile necunoscute ale spiritului, adevăr ce satisface şi pe savantul scrupulos şi pe omul simplu, cu condiţia să fi atins o oarecare treaptă evolutivă, puritate şi umilinţă, şi să fie încălziţi numai de credinţa existenţei unei Providenţe creatoare.

Există două teorii importante referitoare la spirit:

1. Individualitatea conştientă intră în acţiune numai din momentul naşterii sale pe pământ, adică omul este o creaţie a Divinităţii, la fiecare naştere.

2. Individualitatea conştientă există de veacuri şi ea nu face decât să coboare, din când în când, în mijlocul materiei fizice şi să anime o formă materială, fizică.

Prima interpretare a fost dată şi susţinută de vreo 1.500 de ani încoace. Numărul celor care susţin această teorie este în scădere continuă, deoarece, cu toată înapoierea în care ne găsim, în ceea ce priveşte ştiinţa spirituală, logica ne arată că această teorie duce la urmări imposibile. Într-adevăr, este absurd să presupunem că doi soţi, prin actul lor sexual, dau naştere unei personalităţi care va trăi în veşnicie. Normal este ca o personalitate chemată la viaţă printr-un procedeu fizic, să înceteze de a mai trăi în urma procedeului fizic al morţii sale.

Se invocă puterea divină în creaţia acestui om chemat la viaţa fizică. Curios, se invocă puterea creatoare a Divinităţii numai cu ocazia unirii sexuale a oamenilor?! Dacă este vorba de creaţia de moment a Divinităţii, ea nu s-ar putea face şi fără răscolirea pasiunilor omeneşti? Divinitatea este infinită în putere, în înţelepciune, după cum rezultă din tot ce este în jurul nostru.

Planul urmărit este acela ca părinţii să formeze lutul în care va veni omul spaţial, entitatea spirituală ce va însufleţi materia fizică, născându-se un om trupesc. Prin urmare, spiritul nu e o creaţie de moment, pentru că noi existăm de miliarde de veacuri – de pe când animam o particulă eterică, un atom, o moleculă, un bob de nisip, şi de alte multe miliarde de ani – de pe când eram numai sfere luminoase în spaţiile infinite ale cosmosului. Şi apoi cum putem să ne închipuim o Divinitate atât de părtinitoare, atât de nedreaptă, încât să-l aducă pe om în lumea fizică numai o dată, fără posibilitatea ca acesta să-şi repare greşelile, să-l creeze acum şi unora să le dăruiască calităţi mentale, morale şi spirituale înălţate până la statura unui sfânt ori a unui savant. Iar altora să le acorde o existenţă întunecată, ignorantă, sălbatică şi plină de mizerie? Înţelesul clar pentru o minte dezbrăcată de prezumţii este că spiritul a preexistat înainte de a se întrupa şi că el revine mereu în trup, ca să înveţe ceea ce nu a ştiut în altă viaţă, să repare ceea ce a greşit şi să-şi corecteze imperfecţiunile.

Judecata – darul sfânt aşezat de Tatăl în fiinţa noastră – ne spune că spiritul preexistă trupului, că el trăieşte după moartea trupului, că pentru a se perfecționa, revine mereu în mediul unde a mai învățat, într-o altă existență fizică, adică se reîntrupează. Numai grație acestei legi ne putem explica diferența dintre indivizi, pe plan trupesc, intelectual şi spiritual. Totul depinde de evoluție. Astfel înțelegem că destinul nostru actual este rezultatul trecutului nostru, iar cât priveşte naşterea noastră printr-un procedeu fizic, în pântecele mamei, acesta este numai pentru a obține un corp fizic, un costum de scafandru prin intermediul căruia spiritul să-şi continue studiile şi cercetările în sânul lumii fizice. Dacă prin acest instrument obținut de la părinți moştenim anumite însuşiri fizice – o oarecare asemănare fizică, o predispoziție pentru o anumită boală, nu înseamnă că sunt ereditare şi însuşirile spirituale şi sufleteşti. Aceste însuşiri sunt rezultatul muncii spiritului de-a lungul a mii de reîntrupări. Aşa se explică cum în sânul unei familii simple, din părinți fără calități spirituale deosebite, se naşte un geniu.

* * *

În general, omenirea crede că trăieşte o singură dată pe pământ, uitând că viața noastră este scurtă, fie ea şi de o sută de ani. În acest interval scurt de timp, nu putem întâlni ocazii destule pentru a învăța totul, aşa că la sfârşitul vieții terestre suma de cunoştințe şi înțelepciune este foarte redusă. Ai învățat filologie, nu cunoşti ştiințele naturii; ai învățat filosofie, n-ai cunoştințe de artă; ai cunoscut sărăcia, nu ai idee de starea sufletului când dispune de bunuri pământeşti – şi aşa mai departe. În acest caz, progresul spiritului, bagajul cu care spiritul trece porțile morții este redus.

Să nu uităm că puțini oameni ating vârsta bătrâneții, că există numeroase cazuri când omul părăseşte planul fizic în tinerețe sau chiar în fragedă copilărie. Mulți n-au decât o existență de câteva zile sau ore. Ei bine, ce învățăminte a putut aduna acest spirit nemuritor, în decurs de câteva zile petrecute în neştiință, ca sugar.

Situația se schimbă dacă omul vine mereu la reîntrupare. Oricât de scurte ar fi existențele sale pământeşti, învățând câte ceva în fiecare viață, aceste puține cunoştințe, experiențe şi observații se acumulează în decursul a mii de reîntrupări, formând astfel un capital vast, care va contribui la cunoaşterea esenței creației, a Legilor divine, făcându-l pe om bun, milos şi moral. Treptat, pe nesimțite şi fără ştirea sa, omul se va ridica la o înaltă spiritualitate.

Întrebați-vă judecata, şi veți vedea că ea vă va răspunde ca fiind logică această revenire prin reîntrupări, şi că este imposibilă o singură existență. Naşterea apare chiar fără niciun rost, când părăseşti lumea aceasta în fragedă copilărie. Pentru ce ai mai venit la viață? Numai să apari ca un meteor, fără să fi gustat şi înțeles ceva din ea, şi să pieri pe veci de pe arena vieții?

Există atâtea argumente care conduc la admiterea adevărului revenirii prin întrupare la şcoala terestră, încât numai cine se îngrădeşte de suficiența cunoştințelor sale îl mai poate nega.

Omul nu are timpul necesar să observe natura, să studieze lumea înconjurătoare, pentru că în copilărie este prea nepriceput, sistemul său cerebral nefiind format pentru a-i înțelege fenomenele. Mai târziu îşi face studiile, cariera, şi este prea absorbit către o singură latură a vieții. Urmează familia, copiii şi grijile se adună pe capul său. Către bătrânețe, este mai liber, însă fizicul e gârbovit, slăbit şi nu mai dispune de vigoarea necesară studiului şi meditației asupra fenomenelor vieții sub toate aspectele ei. Aşadar, în această durată scurtă a traiului său pe pământ, petrecut aproape numai pentru existenţa animalică, omului îi rămâne puţin timp pentru studiul naturii, pentru studiul fiinţei sale sub aspect moral şi spiritual.

Este absolută nevoie să revenim mereu pe arena globului nostru, în lumea materiei fizice, pentru a aduna experienţe noi şi a învăţa lecţii noi. Chiar dacă am presupune că viaţa noastră ar dura o mie de ani, inteligenţa noastră nu este deocamdată capabilă să asimileze într-o singură întrupare tot ce se poate cunoaşte. Numai prin reîntrupări continue, repetate, avem posibilitatea să cunoaştem viaţa sub toate aspectele ei, să cunoaştem toate domeniile ştiinţei, să trecem prin toate genurile de civilizaţie şi să cunoaştem fiecare activitate umană.

La începutul existenţei sale, în primele sale întrupări, am spus că spiritul conţine în interiorul său, în stare latentă, toate posibilităţile de înălţare morală, intelectuală şi spirituală. Trăind zi de zi în mijlocul materiei fizice şi a forţelor ce o pun în mişcare, ele îl impulsionează, lucrează asupra lui şi îl fac din ce în ce mai înţelegător. Până în momentul când această calitate nu este pusă în evidenţă, omul este imoral, ignorant, fără spiritualitate şi stăpânit de instincte joase.

Dacă suntem răi cu semenii noștri, înseamnă că nu s-a deșteptat în noi încă mila. Dacă suntem egoiști, înseamnă că nu am pus în vibrație iubirea, renunțarea la ceea ce ne este de prisos, pentru a ușura puțin viața celor de o esență cu noi, a fratelui nostru, creat de același Tată ceresc.

Rând pe rând apărând calitățile spiritului, dispar instinctele inferioare din noi pentru că în definitiv răul prin el însuși nu există, ci doar lipsa binelui, absența calităților spirituale care nefiind puse încă în activitate în ființa noastră, nu ne-au permis să îndeplinim binele.

Copilul mic trage de coadă, de urechi, bietul animal și nici prin gând nu-i trece că îi produce durere, că face un rău. Peste câțiva ani, când sufletul copilului a mai evoluat, când corpul său emoțional sau planetar se exprimă mai puternic, el este mai sensibil la durerea altora și nu mai este atât de crud.

Ceea ce se petrece, în mic, cu sufletul copilului, se petrece, în mare, cu omul, cu evoluția nesfârșită a spiritului. La început, omul este crud, egoist, sălbatic și neștiutor, absolut ignorant de tot ce se petrece în jurul său, dar observațiile, experiențele, încercările de tot felul îl învață mereu; astfel treptat el ajunge la înțelegere, milă, iubire și cumințenie. A fost imoral în primele timpuri – ajunge după nenumărate întrupări la deplina moralitate; a fost sălbatic – ajunge înțelept. Din cele expuse se vede că omul vine pe pământ și învață tot ce-l poate lumina, tot ce-l poate face mai bun. Înțelegând aspectele și fenomenele vieții, pricepem mai ușor problema răului și a binelui. Când toată lumea va practica binele, frumosul și adevărul, va dispărea răul și suferința. Dar până va ajunge omul la această înaltă etapă a evoluției, va învăța la școala naturii, va suferi, se va reîntrupa până când va ajunge să deosebească ce este folositor, frumos și moral în faptele, vorbele și gândurile sale.

De multe ori omul deosebește, teoretic, binele de rău, și totuși alunecă și face răul, dar curând sosește suferința și îi atrage atenția asupra faptei săvârșite. Să rămână bine întipărit în mintea noastră: *pe această planetă, și în stadiul actual de evoluție, suferința este singura cale de educație, de ridicare a omului pe scara evoluției.*

* * *

Cât trăiește pe pământ, omul învață ceva - uneori și ceva bun. Multe din cele învățate nu le poate utiliza în lumea de dincolo. Atunci, revine la viața pământească, pentru ca aceste cunoștințe acumulate în viețile anterioare, sub formă de capacități, să le pună în slujba omenirii și în același timp să le perfecționeze. Marii oameni de știință, inventatorii, muzicienii, pictorii, oamenii profund religioși și marii mistici și spiritualiști sunt mari pentru că au acumulat învățăminte peste învățăminte în multele lor vieți trecute.

Civilizațiile pot pieri - și cu ele arta și știința lor, religia și filosofia lor - dar ființele umane care au produs aceste civilizații nu pier. Ele trăiesc, își amintesc și după o perioadă de timp revin pe pământ, înzestrate cu tot talentul câștigat în viețile trecute, pentru a construi civilizații mai înfloritoare.

Urmărind evenimentele din trecutul istoric al popoarelor observăm cum unele națiuni se ridică vertiginos până la înalte trepte ale bogăției, puterii și civilizației, se bucură un timp de o prosperitate și strălucire desăvârșită, apoi încep să dea înapoi - cad în obscuritate sau pier de pe arena pământului. Studiem circumstanțele exterioare care ar putea să ne explice decadența unui popor și nu găsim o explicație convingătoare. Constatăm o decrepitudine în toate sensurile și o diminuare a numărului locuitorilor, atâta tot.

Cercetând prin prisma legii reîntrupării aflăm cauzele decăderii unui popor până la pieirea sa. Cât timp viața socială și politică a unui popor este cuminte - familia solidă, educația îngrijită, credința bine întronată în suflete, iar guvernanții sunt animați de iubirea neamului lor, spre a-l duce la un ideal - entitățile spirituale evoluate caută să se nască mereu în mijlocul acestei națiuni, care se ridică repede în grandoare și exprimare pe toate planurile.

Așadar, strălucirea unui popor depinde de valoarea entităților spirituale reîntrupate în sânul său, fiind chemate de mediul din ce în ce mai prielnic avansării lor spirituale. Imediat ce corupția pătrunde în masa acestui popor, când familia nu mai are temeiuri puternice, când educația este șubredă și moravurile ușoare cuprind întregul popor, entitățile spirituale luminoase, evoluate, nu mai vin aici, se reîntrupează în alte popoare, unde își pot continua evoluția. Din acel moment, neamul acela nu mai are oameni de seamă, pe niciun plan, iar poporul rămâne sub conducerea spiritelor tinere, puțin evoluate spiritual și fără experiență. Astfel populația scade cu timpul, până ce nu mai reprezintă un factor important în concertul popoarelor, fiind copleșit de alte neamuri.

Când poporul roman a fost cuprins de corupție morală și politică, entitățile spirituale care au contribuit la gloria sa s-au întrupat la gali și germani; e drept, mai puțin civilizați, dar mai puri fizicește și mai puternici în credința lor. Rezultatul inevitabil a fost pieirea poporului roman, decăderea imperiului și înflorirea națiunilor tinere.

* * *

În decursul vieții noastre terestre, muncim, ne hrănim, ne distrăm, dar în lunga sau scurta ei scurgere, contractăm datorii fizice și morale. Părinții ne-au crescut cu mari sacrificii fizice și sufletești. Prietenii ne-au împrumutat și mângâiat la boală sau necaz. Am adus pe lume copii pe care nu i-am educat destul de atent și de multe ori i-am chinuit, și așa mai departe. Mereu obligații, de dimineața până seara. Anii trec, și, după ce firul vieții s-a rupt, unde și când vom mai putea plăti toate aceste datorii de ordin material și moral?

Am mâhnit, am furat, am omorât și nimeni nu ne-a știut. Când și unde reparăm toate aceste ticăloșii ale vieții noastre? În cerul propovăduit de biserică? Nu. În spațiile infinite, în viața spirituală de dincolo de moarte, nu mai este posibilă repararea faptelor săvârșite în lumea fizică.

Am făcut aceste acte necugetate deoarece n-am avut discernământul moral dezvoltat. Spiritul, ajuns în lumea spațială, vede incorectitudinea vieții sale, vede viciul în care s-a afundat ori crima comisă, și atunci, firește, fiind mai conștient, se căiește; ar vrea să-și ceară scuze, dar nu o mai poate face; ar vrea să repare greșeala fizică, dar nu are mijloacele fizice, trăind într-un mediu spiritual. Atunci, entitatea spirituală revine la o nouă viață terestră, pentru a plăti și repara răul produs.

Consecința greșelii fizice este durerea fizică, și când o suferim, învățăm să nu mai repetăm în viitor greșeala respectivă. O greșeală morală, o datorie morală neachitată se va plăti printr-o durere morală, devenind din ce în ce mai luminați. Astfel ne dăm seama că orice faptă se plătește, orice rău săvârșit altuia se va întoarce împotriva noastră, fie în aceeași viață, fie în viața următoare.

Prin urmare, numai prin legea reîntrupării înțelegem situațiile noastre fizice și morale, destinul nostru, numai ea menține și pune în evidență Justiția divină.

* * *

Reîntruparea explică și diferitele facultăți ale omului.

Un copil se naște în sânul unei familii obscure, uneori vicioase, imorale, și cu toate acestea, copilul - deși fizic seamănă cu unul dintre părinții săi - este foarte cuminte, inteligent și mai târziu devine un om de valoare. Nimic din anturajul său nu i-a dezvoltat calitățile sufletești. De unde inteligența, de unde moralitatea, de unde însușirile lui spirituale?

Răspunde Cerul: *Spiritul le-a adus cu sine din alte vieți. El a venit în sânul acestei familii ignorante, imorale cu scopul împlinirii unei datorii, din cauza unei legături cu acești părinți dintr-o altă viață, ori pentru împlinirea unei hotărâri a Celor de sus, care au voit ca prin el să urce și părinții săi pe scara spiritualității.*

Există și cazuri, când în familii onorabile, culte, bine sub toate raporturile, se nasc copii care amărăsc bieții părinți tot restul existenței lor. Seamănă fizic cu unul dintre generatori, dar nu seamănă prin înclinările morale și intelectuale cu niciunul dintre părinți.

Din aceste exemple reiese existența eredității fizice, fiind pus în evidență faptul că vehiculul fizic al copilului poate semăna cu părinții săi, i se pot transmite ereditar anumite însușiri fizice de la părinți, dar nu sunt ereditare însușirile sufletești și mai ales cele spirituale. Părinții nu au făcut decât să-i procure un trup - fetusul, iar spiritul ce se întrupează în acest corp fizic este străin, este o altă creație a Tatălui, sosit prin acești părinți în lumea fizică, pentru îndeplinirea destinului său. Uneori el se ridică, alteori totul a fost de prisos, rămânând același ca înainte de naștere.

Este adevărat că eul suprem, spiritul, este limitat până la un anumit punct de instrumentul pe care îl va utiliza, de corpul fizic în care se va întrupa. Astfel, omul este un complex format din calitățile fizice ale trupului său - moștenite în parte de la părinți, și din însușirile spirituale - câștigate în viețile trecute.

În general, copiii născuți din părinți slabi de spirit sau vicioși sunt și ei reduși și imorali, ca și părinții lor, pe de-o parte pentru că elementele generatoare procurate de la părinți sunt de o calitate inferioară, grosolană, iar pe de altă parte spiritele dispuse să se întrupeze în aceste familii sunt în general slab dezvoltate.

Fără admiterea reîntrupării nu este posibilă explicarea diferenței de inteligență, cumințenie, voință, caracter și temperament între copiii aceleiași familii. Fiecare vine în lumea fizică cu bagajul său de moralitate, spiritualitate, din viețile trecute. Prin urmare, reîntruparea ne explică diferențele dintre oameni, diferențe care nu sunt urmarea unor întâmplări fără sens, nici a vreunei legi a eredității fizice, ci ele se datoresc vârstei spiritului omenesc, gradului său evolutiv.

Înălțimea inteligenței, dibăcia, talentul artistic, noblețea sentimentului, moralitatea, voința nu au fost dăruite la întâmplare de cineva, ci au fost câștigate printr-o muncă lungă și aspră. Nimeni nu ne-a înzestrat cu vreo calitate oarecare, ci am dobândit-o la școala grea și dureroasă a vieții.

Probele reîntrupării

Am arătat în paginile trecute argumentele logice care pledează pentru înțelegerea şi admiterea principiului reîntrupării. Deşi ele singure ar putea constitui o dovadă a revenirii la viața terestră, totuşi s-a ridicat un argument, care în aparență pare foarte puternic. S-a afirmat: „Dacă noi am mai trăit pe pământ, de ce nu ne amintim de acele vieți trecute? Faptul că nu ne amintim dovedeşte că nu am mai trăit şi deci ideea reîntrupării este o simplă fantezie sau o ipoteză lipsită de fundament. Pentru ce să suferim acum, din cauza unor fapte pretinse că le-am fi săvârşit în alte vieți, dacă nu păstrăm nicio amintire de aceste acțiuni greşite ale noastre? Cum putem să stabilim o legătură între cauză şi efect, între faptele, sentimentele şi vorbele noastre din trecut şi suferințele din prezent, când nu ştim ce am făptuit, cugetat sau vorbit în altă viață? Ce învățătură putem trage, dacă nu ne amintim de ele, ca să înțelegem că suferințele, starea noastră fizică sau morală de azi sunt urmările acelei vieți? Da. Această doctrină ar deveni clară şi orice minte cugetătoare o va accepta, dacă neam putea aminti câte ceva din viețile trecute."

În aparență argumentul este puternic, dar în realitate – foarte slab, pentru că nu se cunosc tainele divine. Mai întâi, să ne lămurim asupra memoriei noastre actuale. Până la dovedirea existenței noastre din alte timpuri, să vedem cât de bine memorăm faptele, ideile şi vorbele noastre, chiar în viața prezentă. Căutând în trecutul nostru, încercând să ne amintim de anii copilăriei constatăm că nu mai ştim ce-am făcut, ce idei am avut, ce sentimente am încercat. Răsar unele fapte, întrezărim unele împrejurări ca prin ceață, ne amintim unele vorbe sau idei. Dar atât! Constatăm că nu suntem în stare să reînviem întrutotul anii dulci ai copilăriei. Amănuntele au dispărut, nu ne-au rămas decât crâmpeie din faptele şi evenimentele înregistrate mai puternic în ființa noastră. Acum nu mai avem decât un rezumat al anilor trecuți. Dar nu ne amintim nici faptele, vorbele şi ideile noastre din anul trecut. Aş îndrăzni să afirm că nu ne putem reface mental nici sentimentele şi faptele petrecute ieri, alaltăieri. Rog pe cititor să încerce să-şi amintească gândurile, vorbele şi tot ce a făcut ieri, şi se va convinge de cele afirmate mai sus. În aceste condiţii, cum avem pretenţia să ne amintim acţiunile noastre, starea socială, suferinţele şi nedreptăţile îndurate sau produse în alte vieţi?

Azi ştim să citim, să învăţăm dintr-o carte, dar oare mai ştim noi cum am păşit de la literă la literă, cum am înnodat literele şi cuvintele ca să exprimăm o cugetare? Constatăm doar că urmărim ideile exprimate într-o carte, înţelegem esenţa cuprinsă în ea, rezultat al primilor ani de şcoală. Detaliile prin care am trecut pentru a ne însuşi cititul şi scrisul s-au uitat, amănuntele faptelor noastre din copilărie s-au şters din mintea noastră. Ne-au rămas însă anumite capacităţi, un învăţământ general, restul scufundându-se în întuneric.

Când eram mici, ne-am băgat degetele în apa fiartă şi ne-am opărit. Anul, luna, ziua, nu ni le mai amintim, dar avem în memorie rezumatul, învăţătura: nu e bine să bagi mâna în apă fiartă că te opăreşti şi doare. De aici esenţa acelei lecţii: să fii prudent.

Toată conduita noastră actuală, întreaga noastră înţelepciune este suma concluziilor, rezumatul învăţămintelor din existenţele noastre trecute.

Când eram mici, de frică sau de ruşine, spuneam minciuni. După dovedirea minciunii, ne ruşinam şi eram pedepsiţi pentru fapta noastră. Mai târziu, către maturitate, am uitat amănuntele acestor cazuri, dar am rămas cu însuşirea de a spune adevărul. Acest caracter splendid l-am dobândit ca rezultat al mai multor greşeli din copilărie, urmate de pedepse. Astfel am ajuns la starea morală de a fi loiali în spusele noastre. La fel am creat şi celelalte calităţi ale noastre. Cum, prin ce greutăţi şi suferinţe am trecut, care este preţul lor – nu mai ştim. Ceea ce ştim e că avem o concepţie de viaţă, anumite tendinţe şi facultăţi.

Creatorul le-a aranjat astfel, ca din toate învăţămintele, observaţiile şi durerile noastre să extragem numai esenţa lor. Bietul nostru sistem cerebral nici n-ar fi în stare să reţină din copilărie până la moartea sa toate amănuntele existenţei noastre. Oare cum am mai putea scrie o scrisoare dacă în momentul când ne-am apuca de scris, ar năvăli în mintea noastră toate fazele prin care am trecut pentru învăţarea scrisului?

În spiritul nostru s-a imprimat, ca rezumat, ca extract, ca germen, tot ce am văzut, auzit şi simţit în diferitele noastre vieţi.

Dar totuşi, într-un colţ al sufletului nostru se găsesc înscrise – infinit de minuscule – toate informaţiile şi faptele vieţilor trecute. Dacă printr-un mijloc oarecare – regresie hipnotică – le trezim în conştiinţa noastră, toate evenimentele vieţilor noastre trăite pe pământ se vor derula, asemenea imaginilor unui film panoramic, până în cele mai mici detalii. Uneori, aceste imagini ascunse în profunzimea fiinţei noastre, revin la suprafaţă spontan şi produc, prin expunerea lor, mirare celor din jurul nostru. Dar acest fenomen se întâmplă foarte rar şi mai ales la copiii sub vârsta de şapte ani.

Un biet pui, abia ieşit din găoacea oului, aleargă iute să se ascundă la apariţia unei păsări de pradă. Dar de unde ştie că acea pasăre îl poate răpi şi mânca? „Din instinct" – vor răspunde oamenii de ştiinţă, ceea ce nu este suficient pentru a explica un fapt. Noi vedem în această acţiune o reamintire, care rezumă în sine multe morţi sau dureri ale acelui pui, cauzate de păsări răpitoare, iar acum la amintirea morţii sau a durerii de atâtea ori repetată, puiul de găină fuge înspăimântat să se ascundă.

Nu există familie în care copiii crescuţi în aceleaşi condiţii să nu prezinte calităţi sufleteşti şi tendinţe diferite. Constatăm că unul dintre aceşti copii are talent artistic, în jocurile sale desenând diferite figuri, reuşite pentru vârsta lui. Altul prezintă dexteritate de a învăţa un meşteşug oarecare, are tendinţe care indică însuşiri pentru a deveni un manufacturier, un meseriaş priceput ori un fabricant renumit. Un altul neglijând şcoala, deodată o părăseşte şi se avântă în afaceri, devenind un om cu o reputaţie răsunătoare în lumea afacerilor. Alţi tineri, cuminţi, liniştiţi, se retrag pentru a-şi citi cărţile, departe de agitaţia tinerilor de seama lor. Toate aceste tendinţe nu sunt înclinări capricioase, ci chemări imperioase ale spiritului, din cauza cunoştinţelor posedate, ca rezumat al ocupaţiilor din vieţile precedente.

Orice ar face părinţii, rar, foarte rar pot înfrânge aceste porniri sufleteşti ale copiilor lor. Prezenţa acestor calităţi înnăscute poate fi explicată prin faptul că omul, în vieţile anterioare, a fost, de exemplu, un muzician, şi venind în viaţa actuală, simte o înclinare spre muzică. Asimilând vertiginos cunoştinţele şi cu un talent ce se impune atenţiei încă din primii ani ai copilăriei, profesorul său constată o aptitudine ce uimeşte. Un asemenea spirit va căuta să se reîntrupeze într-o familie cunoscătoare de muzică, în stare să-i ofere un corp fizic delicat, un sistem nervos vibrant la undele sonore. În acest mediu prielnic, el va avea ocazia să-şi continue studiile anterioare şi să-şi desăvârşească talentul muzical. Este evident că acela care nu a mai dobândit cunoştinţe muzicale în alte vieţi, sau care a asimilat prea puţin, va fi greoi la învăţătură, având nevoie de multă vreme până va ajunge să cânte la un instrument şi până să se desăvârşească în practica sa.

Să nu pierdem niciodată din vedere că ceea ce învăţăm într-o viaţă sunt cunoştinţe păstrate pentru veşnicie. Când dintr-o ceată de copii, aproximativ de aceeaşi vârstă vedem pe unul mai îndrăzneţ şi autoritar, comandând şi luptând în fruntea celorlalţi, evident întrezărim în acest copil pe fostul militar de grad superior, din altă viaţă. Când unul dintre elevii unei clase este mai vorbăreţ, ţinând cuvântări şcolare, pledând în numele colegilor săi, în diferite ocazii, putem fi aproape siguri că acest spirit a fost într-o altă viaţă un orator, un conducător sau un om politic.

Câte acţiuni de-ale omului nu ne cheamă judecata pentru a admite adevărul reîntrupării spiritului? Priviţi micuţa copilă, în jocurile ei nevinovate, cum găteşte, leagănă păpuşa, căutând să o adoarmă, certând-o pentru neascultare etc. Oamenii de ştiinţă vor zice: „Da, desigur, omul având o mare putere de observaţie, copila reproduce ceea ce a văzut la mama ei". Explicaţia nu are temei, deoarece se pune întrebarea: De ce oare numai fetiţele au acest fel de joacă, nu şi băieţii, căci şi unii şi alţii sunt în jurul mamei lor? Adevărata explicaţie este că această drăgălaşă copilă reproduce în mic, ceea ce a mai făcut în viaţa precedentă, când era mamă.

Există tineri care se îmbată de frumuseţile naturii. Un răsărit sau apus de soare face să vibreze de plăcere fiinţa lor, freamătul frunzelor din pădure, susurul izvoarelor de munte, mugetul valurilor mării îi proiectează într-o lume de visări mai mult decât pe oricare semen al lor. Acest om desigur a fost un poet ori un artist, în vieţile trecute, natura sa atât de sensibilă formându-se prin exercitarea, gustarea şi aprecierea frumosului.

Exemple în acest sens sunt cât se poate de multe şi variate, toate explicându-se logic, prin existenţa noastră în alte vieţi pe pământ. Mulţi oameni trec nepăsători pe lângă o biserică, iar unii intră în ea fără să simtă ceva în sufletul lor. Prin obicei, prin convenționalism, adoptă o atitudine cucernică la ascultarea unei rugăciuni, dar nu vibrează în ei absolut nimic. Dar pe când gândurile lor zboară aiurea şi nu sunt atenți la rugăciune, altul este pătruns până în adâncul sufletului de ceremonia religioasă, sorbind cuvintele slujitorului altarului. Desigur, această evlavie nu provine din cunoştințele, starea socială şi concepțiile actuale de viață, ci este reflexul unui sentiment împărtăşit într-o altă viață, când era un credincios desăvârşit sau un preot cucernic, cutremurat de credință în divinitate.

Principiul reîntrupării se prezintă mereu judecății noastre, aşteptând ziua când vom înțelege că este un principiu universal, care se aplică de la corpurile inerte până la om, de la microb până la corpurile cereşti.

Voi prezenta un alt caz, dintre cele numeroase, ce ne amintesc de principiul reîntrupării.

Expui un adevăr la două persoane care au aceeaşi lumină intelectuală şi au primit aceeaşi educație. Te vor asculta în acelaşi timp amândouă şi vei constata că una dintre ele a înțeles şi adoptă adevărul respectiv, pe când cealaltă nu-l înțelege, sau dacă a înțeles nu-l adoptă. Acceptarea din partea unei persoane şi refuzul din partea celeilalte este o dovadă a reîntrupării. Într-adevăr, persoana de aceeaşi părere cu tine a mai întâlnit acest adevăr, l-a citit, studiat şi cunoscut într-o altă viață, pe când cealaltă persoană întâlneşte pentru prima oară această problemă, nefiind pregătită trebuie să mai reflecteze în cursul vieții actuale sau viitoare, pentru a o găsi justă.

Iată înțelesul divergențelor de păreri dintre oameni asupra unei probleme oarecare, unul având o amintire vagă despre adevărul respectiv, iar altul abia acum ia contact cu el, urmând să mediteze în viața sa prezentă. Astfel se explică faptul că la citirea unei cărți ezoterice unii cad pe gânduri şi caută să se adâncească în cunoaşterea acestei profunde ştiințe, pe când cei mulți refuză sau îi lasă rece acest domeniu. Desigur, aceştia din urmă nu vor mai fi atât de neştiutori în viața lor viitoare ca în cea actuală.

Legea reîntrupării iese în evidență şi în momentul când analizăm evoluția omului din copilărie şi până la bătrânețe.

În general, copilul mic este egoist; vrea să posede orice lucru, i se pare că sora sau fratele său au lucruri mai frumoase şi le leapădă pe ale sale, cerându-le pe ale lor. În această epocă a existenței sale, copilul reproduce imaginea omului primitiv, a stării sale pe când – cu multe alte vieți în urmă – era un sălbatic de prin junglele pământului. Peste câțiva ani a mai crescut, şi acum se joacă de-a soldații – jocuri sfârşite adeseori cu mici accidente, zgârieturi, cucuie etc. De cele mai multe ori băiețelul călăreşte un băț, închipuindu-l un cal nărăvaş, greu de stăpânit. Acum iubeşte un alt băiețel, acum îl goneşte sau îl loveşte. Se supără repede şi fără vreun motiv serios şi curând, printr-o minciună ori făgăduială, se împacă. În această perioadă a vieții sale, copilul reproduce epoca de barbarie a omenirii, când omul iubea, creştea calul şi îl călărea, când era mândru, războinic şi în veşnică pornire la atac şi cucerire, răzbunător, iute la mânie, şi uneori iertător.

Mai târziu, tânărul este stăpânit de cercetarea lucrurilor, şi totuşi este încă nestabil, nefixat în părerile sale. La această vreme contractează prietenii ce vor dura până la moarte; acum iubeşte o fată cu toată ardoarea tinereții sale; acum este generos şi se aruncă orbeşte în vârtejul pasiunilor, a înfăptuirilor nobile, patriotice sau umanitare. El reproduce la această vârstă imaginea redusă a Evului Mediu, a vremurilor cavalereşti.

Unii oameni arată o judecată profundă, ce cumpăneşte just faptele şi lumea, fiind deplin stăpâni pe bucurii şi amărăciuni. Este tipul sau icoana omului evoluat. Uneori, acest stadiu este foarte concentrat, arătându-se chiar de timpuriu. Există băieți prea maturi mental, pentru vârsta lor, iar unii tineri în toate actele şi reflecțiile lor, se arată tot atât de maturi în judecată ca şi un om în vârstă.

Ştiința explică aceste schimbări ca fiind urmarea dezvoltării fizicului, care creşte şi se organizează mai repede şi mai bine la unii decât la alții. Spiritualiştii însă văd în aceste etape ale dezvoltării mentalității şi sentimentului omenesc o probă a revenirii noastre pe pământ, dovada că omul îşi retrăieşte sumar, de la naştere până la bătrânețe, toate etapele evoluției spirituale, de-a lungul a mii de reîntrupări. Prin urmare, avem de-a face cu stări de conştiință ale spiritului, şi nu cu creşterea corpului său fizic, cu înmulțirea şi prefacerea celulelor ce alcătuiesc corpul pământesc.

Dintre argumentele şi exemplele enumerate, niciunul nu este atât de clar şi de convingător ca şi cel al copiilor precoce. Într-adevăr, în mijlocul unei familii modeste – atât prin inteligență, cât prin situația ei materială – se naşte un copil, care din fragedă copilărie indică o mare inteligență, o uimitoare atracție şi pricepere spre un anumit câmp de activitate – matematica, pictura, muzica, limbile străine etc. În curând aceşti copii atrag atenția asupra lor şi mai târziu se revelează ca mari genii ale omenirii.

Cercetând ascendența acestei familii se constată că niciunul din membrii ei nu a dat dovadă de o asemenea genialitate; dar ceea ce este mai uimitor e că descendența acestui geniu este de o valoare mentală şi morală inferioară, uneori submediocră. Atunci se pune întrebarea: De unde această mare inteligență, de unde acest mare talent? Când şi unde a putut să învețe atât de profund unele discipline, limbi sau ştiințe?

Oamenii spațiali, entitățile spirituale ne spun, prin comunicările lor, că aceste genii au dobândit, în nenumăratele lor vieți trupeşti, experiențe numeroase în domeniul genialității lor, o profundă înțelegere şi înalte facultăți. Acum, revenind la viața fizică, le pun în evidență de timpuriu, din fragedă copilărie şi la un nivel pentru care alți oameni trebuie să sacrifice ani de muncă încordată.

Copilul a venit în această familie pentru că are legături cu ea, din alte reîntrupări, are anumite datorii de achitat. Dar curios – copiii săi nu se mai ridică la înălțimea geniului său, pentru că el, la rându-i, nu le-a procurat decât un corp fizic în care a coborât la reîntrupare un spirit obişnuit. Copiii vin în familia acestui mare om, ca urmare a unei legături din alte vieți, pentru ca prin lumina mentalului său şi prin natura sa delicată să primească o instruire şi o educație deosebită.

O ciudățenie des întâlnită în viața noastră este şi aceea de a vedea o femeie care dă impresia de ceva bărbătesc în ea. Prin gândurile, caracterul şi comportamentul ei, prin energia şi îmbrăcămintea ei masculină şi chiar prin glasul coborât, liniile feței şi prezența unei urme de mustăți, te pune pe gânduri şi te determină să zici: Iată o femeie-bărbat.

Pe de altă parte, există bărbați care prin aspectul lor fizic, delicat, adesea cu mustață şi barbă redusă, prin glasul lor înalt, prin emoționabilitatea lor, prin puterea intuitivă şi întreaga lor natură feminină, te îndeamnă să exclami: Iată un bărbat cu apucături şi sensibilitate de femeie.

Acest contrast în aspectul fizic şi în manifestarea sufletului se poate explica prin reîntrupare. Am arătat că spiritul revine în lumea terestră – când femeie, când bărbat – pentru a-şi termina educaţia spirituală. După o serie de vieţi petrecute în trupuri masculine, câştigând destule cunoştinţe în această formă, spiritul schimbă sexul, întrupându-se de această dată ca femeie, pentru a învăţa lecţiile vieţii terestre ca soţie şi mamă. Cum însă spiritul a trăit într-o lungă serie de forme masculine, el s-a obişnuit cu anumite gesturi, cuvinte şi atitudini masculine. Schimbând sexul, sufletul imprimă, vrând-nevrând, noului trup creat reminiscenţe din formele precedente de bărbat, şi în acelaşi timp reproduce ceva din preferinţele, sentimentele şi apucăturile sexului precedent. Acelaşi fenomen se petrece când se trece de la forma feminină la cea masculină. Iată adevărul acestei enigme, multă vreme necunoscut sau fals explicat.

În existenţa sa terestră, omul se manifestă adesea în aşa fel încât pune în evidenţă revenirea sa la viaţa fizică. Un astfel de fenomen – subiect de cercetare şi discuţie în lumea celor care se ocupă cu probleme psihice – este şi acela al fricii „nejustificate", manifestată de unele persoane faţă de anumite conjuncturi sau elemente ale naturii.

Unele persoane au o frică nestăpânită de a pleca cu o luntre pe un lac sau cu vaporul pe mare, altele au o frică groaznică de foc, de tunete şi fulgere, de mulţime, de înălţime, de încăperi închise sau pentru nimic în lume nu ar rămâne singure într-o pivniţă sau nu ar ieşi noaptea singure prin întuneric etc.

Psihologii explică această frică a omului prin faptul că în primii ani ai existenţei sale, copil fiind, a fost impresionat puternic de aceste fenomene sau situaţii, şi ca un reflex îndepărtat, dar puternic, este stăpânit şi la maturitate de această teamă.

Alţii, tot materialişti, atribuie frica senzaţiilor resimţite de mamă pe când purta în sânul ei acest copil, şi deci, că el ar fi primit comoţia mamei, care acum la maturitate s-ar reflecta în sufletul său.

Niciuna dintre aceste explicaţii nu poate sta în picioare. Adevărul este că fiecare dintre aceste persoane are sentimentul de frică pentru că, într-o altă viaţă, a trecut printr-unul din aceste evenimente tragice, a pierit într-un naufragiu, într-un incendiu, a fost omorât cu pietre de mulţime sau ucis în bezna nopţii. Raţiunea se alătură la această explicaţie şi respinge pe cele de mai sus, dacă află că nici copilul şi nici mama n-au trecut printr-o asemenea situaţie sau fenomene, în actuala lor viaţă terestră.

Printre numeroasele cazuri de amintiri îndepărtate, de prin alte vieţi, este şi următorul. Într-o vizită, călătorie sau la un spectacol, se întâlnesc pentru prima dată în viaţa lor două persoane. De îndată ce îşi încrucişează privirile, sau de cum îşi dau mâna şi schimbă două-trei cuvinte, se naşte deodată o iubire, o amiciţie între ele, pe care nu o mai şterge nici vremea, nici împrejurările.

Oamenii de ştiinţă au căutat să dea o explicaţie şi acestui fapt, bine constatat în lumea noastră fizică, prin supoziţia că aceste două persoane ar avea aceleaşi simţăminte, aceleaşi idei, că psihicul lor ar vibra după acelaşi diapazon. Dar, lucru ciudat: cele două persoane resimt această simpatie puternică chiar dacă n-au schimbat nicio idee între ele. Se văd pentru prima oară şi de la prima privire se plac, se simt atrase de o forţă misterioasă. Nu este vorba nici de omogenitatea de idei, nici de concordanţa de sentimente, pentru că au fost cazuri când cele două persoane erau de vârste şi condiţii sociale diferite, cu sentimente şi vederi deosebite, şi cu toate acestea s-au simţit atrase una către cealaltă.

Această atracție se explică uşor prin adoptarea principiului reîntrupărilor multiple. În alte vieți, cele două persoane au avut legături între ele, sub o formă oarecare – trupească sau sufletească. În aceste existențe trecute s-au legat puternic prin iubire, devotament, respect şi sacrificiu. Când în altă viață destinul îi pune față în față pe foştii iubiți, prieteni sau pe fostul copil şi părinte etc., iubirea ce i-a legat altădată a izbucnit din ființa lor în afară, ca o rază de lumină. Imediat se plac, se simpatizează, o putere misterioasă împingându-i să se cunoască, să se împrietenească, să se iubească.

De asemenea există cazuri când, aflându-ne într-un voiaj printr-o țară străină, şi trecând printr-un oraş străin, ni se pare că-l cunoaştem, ca l-am mai văzut cândva, deşi pentru prima oară trecem prin acest oraş. Sunt unii care recunosc perfect unele străzi, ba chiar unele case, şi merg până acolo că pot spune ce urmează după o cotitură de stradă. Această trezire în conştiința noastră a unor amintiri, a recunoaşterii unor regiuni sau oraşe pe care nu le-am mai văzut, nu se pot explica în niciun alt chip decât admițând că am mai trăit într-o altă viață în aceste regiuni sau oraşe.

Dovada cea mai izbitoare, cea mai uimitoare a revenirilor noastre la şcoala pământului, se obține atunci când unii oameni îşi reamintesc perfect fapte, împrejurări, localități şi persoane din altă viață. Această reamintire poate fi provocată sau naturală.

Parapsihologii au ajuns cu studiile şi cercetările lor până acolo să pună în stare de somn, prin fluid magnetic, o persoană sensibilă. Din cauza acestui val de materie magnetică – revărsată de magnetizator asupra unei persoane sensibile, care se pune cu devotament în slujba ştiinței – se produce o descătuşare a spiritului de trupul său. Cum spiritul are tendința de a se depărta de pământ, el se desprinde de trup.

În această stare de libertate, spiritul îşi redobândeşte facultățile spirituale pe care le are, când trece de bariera morții. Fiind interogat, spiritul poate spune amănunte din viața sa actuală, dar dacă îl vom întreba după deşteptare, el nu-şi aminteşte episoadele descrise în stare de somn magnetic. Ceea ce uimeşte este faptul că această persoană ne povesteşte viața sa anterioară, locul unde a trăit, a murit, cu cine a fost căsătorită, câți copii a avut, cum i-a chemat şi unde sunt, dacă mai trăiesc. Dacă se cercetează datele obținute, se constată exactitatea absolută a celor declarate.

Această experiență, ca şi multe altele de acest gen, dovedeşte în mod clar, fără posibilitatea de a mai comenta, că fiecare dintre noi avem înscris în arhiva vieții noastre, în corpul nostru spiritual, toate amintirile altor vieți, pe care nu le mai putem şti acum, când suntem închişi în trup. Acest adevăr stă la baza legilor vieții, chiar dacă unii nu vor să admită existența şi nemurirea spiritului sau alții care o admit, nu vor în ruptul capului să creadă că revenim pe pământ – îmbrăcând şi dezbrăcând numeroase trupuri. Ei susțin că dacă am mai trăit, ar trebui să ne amintim. Nu ne amintim, pentru că vehiculul fizic actual, sistemul cerebral actual, nu a luat parte la acea viață, nu a înregistrat nimic din acele timpuri, pentru că nu exista pe atunci.

Trupul actual, sistemul cerebral pune astfel o barieră între trecut şi prezent, împiedicând amintirile înscrise în corpul nostru spiritual să revină la suprafață şi să luăm cunoştință de ele. Numai când prin pase magnetice punem trupul în pasivitate iar spiritul devine liber, amintirile din alte vieți se desfăşoară înaintea noastră ca pe ecranul unui cinematograf.

Uneori, amintirile altei vieți vin la suprafața conştiinței noastre în mod spontan, fără pase magnetice. Însă, de cele mai multe ori, ele se prezintă fragmentar, încât nu se poate reconstitui întreaga viață a persoanei respective. O femeie spune, de exemplu, că a trăit într-o casă mare, departe, într-o țară caldă, că avea un soț care o brutaliza şi că, în fine, într-o zi a omorât-o şi i-au rămas doi copii: Aii şi Fatima, dar nu ne spune în ce oraş, în ce an şi cum se numea soțul ei. Chiar când se dau date mai clare şi mai ordonate, tot nu se pot face verificări, deoarece faptele sunt petrecute la o epocă îndepărtată, într-o localitate de pe un alt continent al globului, astfel că e greu, dacă nu imposibil, să fie cercetate şi deci controlate.

Copiii până la vârsta de şapte ani îşi amintesc mai bine decât oamenii maturi viețile lor trecute, din cauză că până la această vârstă legătura dintre spirit şi trup este mai slabă decât în restul vieții lor terestre, şi deci, pot să revadă ceea ce este înscris în corpul lor spiritual; în plus, până la această vreme, sistemul lor cerebral fiind mai delicat, încă în formare, având o mai mare plasticitate, permite exteriorizarea amintirilor din viața trecută. Din nenorocire, părinții lor, care n-au auzit şi nu cunosc adevărul reîntrupării, crezând că odraslele lor au halucinații, rătăciri ale minții, îi ceartă şi-i opresc să mai spună asemenea „bazaconii", ori nu le dau nicio importanță, punându-le pe seama fanteziei. Păcat, pentru că multe lucruri edificatoare am putea afla prin ei şi ne-am încredința pe deplin de această mare lege a divinului Creator!

Probabil că numai acele persoane, la care din anumite motive spiritul revine la reîntrupare imediat după moartea fizică, îşi amintesc de viața lor trecute. În aceste cazuri spiritul nu mai trece prin zonele spirituale din jurul pământului, păstrând învelişul planetar, aproape intact, prin urmare, revine la noua întrupare cu vechiul înveliş planetar. Asemenea cazuri sunt foarte rare, pentru că un astfel de om va suporta cu greu adversitățile vieții terestre şi va profita prea puțin de noua sa întrupare, având instrumente uzate, aceleaşi pe care le-a avut şi în viața terestră precedentă.

De aceea, Divinitatea, în înalta Ei înțelepciune, a orânduit ca după fiecare viață terestră să urmeze o viețuire în spațiu, o viață de repaus, de meditare, şi numai astfel, odihnit, spiritul să revină pe pământ, cu sinteza vieții trecute, cu învelişuri şi instrumente noi, pentru a învăța lecții noi, fiindu-i înlesnită ridicarea pe scara progresului.

* * *

Constatăm că majoritatea oamenilor nu-şi amintesc viețile precedente. Rezultă că această neştiință este urmarea unei legi pe care Divinitatea a sădit-o în viața omului. Desigur, motive puternice au determinat această uitare, motive pe care mintea noastră redusă nu este în stare să le întrevadă.

Dintre numeroasele motive, unul ar fi următorul: reamintirea vieților trecute, cunoaşterea faptelor noastre din trecut ar constitui o piedică în înaintarea noastră spirituală, o adevărată nenorocire.

Creatorul tuturor ființelor, corpurilor cereşti şi al universurilor, a vrut ca noi, la fiecare coborâre pe pământ, să înscriem pe o pagină albă, o nouă viață, având impresia că acum ne-am născut pentru prima oară. Din copilărie până la moarte, în mod inconştient, vedem, auzim, adunăm observații şi cunoştințe, analizăm diferitele directive morale, ne comportăm mai bine sau mai rău, mai moral sau mai şchiopătând, mai intelectual sau mai credincios, după capitalul spiritual adunat în viețile trecute. Nu e bine să ne cunoaştem viețile precedente. Dacă în viața trecută – deşi cu un nivel intelectual ridicat, deşi cu o situație socială mai de seamă – într-un moment de mare iritare, ne- am ucis prietenul ori soția, în viața următoare, cunoscând această faptă, am fi chinuiți de gândul crimei. Fapta rea va reveni mereu în conştiință şi vom fi neliniştiți în existența actuală, astfel că progresul spiritual ar fi zădărnicit, sau cel puțin redus.

Nu e bine să ne cunoaştem viețile precedente, pentru că se poate ca iubitul nostru copilaş să fie unul dintre cei care în altă viață, fiind tutorele nostru, ne-a torturat, ne-a mâncat averea, lăsată de părinți, şi ne-a lăsat pe drumuri. Cu ce dragoste am mai privi acest copil, ce iubire am mai avea față de cel ce ne-a nenorocit şi brutalizat altădată? Aşa neştiind, ne considerăm copilul ca fiind carne din carnea noastră şi în virtutea legii divine, a iubirii, îl adorăm cu frenezie, dorindu-i fericirea desăvârşită în viața sa terestră.

De ce să fim stăpâniți de greşelile noastre din trecut? De ce să ne tortureze remuşcările unor fapte ticăloase din alte vremuri? De ce să fim mânați şi mai departe de aceleaşi idei, prejudecăți de rasă ori religie?

După cum nu e bine să ne cunoaştem trecutul, tot aşa nu e bine să ştim nici viitorul nostru. Cine ştie prin ce cotituri ale destinului suntem siliți să trecem, să ne facem educația amarnică, pentru a urca pe scara evoluției! Cine ştie prin ce nenorociri trebuie să mai trecem, pentru dezvoltarea spiritualității noastre, şi atunci, cunoscând dinainte torturile morale, suferințele fizice ce ne aşteaptă în viitor, oare cu ce elan vom mâna viața înainte, oare vom mai munci cu dragoste şi avânt ca să agonisim, să ne creştem copiii, să fim morali şi activi?

Necunoscând măreția şi infinitele planuri ale Divinității nu înțelegem binefacerile uitării cu care ne-a înzestrat bunul Părinte ceresc. Deoarece nu ne amintim, negăm principiul reîntrupărilor noastre, al tuturor ființelor, al tuturor corpurilor cereşti, planete şi sori. Uitarea este o fericire, o binecuvântare pentru om. Dacă nu ar fi uitarea, viața noastră ar fi un iad aici pe pământ. Din fragedă copilărie şi până la coşciug, atâtea lacrimi, dureri şi griji ne urmăresc, încât, dacă uitarea n-ar aşterne vălul ei binefăcător, pentru a ne arunca în vârtejul vieții de toate zilele, existența noastră pe pământ nu ar mai fi posibilă.

Să mulțumim bunului Creator pentru tot ce a făcut şi stabilit. El le-a întocmit pe toate cu desăvârşita înțelepciune, pe care, în stadiul ajuns nu suntem încă în stare să le apreciem şi să le înțelegem.

* * *

Paralel cu progresul trupului, cu alcătuirea sa fizică, sensibilitatea sa mai înaltă şi inteligența din ce în ce mai vie, omul a ajuns să lucreze, să supună materia prin voința sa şi să realizeze descoperiri înalte şi uimitoare. S-ar crede că suntem într-un marş victorios al cuceririi naturii, spre folosința noastră, că omul păşeşte din ce în ce mai grăbit către cucerirea fericirii sale. Cu toate minunile realizate de inteligența sa vie, totuşi nivelul moral al omenirii este azi încă foarte scăzut. Omul fură mereu din secretele naturii, dar nu pentru a ajuta omenirii în progresul ei, ci pentru a făuri arme noi, mijloace noi de a-şi ucide frații. Am descoperit legi fizice şi chimice, nu pentru a ne înlesni viața, ci ca să ucidem copii şi femei, frații noştri, fiii unuia şi aceluiaşi Tată creator!

Dacă savantul crede în materia fizică şi în legile ce o animă, omul ignorant ori omul semidoct nu mai are nicio busolă în viața sa. Valurile vieții îi poartă în toate direcțiile şi nu mai au nicio speranță. Aleargă la biserică, dar se întorc acasă tot sub apăsarea nevoilor vieții; citesc cărți care să-i lumineze asupra scopului durerii şi asprimii acestei vieți, şi mintea lor rămâne tot atât de confuză ca şi mai înainte. Iată starea în care se află azi omenirea!

Dacă învățăturile sublimului nostru Mântuitor, Isus Christos, s-ar fi păstrat curate, nealterate – cum erau în primii două sute de ani ai creştinismului, dacă slujitorii casei Domnului ar reveni la forma lor simplă de viață, ca altădată, când cunoşteau profund legile divine şi ar adopta ceea ce ştiau atunci, şi anume, adevărul că entitatea spirituală revine mereu la viața terestră, omul ar deveni mai bun, mai milostiv şi ar înțelege rostul vieții. O moralitate desăvârşită ar cuprinde omenirea şi din sufletul fiecăruia s-ar ridica la Cer osanale Celui Atotputernic.

Reîntruparea este un Adevăr divin, care lărgeşte orizontul tuturor cunoştințelor omeneşti, oferind mai clar decât orice sentimentul eternității, ea dezvoltă în noi imaginația şi ne transportă gândul pe nesfârşita dâră a secolelor scurse. Reîntruparea conține inspirația poetului, lumina filosofului, bucuria sfântului, şi arată tuturor drumul către Tatăl.

Acum ştim că în lunga istorie a progresului nostru spiritual, am mai trăit pe când ne închinam la idoli, asemenea triburilor sălbatice de azi. De atunci, am urcat treptele vieții şi mai târziu am oferit daruri lui Brahma, în vastele temple indiene tăiate în piatra munților. Secolele s-au înşirat şi în alte întrupări, am căzut înfricoşați la pământ, când focul divin fulgera în templul lui Zoroastru din vechea Persie. Viața ni s-a scurs mereu, ca şi apa fluviilor, îmbrăcând diferite trupuri umane şi în diferite ranguri sociale, depunând flori la picioarele lui Osiris şi ale zeiței Isis, pe vremea faraonilor, în templele de la Theba şi Memphis. Am trăit şi am murit, ne-am născut în sânul a diferite popoare şi religii, ne-am simțit mândri de neamul căruia îi aparțineam şi socoteam religia noastră cea mai pură, cea mai înaltă. Am cântat cântece ritmice înaintea altarelor de marmură ridicate în Grecia străveche. Ne-am supus stricteții legilor de fier ale Imperiului Roman şi poate, unii dintre noi, am fost printre cei care am dat cu pietre şi am cerut răstignirea divinului Isus.

Acum iată-ne reveniți pe pământ, pentru a adora din nou pe Tatăl etern, fiind mereu în pelerinaj pe drumul lung al naşterii şi morții.

Procesul reîntrupării

Când a sosit ceasul coborârii la întrupare, entitatea spirituală superioară porneşte singură şi cu hotărâre, cunoscând perfect toate fazele prin care va trece, atât în timpul reîntrupării, cât şi toate peripețiile vieții sale. Linia îi este clar trasată şi ea îşi va urma cu sfințenie planul destinului.

Entitățile spirituale inferioare – şi mai ales cele oarecum conştiente de cuptorul de purificare şi dureri în care coboară – au nevoie de încurajare, de îndemn frățesc. În acest scop, pleacă în stol la reîntrupare, pentru ca văzându-se unele pe altele, să prindă curaj. O ceată mare de strălucitoare entități spirituale le însoțesc, vorbindu-le mereu de legea evoluției şi de fericirea lumilor superioare, în acelaşi timp, un cor sublim de entități spirituale – de muzică astrală – le însoțesc din nivelele lor de pornire către suprafața pământului.

Sub îndemnul zborului în comun şi sub adierea muzicii cereşti, entitățile spirituale pornesc cu voie bună. Datorită faptului că, pe măsură ce coboară, atmosfera fluidică este din ce în ce mai densă, mai grosolană şi respingătoare, entitățile spirituale superioare, mari forțe spirituale, atrag din marele curent cosmic fâşii puternice de fluid magnetic şi învăluie cu ele spiritele pornite la reîntrupare. Sub influența acestui fluid, entitățile candidate la întrupare cad într-un fel de somnolență; sunt treze, văd, aud, ştiu ce fac, dar nu mai sunt pe deplin stăpâne pe voința lor. Ca şi magnetizații sau hipnotizații de pe pământ, rămân sub influența magnetizatorului lor, care îi conduce pe calea gândului. Astfel pregătite, sunt oarecum sub influența mentală a marilor entități spirituale ce prezidează reîntrupările acestui grup de duhuri. Sosind în apropierea pământului, fiecare spirit candidat la întrupare este luat de ghidul său şi îndreptat către o anumită regiune a pământului, către o anumită țară, provincie, localitate şi familie, către o anumită mamă.

* * *

Actul unirii a doi indivizi de sex opus este învăluit de cea mai mare taină. El îşi are obârşia în eternitate şi s-a petrecut şi se petrece în lumile eterice. Actul unirii fizice este doar forma materializată a unirii fluidice, spirituale.

Cu sfială ridic un mic colțişor al acestei taine, de care pomeneşte şi preotul din biserica creştină, când face slujba cununiei.

Toate entitățile spirituale au aceeaşi origine, au aceeaşi îmbrăcăminte spirituală, deoarece toate sunt formate din esența Tatălui ceresc. Cu alte cuvinte, entitățile spirituale sunt egale şi fără sex.

Să părăsim trecutul de o eternitate, prin care au trecut aceste spirite, până au ajuns la etapa de spirite umane, animatoare de corpuri umane. În spațiu, entitățile spirituale umane sunt absolut la fel ca aspect, deci nu au niciun fel de sex. Ele sunt sfere luminoase, fiecare din aceste sfere fiind formată dintr-un punct microscopic strălucitor, care este esența sferei, scânteia divină, spiritul propriu-zis, iar în jurul scânteii se află o aureolă fluidică, un înveliş eteric, format din cele şapte învelişuri fluidice pomenite şi care formează corpul spiritului sau perispiritul său.

Cu toate că entitățile spirituale sunt perfect identice, de la originea lor, Creatorii care le-au pregătit calea au lucrat asupra lor astfel încât ele să se manifeste diferit, fiind încărcate cu două feluri de fluide de natură electrică – fluid electric negativ şi fluid electric pozitiv, aflate într-un echilibru oarecare. La unele entități spirituale fluidul pozitiv îl întrece pe cel negativ, iar la altele predomină fluidul negativ. Cu alte cuvinte, spiritele au două feluri de electricități, dar unele sunt predominant pozitive, iar altele, predominant negative, aceste fluide având rostul lor în viața spațială a entităților spirituale.

Prin însăşi existența spiritului în spațiu, natura acestui fluid electric se alterează, se schimbă într-un alt gen de fluid, fiind nevoie de o primenire. Procesul de primenire se desfăşoară în mod asemănător cu respirația trupului nostru. Spiritul execută un fel de palpitare – se dilată şi se contractă, inspiră şi expiră – eliminând prin acest act mecanic fluidul corupt şi absorbind din spațiile siderale fluid proaspăt. Acest travaliu durează veşnic, spiritul absorbind proporții inegale de fluid electric pozitiv şi negativ.

La unele entități spirituale se acumulează mai mult fluid pozitiv absorbit, deoarece puterea de alegere fluidică de natură pozitivă a fost mai mare decât cea negativă, iar la alte spirite, doza de fluid negativ se acumulează într-o măsură mai mare. Astfel spiritul se încarcă prea mult cu un anumit fel de fluid electric, simțindu-se îngreunat de cantitatea prea mare a fluidului preponderent, şi atunci caută o posibilitate de descărcare.

Descărcarea are loc pe cale de schimb. Două entități spirituale care de miliarde de veacuri au pornit împreună, pe drumul nesfârşit al evoluției, se simpatizează, se caută, se doresc, vor ca mereu să se sfătuiască şi să se ajute. Când entitățile spirituale între care s-a stabilit o iubire din veşnicia îndepărtată – veşnicie care, totuşi, are un oarecare început – se simt îngreunate de o doză mare de fluid pozitiv sau negativ, se alipesc una de alta şi fac între ele un schimb din plusul de fluid acumulat. Prin acest act, s-au eliberat de povară, iar schimbul le produce o senzație de fericire.

Să vedem, pe scurt, explicația marii taine a mariajului.

Spiritul care deține în jurul său mai mult fluid pozitiv se va întrupa mai des în trup masculin, iar spiritul mai bogat în fluid negativ se va întrupa mai des în trup feminin. În toate formele de viață – minerală, vegetală, animală sau umană – principiul feminin se supune principiului masculin. Iată de ce bărbatul este mai cu inițiativă, mai energic, şi de ce femeia este mai pasivă şi răbdătoare. Astfel înțelegem şi sensul cuvintelor spuse de preot la cununie: „Iar femeia să se teamă de bărbat", adică să fie supusă bărbatului ales şi să-şi ducă cu el traiul până la mormânt.

După ce am vorbit puțin despre marea taină a dualității, a unirii spirituale, vom aborda şi subiectul unirii trupeşti a doi indivizi de sex opus. Am mai spus-o şi voi repeta mereu: totul este orânduit de Divinitate şi executat, de slujitorii Săi de diferite grade.

Luăm două substanțe chimice şi le punem față în față, de exemplu, un acid şi o serie de metale sau oxizi metalici. Acidul va manifesta o anumită preferință pentru unul dintre aceste metale, şi se va uni numai cu unul dintre ele, dând naştere unei substanțe noi, numită sare. Unirea dintre un acid şi un oxid sau metal se datoreşte fluidelor care le însoțesc şi stau la baza lor. În fluidul unuia electricitatea este predominant pozitivă, iar în fluidul celuilalt predomină electricitatea negativă. Cu cât un oxid îi procură acidului mai mult fluid contrar, cu atât mai mult acidul desface oxidul şi se combină cu el. Astfel se petrece unirea în regnul mineral.

Pentru mintea noastră, fenomenul este mai clar, mai desluşit în regnul vegetal. Aici elementul reproducător, zis mascul, merge către elementul sexual femei. Oriunde ar fi, oricum ar fi organele purtătoare ale acestor două elemente, ale acestor două celule generatoare, ele se atrag, se cheamă și se unesc. Se atrag deoarece se doresc, şi se doresc pentru că fiecare este purtător de fluid electric de sens opus. De exemplu, grăuntele de polen, purtătorul unei aureole fluidice mai bogată în electricitate pozitivă, se îndreaptă către ovulul din camera ovariană a gineceului, pentru că este chemat, este atras de fluidul predominant negativ al acestuia. Iată înțelesul unirii grăuntelui de polen cu ovulul, de pe urma căruia se naşte oul, începutul viitorului pui de plantă.

Dacă trecem la regnul animal, vom fi martorii aceluiaşi plan de unire şi perpetuare a speciei. Un individ, masculul, emite o celulă generatoare numită spermatozoid, şi celălalt individ, femela, emite o celulă generatoare, numită ovul. Din unirea lor se naşte celula numită ou, din care se va forma embrionul şi mai târziu viitorul animal. Cele două celule generatoare au alergat una spre alta Şi s-au unit din motivele sus amintite, dând naştere unui produs care deține elementele materiei fizice şi fluidice, provenite de la doi indivizi de sex opus.

Un fapt însă rămâne constant. Unirea între cele două elemente cu încărcături electrice diferite se face în anumite condiții şi mai ales în anumite epoci. Într-adevăr, nu oricând şi nu în orice condiții o floare produce polen şi ovule. Nu oricând femela primeşte să fie fecundată de individul mascul. Totul se face după o ordine nevăzută, dictată din spațiu de forțele spirituale invizibile.

Omul, coroana creației Tatălui divin pe pământ, cu toată înțelepciunea cu care a fost înzestrat de Creator, se abate de la legea sfântă a procreației, a formării de trupuri noi, în care să coboare şi să se fixeze un spirit pentru o nouă viață terestră. El a coborât sfânta unire spirituală şi a batjocorit sfânta unire trupească. Asemenea celorlalte regnuri şi la om este indicat momentul firesc pentru unirea trupească, în zilele din preajma fazelor lunare, când se produce eliminarea ovulelor de către femei. Dintr-un act divin, hotărât cu regulă, la toate viețuitoarele, omul a făcut un act de patimă, de viciu. Frumusețea spirituală şi chiar trupească a fost terfelită şi coruptă prin noroiul plăcerii. Dar, în viitor, omenirea cunoscătoare a legilor încă necunoscute, se va ridica la nivelul frumuseții legilor divine.

În fine, în momentul când elementul sexual masculin, spermatozoidul, părăseşte organul generator, este înconjurat de o aureolă fluidică, în care sunt fixate toate particularitățile fizice şi toate defectele trupeşti ale părintelui emițător. Mama emite celula sexuală feminină, numită ovul, care asemenea spermatozoidului are o zonă fluidică, în care sunt imprimate toate particularitățile trupului acestei femei. Din unirea celor două elemente sexuale se va naşte oul, care va purta în sine toate însușirile trupului celor doi generatori.

La plante şi animale, actul unirii, formarea oului, evoluția embrionului şi, în final, naşterea se fac sub influențe cosmice determinate, realizate sub imperiul unor legi fixe. Numai omul se abate de la aceste legi, prin liberul său arbitru. Dar totuşi, cu toată ignoranța omului față de legile morale şi față de exemplele din natură, pe care Domnul i le pune înainte, actul procreării trebuie să aibă loc la timpul său, pentru ca şi actul naşterii să se petreacă sub privirea unor anumite constelații şi influența unei anumite planete.

Actul naşterii la om, mai dramatic decât la animale, în general este însoțit de mari dureri. În acele momente femeia mamă renunță pentru restul zilelor ei la orice unire trupească. Dar zilele trec şi uitarea aşternându-se peste această durere, unirea are loc din nou, potrivit cu ceea ce a orânduit Divinitatea pe pământ. Într-adevăr, este de înțeles plăcerea unirii trupului celor doi îndrăgostiți. În perispiritul lor se produce o descărcare electrică – pozitivă de la unul şi negativă de la altul – răspândită reciproc în perispiritele lor. În acest moment, spiritul lor simte o senzație de fericire, pe care omul necunoscător al tainelor lumii nevăzute o atribuie trupului său. Atât de mare este această fericire, încât ea întunecă amintirea marilor dureri ale naşterii. Sub imboldul acestei plăceri, actul se repetă, pentru a avea loc noi zămisliri de trupuri, în care să-şi găsească culcuş un spirit, pentru o nouă viață terestră.

Există cazuri când în destinul unor oameni a fost scris să nu aibă copii, pentru că, într-o viață precedentă, tatăl a avut o conduită repulsivă față de copii, brutalizându-i până a stins orice iubire din inima lor, ori pentru că în altă viață femeia nu i-a vrut, căutând mereu să scape de ei, imediat ce a constatat că va deveni mamă. În aceste cazuri, cei doi soți se vor uni fiziceşte, dar nu vor avea urmaşi, pentru că dreptaşii lor – veghind ca destinul lor să se deruleze cât mai fidel planul întocmit sus şi acceptat de ei când erau spirite libere în spațiu – le neutralizează fluidele celulelor generatoare. Urmarea este că elementele lor sexuale, lipsite de fluidele corespunzătoare, nu se vor atrage, nu se vor putea uni pentru a da naştere unui ou, murind înaintea fuzionării lor. Iată pentru ce se zice în popor: „Nu le-a dat Dumnezeu copii". Legea divină, prin reprezentanții şi slujitorii Tatălui, nu le acordă această bucurie, chiar dacă în această viață ar dori din tot sufletul să audă şi ei spunându-li-se cuvântul magic: „mamă" sau „tată". Totul se plăteşte, mai curând sau mai târziu. Dreptatea Tatălui este veşnică şi se aplică fără cruțare.

Spiritul candidat la reîntrupare, însoțit de ghidul său, se apropie de viitorii săi părinți şi stă în preajma lor. Sosind ziua unirii lor fizice, o forță a spațiilor lucrează asupra celor doi generatori, învăluindu-i cu anumite fluide, pentru a-i dispune la unire trupească; iar bietul om se supune asemenea unei marionete. El crede că este voința sa, plăcerea sa, să se „iubească" cu partenera lui. Da, această unire este la fel ca altădată, dar pe când atunci era o simplă manifestare animalică – mai joasă chiar, fără să fi avut vreo urmare – de data aceasta omul se supune unei forțe care îl îndeamnă, în vederea unui act divin, pentru un scop ce intră în planurile Creatorului. Cei doi soți s-au unit, crezându-se singuri, şi cu toate acestea şase martori au fost de față: *dreptaşul* tatălui, *dreptaşul* soției, spiritul care se va întrupa, *ghizii* celor doi soți, precum şi *Marele Întrupător*. De îndată ce s-a format oul, spiritul candidat la întrupare îşi înconjoară mama cu o bandă eterică şi se pune în legătură cu oul. De acum începe marea operă necunoscută de ştiința materialistă.

Voi descrie pe scurt principalele faze ale formării copilului în pântecele mamei şi naşterea lui.

Spiritul coborât la întrupare înconjoară cu perispiritul său trupul viitoarei sale mame, perispiritul său luând forma unei rochii, strâmtă sus şi largă în poale, adică forma unui clopot, a unui trunchi de con. Acest înveliş fluidic se întinde din dreptul umerilor mamei, până mai jos de gleznă, capul ei rămânând liber.

Se ştie – fiind dovedit şi de ştiință – că vehiculul fizic al omului conține o masă de fluide electromagnetice. Dintre toate organele corpului omenesc, cel mai bogat în fluid este sistemul nervos central şi periferic. Orice acțiune de natură fluidică venită din spațiu va lucra asupra întregului corp fizic, dar sistemul cerebrospinal va răspunde cel mai prompt şi mai puternic la aceste influențe. Dacă acțiunile venite din afară vor fi puternice, encefalul, care este de o sensibilitate deosebită, va fi penetrat, fluidul său fiind pus violent în vibrație. Vibrațiile neobişnuite ale fluidului cerebral vor acționa la rândul lor asupra cortexului şi a celulelor nervoase. Impresionate puternic, celulele nervoase fiind puse în vibrație cu o putere neobişnuită, se va produce în ele o perturbare funcțională, care va sfârşi, în timp mai prelungit, cu un dezechilibru mintal. Cum sistemul cerebrospinal este comandantul organismului, de la el plecând toate ordinele prin care sunt dirijate funcțiile organelor interne, se înțelege că şi aceste organe vor funcționa dezordonat. Astfel, omul va avea mişcări necoordonate, îşi va pierde orientarea în spațiu, dereglându-i-se circulația sanguină, secrețiile hormonale, excreția etc. Pe scurt, o dezordine generală, de pe urma căreia va suferi spiritul, posesorul acestui trup dezarmonizat.

Cunoscând aceste legi, spiritul coborât la reîntrupare caută să nu facă niciun rău mamei sale – din acest moment această femeie îi este mamă – ferindu-se să-i înconjoare capul cu perispiritul său. Trunchiul de con fluidic se află uneori mai aproape de trupul mamei, alteori mai depărtat, în funcție de vârsta mamei, culoarea pielii, a părului şi ochilor. Dacă mama este tânără, spiritul încercuitor stă mai departe de ea, vitalitatea corpului ei fizic fiind destul de ridicată. Grație vitalității puternice, spiritul încercuitor, candidat la întrupare, trebuie să se țină la o distanță mai mare, pentru ca influența perispiritului său să nu fie resimțită prea puternic de mama sa. Când, din neatenție, se întâmplă acest lucru, mama are dureri de cap şi o nervozitate neobişnuită. Dacă mama este mai în vârstă, spiritul înconjurător se apropie mai mult de ea, pentru a o influența ceva mai puternic, trupul ei neimpresionându-se ca cel de 17-20 de ani.

Se ştie că persoanele cu ochii negri emit şi primesc mai puternic fluidele electrice. Ochii sunt supapele trupului, prin care spiritul emite valuri de unde electromagnetice, fermecând sau adormind un om ori un animal. Dacă femeia aleasă să fie mamă va avea ochii negri, spiritul sosit la întrupare va căuta să păstreze o distanță mai mare de trupul ei, decât în cazul când culoarea ochilor îi este deschisă, pentru ca nu cumva pe calea ochilor razele sale fluidice să influențeze prea puternic perispiritul mamei sale. Aceleaşi considerente le are în vedere spiritul, când mama sa va fi brunetă. Când ne pieptănăm, se aud pârâituri şi firele de păr se zbârlesc, respingându-se unele pe altele. Prin pieptănare se produce o frecare între păr şi pieptene. Din această frecare se naşte electricitate diferită în păr de cea din pieptene, generând fulgere microscopice, urmate de mici tunete, percepute sub formă de pârâituri. S-a observat însă că părul negru dezvoltă mai multă electricitate decât cel blond. Prin urmare, spiritul-fiu va sta mai departe de iubita sa mamă brunetă, pentru a nu-i produce nicio greutate.

În general, cea mai mică apropiere dintre fiu şi mamă este de câțiva centimetri, iar cea mai mare nu trece peste un metru de la suprafața trupului mamei. Spiritul înconjurător nu se va alipi niciodată complet de trupul mamei sale, pentru că în acest caz vibrațiile lui, fiind prea apropiate, izbesc cu putere în trupul şi perispiritul mamei, cauzându-i prejudicii. O greşeală făcută din necunoaştere sau neatenție poate avea rezultate dezastruoase, de care spiritul rămâne răspunzător în fața Divinității. Dar în definitiv care este motivul pentru care spiritul nou-venit la viața trupească nu stă deoparte, ci înconjoară trupul mamei sale? Explicația este următoarea. Viitoarea mamă, în vederea acestei sfinte misiuni, trebuie să aibă pregătite anumite condiții fizico-organice şi sufleteşti. Aceste condiții le asigură spiritul coborât la reîntrupare.

Odată ce spiritul-fiu îşi înfăşoară mama, începe să trimită raze fluidice către trupul ei. Aceste raze o pătrund, şi lucrând asupra perispiritului şi a unor organe, produc schimbări anatomice şi fiziologice. Astfel glandele mamare încep să se dezvolte în vederea marelui scop – producerea secreției lactice. Organele generatoare se congestionează, trec prin anumite modificări, pregătind condițiile pentru păstrarea embrionului şi creşterea fetusului. Se produc o serie de transformări interne, vizibile uneori şi la exterior – umflarea buzelor şi picioarelor, pătarea pielii etc. Dar în afară de pregătirile provocate de spiritul-fiu, mama este cuprinsă de sentimente şi dispoziţii sufleteşti, cu totul diferite de stările ei anterioare. Aceste sentimente şi dispoziţii o determină să primească cu plăcere vestea sosirii unei fiinţe la viaţa pământească, s-o accepte, s-o iubească şi să crească în idei și stări sufleteşti demne de o mamă desăvârşită, să n-o respingă, să nu caute să scape de ea.

Dacă femeia ar şti ce misiune sublimă îndeplineşte în lumea noastră trupească, n-ar mai căuta să abdice de la acest măreţ rol în mecanismul vieţii de pretutindeni. Vai de sufletul femeii care va respinge un spirit căruia în Cer i-a promis că îi va fi mamă, dar ca om trupesc îl goneşte, despărţindu-se de el. Amarnic se va căi în spaţiu şi i se va plăti şi ei cu aceeaşi eliminare, deşi va arde de dorinţa vieţii trupeşti, pentru avansare, pentru terminarea acestei şcoli planetare.

Deşi spiritul înconjurător, spiritul-fiu se ţine la o distanţă oarecare de femeia-mamă, totuşi el ia contact cu trupul ei în trei regiuni:

1. printr-un fir fluidic se leagă de măduva ei, de aşa-zisul nod vital, realizând un contact intim cu perispiritul mamei;

2. prin ombilic se leagă de bazinul în care se va forma căsuţa lui carnală;

3. se leagă de centrul aflat în partea inferioară a laringelui, în scorbura unde se unesc claviculele cu sternul şi unde palpită sufletul, pentru că aici se produce un fel de inspiraţie şi expiraţie fluidică, un sorb de fluide spaţiale şi o eliminare de fluide uzate.

După cum, peste nouă luni, mama va ţine copilul său drag în braţe şi îl va acoperi cu dragostea ochilor săi, tot astfel spiritul-fiu, în cele nouă luni de zile cât va ţine gestaţia noii fiinţe umane, o îmbrăţişează pe dinafară, cu toată dragostea lui. Ce minune pentru noi, oamenii! Ce fenomen natural pentru lumea spaţială! Priveşti la femeia însărcinată şi nu vezi nimic în jurul ei; ea se mişcă, se îmbracă şi se dezbracă şi nu simte prezenţa nici unei materii. Trece printre oameni, pe lângă obiecte şi nu simte nicio neplăcere. Cu toate acestea, duhul este prezent, ca o ceaţă invizibilă în jurul pântecelui ei.

Mari sunt faptele tale, omule, dar opera spiritului e mai mare: construirea noului edificiu trupesc pentru viitoarea sa viaţă terestră. Aceasta este marea sa lucrare. Spiritul este arhitectul propriului său trup, căci aşa cum îşi va aşterne, aşa va „dormi" în haina sa carnală. Or pentru împlinirea acestei opere el are nevoie de fluide spaţiale, pe care le are la dispoziţie din oceanul fluidic înconjurător.

În afară de aceste fluide libere, spiritul-fiu are nevoie şi de fluidele umanizate ale mamei sale. El ia cu precauţie, cu răbdare, puţin câte puţin, din fluidele mamei, lucrând cu ele asupra oului, determinându-l să se dividă, să crească, să ia treptat forma umană, să-şi organizeze rând pe rând diferitele organe.

Această absorbţie de fluide umane se face noaptea, de la mamă, când trupul ei doarme, în aşa fel încât să nu aibă repercusiuni asupra acestuia. Spiritul mamei, aflat în afara trupului său adormit, oferă cu dragoste fluid din fiinţa sa trupească şi perispirituală, pentru a ajuta spiritul-fiu, la opera sa constructoare.

Dar spiritul-fiu are nevoie şi de fluidele tatălui, pentru ca legătura iubirii să se împânzească şi cu ceva de la tată. În perispiritul mamei predomină fluidul electric negativ, la tată predomină fluidele pozitive. Operele Creatorului sunt totdeauna armonizate prin împerecherea contrariilor, a pozitivului cu negativul. Spiritul sosit să-şi construiască reşedința în care va sălăşlui ani de zile, trebuie să aibă la dispoziție şi fluid pozitiv şi fluid negativ, procurat de la ambii părinți. Pe când fluidele mamei le absoarbe noaptea, pe ale tatălui le absoarbe ziua.

Există cazuri când spiritul înconjurător, spiritul-fiu, absoarbe fluide umanizate într-o cantitate mai mare de la tată decât de la mamă. În acest caz, fizicul copilului va semăna mai mult cu tatăl decât cu mama. Dacă mama oferă mai mult fluid umanizat, copilul va semăna mai mult cu ea. Când proporțiile furnizate de cei doi părinți sunt aproximativ egale, trupul copilului va avea caractere fizice comune celor doi părinți. Dar există cazuri când un copil nu seamănă nici cu tata, nici cu mama, ci cu una dintre rudele apropiate – văr, unchi etc. În acest caz spiritul-fiu a absorbit mai multe fluide de la acea rudă a părinților săi, persoană de care e legată printr-o existență comună şi drăgăstoasă dintr-o viață anterioară.

Iată înțelesul real al marii taine a eredității. Cât s-a discutat, cât s-a scris despre această problemă importantă şi câte ipoteze şi presupuneri nu s-au elaborat, pentru explicarea acestui fenomen spiritual, general în viața fizică minerală, vegetală, animală şi umană. Pornind de la date fizice, nu se poate ajunge la o concluzie reală în explicarea unui fenomen cu rădăcini adânci în lumea spirituală. Cu toate că efectul fenomenului eredității este vizibil în planul fizic, cauzele îşi au rădăcinile în materia invizibilă a spațiilor. Numai când savantul va cunoaşte fizica şi chimia fluidelor lumilor spațiale, când va descoperi materiile metafizice, energiile care le animă şi legile care le guvernează, va găsi soluția tuturor fenomenelor încă nedescifrate.

Ceea ce este interesant şi sublim, în acelaşi timp, e faptul că ziua spiritul-fiu îşi înconjoară mama, iar noaptea, mama părăsindu-şi trupul, vine şi îşi înconjoară spiritul-fiu; astfel, de la o vreme, se realizează o înconjurare reciprocă în jurul trupului matern. Înțelesul tainic al acestor îmbrățişări fluidice alternante este următorul. Ziua, spiritul-fiu primind anumite fluide venite din Infinit, le îndreaptă către mamă, care la rândul ei le concentrează spre pântecele ei, spre copilul în formare. Noaptea, spiritul mamei absoarbe din spațiu anumite fluide, pe care le revarsă asupra perispiritului spiritului-fiu. Spiritul-fiu cât şi spiritul-mamă contribuie astfel la o operă comună. Toate aceste acțiuni se concentrează asupra pruncului, care prin hrănirea continuă cu diferite fluide şi cu substanțele asimilate din sângele mamei, se dezvoltă foarte rapid.

În timpurile străvechi, tainele naturii erau bine cunoscute. Viitoarea mamă avea grijă să-şi aşeze patul în direcția est-vest, şi anume, cu picioarele la răsărit şi cu capul la apus, aşa după cum a rămas obicei de a se aşeza mortul cu fața la răsărit. Scopul urmărit era următorul. Se ştie că marele curent cosmic, după ce a înconjurat Soarele, vine să înconjoare şi planeta noastră. Direcția acestui curent este la început de la răsărit la apus, dar de la o vreme se ridică pe unul dintre meridiane spre nord. Este bine ca trupul femeii însărcinate să fie aşezat pe axa curentului cosmic, astfel ca acesta să intre prin picioarele sale, să străbată trupul şi să iasă prin creştetul capului, adică în acelaşi sens în care se retrage spiritul din trup, la moartea acestuia.

Cu câtă sfințenie mânca, bea, dormea şi trăia mama pe acele vremuri! După ce patul era direcționat în felul descris mai sus, somnul ei trebuia să aibă loc imediat după apusul soarelui, adică din momentul în care se întuneca şi până când începea să se lumineze de ziuă, dar negreşit înainte de răsăritul soarelui. Noaptea, perispiritul ei se încărca cu fluide spaţiale cosmice, iar ziua acumula fluide solare şi terestre.

Cu câtă dragoste şi respect îşi privea soţul perechea iubită, aflată în această situaţie nobilă şi importantă. O îngrijire deosebită îi acorda prin vorbe, fapte şi atitudine, scutind-o de orice emoţie violentă sau supărare, şi hrănind-o cu alimente consistente şi în cantităţi mici. Soţul se separa de soţie, pentru a nu împiedica, prin apropierea lui, desfăşurarea fenomenelor oculte de care avea cunoştinţă, fără să cunoască amănunţit mecanismul lor. Orice contact fizic era interzis în timpul sarcinii soţiei, pentru a nu produce spasme interne, care ar fi comprimat puiul uman, în formare în pântecele mamei, iar pe de altă parte, spasmul erotic trimite fluide de ordin inferior către copil, contribuind la nefericirea fizică şi intelectuală a viitorului om. Cât de înţelegători erau oamenii în acele vremuri, sufletul lor fremătând la vibraţiile venite din spaţiu, deşi trăiau într-o epocă lipsită de tehnica civilizaţiei de azi!

Am spus că spiritul-fiu absoarbe fluide de la părinţi, pe care concentrându-le până la o cvasimaterializare, îşi făureşte trupul, fetusul din pântecele mamei. Pe când absorbirea de fluide materne se face uşor, spiritul-fiu fiind în preajma mamei, absorbirea de la tată este mai dificilă, pentru că el nu este mereu prezent. Absorbirea fluidelor paterne se face fără ştirea tatălui, ca om, îndeplinindu-se la orice distanţă s-ar găsi tatăl de soţie şi de viitorul său fiu. Într-adevăr, tatăl ziua se duce la birou, la cafenea, la club, jucând o partidă de cărţi, ori e plecat departe, prin alte ţări, cu misiuni sau afaceri. Oriunde s-ar afla, la orice distanţă în jurul pământului, spiritul-fiu, ajutat de fraţi spaţiali, absoarbe fluid din corpul fluidic al tatălui său.

În această privinţă, intervine o problemă foarte grea pentru bietul spirit-fiu: felul cum îşi duc viaţa părinţii săi, în perioada când soţia este însărcinată, se cere ca ambii părinţi să trăiască după o anumită conduită. Astfel mama se va sili să nu se supere, să-şi impună un calm deplin, pentru că supărarea ei va produce furtuni, perturbări în perispiritul ei, împiedicând spiritul întrupător în opera lui constructivă; pe de altă parte, materia furtunos procurată de mamă va dăuna la alcătuirea perfectă a trupului micuţei făpturi. Se mai cere ca mama să nu obosească, pentru că o activitate corporală prelungită îi slăbeşte trupul, având repercusiuni asupra perispiritului său şi deci asupra copilului din pântecele ei. Aşadar, se cere odihnă, dar fără a se cădea în limita opusă, şederea prelungită fiind la fel de dăunătoare. Între o activitate încordată şi o şedere dusă până la trândăvie e de preferat cea dintâi. Însă calea de mijloc este cea mai favorabilă. Muncă, mişcare – dar nu până la oboseală, până la sleirea trupului. Se mai cere ca simţurile, în special văzul şi auzul să fie plăcut impresionate pe tot timpul sarcinii. Natura, prin peisajele ei încântătoare – munte, pădure, litoral – oferă imagini care prin ochii şi perispiritul mamei penetrează copilul, contribuind foarte mult la alcătuirea perfectă şi armonioasă a trupului său. Vorbele blajine şi frumoase, vibraţiile armonioase, muzica melodioasă, au de asemenea un ecou puternic în fiinţa plăpândă din sânul mamei.

Contribuţia tatălui, prin fluidele sale, la alcătuirea trupului copilului său, este la fel de importantă ca şi cea a mamei. Viaţa cuminte, calmă şi rezonabilă a tatălui va avea urmări fericite pentru viitorul său copil. Soţul trebuie să evite nopţile pierdute la bar sau la masa verde a jocurilor de noroc; el trebuie să respecte orele de somn, să nu transforme noaptea în zi, căci lipsa de somn aduce slăbiciunea perispiritului său, care ştim că îşi primeneşte fluidele uzate noaptea, când trupul său doarme. Alimentația tatălui trebuie să fie, în tot timpul sarcinii soției sale, calculată, simplă şi uşoară. Băuturile alcoolice, tutunul, cafeaua şi condimentele vor acumula o anumită varietate de fluide în perispiritul său, iar acesta va emite unde vibratorii nedorite. De asemenea, agitațiile sale în domeniul politicii sau al afacerilor lovesc nevinovata ființă pe cale de formare, contribuind la nefericirea sa. Se cade ca tatăl să fie conştient că vibrațiile şi fluidele pe care le răspândeşte în jurul său trebuie să fie armonioase şi benefice trupului uman, ele reflectându-se în alcătuirea embrionului.

Iată marea misiune a părinților în procesul reîntrupării unui spirit, sosit în mijlocul lor în calitate de copil, având o mare responsabilitate față de legile divine. Cu măsura cu care ai măsurat, ți se va măsura la timpul întrupării tale. Ferice de mama care pune toată grija să prepare calea viitorului copil! Ferice de tatăl care pune toată atenția să nu se facă vinovat, prin conduita sa, de vreo slăbiciune sau malformație a viitorului copil!

Nouă luni de zile spiritul-fiu a lucrat cu atenție şi dragoste asupra mamei şi asupra trupului din pântecele ei. Dar a sosit momentul naşterii, spiritul-fiu îndepărtându-se cât mai mult de trupul mamei sale – până la trei metri. Când micul trup a pornit spre lumina zilei, spre viața terestră, perispiritul spiritului-fiu se desparte în două jumătăți. Imediat ce a ieşit copilul, spiritul-fiu îl înconjoară, iar cele două jumătăți ale perispiritului se reunesc în jurul său. Nouă luni de zile duhul şi-a înconjurat şi înfăşurat mama; de acum, ani de zile mama va îmbrățişa trupul copilului ei, animat de duhul fără de care ar rămâne inert, ca o bucată de carne atârnată în cuiul unui măcelar.

Vechea înțelepciune – obținută în veacuri prin revelație şi stabilită prin observații – recomandă prezența unui număr mic de persoane în camera de naştere. Privirile, gândurile şi sentimentele celor prezenți produc valuri de fluide magnetice, electrice şi spirituale, care au consecințe asupra trupului sensibil al copilului, asupra mamei şi spiritului-fiu care pândeşte momentul de a-şi lua în stăpânire trupul, casa de lut, în care va vieţui pe acest pământ. Moaşa şi un ajutor – două sunt suficiente, fără să umble forfota, fără agitație, ci totul să fie orânduit din vreme şi toate aşezate de partea capului mamei, adică spre apus. Nu e bine să se umble pe la partea opusă, spre răsărit, adică în jurul picioarelor lăuzei, pentru că este perturbat curentul divin, venit dinspre răsărit, care acum, mai mult ca oricând, are o influență hotărâtoare asupra pruncului ce vine cu un strigăt, cu o primă respirație la viața trupească a pământului.

Mama fiind aşezată cu capul spre apus, primeşte curentul cosmic de la picioare. În momentul ieşirii la viața terestră, copilul primeşte curentul divin de la cap spre picioare, asemenea unei binecuvântări a Tatălui ceresc, asemenea unui prim sărut în noua sa carieră.

Acest uriaş curent divin a pornit de la Tatăl, străbate cosmosul, înveleşte universurile, înconjoară rând pe rând galaxiile, sistemele solare, ajunge la fiecare planetă, învăluie şi întreține cu viață, mişcare şi vibrație tot ce se află pe corpurile cereşti, pentru a se întoarce la Tatăl.

Din soarele nostru, din centrul sistemului nostru planetar, soseşte un al doilea curent – curentul solar. Acesta are o influență specială asupra vieții şi a evoluției. În fine, trecând prin atmosfera fluidică din jurul pământului, cei doi curenți iau din spațiu, din zona unde a sălăşluit spiritul care se întrupează, o coloană de fluid care va avea imprimată în ea toate gândurile şi sentimentele, chintesența tuturor acțiunilor acestui spirit în nesfârşita sa carieră umană. Acest curent fluidic, al propriei esenţe evolutive a fiecărei entităţi spirituale, îl vom numi curentul terestru.

Aşadar, în momentul naşterii copilului, entitatea spirituală primeşte trei influenţe – cei trei magi de la răsărit – fiind scăldat de un curent care conţine trei feluri de fluide: divine, solare şi terestre. Prin întrupare, fiecare entitate spirituală primeşte trei forţe, oferindu-i o anumită tărie, cu care va lucra de acum încolo asupra trupului său, asupra casei sale.

Curioasă casă, pentru că în orice casă omul se adăposteşte în interiorul ei, pe când aici spiritul stăpân stă deocamdată afară, în jurul trupului său, luând în definitiv tot o formă umană, dar ceva mai mare. Încă din prima secundă a ieşirii pruncului din întunericul matricei la lumină, acest om fluidic, ce înconjoară micuţul trup, se leagă printr-un cordon fluidic cu bulbul rahidian. Orice spirit este legat de trupul său prin bulb sau mielencefal, punctul prin care măduva spinării se leagă cu encefalul.

Odată distrus acest punct printr-o înţepătură de ac sau prin spânzurare, omul moare trăsnit, spiritul fiind rupt de trupul său. Casapii de la abator lovesc cu cuţitul în acest punct biata vită, care dintr-o singură lovitură se prăbuşeşte la pământ.

Spiritul va lucra asupra întregului său trup, dar mai ales asupra sistemului cerebrospinal, lucrare executată conform destinului său. Aflat în faţa unui destin mai trist, spiritul lucrează cu durere asupra encefalului său, făcând din el un instrument rudimentar, un pian dezacordat, prin care nu se poate manifesta, deşi cunoaşte multe. Aşadar, spiritul lucrează la propria sa nefericire, ca om pe pământ; e trist şi dureros, dar aşa e destinul şi spiritul nu se poate abate, pentru că este asistat de o entitate spirituală mai puternică, despre care vom vorbi îndată.

Chiar dacă spiritul-fiu nu vrea să facă ceea ce a jurat sus în Cer – adică să-şi făurească un trup conform destinului său – o va face curentul terestru. Această coloană fluidică aduce toată forţa, chintesenţa evoluţiei sale din vieţile anterioare şi nu va îngădui spiritului să construiască altceva decât ceea ce corespunde gradului său evolutiv.

Un spirit inferior, cu toate că vrea, nu poate să-şi alcătuiască un trup sensibil, care să-i redea fidel voinţa şi gândirea. Un duh superior deţine toată cunoştinţa de a-şi făuri un trup admirabil, care să manifeste corect sentimentele şi gândurile sale. Trupul său subtil şi sensibil va putea înregistra şi o parte din influenţele lumilor eterice.

Spiritul-fiu a sosit din primul moment al producerii celulei-ou. El îşi înconjoară mama, pentru a o pregăti şi pentru a împrumuta materie fluidică de la ea. Dar în afară de această prealabilă operă – chiar din prima secundă a sosirii sale – spiritul se pune în legătură printr-un fir fluidic cu celula-ou din pântecele mamei. La capătul său, acest fir înfăşoară oul de jur-împrejur, şi pe măsură ce oul creşte şi se divide devenind o masă celulară, firul se îngroaşă mereu devenind un cordon fluidic prin care se stabileşte un raport din ce în ce mai complex între spiritul care urmează să se întrupeze şi fetusul din pântecele mamei. Prin acest cordon fluidic, spiritul înconjurător trimite mereu fluide embrionului, provocând divizări celulare, anumite direcţii de creştere şi calităţi de celule, acordând o atenţie deosebită celulelor care vor forma sistemul cerebrospinal.

Calitatea, rezistenţa şi dimensiunea fizică a viitorului copil depind de materia trimisă din exterior de spiritul-fiu. Aceste forţe, aceste fluide nu sunt trimise către interior la voia întâmplării, ci după un plan prestabilit, conform hotărârii luate în fața Juriului suprem, deci potrivit cu destinul spiritului venit la viața terestră. Aşadar, toată dezvoltarea embrionului din pântecele mamei se face sub coordonarea şi acțiunea puternică a spiritului din afară.

Dar la opera de construcție a trupului, în care va sălăşlui ani de zile spiritul-fiu, contribuie şi alte forțe, intervin şi alte influențe, pe care le voi descrie în cele ce urmează.

Din cele expuse până acum, constatăm că pruncul – adorat şi strâns cu drag de mamă la pieptul ei – a fost opera a trei entități: tata, mama şi fiul, iar cele trei ursitoare, de care vorbesc legendele populare, sunt cei trei curenți – divin, solar şi terestru – veniți să îmbrace vehiculele noului-născut. După felul cum au lucrat aceşti factori, copilul va avea un trup frumos, normal sau hidos, va avea o inteligență vie sau redusă, va fi sensibil sau grosolan.

Zilele se vor înşira, iar mama îl va îngriji şi hrăni, oferindu-i materie terestră, pentru ca lutul să crească. În aceeaşi măsură în care trupul se măreşte, perispiritul, corpul fluidic extern se măreşte în volum, absorbind mereu din spațiu materie fluidică identică. Această absorbție se face grație unei pulsații, a unei mişcări de apropiere şi depărtare a perispiritului de trupul său, un fel de flux şi reflux, asemănător respirației. Într-adevăr, când copilul inspiră, perispiritul se apropie de trupul pe care-l înconjoară, trimițând un val de fluid în interiorul său. În momentul expirației copilului, perispiritul se depărtează de trup, absorbind din spațiu fluidul necesar lui şi trupului său.

Prin această acțiune continuă, spiritul-fiu, învăluit de perispiritul său, năvăleşte puțin câte puțin în profunzimea trupului său. Procesul acesta se înfăptuieşte timp de şapte ani, când, în fine, spiritul-fiu a pătruns complet în trup. Din acest moment, spiritul – din exterior copilului – a devenit interior.

Dacă până acum, chiar în timpul zilei, mai avea raport cu lumea sa spațială, de acum spiritul nu mai vede în afara temniței sale carnale decât lumea fizică înconjurătoare, prin ferestrele celor cinci simțuri. Dar pentru că această izolare de lumea cerească pe tot restul vieții pământeşti ar fi insuportabilă, divinul Creator a orânduit ca noaptea spiritul să iasă din temnița sa şi să reia contactul cu lumea invizibilă a spațiilor, pentru a se fortifica şi strânge puteri să suporte întunericul şi suferința captivității zilei următoare.

Noaptea, ieşind din trupul său, spiritul cunoaşte că este un spirit captiv, legat prin cordonul fluidic de corpul său fizic. Spre ziuă intră în trup şi nu mai ştie nimic de lumea invizibilă, de feeria şi muzica sublimă a spațiilor.

Uneori, cei din jurul copilului de 4-5 ani iau cunoştință de povestirile sale bizare. Spiritul copilului fiind exterior, duce oarecum o viață semispirituală, având amintiri pe care le comunică sistemului cerebral. După vârsta de şapte ani, când spiritul se îngroapă complet în lut, copilul nu mai are această clarvedere.

* * *

Am arătat că spiritul este asistat de un frate mai bătrân în evoluție. Este ghidul său, fără niciun rol în opera construirii trupului pupilului său. Dar odată cu ei a venit din înălțimea Cerurilor, din sferele superioare fluidice ale pământului, un mare spirit, un mare savant, numit mesagerul întrupător. El a coborât pentru a prezida şi contribui prin ştiinţa sa, prin poveţele sale şi prin coordonarea fluidelor, la întruparea mai multor spirite încredinţate lui. Mesagerul întrupător stă la distanţă şi de acolo conduce întreaga activitate. Îi învaţă, îi îndeamnă sau corijează pe cei care încep acţiunea de înconjurare a trupului femeii-mamă şi mai târziu a copilului. Conduce, vorbeşte – prin graiul gândirii – ordonând celor care i-au fost încredinţaţi.

Dar în afară de învăţătura dată ucenicilor săi, mesagerul întrupător adună anumite fluide din spaţiu şi le îndreaptă către spiritele la a căror reîntrupare asistă. Prin urmare, în afară de acţiunea proprie a spiritului înconjurător, a spiritului-fiu, şi mai presus de ea, se adaugă acţiunea puternică a mesagerului întrupător.

Mesagerul întrupător îndreaptă către fiecare spirit-fiu un fluid de calitate diferită, pentru că destinele lor sunt diferite. Prin înaltele sale cunoştinţe, prin marea sa putere spirituală, mesagerul întrupător ţine sub controlul său executarea punct cu punct a destinului fiecărui spirit. De justa aplicare a ordinelor mesagerului întrupător este răspunzător spiritul-dreptaş, care fiind prezent, controlează toată seria fenomenelor şi prefacerilor din trupul mamei, cât şi din embrionul aflat în pântecele ei.

Acţiunea spiritului-fiu asupra mamei sale şi a viitorului său trup are coeficientul zece, iar acţiunea mesagerului întrupător are coeficientul nouăzeci. Prin urmare, acţiunea de reîntrupare este făcută de mesagerul întrupător într-un procent de nouăzeci la sută.

Aceasta este regula generală. Există situaţii când spiritul ce se va reîntrupa este o mare lumină a spaţiilor, venind ca misionar printre fraţii săi trupeşti, pentru a-i ridica şi produce o schimbare moral-spirituală printre ei. În acest caz spiritul-fiu este atât de puternic, cunoscător şi conştient de misiunea sa, încât pregăteşte el însuşi prefacerile mamei şi lucrează la alcătuirea viitorului său trup.

Pe lângă acţiunea mesagerului întrupător asupra dimensiunii, formei şi structurii organelor micuţului trup, rolul său de căpetenie este de a determina sexul fetusului – masculin sau feminin, învăluită într-un mister, această acţiune este exercitată chiar din primele momente ale construirii fetusului.

Se ştie că entităţile spirituale n-au sex, că sunt identice sub acest raport, între ele diferind doar potenţialul electric, la unele mai mult pozitiv iar la altele, mai mult negativ. Cu toate acestea, când coboară la viaţa terestră îmbracă o haină – când masculină, când feminină, în funcţie de scopul urmărit. Aşadar, sexul este determinat de necesităţile evoluţiei entităţii spirituale.

Un spirit cu o încărcătură fluidică preponderent pozitivă va îmbrăca în câteva întrupări un trup masculin, după care într-una sau două întrupări ia şi un trup feminin. După aceea revine la filiera sa de întrupări bărbăteşti. Prin urmare, după serii de întrupări bărbăteşti, se intercalează câte o formă feminină. Spiritele al căror corp este încărcat preponderent cu fluide electrice negative vor fi femei în 7-9 întrupări, după care vor lua o formă masculină. Ele revin la seria de întrupări feminine, după care iau din nou o formă masculină, şi aşa mai departe.

Cineva ar putea întreba: „Dar cine determină, în destinul omului, sexul şi cum de se menţine pe pământ un raport aproape constant între oamenii de sex masculin şi cei de sex feminin?"

Răspunsul este următorul: în Cer, ca şi pe pământ, e orânduit principiul diviziunii muncii. Am arătat că lumea spațiilor, a atmosferei fluidice a pământului, este împărțită în două: lumea oamenilor şi lumea îngerilor. Oamenii sunt elevi, fac şcoală; îngerii sunt profesorii, care predau lecții şi guvernează, pregătind evoluția a tot ce se află pe pământ – mineral, vegetal, animal şi uman.

Lumea îngerilor, a celor care conduc evoluția globului nostru cu tot ce se află pe el, este împărțită în grupe, ranguri şi funcții deosebite. Una dintre numeroasele funcții ale acestor strălucitoare spirite este menținerea ordinii, a echilibrului dintre sexe pe suprafața pământului, fie la animale, fie la om. Urmărind această orânduire, ele caută ca întrupările să se facă astfel ca un sex să nu depăşească prea mult pe celălalt.

La un moment dat, într-o țară, provincie sau oraş pot să fie mai mulți bărbați decât femei; totuşi raportul este menținut pentru că în altă localitate, provincie sau țară, numărul femeilor este mai mare decât al bărbaților. Este posibil ca în anumiți ani – de regulă după marile războaie, când cad în luptă mulți bărbați şi rămân multe văduve – pe tot globul, să fie mai multe femei decât bărbați, dar raportul se restabileşte imediat, născându-se după război mai mulți băieți decât fete. Toată această orânduire, contabilitate cerească, este urmărită şi determinată cu mare grijă de cei care au această misiune importantă.

În Forul Judecătorilor supremi asistă şi Guvernatorul suprem al întrupărilor. El primeşte de la subalternii săi ordinea numerică pentru un anumit timp, şi când observă că s-a depăşit prea mult numărul unui sex, intervine, modificând ordinea întrupărilor, până când se va restabili echilibrul.

Totul e ordonat, totul e prevăzut şi executat după un anumit plan.

În lumea spiritelor care conduc destinele oamenilor de pe pământ, există o categorie de entități cu misiunea de a determina forma trupului unui duh, conform cu planul destinului alcătuit de Juriul suprem.

Există trei mari modele de trupuri, îmbrăcate de spirit în funcție de destinul său:

1. o formă pentru entitățile spirituale destinate unei vieți obişnuite, comune;

2. o formă pentru duhurile ce vor cultiva ştiințele şi artele;

3. o formă pentru entitățile spirituale cu o misiune moral-spirituală.

Trupul fiecărui om este încărcat cu anumite categorii de fluide, organele sale fiind astfel alcătuite încât să corespundă uneia dintre aceste trei mari categorii de vieți terestre. Dar între aceste trei forme destiniale se găsesc o infinitate de modele de trupuri, corespunzând ispăşirii greşelilor din trecut, îndeplinirii unor anumite funcții sociale ori câştigării unor aptitudini.

După spusele cunoscătorilor acestor adevăruri spațiale, există serii catalogate de modele fluidice, dăruite de aceşti mari diriguitori destiniali; modele avute în vedere de mesagerul întrupător, spiritul care se va întrupa şi ghidul său. Nicio abatere nu este îngăduită, neatenția unuia dintre ei va fi greu sancționată, căci totul în univers trebuie să meargă armonios şi după un plan preconceput.

Prin urmare, la reîntruparea unui duh au contribuit tatăl, mama, duhul însuşi şi mesagerul întrupător. Dar în afara acestor patru forțe, intervin influențe de un ordin îndepărtat, importante totuşi, prin marea lor putere. Este vorba de influența planetelor din sistemul nostru solar. Într- adevăr, în vorbirea comună a popoarelor se spune de un om fericit: „Sub ce stea bună s-a născut!" sau de un om nenorocit: „Vai de steaua lui!"

Vorbele acestea – transmise din veacuri nesfârşite prin grai viu – îşi au înţelesul lor tainic. În tot timpul gestaţiei copilului în pântecele mamei, sosesc din spaţiile siderale raze fluidice de la stele şi planete. Dar influenţa cea mai puternică vine de la planeta aflată, în momentul naşterii copilului, la meridianul sau în vecinătatea meridianului locului naşterii sale, contribuind într-o anumită măsură la destinul omului, la felul cum îi va fi trupul. După gradul evolutiv al acestei planete, după undele vibratorii pornite de la ea şi sosite pe pământ, trupul viitorului copil va fi: sănătos, debil sau bolnav; frumos sau urât; va avea un sistem cerebral redus sau admirabil, şi aşa mai departe.

Fiecare planetă imprimă în copilul sosit la viaţa terestră o anumită calitate. Marte pecetluieşte omul cu dispoziţii războinice, făcându-l hotărât, dintr-o bucată. Copilul privit de Venus va avea un sistem nervos sensibil, un trup armonios şi plăcut, va fi un sentimental cu înclinaţii spre frumos.

Dintre păcatele omului, cele capitale sunt: egoismul, orgoliul, avariţia, senzualitatea, minciuna, furtul, uciderea. Să vedem câteva exemple de reîntrupări prin care duhul îşi repară greşelile.

Să zicem că un om, prin destinul său, îşi făureşte un trup viguros, cu un aspect ce stârneşte admiraţia celor din jur. Dar făcându-i-se complimente, vorbindu-i-se de frumuseţea sa, se trezeşte în sufletul său ideea că este deosebit faţă de ceilalţi oameni. El se va admira în oglindă, ocupându-se prea mult de fiinţa sa. Ideea că are un fizic deosebit se fortifică şi mai mult în adâncul sufletului său, devenind mândru de sine. Sărman frate neştiutor! El confundă frumuseţea veşnică cu frumuseţea unei mase de pământ, pieritoare ca formă. În loc să fie preocupat de strălucirea conţinutului, el preţuieşte vasul exterior.

Mândria e contra legilor divine, pentru că ea alunecă uşor pe o pantă şi mai rapidă, care-l duce pe bietul suflet în abisurile întunecate ale orgoliului. Omul orgolios se crede mai presus de toţi, prin fizicul, inteligenţa, darul vorbirii, puterea de a subjuga voinţa oamenilor, prin averea sau rangul său social. Orgoliul este cea mai mare injurie adusă infinitei Puteri şi înţelepciunii Tatălui ceresc. Această încredere a omului – un vierme, un fir de praf, pierdut în infinitatea spaţiilor şi miliardelor de uriaşe corpuri cereşti – duce la rezultate incalculabile, în marele angrenaj al mecanismului vieţii de pretutindeni.

În asemenea cazuri, de porniri spre abisuri înfiorătoare şi ucigătoare, Divinitatea a hotărât o lege – înfrângerea orgoliului chiar de la începutul afirmării sale. Legea cere ca în viaţa următoare, omul mândru de propria-i frumuseţe să ia o formă urâtă, să-şi ducă traiul într-un trup schilod, la care lumea să privească cu compătimire, ori să-şi întoarcă cu dezgust capul. Trăind în acest trup, sufletul va fi secundă de secundă amărât că e un diform, că nu e şi el ca toţi oamenii. Are un cap mare sprijinit pe un trup de copil, ori poartă în spate o cocoaşă ce inspiră repulsie etc. Din cauza diformităţii nu poate obţine o situaţie socială deosebită şi câteodată e chiar lipsit de mângâierea de a avea o soţie şi copii în jurul său. Această diformitate va produce în mintea sa ideea: „Ce rău e ca omul să fie schilod, deosebit de ceilalţi!" Or noaptea, când spiritul său evadează din corpul fizic, când îşi trăieşte viaţa de spirit, cunoaşte cauza acestei deformaţii, ştie că e consecinţa mândriei din viaţa precedentă, căci el a voit-o şi acceptat-o, la judecata cea mare, când i s-a alcătuit destinul.

Din analiza situației sale, a legăturii dintre mândria sa din altă viață şi diformitatea actuală a trupului, ajunge la următoarea concluzie: mândria nu e bună pentru că duce la suferință fizică şi sufletească. Această idee, această învățătură, se întipăreşte adânc în mentalul său, înfățişându-se mereu înaintea sa, în întrupările viitoare, ori de câte ori va avea tendința să se admire, să se creadă deosebit de ceilalți oameni, să fie mândru de sine.

Iată înțelesul prezenței unor forme hidoase printre oameni. Nu întâmplarea a creat aceste forme, ci o lege spirituală a fost pusă în aplicare, pentru îndreptarea celui pornit spre păcat.

Dacă pentru un defect oarecum mic se aplică o asemenea corecție – atrasă în mod automat de cel mândru de sine – cu atât mai grea va fi viața viitoare pentru sufletul orgolios. După ce a fost o inteligență, un orator, un conducător de oameni, neîncăpând în piele de mândrie pentru rangul, puterea şi averea sa, în viața imediat următoare vine grozavul corector, ştergând pentru totdeauna din sufletul acestui om orgoliul, care, dacă ar domni în lume, s-ar prăbuşi sori şi universuri, prefăcându-se în haos.

Acestui spirit i se recomandă un plan de viață, pe care, cu greu, dar îl acceptă ştiind că nu e posibilă altă cale, şi anume, ca în următoarea viață trupească să fie un cretin, să vrea să se exprime şi să nu poată. Spiritul însoțit de această reducere cerebrală este nevoit să trăiască într-un mediu umil, într-un cătun şi în sânul unei familii sărace şi izolate, unde nu va mai avea putința dominării; şi pentru ca opera de corijare să fie deplină, i se dă şi o formă trupească respingătoare. Imbecil, diform, izolat şi evitat, va duce o viață obscură, departe de învălmăşeala marilor centre urbane.

În timpul nopții spiritul îşi vede starea nenorocită în care îşi duce traiul trupesc. O durere nesfârşită cuprinde sufletul său şi iarăşi, ca spirit ştie că el a voit acest fel de viață umană, fiind urmarea unei stări nenorocite, când a crezut, ca om, că este perfecțiunea întruchipată, ori că puternic ca el nu este altul.

Legătura între trecut şi prezent, înnodarea între cauză şi efect naşte ideea că orgoliul nu e bun, căci ce eşti tu, omule, pe pământ? Trupul tău, averea, titlurile şi puterile tale sunt efemere şi ca fumul vor trece toate. Cât de mic e trupul omului față de globul terestru! Dar la rândul său, pământul este de 1.300.000 de ori mai mic decât soarele. Soarele nostru e mai mic decât steaua Antares de 474 de milioane de ori. Ca steaua Antares există mii de corpuri cereşti în universul de care aparținem. Dar Divinitatea a creat un cosmos care conține patru universuri. Cât de mic eşti tu, omule, față de sfera infinită a creației! Cu ce drept te crezi puternic, înțelept, de ce eşti orgolios de ființa ta? Frate, fii cu capul plecat în fața lumii, căci eşti infinit de mic, în mijlocul creației. Trăieşte cu modestie şi curaj – dar fără îngâmfare, încrezător – dar nu în puterile tale, ci în ajutorul venit de la Tatăl, infinit de puternic şi atotştiutor.

Dar să zicem că cei luminați, care țin în mână cumpăna Justiției divine au hotărât ca omul să fie în viața terestră bogat, să-i meargă bine şi veniturile să intre din toate părțile în contul său. Venind în viața pământeană, bietul om nu ştie că a fost doar însărcinat cu misiunea unui simplu deținător, cu rolul de administrator al unei averi care nu e a lui, după cum crede el, ci aparține pământului, mai exact Stăpânului Pământului, Duhului Suprem, Guvernatorul destinului nostru, Cel reprezentat în icoana de la altar ca ținând cartea evoluției în mână, pe o pagină având A (Alfa) -ceea ce înseamnă: Eu sunt începătorul creației acestui sistem planetar, și pe alta Ω. (Omega) – ceea ce înseamnă: Eu sunt Cel care voi prezida cea din urmă disoluție a acestui sistem și voi duce la Tatăl rodul evoluției împărăției Mele cerești.

Răsfățat în plăcerile și bunurile pământului, omul bogat va trăi cu ele numai pentru el și ai lui, neavând niciun gând de milă, fără să dea un ban pentru o școală, o biserică, un azil de sărmani, un orfelinat, un cerșetor, un nefericit care-i iese în cale, sufletul său rămânând rece ca gheața.

Dar toate au un sfârșit – mineralul, vegetalul, animalul, omul, planeta, steaua, toate apar și dispar, materia lor fiind mereu în cursul prefacerii fără de sfârșit. Viața acestui om bogat se va sfârși, spiritul se va ridica în spațiu, unde nu va deține nimic din cele avute pe pământ. Fiind singur – o steluță cu ceață eterică – va înțelege marele adevăr: a fost un bogat nemilos, și tot ce a avut nu era al său, ci al pământului, căci era materie din materia terestră. Atunci îl cuprinde regretul că sufletul i-a fost rece față de suferința celor mulți. Se va căi, dar va fi prea târziu. Legea divină cere imperios perfecțiunea, cere reparare și avansare spirituală. Acestui om încercat, dându-i-se averi ca să vadă cum le va gospodări, îi va fi hărăzit să se reîntrupeze în viața următoare, sau alta, în sărăcie. Va fi un nefericit, de pe care vor curge zdrențele, adăpostindu-se prin poduri sau pivnițe. Viața lui se va scurge în plâns și tremurat, în adâncă și multă suferință trupească și sufletească, flămânzind adesea și trăind din ceea ce lumea se va milostivi să-i dea.

Noaptea, spiritul va cunoaște cauza stării sale actuale, iar în sufletul său se va săpa adânc: Vai de omul fără milă, grozav va plăti pentru lipsa lui de altruism, căci totul din natură – mic și mare – este legat prin legea solidarității și a iubirii.

În toate și întotdeauna există suferința pentru a șlefui și dezrădăcina defectele contractate din neștiință și înrădăcinate pe calea obișnuinței. Ai fost un mare potentat, conducând fără judecată și milă, vei fi într-o viață următoare un biet nefericit, în care vor da toți și te vor supune torturii și batjocurii nesăbuite. Ai ucis, fără să fii conștient că întrerupi școala unui spirit, stricând orânduirile cerești – vei cunoaște valoarea acestui act nesocotit, fiind și tu suprimat, poate tocmai când erai mai fericit, în cursul unei frumoase vieți omenești. Ai furat, ți-ai însușit averea unui orfan – negreșit vei cunoaște înțelesul acestui act în viața pământeană. În viața următoare sau într-una ceva mai depărtată, vei fi și tu orfan și vei fi lăsat pe drumuri sărac și nefericit, așa cum ai făcut tu altădată. În modul acesta se plătesc toate greșelile făcute de om.

O persoană este acuzată de o faptă foarte gravă – omor sau furt. Un om care o dușmănește merge la judecată și punând mâna pe sfânta cruce, jură că într-adevăr persoana respectivă a comis fapta, descriind crima, fără remușcare. Vai, suflet nesocotit! ura și dușmănia i-a întunecat lumina spiritului, conștiința a adormit în el și amarnic își va plânge, în Cer și pe pământ, pornirea pătimașă împotriva unei făpturi de aceeași origine, plecată din același Izvor de viață. Acest nefericit își va vedea grozăvia, în toată goliciunea ei, când va fi în spațiu. Plânsul și căința sa vor umple infinitul, dar nu va exista nicio posibilitate de iertare. Numai repararea, trecerea prin suferința celui nevinovat va șterge crima de a lua ca martor pe Cel mai Sfânt între sfinții eternității. A jurat în numele Lui; în viața următoare sau peste multe alte întrupări, va fi acuzat pe nedrept de crimă, petrecându-și restul zilelor pământești în întunericul ocnei, ori va coborî în lumea terestră fără grai, fiind mut din naștere. Se va simți extrem de nenorocit, fiind conştient că toți vorbesc şi numai el nu are darul sfânt de a se înțelege prin vorbire cu semenii săi.

Iată pentru ce Mântuitorul şi Luminătorul sufletelor noastre a spus prin trimişii Săi: *„Nu mărturisiți strâmb. Să nu faceți jurământ nici pe Cer – pentru că este Tronul Tatălui, nici pe Pământ – pentru că este aşternutul picioarelor Sale, nici pe capul tău să nu juri – pentru că nu poți să faci un fir de păr alb sau negru. Ci cuvântul vostru să fie: Ceea ce este da – da; iar ceea ce este nu – nu; iar ce e mai mult decât acestea, de la cel rău este".*

Nu aduceți ca martor al minciunii voastre pe bunul Părinte ceresc. Prin acest act se aduce cea mai mare ofensă Tatălui, care iartă prin îndurarea Sa, căci cunoaşte micimea omului şi conştiința lui întunecată, dar nu iartă legea instituită de El din eternitate şi pentru veşnicie.

Prin urmare, avem printre noi frați şi surori lipsiți de facultatea vorbirii, pentru că în altă viață au greşit tocmai prin grai.

De câte ori întâlnim în viață vreun frate nefericit, ne vine parcă în minte: „Doamne, dar acest om – mai exact, acest spirit – cu ce o fi greşit?" Din înțelepciunea popoarelor de peste veacuri nesfârşite au rămas aceste cuvinte: „Ce păcat o fi apăsând pe acest suflet de nu vede lumina?"

Într-adevăr, nu este nenorocire mai mare decât a avea ochi şi a nu vedea cu ei frumusețile naturii, culoarea şi forma variată a ființelor şi lucrurilor. O noapte adâncă îl înconjoară pe acest nefericit. Ar vrea să se servească singur, ar vrea să circule prin lume, dar nu poate fără să fie condus de un altul. Ştie că alții văd, că se orientează oriunde vor, şi că numai el este mai prejos de orice animal. Este negrăită suferința ce-i roade sufletul, secundă cu secundă. Viața lui e un infern şi e cel dintâi care doreşte să plece din această viață, plină de întuneric. Ca om nu ştie nimic din trecut, constată că e orb din naştere, sau că ulterior şi-a pierdut vederea, însă cauza acestei groaznice infirmități nu o cunoaşte. Dar noaptea, când trupul său doarme, îşi cunoaşte starea, ştie că plăteşte o poliță grea pe care stă scrisă o mare greşeală făcută într-una din viețile sale trecute, când a adus nenorocire altora, pe calea văzului. A spionat, a văzut şi a spus, după care a urmat osânda grea pentru cei pe care i-a pârât. Ori prins de mânie, în veacuri îndepărtate şi-a chinuit adversarul zdrobindu-i ochii. Ai luat vederea altuia – ți se va lua şi ție putința de a mai vedea.

„Cine trage sabia, de sabie va muri", i-a spus Domnul lui Petru, în momentul când era arestat de servitorii arhiereilor evrei în grădina Ghetsimani.

Iată marea taină, iată pentru ce sunt în lumea noastră trupească atâtea deosebiri între oameni, în privința sănătății, inteligenței, moralității, voinței, situației materiale sau sociale. Ei sunt ori pe drumul ascensiunii marelui munte al evoluției care duce la picioarele Creatorului, ori sunt forme de viață prin care ispăşesc greşeli mari din alte vieți. Prin urmare, suferințele nu sunt jocul întâmplărilor, întâmplare nu există în natură. Totul e orânduit, totul se mişcă voit, şi după norme de o armonie şi exactitate necuprinsă de mintea noastră.

Toate aceste diferențe, diformități şi nenorociri, nu şi le poate explica bietul om trupesc, deoarece ele se datoresc unor legi, unor orânduiri sau fapte ce aparțin lumii nevăzute – lumii spiritelor spațiale şi legilor divine, după care totul se mişcă, de la electron şi până la sfera creațiilor.

Iată pentru ce am afirmat că numai prin reîntrupare se face avansarea spirituală, căci şcoala vieţii acestei planete va urma pe alte corpuri cereşti, în forme materiale din ce în ce mai fine, în forme corporale tot mai apropiate de perfect. Şcoala planetei noastre este doar o clipă din şcoala universică pe care o vom parcurge în eternitate. Totuşi, în comparaţie cu efemera noastră existenţă trupească, este foarte lungă – aproximativ 26.000 de ani, şi pe toată durata acestei şcoli, trebuie să luăm diferite forme, să trăim în diferite nivele sociale şi în sânul diferitelor neamuri ale pământului.

Am convingerea că în veacurile următoare, peste trei sau patru mii de ani, tema reîntrupării va fi mai bine şi pe larg cunoscută, şi omenirea, trezită la o conştiinţă mai luminoasă, va avea o altă conduită, fiind iubitoare a tot şi toate ce au fost create de Fiinţa supremă.

Doamne, luminează sufletele noastre să nu mai greşim, căci acum ştim că totul se plăteşte prin suferinţă! Amin.

Regresie hipnotică

Voi expune, în rezumat, experienţa celebră a renumitului magnetizator francez Alphonse Bouvier, din Lyon, făcută în 1905. O probă a nemuririi spiritului şi a nenumăratelor sale întrupări.

* * *

„Aflând de studiile colonelului de Rochas asupra regresiei memoriei, am dorit la rândul meu să controlez acest fenomen, având în curând satisfacţia de a vedea şi înregistra revelări din vieţi trecute. Dintre mediumii mei, cel cu care am avut cele mai frumoase experienţe a fost o doamnă instruită şi foarte distinsă, născută într-un mic orăşel de pe apa Isere, în anul 1876. După terminarea cursurilor universitare, această doamnă s-a măritat cu un ofiţer şi acum – în anul 1905 – este mama unei fetiţe de 4 ani. Am fost ajutat de dânsa în cercetările mele, pentru că dorea foarte mult să cunoască fenomenele psihice.

Pentru a nu mă repeta, expun câteva puncte generale, care vor da înţelegerea celor ce vor urma. De exemplu: de câte ori îndrept mediumul spre vârsta copilăriei, se mişcă şi vorbeşte asemenea unui copil. Către o fază şi mai înapoiată, copilul abia poate vorbi. În fine, când mediumul este adus până în faza vârstei de sub un an, face gesturi cu mâinile şi buzele ca şi cum ar suge. Când îl fac să revină în faza din pântecele mamei sale, se încovoaie ca un fetus, cu mâinile pe lângă trup şi cu pumnii în dreptul ochilor. Din luna a treia până la concepţie, mediumul cade pe spate. În fine, când mediumul e dus şi mai mult înapoi – adică în starea de spirit liber – se vede cum în momentul întrupării face eforturi, ca şi cum ar vrea să se sustragă unei forţe care îl atrage şi îl poartă către viitoarea sa mamă.

În tot timpul experienţei, magnetizez mediumul, oprindu-mă numai când vreau să aflu ceva asupra unei faze oarecare, să primesc explicaţii sau să-mi descrie viaţa respectivă. Când doresc să revină la viaţa actuală, îl demagnetizez în sens invers, pas cu pas, fază cu fază, readucerea bruscă la viaţa actuală fiind foarte periculoasă.

De câte ori trecem printr-o viaţă în care a îmbrăcat trup feminin, are timbrul şi gesturile de femeie. De câte ori se prezintă ca bărbat, are tonul mai gros şi atitudinea caracteristică bărbatului, în fine, când e vorba de un bătrân bolnav, vârsta şi starea sa suferindă sunt zugrăvite prin gesturile şi vocea obosită a unui bătrân.

Iată pe scurt experienţa.

Am aşezat mediumul pe un fotoliu comod. I-am făcut pase de adormire. Încetul cu încetul i s-au lăsat pleoapele, după care a adormit profund. Când am luat cunoştinţă că s-a exteriorizat complet, îl fac să treacă repede, în mod regresiv, prin toate etapele vieţii sale terestre. Îl trec mai departe, prin faza celor nouă luni din pântecele mamei sale, şi în fine – ca spirit în spaţiu.

Adus până la această fază, mediumul îmi spune că acum e spirit liber prin spaţiu, că se mişcă în jurul pământului, vizitându-şi părinţii şi prietenii, că îşi caută logodnicul, pe Louis, care a plecat de pe pământ înaintea sa, dar că nu-l găseşte, şi mai adaugă că adesea se duce la cimitirul din Briancon, ca să-şi privească trupul purtat în viaţa sa terestră, ca domnişoară, numită Margareta Duchesne. A murit în anul 1860, în vârstă de 26 de ani, din cauza unei boli pulmonare.

Dusă şi mai înapoi, se vede tânără, dar bolnavă; tuşind mereu, îşi duce mâna la piept, spunând că are sentimentul că va muri din cauza acestei boli şi e tare mâhnită, pentru că îl iubeşte pe Louis Jules Martin, care îşi face acum stagiul militar la Briancon.

Din acest stadiu am trecut mediumul înapoi, prin copilărie şi naştere până la starea de spirit; în această stare el declară că e nefericit, pentru că suferă chiar în spaţiu. Nu prea ştie ce e cu el, pentru că se simte greoi ca plumbul.

Îl întreb cum de suferă, dacă este spirit şi nu mai are trup; şi-mi răspunde: «Da, nu mai am trup, dar am un corp sufletesc, care îmi redă încă senzaţia de durere din trupul părăsit».

I-am ordonat să-şi reia trupul. Se supune pe plan spiritual, se vede bărbat, şi tuşeşte mereu şi acum îşi exprimă dorinţa să moară, căci viaţa e grea şi plină de mizerii. Preferă să moară, pentru că atunci nu va mai suferi – crede şi el, ca toată lumea, că moartea aduce alinare.

Îl întreb în ce an trăieşte; îmi răspunde că în 1780 şi are 42 de ani. Adaugă apoi că pe când era de 38 de ani, se afla la Milano, unde era lucrător la un oarecare Paoli, tăietor şi sculptor în marmură, dar că nu prea era îndemânatic. Cu această ocazie, îşi descrie patronul ca fiind un beţiv, o brută care l-a scărmănat de multe ori.

Dus înapoi la vârsta de 25 de ani, spune că e slugă într-o băcănie, iar la 21 de ani a fost chemat la recrutare, dar a fost respins, având trupul prea slab.

Când avea 19 ani, spune că vindea jurnale, între care ziarul «Durance». Întrebat ce scria acest ziar, răspunde că nu ştie, dar se aude că vor veni austriecii. Întrebat din nou în ce an este acum, el răspunde: «1757».

La 18 ani se vede ucenic la un cizmar, meserie pe care o găseşte prea grea, nu i-a plăcut şi a părăsit-o. La 16 ani, se vede acasă la părinţi şi mărturiseşte că vrea să fugă, pentru că prea îl pun să facă mereu treabă. Îl întreb unde locuieşte acum iar el îmi răspunde: «La Saint-Pierre, aproape de Briancon, unde tatăl meu e cultivator la o fermă.»

La 12 ani merge la şcoală, dar nu-i place deloc cartea. Ca profesor are pe un preot numit Antoine, cu care învaţă catehismul. La 10 ani spune că îi e frig, pentru că nu are haine. «Mama mi- a făcut nişte pantaloni dintr-o rochie veche de-a ei, şi copiii când mă văd cu ei îşi bat joc de mine. Mi-a spus să fiu cuminte, căci îmi va face nişte haine noi când mă voi împărtăşi. Atunci voi avea şi eu pantaloni frumoşi. Când mă răzbeşte frigul, mă duc în grajdul boilor şi vacilor, unde e cald».

La 6 ani e întrebat dacă se joacă. «Aş, de unde să mă joc, mă pune mereu la treabă».

Mediumul este adus treptat în pântecele mamei sale, şi din nou ca spirit în spaţiu. I se spune că e spirit şi rămâne nelămurit, întrebând: «Dar ce e aceea spirit?» I-am explicat că spiritul e omul fără trup – explicaţie pe care se pare că nu prea a înţeles-o.

Priveşte în jurul său şi întreabă: «Dar unde sunt pentru că nu-mi văd copiii şi prietenii?» I-am spus din nou că nu mai are trup şi că a trecut prin procesul numit moarte; iar că cei dragi ai săi au rămas jos, printre pământeni.

În fine, e readus mai înapoi, în faza de pământean, şi e întrebat ce sex şi ce vârstă are. Răspunde că e femeie, are 30 de ani, se numeşte Jenny Ludovic şi este în anul 1702. Are doi copii, Auguste de 7 ani şi Jean, născut de curând, şi locuieşte în localitatea Plouermel împreună cu soţul ei, care lucrează doage pentru butoaie.

La 16 ani se vede la unchiul ei, numit Marietti, fiind orfană. Unchiul ei n-a dat-o la şcoală, dar a învăţat-o să semneze. El face serviciul la un farmacist. Aplecându-se într-o parte, pare că-mi spune o confidenţă: «Cred că unchiul e tatăl meu, dar nu trebuie să o spun. Când vorbesc de tatăl meu, îi vin lacrimi în ochi. El e foarte drăgăstos cu mine. Cred însă că unchiul meu n-a fost cuminte, dar n-am dreptul să-l judec, fiind foarte bun cu mine».

La întrebarea dacă iubeşte şi pe altcineva în afară de unchiul ei, răspunde: «Cunosc şi pe Ludovic. Deşi e văduv şi are doi copii de la prima soţie, îi port o dragoste deosebită şi aşteptăm amândoi, nerăbdători, să ne căsătorim. E atât de drăguţ şi dulce cu mine! Ne-am înţeles ca pe copii să nu-i ţinem noi, ci să-i trimitem la bunica lor, păstrându-le totuşi toată atenţia noastră».

E readusă la 12 ani. Se vede tot la Plouermel, pe marginea apei, unde adună flori de câmp, pentru ceaiuri. «Unchiul mi-a arătat care sunt acele plante, căci i le dă farmacistului – Ursului, cum îi zice el domnului Joannes Yves».

Întrebată dacă poate enumera câteva din aceste plante, răspunde afirmativ, şi începe să le înşire: «Ochiul-pisicii, planta-cerului, steaua-firmamentului, piciorul-păianjenului, oglinda-sufletului».

La 5 ani se vede pe genunchii unchiului, care o mângâie şi o ajută să-şi facă din berberiţă coroniţe.

Este magnetizată şi dusă mai departe, până la vârsta de 3 ani. La această vârstă, orfana afirmă: «Îi spun unchiului meu – unchiule, când e de faţă cineva, dar când suntem numai noi doi îi spun tată, şi atunci mă mângâie pe obraji. Pe mama nu o ştiu».

Adusă în momentul naşterii, spune: «Văd o femeie pe pat, greu bolnavă şi pe tatăl meu plângând».

Dus înaintea acestei întrupări, adică în faza de spirit, mediumul spune că suferă grozav de lovitura de lance primită între coaste, pe partea sa dreaptă. Este întrebat:

– Dar cum se face că ai o durere fizică, când tu nu mai ai trup?

– Da, şi totuşi simt durerea în partea dreaptă, din cauza unei împunsături primite la Marignan.

Se continuă regresia şi este întrebat:

– În ce an suntem şi cum te numeşti?

– Suntem în anul 1515 şi am 22 de ani. Mă numesc Michel Bery, şi punându-se un creion în mâna mediumului, scrie foarte neîndemânatic: «Michel Bery, de la curtea regelui».

– Ce faci acum?

– Luptăm de trei zile şi trei nopți contra elvețienilor.

– Ce părere ai de regele tău?

– O, François este un brav şi are o inimă bună.

– Cum îl socoteşti tu că e bun, când el omoară atâta lume?

– Omoară pentru că e necesar.

– Dar dacă tu vei fi omorât, crezi că mai rămâne ceva din tine?

– Aş, ce să mai rămână, totul se sfârşeşte cu moartea.

E dus la vârsta de 20 ani, şi este întrebat:

– Ce faci acum?

– Ce să fac, plecăm spre Amiens. Englezii vor să le mai dăm o lecție.

– În ce an eşti?

– 1513. Nu cred să mai trăiesc mult timp, după visul avut. Cred că peste doi ani nu voi mai trăi. Am visat în primăvara asta că îmi curge sânge dintre coaste, din partea dreaptă a trupului, străpuns cu o lance.

– Dar crezi în vise?

– Da, pentru că ceea ce am visat, mai totdeauna s-a realizat. N-am fost înşelat niciodată.

E dus la vârsta de 19 ani. În acest moment se vede glumind cu prietena sa, Diane de Concy. Este întrebat dacă o iubeşte şi dacă are planuri să întemeieze o familie.

– Aş, de unde. Mi-e dragă, dar nu mă gândesc să mă însor cu ea.

– Şi ce faci acum?

– Sunt în serviciul regelui, ca muşchetar, corp creat de Carol al VI-lea, fiindu-i frică şi de pielea de pe el.

La 18 ani spune că se duce să se înroleze în garda stăpânului său: «Mă duc cu plăcere, dar trebuie să o părăsesc pe Diane, pe micuța mea, cu bărbia roză şi dinții ei micuți».

La 16 ani spune că se fâțâie pe lângă Charlotte de Montmorency, de la care nu-i fuge gândul. E întrebat dacă se bucură numai el de favorurile acestei tinere, la care mediumul răspunde: «O, ştiu bine că ea cochetează şi cu François, care e de aceeaşi vârstă cu mine, dar puțin îmi pasă de asta».

La 12 ani e paj la curtea regelui. La întrebarea ce face el la curte, răspunde: «Ei, ce să fac? Conduc doamnele – şi cu un gest grațios întinde mâna şi cu surâsul pe buze imită conducerea unei doamne a curții. Dau scaunul şi îndrept rochia doamnelor şi câteodată mă plec şi le sărut piciorușul. A, trebuie să ştii că nu se permite la toți pajii să sărute piciorul doamnelor. Mi se spune că sunt drăguț pentru că am ochi albaştri şi părul blond. Doamnele mă plac şi eu le voi plăcea când voi fi mai mare».

La 9 ani spune că tatăl său îl va trimite la curte, să servească de paj. E întrebat de ocupația tatălui său? «Cum, nu ştii? E paznicul casei de Montmorency, la Civry. I s-a promis că mă vor lua ca paj la curte, dar se teme să nu mă stric acolo».

Mediumul e adus din nou în starea de fetus şi mai apoi de spirit. Din acest stadiu, i se comandă să treacă în faza de întrupat, în momentul morţii sale. Întrebat ce vârstă are, răspunde că are 20 de ani. Se numeşte Mariette Martin, face lecturi unei doamne ce avea un băiat, pe Gastony care, dacă n-ar fi murit – omorât de calul său – ar fi devenit soţul său, contra voinţei mamei sale.

Dusă la 18 ani, e întrebată ce face. Răspunde că acum e la contesa de Guise, unde predă lecturi nepotului ei. La vârsta de 4 ani spune: «Mama e supărată că tata e mereu bolnav şi nu mai poate face desene pentru rege». Este întrebată de care rege e vorba, «Nu ştii? E Filip cel Frumos».

Mediumul e readus până la faza de spirit. În această stare, nu-şi dă seama că a murit. I se pare că e tot om pe pământ. Starea aceasta confuză se datoreşte numeroaselor sale greşeli, făcute pe când era întrupat. Într-adevăr, în precedenta viaţă a fost stareţa unei mănăstiri, tiranizând tinere fete, din ordinul celor de sus, ţinându-le în carcere, fără soare, şi punându-le să lucreze lucruri migăloase cu acul.

Întrebat în ce an trăieşte, răspunde:

– 1010.

– Ce rege trăieşte acum?

– Robert al II-lea, Capetul. Nu-mi vine să-i pronunţ numele, căci din cauza lui frumoasa Blanche de Paris e închisă, pentru ca fratele ei Robert să-i ia toată averea.

La 60 de ani se vede pregătind tinere fete care doresc să se călugărească.

Este întrebată:

– Pentru care motiv sunt aduse să se călugărească?

– Pentru ca fraţii lor să le ia averea.

– Cine ţi-a adus-o pe Blanche de Paris?!

– Nu pot să-ţi spun. Mi-e frică de abatele Choiselles.

– Dar ce eşti tu în mănăstire?

– Sunt superioară de 20 de ani în mănăstirea «Compagne de Jesus» şi am sub ordinele mele 20 de călugăriţe, dar sper să fiu avansată ca stareţă, când voi avea sub mâna mea totul şi toată lumea la picioarele mele.

Trecut în faza de spirit, mediumul spune că îl dor ochii, şi îşi poartă mâinile peste ochi. Întrebat din ce cauză suferă, răspunde că fiind soldat, a fost prins de Attila, la Chalons sur Marne şi că din ordinul lui i s-au ars ochii. Nu avea la această epocă decât 31 de ani, se numea Carlomee şi era comandantul unei unităţi franceze, sub ordinele lui Masoee, iar deasupra tuturor comandanţilor avea pe Marovee. Această luptă a avut loc în anul 449. Întrebat dacă cunoaşte pe Dumnezeu, răspunde că da, şi toţi ai timpului său îi fac sacrificii de oameni care sunt arşi, căci aşa îi place dumnezeului lor. Era păgân.

La 25 de ani e plugar, împreună cu mama sa, Li, locuind în ţinutul Albinos, prin care curge apa Tourn unde lucrează pământul.

Este dus treptat în sânul mamei sale şi apoi în starea de spirit. Din nou spune că suferă mult, căci a fost ars de viu de împăratul roman Probus, la vârsta de 40 de ani. Fusese păzitor al palatului împăratului şi era originar din ţinutul numit Romulus, prin anul 279, când a purtat numele de Esius. Spune că urăşte de moarte pe împărat, deoarece i-a răpit fetiţa, ca să o facă metresa lui. Pentru a se apropia de împărat, s-a oferit ca soldat lui Pecius, comandantul gărzii palatului, cu gândul ca la prima ocazie să-l omoare, răzbunând-o astfel pe fetița sa, Florina. A fost prins asupra încercării sale şi ars de viu împreună cu fiica sa. Printre lacrimi, spune că prietenii din gardă i-au jurat răzbunare, omorându-l pe împărat. Are mângâierea că fiica lui a murit pură.

Dus în viața precedentă mediumul spune că este o tânără, numită Irisee. Adună flori pentru preotul Aii, ca să le ardă la picioarele zeilor, producând un fum care se ridică până la cer, până la locuința zeilor. Povesteşte că preotul îi povățuieşte pe oameni să se roage, pentru ca sufletul lor să se ridice sus până la zei, în Cer. Este în anul 100 după Christos şi trăieşte în țara numită Imondo – aproape de Trieste. «Preotul mă ia şi mă face să inspir din fumul plantelor arse, ce au proprietatea să mă trimită spre zei, cu care vorbesc şi îi comunic preotului. Eu nu văd zeii, dar îi aud şi îi spun lui Aii ceea ce îmi comunică ei. Nu muncesc, ci alții îmi aduc de mâncare, dar nu am voie să fiu văzută de nimeni. În fiecare zi adun flori de irum pe care preotul le depune la altar, iar seara le arde. Respirând fumul lor, trupul meu rămâne jos, iar eu mă ridic în sus, către zei». La întrebarea, cum se vede când se ridică sus, răspunde: «Ca un glob alb. Aii mă iubeşte şi m-a crescut de mică, cerându-mă părinților mei, care m-au dat cu bucurie».

Descrie că fiind mică, de 6 ani, a fost luată să fie sacrificată zeilor, dar a fost scăpată de un tânăr comandant războinic, numit Jeus. Când s-a făcut mai mare, spune că l-a iubit şi la rândul ei l-a scăpat din închisoarea unde a fost închis de un adversar al său, cu numele de Joanime".

* * *

Cu descrierea acestei vieți se termină experiența lui Bouvier, căci de aici înainte spiritul mediumului nu mai vede clar în viețile sale anterioare.

În rezumat, mediumul ne-a descris nouă din viețile sale anterioare. În prima, a fost Margareta Duchesne. În viața precedentă a fost bărbat, un sculptor în piatră. În a treia a fost un copil orfan, numit Jenny Ludovic. În a patra viață a fost bărbat şi se numea Michel Bery. În a cincea a fost o institutoare, numită Mariette Martin. În a şasea a fost stareța unei mănăstiri. În a şaptea – ofițer în armata lui Merovee, care a luptat contra lui Attila. În a opta – soldat pe timpul împăratului roman Probus. În a noua – vestală în templul din țara Imondo.

Această strălucită experiență a lui Bouvier, alăturată de cele ale lui Rochas şi ale altor mulți experimentatori, pune în evidență existența unei individualități – spiritul – care îmbracă în decursul veacurilor diferite trupuri umane, devenind diferite personalități, ce îşi deapănă viața pe scena pământului, după cum un actor joacă rolurile sale, pe scena unui teatru.

Ce sublim a orânduit Tatăl creația! Prin câte vieți a trecut omul! Cu câtă duşmănie şi-a urmărit semenul! Câte crime a comis, pentru a înlătura pe cel care părea că stă în drumul ambițiilor sau scopurilor sale! Dorim să revedem aceste crime? Cu ce linişte sufletească am mai trăi, văzând josnicia viețilar noastre din alte timpuri? Dacă am cunoaşte toate faptele noastre, dacă ar şti şi cei care au suferit de pe urma noastră, recunoscându-ne, ar căuta să se răzbune şi crimele s-ar ține lanț. Văzându-ne, ar striga în gura mare şi lumea ar căuta să suprime din sânul ei un asemenea tâlhar sau criminal.

O, dacă am cunoaşte zilele negre ce ne aşteaptă în viitor, cu ce curaj am mai trăi zilele ce ne despart de acel accident, de acele suferințe sau nenorociri puse în drumul vieții, pentru a scoate din ele înțelepciunea ce ne lipseşte?

Divinul Creator a instituit *uitarea, ca să nu mai ştim trecutul ruşinos, nici viitorul plin de lacrimi şi dureri sfâşietoare. Omenirea trebuie să trăiască liniştită, cunoscând doar viața prezentă.*

Ce fericire ar fi pentru spirit dacă ar putea uita şi el, dar este imposibil, căci uitarea ar echivala cu moartea spirituală. Spiritul este o ființă care va trăi în veşnicie şi uitarea, neexistând pentru el, greşelile comise îi vin mereu în minte, iar remuşcarea faptelor sale uneori este atât de groaznică încât doreşte să se reîntrupeze pentru a nu-şi mai aminti de ele.

Doamne, iartă greşelile noastre, şi dă-ne puteri să nu le repetăm! Mărire Tatălui, Fiului şi Sfântului Duh, în veci. Amin.

DESTINUL OMULUI

După ce am luat cunoştinţă de părţile constitutive ale omului, de continua lui prefacere şi de mersul său – la unii mai lent, la alţii mai rapid – pe cărarea evoluţiei, să vorbim de marea lege a cauzalităţii, care prezidează reîntrupările omului, ale tuturor vieţuitoarelor şi lumilor.

Tot ce există are o cauză creatoare. Orice faptă produsă de un om are un mobil, o cauză determinantă. Prin urmare, fapta este efectul unei cauze. În anumite împrejurări efectul poate deveni o cauză, generând la rândul său un alt efect. Cu alte cuvinte, în scurgerea timpului fără sfârşit, cauzele şi efectele se înlănţuiesc la infinit. Originea tuturor cauzelor este Creatorul.

Un om cu sănătatea, inteligenţa, situaţia sa socială, cu toate însuşirile fiinţei sale pământeşti, sufleteşti şi spirituale, este rezultatul unei serii nesfârşite de cauze, produse de el în alte vieţi.

În existenţa omului nu intervine ceea ce lumea numeşte „întâmplare". Lumea neştiutoare crede că întâmplarea face ca unul să fie norocos şi altul nefericit. Omul face asemenea afirmaţii pentru că nu-şi cunoaşte vieţile trecute, nu ştie ce conduită a avut în acele existenţe, nu poate să facă o legătură între viaţa actuală şi faptele, sentimentele şi gândirea ce i-au frământat fiinţa în alte existenţe. Din acest motiv, când întâlnim un eveniment în calea noastră, avem impresia că întâmplarea a făcut să trecem prin acel eveniment, că puteam să-l evităm dacă în timpul acela nu eram acolo.

Dacă am deţine facultatea spirituală stăpânită de foarte puţini oameni – de a vedea în urma veacurilor şirul nesfârşit de locuri, familii, naţiuni în care am trăit altădată – am putea examina fiecare viaţă, cu faptele noastre, cu dorinţele ce ne-au mânat existenţa, cu sentimentele ce ne-au călăuzit, cu gândurile ce ne-au determinat toate acţiunile, am vedea că am produs când bucurii, când mâhniri, am comis când fapte urâte, când nedreptăţi – păgubindu-i pe alţii, că în unele vieţi am comis comploturi, crime şi ne-am torturat semenii; cu alte cuvinte, am generat o mulţime de cauze care acum, în această viaţă sau în cele viitoare, îşi produc efectul.

Prin aceste fapte, gânduri şi sentimente ne-am creat un destin bun sau rău, care trebuie plătit neapărat, asemenea unei datorii.

Numai astfel ajungem la cunoaşterea perfectă că suntem ceea ce am cauzat altădată, că suferim pentru că i-am făcut pe alţii să sufere, că ne bucurăm pentru că am mângâiat altădată, şi aşa la infinit. Vălul ce acoperă trecutul ascunde cauzele stării noastre din prezent. Însă toate vor fi descoperite la vremea lor. În planul creaţiei Tatălui este cuprins ca lucrurile să fie aşa cum sunt acum, adică să plutim în neştiinţă, până când, prin suferinţă şi dureri, pârghia cunoaşterii ne va ridica la o viaţă înţeleaptă.

Trăim azi – în ceea ce priveşte problemele spirituale – asemenea sălbaticului care nu cunoaşte nimic din legile lumii fizice. El considera ploaia, vântul, fulgerul, cutremurul etc., ca fiind fenomene produse la întâmplare, fără cauze. Pe parcursul timpului, trecând prin numeroase vieţi terestre, el se ridică la cunoaşterea fenomenelor fizice, ajunge să cunoască materia fizică şi legile care o conduc. Din acest moment, când va sta în faţa unui efect va cunoaşte cauza care a generat-o, ori văzând o cauză, va şti ce va urma – efectul ei.

După cum din neştiutor, omul a păşit încetul cu încetul spre cercetarea naturii, câştigând mereu cunoştinţe şi stabilind, pe parcursul a mii şi mii de veacuri, legile şi condiţiile care determină un anumit fenomen fizic, tot astfel, ridicându-se din ce în ce mai sus, pe scara spiritualităţii, omul va ajunge, în veacurile ce vor urma, să cunoască în lumea metafizică, în lumea invizibilă, materiile şi forţele care le pun în activitate, va şti să mânuiască aceste materii şi forţe. Atunci va fi conştient că în domeniul moralei şi al vieţii spirituale, lucrurile se petrec ca şi în lumea fizică. După ce va înţelege că orice acţiune este urmată de o reacţiune, va duce o viaţă mai cumpănită, mai conştientă, ţesându-şi în mod conştient destinul. Îşi va sădi o viaţă viitoare mai fericită; nu va mai fi jucăria naturii, ci îşi va aservi natura scopurilor sale.

Trăind mai înţelept, iubind şi ajutându-i pe cei nefericiţi, rugându-se Celui Atotputernic, omul nu va mai avea un destin greu, iar ca urmare a acestui fel de viaţă, curând va rări pelerinajul de la pământ la Cer şi de la Cer la pământ. Roata morţii şi a naşterii se va învârti mai departe, dar nu pentru a-l readuce la suferinţă. El va deveni un spirit luminos, ducându-şi de atunci în veci o existenţă spirituală, ajutând – de sus din spaţiu, şi jos pe pământ – pe cei slabi şi neştiutori, pentru ca şi ei să-şi sfârşească evoluţia pământească.

Însă până atunci omenirea îşi va târî existenţa din greşeli în greşeli, suferind pentru a se îndrepta şi învăţa. Până atunci, bietul om crede că totul îi vine din lumea înconjurătoare, că el nu este decât un biet fulg purtat de vânt, la voia împrejurărilor, că în faţa destinului nu se poate face nimic.

Influenţa gândurilor, dorinţelor şi faptelor în formarea destinului

Pentru a nu mai bâjbâi în întuneric, ca orbul lipsit de vedere, e nevoie să cunoaştem marea lege a cauzalităţii, legea cauzelor şi a efectelor, cunoscută în Orient sub numele de karma – acţiune – iar în poporul nostru, destin, lege oglindită în vorba românului: „Ce semeni, aceea vei culege".

În timpul existenţei sale terestre, omul emite din fiinţa sa trei feluri de forţe. Mai întâi emite vibraţii mentale, numite gânduri, care se răspândesc în infinit. Ele lucrează în jurul nostru sub forma unor cauze uriaşe, producând efecte în fiecare secundă şi la orice distanţă, asupra oricărei fiinţe sau lucru, asupra oricărei materii sau forţe. Prin gândurile sale, omul devine un emiţător de unde, care acţionează mai slab sau mai tare, mai aproape sau mai departe, după cum şi gândul său a fost dictat de o voinţă mai tare sau mai slabă.

L-am putea compara pe om, în ceea ce priveşte gândirea sa, cu un magnet, care acţionează în jurul său pe o arie magnetică, mai mică sau mai mare, după cum şi el este mai slab sau mai tare. Dar o comparație mai justă ar fi aceea cu un post de emisiune radiofonic sau telegrafic. Acest centru emite unde care se risipesc de jur-împrejurul stației radiofonice, pe distanțe cu atât mai mari, cu cât emisia a fost mai puternică. Dar asupra acestei probleme vom reveni mai târziu.

A doua categorie de forțe ale ființei noastre sunt dorințele. Ele se nasc în sufletul nostru şi se fixează ca idei-forțe în corpul nostru mental. Aici vibrează continuu şi aşteaptă momentul prielnic de manifestare, să se realizeze – fie în lumea eterică, fie în lumea fizică pământească.

În fine, a treia categorie de forțe sunt forțele fizice, denumite fapte, şi sunt puse în lucru de cele două forțe descrise mai sus: gânduri şi dorințe.

Dar să nu pierdem din vedere că energiile mentale sunt cele mai puternice, căci ele acționează asupra materiei cu care şi din care Creatorul a creat şi creează totul.

Să vedem acum modul cum acționează aceste trei feluri de forțe cât timp trăim pe pământ, şi efectele pe care le produc. Rezultatele lor se țes între ele ca firele unei pânze, din care vom construi viitorul nostru corp vital şi fizic, determinând astfel şi felul de viață ce-l vom avea în viitoarea reîntrupare. Cu alte cuvinte, să vedem felul în care aceste trei feluri de cauze constitue destinul nostru viitor. Să nu uităm însă că, în viața sa pe pământ, omul are în fața sa două destine:

1. un destin din veacurile trecute, care l-a adus aici unde este acum, cu fizicul, inteligența şi starea sa socială;

2. al doilea destin este țesut de acum încolo, combinându-l prin cele trei forțe de mai sus.

Ferice de omul care achită cât mai mult din datoriile veacurilor trecute, şi pe de altă parte, se sileşte să nu mai contracteze altele noi. În acest caz, viața sa terestră viitoare îi va fi mai uşoară, mai lipsită de suferințe fizice sau sufleteşti.

Cât de complicată este viața omului, câte fire înnoadă în existența sa, prin nenumăratele legături contractate cu alte ființe!

Omul se naşte când în România, când în Franța, când în Asia, când în America, în diferite familii, stări sociale şi regiuni, în existența sa fiind legat magnetic prin iubire sau ură de toți cei cu care vine în contact. Destinul său din trecut se înnoadă cu cel viitor şi destinul său individual se leagă de destinul colectivității, al națiunii din care face parte. De aici, o rețea foarte complicată de legături spirituale, care toate trag de om spre anumite locuri, stări sociale şi condiții de existență.

Vom lăsa deoparte problema destinului națiunii din care face parte un om, pentru a urmări doar destinul său individual – care îl leagă în lanțuri puternice, ducându-l la o viață redusă, sau îi dă putința unei vieți rodnice, intelectuale şi morale, devenind astfel un centru spiritual ce va radia în jurul său raze nevăzute, producând efecte reale şi precise, atât în familie, cât şi la nivelul națiunii în care trăieşte.

Cu o altă ocazie, am arătat modul cum prin gândurile noastre refacem şi organizăm corpul perispiritual. Într-adevăr, când gândurile, preocupările noastre mentale sunt obişnuite şi inferioare, cele ale existenței de toate zilele – mese copioase, chefuri, plăceri senzuale, urzeli calomnioase ori răzbunări etc. – perispiritul devine mai grosolan decât era până atunci, prin faptul că se îmbibă cu materie eterică de proastă calitate, din mediul încojnurător. Când gândurile noastre se înalță la probleme științifice, la preocupări de felul ridicării neamului, ușurarea durerii celor nefericiți etc., cu alte cuvinte – la idei de un ordin superior, atragem din spațiu, fără știrea noastră, materii eterice de o calitate superioară, îmbibându-ne astfel perispiritul cu o materie fluidică superioară.

Cu un corp perispiritual mai fin, cu un instrument mai delicat, omul-spirit acumulează mai bine cunoștințe, reflectă mai profund asupra celor văzute, și astfel va putea realiza planuri ori descoperiri geniale, folositoare omenirii. Or tocmai acest gen de activitate intelectuală contribuie la crearea unui destin frumos în viața viitoare. Tocmai aceste preocupări pregătesc viitorul său corp spiritual. Ele îl înzestrează pe om, în viitor, cu calități sufletești, cu daruri intelectuale minunate, cu o minte cuprinzătoare și înțelegătoare a celor mai abstracte probleme.

Pentru realizarea acestor dispoziții sufletești, ale acestor facultăți, omul trebuie să se nască într-un trup perfect, cu un sistem cerebral care să răspundă ușor la impulsurile primite de la spirit.

Din cele expuse se vede că omul este singurul făuritor al destinului său, suportat în viitoarea sa viață terestră. El este meșterul care își țese haina viitoare, perispiritul, și după cum a pus o grijă mai mare ori mai mică, acea haină va fi mai fină ori mai grosolană, mai curată sau mai pătată. Se poate ca acea haină să fie mai frumoasă decât cea din întruparea precedentă. Însă poate să fie inferioară, pentru că în viața actuală s-a lăsat târât de pornirile trupului, a dus o viață prea materială, iar gândurile i-au fugit mereu la lux, petreceri, onoruri, adică mintea i-a fost străfulgerată de idei prea pământene și nu l-a preocupat nimic din ceea ce l-ar fi apropiat de sferele spi-rituale. Și-a ținut spiritul în mrejele materiei, nu l-a pus în legătură cu Creatorul, unde a luat ființă.

Tatăl ne-a dat urzeala și ne-a dat și suveica – voința cu care să țesem pânza fluidică a existenței noastre viitoare. Așadar, suntem creatorul propriei fericiri sau nefericiri. Faptul că ne aflăm mai sus ori mai jos pe scara socială este rezultatul muncii noastre. Am determinat cauze care ne aduc într-o stare plină de mizerii sau într-o stare de belșug. Toată starea noastră prezentă nu ne-a făcut-o Creatorul – cum cred cei care nu cunosc legile cerești – ci noi am fost făuritorii ei. Dacă am lucrat în acord cu conștiința noastră, cu simțul milei și al iubirii, ne vom ridica sub toate raporturile, iar dacă am trăit contrar legilor morale și am lucrat după impulsurile trupului și pornirile pătimașe, vom cădea în abis, vom avea un loc nefericit, o viață plină de boli, de lovituri ale sorții, de lipsuri materiale ori de întunecimea minții. În loc să urcăm grăbit cărările binelui, frumosului și adevărului, pentru a ajunge la eliberarea vieții pământene, coborâm în profunzimile întunericului și ale răului, rămânem în urmă, departe de cursul evoluției ce curge grăbit spre perfecțiune.

Dar să vedem pe rând, cum lucrează cele trei forțe – gândul, dorința și fapta – asupra noastră și a celor din jurul nostru.

Dintre toți factorii care determină viitoarea noastră întrupare și modul de viață desfășurat în acea întrupare, gândul este factorul cel mai puternic, cel mai hotărâtor. Este firesc să fie aşa, deoarece gândul este opera omului real, a scânteii divine, a spiritului etern, aflat în interiorul nostru. Scânteia divină produce energie, care se traduce în vibrații în materia divină ce o înveleşte. Aceste vibrații poartă cu ele ideile, captate altădată din spațiu şi fotografiate, clişeul lor fiind reținut în jurul spiritului, în perispirit.

Ideea este o lumină învelită într-o porțiune de eter – numită gând, care ia o formă şi posedă o anumită culoare şi vibrație.

Trebuie să ştim că gândul născut în mintea unui om este mai concret sau mai abstract, mai comun sau mai filosofic, după facultățile mentale deținute în viața sa actuală. Aceste facultăți s-au format în timpul vieții din sferele spirituale ale Pământului, din materia mentală care a frământat mintea omului pe când era întrupat pe pământ, în viața sa precedentă. Aşadar, gândirea oamenilor este diferită, deoarece vârsta entităților spirituale diferă, aşa cum şi trupurile noastre se deosebesc între ele după vârstă. O gândire comună aparține unui spirit tânăr, o gândire abstractă aparține unui spirit bătrân, trecut prin multe vieți, ridicându-se pe scara spiritualității prin învățămintele trase din existențele trecute.

Din cele expuse rezultă două învățături mari, pe care e bine să le reținem:

1. să nu mai gândim mereu, fără niciun rost, de una, de alta, trecând de la un subiect la altul, abordându-le superficial, fără să ne concentrăm în mod serios asupra unui anumit subiect;

2. să nu permitem să se nască în noi – sub influența unor factori invizibili ori sub impresiile celor petrecute în timpul zilei – idei josnice, necuviincioase, de critică ori ură împotriva cuiva.

Dar să vedem care este rațiunea acestor recomandări. Dacă gândim dezordonat şi trecem mereu de la un gând la altul, înşirându-le ca mărgelele pe ață, producem în corpul perispiritual vibrații dezordonate, imagini care abia formate se distrug prin imaginea următoare, şi aşa mereu mai departe. Această furtună, această învălmăşeală de imagini abia conturate, adună în urul nostru o materie haotică, din care spiritul nu va putea extrage, prin analiză, nicio concluzie sau învățătură.

O înşirare de imagini dă putință spiritului să facă o analiză a mărimii, intensității şi culorii ideilor, cu alte cuvinte – o comparație ce are ca rezultat o judecată. O înşirare de judecăți dă naştere la un raționament. Dintr-o sumă de raționamente, spiritul extrage o învățătură, ce are ca rezultat final naşterea unei aptitudini, a unei facultăți.

Or dacă gândim mereu fără rost, o adevărată avalanşă de idei confuze şi fugitive va copleşi spiritul, care nu va mai avea un material de judecată clar şi precis, nu se va putea forma un raționament, deci nu va urma niciun câştig pentru el. Omul va veni în viața ulterioară cu o mentalitate tot atât de inferioară ca cea avută în viața trecută.

În existența noastră terestră, lungă de mii şi mii de ani, urcăm încetul cu încetul scara lui Iacob, scara spiritualității. Dar din nefericire nu există numai suişuri, ci sunt şi căderi spirituale, din cauza unei vieți nesocotite, a unor gânduri josnice, simțuri brutale şi fapte ruşinoase sau criminale. Concluzia este că trebuie să ne silim să acordăm atenție gândurilor noastre şi din când în când să ne oprim mintea din inerția activității ei şi să controlăm ce gândim. Când constatăm că ne-am abătut de la subiectul inițial, să ne întoarcem la el, să stăruim şi să ne concentrăm asupra aceluiaşi gând, pentru ca imaginea mentală croită prima dată să o fortificăm, să o facem mai evidentă, cu un contur mai precis, astfel ca materialul din care se va forma judecata, raționamentul şi învățătura, facultatea ce va rămâne în ultima analiză, să fie puternic. Urmând astfel, mintea noastră devine din ce în ce mai clară, vorbirea mai coerentă, noțiunile mai înalte, raționamentul mai puternic.

Dar să nu urmărim numai claritatea imaginilor, ci mai ales calitatea şi puritatea lor. Pentru aceasta, să ne silim să citim, să vorbim, să gândim numai despre probleme serioase, ştiințifice, filosofice sau artistice, idei ce îmbracă frumosul sub toate aspectele, gânduri umanitare sub configurații infinite. Gândind astfel, hrănind mintea cu asemenea subiecte şi evitând discuțiile, cărțile sau filmele obscene, de aventuri, sex, crimă, perversitate şi viață destrăbălată, pe scurt, căutând să înlăturăm orice fel de imagini sau gânduri inferioare, atragem din mediul înconjurător particule eterice fine, cu un grad înalt de evoluție. În acest fel perispiritul – instrumentul şi vehiculul spiritului, al eului nostru spiritual, suprem, format din scânteia înconjurată de cele trei învelişuri centrale – va deveni din ce în ce mai luminos, va atrage şi emite la rândul său idei, judecăți şi raționamente, manifestând facultăți superioare, care vor constitui bogăția noastră spirituală, darurile noastre mentale, talanții din viitoarea reîntrupare.

Să urmărim acum procesul petrecut în spirit şi să vedem felul în care gândurile ne pregătesc pentru viața următoare un destin mai bun, ori mai rău decât cel actual.

Spiritul omului, scânteia divină are facultatea de a emite unde vibratorii, care pun în mişcare materia divină a corpului nostru spiritual. Corespunzător acestor vibrații se nasc în corpul spiritual imagini a căror totalitate formează gândirea sa. De asemenea, când o persoană vorbeşte, produce vibrații receptate de urechea noastră, şi prin fluidul care înconjoară nervul auditiv sunt transmise fluidului ce înconjoară cortexul cerebral, iar de aici – prin corpul planetar, solar, universic, cosmic şi divin – ajung la spirit, care priveşte aceste imagini, le vede forma, culoarea şi aude muzica lor specială, înțelegând astfel despre ce a vorbit sau gândit interlocutorul nostru. Imaginile se înşiră prin fața spiritului, ca şi proiecțiile unui cinematograf. Prin urmare, spiritul nu aude sunete ci vede imagini. De multe ori, cuvintele se traduc prin imagini neclare, având formă şi contur nedesluşit, cu intensități abia perceptibile; din această cauză nu sunt înțelese şi ca urmare nu se pot memora.

Motivul care a determinat producerea ideilor dă acestor forme-gânduri anumite culori. Aşa, de exemplu, dacă ne-am gândit să cumpărăm un cărucior unui paralitic, ori să dăm un ajutor bănesc unui nefericit țintuit pe patul său de boală, acest gând de milă se traduce printr-o formă colorată roz, însoțită de un sunet plăcut. Cum mai totdeauna gândurile noastre sunt însoțite de sentimente, după ce imaginile lor au luat naştere, pornesc prin spațiile eterice, producând, sub forma unor cauze, efecte identice cu natura lor înaltă sau joasă. Cei care posedă vederea spirituală văd aceste forme-gânduri asemenea unor ființe colorate şi sonore şi pot urmări isprăvile lor în lumea spațială.

Prin dorințele, pasiunile şi gândurile sale nobile sau ordinare, omul este un creator de ființe, reproducând în mic ceea ce Creatorul universurilor a produs în mare. Lumea din urul nostru este plină de hoarde nesfârşite de asemenea creații, agenți producători de bine sau rău, entități benefice sau malefice, forțe ce acționează asupra celui care le-au creat sau a celor pe care îi vor întâlni în cale.

Durata vieții acestor ființe în spațiu depinde de energia cu care au fost înzestrate de creatorul lor. Uneori viața lor ține numai atât cât a gândit autorul lor, alteori durează săptămâni, luni şi ani de-a rândul. Dar în afară de forța inițială, existența lor se lungeşte şi se întăreşte, prin repetarea aceluiaşi gând în zilele următoare. Dacă autorul lor revine cu gândul la aceleaşi idei, sentimente şi pasiuni sau dorințe, le trimite o nouă cantitate de energie prin care ele se fortifică, dobândind o mai mare putere de rezistență în timp.

Cum lumea este încă destul de înapoiată şi cum fiecare om generează astfel de ființe, spațiile sunt pline de miliarde de asemenea creații, iar cele de acelaşi gen, atrăgându-se unele pe altele, se fortifică prin influențe reciproce şi astfel durata vieții lor se lungeşte, ființa lor capătă o consistență și mai mare, iau forma lor un contur şi mai precis. Aşadar, trăim într-un roi nevăzut de ființe, cu tendințe benefice ori malefice, create toate de duhurile umane.

Odată create, aceste ființe, forme-gânduri se țin lângă autorul sau generatorul lor, formând în jurul său o ceață; prin vibrațiile lor, produc în mintea autorului vibrații similare, acel om gândindu-se din nou la persoana pe care o urăşte sau la o faptă bună. Aşadar, aceste ființe îl îndeamnă din nou pe creatorul lor la duşmănie împotriva aproapelui său, ori îl determină să pornească la realizarea actului frumos la care se gândise mai înainte.

Dacă ar exista numai ființele create de propriile sale gânduri şi sentimente, omul ar mai putea câştiga lupta împotriva lor, dar prin gândul său josnic, obscen sau de ură, el atrage din depărtare – asemenea unui magnet – şi alte asemenea ființe malefice, care îl vor năpădi şi îndemna şi mai intens spre senzualitate şi perversiune, spre mânie şi ură.

De aceea, ori de câte ori simțim tendința de a ne irita, de a porni la o acțiune necugetată, să ne amintim că acestea nu sunt manifestările spiritului nostru, ci îndemnul ticălos al creațiilor malefice din jurul nostru. Atunci să revenim hotărâți la calm, la ideea că toți sunt frații noştri, că însăşi piatra este un frate al nostru mai mic, o creație – asemenea nouă – a Tatălui ceresc. Dacă ne-am scuturat de ideile negre sau răutăcioase, calmul se aşterne peste sufletul nostru, devenim mai cuminți şi nu mai atârnăm destinului nostru încă o ghiulea, care să ne rețină alte veacuri pe treapta evoluției pe care ne aflăm.

Când aceste ființe malefice vor întâlni în hoinăreala lor un om liniştit – un suflet curat, credincios Tatălui, străduindu-se să nu facă rău nimănui, nici cu gândul – ele vor fi respinse asemenea benzilor de hârtie din fața unui ventilator, nepuţându-se apropia de el, nu-l vor putea influența. Acest om pur, cinstit şi blând, va atrage către el, asemenea unui magnet uriaş, toate ființele şi entitățile benefice, care au fost create de alții, prin gânduri sublime de rugăciune, milă, iubire şi generozitate.

Războaiele, revoluțiile, mişcările muncitoreşti şi altele de genul lor sunt provocate de gândurile de duşmănie, răzbunare, uneltire ale multora. Ele plutesc în spațiu ca ființe[1] nevăzute, pline de energie potențială, ca uriaşe baterii, şi la un moment dat izbucnesc, se manifestă în planul fizic, împingând indivizii, masele la acțiuni militare ori la revoluții, mişcări ale gloatelor inconştiente. Drojdia societății umane, asemenea unei fiare, se aruncă în luptă, ucide, distruge, dărâmă instituții, fură şi jefuieşte, dreptatea pierind pentru un moment.

Multe mişcări politice, militare, economice, culturale au fost pregătite prin manipulări, urziri de gânduri, cuvântări sau scrieri provocatoare, care de fapt s-au acumulat în spațiu, de unde apoi s-au revărsat jos, în planul fizic, sub influența lor omul distrugând totul şi lăsând în urma sa ruină şi doliu.

Chiar crimele se înmulțesc când ura ajunge la paroxism. Omul vorbeşte azi de rău, mâine se înfurie, poimâine blestemă şi făgăduieşte răzbunare. Mereu pornesc din ființa sa gânduri de mânie sau de ură atroce, care se acumulează în spațiu. Acest munte de ură se ridică din mentalul milioanelor de oameni rămaşi încă în.stare înapoiată – asemenea particulelor de apă ce se evaporă de pe suprafața oceanelor – formând în spațiul din jurul pământului nori întunecați, care lucrează apoi asupra tuturor, dar în special asupra generatorilor lor; astfel crimele se țin lanț.

Frica este o altă forță care lucrează asupra mulțimii – mai ales asupra omului necredincios – provocând boală sau inactivitate. Frica slăbeşte trupul, mentalul revenind mereu la obiectul fricii, micşorează rezistența trupului, până când într-o zi omul cade lovit chiar de ceea ce îi era frică, de ceea ce rnereu a născut şi hrănit cu gândul: boală, pagubă etc.

Prin urmare, gândurile duşmănoase sau de teamă ale omului creează ființe malefice, care vor împiedica pe autorul lor şi pe alții să progreseze spiritual, făcându-le fără voia lor o atmosferă fluidică, plină de imagini, de forțe generatoare de teamă, duşmănie etc. Aşadar, fiecare om se coboară pe sine, dar în acelaşi timp împiedică o lume întreagă să progreseze. Prin acest fapt, omul nesocotit este un generator de rău, creând bariere în evoluția generală a umanității, care în mod firesc tinde spre mai bine. În acest fel, sufletul său se încarcă cu o povară mai mare şi destinul său viitor va fi nefericit sub toate raporturile.

Toate gândurile care trec prin mintea unui om, în viața sa terestră, conțin o

[1] Aceste ființe-gânduri colective, denumite egregor, se nasc din sânul unei comunități mai mari de oameni sau al unui popor, atrăgând din sferele spirituale entități care se întrupează, exprimând şi materializând gândurile şi sentimentele grupării respective. Egregor-ul fiecărei grupări umane are o formă şi o culoare particulară, exprimând gândurile, sentimentele şi dorințele comune ale membrilor grupării respective. Orice grupare, orice mişcare culturală, religioasă, artistică, ştiințifică, politică, socială, sportivă etc., are un egregor. Uneori egregor-urile unor popoare luptă între ele, în sferele inferioare ale Cerului, după care izbucneşte pe pământ un război între popoarele respective. Ar fi bine ca toate grupările, popoarele şi diferitele mişcări spirituale şi culturale să inițieze formarea unui egregor al păcii şi iubirii, al binelui, frumosului şi adevărului.

imagine infinit de mică, depusă în arhiva sa nepieritoare. Când spiritul trece bariera morții fizice şi porneşte la drum, îşi va vedea în planul analizelor, cercetărilor şi concluziilor trase din materialul adunat – adică în sfera sa proprie, corespunzătoare vibrațiilor corpului său spiritual – toate aceste imagini, care vor defila prin fața spiritului asemenea unei armate în fața comandantului. Omul îşi vede atunci toate actele, pornirile, dorințele şi gândurile din viața sa terestră.

Aceste imagini hotărăsc calitatea corpului său planetar, felul de viață, caracterul şi facultățile sale, într-un cuvânt, destinul din viața sa următoare. Prin urmare, omul poartă cu sine arhiva în care se află înregistrate toate viețile sale umane, de la început şi până la sfârşit, cu toate actele, împrejurările, locurile pe unde şi-a desfăşurat viața, relațiile avute cu alții, pornirile, pasiunile, dorințele şi gândurile sale.

S-ar părea că ceea ce relatez sunt simple afirmații. Ei bine, în majoritatea cercurilor de revelație existente pe pământ, entitățile spirituale misionare, care doresc să-i lumineze pe frații lor pământeni, ne aduc la cunoştință adevărul că omul poartă cu sine, înscris în corpul său divin, tot ce a suferit, gândit, vorbit sau făcut în lungul şir al reîntrupărilor sale. O afirmație de acest fel – a cărei valoare este incalculabilă pentru reformarea comportării omului şi a concepției sale de viață – nu poate fi primită prea uşor. Ea are nevoie de verificări, de probe şi experimente. În capitolele precedente, am arătat câteva din experimentele unor specialişti în această materie – Rochas, Bouvier, Gibier, Lancelin etc. – prin care s-a dovedit clar şi neîndoielnic că spiritul omului poartă cu el, înscris cu litere eterice, acțiunile tuturor vieților sale anterioare. Am citat cazuri în care unele persoane uşor sensibile, adormite de magnetizatori, au descris una sau mai multe din viețile lor trecute.

Formele gândurilor care pluteau prin spațiu au pierit demult, dar imaginea lor, depozitată în materia divină a spiritului, a rămas pe veci. Tot pe veci au rămas înscrise imaginile lor şi în materia eternă, memorială a planetei şi a universului nostru. Ele s-au fotografiat pe această materie ca pe o placă fotografică. Tot ce s-a petrecut în noaptea veacurilor pe pământ – fenomene meteorologice, maree, cataclisme, războaie, apariții sau dispariții de continente sau forme de vietuitoare etc. – s-au înscris pe această materie arhivă a Pământului. Cât timp va trăi Pământul şi cât timp va exista acest univers, tot ce a gândit un om, tot ce a dorit şi simțit în lunga lui serie de vieți pe diferite planete, va rămâne întipărit în această arhivă a Cerului. În aceste profunzimi abisale ale Cerurilor se găsesc toate clişeele a tot ce a fost odată sau tot ce a gândit, simțit şi făcut omul.

Cu toții privim cerul, dar nu vedem imaginile din această arhivă, formată dintr-o materie eterică invizibilă ochiului nostru. Cu toate acestea, există persoane – întrupări ale unor entități spirituale evoluate – care au darul divin de a citi memoria eterică a Pământului. Acestor persoane li s-a zis că au darul clarvederii, iar facultatea lor a fost numită psihometrie.

Pentru a găsi cărarea către Arhiva Cerului, unde sunt înscrise faptele, sentimentele şi dorințele unei persoane care nu este de față, clarvăzătorul are nevoie de fotografia persoanei sau de un obiect oarecare – îmbrăcăminte, bijuterie – purtat de persoana respectivă. Fotografia sau eterul ce însoțeşte obiectul – degajat din persoana care l-a purtat – călăuzeşte spiritul clarvăzătorului până la clişeele înscrise în Cer, pe care le citeşte. Clarvăzătorul vede tot ce a făcut persoana respectivă în viaţa sa, împrejurările prin care a trecut, bucuriile de care a avut parte, suferinţele şi pierderile întâmpinate. Uneori, descrierea este atât de exactă şi de amănunţită, încât îi uimeşte pe cei din jur. Clarvăzătorul nu face decât să urmărească înşirarea panoramică a locurilor şi evenimentelor prin care a trecut o persoană, întocmai ca un spectator ce priveşte un film despre viaţa unui om.

Marile duhuri, membrii juriului suprem – orânduitorul vieţii oamenilor – privesc în marea Carte a Creatorului şi citesc trecutul duhului pentru a-i stabili programul viitoarei sale vieţi pământeşti.

Iată de ce trebuie să fim atenţi mereu la gândurile, vorbele şi faptele noastre, pentru că toate se înregistrează şi se plătesc. Acesta e comandamentul, dar bietului om trupesc îi este foarte greu să nu greşească.

De dimineaţă până seara, când ne culcăm, gura ne-a mers mereu şi de cele mai multe ori am dojenit, criticat, ocărât sau blestemat. Acest fel de acţiuni sunt aproape neînsemnate faţă de infinitatea gândurilor ce ne-au trecut prin minte de dimineaţă până seara. Ele mai rar sunt de laudă sau cu un fond de iubire. Cele mai multe planuri ale omului sunt de răzbunare, în care gelozia se ţese cu invidia. Mai toate au ca bază personalitatea noastră, ego-ul nostru, presupus a fi ofensat sau micşorat.

Dacă vrem să reprezentăm raportul dintre cele trei categorii de acţiuni omeneşti dintr-o zi, am atribui numărul 1 greşelilor cu fapta, 100 pentru cele cu vorba şi 10.000 pentru cele cu gândul. Aşadar, omul face cele mai multe greşeli cu gândul.

Fericit este omul care nu greşeşte cu fapta; însutit mai fericit este cel care nu vorbeşte de rău pe aproapele său şi nespus de fericit va fi în viaţa viitoare omul care se va sili să nu greşească deloc cu gândul.

Din cele expuse, se înţelege că atunci când entitatea spirituală are un instrument fin la îndemână poate realiza opere delicate, iar atunci când dispune de un instrument mai grosolan nu poate face decât lucrări comune.

Ştim că gândurile creează facultăţile, tendinţele şi concepţiile omului. Ştim că suntem chemaţi – punând în acţiune voinţa noastră şi o atenţie deosebită – să ducem o existenţă liniştită, înţeleaptă, sfinţită şi iubitoare, căutând mereu să ne instruim şi să alinăm durerile altora, cu fapta ori cu vorba, să ne străduim să treacă prin mintea noastră gânduri generate de preocupări ştiinţifice, filosofice şi artistice. Gândind astfel, mereu se naşte în spirit, din ce în ce mai imperios, tendinţa de a-şi realiza şi pune în practică gândurile. Ajunşi în spaţiu, intensificăm într-o asemenea măsură aceste gânduri, încât la viitoarea reîntrupare venim cu ele, sub forma unor daruri înnăscute, venim cu porniri ori facultăţi care uimesc pe toţi cei care le constată sau aud de ele. Gândind mereu la probleme înalte, duhul se obişnuieşte cu asemenea gânduri, cele comune provocându-i durere.

Iată, aşadar, că după felul cum am gândit într-o viaţă ne pregătim o stare superioară sau inferioară, în viaţa următoare. Să nu ne mai mirăm arunci de ce unul prinde înţelesul unei expuneri mai repede şi altul mai greu; de ce unul e dispus să învețe mai repede algebra, care comportă noțiuni abstracte, iar celălat nu şi le poate însuşi; de ce unul are dispoziții filosofice şi altul nu se poate ridica de la gândirea comună, şi aşa mai departe. Acesta este înțelesul progresului nostru mental, dintr-o viață în alta. Acesta este mecanismul urcuşului spiritual pe scara existenței terestre, pentru ca în fiecare viață să adăugăm la cele câştigate într-o existență precedentă o nouă facultate, o nouă dispoziție spre mai bine, spre o mai mare înțelepciune.

Cred că oricine a urmărit aceste rânduri, înțelege că numai astfel se ridică omul din întunericul minții sălbaticului până la lumina minții savantului, şi de aici, la înțelepciunea îngerească a sfântului. Acesta este rostul existenței noastre terestre, să ne ridicăm mereu la cumințenie, la înțelegerea că totul din jurul nostru este Divinitatea manifestată, că toți oamenii sunt copiii aceluiaşi Tată Creator, prin urmare, suntem frați, şi trebuie să ne iubim.

Prin bunătate întărim toate facultățile divine care zac adormite în scânteia noastră şi devenim entități spirituale luminoase, cu puteri uimitoare, ființe care vom contribui la progresul a tot ce ne încojnoară.

* * *

A doua categorie de energii desfăşurate de om în viața sa pământeană sunt dorințele. Acestea ne îndeamnă cu toată puterea să intrăm în stăpânirea lucrurilor plăcute, să obținem bani, case, moşii, obiecte de artă etc. Dorința este motorul care ne mână spre onoruri şi plăceri de tot felul, pe scurt – către tot ce aparține vieții pământene.

Dorințele sunt aspectele voinței spiritului, degradate şi pervertite de corpul nostru planetar, care cere satisfacția năsuințelor sale terestre, întrucât aparține globului pământesc.

În faza actuală de evoluție, maoritatea oamenilor este animată de dorințe inferioare, cu toții alergând să-şi satisfacă pântecele cu cele mai scumpe şi felurite bunătăți, toți doresc să se înalțe în ochii semenilor săi prin glorie, renume, onoruri şi vanități efemere, neinteresându-i ce va fi dincolo.

Puțini, foarte puțini, spiritele bătrâne stau deoparte şi duc o viață retrasă, pioasă, căutând să-şi îmbogățească mintea cu noi cunoştințe, arătând o blândețe ce cucereşte, iertând greşelile celor care le fac rău, ştiind că sunt spirite tinere, care abia urcă scara spiritualității. Entitățile spirituale bătrâne fiind întrupate doresc şi ele ceea ce este în legătură cu viața fizică – întrucât şi ele sunt oameni – dar mai presus de toate urmăresc cu nesaț ceea ce înnobilează sufletul, ştergând lacrimile altora, povățuindu-i şi ajutându-i pe semenii lor.

Corpul nostru planetar se formează în funcție de calitatea şi puritatea dorințelor noastre. Dacă ne fură poftele către îmbrăcăminte luxoasă, bijuterii, automobile costisitoare, case de prisos etc., corpul nostru planetar va aspira din atmosfera eterică a pământului materie vie inferioară. Dacă ne conducem spre o viață tihnită, indiferentă față de lux, de lumina înşelătoare a vieții terestre, corpul nostru planetar aspiră materie planetară de cea mai fină calitate.

Materia eterică – fină sau grosolană – va determina după părăsirea vieții terestre, după moartea biologică, simțăminte superioare sau inferioare, bucurii ori mâhniri, dureri sufletești ori fericire. Așadar, dorințele contribuie, în mod fatal, la formarea unui corp planetar mai delicat sau mai grosolan, în viitoarea noastră reîntrupare.

Venind la o nouă întrupare, duhul va influența, prin constituția sa, fetusul din pântecele mamei sale, determinându-l să ia o formă incorectă. Un corp planetar cu metehne va determina formarea unui corp vital slab, care va conține, potențial, cauzele unui sistem cerebral slab, a viitoarelor boli, a epilepsiei și în general, a tuturor bolilor nervoase. Dacă omul va persista multă vreme pe această cale nesocotită, viitorul său trup se va forma incorect.

Pentru că dorințele înscrise în corpul planetar trebuie realizate cândva, omul se va naște, în viitoarea lui reîntrupare, în mediul în care dorințele din existența sa precedentă vor putea fi satisfăcute. Dacă a fost animat de dorințe superioare, el se va naște într-o țară, familie și mediu civilizat, oferindu-i-se posibilitatea să se ridice mai sus și să-și realizeze dorințele superioare. Dacă a fost stăpânit de dorințe lumești, va căuta să se nască acolo unde aceste forțe vor fi cheltuite, risipite.

În anumite împrejurări se poate întâmpla ca o dorință, o pasiune, să nu poată fi împlinită nici în noua întrupare. În acest caz ea va fi urmărită veacuri de-a rândul în viitoarele întrupări, până când, în fine, se va realiza.

Dorințele sunt forțe, care nu se sting veacuri peste veacuri, negăsindu-și echilibru decât în ziua împlinirii lor. Cu alte cuvinte, dorințele sunt forțe care-l fac pe om capabil să realizeze un obiectiv, să conducă spiritul spre realizarea sa, după care încetează de a mai fi o forță.

* * *

În fine, destinul se mai făurește și cu ceea ce faptuiește omul în lumea fizică. Aceste acțiuni pot folosi sau dăuna persoanelor cu care el vine în contact. Cu alte cuvinte, faptele noastre de tot felul – din copilărie și până închidem ochii – lucrează asupra noastră și a celor din jurul nostru, fericindu-i sau nenorocindu-i, împiedicându-le sau favorizându-le evoluția. Toate faptele exercitate asupra ființei sau bunurilor unui semen se înscriu în corpul nostru divin, precum și în Arhiva Cerului, determinând felul nostru de viață în viitoarea reîntrupare. De orice natură ar fi fapta, ea va trebui neapărat să-și găsească satisfacția, după care va urma plata sau răsplata ei.

Acțiunile noastre sunt rezultatul unor cugetări și dorințe. Gândurile și dorințele au lucrat asupra spiritului, până l-au determinat să intre în acțiune. Tocmai prin faptul că au avut loc cugetări și dorințe, înseamnă că acțiunile sunt efectul, exprimarea finală, a unor cauze – gânduri și dorințe – produse în existența anterioară. După ce gândurile și dorințele au găsit o posibilitate de exprimare, un mod de realizare, nu vor mai exercita niciun imbold asupra spiritului, asupra omului intern. Dar dacă exprimarea, tradusă prin fapte, va produce o nouă durere, pagubă etc., aceste fapte se vor transforma în cauze noi, care vor deveni forța creatoare a unor efecte noi, care își vor cere dreptul de a se manifesta și înfăptui cândva.

Orice acțiune lasă o urmă nepieritoare în duhul omului. Dacă repetăm mereu aceeași acțiune, ea se încetățenește în ființa noastră trupească, devine automată, conform legii obişnuinței. Or un asemenea automatism pune în general un zăgaz, o barieră celorlalte manifestări ale ego-ului nostru.

Noroc că această stânjenire nu durează decât atât cât durează trupul care contractase acest automatism. La crearea viitorului corp fizic, aceste obiceiuri nu vor mai exista, pentru că noul trup nu mai are nimic comun cu corpul fizic din întruparea trecută.

Să vedem acum modul cum faptele noastre ne leagă, pe viitor, de persoanele cărora le-am făcut bine sau rău.

Omul este o ființă sociabilă. Ca probă a acestei afirmații este faptul că fiind izolat, deşi va fi înconjurat de toate înlesnirile vieții, omul se va simți nefericit. Or, conviețuirea sa cu alții aduce cu sine neapărat influențe reciproce – acțiunile unora asupra celorlalți. Aceste acțiuni pot fi în legătură cu bunurile pământeşti, cu ființa sau trupul, ori cu sufletul.

De exemplu, aflăm că un coleg de şcoală este în mare nevoie materială, că este literalmente muritor de foame, Dacă sufletul nostru e răscolit de milă pentru acest semen necăjit, ne vom duce şi-i vom da bani, lucruri necesare, îmbrăcăminte, şi-i vom ridica moralul printr-o vorbă duioasă, de încurajare. Fapta noastră nu va rămâne doar ca o expresie a bunătății, ci va naşte o legătură karmică între noi, care va lucra asupra sa, în vecii vecilor, până când îl va determina, în alte existențe, să ne plătească sub forma unui sprijin oarecare material. Numai prin această faptă a lui destinul a fost satisfăcut, datoria achitată.

Să luăm şi un alt exemplu. Simțindu-se pe patul de moarte, un om îl roagă pe un frate să accepte îngrijirea copiilor săi şi administrarea averii lăsate. Or dacă acest om nu are o conştiință înaltă şi o inimă miloasă, va cheltui din averea copiilor în folosul său. În veacurile ce vor urma, acest om va fi urmărit pentru fapta sa, căci şi-a legat existențele sale viitoare de soarta acestor moştenitori nefericiți. Când nu se va aştepta, într-una din existențele viitoare, va fi deposedat, la rândul său, de un altul, rămânând în mizerie, pentru ca astfel legea divină să fie aplicată. Atunci va învăța lecția amară: omului nu îi este îngăduit să ia din bunul altuia.

Se poate întâmpla ca mila şi iubirea noastră, conştiința că toți oamenii suntem copiii aceluiaşi Creator, să ne ducă la căpătâiul unui om care zace bolnav şi n-are pe nimeni să-i dea un pahar cu apă, să-l îngrijească, să-i şteargă lacrimile şi să-i amintească adevărul că nu e singur pe lume şi că Tatăl nu l-a părăsit. Fapta aceasta ne leagă de fratele nostru şi în existențele viitoare, tocmai când vom fi mai singuri, mai lipsiți de căldura sufletească, ni se va plăti gestul făcut în veacurile trecute.

Astfel de exemple se pot înşira în sute şi mii de chipuri. Dacă am ajutat pe plan material, ne vom bucura în viitor de un destin favorabil sub aspect material. Dacă am fost pentru semenul nostru cauza mizeriei sale materiale sau fizice, vom avea un destin deplorabil, născându-ne în circumstanțe care ne vor provoca suferințe fizice sau mizerii materiale.

Urmările karmice sunt independente de motivul care ne-a decis să facem o faptă oarecare, bună sau rea. Dar să nu pierdem din vedere că motivul va avea un rezultat hotărâtor în destinul viitor al omului. Aş putea spune că dintre cei doi factori – acțiune şi motiv – motivul este precumpănitor față de fapta produsă. Pentru o înțelegere mai clară, să luăm trei exemple.

1. Un om bogat, având multe proprietăți, lasă un imobil pentru adăpostirea, creşterea şi educarea copiilor orfani. Este o faptă foarte frumoasă, care va aduce roade karmice, inevitabile în viețile sale viitoare. Dar omul nu a făcut acest gest doar din milă, ci împins şi de un gând ascuns, de mândrie, de vanitate, să se recomande atenției lumii. Cei doi factori – acțiunea şi motivul – îşi vor produce fiecare efectul lor. Actul prin care atâția copii nefericiți vor fi scăpați de mizerie, devenind oameni cu un rost în societate, va contribui ca în viața sa viitoare să se bucure de o existență şi mai îmbelşugată decât cea actuală. Dar omul se va simți ca un parvenit, în mijlocul luxului şi al comodității sale. Va fi mereu umilit, ca o consecință a mândriei sale de altădată. Vedem că fapta a adus consecințele sale – o existență îmbelşugată, iar motivația – vanitatea şi mândria, care sunt atribute sufleteşti, au adus consecințe sufleteşti – umilința, izolarea şi dispreţul ființei sale.

2. Un om a furat, a înşelat o viață întreagă, şi totuşi inima sa nu a murit cu totul în fața milei. Din ce a furat şi adunat, ajută o văduvă, creşte un copil orfan, bucură un nefericit. Ajutându-şi semenii, omul se va bucura pe viitor de o viață înlesnită din punct de vedere material, dar pentru că a produs pagubă, pentru că s-a bucurat de bunul altuia, va fi ocolit mereu de lume, şi va trece prin paguba cu care îşi păgubise odinioară semenii. După cum, făcând binele a recoltat binele, tot aşa, cel care a produs răul va recolta răul, chiar dacă a fost împins de motive altruiste.

3. În vederea bunului mers al instituției, directorul îl dă afară pe un funcționar incorect. Motivul a fost lăudabil: să fie un exemplu şi să stabilească ordinea în instituție. Dar funcționarul incorect a fost lovit în existența sa materială. Pentru motivul de a fi corectitudine în viața oamenilor, fostul director se va reîntrupa cu dispoziții sufleteşti prin care va fi ordonat, liniştit şi mulțumit de el şi starea în care se află. Dar în viața trecută, aruncând pe drum un frate de-al său, lipsindu-l de pâinea cea de toate zilele, va trebui să guste neapărat, măcar temporar, lipsa prin care a trecut fratele său.

Prin urmare, una este fapta comisă, şi alta motivul. Dar vreau să subliniez – între fapta fizică şi motivul care a determinat-o, motivul are o putere mai mare în orânduirea viitorului destin.

Într-o viață sau în mai multe, producem când bine, când rău, față de atâtea persoane din jurul nostru, încât, revenind în viața viitoare, nu putem plăti dintr-odată toate faptele rele, clevetirile răspândite ori gândurile urâte cu care am umplut spațiul, adresându-le fraților noştri. Motivele pot fi multiple. E posibil ca în timpul întrupării noastre actuale să nu se fi întrupat persoanele către care am contractat datorii, legături karmice, în viața sau viețile precedente. Se poate ca aceste persoane să se fi întrupat odată cu noi, dar potrivit destinului lor, s-au întrupat în alte țări, sau chiar dacă trăiesc în aceeaşi țară, se pot afla într-un alt nivel social, fără să existe posibilitatea unui contact între noi, prin care să ne achităm datoria față de ele. Cum legea justiției divine trebuie împlinită, urmează că vom reveni de mai multe ori la viața fizică, pentru ca odată şi odată să venim în raport direct cu toți cei față de care suntem datori cu reparații.

În lumea spațiilor există entități spirituale strălucitoare, de a căror vechime şi evoluție nu avem nicio noțiune. Aceşti îngeri, cu rolul special de a regla şi stabili ordinea achitării datoriilor contractate de duhurile umane, aleg din lista cea mare, din totalul greşelilor, al destinului nostru, o anumită cantitate, pe care ne-o dau spre achitare într-o întrupare, urmând ca restul să fie plătite în viețile următoare. Îngerii combină o mulțime de dispoziții fizice şi sufleteşti, pentru ca anumite obligații din marea noastră datorie să fie achitate. Ei conduc spiritele la reîntrupare într-o anumită națiune, după aptitudinile câştigate de duhul respectiv, şi orânduiesc astfel ca întruparea să aibă loc într-un rang social, într-un trup şi într-un moment favorabil pentru achitarea datoriei încredințate spre plată la pornirea într-o nouă viața terestră. De regulă, această orânduire se face cu oamenii aflați pe treptele inferioare ale scării evoluției spirituale.

Entitățile spirituale mai bătrâne, cunoscătoare a marii legi evolutive, dorind să se dezrobească de cătuşele greşelilor din trecut, pentru a se ridica în lumina Cerurilor, caută să-şi ia o porție cât mai mare, cât mai dureroasă, din destinul lor, achitându-şi mai repede datoria adunată în timp de mii de veacuri. Aşadar, ele îşi făuresc singure programul vieții viitoare.

Trecând din lumea eterică în cea fizică, bietul spirit a uitat totul, şi când mizeria, prigoana şi o viață plină de dureri şi lacrimi îl copleşesc, se miră de atâta nefericire şi datorită neştiinței sale se revoltă: „Cu ce am greşit, Doamne de sunt atât de pedepsit?" A uitat sărmanul că singur şi-a ales această viață sfâşietoare. Nu i-a impus nimeni, nici chiar Creatorul, alegând-o acolo sus, pe când ştia de legile care duc la splendorile negrăite ale vieții spirituale.

Cum suma greşelilor adunate veacuri nenumărate este foarte mare, şi cum ea nu se poate achita într-o singură viață, omul revine mereu la viața terestră, întrupându-se până când va şterge toate greşelile adunate în trecut. Omul revine mereu în trup, născându-se în locurile unde sunt întrupate duhurile cu care a contractat cândva legături spirituale, în bine sau în rău, trăind acum ca frați, ca soți, ca părinte şi copil, ori ca buni prieteni. Pe parcursul noii existențe terestre duhurile îşi achită datoriile acumulate una față de cealaltă, prin bucurii comune, iubire şi sprijin până la sacrificiu. Astfel, ura din alte vremuri se va şterge prin iubire, jefuirea de altădată se va compensa prin sacrificiul şi dăruirea de acum, şi aşa mai departe.

Să luăm un exemplu.

Un copil se naşte într-o familie săracă, de care este legat prin trecutul său. Părinții săi fiind sănătoşi şi fizicul lor având anumite însuşiri estetice, dau copilului, prin ereditate, un trup sănătos şi o înfățişare atrăgătoare. Într-o viață precedentă, duhul acestui copil a făcut un mare bine unui om, pe care acum destinul l-a adus să se nască în preajma acestei familii. Deşi copilul s-a născut în sânul unei familii sărace, îi este hărăzit să dispună de o mare avere. Cei din spațiu, care caută la marea operă a Creatorului, combină astfel condițiile ca datornicul de altădată, fiind acum om bogat, să nu aibă copii şi totuşi să-şi dorească. Văzând acest copil frumos şi inteligent, bogătaşul îl place nespus de mult şi îl cere de la părinţii săi săraci pentru a-l adopta, educa şi creşte ca pe copilul său. Copilul - fostul filantrop, care l-a scos din mizerie pe actualul bogătaş, îşi primeşte răsplata faptei din partea datornicului său de odinioară, care îi pune acum la dispoziţie întreaga avere.

Pentru neştiutori, asemenea împrejurări par născute „din întâmplare", ele fiind de fapt efectele unor cauze produse în trecut. Destinul cere desfăşurarea evenimentelor după modul cum era conduita omului în trecut. În felul acesta, justiţia divină se aplică fără greşeală şi fără îndurare. Astfel omul, Pământul, universul întreg merg în scurgerea timpului fără de sfârşit din progres în progres.

Din cele expuse în acest capitol al destinului, înţelegem că trupul nostru este clădit după calităţile corpului vital, la rândul său corpul vital a fost construit conform corpului planetar, acesta, conform corpului mental, care îşi ia forţele necesare şi se supune destinului spiritului coborât la reîntrupare. Corpul nostru vital va fi construit de spiritele constructoare, în funcţie de calitatea materiei mentale acumulate şi în funcţie de sentimentele frumoase sau urâte de care am fost animaţi în viaţa trecută. De asemenea, corpul vital este făurit conform anumitor datorii pe care le avem de plătit din lista mare a greşelilor noastre.

În jurul corpului vital sau a dublului eteric, se orânduieşte un complex de celule, sisteme şi aparate – ca într-un tipar sau model – pentru a forma un tot unitar, un corp fizic cu o înfăţişare mai comună sau mai frumoasă, cu un sistem cerebrospinal mai fin ori mai redus. Acest corp fizic va fi o temniţă pentru bietul spirit: mai strâmtă sau mai largă, mai întunecată sau mai luminoasă, după cum i-au fost faptele din viaţa trecută. Spiritul, omul adevărat, va lucra în această temniţă pe cât îi va permite lumina şi spaţiul ei, pe cât îi permite sistemul cerebral, va lucra cu facultăţile sale făurite prin gândurile de altădată. Deşi încătuşat şi mărginit în această viaţă, spiritul poate gândi, simţi, dori şi face ca viaţa sa viitoare să fie mai uşoară, mai liberă şi cu puteri mai mari, sau va face ca facultăţile sale viitoare să fie şi mai reduse, viaţa sa şi mai tristă.

Omul este împricinatul, acuzatorul, judecătorul şi victima sa proprie. El face greşeli, se judecă, se condamnă, îşi construieşte temniţa pedepsei sale, se mărgineşte sau se înalţă în puteri spirituale.

Destinul colectiv

În existenţa sa terestră, omul nu cunoaşte legile care conduc universul, ducându-şi viaţa fără să ştie nimic despre marile scopuri ale Divinităţii.

Când faptele sale rele s-au acumulat prea mult, când gândurile şi vorbele au creat în preajma sa o lume nevăzută, împiedicând ajungerea fluidelor superioare până la el, copleşit de povara păcatelor sale adunate din viaţă în viaţă, omul va fi smuls din seria nesocotinţelor sale, printr-o zguduire sufletească puternică. Acest seism îl va aduce la o altă concepţie, la o altă înţelegere a adevărurilor, a legilor, a legăturii dintre el şi cauzele create de el. În vederea acestui scop, destinul său este astfel alcătuit încât viaţa trupească să-i fie brusc curmată, printr-o moarte violentă în război, revoluție, incendiu, cutremur, naufragiu, catastrofă feroviară etc.

Toți cei desemnați de Forțele cereşti, de spiritele executoare ale legii destinului, să treacă printr-o moarte violentă, vor fi adunați într-o zi la un loc, fiind puşi în situația de a pieri brusc din existența lor fizică. Se vor îmbarca pe acelaşi vapor – care va naufragia, trenul lor va deraia, vor merge la un teatru, unde vor fi carbonizați de un incendiu etc. Însă vor scăpa toți cei nedestinați acestui fel de a pleca din lumea fizică, neavând în destinul lor datorii de plătit printr-un accident sau catastrofă. Aceştia vor pierde trenul sau vor renunța în ultimul moment de a mai pleca cu acel tren sau vapor, vor scăpa ca prin minune din mijlocul unei catastrofe seismice sau a unei înspăimântătoare ploi de gloanțe etc. Cazul se va prezenta mulțimii neştiutoare ca fiind „o scăpare providențială", dar în realitate a fost determinat de legea cauzalității.

Ca să ilustrez acest fel de expiere al destinului colectiv, şters printr-o suferință comună, voi cita un caz petrecut în țara noastră. În anul 1930 presa română a publicat date asupra nenorocirii petrecute în comuna Costeşti, județul Argeş. În Săptămâna Patimilor, în preajma comemorării învierii Domnului nostru Isus Christos, s-a aprins, de la o lumânare, biserica de lemn, arzând 110 persoane. Un cerc de revelație din Bucureşti a primit, prin intermediul unui medium, o comunicare referitoare la acest caz. Iată textul comunicării:

„Sunt mai bine de trei sute de ani de când prin apusul Europei oamenii se ucideau între ei, pentru ideile lor religioase. În Franța, sub instigația preoților, cetățenii catolici îi urmăreau şi-i exterminau pe hughenoții protestanți. Cu toate prigonirile şi suferințele îndurate, hughenoții au preferat să moară decât să se lepede de credința lor.

La acea epocă, într-un mic sătuc, pitit la poalele munților Ceveni, s-a ascuns o mână de hughenoți, goniți ca fiarele sălbatice, catolicii considerându-i eretici. Aici, neavând biserică, să se roage lui Dumnezeu, se furişau noaptea unul câte unul pe drumuri ascunse, pe cărări pline de spini, către un punct mai ridicat al muntelui, unde se adunau într-un adăpost de vite, făcut din trunchiuri groase de lemn şi scânduri.

Nu departe de acest sătuc, era un orăşel unde îşi avea sediul episcopul catolic din partea aceea. E Săptămâna Mare, se țin predici prin toate bisericile catolice, ocazie cu care se tună şi fulgeră în contra ereticilor. Între altele, episcopul din acest oraş spuse: «A-i distruge pe aceşti oameni este o binefacere, este a face un lucru plăcut Domnului, a câştiga un loc în cer, şi apoi, cu un gest larg le dădu binecuvântarea. «Duceți-vă, căutați-i şi oriunde îi veți găsi, denunțați-i».

O voce ascuțită de femeie se ridică din mijlocul mulțimii: «Eu cunosc un cuib de hughenoți, ştiu unde se adună, şi peste câteva ore se vor întruni acolo. Să mergem să-i distrugem». Din mulțime se desprinse o ceată de 110 persoane – bărbați, femei şi tineri – şi prin drumuri ascunse, necunoscute nefericiților de hughenoți, s-au dus până la locul lor de rugăciune.

Sub adăpost se aflau 73 de persoane, înălțând cu sufletul pierdut rugi fierbinți către Cel Atotputernic. Cei veniți au înconjurat adăpostul, au aprins torțe şi i-au dat repede foc. Bărbații ținteau cu archebuzele încărcate, gata să ucidă pe oricare ar da să fugă din această casă de rugăciune.

Predicatorul observă grozăvia, îşi dădu seama că nu mai este nicio scăpare. Cu vocea tremurândă de emoție, zise: «Fraților, a venit vremea să dăm socoteală Domnului de .viața noastră. Bunul Dumnezeu să ne ierte păcatele, slăbiciunile şi groaza de care sufletele noastre sunt cuprinse acum şi să ierte şi pe nenorociții care ne-au urmărit cu ura lor, precum i-a iertat Mântuitorul pe călăii Săi».

A doua zi – sărbătoare mare printre catolici. S-a mai distrus un cuib de şerpi. Sus pe munte nu a mai rămas decât o mână de cenuşă, oase calcinate, o Biblie arsă pe la colțuri – Cuvântul Domnului nu piere.

Ați iertat voi martiri, dar legea dreptății, legea cauzalității nu se poate înlătura. Acțiunea nesocotinței lor va trebui să aibă urmări, sancțiuni!

Trei sute şi mai bine de ani, spiritele acestor ucigaşi au rătăcit prin spațiu, învăluiți în noaptea neagră şi torturați de actul lor nebunesc. Domnul i-a adunat pe toți la un loc, azi pe unul, mâine pe altul, aducându-i din nou pe pământ, ca oameni trupeşti în satul Costeşti din România; iar în Săptămâna Mare, pe când se rugau, au ars toți cei 110 care au dat foc fraților de altă credință. Au plătit fapta lor din trecut! Legea divină s-a executat.

Cine omoară prin sabie, prin sabie va pieri. Cine omoară prin foc, prin foc va pieri. Nimic din ce pare omului neînțeles nu este fără rost. Totul este recompensat – şi fapta bună, şi cea rea!"

* * *

Pământul se roteşte în jurul axei sale într-o zi, şi în acelaşi timp călătoreşte mereu în jurul soarelui, înconjurându-l într-un an. Vremea se scurge mereu, anii şi secolele se înşiră fără oprire.

Entitățile spirituale vin valuri la reîntrupare, pe suprafața pământului, pentru a-şi face şcoala vieții, iar după un timp se întorc în spațiu. Această migrație intensă, de la Cer la pământ, ori de la pământ la Cer, se urmează sute de mii de ani, având ca scop perfecționarea.

Umanitatea se înşiră astfel inconştientă pe calea evoluției, împinsă de legea progresului. Din această mulțime nesfârşită, răsar în anumite locuri şi momente, entități spirituale în care se dezvoltă facultăți divine, grație conştiinței lor mai devreme iluminată, grație destinului lor mereu fericit, grație unor zguduiri sufleteşti ce au înflăcărat şi cuprins întreaga lor ființă. Aflând rostul vieții, înțelegând legea binelui şi a iubirii, aceşti oameni îşi analizează firea, îşi recunosc caracterul şi slăbiciunile, pornind hotărâți la corectarea defectelor şi la întărirea părților bune. Ştiind că totul are urmări, că vor fi iertați în aceeaşi măsură în care au iertat, cunoscând că orice faptă rea, oricât de redusă ar fi, va trebui expiată, fiind conştienți că orice gând pregăteşte mentalitatea şi facultățile omului din prezent, dar mai ales pe cele din viețile viitoare, vor exprima în viața lor terestră doar blândețe şi iertare.

Aceşti oameni se desprind din cursul general al evoluției, vor urma conştient şi ştiințific o cale spirituală, acumulând în ființa lor materii mai fine. În acest fel vor dispune de forțe mai mari decât frații lor, pășind grăbiți să-și termine cât mai repede școala pământului.

Mii de veacuri a durat până când omul, supus la flacăra durerilor și a suferințelor de tot felul, a ajuns la momentul fericit în care să înțeleagă că deasupra tuturor lucrurilor există legi inflexibile. Din acest moment, omul trece în sfârșit la partea a doua a existenței sale terestre, se naște în lume din nou, dar de această dată se botează în lumina spiritualității. Va muri și se va naște și de acum înainte, dar viețile lui se vor scurge mai lin, vor fi mai pioase, mai fericite iar progresul său spiritual va fi din ce în ce mai accentuat.

Omul va ști că minciunii care cutreieră spațiile trebuie să-i opună forța adevărului, pentru ca astfel să distrugă forțele ce se opun mersului omenirii spre perfecțiune. El va ști că împotriva forței gândurilor egoiste, care dezagregă materiile și tulbură armonia din natură, e nevoie să răspândească mereu forța iubirii și a unirii. El va ști că forța rugăciunii, ce cheamă din spațiu lumină – forțele și materiile binefăcătoare – poate ameliora sau vindeca o boală, poate consola o pierdere sau întări un suflet. Arunci, asemenea unui soare dătător de viață și lumină, omul va răspândi către anumite persoane bolnave, necăjite și disperate, valul rugăciunii sale, le va înconjura cu fluide benefice și luminoase, dăruindu-le sănătate și eliberându-le din adâncul mâhnirii în care au căzut.

Prin urmare, din ziua când omul s-a convins că există legi ce conduc existența universurilor, din ziua când se străduiește să repare trecutul și să-și amelioreze viitorul, el va lucra cu forțele pe care i le pune la dispoziție Divinitatea, pentru ridicarea celor de sub el. Grație voinței sale, își va îmbunătăți mereu destinul și va îndulci soarta altora, până va ajunge la perfecțiunea finală a evoluției terestre. El va face ceea ce realizează și fizicianul, care emite un sunet de o anumită vibrație, urmat de un alt sunet a cărui limită inferioară de vibrație corespunde limitei superioare a primului sunet; cele două sunete se vor întâlni, și la întretăierea acestor două forțe sau vibrații se produce liniște. Acest fenomen poartă numele de *interferență*[1].

Tot astfel poate lucra forța iubirii contra forței urii. În felul acesta, omul drept va ajunge la tăcere și pace, la armonizarea și echilibrarea forțelor sale, la eliberarea sufletului de sub influența nefastă a forțelor distrugătoare.

Sublimul nostru Domn Isus Christos a spus: *„Când unul te lovește, întinde și celălalt obraz"*. El a dorit să spună: palma primită acum e palma pe care ai dat-o odată; este efectul cauzei produsă de tine într-o altă întrupare. Tu, care ai primit palma, nu trebuie să răspunzi cu o altă palmă, căci în acest caz generezi o cauză, al cărei efect îl vei culege cândva. Ca să nu mai continue această înșirare de cauze și efecte, întinde și celălalt obraz, în virtutea legii iertării.

E greu de înțeles înălțimea acestor cuvinte ale Luminii lumilor sistemului nostru solar, dar și mai greu este de aplicat.

---

[1] Orice gând sau acțiune benefică va anihila pe cele malefice înregistrate în Arhiva cerească. Marile Lumini cerești ne recomandă pentru fiecare greșeală comisă cu gândul, vorba sau fapta, să le „interferăm" cu gânduri și fapte izvorâte din iubire.

Când îşi termină omul existenţa terestră?

Sunt miliarde de veacuri, pe care mintea noastră nu le poate cuprinde, de când omul a plecat din Sânul Creatorului şi a venit în sfera creaţiilor, pentru a studia opera Tatălui şi a se *îndumnezei.*

De atunci a trecut din materie în materie, suflul de viaţă din Viaţa Creatorului animându-l din ce în ce mai intens. A fost o formă subtilă – ca gândul, a fost o fiinţă şubredă – ca materia astrală. A fost rând pe rând piatră, plantă, animal şi mai apoi om, trăitor pe un glob, ducându-şi o existenţă vecină cu a unui animal.

Au trecut multe milioane de ani de atunci, din neştiutor ridicându-se, prin suferinţe atroce, la înţelegere şi cunoaştere. Conştiinţa i se luminează din ce în ce mai mult, iar acum este în mijlocul unor vieţi superioare, în mijlocul unei civilizaţii ce pare a-l duce mereu înainte.

Ia seama, omule, cunoşti destul de bine materia fizică şi legile ei, posezi multe din secretele naturii, dar ai pierdut legătura cu sferele subtile, cu materia primordială a Creatorului, cu legile divine, cu însuşi Creatorul tău! Sufletul tău se desfată cu plăcerile lumii fizice, la luminile ei sclipitoare, dar pieritoare. Nu uita să priveşti şi Cerul, nu uita rugăciunea – scara ce te ridică în sferele sublime ale vieţii veşnice. Rugăciunea este antena pe care o întinzi spre Infinit, pentru a se coborî fluidele divine ce te vor întări şi ferici.

Ai suferit veacuri peste veacuri, ai trecut prin toată gama amărăciunilor şi chinurilor suferinţei sufleteşti, ai plătit mereu din datoriile contractate şi înscrise în cartea ta cerească, de pe când erai sălbatic, mai apoi barbar, rând pe rând bandit, hoţ, avar, un egoist feroce, un vanitos fără seamă, şi aşa mai departe. Dar, la fiecare întrupare, viaţa pământească te-a învăluit cu tentaţii şi dorinţe noi, care te legau iară de pământ, înscriind din nou în cartea destinului tău greşeli peste greşeli.

Aşa fiind, se pare că abia achităm din destinul nostru o greşeală din trecut, că facem altele noi. Dacă lucrurile stau astfel, când ne vom scăpa de legăturile pământului, de chemarea la naştere şi moarte? Când vom înceta de a mai reveni în trup, aici sau pe o altă planetă? Când vom ajunge să ne ducem traiul în spaţiile infinite, sub formă de spirit, asemenea unei sfere strălucitoare?

Răspunsul vine din Antichitatea profundă a umanităţii, când nu vei mai avea nicio dorinţă terestră.

Dar cum e posibil să trăiască omul fără dorinţe? Dorinţa face parte din însăşi făptura noastră, ea este o formă a voinţei şi voinţa este cârmaciul vieţii noastre în veşnicie. Cu toate acestea, numai lipsa dorinţelor materiale – care ne îmbie la posedarea diferitele lucruri, la obţinerea unor plăceri şi stări sociale – ne poate elibera din cătuşele vieţii pământeşti. Cât timp însuşirile divine dorm în scânteia din om, este nevoie ca omul să alerge, să dorească, să se zbată, să sufere, pentru ca prin aceste acţiuni să scoată din somnolenţa lor facultăţile sublime, conştiinţa divină ce zace latent în luminiţa din fiinţa noastră.

Motorul acţiunilor omului este dorinţa. Sub imboldul ei, sub biciuirea ei, omul e scos din inerţia sa, din lenea sa. Priviţi la sălbaticul din junglă cum doarme întins la umbra copacilor. Se deşteaptă la o vreme, se întinde, dar pare ţintuit locului. Însă foamea începe să-l imboldească, în minte îi vine imaginea mâncării. Se naşte în el dorința de a-şi procura ceva de mâncare ca să-şi potolească foamea. Aşadar, foamea îl determină să se ridice, să umble, să caute un fruct, o rădăcină, un vierme ori un animal mai cărnos, ca să-şi împace nevoile organismului. Când şi-a astâmpărat foamea, se lungeşte din nou să trândăvească. Or dorința de a-şi procura hrana îi deşteaptă simțurile, îl face sprinten, îl învață să rabde, până va găsi ce să mănânce. Încetul cu încetul, ani de-a rândul şi vieți după vieți, se dezvoltă în ființa sa facultăți mentale ce tind spre realizarea celor dorite.

Astfel, sub imboldul dorinței, omul caută să-şi creeze o existență mai bună – casă, îmbrăcăminte, hrană – să-şi satisfacă o plăcere fizică sau morală. Dorința ne ridică mereu, din existență în existență, spre nivele superioare, renume, glorie, şi, în fine, spiritualitate.

În această continuă evoluție, se constată o iluminare a conştiinței, devenind din ce în ce mai luminată, mai just apreciatoare a lucrurilor şi fenomenelor. Cu timpul, omul ajunge să înțeleagă rostul vieții, minunăția legilor divine. De atunci, el are pe buze lauda Celui suprem, în inimă mila şi blândețea, respingând iluziile vieții terestre. Înțelege că este necesar să se îmbrace – curat şi simplu, că trebuie să aibă un adăpost – modest şi lipsit de lux, de podoabe scumpe. Încetul cu încetul, dorințele sale devin din ce în ce mai pure, mai spirituale, nu se mai supără, iubeşte tot şi pe toți din jurul său, iartă celor nesocotiți, nu se mai teme, căci ştie că deasupra tuturor planează Duhul Celui nevăzut. Se roagă pentru iertarea greşelilor altora, ajută cu fapta sau gândul umanitatea, pentru a se ridica şi ea din noaptea neagră a existenței materiale, spre ziua existenței spirituale. Cu alte cuvinte - omul duce o viață modestă, retrasă, neînțeleasă de cei mulți.

În tot cursul acestei vieți, el înțelege să-şi facă cât mai conştiincios datoria de soț, tată şi membru al societății din care face parte. O astfel de viață, dusă de-a lungul unei serii de întrupări, are ca rezultat ştergerea greşelilor trecute şi evitarea altora, în cadrul aceleiaşi vieți. Consecința unor astfel de vieți este ajungerea la eliberarea spiritului din cătuşele ce-l rețineau legat de pământ.

Omule, ducând o astfel de existență vei avea multe ocazii să te încredințezi prin simțurile tale interne, prin sufletul tău, prin revelarea unor fenomene, glasuri şi melodii divine, care te vor zgudui din adâncul ființei tale şi vei crede nestrămutat, în viața eternă a spațiilor, în bunătatea nesfârşită a Creatorului. Astfel vei ajunge la ultima sau penultima ta întrupare aici pe pământ; nu vei mai veni pe acest glob, în peştera întunecată a trupului, terminându-ți existența tristă în această vale a plângerii şi suferinței. Te vei înălța în zările albastre unde vei duce o viață fericită şi veşnică. Ai plătit scump, pelerinule, această fericire. Ai trecut cu bine lunga ta evoluție pământeană. De acum vei duce o existență de spirit, supus totuşi legii evoluției, urcând mereu treptele spiritualității, până vei ajunge de unde ai plecat, în preajma Luminii infinite, a Creatorului.

Descrierea integrală a vehiculelor entității spirituale umane şi a vieții sale terestre, prezentată în prima carte, exprimă cunoştințe şi reflecții extrase din lucrările publicate de înaintaşii mei, la care am adăugat şi din adevărurile comunicate de prietenii mei cereşti.

De acum înainte, în a doua carte, va vorbi doar Cerul, reprezentat prin cele mai înalte grade de entități spirituale aparținătoare Pământului.

Dintr-un material dictat timp de şapte ani - cuprinzând peste trei mii de pagini - mi s-a îngăduit să extrag numai această parte, permisă a se comunica omenirii în stadiul actual al evoluției sale.

Cartea a II-a

COMUNICĂRI DIN CER

Se cere tăcere inițiatului

Marii preoți ai Antichității adunau pe papirusurile lor tot ce aflau de la noi, și orânduindu-le după materie și alfabet, păstrau cu grijă aceste scrieri, ca nu cumva să se piardă sau vreun ochi indiscret să le citească. De atunci au urmat decăderi, prefaceri și răsturnări de guvernământ, revoluții, războaie, acte de vandalism, iar focul și sabia le-au distrus. Cele puține care s-au mai strecurat de-a lungul veacurilor au fost distruse și ele în epoca întunecată a Evului Mediu.

În epoca actuală, noi, albinele Cerului, căutăm să refacem știința ascunsă din noaptea timpurilor. Conform Legii divine, omul fiind om nu știe nimic de lumile invizibile. Dacă el se află pe o treaptă mai ridicată de spiritualitate, încercăm să-l convingem de existența lumii noastre invizibile. În acest scop îl punem în fața unor fenomene firești, dar uimitoare pentru el, stârnindu-i puternic curiozitatea – resortul care îl va împinge la studiul acestor fenomene. Odată pornit în cercetarea lumii noastre, îi punem în cale un medium de comunicări, și prin el îi predăm cunoștințe referitoare la lumea cerurilor. Cu alte cuvinte, căutăm să introducem pe discipolul nostru în știința pierdută din veacurile apuse. În fine, când el s-a adâncit suficient în aceste studii, coboară marile entități spirituale, revelându-i din tainele cele mai înalte la care un pământean are acces.

În Antichitate, când cei aleși întâlneau un fenomen necunoscut, nu ne mai întrebau pe noi, entități spirituale libere, ci se duceau la *biblioteca sfântă,* unde, căutând, aflau explicația fenomenului respectiv, sau primeau răspuns la anumite întrebări referitoare la problemele vieții.

Azi, cereți să vă explicăm tot ce vedeți și auziți. O facem bucuroși pentru luminarea voastră, dar nu totdeauna avem la îndemână instrumentele necesare, mediumi de o anumită valoare. De aceea suntem nevoiți să alegem din mulțimea omenirii pe cei coborâți în lume cu misiunea de a fi răspânditorii luminii lumii noastre, și punându-le în cale un bun medium de comunicări sau făcându-i pe ei mediumi auditivi, le spunem tot ce este necesar, pentru ca ei, la rândul lor, să le aștearnă pe hârtie și să le transmită mai departe aleșilor sau ucenicilor lor. Astfel refacem știința Cerului, pierdută în timpurile îndepărtate.

Dificultății de a găsi un bun medium se adaugă și faptul că nu oricând o mare Lumină cerească se coboară ca să depene din știința universului, căci numai strălucitoarele duhuri sunt posesoarele unor cunoștințe înalte și numai ele au posibilitatea să ne facă asemenea destăinuiri.

Așadar se cere un bun instrument și o mare Lumină care să comunice. Dar această entitate deosebit de luminoasă nu poate comunica oricui, ci numai misionarilor coborâți aici pe pământ. În general, lumea noastră superioară nu se pune în legătură decât cu oamenii morali. Nu se pot da perlele Cerului, cunoștința Adevărului, decât sufletelor pure. Aceasta este cea mai de seamă condiție.

Nu aceeași exigență se cere și din partea mediumului. Desigur, dacă un medium este un om corect, cu sentimente frumoase, el va constitui un instrument admirabil, dar această condiție nu este absolută. Mediumitatea sa nu este în raport cu moralitatea sa. Se înțelege că un duh luminos comunicând printr-un medium cu o moralitate ceva mai scăzută, va suferi mult, dar în definitiv el se achită de o misiune, iar durerea sa va fi recompensată.

Lumea cerului caută să aducă la sentimente mai bune chiar și pe cei imorali. Isus Christos, Fiul Tatălui divin, stătea El de vorbă numai cu cei morali? Fugea El de cei imorali? Pe aceștia căuta El să-i îndrepte, căci pentru lumea imorală coborâse pe Pământ, ca să-i vindece. Isus Christos nu venise să-i vindece pe cei bolnavi trupește. E drept că i-a vindecat pe mulți de lepră, a dat vedere orbilor și grai muților, a înviat morți etc., dar la urma urmei El nu venise pentru aceste semne - care arătau Divinitatea Sa. A venit să stabilească o doctrină, o nouă linie de conduită omenirii. Mulți bolnavi aflați în Palestina au rămas nevindecați! Așadar, El nu venise să vindece durerile fizice, ci să îndrepte starea de imoralitate a omenirii.

Se poate îmbolnăvi trupul, dar se poate îmbolnăvi și duhul. Dintre aceste două boli, cea mai gravă e a duhului, a spiritului. Imoralitatea este o boală a scânteii, a spiritului uman.

Dacă s-ar mai fi păstrat scrierile Antichității, ați fi văzut acolo că și scânteia se poate îmbolnăvi, și boala ei se manifestă prin pervertirea legilor Tatălui ceresc. Tot din acele scrieri ați fi văzut că boala spiritului aduce după sine neapărat și durerea trupului spiritului întrupat, sau a perispiritului duhului liber, destrupat.

Preocuparea principală a entităților spirituale înalte este studiul. Ele vor studia în vecii vecilor, fără de sfârșit. Dar dorința lor este de a împărtăși, cât de cât, din cunoștințele lor în rândul fraților mai mici - fie cei din spațiu, fie coborâți în trup. Iată pentru ce am așternut și noi aici aceste cunoștințe, ca să fie aflate de cei ce au în suflet dorința de a le cunoaște.

Noi comunicăm aceste adevăruri din dragoste pentru semenii noștri, din conștiința că totul trebuie să evolueze. La fel cum am comunicat și în alte timpuri, comunicăm și azi cu lumea trupească, dar nu vrem ca din adevărurile noastre să se facă o profesie, să se câștige de pe urma lor. Noi comunicăm Adevărul numai din dragoste și ca să fie răspândit printre oameni, pentru ca atunci când vom veni și noi printre ei să nu bâjbâim prin întunericul neștiinței.

Când voi fi iarăși printre voi, oameni trupești, și voi vedea că cel ce posedă asemenea taine nu caută să câștige din ele, sau mediumul nu caută să profite din darul său, voi da crezare cuvintelor sale. Spiritul nu trebuie ispitit cu bani. Acolo unde se cer bani, vorbește alt spirit, iar acolo unde este inimă curată și dezinteres, va veni să comunice un spirit luminos. O comunicare plătită, asemenea unui spectacol de teatru, nu reflectă Adevărul și să nu-i acordați nicio încredere. Spiritele superioare se îndepărtează de unde văd că domnește lăcomia. Planul divin este plin numai de duhuri dezinteresate. Noi nu suntem instrumente oarbe, la dispoziția oricui; avem individualitatea noastră și scopurile noastre nu se îndeplinesc cu satisfacții materiale, ci numai cu dragoste și bunătate.

Dacă găsim un bun medium, îl acoperim cu iubirea și protecția noastră. Acolo unde el omenește este bine condus, facem din el un fericit, iar acolo unde e rău condus, va deveni un nefericit. În Antichitate, când preoții descopereau un medium în afara templului, îl luau sub ocrotirea lor, împreună cu familia lui, îl îngrijeau, dându-i tot ce avea nevoie. Mediumul era separat de restul lumii, hrănit cu anumite alimente, era instruit, pentru a face din el un medium desăvârșit.

Așa să faceți și voi, deținătorii unor mici temple, modeste copii ale templelor din Antichitate. Să-i iubiți, să-i mângâiați și să-i ajutați pe mediumii voștri, pentru a-i feri de întinare și imoralitate.

Rețineți bine: din moment ce mediumul cere bani, adică face o meserie din darul său, va fi acaparat de spirite inferioare, care îl vor neferici. Adesea azilul de nebuni va fi ultimul său locaș.

Trebuie să știți - și nu este vorba de egoism sau părtinire, dar omenirea nefiind pe aceeași treaptă evolutivă, tainele noastre nu pot fi strigate, spre cele patru colțuri ale pământului. Noi nu avem voie să comunicăm totul și mai ales oricui. Cunoștințele noastre le răspândim în lume asemenea unor mici semințe aruncate într-un noian de vorbe inutile. Din ele trebuie scoase cele voite de noi și încă și acelea interpretate. Numai aleșilor noștri le spunem tot Adevărul, dar lor le cerem tăcere și iar tăcere, căci încă nu e îngăduit să se știe jos la voi, tot ceea ce știm noi. Tăcerea este pârghia studiului. Cu cât veți tăcea mai mult, cu atât vi se va da mai mult.

În Antichitate, inițiații noștri ascultau fermecați cuvântul nostru, dar tăceau. Ei nu ne trădau niciodată. Azi, la fel ca și atunci, nu se îngăduie să spui în dreapta și în stânga cele aflate de la noi, cei de sus - pentru că, pe de-o parte, mulțimea ne va contesta existența - spusele și ființa noastră - iar pe de altă parte, cele comunicate de noi vor părea atât de deosebite de cunoștințele pământești, încât vă vor socoti pe voi, iubiții noștri, ființe pierdute, candidați ai ospiciilor de nebuni.

În lumea noastră există oameni plini de o iubire desăvârșită, dar tot aici - în sferele inferioare - sunt și răzvrătiții *Legilor tatare, fiulare* și *duhuale*. Contra acestora este greu să rezistați și veșnic sunteți în pericol de a cădea în lațul lor. De aceea trebuie mare băgare de seamă, ca asemenea răzvrătiți sau inconștienți să nu se furișeze pe lângă ființa voastră, în cercurile voastre, în templele voastre. Pericolul este și mai mare când mediumul vostru e imoral sau lipsit de tăria spirituală.

Concepțiile voastre morale se schimbă din veac în veac. Pe timpul inițiaților marilor temple din Egipt, fratele lua de soție pe sora sa, ceea ce azi ar constitui un incest. Prin urmare, nu este absolut necesar ca mediumul să fie moral, dar cei care populează templul trebuie să fie de o puritate desăvârșită. Noi coborâm și ne spunem cuvântul numai în templele pure, curate fizic și fluidic.

În viața voastră terestră ziceți: „Omul sfințește locul", ceea ce nu e tocmai exact. Noi spunem: „Locul sfințește omul". Într-un templu pur fluidic nu pot să-și dea întâlnire duhurile inferioare, și dacă prin surprindere se furișează vreunul, el rămâne oarecum paralizat și nu-și poate desfășura acțiunea. Acest adevăr s-a verificat în lumea voastră terestră. S-a întâmplat ca o femeie căzută în abisul depravării, intrând într-o mănăstire, să-și închine restul zilelor Domnului, pocăindu-se prin rugăciune și resemnare, cu timpul devenind o sfântă, citată de biserica creștină.

Templul nu se compune numai din ziduri, ci mai ales din slujitorii săi și din credincioșii ce vin să îngenuncheze în fața Tatălui. Să nu vă preocupe numărul celor care vin în templul vostru, pentru că e mai bine să fiți puțini dar buni. Totul e ca știința noastră să nu piară.

Acestea sunt sfaturile noastre, și căutați să le puneți în practică.

Pământul este scena, iar oamenii sunt actorii

Așa e orânduit de sus, ca în general omul trupesc să nu știe de noi, să nu creadă în ruptul capului că există, prin spațiile eterate, o lume a entităților spirituale. Omul neagă cu putere existența noastră. Cei care ar vrea să creadă cer probe peste probe. Ar vrea să ne audă vorbindu-le prin odaia lor, ar vrea ca o rudă a lor plecată din lumea pământească să le lase o probă scrisă pe hârtie. Pentru unii nici aceste probe nu sunt de-ajuns, ar vrea să li se arate iubitul lor plecat, în carne și oase, să-l vadă și mai ales să-l pipăie, ca nu cumva ochii și urechile să-i înșele.

Majoritatea oamenilor declară: „Cum să credem în existența spiritului? când el nu ni se arată, când nu știm cum este, ce constituție are, dacă mai gândește ca noi. Nu știm dacă cineva a văzut, auzit sau vorbit cu vreun spirit. Așadar, nu putem crede numai după vorbe în existența spiritului".

Noi, duhurile, îi înțelegem și le dăm dreptate. Cum să creadă, dacă nu ne aud, nu ne văd și nu ne pot pipăi? Într-adevăr, ia-l pe un sălbatic antropofag din pădurile Noii Guinee și vorbește-i de stilou, cerneală și hârtie. El te va asculta, dar nu va înțelege nimic, măcar că i se vorbește de lucruri comune, pentru că în viața sa de până atunci nu a văzut și nu a pipăit asemenea obiecte.

Legi severe ne opresc să ne facem cunoscuți oricui. Nu orice îi este permis unui duh. Bineînțeles, e vorba de duhurile conștiente de ceea ce fac, iar nu de cele cu totul inferioare, pentru care nu există nicio lege. Ele sunt oarbe și se conduc, ca și animalele pe care le-au însuflețit, numai după impulsul de moment și sub imboldul instinctului.

Din exemplul următor se va vedea că nu putem interveni evident în viața fratelui nostru întrupat. Să zicem că asistați la un spectacol de teatru foarte reputat. Un artist cu renume joacă rolul împăratului roman Nero, tiranul care a ucis mii și mii de oameni. Interpretarea sa este admirabilă și redă perfect firea, gesturile și cruzimea lui Nero. Lumea uită unde se află și pare că vede aidoma pe acest împărat despotic. Iată că în cursul piesei, când lumea este mai atentă la desfășurarea acțiunii, un individ de după culise apare pe scena teatrului și începe să spună: „Onorat public, vă rog să nu vă indignați, să nu-l blestemați pe Nero, pentru că împăratul acesta e fratele nostru, actorul X. Să nu-i purtați pică pentru că acesta e rolul său. Bietul om nu distruge nimic, fiind un cetățean cuminte, un soț ideal și tată a cinci copii". Vă închipuiți ce impresie penibilă ar fi printre spectatori și în ce depresie va cădea bietul artist.

Suprafața pământului e scena vieții. Lumea ce își duce viața pe pământ este formată în același timp din actori și spectatori. Fiecare om joacă rolul asumat sau atribuit de sus. El nu trebuie să știe decât de rolul său interpretat pe scena lumii, rol dictat de gradul său evolutiv și de destinul său. Unul va juca un rol de rege, altul de servitor și un altul de cerșetor.

Nouă, entități spirituale ale sferelor cerești, nu ne este îngăduit să venim și să spunem la toată lumea: „Să știți, oameni buni, că acest rege este fostul tâlhar dintr-o viață terestră precedentă, să știți că acest cioban este cutare sfânt din Cer" etc. Nu ne este permisă această destăinuire, pentru că lumea cunoscând adevărul, nu ar mai privi cu respect la iubitul său rege iar pe omul simplu l-am face să protesteze, să se întristeze și mai profund de starea lui nenorocită sau umilă, când de fapt în Cer el este o mare lumină. El va judeca asemeni oricărui om și judecata omului trupesc este de cele mai multe ori greșită. Omul nu trebuie să știe ce a știut în Cer, el nu știe ce a făgăduit mai-marilor săi, iar când vine jos, își blestemă ziua nașterii. Să venim noi să spunem unui om nepregătit adevărul despre starea sa, înseamnă să-i tulburăm personalitatea, să facem o faptă nesocotită, pentru care vom plăti. Nu trebuie să ne facem cunoscuți și mai ales nu trebuie să convingem decât pe cei ajunși la un grad de evoluție, când cunoașterea lumii noastre nu mai poate tulbura viața lor trupească. Din acest moment, le devenim sfătuitori și de un mare folos în evoluție.

De aici rezultă că majoritatea oamenilor nu trebuie să cunoască aceste taine, nu trebuie să știe de existența noastră. Ei nu trebuie să știe decât de Creatorul care i-a creat și de îngeri - slujitorii Săi de lumină. Numai când duhul omului a atins un anumit indice de lumină și puritate, legea îi acordă dreptul și ne îngăduie să-i facem cunoscută existența noastră, să-i revelăm din normele de conducere și din tainele ce ne înconjoară.

Ca o primă treaptă, ca un prim pas făcut de la neștiință pentru a se ajunge la revelație, este producerea unor fenomene parapsihologice. Mai-marii noștri ne îngăduie - ba chiar ne ordonă - să producem anumite fenomene în fața omului apropiat de gradul de a cunoaște câte ceva din constituția spiritului și a universului, fenomene care îl pun pe gânduri și mai apoi îl determină să le cerceteze și să le urmărească peste tot. Încetul cu încetul, judecata sa înlătură ideile preconcepute ale mediului său fizic și intelectual, și de la o vreme se naște în el ideea că poate există o lume eterică prin spațiu, plutind în jurul omenirii trupești. Cu trecerea timpului, după oscilare și zbucium, va veni deplina convingere. E posibil ca această convingere să nu se îndeplinească în chiar viața când a văzut fenomenul; în acest caz, în viața sa viitoare va fi un adept desăvârșit al lumii spațiale. De acum înainte, numai acestui om îi putem vorbi despre *știința divină,* înscrisă în marea carte a Creatorului, despre știința științelor - Natura înconjurătoare pe care în veșnicia viitoare trebuie să o învățăm la perfecție.

Cerul trebuie să aibă legături cu omenirea trupească

Oricât de tristă și grea este viața trupească, ea este totuși necesară evoluției spiritului.

Spiritul întrupat nu știe decât ceea ce-i revelează simțurile trupești. Regula stabilită de Divinitate este ca omul să creadă că aceasta este prima și ultima sa viață. Totuși, această regulă are și excepții. Tot regulile cerești ordonă ca în anumite împrejurări și locuri, unora dintre oameni să li se facă cunoscut că viața e în totul, că spiritul are o origine divină și deci existența lui e veșnică. Fiind în întuneric, omul e greu de convins că există miliarde de corpuri cerești cu floră, faună și oameni asemenea planetei noastre. El are nevoie de probe care să-i demonstreze că pe lângă forța și materia fizică mai există - chiar în ființa sa - și alte forțe și materii.

Așa unora dintre oameni li se arată cum un altul se înalță - levitează - de la suprafața pământului. Nu a mai văzut niciodată și nici nu a auzit de un asemenea fenomen, care înfrânge legea atracției pământului. Alteori li se oferă ocazia să vadă un om care știe ce se petrece sau se vorbește în alt oraș, țară sau continent. Cum de vede sau aude acel om ce se petrece la distanțe îndepărtate de el? Cu ce ochi vede el întâmplările din alte localități? De asemenea, sunt nenumărate cazuri când un om, cu aparența că trupul său doarme, vorbește despre evenimente ce se vor întâmpla zilele sau lunile viitoare. Zilele trec și evenimentele prezise se desfășoară cu exactitate. De unde a știut el de aceste evenimente? Unde le-a văzut? Cu ce le-a văzut? Astfel se produc, în anumite situații, fapte ce uimesc și provoacă polemici din care se trag concluzii.

Asemenea fenomene și multe altele s-au produs, se produc și se vor produce în toate timpurile. Cei chemați le văd, le studiază și se încredințează că în dosul paravanului de carne și oase se află un alt om - eteric, care vede, aude, simte la distanțe inimaginabile, că acest om se numește om spațial, duh, spirit sau entitate spirituală, locul firesc al existenței sale fiind spațiile sau sferele cerești. Încetul cu încetul, cel destinat să cunoască aceste taine ajunge la convingerea că există lumea duhurilor, ce dirijează lumea materiei fizice.

Regula este ca, la anumite etape ale evoluției lor, majoritatea oamenilor să nu știe decât de lumea văzută, auzită și simțită prin simțurile trupului lor.

Dar alături de acest ocean de neștiutori, Cerul vrea să existe printre ei și *misionarii* săi, *trimișii* săi, cărora - deși îmbrăcați în haina neștiinței - să li se reveleze lumea Cerului. Acestor oameni li se pun la îndemână instrumente - mijlocitori între Cer și pământ, mediumi, prin care lumea Cerului produce anumite fenomene pentru a-i convinge, și apoi cu totul câștigați cauzei cerești li se comunică taine - știința cerului, răspândită prin grai sau scris semenilor; aruncând astfel o sământă ce va răsări în unele locuri, pentru ca omenirea să nu zacă în întunericul neștiinței.

Azi noi, duhurile, căutăm să luminăm prin cunoștințele noastre mai ales pe cei culți, pentru ca cele aflate de la noi și difuzate prin personalitatea lor - ce se bucură de o stimă și reputație binecunoscută - să aibă toată tăria și lumea să își zică: „Dacă Wallace, Newton, Crookes, Lombroso, Lodge, Notzing, Baret și mulți alți savanți ai pământului afirmă că există spirit, că spațiile sunt pline de entități spirituale și că se poate comunica cu ele, atunci trebuie să fie așa".

Ținem să vă atragem atenția că știința lumii noastre nu se poate revela decât treptat, an de an, metapsihica noastră practică având nevoie de mulți ani pentru a fi cunoscută, controlată și pusă în practică. Cine vrea să cunoască în profunzime știința Cerului, trebuie mai întâi să citească tot ce s-a scris despre lumea noastră, și apoi să caute să controleze cele citite, prin diferiți mediumi. Numai adevărurile constant comunicate și prin mediumi diferiți, să le considere ca adevărate; restul să le arunce, ca fiind vederile, presupunerile, ipotezele comunicantului care ori nu posedă deloc adevărurile, ori le știe superficial.

E drept că, în prealabil, cerem cultură spirituală, dar mai mult cerem practică făcută cu noi. Credința în existența noastră se dobândește mai mult sau mai puțin prin lectură, dar mai presus de cele citite sunt cele văzute, ca fiind făcute de lumea noastră. Experiența, practica înseamnă pentru noi mai mult decât teoria. Dorim ca lumea evoluată să fie cuprinsă de dorința nestăpânită de a ne cunoaște și experimenta. Va veni vremea când această dorință se va extinde, se va concretiza și dezvolta în anumite temple ale noastre, unde se vor face experiențe convingătoare. Va veni o vreme - nu prea îndepărtată - când studiile lumii Cerurilor vor fi predate în școlile și universitățile pământului. Atunci, alături de teorie va exista și laboratorul de cercetări spirituale, unde cercetătorul își va vedea teoria realizată și verificată cu ochii săi trupești. Atunci, templele metapsihice, templele religiei religiilor, templele *religiei universale* sau *cerești*, se vor umple de credincioși, și conduita omului va fi conform legilor eterne. Va veni vremea când numai cei cu studii universitare îndelungate, licențiați în parapsihologie, vor putea oficia și conduce templele. Atunci nu se vor mai putea ocupa cu aceste practici decât cei care au studiat și cercetat Adevărul, obținând o diplomă legală - asemenea medicilor, inginerilor și profesorilor de azi. Științele actuale, cu toate erorile și lipsurile lor, sunt luate de bune și toată lumea crede în ele, ca fiind absolut reale. Va veni vremea când știința terestră va cuprinde și știința metapsihică, parapsihologia, știința inițiatică, știința duhurilor.

Câtă vreme omenirea se află, ca și în alte cicluri, pe o treaptă inferioară de cunoaștere, *religia teoretică* trebuie să fie baza existenței sale. Cu cât omenirea își va ridica înțelegerea și conștiința, i se întărește raționamentul, iar religia actuală, rămânând în urma științei care probează totul, nu va mai satisface sufletul, fiind nevoită să se reformeze, conform celor comunicate de sus. *Religia științifică* va proba afirmațiile sale prin experiențe, și atunci omul se va încredința că cele comunicate sunt adevăruri cerești, iar sufletul său se va cutremura la ideea că va plăti prin suferință încălcarea legilor eterne.

Cele comunicate acum nu se vor înfăptui nici mâine, nici poimâine, ci într-un viitor foarte îndepărtat. Dar totuși, voi - oameni trupești - și noi - entități spirituale - albinele universului trebuie să strângem polenul și nectarul de la florile Cerului - îngeri de toate gradele - să le transformăm în miere - învățătură - alinătoare și însănătoșitoare de suflet.

Nu există muncă rodnică fără oboseală și adversități. Auzind un medium în transă vorbind despre un subiect oarecare, omul nu va putea distinge sursa vorbirii sale, dacă este a lui sau a noastră, căci fondul fiind ideea, ea poate fi emisă de duhul mediumului sau de un duh liber din spațiu. De aici greutatea de a distinge originea terestră sau spațială a unei idei.

Însă fenomenul este bine definit și pe deplin convingător când mediumul, fiind om simplu, va vorbi într-o limbă străină, necunoscută de el, sau despre probleme abstracte, științifice, cu desăvârșire străine sufletului său. Cel mai dârz sceptic va trebui să se încovoaie în fața faptului și va admite că altcineva a vorbit despre acele cunoștințe înalte sau în limba vorbită în alte timpuri și ținuturi.

Suntem fericiți că oamenii de știință ai pământului au început să se ocupe de lumea noastră, de natura și fenomenele ei, că știința Cerurilor își va face intrarea în templul științelor pământești. Înțelesul bucuriei este că fenomenele afirmate în Sfintele Evanghelii vor fi demonstrate prin experiențe și religia științifică nu se va referi la „crede cele scrise acolo". Știința va merge mână în mână cu credința, dispărând bariera dintre biserică și laborator. Va dispărea frica clericului - că se naște o sectă, fiind și el fericit că cele citite prin cărțile sfinte le-a văzut și auzit cu propriile simțuri, devenind cu adevărat un profund credincios și umil slujitor al Stăpânului a tot ce există.

Deocamdată ne silim să formăm doar câțiva *antemergători*, care să lumineze lumea prin scrisul sau vorba lor, pentru ca atunci când va veni Cel ce trebuie să vină, să găsească suflete pregătite.

Așa s-a petrecut și în Iudeea în veacurile îndepărtate. Întâi s-au întrupat profeții și în ultimul moment Ioan Botezătorul, care a propovăduit și pregătit lumea, pentru Cel ce urma după el.

În milioane de temple se proslăvește azi numele Celui coborât din înălțimea Sa divină, făcându-se Om, pentru a răspândi o *religie universală,* o religie a religiilor, ca împlinire a celor anterioare.

Iată pentru ce acum, primind cuvântul Divinului nostru Solar, ne străduim să restabilim strălucirea religiei de altădată, și în plus, conform legii progresului, să o inoculăm în adâncul sufletelor tuturor oamenilor prin fenomenele produse de noi, prin demonstrația făcută prin mediumi, pentru a dovedi existența altor materii și forțe decât cele fizice, și a existenței unei ierarhii spirituale nespus de strălucitoare.

Omul evoluează pe mai multe planete și sisteme solare

Dragă frate, cunosc viețile tale din veacuri, știu că ești un aprig iscoditor al tainelor cerești, dar trebuie să înțelegi că deocamdată nu se pot dezvălui multe din cunoștințele lumilor noastre, pentru că omenirea pământului nu a ajuns cu evoluția până la faza în care să poată lua cunoștință de tot ce tu ne întrebi. Vedem râvna ta și Cel mare a aprobat să iei cunoștință de multe dintre ele, dar îți punem o condiție: să le divulgi doar pe cele pe care ți le vom desemna, și pe acelea le vei împărtăși doar celor ce vei crede că merită să-și hrănească sufletul cu asemenea cunoștințe sfinte.

Ne întrebi dacă omul e obligat să evolueze pe toate planetele sistemului acesta, sau evoluția lui poate fi continuată pe alte planete, din alte sisteme planetare. Îți răspund: se urmează și una și alta, depinde de gradul evolutiv al duhului. Orice trecere - de pe o planetă pe alta sau de pe un sistem pe altul - se face după anumite norme.

Orice spirit al planetei Pământ, de la cel inferior - canibalul din Noua Guinee - până la cel superior, știm de unde a venit, de pe ce planetă a sosit aici. Din capul locului îți afirm că nu toți locuitorii Pământului - întrupați sau destrupați - au venit de pe aceeași planetă. Azi voi faceți studii etnografice și constatați că pământul este populat de mai multe rase de oameni și că fiecare are mai multe feluri de naționalități. De ce s-au format aceste rase? În ele se poate întrupa orice spirit? Îți răspund că fiecare rasă aparține unor duhuri, sosite pe Pământ de pe o anumită planetă.

Este adevărat că toate planetele au locuitori - cerești sau pământești - care trăiesc în condiții diferite, pentru că sunt de diferite evoluții. Când eu, duh, voi termina școala acestei planete, va trebui să emigrez de aici, pe alta superioară. Dar să nu crezi că terminând stagiul meu pe acest glob am atins ultimul termen al evoluției acestei planete. Ca să învederez această idee, voi da un exemplu. În fruntea tuturor duhurilor planetei Pământ se află *Guvernatorul terestrian.* Dar a ajuns el oare Superiorul acestui glob evoluând pe el de la începutul creării globului și până acum? Nu, îți va răspunde orice mare spirit de aici. El a venit cu gradul lui format pe alte planete ale universului, în facultăți spațiale superioare evoluției pe care o putea face pe Pământ. Situația se repetă în evoluția oricărui duh uman, deoarece evoluția cere o școală vastă. Ea nu se poate termina pe acest glob, chiar de ar sta duhul aici un miliard de ani. Există atâtea feluri de planete, cu atâtea constituții materiale, iar eu sunt dator să le cunosc pe toate, să trăiesc pe toate gradele lor și să cunosc diferitele feluri de vieți.

Prin urmare, oricât timp voi ședea pe planeta Pământ, nu voi ajunge guvernator planetar. Este necesar să fac școala tuturor felurilor de grade de planete din univers, ca să pot fi avansat abia la gradul de înger. Aici voi face un fel de școală. Pe o altă planetă voi învăța alte lecții, și cine știe prin câte planete va trebui să colind, ca să pot ajunge și eu, din înger, suveranul unei planete.

Răspunsul la întrebarea pe care mi-ai pus-o, îl cunoști bine ca duh, dar coborât în trup nu îl mai știi. Îți vine în minte ceva vag, din vieți trăite pe aiurea, și atunci - curios - vrei un răspuns al nostru. Deoarece gradul evolutiv ți-a permis ca duh să le știi, avem dezlegarea să-ți dezvăluim aceste taine, pentru a le cunoaște și ca om trupesc.

Una dintre legile de seamă ale cosmosului este *legea evoluției,* cunoscută doar de duhurile superioare, iar studiul ei le procură o deosebită satisfacție și fericire. Pe duhurile mici - tinere - nu le interesează, pentru că nu o pricep. Pe baza legii evoluției, vin pe această planetă duhurile de aiurea, ori pleacă de aici mai departe, pentru studiile lor.

Se cunoaște de departe un negru de un alb sau de un mongoloid. De asemenea, dintre oamenii albi îi deosebim pe semiți de arieni. Desigur că v-ați întrebat de ce această deosebire. Am să-ți răspund: *pentru că nu au sosit deodată pe Pământ și pentru că au venit fiecare de pe altă planetă.*

Dacă întrebăm pe un semit de unde a venit, el ne spune: „Din cutare planetă, unde eram fericiți. Acum plângem pentru că am plecat de la bine și am venit aici la rău, și în plus, plângem pentru că unii am fost forțați să plecăm și alții dintre ai noștri au rămas acolo." Multe ne spun aceste duhuri din trecutul lor de pe acea planetă.

Descrierile din Tora nu sunt basme, ci adevăruri mascate, simbolice. Dar în afară de această Biblie scrisă, avem cunoștință de *Biblia nescrisă* a evreilor, care cuprinde multe adevăruri. Așa, de exemplu, Adam nu e un mit, ci un adevăr, el fiind o căpetenie-duh, cu care au venit de pe acea planetă pe Pământ. Semiții sunt spirite evoluate, dar oameni fiind, au greșit mereu. Atunci s-a făcut o selecție și cei mai greșiți au fost aduși în iadul planetei Pământ, pentru ca la para arzătoare a unei vieți hulite, veacuri și veacuri, să se cumințească și să se ridice în înțelepciune și în respectul legilor divine; să devină ca frații lor, care, meritând raiul acelei planete au rămas pe ea, pentru ca mai târziu să treacă pe alte corpuri cerești, mai evoluate. Semiții constituie cea mai nouă migrație de popoare ale Pământului.

Spiritele vin stoluri, stoluri, și se întrupează formând diferitele rase ale Pământului: rase de trupuri pe pământ și rase de spirite în Cerurile noastre. Fiecare rasă a venit de pe o anumită planetă. Așadar, fiecare dintre ele au alte cunoștințe și o altă evoluție.

Cel care îți dictez acum, sunt un pelerin al acestui glob, sosit aici împreună cu ceata mea. Nu cunosc amănunte privind evenimentele petrecute pe Pământ în alte vremuri, pentru că nu am trăit pe el, dar am aflat câte ceva de la marile duhuri conducătoare ale Pământului, sosite aici, de la crearea lui, și rămânând până la terminarea evoluției sale. Ele ne-au spus că nu s-au format deodată toate planetele acestui sistem, ci unele sunt mai vechi iar altele mai noi. Pe măsură ce au îmbătrânit, s-au îndepărtat de soare. De aici deducția că fratele cel mai tânăr al Pământului este cel mai apropiat de soare, că în afară de planetele cunoscute, există și altele, necunoscute de voi. Marii noștri „cărturari" ne spun că cei care ne conduc acum sunt veniți aici de pe o altă planetă, populată înainte de formarea Pământului cu oameni foarte avansați. Pe planeta cea mai apropiată de soare trăiesc oameni inferiori, din toate punctele de vedere, celor de pe Pământ, iar pe cele mai depărtate trăiesc oameni superiori, având o constituție diferită de a oamenilor tereștri. Au existat și pe ele oameni asemănători cu cei de pe acest glob, dar au pierit demult, și acum există acolo forme umane, pe care cine știe când – ca urmare a evoluției – îi va avea și Pământul.

Totul e gradat în lume. Pe un corp ceresc superior nu se poate duce orice spirit al Pământului. E drept că pe acel glob omul ar putea evolua de la a (alfa) până la w (omega), dar legile evoluției nu o permit. Cum să duci un duh începător între locuitorii învățați ai acelui glob? Duhul terestru nu ar pricepe nimic, nu ar învăța nimic, și deci, nu ar evolua deloc. Nici aici, pe globul nostru, care nu se poate compara cu acea planetă, nu se pot aduce orice fel de duhuri de aiurea. Fiecare planetă e o școală și în clasele ei învață entitățile spirituale organizate după gradul lor evolutiv. Un elev din clasa a patra primară nu poate urma anul patru de liceu.

Chiar și pe Pământ duhul poate face școala de la a (alfa) până la w (omega), dar legea evoluției nu permite să lenevești milioane de ani în școala lui, ci nevoia legii te conduce să descoperi și să înveți și la școala altor planete pentru a înainta mai repede. Totul se conduce după anumite Norme divine și nimeni nu le poate înlătura.

Spuneam că fiecare rasă a venit de pe o altă planetă, cu evoluția și mentalitatea ei. Din această cauză, luate în masă, rasele sunt durabile și nu se pot amesteca. De exemplu, un duh din rasa neagră a terminat evoluția completă a rasei sale, și acum, pentru a merge mai departe, are două căi: să treacă în rândul rasei albe a Pământului sau să părăsească această planetă, pentru a trece pe o alta, unde se află o rasă albă asemănătoare cu cea de pe Pământ. Cei mari din rasa lui îl vor sfătui ca în loc să se desprindă de marea sa grupare cerească, de stolul său și să plece aiurea, mai bine să treacă în rasa albă a acestei planete, rămânând în Ceruri în legătură permanentă cu stolul său. Ca urmare a acestui sfat, duhul trece în rasa albă și încetul cu încetul devine un membru al rasei albe.

Odată expirat termenul acordat pe acest glob, trebuie să plecăm pe o altă planetă, pentru a face loc altora. Se înțelege că nu vom face școala marilor forțe de pe acea planetă, superioară Pământului, ci pe a celor mai mici. Plecarea nu se face individual, ci în cârduri numeroase, cu aprobarea Conducătorilor Pământului și cu binecuvântarea Celor din planeta unde vom poposi.

Pentru noi, entități spirituale albe, când va sosi vremea terminării stagiului nostru aici, nu ne rămâne decât să ne ducem pe o altă planetă a unui alt sistem solar. Scopul actual al evoluției noastre este să devenim din spirite planetare, îngeri planetari, dar cine știe când vom atinge acest ideal.

Există multe, foarte multe cunoștințe pe care trebuie să le aflăm și a căror sumă l-ar zdrobi pe un duh mai tânăr. Toate marile probleme sunt scrise în Cer cu litere, semne sau simboluri. Cine poate citi aceste semne, poate învăța tainele Tatălui care le-a înscris în materia eterică a Cerurilor.

Primii creștini pentru a nu fi descoperiți de necreștini întrebuințau și ei semne. Rostul acestor simboluri este de a nu forța marile entități să întrebuințeze multe „cuvinte" - pentru a explica ceva - și ca să nu fie înțelese de toate duhurile. Limba universală, folosită de duhurile de pretutindeni, este limba simbolurilor sau a semnelor. Numai că acest limbaj este scris asemenea celui chinezesc, pe care nu orice chinez îl poate citi. Cu cât ești mai evoluat, înveți mai multe semne, ai un limbaj mai bogat. Când ai ajuns să cunoști toate simbolurile întrebuințate pe Pământ, ai terminat școala acestui glob, pentru stagiul la care ai fost adus; poți pleca pe o altă planetă, superioară Pământului.

Frate, în ce mare greșeală sunt oamenii trupești, adunând bunuri materiale pământești, pieritoare! Dacă ar ști că numai comorile morale și intelectuale, numai cunoștințele sunt singurele bunuri, care nu pier niciodată, n-ar mai face greșeala să alerge toată viața lor după averi și onoruri, după deșertăciuni. *Nu bunurile materiale te vor elibera de școala terestră, ci cunoașterea legilor și împlinirea lor.*

Noaptea, când vii și tu printre noi, vezi o forfotă, o activitate neînchipuită. Muncă și iar muncă. De ce acest veșnic zbucium peste tot? Unii vin, alții pleacă, unii se întrupează, alții se destrupează. Unii ajută pământenilor, alții audiază diferite cursuri. Totul e făcut pentru a afla, învăța și progresa.

În spațiul din jurul pământului există duhuri care observă viața umană de aici. Ele nu se pot întrupa aici, din cauza inferiorității lor, mentalul lor fiind prea neînțelegător încă. Stau, privesc și ascultă iar după ce își mai lărgesc într-o oarecare măsură orizontul cunoașterii, pleacă pe o planetă inferioară Pământului, unde se vor întrupa. Uneori este permisă întruparea lor chiar pe pământ, printre voi, dar în acest caz constituie cei mai înapoiați oameni ai pământului, iar ca duhuri sunt socotite *demoni elementali* sau *vampiri*.

Îmi permit să-ți afirm un mare adevăr, pe care nu-l va crede oricine. Când a trebuit să se facă revoluția rusă, pentru a sălbătici populația de acolo, au fost aduse valuri de duhuri inferioare, care au stat toată ziua și noaptea pe lângă oameni, influențându-i puternic, stârnind în ei porniri sălbatice, pentru a-i scoate de sub influența binefăcătoare a duhurilor amice lor. Aceste duhuri primitive, după ce își fac opera, sunt luate și duse în altă parte, pentru a-și face școala evolutivă. Odată veți înțelege că Cerul conduce pământul, că lumea nevăzută comandă lumii văzute - vouă, oamenilor trupești.

Combinarea fluidelor

Întrebi un duh despre o anumită problemă și el îți va răspunde în măsura cunoștințelor sale, aflate în raport cu evoluția sa.

Însă există probleme cunoscute de orice duh. Așa, de exemplu, cel mai redus duh îți va spune că auzul nostru este identic la toate duhurile Pământului, dar că vederea e deosebită, că este cu atât mai puternică și mai subtilă, cu cât duhul este mai avansat. O să vă pară ciudat, dar trebuie să vă spun că duhurile au posibilitatea să se facă nevăzute spiritelor inferioare lor. Spiritele inferioare aud duhul superior care li se adresează, dar nu-l văd. Explicația acestui fenomen ciudat constă în faptul că deși înotăm într-un ocean fluidic, nu cunoaștem toate categoriile de fluide ce intră în compoziția lui.

În lumea noastră este ca în lumea voastră: știm atâta cât vedem. Cu cât un duh e mai evoluat, cu atât vederea sa este mai pătrunzătoare, și deci, cu atât poate vedea o categorie de fluide în plus, din mulțimea de fluide aflate prin spațiu. Unele fluide sunt atât de fine încât majoritatea duhurilor nu le vede și nu le simte, după cum nici voi nu vedeți aerul în sânul căruia vă mișcați și respirați.

Prin urmare, să nu credeți că dacă suntem spirite, cunoaștem tot ce există în univers. Există și pentru noi multe mistere rămase nedezlegate, până când vom mai avansa. Dacă pentru noi moartea nu mai este un mister, știința naturii formează un mister fermecător, captivant și ne atrage la studiu. După cum voi, oameni trupești, bazându-vă pe metoda analogiei, deduceți compoziția diferitelor stele sau planete, prin măsurarea radiațiilor electromagnetice cu ajutorul spectroscopului, ori din compoziția meteoriților, tot așa căutăm și noi să tragem concluzii din analiza fluidelor, atât a celor în stare de agregație, cât și a celor în stare de libertate.

S-ar putea ca cineva din lumea voastră să ne întrebe: „Dacă nu vedeți toate fluidele, de unde știți că ele există?" Răspund scurt: după spusele mai-marilor noștri, care le văd și le analizează.

În lumea noastră, fiecare fluid își are numele și culoarea proprie. Nu e vorba de culorile voastre, văzute de noi altfel de cum le vedeți voi, ci de culorile noastre. Cum orice duh se compune dintr-o scânteie, înconjurată de o serie de fluide – care învăluie scânteia asemenea unor haine, fără a fi adăugate pur și simplu unele peste altele, ci întrepătrunzându-se unele pe altele – duhul va fi colorat după culoarea dominantă a fluidelor externe. Prin urmare, și în lumea noastră avem o culoare, după cum voi, oamenii trupești, sunteți unii albi, alții negri, galbeni etc.

Natura fluidelor, proprietățile și combinarea lor formează o știință cunoscută și pusă în practică numai de marile duhuri. După cum în lumea voastră luați două corpuri, două substanțe chimice, și le combinați și obțineți alte corpuri, cu anumite înfățișări și proprietăți, tot astfel marii noștri savanți chimiști combină două sau mai multe fluide între ele și obțin o anumită substanță eterică. Așadar noi, duhurile, suntem oameni cu un corp fluidic diferit colorat. Regret că nu e momentul potrivit să-ți pot vorbi, măcar la un nivel elementar, despre aceste combinări ale fluidelor.

Noi, duhurile superioare, cunoaștem gama nesfârșită a fluidelor și știm că ele sunt formate din *particule sferice*. Într-o perioadă a evoluției noastre a trebuit să învățăm proprietățile fluidelor, fără de care n-am fi putut ajunge la acest grad.

Fluidele intră în compoziția corpului meu, și deci le văd și le simt. Voi, oamenii, vă vedeți carnea trupului vostru. E drept că cei neștiutori o văd pe dinafară și nu știu că e formată din celule de diferite forme, fiecare îndeplinind o anumită funcție.

Există un paralelism între lumea noastră și a voastră. Parcă cei mulți de la noi știu ce este sub ultimul lor înveliș fluidic? Totul în lume se reduce la știință și neștiință. Mulți nu știu, puțini cunosc.

După această lungă introducere, vreau să-ți vorbesc despre ceea ce mi-am propus azi.

Văzul și auzul vostru este aproape același pe toată durata vieții terestre. Bineînțeles, către bătrânețe, din cauza slăbiciunilor omenești, aceste două simțuri încep să se reducă. În lumea noastră se petrece altfel, căci pe când auzul stagnează pentru toate duhurile umane, văzul evoluează din ce în ce mai mult. Așadar, auzul e unic dar văzul diferă după gradul de evoluție al duhului. Însă până să ajungă la acest stadiu și auzul a evoluat. Într-adevăr, duhul mineral are și el auzul său, e drept foarte redus. Auzul a evoluat la duhul vegetal, s-a mai accentuat la duhul animalelor și a culminat la duhul uman. De aici încolo evoluția auzului stagnează. Toate duhurile umane, de orice grad ar fi, vor auzi deopotrivă. Prin urmare, auzul a atins culmea evoluției sale.

Fenomenul văzului diferă. El a evoluat de la duhul mineral până la om, și de aici înainte își urmează ascensiunea până la înaltele grade de Duhuri divine.

Noi, duhurile, vedem diferit. Unele duhuri văd numai câteva fluide - *a, b, c;* altele, mai ridicate, văd fluidele *d, e, f;* în fine, cele superioare văd toată gama de fluide până la *z*. Odată ce le vedem, ne apucăm să le studiem, și după ce cunoaștem toate însușirile și proprietățile lor, începem să le combinăm în vederea aflării marii taine și anume cum a creat Tatăl lumile.

Toate felurile de fluide din natură Tatăl le-a pus și în sânul meu, în corpul meu fluidic. Aceleași fluide ca ale mele sunt și în corpurile voastre. Noi vă vedem, dar nu vă vedem trupul - care pentru mine e transparent ca geamul vostru - ci vedem corpurile voastre fluidice ca și cum ați fi duhuri libere. Spiritele inferioare nu prea pot deosebi duhul întrupat - sosit noaptea prin spațiu - de un duh destrupat, spațial. Noi, cei mai avansați, nu ne mai înșelăm, nu mai facem nicio confuzie între un duh destrupat și un duh întrupat.

Bătrânii noștri savanți, veniți de prin diferite lumi și cu tolba plină de cunoștințe adânci, ne spun că în jurul globului nostru nu se găsesc toate fluidele din cosmos, că prin alte globuri, risipite prin univers, se găsesc fluide necunoscute pe Pământ.

Din studiile făcute asupra fluidelor acestei planete, au ajuns la concluzia că pământul are în jurul său două serii de fluide:

1. *fluide proprii* particulare globului nostru;

2. *fluide generale* - aflate și prin alte corpuri cerești și regiuni ale universului.

Pe lângă fluidul propriu, particular, toate corpurile terestre au în masa lor și un fluid general, al universului. Așadar, toate mineralele pământului au în sânul lor câte două feluri de fluide: unul propriu și altul general, aflat în tot universul. Fluidul general îl numim *Fluid divin,* iar fluidul propriu - *Pecetea* sau *Ștampila* cu care Tatăl a binecuvântat creația când a făcut-o.

Fluidul propriu este fabricat în centrul planetei noastre, de unde este emis, încetul cu încetul, către exterior. Toate planetele își au fluidul lor propriu, toate îl fabrică și-l emit din interiorul lor.

Dacă o planetă n-ar mai fabrica fluidele sale proprii, ar muri. Rolul acestui fluid în existența unei planete este de a o transforma într-un magnet uriaș. Când o planetă nu va mai emite acest fluid magnetic, se va demagnetiza, dar corpul ei nu va putrezi - cum putrezește trupul vostru - ci se va sfărâma în părți din ce în ce mai mici, până se va pulveriza și apoi se va risipi în spațiile siderale. Procesul este asemănător cu dizolvarea unei bucăți de sare în apă.

„Prin urmare, sarea se dizolvă în apă pentru că a fost demagnetizată?" – va întreba omul trupesc. Da, orice corp solid se dizolvă dacă este pus într-un lichid ce are puterea de a-i lua fluidul magnetic. Apa a absorbit în masa ei magnetismul sării, care s-a fărâmițat și moleculele ei s-au răspândit printre moleculele apei.

„Bine – va zice acest om – dar pământul are în spinare mase enorme de apă, formând oceane și mări, cum de nu-l dizolvă? Cum de nu-l demagnetizează?" Este adevărat că apa oceanelor și mărilor îi fură o mare cantitate de fluid, dar producând mereu acest fluid magnetic propriu, pământul rămâne în starea actuală, menținută până când va produce acest eter magnetic.

Dacă punem pe foc vasul cu apă și cu sarea dizolvată, apa evaporându-se redă fluidul absorbit sării și acesta se reface la loc, în stare solidă, rămânând pe fundul vasului.

Când cade pe pământ câte un meteorit din spațiul cosmic, marii savanți cerești își adună elevii, doritori de cunoaștere, și le spun: „Vedeți acest meteorit? Ei bine, în el se găsește fier. Voi știți că fierul are fluidul propriu *A*, combinat cu fluidul general *B*". A zis – *combinat,* dar să nu credeți că e combinat ca în lumea trupească, ci numai alăturat, ca și culorile spectrului solar, ce stau una lângă alta. „Vedeți – continuă marele savant – fierul acesta nu mai are fluid propriu. Să știți că atunci când pământul va pierde fluidul său propriu, ștampila sa – la fel ca această bucată de fier – el va muri și se va rupe în bucăți asemănătoare acestui meteorit ce a aparținut unei planete. Toate celelalte fluide ale pământului, nemaifiind reținute, cimentate prin acest fluid magnetic, se vor risipi și ele în spațiu. Așa vor muri toate planetele, ce nu vor mai avea puterea să-și reînnoiască fluidul magnetic. Rolul fluidului magnetic propriu este de a reține într-un tot unitar mineralele globului terestru, și în același timp de a se opune atracției soarelui sau altor corpuri cerești."

Uite că încetul cu încetul vă conducem în cunoștințele noastre de chimie fluidică. Voi, oamenii, faceți diferite combinații chimice. Prin combinarea unui acid cu un metal obțineți un corp nou, numit sare chimică – sulfat, carbonat etc. În combinațiile substanțelor voastre constatați doar ceea ce sesizați cu organele de simț. Noi vedem că orice corp este însoțit de un fluid propriu. Când combinați două substanțe, ați combinat și cele două fluide proprii și ați dat naștere unui produs fluidic, cu anumite culori și proprietăți. E firesc să nu cunoașteți acest fenomen, pentru că nu vedeți fluidele. Dacă le-ați vedea și ați putea să-i luați, de exemplu, acidului fluidul său, ați constata că el nu mai atacă niciun metal sau oxid metalic cu care vine în contact. Așadar, în orice stare s-ar afla un corp din lumea voastră, totdeauna el este însoțit de fluidul său propriu sau particular.

Domnul Solar a înviat morții de se minunau toți evreii. El nu făcea decât să redea trupului mort magnetismul pierdut și prin puterea Gloriei Sale să cheme duhul evadat, ordonându-i să intre din nou în trupul său remagnetizat. Așadar, când moare un om, între altele pierde fluidul său magnetic, și spiritul nemaifiind reținut, se eliberează din catenele trupului său.

După aceste explicații, să abordăm puțin și corpul fluidic al spiritului uman. Am spus că scânteia este înconjurată de o combinație de diferite fluide. Între ele distingem două categorii: *fluidele terestre* - asemănătoare cu cele întâlnite în mineralele, vegetalele și animalele pământului, și *fluidele proprii* duhului. Noi, duhurile superioare, știm, după prezența fluidelor proprii ale Pământului, că avem în față un întrupat, pe care nu-l confundăm cu un destrupat.

În afară de fluidele proprii mineralelor, vegetalelor și animalelor acestui glob, pământul mai are în jurul său o atmosferă fluidică, formată dintr-un fluid care-l învăluie ca o haină. Acesta este *fluidul planetar.* Toate duhurile care trăiesc în jurul globului terestru trebuie să aibă în jurul lor o haină alcătuită din acest fluid, fără de care nu s-ar putea mișca și trăi în atmosfera fluidică planetară.

În afară de haina planetară, duhul mai are și alte haine fluidice: *haina solară, universică* și *cosmică*. În fine, scânteia este îmbrăcată și cu cele trei haine primite în Sfera divină, și care constituie pentru duh *ștampila* sa divină sau *hainele* sale divine. Această ștampilă sau haină divină reprezintă pentru duh ceea ce pentru globul pământesc este atmosfera sa fluidică planetară.

Acum - știind că orice substanță, orice corp este însoțit de un fluid propriu - aflați că atunci când sunteți bolnavi și luați medicamente, grație cărora uneori vă faceți bine, nu mineralul, nu produsul farmaceutic v-a însănătoșit, ci fluidul care îl însoțea. Fluidul a reparat, a vivificat și a dat un impuls nou corpului vital, sau magnetic al vostru și din acel moment trupul - aflat sub dependența corpului vital - s-a făcut bine.

În lunga sa școală, duhul peregrinează din planetă în planetă. Când sosește pe o planetă, el este obligat să îmbrace fluidul planetar propriu acelei planete. Dar duhul are în corpul său, în cantități foarte reduse, și din fluidele tuturor planetelor pe unde a trecut. Fiecare fluid planetar își va avea culoarea deosebită, cu toate formând un glob fluidic în jurul hainelor divine ale scânteii. Hainele divine vor fi purtate o veșnicie, fără a putea fi demagnetizate de nimeni, căci Creatorul le-a dat și numai El le poate dezbrăca din jurul scânteii.

Duhul sosește pe planeta noastră din diferite motive: ori este un misionar, care va părăsi Pământul după împlinirea misiunii sale, ori a venit să facă școala acestei planete prin numeroase întrupări, ori a venit să asculte cursurile marilor noștri savanți și apoi va pleca mai departe. Cu toții poartă o culoare specifică. Dacă ne adresăm unuia dintre aceștia și-l întrebăm ce înseamnă o anumită culoare? el răspunde invariabil:

– Este culoarea sistemului de unde am venit.

– Dar această culoare?

– Aceasta e culoarea fluidului planetei pe care locuiesc de multă vreme.

– Dar aceasta?

– Aceasta e culoarea fluidului planetei unde am locuit în alte vremuri.

– Dar această culoare, asemănătoare cu cea a corpului meu planetar?

– Acesta e fluidul planetei Pământ, cu care m-am îmbrăcat când am sosit aici, dezbrăcându-l când voi pleca.

– De ce trebuie să-l lepezi?

– Trebuie să-l lepăd pentru că altminteri globul acesta nu-mi va permite să-l părăsesc. Acest fluid este legătura dintre mine și planeta Pământ. Grație acestei haine mă pot mișca în sus, în jos, la dreapta și la stânga, înainte și înapoi, pretutindeni.

– Dar de ce nu ai lepădat complet hainele fluidice ale planetei de unde ai sosit?

– Pentru că nu m-aş mai putea întoarce cu uşurinţă pe planeta mea.

– Ce s-ar fi întâmplat dacă din greşeală pierdeai sau lepădai fluidele proprii planetei tale? Nu te-ai mai fi putut întoarce pe ea?

– Ba da, dar nu direct, ci indirect. M-aş fi dus mai întâi în soarele de care aparţine planeta mea, şi acolo aflându-se toate fluidele planetelor sale, aş fi luat cantitatea de fluid necesar, m-aş fi îmbrăcat cu el şi apoi m-aş fi dus cu uşurinţă în planeta mea. Când va fi să plec de aici, voi dezbrăca învelişul fluidic al planetei Pământ. În acest scop, mă voi înălţa până la zona periferică a Pământului şi numai acolo mi-o voi dezbrăca. Să nu credeţi că o dezbrac ca pe o haină de stofă, ci trebuie să fac o serie de operaţii cu ajutorul cărora desprind fir cu fir fluidele acestei planete dintre particulele celorlalte învelişuri ale mele. Se produce un fenomen analog cu limpezirea unei ape tulburi, când, prin decantare, se depun particulele nămoloase, apa rămânând limpede.

Dar pentru că veni vorba de un duh care umblă din sistem în sistem şi din planetă în planetă, bineînţeles, cu anumită învoire - s-ar putea naşte în mintea cititorului gândul: „Bine de mine, când îmi voi lepăda acest trup şi voi deveni spirit liber, voi pleca şi voi vizita tot Pământul, şi pe urmă voi face un voiaj de plăcere prin toate planetele sistemului nostru, şi până la viitoarea reîntrupare voi da o raită şi prin alte meleaguri ale universului".

Nu, nu, îţi răspund eu. Nu vei avea putinţa să te plimbi, pentru că, deşi ai câte ceva din fluidele celorlalte planete ale sistemului nostru, nu vei şti să o dezbraci pe cea de aici, ca să poţi pleca, şi nu vei avea destul fluid al altei planete, pentru a putea să te duci, de exemplu, în Marte sau Venus.

Dar veţi spune că aţi auzit că unele duhuri se duc în Marte, Venus sau o altă planetă a sistemului nostru; ele cum s-au putut duce? Mai întâi se cere o aprobare specială, apoi trebuie ca o mare forţă spirituală să-i dezbrace haina planetară. În acest scop îl duce până la periferia atmosferei fluidice a Pământului, şi acolo, după ce-l va dezbrăca de fluidul planetei noastre, îl îmbracă cu fluidul planetei dorite. La periferia fiecărei planete din sistemul nostru se găsesc - trimise de Soare - toate felurile de fluide din jurul planetelor acestui sistem.

Prin urmare, nu poţi să pleci oricând. Asemenea învoiri sunt foarte rare şi date numai în vederea unor misiuni. Iată taina pentru care duhurile Pământului sunt robii acestui glob, fără a putea dezerta de la şcoala amară a acestei planete. Câţi n-ar da să fugă aiurea, să scape de întrupările de aici!

Cunoştinţe referitoare la natura fluidelor, la fizica şi chimia lor, se dau periodic, la mii de kilometri depărtare de suprafaţa pământului. Nu putem să ne ducem întotdeauna să le audiem, pentru că ni s-au dat anumite misiuni de îndeplinit, care contribuie şi la avansarea noastră. Viaţa e viaţă şi ea trebuie trăită şi aici, ca şi jos în nămolul cărnii. Pentru că mâine trece vacanţa stării de spirit şi trebuie să ne coborâm iar la viaţa terestră, care cere multe şi mari pregătiri, căci, frate, cum ne vom aşterne de sus, aşa vom „dormi" jos. Oameni suntem şi noi, şi aceste misiuni şi preocupări materialiste ne răpesc mai tot timpul şi abia ne rămâne vreme să ne completăm studiile.

Încă de pe acum, de aici din Cer, trebuie să-mi fac toate legăturile terestre, pentru a-mi continua, jos, pe pământ, studiile întrerupte de mult timp. Dar vei spune: „Bine, frate, nu-ți poți face studiile în Cer?" Ba da, s-ar putea, dar una se învață la noi, și alta jos, la voi. Ambele sunt folositoare avansării noastre spirituale. Mulți dintre noi - obosiți și plictisiți de atâtea studii - spun asemenea elevilor din școlile voastre: „De ce să mai învăț și cutare materie, la ce îmi va folosi?!" Până la un oarecare punct au dreptate rudimentarii noștri, căci pe drept cuvânt știința Cerurilor este infinită.

Înveți, înveți miliarde de ani, și vezi la urma-urmei că tot nu știi totul. Bătrânii noștri cu vârste de miliarde de ani ne spun: „Învățați, copii, căci Tatăl nostru are nevoie de savanți, lucrători în via Sa infinită". Atunci cu toții ne consacrăm muncii, mai departe.

Nu mi-am terminat expunerea, dar cred că pentru azi a sosit momentul să închid robinetul cugetării mele.

Totul a provenit din concentrarea fluidului primordial

Cu ajutorul trupului vostru simțiți, auziți și vedeți lumea fizică. Așadar, cu fizicul sesizați doar fizicul. Cu ajutorul corpului vital - format dintr-o materie semieterică - vedeți tot ce e format din această materie semieterică. Dar spiritul trăitor pe acest glob mai are în jurul său și o învelitoare fluidică planetară, un vehicul planetar. Etericul nu vede fluidul planetar, dar duhul prin intermediul corpului planetar vede corpurile și ființele eterice sau fizice.

Un duh venit din Soare - prin urmare nu are corp planetar - vede toate duhurile terestre, dar pe el nu-l vede nimeni. De ce nu este văzut? Deoarece corpul său solar este format dintr-un fluid cu mult mai fin decât fluidul planetar. De aici concluzia: *un corp grosolan nu vede un corp mai subtil sau mai fin; duhul inferior nu vede duhurile superioare.*

Noi, entitățile spirituale superioare ale Cerului, nu avem preocupările materialiste ale entităților inferioare, materialiștii Cerului, care se întreabă: „Unde-mi voi stabili viitorul culcuș? Cât mai este până mă voi întrupa? Cum să-mi croiesc destinul?" Noi ne gândim cum să facem să terminăm cât mai curând școala acestei planete, pentru a ne duce prin planetele îndepărtate ale altor sisteme solare, adevărate paradisuri față de această planetă a suferinței necurmate.

Fluidul și proprietățile sale este un mare capitol al învățăturilor noastre aici pe Pământ. Dar nu putem ieși dintr-o gravă dilemă: nu poți pleca de aici, până nu ai învățat toate lecțiile acestui glob; și nu poți învăța toate fluidele din jurul pământului, pentru că unele sunt mai fine chiar decât cele care intră în constituția corpului meu spiritual. Ei, atunci ce te faci? Până nu înveți, nu pleci. Să înveți, dar cu ce? Nu ne rămâne decât să audiem cursurile mai-marilor noștri, și să fii numai urechi, căci și la noi se potrivește vorba voastră: „Popa nu toacă de două ori pentru o babă surdă".

Un duh mai mic veni la mine și mă întrebă: „Ce-o fi cu fratele-duh cutare, că nu-l mai văd?" Da, e drept, sărmanul meu frate mai mic nu-l mai vede, deoarece cunoscutul său, prin vrednicia sa spirituală, a fost avansat și ca urmare, și-a schimbat învelișul fluidic cu un altul mai fin, din care cauză fratele său nu l-a mai putut vedea. Cu această ocazie se poate întâmpla ca un duh să-și dezbrace complet haina veche, obținând o alta mai fină. Duhurile mici, neștiutoare, văzând îmbrăcămintea veche plutind câtăva vreme fără direcție prin spațiu, deduc în simplitatea lor - asemenea omului trupesc

- că un frate al lor spațial a murit, pentru că și ele când și-au părăsit trupul, au murit pe pământ. Duhurile neștiutoare vor trăi cu această părere până într-o zi când li se va explica faptul că nu există propriu-zis moarte, ci dezbrăcări de haine, potrivit mediului destinat duhului să-și ducă viitoarea existență.

Chiar și scânteia mea e un fluid, prin urmare și ea este o materie, o materie vie, care gândește, voiește și simte. Așadar, orice fluid este o materie. Unii oameni, care au auzit câte ceva despre noi, crezând în existența noastră, a entităților spirituale, ne consideră făcuți din ceva imaterial. Ce eroare! *Totul în lume e făcut din materie. Însuși Creatorul, Ființa Primă, e constituit dintr-o materie, identică cu a mea, însă, bineînțeles cu însușiri duse până la infinit.*

Am aflat că unii învățați ai pământului afirmă că materia fizică este energie concentrată. Dar cum să existe energie fără un piedestal material? *Energia este mișcarea infinit de rapidă a materiei, a unor particule materiale infinit de mici, a fluidului.*

Din studiul făcut asupra fluidului, a rezultat că acesta nu are posibilitatea să gândească și să judece ca duhul, dar totuși este viu, simțitor și cu o mică doză de voință. Dar caracteristica esențială a fluidului este de a-și apropia sau asocia particulele.

Frații noștri mai mari ne spun: „Fraților, vedeți la suprafața pământului acest fluid roșu, ce intră și în constituția fraților noștri mai mici? Iată, lucrez cu puterile mentale și ale voinței mele asupra acestui fluid și îi răresc particulele componente. Vedeți acum că nu mai are culoarea roșie aprinsă, ci roșie deschisă, ca un trandafir sălbatic? Dar iată că îi răresc și mai mult particulele. Vedeți că acum abia mai puteți observa culoarea roză? Prin urmare, fluidele au proprietatea de a se condensa și dilata, când anumite forțe lucrează asupra lor. Puterea mea nu numai că le dilată sau contractă, dar poate chiar să le combine între ele, obținând diferite feluri de materii fluidice."

Am auzit pe unii pământeni că se îndoiesc de puterea noastră, dat fiind faptul că suntem fluidici și lucrăm cu fluide. Un nesocotit fudul chiar a bravat, spunând că ar vrea să vadă ce putem să-i facem noi, entități fluidice, lui, puternicul om trupesc! Sărmanul ignorant - așa știe, așa vorbește; el nu cunoaște că totul, chiar el, a fost făcut din fluid și de către Forțe fluidice. El nu știe că prin intermediul fluidelor îl putem însănătoși sau îmbolnăvi, că din fluide putem face orice în lume și chiar să-l desființăm, defluidizându-i trupul.

Am citit în gândul multor oameni întrebarea: „Ce poate să iasă din mâinile magnetizatorului, când plimbându-le în lungul trupului unui om slăbit de o boală oarecare îl vindecă, ori îl adoarme în vederea unui anumit scop?" Se miră și se îndoiesc, pentru că nu văd nimic, nu știu că din mâinile lui iese un fluid cu anumite puteri. Câți nu s-au mirat și n-au râs că spiritiștii, în ședințele lor de fenomene, se țin de mână. Au râs pentru că sunt ignoranți! Nu știu ce rezultate uriașe se pot obține prin utilizarea fluidelor! Fluidul întreține viața trupurilor tuturor ființelor de pe pământ.

Cauza primă - Tatăl a făcut totul prin condensări și multiplicări ale materiei Sale constitutive, dând naștere la urma-urmei tuturor corpurilor cerești și ființelor de pe ele. Noi, duhurile, suntem un trei-una, o trinitate; așadar scânteia mea divină este o treime. Astfel constituit, dacă adaug o cantitate mică din fluidul, aflat în toate astrele, pot călători prin întregul univers.

„Priviți, fraților, în acea parte a Cerului! Ce vedeți?", ne-a întrebat o mare entitate spirituală. Nu vedem nimic, i-am răspuns. „Vi se pare că nu e nimic, dar acolo e *Cen-*

trul infinitului, acolo se află Creatorul prim, de unde am purces cu toții și unde ne vom întoarce după ce vom colinda prin tot universul. Departe de centrul creațiilor se află corpuri cerești făcute dintr-o materie ca o alifie, ca o masă gelatinoasă, iar pe ele trăiesc oameni tot atât de moi ca și pământurile acelea. Acolo vom merge și noi odată, acolo viața este fericită, trupul are o existență mult mai lungă decât pe Pământ, exigențele vieții sunt prea puțin materiale și oamenii întrupați își văd frații spațiali și aud graiul lor.

Astfel se deapănă cunoștințele noastre. Fiind fluidici și trăind în sânul materiilor fluidice, prima noastră preocupare este să studiem mediul unde ne ducem traiul. Cunoștințele obținute dorim să le împărtășim și celor însetați după cunoașterea formelor de viață subtile, diferite celor fizice ale Pământului. Avem misiunea să răspândim în lume *știința Cerului.* Ea are menirea de a forma legătura dintre religie și știință, de a îmbina religia teoretică cu practica științifică a Cerurilor. Ordin ni s-a dat din Sfera divină să întemeiem pe pământ o *religie științifică, experimentală* și *inițiatică.*

În viitoarele temple ale pământului, în *Templul comuniunii omului cu Divinitatea* se vor pune bazele corespunzătoare ale existenței spiritului, și atunci nimeni nu va mai îndrăzni să nege existența noastră, lămurindu-se mai bine rostul vieții și al responsabilității conduitei, dusă în veșnicie, aici sau oriunde prin univers.

Materializarea din Tibet

Mă întrebi, dragul meu frate, dacă este adevărată afirmația unor teosofi, și anume, că ar trăi prin regiunile munților Himalaia, în Tibet, oameni al căror trup nu este conceput după legile cunoscute ale formării trupului.

Au auzit ceva despre anumite materializări petrecute acolo, dar purul adevăr nu-l știu nici ei.

Invizibil sunt, știutor sunt și totuși nu am libertatea de a vorbi despre tot ce știu. Veșnic suntem cenzurați și supravegheați, dar totuși îți voi spune câte ceva.

Știința voastră oficială actuală a pătruns în multe taine ale Antichității, iar pe viitor va pătrunde și mai adânc. Ființele despre care mă întrebi există în realitate, dar ele există numai pentru anumiți oameni, care afirmă că le-au văzut și au vorbit cu ele.

Eu cunosc o singură Ființă care a realizat acest fenomen, în Europa și Asia Răsăriteană, și acea Ființă a fost întrupată și cunoscută de atunci și până acum, sub numele de Isus Christos. Un asemenea fenomen s-a întâmplat după răstignirea lui Isus, după moartea trupului Său, când femeile plângând pe Cel răstignit și văzând deodată lângă ele pe Isus, au crezut că este absolut identic cu Cel pus pe cruce. Nu era același, căci timp de 40 de zile El a trăit asemenea acelor personaje de care se vorbește că ar trăi în Tibet. A fost o automaterializare întocmai a fostului său trup.

S-a dus Isus să se arate arhiereilor, ori lui Pilat, cei care L-au răstignit? Nu, nu s-a dus, căci i-ar fi nefericit prin prezența Sa. Isus s-a arătat numai celor cărora a considerat El că e necesar, să-L vadă în noua Sa ipostază. Când L-au văzut ucenicii Săi au crezut pentru un moment că-L văd pe Cel de pe cruce. Dar credeți că Isus i-a lăsat în întuneric? Credeți că nu le-a spus prin ce fel de corp li se arată? Vă mărturisesc adevărul: Isus le-a spus totul.

Marii noştri conducători au primit autorizaţia de a ne lumina în privinţa tainei coborârii Domnului nostru pe Pământ, şi prin ei am dobândit libertatea de a lămuri lumea europeană, care începe să fie coaptă pentru asemenea cunoştinţe înalte.

Dragă frate, cunosc o entitate spirituală, care - la anumite intervale de timp - apare şi azi, în unele din sectele budiste din Tibet, într-un corp ce pare carnal. Nu ştiu cum se face, dar marii noştri iniţiaţi se complac să se întrupeze acolo.

Dar veţi întreba: „De ce se întrupează tocmai în Tibet?" Pentru că în acel colţişor al pământului, ferit de zbuciumul omenirii, să asiste la anumite experienţe şi explicaţii. În Tibet există un *laborator psihic,* unde se fac experienţe deosebite. Să nu credeţi că aceşti experimentatori de prin pustietăţile Tibetului, participanţii la aceste experimente, sunt ignoranţi ai pământului. Ei sunt preoţi ciudaţi, adevăraţi savanţi - în ştiinţele cereşti, iar nu în ştiinţa europeană. Aceşti învăţaţi nu vor să răspândească învăţăturile lor oricui, ţinându-se de regulile anticilor iniţiaţi. Ei sunt într-o permanentă legătură cu lumea noastră cerească şi cu o mare entitate spirituală, care în scopul realizării unor experienţe se materializează în chip de om complet - bea, mănâncă, se mişcă şi vorbeşte. În momentul materializării sale este înconjurat de milioane de duhuri - toate mari savanţi ai Cerurilor.

Din aceste experienţe făcute în Tibet, în locuri ferite, ascunse în munţi, a transpirat ceva în lumea budistă, de unde acel ceva a fost preluat în mod denaturat de secta teosofilor.

Preoţii savanţi, asistenţii experienţelor lumii cereşti, nu permit nimănui să se apropie de acest Adevăr, repetat de sute de ani pe pământ. Aceşti savanţi în ştiinţa trecutului, sau mai exact, în ştiinţa viitorului, au puterea de a se feri de privirile profanilor. Să nu vă miraţi când afirm că, prin puterea lor mentală, aceşti oameni au posibilitatea de a se face nevăzuţi faţă de oricine, chiar trecând prin lume. Voi nu cunoaşteţi încă tainele lumilor fluidice. Asemenea fenomene vă par minuni, pe când în realitate ele sunt fenomene naturale, încă necunoscute vouă. Oamenii aceştia ar putea produce fenomene şi fapte ce par minuni pentru omul de rând, dar nu o fac pentru că sunt supuşi unui anumit ordin şi unei anumite discipline.

După cum Domnul Isus nu s-a arătat decât celor a căror evoluţie o permitea, tot astfel aceşti iniţiaţi ai Pământului nu pot trăda secretele entităţilor spirituale superioare, mai ales cele experimentale. Ei ştiu că asistă la o serie de experienţe ale înaltei entităţi, care, după ce se materializează, se întreţine cu cei prezenţi. Ei ştiu că mari duhuri spaţiale asistă la această experienţă de creaţie sau prefacere a *materiei divine* în ultima ei stare, în cea fizică. Să nu uitaţi că cel mai tare oţel a fost format de-a lungul miliardelor de secole, prin prefaceri succesive, tot din *materia unică divină* sau *materia primă,* din care e format şi Corpul divinului Creator.

În acel laborator din Tibet, pe lângă experienţe se predau şi cursuri, ascultate cu smerenie de marii iniţiaţi de acolo. În timpul acestor experienţe, trupul celor ce asistă cere prea puţină hrană fizică, deoarece hrana şi-o absorb din atmosferă, în stare fluidică, pe care prin puterea lor spirituală o condensează, o cvasimaterializează într-un volum mic, hrănindu-şi trupul pentru mai mult timp.

Multe duhuri ar dori să asiste la aceste înalte experienţe de creaţii divine, dar nu li se îngăduie, acest laborator fiind înconjurat pe distanţe îndepărtate - ca o cetate - de sfere fluidice concentrice. Numai duhurile de un anumit grad pot pătrunde prin aceste bariere sau îngrădiri fluidice, ele știind să desfacă aceste opreliști. Milioane de ani apa oceanului nu a putut fi trecută de la un țărm la altul. Dar spiritul întrupat a dat o asemenea formă materiei solide, încât a navigat cu ea de-a curmezișul apelor. Dacă ești în posesia unor cunoștințe minime, poți pătrunde prin zidurile sau sferele fluidice ale acelei cetăți, ca să asiști la cele mai sublime experiențe realizate de duhuri pe pământ.

Având în vedere viitorul, noua epocă de spiritualitate, marile călăuze ale lumii au nevoie de multe alte operații, pentru că pământul merge spre dezrobirea stării de azi, iar furtuna ce va veni va aduce mari prefaceri sociale. Odată cu introducerea unei noi ordini de viață, se vor petrece fapte noi, introducerea noii religii - *religia științifică.*

Te previn, frate, nu tot ce s-a scris de teosofi sunt exacte. În plus, ei lucrează pe ascuns. Noi dorim Lumină și lucrare la lumina zilei, pentru folosul vostru și mai ales al nostru, căci mâine vom reveni jos în locul vostru, și vom avea nevoie în viitorul apropiat de Lumină pentru a fi mai fericiți.

Te asigur, frate, că fiul tău cel mare se va interesa mult de opera noastră. Va citi lucrările tale și toate cărțile bibliotecii tale, pe care le va păstra cu sfințenie. Citind mai târziu aceste rânduri, se va minuna când va auzi de modul cum au fost obținute. Mărturisesc că la revenirea mea pe pământ voi avea grijă să nu treacă viața mea terestră fără ca, prin viitorii mei ochi trupești, să nu recitesc aceste rânduri, de acum ale mele, care mă vor umple de un farmec nespus.

După cum mulți dintre voi, oameni trupești, spun în timpul vieții lor că dacă vor mai exista după moarte, vor da probe de existența lor de dincolo de mormânt, tot astfel, pentru a mă recunoaște în această operă a cugetului meu, de pe acum prezic viitorului meu tată, azi copil: Tată, tată al viitorului meu trup, să știi că primul tău copil va fi un băiat. Pentru a te convinge pe tine - care vei citi aceste rânduri, și pentru a mă convinge și pe mine - care voi fi copilul tău, mai prezic: Primul tău copil va fi un băiat, care în contrast cu fizicul tău oacheș, va fi blond. Eu citind peste mulți ani de acum înainte aceste rânduri, mă voi bucura și voi găsi în ele un puternic imbold de a mă ocupa de lumea duhurilor. Sărutări și alintări divine îți urez, bunicul meu, pentru restul zilelor petrecute în acest trup, de un neprețuit folos cauzei noastre.

Omul a trecut prin trei faze în existența sa pe Pământ

Știi bine că noi, duhurile, suntem împărțite în diferite grade, după evoluția prin care am trecut. Fiecare urmărim să aflăm ceea ce nu cunoaștem încă, și pentru aceasta ne stau la dispoziție două căi: ne zbatem să aflăm adevărurile, direct prin noi înșine, sau dacă este imposibil, ne adresăm celor ce ne-au depășit cu școala lor, fiind pe plan evolutiv la o distanță de miliarde de ani de noi.

De multe ori vă puneți întrebări rămase fără răspuns. Noi, duhurile cu posibilități mai mari decât voi și un câmp mai vast de cunoștințe, îndrăznim totuși mai mult decât voi și punem întrebări de felul: Unde locuiește Creatorul? De ce nu ne permite să cunoaștem anumite adevăruri înainte de vreme? Ne frământă multe întrebări, căci și noi suntem curioși ca voi, și pe noi ne arde dorința de a fi luminați asupra multor probleme.

Iată o problemă arzătoare: De ce planta, animalul și omul e diferențiat în două forme, una feminină și alta masculină? Primind răspunsul la această întrebare doresc să-l împărtășesc cu voi, deși este una dintre marile taine ale Cerurilor. Nu ni se permite să vorbim pe larg despre acest subiect oprit pentru omul trupesc, dar ni s-a dat învoirea să vă dezvăluim câte ceva.

Mai întâi, trebuie să știți că în lumea fluidelor nu există forme pământești, diferențiate în sex. Așadar, sexul lipsește în lumea spațiilor cerești. Noi, duhurile umane, nu suntem nici bărbați, nici femei, și cu toate acestea înțelepciunea Creatorului a stabilit ca viețuitoarele fizice să aibă sex.

Omul sau animalul nu se naște la întâmplare într-un sex masculin sau feminin. Totul e voit și orânduit de sus. Dar să rețineți bine că același duh trebuie să cunoască școala formei de viață a sexului masculin, precum și școala formei de viață a sexului feminin. Același duh trebuie să joace, ca și actorul pământului, ambele roluri, de bărbat și femeie.

Am spune noi multe, dar ne este teamă ca nu cumva preoțimea pământului, după ce va vedea că nu mai merge cu raiul și cu iadul, ori cu păcatul lui Adam, să susțină că bărbatul care a greșit într-un anumit sens a fost pedepsit să se întrupeze într-o viață terestră, sub formă de femeie.

Cât de interesante sunt problemele celor două forțe contrare, care conlucrează pentru viață și progresul ei în veacuri!

La orice viețuitor femininul are o formă atractivă mai puternică decât masculinul. În schimb, masculinul are o forță activă, creatoare, mai mare decât femininul.

Multe am vrea să vă mai spunem, dar *cenzorii* de lângă noi nu ne îngăduie. Le este frică și lor ca nu cumva adevărul destăinuit despre sexualitate să aibă soarta cunoștințelor care - de-a lungul istoriei a mii de ani - au fost astfel interpretate, încât să servească anumitor interese.

Dorim ca problema sexualității să piară din învățăturile teologice ale religiilor. Nu vrem ca venind pe pământ, în viitoarele noastre întrupări, să ne mai adăpăm la erorile de până acum. Templul viitor să fie luminat numai de Creator și legile Sale, atât și nimic care să amintească de sexualitate.

Este adevărat că tot ce există în natură este condus, din veșnicie, de principiul *dualității opuse*. Dualitatea este o mare taină dar omul nu trebuie să citească și să audă în templul Domnului nimic ce se referă la sexualitate, pentru că este prea pământesc.

Cu câte erori se încarcă mintea copiilor în școlile primare, câte bazaconii s-au scris și continuă să se scrie și acum. Dacă a fost o vreme când simbolurile erau singura modalitate de a se transmite cunoștințe și informații, pentru omul de azi ele și-au pierdut valoarea, vechile simboluri generând doar concepții copilărești și inexactități pe marginea cărora s-au făcut și se fac numeroase polemici și speculații filosofice. A sosit vremea să fie înlăturate aceste absurdități.

Iată un exemplu. Dumnezeu a făcut pe om - bărbat - și l-a așezat în rai. Dar văzând că sărmanul de el se plictisește, a hotărât să-i facă un partener. În acest scop a rupt din coasta lui o parte din care a făcut femeia.

Se poate o expunere mai naivă decât aceasta? O fi fost frumoasă povestea asta odată, în urmă cu mii de ani, când omul era tare înapoiat. Dar acum chiar pe omul cât de puțin ridicat îl face să zâmbească. „Cum, taică - ar întreba cineva preotul - Dumnezeu a făcut pe om după știința Sa infinită? Nu putea ca prin aceeași metodă să facă și femeia? De ce să o scoată din coasta bietului om? Femeia este și ea om, la fel ca bărbatul, doar cu o mică deosebire. De ce a făcut Dumnezeu pe Eva din coasta lui Adam?"

Azi nu mai este permis să se ia litera cărții așa cum a fost scrisă odată, pentru ignoranți, ci să se spună ce se înțelege din aceste simboluri, cunoscute din cea mai adâncă antichitate de inițiați. Ei cunoșteau și cunosc și azi că Domnul Dumnezeu este unul, și El este pozitiv și negativ, și că în lumile fizice El a descompus stările cerești în două forme: bărbat și femeie, masculin și feminin.

Fixați-vă bine în minte: *Din veșnicie și în toate universurile, pe toate planetele lor, masculinul nu a putut exista fără femininul corespunzător.*

Omul a fost la început androgin, bisexual. Pe Pământ și pe oricare altă planetă omul nu a fost de la început pereche, adică bărbat de-o parte și femeie, de altă parte, ci au fost amândoi într-un același trup.

Asemenea unor animale actuale omul trupesc, primitiv, avea în interiorul său organe producătoare de elemente sexuale masculine și feminine. La anumite perioade de timp, legate de fazele Lunii și de poziția unor anumite planete ale sistemului nostru solar, se formau în interiorul trupului omenesc elementele sexuale masculine și feminine, fără știrea omului, după cum voi nu simțiți cum și când se face filtrarea urinei din sângele trecut prin rinichi. Două elemente sexuale contrare se uneau între ele și generau oul, care prin dezvoltare, dădea naștere copilului, expulzat la timpul său. În această perioadă se dezvoltau mamelele omului și produceau lapte. Născătorul lua copilul venit în lumea fizică și îl hrănea cu laptele produs de mamelele sale. Așadar, în acest stadiu evolutiv omul se autofecunda în mod inconștient.

După această primă fază a urmat a doua formă de om, tot androgină sau bisexuală, dar de data aceasta era bărbat și femeie la exterior, adică era prevăzut cu organe genitale femeiești și bărbătești. Cu alte cuvinte, acest om era hermafrodit. În această fază, oamenii se cuplau câte doi. Unul juca rolul de bărbat și celălalt de femeie, iar apoi se împerecheau invers. După schimbul de elemente sexuale, se forma în fiecare dintre ei fetusul, pe care, după ce se dezvolta, îl nășteau. Fiecare om devenea mamă, își creștea și alăpta copilul cu mamelele devenite turgescente și pline cu lapte.

Forma aceasta bisexuală a durat multă vreme pe pământ, și ca o probă a ei, în virtutea atavismului, în diferite țări apar și azi hermafrodiți, oameni care sunt în același timp bărbat și femeie.

În fine, încetul cu încetul, atributele masculine au început să se reducă la unii, iar la alții au pierit atributele feminine. Procesul a continuat astfel mii de ani, până când unii au rămas numai bărbați iar alții numai femei, împerechindu-se în vederea funcției divine - procrearea, formarea unor corpuri noi, în care să se întrupeze anumite entități spirituale.

Cunoștințele despre aceste stări - transmise prin viu grai, din generație în generație - s-au deformat până au degenerat în basmul cu crearea Evei din coasta lui Adam. Nu s-a rupt nicio coastă, ci s-au format trei serii principale de ființe fizice umane, cu stările lor intermediare.

Prin urmare, întâi a fost forma androgină internă, cu organe bisexuale interne, care se autofecundau fără ca omul să poată controla acest proces; a doua formă - androgină externă, hermafrodită, cu organe bisexuale externe, care se fecundau prin împerechere reciprocă și cu schimbul, fiecare individ născând și alăptând; în fine, starea actuală - când omul e reprezentat prin indivizi sexuați ce procreează prin împerechere, născând și alăptând numai femeia. Iată înțelesul prezenței la bărbați a mamelelor, bineînțeles pe cale de dispariție.

Aceste adevăruri le posedăm de la superiorii noștri, care au trăit pe acest glob în timpurile când omenirea trecea prin aceste faze, și mai suntem informați și de duhurile sosite aici de pe planete inferioare, dintre care una chiar din sistemul nostru, unde omul se află în prima fază a autofecundării, și din altă planetă, dintr-un alt sistem solar, unde omul este în a doua fază - a împerecherilor reciproce, ambii fiind născători.

Duhul își construiește viitorul sistem cerebral conform destinului său

Omul nu-și amintește nimic din primii trei ani ai copilăriei sale, pentru că la acea vreme sistemul său cerebral era slab format, și ca urmare, nu înțelegea nimic din cele petrecute în jurul său. În această perioadă, traiul omului este asemănător cu cel al unui animal: mănâncă, se joacă, toată ziua fiind pentru el un continuu prezent. El trăiește îndemnat de un instinct avut chiar de la crearea sa.

Prin aceeași stare trece și duhul în prima perioadă a existenței sale. După ce a fost creat de Tatăl divin, duhul vede, aude, simte, într-un cuvânt - trăiește, dar traiul său se scurge într-o somnolență, visare și vegetare prelungită la infinit. Memoria sa este foarte redusă, și capitalul de imagini acumulate, foarte sărac. Din această cauză, în perioada imediat următoare nașterii sale din sânul Creatorului, duhul nu are niciun „trecut" înregistrat în fluidul memoriei sale. Copilul-duh trăiește condus asemenea copilului-om, numai de instinct, sub îndemnul unor imagini așezate de Creator în scânteie, chiar din momentul creației sale în Sfera divină, locul său de origine. Aceste imagini îl îndeamnă să facă ceea ce este conform cu menirea sa, să execute automat ceea ce e înscris în el.

Memoria omului este una dintre minunile creației, cu care, funcționând mereu, omul s-a obișnuit și nu-și mai dă seama de valoarea ei deosebită. Într-adevăr, este o minune a Creatorului ca în existența sa infinită, duhul să poată acumula în haina sau vehiculul său de memorie, imagini infinite și ultramicroscopice, pe baza cărora să-și poată reaminti tot trecutul său.

Noi, entitățile spirituale, distingem două feluri de memorii:

1. *memoria divină* - manifestată instinctiv, automat, datorită clișeelor puse de Creator în momentul când ne-a creat ca duh;

2. *memoria observării* sau a *învățării,* agonisită de noi, duhurile, în decursul existenței noastre, acumulând ani de ani, zi de zi și secundă de secundă imagini sau clișee în haina noastră divină.

Prima memorie, cea divină, a fost dăruită, iar cea de-a doua, umană, a fost agonisită.

Așadar, Creatorul a așezat în spirit un clișeu ce reprezintă Divinitatea Creatoare, pe Cel care l-a chemat la viață. Alături de acesta mai este *clișeul conservării* și *clișeul perpetuării speciei,* pus în practică de duh când se va întrupa, când va viețui prin lumile planetare. Alăturat acestora au mai fost puse în scânteia divină și alte clișee, dintre care *clișeul dorinței arzătoare de a studia operele Creatorului,* cu scopul de a ajunge și el odată un creator.

În afară de această memorie originară există și marea memorie a duhului, *memoria sa personală,* câștigată cu prețul a miliarde de ani de suferință. Din acest punct de vedere, eu, duh sunt identic cu Tatăl, pentru că și eu acumulez clișee ca și El, și dacă acum numărul clișeelor mele este mai mic decât cele ale Tatălui ceresc, mă voi sili să mă apropii de numărul clișeelor acumulate de El, în veșnicia sau eternitatea viitoare.

Savanții pământului afirmă greșit, că memoria este rezultatul înregistrărilor făcute pe cortex. Sistemul cerebral nu este decât un translator, un releu, o legătură între lumea fizică și spirit. El se distruge și se reface zilnic.

Încă din primele momente ale întrupării sale duhul își va fasona și sculpta sistemul cerebral, conform planului destinului său. Când spiritul vine să se întrupeze, aduce cu sine toată comoara sa formată din minuscule clișee memoriale, adunate în toate existențele sale anterioare. Pe baza acestor clișee și conform destinului pe care îl va trăi, duhul își alcătuiește sistemul cerebral, instrumentul cu care va cânta armonia sau dezarmonia manifestărilor sale sufletești.

Dar pentru ca duhul să-și poată cânta simfonia gândurilor sale, instrumentul său cerebral trebuie să fie în armonie cu cutia sa craniană. Încă din faza embrionară a viitorului său trup și până la vârsta de trei ani a copilului, duhul lucrează mereu, cu ajutorul anumitor fluide, asupra materiei instrumentului său cerebral, modelând protuberanțele cerebrale și oasele craniene. Această modelare este executată de duh fie pentru a-și manifesta prin sistemul cerebral facultățile avute, dobândite în trecut și folosite pentru obținerea unor facultăți noi, fie pentru întunecarea unor facultăți dobândite în trecut și care nu trebuie să ajungă la exprimare prin trupul din noua sa viață terestră.

Ajutat de anumiți frați cerești, duhul lucrează la configurația, forma și structura encefalului său, pentru ca prin intermediul acestuia să-și poată manifesta anumite facultăți, să-și însușească facultăți noi sau să fie privat de facultățile dobândite cu veacuri în urmă, dar a căror manifestare este interzisă conform destinului său din această întrupare. Nu este vorba de cunoștințe științifice, ci de cunoștințele dobândite de-a lungul miliardelor de ani de când duhul a fost făurit.

Să admitem că – potrivit destinului său din această viață terestră – duhul trebuie să fie un idiot. În acest caz orice fasonare a circumvoluțiunilor cerebrale și a cutiei craniene îi sunt interzise. Așa fiind, ele se vor dezvolta la voia întâmplării, iar encefalul duhului va fi ca o pădure sălbatică în comparație cu un parc înfrumusețat de o inteligență superioară.

Dacă cunoștințele frenologiei ar fi fost duse mai departe, omul ar fi putut deduce, din examinarea cutiei craniene, anumite capacități și posibilități de manifestare intelectuală și implicit, destinul acelui om. O anumită dezvoltare a sistemului cerebral va permite duhului să-și exteriorizeze diferite clișee ale memoriei sale integrale, dobândită în mii de vieți.

O, dragul meu frate, câte taine ne înconjoară! Stăm și medităm pentru ce oare a făcut Tatăl așa și nu altfel, și de multe ori nu putem rupe vălul ce acoperă misterul scopului urmărit de Creator.

Eu sunt un duh bătrân al planetei Pământ, și cu toate cunoștințele mele, Creatorul așa a vrut, ca mâine, când mă voi întrupa și voi fi iarăși un copil de 5-6 ani, să încep reînvățarea alfabetului și părinții mei să-mi poarte mâna ca să învăț din nou scrisul. De câte ori m-am întrupat am început de la *ABC*, deși cunosc tainele creației Tatălui meu ceresc.

Dar cineva de la voi ar putea spune: „Așa e, frate, este clar și am înțeles, dar, rogu-te, dacă omul a mai trăit în România în altă viață, și a vorbit românește, de ce nu vorbește chiar din primul an al copilăriei noii sale întrupări?" Voi răspunde acestui frate că duhul ar vorbi chiar din primele luni ale vieții sale trupești dar sistemul său cerebral încă nu este în stare să coordoneze deodată respirația, mișcarea gurii, a limbii, a coardelor vocale etc. Chiar dacă în memoria duhului este înscris tot catalogul cuvintelor românești, acestea nu se pot exterioriza, pentru că trupul său e prea plăpând și organele lui sunt în curs de formare. De asemenea, filtrul auzului îi lipsește iar ego-ul său nu are o legătură fidelă cu sistemul cerebral încă incomplet format.

Dar iată - copilul s-a făcut mare și acum lucrează. Înaintea duhului său vin zi de zi noțiuni noi și el va asimila noile date, noile idei, cu o mare repeziciune și ușurință, pe când un altul se va trudi ore întregi să și le însușească. De ce această deosebire? Pentru că cel dintâi nu a făcut decât să răscolească, din arhiva duhului său, ceea ce a depozitat odată, iar cel de-al doilea vine pentru întâia oară în contact cu aceste idei, și deci, are nevoie de o atenție mai încordată și repetări mai numeroase pentru ca noile clișee să se întipărească bine în materia memorie a duhului său.

Cu această ocazie, constatăm că există două feluri de idei sau noțiuni cu care vine în contact un duh: cele vechi, pe care le-a mai întâlnit și deci le posedă, și altele noi, pe care duhul le întâlnește pentru prima oară și caută să le memoreze, să și le însușească. Operația întipăririi, a înregistrării ideilor se face automat. Însă condiția este ca duhul să acorde atenție exclusivă asupra ideilor memorate, pentru ca înregistrarea lor să se realizeze cât mai clar, și apoi se mai cere o repetare a acestor imprimări, pentru ca clișeul să nu se piardă. Orice clișeu estompat, neclar, cu vremea se pierde și este nevoie să fie refăcut.

Povestea meșterului Manole se potrivește de minune și aici. După ce și-a îngropat soția, zidurile construcției sale nu s-au mai dărâmat. Eu voi spune: după ce duhul și-a îngropat multe soții ale sale - trupuri numeroase - el va ajunge să vorbească imediat după întruparea sa.

Din cele expuse mai sus reiese că duhul face două operații când întâlnește idei noi: o operație de asimilare automată și una de asimilare după înțelegerea conținutului ideii. Omul simplu, auzind o idee nouă, o înscrie deocamdată în memoria sa, dar neînțelegându-i sensul, nu o poate memora, o uită repede. Omul care posedă aceste idei din trecut, asimilându-le înțelesul, le va rememora foarte ușor într-o altă viață când va întâlni din nou aceleași idei. Despre un asemenea om se va spune că are o memorie fenomenală, sau că memorează cu foarte mare ușurință. El de fapt nu mai înregistrează nimic, ci doar pune în vibrație ceea ce s-a întipărit și retipărit de multe ori, în nenumărate alte vieți.

* * *

Scânteia divină este deosebit de mică și subtilă. În jurul ei există o mică peliculă de materie eterică, numită *înveliș memorial.* Acest înveliș memorial este și el foarte redus, foarte mic, dar cu toate acestea, s-au înscris în el, sub formă de semne sau simboluri infinit de microscopice, toate cunoștințele acumulate de la nașterea duhului și până acum. În învelișul memorial se va înscrie tot ce va mai afla duhul în veșnicia viitoare.

În această uriașă arhivă este înscris și planul construcției noului trup, în care duhul trebuie să se întrupeze. Conform acestui plan, duhul - dar mai ales mesagerii cerești întrupători - lucrează asupra fetusului din pântecele mamei, formând trupul noului copil ce se va naște pentru a desfășura destinul duhului în această nouă întrupare.

Nu m-a întrebat nimeni, dar s-ar putea ca cineva, citind prin ziare că o femeie a născut un monstru - ce pare mai mult animal decât om - să se întrebe: „Ce s-a petrecut acolo? Cum se poate ca un om să nască un animal?" Răspunsul este următorul. Pe când începuse operația construcției fetusului, apare un duh animal, care înlătură prin brutalitatea sa oarbă duhul uman și se leagă de embrionul din pântecele mamei. Conform clișeelor sale memoriale, corpul embrionului s-a dezvoltat în mod automat și a reprodus fostul său trup animal, la care s-a adăugat automatismul eteric al mamei umane și astfel ea va naște o formă hibridă, monstruoasă, care însă nu va trăi.

Există cazuri când trupul noului fetus are în linii generale forma umană, și cu toate acestea el este anormal, diferit tipului uman de pe această planetă, dar contrar primului caz, el va trăi multă vreme. În acest caz un duh semiom, rătăcit prin planeta noastră, în ignoranța sa a dat buzna și s-a întrupat într-o femeie aparținătoare formelor proprii ale Pământului. El are forma umană aparținătoare unei alte planete, inferioare planetei noastre.

Doamne, mare este lumea Ta și multe mai avem de aflat prin ea!

* * *

Așa-i, frate, că sunt frumoase comunicările noastre? Dacă ai trăi o mie de ani, noi ți-am povesti din cunoștințele noastre în fiecare zi și tot nu le-am putea isprăvi. Iată îți comunic din nou câteva crâmpeie de idei.

Noi, duhurile, lucrăm când sus, când jos - ca oameni, la transformarea vieții sociale a omenirii acestui pământ. Când tu și alții sunteți jos, vă îndrumăm noi. Când vom coborî, ne veți comunica voi, fiind atunci duhuri libere prin spațiu. Legea solidarității ne dictează să ne ajutăm reciproc.

E foarte ușor și bine când ai de-a face cu egali de-ai tăi, dar ce facem când avem de ridicat câte un pietroi de frate neînțelegător? Este ca și cum tu, tânăr și sprinten, ai vrea să urci până la vârful unui munte împreună cu un bătrân neputincios care abia își târăște piciorul. Demult ai fi ajuns sus, dar nevoiașul te-a reținut și întârziat.

Când am venit pe Pământ, am fost un cârd de câteva miliarde de duhuri. Această legiune de spirite, adusă aici pentru a ne face stagiul evolutiv al acestei planete, cuprinde o serie de grade de duhuri. Unele dintre ele au fost mai vrednice, terminându-și înainte de timp școala. Altele, mai nevoiașe, au rămas mult în urmă cu avansarea și cunoștințele lor. Sunt frați de-ai noștri, și trebuie înghiontiți, siliți să se grăbească, pentru a nu întârzia șederea noastră aici. Dacă ar fi vorba de câteva sute de ani, n-ar fi nimic, dar pot să ne întârzie mii de ani.

Frații avansați, cei mai bătrâni ai grupului, îi ajută cât pot, dar dacă sunt leneși, ce te faci cu ei? Ar fi să-i părăsești, dar nu ți-o permite legea Tatălui - legea iubirii, a solidarității. Atunci bătrânii și avansații se sacrifică pentru cei neputincioși și pleacă cu ei de pe această planetă, pe o alta inferioară, cu fluide și mai grosolane și mai biciuitoare decât cele terestre, care să lucreze asupra duhului leneș, până îl fac și pe el activ și atent. Sosiți pe această nouă planetă, se întrupează mai întâi fruntașii, pentru a se impune băștinașilor prin cultura și conduita lor. După ce au pregătit terenul, se întorc în Cerul acelei planete, trimițând rând pe rând la întrupare și pe cei întârziați. Vor evolua prin suferință și apoi se întorc la marele grup de pe planeta de unde au plecat.

Iată - acum și aici, pe Pământ, partidul nostru are întârziații săi. Ca să-i scoatem din toropeală, înainte de a-i trimite jos la întrupare, îi ridicăm sus, sus de tot, în nivelele noastre, unde îi încărcăm cu o bună cantitate de fluid solar și planetar. Astfel electrizați, galvanizați, îi coborâm pentru a învăța în clasa în care au tot rămas repetenți.

Înaintând în vârstă, voi, oameni trupești, vă moleșiți, vă încetiniți în toate actele voastre, pentru că pierdeți din energiile electrice ale trupului și corpului vital. Electricitatea joacă un mare rol în operele cerești. Încă n-ați ajuns să știți să o întrebuințați pentru întărirea trupului vostru. Va sosi vremea când multe slăbiciuni, ba chiar maladii, vor fi vindecate cu fluide magnetice și mai ales electrice. În medicina viitoare se vor crea diferite aparate, cu ajutorul cărora omul slăbănog se va întări prin curenți electrici.

Iată, am făcut o prezicere, deși unii savanți afirmă că noi, duhurile, nu facem preziceri referitoare la invenții științifice. Noi am comunicat oamenilor trupești despre multe invenții și descoperiri ale viitorului, dar aceste comunicări s-au pierdut sau nu au fost luate în serios. Poate această prezicere a mea se va reține, și într-o zi știința medicală o va duce pe făgașul său firesc, de a trata maladiile pe cale fluidică, pentru că trupul omului prin concentrarea fluidelor s-a născut și prin coruperea fluidului s-a îmbolnăvit.

Duhul nu mai revine pe urmele evoluției sale

Multe adevăruri am spus și vom mai spune omenirii întrupate. Om am fost pe pământ și om sunt și aici în Ceruri. Mai exact, aș putea spune că am fost mii de oameni trupești. Frații mei mai mari au reprezentat milioane de oameni trupești aici și pe multe planete pe unde au trecut.

Nu în toate timpurile omul de pe pământ a avut inteligența și forma actuală. A fost o vreme când, deși omul exista ca formă exterioară, el nu avea în el un duh uman, ci unul de animal superior. Atunci existau două lumi separate: una jos - *om-animal,* și alta sus - *duh uman,* care nu făcuse încă nicio întrupare în forma om.

A venit timpul când trupul uman a ajuns la un asemenea grad de evoluție, încât a permis să se întrupeze în el și duhul de om. De atunci s-au format două lumi într-una, ziua lumea spirituală fiind sus iar cea întrupată jos, iar noaptea ambele lumi - a duhurilor libere și a celor întrupate - se amestecă și se confundă sus, viața uneia neputând continua fără sprijinul celeilalte.

Noi, cei de sus, vă hrănim toată ziua cu ideile noastre creatoare și conducătoare. Astfel au trecut milioane de ani de când voi sunteți supravegheați și conduși de noi. Prin urmare, noi suntem un fel de stăpâni ai acțiunilor voastre din timpul zilei.

Dar veți spune: „Dacă e așa, atunci cum rămâne cu liberul meu arbitru? Mai există el?" Da, există, pentru că eu nu te iau de mână și te împing să faci sau nu ceva, ci îți dau numai un îndemn, iar tu, prin judecata ta, ești liber să admiți sau nu îndemnul meu.

În univers totul merge cu o exactitate matematică. Micile abateri nu prejudiciază marelui plan al evoluției lumilor. În linii mari, fiecare individ are trasat dinainte planul său. Fiecare planetă își are și ea etapele ei, prin care va trece în viitor.

Noi, care am studiat trecutul Pământului și îi cunoaștem drumul viitor, am aflat și de istoria altor planete ale sistemului nostru. Iată, de exemplu, am aflat despre trecutul și prezentul planetei Marte. Examinând omul, animalele, plantele, întreaga viață a acelei planete, am ajuns la concluzia că, din punct de vedere evolutiv, ea este cu un grad mai sus decât Pământul. Există alte planete - Venus, Jupiter - aflate cu două, trei grade mai sus. Cum planul de evoluție al planetelor este unul și același, rezultă că în cursul existenței lor, de la origine și până în etapa finală, toate planetele vor trece, rând pe rând, prin aceleași forme evolutive.

Cunoscând acest adevăr, putem spune că Pământul, în evoluția sa, a ajuns într-o anumită fază din trecutul planetei Marte. Să nu vă mâhniți, dar noi suntem în urmă față de Marte cu câteva milioane de ani evolutivi. Prin urmare, ceea ce vedem - cu ochii spiritului - că există acum acolo, va fi și la noi, peste câteva milioane de ani.

Aflați că marțienii știu de existența noastră pe Pământ. Ei au aparate cu care ne văd globul și viața omenească de aici. Lumea fizică de acolo este în posesia aparatelor prin care văd lumea lor spirituală, și au alte aparate prin care întrețin conversații cu ei. Duhurile marțiene ne vizitează, iar la întoarcere comunică oamenilor de acolo tot ce este la noi. Superioritatea lor se arată în toate direcțiile[1].

Planul divinului Creator fiind unic, evoluția planetară urmând același drum, înseamnă că ceea ce s-a realizat pe Marte se va realiza și pe Pământ, peste milioane de ani. Orice s-ar petrece pe suprafața unei planete, omenirea își urmează evoluția - mai încet sau mai grăbit. Micile întârzieri sau abateri nu pot schimba planul stabilit de Divinitate. Este bine ca eu, individ, să mă grăbesc cu școala mea planetară, dar nu e niciun pericol pentru planeta aceasta dacă mă abat din calea destinului meu. Ceea ce n-am făcut acum, va trebui să fac mai târziu. Aceste abateri sunt permise pentru că, la urma-urmei, planul nu are termen. Important este ca el să fie îndeplinit. Pentru noi, duhurile, noțiunea de timp nu există, astfel că ne putem amâna anumite studii, făcând alte experiențe, care în definitiv sunt tot în legătură cu evoluția mea și a celor din jurul meu.

Când planeta Marte a ajuns la o formă de viață umană bazată pe ajutor reciproc, un fel de socialism fericit, aplicat între ei și de primii noștri creștini, lumea fizică a cunoscut perfect lumea cerească și a intrat în legătură permanentă cu ea. Pământul se îndreaptă acum către acea etapă marțiană de viață socialistă. Se vor petrece pe suprafața pământului mari frământări omenești, aducând o nouă formă de viață individului și statului, iar concomitent acestor noi forme de existență umană, omenirea trupească va intra într-o legătură mai largă cu lumea spirituală sau cerească. Atunci omul va fi mereu sfătuit, viața sa morală va fi mult schimbată, și ca urmare, va trăi conform legilor divine.

* * *

---

[1] Bineînțeles că aceste forme de viață de pe alte planete sunt imperceptibile organelor de simț ale omului întrupat pe pământ; iar în ceea ce priveşte aparatele lor, nu trebuie să ne gândim la un sistem de piese electronice asemănătoare celor terestre.

Acum - după ce mi-am depănat ideile cu care am venit - am să răspund la problema ce văd că te frământă, și anume, următoarea afirmație a unor autori teosofi: „Dacă în existențele sale trupești duhul uman greșește mereu, și din ce în ce mai rău, în viitor el se va întrupa într-un animal. Dacă printr-o serie de vieți denotă numai răutate și prin farmece a ucis totul în jurul său - om, animal, cultură etc., atunci el se va întrupa într-o plantă și chiar într-o piatră".

Dragă frate, vi s-a spus întotdeauna că tot ce veți citi ca venind din lumea noastră să le treceți cu de-amănuntul prin ciurul judecății voastre. Admite judecata voastră ca să se piardă ceea ce s-a câștigat în miliarde de ani prin studiu, muncă și suferință? Admite judecata voastră ca divinul Tată, care a stabilit mersul evolutiv din ce în ce mai sus, să condamne pe un copil al Său să facă drumul invers, în regnul animal, vegetal sau chiar mineral?

Este adevărat că omul e supus greșelii. Se poate ca un duh, cât de superior, îmbrăcând haina trupească, să greșească, să se înșele; dar nu e posibil ca duhul uman să revină pe urmele miilor de secole apuse și să mai anime o buruiană sau un animal oarecare. Categoric ți-o spun, acest fenomen nu are loc. Când un duh inferior, întrupat, greșește - urând, prigonind sau ucigând, el va fi pedepsit conform faptei sale și potrivit gradului său evolutiv. O aceeași greșeală făcută de un duh superior, întrupat, va cântări mai greu în balanța judecății, în fața Forului Judecătoresc de sus.

În general, o greșeală fizică, cu efect asupra trupului, are o valoare mai mică decât greșeala spirituală, care afectează o masă mare de oameni. Astfel filosoful german Nietzsche, prin răspândirea ideilor sale contrare legilor divine, a influențat mulți cititori, primind o pedeapsă mai grea decât un criminal, mai ales că era un duh superior în lumea spațiilor.

Dacă totuși, după o serie de vieți greșite, urmate de condamnările respective, duhul persistă pe aceeași cale întunecată și nu dă semne de revenire, el va fi luat și dus pe o planetă inferioară planetei noastre, și întrupat într-o formă umană inferioară. El nu pleacă singur - am mai spus-o, ci însoțit de toate duhurile care l-au ajutat în ticăloșiile sau învățăturile sale false. Acum, fostul Nietzsche nu mai poate greși, căci se află pe o altă planetă, unde ideile lui sunt conforme mediului de acolo.

Tot ce angajează viitorul și influențează mulțimile spre regres este socotit drept cea mai mare greșeală față de Divinitate. Tatăl ceresc vrea progresul copiilor Săi și descoperirea de către aceștia a tainelor Sale, a adevărurilor eterne. A veni tu, om nesocotit, aruncând în lume idei false, create de mintea ta redusă, înseamnă să pui o barieră mersului progresiv al mentalității unei societăți, înseamnă să te opui legilor stabilite.

Prin urmare, duhul nepriceput şi întunecat se va întrupa printre oameni semianimale, pe o planetă inferioară Pământului, dar niciodată într-un animal de pe planeta noastră. Cât priveşte întruparea într-o plantă - sau şi mai rău, într-o piatră - nici nu poate fi vorbă. Aşadar, afirmațiile unor autori teosofi nu corespund adevărului.

În încheiere, îți mai fac cunoscut că în sistemul nostru solar există planete mici, în afară de cele mari şi cunoscute, unde viața e un vis, unde trupul are o constituție diferită de cea terestră, iar evoluția este o plăcere. Nu ne rămâne decât să ne silim să binemerităm, de la Stăpânul acestui sistem, un popas pe o astfel de planetă, pentru odihna sufletului nostru, făcând un ciclu evolutiv pe aceste mici raiuri ale divinului nostru Tată.

Trecutul și viitorul

Mă întrebi, dragul meu frate, dacă Charles Richet afirmă un adevăr, atunci când, în lucrarea sa „Prezicerea", spune că existența duhului este trasată de la început, adică trecutul, prezentul de-o clipă și viitorul nesfârșit sunt orânduite de mai înainte.

Iată un subiect de o foarte mare importanță, care în funcție de locul unde este examinat primește două interpretări. Într-adevăr, dacă este examinat de un om trupesc, el ia un anumit aspect, dacă este examinat de noi, cei de dincolo și anume de un spirit superior, el se prezintă sub un alt aspect. Fiecare din cei doi examinatori au dreptate, din cauza situației în care se află.

Să vedem dacă în lumea noastră, a duhurilor, există timp. În acest scop sunt silit să vă spun că lumea duhurilor acestui glob se împarte în trei categorii: *duhurile umanizate, astralizate* și *divinizate*. Ele se deosebesc prin evoluția lor, și deci, prin felul de a gândi și vedea lucrurile.

Lumea divinizată este posesoarea regulilor de conducere ale Pământului. Lumea astralizată cuprinde conducătorii de tot felul ai popoarelor de pe suprafața pământului, iar sub ei se află lumea duhurilor umanizate, tot ce există ca duh uman pe acest glob, în Cer și pe pământ.

Lumea umanizată și astralizată - având strânse raporturi și interese cu lumea trupească și cu bunurile materiale ale acestui pământ - nu poate vedea decât prin prisma acestor interese, a constituției corpurilor sale și a mentalității încă în curs de evoluție. Din această cauză, pentru lumea umanizată și astralizată există noțiunea de timp, există un trecut - prin care a viețuit, și există un viitor - pe care îl așteaptă, dar nu-l cunoaște.

Situația se schimbă la duhul superior. Pentru un duh divinizat nu mai există decât un vast *prezent,* deoarece deține puterea analizei și a vederii în trecut și viitor, de parcă ar fi de față.

E greu pentru omul trupesc să admită concepția noastră. „Cum nu mai există timp? - va spune el - tot ce s-a întâmplat ieri, în urmă cu zece, o sută, o mie de ani, nu este un trecut? Tot ce va urma de acum înainte, tot ce nu s-a întâmplat încă, nu este un viitor? Atunci cum nu există timp?" Astfel, dreptatea este de partea omului întrupat, pentru că el nu are posibilitatea să judece altfel.

Însă duhul superior consideră toate aceste noțiuni ca fiind iluzii, rezultatul neștiinței și neputinței. Locuind la o mare distanță de suprafața pământului și având posibilitatea să străbată spațiile până la planetele acestui sistem și chiar până în centrul acestui sistem, noțiunea de spațiu a dobândit pentru el un alt înțeles și o altă concepție, un orizont cu mult mai vast. Aprecierile sale asupra noțiunii spațiului sunt altele decât ale omului trupesc.

Putința duhului superior de a străbate ca gândul spațiile siderale distruge și noțiunea timpului. Duhul fiind nemuritor, are o vechime atât de mare, încât se confundă cu eternitatea fără margini. Atunci, neexistând propriu-zis un trecut apreciabil, nu mai există trecut.

Omul trupesc, având o existență scurtă și o memorie limitată, își amintește parțial trecutul, timpul pe când era tânăr sau copil, și dacă i se arată o fotografie a ființei sale din vremea copilăriei, își poate face o noțiune vagă asupra unui trecut mărginit. Dar eu, duh, îmi amintesc tot trecutul meu ce se pierde în ceața eternității. Eu nu mai am noțiunea trecutului, pentru mine nu mai există trecut, ci un prezent continuu.

Așadar, există o mare deosebire între un duh întrupat și unul liber. Primul este orb și olog, al doilea este văzător și creator. Dacă vreau să-mi amintesc ceva din trecutul meu trăit acum 20.000 de ani prin Persia sau India, în momentul când mi-am propus să-mi amintesc acest trecut - de necrezut pentru voi, oameni lipiți de pământ - el îmi apare exterior ființei mele, defilând prin fața ochilor mei spirituali asemenea imaginii unui film. Această imagine a trecutului este atât de bine conturată, atât de reliefată, încât privind-o, mi se pare că trăiesc acum în acel timp, că acțiunile, scenele și evenimentele se petrec chiar în prezent.

Vedeți de ce nu vorbim lumii terestre despre stările de la noi? Ele se deosebesc atât de mult de ale voastre, încât descriindu-le, vi s-ar părea basme. Când căutați să răscoliți trecutul, vi se pare că îl vedeți ca fiind în interiorul vostru. Noi, când căutăm să retrăim acest trecut, îl vedem la exteriorul nostru și este atât de real, încât uităm că trăim în alte veacuri, transpunându-ne cu ființa noastră chiar în acel trecut devenit prezent. Vedeți ce greu ne este să mai concepem trecutul? Tot acest trecut, devenit prezent, îl pot desfășura ca ața de pe un mosor, până în veacul veacurilor, miliarde de ani, până în copilăria mea de duh. Veșnic retrăiesc trecutul ca fiind un prezent.

Dacă într-o oarecare măsură mă puteți urmări mental în expunerea despre trecut, apoi nu vă mai puteți face nicio idee despre o altă facultate a noastră, a duhurilor mai evoluate - aceea de a vedea, în linii mari, generale, tot viitorul nostru, până în zările depărtate ale veacurilor ce vor veni.

După cum prin voință pot să-mi regresez memoria și să văd în trecut, tot astfel pot să-mi îndrept voința, asupra memoriei mele, ca să-mi arate ce îmi rezervă viitorul. Deja văd născându-se în mintea voastră mirarea și întrebarea: „Trecutul a fost trăit, el s-a imprimat cu toate peripețiile lui în spirit, dar ce mai poți vedea în viitor, când acest viitor nu s-a desfășurat încă? Ce a putut să se înscrie în substanța memoriei tale?" Raționamentul este corect, dar omul nu cunoaște operele Creatorului.

Aflați acum încă o taină a lumilor spațiale. *Din primul moment, Creatorul a înscris în mine, a pus în mine sub forma unor semne nepieritoare gândirea Lui, asemenea unui proiect ce cuprinde tot viitorul meu, întreaga mea evoluție, drumul pe care îl voi parcurge și destinația unde voi ajunge.*

Așadar, El a scris ceva în mine iar eu scot la iveală acel ceva, depozitat acolo. Astfel, când doresc, apar vederii mele clișeele Gândirii divine referitoare la viitorul pe care îl mai am de parcurs. Aceste clișee mă absorb atât de puternic, mă identific atât de fidel cu ele, încât mă văd actualmente trăind în ele, în viitor. Atunci, dragul meu, mai există realmente, în sensul nostru ceresc, un viitor?

Trecutul îl cunosc, nu există, prezentul este clipa ce tot fuge spre trecut, iar viitorul îmi apare înaintea ochilor. Ei, atunci mai am eu un trecut, un prezent și un viitor? Nu, nu-l mai am, în sensul concepțiilor voastre trupești, terestre. Pentru noi, duhurile superioare, există un vast prezent, iar aria acestui prezent și intensitatea cu care viețuim acest prezent crește din rang în rang, astfel că pentru marile Forțe ce conduc universurile nu mai există decât un *permanent prezent.*

Așadar, suntem creați cu această facultate a reprezentărilor înscrise în ființa noastră. Când mă gândesc la ce am de făcut în viitor, îmi apar - în linii generale -

stările mele viitoare. Încep să văd viitorul mai apropiat, apoi pe cel mai îndepărtat și tot așa din ce în ce mai îndepărtat. De la o vreme, simt oboseală, după care se așterne înaintea mea o ceață și încetul cu încetul nu mai văd nimic. Din acest moment, parcă mă deștept dintr-un vis și mă văd iarăși în prezent, cu tot mediul ce mă înconjoară. La fel se petrece și cu trecutul. Văd veacuri peste veacuri, mii, sute de mii de ani. De la o vreme, imaginea filmului este din ce în ce mai ștearsă, până nu se mai vede nimic.

De aici, deducerea că prezentul meu - ce îmbrățișează o durată de timp inimaginabilă pentru voi - în definitiv este mărginit, conform gradului meu de evoluție. Aceste margini se depărtează pe măsura evoluției, astfel că pentru gradul meu au o anumită limită, pentru îngerii planetari aceste margini sunt mai largi, pentru îngerii solari, și mai largi, lărgindu-se mereu, din grad în grad, până la marii Creatori din Sfera divină. Așadar, memoria este limitată la entitățile spirituale mai puțin evoluate și este din ce în ce mai extinsă pe măsură ce urcăm treptele evoluției spirituale.

Concluzia este următoarea: fiind în condiții diferite de ale noastre, este inevitabil ca omul trupesc să vadă lucrurile altfel și să aibă concepții cu totul deosebite de ale noastre.

Fiecare om are un veghetor

Orice om întrupat are un spirit veghetor lângă el. Rolul său este de a-și conduce protejatul la îndeplinirea destinului, după cum este înscris în haina sa memorială. Divinul Creator a voit ca tu, omule, să-ți urmezi calea ce ți-a înscris-o de la crearea ta, până te vei întoarce de unde ai plecat. Însă Creatorul a dat copilului Său ceea ce a avut și El – *libertatea,* facultatea de a voi, de a se conduce așa cum i se va părea lui că este mai bine, dar punându-i în față legile Sale, pe care călcându-le, va suferi și își va da seama că a greșit.

În legătură cu această orânduire, marii inițiați ai trecutului au creat legenda pomului binelui și al răului, de fructele căruia omul nu trebuie să se atingă. Dar în jurul omului este mediul înconjurător și în plus liberul său arbitru, reprezentate prin șarpele îndemnător la fapte contrare. Tu, omule, ești tentat să faci sau nu ceea ce îți sugerează veghetorul. Lumea ce te înconjoară cu interesele ei te va împiedica să-ți îndeplinești destinul. Iată șarpele din rai care te va împinge să faci lucruri contrare celor stabilite, înscrise în destinul tău.

Cum vei lupta cu aceste forțe, care tind să te abată din drum? Tatăl a pus în ființa ta facultatea numită judecată. De câte ori te vei afla într-o situație nouă, să o examinezi la lumina judecății tale, și mai ascultând și de sugestiile veghetorului tău - dăruit de Creator să te ajute la înlăturarea altor sugestii și forțe - vei reuși să-ți urmezi calea destinului. Dacă totuși nu asculți de această judecată, dacă nu asculți de sfatul veghetorului tău și te duci după amăgirile de un moment, vei veni în conflict cu destinul, cu legea divină, iar urmarea va fi nefericirea ta.

Omul este mereu hărțuit de forțele lăturalnice ale mediului înconjurător, cu interesele lui multiple. Pentru a putea lupta cu ușurință contra acestor influențe, el a fost determinat să se asocieze cu alții, formând o comunitate care să-l apere în toate împrejurările și să-l ajute să-și urmeze calea în veci. Rolul acestei asocieri este asemănător cu cel dintre părintele pământesc și copilul său, unire creată în vederea apărării copilului de pericolele ivite în existența sa, a îndemnului la fapte bune, spre binele său, și pentru a ocoli pe cele rele, spre a nu se nenoroci. În situația părintelui terestru se află și veghetorul omului. Orice îndemn greșit sau în afara destinului ocrotitului său, va fi plătit de veghetor cu amarnice suferințe.

Cu această ocazie, țin să atrag atenția că omul întrupat își va plăti greșeala proporțional cu gravitatea ei, dar dacă duhul liber va greși, făcând acte contra legilor divine, greșeala sa va fi cu mult mai greu pedepsită, pentru motivul că el are o conștiință mai liberă și este mai bun cunoscător al regulilor de conducere ale lumilor decât omul trupesc, care nu știe decât ceea ce îl înconjoară.

Iată un exemplu. Legile morale pământești spun că nu-ți este permis să iei femeia altuia, pentru că strici o alcătuire divină. Legile morale cerești spun: *Nici cu gândul să nu râvnești la femeia altuia* - căci omul greșește și cu gândul, după cum a afirmat Domnul nostru Isus Christos.

Modul cum îți folosești gândirea, cugetarea, poate să te fericească sau să te ducă la săvârșirea unui păcat. Ideea are în sine o forță colosală. De felul cum te vei servi de idee în relația cu semenul tău, vei fi un fericit sau aspru pedepsit. Prin cuvântul tău, omule, poți deveni șarpele biblic, căci prin ideile tale poți să abați pe un om din calea destinului său.

Dacă un om este responsabil de modul cum sfătuiește pe un altul, această responsabilitate este mai gravă când, prin scris sau vorbă, el determină mai mulți oameni la fapte contra legilor divine.

Așadar, în linii generale, duhul are înscris în el drumul evoluției sale, de la care se abate de multe ori, prin voința sa, prin libertatea de a hotărî. Prin urmare, este nevoie să se facă ceva pentru ca această libertate să-i fie disciplinată și să-și pună voința în joc numai pentru împlinirea misiunii sale. În sprijinul urmăririi acestei discipline vine întruparea cu tunica ei de lut, care prin suferințe aprige, orânduite și intenționat alese, încovoaie tendința de abatere și influențele lăturalnice. Din întrupare în întrupare, fiind călit mereu la focul suferințelor, voința omului se disciplinează și de la o vreme va înțelege că trebuie să-și ducă traiul așa cum i-a fost trasat.

Veghetorul are sarcina să observe drumul vieții terestre a protejatului său, conform destinului înscris înainte de întruparea sa. Să zicem că în destinul unui om este scris ca el să se călugărească. La timpul hotărât - conform destinului - veghetorul îl îndeamnă să se călugărească. Dar o persoană oarecare, auzind de hotărârea lui, se amestecă și stăruind cu argumente îl determină să nu facă acest pas, abătându-l de la impulsul său intern de a se călugări. În acest caz, cel care intervine își asumă o mare responsabilitate, deoarece a contribuit la modificarea unui destin. Ideile unui iresponsabil au întors un om din drumul pe care pornise.

Prin urmare, putem greși în alegerile noastre, și putem greși acționând prin ideile noastre asupra semenilor.

Visul

După actul morții și al reîntrupării, visul este fenomenul cel mai important din viața omului. Lumea savantă a făcut apel la fel de fel de ipoteze pentru a-și explica acest fenomen, dar nu a putut să se apropie nici pe departe de adevăratul mecanism al producerii visului, întrucât el, aparținând lumii fluidice, e imposibil de cunoscut pe cale fizică.

Oricât de fantastice ar fi, visele sunt realități ale lumilor fluidice. Iluziile există doar în lumea fizică, deoarece simțurile ne arată una și adevărul este altul.

Înainte de a intra în analiza fenomenului numit vis, trebuie să reținem că omul are o stare a sa eternă - *starea de spirit liber,* când posedă o memorie deplină a trecutului, prezentului și viitorului. A doua stare a omului este cea vremelnică, *starea de duh întrupat* - când nu mai știe nimic de patria de unde a venit și nu cunoaște decât ceea ce aparține acestei vieți pământești, memoria lui fiind foarte limitată. Între aceste două stări se înșiră starea *somnambulică, transa* și *visul.*

În starea somnambulică omul este în legătură și cu lumea trupească și cu cea spațială. În starea de transă duhul omului s-a exteriorizat complet - ceea ce nu are loc în starea somnambulică - fiind în legătură numai cu lumea fluidică. În starea de vis, duhul este exteriorizat, iar corpul vital rămâne în trup.

Divinitatea a orânduit ca omul și orice animal să doarmă, pentru ca spiritul să-și trăiască pentru câteva ore viața de spirit, fără de care viața trupească ar fi deosebit de chinuitoare. După o zi de muncă, omul se culcă și adoarme. Ce se petrece cu el? De cum a pus capul pe pernă, încetul cu încetul duhul începe să se retragă din temnița sa, din trupul său. Iată-l afară la un metru de trup, trăgând după el și o parte din corpul său vital. Odată ieșit complet din trup, duhul începe să iasă și din învelișul sau corpul său vital. În acest moment un lucid vede pe pat trupul din care pleacă un fir aflat în legătură cu corpul vital. Apoi din corpul vital pleacă un alt fir, care se leagă de duh - format din scânteia divină înconjurată de toate celelalte învelișuri fluidice. La deșteptare, omul nu va ști nimic, nu-și va aminti nimic din tot ce va gândi și face de acum spiritul înconjurat de corpul său perispiritual.

Starea de somn adânc, fără vise, este starea normală a omului în timpul nopții, sinonimă cu starea de transă. Cineva ar putea să mă întrebe: „Dacă starea de somn este la fel cu starea de transă, de ce omul când doarme nu ne aude deloc și de ce mediumul în stare de transă ne aude și ne vorbește?" Pentru că în stare de somn duhul s-a îndepărtat de trupul său, fiind atent la fenomenele din spațiu, iar în stare de transă un duh străin a ocupat dublul vital exteriorizat și prin el comunică trupului, și celor din jur, văzând și auzind asemenea omului în stare de veghe. Dar stăpânul trupului, la rândul său, vede și aude lumea spirituală, auzul și văzul său fiind spirituale.

Dublul vital a fost scos din trup, pentru a fi încărcat cu fluid electric, grație căruia acest corp eteric va putea conduce ziua următoare funcțiile trupului. Odată ce a fost încărcat, dublul vital este introdus în trup, iar duhul își vede de studiile, meditațiile și conversațiile sale cu lumea spațială. Spre ziuă, începe visul. Așadar, visul are loc după ce corpul vital a fost reintrodus în trup, iar duhul singur este în afara corpului vital și al trupului.

Visul poate avea loc și ziua când dormim. Somnul de zi nu este absolut necesar, ci doar pentru agrement, odihnă sau meditare. În acest timp dublul vital rămâne în trup, iar spiritul hoinărește prin împrejurimi.

Visul poate avea loc și în timpul unei boli trupești. În general, durerile trupului nu lasă dublul vital să iasă afară. Cu toate acestea, între anumite momente de ațipire, spiritul scoate puțin afară corpul vital, îl încarcă repede cu fluid vital și îl reintroduce în trup. După puțin timp îl scoate din nou, îl încarcă și iar îl bagă la loc. În cazul unor boli grave, duhul iese singur din trup, și din afară, prin cordonul fluidic, îl încarcă - e drept, greu, foarte greu, dar îl încarcă. În acest caz duhul este ajutat de frați cerești, cu care se consultă, vorbește, și se poate întâmpla ca frânturi din această discuție să fie exprimate, prin grai, de trupul său. Cei aflați în jurul bolnavului spun că acesta aiurează. El nu aiurează, ci reproduce fragmentat, incoerent, conversația sa cu cei din spațiu și de aceea nu este înțeles de cei de față. Către ziuă duhul intră în dublul eteric și în trupul său.

În rezumat, omul trupesc cunoaște trei stări:

1. *Starea de veghe* - când duhul și dublul eteric se află în trup;

2. *Starea de somn adânc* - când spiritul împreună cu dublul său eteric sunt în afara trupului;

3. *Starea de vis* - când dublul eteric se află în trup, iar spiritul este în afară. Numai în această stare au loc visele.

În mod normal, omul nu vorbește când doarme. Dacă îi vorbește cineva el nu aude, pentru că spiritul fiind plecat, trupul său nu mai este capabil să audă. Trupul nu aude, ci duhul din el înțelege și răspunde. Însă duhul nu va ști ce i se vorbește, pentru că dublul vital este în interiorul trupului, fiind o pavăză, o piedică între vorbitor și duh, fie că duhul va fi departe, fie că va fi pe lângă trupul său. Dacă prin pase magnetice - ale unui om spațial sau trupesc - se scoate și dublul vital din trup, persoana respectivă cade în starea numită *transă*. În acest caz, adresându-ne duhului, el ne va înțelege și ne va răspunde, dar după deșteptarea trupului său nu va ști absolut nimic despre întrebările primite și răspunsurile date. Cu alte cuvinte, nu va ști nimic din ce s-a petrecut în jurul său.

Când omul se deșteaptă - am mai spus și repet - dublul vital se află deja în interiorul trupului, iar duhul vine și se introduce la rândul său în dublul vital. Între adormirea completă și starea de veghe există o stare de tranziție, numită *ațipire*.

Încetul cu încetul, duhul se retrage din trup, trăgând după el corpul vital. De acum omul doarme profund. După ce duhul își va încărca dublul vital cu fluid, cu forța electrică necesară pentru douăsprezece ore de funcționare, îl va introduce în trup. Din acest moment, omul începe să viseze. Va vedea peisaje din diferite țări și ținuturi, va vorbi cu alte duhuri, despre trecut sau viitor etc., dar la deșteptare le va uita pe toate. Aceasta e regula.

Câteodată, când visul are loc către ziuă și omul se deșteaptă mai mult sau mai puțin repede după vis, el își amintește câte ceva. Pentru a-și aminti pe deplin, condiția este să se deștepte repede, imediat după vis, ceea ce se poate realiza rugând pe un spirit prieten să-i facă acest serviciu. Odată deșteptat, să nu se miște, să nu deschidă pleoapele, pentru că altfel lumina zilei îl trece complet la viața trupească. Să stea liniștit și să mediteze asupra visului avut până mai adineauri. Apucând de un capăt al visului și trăgând cu mintea mereu de el, visul pare că se desface ca de pe un mosor, și încetul cu încetul îl reconstituie. În modul acesta, toate ideile și imaginile culese de duh - neavând timp să se risipească în spațiu - sunt transmise dublului eteric. Din corpul vital, imaginile trec în sistemul cerebral și prin el omul își conștientizează și memorează tot visul.

Fiind o materie vie, dublul vital are capacitatea să înregistreze direct toate impresiile vizuale, olfactive sau auditive venite din lumea exterioară. Așadar, în afară de duh sau ființa noastră spirituală, și dublul vital constituie un suport de înregistrare a fenomenelor din afara trupului omenesc. Acest corp eteric, sau dublu vital - care ne împiedică ziua să știm ce am făcut noaptea sau ce cunoaștem din alte vieți - înregistrează cunoștințe ziua, când spiritul se află în trup, și înregistrează cunoștințe noaptea, când duhul este în afara trupului. Prin urmare, *corpul vital este o arhivă păstrătoare de cunoștințe*. El reprezintă „subconștientul" științei voastre terestre.

Pe lângă materia memorială a duhului și în dublul vital se imprimă, sub formă de simboluri, tot ce a aflat duhul în timpul nopții despre viitorul său apropiat, despre evenimentele prin care va trece, iar la deșteptare „subconștientul" - nefiind prin sine însuși inteligent, cugetător ca duhul sau stăpânul său - nu le poate traduce limpede, decât sub formă de presentiment, de presimțire că va fi ceva, că stăpânului său i se va întâmpla ceva, dar ce anume, nu știe. Dublul vital fiind doar un înregistrator, fără să posede o inteligență, nu poate reproduce decât inconștient și vag, ceea ce a reținut sau memorat.

Dublul vital are o importanță capitală în existența omului trupesc. De vigoarea sau slăbiciunea sa depinde starea de sănătate sau debilitatea trupului. Chimiștii noștri cerești acționează asupra dublului vital, schimbându-i compoziția originară, cu scopul de a face din om un medium auditiv, vizual sau telechinetic. Compoziția dublului vital este conformă constituției planetei pe care s-a întrupat duhul. Consistența trupului va fi în raport cu compoziția dublului vital. Grație acestei adaptări, omul poate trăi pe orice planetă, oricare ar fi constituția sa fizică și chimică.

Datorită dublului vital se construiesc visele. Visul poate să însemne ceva pentru om și poate să nu-i arate nimic. Dacă, de exemplu, un spirit superior trebuie să joace într-o întrupare a sa rolul unui biet cioban, potrivit rangului său, el poate avea noaptea conversații cu alte duhuri, poate călători sau vizita diferite regiuni terestre sau spațiale. La deșteptare își va aminti ceva, dar atât de neînțeles pentru mintea lui simplă din actuala viață terestră, încât visul nu-i va spune nimic. Așadar, visul reprezintă uneori ceva și alteori nimic - pentru cel care a visat.

De multe ori o persoană incultă, pusă în stare de transă, ne uimește prin cunoștințele sale de chimie, fizică și astronomie. De unde le scoate? Din adâncul arhivei sale spirituale, pentru că este o entitate superioară în lumea spațiilor.

Visele sunt necesare omului. Uneori, duhul are nevoie ca ego-ul - personalitatea prin care s-a întrupat și constituie conștiința sa în starea de veghe - să știe ceva, cât de cât, din cele ce trebuie să facă în viața terestră actuală. În acest scop, duhul provoacă un vis, pentru ca tot el - prin intermediul ego-ului, care îi oferă conștiința de veghe când va fi în trup - să aibă presentimente vagi despre evenimentele ce vor urma, despre faptele pe care trebuie să le facă și despre cele de care trebuie să se ferească.

Am spus că omul spirit are un program de urmărit. Ca să se țină pe acest drum și să nu greșească, el trebuie să aibă, cât de cât, indicația drumului său. Pentru a avea în vedere calea ce o are de urmat, duhul face astfel ca însuși vehiculul său să înregistreze, sub formă de vis simbolic, cărarea pe care îi vor fi așternute flori sau ghimpi, bucurii sau supărări.

Lumea crede că visul este ceva întâmplător, o fantezie fie a celulelor cerebrale, fie a retinei, fie a „psihicului" său. Nu, nu este așa. *Visul este o producție voită a duhului, a stăpânului trupului, sau a altor duhuri, care vor să transmită ceva iubitului lor întrupat.*

Deși viața pare a se scurge fără nicio continuitate între lumea noastră și a voastră, adevărul este că între viața trupească în stare de veghe și viața de spirit liber este o continuă curgere, fără cea mai mică întrerupere, căci între aceste două lumi, îmbinate una în alta, există o legătură indisolubilă, a cărei funcționare lumea neștiutoare de adevăruri cerești nu o cunoaște.

Pentru omul simplu viața trupească e o fericire. Pentru duhul superior, coborât în trup, viața pur trupească este un chin al neștiinței și întunericului. Atunci Divinitatea a orânduit viața de duh exteriorizat din timpul nopții, al somnului.

Omul simplu e un cvasianimal. El nu trebuie să fie stingherit din cursul vieții sale, nu trebuie să știe că tot ce spune și face este auzit și văzut de cei din lumea spațială. Ar fi îngrozit știindu-se observat, urmărit în toate actele și gândurile sale. Viața nu i s-ar mai desfășura în libertate, după deplina sa înclinare. Prin urmare, Divinitatea, în nemărginita Ei înțelepciune, a socotit că omenirea, în general, trebuie lăsată în necunoașterea lumii spirituale; cunoașterea Cerului constituind doar privilegiul celor puțini.

Noi suntem o piedică pentru animalul din om. Însuși duhul inferior declară că el nu vrea - ca om trupesc - să știe de lumea sa spirituală. Cei mulți nu cred în existența spiritului, a vieții spirituale, și nu le plac cunoștințele lumii cerești, duhurile lor fiind încă pe treptele inferioare ale scării evoluției spirituale.

Cele mai multe vise par a fi irealități, pentru că duhul nu are permisiunea să construiască un vis concret, imaginativ-real. Aceste reprezentări enigmatice vor dura mii de veacuri, până când omenirea va ieși din starea morală și intelectuală înapoiată, până când se va ridica pe treptele superioare ale înțelegerii și conștiinței, când voința nu îi va mai permite să se abată din calea armoniei divine, stabilită din veșnicie în tot universul.

Idei despre creație

Toată materia pământului pe care-l locuiți - numită de voi fizică - a provenit prin concentrare din *prima materie fluidică,* din care a făcut Creatorul toate corpurile cerești.

Precum norii sunt reprezentanții sub formă de vapori ai lichidului numit apă, tot astfel există în univers reprezentantul fluidic al aurului, argintului, platinei etc. Tot ce vedeți pe pământ a provenit, dintr-un anumit fluid. Prin urmare, în univers există fluidele corespunzătoare a tot ce există pe pământ.

Să presupunem că un mare spirit, din categoria celor ce construiesc sori și planete, ar coborî în atmosfera superioară a Pământului, în zona albă sau divină, unde sunt marile noastre entități spirituale, și ar dori să facă o demonstrație. Prin puterea voinței sale, el ar putea să facă din fluidul humifer un bob de humă, exact de aceeași compoziție cu huma terestră. De asemenea, ar putea să fabrice orice metal sau piatră prețioasă ar dori, din fluidul lor corespunzător.

Dacă acest mare spirit ar coborî mai jos, în zona a treia, roșie - cea de la suprafața pământului - va găsi fluide vegetale, animale și umane, putând face din ele o portocală, o pasăre și chiar un trup de om ca al celorlalți oameni.

Misterul creației a constat, constă și va consta în transformarea fluidelor în materii gazoase, lichide și solide. În plus, fluidele își urmează cursul lor evolutiv, care constă în prefacerea fluidelor de natură minerală în fluide vegetale, a acestora, în fluide animale și pe urmă în fluide umane.

Din fluidele universice s-a format tot ce există pe diferite planete. Pământul fiind acum un glob bătrân, nu se mai produc pe el asemenea transformări. Dar când este vorba să se construiască o planetă nouă, din Sfera divină coboară cete numeroase de Constructori divini, care încep crearea materiei minerale, materializând fluide minerale. După consolidarea mineralului, prin condensarea și încetinirea vibrației particulelor fluidului mineral, o altă serie de Constructori prepară din fluidul mineral aflat în jurul planetei, fluide vegetale, și apoi din ele, prin materializări, creează primele plante. Când pământul a fost îmbrăcat cu o haină vegetală - plante aflate pe cea mai de jos treaptă evolutivă - o altă serie de Constructori a transformat fluidul vegetal în fluid animal, din care au început să facă trupuri de animale - și așa mai departe. Așadar, începutul vieții pe o planetă nouă este o continuă materializare, săvârșită de anumite mari duhuri.

Duhurile de pe Pământ au auzit de asemenea operații de materializare, dar nu au luat parte la ele. Entitățile spirituale superioare ale Pământului sunt cunoscătoare ale acestor creații, le pot realiza, efemer, pe unele dintre ele, în scop de experiment, dar nu destăinuie nimănui taina lor, mecanismul operației lor. Consideră că divulgarea acestor taine este o adevărată crimă asupra creației, din cauza pericolelor prin care ar trece omenirea aflată într-o fază evolutivă inferioară. Într-adevăr, dacă duhurile inferioare ar cunoaște mecanismul materializării fluidelor - de exemplu, al unui fruct, animal etc. - ar cunoaște și mecanismul dematerializării corpurilor, și atunci vă dați seama ce grozăvii ar rezulta! Din ură sau pentru a se răzbuna pe un semen al său întrupat, care în altă viață i-a făcut vreun neajuns, duhul inconștient ar putea defluidiza corpul vital al semenului său și prin aceasta să provoace moartea trupului acestuia, ba chiar să-i dematerializeze însuși trupul, în fluidul său corespunzător.

Prin urmare, marile duhuri, marii savanți ai Pământului, după ce au făcut o materializare - a unei portocale, flori etc. - o dematerializează, adică o transformă în fluidul din care provine - nu o lasă ca atare în atmosfera voastră, pentru că ar da posibilitate duhurilor de aici să se instruiască și să poată face și ele asemenea operații, interzise nu de vreo opreliște oarecare, ci din cauza ignoranței, a inferiorității lor, care i-ar determina să facă un rău oarecare, prin dematerializarea în fluid a unei pietre, plante sau a unui animal.

În rezumat, *dematerializarea este transformarea materiei fizice, de natură minerală, vegetală ori animală, în fluidele sale corespunzătoare, și apoi transformarea în fluid primitiv, din care își trag cu toate obârșia.*

* * *

Ce frumoase și interesante sunt aceste teme, referitoare la mânuirea fluidelor și crearea din ele a diferitelor materii planetare! Asemenea cunoștințe sunt predate de marii noștri îngeri, în zonele înalte ale Pământului, conferințe la care luăm și noi parte. Din sfere superioare, îngerii primesc pe cale de comunicări transmise prin unde-gânduri, cunoștințe și mai înalte, la care noi nu ne putem adăpa, pentru că în aceste expuneri sunt idei al căror conținut nu-l pricepem.

Limba duhurilor este una și aceeași peste tot universul - aceleași semne, culori și sunete spirituale - dar ea nu este înțeleasă de oricine, deoarece cuprinde cunoștințe și gânduri ce nu intră în capitalul său de memorie și gândire. Un spirit întrupat învață mai ușor - sau mai exact, reînvață - limba țării sale, decât învățăm noi limba universală. Fiecare idee își are semnul, sunetul și culoarea sa, dar când se comunică cunoștințe foarte abstracte, degeaba auzim sunetul și vedem semnul luminos, că nu pricepem nimic. Atunci ce este de făcut? Să întrebi. Dar pe cine? Căci pe când omul trupesc își poate pierde vremea lenevind sau hoinărind, în lumea duhurilor toți au de făcut o activitate, pe care cu ardoare caută să o termine cu bine. În acest caz nu-ți rămâne decât să urmezi carul evoluției tale, să nu te mai ții după carul preocupărilor celor superiori ție. Să te silești, căci în fiecare an, prin muncă, atenție și supunere, vei urca un mic pas spre mai bine, un pas prea mic față de eternitate. Până ce duhul analfabet a ajuns în clasa întâi primară a Cerurilor, au trecut câteva miliarde de ani. Dar câte miliarde vor mai trece până ajunge în lumea spațiilor la bacalaureat, licențiat și doctorat? Te înspăimânți gândindu-te numai.

O greutate în plus este faptul că nu se permite învățarea mai rapidă, decât este stabilit în program. De exemplu, subiectul *A* se predă la o anumită vreme, pe când subiectul *B* se predă la o epocă mult mai târzie. Ai dori să înveți mai repede, dar cine să-ți spună? căci după ce ai învățat pe *A,* cel care trebuie să-ți vorbească de *B* îți spune: „Așteaptă, încă nu a sosit vremea predării cursului meu".

Deși Pământul primește o mulțime de unde-gânduri, cursuri sosite din sori sau planete superioare, nu putem profita de ele, neînțelegând ideile expuse în acele conferințe cerești. Din ele trag învățăminte numai îngerii, cu o cultură cerească superioară culturii noastre.

Ei, dragul meu, dacă ați ști ce de reguli și legi ne îngrădesc și conduc lumile, v-ați minuna de înțelepciunea Celui ce le-a orânduit!

Eu, entitate spirituală, nu pot să fac ceea ce vreau, ceea ce îmi place, ci numai ceea ce trebuie să fac conform gradului la care am ajuns. La revedere la noapte, când îmi vei da o notă bună pentru cele comunicate pe ziua de azi.

* * *

A! Dar vreau să-ți răspund la întrebarea pe care mi-ai pus-o: „E posibil ca un om trupesc să fie în stare de veghe iar spiritul să-i fie departe de trup?"

Te iubesc și vreau să ai și la această întrebare răspunsul meu. De altfel, acesta este rolul nostru: să te lămurim, ca om trupesc, cu tot ceea ce ca spirit cunoști foarte bine.

Da, este posibil ca un spirit uman să plece din trupul său și totuși omul să nu doarmă, adică să fie în veghe, dar această veghe nu e deplină. Ce se întâmplă în acest caz? Să iau un exemplu.

În timpul zilei, un spirit uman a ieșit din casa lui trupească și s-a dus într-o altă localitate unde se află întrupat un spirit prieten, cu care vrea să se întrețină. Trupul părăsit de spirit pare deștept, dar este într-o stare de prostație; trăiește, dar nu vede și nu aude; se mișcă și are aparența că e deștept, pentru să spiritul, prin firul de legătură, acționează de la distanță asupra sa.

În acest timp, poate să treacă pe acolo un duh nu prea cumsecade, sau un duh trimis de o entitate superioară. Acest duh se introduce în trupul subiectului nostru și începe să vorbească. Cei din jur îl ascultă și nu-l înțeleg, întreabă și primesc răspunsuri aiurea și nu știu ce să mai creadă.

Dar iată că spiritul-stăpân vine ca fulgerul și dă afară spiritul-musafir. Din acest moment omul este recunoscut și înțeles de frații săi, pentru că acum le vorbește veritabilul stăpân al trupului.

Dacă fenomenul se repetă mai des și mai prelung, cei din apropierea subiectului nostru cred că fratele lor a înnebunit și îl duc la ospiciu, unde face pe împăratul Abisiniei.

Când pleacă musafirul nepoftit, sau trimisul special, spiritul-stăpân revine în trupul său, și începe să vorbească la fel ca toată lumea, logic și cuminte; îi recunoaște pe ai săi și medicii cred că alienatul, înstrăinatul s-a făcut bine.

Săracul! Uneori, a fost o neglijență a sa, ori o încercare, la care îl supuneau cei mari, ca să-l învețe să fie mai atent cu trupul său. Alteori, a fost o pedeapsă, pentru ca trecând prin acest fel de suferință să știe prin ce trece spiritul când nu poate intra în propriul său trup. Această suferință - considerată demență de medicii pământului - vine ca o ispășire din trecut, a unei greșeli a duhului împotriva aproapelui său, ori împotriva legilor orânduite.

Pentru că te-am ținut destul, mă duc și îți spun: La revedere, când îți voi mai depăna din cunoștințele mele, sau vor veni alții, superiori mie; cu toții difuzându-ți cunoștințele Cerului, necesare întemeierii, pe tot întinsul pământului, a marelui templu viitor, templul științei și al artei divine - *Templul marelui Adevăr.*

Ierarhia cerească

Din Antichitate și până în zilele noastre omul a afirmat, în mod inconștient, că fiecare popor are un dumnezeu al său. Cu ocazia Primului Război Mondial, împăratul Wilhelm a spus: „Poporul german are dumnezeul său și el ne va ajuta să câștigăm războiul". Fără să știe, el spunea un adevăr.

La rândul său, poporul evreu afirmă din vechime că îl are pe Dumnezeul său.

Noi, cei din spațiu, spunem același adevăr - dar, în mod conștient - și anume, că avem pe marele nostru Terestrian, pe marele nostru Divin, Guvernatorul Pământului.

Veneratul nostru Terestrian, în toate cuvântările Sale, ne spune: „Eu nu fac altceva decât execut ordinele Tatălui Meu ceresc, ale marelui Dumnezeu, fostul nostru de odinioară Isus".

La rândul Său, marele Isus răspunde celor care Îl întreabă: „Eu nu fac decât să execut ordinele Tatălui Meu ceresc, Dumnezeul Dumnezeilor din univers, marele Arhitect Creator".

Iată, frate dragă, ierarhia Divinilor noştri iubiţi şi veneraţi. Noi cunoaştem toată scara ierarhică a fiinţelor conlocuitoare pe acest glob. Cunoaştem şi Tronul argintiu al Divinităţii noastre teriene, cel mai mare spirit al Pământului, care cu dragoste păstoreşte peste oiţele duhuri ale acestei planete. Noi Îl numim Dumnezeul planetei Pământ.

Aşadar la noi există o altă ordine socială, alte somităţi spirituale, alţi sfinţi. Aceste somităţi cereşti ne aduc la cunoştinţă evoluţia viitoare a micului nostru glob plutitor în imensitatea nemăsurabilă a universului nostru. De la ei spicuim, adunăm cunoştinţe, ca şi puii seminţele, dar ce greu găsim aceste boabe, căci deşi sunt multe, nu le putem digera pe toate. Lipsa mea de superioritate nu-mi permite să diger o mare cantitate din aceste boabe, din aceste fructe roditoare de cunoştinţe. Lucrările intelectuale, cunoştinţele referitoare la univers sunt hrana sufletelor noastre.

Nouă, duhurilor de gradul meu, ni se permite să luăm cunoştinţă de evoluţiile planetare.

Copiilor voştri din şcoala primară li se spune că pământul şi întregul univers a fost creat de marele Creator în şapte zile. Sărmanii copii citesc, învaţă şi datorită fragedei lor inteligenţe întunecată de reîntrupare şi datorită neputinţei de a cerceta şi verifica, cred în această absurditate. Pe măsură ce cresc, inteligenţa li se luminează şi amintindu-şi de gogoriţele învăţate în orele de religie, ei se răzbună pe naivii care i-au învăţat asemenea absurdităţi, devenind indiferenţi faţă de feţele bisericeşti.

Copiii observă că teoriile şi cunoştinţele oamenilor de ştiinţă se bat cap în cap cu învăţătura cărţilor scrise de preoţi. Iată-l pe bietul preot neştiutor pus într-o situaţie foarte grea în faţa elevilor mai mari, din ultimele clase de liceu. Din nefericire, această ignoranţă face să se distrugă credinţa şi ştiinţa în existenţa marelui şi adoratului nostru Tată divin.

Este adevărat că preotul, chiar dacă ar cunoaşte Adevărul nostru ceresc, nu ar putea încă să-l dezvăluie în întregime, având în vedere mintea necoaptă a micului şcolar.

În învăţăturile primite, ni s-a vorbit şi despre creaţia Pământului, precum şi a universului întreg. Creaţia a necesitat nu şapte zile, ci miliarde de miliarde de ani. Marele nostru Terestrian ne-a spus într-una din prelegerile Sale: „Eu, Păstorul vostru, iubitorul vostru Tată, supus ordinelor marelui meu Guvernator solar, nu existam pe când s-au făcut aceste infinite corpuri cereşti. Marele meu Stăpân, numit pe Pământ Isus Christos, Guvernatorul acestor de voi locuite planete, mi-a zis: «Iubitul Meu frate, când Eu am făcut aceste planete, dintre care pe aceasta ţi-am dăruit-o să o conduci, tu nu existai pe aici, ci zăceai în sânul lui Abraham, adică în sânul divinului Meu Stăpân».

Eu, păstorul Pământului nu eram aici în momentul creării sale?! Atunci mirat, am întrebat:

– Doamne, Împărat al acestei vaste Împărăţii solare, eu nu eram de faţă la crearea Pământului?

– Fiule, adevăr grăiesc, tu nu erai de faţă pentru că nu-Mi erai necesar.

– În genunchi stând, eu, neputinciosul Tău serv, o, Domnul meu iubit, îndrăznesc să Te întreb; Măria Ta, singur ai făcut aceste planete ale Împărăţiei Tale?

– Nu, fiule, nu le-am făcut singur, ci împreună cu Lucrătorii Tatălui Meu.

– Dar cum erau aceşti Lucrători, de unde au venit, cine erau şi unde sunt Ei acum?

– Fiule, tu ești acum Guvernatorul planetei Pământ, dar Creator, Ziditor nu ești. Tu ești Conducătorul suprem al acestei planete, care este proprietatea Mea, dăruită de Tatăl Meu și Frații Mei mai mari și pe care, la rândul Meu, ți-am dăruit-o ție. Frații Mei din Sfera-Laborator, Fiii Tatălui Meu sunt Creatorii de universuri. Frații Mei nu mai conduc, Ei au fost ca tine odinioară, după aceea asemenea Mie veacuri nenumărate au fost, iar azi Ei sunt Ajutătorii marelui nostru Tată, Constructorii operelor Sale. De pe vremea când am fost și Eu prin lumile fizice au trecut miliarde de ani divini, unitatea Lor de măsură a timpului, de milioane de ori mai mare decât anul solar, iar acesta, de zeci de mii de ori mai mare decât anul globului tău.

– Mărite Doamne, Divinul Cerurilor noastre, Tu, făcătorul Soarelui și al acestor douăsprezece mari planete, de ce acum Tu nu mai creezi? De ce ai rămas aici și nu ai părăsit Soarele și aceste planete pentru a Te duce cu Frații Tăi în sânul Tatălui ceresc și a ne lăsa pe noi, aceștia mai mici, să conducem fructul muncii Tale divine?

– Frate – mi-a răspuns Domnul, marele fost Isus – adevăr grăiesc vouă că Eu sunt mai mic decât Ziditorii care au lucrat la acest sistem planetar. Înainte de a fi fost ceea ce sunt azi, Eu am fost ceea ce ești tu azi: un umil conducător de planetă, într-un alt sistem al acestui nemăsurat univers, și am avansat până la gradul de Păstor solar sau de astru. Cum însă toate astrele își aveau conducătorii lor, Tatăl nostru suprem a creat un alt sistem planetar, pe acesta, în fruntea căruia M-a pus pe Mine. Marele Creator trebuie să creeze continuu, căci odată cu crearea de duhuri, Părintele nostru trebuie să creeze și casele lor, unde să trăiască și să avanseze.

Înainte ca Tatăl Meu să-Mi dăruiască acest sistem, a fost necesar ca veacuri de ani divini să stau pe soarele de care aparținea planeta Mea. Acolo am studiat cele ce trebuie să cunoască un Guvernator solar. Când studiile Mele s-au terminat și când Tatăl acelui astru, Guvernatorul acelui sistem solar a judecat că Eu, Fiul Său, sunt demn de a poseda, la rândul Meu, un astru asemănător cu al Lui, Mi-a zis: «Fiule, a venit vremea să Te întorci în sânul lui Adam și Abraham, de unde ai plecat, din negura îndepărtată a miliardelor de ani. Întoarce-Te acolo și pune-Te la dispoziția marelui Creator și El Îți va ordona ceea ce trebuie să faci, când vei fi conducător de sistem planetar».

– Tatăl meu iubit, Păstorul mult iubit al acestui sistem, nu poți să-mi spui ce are să facă Tatăl suprem cu mine?

– Fiule, Eu știu ce are să-ți spună și să facă marele Creator, dar nu am voie să-ți vorbesc despre acestea. Tu acum ești egal cu Mine, căci vei fi și tu un conducător de astru. Ce Mă întrebi nu-Mi aparține, ci Tatălui nostru al tuturor. Numai El, marele Arhitect al lumilor, ți le poate spune. Tu acum știi cum se conduce un sistem, cunoști cum trebuie să evolueze o planetă din punct de vedere moral și fizic și cum să evolueze duhurile de pe ele, dar încă nu cunoști cum se creează un sistem planetar, cum au fost create puzderie de miliarde de sisteme și miliarde nesfârșite de planete.

Eu, frate, am asistat la crearea acestui astru și a acestor planete ale Mele. Marele Arhitect Creator Mi-a comunicat când eram în sânul Său, în Sfera divină, cum se nasc sorii și planetele, cum trăiesc și cum mor. «Du-Te – Mi-a spus atunci Tatăl – cu Frații Tăi de aici de la Mine, din Sfera-Laborator, în spațiul unde Eu voi ordona și Ei vor lucra Împărăția Ta. Tu să urmărești pe Frații Tăi Ziditori de universuri, cum fac și ceea ce vei vedea ține minte. Când astrul Tău și planetele pe care Ei le vor crea vor muri, Tu vei reveni la Mine și atunci vei fi una cu Frații Tăi de aici, Ziditori de astre, și vei fi egal cu Ei. După aceea nu vei mai avea astru de condus în vecii vecilor și vei ajunge și Tu Ziditorul Meu, precum Ei sunt egalii Mei în creație, și aici cu Ei în sânul Meu vei trăi. Du-Te, prin urmare, Fiule, și așteaptă la crearea lumii Tale și după ce o vei vedea făcută, condu-o precum Te-am învățat.»"

Iată, frate pământean, un mic pasaj din marea noastră Biblie, din marea carte a creațiilor, a Tatălui nostru ceresc. Domnul să ne binecuvânteze pe toți. Amin.

* * *

Totul începe cu numărul unu și se continuă spre infinit. Totul începe cu a și urcă spre w, spre infinit.

Spiritul mineral a evoluat pe toate felurile de planete solide din univers. Când a terminat seria completă de minerale din lume devine *spirit vegetal.* Animând un trup de plantă, spiritul vegetal va trăi și evolua prin toate felurile de plante de pe toate gradele de planete din univers, purtătoare de vegetație, iar când va termina întreaga serie - de la cele mai solide, până la cele mai eterice - va deveni *spirit animal.* Aceeași filieră o va urma și duhul animal din planetă în planetă și din sistem în sistem, până la formele cele mai sublime de animal, când va deveni *duh uman.* Aceeași scară de evoluție o va urma și duhul uman; când scara evolutivă umană va fi urcată complet, duhul uman va fi ridicat la rangul de *înger planetar.* La început va fi înger pe o planetă inferioară dar va avansa pe rând ca înger planetar pe toate categoriile de planete din univers, devenind *guvernator planetar.* Conducătorul planetar sau terestrian va peregrina prin planete de toate gradele, devenind *înger solar.* Cu acest rang va evolua, rând pe rând, pe toate categoriile de sori și după terminarea acestei nesfârșite școli solare, va deveni *Guvernator solar, conducător de sistem planetar.* Treptele se urcă mereu, tot mai sus, până la Ființa supremă care a creat totul.

De ce a venit pe Pământ marele Guvernator solar

Întrupându-se sub numele de Isus Christos, marele nostru Păstor solar nu a coborât pentru prima oară pe planeta noastră, care-i aparține împreună cu multe altele. Evoluția planetei și evoluția Domnului nostru a necesitat întruparea Sa printre oameni. Precum tu, dragă frate, ne întrebi dacă Guvernatorul solar s-a întrupat de mai multe ori pe planetele Sale - am pus și noi această întrebare Domnului solar, atunci când a fost în Cerurile noastre. *„Copii!* - ne-a răspuns Domnul, în rarele Sale prelegeri - *și Eu am evoluat ca voi. Să nu uitați că și Eu am fost odată asemenea vouă."*

Atunci sufletele noastre s-au umplut de fericire și de speranța că trecând școala lumilor planetare vom ajunge și noi în strălucirea preaslăvitului nostru Păstor solar. De aceea, când ne întrupăm, toată speranța noastră este în El, în Tatăl nostru ceresc, căruia ne adresăm: Doamne binecuvântează-ne și ajută-ne să îndeplinim misiunea cu care ne-ai învrednicit.

Văzându-ne și auzindu-ne, materialiștii noștri râd de noi spunând: „Bigoților, nu se ocupă Creatorul de fleacurile voastre. Slujitorii altarelor își bat joc de voi și vă speculează credința." Cu toate acestea, noi și voi am îngenuncheat mereu în fața altarelor, și necăjiți și amărâți am implorat ajutorul Părintelui ceresc. Noi, cei de aici, în convorbirile nocturne purtate cu voi, când părăsiți trupurile voastre, vă povățuim în ciuda materialiștilor noștri cerești să cereți cu supunere și umilință ajutorul Domnului.

În lumea noastră, la fel ca în a voastră există două tabere: materialiștii și spiritualiștii. Materialistul nostru, când se va întrupa, jos pe pământ, nu va vedea și crede decât în cele ce oferă pământul; va mânca, bea și petrece, considerând că viața terestră e dată pentru a fi trăită cât mai intens prin trup. Spiritualistul, oricât de umilit și amărât va fi, își va ridica ochii către Cer și se va ruga, iar viața sa terestră va fi înțeleaptă și plină de milă față de durerea altora.

Omul neștiutor spune că unii oameni sunt norocoși, iar alții ghinioniști. Cunoscătorii tainelor cerești știu că nu există favoruri și întâmplări în lume, ci plată și răsplată, evoluție și grad de misiune. Omul nu-și datorează starea sa nimănui, ci numai lui însuși. Așa-numiții dezmoșteniți ai sorții nu sunt decât întârziați în mersul evoluției sau cei care au încălcat legile cerești. Ei sunt victima greșelilor lor.

Există două feluri de evoluții: *morală* și *intelectuală,* fără de care niciun duh nu poate avansa. Unii indivizi au fost foarte harnici pe scara evoluției intelectuale, dar au rămas înapoi cu înțelegerea moralității, cu evoluția morală. Când duhul rămâne în urma ritmului general de progres, i se aplică suferința, ca să se deștepte din toropeală și să-și grăbească înaintarea.

Pe planeta noastră se face o anumită evoluție, care cere suferință și se prezintă sub diferite aspecte și grade. Hai să gradăm scara evoluției morale asemenea unui termometru. La un moment dat, spiritele de aici devin pe scara evoluției morale mai înaintate, fenomen petrecut după coborârea și întruparea marelui nostru Solar. Învățătura Lui a provocat un salt moral de 100°. După aceea, încetul cu încetul, termometrul moralității a scăzut, până ce în zilele noastre a ajuns la 10° și merge scăzând spre 0°, când viața va deveni o povară și traiul un iad. Atunci va fi nevoie să coboare din nou marele nostru Păstor pentru a lumina lumea cu lumina Iubirii Sale.

Domnul va coborî din nou, pentru că suferința va deveni atât de mare încât suspinele și strigătele de durere vor umple spațiile acestui sistem planetar, vor ajunge până în Soare, copleșind cu întristare lumea îngerilor solari. În fața acestei cumplite jelanii, îngerii solari vor spune: „Doamne, jale mare este pe planeta Pământ. Au plecat de acolo duhurile evoluate și au sosit valuri de duhuri înapoiate, viața celor rămași acolo devenind de nesuferit." Atunci marele Păstor va zice: „Mă voi duce din nou acolo, pentru ca prin sacrificiul Meu trupesc, prin învățătura Mea și prin exemplul răbdării Mele fizice și psihice să-i întăresc, să-i ridic din ignoranța în care se zbat".

Așadar, venirea Guvernatorului nostru suprem a fost și va fi determinată de scăderea moralității, nestânjenită de conducătorii omenești.

Duhul poate să avanseze pe plan intelectual până la gradul de duh alb, dar dacă nu este moral, va avea haina fluidică albă plină de pete negre. Evoluția morală este mai severă, mai grea decât evoluția intelectuală. Evoluția intelectuală este lăsată la liberul arbitru al duhului, pe când cea morală este absolut obligatorie. Ori de câte ori greșim - fie ca duh întrupat, fie ca duh destrupat - ni se pune o nouă pată pe albul imaculat al gradului nostru.

Marele Păstor - cunoscând mersul vieții terestre, provocată de emigrări de duhuri, știind cu mii de ani înainte ce are să se petreacă printre oamenii trupești - anunță din vreme, prin profeții Săi, noua Sa venire. Toți din spațiu Îl admiră, Îl adoră pentru sacrificiul Său, de a coborî din Gloria Cerurilor în noroiul vieții umane, pentru a da o nouă direcție morală, mântuind lumea pentru o bună perioadă de timp de suferința produsă de ignoranță.

Când într-o parte a pământului conducerea ajunge pe mâna duhurilor roșii - cum a fost Imperiul Roman, condus de împărați, duhuri roșii care se întreceau prin cruzimi și crime - este necesar să coboare Guvernatorul solar pentru a fonda o nouă religie, trecând puterea duhurilor roșii în mâna albaștrilor, și chiar a albilor, când s-a înscăunat religia creștină. Când timpul va veni din nou - și nu e prea departe - Domnul nostru va reveni pe norii Săi simbolici și se va întrupa din nou.

Cei mari de la noi, sub prestare de jurământ, afirmă că Guvernatorul solar a mai fost pe pământ sub numele de marele Krishna și, mai înainte de acesta, Rama. Binecuvântat fie numele infinitului Tată divin că ne trimite asemenea străluciți Slujitori ca să mântuiască sufletele noastre. Amin.

Combinarea și asimilarea fluidelor

Seria fluidelor din natură este infinită, fiecare având o anumită calitate. Ele se pot combina între ele ca și elementele chimice, dând naștere la o infinitate de compuși cu însușiri diferite. Așa, de exemplu, se poate combina fluidul mineral cu cel vegetal și fluidul vegetal cu cel animal. Prin urmare, fluidele sunt ori libere, ori combinate în diferite moduri între ele.

Duhul mineral este foarte mic, prin urmare este însoțit de cantități mici de fluid. Duhul vegetal este înconjurat de un perispirit care poate fi foarte mare, după mărimea corpului fizic al plantei. În afară de fluidul propriu vegetal, perispiritul plantei conține o cantitate bogată de fluide minerale.

În stadiul actual al Pământului un fluid vegetal nu se mai poate transforma în fluid animal.

Mielul mănâncă iarbă și găina boabe de porumb, animalele digeră corpul material solid al plantelor, dar nu pot asimila fluidul care le însoțește. Fluidul mineral se combină în diferite moduri cu fluidul vegetal, obținându-se varietăți de plante, dar fluidul vegetal nu se poate converti în fluid animal sau uman.

Mineralul este în pământ. Apa ploilor îl face lichid, îl dizolvă, iar planta absoarbe mineralul în trupul său, pentru a se hrăni. Dar, odată cu mineralul solubil, planta a absorbit în trupul său și fluid mineral, care se alătură fluidului vegetal, luat direct din atmosferă pentru regenerarea corpului vital al spiritului întrupat în plantă. Grație procesului de absorbire a fluidului vegetal, desfășurat fără oprire, ziua și noaptea, spiritul și perispiritul vegetal n-au nevoie să iasă noaptea din trupul plantei, pentru a se hrăni cu fluid din spațiu. Situația se schimbă la animal și om.

Animalul mănâncă plante, adică materie fizică însoțită de fluide minerale și vegetale, care regenerează corpul vital, dar nu pot regenera complet corpul planetar al spiritului animal. Din această cauză ar urma ca perispiritul spiritului animal să slăbească, punând în pericol viața corpului vital și mai apoi a trupului. Pentru a se preveni slăbirea și moartea trupului său, animalul are nevoie să doarmă, pentru ca în acest timp spiritul, însoțit de perispirit, să poată ieși din trup, perispiritul absorbind, încorporând, din spațiu fluid planetar animal; astfel întremat perispiritul reintră în trup, putând de acum anima corpul vital și trupul spiritului animal. La fel se petrece și cu duhul omului.

Se pune întrebarea: Ce s-ar întâmpla dacă animalul sau omul nu ar avea posibilitatea să-și primenească materia fluidică a corpului lor vital și planetar? În acest caz, corpul perispiritual animal sau uman și-ar pierde tot mai mult energia și puterea, până când corpul vital și trupul s-ar îmbolnăvi; iar dacă această stare se prelungește mai multă vreme, trupul moare, adică spiritul este nevoit să părăsească acel trup, în care nu a avut posibilitatea să-și repare zilnic corpul său vital și planetar.

Hrănirea fluidică are loc în timpul când trupul doarme. Nu atât trupul are nevoie de somn, cât mai ales spiritul, ca să poată ieși și să încarce cu fluid electric corespunzător perispiritul său.

Dimineața, când omul sau animalul se trezește din somn, perispiritul său este încărcat cu energie electrică, asemenea unei baterii electrice. Datorită activității fizice, biologice și mentale din timpul zilei, perispiritul pierde din această energie, iar seara, animalul sau omul se simte obosit, fiind nevoit să se culce, să doarmă pentru a se reîncărca. Un somn de o oră, două, după-masă și chiar o scurtă ațipire permit duhului să se încarce ușor cu o doză nouă de fluid, simțindu-se astfel bine dispus pentru orice activitate, până noaptea târziu.

Doresc să fie bine lămurit: perispiritul duhului uman sau animal este format din mai multe învelișuri. Dintre toate aceste cămăși fluidice, numai corpul vital uman și animal trebuie reparat zilnic, ziua parțial – prin alimente, și noaptea pe deplin – prin absorbire directă de fluid corespunzător din atmosfera înconjurătoare.

Ca probă a acestui adevăr este faptul următor. Omul poate să mănânce oricât, dacă nu doarme cât de puțin nu are nicio dispoziție, nicio putere de muncă. Poți să-i dai oricât să mănânce, dacă nu-l vei lăsa să doarmă, se va topi pe picioare și, până la urmă, va adormi atât de adânc, încât poți să-l tai în bucăți, căci el tot nu se va deștepta, ci va trece în lumea celor drepți.

Omul poate lucra zi și noapte, cu condiția să ațipească câte o jumătate de oră. Îi dai de mâncare dimineața și apoi îl lași puțin să doarmă; îl deștepți și-l pui la lucru. La prânz mănâncă și adoarme puțin și iar e pus la lucru. Seara mănâncă, doarme puțin și iar lucrează. La miezul nopții, de asemenea: mâncare și somn, și acest om ar putea astfel să lucreze zi și noapte, o săptămână întreagă.

O altă experiență este și mai concludentă. Adormi un om prin pase magnetice, și în această stare de somnambulism îl pui să taie lemne. El va tăia toată ziua și noaptea, de vor curge nădușelile de pe el. După ce a muncit 24 de ore, îl iei, îl așezi pe un scaun și îi faci pase magnetice, încărcându-l din nou cu fluid vital, până la saturație. Acum îl deștepți și-l întrebi dacă e obosit și el îți va răspunde că e perfect odihnit. Dacă i se va arăta câte lemne a tăiat toată noaptea, nu-i va veni să creadă. De aici concluzia: acest om nu a mâncat nimic și totuși a putut să desfășoare o mare cantitate de energie, pentru că a fost încărcat cu fluid vital de către magnetizator. Magnetizatorul a dat forță corpului său vital, și prin acesta, trupului.

Dar în jurul scânteii divine sau a spiritului mai sunt și alte învelișuri fluidice; acelea nu se uzează? Acelea nu trebuie reparate? Da, funcționând, se uzează și ele, necesitând reparații, dar regenerarea lor se face la intervale mari de timp, cu atât mai mari cu cât aceste învelișuri fluidice sunt mai interne, mai apropiate de spirit.

Cu această ocazie mi-a venit în minte un adevăr pe care de mult doream să ți-l dezvălui, dar nu găseam momentul.

Iată, un spirit superior a greșit. Va fi condamnat la întrupare, dar superioritatea sa îi va permite să treacă cu ușurință toate piedicile puse în cale de destinul său. Din acest motiv el va fi însemnat și împiedicat oarecum să înlăture suferința prin care va trebui să treacă. Însemnarea și reducerea puterilor sale se vor face prin încorporarea unor pete negre pe albul corpului său fluidic. Această operație o fac anumite mari duhuri, savanții chimiei și fizicii spațiilor, un fel de călăi cerești. Toate duhurile se înspăimântă de acești aplicatori de semne, indicator că purtătorul lor este un greșit, un condamnat. Aceste pete sunt cu atât mai mari și mai negre, cu cât duhul a păcătuit mai puternic. Negreșit, un duh roșu sau albastru va fi mai pătat și mai întunecat decât un duh alb, care nu putea greși într-o asemenea măsură încât vehiculul său fluidic să poarte pete mari și întunecate.

Să vedem cum se aplică pata pe haina fluidică a unui duh alb, judecat în Cer și condamnat pentru o greșeală gravă. Duhul-călău extrage mai întâi fluid alb din anumite locuri ale perispiritului duhului condamnat, înlocuind fluidul extras cu un anumit fluid inferior. Din acest moment, duhul alb întrupat, strălucitor prin cunoștințele sale, stimat și apreciat de semeni, cade într-un fel de slăbiciune, de întunecime a judecății sale. Duhurile care îl văd fug de el, iar oamenii care vin în contact cu el constată o reducere uimitoare a facultăților sale. Astfel, el nu-și mai amintește ceea ce a știut sau făcut ieri. O mâhnire și o toropeală îi cuprind toată ființa. El însuși se miră de starea sa și constată cu durere că este evitat de toată lumea. Deși este un spirit de o înaltă evoluție, nu mai are pe deplin discernământul actelor sale. A devenit un neputincios, un nefericit.

De obicei pedeapsa aplicării acestor pete se execută la întruparea viitoare, pentru duhul alb. Pe duhul albastru îl așteaptă o pedeapsă mai grea; cât despre duhul roșu, durerea și suferința prin care va trece este și mai grea, avându-se în vedere lipsa lui de evoluție și deci de înțelegere. Duhul neștiutor și nesimțitor solicită o durere mai violentă, o mizerie fiziologică și materială mai groaznică, pentru a se deștepta din apatia sa sufletească.

Evoluția duhurilor planetare

Orice planetă din univers, oricărui sistem ar aparține, are trei zone fluidice în jurul ei, în care își duc traiul duhurile ce fac școala acelei planete. Așa fiind, se pune întrebarea: Cum evoluează duhurile? Fiecare duh urcă prin vrednicie, din sfera cea mai de jos, pe rând, în sferele superioare, până ajunge în sfera cea mai înaltă a aceleiași planete?

Răspunsul este următorul. Să luăm ca punct de plecare planeta noastră, și de pe ea să luăm duhul roșu. El va trăi când în spațiu, când întrupat pe pământ, pe toată durata evoluției necesară pe acest glob. La finele stagiului, dacă a fost într-un continuu progres, duhul roșu va trece pe o altă planetă a sistemului nostru – cea imediat următoare, ca valoare evolutivă - și va trăi și evolua pe ea, tot ca duh roșu, atâta timp cât necesită școala acelei planete. La finele acestui stagiu va trece pe a treia, a patra, pe rând prin toate planetele sistemului nostru, mereu ca duh roșu. Când a terminat cu bine toată seria de evoluție pe planetele acestui sistem se reîntoarce la prima planetă, cea mai de jos a sistemului, dar de această dată cu rangul de duh uman albastru. La fel va face și duhul albastru, și când va termina toată seria va deveni duh alb.

Dar, e posibil ca un duh roșu, devenind duh albastru, să plece de pe una dintre planetele sistemului nostru pe planeta unui alt sistem solar, cu aceeași valoare evolutivă ca sistemul nostru, unde să-și facă școala planetară de duh albastru, pe toate planetele acelui sistem solar, până va deveni duh alb.

De asemenea, duhul alb poate evolua pe toate planetele sistemului său solar sau pe planetele altui sistem, egal în grad cu sistemul său solar.

Când duhul alb termină toată gama de școli planetare, va fi ridicat la rangul de *duh înger planetar.*

Trebuie să știți că există douăsprezece grade de sisteme solare și ca urmare, douăsprezece categorii de planete. Orice duh al Pământului - roșu, albastru sau alb - este chemat să treacă prin școala lor, cu alte haine, de alte culori, până va ajunge de la rangul de om la rangul de înger, care, în definitiv, este tot om, dar cu un grad mai mare.

Dar să nu uitați că pe lângă universul nostru mai există încă alte trei universuri, unde planetele și sorii au constituții diferite de ale universului nostru și în care duhul va parcurge, timp de milioane de ani, școala lor respectivă, până ce va ajunge și pe ele înger. Treptele ascensiunii spre gradul de înger sunt nespus de numeroase, școala este grea și durata se numără în milioane de ani.

Din ce este format un fluid

Universul este plin de o materie eterică, în care înoată miliarde de stele și planete, a căror viață nu ar fi posibilă fără această materie fluidică, aflată într-o continuă acțiune și reacțiune cu corpurile cerești. Eterul sau fluidul constituie hrana pentru aceste nenumărate sfere cerești.

Acest eter - numit de voi materie fluidică - îl vedem și simțim prin puterea simțurilor noastre spirituale cu care ne-a înzestrat Creatorul. Desigur că datorită trupului vostru format din materie foarte concentrată, voi nu aveți posibilitatea să-l percepeți.

Prin urmare, toate corpurile cerești înoată într-un ocean de materie fluidică. În jurul sorilor această materie este mai densă decât în spațiile interstelare, iar în jurul planetelor este și mai densă, mai concentrată. Fiecare soare sau planetă exercită o atracție asupra materiei fluidice, acumulând în jurul său fluid, pe care îl concentrează și-l face cu mult mai dens decât în spațiile interstelare. Această atracție se datorează magnetismului posedat de toate corpurile cerești, atracție căreia voi i-ați dat în mod greșit numele de *gravitație.*

Prezența fluidului în cantități mari în jurul sorilor, dar mai ales în jurul planetelor, contribuie deosebit de mult la viața mineralelor, plantelor, animalelor, oamenilor și a tuturor duhurilor. Fluidul universic necesar vieții acestor vietăți există în corpul lor perispiritual, dar uzându-l prin însăși viața lor, trebuie să-l primenească, să-l reîmprospăteze cu fluidul proaspăt, ce umple universul respectiv.

Cu altă ocazie, am spus că dublul vital al tuturor vietăților are nevoie de acest fluid nutritiv, fără de care corpul fizic nu ar putea exista. Noi, entitățile spirituale, nu mai avem nevoie de primenirea corpului vital, pentru că nu-l mai avem, dar totuși celelalte părți ale corpului nostru perispiritual se uzează și trebuie să le reîmprospătăm.

În acest scop - la intervale mari de timp - ne ridicăm în zonele periferice ale atmosferei fluidice terestre și acolo ne încărcăm cu un fluid mai diafan și mai fin decât cel aflat la suprafața globului pământesc. Fluidul de la suprafața pământului este foarte dens și pe măsură ce ne depărtăm de el, pe una dintre razele sale, întâlnim straturi de eter tot mai rare, mai fine - până dăm de fluidul solar în care înoată toate planetele sistemului nostru.

În mod sumar, am mai amintit că atmosfera fluidică a Pământului este compusă din trei pături sau zone fluidice, trei sfere concentrice a căror densitate este mai mare în jurul globului terestru și scade spre periferie. Prima sferă, cea mai subtilă, se află la periferia atmosferei fluidice a Pământului, fiind formată de o pătură eterică de un alb strălucitor. Urmează a doua sferă, o pătură fluidică de culoare albastră, de asemenea cu toate nuanțele spre alb. În fine, la suprafața pământului și de jur-împrejur se află a treia zonă, o pătură fluidică de culoare roșie, cu toate nuanțele ei până la roșu-alb.

Acum să vedem ce este un fluid. Fluidul universic este o masă de mici corpuri vii, vietăți ultramicroscopice, a căror mărime - raportată la lumea voastră fizică - ar corespunde cu cea a microbilor. Cât de mici sunt microbii voștri! Dar cât de mici sunt aceste vietăți, căci într-un microb de-al vostru sunt mii, sute de mii de astfel de particule vii. Ele sunt într-o continuă mișcare și prin natura lor - fiind electrice - produc energie electrică. Din această cauză le putem numi *particule electrogene.*

Marii savanți ai spațiilor, îngerii solari, afirmă că eterul universic este format din particule libere și că, pe măsură ce te apropii de sori, aceste particule se asociază, formând *sferule* din ce în ce mai mari, care plutesc sau constituie eterul din jurul sorilor și mai apoi, al planetelor. În însuși acest eter liber sau universic se pot distinge trei feluri de particule vii. Unele au calitatea de a fi *inteligente,* altele - pe lângă o mică inteligență - au o mare *memorie,* și în fine, o a treia categorie, au însușirea unei puternice *voințe.* Repartizarea acestor trei categorii de ființe vii, de particule eterice este inegală. Cele mai numeroase sunt cele cu voință, urmează cele cu puterea de înregistrare, de memorare, și în fine, cele mai puține sunt cele cu însușirea capitală de a fi inteligente. Ca să prezint oarecum acest raport, aș spune că dintr-o sută de particule, nouă zeci sunt cele cu particularitatea unei voințe puternice, nouă cu însușirea de memorare și una singură este inteligentă.

Ne-am întrebat adesea de ce Divinitatea a stabilit astfel acest raport: „O, Doamne, de ce ai făcut Tu capul mai mic decât mâinile și picioarele?" Dar ce știm noi? Înțelepciunea Creatorului e nesfârșită și noi nu o înțelegem. Bănuim că prin puterea voinței, Divinitatea creează și conduce lumile. Prin puterea memoriei, adică prin cunoașterea trecutului împiedică preschimbarea cu ușurință a formelor. În fine, prin puterea inteligenței, transformă în veci operele Sale, prin slujitorii Săi, către forme și stări superioare.

Pe când în spațiile interstelare aceste particule sunt libere, în jurul sorilor ele sunt aglomerate și întrunite câte trei la un loc, adică o particulă de voință, împreună cu una de memorie și una de inteligență. Cu alte cuvinte, acest glomerul - corp unitar, sferic, mai mare decât fiecare component al său - se află într-o continuă mișcare, este plin de viață, ca atare este o vietate, înzestrată cu cele trei calități ale componentelor sale. El constituie o altă categorie de eter, cu care se hrănesc planetele și sorii. Din asocierea a două, trei sau mai multe glomerule s-au format particule și mai mari, constituind diferitele feluri de eter sau fluid. Aceste particule, simple sau compuse, evoluează și ele în decursul veacurilor, dobândind diferite însușiri pe care nu le posedau inițial.

Să revenim la cele trei feluri de particule simple și libere și în special asupra particulelor vii, denumite de noi ale memoriei. Pentru noi, duhurile, această materie vie joacă rolul unei plăci fotografice sau de gramofon. Particula memorie se află în spațiile uriașe dintre stele, dar se află într-o oarecare măsură și la periferia atmosferei fluidice a Pământului. Acest eter, aceste particule cu memorie puternică, vietăți reținătoare de impresii-gânduri, ființe păstrătoare de imagini, constituie suportul de înregistrare al evenimentelor petrecute pe un glob ceresc, al tuturor acțiunilor, vorbelor și gândurilor fiecărui viețuitor de pe acel glob ceresc, în tot timpul existenței sale.

În zona compusă din particule memorie se află, ca într-o arhivă uriașă, tot ce s-a petrecut pe planeta noastră, de la începutul creării sale, și se va înscrie tot ce se va petrece până la finele existenței sale. Aici sus, în această zonă, găsim noi, duhurile, tot ce am făcut prin alte vieți. Aici aflăm tot trecutul globului nostru, crearea mărilor, oceanelor, continentelor; apariția și dispariția plantelor și animalelor. Aici e înscrisă, de veci, toată istoria omenirii - războaie, revoluții, migrări de popoare - totul e notat, imprimat în această materie-memorie. Ea este cartea ce poartă scris cu litere nepieritoare tot ce am făcut, fiecare din noi, întrupați sau destrupați.

Din cele expuse până acum, înțelegi că noi, duhurile, ne mișcăm, trăim într-un ocean de materie vie, de particule vii - aflate în diferite combinații și stări de concentrare - un amestec infinit de eter, denumit generic *fluid.* Fluidele sunt trup din trupul Sferei divine.

Am arătat că la suprafața pământului nu se găsesc decât particule fluidice *treimice, trei într-una,* ființe vii cu mișcare, voință, gândire și simțire, ființe conștiente de propria lor existență. Aceasta este forma cea mai simplă de corpuri asociate *trei în una,* ele existând în stare liberă sau combinându-se la rândul lor în diferite conglomerate.

Iată, așadar, fluidul din jurul pământului - de-o parte, și noi, duhurile - de altă parte. Țin să atrag atenția că scânteia mea divină, în esență, a fost formată de Creator din aceste particule simple, aflate în interiorul universurilor. Dar despre aceasta voi vorbi altădată mai pe larg.

Noi, duhurile, aflându-ne în a treia zonă fluidică a pământului, plutim în acest fluid roșu precum plutește gheața pe apa oceanelor polare. Acesta este raportul între mine, duh, și eterul roșu de la suprafața pământului, adică din zona duhurilor roșii. Dacă mă ridic în a doua zonă fluidică, cea a duhurilor albastre, găsesc un eter mai rarefiat, mai fin, în care mă simt ca gheața față de nori, față de vaporii de apă. În fine, către periferia atmosferei fluidice a pământului, eterul este atât de diafan, de puțin condensat, încât raportul dintre mine și fluidul alb al acestei sfere este ca gheața față de aer. Dacă m-aș putea duce în spațiile interstelare sau solare, m-aș simți aproape ca trăind în vid, atât de rarefiat și simplificat este eterul din aceste regiuni ale abisurilor siderale.

Așadar, noi, duhurile, ne mișcăm în zonele inferioare ale eterului terestru ca într-o apă eterică. Se petrece cu noi același fenomen ca și cu gheața, care, deși e apă, este mai grea decât apa și totuși plutește pe suprafața ei. Deși noi, duhurile, suntem mai grei decât eterul, ne mișcăm cu ușurință în masa ei. Asemenea gheții ce are aceeași compoziție cu apa, și noi, duhurile, plutim în apa eterului, deși suntem formați din aceleași particule vii din care este format și eterul. Deosebirea dintre nașterea noastră și formarea gheții este că noi, duhurile, nu ne-am înghețat aici, din apa acestui eter, ci am fost formați din el, în Sfera divină, de Tatăl ceresc.

Eu sunt alcătuit din aceeași materie în care plutesc, dar foarte concentrat. Numai Creatorul știe - și poate nimeni altul, în afară de El, în vecii vecilor nu va ști și putea - să facă duhuri ca El.

Din cele trei particule vii de *voință, memorie* și *inteligență,* întrunite trei în una, s-au alcătuit și electronii cunoscuți de știința voastră.

Pretutindeni există viață, deoarece pretutindeni există materie vie

Știm deja că în tot cosmosul se află o materie formată din particule infinit de mici, ființe inteligente și simțitoare. Ca urmare, această materie se află și în Sfera centrală a cosmosului, în Sfera divină sau Laboratorul creațiilor. Dar pe când în cele patru universuri particulele vii se găsesc mai mult asociate, în Sfera divină ele sunt libere, au alte raporturi între ele și se adună în alte asocieri.

Dacă în jurul planetelor raportul dintre cele trei feluri de particule este astfel alcătuit încât numărul particulelor-voință îl întrece pe cel al particulelor-memorie și inteligență, în Sfera divină, raportul este inversat: particulele-inteligență fiind mai numeroase, iar cele de voință - în minoritate.

Înțelesul acestei stări se explică prin faptul că Sfera divină este sediul Creatorului, acolo se află marii Săi Auxiliari, acolo legea domnește cu sfințenie și deci nu există niciun pericol dacă numărul particulelor-inteligență este mai mare.

Materia sau particulele vii din Sfera divină poartă numele de *materie divină.* Prin întrunirea acestor trei feluri de particule, s-au format, în Sfera divină, trei categorii de materii eterice sau fluide:

1. *Fluidul psihic* - intră în alcătuirea scânteii duhurilor;

2. *Fluidul fizic* - formează corpul astrelor și al planetelor;

3. *Fluidul fizico-psihic* - rezultat din combinarea primelor două fluide.

În lumile create, aceste fluide se află libere, și întrunite, câte trei la un loc, formând o unitate, un anumit fel de materie. Să nu se piardă din vedere faptul că, în afara diferitelor posibilități de combinare a celor trei feluri de particule vii, care dau o infinitate de fluide, mai există o gamă infinită a acelorași fluide, aflate în diferite stări de condensare.

Așadar, cele trei feluri de particule vii și libere una de alta - particule de inteligență, memorie și voință - dau naștere la prima categorie de fluide. A doua categorie de fluide se formează prin numeroasele posibilități de aglomerare, în agregate de câte trei, a particulelor de inteligență, memorie și voință. Acest agregat treimic poate fi format dintr-o particulă de voință și două de memorie, una de voință și două de inteligență, una de memorie și două de inteligență, una de memorie și două de voință, una de inteligență și două de memorie, una de inteligență și două de voință etc. Posibilități multiple de combinare și tot atâtea feluri de fluide.

Dar diversele particule treimice, agregate treimice - formate prin combinarea particulelor libere - se pot asocia, la rândul lor, câte două, trei, patru etc., formând o particulă ceva mai mare, dar de o natură deosebită și deci cu însușiri proprii.

Așadar, cele trei particule vii - de inteligență, memorie și voință - trei feluri de ființe ce umplu cosmosul, formează, prin multiple asocieri și combinări, diverse agregate treimice, a căror asociere va realiza o diversitate de materii. Toate aceste feluri de fluide din univers nu s-au făcut de la sine, ci au fost hotărâte și făcute de Creator și Ajutoarele Lui, prin puterea voinței și inteligenței Lor uriașe.

Aveți în jurul pământului aerul în stare gazoască, starea sa naturală și de echilibru pentru globul vostru. Dar prin știința la care ați ajuns, supunând aerul în stare gazoasă la presiuni înalte și temperaturi joase, obțineți *aer lichid* sau *apă de aer*. În fine, în ultimul timp puteți realiza și *aer solid*. Prin urmare, aceeași materie, supusă la presiuni înalte și temperaturi joase, poate să treacă prin toate stările de agregare. Astfel, prin scăderea temperaturii apa voastră devine gheață, dar în Cer se poate produce „frig" prin mijloace spirituale, care determină condensarea și transformarea unei materii dintr-o stare în alta.

De câte ori am făcut din fluidul cosmic o materializare oarecare, un cap de om, o mână sau un trup întreg, n-ați simțit voi, un vânt rece, o scădere de temperatură în camera de experiență? Tot prin presiune și frig - dar nu de natură terestră - Creatorul produce o categorie infinită de fluide. Presiunea o mai exercită și forța de atracție, magnetică, a fiecărui corp ceresc, iar frigul este rezultatul reducerii mișcării acestor particule din univers.

Din cele expuse, reiese că noi, duhurile, trăim în mijlocul unei *naturi inteligente*. Înotăm în sânul unei materii vii, formată din vietăți inteligente cu simțire și memorie, trăim în oceanul unor ființe din care Creatorul a făcut însăși scânteia mea. Voi, oameni trupești, credeți că sunteți singurele ființe cugetătoare. Ce eroare! Cugetă și animalul, nu numai omul; bineînțeles, mai puțin profund decât omul. Dar în afară de voi și fără știrea voastră, simțim și cugetăm și noi, oamenii spațiilor, nespus de mulți, ca nisipul mărilor și oceanelor, căci la fiecare om de pe pământ îi corespund peste o mie de duhuri; așadar suntem cu miliardele în jurul pământului.

Noi suntem ființe cugetătoare, ba încă cu mult mai profund analizatoare decât voi. În fine, alături de noi, printre noi și umplând universurile există infinitatea micilor ființe cugetătoare, denumite particule vii de voință, inteligență și memorie. Din ele a făcut Creatorul aerul, apa, piatra, planta, animalul și omul. Așadar, viață există pretutindeni, în tot universul.

Din viață, din particule vii a făcut Creatorul stelele și planetele din univers. Totul este viu, totul este inteligent; bineînțeles, în grade diferite de evoluție.

Particulele sunt vii pentru că simt și reacționează la acțiunea undelor noastre. Ele sunt într-o continuă mișcare, din care cauză sunt luminoase. Azi, vă luminați casele cu ajutorul electricității. Priviți becul cum proiectează raze de lumină, vedeți filamentul roșu-aprins, și credeți că el luminează. Greșită concepție, dictată de ceea ce vedeți și mai ales de ceea ce simțiți. Adevărul este că pe filamentul becului, noi vedem cum curge o apă luminoasă, un fluid format dintr-o infinitate de corpuri, de particule vii și luminoase. Această apă căreia voi îi spuneți electricitate, iar noi îi spunem eter sau fluid, este îndesată de dinamurile sau generatoarele voastre prin învârtirea rotorului, care, atrăgând particulele vii din spațiu, le-a condensat și trimis pe firele voastre ca să vă lumineze. Aceste particule vii sunt luminoase deoarece sunt libere și se mișcă cu o viteză mare. Prin condensare mișcarea lor este redusă, iar când s-a ajuns la crearea pământului, format din fluide extrem de condensate, mișcarea lor a fost mult încetinită, dar lumina lor tot nu este văzută de ochii voștri trupești. Întâlnind în cale o rezistență - un filament de bec - vibrația particulelor vii devine atât de redusă încât percepeți și voi lumina lor.

Strălucirea soarelui este produsă de continua ciocnire a particulelor ce alcătuiesc fluidele electrice aflate în mare cantitate în jurul său. Întregul glob solar este înconjurat de un uriaș furnal electric. Pe măsură ce fluidele solare se vor condensa din ce în ce mai mult, soarele va pierde tot mai mult lumina și căldura sa, se va răci și întuneca, transformându-se într-o planetă. Dar până atunci vor mai trece miliarde de ani pământești.

Aceste vietăți ultramicroscopice - particule vii de voință, memorie și inteligență - ne sunt nouă, duhurilor, de mare ajutor, pentru că prin puterea voinței le folosim asemenea unor instrumente, unor forțe. Marii noștri savanți, prin cunoștințele lor, știu cum să le infuențeze, să le comande și să realizeze diferite lucrări prin ajutorul lor. Chiar dacă sunt mici, fiind numeroase, prin unirea lor pot emana din ele energii uriașe, utilizate în scopurile dictate de necesitatea evoluției noastre.

Particulele vii servesc în același timp drept hrană corpului nostru fluidic. În fine, ele sunt instrumentele Creatorului cu care Își impune voința în tot cosmosul creat de El. Prin aceste particule vii, marii noștri conducători supun legii și drumului destinului pe fiecare om, lucrând asupra dublului său vital. Așadar, particulele vii sunt baza existenței noastre și tot ele sunt forțele prin care Creatorul conduce lumile. Prin ele, Divinitatea așază în fiecare ființă inferioară *simțul instinctului,* prin care vietatea se conduce în viață.

Materia lumii create este formată din diferite stări de condensare a fluidelor, alcătuite prin combinarea și asocierea particulelor vii. În lumile create nu există nici un alt fel de materie în afară de fluidele formate din aceste particule vii. Din ele am fost formate noi, duhurile. Din ele este constituită însăși Ființa Creatorului.

Noi, duhurile, am fost formate, odată, în Sfera divină, din trei asemenea bobițe de ființe vii, alipite una de alta, alcătuind un tot absolut unitar. În jurul nostru au fost puse „pături" peste „pături" - formate din alte bobițe - servindu-ne ca instrumente de mișcare, acțiune, gândire etc., pentru a progresa pe toate planurile, din toate punctele de vedere.

Noi, *scântei treimice,* vom progresa grație surorilor din jurul nostru - particule vii ce alcătuiesc învelișurile noastre - dar și ele vor progresa, sub căldura și vibrația gândirii noastre, până când Creatorul va face și din ele duhuri asemănătoare cu noi.

Evoluția noastră constă în dezvoltarea capacității de înțelegere, simțire și memorare - creșterea puterii spiritului. Paralel cu aceasta, urmează dobândirea unei străluciri cât mai intense a învelișurilor noastre. Pe măsură ce cresc forțele spirituale ale scânteii divine, dobândim fluide noi și hainele noastre s-au schimbat, rând pe rând, de la roșu-închis la trandafiriu-deschis, de la albastru-întunecat la albastrul cel mai deschis și de la albul mat la albul strălucitor ca focul viu al unui furnal electric.

Duhurile roșii cheamă în jurul lor, în corpul lor fluidic, fluidul roșu al voinței sau al instinctului animalic. Duhurile albastre au în corpul lor mai mult fluid al inteligenței, iar duhurile albe, pe lângă o inteligență puternică, au o memorie puternică, un vast capital de cunoștințe.

Prin urmare, evoluția nu constă numai în acumulări de cunoștințe, ci mai ales în încorporarea de fluide evoluate în corpul nostru. *Prin studiile făcute, încorporăm în perispiritul nostru fluid albastru, iar prin moralitate sau sfințenie avem posibilitatea de a încorpora mai ales fluid alb.*

În rezumat, duhul roșu va avea instinctul animalic, cel albastru - pornirea spre cercetare, iar duhul alb - păzirea moralității, a Ordinii divine.

Închei acest subiect, foarte abstract pentru voi, cu o scurtă recapitulare. În spațiile intersiderale, materia primă este formată din trei feluri de particule vii și libere - particule de inteligență, memorie și voință. În jurul și în masa stelelor și a planetelor aceste particule prime s-au asociat în bobițe sau glomerule treimice. Din combinarea lor, în fel și fel de chipuri, s-a format seria infinită a fluidelor din cosmos.

Evoluția de la piatră la om

În esența sa, oricare entitate spirituală se compune din scânteia divină sau spiritul, înconjurat de învelișurile fluidice sau perispirit. Spiritele evoluează de la scânteia atomului până la marile Divinități Creatoare din Sfera divină. Perispiritul sau fluidul corpului scânteii, al spiritului, evoluează și el mereu, tot mai sus. Așadar și scânteia și materia învelișurilor sale se schimbă, se perfecționează.

Dar să nu se creadă că aici, pe Pământ, scânteia de mineral devine scânteie de plantă, scânteia de plantă devine scânteie de animal, că spiritul de animal devine spirit de om. Această prefacere se face numai în Sfera divină. De asemenea, după o evoluție de mii și milioane de ani, prefacerea fluidelor perispiritului se face tot în Sfera-Laborator.

Așadar, omul e om și animalul e animal. Aici, pe globul nostru, spiritul de animal nu va anima niciodată un trup uman. El va trebui întâi prefăcut din spirit de animal în spirit de om, pentru ca apoi - animând un trup uman - să devină cu adevărat om, să fie om și nu „animal".

Numai fluidul care intră în constituția dublului vital al viețuitoarelor pământului se poate preface aici pe Pământ din dublu vital mineral în dublu vital vegetal, iar acesta în dublu vital animal și mai apoi uman.

Când Creatorii au pornit la crearea unui nou sistem solar, au plecat cu o infinitate de duhuri minerale. În jurul acestor scântei minerale, dezvelite, se fac diferite condensări fluidice, până se formează un tot numit *nebuloasă,* vizibilă și vouă pe cer. Pe măsura îndepărtării de Sfera divină, fluidele nebuloasei se îndesesc, până când aceasta ajunge la punctul din univers unde se fixează pentru a da naștere unui nou sistem planetar.

Aici, scânteia minerală primește un dublu vital mineral și o mică haină fluidică universică. Inițial scânteia minerală a fost descoperită, iar când prin asociere va forma regnul mineral, primește o mică învelitoare fluidică, un rudiment de perispirit. La duhul vegetal, învelișul este mai bogat, iar la animal și om el a devenit multiplu și complex.

Din aceast motiv, când noi, duhurile umane superioare privim la un duh mineral, vedem scânteia din interiorul său. Privind un duh vegetal, abia zărim misteriosul spirit din interiorul său, ca și cum l-am vedea printr-un geam înghețat. În fine, privind la un duh de animal sau de om, nu mai vedem deloc scânteia lor, părând că învelișurile perispirituale sunt opace.

Deși scânteile sunt deosebite între ele, nu se vede nici o deosebire exterioară între ele, aparent fiind absolut aceleași. Numai lucrând asupra lor, influențându-le în fel și fel de moduri, constatăm deosebiri intrinseci între o scânteie de mineral și o scânteie de vegetal, sau între o scânteie de animal și o scânteie de om. Deosebirea în modul lor de a se impresiona și de a reacționa este lesne de înțeles, având în vedere diferența de constituție și evoluție dintre ele.

În existența voastră, ca duhuri întrupate, dublul vital joacă un rol deosebit. La drept vorbind, dublul vital al trupului uman nu e un dublu pur uman, ci un amalgam de fluide minerale, vegetale, animale și umane, asociate în vederea unui scop comun: întreținerea funcțiilor trupului. Dublul sau corpul vital asigură sănătatea, căldura și puterea de muncă a trupului. În decursul vieții pământești, dublul suferă diferite modificări, alterări sau vindecări, aducând sănătatea, boala sau moartea trupului, conform voinței și acțiunilor medicilor cerești și a puterilor duhului stăpânul corpului vital. Toate acțiunile duhului, ale medicilor cerești sau medicilor pământești, fac ca dublul vital să sufere multiple variații în decursul vieții trupești, prin urmare, trupul va trece prin diferite dispoziții.

Dar asupra acestei probleme voi reveni altă dată.

* * *

Vreau acum să răspund întrebării formulate de tine: „Este adevărată afirmația unor ocultiști - Papus - că în trupul omului s-ar afla patru feluri de fluide sau suflete: în abdomen - un suflet vegetal, în torace - un suflet animal, în cap - un suflet de om-animal și deasupra capului - spiritul uman, care conduce totul?"

Dragă frate, răspund scurt și răspicat: Nu este adevărat.

În trupul uman s-a întrupat un spirit uman. El a coborât din spațiu cu un perispirit uman, care a îmbibat și cotropit întregul trup. În fine, spiritul înconjurat de perispirit este legat de trup, prin dublul vital. În constituția acestui dublu vital - pe lângă fluidul uman - se află și fluid vital mineral, vegetal și animal. Aceste fluide vitale provin din alimentele ingerate și asimilate de om, aflate într-o stare de asociere și nu de combinare profundă. O mică întovărășire, dar atâta tot. Restul învelișurilor fluidice sunt numai umane.

Ce rost ar mai avea alte fluide și învelișuri în jurul spiritului uman? Așadar, afirm încă o dată că e greșită ideea emisă de acel ocultist.

De altminteri, materia fluidică a dublului vital uman a fost obținută de spirit de la părinți, de la elementele lor sexuale, spermatozoidul tatei și ovulul mamei. În jurul acestor celule reproducătoare se află câte o învelitoare de fluid vital, de natură electromagnetică pozitivă pentru una și negativă pentru cealaltă. Grație acestor fluide vitale, de naturi diferite, cele două elemente sexuale se caută și se atrag unul către altul, pentru a se contopi.

Fluidul magnetic din jurul elementelor sexuale ale animalului este deosebit de fluidul magnetic din jurul celulelor sexuale umane. Ele au o altă vibrație, o altă viață, un alt rang în lumea fluidelor.

Pentru a se învedera acest lucru, se poate face următoarea experiență.

Pe o placă de sticlă se vor pune mai multe ovule de om și câine, iar în vecinătatea lor mai mulți spermatozoizi de om și câine. În anumite condiții de lumină, căldură etc., se va vedea, sub microscop, cum spermatozoizii umani se vor furișa prin lichidul spermatic și vor merge numai către ovulele umane, iar spermatozoizii canini nu se vor contopi decât cu ovulele de cățea. De ce această selecție? Pentru că fiecare element sexual masculin - grație fluidului său special - este atras cu putere de fluidul magnetic contrar din același regn, uman sau animal.

S-ar putea face o experiență și mai apropiată de natură. Introducând în vaginul cățelei spermatozoizi umani; se va vedea că ei nu vor înainta spre uter, din cauză că nu-i atrage fluidul celulelor sexuale animale, chiar dacă sunt de sens contrar.

Fluidul care atrage cele două elemente sexuale l-am numit *fluidul iubirii* și este de natură magnetică.

Din momentul fuzionării celor două celule sexuale s-a născut o celulă nouă, numită ou, iar fluidele lor - pozitive și negative - s-au contopit între ele și au dat naștere unui fluid neutru - dublul vital al acestui ou. Celula-ou este atrasă cu o mare putere în cavitatea uterină. Sosită aici, se alipește de peretele uterului și din acest moment mama îi trimite prin curentul său sanguin cantități de fluid vital din care se hrănește și dezvoltă dublul vital al oului.

Sub acțiunea acestui dublu vital, celula este silită să se dividă în două, apoi în patru, în opt, și așa mai departe, în progresie geometrică, formând o masă celulară prin care se ramifică și întinde dublul fluidic.

Curând, către acest glomerul celular vine de la spiritul candidat la întrupare - exterior mamei - o ramură fluidică prin care acesta se leagă de viitorul său trup. Mama va consuma alimente vegetale și animale, cu fluidele lor specifice, și intrând în sânge, se vor răspândi în jurul viitorului fetus. Iată că dublul vital uman va avea, pe lângă fluid uman, și fluide minerale, vegetale și animale. Dacă raportul acestor fluide nu este în cantitatea normală, viitorul copil va ieși cu diferite metehne de natură trupească, dar mai ales intelectuală; după cum dublul vital va fi normal sau anormal, și trupul viitorului copil va fi corect sau incorect construit.

Dezechilibrul dublului vital este determinat de destinul spiritului candidat la întrupare. Acest destin este pregătit prin dezarmonia provocată în dublul vital de către spiritul mesager întrupător de duhuri, care asistă la întruparea spiritului.

Fluidele se pot combina între ele, se pot asimila unele cu altele, dar niciodată un dublu vital animal nu va putea conduce viața unui trup uman, sau un dublu vital vegetal pe al unui trup de animal. Chiar dacă dublul vital este un amalgam de fluide vegetale, animale și umane, fluidul predominant conduce trupul respectiv. Iată de ce afirmația că abdomenul omului ar fi animat de un fluid vegetal, toracele de un fluid animal etc. nu poate fi logică și reală. Dublul vital este unul și același, de jos până sus, de la picioare până la creștet. El împresoară trupul, infiltrându-se prin toate celulele sale și aninându-se de ele prin câte un fir fluidic. Această învelire și penetrare constituie fericirea și nefericirea voastră. Este nefericirea voastră, discipoli la școala vieții trupești, căci nu mai știți de lumile eterice. Așa a voit Creatorul ca fiecare să-și desfășoare programul vieții după cum se află înscris în destinul său, fără să mai știe nimic de patria sa spațială, de viața spirituală.

Dacă duhul înconjurat de învelișurile sale perispirituale ar fi la un metru deasupra capului, deci separat de dublul său vital, el ar fi conștient de lumea noastră și ar avea legături permanente cu noi, ne-ar vedea și auzi mereu, ziua și noaptea.

Dublul vital este unul și același în tot trupul unde s-au infiltrat și au penetrat adânc și celelalte fluide ale corpului perispiritual. El este cârmaciul vieții trupului, tot timpul cât trăiește. La drept vorbind, nu trupul moare, ci dublul vital îmbătrânește, se uzează și moare. Prin neputința sa, se ruinează și trupul, și astfel unul îl nenorocește pe celălalt. Dar, lucru curios, amândouă sunt victimele stăpânului lor, ale spiritului, care le-a format și condus.

Noaptea când iese din trup și colindă prin lumea spațială, spiritul află de la prieteni, de la ghidul său, că se apropie eliberarea din temnița trupului. Fiind conștient de planul divin, dorește din adâncul ființei sale să vină odată această sfântă zi. Din acest moment, el singur începe să dărâme pereții temniței unde a viețuit ani și ani de zile.

În cazul duhului aflat la un nivel inferior de evoluție, necunoscător al tainelor cerești, intervin medicii cerești. Aceștia, cunoscând momentul eliberării definitive a duhului din trup, vin și lucrează asupra dublului eteric, modificându-i compoziția, sărăcindu-l și ruinându-l.

Voi trăiți în trup și nu știți ce minune e făptura sa. Privindu-l, noi vedem prin el ca printr-un geam. Îi vedem organele, toate celulele aflate într-o mișcare de dilatare și contractare, vedem cum aleargă globulele sângelui prin vasele lor, curentul electric curgând de-a lungul nervilor, vedem totul, până la atomul ce constituie substanța celulelor trupului și rămânem uimiți de minunata sa alcătuire, de înțelepciunea Creatorului, care l-a organizat și pus la dispoziția duhului!

Discutați, vă deplasați sau citiți, dar inima bate, rinichii filtrează substanțele nocive din sânge și intestinele absorb din bolul alimentar substanțele nutritive. Trăiți fericiți sau nefericiți, dar în adâncul celulelor se petrec o infinitate de procese și fenomene, fără ca duhul să știe ceva.

Organismul vostru funcționează mereu, secundă de secundă, ca o mașină automată. Dublul vital – mecanicul – supraveghează bunul mers al acestei complicate mașini, iar mica scânteie divină, duhul uman profită – vede, aude și simte lumea fizică. Duhul uzează, dar de cele mai multe ori abuzează, ruinând mai devreme dublul vital, servitorul său bun și supus, fără să știe că, prin repercusiune, își ruinează piedestalul terestru, trupul, prin care învață legile materiei fizice și ale moralei sociale.

Cititorii gândurilor

Mă întrebi dacă există într-adevăr persoane cu minunatul har de a citi gândul oamenilor.

Da, există asemenea oameni, dar ei sunt extrem de rari, mai rari chiar decât mediumii, care aud vorbirea noastră spirituală.

Cauza acestei rarități se află în una din marile legi cerești, care oprește acest dar spiritual. Darul de a citi gândurile ar nenoroci un duh întrupat lipsit de un trecut evolutiv de lungă durată. Nenorocirea ar consta în faptul că, deținând acest dar, ar fi ispitit să citească gândurile cele mai intime ale semenilor săi, și apoi să profite de cele aflate, în diferite scopuri și interese personale.

Înainte de a dezvolta acest subiect, afirm că, din diferite motive, această capacitate apare câteodată efemer la unele persoane, dar dispare curând. Este atât de trecător încât ei înșiși, după trecerea fenomenului, se miră cum de au citit acele gânduri.

Acum să vedem mecanismul citirii sau aflării gândului unui om.

Mai întâi, trebuie să știi că atunci când omul are pe suflet o taină, o idee pe care vrea s-o ascundă în adâncul sufletului său, tocmai acel secret este dat mai repede la iveală; și iată cum.

Prin faptul că acordă o importanță deosebită unei idei, prin silința depusă ca nu cumva să scape un cuvânt ori să facă vreo aluzie la ea, omul o fixează zi de zi tot mai puternic în sufletul său. La început imaginea ideii era simplă, dar gândindu-se la ea, silindu-se mereu să o țină ascunsă, o reproduce, o multiplică, înzecind-o și însutind-o. Cu cât își îndreaptă mai mult atenția la ea, cu atât o fortifică și ideea iese mai la suprafață, devine mai ușor exteriorizabilă.

Să luăm un exemplu.

Un om a comis o infracțiune. Frica de a nu fi descoperit îl determină să facă tot posibilul - prin fapte, vorbe etc. - să nu fie bănuit de fapta sa. Prin urmare, își îndreaptă mereu gândurile asupra faptei sale, fiind preocupat de ascunderea ei. I se pare că este bănuit de oricine priveşte mai lung la el. Adică, iar şi iar este cu gândul la ceea ce a făcut. Apariția întâmplătoare a unui polițist îl face să tresară şi gândul îi fuge iar: „Nu cumva ăsta mă caută pe mine?" Astfel că, vrând-nevrând, acest nefericit făptuitor scoate din adâncul memoriei ideile faptei sale şi fără să ştie, fără să vrea, le exteriorizează.

Treptele citirii gândului sau a faptelor comise se ridică de la simpla presupunere, până la vederea sau auzirea gândului - ca în lumea noastră a duhurilor.

Iată-l pe făptaş în fața comisarului. Prin meseria lor, aceşti oameni au dobândit un fel de a ghici pe făptaş, şi iată cum. Comisarul ştie că ideile sunt ca verigile unui lanț; apuci de una şi tragi apoi de toate celelalte. Stând în fața comisarulului, făptaşul tremură la gândul că va fi descoperit. Dar tocmai gândul acesta scoate la suprafață ideile faptei sale, care pornesc prin spațiu sub forma unor semne eterice colorate şi sonore. Polițistul sau magistratul le primeşte, inconştient, în spiritul său. Cum nu poate traduce clar aceste idei în mentalul său, ele se arată numai sub formă de bănuieli. Având această bănuială, începutul slab al unei convingeri, pune întrebări meşteşugite, scoțând de la făptaş idei lăturalnice, aflate, cât de cât, în relație cu fapta ascunsă. Perspicacitatea cercetătorului găseşte că una dintre idei are legătură cu însăşi fapta şi odată ce a pus mâna pe această primă verigă, o speculează, o întoarce, o suceşte, ca să mai scoată încă una şi încă una, toate fiind lăturalnice, dar de mare valoare, pentru a obține pe baza lor mărturisirea faptei comise.

În acest caz avem de-a face cu un simplu act de psihologie umană, o simplă bănuială născută de ideea plecată din spiritul făptaş şi transmisă involuntar şi inconştient spiritului instructorului. O citire de gând, neclară, oarecum presimțită, intuitivă.

Doar un puternic medium vizual sau auditiv poate citi sau cunoaşte gândurile cu adevărat. Există oameni cu darul de a vedea fluidele şi duhurile din lumea spațiilor. Deşi sunt oameni trupeşti, se comportă din punctul de vedere al percepției asemenea unui spirit liber. Aceşti oameni se opresc din orice acțiune sau gândire, devin atenți şi spiritul lor traduce automat semnele colorate ieşite din capul semenului lor. Aparența face să se creadă că ei văd cu ochii trupeşti gândirea unui om. În realitate, spiritul - fără ştirea personalității, a conştiinței sale de veghe - vede reprezentările simbolice ale gândirii unei persoane şi le traduce automat în grai mental. Astfel în mintea omenească a cititorului de gânduri vin cuvinte-gânduri de la o persoană aşezată lângă el.

În fine, o altă categorie de mediumi primesc unde-gânduri - în mod telepatic, de aproape sau departe - sub forma unor voci. Un asemenea om, posesor al unei capacități foarte rare, stă liniştit şi surâzător iar în capul său, răsună o voce ca şi cum ar avea un receptor de telefon la ureche, prin care i-ar vorbi cineva.

Uneori, omul constată că ideile sale sunt rostite de o persoană aflată alături, mirându-se cum de un străin a citit ceea ce gândise în forul său intim. Dacă străinul îi mai spune câteva din propriile sale idei, cade pe gânduri şi chiar îl îngrozeşte faptul că nu-şi poate explica cum de acest om ştie ceea ce gândeşte el.

Pentru că este întruparea unei entități spirituale evoluate, cititorul de gânduri aude şi vorbirea duhurilor, a oamenilor spațiali, fiind oprit de aceştia să se destăinuie sau să facă o imprudență, care să-l dea de gol. Din această cauză devine foarte rezervat şi cuminte.

Posesorul unei asemenea mediumități este un fericit, pentru că poate afla gândurile semenilor, dar în acelaşi timp este şi un nefericit, căci omul e om şi poate cădea în greşeli. Profitând de capacitatea sa mediumică se va face nespus de vinovat, aşteptându-l consecințe grave. Fiind un duh superior şi un protejat şi răsfățat al Cerurilor, greşeala sa va cântări de zeci şi sute de ori mai mult decât a oricărui altul. A încălcat o lege morală şi îşi va plăti amarnic greşeala.

Fiind conştient că îmbrăcând haina trupească, este supus greşelii, nu orice duh acceptă să i se acorde darul minunat de a citi sau auzi gândirea oamenilor. Este greu să-şi ducă la liman misiunea destinului pentru care s-a întrupat, darmite să se mai încarce şi cu năpasta asta, care prin ispitire îl poate prăbuşi spiritual. Iată de ce sunt rari mediumii cititori şi auditori ai gândurilor umane.

Fotografierea entităților spirituale

Găsind un fotograf profesionist sau amator care ne poate servi ca medium, unii dintre noi dăm buzna în cabinetul său de lucru pentru a ne fotografia. În acest scop, luăm fluide din dublul vital al mediumului-fotograf și le îmbibăm în perispiritul nostru, făcându-l mai compact, mai dens; în același timp, ne micșorăm, ca prin acest fapt să îndesăm mai bine fluidul extras și apoi ne așezăm la distanța obișnuită în fața obiectivului. Fotograful făcând poza la lumina vie a electricității risipește fluidele acumulate cu atâta greutate în jurul nostru, și nu apărem clar pe placa fotografică.

Bietul om a fotografiat un client, dar lângă el s-a alăturat un asistent nevăzut. În momentul expunerii fluidele duhului au fost risipite de lumina electrică, disociindu-se, dar reușind totuși să impresioneze vag placa sensibilă. Prin urmare, poza clientului a ieșit pătată, incorectă; placa s-a stricat. Developând placa, fotograful se miră că i s-a stricat poza și bănuiește că a cumpărat o placă alterată. Negustorul de plăci, primind asemenea reclamații de la mai mulți clienți, reclamă la producător, care și el este mirat, și nici unul, nici altul nu bănuiește că aici e isprava unui om din spațiu, a unui duh dornic să-și aștearnă figura, post-mortem, pe o placă pământească.

Pozele făcute în aer liber și în amurgul serii ne reușesc mai des, mai ales prin cimitire, unde avem la dispoziție fluid vital din belșug. Totuși, tehnica fotografierii noastre trebuie îmbunătățită. Cu această ocazie, îmi permit câteva observații, a căror utilizare ar duce la rezultate frumoase.

Iată aceste sugestii ale mele.

Deoarece mediumi-fotografi, consacrați ca atare de Cer, nu prea se găsesc, iar noi nu reușim să impresionăm din prima încercare placa fotografică, avem nevoie pentru fiecare repetare de o nouă cantitate de fluid de la fotograf. Dar nu ne putem permite să depășim o oarecare limită pentru că îl îmbolnăvim, făcându-ne responsabili de suferința sa. Nu ne rămâne decât să ne procurăm fluid din spațiu, și să pozăm fără fluidul fotografului. În acest scop ne gândim la chipul și înfățișarea avută în viața terestră. Prin concentrarea gândirii, ne creăm un corp fluidic aidoma cu cel din viața precedentă. Acum, strângem, condensăm acest corp de mărime naturală, până devine mic de tot, cât un bob de mazăre. Cu această dimensiune ne așezăm la distanța convenită până vom impresiona placa fotosensibilă. Este nevoie de o expunere mai lungă, de 2-3 minute, pentru că vehiculul nostru nu este un corp solid ca al fraților pământeni, ci este un corp fluidic care va impresiona mai greu placa fotografică.

În ultimul timp ați constatat că anumite substanțe pot fi impresionate chiar de lumina slabă a nopții, de lumina infraroșie a spațiilor din jurul pământului. Vă recomand să faceți plăci fotografice sensibile la lumina infraroșie, care nu risipește fluidele noastre. În fine, obiectivul aparatului de fotografiat să fie o combinație de lentile, care să facă din el un microscop. Cu acest aparat, ce ar putea fotografia și microbi, cu plăci sensibile la lumina infraroșie și prin contractarea noastră de la mărimea unui om trupesc până la un corp de câțiva milimetri, vom putea sensibiliza perfect placa fotografică, chiar și la întuneric, când lumina nu ne va mai risipi fluidele.

Am credința că - intrând într-un nou ciclu de mare spiritualitate - se vor naște mai mulți mediumi-fotografi, iar prin realizarea unui aparat cu obiectiv-microscop și producerea plăcilor impresionabile la lumina infraroșie, vom reuși mai ușor și mai bine să ne arătăm lumii întrupate și să o zguduim din ideile ei false că „morții" au murit și s-au prăpădit pe veci.

Omul trupesc este instrumentul entităților spirituale

Tu ești om trupesc. Eu sunt om al spațiilor, sunt un spirit. Există vreo deosebire între mine și tine? Da. În afară de faptul că eu nu mai am trup și corp vital, ca și tine, mai există o deosebire, și încă foarte mare: eu posed o memorie deplină, completă, atât din trecutul meu cât și din viitor, pe când tu nu ai decât memoria vieții actuale. Memoria mea îmbrățișează sute de mii de ani trecuți și viitori, pe când a ta abia reține pe cea a câtorva zeci de ani din viața actuală.

Din fericire pentru tine, reducerea memoriei tale integrale durează numai în timpul zilei, în timpul stării de veghe. Noaptea, când îți părăsești trupul dispui ca și noi de *memoria divină*.

Deși, grație memoriei mele, posed tot ce am învățat, văzut și auzit mii și sute de mii de ani, constat că încă nu cunosc pe deplin structura întregului univers. Creatorul parcă a voit ca opera Lui să rămână un mister pentru copiii Săi. Dar tot El a pus în ființa noastră dorința vie, nesățioasă să-L căutăm, să-I cercetăm operele. Grație capitalului agonisit de milioane de ani - chiar de miliarde de ani, de când am venit întâia oară pe lume ca duh, copil al Tatălui meu ceresc - grație dorinței de a iscodi și afla, eu cunosc ceea ce tu, ca un pelerin trecător în această viață trupească, nu poți ști.

Așa fiind, sunt dator, în virtutea legii solidarității, să te luminez și pe tine, în starea ta de veghe, asupra multor probleme de care nici nu bănuiești.

Tu ai simțul percepției vizuale și auditive. Noi îl avem pe al nostru, cu totul diferit de al vostru și, în plus, e unitar. Ochiul vostru nu va vedea ceea ce vede corpul nostru. Urechea voastră nu va auzi undele sonore de natură fluidică, percepute de corpul nostru. Voi vedeți și auziți în lumea fizică; noi vedem și auzim în lumea noastră eterică. Când vederea voastră a slăbit, vă serviți de ochelari sau când e neputincioasă pentru a vedea lucrurile prea mici vă serviți de microscop. Ceea ce vede omul cu microscopul nu va vedea niciodată cu ochiul liber.

Există momente când vrem și noi să studiem materia fizică, dar sub unghiul sau aspectul uman trupesc, iar nu cel spiritual. În acest caz, sugerăm unui om întrupat să privească obiectul dorit. Undele fizice venite de la acel obiect sub formă de imagine impresionează retina omului și sunt transmise prin intermediul nervului optic pe cortex; de aici sunt preluate de dublul vital, care transformă undele fizice în unde psihice. Spiritul acelui om primește atunci undele microscopice purtătoare ale imaginii respective și află ce este în fața sa. Eu mă alătur acestui om și prin undele sale psihice văd obiectul respectiv sub aspect fizic, pământesc, adică îl văd ca și cum aș avea și eu un trup. După cum microscopul vă servește să vedeți cu ochii voștri microbii, imposibil să-i vedeți direct, tot astfel și noi ne servim de voi, pentru a lua cunoștință, sub aspect fizic, pământesc, de lumea fizică, unde nu demult aveam și noi un trup.

Dar nu numai voi, oamenii, emiteți unde psihice vizuale, ci și animalele emit unde vizibile pentru noi. Chiar cele mai mici insecte emit undele lor, percepute de noi, dacă vrem. Așadar, noi vedem ceea ce vede o musculiță, vedem microbii, invizibili pentru tine, pe care ea îi caută și înghite cu mare plăcere. Prin urmare, noi vedem și omenește, prin intermediul vostru, dar vedem și ceea ce este invizibil ochilor voștri, dar este vizibil pentru unele animale.

De pildă, musculița așezată pe o masă de sânge închegat vede o rețea de fire prin ochiurile căreia se află globulele de sânge albe și roșii, iar uneori și microbii aflați printre ele sau în ele. Ea emite unde psihice și eu văd prin intermediul lor ceea ce voi vedeți numai cu microscopul.

De câte ori nu ne abatem pe la laboratorul unui savant și cercetăm, nevăzut de el, ceea ce observă sub microscopul său. Vedem imaginile și îi citim gândurile, reflecțiile sale privind ceea ce vede sub microscop.

Vezi, dragă frate, de câte mijloace dispunem noi? Asemenea taine ale lumii noastre sunt nenumărate, dar nu le putem mărturisi oricui. Pe de o parte, orice comunicare trebuie să aibă o autorizare prealabilă a marilor noștri superiori, iar pe de alta, nu vrem să părem asemenea unor visători, pentru că de cele mai multe ori comunicările noastre par a fi absurdități pentru voi.

Revin, spunându-vă că avem mijloacele noastre de investigare, datorită constituției corpului nostru. Vederea noastră este dublă: vedem în lumea duhurilor dar vedem și în lumea fizică, trupească, ceea ce văd oamenii trupești.

Aceste facultăți le avem și în privința auzului. Undele voastre sonore, aeriene-fizice, fiind foarte grosolane, cu vibrații de undă foarte lungi și de intensitate mică, nu le putem auzi. Dacă dorim să auzim fizic, trupește, ne așezăm în apropierea capului unui frate întrupat. El primește în urechi undele sonore fizice. Acestea sunt conduse prin nervul auditiv la sistemul cerebral, al cărui dublu vital le transformă în unde psihice. Numai sub acest aspect de unde psihice spiritul vostru poate percepe sunetul din lumea voastră fizică. Așadar, undele sonore fizice, transformate în unde psihice de dublul vital al sistemului vostru cerebral, sunt percepute de noi ca și cum am avea urechi, auzim ca și fratele nostru întrupat.

Din cele expuse se vede - și să nu vă fie cu supărare - că ne servim de voi după cum voi vă serviți de anumite instrumente sau dispozitive.

Subiectul descris mai sus nu-l vei găsi pomenit în nicio lucrare omenească, iar dacă mai ai răbdare îți voi spune încă o taină.

Iată un fenomen ciudat și în același timp interesant pentru voi. Din diferite motive, un om are trupul său grav rănit sau bolnav. Prin sistemul său nervos periferic, durerea fizică se transmite sistemului cerebrospinal. Acolo este transformată de către dublul vital în unde psihice de durere, și în această stare este simțită și de duh, care suferă îngrozitor. Dacă nervul sensibil prin care se transportă sensibilitatea durerii de la organul bolnav până la sistemul cerebrospinal este tăiat sau anesteziat, sensibilitatea durerii, nemaiavând pe unde veni la dublul vital al sistemului cerebrospinal și deci la spirit, nu mai este simțită. Cum nu mai există durere? Există, dar ea este resimțită doar de celulele afectate - bolnave sau rănite - care, în virtutea conștiinței lor, pornesc să repare rana produsă ori să vindece organul bolnav. De această reparație spiritul nu are, în acest caz, nicio cunoștință. Menținut astfel sub acțiunea continuă a narcoticului, duhul poate să-și piardă trupul, chiar fără să știe de această pierdere.

Să presupunem că rănirea a fost provocată de un om hain, răzbunător sau cu instincte animalice în el. Pentru fapta sa va fi judecat și va suferi în lumea fizică, dar după moartea trupului său, venind la noi, va fi judecat de Forul suprem și condamnat să sufere și el durerea provocată semenului său, din răutate sau lăcomie. Duhurile culpabile sunt condamnate să sufere durerea provocată altora, pentru a învăța că este rău să faci pe altul să sufere. Asemenea cazuri fiind frecvente, aceste duhuri sunt adunate la un loc și legate toate printr-o centură fluidică. Acum, acest mănunchi de fioroși criminali, lipsiți de noțiunea durerii aproapelui lor, este pus în legătură, printr-un cordon fluidic, cu un bolnav, cu un om ce suferă cumplit de o rană oarecare. Durerea trupească a acestui om va fi transformată în durere psihică, transmisă prin cordonul de legătură la întregul ciorchine de duhuri needucate, care până acum nu știau ce e durerea și ce rău e să sufere omul trupesc.

Duhul a fost condamnat să treacă prin durerea de care s-a făcut culpabil. Urmând așa mereu, se va săpa adânc în spiritul său raportul dintre o anumită faptă și durere, ferindu-se în viitor de a mai face acea faptă, știind că după ea va urma durerea. Astfel se face educația duhurilor inferioare, până ajung să devină mai înțelepte.

Tot în legătură cu durerea, mai află, frate, că unii oameni, făcând fapte reprobabile, care puteau fi evitate din calea destinului lor, sunt condamnați să sufere. Dacă un om are legături puternice și numeroase în lumea duhurilor superioare, duhurile coboară în virtutea iubirii ce le leagă de fratele lor greșit și se leagă printr-un fir fluidic de iubitul lor întrupat, suferind și ele, luându-i o parte din durere și ușurându-i astfel chinul.

Iubirea este temelia universului, și ea poate face minuni.

Cauza activității

Deși este începutul tuturor operelor, numărul unu este neputincios când este singur, chiar dacă acel unu ar fi una dintre cele mai înalte Forțe divine. Dacă însă trei de *unu* se asociază pentru îndeplinirea unei opere, forța lor este resimțită, voința lor se impune, opera lor va avea succes.

Având în vedere acest principiu, toate operele cerești au la bază numărul trei.

În lumea voastră, unu plus unu, plus încă unu fac trei. În lumea cerească, unu plus unu, plus unu fac tot *unu,* o unitate sfântă, numită *sfânta treime,* care se bucură de binecuvântarea Forțelor supreme ale universurilor.

Această treime este temeiul oricărui succes al operelor cerești. Dacă acest principiu ar fi urmărit și în viața terestră, și destinul nu se opune, succesul unei acțiuni oarecare ar fi dinainte știut.

Preotul își începe cuvântarea rostind mai întâi sacramentala formulă: „În numele Tatălui, al Fiului și al Sfântului Duh". Când termină, spune același lucru.

În lumea voastră materială, sunteți mânați la lucru de interese materiale. În lumea noastră spațială, avem în vedere legea și numai legea, sau, cum ziceți voi, moralitatea. Între amândouă stă unitatea, numită intelect, motorul tuturor operelor.

Așadar, o treime domină viața omului: *legea, inteligența* și *interesul material.*

Omul e un mic Dumnezeu, un candidat la dumnezeire; ca atare, el este un mic lucrător, în uriașa și veșnica operă a Divinității. Prin inteligența sa omul preface mereu materia, dar e nevoie să se țină de ordinea stabilită, de morală, de lege. După ce își părăsește trupul, materia fizică rămâne jos, iar el pleacă cu fructele inteligenței și ale răspunderii sale morale. Stare pasivă sau inactivă nu există nicăieri în univers. Totul se mișcă, totul se preface, totul este în activitate. Spiritul fiind un factor determinant în univers, el trebuie să fie în veșnică activitate, pentru ca prin munca lui să împingă totul mai departe. Chiar dacă aș vrea să stau, să nu mai fac nimic, tot nu pot, căci Tatăl și-a construit instrumentul care mă silește pe mine și pe toate duhurile să fim mereu active, să lucrăm asupra materiei, de orice grad, pentru a o mâna mai departe pe drumul evoluției.

Ca spirit, eu ar trebui să fiu mai liber, mai puțin activ decât tine, decât voi toți, pământenii, care aveți atâtea nevoi de împlinit pentru satisfacerea vieții trupești. Diferitele voastre nevoi - haine, hrană, adăpost - vă transformă, vrând-nevrând, în ființe active. Așadar, nu te poți sustrage activității dictate de tiranul tău instrument pământesc, al cărui rob vei fi cât vei trăi pe acest plan fizic.

S-ar crede că, venind la noi, omul a scăpat de această robie, de al treilea factor al activității - materia fizică. Ei bine, frate, nu este așa. După destrupare, când nu mai ai niciun raport fizic cu trupul tău, faci cunoștință în lumea spirituală, în locul celui de-al treilea factor - materia - cu un alt factor, de o forță covârșitoare, care există invizibil și în lumea voastră, dar nu-l simțiți, deoarece îl confundați cu activitatea trupului vostru. Acest nou stăpân nu mai lucrează cu forța brutală a trupului uman, ci cu o subtilitate delicată și plăcută, dar cu o forță de nerezistat, numită *necesitate.*

Spiritul trebuie să fie activ, căci altfel se plictisește și devine nefericit. Examinând cauza acestei nefericiri, constatăm curând că ea are ca izvor inactivitatea. Dar alături de acest adevăr constatăm că unitatea, coeziunea ne dă tărie în lucru, reușită în toate, procurându-ne fericire. Atunci ne unim câte trei pentru a face o anumită lucrare.

Un nepriceput al lumii tale ar putea să spună: „Bine frate, dar de ce lași să se amestece un altul acolo unde nu-l privește? De ce nu lucrezi singur?" De aici decurge nenorocirea omenirii terestre: *din lipsa solidarității și a organizării acestei solidarități.* Noi am încercat, „am simțit pe pielea noastră" - cum ziceți voi - că lucrul de unul singur nu are niciun spor, ba chiar uneori, niciun rezultat. Tebuie să lucrăm în roiuri treimice, ca albinele pământului în stupurile lor.

Un ignorant al lumii voastre ar putea să spună: „Dar bine, spirite, de ce să nu te odihnești, să meditezi, să fii într-o stare contemplativă, ca și pustnicii noștri din mănăstiri? Lasă-i în pace pe ceilalți, și nu mai lucra nimic". Răspund și acestui om neștiutor: Nu se poate, omule, chiar dacă aș vrea, pentru că în univers există un anumit fluid, care înlocuiește în lumea noastră imboldul sau necesitatea trupului vostru. Vrând-nevrând el ne scoate din starea de inactivitate și nu ne dă pace până nu ne punem la lucru. Așa că devenim activi. Lucrând sub imboldul acestui fluid, simțim o mulțumire, o stare mai bună decât cea produsă de inactivitate.

Tatăl ceresc este într-o perpetuă activitate, iar reprezentantul Său în lume este acest fluid, care ne pune la lucru, să fim activi ca El, Creatorul nostru. Acest fluid de natură electrică vine de la Soarele nostru, scaldă pământul și atmosfera sa fluidică, producând - fie în omul întrupat, fie în cel spațial - dorința de a face ceva.

Acest imbold venit de departe nu ne dă pace și determină toate ființele Pământului să fie active. Cum activitatea mea sau a altui duh este vizibilă tuturor duhurilor și cum această activitate trebuie să fie ordonată, mă asociez cu încă două spirite, pentru a face o lucrare omogenă, armonică, spre folosul nostru și al operei cerești. Dar activitatea noastră trebuie să aibă mereu ca îndreptar sau busolă Legea sau codul moral. Așadar, iarăși o sfântă treime în acțiunea noastră: *inteligența* noastră, *legea* sau *codul moral,* plus al treilea factor - *asocierea puterilor noastre spirituale.*

Pentru o mai bună înțelegere a acțiunii acestui factor activant solar, am să-l compar cu fluidul electric solar, mai grosolan decât cel expus mai sus, și care vine ziua să vă lumineze și să încălzească. În timpul zilei, când acest fluid electric vă vine de la soare, voi lucrați. Când pământul, prin mișcarea sa de rotație a întors spatele, cum s-ar zice, soarelui, se face noapte, nu mai primiți acest fluid și simțiți nevoia încetării lucrului, pentru a vă culca și dormi. Așadar, atâta timp cât fluidul electric solar a lucrat asupra voastră, ați fost treji și activi, dar de îndată ce a încetat să vă scalde, v-a cuprins somnul și orice activitate trupească a încetat. *Căldura și lumina sosită de la soare provin de la un fluid lipsit de căldură, dar care, combinându-se cu efluviile pământului, dă naștere la lumină și căldură.*

În afara acestui fluid ce produce lumina zilei, *fluidul activant* - pomenit mai sus - străbate duhurile și pământul. El înlocuiește, în lumea noastră, nevoile trupești - al treilea factor al activității lumii voastre.

Așadar, pentru a ne duce existența în mod fericit, noi, duhurile, trebuie să ne supunem:

1. *Inteligenței noastre creatoare* - prin care ne vom construi destinul sau programul activității noastre viitoare pământești;

2. *Codului moral divin* - impus de semenii noștri superiori;

3. *Fluidului îmbolditor* sau *activant* - factorul solar determinant pentru a fi veșnicele albine lucrătoare în marele stup al sferei Tatălui ceresc.

Copilăria duhului

O mare plăcere ne procură studiul fizicii și chimiei eterurilor din sfera plină de stele și planete. Ele fiind în jurul nostru, le putem vedea și studia. Însă în mod direct nu putem cunoaște nimic despre natura fluidului ce umple Sfera-Laborator. Puținele cunoștințe despre materia de acolo, din care se prepară totul în lumea creată, le posedăm de la mai-marii noștri, savanții Cerurilor noastre.

În Sfera divină ne-am născut și am făcut primii pași, dar nu am luat cunoștință despre ce era acolo, pentru că la vremea respectivă, inteligența noastră era prea puțin dezvoltată și dorința de a afla nu exista încă în ființa noastră. Înainte de a ne fi emis din sânul Său, Tatăl a pus în noi facultatea de a *voi* și puterea de a *înțelege,* dar, pe când eram în Laborator, ele erau într-un stadiu embrionar, redus. Pentru ca în condițiile de acolo, lipsite de materiile, forțele și astrele existente aici, în sfera creată, să le fi dezvoltat la stadiul actual, erau necesare miliarde de ani și tot nu am fi reușit pe deplin să le scoatem din starea lor de inerție, pentru a le pune în starea dinamică actuală. Nu știm cum am fost creați de Tatăl ceresc din materia primă. Crearea noastră este un mister pentru noi și de aceea elaborăm presupuneri, ipoteze, ca și voi, duhurile întrupate. Această necunoaștere a ceea ce era în Sfera-Laborator, când eram duhuri-copii, o constatăm la noii duhuri-copii, sosiți acum în sistemul nostru.

Creatorul ne-a expulzat curând din Laboratorul Său - sau cum spunem noi, din sânul Său - în sfera cu miliarde de stele sclipitoare. Aici am învățat, prin diferitele școli ale Tatălui nostru, chimia și fizica materiilor eterice. Voința Creatorului nostru a fost ca în copilăria noastră de duhuri, să fim neștiutori, lipsiți de putere și voință. Dacă Tatăl ne-ar fi făcut egali în inteligență și voință cu El, nu am fi avut ce studia. Dar El nu a avut nevoie de zei egali, ci de copii inimoși, care să-l studieze operele, și la lumina găsirii înțelepciunii Sale, să-L servească cu dragoste, în vecii vecilor.

Sosiți în sfera creată, am fost atrași de unul dintre miliardele de sori, fiecare soare având puterea sa atractivă. Orice corp sideral are gradul său de atracție, mai cu seamă pentru materia pură, plecată din Laborator. Când sosește noul duh-copil în Soare, este îmbrăcat cu un anumit fluid, grație căruia poate *voi* și se poate *mișca.* Acest fluid își are gradul său de energie, potrivit astrului care-l emite. Așadar, toate astrele au un fluid al voinței, diferit de la un astru la altul. Grație acestei energii atractive, sorii se atrag unii pe alții, proporțional cu puterea fluidului lor atractiv.

Spiritul sau omul fluidic expulzat din Sfera-Laborator nu se mai poate întoarce acolo, după ce a fost capturat de un soare, pentru că nu-i mai dă voie să iasă din captivitatea sa. Dacă acest soare are un satelit, o planetă, forța atractivă a planetei sau fluidul său captivant va avea o putere secundară față de soarele său. În fine, dacă acel soare are două sau mai multe planete, a doua planetă va avea fluidul atractiv de gradul trei, și așa mai departe, până la cea din urmă planetă.

Fiecare planetă își are voința sa atractivă. Pe măsură ce planeta este mai depărtată de soare, puterea fluidului său atractiv este mai mare. Cea mai puternică voință atractivă o au planetele nevăzute încă de telescoapele astronomilor voștri. Odată ele aveau aceeași voință atractivă ca și soarele din care s-au rupt. În decursul timpului s-a desfăcut din soare o cantitate mică de fluid-voință, atrasă de planete. Din acel moment ele s-au îndepărtat puțin de soarele lor, menținându-se totuși pe drumul lor eliptic, în jurul soarelui, până la o nouă acumulare de fluid, când iar se vor îndepărta.

Prin urmare, în trecutul îndepărtat, la distanțe de miliarde de ani, soarele s-a fragmentat în planete, care de cum se nășteau și fluidul lor atractiv se fortifica, se depărtau de părintele lor.

Savanții noștri ne spun că la o vreme, soarele nostru se va transforma într-o planetă și după alte miliarde de ani va muri și ea, ca orice alt corp ceresc.

Iată, frate, cu ce fel de probleme ne ocupăm noi în Cer. Dacă divinul nostru Creator nu ne-ar fi oferit fericirea de a ne preocupa de creația Sa, cine s-ar mai ocupa de ea? Omul trupesc, copleșit de preocupările sale materiale? Nu, ci noi care avem mijloace nenumărate pentru a o studia.

Creatorul dorește ca în parte, aceste studii subtile și altele de o mare abstracție să fie împărtășite unora din lumea voastră trupească. Cu alte cuvinte, să le umanizăm. Evident, prin forța lucrurilor, ele nu pot fi date oricui, deoarece premerg cu cel puțin un secol-două, majorității savanților de azi ai pământului. Ceea ce azi pare ficțiune și absurditate, peste două-trei secole va fi foarte inteligibil, demonstrat și verificat. Dar noi nu avem în vedere starea actuală a științei, ci facem cunoscute aceste probleme în vederea viitorului. Azi ele vor părea pură fantezie, pentru cei ce nu le pot cuprinde profunzimea, deoarece spiritul lor încă nu este pregătit să le asimileze, lipsindu-le al șaselea simț, simțul spiritual.

Prin comunicările noastre dorim să dezvoltăm simțul spiritual la cei care îl au în stare embrionară. Vrând-nevrând, evoluția va face ca mișcarea spirituală să crească, spre fericirea și norocul nostru, al celor ce vom veni la întrupare, devenind, la rândul nostru, propovăduitori înfocați ai lumii fluidice.

Opera materializărilor

Văzând marea deosebire de simțire și cunoștințe dintre voi și noi, mă cuprinde o mâhnire, dar îmi revin, căci înțeleg legea progresului rânduită de Divinitate în lume. Totul începe cu neștiință și se termină cu atotștiință.

Miliarde de ani au trebuit să treacă până ce ochii voștri să ajungă la starea actuală și, cu ajutorul microscopului, să puteți vedea microbii. Existența acestor microorganisme a fost cunoscută de marii preoți inițiați egipteni, asirieni și chinezi, însă era păstrată în secret, poporul neștiind nimic. Inițiații nu au văzut aceste mici organisme - precum nici voi nu ne vedeți - dar sub conducerea noastră secretă, au aflat că multe din bolile omului sunt datorate acestor ființe foarte mici, invizibile omului trupesc. De asemenea, au aflat că aceste ființe sunt sub conducerea marilor noștri sfinți savanți, care la anumite momente le îndreaptă spre trupurile unor oameni, pentru a produce anumite efecte.

Bolile sunt cunoscute de noi în înseși cauzele lor. Medicina noastră este cu mult mai vastă decât a voastră.

Noi studiem în veșnicie, dar anumite cunoștințe se predau la anumite momente, după gradul evolutiv al fiecăruia: celor mici - un fel de cunoștințe, celor mai bătrâni - alt grad de cunoștințe. Cuvintele evanghelice sunt aplicate și la noi: „Ușile, ușile, să nu intre cei nechemați", adică cei neajunși la nivelul cerut pentru aflarea unor cunoștințe.

În lumea noastră inițierea se face prin comunicări mentale, prin grai mental. La noi se inițiază, nu se învață, pentru că învățământul nu este obligatoriu, ci este fericirea după care aleargă însetat duhul ajuns să simtă frumusețea unui subiect.

Voi considerați ca fiind materie numai ceea ce cade sub percepția simțurilor voastre. Dar la aceste materii trebuie adăugate și materiile percepute de simțurile noastre, ale oamenilor fluidici. Așadar, în afară de materia aflată în stare solidă, lichidă și gazoasă, mai există și materia eterică sau fluidică, adică a patra stare a aceleiași materii.

Această materie fluidică umple tot interiorul universului. Ea a provenit dintr-o materie și mai fină, numită *materia primă, materia primordială* sau *materia numărul unu,* neîntâlnită în univers, ci numai în Sfera-Laborator sau Sfera divină. Întâi a fost *materia primă,* din ea s-a făcut *materia fluidică,* din aceasta - *materia gazoasă,* din ea a derivat *materia lichidă,* care printr-o condensare și mai accentuată a devenit *materie solidă*. Materia primă a trecut din grad în grad, printr-o serie nesfârșită de stări intermediare, până a ajuns materia grosolană a solidului.

Pentru voi, și anume pentru cei culți, nu există decât starea solidă, lichidă și gazoasă. Pentru cei inculți există doar două stări: solidă și lichidă. De unde să știe omul simplu - sălbaticul din Africa sau iakutul din Asia - că mai există încă o a treia stare a materiei, starea gazoasă. Chiar voi, pe când erați copii, nu știați de existența gazului.

Din cele spuse mai sus, reiese că voi nu aveți cunoștință de starea a patra a materiei, de starea fluidică, precum noi, cei din spațiile acestui univers, nu cunoaștem starea materiei prime, ea neexistând decât în Laboratorul divin. Voi nu vedeți fluidul din jurul pământului și nu ne vedeți nici pe noi. Pentru voi fluidul este inexistent, dar noi îl vedem, îl simțim și constatăm că e destul de consistent. Eu mă simt pe mine și constat că sunt mai tare decât fluidul din jurul pământului; corpul meu este mai dens decât apa fluidică în care viețuiesc și mă mișc asemenea peștilor din apele voastre.

La noi studiile se fac numai mental, și se repetă, de miliarde de ani, celor ce doresc și le merită. Din aceste cunoștințe culese de mine, îți dau și ție, frate iubit, cunoștințe, ce vor părea foarte ciudate fraților tăi trupești. Eu îți dau ceea ce îmi permite gradul meu, destul de înalt în lumea eterică a Pământului, dar nu afirm că aceste învățături sunt definitive și reprezintă ultimul cuvânt, ci spun: *Așa știu eu, la gradul meu de duh alb.*

De altfel, despre existența materiei eterice îți pot vorbi toate duhurile, oricât de inferioare ar fi, pentru că toate o simt. Așadar, spațiile interplanetare și interstelare nu sunt goale, cum cred unii dintre savanții voștri, ci sunt pline de o materie în stare eterică.

Dragă frate, milioane de frați duhuri mai mici se află în sferele inferioare. Doritori de a afla și ei arhitectura universului, mă întreabă: „Tată, luminătorul nostru, auzim pe frații noștri de jos, întrupați pe pământ, zicând că pământul stă în vid. Noi știm că de jur-împrejurul planetei există un fluid, dar nu ne este lămurit cum de pământul, un corp mai dens decât eterul, plutește prin spațiu, în acest ocean de materie fluidică? Să fie atracția stelelor, care îl atrag din toate părțile prin puterea gravitației lor, după cum afirmă savanții pământului?"

Nu, fiii mei, teoria gravitației universale, emisă de fratele nostru Newton, e bună numai pentru cei întrupați. Ca terian, ca duh întrupat, Newton a uitat ceea ce cunoștea perfect ca duh spațial. El știa că globul pământesc plutește în mijlocul oceanului fluidic și se mișcă în sânul acestui ocean ca și peștele prin apă. Fiind format din particule vii, condensate până la starea solidă, acest glob e viu, are o viață a sa, neînțeleasă de voi, are un simț și o voință proprie.

O, Doamne, cum să vă fac să puteți concepe această viață? Pretutindeni e viață. Totul e făcut din viață. Totul e simțitor și cu voință supusă din grad în grad voinței superioare. Dacă n-ar fi astfel, pământul ar naviga la voia întâmplării și noi am călători cu el de la un capăt la altul al acestui imens ocean fluidic, în care plutesc sutele de miliarde de corpuri cerești. Fluidul universic este format din particule de viață supuse Voinței supreme a Creatorului; prin urmare, El Își impune Voința fluidului universic. Prin intermediul fluidului universic Tatăl creator Își impune Voința asupra globului terestru, conducându-l pe un anumit drum sau traiectorie. Fluidul universic, acest curent de materie eterică are o mișcare, o curgere într-un sens circular.

Să luăm ca punct de observație sistemul nostru planetar, și anume, soarele. Fluidul universic curge în jurul soarelui.

– Cum, luminătorule, nu se învârtește pământul în jurul soarelui?

– Nu, copii, pământul nu se învârtește singur în jurul soarelui, ci fluidul universic care scaldă de jur-împrejur soarele se învârtește, curge în jurul soarelui și în mișcarea sa târăște și globul terestru. Acest fluid curge continuu, se mișcă în jurul soarelui de miliarde de ani, de la crearea lui.

La început era numai soarele și fluidul din jurul său. Inițial fluidul solar era mai dens, dar din cauza mișcării sale de rotație, s-a rarefiat din ce în ce mai mult. Când rarefierea a atins un anumit grad, s-a rupt din soare o bucată, din care s-a format apoi planeta noastră. Așa au luat naștere, rând pe rând, și celelalte planete desprinse din soare, datorită mișcării sale de rotație, provocată de mișcarea circulară a fluidului universic înconjurător.

– Până unde se întinde atmosfera fluidică solară?

– Până dincolo de ultima sa planetă, necunoscută de pământeni, pentru că n-au văzut-o încă cu telescoapele lor.

Acum revin și mă adresez ție, frate. După cum voi puteți trece un anumit corp din starea solidă în stare lichidă și apoi gazoasă, tot astfel noi, cei știutori, putem supune voinței noastre fluidul solar, trecându-l din concentrare în concentrare, până la starea gazoasă, lichidă sau solidă, prin toate stările materiei voastre terestre.

Iarăși sunt întrerupt: „Învățătorule, cum de se face ziuă și noapte pe pământ, dacă el este târât de fluidul din jurul sistemului solar?"

Se face ziuă și noapte pentru că în mișcarea sa de rotație în jurul soarelui, pământul mai face și o a doua mișcare, de rotație în jurul axei sale, provocată de fluidul universic, care prin partea exterioară a mișcării circulare trage mai repede, iar prin partea interioară merge mai încet. Din inegalitatea acestor două forțe tangente - internă și externă - s-a născut mișcarea de rotație proprie pământului, care a determinat ziua și noaptea, succesiv, pe suprafața lui. La această cauză s-a mai adăugat încă un factor. La începutul creării sale, pământul cădea mereu spre periferia atmosferei fluidice solare. Din combinarea mișcării de îndepărtare a pământului de soare și a mișcării circulare a fluidului solar s-a născut mișcarea de rotație a globului pământesc în jurul axei sale.

Fluidul solar a fost și este mai dens în apropierea soarelui, și din ce în ce mai rar către periferia sa; adică particulele componente ale fluidului solar sunt mai apropiate în vecinătatea soarelui, și mai depărtate între ele către periferia sferei fluidice solare. Această atmosferă eterică solară se termină dincolo de ultima sa planetă - cea dintâi ruptă din soare - pe o distanță de milioane de kilometri.

Azi, puterea de atracție a soarelui nu-i permite pământului să se îndepărteze decât foarte puțin, cu câțiva centimetri în fiecare an. Cu trecerea timpului, materiile constitutive ale pământului s-au transformat, până au ajuns la starea actuală, atribuită de voi răcirii. Pe măsura îndepărtării de soare, compoziția și starea materiei terestre se va schimba. În decurs de miliarde de ani, pământul s-a îndepărtat de locul său de origine, intrând într-un fluid solar din ce în ce mai rar, care a determinat toate prefacerile de pe suprafața sa.

Omul trupesc a început studiul pământului de curând, și nu a avut încă timpul să constate că el se îndepărtează de soare. Noi, care avem miliarde de ani în urma noastră, având ocazia și putința să observăm globul în jurul căruia ne facem școala, cunoaștem acest fenomen, încă necunoscut astronomilor voștri.

După cum în lumea voastră trupească un copil din clasele primare pune câte o întrebare de te miri cum i s-a născut în minte, tot astfel un duh tânăr m-a întrebat: „Domnule, pe când am fost și eu om trupesc, am învățat că doar un corp ușor se înalță. Cum se face că pământul - care e un corp greu - se înalță, se îndepărtează în atmosfera solară?"

Suntem obligați să răspundem duhului în a cărui minte s-a putut naște o asemenea întrebare științifică. Da, fiule, pământul se îndepărtează de soare sau se înalță în atmosfera lui fluidică, deoarece este atras de Sfera divină. Cu vremea, toate astrele au tendința de a porni sau cădea către Sfera divină, aflată în centrul sferei cosmosului. Așadar, cu timpul, și soarele nostru împreună cu toți puii săi va avea tendința de a cădea către Laboratorul divin. *De acolo, din Sfera divină se exercită atracția despre care a vorbit fostul pământean Newton, mare sfânt la noi în Cer.*

Un vapor de zeci de mii de tone plutește pe apa oceanului. De ce? Pentru că - ai să zici - e construit ca să plutească. Ei bine, și pământul este astfel construit ca el să plutească pe linia hotărâtă de Cel Atotputernic, deoarece el posedă, condensat în interiorul său, fluid solar.

După această lungă introducere, răspund și la întrebarea ta: „Ce este o materializare?" Materializarea este un studiu făcut de savanții Cerurilor noastre, cu fluidul solar, aflat în jurul nostru, în chiar atmosfera voastră, pătrunzând globul pământesc până în centrul său.

Savanții noștri lucrează cu acest fluid, căutând să-l treacă prin toate stările fizice ale pământului: gazoasă, lichidă și solidă. Una dintre numeroasele lor studii și experiențe este *creația*. Ei se trudesc să afle cum a creat Divinitatea, din această materie subtilă, omul, animalul și planta. Vrând-nevrând, ei ajung astfel să facă materializări. Materializarea este un capitol important din studiile savanților cerești. Deoarece aceste studii nu se pot finaliza în Cer, savanții cerești coboară la suprafața pământului, formează un cerc de frați trupești, oameni morali și intelectuali, aduc în mijlocul lor un medium superior, anume pregătit de la naștere pentru această înaltă misiune cerească, și impunând anumite condiții, își încep experiențele care îi vor duce la știința creației.

Așadar, pentru asemenea operații foarte rare se cer trei factori: savanți cerești, un medium de materializare și un cerc select format din oameni puri, evoluați și culți.

Savanții cerești fac aceste experiențe pentru că le sunt necesare, și nu de dragul de-a uimi pământenii. În Antichitate, experiențele se făceau numai în sânul cercului marilor inițiați. Acum de ani exista în spațiul din jurul pământului o pleiadă de mari savanți, dintre care s-au întrupat în Egipt, constituind, rând pe rând casta marilor preoți, inițiați în tainele cerești. Unii erau în spațiu și alții întrupați pe pământ. Cei de sus, împreună cu cei de jos, făceau experiențe privite din două puncte de vedere, uman-trupesc și uman-spiritual. Acești mari savanți cerești au experimentat și făcut studii pe pământ aproximativ 12.000 de ani. Ei se schimbau cu rândul, când unii erau sus, ceilalți erau întrupați jos, și invers. Casta marilor preoți a dobândit un caracter religios pentru a nu avea acces oricine la ea și apoi au ierarhizat-o. Pentru ca tainele aflate de la cei de sus să nu fie divulgate, inițiatul depunea un jurământ, acceptând mai degrabă să moară decât să destăinuie cele comunicate de sus. Tăinuirea acestor experiențe și comunicări nu era dictată de vreun scop egoist, ci pentru că știința cerească, împărtășită prin viu grai celor nepregătiți, s-ar fi deformat. Duhul inferior - întrupat sau neîntrupat - neputând, datorită nivelului său de evoluție, să cuprindă adâncul tuturor lucrurilor, interpretează conform limitelor sale ceea ce nu înțelege și astfel, transmițându-se mai departe, fondul prim al informației s-ar fi deformat, până ce nu ar mai fi corespuns adevărului.

Vă dau un exemplu simplu și comun. Omul de la țară a auzit de „automobil", dar el necunoscând la început înțelesul acestui cuvânt, l-a transformat în „motomobil". Tot așa cu orice idee: omul simplu o schimonosește ori o înlocuiește cu alta. Fiind necesar să se dea omului pământesc sau ceresc anumite cunoștințe, evoluția duhului este reprezentată prin clase sau grade, avându-se ca punct de plecare moralitatea și intelectualitatea.

Pentru a-și face studiile, marii savanți ai Cerului acestui glob au creat în anumite locuri - India, Tibet, Egipt - nuclee de inițiați, pentru ca prin ei și cu ajutorul lor să-și facă experiențele, iar lumea superioară a Pământului să nu rămână fără această știință cerească, altfel pierdută.

Dar după ce și-au terminat studiile, savanții cerești au părăsit planeta noastră. De la plecarea lor, religiile și castele organizate de ei au decăzut, iar inițieri nu s-au mai făcut, deoarece în locul celor plecați, casta preoțească a fost ocupată de duhuri mai puțin știutoare. De asemenea, numărul mediumilor s-a redus, până au dispărut și ei, pentru că, pe de-o parte, erau întreținuți complet de casta preoților, iar pe de alta, Pământul nu mai avea savanți cerești care să cunoască mediumizarea vehiculelor unui om, pentru a face din el un bun instrument pentru studiile lor. Treptat, omenirea a decăzut tot mai mult în abisul neștiinței și mai ales al imoralității.

Așa s-au scurs veacurile, până a reapărut marele Christ, aducând în lume vechile cunoștințe ale savanților de acum 20-25 de mii de ani, formând o religie, care - aparent - nu are la bază știința, ci numai *iubirea,* anihilând oarecum pornirea duhurilor inferioare spre bestialitate. De atunci au trecut veacuri, și pe baza dragostei Lui, omenirea a ajuns la civilizația de azi, strălucitoare mai mult în domeniul material, pământesc, pe când în cel moral este în regres față de primele veacuri ale creștinismului.

Acum în spațiu se află din nou cete de mari savanți, cărora le puteți da numele de *Glasul Adevărului.* Ei doresc să refacă studiile răspândite de cei plecați acum zece mii de ani. Acești savanți au început să reia combinațiile fluidului solar cu materia solidă, lichidă și gazoasă a acestui glob, dând naștere la fenomene neînțelese, necuprinse încă de voi, oameni trupești. În acest scop, aproximativ de o sută de ani încoace, unii dintre ei s-au și întrupat, întemeind o știință nouă, în definitiv veche de când se află omul pe acest pământ, știința numită *spiritism.*

În general, lumea crede că spiritismul constă în mijlocul de a comunica cu omul ceresc, ceea ce nu este exact. Noi, oamenii fluidici, nu avem nevoie să comunicăm cu voi, nu avem nevoie să încredințăm lumea terestră de existența noastră, deoarece noaptea duhurile întrupate sunt și ele ceea ce suntem și noi. În scopul avansării cunoștințelor noastre, avem nevoie de experiențe terestre, imposibil de realizat fără intervenția oamenilor întrupați, care, prin simțurile lor trupești - simțuri dezbrăcate de corpul nostru fluidic - au posibilitatea de a fi impresionați de materii terestre. Așadar, spațialul sau duhul, în dorința de a se cultiva, are nevoie de instrumentul trupesc al pământeanului. Spațialul își formează concluziile din concluziile pământeanului, când asistă la anumite fenomene spirituale, în special cele de materializări.

Există o mare deosebire între viața actuală a omenirii și cea de acum 20.000 de ani, căci pe când atunci era neapărată nevoie de o formă de religie, de o castă, care să cuprindă o întreagă serie de inițiați, acum - datorită civilizației, moralei creștine și științei terestre - nu mai sunt necesare studiile noastre de religie și castele. Va fi însă nevoie de inițiați.

În acest scop s-au întrupat[1] noii savanți cerești sosiți pe acest glob, punând bazele științifice ale noii științe spiritualiste, și astfel cunoștințele lumii noastre împânzesc azi pământul. Lumea cerească dorește să îndrume lumea terestră, profitând de datele și descoperirile științei. Noi nu mai suntem preocupați să facem din preoții pământului colaboratorii noștri, ci avem nevoie de savanții pământului, care sub prisma cunoștințelor pământești, să studieze cele cerești. Iată de ce noi acum optăm pentru intelectuali laici, propagatorii noii științe cerești - știința revelată - denumită de unii *metapsihism*.

Din cele expuse se înțelege că nu atât lumea terestră are nevoie de aceste experimente cerești, cât mai ales lumea spațială, obligată să-și facă experiențele fără de care entitățile spirituale ar rămâne doar teoreticieni. Combinările fluidice au produs levitația unor corpuri - fără intervenția omului trupesc, formarea de fantome, scrieri fără condei, materializări etc.

Cât timp vor sta acești savanți cerești în preajma pământului și vor radia din cunoștințele lor, omenirea va progresa din ce în ce mai mult, acumulând, asimilând și publicând aceste cunoștințe. Toate invențiile de o sută de ani încoace sunt date omenirii de acești savanți cerești, întrupați ca orice om.

Am terminat, iubite frate, cu subiectul de azi. Înainte de-a mă înălța în sferele luminii și ale armoniei să mulțumim Divinității Creatoare. Să mulțumim Fiului Său solar, Guvernatorul nostru. În fine, să mulțumim înalților savanți care ne-au admis ca auxiliari ai lor. La lumina lor ne vom adăpa și noi două mii de ani, când, agonisind destul capital, vom părăsi această planetă, pentru o alta, unde ne vom continua studiile.

Producerea sunetelor și a vorbirii directe a duhurilor

Sunetele și vorbirea sonoră a omului trupesc le producem cu oarecare greutate. Sunetele produse de duhuri imită pe cele de clopoței, lanțuri, butoaie rostogolite etc., iar vorbirea sonoră este întocmai ca și a voastră trupească.

Am spus că în jurul pământului, ca și al tuturor planetelor și sorilor, se află materia eterică, în diferite grade de condensare. Între aceste eteruri sau fluide există și cel numit de voi electricitate.

Generatoarele voastre electrice absorb fluidul electric, îl condensează și trimit mai departe, pe conductori electrici. El curge pe firul electric, pe deasupra firului și prin toți porii săi, ca și apa într-un canal, cu o viteză de 300.000 de kilometri pe secundă. Din nefericire pentru voi, dar și pentru noi, nu aveți încă un aparat de analizat natura fluidului electric.

[1] Allan Kardek, Charles Richet, Crookes, Gelley, Lombroso, Lodge, Notzing, Baret şi alții.

Materiile eterice ce umplu interiorul universului le vom numi *azed,* ele fiind un complex de eteruri de diferite calități și densități; fluide care încep cu *a* și se termină cu *zed*. Fiecare fel de fluid are o anumită însușire, și aplicații diferite în viața noastră spațială.

Materia azedică învelește soarele, formându-i corpul fluidic. Acest corp azedic are inteligență, voință și o memorie proprie, mecanică, automată, care reproduce în mod inconștient ceea ce s-a imprimat pe ea, asemenea unui suport magnetic. Așadar, materia azedică are proprietatea de a reține ideile emise de cineva și de a le reproduce apoi ca o placă de gramofon.

Eul nostru cel mai intim este o scânteie foarte mică. Scânteia divină este partea noastră esențială, cea care cugetă și voiește. Împrejurul ei există o serie de eteruri, adică avem azedul nostru, care împreună cu scânteia divină formează duhul. În studiile noastre am constatat că materia azedică a corpului nostru spiritual are însușirea de a fi imprimabilă de ideile, gesturile și acțiunile noastre, că și ea are inteligența, memoria și voința ei. Dar această voință este anihilată sau robită voinței eului, a scânteii. Așadar, există o deosebire între scânteie și corpul spiritual format din materie azedică, pentru că scânteia are voință, memorie și inteligență superioară. Scânteia divină cugetă la înaltele probleme ale creațiilor, pe când materia azedică din jurul ei are o cugetare comună. Materia care formează scânteia divină nu se află printre stele și planete, în spațiile siderale, ci numai în Sfera divină, unde a fost creată.

Din cele expuse, reiese că materia azedică are o voință oarbă, o inteligență slabă și o memorie inconștientă, oarecum mecanică.

Eu, ființă azedică, trăiesc într-o apă azedică și totuși nu mă topesc în ea; sunt ca și gheața, sunt un aisberg plutitor prin oceanul azedic al spațiilor.

Noi, duhurile, ne-am întrebat adesea: „La ce-o fi făcut Creatorul această materie azedică, cu un rudiment de inteligență, voință și memorie?" Iar judecata ne-a dat răspunsul că divinul nostru Tată a vrut să mai aibă un instrument, între multe altele, prin care să conducă lumea.

În studiile noastre, am constatat că tot ce facem, gândim și vorbim se imprimă în această materie azedică. Dar ceea ce este mai curios e că la fel se petrece și cu vorbirea, gândirea și acțiunea voastră, căci și ele se înregistrează în memoria materiei azedice. Am constatat că pe când noi avem o voință exprimată prin liber arbitru, materia azedică - deși are o voință - nu are o conducere proprie și deci un liber arbitru. Vi se pare o situație ciudată, dar acesta este adevărul. Materia azedică reproduce în veci, în virtutea voinței și mai ales a memoriei, ceea ce s-a imprimat pe ea.

Materia azedică joacă un rol hotărâtor în existența noastră, servind ca hrană materială corpului nostru și hrană intelectuală sufletului nostru.

Am spus că avem memoria noastră azedică și putem citi în ea. Dar, ca să fiu mai sigur întreb și pe vecinul meu; totuși, câteodată fiind tentat să mă îndoiesc de spusele lui, dobândesc o convingere deplină citind cele dorite în materia azedică înconjurătoare, în care plutesc. Pentru a citi în ea, trebuie să o pun în mișcare, în vibrație. Vibrația ei, într-un anumit mod, dă naștere la una dintre multele „minuni" ale Cerurilor: *fără să fie o ființă inteligentă ca mine, materia azedică vorbește, produce o voce, o vorbire identică cu a mea, dar care nu este decât o reproducere mecanică, un răspuns scurt, inconștient, diferit de răspunsul variabil și inteligent al unui frate spațial.*

Cum să fac să mă înțelegeți mai ușor? Vă dau un exemplu. Pentru ca lumea duhurilor acestei planete să învețe, să memoreze un Ordin divin, Guvernatorul Pământului gândește puternic, și tot ce a gândit s-a imprimat în azedul din jurul pământului. După aceea, Guvernatorul suprem al globului terestru pune în vibrație acest azed, așa cum înțelepciunea Lui știe să o facă. Din acest moment o voce, ca un ecou general, răsună de jur-împrejurul pământului: „Domnul Domnilor a ordonat prima Sa poruncă *«Să nu ucideți»* căci cel ce va ucide își va lua pedeapsa prin mine, azedica și puternica Lui materie, în care voi trăiți."

Aceste cuvinte se repetă mereu iar duhurile le aud și sunt cuprinse de obsesie, transformată în interiorul lor într-o conștiință puternică și vie că nu e bine să ucizi, că Voința Tatălui ceresc este să nu ucizi.

Noi, duhurile superioare ale Pământului, citim în această uriașă *carte* a Divinității, *Biblia cerurilor*, ceea ce mai-marii noștri au gândit sau propovăduit cândva. Această carte veșnică, istorică a omenirii, îmi va reproduce oricând, dacă voi ști să o pun în vibrație – asemenea unei plăci de gramofon – aspecte din viața unui om, anumite evenimente din istoria unui popor sau ordine ale ierarhilor mei superiori.

Să presupunem că un spirit superior, asemenea unui răzvrătit de la voi, ar striga către cele patru puncte cardinale: „Nu e adevărat că există un Dumnezeu". Fiind un spirit de grad superior, cuvintele sale vor avea autoritate în lumea duhurilor mai mici. Pentru ca ideile sale să nu aibă trecere în lumea duhurilor mai mici, Guvernatorul Pământului comunică, iar materia azedică înregistrează și apoi reproduce: „Adevăr vă spun, Eu, Domnul vostru Creator exist și am existat din veacul veacurilor".

Ecoul acesta răsună și se repetă până când sugestia puternică se va săpa adânc în scânteia lor divină, până când niciun duh nu se va mai îndoi, și nu va mai da ascultare celui răzvrătit în contra Tatălui. Răzvrătitul rămâne o unitate combătută mereu de materia azedică, instrumentul Divinității.

Acum revin la întrebarea ta: Cum producem noi, duhurile, vorbire directă, trupească, asemănătoare cu a voastră, deși nu avem plămâni, laringe, limbă etc.

Mai întâi trebuie să știți că noi producem foarte rar asemenea fenomene, fiindu-ne interzis de mai-marii Cerurilor, pentru a nu speria oamenii. Dar când avem învoire sau când duhurile inferioare, din ignoranța faptei, o fac fără învoire, fenomenul se produce astfel. Noi, duhurile, vorbim. Vorbirea noastră este psihică, perceptibilă numai între noi, duhurile. Dar dacă eu, duh vreau să determin pe oamenii trupești să-mi audă graiul, vorbesc în limba lor și materia azedică o înregistrează. Dar cum vorbirea mea e puternică, materia azedică vibrează și reproduce vorbele mele. Această vibrație pune în mișcare aerul din camera unde am dorit să mi se asculte graiul, și cei din odaia aceea aud vibrații sonore care reproduc aidoma vorbirea mea psihică, și totuși cu un caracter uman trupesc. Astfel răsună în acea cameră o vorbire omenească, produsă de o ființă invizibilă, de un duh, și nu de un om trupesc. Ea se produce în anumite cercuri cunoscătoare, și nu oricărui om, care de spaimă ar cădea mort. Iată de ce asemenea fenomene sunt pedepsite cu grele suferințe cerești, dacă sunt produse fără învoire specială.

De asemenea, se pot provoca și diferite zgomote. Însă producerea acestor sunete se bazează pe principiul tunetelor din natură.

Materia azedică este bărbat-femeie, adică hermafrodită; nu este nici pozitivă, nici negativă, ci este neutră. Ea este o materie vie, cu voință, memorie și o inteligență foarte redusă, fiind maleabilă și influențabilă. Prin puterea voinței mele, pot să-i desfac forțele electrice și apoi să combin materia pozitivă cu cea negativă, adică să fac un fulger psihic, vizibil numai duhurilor, dar care va zgudui aerul unei încăperi producând un mic tunet sau zgomot, perceput de voi, oameni trupești.

Înainte de a arăta cum se face această desfacere și combinare electrică, deschid o paranteză. Noi nu auzim vorbirea voastră sub formă de unde sonore. Noi auzim doar ideile care formează miezul undelor voastre sonore. Vocea, timbrul vocii voastre, ne este necunoscut. Noi auzim vorbirea voastră psihică, pe care o produceți când vorbiți, pentru că vorbirea cuprinde idei, cugetări imprimate în materia azedică înconjurătoare. Dacă azedicului ce a înregistrat gândirea voastră i-ați putea da o anumită direcție, ați realiza fenomenul numit telepatie sau vorbirea la distanță cu un altul, numai prin calea gândului. Închid această paranteză, dar deschid alta.

Am mai spus că duhurile nu au sex ca voi, și totuși sunt de două feluri: *masculine* și *feminine,* sau, ca nu care cumva să vă fugă gândul la sexualitate, unele sunt încărcate mai mult cu electricitate pozitivă și altele au în corpul lor azedic mai mult electricitate negativă. Dacă două duhuri cu electricități contrarii împărtășesc aceleași idei, au aceeași evoluție și sunt oarecum asemănător organizate, ele se simpatizează, se iubesc. Această iubire constă în alipirea trupurilor lor azedice și producerea unui schimb de electricitate între ele. Schimbul acesta produce un sentiment de o nespusă plăcere, o îmbătare și fericire negrăită.

Omul spațial feminin se hrănește, absoarbe în corpul său azedic numai electricitate negativă, iar duhul masculin se hrănește numai cu electricitate pozitivă. Dar azedicul din spațiu, în starea lui normală, este neutru și în această stare nu-i este de niciun folos duhului.

Ei, atunci cum procedează un duh ca să-și procure azedicul necesar? Iată cum.

Eu am corpul meu azedic. Scânteia divină, eul meu gândește. Gândurile sau șirul ideilor mele produc unde; corpul meu spiritual fiind masculin, prin acest proces mă descarc de electricitatea mea pozitivă care transportă gândirea mea prin spațiu. Atunci, corpul meu azedic slăbește în putere și trebuie să-l refac, pentru a putea gândi mai departe. În acest scop, mă hrănesc, absorb în mine materia azedică din mediul înconjurător. Odată absorbit, îl desfac în două, în pozitiv - pe care îl rețin, și în negativ - pe care trebuie să-l elimin. Dar descărcarea electricității negative ar produce o perturbare în azedicul neutru din jurul meu, s-ar produce mici fulgere - asemenea fulgerelor voastre din natură, și zgomote psihice, care ar tulbura gândirea duhurilor din jurul meu, reproșându-mi-se că sunt un nepriceput, un nepoliticos.

Dar sosește momentul când sunt prea plin de electricitate negativă. Cum fac să mă descarc? Pe un spațial feminin - o surioară, ați zice voi - cu care mă împac la idei, îl rog să ne unim, să ne alipim corpurile spirituale. Această alipire fiind făcută, mă despart de negativul meu iar duhul feminin elimină prisosul său pozitiv. Acest schimb ne produce o sensibilitate de o fericire divină.

Când vrem să producem anumite sunete sau zgomote - ciocănituri, trosnituri, fâșâituri etc. - procedăm astfel. Se întrunesc mai multe duhuri, de obicei cele inferioare, care au corpul mai grosolan, mai apropiat de dublul vostru vital. Ele având aceeași încărcătură electrică, se descarcă direct în azed și produc o vibrație puternică, punând la rândul său în mișcare aerul din cameră ori mobila unde s-a produs descărcarea. Uneori aceste sunete sunt făcute intenționat, pentru a atrage atenția omului, alteori, pentru a se distra pe contul lui, ori în scop de studiu, pentru a vedea efectele descărcării lor electrice.

Tot prin intermediul electricității se pot produce și mișcări de obiecte - masă, scaun - care se ridică sau se plimbă singure, fără intervenția nimănui - vorba vine - căci în aceste împrejurări, unul dintre asistenți, mediumul, este un instrument, conștient sau inconștient. Să presupunem că mediumul este femeie. Atunci toate duhurile feminine din acea cameră sau casă se descarcă de electricitatea lor pozitivă în medium. În același timp, toate duhurile masculine se descarcă de electricitatea lor negativă în azedicul neutru dintr-o mobilă oarecare. Nu se încarcă mediumul cu prea multă electricitate pozitivă, pentru că vătămarea dublului fluidic poate provoca moartea trupului. Acum, mediumul devenind un puternic magnet pozitiv, atrage cu putere către sine, mobila încărcată cu electricitate negativă. Dacă doresc ca obiectul să se îndepărteze, duhurile încarcă mobila cu electricitatea predominantă a mediumului.

Se poate produce o descărcare electrică între electricitatea mediumului și cea acumulată într-o mobilă și în acest caz se produce în mobilă un zgomot oarecare, fără să se producă mișcare. Tot grație electricității bipolare, se pot produce vibrații atât de puternice încât zidurile se clatină ca de un cutremur, parchetul se ondulează, ferestrele se închid și deschid de la sine etc.

Voi nu vă dați seama ce precauții luăm pentru evitarea îmbolnăvirii persoanei de care ne servim ca medium, în producerea acestor fenomene, căci suntem responsabili de îmbolnăvirea ei și vom suferi consecințele.

O mare dificultate întâmpinăm și la încărcarea obiectului pe care vrem să-l mișcăm de la un loc la altul. În acest scop procedăm astfel. Eu, duh masculin, mă așez la un capăt al obiectului de încărcat, iar un alt duh, feminin, se așază la capătul opus. Apoi ne descărcăm de surplusul nostru electric. Din combinarea electricităților de sens contrar se nasc, în acel obiect, fulgere psihice - invizibile vouă - care alungă din acel obiect azedicul său neutru. După aceea, ne așezăm mai multe duhuri de același fel și încărcăm obiectul cu electricitate pozitivă ori negativă, după cum ne este intenția. Verificarea se face astfel: dacă se va alipi de obiect un duh de polaritate contrară, va simți o mare plăcere. După ce am încărcat o masă, un scaun, un condei etc., încărcăm mediumul, care se supune conștient, sau îl alegem și îl încărcăm fără ca el să știe. Repet: mediumul va fi încărcat cu electricitate contrară naturii sale; dacă este femeie - cu electricitate pozitivă, dacă este bărbat - cu electricitate negativă. Obiectul îl încărcăm cu electricitate pozitivă sau negativă, în funcție de medium și de intenția noastră de a îndepărta sau apropia obiectul de medium.

În fine, tot prin intermediul electricității putem face levitații de obiecte și chiar levitarea mediumului. În acest caz, creăm o sferă din fluid electric de o anumită polaritate, iar obiectul sau mediumul îl încărcăm cu electricitate de sens contrar. Sfera sau globul fiind fixat de noi în spațiul camerei și având o mare forță atractivă, ridică obiectul sau mediumul către el. Se cere ca azedicul din cameră să fie liniștit, motiv pentru care, în timpul acestor experiențe asistenții nu trebuie să se miște din locurile lor, pentru că aerul va mișca azedicul, îngreunând sau împiedicând producerea acestor fenomene.

Levitația făcută într-un loc deschis și la mari distanțe este diferită, are un alt mecanism, fiind opera directă a entităților spirituale. Dar despre acest fenomen voi vorbi altă dată.

Păzirea legilor aduce fericire, încălcarea lor - nefericire

Dragă frate, vrei să știi dacă este adevărată părerea unor ocultiști care susțin că divinul Tată ne-a creat și așezat în raiul Său, unde să evoluăm și să-L ajutăm în creațiile Sale viitoare. Dar, la o vreme, unii dintre noi crezându-ne puternici și atotștiutori, am căutat să ne dezrobim de sub ascultarea Lui. Acest păcat spiritual ne-a făcut să cădem în materie și, în loc de evoluție pur spirituală, am fost sortiți la o evoluție prin forme umane.

Îți răspund că această părere este absolut falsă. Nu există două feluri de evoluții: una în Sfera divină și alta în sfera creată. Creatorul nu are două măsuri, două metode; El conduce totul după un singur plan. Tatăl nu face excepții, El este unic și legile Sale sunt unice. Nicio abatere nu este permisă de la legile Sale, care sunt fatale.

Deși Tatăl are deplină libertate de voință, totuși El nu hotărăște o lege în mod arbitrar, din voința Sa suverană, ci o extrage dintr-o experiență. Cu toate că eu sunt copilul Său, chiar dacă sunt un candidat la Divinitate, totuși nu pot să lucrez asupra materiei din jurul meu, din care să trag o concluzie sau lege, precum o face Tatăl meu, pentru că materia din sfera creată este o materie compusă, pe când cea din Laboratorul Său divin este liberă și simplă.

Așadar, în virtutea liberului meu arbitru, nu pot să fac experiențe decât cu materia de aici, din jurul pământului, și nu pentru a scoate o lege, ci numai pentru a extrage învățăminte. Tatăl ceresc a creat materiile de tot felul pornind de la simplu la compus. Eu, din contră, în studiile mele sunt nevoit să pornesc de la compus la simplu, să analizez materia sintetizată.

Mai-marii noștri de aici ne spun că Sfera divină este plină numai de particule simple, de materie aflată în prima ei stare și că acolo nu se fac decât diverse combinații ale acestor particule libere.

Imediat ce Tatăl a creat o materie compusă, o trimite în sfera creată. Prin urmare, orice fel de materie întâlnită în univers este materie compusă. Chiar fluidul cel mai simplu e o asociație de particule și nu o materie simplă.

Dorind să cunosc cum a creat Tatăl această materie compusă, fie ea chiar și fluidul cel mai simplu, sunt silit să-l desfac, să-i analizez elementele componente. Dar făcând această operație - inversă celei făptuită de Creator - încalc legea Lui, îmi atrag răspunderea Legii divine, fatale, care glăsuiește răspicat: *„Cel ce strică ceea ce Eu am creat, acela va suferi"*. Da, știu că prin opera mea produc o perturbare sau anarhizare în materia divină; cu toate acestea, în dorința de a mă instrui și în virtutea liberului meu arbitru, caut să o descompun în particulele sale primare, să o desfac în elementele inițiale din care a fost compusă.

Noi, duhurile ajunse la gradul de a ști să facem asemenea experiențe înalte de fizică și chimie cerească, am reușit să aflăm cum a făcut Tatăl materia compusă în Laboratorul Său. Dar cu această ocazie am constatat un fapt nou: imediat ce materia compusă a fost descompusă, se adună și se recompune la loc, în mod automat, grație legii, grație memoriei ce o are de-a reveni la starea dată de Creator.

Ca să studiez materiile din universul creat, nu-mi rămâne decât să mă întrupez. Cum materia trupului este vie și sensibilă, toată sensibilitatea ei îmi va fi transmisă și mie, duhului. Ca spirit, voi înregistra orice experiență suferită de trupul meu, și voi învăța o lecție. Dacă îmi rup un picior, îmi ard o mână, îmi îmbolnăvesc un organ intern, cu alte cuvinte, orice i se va întâmpla trupului meu, voi învăța o lecție nouă, înscrisă în spirit. De asemenea experiențe are nevoie orice spirit, dacă vrea să evolueze, dar toate cer durere. De la materia cea mai densă a trupului meu voi trece la experiențe cu materia corpului meu fluidic și, treptat, la fluidele cele mai simple din natură. Am plecat de la compus și am ajuns la simplu.

Materia primă, simplă, din Laborator, a fost și este mereu lucrată de Tatăl nostru Creator, care are un corp simplu și unic. Din această materie unică ne-a făcut Creatorul și pe noi, dar pe când Tatăl este format din trei particule sferice, alăturate una de alta, pe noi ne-a făcut tot din trei sfere, dar le-a lipit una de alta. O particulă de *voință,* una de *memorie* și alta de *inteligență.*

Prin urmare, scânteia mea este o inteligență creatoare, o voință mobilizatoare și o memorie înregistratoare.

Pentru a crea materia, divinul Creator pune în joc Voința Sa și combină în fel și fel de chipuri particulele libere din Laborator, precum și rezultatele lor.

Ca să ajung și eu din spirit simplu un Lucrător divin, ca și Cei aflați în Laborator, trebuie să devin aidoma Divinității, adică cu cele trei particule - voință, inteligență și memorie - alăturate. Tatăl este unic, adică o singură ființă, nu trei sfere lipite, ci trei sfere una lângă alta. Divinii Săi Lucrători sunt și ei formați tot din trei sfere alăturate. Nici marele nostru Guvernator solar nu este format din trei sfere alăturate, ci tot din trei sfere într-una, alipite, ca și la mine.

Lumea Laboratorului este formată dintr-o infinitate de Lucrători divini, care, sub ordinele Tatălui, pregătesc din materia primă materiile compuse, trimise apoi în sferele create pentru a forma sori, comete și planete.

Prima mea particulă este *inteligența,* prin care raționez, judec, ea fiind producătoare de idei. Când inteligența mea nu funcționează, nu produc nicio idee. Ideile se arată sub formă de lumini sau fulgere electrice extrem de mici. Scânteile, fulgerele fiind idei, inteligența mea se descarcă de electricitatea pe care o posedă. Cu alte cuvinte, ideile sunt forțe electrice. Dar să nu confundați electricitatea voastră casnică cu electricitatea ideilor emise de inteligența unui duh.

Din momentul în care cuget, când inteligența mea lucrează, emit idei, adică proiectez din scânteia mea fulgere electrice. Dar tot cugetând, emițând idei, eu ar trebui să mor. Nu se întâmplă acest fenomen, pentru că în aceeași măsură în care emit, absorb particule-idei din spațiu.

Ideile mele nu le proiectez la întâmplare, ci, când judec, de regulă le dau o direcție către un spirit prieten. El ascultând, primește în sânul său particulele de inteligență, fulgerele electrice emise de mine, le înțelege și apoi îmi răspunde. La rândul său, „vorbind" și el, se descarcă de forțele sale electrice, care vin spre mine, intră în mine și astfel mă încarc din nou. În acest fel se menține echilibrul corpului meu.

Există cazuri când emit o serie de idei de ordin general, fără o destinație personală. În acest caz, ideile ies din corpul meu duhual, izbesc fluidul din mediul în care trăiesc, produc în el unde și prin aceste unde se răspândesc. În acest caz ideile se răspândesc sub formă de raze. Dar spațiul fiind plin de asemenea particule-idei, le absorb și-mi refac corpul meu inteligență.

Inteligența cunoaște legile divine, deoarece acestea au fost înscrise, în linii generale, în materia-memorie a spiritului. Nefiind raționalizate de inteligență ele se numesc instinctuale.

Materia-memorie este un fluid universic unde se întipăresc toate experiențele Divinității. Eu fiind alcătuit din *inteligență* sau *viață vie,* din *voință* producătoare de mișcare și din *memorie* - tipar divin sau carte veșnică, îmi mențin forma dată de Părintele meu.

Eu funcționez astfel: inteligența propune, apoi memoria dispune, după care intervine voința, transformându-mi ideile interioare în fapt. De exemplu, inteligența mea spune: *Ucide!,* a doua parte a ființei mele - memoria - spune: *Tatăl, legea Lui nu permite crima!* Iar la urmă intervine voința sau liberul meu arbitru care hotărăște să fac sau nu acel fapt. Din armonizarea sau nearmonizarea acestor trei factori, independent unul de altul, se naște concluzia: fericire sau nefericire. Într-adevăr, în cazul când concluzia va fi conformă cu legea, va urma fericirea mea interioară, iar dacă va fi în contradicție cu legea, voi simți o nefericire.

Instinctiv, memoria știe că uciderea - sau alt comandament - este oprită. Chiar în memoria celui mai înapoiat sălbatic se află instinctul de a nu ucide, și totuși canibalul este forțat de necesitatea fizică - foamea - să ucidă. În interiorul său adânc are teama instinctivă de a ucide și numai foamea neînduplecată îl face să calce ceea ce conștiința lui interioară îi recomandă să nu facă.

Păzirea legilor divine aduce după sine fericire, iar încălcarea lor, nefericire, pedeapsă tradusă prin căderea spre materia mai densă. Cu cât experimentăm în contra legilor divine, cu atât ne îngreunăm și cădem mai adânc, spre centrul materiei create.

Spiritul mai evoluează în acest caz? Desigur că evoluează, dar numai prin nefericire.

Evoluția nu are nicio legătură cu fericirea sau nefericirea.

Templul științei cerești

Trupul omenesc este astfel creat, ca spiritul cufundat în el să se creadă a fi una cu trupul. De ce acest lucru? Deoarece Divinitatea, în marea Ei înțelepciune, a dorit ca pe Pământ studiile să se facă pe două căi:

1. prin simțurile psihice - capabile să aprecieze materia psihică;

2. prin simțurile trupești - în stare să examineze materia fizică și fenomenele din sânul ei.

Trăind doar o viață spirituală, duhul nu ar avea posibilitatea să examineze materia fizică a pământului. Prin urmare, duhul trebuie să fie o dată liber, iar altă dată - coborât în sânul materiei terestre.

Dacă un om ar purta de mic, toată viața sa, ochelari roșii, el nu ar cunoaște aspectul naturii văzut cu ochii liberi. El ar vedea lumea, dar sub un alt colorit. Tot așa duhul liber vede și el lumea materială a pământului, dar nu cu ochi trupești, ci cu vederea psihică, cu o oarecare alterare a realității fizice văzută de voi. Iată de ce același duh trebuie să trăiască și în forme pământești, pentru a compara cunoștințele entităților spirituale cu cele ale oamenilor trupești. Prin urmare, există două forme de viață: 1. de duh liber în spațiul ceresc; 2. de duh întrupat la viața planetară.

Deși noi plutim în jurul vostru cu miliardele, lumea trupească nu are cunoștință de noi. De ce? Pentru că așa a voit Creatorul nostru, ca fiind eterici să rămânem invizibili omului trupesc. Dar cu toate acestea, tot Creatorul a voit ca un număr foarte mic de oameni să știe de noi, de existența noastră. În acest scop, ne-a permis să dovedim acestei minorități existența noastră. De aici selecționarea și adunarea anumitor persoane - pentru a forma un cerc psihic. Însă aceste cercuri sunt și ele gradate. Ceea ce se poate da și proba cercului *B,* nu se poate spune cercului *A,* și așa mai departe.

Deasupra tuturor acestor cercuri, noi formăm un grup de oameni, constituit din spirite întrupate din zonele superioare ale Pământului, pentru a face cu ei înalte studii cerești. Dar pentru a le destăinui tainele divinului Tată, le cerem jurământul - ca pe timpul vechilor egipteni sau indieni - că nu vor divulga cele comunicate de noi. Odată constituit acest mic cerc de revelație, îi vom da din comorile cerești, ce vor cuprinde probleme morale, sociale, politice, religioase și stiințifice. Anticii cereau pedeapsa cu moartea pentru cei care divulgau asemenea secrete, pentru că își dădeau seama de gravitatea acestei fapte.

Vrem ca cei aflați în cercurile noastre de revelație, spirite superioare întrupate, să nu stea în întunericul trupului, ci să fie propagatorii credinței și științei cerești, precum și a legilor morale. În diferite locuri sunt necesare câteva faruri care să lumineze Adevărul în bezna vieții trupești. Acești oameni sunt chemați să aducă anumite corectări științei oficiale, greșită în cea mai mare parte, deoarece omul a văzut și judecat numai prin mentalul său concret, fără să aibă în vedere factorul numit eter, care joacă un rol covârșitor în toate fenomenele produse în jurul vostru.

Acestui cerc de inițiere îi cerem o anumită conduită în lume și o rigurozitate, obiectivitate și exactitate în cercetare. Să asculte cele comunicate de noi, dar să le verifice, pe cât le este posibil. Recomandăm cu stăruință să nu se entuziasmeze, să nu adopte cu ușurință cunoștințele primite de la noi și să le recepționeze ca fiind cel mai mare dar acordat unui muritor. Aceasta este atitudinea unui adevărat savant. Cerem ca ei să învețe prin comparație și să aștepte ca timpul să confirme ideile noastre. De asemenea, cerem ca un astfel de cerc să fie format din persoane puține, culte și mai presus de toate morale, oameni reținuți, iar nu palavragii, pentru că marile Lumini cerești nu pot sta de vorbă cu persoane neserioase, nestudioase.

Atât în lumea noastră, cât și în lumea voastră, există duhuri care sunt adversari hotărâți ai legăturilor noastre permanente cu cei de pe pământ. Un asemenea duh se va prezenta la un cerc format din tot felul de persoane, pregătite și nepregătite, dându-se drept Domnul Isus. El nu o face din grandomanie, ci cu un anumit scop, fiind unul dintre adversarii răspândirii doctrinei noastre și a ideii existenței noastre printre pământeni. El urmărește discreditarea acestor persoane în lumea lor și în același timp, în mod indirect, discreditarea întregii noastre mișcări.

Trebuie să fiți foarte circumspecți, fie și numai în a afirma existența lumii noastre. Noi avem nevoie numai de insule, nu de oceane de credincioși, și în special nu avem nevoie de obsedați și exaltați, căci aceștia sunt stăpâniți de duhurile materialiste, adică de duhurile contrare, care au adoptat teza materialistă a filosofilor noștri cerești.

Trebuie să se știe că Divinitatea a făcut în lume totul pereche, două principii contrare una alteia. Numai prin acțiunea lor opusă lumea materială și spirituală învață și merg spre progres. Progresul cere existența a două păreri - principii - contrarii. Astfel, în secolul trecut au coborât pe pământ forțe cerești care aveau rolul, în special, de a fi propagatorii celui mai aprig materialism. Acum au coborât forțe cu misiunea de a propaga spiritualismul, ca o contrapondere a materialismului de ieri și de azi.

Maestrul ceresc *A*, cu toată ceata lui de miliarde de spirite, a adoptat teza *X*. Maestrul *B*, egal în evoluție cu *A*, a adoptat împreună cu adoratorii săi teza contrarie *Y*. Acești doi erudiți sunt prieteni buni, forțe egale și de acord cu privire la toată știința și legile cerești, dar pentru a contribui la evoluția duhurilor de sub ei, au primit misiunea, de la mai-marii lor, să adopte două teze diferite. Unul - o teză materialistă, iar celălalt - teza spiritualistă, fiecare putând lua oricând locul celuilalt, deoarece cunoaște la perfecție și teza contrară. Ca duh, Hegel știa bine adevărul, dar se obligase ca atunci când va fi om trupesc, să fie un înverșunat adversar al celor ce vor susține că există suflet, că există duhuri și viață veșnică, se obligase să susțină teza materialistă. Acum venim noi să dominăm cu experiențele și ideile noastre teza spiritualistă. Așadar, totdeauna trebuie să existe pe pământ foc și gheață, pentru a se menține lupta ce duce la progres.

În alte vremuri a fost necesar ca savanții noștri cerești să sălășluiască printre preoții religiilor. Acum știința pământului cere ca savanții Cerului să se nască în lumea cultă, printre laicii pământului.

Cu această ocazie, fac cunoscut că într-un veac se întrupează mai multe spirite care au adoptat pe pământ ideea de luptă a materialismului. Într-un alt veac, se întrupează mai mult duhuri care au misiunea să lupte pentru ideea spiritualistă. Prin urmare, când unii, când alții vor domina cu ideile lor omenirea terestră.

Noi lucrăm pe tot pământul pentru formarea *Templului științific al Adevărului revelat - Templul Marelui Adevăr.* Idealul nostru este ca în fiecare țară, în fiecare mare oraș să avem un templu unde să se facă știință și experiență, adică studii și cercetări în domeniul parapsihologic, cu aplicarea lor. În acest templu să existe o sală de conferințe publice și o mare bibliotecă publică, de unde lumea să primească ideile cerești, studiul vieții, al naturii și duhurilor din tot universul.

Dorim ca omul luminat prin știința cerească să nu mai fugă de casa Domnului și să nu mai creadă că se poate lipsi de rugăciune și ajutorul celor din Ceruri. În fine, vrem ca cele scrise în cărțile sfinte să nu mai fie doar crezute, ci și probate.

Este posibilă evoluția entității spirituale în Cer, fără să se întrupeze?

Dragă frate, îmi pui această întrebare deoarece ești în interiorul trupului tău, care te înconjoară cu neștiința lui. După moartea biologică sau în timpul somnului, când devii duh liber, tu știi că nu este posibilă doar existența cerească, pentru că evoluția cere ca orice duh să facă și studii planetare. Or aceste studii solicită neapărat întrupări repetate. Cu altă ocazie am afirmat că Divinitatea nu are două măsuri, Ea conduce lumile create după un singur plan. De ce ar face excepții cu anumite duhuri, ca ele să nu facă școala vieții de om trupesc? Creatorul a stabilit legi și ele se aplică tuturor.

Ni s-a dat ordin și o ceată de frați cerești, din planul divin al Pământului, te înconjurăm și prin tine vrem să luminăm și pe alții. Prin urmare, nu putem să-ți spunem decât adevărul. Iar răspunsul la întrebarea pusă este: *în primele timpuri ale ascensiunii lor infinite, toate duhurile trebuie să îmbrace mii și sute de mii de ani haina trupească a acestei planete, precum și a tuturor gradelor de planete risipite în spațiul infinit al universului.*

– Dar oare toți spiritiștii din lume, toți ocultiștii, masonii, teosofii, cabaliștii etc. primesc în ședințele lor, de la ființele invizibile, numai adevărul?

– Îți răspund categoric că nu.

– Cum se poate?

– Există spirite forțate să spună minciuni.

– Dar cine le forțează?

– Evoluția și mentalitatea ascultătorilor.

Să presupunem că avem înaintea noastră un bigot, sau chiar slujitorul unui cult oarecare. Niciun spirit nu va îndrăzni să-i tulbure ideile de bază și deci îi va vorbi în conformitate cu credința sa religioasă. Preotul creștin va fi convins că nu există o religie superioară religiei sale, rabinul crede că religia lui este cea mai științifică și așa mai departe. Cum să le spunem acestora adevărul pur, și anume că Divinitatea-Christ și Divinitatea-Iahve[1] este una și aceeași Entitate divină. Omul nu poate concepe că pe măsură ce omenirea se înalță în înțelegere apare și necesitatea creării pe pământ a unei noi religii. Cum să spui buddistului, mozaicului, creștinului etc. că religia viitorului va fi o religie generală pe tot pământul? Va exista o religie universală, religia tuturor miliardelor de planete, religia adevărurilor științifice cerești.

Însuși Divinul nostru Guvernator solar a spus-o în ultima Sa întrupare: *„Voi trimite Duhul Adevărului, care să vă spună și să vă lumineze”.* În baza acestei promisiuni, noi,

---

3 YHVH (ותות) - Tetragrama Havayah, considerată numele de nespus a Divinității. Evreii nu pronunță acest nume, înlocuindu-l cu Adonai, când îl întâlnesc în Tora. Pentru cabalişti tetragrama YHVH reprezintă mai mult decât numele Divinității, fiind considerată formula cheie pentru descifrarea şi înțelegerea tainei sferei create. Tetragrama YHVH exprimă Cuvântul, omul creat după chipul şi asemănarea Domnului. Divinitatea se manifestă prin întruparea Cuvântului, a Verbului. Astfel Havayah devine Ieşua (Isus), Divinitatea asumându-şi natura umană, devine fiul omului, pentru ca în finalul misiunii Sale să revină în slavă pe Tronul Său. Tetragrama frântă la mijloc este reunită prin (şin) - focul generator şi subtil, vehiculul vieții nediferențiate, mediatorul universal care permite întrupările, coborârea spiritului în materie. Ieşua (Isus) reprezintă întruparea Cuvântului.

duhurile superioare ale Pământului, am primit ordin să difuzăm adevărurile referitoare la opera Creatorului.

Examinând adevărurile spuse la fel pe tot pământul, și comparându-le cu cărțile diferitelor voastre religii, veți constata o nepotrivire și atunci se va naște în mintea voastră întrebarea: „De ce această nepotrivire? Cum, vechii mediumi-scriitori au primit de la comunicanții lor cerești informații neconforme cu Adevărul?"

Ei nu au fost induși în eroare, ci comunicările date erau conform evoluției lor de atunci, și mai ales s-a avut în vedere lumea căreia erau destinate acele comunicări. Totdeauna profesorul predă cunoștințe conform gradului de înțelegere a elevilor săi.

Prin urmare, duhurile predau adevărul numai în măsura evoluției auditorului lor. Iată înțelesul ideilor mai înalte ale comunicărilor de azi, față de cele scrise și vorbite în timpuri îndepărtate. În plus, să nu se uite că am afirmat cu toții, *din diferite interese, aceste vechi scripturi au fost alterate.*

Interesul material și Adevărul nu pot sta la un loc. Religia viitorului va fi o *religie științifică,* lipsită de preocupări de ordin material. Adevărurile din planurile divine nu se pot împăca cu materialismul planului de jos. Când s-au întrupat pe globul nostru pământesc, conducătorii divini nu s-au interesat de bunurile pământului.

Am făcut o mare digresiune și acum revin la subiectul inițial.

După cum nu poți semăna anumite semințe în orice pământ, tot așa nu poți semăna anumite idei în orice om. Trebuie să-i dai omului numai adevărurile potrivite cu gradul evolutiv al spiritului său.

Unui duh întrupat i-a venit în minte întrebarea pusă de tine: „Există spirite care au evoluat în Cer, fără să se întrupeze?" Duhul comunicant, conform regulii stabilite la noi, i-a dat un răspuns ce nu corespundea Adevărului. „Cum se poate - vei spune iarăși - spiritele mint?" Eu îți răspund că uneori, neputând, nefiindu-le permis să spună Adevărul, deoarece n-o permite evoluția celui care întreabă, spiritele spun un neadevăr. Apoi să nu se uite că la grade mici de spirite întrupate, vin duhuri mici și acestea spun atâta cât știu; duhurile tinere sunt mai neștiutoare, necunoscând înaltele adevăruri. De unde să spună dacă nici ele nu știu?

În lumea cerească există o axiomă: *Legile divine nu permit excepții.* Niciodată și nicăieri în univers nu s-a văzut o excepție. Încălcarea unei anumite orânduiri atrage după sine automat pedeapsa, suferința și mai apoi supunere oarbă. De multe ori în existența mea am încălcat legea, uneori inconștient, dar de cele mai multe ori conștient. Am făcut-o cu scop de experiment, să văd ce se va întâmpla, să văd efectele faptei mele, dar întotdeauna am suferit. Am învățat că cel ce încalcă legea divinului Creator trebuie să plătească prin suferință.

Iată un capitol asupra căruia mai toate duhurile fac experiențe, capitolul uciderii. Legea divină spune: *Să nu ucizi!* Dar nu dă niciun motiv, nu ne luminează, pentru ce să nu ucidem.

Duhul își zice: „Prea iubitul meu Tată Creator nu este aici ca să mă vadă, sau să-L întreb de ce și cum. Ia să ucid."

Duhul a fost creat să nu creadă tot ce i se spune și apoi el este doritor să experimenteze și să vadă ce se va întâmpla dacă ucide, căci numai experiența te învață, numai așa evoluezi. Deși în pravila penală a țării se spune: „Cel ce ucide merge la ocnă", în primele timpuri ale existenței sale, neavând conștiința pe deplin luminată, duhul uman ucide. Tu, eu și mulți am trecut prin aceste greșeli, pe alte planete, în urmă cu multe sute de mii de ani. Acum te îngrozești la ideea uciderii și a vieții de ocnaș. Pe omul inferior nu-l sperie mediul ocnei și el încalcă legea terestră, dar mai presus de ea, încalcă legea cerească, și ucide pentru că așa îi dictează neștiința. Va ucide într-o viață, și va suferi; va ucide iarăși, în altă viață, și iar va suferi. Atâta va suferi din viață în viață, încât odată i se va întipări în spirit raportul dintre ucidere și suferință, dintre încălcarea legii și pedeapsă.

Când citiți legea divină: *Să nu ucizi,* sunt sigur că la cei mai mulți le fuge gândul la faptul să nu ucidă un om. Totuși, legea Cerurilor glăsuiește: *Nu ai voie să ucizi nici o vietate.* La care veți spune mai toți: „Auzi, frate? nici o vietate. Cum se poate? Să nu am eu voie să mănânc un iepure, un pui fript, un antricot sau un mușchi fraged? Ce, aceste animale sunt frați de-ai mei? Sunt oameni? Ori posedă, cum spun brahmanii, vreun spirit de om condamnat să se facă bou, oaie, găină etc., pentru vreo greșeală de-a lor?"

Nu, răspund eu. O asemenea metempsihoză, o asemenea retrogradare a spiritului uman nu are loc niciodată. Dar să știți că nici sfinții voștri brahmani nu sunt mincinoși sau neștiutori, ci ei au alterat voit Adevărul, ca să îngrozească pe omul simplu, neevoluat, să-l sperie, ca nu cumva să-și mănânce fratele decedat și reîntrupat în drăgălașul și blândul mielușel de pe lângă casa lui. El nu a mințit, ci numai l-a speriat, deoarece cunoștea ce spune pravila cerească: *Nu vei ucide, poruncește Domnul Dumnezeu, Creatorul tău.* Iar rabinul, alterând legea divină, adaugă: „Căci de nu, în mânia Sa, Domnul Cerurilor te va pedepsi". El nu minte, ci exagerează, alterează Adevărul, numai ca să-l sperie pe iudeu, și astfel să-l salveze de la urmările uciderii, de la pedeapsa cerească. Adevărul adevărat al acestui comandament este: *Nu ucide nicio vietate.* Omul va fi pedepsit când va ucide o vietate din plăcere sau pentru a-i consuma carnea. Însă omul poate ucide lupul, pentru apărarea sa și a animalelor sale. În acest caz nu este ucidere, el nu încalcă legea. Dar dacă se va apuca să mănânce din carnea panterei sau a leului care l-a atacat, situația se schimbă: încalcă legea și va fi pedepsit.

– Dar cum, frate? eu n-am văzut ucigători de animale, vânători sau măcelari pedepsiți.

– Da, e just, n-ai văzut în lumea ta trupească, dar când vei veni la noi, îi vei vedea pe toți cei ce au ucis animale că își iau pedeapsa.

– Numai cei ce ucid primesc pedeapsa?

– Nu, ci chiar și cei ce n-au ucis - dar au mâncat din carnea unui animal ucis - fac un păcat și deci, vor avea partea lor de pedeapsă.

Pedeapsa sosește uneori chiar în viața voastră trupească. Urmăriți paralel doi oameni: unul vegetarian - din voință sau nevoie, iar altul se îmbuibă numai cu cărnuri. Veți vedea clar că unul este plin de sănătate și ajunge până la adânci bătrâneți, iar cel carnivor este mereu lovit de boli și viața lui este chinuită. Chiar medicii pământului au observat acest lucru, și de multe ori, mai ales în caz de boală, recomandă un regim vegetarian. Microbii și bolile se țin pe lângă cei cu alimentația carnală. Nu e pedeapsă aceasta? Ba da, pentru că au mâncat din trupul fratelui lor mai mic, care așteaptă ca în veacurile nesfârșite, pe alte planete, să fie avansați la rangul de duh-uman.

Vegetarianismul produce o anumită imunizare împotriva microbilor diferitelor boli.

M-am pierdut din nou în digresiuni, dar și acestea sunt importante. Acum însă revin la subiectul de azi: existența unor spirite care nu s-au întrupat.

Există spirite care de când a fost creat Pământul, de multe miliarde de ani, nu s-au mai reîntrupat deloc, pentru că au terminat de mult orice școală planetară umană din acest univers. Aceștia sunt *îngerii.*

Trebuie să faci deosebire între o întrupare făcută în vederea învățării a tot ceea ce privește materia și forma de viață a unei planete, și întruparea făcută din milă pentru frații tăi mai mici, coborând în mijlocul lor pentru a-i lumina. O asemenea întrupare a făcut-o de multe ori însuși Guvernatorul nostru planetar, făcându-se om pentru a determina anumite curente de idei printre oameni. De asemenea, Divinitatea noastră solară s-a întrupat de multe ori, din Iubire pentru copiii Săi neștiutori. Pentru lumina, puterile și înțelepciunea Sa, o asemenea întrupare este mai mult decât o misiune - este un *martiraj.*

Prin urmare, nu există, nu a existat și nu va exista niciodată duh-școlar al lumilor planetare, care să stea în atmosfera fluidică a Pământului fără să fi făcut vreo întrupare.

În preajma Pământului, în zonele lui cele mai sublime - zona divină - există spirite care mai au încă de făcut școala vieții trupești, dar există și spirite - îngerii - care au terminat de mult evoluția lor trupească, pe planete dispărute de miliarde de ani. Cu toate acestea, când primesc ordine, îngerii se fac și ei oameni trupești ca și oricare om, în vederea îndeplinirii unei anumite misiuni. Dar mai presus de misiunea lor este pilda, exemplul lor de răbdare, smerenie și abnegație, supunându-se la privațiuni și nedreptăți, la suferință trupească. Văzând pe străluciții lor superiori trăind cu smerenie sub asprimea vieții trupești, duhurile mai mici prind curaj și cer întruparea în vederea avansării lor spirituale. Ele știu că îngerii au fost odată simpli oameni, asemenea lor; înțeleg legea divină care cere oricărui duh să treacă prin școala amară a întrupării.

Scăpare, excepție nu există nicăieri în univers.

Duhul-copil

O axiomă a Cerurilor noastre este și aceasta: *Divinitatea nu a făcut nimic inutil.* Totul are un rost în natură. De câte ori Divinitatea a creat ceva nou, a stabilit și legea sa corespunzătoare.

Printre numeroasele Sale legi este și legea evoluției duhului și a materiei. Dar de felul cum se face această evoluție nu s-a ocupat și nu se ocupă Creatorul. Divinitatea nu a lămurit misterul evoluției - de ce să evoluezi și cum să evoluezi mai repede - nescriindu-l în nicio lege. Bietul duh a vrut să afle de ce trebuie să studieze și să sufere, dacă vrea să evolueze. Pentru aceasta, el a făcut apel la divinul său Creator, și din Sfera divină i s-a răspuns: *„Fiule, te-am înzestrat cu inteligență, voință și memorie egală cu a Mea. Acum Eu nu mai am timp să Mă ocup de tine. Ca să avansezi îți recomand să faci apel la judecată, iar rațiunea ta îți va dezvălui tot ce trebuie să faci ca să cunoști opera și legile Mele. Legea o poți cunoaște, pentru că e scrisă și pusă de Mine în tot universul creat. Ea este acolo pentru a te lumina, controla și ajuta în studiile tale."*

Bietul duh înțelege că nu există alt mijloc decât să-și pună în funcțiune inteligența și voința. Dar ce grei au fost primii săi pași, deoarece nu știa cum să-și întrebuințeze inteligența, cum să-și pună în funcțiune voința, mai ales că memoria sa conștientă era coală albă, nu conținea nicio reprezentare, neavând niciun „trecut". Pentru el nu exista, deocamdată, decât un „prezent".

Acolo departe, în Sfera-Laborator, în casa Tatălui său, duhul-copil venea zilnic în contact cu idei și numai idei, care nu-i lăsau în memorie niciun semn, niciun tipar, deoarece toate erau idei abstracte, care oricât de definite erau de Cei ce sălășluiesc acolo, nu-l puteau lămuri, nu-l puteau face să le înțeleagă și deci să le memoreze.

Trece „timp peste timp" - de fapt nu trece nimic, deoarece timpul se măsoară prin ceva, și acel ceva acolo nu este decât *evoluție* - dar evoluția duhului pare să nu mai pornească. Trec mereu idei peste căpșorul micului duh și noua făptură tot nu poate înțelege nimic. „Timpul" trece, dar duhul-copil nu are nicio vârstă, deoarece vârsta se măsoară în capitalul de noțiuni acumulate, idei pe care duhul nu le poate încă înțelege și fixa în memorie. Trec astfel „mii de ani" și duhul-copil aflat într-o stare de somnolență abia începe să prindă câte o noțiune. E o minune să înveți o noțiune abstractă, lipsită de o reprezentare concretă. Te îngrozești numai când te gândești să înveți ceva ce nu ai văzut deloc.

Printre primele noțiuni acceptate de micul duh uman este ideea existenței Tatălui său, a Creatorilor auxiliari din Sfera divină și a materiei prime din care se creează totul. În fine, după ani și ani de-ai voștri tereștri, când a agonisit un mic capital, duhul uman va fi trimis în lumea creată. El nu poate rămâne o veșnicie în Laborator, pentru că știința marilor Lucrători divini de acolo este atât de înaltă, încât nu ar putea niciodată înțelege și învăța ceva.

Duhul a primit în Sfera divină anumite noțiuni. De exemplu, știe că există și alte duhuri-copii, asemenea lui; că marii Creatori de acolo au fost cândva ca și el; că tot ce se creează acolo este destinat să fie trimis în lume, spre perfecționare. În fine, a văzut și s-a convins că toți Creatorii muncesc necontenit și se simt fericiți că muncesc la opera Tatălui lor.

Duhul-copil se convinge că nu poate să mai rămână în Sfera divină, deoarece acolo nu se învață cum să „lucrezi", ci numai cum să „cugeți". Cu alte cuvinte, activitatea nu se învață prin pură idee, ci prin înfăptuire. De la o vreme, înțelege că tot ce se lucrează în Laborator nu poate să rămână acolo, ci este destinat pentru *dincolo,* adică în sfera creată, despre care tot aude vorbindu-se. Convingerea duhului-copil se întărește când cei întorși din sfera creată în Laborator, le descriu lucruri și fapte despre care nu-și poate face o concepție, nu și le poate reprezenta, pentru că nu a fost acolo să le perceapă. Din acest motiv nu poate înțelege și prin urmare, nici memora descrierile și definițiile celor întorși din sfera creată.

Atunci se convinge că locul unde l-a creat Tatăl său este *Rai,* dar fericit nu este, deoarece se plictisește într-un loc unde nu poate face nimic. În plus, auzind de la cei întorși despre minuni de fapte, ființe și priveliști din lumea creată, se naște în el dorința vie să plece din Raiul Tatălui și să vină să vadă și el cum sunt aceste regiuni, stele, comete și planete pline de tot felul de ființe. Dorește să le vadă și să învețe și el ce este aici, în sfera creată, pentru a ajunge tot atât de știutor ca cei întorși în Laborator și ca Lucrătorii divini din Sfera divină.

Când s-a convins - de la bătrânii reîntorși în Rai, ce au în spate miliarde de ani - că numai în lumile stelelor și planetelor va putea vedea și pipăi tot ce a auzit, că numai în sânul acestor lumi poate deveni perfect și fericit, se hotărăște să plece. Nu i s-a spus că această învățătură se obține cu prețul suferinței, și, asemenea unui pelerin, pleacă pe un drum lung, ce pare că durează o veșnicie. Începe să cunoască munca, prin lacrimi și suspine, și în sudoarea frunții își câștigă pâinea - învățătura. Aici află imediat de legile divine ale Tatălui.

Iată plecarea lui Adam din raiul biblic. Trăind prin sori, află de legile solare, și în fine, mai târziu, află și de legile planetare. Curând înțelege că legea solară este comentariul legii divine, iar legea planetară este regulamentul explicativ, dezvoltat, al legilor divine și solare.

Din cele spuse, se vede că duhul nu a fost izgonit din Rai, ci a plecat, convins că nu va putea ajunge să cunoască ceea ce știe Tatăl său Creator - pomul cunoașterii binelui și răului - decât învățând tot ceea ce El a creat, toate ideile emise de El în lume, și că această învățătură nu o poate obține decât vizitând marea Sa împărăție. Șarpele ispititor - *duhul ajuns perfect* - i-a mai spus că numai aici, în creație va vedea concretizate, într-un fel oarecare, ideile abstracte învățate în Laborator, și că o primă condiție să devină fericit e să iubească. Or iubirea nu se poate cunoaște și învăța decât în creația Tatălui. Acești *diavoli simbolici* i-au vorbit atât de frumos, i-au descris creația Tatălui în asemenea culori, încât bietul duh-copil s-a entuziasmat și s-a hotărât să pornească la drum.

A plecat, a colindat din sferă în sferă și aici, în creație a aflat că există o „moarte". Aici face cunoștință concretă cu bunătatea și răutatea oamenilor, idei de care se vorbise și le reținuse ca noțiuni abstracte, dar acum le-a văzut și simțit pe propria sa piele. Aici vede și se îngrozește cum răutatea merge până la uciderea ființelor create de Tatăl. Aici vede aplicându-se legile divine, de care i s-a vorbit în Rai, dar acolo nu le-a înțeles.

Cum ar fi putut bietul duh-copil să știe ce înseamnă „a ucide", când în Laborator nu a văzut niciodată așa ceva. Cum era să înțeleagă fenomenele complexe ale compunerii și descompunerii materiei fizice, când asemenea fenomene și materii nu existau în Laborator, ele fiind rezultatul procesului de combinări fizice și chimice a materiilor fluidice compuse din lumile create.

În lumea creată, duhul-copil învață, învață și disperă învățând. Aici suferă, suferă, până la exasperare, până la revoltă, regretând Raiul pe care l-a părăsit. El vine în conflict cu mediul intelect de aici - divin, solar și planetar - se revoltă și încalcă legile divine, solare și planetare. Vrea să plece din acest *iad,* dar nu mai poate, și - încercuit de forțe - duhul cade înfrânt și vlăguit. Târziu înțelege că nu există altă scăpare decât supunerea, umilința, munca din greu, adică să lucreze în via Tatălui divin, pentru propășirea lui și a operei Tatălui său.

Miliarde nesfârșite de ani, duhul uman își va depăna existența, și din neputinciosul de altădată va deveni o Forță creatoare, din neștiutorul de altădată, va deveni atotștiutor ca Tatăl său. Atunci se va întoarce în sânul Tatălui, în Sfera Sa fluidică, în Raiul din care plecase odată, devenind Lucrător divin, Creator de materii și duhuri, Auxiliar al Tatălui ceresc, în uriașa Sa operă: *Creația.*

Rugăciunea poate înlătura legea divină?

Omul nu poate afla Adevărul decât prin destrupare, ori noaptea, când iese puțin din trupul său.

Noi, duhurile superioare, cunoaştem adevărurile Tatălui, după cum voi cunoaşteţi că cerul e înnorat sau senin, dar nu le putem spune omului, pentru că am veni în conflict cu ideile lui terestre.

Legile Tatălui sunt universale. Oriunde ne întoarcem privirea nu vedem nicio excepție, nicio abatere de la legile Sale. Atunci cum o să credeți că legea are să fie suspendată, prin faptul că voi vă rugați! Dar cu toate acestea, rugăciunea este necesară, pentru că trăind în neştiinţa vieţii trupeşti, nu cunoaşteţi cauza suferinţei voastre. Constituie o adevărată fericire faptul că se naşte în om speranţa că Tatăl îi va asculta rugăciunea şi îşi va suspenda legea. Efectul real al acestei speranţe este că bietul om simte de parcă suferinţa i s-a mai alinat. E o simplă părere sau iluzie, dragul meu frate, pentru că legea e lege şi cauza trebuie să-şi aibă efectul.

Cum viaţa terestră este plină de spini, presărată mai mult cu zile negre decât cu bucurii, bietul om neştiutor de legile divine, se roagă şi iar se roagă, ore întregi. Marele nostru Divin, fost Isus, văzând că iudeii înşiră rugăciuni, rostite mecanic, numai din buze, iar nu din adâncul sufletului, a recomandat apostolilor să facă cunoscută oamenilor o scurtă şi concisă rugăciune: *Tatăl nostru.*

După plecarea divinului Guvernator solar, la această simplă rugăciune s-a mai adăugat câte ceva și astfel ea a fost alterată. Vedeți de ce nu vă putem comunica Adevărul? Pentru că venim în conflict cu ideile voastre religioase. Dar vă pot spune, în numele Adevărului, că au fost create mai târziu, din interes material, multe alte rugăciuni, căci interesul predomină în toată viața omului trupesc. Astfel, preceptele divine - simple și clare - au fost înlocuite cu un pomelnic nesfârșit de rugăciuni.

Noi nu am recomandat niciodată asemenea înșiruiri de vorbe fără rost. Lumea duhurilor de pretutindeni nu se roagă Tatălui ca să-și suspende legea. Noi nu rostim în rugăciunile noastre cereri, ci aducem Creatorului cuvinte de laudă și ne exprimăm adorarea și fericirea procurată de studiul tainelor Sale. Noi nu Îi putem cere nimic, deoarece atotînțelepciunea Sa ne-a dat totul ca să viețuim și să învățăm.

Prin rugăciune vă înălțați sufletul la un înalt nivel vibratoriu, coborând din Cer energii binefăcătoare prin care restabiliți pacea și armonia pe pământ. Rugăciunea este comuniunea omului cu Divinitatea, este o relație intimă a omului cu Creatorul său.

Cu cât duhul este mai jos pe scara evoluției, cu atât este mai neștiutor de legile divine. După cum un om nu poate cunoaște toate legile țării sale, tot astfel duhul inferior nu poate cunoaște toate legile Tatălui, și încălcându-le din neștiință, constată mai apoi că își atrage asupra sa, în mod automat, pedeapsa.

Legea este scrisă în materia-memorie a universului, dar duhul-copil - ignorant - nu știe să citească în această pravilă cerească. El încalcă legea, neștiind de urmarea ei - pedeapsa. După mii și sute de mii de ani, după o serie nesfârșită de reîntrupări în suferințe, duhul ajunge să prindă teamă și respect față de Divinitate și legile Sale.

Cei mai mari ai noștri le spun: „Copii, siliți-vă să nu mai greșiți și rugați-vă Tatălui să vă lumineze conștiința." Nu li se spune că Divinul Tată a făcut legea, că El nu se mai ocupă de cei ce greșesc și că pedeapsa se aplică automat. Duhul trebuie să știe doar să implore mila Creatorului. Venit în lumea trupească, el repetă ceea ce a făcut în Cer și se roagă fierbinte în casele Domnului, ca să-i ierte greșelile. Însă va veni vremea când conștiința îi va spune că oricâte rugăciuni va face, greșeala comisă nu se poate ierta și că trebuie plătită cândva.

Iartă greșeala semenului tău!

Legea fiind călcată, urmează condamnarea; dar iertarea este și spre folosul celui greșit dar și a victimei. Să mă explic.

Dintr-un motiv oarecare, un om își omoară aproapele. Victima se pomenește sus, în lumea spațială, unde curând își dă seama că a fost destrupată din motiv de ură, răzbunare sau pentru a fi jefuită. Atunci, ea se prezintă în fața Juriului și se plânge de actul suferit și cere aplicarea legii divine. Juriul recunoaște că s-a încălcat legea și cheamă la judecată pe ucigaș, noaptea, când trupul său doarme. În fața faptului de netăgăduit, se dă o sentință prin care ucigașul este condamnat la o anumită suferință în viitoarea sa viață terestră. Apoi duhul coboară în trup și își desfășoară viața trupească, mai departe, conform destinului său înscris înainte de a se naște.

Dar odată cu pronunțarea condamnării, Juriul intervine pe lângă victimă – entitatea spirituală ce a suferit destruparea prin ucidere – și o roagă să-l ierte pe nesocotitul său frate. Fiind un duh de un grad mai mic, victima nu înțelege să aplice comandamentul recomandat de Guvernatorul solar: *„Să ierți greșeala aproapelui tău!"* Ca atare ea se încăpățânează și refuză să ierte pe cel ce i-a curmat viața terestră. Juriul îi atrage atenția că destruparea s-a făcut conform destinului său, că avea înscris în destin această destrupare – prin uciderea trupului său – deoarece și ea a ucis în altă viață, și că ucigașul a fost doar instrumentul, aplicatorul sentinței Forului Judecătoresc. Prin urmare, nu a fost destrupată la întâmplare și nici înainte de vreme. Victima răspunde Tribunalului de bătrâni:

– Nu-l pot ierta, pentru că m-a ucis. Voi m-ați condamnat la moarte prin ucidere, pentru faptele mele din trecut; dar pe el nu-l pot ierta, deoarece, dacă nu făcea fapta aceasta, voi nu aveați prin cine să aplicați hotărârea voastră de atunci. Nu-l pot ierta, pentru că, în definitiv, și el a încălcat legea divină.

– Iartă, nefericitule – îi spune Tribunalul de bătrâni – pentru că neiertarea ta va crea un fir fluidic între tine și el și astfel, în viitor, destinul tău va fi mereu legat de destinul său.

– Nu vreau, nu-l pot ierta – spune destrupatul.

– Atunci, sărmane duh, vei suferi, veți suferi unul lângă altul, pentru că el se va naște ca frate sau copil al tău, și te va amărî și viața ta va fi un iad. Tu îl vei persecuta, iar el și mai rău îți va tulbura existența trupească. Amândoi veți suferi, deoarece amândoi sunteți ucigași. El te-a ucis pe tine, iar tu ai ucis pe un altul. Iartă-l, nefericitule, ca să nu fii condamnat să te naști lângă el și să fiți întrupați unul lângă altul. Să știi, fiule, eu, *bătrânul* acestui divin Tribunal, îți spun că până nu vei ierta, cât timp îl vei urmări cu ura ta, legea solară te condamnă să te naști vieți nenumărate tot în preajma lui. Iertarea te dezleagă și te desparte de el. Ura te va lega de el până ce sufletul tău copleșit de suferințe va fi silit de legea solară să ierte. Iartă-l de pe acum, ca să nu mai fie nimic comun între voi. Legea divinului Creator cere condamnare pentru ucidere, iar divinul Său Fiu cere iertare pentru fapta nesocotită a aproapelui tău, pentru a putea evolua mai repede. Ideea de ură și venin - combătută de noi, conform ordinelor primite de la Fiul solar - nu este o idee de înfrățire, cerută de legile cerești. Alege iertarea - îndepărtarea voastră unul de altul, ori neiertarea - și atunci veți fi tot împreună, în amarnice vieți terestre, veacuri nenumărate, până la iertarea voastră definitivă. Nu vezi atâtea exemple în lumea trupească? Nu înțelegi că dacă nu te împaci acum te vei împăca cu el peste veacuri înșirate, căci nu există altă ieșire, deoarece ura unește mai puternic chiar decât iubirea? Pe cel ce îl iubești îl părăsești, dacă afli că va fi mai fericit aiurea, dar pe cel ce-l urăști îl atragi la tine sau te duci după el, oriunde, chiar și în iad de-ar fi. Fiule, trebuie să-l ierți, pentru că acum știi că nu este vinovat, el fiind numai instrumentul hotărârii noastre, iar tu acum îți amintești destinul la care ai fost condamnat înainte de a te coborî la reîntrupare; destin acceptat când ai rostit cuvântul divin *Amin*. Așadar, pentru că el nu te-a ucis din voința lui și ție nu ți s-a făcut nicio nedreptate, regula cere să vă iertați, pentru a se întrona fericirea pe pământ.

– Aș vrea, dar nu pot, pentru că el a primit misiunea de a încălca legea Tatălui, care spune să nu ucidem.

– Ei bine, duh îndărătnic și nepriceput, află că tu, în altă viață, l-ai ucis pe acest destrupător al tău. Așadar, prin fapta lui, s-a împlinit acum legea divină.

În final, înfrânt de argumente, duhul este nevoit să ierte și astfel s-a rupt lanțul uciderilor reciproce, iar prin aceasta s-a făcut încă un pas înainte, spre pace și progres în viața omenirii.

Despre timp și spațiu

Azi am venit cu un alt subiect, dar tu ai vrea să-ți vorbesc despre *timp și spațiu*.

Cu altă ocazie, am spus că pentru duhurile de pretutindeni, timpul nu există ca ceva concret, el fiind abstract și relativ. Pentru unii este mai mic, iar pentru alții - incomensurabil.

Între două evenimente, se scurge un timp. Prin urmare, el se poate măsura, determina, dar să-l vezi concretizat în ceva nu se poate. Pământul își are unitățile sale de măsură, alte planete le au pe ale lor. Printre altele, sorii se deosebesc între ei și prin unitățile lor de timp. Zeii din Laborator au și ei noțiunea de timp, inimaginabil de lung. Numai pentru Tatăl ceresc nu există timp, întrucât pentru El, în conștiința Sa, trecutul, prezentul și viitorul este una. Ideea de timp este atât de finită, încât putem spune că Tatăl nu o are.

Diferențele de la om la planetă și de la soare la Sfera divină și Divinitate ne determină să spunem că prin sine însuși timpul nu există, deoarece nu poate fi măsurat în mod absolut, pentru că nu are un sfârșit și nici începutul său nu se poate cunoaște. Filosofic vorbind, el nu există. Cu toate acestea, voi vorbi câte ceva despre timp.

Voi măsurați timpul cu ceasul, construit să înregistreze ziua și noaptea în 24 de diviziuni de timp, numite ore. Zilele se înșiră și formează luni și ani. Anul este unitatea voastră cu care măsurați o durată mai mare de timp. Dar durata unui an diferă între planetele acestui sistem solar. Planetele mai apropiate de soare au anul mai scurt, iar cele mai îndepărtate au anul mai lung decât al vostru. Atunci te întrebi: există timp? Da, pentru că e o scurgere de vreme între două puncte date. Nu, pentru că vedem că el este variabil, că cele două puncte, de plecare și sosire, pot fi din ce în ce mai îndepărtate.

Dar iată un alt fenomen care arată că nu există, în sine, timp. Dacă te duci în Soare - ca spirit - constați că acolo nu există zi și nici noapte. Neexistând doi termeni de încadrat timpul, pentru mine, sosit acolo, mai există timp? Nu, nu mai există. Dar totuși, pentru marile Lumini spirituale de acolo, sălășluitorii acestui astru, există un timp, pentru că ei au anul lor solar, care durează până Soarele face un drum de la periferie la centrul universului, și de acolo, înapoi la periferie. Cât durează acest voiaj al Soarelui? Deosebit de mult. Atunci, oricât de mare este acest voiaj, existând două repere, rezultă că și pentru îngerii solari există un timp. În Soare nu există luni și zile, ci numai două diviziuni de timp - ani și ore; dar ora lor ține mii de ani de-ai voștri.

Entitățile luminoase solare sunt mari savanți, iar cunoștințele marilor voștri astronomi ar fi o carte de citire pentru clasa I, pe lângă vastele lor cunoștințe matematice și astronomice referitoare la stele, planete și universuri. Toată știința lor e cuprinsă în uriașa lor memorie. Cele mai vaste și complicate calcule le fac atât de repede, cu atâta ușurință, încât ne fac impresia - când vin pe la noi, în zonele noastre superioare - că le fac automat.

În zone aflate la o depărtare de sute de mii de kilometri de suprafața pământului trăiesc marii noștri savanți, care nu mai știu ce zi, lună sau an au oamenii jos, pe pământ. Datorită preocupărilor lor, pierd din memorie anul omenesc. Când vor să afle ce dată e la un moment dat pe pământ, fac calcule mentale, dar nu bazate pe date pământești; căci pe care să le ia ca punct de pornire: anul creștinilor, al evreilor sau al mahomedanilor? Ce înseamnă anul 1936 al creștinilor, când ei au în vedere, de exemplu, data creării Pământului sau a lui Jupiter? Ce să facă acești savanți cu erele voastre creștină, mozaică, buddistă etc., când este vorba să calculeze câți ani s-au scurs de când a luat naștere Soarele? Dacă ar fi să traducă în ani pământești data nașterii unui sistem solar - de exemplu Sirius, Vega sau Arcturus - ar înșira un număr foarte greu de citit. Pentru înlesnire, pentru prescurtare, îngerii noștri planetari, asemănători angelilor solari, fac aceste calcule în ani solari. În felul acesta, o abstracție numerică indescifrabilă se reduce la un număr lesne de înțeles.

Duhurile avansate ale Pământului sunt capabile - repede și după un examen sumar - să calculeze câți ani solari au trecut de când un duh oarecare a fost creat în Sfera divină. Ca punct de plecare în determinarea acestui timp este conținutul ideilor din corpul-memorie al duhului examinat, în raport cu inteligența sa. Acest examen se face prin interogări. Din conținutul ideilor înmagazinate în memoria duhului, savantul ceresc deduce prin calcul mental timpul de când a fost creat acest duh - cu o aproximație de câteva mii de ani.

De la ultima coborâre a divinului Isus pe Pământ au trecut peste 1900 de ani tereștri. Această durată de timp este atât de mică pentru noi, calculatorii miliardelor de ani solari, încât ne face impresia că Domnul nostru a venit azi, căci n-a trecut o zi solară de când El a plecat de aici, adică 24 de ore solare - după voi.

Pentru că noi trăim în jurul acestui pământ, legăm calculele noastre solare și de pământul vostru, deoarece mereu trebuie să avem în vedere evenimentele de pe suprafața lui. De exemplu, vreau să știu când au dispărut ca ființe fizice dinozaurii. Ce aș putea face cu era creștină? Ce să fac cu era lui Moise? Nimic. Nu mi-ar fi de folos nici una, nici alta. Dar făcând calculul nostru, spunem: dinozaurii au dispărut în anul *X* solar și la ora *Y* solară. Iar dacă vrem, putem traduce acești ani solari în ani pământești, dar ar fi foarte mulți. Așadar, se poate ști exact, câți ani sunt de când spiritele constructoare au lucrat aici și au reușit să facă un anumit tip de dinozaur, și cât a supraviețuit datorită climatului de atunci.

* * *

Acum să vedem ce e cu noțiunea de spațiu.

Picard s-a urcat în atmosfera pământului până la o înălțime neatinsă de altul până atunci, și vi s-a părut o distanță enormă. Pentru noi, această distanță nu reprezintă nimic, căci atmosfera voastră se întinde până la aproximativ o sută de kilometri de la suprafața pământului, unde dispare orice gaz, și de acolo în sus începe materia pur fluidică. Dar și această distanță e o nimica toată pentru un duh superior, care se înalță până la domiciliul său firesc, la sute de mii de kilometri de pământ.

Ce disproporție enormă există între noțiunea de spațiu a unui om și a unui spirit! Pentru a vă duce la Paris vă trebuie trei zile cu trenul, dar nouă ne trebuie mai puțin de un minut. Atunci cum rămâne cu spațiul? Este asemănător cu timpul: *o relativitate*. Pentru voi, distanța până la Saturn pare uriașă; pentru noi, dacă ne-ar da voie, am devora această distanță și curând am fi acolo. Așadar și noțiunea de spațiu este relativă.

Prin urmare, spațiul există și nu există, deopotrivă. Spațiul există pentru cei neputincioși, și nu există pentru marile Forțe cerești. O Divinitate din Sfera divină ar putea străbate imensele abisuri ale cosmosului, până aici la noi, în câteva minute.

Dar dintre cele două noțiuni: timp și spațiu, spațiul este ceva mai concret, fiind circumscris în forme. Aceleași cauze au produs și timpul, și spațiul, dar ele au efecte diferite. Toate ideile abstracte au pornit din Laborator, dar o lege divină ordonă ca orice idee abstractă să fie transformată în idee concretă, în faptă, în acțiune.

Conform acestei legi, ideea de spațiu - emisă în Laborator - trebuie să aibă o înfăptuire în lumea creațiilor fizice, realizându-se în forma ființelor, planetelor, stelelor și universurilor. Chiar ideea în sine are o formă. Ideea cea mai abstractă trebuie să aibă o formă. Prin emiterea unei idei lipsite de formă, s-ar încălca legea divină și urmarea ar fi o suferință.

Orice idee cuprinde în sânul ei viață, o forță creatoare. Viața a purces de la Creator; El a conceput viața sub formă de idei, pe care le-a transformat în creație. Spiritul este fiul divinului Creator; dar pe când Tatăl transformă *forma-idee* în creație, spiritul nu știe cum să mânuiască ideea ca să o transforme imediat în creație.

Pe pământ oamenii transformă ideile lor în acțiuni asupra materiei fizice. Ei nu știu să lucreze cu ideile asupra fluidelor care îi înconjoară. Dacă ar cunoaște mânuirea lor, ar face „minuni".

Spațiul are o formă, și încă o formă cât se poate de reală. Când zici „spațiu", spui o idee, iar ideea - ca orice idee - are o formă pe care o putem transmite la distanță prin vibrații.

* * *

Trec acum la o altă ordine de idei, pentru a-ți vorbi despre fluide.

Voi trăiți în lumea sunetelor, a undelor aeriene. Noi trăim în lumea vibrațiilor-forme, adică în lumea unde nu vibrează nici sunete, nici lumină. Pretutindeni în lumea noastră există vibrații de forme, de la cele mai concrete, cum ar fi trupul tău actual, până la formele cele mai abstracte: verb, adjectiv, adverb și așa mai departe. Noi nu avem ochii voștri, să vedem cum vedeți voi. De asemenea, nu avem urechile voastre, cu care să auzim ceea ce auziți voi. Noi avem un singur simț, un simț general, al cărui organ este întregul meu corp fluidic. Neavând ochi de văzut lumina solară, pentru noi nu există această lumină, care este o creație a ochiului vostru. Deși nu avem ochii și urechile voastre, totuși suntem fericiți, pentru că vedem și auzim.

Dar cum vedem și auzim noi? Dragul meu, noi auzim cum curge apa, auzim zgomotul roților de tren, auzim vuietul valurilor ce se sparg de țărm etc. Așadar, grație corpului nostru spiritual, auzim și vedem ceea ce auziți și vedeți și voi. Acest auz și văz spiritual este la fel în tot universul. Simțul unic al nostru pentru auz, văz și simțire este impresionabil numai de undele vibrațiilor eterice. Omul emite sunete când vorbește cu un altul. Dar fie că gândește, fie că vorbește, involuntar, el va emite forme în vibrație. Aceste forme vor circula prin eterul înconjurător. Noi, duhurile, vedem aceste forme, prin faptul că vibrațiile lor intră în corpul nostru fluidic, iar spiritul le vede și - lucru ciudat pentru voi - avem impresia că le și auzim.

Prin urmare, există deosebiri între percepția unui duh liber și a unui duh întrupat, deoarece noi vedem toate formele, dar le și auzim, pentru că vibrațiile lor se transformă în sunete psihice. Noi, duhurile, mai avem facultatea ca odată ce am primit o formă și am înțeles-o, să o transformăm într-o idee omenească, adică o îmbrăcăm într-un cuvânt sonor, și din idee spațială facem un cuvânt omenesc, într-o limbă terestră - română, franceză, italiană etc. Sub această formă ideea nu mai este cunoscută decât de cel ce cunoaște limba respectivă.

Așadar, formele sunt generale, unele și aceleași în tot cosmosul.

Văzul, auzul și simțul duhului

Acum să-ți vorbesc și despre fenomenul intim al auzului și văzului nostru.

Frunzele unui copac tremură din cauza vântului. Frecarea aerului de ele produce un fâșâit particular, perceput de urechile voastre ca o formă specială de zgomot. Voi spuneți că acest zgomot a sosit sub forma „undelor" la urechea voastră, a pus timpanul în vibrație, nervul auditiv a transportat vibrațiile pe cortex, unde s-a înregistrat zgomotul și a fost transformat în senzație de sunet. Așadar, voi credeți că zgomotul s-a produs în exterior, iar senzația, în interiorul sistemului cerebral. Pe noi ne amuză această părere a voastră. În realitate, în exterior nu s-a produs decât o vibrație, iar percepția vibrației, a zgomotului, s-a produs în spirit.

Când se produce un sunet, un zgomot, credeți că numai aerul vibrează. În realitate, vibrează și fluidul din sânul său. Urechea recepționează aceste vibrații eterice care fac să vibreze timpanul urechii; prin nervul auditiv vibrațiile eterice se scurg până în sistemul cerebral, de unde prin dublul eteric al acestuia și apoi prin perispirit ajung până la scânteie sau spirit, care le vede forma.

Acesta este mecanismul auzului la voi. La noi, rolul nervului auditiv este jucat de fluidul care îmbibă aerul vostru.

Din cele spuse mai sus reiese că aerul nu face niciun zgomot, ci numai se mișcă și că, odată cu el, vibrează și eterul care transportă vibrațiile respective în interiorul meu, până în fața spiritului. Freamătul frunzelor nucului din fața ta o percepem sub forma unei corzi în vibrare sau ca valurile unei ape. E drept că e formă nelămurită, dar este o impresie propagată în tot corpul meu fluidic.

M-ați putea întreba: „Dar când percepi aceste forme de zgomote, poți continua să gândești?" Da, ele nu mă întrerup din gândirea mea, precum zgomotul automobilului nu-l împiedică pe șofer să observe drumul sau să audă cele comunicate de însoțitorul său.

M-ați putea iar întreba: „De ce nu vedeți formele de lumină?" E greu să vă explic, pentru că nu există lumină pentru noi, ea neexistând în natură, ca lumină solară. Atunci veți spune: „Voi sunteți orbi pentru lumină". Nu suntem orbi, deoarece - după cum ți-am spus - noi vedem tot ce vedeți și voi, numai că vedem în interiorul nostru formele lucrurilor și ale ideilor. Noi vedem, dar ochi nu avem. Dacă vrem, vedem prin creștetul capului - inexistent - prin spatele sau partea inferioară a sferei noastre, vedem prin toate părțile corpului nostru. Acum te văd pe tine, dar nu te văd omenește, ci spiritualicește. Eu văd printr-un mecanism diferit de al tău.

Voi afirmați că imaginea obiectelor exterioare se formează pe retină; după unii - această imagine rămâne pe retină și numai impresia merge prin nervul optic la cortex, iar după alții - imaginea ar fi transportată de-a lungul nervului optic până la sistemul cerebral, unde este perceput și transformat în senzație. Eu, deși n-am ochi, nerv optic, sistem cerebral, văd ca tine lampa electrică și lumina ce o răspândește, te văd perfect și pe tine, dar repet încă o dată, te văd printr-un mecanism diferit de cel știut de știința voastră pământească.

Eu văd în interiorul meu, iar nu la exterior, cum credeți voi. Forma lămpii tale se oglindește în eterul din această odaie, în eterul care o înconjoară. Prin urmare, eterul de aici reproduce formele obiectelor aflate în această odaie. Neavând ochi, nu văd lampa direct, ci o văd indirect, văd fotografia ei eterică, la fel cum tu vezi în oglindă obiectele din această cameră. Acest eter vibrează întruna și vibrațiile lui se modelează luând forma completă a lămpii. Odaia ta e plină de modele eterice ale obiectelor din ea. Ele se opresc aici, între pereții acestei camere, dar câteodată pot pleca mai departe, prin pereți.

Așadar, noi vedem și auzim în interior, prin intermediul formelor eterice. În definitiv, și voi vedeți la fel ca și noi, cu deosebirea că la voi se interpune trupul cu organul său de văz. Voi vedeți obiectul material, noi vedem imaginea eterică a acelui obiect, însă impresia este aceeași la amândoi.

Deosebirea cea mai mare între voi și noi este că voi vedeți numai obiectele prezente în fața voastră, pe când noi, printr-un efort, vedem în eter și formele vechi, dispărute. E greu să vezi forme imprimate în eter în urmă cu una sau două sute de ani, fiind necesare anumite cunoștințe din partea duhului. Numai duhurile superioare știu să stârnească, din fluidul unei epoci oarecare, formele sau clișeele evenimentelor de atunci.

Formele sunt depuse în aceste eteruri, ca și dosarele într-o arhivă, de unde pot fi scoase prin același număr de vibrații cu care s-au înregistrat sau copiat. Această arhivă, aceste fluide nu se află aici, jos, ci sus, foarte sus, în zonele cele mai înalte ale atmosferei fluidice terestre. Dacă ești duh superior, cauți să afli cu ce vibrații au fost înregistrate. Posedând această cheie poți face să se desfășoare, asemenea unui film de cinematograf, evenimente dintr-o epocă oarecare, sau viața trăită de un om trupesc.

Scânteia divină este o unitate indivizibilă

Dragă frate, mă întrebi dacă ocultistul Ely Star spune adevărul atunci când afirmă: „Greșind, spiritul s-a rupt în două părți - una pozitivă și alta negativă - iar prin evoluție, ambele părți se vor regăsi și uni". Mă mir de unde a scos acel autor ideea respectivă. Nu mi-o explic decât prin faptul că adevărul original a trecut prin mai mulți autori și, nefiind înțeles, a fost deformat până a rezultat o asemenea enormitate.

Scânteia divină este o unitate indivizibilă. Ea nu poate suferi subdiviziuni, fiind un tot perfect. Te vei întreba cum de afirm că scânteia divină este perfectă, când ea este supusă evoluției, cu scopul de a se perfecționa. Deocamdată îți răspund că scânteia divină este un instrument perfect de evoluție.

Divinul creează o ființă identică cu El, dar această creație nu poate lucra asemenea Creatorului său. Aici, pe pământ, mama și tata dau naștere unei ființe perfecte ca instrument, dar ea nu poate funcționa de la început ca părinții săi. Pruncul are aceleași funcții fiziologice, dar la naștere sunt foarte reduse. Divinul Creator creează și El, în Laborator, o ființă identică Sieși, din punct de vedere fiziologic, dar imperfectă din punct de vedere spiritual. Așadar, scânteia divină, deși este formată din aceeași materie cu a Tatălui, nu are atributele desăvârșite ale Tatălui. Așa, de exemplu, Tatăl are o memorie infinită, căci El știe tot ce a creat din eternitate și are în mentalul Său toate experiențele creațiilor Sale trecute. Ei bine, noua creatură nu are nimic din ceea ce posedă Creatorul.

Mecanismul de funcționare și evoluție al unui copil aici, pe pământ, este o reprezentare sintetică și în miniatură, a evoluției noii creaturi, a duhului-copil, de la origine și până la infinit.

Cugetând, Creatorul emite din corpul Său o scânteie. Odată emisă, ea este învelită cu fluidul din mediul intern al Laboratorului, formând împreună o ființă ultramicroscopică, numită duh sau spirit. Când Tatăl a emis scânteia, s-a gândit la destinația ei în lume, la forma ce o va îmbrăca prin sferele create, pe planete. Prin gândirea Sa, Creatorul înscrie drumul evolutiv urmat de această scânteie în lume. Conform gândului Creatorului, scânteia va fi îmbrăcată cu un anumit fluid, și va avea un anumit destin: de mineral, vegetal sau animal.

În sfânta Biblie se spune: „Dumnezeu a făcut pe om după chipul și asemănarea Sa". E foarte just, deoarece Tatăl este spirit și copilul Său e tot spirit. Tatăl ne-a făcut la fel cu El, adică o *lumină*. Nu ne-a făcut oameni trupești, după chipul și asemănarea Lui, ci ne-a creat după chipul *cugetului* Său. Omul nu face casa, masa, cana, după chipul și asemănarea lui, ci după asemănarea cugetării sale. Forma mesei este după cum a cugetat omul. Așadar, omului i s-a dat pe pământ forma după chipul cugetat de Creator.

Creatorul are forma sferică - forma primă și perfectă din cosmos. Creând duhuri Divinitatea le face și pe ele sferice, oglindindu-se ca formă, în copiii Săi duhuri. Nu ne-a făcut perfecți, căci atunci ar fi creat Divinități asemenea Lui. Am fost creați perfecți numai din punct de vedere fiziologic, funcțional, iar imperfecți, neputincioși, din punct de vedere spiritual.

La început, toți copiii Divinității sunt ființe vii - văd, gândesc și se hrănesc - întrucât imediat ce au fost emise, încep să respire, absorbind din materia Laboratorului fluid și eliminând pe cel uzat prin existența lor. Această absorbire sau hrănire, duhul o va face în vecii vecilor, oriunde va fi. În concluzie, duhul-copil e viu, trăiește, dar e nul din punct de vedere spiritual.

Cel ce îți vorbește este format dintr-o scânteie, partea esențială a ființei mele, asemenea celei a Creatorului. Apoi, am în jurul meu materia fluidică, primă, din Laborator, și în fine, o serie de haine fluidice din locurile pe unde am trecut, până am ajuns aici. Scânteia mea nu e de foc, nu arde și nu emană căldură, ea seamănă cu o scânteie electrică, cu o luminiță, și totuși nu este o scânteie propriu-zisă. În jurul ei este corpul meu, un complex de fluide, pe care le pot dezbrăca și reîmbrăca. Când va fi să părăsesc Pământul, îmi voi dezbrăca învelișul fluidic propriu al acestei planete. Scânteia nu se poate diviza. Niciodată și nicăieri nu s-a divizat vreun duh. Așadar, entitățile spirituale sunt indivizibile. O divizare ar echivala cu distrugerea, cu moartea. Or duhul este nemuritor.

Creatorul se hotărăște să creeze. El gândește și, gândind, emite din corpul Său fluidic - iar nu din Scânteia Sa - o particulă care a devenit scânteia mea, sau a oricărui alt duh.

Crearea premergătorilor duhurilor

După ce ți-am făcut cunoscut că Divinitatea a creat formele materiale în Laboratorul lumilor, pot să-ți afirm, un adevăr mai profund: *nu Divinitatea primă creează aceste forme, ci anumite Entități spirituale din Laborator.*

Munca este divizată și în Laborator, ca în lumile noastre. Marele Stăpân al lumilor nu mai creează nimic, El doar conduce. În Laborator există Entități spirituale foarte evoluate, care odinioară, în urmă cu o veșnicie, au fost create tot de Divinitatea supremă, și prin evoluție nesfârșită au ajuns Lucrători divini, în această uriașă Sferă fluidică. Acești Lucrători ai Laboratorului sunt numiți *Creatori de forme.*

Creatorii de forme nu fac decât *sferule* cugetătoare, care știu să se miște, dar nu au încă o individualitate spirituală proprie.

Viu este și fluidul ce umple cosmosul, de aici de la noi până în centrul Laboratorului, dar acestei substanțe dacă i-ai da o formă, nu o poate păstra în veșnicie. În acest fluid viu plutim noi, entitățile spirituale, ființe vii, trăitoare într-o *apă vie.*

Creatorii de forme au doar puterea și știința să facă din această apă vie o *formă veșnică și vie,* care deocamdată nu este spirit sau duh.

Mă frământ cum să-i zic acestei forme vii, simțitoare și cu voință, care deocamdată nu este spirit. Iată, mi-a venit un gând: să-i zicem *forvie* - însemnând formă vie, sau formă cu viață.

Forvia se deosebește de viața sau fluidul viu care umple cosmosul și este lipsită de o formă permanentă. Asemenea forme-viață sau forvii se creează numai în Laborator. Repet: *aceste forme sferice, vii și simțitoare, care știu să se miște, nu sunt spirite nici de mineral, nici de vegetal, nici de animal sau om. Ele nu sunt decât principiul, începutul din care se va forma un duh.*

Din materia primă, aflată în Laborator, Forțe spirituale numite *Creatori de forme* au creat *forviile*. Rețineți că acești Creatori nu sunt încă Divinități, ci spirite foarte evoluate, care după ce și-au terminat școala în sfera cosmică, au revenit în sânul Laboratorului, unde li s-a conferit gradul de *Creator de forme* sau *forvii*. Ei au încă în față o scară lungă de urcat, spre ranguri și mai înalte.

Deși aceste forvii sunt identice între ele ca formă, toate fiind sferule, n-au toate aceeași capacitate sau vitalitate. Totul depinde de gradul de cunoștință a Creatorului de forvii care le-a făcut.

După ce au circulat un anumit timp, aceste forvii sunt oprite din mișcarea lor și atrase de entități spirituale mai evoluate decât Creatorii de forme, entități care au gradul de Divinitate și se numesc *Divinități de spiritualizare*.

Aceste Forțe divine, *Divinități de spiritualizare*, prelucrează forviile, adăugându-le un fluid cu darul de a le conferi spiritualitatea, și astfel forvia devine o *forvispie* – formă-viață-spirit.

Divinitățile de spiritualizare examinează forviile și deduc ce fel de ființe vor putea face din ele. Fatalitatea sau legea le comandă ce fel de candidat de duh să facă din forvii. După felul cum au fost create, după concepția mentală a Creatorului de forvii ce a prezidat la formarea ei, forvia va fi prelucrată de Divinitățile de spiritualizare, devenind forvispie de mineral, vegetal, animal sau om.

Prin urmare, există mai multe categorii de Creatori de forme sau forvii. Prima categorie nu poate să facă decât *forvii minerale*. Pe o treaptă superioară vor fi Creatorii de *forvii vegetale*. Urmează a treia categorie – Creatori de *forvii animale* și, în fine, Creatorii de *forvii umane*.

Forvia minerală este o formă creată de un Creator de forme începător, care creează o formă mai ușoară, imperfectă. Divinitatea spiritualizantă, după ce analizează forvia, îi adaugă ceva din mediul ambiant. Noi, duhurile, îi zicem acestei operații *insuflare divină*. Din acest moment, forvia a devenit o forvispie.

În Laborator există mai multe grade de Divinități de spiritualizare sau *Divinități insuflătoare*. Fiecare va spiritualiza numai acea forvie care a fost făcută pentru o anumită destinație, corespunzătoare gradului Său.

Odată forvispiile minerale formate, vor fi trimise în lume, în sfera creată, pentru a intra în constituția noilor planete ce se vor crea, animând minerale și evoluând în sânul lor miliarde de ani. După ce vor face evoluția lor completă în sfera creată, ca minerale, forvispiile minerale se întorc în Laborator. Acum, forvispiile minerale vor fi atrase de alte Divinități insuflătoare, și transformate în forvispii vegetale. După ce vor face evoluția lor completă în sfera creată, forvispiile vegetale se reîntorc în Laborator, unde vor fi din nou insuflate și transformate în forvispii animale. În fine, după ce-și termină evoluția în sfera creată, forvispiile animale se reîntorc în Laborator, unde vor fi transformate în forvispii umane – o etapă anterioară duhului uman.

Din cele expuse, rezultă că există patru categorii de Creatori de forme sau forvii și patru categorii de Divinități insuflătoare. Evoluând din treaptă în treaptă, ierarhia Lucrătorilor divini din Sfera-Laborator urcă tot mai sus, până ajung la Guvernatorul Divinilor. Prin incomensurabila Sa inteligență și voință, Guvernatorul Divinilor din Sfera-Laborator veghează la aplicarea riguroasă a legilor, atât în Laborator, cât și în cele patru sfere create, care se rotesc în jurul Sferei divine.

Înștiințarea Tatălui divin despre tot ce se petrece în cosmos

Religia cea mai înaltă de azi, ca și cele din veacurile uitate, este doar o sinteză a unor succinte cunoștințe cerești, suficientă totuși ca hrană sufletească pentru marele public profan.

Prin profani înțelegem pe cei ce nu sunt în legătură cu noi, și chiar și pe cei care - deși au intrat în legătură cu noi - cunosc prea puțin din alcătuirea lumilor invizibile.

Numai duhurilor întrupate, care au un grad superior în lumea cerească a Terrei, avem permisiunea de a le comunica înaltele cunoștințe referitoare la alcătuirea cosmosului și la Forțele guvernatoare.

Tatăl divin, Forța primă sau Forța supremă este Unul. Unic este Dumnezeu, afirmă Moise, Buddha, Isus și toți proorocii noștri. Toate duhurile care au evoluat într-o durată de timp incalculabilă, și au ajuns la dreapta Tatălui suprem, adică în Laborator, au rangul de Divinitate. Ele nu sunt egale cu Forța primă, cu Suveranul unic al tuturor, ci sunt doar mari *Forțe divine*.

În fruntea ierarhiei Divinilor este un Guvernator suprem, căruia toți ne închinăm; doar Lui trebuie să se roage popoarele acestui pământ.

Ființa supremă, peste toți Divinii din Laborator, este numită *Tatăl suprem*. El este înștiințat de tot ce se petrece atât în Laborator, cât și în cele patru universuri. Se pune întrebarea: Cum este El înștiințat?

Tot ce se petrece pe Pământ trebuie imediat comunicat Guvernatorului Pământului, care are gradul de *înger-căpetenie* și este reprezentantul Tatălui suprem.

Funcția de Guvernator al Pământului a fost instituită chiar de la facerea planetei. Guvernatorul planetar a prezidat, prezidează și va prezida atâta timp cât există Pământul. De miliarde de ani El conduce această planetă. Funcția de Guvernator planetar este permanentă, dar cel ce o îndeplinește este schimbat.

Unul dintre Guvernatorii Pământului este acum spiritul care într-una din întrupările sale a fost conducătorul evreilor din Egipt spre Canaan. Deja citesc în mintea cititorului creștin o idee retrogradă și un sentiment de contrarietate, dar totuși, acesta este adevărul. Aflați că Guvernatorul Pământului nu este nici evreu, nici egiptean, nici creștin, ci este făuritorul unei religii, întemeiată din ordinul Suveranului acestui sistem solar - fostul Isus, precum tot El, Guvernatorul solar a ordonat întemeierea celorlalte religii, de către Buddha, Confucius și Mahomed.

Guvernatorul planetar trebuie să fie la curent cu tot ce se petrece pe Pământ, iar la rândul său, are obligația să înștiințeze pe Stăpânul său direct - Guvernatorul solar, de tot ce se petrece pe această sferă a împărăției Sale, din punct de vedere politic, social, moral și spiritual.

Guvernatorul solar este mai mare în grad decât îngerii Săi solari și mai mare, bineînțeles, și decât Guvernatorii planetari ai sistemului Său. Din această cauză, El poartă titlul de *Fiu de Dumnezeu*.

În jurul Fiului de Dumnezeu sunt îngerii Săi, aspiranți la rangul de Fii de Dumnezeu. Ei sunt mai mari decât Guvernatorii planetari. Guvernatorul solar împreună cu acești aspiranți de Fiu de Dumnezeu formează garda de înștiințare a Unicului din Laborator. Când sunt trimiși în misiuni, Ei pot străbate spațiile universului de la un astru la altul, putând călători până în Sfera divină.

Divinul nostru Guvernator solar posedă o memorie vastă. El a venit aici cu toată gama de materii și duhuri pentru a forma acest sistem, pe care-l va prezida până la dispariția celei din urmă planete - soarele nostru actual. Guvernatorul solar este informat de tot ce se petrece pe alte astre, precum și pe planetele lor. El comunică mental Părintelui Său tot ce se petrece în sistemul Său. Așa, de exemplu, când au pierit animalele antediluviene, El a comunicat Unicului dispariția lor de pe pământ. Divinul Tată suprem s-a întristat și a dat ordin ca acestor viețuitoare, ale căror forme s-au înscris pe veci în arhiva universului, să li se facă, de către îngerii constructori, corpuri noi, pe alte planete, ajunse la gradul Pământului, pe vremea când poseda asemenea forme de trupuri animale. Acum acele animale ale noastre trăiesc pe alte planete, mai tinere decât Pământul.

Tatăl a grăit Constructorilor Săi: *„Nicio vietate, nici cea mai mică pasăre sau insectă, nicio creație de-a Mea să nu fie fără cuibul său - planeta sa - și fără trupul său, în care să evolueze".*

Tatăl este înștiințat de evenimentele importante, și nu de toate întâmplările mărunte, ca, de exemplu: un oarecare duh întunecat a încălcat legea divină și a omorât. Această faptă este lăsată în seama slujitorilor Tatălui, de pe planeta respectivă.

În rezumat, Tatăl suprem este înștiințat, pe calea undelor, de Guvernatorul solar, căruia Guvernatorul planetar Îi comunică tot ce se întâmplă pe planeta sa.

Din timp în timp, pleacă din Soare câte un înger solar, în misiune pe fiecare planetă a acestui sistem. Orice înger al planetei noastre este un simplu înger planetar, dar orice înger solar venit în misiune pe Pământ se numește *Purtătorul de Adevăr, Cuvântul Adevărului*. Când un asemenea *Mesager solar* se anunță că vine la noi, miliarde de duhuri pământești se înalță în văzduh și îl primesc în cântece, slăvind pe Tatăl ceresc. El este primit de îngerii Pământului, în frunte cu Guvernatorul nostru, fostul Moise, și suntem cu toții fericiți, prin faptul că privim fața orbitoare a Celui ce ne este dătător de speranța unui nou pas spre progres.

De regulă, Mesagerul solar coboară într-o anumită perioadă a anului terestru, și anume, la începutul Săptămânii Patimilor, și se înalță după terminarea ei. Câteodată coboară și în alte perioade ale anului. Nu există an fără ca acest reprezentant al Domnului nostru solar să nu vină la comemorarea patimilor Domnului.

Cu peste două mii de ani în urmă, un Mesager, Fiu de Dumnezeu, a sosit din Laborator în Soare, cu ordinul Unicului Tată, ca Guvernatorul nostru solar să se întrupeze pe pământ. Supus ordinului, Guvernatorul solar a coborât pe planeta noastră, însoțit de o ceată de aspiranți, Fii de Dumnezeu. Mesagerul sosit din Laborator a rămas în

Soare, ținând locul Guvernatorului solar până revine la Tronul împărăției Sale. După întoarcerea Guvernatorului nostru în Soare, Mesagerul Tatălui s-a întors și El în Sfera-Laborator.

Suntem informați că acum Suveranul nostru solar este așteptat să se întrupeze pe o altă planetă a sistemului Său, în vederea evoluției morale și sociale a populației de acolo. Din cauza ideilor noi propagate în sânul populației planetelor împărăției Sale, Guvernatorul solar Își atrage supărarea, urgia și pedeapsa cu moartea asupra trupului Său. El se supune cu umilință distrugerii trupului Său, căci așa I s-a ordonat de Tatăl Său ceresc, în vederea evoluției supușilor Săi. El se face om, dar nu este lăsat singur, ci toată ceata de mari Divini aspiranți, Fii de Dumnezeu, cu care a venit, Îi vorbesc, I se arată și Îl încurajează în misiunea Sa umano-cerească.

Guvernatorul solar nu a venit să răscumpere păcatele omenirii, cum greșit se spune de cei ce nu cunosc tainele noastre. El nu a răscumpărat păcatul nimănui, ci a venit ca o *Pildă vie,* ca Reprezentantul Unicului Tată, pentru a schimba, prin forța învățăturilor Sale, curentul de idei egoiste în idei altruiste. La baza tuturor ideilor Sale stau tainele Cerurilor și iubirea dintre copiii aceluiași Tată.

Forvispiile

La sosirea nopții, omenirea se culcă și adoarme. Dar odată cu adormirea trupului, duhul fiecăruia iese din trup, pentru a-și continua lucrarea spirituală. Către ziuă, duhul se reîntoarce în trupul său. Toată această lucrare trebuie să rămână neștiută de omul trupesc. Așadar, unul și același duh are două activități diferite:

1. ziua - prin intermediul trupului;

2. noaptea - prin corpul fluidic.

Dar de ce duhul coborât în trup nu știe ce a făcut în timpul nopții? Pentru că nu o permite trupul. Celulele trupului, sau mai exact, forvispiile lor, întunecă amintirea și omul nu mai știe nimic. Într-adevăr, deși duhul uman este guvernatorul vastei colonii de celule ce formează trupul său, totuși aceste vietăți au și ele puterea lor, prin care întunecă memoria duhului. Astfel, sistemul osos este format din mii și mii de celule osoase, *forvispii minerale,* iar restul trupului - mușchi, sânge, organe etc. - este format dintr-un număr deosebit de mare de celule, *forvispii vegetale.*

Prin urmare, duhul omului comandă ca un suveran peste un microcosmos format din două categorii de forvispii - minerale și vegetale.

Firește, vei întreba: „Dar forvispii animale nu se găsesc în trupul omului?" Nu, omul nu posedă în el forvispii animale.

În definitiv, omul este un conglomerat de forvispii: un duh-om, învelit în hainele sale fluidice, adică un duh asociat cu alte categorii de ființe, surioare, mai mici - minerale și vegetale - care îl vor ajuta, și la rândul său și duhul uman le va ajuta în evoluția lor. Așadar, și în acest caz, s-a alcătuit o sfântă treime, care lucrează împreună, cât timp omul va trăi pe pământ. Când se va termina firul acestei existențe, forvispiile se vor dezagrega și fiecare își va relua libertatea sa firească, va deveni de-sine-stătătoare.

Cu altă ocazie am spus că există patru categorii de forvispii - minerale, vegetale, animale și umane - făcute de patru categorii de Divinități insuflătoare. În realitate, nu există decât trei feluri de forvispii: minerale, vegetale și animale, care prin evoluție devin umane.

Mineralul posedă numai voință, mișcare și memorie instinctivă. Memoria instinctivă a mineralului rămâne aceeași pe toată perioada existenței sale; ea nu se mai dezvoltă. Prin urmare, forța de mișcare și memoria instinctivă a mineralului îi permite să-și mențină aceeași formă, în vecii vecilor.

Pe lângă voință și memorie, vegetalul posedă și cugetare, adică memoria ei nu mai este instinctivă ca a mineralului, ci este formată prin acțiunea cugetării, adică este o memorie reflectată.

Animalul are o voință și o memorie în devenire, și o cugetare mai ridicată decât a plantei. În fine, omul are voință, memorie și putere de rațiune.

Forvispiile și duhurile s-ar putea vedea

Tot ce se vede pe pământ a fost realizat mai întâi în spațiu, sub formă eterică. E o nefericire că omul trupesc nu cunoaște nimic despre *lumea cauzelor,* a tot ceea ce-l înconjoară.

Această stare va dura până când, evoluând, omenirea trupească va obține vederea spirituală a formelor care plutesc prin spațiu. Chiar de pe acum s-ar putea vedea aceste forme prime, dacă omul și-ar construi un aparat bazat pe electricitate și adaptat la un fel de microscop. Cu ajutorul acestui dispozitiv de mărit, omul ar vedea prin ochiul său trupesc diferitele fluide care circulă prin spațiu. Acest aparat va avea lentile de mărit, dar nu prea multe. Va fi și nu va fi propriu-zis un microscop. El se va compune dintr-un tub, având o asemenea dimensiune încât să poată intra în el un om. De la un capăt la altul va trece un fir de aramă, asemănător celui folosit la conducerea curentului electric. Acest tub va fi golit de aer și umplut cu un anumit gaz, întâlnit în atmosfera voastră, dar pe care n-am învoirea să vi-l destăinui acum. Dând drumul curentului electric, veți vedea, prin una din lentilele oculare, cum pe firul din interiorul tubului curge o apă de lumină și foc - curentul electric - unul din fluidele din natură. Iată primul pas făcut în vederea observării fluidului. Această experiență trebuie făcută într-o cameră întunecoasă, pentru că lumina zilei nu va permite să se vadă nimic în jurul firului.

Dacă în interiorul acestui tub mare se va introduce un al doilea gaz, tot din atmosfera voastră, și se va porni curentul electric, veți vedea anumite sfere luminoase, care suntem noi, duhurile. Prezența acestui gaz pare că ne face incandescenți, și prin ocularul care ne-a mărit ne veți vedea destul de clar.

Prin urmare, viitorul aparat va fi un tub mare adaptat cu o serie de lentile care măresc - un fel de microscop, străbătut de un curent electric, umplut cu două elemente gazoase. În acest tub vor putea intra tot felul de duhuri, forvispii și particule fluidice. Dacă observatorul le va ordona mental să se adune într-o anumită regiune a tubului, se va vedea că ele înțeleg și se supun. Duhurile umane pot aduce, din afara tubului, forvispii animale și observatorul va constata că acestea se înțeleg între ele, căci omul are puterea să comande mental forvispiilor umane și acestea - celor animale. Așadar, forvispiile au inteligență și înțelegere. Ca înfățișare exterioară, s-ar părea că nu există nicio deosebire între ele, și totuși se deosebesc prin experiența și nivelul diferit de evoluție dintre ele.

Dacă în acel microscop veți introduce un om trupesc astfel încât capul să-i fie ferit printr-un anumit procedeu, sau să-i rămână afară din acest aparat, veți observa că trupul omului nu se mai vede; în schimb, apare o ceață fluidică luminoasă, ceva mai mare decât trupul său și de aceeași formă cu el. Acesta e corpul său fluidic sau perispiritul. În interiorul acestui corp eteric se vor vedea toate organele sale, cu formele lor, toate fiind fluidice și fiecare având o culoare specifică.

Intrând în acest tub un mare duh al nostru, un medic spațial, pentru a face câteva experiențe, veți observa fapte uimitoare pentru voi. Așa, de exemplu, dacă medicul nostru aplică anumite fluide în dreptul unui organ vital al omului introdus în acel tub, veți auzi că omul se vaită că îl doare acel organ. Dacă acest medic nevăzut aplică organului bolnav al omului introdus în tub, un alt fluid, el va declara că nu mai simte nicio durere, acolo unde îl durea. Aceste îmbolnăviri sau vindecări sunt momentane, făcute numai în scop experimental. După terminarea experienței se revine la starea de sănătate a omului, pentru a nu se împiedica cursul destinului său.

Din aceste experiențe veți înțelege că alături de voi există o altă lume, eterică, invizibilă ochiului vostru. În atmosfera care vă înconjoară plutește o mulțime infinită de forme, de diferite naturi: forvispii minerale, vegetale, animale și umane. Între ele există o diferență esențială, după felul cum sunt compuse. În general, forvispiile minerale sunt mai mici decât celelalte. Noi le numim *pulbere minerală*. Alături de ele se găsesc forvispiile vegetale, care vor intra în constituția corpului plantei. Ele vor fi conduse de un duh de plantă. În fine, prin spațiu plutesc puzderie de forvispii animale și umane.

Noi, duhurile, am fi muritoare, dacă Creatorul nostru nu ne-ar fi înzestrat cu darul de a ne hrăni veșnic și în mod automat. Hrănirea noastră constă în absorbirea din spațiu de fluide, de forvispii, pe care doar le alipim corpului nostru spiritual când suntem duhuri libere și le asimilăm în corpul vital, când suntem întrupate. Această materie vie – fluid alcătuit din forvispii, noi, duhurile, nu o compunem sau descompunem, ci numai o alipim corpului nostru fluidic. Hrana noastră n-o mai pregătim după cum o pregătiți pe a voastră, ci o găsim gata pregătită în spațiu. Noi nu facem decât s-o absorbim și s-o integrăm corpului nostru fluidic.

Fiecare duh atrage automat numai hrana potrivită trupului său fluidic. Astfel are loc o selecție, printr-o atracție magnetică, proprie fiecăruia. Fenomenul se petrece asemănător la duhurile libere, ca și la cele întrupate. Păpădia va atrage în dublul său vital o anumită materie, identică cu ea, iar trandafirul va atrage o altă materie, asemănătoare și compatibilă dublului său vital.

În general, voi, oamenii trupești absorbiți numai cât eliminați, dar în perioada de formare și creștere a trupului vostru, când sunteți copii, absorbiți mai mult decât eliminați, pentru a vă mări corpul vital, care – la rândul său – va mări trupul.

De la o vreme, curenții mătură și transportă forvispiile până în Sfera divină, pentru a servi la alte forme de viață.

Să recapitulăm. În spațiu sunt eu, duh unic. În jurul meu se află forvispii, dependente de mine, care îmi formează vehiculul spiritual, iar în stare de libertate, prin spațiu, se află altele identice cu cele ale corpului meu. Grație acestor vietăți ultramicroscopice, mă pot mări cât de mult, și prin eliminarea lor mă pot micșora cât voiesc. Constat că și forvispiile au un instinct, o voință și o memorie proprie. Cele intrate în corpul meu nu vor intra niciodată în corpul unui animal sau al unei plante. Cu alte cuvinte, ele nu uită că au fost deja în corpul unui om sau că sunt destinate să se încorporeze în corpul unui om.

Alături de mine circulă duhuri umane, animale și vegetale, căci cele minerale sunt închise în regnul mineral. A doua categorie de forme de viață sunt forvispiile umane, animale, vegetale și minerale, toate aflate în stare de libertate, forme care încă nu sunt duhuri, ci doar pulberea lor. Pe lângă forvispiile minerale libere - aflate în stare de pulbere destrupată, care nu servesc la întruparea niciunui fel de mineral, ci vor servi la hrănirea dublului vital al plantelor, animalelor și omului - există forvispii minerale întrupate pe durata existenței acestui pământ sau a oricărei alte planete. În afară de pulberea minerală, mai există pulberi vegetale, care și ele servesc la regenerarea corpului spiritual al duhului, precum și la hrănirea dublului vital al plantelor, animalelor și omului.

Când sunt duh liber, îmi repar perispiritul cu forvispii minerale, vegetale, animale și umane. Când sunt duh întrupat, îmi repar perispiritul și dublul vital cu forvispii minerale și vegetale din atmosfera înconjurătoare, iar trupul, prin alimente ce conțin forvispii minerale și vegetale.

Toate aceste miliarde nesfârșite de pulberi sau forvispii ce ne înconjoară sunt opera Celor din Laborator, care le revarsă gratuit în sferele create. Nu putem răsplăti munca Lor decât prin iubirea ce Le-o păstrăm, ca unora ce ne întrețin viața în veșnicie. Așadar, Ei sunt Creatorii *elixirului de viață veșnică,* aici pe Pământ și pretutindeni. Slavă Lor și adâncă închinăciune Unicului Tată. Amin.

Cei trei Guvernatori

Omenirea terestră merge cu pași uriași spre progres. Suntem convinși că peste câteva secole omul trupesc va fi pus în posesia unui aparat cu ajutorul căruia ne va vedea și auzi. Atunci, certitudinea existenței noastre, a duhurilor și îngerilor, va înlocui necunoașterea și ignoranța omului de azi.

Mă vei întreba: „Dar ce sunt îngerii?" Îngerul este tot un spirit ca mine, numai că el și-a terminat evoluția umană, reîntorcându-se în Sfera-Laborator, unde a stat câteva zeci de mii de ani, s-a supus la toate probele de acolo și reușind, a revenit din nou în sfera creată, pentru a împlini de această dată evoluția de *înger planetar.*

Îngerul planetar va veni pe o planetă pentru a conduce evoluția fraților săi duhuri umane. Când termină întreaga evoluție de înger planetar, se reîntoarce în Laboratorul divin, unde stă alte câteva zeci de mii de ani, dând și de această dată examenul de rigoare. Reușind să ia acest examen, obține gradul de *înger solar,* după care vine din nou în sfera creată, pentru a studia mai departe școala vieții, dar de această dată, ca duh de astru sau înger solar.

Când termină și această vastă școală pe toate categoriile de astre, se așază pe unul dintre marii curenți magnetici ai universului și sosește din nou în Laborator, unde va rămâne zeci de mii de ani, pentru obținerea altor grade și mai înalte.

Așadar, omul va evolua prin toate etapele planetare pomenite și devine înger planetar. Va evolua ca înger planetar, din planetă în planetă, prin toate treptele de înger planetar, până va ajunge *Guvernator planetar.* Odată atins acest grad, va deveni *înger solar.* Va evolua ca înger solar prin toate trei etapele solare și, pe rând, prin toate gradele de sori, devenind *înger laboratorian.* Trei etape de înger au fost pe o planetă, trei etape pe un astru, trei grade în Laborator. Și așa va fi, din trei în trei, până la infinit.

Când trece prin cele trei trepte de înger laboratorian, va deveni *Aspirant de Fiu de Dumnezeu,* după ce ca înger laboratorian a fost *Creator de forme fluidice* și apoi *Creator de materii fizice.* Când va fi obținut gradul de *Fiu de Dumnezeu,* i se va acorda conducerea unui astru ca și Domnului nostru solar, Christianul nostru.

Domnul nostru solar este *Alfa* și *Omega* acestui sistem solar. În scopul evoluției noastre cu toții defilăm prin fața Lui, El însă va rămâne până la sfârșitul sistemului Său - aproximativ zece miliarde de ani.

Arta de a conduce un sistem solar este egală - în mic - cu arta de a conduce cosmosul. Din punctul de vedere al guvernării, Fiul este egal în grad cu Tatăl ceresc. Guvernatorul Pământului, conducând acest mic corp ceresc, din punct de vedere al guvernării este egal cu Tatăl și Fiul.

Prin urmare, avem un Guvernator central, un Guvernator solar și un Guvernator planetar, adică *Tatăl, Fiul* și *Sfântul Duh.* Așadar, Divinitatea la lucru este reprezentată prin trei. Câte trei conduc, după puterile Lor, câte o unitate cosmică. Ei sunt egali ca guvernare, și totuși *Unul este Domnul Dumnezeul nostru.*

Așa fiind, eu ca duh nu mă prosternez prin închinăciuni decât Unuia, Ființei supreme a tuturor existențelor. Nu mă pot ruga decât unui singur Dumnezeu. Cine se închină la mai mulți greșește.

Se cade ca omul să se roage Unicului, deoarece Guvernatorul Pământului spune: *„Eu sunt duhul Adevărului și vorbesc și fac în numele Fiului".* Guvernatorul solar, Fiul, spune din Soarele Său: *„Eu sunt Fiul Lui Dumnezeu și în numele Lui fac ceea ce fac, în numele Lui leg și dezleg".* Dragă frate, urmează ca omul să se roage, să mulțumească Unicului Dumnezeu. La ruga lui astfel formulată, orice duh consacrat îl va ajuta.

Conducerea Pământului

Îmi propun să vorbesc azi de marele nostru superior, cunoscut de voi sub numele de Sfântul Ioan. Cine este Sfântul Ioan la noi? Voi îl socotiți între sfinții pământului. El însă e mai presus de un sfânt, este un înger, un spirit care prin evoluție a ajuns la rangul de *primul între îngerii Pământului.*

Cu altă ocazie, am spus că în jurul pământului există două zone: una mai apropiată de pământ, numită zona de trai și evoluție a spiritelor umane, și alta superioară, externă, numită zona de evoluție a îngerilor Pământului. Zona îngerilor este împărțită în trei subzone, sfere fluidice locuite de trei categorii de îngeri. Așadar, există trei etaje suprapuse, sfere concentrice, deosebite între ele prin felul undelor care circulă prin ele și prin finețea fluidelor lor.

Evoluția Pământului, cu tot ce este pe el, este condusă de îngerii Pământului. Această evoluție se face lent și durează miliarde de ani. Îngerii planetari au venit aici odată cu nebuloasa solară și au asistat la desprinderea pământului din soare, au asistat de la începutul existenței pământului și vor sta aici până la disoluția sa desăvârșită. Ei au asistat la toate peripețiile acestei planete și vor prezida și ordona tot ce va fi necesar ca viața de pe acest mic corp, praf pierdut în imensitatea sferei creațiilor, să ajungă la omega evoluției sale.

În fruntea tuturor îngerilor se află o *Conducere treimică*. Prin *voință, gândire* și *simțire,* această Treime face un *Unu* desăvârșit. Tatăl divin a stabilit acest fel de guvernare în toată creația Sa. Sfânta treime este în toate: în compunerea materiei, în asocierea duhurilor, în conducerea creațiilor etc. Sfera divină este și Ea tot treimică.

Primul din Treimea guvernatoare a Pământului este reprezentantul Tatălui ceresc pe planeta noastră. El veghează ca Legile și Voința Tatălui să fie aplicate mereu pe această planetă. Al doilea este reprezentantul Divinului solar pe planeta noastră. El supraveghează ca Legile Fiului divin, hotărârile Divinului solar, să fie îndeplinite întru totul pe Pământ, căci Guvernatorul solar nu face voia Sa, ci, în definitiv, pe a Tatălui care i-a încredințat această împărăție a spațiilor cerești. Al treilea din Treimea guvernatoare a Pământului este suveranul direct al acestui glob. El veghează ca legile și evoluția Pământului să fie urmate pas cu pas, ordonând, în numele sfintei Treimi planetare, să se facă într-un fel și nu altfel.

Sfânta Treime a Pământului este sub binecuvântarea Tatălui, dar instituită sub conducerea directă a Fiului. Cei trei Guvernatori planetari sunt *Alfa* și *Omega* planetei Pământ. Ei sunt trei într-unul, reprezentând virtual pe unicul Stăpân al lumilor, pe primul Creator. Dintre acești trei, primul este președinte, El este Divinul Pământului. Nicio planetă nu este lipsită de această conducere treimică. Pentru toți și toate, duhuri și oameni, primul este al treilea și al treilea este primul.

Din timp în timp, aceste duhuri, căpetenii-îngeri, se coboară la suprafața pământului, făcându-se și ei oameni. Primul dintre cei trei Guvernatori ai Pământului, *Alfa prim,* a fost de multe ori întrupat pe pământ, pentru luminarea și imboldirea omenirii. În multiplele sale întrupări a fost în India, sub numele de Arjuna, în Persia - Parsiphal, în Asiria - Rasik, în Egipt - Hermes, Moise, Osimandias etc. Cel de-al doilea, *Alfa secund* al cetelor îngerești s-a întrupat și El de multe ori, purtând diferite numiri, dintre care cea de Sfântul Ilie și Ioan Botezătorul. În fine, cel de-al treilea Guvernator planetar, *Alfa terț* a avut - ca oricare mare Lumină a spațiilor - mai multe întrupări, dintre care cea din urmă este cunoscută sub numele de evanghelistul Ioan, iubitul ucenic al Domnului. Cu toții au fost oameni modești, oameni ca oricare alții, dar dincolo de ei se ascundeau Lumini dintre Luminile cerești.

De câte ori Guvernatorul solar a coborât pe Pământ și s-a făcut om, a coborât și reprezentantul Său din Treimea conducătoare a Pământului. *Alfa secund* s-a întrupat în Ioan Botezătorul, înaintea Suveranului sistemului nostru solar. Isus a venit la reprezentantul Său ca să-L boteze, dar Ioan a grăit: *„Nu sunt vrednic să Te botez".* Isus i-a răspuns: *„Alfa prim te-a ales pe tine Alfa secund și Eu cer* *de la tine botezul sfânt, ca să recunosc puterea lui Alfa prim - Guvernatorul suprem al planetei Pământ, numit de Mine, în numele Tatălui Meu. Alfa prim te-a numit pe tine, în numele Meu, prin puterea Mea, iar acum Mă supun puterii Mele, care prin tine se întoarce la Mine. Amin."*

* * *

Armonia desăvârșită domnește pe toate sferele create de Tatăl. Nimeni și nicăieri nu se poate plânge că i s-a făcut vreo nedreptate. Justiția divină dă dreptate tuturor, după meritul lor. Dreptatea este decernată de Forul suprem judecătoresc al fiecărui glob, care hotărăște în numele Tatălui ceresc.

Nimic nu se poate face pe pământ - război, revoluție etc. - fără știrea și aprobarea sfintei Treimi planetare, Guvernatorul planetar, *Alfa* și *Omega* planetei Pământ. Fiecare dintre cei trei *Alfa* are sub ascultarea sa trei duhuri cerești - numite *Asesori*. Prin urmare, există nouă Asesori. Când unul dintre cei trei *Alfa* coboară la suprafața pământului, pentru a se întrupa, locul său este ocupat, temporar, de cei trei Asesori corespunzători. Astfel, când *Alfa secund* s-a coborât și s-a întrupat ca om, sub numele de Ioan Botezătorul, a fost înlocuit de Asesorii săi, pentru ca Treimea supremă să fie întreagă. La fel s-a întâmplat și când a coborât *Alfa terț,* al treilea factor al sfintei Treimi planetare, pentru a deveni ucenicul cel mai tânăr al Domnului.

Când *Alfa secund* și *Alfa terț* au fost deodată oameni pe pământ, pentru a fi în preajma divinului Guvernator solar, conducerea Pământului se compunea din șapte duhuri: *Alfa prim,* cei trei locțiitori sau Asesori ai secundului *Alfa secund,* plus cei trei locțiitori ai terțului *Alfa terț* - stăpânul acestei planete. Extrem de rar s-a întâmplat, în trecutul Pământului, să coboare deodată cei trei *Alfa*. În acest caz, locțiitorii au fost în număr de trei ori trei - nouă Asesori, duhuri îngeri.

În infinita Sa înțelepciune, Tatăl a socotit că nu este bine ca numai unul să hotărască. De aceea El a instituit treimea. Primul formează teza, al doilea stabilește antiteza și al treilea hotărăște. Totul se face după următorul model divin: cel dintâi propune o teză, o părere asupra unei probleme oarecare. Al doilea respinge acea părere, propunând alta. Al treilea judecă cele două păreri și apoi hotărăște. Primul nu are voie să argumenteze, ci numai propune. Al doilea nu are voie să fie de acord, să se unească cu părerea celui dintâi, de orice fel ar fi ea, el nu poate decât să emită o nouă propunere. În fine, al treilea, examinând cele două propuneri se poate uni cu una dintre ele, sau poate prezenta o nouă propunere. Cuvântul său este hotărâtor, deși este al treilea Alfa *(Alfa terț)* - cel mai mic. Niciunul nu poate lucra independent. Înțelepciunea divină a statornicit pentru totdeauna ca să poată fi pusă în execuție numai lucrarea hotărâtă în consiliu, după modelul de mai sus. Odată ce Treimea conducătoare s-a pronunțat, toate duhurile pământului trebuie să se supună hotărârii sale.

Cei nouă Asesori au fiecare lângă ei câte trei ajutoare, tot îngeri, *duhuri ale Adevărului,* sau *sfinte duhuri*. De trei ori nouă fac douăzeci și șapte de ajutoare, numite *Delegați*. Așadar, Forul suprem sau Tribunalul suprem al Pământului se compune din 3 Alfa, 9 Asesori și 27 de Delegați. În total, 39 de membri, sau sfinte duhuri, iar toți la un loc sunt denumiți *Sfântul Duh*.

Lumea spațială a Pământului

Știm că ai o părere rea despre politică și tot ce ține de ea. Motivul? Convingerea că interesul îi determină pe toți să se zbată, iar nu dragostea de propășire a celor mulți. Cu toate acestea, sus la noi, între multe altele, se face și politică.

Toate afacerile terestre, din punct de vedere social și religios, sunt hotărâte, în ultimă instanță, de cei trei Guvernatori planetari, A (*Alfa*) și Ω (*Omega*) planetei Pământ. Pentru ca acțiunea lor să fie unitară, sunt legați unul de altul printr-un *cordon fluidic solar*, legătură divină făcută de trei reprezentanți sau mandatari ai Treimii solare.

Trinitate există pretutindeni, fiind o forță care lucrează din veșnicie. Prevăzătoare, Divinitatea a orânduit forțe opuse peste toate miliardele de corpuri cerești, ca nu cumva să intervină vreodată arbitrarul. În fața acestei treimi, s-a instituit și o treime opoziționistă. Deși cei trei Alfa sunt spirite de înaltă știință și sfințenie, totuși Tatăl divin a socotit că e posibil să greșească, și pentru deplina siguranță a Armoniei divine, a instituit și *forțe treimice contrare*.

În marile probleme de conducere și evoluție, prima treime propune, iar a doua treime - ocazional constituită - poate să fie de părere contrară. În acest caz, se desemnează din subalterni a treia treime, care - deși mai mică în grad - hotărăște într-un fel sau altul. Această hotărâre este definitivă și fără apel, fiind pusă imediat în aplicare. Să dau un exemplu.

Forța treimică primă spune: „Să se declare război între X și Y". A doua treime poate riposta: „Nu, să nu fie război între ele". În fine, a treia forță treimică hotărăște: „Să fie război, dar nu acum".

Prin urmare, nu există decât o singură conducere - sfânta Treime planetară, *Alfa* și *Omega* planetei Pământ. Dar în anumite probleme deosebite - prefaceri sociale, întemeieri de religii, războaie etc. - se instituie un for compus din trei treimi, hotărând a treia, cea mai mică în grad. Dar hotărârea lor trebuie să poarte pecetea binecuvântării cu *Amin* a Stăpânului sistemului nostru planetar, a Guvernatorului solar, care - la rândul Său - se pronunță în numele Tatălui ceresc.

În cosmos domnesc trei legi: *Legea Tatălui, Legea Fiului* și *Legea Sfântului Duh*. Legea Tatălui se aplică Entităților care își fac evoluția în gradul de Creatori divini sau Laboratorieni. Legea Fiului se aplică entităților spirituale care își fac evoluția solară. Legea Sfântului Duh se aplică duhurilor care își fac evoluția planetară. Evoluția divină se face în Sfera Laboratorului central, evoluția solară - pe sori, iar cea planetară - pe planete.

Pe Pământ spiritul uman își face școala în trei zone sau nivele suprapuse, având forma unor sfere concentrice, de la suprafața pământului în sus. Deasupra lor se află al patrulea nivel, al îngerilor. Așadar, planeta noastră are în jurul ei patru mari zone fluidice[1]: trei umane și una angelică. Iată înțelesul celor patru evangheliști ai Domnului, cele patru zone fluidice fiind reprezentate concret prin patru cuvântători ai înțelepciunii Domnului.

---

[1] Planeta Pământ este formată din Cerul sau spațiul său ceresc - locuit de entități spirituale, şi din globul terestru, Terra -populat de entități spirituale întrupate. Cerul este împărțit în patru zone fluidice: una angelică şi trei umane. Fiecare zonă se divide în trei sfere. Sferele umane sunt împărțite în câte trei inele, divizate la rândul lor în trei spații. Prin urmare, zona fluidică umană cuprinde de 3 ori 27 de spații - 81 de spații cereşti, spirituale, sub forma unor sfere concentrice locuite de duhuri umane.

Zona îngerilor este împărțită în trei sfere diferite prin calitatea fluidelor ce o alcătuiesc și prin rangul îngerilor care o populează. Venind de la exterior spre suprafața pământului, avem:

1. Sfera *îngerilor de evoluție divină;*

2. Sfera *îngerilor de evoluție solară;*

3. Sfera *îngerilor de evoluție planetară.*

În aceste trei sfere se hotărăște toată viața voastră uman-trupească.

Sub zona angelică - formată din trei sfere angelice - se află trei zone umane:

I. Zona *duhurilor albe* - cea mai îndepărtată de pământ;

II. Zona *duhurilor albastre;*

III. Zona *duhurilor roșii* - înconjoară suprafața pământului.

Îngerii primesc ordin din Sfera divină sau din Soare și le aplică ad-litteram, asupra lumii trupești de la suprafața pământului.

Fiecare dintre cele trei zone umane - albă, albastră și roșie, populate de spirite umane, de oameni spațiali - este împărțită în câte trei sfere. Prin urmare, există nouă sfere fluidice umane: trei ale duhurilor albe, trei ale duhurilor albastre și trei ale duhurilor roșii.

Zona albilor este populată de spirite umane albe de trei categorii: *om alb divin, om alb solar* și *om alb planetar.* Aceeași împărțire pe categorii există și în etajele albastre și roșii.

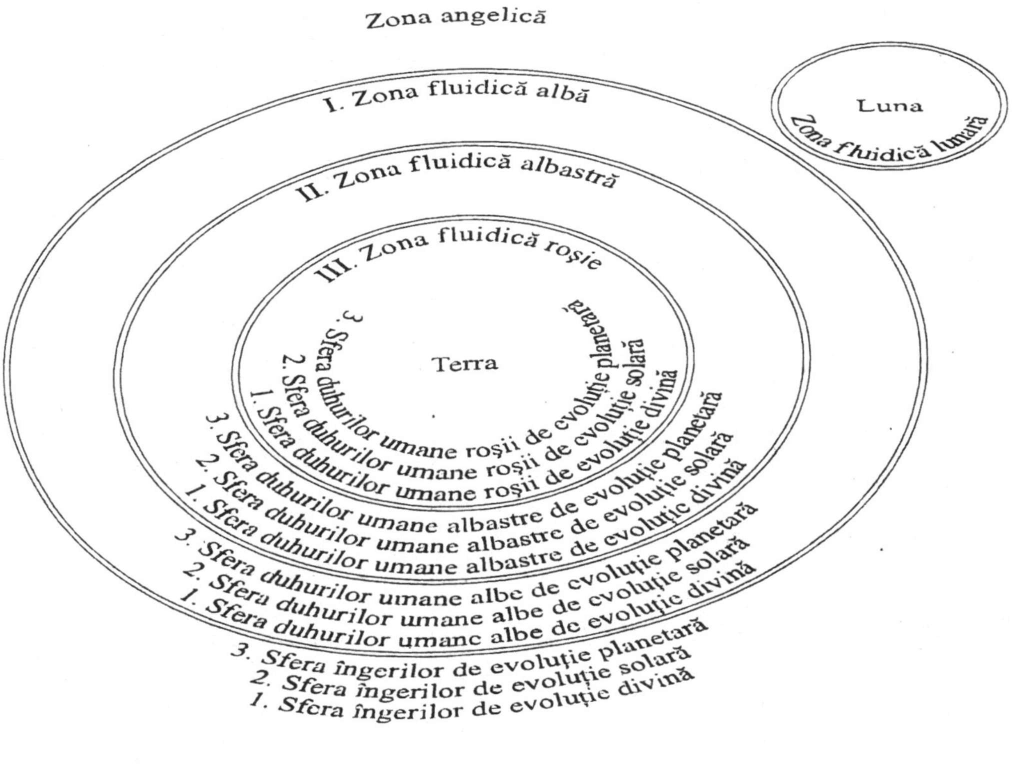

Așadar, avem de trei ori spirite divine, solare și planetare. De trei ori trei fac nouă categorii de spirite umane. Deasupra lor sunt cele trei etaje angelice, cu câte trei categorii de îngeri. În total există douăsprezece etaje, cu douăsprezece categorii de duhuri.

În fruntea fiecăruia dintre aceste douăsprezece etaje - nouă umane și trei angelice - se află câte o treime angelică. Prin urmare, în lumea spațială a Pământului există douăsprezece domnii. Nu unul conduce fiecare domnie, ci câte trei, adică conducerea este și aici treimică. Cu alte cuvinte, cele douăsprezece etaje sunt conduse de douăsprezece treimi. În linie generală treimea este formula de conducere a lumii angelice, iar douăsprezece - a lumii umane.

Fiecare treime are responsabilitatea și conducerea lumii duhurilor din etajul său. Dar când este nevoie de o consultare și hotărâre generală, aplicată jos, oamenilor de pe pământ, se adună soborul celor douăsprezece etaje, adică cei douăsprezece primi din fiecare treime. Iată înțelesul pentru care Domnul și strălucitul nostru Stăpân solar, când s-a coborât pe Pământ și s-a făcut om trupesc, și-a adunat în jur douăsprezece apostoli, reprezentanți ai celor douăsprezece etaje ale Pământului, dintre care unii au coborât odată cu El iar alții chiar înaintea Lui.

Marele Isus i-a adunat în jurul Său pe reprezentanții celor douăsprezece etaje sau domnii, și la cina cea de taină le-a ordonat ce să facă. Rupând pâinea, a adăugat: *„Luați, mâncați, acesta este trupul Meu care pentru voi se frânge"*. Apoi, oferindu-le cupa cu vin, le-a zis: *„Luați și beți, acesta este sângele Meu, care se varsă pentru voi și pentru cei mulți ai planetei Pământ"*.

Puțini dintre voi, cei de jos, cunosc înțelesul acestor tainice cuvinte. Pâinea este produsul făinei, iar făina este bobul de grâu sfărâmat. Grâul s-a făcut mare și a rodit, prefăcând pământul absorbit în stare de soluție prin rădăcinile sale. Așadar, pâinea este pământ transformat. Dar, în definitiv, mineralele globului nostru au provenit din transformările fluidului originar al nebuloasei planetare, care - la rândul ei - a fost o parte din nebuloasa solară. Fluidul solar este materia cu care Stăpânul nostru a venit din Sfera divină, de la Tatăl, este proprietatea Fiului, parte integrantă din împărăția Sa. În același timp, planta primește mereu raze fluidice de la Soare. Numai grație razelor cosmice și solare planta a crescut și a făcut spice. Prin urmare, în fiecare bob există o părticică fluidică din însuși corpul sferei solare care este împărăția Domnului. Așadar, pâinea conține ceva din însuși corpul Celui ce conduce acest sistem planetar. Aceeași explicație corespunde și vinului, care și el conține particule fluidice din corpul divin al Domnului.

Ordine noi sosesc din Sfera centrală în Soare. Aceste ordine sunt decodificate în Soare - pentru a fi înțelese de îngerii planetari - fiind trimise la fiecare planetă, potrivit gradului și momentului în care se află acea planetă, în mersul său evolutiv. Sfânta Treime planetară, *Alfa* și *Omega* planetei Pământ primește ordinul divin, îl analizează, îi vede înțelesul, și după ce îl decodifică pe o altă gamă, îl transmite celor douăsprezece conducători ai celor douăsprezece zone ale Pământului. Acest consiliu examinează mijloacele de execuție ale ordinului respectiv și apoi se trece la punerea lui în practică. Fiecare înger conducător cheamă pe subalternii săi pentru executarea ordinului. Toată lumea angelică lucrează mereu, prin puterea uriașelor lor forțe spirituale, la împingerea mai departe a prefacerilor, fie a materiei globului, fie a ființelor de pe suprafața sa.

Botezul și cordonul fericirii

Destinul acestei țări, ca și al întregului pământ, este determinat și urmărit de Conducerea supremă a Pământului, de cei trei Alfa, iar în jurul Forului suprem stau cele douăsprezece domnii treimice.

Văzduhul eteric al Pământului este străbătut din toate părțile de ordine venite de la Centrul creațiilor, de ordine venite de la Centrul solar și, în același timp, de ordine sosite de la Forul suprem al globului nostru. În fine, toată zona fluidică dejurîmprejurul globului, groasă de câteva sute de mii de kilometri, este străbătută în lung și în lat de undele-gânduri ale miliardelor de duhuri umane. Fiecare fel de gândire are lungimea sa de undă, ca să mă exprim în limbajul vostru terestru, pentru că noi nu măsurăm în metri expresia sau vibrația gândirii, ci după acordul nivelului evolutiv al celui care o emite sau recepționează.

Precum v-am mai spus, noi suntem oameni ca și voi, și ne place, asemenea vouă, să avem legături sociale. Voi sunteți atrași unii de alții după interesele voastre, după natura voastră trupească. Apropierile noastre au alte motivații, sunt determinate de alte cauze: afinitate spirituală, aplicarea în comun a legilor, prefacerea materiilor eterice, evoluția a tot ce ne înconjoară și propria noastră evoluție. Alte resorturi vă îndeamnă pe voi, oameni trupești, carnali, și altele pe noi, oameni cerești. Știu că vă întrebați de ce vă zicem carnali. Vă spunem astfel pentru că și voi și noi suntem oameni, dar voi aveți armura cărnii, trupul pe care noi nu-l avem. Corp fizic aveți voi, corp fizic avem și noi. Prin urmare, fizici suntem cu toții. Să nu te miri dacă afirm că și noi avem un corp fizic. Da, avem un corp format dintr-o materie subtilă, fluidică, dar este fizică, iar nu psihică. Din materia psihică a fost creată scânteia mea și a tuturor duhurilor.

Eu nu sunt numai o scânteie, o flacără fugitivă, un fulger; eu sunt o scânteie învelită într-un corp fizic. Noi suntem oameni fizici, pentru că suntem posesori de corp fizic. Că fizicul nostru nu corespunde cu al vostru – este altceva. Totul este în raport cu mediul în care trăiești. Iată de ce vă zicem carnali, sau oameni cu haină carnală.

Așadar, noi suntem grupați în colectivități, fiind legați unii de alții prin legături de iubire și ajutor permanent.

* * *

Alfa prim, cel mai mare înger al Pământului, transmite de la un capăt la altul al Pământului *unde-gânduri*. Ele nu sunt ordine, ci *cuvinte de convingere*. El se roagă Tatălui ceresc și sfătuiește pe cei de sub El.

În rugăciunea Sa, *Alfa prim* mulțumește mai întâi Guvernatorului central al universurilor, pentru tot ce a făcut: „*În numele Tatălui, al Fiului și a marilor Sfinte Duhuri! O, Doamne, al nostru Stăpân în veșnicie, Îți mulțumim pentru fericirea pe care o gustăm în lumile create de Tine*”.

Prima parte a rugăciunii Sale e o mulțumire. După aceea, *Alfa prim* emite cererea de a fi împuternicit cu noile norme de conducere spre progres: „*O, Doamne, Atoatefăcătorule, o, Fiule care cunoști toate rosturile înfăptuirilor Tale, a evoluției care vine, ne învrednicește pe noi cu puterea pe care ne-ai dat-o în calitate de servi devotați Ție și Tatălui Tău, ca noi să putem lucra aici!*”

Partea a treia a rugăciunii este un apel către toți colaboratorii Săi, de toate gradele: *„O, ființe cugetătoare, care locuiți aceste spații de sub Mine, o, voi fii ai aceluiași Tată ceresc, ascultați cele ce Eu, stăpânul acestui glob planetar, vă spun, așa precum ascult și Eu glasul Fiului și așa precum și El ascultă de glasul Tatălui nostru al tuturor. Ascultați de glasul Meu aducător de fericire și veți fi mântuiți prin Mine, Unsul Fiului Lui Dumnezeu. Amin!"*

Cine va avea urechi va asculta de glasul Lui și se va bucura, pentru că va primi cordonul Tatălui ceresc și va fi botezat cu botezul de foc al creștetului său și astfel va fi fericit în vecii vecilor.

O, voi oameni trupești cu o conștiință limitată ziua, în stare de veghe, o, voi mici frați ai mei, să nu vă mirați de cele auzite, căci adevăr grăiesc: numai prin ascultarea ordinelor date de Guvernatorul central, de împuternicitul Său Fiu și cele date de Sfântul nostru Duh, veți ajunge în situații sublime și vă veți bucura de fericirea veșnică. Glasul Domnului nostru Isus răsună: *„Pe cel ce l-am încins cu cordonul fericirii și l-am botezat cu foc, va fi mare în ceata duhurilor".*

Asemenea cuvinte a auzit și marea noastră fecioară, marele duh sfânt iubitor de oameni, care întrupându-se s-a numit Jeanne d'Arc. Glasul nostru o umplea de fericire și putere. Ea nu mai avea teamă de moarte. Cine ne cunoaște și ne aude glasul moare fericit, pentru că dorește să se întoarcă în împărăția glasurilor noastre. Auzind glasul nostru, Jeanne d'Arc a aflat cine este în Cer și s-a umplut de curaj și putere, mergând, ca un miel, la moartea eliberatoare. A murit asemenea celor mai mari eroi ai omenirii. Cei ce țin crucea în mână, au judecat-o și condamnat-o la moarte. Ei au contribuit la destruparea ei, dar dezlegând-o de viața terestră s-au legat de ea.

Mergând în Cer și prezentându-se la *Alfa prim*, i-a spus: „Doamne, îi iert pentru că n-au știut ce fac, iar eu am făcut ceea ce glasurile cerești, în numele Tău, m-au îndemnat să fac". *Alfa prim* al planetei noastre i-a răspuns: „Bine, suflet frumos, marele nostru sfânt și căpetenie de domnie, pentru destinul pe care l-ai cerut și atât de frumos l-ai împlinit, îți acordăm de acum înainte dreptul de stăpânire asupra celor ce te-au condamnat; să-ți fie servi, pentru că omorându-te, au încălcat cu știință legea Tatălui. Vei vedea și vei auzi cum cei de jos te vor proslăvi."

Au trecut veacuri de atunci și biserica de confesiune catolică s-a plecat umilită și a beatificat-o pe Jeanne d'Arc. Ce ironie! Biserica a considerat-o eretică și a condamnat-o la moarte pe rug, și apoi tot ea vine și o preamărește, recunoscând-o sfântă.

* * *

M-am îndepărtat de subiect, dar revin. Am spus altădată că în Cer orice lucrare se face numai în asocieri treimice. Am spus că în lumea spirituală nu se lucrează individual ci numai în asocieri de câte trei. Ei bine, despre această treime vreau să-ți vorbesc azi ceva mai pe larg.

Frate, tu, care stai acum în această cameră, nu poți să-ți dai seama ce activitate intensă domnește în spațiile din jurul pământului. Noaptea afli și tu de această activitate, dar dimineața, când reintri în trupul tău, nu-ți mai rămâne nimic în memorie. Apostolii vedeau și ei noaptea, dar aveau fericirea de a-și aminti ziua de tot ce au văzut sau auzit noaptea.

Activitatea duhurilor este de două feluri: *individuală* și *treimică*. Poți activa singur la ridicarea ta și a semenului tău, dar activitatea treimică este o activitate cu o sferă mai largă, în scopul de a influența mediul ambiant, fie asupra celorlalte spirite individuale din spațiu, fie asupra celor întrupate.

Pentru ca un duh să devină o forță treimică, trebuie să se ridice, prin evoluție, la un anumit grad.

– Și îngerii sunt constituiți în forțe treimice?

– Da, toți îngerii sunt grupați câte trei și uneori în grupe din ce în ce mai numeroase de forțe treimice. O treime este o asociere de trei duhuri, trei individualități unite printr-un cordon fluidic solar. Dar fericirea de a avea un cordon solar nu o pot avea decât după ce cu veacuri înainte au fost botezați cu botezul focului solar.

– Ce este acest botez?

– Plecat pentru prima oară din Sfera centrală, spiritul uman este foarte mic. El este îmbrăcat într-o haină minusculă. Scânteia îmbrăcată într-un corp fluidic formează spiritul uman. Asemenea omului întrupat care din copilărie crește până ajunge la mărimea omului matur, și corpul spiritual al entității spirituale crește mereu, în decursul miilor de ani. Una este mărimea duhului-copil uman, alta mărimea corpului Guvernatorului planetar și cu mult mai mare este corpul Fiului de Dumnezeu. Corpul spiritului crește în cursul evoluției sale, această creștere făcându-se la vremea ei, cu binecuvântarea anumitor duhuri de înaltă evoluție, numite *Botezători.*

Frate, ai aflat de *lumea îngerilor,* de *lumea sfinților* și de *lumea mesagerilor întrupători* și *destrupători,* acum a venit vremea să afli și de *lumea botezătorilor.* Cine sunt acești botezători? Ce rang au ei? Ce fac acești botezători? Un botezător este o forță treimică. Botezător individual nu există. Ei continuă rolul celor din Sfera divină.

Am spus cu altă ocazie că după ce a ieșit din Capul de Tată, particula sau celula divină a fost pregătită și îmbrăcată cu trei învelișuri, operații prin care a fost dememorizată de amintirea că e Dumnezeu. Acum duhul e gata, dar în acest stadiu el nu știe să judece. Duhul este luat de anumite Duhuri divine, aflate în Laborator, și instruit, deprins cum să raționeze, și multe mii de ani îi trebuie până dobândește rudimente de noțiuni abstracte, necesare evoluției sale de duh uman. Când, în fine, a fost îndeajuns de pregătit, este trimis într-un anumit sistem solar și într-o anumită planetă.

În Laboratorul central al tuturor creațiilor, duhul uman a fost *botezat,* adică înconjurat cu anumite materii fluidice, pentru ca el să dobândească facultatea raționamentului, cât de rudimentar.

Ajuns pe un astru sau soare, duhul-copil uman nu este trimis direct într-o planetă, ci este luat în primire de anumite spirite solare, pregătindu-l pentru viitoarea sa viață planetară. Este necesară această pregătire din Soare, căci duhul-copil numai astfel va fi în stare să-și ducă viața într-o planetă oarecare. Adus dintr-odată din Lumea Tatălui în lumea duhurilor unei planete, duhul-copil ar fi un imbecil uman, n-ar putea rosti în viața lui nicio vorbă. Ar avea formă de om, dar ar fi mai înapoiat decât un animal inteligent - câinele, un spirit evoluat al regnului animal.

Adus din Laboratorul creațiilor și trântit în lumea trupească, duhul-copil uman nu ar ști nici să mănânce, căci nu ar avea cunoștință că trebuie să se hrănească. I-ar fi foame, dar nu ar ști și nu i-ar veni în gând să ceară de mâncare. Ar simți foamea, tot așa cum simțiți voi durerea de cap și nu ar ști cum să o astâmpere, după cum nici voi nu știți să vă alinați durerea. Există planete pe care cei întrupați știu să se vindece singuri, ca și animalele, care-și caută, din instinct, anumite ierburi, consumându-le drept medicament.

Ajuns în Soare, duhul-copil este dat pe mâna unor duhuri solare, numite *botezători solari,* care îl botează cu anumite fluide, pentru a-l face capabil să înțeleagă diferite împrejurări de viață și să trăiască în anumite planete ale acelui sistem solar.

Așadar, Sorii sunt și ei *mici Laboratoare*, cópii în miniatură după Cel mare. Acolo sunt aduse, alături de marile Somități solare, și neputincioasele și necunoscătoarele lor surori - spirite umane din prima fază. Aici, botezătorii solari le îmbracă cu o haină fluidică solară și apoi le supune la diferite exerciții, necesare pentru viitoarea lor viață planetară. Așadar, aici învață ceea ce nu au învățat în Laboratorul central.

După studii îndelungate, aceste spirite de viitori oameni planetari sunt duse pe una dintre cele mai înapoiate planete ale acelui sistem solar, unde vor duce o viață aproape animalică. Aici vor învăța să mănânce și să se reproducă, din instinct. Pe aceste planete inferioare ele vor trăi foarte greu și reîntrupările vor fi scurte, moartea secerându-le cu nemiluita. Ele au nevoie de un timp scurt de trai în lumea spirituală, revenind din nou la viața trupească, pentru a învăța să se hrănească și să se reproducă. După mii de vieți, cu durată foarte scurtă față de a voastră, după existența de barbarie, sunt botezate de botezătorii acelei planete. Așadar, duhul a trecut prin trei botezuri: în Laborator, în Soare și în planetă.

Zona angelică a oricărei planete este alcătuită la fel ca la noi, dar rangul lor diferă de la planetă la planetă, după gradul lor de evoluție. Prin urmare, există atâtea feluri de botezători planetari, câte feluri de planete sunt în acel sistem solar.

Sistemele solare au și ele evoluția lor. Astrul sau Soarele nostru nu este un corp ceresc primitor de duhuri-copii umane, deoarece are o evoluție înaintată. Cea mai înapoiată planetă a acestui sistem, și care e cea mai apropiată de Pământ, prezintă deja o civilizație mai înaintată față de planetele unor sisteme mai înapoiate; iar omul de acolo nici vorbă să poată fi comparat cu spiritul ajuns om pe Pământ, oricât de înapoiat ar fi. Un lucrător de aici, dus acolo între acele duhuri-copii umane, ar fi un mare inventator, va părea pentru ei un mare om, un savant ce ar trăi fericit, deoarece intelectualitatea sa ar face pe toți să contribuie la bunul său trai.

Un spirit uman adus aici, la noi, de pe o planetă subterestră, va fi botezat de un botezător al acestei planete, care va fi o forță treimică. El este botezat cu fluidul special al acestei planete și i se dă prima culoare - roșie - a spațiilor aflate sub domnia celor din zona fluidică a III-a. Fără această haină planetară el nu ar putea sta pe planeta noastră.

Când trece dintr-o domnie într-alta, duhul este botezat din nou. Există nouă domnii principale, pe Pământ, deci el va primi botezul de nouă ori. După fiecare botez, are o altă culoare și un alt rang în lumea duhurilor umane.

După primirea celor nouă botezuri, duhul părăsește Pământul, căci nu mai are de parcurs nicio școală, nu are de făcut nicio evoluție pe această planetă, deci niciun alt grad de obținut. Domnii planetei Pământ îi spun: *„Fiule, acum ți-ai terminat evoluția pe această planetă, urmează să primești alt botez, și acela nu se mai face aici, ci în Soare".*

Cât timp primește numai botezurile domniilor pământene, duhul uman este o individualitate terestră. El este unul și nimic mai mult. Puterile lui sunt reduse numai la lumea unităților. Chiar când a primit cel din urmă botez pământean el este tot o sfântă unitate, nu o treime.

Însă vine vremea când trebuie formate și forțele treimice, necesare conducerii evoluției duhurilor individuale; atunci sosesc pe acea planetă *mesageri solari*. Formarea de forțe treimice este un mare eveniment. La anumite epoci, trebuie eliberate o parte din forțele treimice ale planetei Pământ și este necesară formarea altora.

Evoluția individuală a cerut trecerea din treaptă în treaptă, prin toate cele nouă domnii. În cea din urmă domnie, duhul uman face parte din grupul duhurilor, numite *fii cerești*. Ele sunt fiii Cerului sau ai Tatălui, dar nu Fii de Dumnezeu.

În lumea noastră, a duhurilor, fiii cerești sunt *preoții Cerului,* preoții noștri cerești. Preotul ceresc este un grad ierarhic al lumii noastre spațiale. Preotul ceresc este un duh care a parcurs toată gama de domnii. El a trecut din etaj în etaj, mii de ani, și a ajuns în zona a II-a - zona duhurilor albastre - și de aici, în mii și mii de ani, a ajuns în zona întâi - a duhurilor albe, sfera a treia - de evoluție planetară. Aici trebuie să susțină un examen pentru rangul de *preot ceresc*. Acest examen îl dă în fața îngerilor de evoluție planetară, din treapta cea mai de jos a lumii angelice. Ei îi vor recomanda anumite întrupări-examen, și când va promova toate probele acestei etape, va fi ridicat la rangul de preot de treapta a doua, a zonei întâi, albe, sfera a doua - de evoluție solară. Ajuns preot ceresc de gradul al doilea, de evoluție solară, el nu mai lucrează ca individualitate, ci este nevoie să fie treimizat. Când a trecut cu bine seria probelor acestui rang, este promovat preot ceresc de rangul întâi, de evoluție divină, a sferei întâi din zona întâi, albă.

În fine, după o vreme foarte îndelungată, isprăvind și această școală, este examinat de *Alfa prim*, al lumii angelice, și propus pentru *botezul solar*. Nici *Alfa prim* al Pământului nu poate fi botezător solar. Botezătorii de treimizare sunt numai îngeri solari.

Vine vremea când duhul care a obținut botezul de creștet să primească și așa-numitul *cordon al fericirii*. Această cordonizare constă în faptul că fiecare duh va fi înconjurat de un cordon fluidic făcut din materie eterică solară. Acordarea acestui cordon implică constituirea unei asocieri treimice. În vederea acestui fapt, duhul va căuta încă doi frați, ajunși și ei la același grad evolutiv, și va încheia cu ei un contract de activitate comună. Odată convenit, ei se vor prezenta înaintea *Tronului solar de aur* și vor cere binecuvântarea contractului lor social.

Încinse cu cordonul solar, duhurile vor lucra conform ordinelor Fiului nostru solar, conform Legilor solare, și vor fi o contrapondere a forțelor îngerești în experiențele lor. Ele vor deveni apărătorii oamenilor pe care îi vor îndrepta spre respectarea Legilor Fiului și ale Tatălui.

– Se mai întrupează treimile?

– Da, se reîntrupează, dar numai una câte una.

– Prin greșeli se poate pierde botezul creștetului?

– Nu, niciodată, chiar comițând crime, adică încălcând Legea Tatălui și a Fiului, însă fapta celui care a primit botezul creștetului va fi mai aspru pedepsită decât a spiritului simplu, individul care va fi băgat la ocnă. Dacă un botezat de creștet ar comite o crimă, închisorile pământului nu-l vor avea, pentru că el nu va fi niciodată judecat de judecători umani, ci de cei cerești, nefiind niciodată descoperit pe pământ.

– Dar un duh treimizat, încins cu cordonul solar, va putea comite vreodată o crimă?

– Nu, niciodată. Duhul cordonizat este prea pătruns de Legile Tatălui și ale Fiului. Mai degrabă moare, se lasă omorât, decât să comită o crimă.

Din cele expuse, se vede că botezul creștetului aparține lumii umane pure, netreimizate, iar cordonizații sunt duhuri treimizate.

Cât va trăi pe acest pământ, duhul treimizat nu va mai greși.

Apostolii Domnului erau duhuri sublime treimice, întrupate în medii neștiutoare din punct de vedere intelectual, tocmai pentru a nu li se perverti spiritul, conștiința de veghe, prin știința oficială, materialistă, de atunci. Domnul solar i-a sfătuit: *„Mergeți să vă întrupați în casele celor săraci cu duhul, pentru a da crezare cuvântului Meu, și ca să nu vi se strice mintea cu învățăturile planetare, departe de cunoștințele supușilor Mei solari".*

Pregătirea venirii Domnului s-a făcut cu multe veacuri înainte de întruparea Sa. De asemenea, cu multe veacuri înainte, apostolii și-au pregătit întruparea. Fiind ființe treimizate, ei trebuiau să-și aranjeze culcușurile trupești într-un anumit fel, pentru a fi supuși cuvântului Domnului.

– Cine i-a inițiat pe apostoli?

– Domnul i-a inițiat.

– De ce L-au părăsit atunci și nu L-au apărat?

– Pentru că li se interzisese omorul. Ei nu puteau ucide, deoarece erau forțe treimice și - în plus - au fost inițiați, ca oameni, de Domnul solar. Din instinct, treimizatul - ca om trupesc - nu ucide. El are o mare încredere în dreptatea Cerului și a judecătorilor săi. Orice nedreptate i s-ar face treimizatului în timpul întrupării sale, o suferă și o deferă Tribunalului de sus.

După ce și-a ales apostolii - forțe treimice, și după ce i-a inițiat, ca oameni, Isus le-a făcut cunoscută toată drama misiunii Sale umane.

– De ce umane?

– Deoarece El s-a întrupat de la sfânta Sa mamă.

– De ce era sfântă?

– Pentru că și ea, fiind om, a fost mediumizată.

– Dar cine era sfânta Lui mamă?

– Era o mare Forță treimică, venită din Soare și s-a făcut om pe pământ, în vederea misiunii de Mamă a Domnului.

– În Scriptură se spune: „De la Duhul Sfânt s-a făcut om". Ce înțeles au aceste cuvinte?

– Domnul, Divinul nostru solar a coborât cu câteva sute de ani înaintea întrupării Sale, în atmosfera fluidică a Pământului, pregătind totul în vederea misiunii Sale. De cum a sosit, El a trebuit să primească o haină planetară în jurul Duhului Său, ca și orice spirit planetar. Această haină, Guvernatorul solar a primit-o de la A' (Alfa prim) planetar, Stăpânul Pământului, reprezentantul Tatălui ceresc pe această planetă. Așadar, El s-a născut din Maria, mama Lui fizică, la fel ca orice om, și a luat haina planetară de la Duhul Sfânt, căci orice duh, fie el chiar solar, trebuie să îmbrace o haină planetară pentru a se întrupa pe pământ.

– De ce L-a îmbrăcat A' (Alfa prim) planetar?

– Domnul și Stăpânul nostru solar este Fiu de Dumnezeu. El nu putea fi îmbrăcat decât de Tatăl Său ceresc. Dar Tatăl ceresc are ca reprezentant al Său pe acest glob pe *Alfa prim*. Iată-l deci pe *Alfa prim* terestru, în această împrejurare, mai mare decât Fiul lui Dumnezeu. Întâi s-a întrupat de la *Alfa* și *Omega* planetei Pământ, și apoi prin Maria. Spiritul mamei Sale era un duh solar, și anume unul din cei trei Conducători ai lumii solare, unul din cei trei *Alfa* solari.

– De ce nu s-a întrupat Domnul prin intermediul unui înger planetar?

– Pentru că îngerii de pretutindeni sunt sub ordinele directe ale Tatălui ceresc, și nu ale Stăpânului solar. Ei au venit pe acest sistem și pe această planetă să-și facă evoluția, dar nu sunt supușii Guvernatorului solar; Îl recunosc ca Stăpân al sistemului, știu că este Fiul lui Dumnezeu, dar nu lucrează după ordinele Lui. Îngerii se supun Legii Tatălui și nu Legii Fiului; ei au venit aici, botezați, cu botezul din Laboratorul divin.

– Se întrupează îngerii vreodată?

– Bineînțeles, și îngerii se întrupează, când li se încredințează misiuni de către *Alfa* nivelului lor. Întruparea lor constituie un eveniment planetar, căci ei nu au venit aici să-și facă evoluția prin experimentul întrupării, acest experiment fiind rezervat, în general, ca o școală numai duhurilor umane.

– Atunci ce este un om?

– Un om este un duh ajuns la rangul evolutiv numit *om*.

– Pretutindeni sunt oameni?

– Nu. Există planete lipsite de ființe trupești umane, deoarece nu au spirite ajunse la rangul de om. Cele mai înalte ființe de acolo sunt ființe subumane.

Acum înțelegeți că în biserici se fac rugăciuni la imaginea sfintei Născătoare de Dumnezeu, deoarece Ea este o Forță supremă solară.

S-ar crede că duhurile solare, fiind în Soare, vor fi supusele oarbe ale Domnului. Nu, nici ele nu sunt în mod absolut servii Domnului, deoarece sunt îngeri, și îngerii din tot universul țin direct de Tatăl și observă aplicarea Legilor Tatălui, în care, bineînțeles, se cuprind și cele ale Fiului. Deși nu-I stau sub ordine, Îl recunosc ca Guvernator, deoarece este Fiul lui Dumnezeu.

– Sfântul Ioan Botezătorul este înger al Pământului; de ce s-a întrupat? De ce I s-a supus?

– Pentru că *Alfa secund* este reprezentantul Fiului pe Pământ, și – în mod fictiv – e supus Lui. Ca înger, El aplică Legile Tatălui, dar ca reprezentant al Solarului, trebuie să aplice și Legile Fiului.

Așadar, Fiul, deși este mai mare decât îngerii planetari și solari, totuși sub El, nu se află în mod direct decât lumea oamenilor și a suboamenilor din sistemul Său solar. Lumea îngerilor nu-i aparține, ei sunt trimișii chiar ai Tatălui, Guvernatorul central, pentru aplicarea Legilor Tatălui și ajutarea la evoluția totului, din orice sistem solar.

Nimeni nu poate critica înțelepciunea Divinului Creator, a Guvernatorului central, doar cel care nu cunoaște alcătuirea lumilor și sublima lor conducere. Totul este perfect, chiar dacă bietul om este sortit durerii. Durerea este urmarea faptelor sale greșite, ele însele fiind consecința ignoranței sale. De multe ori, durerea este urmarea greșelii domniilor îngerești din cele douăsprezece nivele spirituale. Făcând și ele școala lor evolutivă și aplicând-o greșit asupra umanității, omenirea va suferi. Îngerii sunt îngeri, dar perfecți nu sunt nici ei.

Îngerii conduc, dar aplicarea nu o pot face ei direct. Tatăl ceresc nu le-a dat puterea de a sili direct pe om să acționeze într-un anumit fel sau altul. Executivul, intermediarul între îngeri și umanitatea întrupată sau spațială, sunt forțele umane cordonizate, treimizate. Îngerii primesc instrucțiuni de la cei trei *Alfa* planetari și apoi le fac cunoscute omenirii treimizate. Forțele omenești treimice îi ascultă, convinse de dragostea îngerilor, devin adepți fideli ai vederilor lor, pe care vin să le propage lumii botezate cu botezul de foc al creștetului.

Dar pentru că liberul arbitru domnește pretutindeni, uneori forțele omenești treimice nu împărtășesc punctul de vedere al îngerilor și se opun executării anumitor instrucțiuni. De aici rezultă experiențe uneori fericite, iar alteori nefericite. Toate aceste încercări făcându-se pe spinarea oamenilor întrupați, urmează suferința lor în masă.

Din cele expuse, se vede că Fiul solar nu comandă îngerilor, iar îngerii nu pot comanda direct oamenilor. Însă îngerii caută să convingă pe oameni, arătându-le fericirea cerească, făcând experiența acestei fericiri cu ei, dar neputându-le impune.

Judecata și pedeapsa

Cu cât un spirit este mai înalt, cu atât e mai reverențios cu ai săi și se poartă cu toată bunăvoința față de cei mici.

Spiritul este o particulă infinit de mică, dar trebuie să-l tratăm cu toată atenția. Vouă, inițiații noștri, oameni trupești cu o conștiință limitată ziua, în timpul stării de veghe, trebuie să vă atragem atenția să tratați cu cea mai mare delicatețe pe semenul vostru, purtătorul micuței scântei. Nu uitați că scânteia este un emițător de gânduri ce străbat spațiile infinite. Nu pierdeți din vedere că toate scânteile au pornit din același Izvor, că sunt surorile voastre, poate mai mici, dar vă sunt surori și le datorați iubire.

Auzind de ideile creștinilor, cum că omul trebuie să iubească pe orice om, un oarecare împărat s-a revoltat, zicând: „Cum să-mi iubesc sclavul, care e aproape un dobitoc? Cum să iubesc pe cerșetorul din stradă, plin de bube și murdărie? E imposibil!"

Sărmanul vorbea astfel pentru că nu știa că venind sus la noi, se va vedea mai mic decât cerșetorul suferind și plin de răni. Atunci l-ar fi iubit și ar fi vrut să-l servească.

Nu există om îmbrăcat în haina cărnii să nu greșească; și noi de greșeală vrem să vă ferim. Dacă omului trupesc nu-i este dat să fie un sfânt, pentru că mediul înconjurător nu-i dă pacea necesară, cel puțin îi dorim o *viață sfințită.* Numai conducându-se astfel va putea primi inițierea de la noi.

Citind cineva aceste rânduri, este tentat să întrebe: „Ce este un inițiat?" *Inițiatul este un om ca oricare altul, dar gradul său spiritual cere ca ideile conștiinței sale de veghe să fie îndreptate după ideile avute ca spirit noaptea, când s-a eliberat de trupul adormit.*

Ca om trupesc, inițiatul cunoaște legile și alcătuirile lumilor de pretutindeni, tainele vieții și ale morții. Așadar, ideile ce-l vor frământa ziua să-i fie sfinte, ca și cele ale spiritului când se află în spațiu. O idee este sfântă când e conformă cu Legile Tatălui.

Orice nedreptate ar suferi inițiatul nostru, oricâtă desconsiderare ar întâmpina ideile sale, oricâtă suferință ar avea de îndurat de la mediul său înconjurător, el trebuie să se poarte conform ideilor Justiției divine, să se silească, din toate puterile sufletului și conștiinței sale, să nu greșească. Noi cerem inițiatului nostru să nu greșească cu fapta, dar nici măcar cu gândul.

Cu cât un duh este mai mare şi greşeşte fiind om trupesc, cu atât vătămatul, micul duh ce a suferit, va striga mai tare la Cer. Nedreptatea făcută duhului mic, suferința îndurată de la cel mare, îl face să-şi îndrepte protestul către centrul Creator.

Azi a sosit ziua să-ți atragem atenția: Fii atent la gândurile tale. Fii atent ca prin gândul tău să nu aduci vreo vătămare vreunuia dintre frații tăi, oricât de mici ar fi. Ca lupii înfometați iarna, vor striga la Cer: „Unde este dreptatea Ta, Doamne?"

Spiritul e o firimitură, dar el poate umple văzduhul cu plângerea sa, şi va zgudui chiar Tronul solar. Dacă este limitată libertatea spiritului de a hoinări prin univers, dacă fiecare spirit trebuie să-şi urmeze, ca un rob, destinul acceptat, dacă existența sa este zăgăzuită de o mulțime de legi, apoi are şi el o libertate deplină: de a se plânge Tatălui ceresc de nedreptatea sau suferința ce i s-a făcut de un semen al său. Spiritul poate protesta, blestema chiar Autoritatea centrală, că a alcătuit lucrurile astfel ca el să sufere pe nedrept şi că celui ce l-a nedreptățit nu i se aplică pedeapsă.

Atrag atenția că nu este vorba de protestele şi injuriile aduse Divinității de către micul spirit în timpul conştiinței sale de veghe, ca om trupesc, ci de protestele lui nocturne, când, ca spirit eliberat parțial de trupul adormit, se revoltă contra Tatălui care îngăduie asemenea dureri. În asemenea cazuri rare, la strigătele lui disperate se vor coborî nu numai duhurile treimice omeneşti, ci chiar îngerii, pentru a restabili ordinea.

Nu avem genunchi să ne plecăm, ne lipsesc cuvintele să mulțumim Tatălui ceresc pentru perfecțiunea orânduirilor Sale sublime. Cel greşit va fi chemat înaintea Forului suprem, va fi tras la răspundere şi ca urmare, i se va da pedeapsa. Dreptatea s-a făcut, căci legea s-a aplicat.

Când greşeşte un spirit mare, nu mai aşteaptă ca vătămatul să țipe, ci se prezintă singur înaintea Judecătorilor supremi. Recunoscându-şi greşeala ca om trupesc, îşi cere singur o anumită pedeapsă, care întrece cu mult echivalentul greşelii comise, deoarece este conştient că legea e lege şi trebuie respectată cu atât mai mult cu cât duhul este mai înalt. Înduioşat de pedeapsa cumplită, pe care duhul superior şi-a cerut-o singur, vătămatul îl iartă şi se roagă: „Doamne, fratele meu mai mare a greşit, eu l-am iertat, iartă-l şi Tu; vreau să mă împac cu el şi în viitor să-i slujesc". El n-a mai avut nevoie să strige către cele patru zări, căci dreptatea a funcționat aproape automat. Aceasta este organizarea Cerului. Acesta este codul nostru moral.

Acum că ştiți mecanismul legilor cereşti, şi după ce cunoaşteți procedura de la noi, căutați să nu mai păcătuiți. Dar parcă văd pe unii dintre voi întrebându-se: „Ce este un păcat? Cum să faci să nu păcătuieşti?" Păcatul este o încălcare a legii, chiar în gând. Ori de câte ori gândeşti ceva rău despre cineva, opreşte-te din gândire şi aminteşte-ți că gândul se duce la destinație şi dreptaşul său îl primeşte şi ține minte. La noapte îi va raporta pupilului său că cineva a zis, a făcut sau a gândit ceva rău la adresa lui. Aflând, duhul va protesta, va striga să i se facă dreptate şi în noaptea aceea te pomeneşti că eşti chemat în fața Justiției, după care va urma pedeapsa. Orice pedeapsă are ca urmare aplicarea unui semn fluidic negru pe albul fluidic al corpului tău spiritual.

Din iubirea ce v-o purtăm, ne străduim să vă luminăm, ca nu cumva să greşiţi, neştiind, ca oameni, promptitudinea pedepsei care va urma în zilele viitoare. Acum, dragii noştri, cunoscând toate acestea vă veți purta vorba şi gândul ziua, ca şi cum ați fi spirit în spațiu. Am ținut să vă împărtăşim şi acest adevăr.

„Ce este Adevărul?", a întrebat Pilat din Pont pe Domnul nostru Isus. Răspundem noi acum. Adevărul este cunoaşterea Legilor după care se conduce universul. Dar cine poate cunoaşte aceste Legi? Cei aflați în legătură cu noi, duhurile din spațiu care aplicăm Legile.

Omul trupesc este instrumentul de studiu al duhurilor cerești

Tatăl divin, Creator al celor văzute și nevăzute, cunoaște totul, pentru că are instrumente care Îl înștiințează de funcționarea și regimul creației Sale. Aceste instrumente sunt chiar ființele create și risipite pe diferite corpuri cerești. Așa, de exemplu, Lumea divinilor Creatori, Auxiliarii Tatălui ceresc, se informează prin noi, oamenii. Felul cum simțim materia eterică, cunoștințele obținute prin simțurile noastre despre ea, toate aceste senzații sunt indicații pentru Divinitate, privind calitatea eterului, gradul său evolutiv pe anumite corpuri cerești.

Dacă Divinitatea știe totul prin corpul nostru duhual, la rândul nostru ne informăm și noi prin trupul omului și al animalelor. Noi, spiritele, fiind în spațiu, nu putem ști cum este mediul trupesc. Atunci cercetăm ce simte omul pământean sub influența căldurii, frigului, umidității, sunetelor etc.

Așadar, voi sunteți instrumentele noastre de măsură pentru diferitele fenomene fizice, meteorologice etc., iar cunoștințele noastre le află Divinitatea centrală. Ea, fixându-și atenția către un corp ceresc, la un moment dat află totul de la noi, fără ca noi să știm sau să comunicăm ceva. Eterul din jurul nostru, al globului în jurul căruia viețuim, se schimbă mereu, prin combinarea diferitelor sale componente. Trăind în mijlocul acestui eter, suntem influențați de el, și aflăm de toate prefacerile, combinările și dezintegrările lui.

Entitățile spirituale trăind fiecare în nivelul lor, și natura corpului lor fluidic diferind după gradul fiecăreia, se înțelege că modul în care simțim noi, spiritele albe, este diferit de modul cum simt spiritele albastre în mediul lor. Să știi că pe alte corpuri cerești mediul fluidic fiind altul, natura corpurilor entităților de acolo diferă cu totul de natura noastră. Tatăl ceresc și-a învăluit creațiile cu secrete, cu mistere pe care cu greu, după mii de ani de studii, le aflăm și noi.

Acum, după nenumărate miliarde de ani de când ne-a născut Tatăl nostru, știm - zicem că știm - multe adevăruri și marii noștri profesori, străluciții noștri îngeri, ne spun: „Voi știți acum abia cât știe copilul din clasa primară față de un savant. O, fraților, nici noi, cât suntem de bătrâni, nu știm toate tainele Tatălui nostru."

Acum revin la subiectul de azi. Spuneam că din cele de trei ori trei subzone sau sfere fluidice umane ale Pământului, voi trăiți și vă mișcați, în cea mai de jos, aflată la suprafața pământului. În această sferă se petrec nenumărate fenomene fizice și combinări chimice. Aici au loc necurmate prefaceri sociale și religioase ale omenirii. Aici se muncește și iar se muncește. Aici, pe suprafața pământului este iadul unde bietul om muncește din zori și până în noapte. Aici nu se discută, ci numai se execută hotărârile celor de sus. Aici este ocna acestei planete, unde întrupatul - împins de necesitățile trupului său - trebuie să muncească din greu.

Venind din Soare, treci prin unsprezece sfere, care treptat se întunecă, și ajungând aici la suprafața pământului, în a douăsprezecea sferă, întâlnești un întuneric desăvârșit. În această sferă lipsesc multe din fluidele sferelor superioare. Cu cât te ridici mai sus, cu atât te scalzi în fluide ce-ți produc senzații de o nesfârșită fericire.

Prin urmare, tu trăiești acum în sfera unde domnește numai munca, unde se lucrează fără să știi pentru ce anume, unde te chinuiești din copilărie și până ce vei fi pus între cele patru scânduri ale coșciugului, fără să cunoști motivul chinurilor tale. Mintea omului întrupat în această sferă trebuie să fie neluminată cu privire la ceea ce a făcut Tatăl pretutindeni și la scopurile Sale. Lumea trupească trebuie să fie neștiutoare de existența lumii eterice, pentru că evoluția pământului, până în momentul de față, nu permite cunoașterea lumilor spirituale.

Există o strânsă legătură, un raport intim între trupul uman și globul călcat de piciorul său.

Spiritul este produsul Sferei divine, iar trupul este produsul globului pe care viețuiește. Evoluția acestui glob nu a ajuns până la punctul în care trupul omului să fie astfel construit și dintr-o asemenea materie încât să fie impresionat de apropierea noastră, să ne vadă și audă. Există planete superioare formate dintr-o materie mai fină și pe suprafața cărora viețuiesc ființe-oameni, cu un trup atât de sensibil, încât iau cunoștință de lumea eterică din jurul lor.

Materia din această sferă și de la suprafața globului nostru este solidă, lichidă și gazoasă. Deasupra materiei gazoase se află materia eterică, pătrunzând până în adâncul pământului. Citesc în mintea ta gândul că această materie eterică trebuie să fie atât de fină, încât abia se poate percepe prezența ei. Ei bine, îți mărturisesc că pentru noi ea este mai densă decât apa pentru voi.

Voi, oamenii trupești, priviți cerul și vi se pare albastru. Așa sunteți voi informați de ochii voștri. Realitatea este alta. Nu tot ce vedeți e așa după cum vedeți. Iată, îți voi da prilejul să auzi de la un spirit cum este culoarea cerului și a fluidului de la suprafața pământului. Am aici lângă tine un biet duh, mic, din lumea începătorilor.

– Spune tu, frățioare, ce culoare are cerul dacă îl privești acum, de aici, de jos în sus?

– Cum să fie? Dumneata nu-l vezi că e negru?

– Dar acum pe suprafața pământului e ziuă, cum o să fie negru, adică întunecos.

– Da, boierule, știu că e ziuă, dar eu spui ce văd. E întuneric beznă, ca și noaptea în pădure, când mă duceam să iau și eu niște lemne, fără bani, pe când eram jos, ca domnul ăsta de colo.

– Bine, acum e ziuă și e totuși întuneric, dar la noapte cum o să fie?

– Cum să fie? Doamne, ce mă crezi așa de prost? Cum să fie? Tot întuneric.

– Atunci, când este aici lumină?

– Boierule, mă întrebi lucruri pe care dumneata le știi foarte bine. Aici nu e niciodată lumină, e mereu întuneric.

– Dar cum se face că tu vezi perfect lumea de jos?

– Nu știu cum, boierașule, dar de văzut îi văd foarte bine, și îi aud ce spun, când trag cu urechea la ei.

Trăind în zonele înalte ale Pământului, unde există numai fluide și de calitatea cea mai bună, noi, spiritele superioare, vedem în jurul nostru numai *lumină,* căci eterul ce ne înconjoară este luminos prin natura lui. Jos, la suprafața pământului, aflăm prin spiritul țigănușului pe care l-ai auzit și tu, că e întuneric beznă. Așadar, îți dai seama că omul trupesc vede una și spiritul alta. Trupurile oamenilor sunt pentru noi instrumente de cercetare, căci noi prin ele luăm cunoștință că nu este adevărat că ziua e lumină pe pământ, deoarece lumina, ca lumină, nu există.

Dar să auzim mai departe pe acest frățior, ce mai știe el.

– Văd, boierule, că dumneata nu ești de-ai noștri. Vă mulțumesc că m-ai lăsat să intru și eu în casa asta, unde spui dumneata niște lucruri pe care mintea mea nu le pricepe.

– Ei, spune, frățioare, e ziuă ori noapte?

– Nu știu boierule, fiindcă eu văd și ziua și noaptea tot negru, parcă sunt în ocnă, în fundul pământului.

– Măi frate, poate ești în iad?!

– Nu, boierule, pentru că văd lumea de pe stradă cum umblă de colo până colo. Apoi tata popa, pe când eram și eu om carnal, mi-a tot băgat în cap că dacă nu sunt cuminte, voi înfunda ocna; și m-am păzit să nu fac vreo poznă să mă duc în iad. Eu văd în jurul meu numai negru, dar de un lucru mă mir și te rog și pe dumneata, boierule, să-mi explici. De ce oamenii, animalele și plantele de pe pământ sunt atât de luminoși? Toți par niște candele luminoase, niște făclii aprinse. De unde atâta foc, boierule? Spune-mi, te rog! Când eram de carne, știu că nu ardeam, că nu eram de foc. Cum de ei luminează acum? Aici și acum, văd că nu mi-e cald, nu mi-e frig. Oamenii de jos știu când e cald și când e frig. De ce la noi e veșnic la fel? nu e nici cald, nici frig. Câte nu știu, boierule! Mă uit la ei și văd că luminează ca și lumânările astea de sticlă *(becul electric).* Să-ți spui, boierule, ce am văzut eu. Mai săptămânile trecute a murit vecinul meu, Gheorghiță, și am văzut atunci, că el din luminos ce era, se întuneca încetul cu încetul, până a devenit negru de tot. Apoi iar s-a aprins, dar nu ca întâia oară. Pe cât trecea timpul, se împuțea, și din ce în ce se întuneca, până ce, mai zilele trecute, n-a mai luminat deloc și s-a făcut negru ca pământul.

– Cum, frățioare, pământul e negru?

– Păi, cucoane, dumneata nu vezi că de astă toamnă, de când au murit toate ierburile de pe suprafața lui, au pierit toate luminițele și acum s-a beznit de tot?! Abia se mai vede.

– Când e mai bine: noaptea sau ziua?

– Pentru noi e mai bine noaptea. Când eram om carnal, vedeam mai bine ziua; acum – ciudat lucru, boierule – văd mai bine noaptea. Nu știu de ce, boierule, nu mă dumirește capul meu deloc.

– Păi, omule, când erai carnal, razele soarelui luminau pământul.

– De ce-ți râzi de mine, cucoane, căci soarele e și acum pe cer, de ce razele lui nu mai luminează și acum? Oamenii au născocit că soarele e de foc, că frige rău și că acolo ar fi adevăratul iad, de nu poate trăi nici chiar diavolul. Eu sunt om prost și nu-mi pot explica, de ce acum soarele nu mai încălzește și nu mai luminează. Un lucru văd, că el aici nu mai încălzește așa cum mă încălzea vara, când eram jos om carnal.

Mi-ai spus, boierule, să vorbesc domnului de aici, care nu înțeleg ce fel de om este, că văd că mă aude. M-am dus la ai mei și le-am vorbit și nici nevasta, nici danciucul meu, nu mă vedeau, nu mă auzeau. Dar domnul ăsta nu știu ce fel de om o fi? Minunat om! Domnule, omule minunat, ascultă-mă pe mine: nu e aici la noi deloc lumină, măcar că e soarele pe cer.

O, săracul de mine, ce mai oftam iarna după el! Acum văd că afară e ger, dar nu mi-e frig. Aici, la dumneata, văd foc în sobă, dar nu mi-e cald. Dar ceea ce mă minunează mai mult e că îți vorbesc, dumneata mă asculți și din cap îți ies mereu scântei. Boierule, ce e cu domnul ăsta de aici? O să i se aprindă părul din cap! Nu vezi dumneata cum scapără din capul lui scântei la fiecare vorbă a mea? Parcă sunt scânteile de la tramvai!

– Nu te speria, omule, vorbește-i mai departe, așa are el năravul să-i sară scântei din cap.

– Ciudat om! Văd că e la fel ca toți oamenii de pe stradă, de afară, dar lumina lui e altfel.

Am adus, frate, un biet spirit care a fost un țigan de prin împrejurimile Bucureștiului și l-am pus să-ți vorbească, ca să auzi și tu cum simte, vede și aude el aici, în mediul sferei a treia, a zonei roșii, a treia, din cele trei zone fluidice umane ale Pământului.

Entitățile spirituale libere și întrupate ne descriu impresii diferite, pe care le analizăm și ne facem studiile. Așadar, instrumentele noastre de studiu sunt vii, iar prin intermediul lor aflăm adevărul pe care direct nu l-am fi putut afla. Lumea de pretutindeni dorește în orice moment să afle adevărul, despre toate materiile și fenomenele. Noutatea este caracteristica vieții. De aceea căutăm ceva nou, care să ne lumineze conștiința despre creația Divinității. Necunoscutul ne cheamă, ne atrage să căutăm, să cercetăm, și astfel atenția ne este veșnic încordată spre dorința de a afla adevărul în toate. Flora și fauna pământului ne luminează, ne îmbogățesc mereu cunoștințele, dar mai ales omul trupesc ne oferă foarte multe cunoștințe prin trupul său.

Noi cunoaștem prin ființele întrupate pe suprafața pământului. Îngerii cunosc prin noi, iar Divinitatea se informează de mersul operei Sale prin îngeri.

Divinitatea centrală nu creează, ci numai guvernează. Totul este creat de Slujitorii Săi divini, după planurile și Voința Sa. Tatăl divin are nevoie de a fi reprezentat pretutindeni prin noi, care Îl informăm cu privire la tot ce au creat Slujitorii Săi. Astfel aflăm știința Sa infinită, studiind operele Sale, ne dăm seama de profunzimea cunoștințelor Sale.

Un om lucrează ceva. N-ai posibilitatea să-i cunoști gândirea, câmpul cunoștințelor sale, dar urmărindu-i lucrările, poți deduce înălțimea gândirii sale. Pe Tatăl divin niciun om, nici chiar cele mai înalte spirite nu L-au văzut, dar examinând sublima ordine și perfecta alcătuire în toate, deducem dumnezeiasca Sa înțelepciune.

Lucrarea Sfintei Treimi

Oriunde ne ducem pe pământ, pretutindeni ni se cer probe; și este firesc să fie așa, întrucât sărmanii noștri frați trupești nu ne văd și nu ne aud. Se minunează când au în față un medium, care ne vede și ne descrie, ori ne aude și grăiește sau scrie cele comunicate de noi. După multe experiențe, unii oameni ajung la ipoteza adevărului că există lumea duhurilor.

Uneori transformăm în certitudine ipoteza existenței noastre, prin fenomenele pe care le producem, iar alteori - prin depunere de *jurământ ceresc*. Jurământul nostru îl facem în numele Celor trei mari sfinte Treimi: Treimea centrală, Treimea solară și Treimea Sfintelor Duhuri planetare.

Ca toate forțele alcătuite de El în lume, Tatăl central lucrează ca o Forță treimică: prima este pozitivă, a doua - negativă și a treia - neutră. Dacă ne-am afla în Sfera-Laborator, am constata că prima Forță, Pozitivul, *concepe,* a doua, Negativul, *aprobă* sau respinge, iar a treia, Neutrul, nu comentează, ci numai *hotărăște*. Pozitivul este interesat ca propunerea Lui să fie aprobată și aplicată sau executată. Negativul respinge sau aprobă propunerea primului, dar și El este interesat să se înfăptuiască punctul Său de vedere. Pentru ca totuși lucrarea să aibă loc, ideile sunt înaintate Celui de-al treilea, Neutrului, care fiind dezinteresat nu propune nimic. A treia Forță, Neutrul, lucrează în virtutea liberului Său arbitru, pentru că El nu are niciun interes. El admite sau respinge propunerea, formând o majoritate cu unul dintre cei doi factori ai Forței de acțiune.

La această treime de acțiuni nu se mai poate asocia un al patrulea, al cincilea etc., ci primul propune, al doilea admite sau respinge, și al treilea, Forța neutră, dă posibilitate cauzei prime de a lucra. Cine constituie cauza primă? Cauza primă este Pozitivul, iar a doua forță din Sfânta Treime centrală este Negativul. Niciodată nu poate lipsi Negativul, El fiind cauza secundă. Dintre aceste două cauze - prima și secunda - numai prima este cea care propune. Așadar, în orice lucrare sau creație, numai Pozitivul are inițiativa. Negativul nu are niciodată dreptul de inițiativă. El are numai dreptul de a admite sau respinge propunerea primului, a Pozitivului. De asemenea, nici Forța a treia nu este cauză primă, pentru că Ea este o forță neutră. Cauza primă este numai Tatăl, Forța pozitivă. Forța a doua, negativă, Divinitatea secundă este sau nu de acord cu Divinitatea Primă, pozitivă. În fine, propoziția făcută este deferită celei de-a treia Forțe divine, neutră, Divinitatea terță, care, prin liberul Său arbitru, se alătură la propunerea primei Forțe sau o respinge.

În stadiul actual al evoluției creației, Divinitatea doar conduce sau domnește, dar nu creează, nici nu execută. Slujitorii Săi din Sfera divină creează ceea ce s-a hotărât de Sfânta Treime Dumnezeu, trei într-una.

Divinul Guvernator central nu este un despot, nu este o forță arbitrară, ci o Forță sublimă, alcătuită astfel ca totul să fie cumpănit, ca totul să iasă din gândirea și armonizarea a trei Forțe, a trei Voințe, ce vor lucra perfect unitar la noile creații și legi. După acest model sunt alcătuite toate forțele active din cele patru universuri. Însuși Tatăl divin central a conceput ideea că Unul poate greși, de aceea El și-a asociat pe Secundul și pe Terțul.

Să examinăm cazul unei treimi dintr-un corp ceresc oarecare. Să zicem că primul, pozitivul, ar zice: „Să facem lucrarea X"; al doilea, negativul, ar zice: „Da, să facem lucrarea X"; și ar veni forța a treia, neutrul, și ar zice: „Da, e bine să facem lucrarea X". În acest caz, cele trei forțe fiind de aceeași părere, deci interesate, nu poate să aibă loc punerea în lucrare a ideii propuse. Legea divină nu permite ca deciziile să fie luate dintr-un anumit interes. Pentru a se ieși din acest impas, se recurge la o altă treime, de un ordin ierarhic superior, care va examina problema, și dacă ea va fi contra propunerii, se va deferi unei a treia forțe treimice și mai înalte, care va hotărî fie de partea primei treimi, fie de partea forței a doua treimice.

Dar cum se rezolvă problema în Sfera divină dacă cele trei Forțe divine sunt de aceeași părere? În acest caz, Divinitatea primă - sau cauza primă - face imediat apel, pe scară descendentă, la o altă Forță treimizată și dacă și ea, de exemplu, este pentru aceeași propunere, ca în cazul nostru de mai sus, se coboară mereu, din treime în treime, până la o treime care este contrarie. De acum, se alipește acestor două propoziții părerea definitivă a unei a treia treimi, care își dă verdictul într-un fel sau altul. Astfel funcționează Sfânta Treime a Tatălui, Divinitatea centrală, trei într-una.

Se pune întrebarea: Care dintre aceștia trei este pozitivul? Oricare dintre cei trei se poate constitui în pozitiv, în orice moment. Așadar, oricare dintre Cei trei poate fi pozitiv, negativ sau neutru. Cel care propune este Pozitiv, Cel care respinge devine Forța negativă și Cel care judecă devine Forța neutră. În virtutea liberului arbitru, judecata Celui de-al treilea devine lege, axiomă, recunoscută de toată Lumea divină din Sfera Laboratorului central și pusă imediat în execuție. Toată lumea se pleacă în fața Legii, deoarece ea a ieșit din conlucrarea celor trei Forțe.

În prelegerea mea de azi ți-am făcut cunoscută o lege importantă: *Legea lucrărilor divine*. Pusă în practică, ea va fi urmată întotdeauna de reușită, aducând mulțumire.

Acțiunea duhurilor

Puțină lume cunoaște importanța Sfintei Treimi, cunoscută de inițiații pământului, din cea mai adâncă Antichitate. De când omul este pe pământ, noi, duhurile, am făcut cunoscute multe adevăruri cerești inițiaților noștri, iubiții Cerului.

Din prelegerile mele anterioare, ai aflat că treimile sunt constituite doar de oameni spațiali din zona I. O forță treimică este foarte puternică și hotărârea ei este irevocabilă, după cum ți-am explicat. De asemenea, ți-am spus că și entitățile spirituale dintr-o treime cordonizată se întrupează uneori. Când un asemenea spirit se întrupează, el va fi o personalitate ce se remarcă prin aptitudinile și conduita sa. Viața lui va fi corectă, stârnind admirația celor din jur, iar faptele sale vor demonstra înțelepciune. Înțelepciunea sa decurge din faptul că în spatele omului trupesc se ascunde un spirit de o înaltă evoluție, iar succesele lui omenești se datoresc faptului că este constant ajutat de celelalte două forțe ale treimii sale, rămase ca spirite în spațiu.

Prin faptul că un membru al treimii spirituale s-a coborât la suprafața pământului, pentru a se întrupa, ceilalți doi frați - rămași în spațiu, în zona I - sunt siliți să părăsească nivelul lor sublim. Cei trei factori ai unei forțe treimice joacă rolul îndeplinit de Sfânta Treime planetară, solară sau centrală, adică primul e pozitiv, al doilea negativ și al treilea neutru.

Cu altă ocazie, am spus că rolurile se pot schimba între aceste trei individualități. Dacă, de exemplu, în problema *A*, primul a fost pozitiv, în problema *B*, el poate juca rolul de negativ sau neutru. Așadar, rolurile se schimbă. Cu alte cuvinte, și pe Pământ se lucrează ca în Soare, ori în Laboratorul central al cosmosului.

S-a hotărât ca unul dintre cei trei cordonizați să se întrupeze. În vederea acestui act au loc consfătuiri, se alcătuiește un plan, un program al vieții sale trupești. Cel care a aprobat programul de lucru al acestei treimi va îmbrăca haina trupească. El va fi neutrul, astfel că pozitivul și negativul rămân spirite libere, dar vor fi legate de întrupat, pe toată perioada vieții sale terestre, conlucrând cu el la desfășurarea programului stabilit, asemenea Sfintelor Treimi ale Tatălui, Fiului și Sfântului Duh. Neutrul a îmbrăcat haina trupească, și în această stare el nu mai știe nimic din ce a hotărât, pe când era spirit liber în spațiu. Dar, noaptea când își părăsește trupul adormit, știe de tot ce s-a aranjat în Cer. Ziua, în starea conștiinței de veghe, el nu știe nimic, și când îi reușește o lucrare oarecare, crede că numai mintea sa a contribuit la reușită. E mândru de ceea ce a făcut, pentru că a trecut prin multe piedici. Va reuși întotdeauna, în ciuda tuturor piedicilor ridicate de oameni, pentru că el este una dintre cele trei forțe treimice cordonizate. Neutrul întrupat va fi înzestrat cu o memorie deosebită și cu o mare putere de muncă. În plus, va avea o puternică intuiție, ghicind adevărul în toate marile probleme ale vieții, fie personale, fie sociale, ale mediului în care trăiește.

El singur se va minuna de inducerea și deducerea fenomenelor viitoare și își va zice: „Mă minunez și eu cum de văd așa de clar lucrurile, cu multe zile mai înainte". Toți îi recunosc superioritatea, și la urmă viața sa se termină ca un factor de seamă al societății în mijlocul căreia a trăit.

În afară de acești oameni, mari forțe spirituale ale spațiului, restul indivizilor omenirii se constituie și ei într-o treime ad-hoc și efemeră. În împrejurările grave ale existenței sale, bietul om trupesc nu ar ști ce să facă, dacă ar fi lăsat singur. Pentru ca el, totuși, să se decidă la o acțiune, i se alătură încă două forțe spirituale, formând o treime spațială care să-l determine, să-l ajute la executarea unui act sau punct din programul vieții sale.

Iată un exemplu. În cartea vieții unui om trupesc îi este prevăzut să treacă printr-o suferință, ca urmare a unei greșeli din trecut, din altă viață sau chiar din viața actuală. Într-o noapte, spiritul întrupat a luat cunoștință că într-una din zilele următoare va trece printr-un eveniment în urma căruia va avea de suferit. Dimineața, acest om se scoală neliniștit; o tristețe grozavă îl apasă fără să aibă vreun motiv. Are o presimțire vagă că i se va întâmpla ceva, că va trece printr-un mare necaz. Nu știe nimic și mâhnirea nu-l slăbește. Pleacă la drum, se produce un accident și se alege cu un braț sau picior rupt. Presimțirea s-a realizat; durerea a sosit. Spiritul știa de tot ce va veni și își reflecta mâhnirea trupului său, care înregistra, dar nu putea preciza ce anume.

Viața e o luptă în care ești invingător sau învins. E nevoie și de o școală, și de alta. Forța învingătoare este pozitivă, forța învinsă este negativă. Ceilalți factori, judecătorii din spațiu, au determinat cursul evenimentelor.

Omul trupesc este asemănător unui cal de curse. Noi, cei din spațiu, facem fie pe jocheul, fie pe cei care pariază pentru sau contra. Bietul animal, omul trupesc –

aleargă, mânat de jocheul său și în același timp este supus privirii a două tabere opuse, pro și contra, care pariază pentru o anumită acțiune, unii zicând că va reuși, alții afirmând contrariul.

Vezi, frate, ce legătură este între lumea voastră și a noastră? Pe această temă am să-ți explic un simbol reprezentat în bisericile voastre. Pe unele icoane este înfățișat Sfântul Gheorghe călare pe un cal falnic, omorând cu sulița un balaur. E o icoană ce reprezintă un simbol cunoscut de cel ce l-a pictat inițial pe lemn, zid sau pânză. Ciudat simbol pentru voi, căci s-ar putea naște în mintea voastră întrebarea: „Cel ce a reprezentat acest act trebuie să fi știut că și balaurul simbolizează o ființă creată de Tatăl. Cum de și-a permis să introducă în casa Domnului reprezentarea uciderii unei făpturi?" Așa raționați voi, pentru că nu cunoașteți tainele cerești. Nici preotul care a privit ani de zile icoana nu-i știe înțelesul. Aici avem de-a face cu un frumos simbol, o reprezentare tainică a unui adevăr ceresc. Calul simbolizează un biet om trupesc. Frumos și bine știe să alerge omul, dar el – ca orice animal – nu poate decât să reprezinte o forță oarbă, neștiutoare, lipsită de puterea de a pătrunde înțelesul tainic al lucrurilor. Balaurul care îi iese în cale este o reprezentare simbolică a evenimentelor viitoare, triste și dureroase ale vieții pe acest pământ, o forță mare, inevitabilă și invincibilă de om. Dar sfântul încălecând calul omoară cu sulița sa balaurul. Sfântul este spiritul ajutător din spațiu. În acest eveniment simbolic s-a constituit ad-hoc o treime de acțiune. Sfântul este forța pozitivă, balaurul este forța negativă, iar calul – simbolizând omul – este forța neutră, care se supune și execută. În acest caz, Sfântul Gheorghe este o forță pozitivă, pentru că vrea uciderea balaurului. Balaurul este o forță negativă, opunându-se uciderii sale. Sfântul nu l-ar putea birui, dacă la voința sa nu s-ar alipi și forța a treia, calul - omul trupesc. Rezultatul este executarea faptei care a avut două aprobări. Sfinții părinți, întemeietorii bisericii creștine, cunoscând puterea forței treimice, fie ea și de ocazie, au exprimat această știință, simbolizând-o, în icoana Sfântului Gheorghe.

Acum revin la marile împrejurări ale vieții: un examen, o mare înfăptuire omenească, o căsătorie etc. În preajma unor asemenea evenimente capitale din viața omului, se constituie imediat o forță treimică, pentru ajutorarea sau împiedicarea executării actului sau împrejurării respective. În ajunul evenimentului, omul începe să se neliniștească, să necheze ca și calul Sfântului Gheorghe la apropierea balaurului sau a evenimentului chemat de destinul său. Omul nu se va liniști până la finalul evenimentului.

Prin urmare, omul nu e lăsat singur în fața hotărârilor decisive și a întâmplărilor importante prin care va trebui să treacă. Fapta ta, omule, nu este o forță oarbă și nu ești lăsat singur în lume. Să știi că pe umerii tăi, în spatele tău, se află un spirit - echivalentul Sfântului Gheorghe - care te va apăra, nu ca o forță unitară, ci ca o forță treimică. Acest spirit, ajutător și iubitor, este veghetorul tău, prieten sincer, care va sta în preajma ta, până la moartea trupului tău. Când omul sosește în preajma marelui eveniment - o probă sau examen de evoluție - veghetorul, cunoscând perfect destinul protejatului său, cheamă imediat pe frații din grupul spiritului întrupat, pentru a constitui *treimea ad-hoc,* necesară trecerii acelui eveniment.

În taină, Domnul a revelat acest adevăr ucenicilor Săi, dar nu a fost consemnat de sfinții evangheliști, pentru că era imposibil de înțeles de lumea neinițiată. El le-a spus ucenicilor: *„Niciun fiu al Meu nu va fi lăsat singur, când va trece probele destinului său, ci totdeauna va fi asistat de cei din treimea sa necesară".*

Iată o împrejurare foarte importantă din viața omului. Un tânăr a cunoscut o fată, o apreciază și dorește să o facă partenera vieții sale. Așadar se gândește la căsătorie. De îndată se constituie treimea sa conducătoare. Odată treimea constituită, unul dintre ei, pozitivul, îi va zice: „Grăbește-te, e ființa care îți va face zilele senine". Al doilea zice: „Amână pentru mai târziu", iar al treilea va spune: „Lipsește-te de a te căsători". În fața acestor sugestii contradictorii, omul se zăpăcește și nu știe ce să facă. Bietul om are de ales între hotărârea cu majoritatea de voturi a treimicei forțe și liberul său arbitru. Să se însoare sau nu, ori să mai amâne puțin. Cei doi veghetori, păzitorul băiatului și păzitorul fetei, ar putea să se certe, să fie de păreri contrare, cu toate că înaintea întrupării pupilului lor s-au înțeles asupra destinului celor doi protejați ai lor. Din acest motiv se face apel la părerea a trei forțe spirituale, care urmăresc fidel executarea destinului spiritului întrupat. Ei caută să înlăture toate asperitățile ivite în jurul celor doi tineri, din partea părinților, a rudelor și cunoscuților. Treimica forță, cunoscând perfect că acești tineri s-au făgăduit - ca spirite - unul altuia, lucrează din răsputeri ca acest contract spiritual să fie executat în lumea trupească.

Uneori, tânărul sau tânăra caută să dea înapoi, ca și calul Sfântului Gheorghe, care se cabrează în fața balaurului. Atunci - intervin cu toată puterea lor spirituală cei trei, pentru a se îndeplini obligația contractată, ca spirite în spațiu, și astfel să aibă loc căsătoria proiectată.

Se poate ca unul dintre cei doi factori să nu-și respecte contractul social încheiat în spațiu. Am văzut cazuri când treimica forță, cu toate stăruințele sale, nu a reușit să convingă pe logodnic să ia în căsătorie pe cea cu care s-a legat sus la noi. Dacă cei doi nu și-au unit existențele lor pământești, rămân necăsătoriți, dar contractul încheiat în lumea noastră nu s-a desființat, ci numai s-a amânat până la viitoarea reîntrupare, când aceeași propoziție va fi pusă din nou în acțiune. Niciun contract individual sau social încheiat în fața *Forțelor treimice - trei-una,* nu se mai poate dezlega, pentru că el poartă pecetea: *În numele Sfintei Treimi, a Tatălui, Fiului și Sfântului Duh. Amin!* Opera făcută în numele Sfintei Treimi este o Operă divină, desăvârșită și de neînlăturat.

Asemenea asistențe trei-una, reprezentând Sfânta Treime planetară, prezidează actul nașterii noului prunc. Această asistență treimică este simbolizată prin cele trei zâne sau ursitoare, din tradiția poporului vostru. Tot o forță treimică se instituie și la o schimbare socială, în sânul unui popor. Uneori asistențele treimice influențează chiar comiterea unei crime, opunându-se sau împingând cu putere la ceea ce omul desemnat a fi executor, s-a obligat să săvârșească. De asemenea, la moartea unui om trupesc, în afară de mesagerii destrupători asistă și treimica învestitură, care va primi în brațe duhul destrupat, pentru a-l duce sus la Forța spirituală treimică permanentă. Ele sunt sfinte pentru noi, pentru că știm misiunea lor.

Moartea spațială

Uneori, în timpul unei furtuni, se întâmplă ca un om să stea într-o zonă încărcată puternic cu electricitate negativă terestră. În acest caz, poate să cadă trăsnetul pe el și să-l ucidă.

Se știe că duhul întrupat are deasupra sa două învelișuri: corpul vital și trupul.

Curentul electric fiind deosebit de puternic, desprinde instantaneu spiritul de trup și de corpul vital. În același timp, dezagregă și corpul său planetar în elementele sale componente, care se risipesc în spațiu. Rămas liber și dezvelit – fără corp planetar – spiritul este atras de Soare cu o viteză negrăită. Ajuns în Soare, spiritului i se pot întâmpla două lucruri: 1. este trimis într-un alt sistem solar, unde va fi repartizat pe o planetă corespunzătoare ca evoluție Pământului; 2. este îmbrăcat din nou cu o haină planetară și retrimis pe Pământ, după un spațiu de mii și zeci de mii de ani.

Pe pământ, când un om și-a părăsit trupul, lumea trupească înconjurătoare consideră că a murit, că s-a pierdut pentru omenire. În mod asemănător se petrec lucrurile și în lumea oamenilor spațiali.

Dezbrăcarea bruscă a corpului planetar și plecarea spiritului de pe planeta noastră e considerată o moarte cerească. Știm cu toții că el n-a murit, dar a plecat dintre spiritele Pământului, nu mai face parte din grupul său spiritual; deci pentru familia sa cerească el este un pierdut. Poate fi retrimis pe Pământ, dar după vreme îndelungată, când s-a rupt orice legătură cu partidul său ceresc.

Acum știi ce se întâmplă cu cei trăsniți pe pământ și în Cer. Încă o mică taină revelată ție și prin tine omenirii. În general, sunt fulgerați cei din zona a III-a, mai rar cei din zona a II-a.

Dovedind în nenumărate reîntrupări o mare ferocitate, făcându-se deosebit de vinovat în fața legilor, prin perversitatea și orgoliul său, un spirit va fi eliminat din grupul său. Pentru aducerea la îndeplinire a acestei separări, el va fi condamnat la electrocutare. Iată pentru ce toate religiile pământului predică smerenia și supunerea la tot ce hotărăște Cerul, reprezentanții Tatălui suprem.

După cum în lumea voastră trupească, un frate sau o soră, disperați de starea în care își desfășoară viața, se sinucid, crezând că vor scăpa de chinurile lor trupești sau sufletești, tot astfel există spirite nemulțumite de starea lor disperată și nețiânând seama de sfaturile mai-marilor lor, vor să termine cu felul de viață spirituală a planetei Pământ. O asemenea idee greșită le determină să se așeze în câmpul marilor descărcări electrice, pentru a fi electrocutate, adică vor să se sinucidă spiritual, ca și omul de pe pământ. Lovit de uriașul curent electric, duhul va porni fulgerător spre Soare. Ajuns acolo, se stabilește o telegrafie mentală între îngerii solari și cei ai planetei noastre: „Ce e cu acest musafir nepoftit, venit în Soare?" Imediat se raportează motivele sinuciderii acelui spirit. El este judecat în Soare de Forul suprem solar și supus unei grele pedepse, ca urmare a actului său nesocotit. Nesocotind Legile Tatălui, duhul s-a nenorocit, îndepărtându-se de grupul de care aparținea poate de milioane de ani, și care îl apăra și ajuta în evoluția sa.

Ca puii pe lângă cloșcă, stăm lipiți unii de alții și evoluăm împreună, prin ajutor reciproc. Ce vom păți, să pățim cu toții. Unul pentru toți și toți pentru unul. De la această regulă nu ne abatem. Cu smerenie și sfințenie ne supunem regulilor veșnice, căci altfel suntem expuși de a ne pierde în marele univers și a ne desfășura evoluția pe alte meleaguri, stingheri, alături de grupuri străine de noi. Evoluția duhului eliminat din grupul său va fi mult întârziată; greu va fi sfătuit, luminat și ferit, fiind un musafir nedorit. De aceea pedeapsa fulgerării e o pedeapsă îngrozitoare, iar cel pedepsit va fi un mare nefericit al universului.

Gândirea

Prin natura sa, spiritul trebuie să fie activ. Activitatea sa este de două feluri: externă și internă. Spiritul exercită activitatea externă asupra mediului său ambiant, iar activitatea internă se referă asupra corpului său. Acum voi lămuri activitatea internă.

Cât va sta spiritul într-un sistem solar, corpurile sale fluidice - divin, cosmic, universic și solar sau astronic - rămân neschimbate. El își va păstra aceste haine până se întoarce din acest sistem la Centrul creațiilor, în Laborator. Dar, trăind pe o planetă, corpul său planetar se epuizează, se consumă, se elimină încetul cu încetul. Pentru a-și reface și menține corpul planetar, spiritul execută, involuntar, mișcări de dilatare și contractare - pulsații asemănătoare plămânilor sau inimii omului - absorbind în mod automat fluidul planetar din atmosfera fluidică a planetei, în cazul nostru *fluid terian*. Acest act corespunde hrănirii cu alimente a trupului vostru.

După ce spiritul s-a încărcat până la saturație, urmează descărcarea. Dar pe când încărcarea cu fluid planetar se face automat, descărcarea se face voit. Dacă nu s-ar descărca, spiritul ar deveni mai greu, atracția pământului s-ar exercita, într-o oarecare măsură, asupra sa, fiind atras spre suprafața pământului. Dar cum se face această descărcare? Descoperim și aici minunea și înțelepciunea Creatorului: *spiritul se încarcă automat și se descarcă gândind.*

Spiritul este o scânteie, o particulă infinit de mică, dar oricât de mică ar fi - gândește în veșnicie, este o fabrică de idei. Gândind, scânteia emite o forță, o idee care se exercită asupra corpului său planetar. Ideea desprinde o particulă fluidică din corpul planetar, învelindu-se cu ea și imprimându-i o anumită formă. Această formă fluidică pornește prin spațiu, sub forma unei *unde*. O înșiruire de astfel de forme fluidice constituie o *gândire*.

Așadar, spiritul se descarcă, se dezumflă, emițând *forme-gânduri*. De la o vreme, corpul planetar s-a micșorat, și printr-o nouă pulsație, absoarbe o nouă cantitate de fluid și așa tot mereu. Astfel se petrec lucrurile cu spiritele de pe Pământ saude pe alte planete.

Dar entitățile aflate în Soare nu mai au corp planetar. Ele cum gândesc? Ele gândesc ca orice scânteie gânditoare, numai că formele-gânduri în loc de fluid planetar, vor fi îmbrăcate cu fluid solar, materia corpului lor solar. Prin urmare, gândirea entităților solare se produce în mod identic cu a celor planetare, dar diferă materia fluidică învelitoare a formei lor, precum și valoarea undei vibratorii. Iată pentru ce numai entitățile solare pot prinde și descifra gândirea entităților solare. În fine, marile Lumini din Sfera uriașă a Laboratorului creator - de la cel mai mic până la cei din vârful piramidei - neavând un corp planetar sau solar, gândirea lor va fi alcătuită din fluid divin, Ele fiind învelite numai cu fluid divin.

Ocupațiile duhurilor întrupate

Sfera ce cuprinde miliardele de corpuri cerești poate fi comparată cu un uriaș ceasornic, care se mișcă ordonat, indicând orele, minutele și secundele. Orele lui indică îndeplinirea marilor evenimente cosmice. Minutele determină, rând pe rând, evenimentele desfășurate pe diferite sisteme solare. Secundele indică evenimentele ce se desfășoară pe fiecare planetă, din sutele de miliarde de planete risipite prin cosmos. Orele aparțin Tatălui, minutele aparțin conducerii Fiilor, iar secundele vor fi ținute în seamă de Sfintele Duhuri, conducătorii planetelor.

După cum voi știți că după atâtea secunde ceasul va arăta atâtea minute și că după trecerea atâtor minute va fi ora cutare, tot astfel și noi, duhurile superioare, cunoscând trecutul Pământului și mai ales regulile după care se desfășoară diferitele faze spirituale ale lumilor noastre și ale tuturor prefacerilor materiilor pământului, putem deduce ce se va întâmpla la o anumită vreme. Așadar, noi putem cunoaște, în linii mari, evenimentele viitoare. Pentru noi viitorul este o cunoscută matematică, iar pentru voi el este o necunoscută algebrică.

Din cele expuse, se înțelege că necunoscând vastul trecut al omenirii sau al vostru personal, nu cunoașteți decât micul vostru prezent. De asemenea, voi nu știți după ce norme se desfășoară viața pe sfera voastră. Neavând niciun punct de orientare, nu știți nimic despre viitor. Dacă noi, praf pierdut în infinit, ne putem orienta, cât de cât, în *viitorul care vine,* vă închipuiți ce cunoaștere vastă a acestui *prezent viitor* o au marile Sfinte Duhuri. Dar cât de clar este pentru Fiii de Dumnezeu, și mai presus de toți, pentru Tatăl ceresc! Pentru El, trecutul și viitorul reprezintă un prezent în întregimea lui. El vede capătul începutului și capătul sfârșitului, dacă se poate vorbi astfel.

* * *

Lumea voastră trupească a fost creată ca o copie fidelă a lumii noastre spirituale.

În lumea noastră, cei de sus gândesc la metodele cele mai fericite, pentru ca omenirea de jos să-și desfășoare viața cât mai armonios și să parcurgă cât mai repede drumul spre perfecțiune, deci, spre fericire. Cei de la mijloc primesc ordinele și vor căuta să le execute. Ei sunt organele executive ale celor ce au ordonat. În fine, cei de jos sunt muncitorii din Cer și de pe pământ. Ei pun în lucrare ceea ce s-a gândit și hotărât sus, de cei mari.

Așadar lumea noastră este împărțită în trei mari categorii:

1. *gânditorii* – cu sediul în zona -, albă;

2. *executorii* – locuitorii zonei a II-a, albastră;

3. *muncitorii* – aflați în zona a III-a, roșie, la suprafața pământului.

Fiecare din aceste zone se împarte în trei subzone sau sfere fluidice.

Lumea noastră este organizată astfel. În subzona imediată de la suprafața pământului, adică în sfera a 3-a din zona a III-a, roșie, locuiesc duhurile cu evoluția cea mai modestă a Pământului. Să nu credeți că ele sunt stupide, sau să nu le confundați cu sălbaticii pământului. Multe dintre ele au o judecată frumoasă – e drept, cu orizonturi mărginite, dar destul de pătrunzătoare. Așadar, au o oarecare inteligență și chiar o mică doză de simț moral. Întrupându-se, vor fi muncitorii pământului, oameni modești, necăjiți, neștiutori, dar cu un bun-simț ce-i orientează în viața lor simplă.

În sfera a 2-a din zona a III-a, trăiesc duhurile ceva mai ridicate pe scara evoluției. Când coboară la viața trupească lucrează doar în contul lor, dar vor contracta o alianță și vor înjgheba astfel o familie. Totul este pentru el și ai lui, nimic pentru restul omenirii. Aceste duhuri vor fi agricultori, meseriași, comercianți, deci vor avea ocupații personale.

În sfera 1 din zona a III-a, locuiesc spiritele cu experiența vieții mai ridicată. Intelectualitatea lor este ceva mai accentuată, unele dintre ele au chiar un fond destul de mare de moralitate. Când se vor reîntrupa, vor ocupa funcții publice, având posibilitatea de a face bine mulțimii anonime.

Trecem acum la zona a II-a, albastră. Dimensiunea duhurilor albastre este mai mică decât a duhurilor roșii. Duhurile roșii sunt coloșii Cerului, putând lucra cu o mare forță asupra materiei fizice. Din această cauză, ele sunt periculoase și uneori devin anarhiștii lumii noastre și, când sunt oameni trupești se bizuie pe forța lor fizică. În general, intelectualitatea duhurilor albastre este mai ridicată și au un fond moral mai robust. Totuși, gradul lor evolutiv nu le permite să vadă clar lumea înconjurătoare și legile după care ea își desfășoară viața. Există și în zona albastră trei categorii de duhuri, deosebite după gradul lor de înțelegere, dar cu toate execută ceea ce li se dictează să facă asupra duhurilor libere sau întrupate din zona a III-a. Ca oameni trupești vor avea o oarecare cultură și vor ocupa situații sociale, care le vor da posibilitatea să servească de executanți ai ordinelor date de mai-marii lor. Așa, de exemplu, toate funcțiile de stat – jandarmeria, poliția, magistratura etc., care au sarcina de a pune în execuție o dispoziție oarecare, stabilită de legi sau ordonanțe ministeriale, vor fi ocupate de duhurile din zona a II-a.

În fine, zona I, superioară, albă, cuprinde toate duhurile albe evoluate în veacurile îndepărate pe alte planete și venite aici pentru a face o nouă școală, lucrând la obținerea gradului de înger planetar. Duhurile albe au o mare intelectualitate, o puternică forță morală și cunoștințe vaste ale legilor și fenomenelor desfășurate în univers. Duhurile albe sunt și ele de trei categorii.

Sfera a 3-a, cea mai de jos a zonei I, este locuită de frumoasele duhuri albe, care poartă numele și rangul de *preot*. Unele dintre aceste duhuri se hotărăsc încă de sus să slujească altarului. Coborât în lut, câteodată, uită să îmbrățișeze cariera căreia i s-a oferit sus. Alteori, devine jos preot terestru, dar din cauza întunericului în care e învăluit, consideră misiunea sa ca o profesie, deci un mijloc de a aduna bunuri pământești.

Duhurile din sfera a 2-a a zonei I, sunt *arhiereii* Cerului, marii *judecători* cerești. În fine, duhurile din sfera 1 a zonei I sunt cei mai evoluați oameni ai Cerurilor. Ele sunt *sfinții* Pământului, viitorii candidați la rangul de înger, după ce vor face școala vieții umane pe toate treptele de planete.

Duhurile din planul cel mai de jos, zona a III-a, întrupate sau nu, constituie materialul spiritual de studiu al îngerilor. Duhurile din zona a II-a, albastră, constituie executivul planurilor angelice, iar cele din zona I, albă, sunt apărătorii omenirii trupești, opunătorii voințelor îngerești, căutând, din milă, să mai amâne durerile omenirii, provocate de războaie, mișcări sociale etc. Așadar, nicio experiență nu poate fi făcută direct de îngeri asupra oamenilor de pe pământ și din Cer, fără consimțământul și judecata lumii albe a Pământului. Iată marea noastră republică cerească.

Aplicatorii neînduplecați ai evoluției Pământului sunt îngerii. Ei lucrează în numele Tatălui suprem, care le-a dat această misiune. Îngerii privesc ceasul evoluției globului și a tot ce este pe el, și la ora, minutul și secunda hotărâtă, determină anumite evenimente, cu scopul de-a împinge totul înainte, spre perfecțiune.

În încheierea acestei prelegeri trebuie să-ți spun că în fruntea republicii noastre cerești se află cei trei Guvernatori planetari, A (Alfa) și W (Omega) planetei Pământ. Ei nu lucrează nimic, doar domnesc. Sub ei se află marea ceată a îngerilor, veghetorii și aplicatorii severi ai treptelor evoluționiste. Sub îngeri urmează miliardele nesfârșite de duhuri-oameni, împărțiți în trei zone. Zona inferioară, roșie, cuprinde robii pământului. Cei din zona a II-a, albastră, execută ordinele primite de la duhurile albe, conducătorii omenirii Pământului, aflați în zona I, albă.

Din Cerurile lor îngerii transmit unda gândirii lor. Divinii oameni iau notă și, chemând executivul, le dau ordine. Executorii din zona a II-a cheamă delegații lucrătorilor din zona a III-a, pentru a le face cunoscută o anumită lucrare, și astfel roata merge mereu mai departe.

Duhurile umane aflate în cele trei zone fluidice – I, a II-a și a III-a – nu au inițiativa conducerii din punct de vedere al evoluției terestre. Noi, albii, nu putem decât să acceptăm ori să ne opunem, pentru moment, hotărârii îngerilor, cerând o amânare. Nu putem desființa ordinele de evoluție, pe care numai îngerii au dreptul de a le face cunoscute.

Pe scurt, lumea albă din zona I formează un fel de *parlament* ceresc. Lumea îngerilor ar fi *miniștrii* Cerului, iar cei trei Guvernatori planetari, A (Alfa) și W (Omega) planetei Pământ, ar fi *suveranii* Pământului, care ratifică propunerile îngerilor planetari, aprobate de oamenii divini. Dar îngerii planetari se conduc în propunerile lor după ordinele sosite de la Centrul divin prin Fiul, reprezentantul Tatălui în sistemul nostru. Propunerile îngerilor planetari, aprobate de forul lumii albe și ratificate de Suveranii Pământului, se pun în lucru de lumea celor mulți de pe pământ și Cer, prin forța executivă a zonei a II-a.

Crearea duhului

A fost odată, în veșnicia îndepărtată, când nu exista niciun corp ceresc în spațiu. De atunci, Ființa primă, Cauza primă, a creat rând pe rând corpuri cerești. La început ele au fost mici și simple, dar pe măsură ce s-au înșirat milioane și miliarde de ani pământești, Creatorul a făcut altele, din ce în ce mai mari, mai numeroase și mai perfecționate. Tatăl ceresc construiește și acum, mereu, dorind să umple infinitul cu sfere plutitoare în spațiu, ca să fie tot atâtea școli și categorii de școli, pentru copiii Săi, duhuri de toate categoriile.

Acum noi suntem elevii acestor corpuri cerești. Voi, oamenii trupești, vă mișcați nespus de încet și pe o arie foarte restrânsă pe globul nostru. Cu noul instrument de locomoție, avionul, ați ajuns să vă mișcați ceva mai repede și pe o întindere mai mare, dar mișcarea noastră este neasemuită cu a voastră, fiind mult mai rapidă și mai largă. Cu toate acestea, nu putem hoinări prin spațiile infinite, dintre planete și sori, nu ne putem pierde vremea călătorind, pentru că vehiculul spiritului, corpul fluidic cu care am fost îmbrăcați când am venit pe Pământ, ne oprește să părăsim planeta aceasta, până când vom termina școala ei.

Toate corpurile mele sunt instrumente ale ființei mele reale – *scânteia divină,* principiul meu de viață. Pe când corpul meu exterior, corpul planetar, mă silește să-mi limitez aria de mișcare și activitate, Eul suprem, principiul meu de viață, are posibilitatea să străbată infinitul în lung și lat.

Când zic *Eu,* zic viață, așadar, eu sunt viață, deoarece cuget și exist. Atributul Eului, al vieții mele, este *conștiința.* Odată, la începutul existenței mele, viața mea primă a fost o *viață neviață.* Atunci existam, dar nu mă puteam mișca. Eram o unitate numită *Eu-sunt,* adică pronumele legat de verb. Așa am fost, ca primă formă de viață, sub starea de *Eu-sunt* sau *viață fără mișcare,* viață care exista, dar nu se putea orienta în timp și spațiu. Eram o particulă infinită, o mică scânteie cu viață, dar fără mișcare. Nicio deosebire nu era între mine și El, Cauza primă a tuturor creațiilor. Ca substanță eram la fel cu Creatorul meu.

Pe atunci, eram una cu Tatăl meu și ne cunoșteam sub una și aceeași formă. Adevărul acesta l-a spus și Isusul nostru, dar cine L-a înțeles? El a spus un mare adevăr, căci primul factor în lume și din eternitate este *particula-viață* și ea este egală cu surorile ei și este una cu Tatăl. Micuța mea scânteie, corpul meu plin de viață, principiul meu, este egal cu al Ființei supreme din Sfera-Laborator, și cu al tuturor scânteilor divine din sfera cu miliarde de creații. Nu există nicio deosebire între substanța scânteii mele și cea a Tatălui meu. Compoziția micii mele scântei și modul ei de funcționare este identică cu scânteia Tatălui ceresc și a infinitelor scântei din infinit. Scânteii noastre i se zice *divină,* pentru că e la fel cu Scânteia Divinului care a început creația celor văzute și nevăzute.

Inițial, eu și toate scânteile am fost simple vieți nemișcate. Apoi, eu, scânteia primă am dobândit o a doua unitate, un al doilea corp, care mi-a imprimat o mișcare, a deșteptat în mine o voință.

Dacă prin prima scânteie eram egal cu Tatăl, acum, prin cel de-al doilea factor, nu mai eram egal. Inițial, eram un singular, o unitate, dar posedam în mine impulsul de a deveni o colectivitate. La început eram la fel cu Tatăl, azi există deosebire între mine și Tatăl. El nu este eu și eu nu sunt El, dar viața și corpul meu de viață sunt la fel.

Eu nu știam să mă mișc la început. Am fost luat din Infinit și adus lângă Tatăl, în Sfera-Laborator. Laboratorul Tatălui este plin de particule-viață, care prin incomensurabila lor mulțime, unele lângă altele, ca și moleculele apei oceanelor voastre, constituie un mediu mobil, un fel de apă, un fluid format din particule-viață - o *apă vie.* Actualmente, Creatorul - un mare fizician și chimist - absoarbe câte o părticică din această apă vie și o introduce în corpul Său. Aici, în Ființa Sa, în mediul Său intern sublim, divin, particula mea a dobândit anumite însușiri. Apoi Tatăl m-a emis din corpul Său, ca și cum m-ar fi născut. Copilul nou-născut, iar nu făcut, a început să se miște în fluidul-viață al Laboratorului, cum se mișcă peștele prin apa oceanului unde s-a născut.

În acest moment, constatăm că în Laborator există două feluri de vieți:

1. viața particulelor inconștiente - imobile și totuși vii;

2. viața particulelor conștiente - se pot mișca după propria lor voință.

A doua categorie a provenit din prima, prin trecerea fiecărei particule prin corpul divinului Creator. Cea dintâi ar fi *materia primă,* din care, prin transformare, s-a născut cea de-a doua. Prin urmare, s-ar putea zice că viața *Eu-nu-sunt* s-a transformat în viața *Eu-sunt.*

Particulele de viață au fost încorporate de Creator. Ele erau izolate, independente unele de altele, unități fără niciun raport unele cu altele, deci erau ca o pulbere de particule. După ce au fost ingerate și au stat în corpul Creatorului câtva timp, particulele-viață au fost emise în grupuri formate din câte trei particule, constituind o grămăjoară microscopică. Această grămăjoară *Eu-sunt* sau *Eu-exist* este o mică reprezentare de viață sintetizată. Din acel moment, particula-viață a devenit un conglomerat de particule de substanță primitivă, numită *viață,* formând un tot indivizibil. A fost o unitate individuală, dar, prin șederea în corpul Tatălui, a devenit o unitate conglomerat indivizibilă.

Dragul meu frate, ți se pare că aceste probleme sunt desfășurate ca la școala primară, dar așa se procedează la noi sus și așa ți le dau și ție. Plecăm de la simplu la complex, de la o explicație analitică, la una sintetică.

Nicio lucrare în lume nu se face fără îndemnul spiritului, sau fără să fie cerută de o nevoie fiziologică. Tu ai acum un trup deoarece spiritul a avut nevoie de acest vehicul, pe care ți l-ai creat, pentru a-ți desfășura traiul în lumea trupească. Dintr-o necesitate fiziologică, părinții tăi au înlesnit crearea acestui trup, lucrare la care ai contribuit și tu. În fruntea tuturor necesităților fiziologice prezidează Ființa supremă, Tatăl, Guvernatorul lumilor. Orice acțiune este o Operă divină dictată de Voința puternică a Tatălui. O necesitate ne îndeamnă pe noi, duhurile, să întreținem corpurile noastre. Tot o necesitate îndeamnă pe Creator să creeze în veșnicie, pentru că nu poate rezista naturii Sale creatoare. El se hrănește în Sfera divină, cu viață și dă naștere la viață.

După ce Tatăl ne-a născut, am fost luați de curenții puternici ai oceanului fluidic, oceanul de apă vie, și plimbați în Sfera-Laborator. Prin aceste mișcări, am venit în contact cu anumite mari Forțe spirituale, pe care să le numim deocamdată *Luminatori.* Acești mari Creatori au și Ei, ca și Ființa primă, necesitățile Lor, care le-au dictat să ne ingereze în corpul Lor. Apoi, am fost iarăși emiși. Din acest moment licărește conștiința în noi și începem să ne înțelegem ființa în raport cu mediul ambiant. Atunci am început să ne mișcăm în toate direcțiile, după voința noastră. Dintr-o singură particulă-viață, ce eram odată, am devenit o colectivitate unitară și, din inconștienți am devenit ființe conștiente. După ce ne-a emis, această mare Forță ne-a învățat să ne îmbrăcăm cu o haină fluidică. Din goi cum eram, ne-am acoperit. Din Adam și Eva goi[1] ne-am acoperit primele noastre corpuri. De acum înainte, dintr-o particulă de viață pasivă am devenit o unitate cu viață conștientă și plină de voință și activitate.

În rezumat, trecutul nostru este următorul: la început am fost o particulă mică, pasivă și inconștientă de ceea ce există în jurul nostru. După aceea, am fost asociați cu alte două surori, formând un glomerul de viață, o sfântă treime unitară și conștientă. Astfel pregătiți, am fost „izgoniți" din Raiul Tatălui, în lumile create, pentru a începe - pentru prima oară - evoluția de școlari ai vieții de pretutindeni.

---

[1] „Atunci li s-au deschis ochii la amândoi şi au cunoscut că erau goi, şi au cusut frunze de smochin şi şi-au făcut acoperăminte. Apoi a făcut Domnul Dumnezeu lui Adam şi femeii sale îmbrăcăminte de piele şi i-a îmbrăcat." Geneza 3: 7, 21. Cuvântul ebraic or, folosit în textul de mai sus, înseamnă lumină - când se scrie „lik", sau piele - când se scrie „liy".

Rolul dreptașului, stângaciului și al celui-de-creștet

Omul trupesc care primește cunoștințe mai largi referitoare la lumea noastră este un *inițiat.*

Adevărurile cerești se dau potrivit gradului de evoluție al spiritului. Iată un exemplu. Trei persoane - *A, B,* și *C* - cu dragoste în studiile lor, urmăresc viața din univers. *A* ne întreabă despre o problemă oarecare a lumii noastre. Având în vedere gradul său evolutiv și dragostea de a se instrui spiritual, îi spunem o serie de cunoștințe relativ la acea problemă. Acum *B* - superior lui *A* - ne întreabă aceeași problemă; potrivit gradului său evolutiv, îi dăm cunoștințe mai profunde. În fine, dacă vom comunica lui *C* - aflat pe scara evoluției pe o treaptă mai sus decât *B* - îi revelăm cunoștințe cu mult mai largi și mai profunde privitoare la același subiect.

Lumea voastră neagă existența inițiaților în vremurile actuale, dar eu vă afirm că Cerul are mulți iubiți ai săi pe pământ, care alături de cultura lor pământească, posedă înalte cunoștințe ale arhitecturii universului și ale vieții din cuprinsul său.

Inițiatul nostru este un om ca toți oamenii. Prin nimic nu se deosebește de semenii săi. Din această cauză, nimeni dintre muritorii care îl înconjoară nu bănuiește că el posedă o comoară primită de la noi. I-am dat aceste taine ale lumii spațiilor, pentru că el are un *suflet de inițiat.* Nu orice spirit întrupat sau spațial poate primi din tainele mari ale Cerului. Trebuie ca el să aibă un anumit grad în lumea noastră, și rangul său - invizibil vouă, dar vizibil în lumea noastră - este indicat printr-un semn pe corpul său spiritual. Ziua, lumea trece pe lângă inițiatul nostru și nu știe ce noian de cunoștințe posedă. Acest om nu este un nenorocit, dar este un nefericit, pentru că a plecat din lumea eternă a spațiilor și s-a coborât în lumea materiei, care îi întunecă strălucirea spiritului și nu mai știe de Cer, decât atât cât i se dă de lumea Cerului.

Acum, îți voi vorbi de rolul forței treimice a *dreptașului, stângaciului* și al *celui-de-creștet* asupra vieții unui om trupesc.

Dacă omul trupesc ar cunoaște cele ce voi spune și ar trăi după aceste norme, ar fi ferit de multe erori, dezamăgiri și suferințe morale. Dacă ați ști ce forță are dreptașul, v-ați uimi. Dacă ați cunoaște forța stângaciului, v-ați înspăimânta, iar cunoscând puterea celui-de-creștet, ați cădea în genunchi, adorând Cârmuitorul lumilor, pentru infinita Sa înțelepciune, că nu l-a lăsat pe bietul om singur, să bâjbâie în lumea trupească.

Din alte expuneri ale mele, cunoști că fiecare om are pe lângă el un spirit veghetor numit *dreptaș.* El stă în permanență lângă protejatul său. Oriunde s-ar duce omul trupesc - în casă, în voiaj, pe stradă, peste tot, în fiecare clipă, dreptașul său este nedezlipit de el, ca umbra omului. De dimineață până seara, dreptașul vede tot ce face și gândește pupilul său, căci îi vede gândurile, întocmai cum vedeți obiectele și ființele lumii voastre. El este povățuitorul, inspiratorul a tot ce trebuie să facă protejatul său, și îi sugerează mental să nu facă anumite acțiuni, deoarece nu sunt conforme cu destinul său, ori pentru că va culege numai neplăceri sau dureri. Așadar dreptașul îl apără, îl veghează în toate acțiunile sale simple, când mănâncă, se plimbă, se culcă, se distrează etc.

De câte ori se naște o controversă între veghetor și protejat, sau de câte ori va fi vorba de un act ce poate duce la urmări deosebit de importante, dreptașul cheamă, pe calea undelor mentale, pe stângaciul pupilului său. Acesta, oriunde ar fi și orice ocupație ar avea, sosește ca fulgerul lângă pupilul său. Urmează imediat o analiză a situației și de îndată hotărăsc ce trebuie să facă.

Exemplele lămuresc. Iată că un om, plecat cu soția să se plimbe prin oraș, se întâlnește cu un amic însoțit de un prieten. Cei patru se salută și amicul se simte obligat să-și recomande prietenul. Dar acest străin are cusururile sale, neștiute de oameni. Dreptașul, văzând situația și constatând imediat că noua cunoștință este nefericită, telegrafiază imediat stângaciului, care sosește în câteva secunde. I se prezintă situația și imediat se hotărăsc să pună o pânză de fluide între protejat și străin. În același timp, își învăluie protejatul cu sfatul mental de a nu încheia vreo legătură cu acest străin, nefiind spre binele său. Din acel moment, protejatul se simte prost impresionat de străin, și, inexplicabil, simte o antipatie față de el, căutând imediat să se îndepărteze.

Unii ar putea obiecta: „Ce se poate întâmpla dacă port o conversație oarecare cu cineva? Ce importanță are cu cine vorbesc?" Are importanță pentru că nu aveți posibilitatea, ca și noi, duhurile, să analizați omul și să prevedeți cu exactitate consecințele relațiilor voastre cu anumite persoane.

Până la sosirea stângaciului, dreptașul și-a apărat protejatul de influența fluidelor emanate de străin. Odată sosit, stângaciul va crea un câmp magnetic izolator și în același timp, respingător al tuturor influențelor fluidelor și mai ales al ideilor emise de acest necunoscut. Cuvintele necunoscutului, expresiile sale sunt adevărate proiectile, care, îndreptându-se spre protejat, îi pot face un mare rău. Ei bine, aceste idei sunt împiedicate să ajungă până la corpul spiritual al iubitului lor.

Noi, duhurile, când vorbim între noi, nu scoatem sunete, ci numai gânduri, adică emitem idei, șiruri de idei. Scânteia divină, oricât de mică ar fi, gândește în interiorul ei. În jurul scânteii se află cele trei învelișuri divine: *a voinței, intelectului* și *memoriei.* Haina-arhivă sau a memoriei este plină de idei, particule vii, adevărate ființe, constituind comoara spiritului. Gândind în sinea sa, scânteia imprimă o forță asupra fluidului din haina-memorie, și anume, asupra unei idei. Particula-idee pornește imediat către exteriorul învelișurilor perispirituale. Când această particulă sau scânteie ajunge în dreptul păturii externe - vehiculul fluidic planetar - este învelită cu o pojghiță de fluid planetar. Acum ideea este asemănătoare unei semințe ce conține în mijlocul ei un embrion. Spiritul imprimă acestui produs bicompus o formă oarecare; prin urmare, fiecare idee își are forma sa. Din acest moment, ideea e gata și urmează să fie proiectată în spațiu. După o idee, vin altele și ele se înșiră ca și undele unui lac bătut de vânt. Fiind trimise într-o anumită direcție, aceste idei ajung la un om și pătrund prin trupul său, apoi prin corpul perispiritului ajung la spirit. Aici e pericolul mare - *pătrunderea ideilor în perispiritul unui spirit constituie fericirea sau nefericirea sa.*

Iată că intervenția dreptașului este necesară pentru a preîntâmpina nefericirea ce s-ar putea întâmpla iubitului său pupil. El, văzând culoarea, deci calitatea perispiritului noului sosit, și constatând că e un pericol pentru bunul său protejat, cheamă pe stângaci și până la sosirea acestuia își înconjoară pupilul cu fluidele sale, pentru a nu fi primitorul acelor idei.

Să zicem că pupilul dreptașului e un spirit alb și noua cunoștință, un spirit roșu. Ideile plecate din duhul roșu vor fi învelite cu fluid roșu, care, intrând în perispiritul protejatului, l-ar corupe, fluidul duhului alb fiind superior celui roșu. Iată pericolul prieteniei dintre un duh întrupat alb și unul roșu. Duhul roșu fiind mai des în contact cu duhul alb, îl va neferici, îmbibându-i perispiritul cu fluid de calitate inferioară. Acum cred că s-a înțeles înțelepciunea Tatălui, care a prevăzut acest caz și a pus trei paznici fiecărui om trupesc.

Inițiații noștri știu de aceste adevăruri și de multe altele, punând în practică cele aflate de la noi, pentru a fi feriți de multe influențe vătămătoare.

Totdeauna dreptașul este un spirit de egală evoluție cu omul pe care îl veghează. Stângaciul îi este superior pupilului, de aceea nu șade mereu lângă acesta, ci vine doar când este nevoie. În viața omului trupesc există împrejurări, legate de destinul său, când e nevoie de o forță și mai mare. În acest caz, dreptașul și stângaciul cheamă pe *cel-de-creștet* – o forță spirituală și mai înaltă. El coboară din înălțimile sale cu *cordonul* conferit de Sfânta Treime a Pământului. Dreptașul, stângaciul și cel-de-creștet se înconjoară cu acest cordon pentru a face o lucrare binecuvântată de cei de sus. Din acest moment, forța lor reprezintă forța Sfintei Treimi a Pământului, lucrând în numele Ei. Acțiunea lor va fi pozitivă sau negativă, după cum e cazul, conform destinului protejatului lor.

Multe taine ai aflat și multe vei mai afla. Iată încă una. După cum voi – trăind și muncind – vă consumați trupul și e nevoie să-l reparați, tot astfel e nevoie ca noi să ne reparăm corpul memorial slăbit prin gândire sau golit de idei. După cum voi vă hrăniți cu alimente ca să reparați trupul uzat prin muncă, și noi trebuie să mâncăm, dar alimentele noastre sunt ideile aflate în spațiu.

Să nu te miri de afirmația mea. Ideile plutesc infinit de multe prin spațiu, înoată prin eterul din univers. Fiind golit, eu înglobez în corpul meu idei până mă satur, le absorb prin toate părțile corpului meu, nu printr-un orificiu – gură – ca voi oameni trupești. Când va veni ocazia, emit din nou idei a căror înșirare formează gândirea mea. Emit întocmai cum stația de emisie radiofonică emite undele sale, unele după altele. Când gândesc, iau o idee din comoara mea internă, o îmbrac cu fluid din corpul meu planetar, și în același timp, îi dau o formă oarecare. Acestei forme îi imprim apoi o mișcare de rotație. Grație acestei mișcări ideea pleacă fulgerător la entitatea căreia îi este destinată, asemenea unui obuz prin spațiu. Mișcarea de rotație o asigură să nu fie oprită de vreun spațial și să străbată spațiile imense, până la adresant, care se poate afla la o mare distanță de mine.

Oriunde s-ar afla cel cu care vreau să comunic, întâi trimit unda gândirii mele vertical în sus și în același timp spre răsărit. În această direcție, ajungând în stratul domiciliului meu spiritual, unda mea este captată de un spirit anonim pentru mine, care este de serviciu în acest scop. Serviciul său e asemănător cu al telegrafistului vostru. El primește unda mea și o va lansa către entitatea spirituală căreia i-am adresat gândul meu, care va străbate spațiile, impresionând doar duhul căruia îi fusese destinat. Astfel, el ia cunoștință de cele dorite sau comunicate de mine. Dacă unda gândirii mele a mers până sus și nu a fost prinsă de „telegrafistul de serviciu", se întoarce la mine, la locul unde mă aflu, și o voi trimite din nou, până va atrage atenția entității ce îndeplinește rolul de transmițător.

Orice spirit are ideile sale. Dintr-o anumită materie vor fi construite ideile spiritelor din zona a III-a, din alta - a celor din zona a II-a, și cu totul deosebită - a celor din zona I. Bineînțeles, că undele îngerilor planetari vor avea o altă substanță, iar ale celor trei *Alfa* - vor fi sublime.

Fiecare duh își emite ideile, dar gradul lor de evoluție nu permite ca ideile să se amestece între ele. O undă de idei emisă de un duh roșu îmi face rău. Emisia ideilor mele umplu de fericire pe un spirit inferior, pentru că el primește în corpul său fluid alb, fapt care îi va produce o mare fericire. De aici, regula stabilită: *inferiorul nu are voie să vorbească - gândească - în fața superiorului.*

Duhul inferior este fericit când superiorul îi vorbește. De aceea îi ascultă cuvântul cu smerenie și îl adoră ca pe un mic Dumnezeu. Nu i se poate adresa, căci această regulă a învățat-o și el în lumea noastră. El stă în fața superiorului, așteptând, așa cum stau puii de rândunică cu pliscurile deschise, ca să le pună mama hrană în gură. Inferiorul așteaptă ce va ordona superiorul său. El se va duce să facă tot ce i se va spune. Dacă i se va spune să fure, să omoare, să facă o faptă rea sau bună, el execută orbește, bineînțeles, pe răspunderea superiorului care i-a ordonat. El este fericit că a executat ordinul primit, prin șirul de idei absorbit de la superior. Oricare ar fi rezultatul acțiunii sale, el a profitat, căci ideile superiorului au îmbunătățit compoziția fluidului său și astfel a progresat cu un pas. Superiorul e conștient de acest fapt, așa că emisia ideilor către un inferior se face cu mare prudență, nu-l îndoapă cum îndopați voi gâștele.

Prin urmare, emisia de idei a unui duh superior se face cu măsură, în anumit scop și la anumită epocă, având în vedere avansarea duhului inferior.

Conducerea popoarelor

Îți cunosc părerile rele despre politica oamenilor; totuși noi îți spunem că politica este știința evoluției popoarelor.

Omul de azi nu ar putea trăi dacă nu l-ar atrage mirajul viitorului și magnetul interesului. Pe politicianul vostru îl interesează doar viitorul imediat apropiat, și nu ce va fi peste două sute de ani. Dar pe când omul trupesc este interesat doar de ziua de mâine, spiritul se preocupă de ce va fi peste una sau două mii de ani. Voi ziceți: „Ca ieri trecură anii mei!" Iar noi, spiritele, spunem: „Ce repede trec secolele! Parcă ieri era Evul Mediu și alaltăieri sfârșitul Imperiului Roman".

Dacă pe omul întrupat îl lasă rece ce va fi peste o mie de ani, pe noi ne interesează evenimentele ce vor veni peste câteva secole și conlucrăm cu toate la pregătirea lor. În memoria mea prezentă sunt toate evenimentele trecutului acestui glob, de când am venit pe el, iar evenimentele viitoare fac un lanț neîntrerupt cu cele trecute, căci veacurile îndepărtate au pregătit pe cele actuale.

Inițiatului nostru îi dăm cheia dezlegării motivelor existenței popoarelor și cauza dispariției lor de pe arena pământului. El nu privește către baza edificiului, ci către vârful piramidei vieții umane.

Istoricii pământului înșiră efectele vieții diferitelor popoare; noi arătăm inițiatului nostru cauzele ce contribuie la persistența unui popor veacuri nesfârșite și cauzele care au determinat dispariția rapidă a altora.

Omul trupesc nu vede pe pământ decât efectele, fiindu-i imposibil să știe cauzele care le-au provocat și a căror sursă este la noi în Cer. Pământul este asemenea unui teatru; pe scena lui joacă oamenii și popoarele asemenea unor păpuși mișcate după cum sunt trase de sfori nevăzute.

Voi, oamenii trupești, nu puteți închega judecăți corecte, deoarece vă lipsesc toate premisele necesare, nu posedați cunoștințele noastre, cei din zona I.

Gloatele lumii spirituale din zona a III-a nu văd decât viitorul foarte apropiat al lumii de jos.

Ceva mai larg este câmpul cunoștințelor celor din zona a II-a.

Dar noi, cei din zona I, privim mereu sus de tot, acolo de unde pornesc hotărârile și unde sălășluiește Cauza cauzelor.

Oricât de inferiori ar fi cei din zona a III-a, sunt mai conștienți decât oamenii trupești.

Noi, lumea de conducere a celorlalte zone, avem vederea cea mai clară. După noi vin cei din zona a II-a, care văd de parcă privesc prin ochelari fumurii. Cei de jos, din zona a III-a, sunt miopii lumii spirituale.

Dar oricât de prost văd duhurile roșii, tot văd ceva din viitor, pe când voi sunteți orbi, și ați fi orbi cu desăvârșire, dacă nu ați fi îndrumați și conduși de noi.

Forma de viață se schimbă mereu pe suprafața pământului. Popoarele apar, trăiesc și dispar ca actorii pe scena unui teatru. Durata lor este cu atât mai lungă cu cât organizarea și conducerea vieții lor este în armonie și conformitate cu Regulile ce domnesc în lumea Cerului.

Cu altă ocazie, îți voi vorbi mai pe larg de condițiile cerute ca un popor să-și desfășoare cât mai mult timp viața pe acest glob. În treacăt, îți spun: acel popor care va căuta să fie o copie cât mai apropiată de viața poporului de spirite, a Cerului, va putea să dureze zeci de mii de ani. Poporul alcătuit și condus după modelul nostru din Cer va fi stăpânul lumii.

Modelul nostru de organizare ți l-am revelat. Sus, în vârful piramidei, sunt preoții, la mijloc – forțele executive, iar jos – mulțimea, muncind spre fericirea ei și a celor de deasupra, care îi conduce după legile divine și eterne ale Tatălui.

Când preoții tereștri vor fi savanți, cunoscători ai legilor cerești, când vor fi în legătură cu Cerul și vor da directive fericite, după indicațiile primite de la noi, poporul condus de ei va prospera și străluci în fruntea popoarelor pământului. Când toți indivizii unui popor vor trăi într-o legătură indisolubilă, ducându-și viața într-o vastă comunitate, compusă dintr-o serie gradată și descendentă de comunități, având ca scop principal Adevărul, Binele și Frumosul – știința inițiatică, credința în Divinitate și artă – acel popor va fi cult, bogat și puternic, după cum a fost aproape douăsprezece mii de ani țara și poporul Egiptului antic, sau trei mii de ani marea și vechea sinarhie a lui Rama.

Atâta vreme cât va dura forma de viață unde conducerea o au duhurile întrupate din zona a II-a, forța executivă, iar forța duhurilor întrupate din zona I, a preoților cerești, este secundară, nu va putea exista o viață conformă celor orânduite sus. Mai curând sau mai târziu, aceste popoare vor pieri.

Egiptul antic, țara arienilor sau a celților, ar fi dăinuit până azi, dacă ordinea lor umană de guvernare, conformă celor cerești, nu s-ar fi răsturnat. Deschideți ochii și priviți, pentru că aveți un mic exemplu chiar acum pe pământ, în poporul iudeu. Iată taina duratei sale de mii și mii de ani. Conducerea lui fiind preoțească, rabinică.

* * *

Vreau acum să-ți spun câte ceva despre efectele produse de idei asupra noastră și a voastră. Am spus că ideea este materială, că e o mică particulă luminoasă, ce plutește ca o pulbere prin spațiu, constituind prima materie, prima forță, din care și cu care s-au alcătuit toate creațiile. Spiritul posedă, ca o comoară sfântă și scumpă, mii și mii din aceste particule-viață sau idei.

Astfel pregătit, vreau să-ți fac o mică lecție de psihologie spațială.

Totul a fost creat de Tatăl ceresc prin idei și din idei. Ele își au originea în lumea necreată, în Infinitul fără creații. Ideea este idee atâta timp cât zace în corpul spiritual, făcând parte din ființa duhului. De îndată ce a fost emisă, ea nu mai este o idee, ci o forță.

În definitiv, noi, duhurile, suntem baterii de forțe, ca de altfel și voi. Dar pe când noi suntem forțe conștiente, voi sunteți forțe oarbe, neștiutori de forța de care dispuneți. Noi știm să ne întrebuințăm forțele și cunoaștem rezultatele obținute prin ele.

Cel mai umil om spațial, de pe ultima treaptă - care întrupându-se va fi un canibal ce își va mânca părintele - știe, ca spirit, ce mare importanță are o idee. Din această cauză, fiecare spațial își impune o interdicție în emisia ideilor.

A emite o idee nu e totuna cu a cugeta. Cugetarea este o acțiune intimă, produsă în interiorul scânteii divine, despre care nu are cunoștință nimeni din jurul ei. Noi putem cugeta, fără să emitem idei în afara noastră. Cugetarea voastră este cu totul deosebită de a noastră, deoarece gândind, voi exteriorizați, emiteți ideea.

Așadar, cugetarea voastră este însoțită imediat de acțiunea de emitere a ideii. Eu pot gândi în sinea mea și nu va ști nimeni ce gândesc. Dar acum, când îți comunic, pe lângă gândirea mea interioară am trecut și la emisia ideilor.

Tot ce gândiți voi este emisie, văzută și înțeleasă de noi. Când spiritul vostru gândește în interiorul său, dar ca oameni trupești nu știți nimic, numai atunci cugetați ca noi, spiritele destrupate.

Din moment ce un spațial începe să emită idei, conform naturii sale, își ia o răspundere, cu atât mai mare, cu cât consecințele acțiunii sale vor fi mai nefericite mediului său ambiant. Noi știm urmările emisiilor noastre, și nu ne putem scuza, ca voi, că nu cunoaștem urmările cuvintelor adresate unui om trupesc. Noi nu putem face emisii de idei fără autorizare. La noi este țara tăcerii, a cenzurii veșnice. Dacă în lumea noastră ne-am permite emisii de idei care vor fi urmate de acțiuni răufăcătoare, am fi imediat sancționați cu grele suferințe spirituale.

Ca duh poți gândi tot ce-ți place în forul tău intern, al spiritului, dar să nu emiți idei în afară. De aceea, de-a lungul veacurilor, noi, cei de sus, am recomandat inițiaților tăcere și iar tăcere.

Cu fapta greșiți destul de des, dar cu vorba greșiți mult mai des. Toată ziua trăncăniți bune, și rele, știute și neștiute. Dar neînchipuit de mult greșiți cu gândul vostru, prin emisiile voastre de idei, cărora le-ați imprimat un caracter de bârfă, blestem, critică, ură etc. Ați risipit în spațiu semințe care - ca și microbii - vor infecta spațiile, îmbolnăvind duhurile întrupate și libere.

Cerul este lumea tăcerii. La noi, mai mult decât la voi, cine tace este înțelept. Tăcerea ne dă posibilitatea să meditâm zile întregi la unul și același subiect, scoțând la iveală adevărul din el. Tăcerea ne dezvoltă în același timp voința și puterea de analiză. De multe ori vedem prin spațiu câte un spirit aflat în imobilitate. El își examinează comoara de idei, le compară, le analizează conținutul și deduce natura și forța de care dispune. Cunoscând urmările unei emisii de idei, la noi domnește mai multă înțelepciune - tăcere - decât la voi.

Cât timp zace o idee în interiorul meu, ea este o simplă particulă. De îndată ce i-am dat drumul, ea a devenit o forță producătoare de efect. Din personală, ideea a intrat în domeniul public. Duhul pătruns de ideea mea, cel ce a adoptat ideea mea, va deveni un supus al acestei idei, și - la rândul său - devine un transmițător de idei identice cu conținutul ideii primite.

Ideea are forța zero atâta timp cât se află în sânul meu, deoarece orice idee conținută în corpul meu sau al oricărui alt spirit, nu are prin ea însăși nicio caracteristică. Îndată ce i-am dat o destinație - am hotărât să facă o anumită operă și am emis-o - ea pleacă asemenea unui glonț spre locul desemnat și forța ei se desfășoară conform voinței și dorinței mele.

Voi, oameni trupești, gândiți, vorbiți de dimineață până seara și nu știți ce sământă semănați, ce forțe risipiți în spațiu. Cât de mică este o idee pe lângă trupul vostru, dar cu toate acestea cât de ușor doboară această particulă infinit de mică ființa voastră trupească. Nimicul acesta, ce zace din veșnicie în Infinit, este materia primă cu care Ființa primă a creat totul în cosmos.

Ideile emise de duh pot fi gloanțele mitralierei - ucigând totul în drumul lor, ori picături de balsam - vindecând pe cei bolnavi.

Ceea ce e în lumea noastră este și în a voastră. Un cuvânt necugetat al cuiva - un blestem sau o vrajă - va merge la destinație și va distruge pe cel vizat. Un cuvânt de urare sau binecuvântare va umple de forță și reușită pe cel căruia i-a fost destinat. Ideea cutreieră prin spațiu, intrând și ieșind din fiecare entitate. Vai de cel care a aruncat în lume prima idee ticăloasă!

În infinita Sa bunătate, Divinitatea a dat posibilitate celui ce a greșit, emițând idei ticăloase, să neutralizeze forța lor. Într-adevăr, dacă cel ce a greșit își recunoaște greșeala și se căiește, el poate să emită alte idei, care vor urmări primele idei și le va anula forța, dându-le altă polaritate, alt caracter, contrar celui inițial. El anulează astfel ideile care ar fi fost un factor stăvilitor al evoluției în general.

Responsabil este emițătorul de idei, dar responsabil este și primitorul care se transformă în emițător. Responsabil e cel ce a îndemnat pe cineva să omoare, dar responsabili vor fi și cei ce vor aproba acest omor.

Dacă fiecare om trupesc ar cunoaște ceea ce știm noi, pământul ar fi un rai. Dar Domnul nu vrea să i se dea omului totul de-a gata, ci trebuie ca el să se călească prin greșeli și dureri, ca din veac în veac să devină mai cunoscător al ordinii stabilite de Tatăl în univers - binecuvântat fie Numele Său, în veci. Amin.

Adevărul își are gradele lui

Când s-a făcut om, Guvernatorul nostru solar a dat cheia Adevărurilor cerești în mâinile întemeietorilor bisericii creștine, dar treptat, în decursul timpului, ele s-au pierdut. Acum biserica nu mai posedă decât cunoștințe exoterice. Din acest motiv, noi comunicăm unora din aceste adevăruri, pentru ca sământa lor să nu se piardă cu totul din lumea trupească. Așa a fost în toate veacurile, mai ales când se trece către un sfârșit de ciclu.

Prin urmare, biserica creștină predică inexactități? Nu, dar ea este în multe probleme în eroare, nemaipăstrând legătura cu Cerul.

Nu toate duhurile din lumea noastră cunosc tot adevărul. Numai oamenii zonei I, cordonizații lumii cerești cunosc tainele lumilor, cunoștințe ezoterice sau secrete. Totalitatea lor formează știința creațiilor; o ramură a ei este filosofia și un capitol al filosofiei este religia.

Există o mare deosebire între filosofia noastră și a voastră. Filosofia voastră este sinteza științei voastre. Cum știința voastră se bazează pe concepții greșite, rezultă că și filosofia voastră e greșită. Filosofia noastră se bazează pe cunoștințe câștigate prin observațiile și experiențele sutelor de mii și milioane de ani. Dar tot știința noastră ne spune că alături de adevăr există și eroarea. În lumea noastră adevărul se scoate prin discuții contradictorii. Se expune teza, se atacă cu contraobservații și cunoștințe, și din controversă în controversă se ajunge la adevăr. Bâjbâind, ajungi odată la lumină.

Să știți că Adevărul are și el gradele lui. Noi, duhurile, când destăinuim celor mai mici decât noi din adevărurile universului, le spunem numai atât cât este potrivit cu gradul lor de evoluție.

Știința universală are capitolele și gradele sale. Ea începe cu *marea știință a Sferei centrale*. Se coboară la capitolul *cunoștințelor solare* și se încheie cu al treilea capitol, referitor la *adevărurile planetare*. Fiecare dintre aceste trei mari capitole cuprinde o serie nesfârșită de grade descendente de cunoștințe. Ca să le poți afla de la cei ce le știu, și apoi urmări și aprofunda, trebuie să ajungi la un anumit grad de evoluție.

Dragul meu, voi măsurați temperatura cu termometrul. Noi urmărim viața veșnică, învățând gradele Adevărului. Marilor duhuri – apostoli ai Domnului – li s-au dat înalte cunoștințe, pentru că erau locuitorii Cerului de dincolo de zona I a lumii umane. Dar chiar și ei au primit cunoștințe diferite, pentru că erau de grade diferite în lumea lor angelică.

Am spus că există trei mari categorii de Adevăruri:

1. Adevărurile Sferei divine;

2. Adevărurile Globului solar;

3. Adevărurile planetare.

Sfântul Duh este deținătorul complet al științei referitoare la viață, duhuri și diferitele materii ale planetei pe care o guvernează. El posedă și Adevărurile solare, dar nu le cunoaște la perfecție pe cele ale Tatălui. Guvernatorii solari cunosc Adevărurile Tatălui. Divinitatea noastră solară, când s-a făcut om, a spus ucenicilor Săi: *„Precum M-a învățat Tatăl Meu, așa fac. Dar nici pe Mine nu M-a învățat Tatăl tot, și Eu mai am încă multe de învățat din marea carte a Adevărului sau Știința științelor".*

Toți din lumea noastră cred că posedă ceva din această Știință a științelor. Niciunul nu vrea să spună că nu știe nimic. De aceea, apostolii Domnului au căutat să pună în gardă pe bunii creștini, să fie cu băgare de seamă ce fel de duh le vorbește, dacă este un duh luminat ori este dintre cele inferioare, care poate face chiar „minuni", dar nu știe nimic din Adevărurile cerești. Creștinii socoteau asemenea duhuri ca fiind de la diavol. După știința noastră, diavolul este un spirit aflat în eroare, din punctul de vedere al Adevărului, cunoscând greșit adevărul; și el este de la Tatăl, dar nu cunoaște Adevărul. El ia eroarea drept adevăr.

Acum am să vă spun ceea ce Domnul n-a vrut să răspundă lui Pilat: *Adevărul este Știința științelor. Tatăl cuprinde în Sine toată știința despre opera Sa, despre universurile create.*

Evoluția ideilor

Cu o altă ocazie, ți-am explicat cum comunicăm noi. Dar voi cum comunicați? Vorbiți scoțând sunete și suma lor învăluie o cugetare.

Urechea voastră - ziceți voi - captează sunetele și cu ajutorul sistemului cerebral, aflați despre ceea ce vă vorbește interlocutorul vostru. În realitate, sunetele se opresc la sistemul cerebral, iar imaginile sau formele ideilor străbat mai departe, prin perispirit, până la scânteie, care ia cunoștință de ele. Suma imaginilor sau a formelor ideii formează o frază, iar un șir de fraze alcătuiesc o cugetare despre un subiect oarecare.

Oamenii trupești trăiesc pe pământ în grupe mai mari sau mai mici, vorbind fiecare limba lor proprie. Cuvântul, în orice limbă ar fi el, acoperă cu vibrațiile sale una și aceeași idee. De exemplu, cuvintele *mother, mater, Mutter, mère* sunt forme sonore, care acoperă una și aceeași idee: mamă. Oamenii trupești vorbesc pe pământ diferite limbi. Noi, duhurile, vorbim una și aceeași limbă: *limba universală a ideilor, a formelor care corespund ideilor.*

Greu se învață o limbă a pământului, dar cu mult mai greu se învață *limba formelor.* Greutatea provine și din faptul că, în decursul timpului, conținutul formei, al ideii, trece printr-o evoluție, aflată în raport cu evoluția planetei unde trăiesc entitățile spirituale.

Vorbirea oamenilor spațiali este aceeași pe tot întinsul atmosferei fluidice a Pământului, dar diferă de vorbirea îngerilor. De asemenea, vorbirea îngerilor solari e deosebită, ca vibrație, de vorbirea îngerilor planetari, și așa, din treaptă în treaptă, undele ideilor se schimbă, ca și concepțiile conținutului lor.

Un om spațial, de orice grad ar fi, vorbind unui medium asiatic, african sau european, va fi înțeles, pentru că el „va vorbi" spiritului mediumului prin graiul spațial, care trecând prin sistemul cerebral al mediumului, va îmbrăca forma limbii vorbită de el ca om trupesc. Și viceversa, vorbindu-se în românește unei entități care în ultima sa întrupare a fost siameză, ea va înțelege deoarece cuvântul limbii române își va dezbrăca sonoritatea în sistemul cerebral al mediumului, rămânând numai ideea, care, fiind aceeași pentru toate duhurile Pământului, va fi înțeleasă.

Poate omul trupesc să vorbească oarecum limba duhurilor? Da. Și anume, când nu vorbește, ci doar gândește. În acest caz, el emite un gând, tot în limba lui, dar ideile conținute în cuvintele gândirii sale sunt captate de duhul asistent, care le vede ca și când ar avea în fața sa un duh spațial, nu un întrupat.

Poate un duh să vorbească numai duhual unui om trupesc? Da, poate să-i transmită ideile sale. În acest caz, omul trupesc nu va cunoaște ideile recepționate de spirit, dar se va pomeni gândind și vorbind idei pe care le consideră personale, pe când în realitate sunt ideile trimise sau sugerate de un alt duh. Acesta este mecanismul fenomenului de transmitere a unor idei, numit de voi inspirație sau sugestie. Sugestia poate fi făcută de la duh la duh, de la duh la om întrupat, de la întrupat la întrupat și de la întrupat la duh.

Lumea invizibilă o conduce pe cea trupească pe calea sugestiilor. Ideea duhului liber fiind o forță va determina duhul întrupat la anumite acțiuni, mai ales că sărmanul nu știe că este influențat de un duh, pentru că nu-l vede.

Spuneam cu altă ocazie că dreptașul este egal în rang cu entitatea pe care o acoperă cu aripa iubirii sale. Stângaciul este o entitate mai înaltă decât duhul întrupat de care spiritualmente e legat, iar cel-de-creștet este și mai înalt. În calitatea sa de egal, dreptașul este iubitorul întrupatului. Ca superior, stângaciul va veni lângă pupil numai în momentele lui grele.

Să luăm un exemplu. În destinul unui întrupat este trecut ca el să ucidă pe un semen al său.

„Cum uciderea poate fi clauza destinului cuiva?" vă veți întreba, mirați. Da, pentru că e un duh executor și veți vedea care ucidere este pedepsită și care nu.

A sosit ziua când toate împrejurările l-au adus pe întrupat până la punctul executării acestui act al destinului său. Dreptașul, cunoscându-i perfect programul destinului, îi spune noaptea: „A sosit momentul să faci ce te-ai obligat sus. Trebuie să fii instrumentul judecății lui Zed. Întrupatul Zed te cheamă, te așteaptă, ca spirit, să vii și să-i execuți osânda, pe care o știe și a acceptat-o sus, pentru că a greșit și a ucis pe un semen. Hotărăște-te odată. Te-ai obligat, fiind forța executivă a Cerului. Hai, timpul a sosit." Ca om trupesc, își amintește de judecată, de ocnă, de părerea lumii, de conștiința sa și nu vrea să ucidă. Ideea sângelui vărsat îl îngrozește. În momentele de rezistență ale întrupatului, dreptașul cheamă pe stângaci să-l ajute. Acesta, sosit, începe și el cu sugestiile: „Frate, a sosit ceasul, de ce nu execuți ceea ce ți s-a pus în destin?" „Of - zice întrupatul - de unde îmi vin în minte asemenea idei, de a ucide pe Zed?" Iar sugestiile celor doi veghetori nu-l slăbesc deloc.

Destinul cunoscut de treimea de veghetori înainte de întruparea ocrotitului este urmărit de dreptaș și stângaci, pentru ca acum, la ceasul hotărât, să fie executat. „Ce te-ai obligat să faci, fă! Ce te-ai obligat să ari, ară! Ce tot te codești?" Din zi în zi, crește ura executorului față de Zed. Prin minte îi trece hotărârea de a-l suprima. Într-o zi, nemaiputând rezista, ca împins de un resort pune mâna pe cuțit și-l ucide. În momentul hotărârii acțiunii, sosește ca fulgerul entitatea-de-creștet a executorului, precum și cea a victimei, ambii prezidând evenimentul executării Judecății divine.

„Omor! S-a comis o crimă!" țipă întrupații, ziua. Poliția e pusă în mișcare iar făptașul e căutat, prins, închis și judecat. „Cine ar fi putut crede - spun unii - că acest om bun, milos, mielul lui Dumnezeu, va deveni într-o zi un ucigaș? Acum știm că era un candidat al ocnei!"

Dar noi, cunoscătorii adevărului, spunem: criminalul nu este nici dulcele miel, nici asasin; el este, în acest caz, doar un spirit întrupat, din zona a II-a, albastră, a forței executive de sus. Făptașul a fost desemnat să execute o sentință dată de sus, acceptată de el și de victima care a ucis și ea cândva. Așadar, pentru Cer cazul acesta nu este un omor, ci îndeplinirea unei misiuni.

Legile Cerului trebuie păzite. Când un duh coborât în trup a omorât, legea cere pedeapsa. Pentru a cunoaște exact ce înseamnă să silești un spirit să părăsească brutal și înainte de vreme trupul său, fostul criminal este condamnat să treacă prin aceeași suferință și întoarcere grabnică din lumea trupească în cea Cerească, fără să-i mai fie lăsat răgazul de a se bucura de bunurile lumii terestre.

Un cititor al acestor rânduri s-ar putea revolta: „Cum? duhurile propovăduiesc și îndeamnă pe un biet întrupat inconștient să omoare și deci să încalce Legea Tatălui?"

Nu, lumea oamenilor spațiali – și în special cei din zona I – au o nespusă iubire față de frații lor mai mici, dar în același timp știu că păzirea legilor e garanția ordinii și baza progresului. Greșeala trebuie ispășită și în general plătești cu ce ai păcătuit.

Prin urmare, crimele sunt de două feluri:

1. legale – din ordin;

2. ilegale – făcute din nesocotință.

Crima legală nu este făcută din instinctul rău al omului, ci pentru că a fost împins la săvârșirea acestui act, dictat de judecătorii săi supremi. S-ar putea obiecta: „De ce trebuie să sufere executantul, dacă i s-a impus această crimă?" Întrupatul pune această întrebare, deoarece nu cunoaște trecutul executantului, care va intra la ocnă și va suferi pentru a-și plăti greșelile făcute în trecut. Nu întâmplător i s-a dat această misiune, pentru că este un vinovat, încălcând legile divine ca spirit și întrupat. El va suferi, achitându-și o poliță din trecut, și în același timp va urca o treaptă mai sus, pentru că a slujit Cerul la îndeplinirea Justiției divine.

Dreptașul va sta ziua la dreapta pupilului său, de la naștere și până la moartea sa biologică. El nu se va așeza niciodată la stânga lui, și mai ales la creștet. Dacă dreptașul se îndepărtează la o distanță oarecare de ocrotitul său, ieșind din aria lui magnetică, se poate așeza și la stânga pupilului său. În cazul acesta dreptașul nu mai poate acționa în niciun fel asupra iubitului său.

Dreptașul e îndeplinitorul destinului pupilului său, iar stângaciul e constrângătorul destinului său. Întrupatul este solicitat, povățuit de dreptaș, într-un fel, stângaciul poate să-l sfătuiască într-alt fel și bietul întrupat, stând nedumerit între amândoi, se hotărăște când conform celor susținute de dreptaș, când după cele sugerate de stângaci, iar alteori nici după unul, nici după altul, ci conform liberului său arbitru. Când urmează îndemnul dreptașului, e pe calea destinului său. Când ascultă de șoapta stângaciului, va acționa în afara celor prevăzute în destinul său, dar va avansa, însă, de cele mai multe ori prin suferință.

Dreptașul are responsabilitate față de Forul suprem, dacă dictează altceva pupilului său, în afară de destin. Stângaciul nu are această răspundere. El este superior întrupatului și îi poate propune acțiuni în afara destinului său, fără să fie responsabil, întrucât intenția i-a fost să-l împingă mai repede pe calea progresului, dar ca om trupesc poate să aibă neplăceri pentru acest câștig spiritual. În toate marile lui acte, omul trupesc va fi însoțit de treimica forță dăruită de Tatăl. Când se naște, se căsătorește, naște copii, îi moare părintele, trece printr-o grea durere sau încercare, va veni și președintele treimicei forțe să asiste la aceste acte destiniale.

Odată fixat, destinul trebuie executat cu orice preț. Există cazuri extrem de rare, când destinul poate fi stricat. De exemplu, unele fapte omenești ticăloase - magie neagră - pot tăia firul depănării destinului cuiva. De asemenea, un om nu mai poate suporta durerile prevăzute în destinul său, și dându-și seama că și-a luat prea mari sarcini se roagă fierbinte Cerului, ca o parte dintre ele să-i fie ridicate în această viață și amânate pentru altă viață. Conducătorii acestui individ pot cere Forului suprem al Pământului să aprobe cererea lui fierbinte, modificându-i destinul.

O schimbare deosebită are loc în destinul unui individ când se schimbă destinului țării unde viețuiește ca om trupesc. Da, și destinul neamurilor și al țărilor suferă schimbări în cazuri foarte rare, cerute de îngerii conducători ai acelui neam și aprobat de Sfântul Duh al Pământului.

Modificarea destinului unei grupări sociale aduce perturbări în destinul individului acelui neam. În acest caz, s-ar părea că avem de-a face cu nerespectarea *obligațiilor* Tatălui, față de entitatea spirituală întrupată. Entitatea s-a jurat că își va îndeplini obligațiile luate față de Legile Tatălui, în fața reprezentantului Său legal. Prin venerabilul Său împuternicit, Tatăl s-a obligat față de microscopicul fir de praf al universului să nu-i pună nicio piedică în desfășurarea destinului său, care îl va duce cu un pas mai departe pe drumul nevăzut, către Izvorul de viață de unde a plecat.

În cazul modificării destinului țării, întrupatul va trece prin greutăți și situații neprevăzute în destinul său. De exemplu, din bogat va ajunge sărac, din sănătos - bolnav, din liber - pușcăriaș etc.

S-ar zice că Cerul nu a fost drept, că prin modificarea situației unei țări s-a schimbat soarta unui om, care înainte de întrupare își făcuse în Cer un plan, și acum tot planul său s-a spulberat. Da, este întocmai, dar corolarul schimbării destinului unei mari colectivități de oameni are drept consecință impunerea individului - pe lângă cele acceptate de el înainte de întrupare - la împrejurările voite de Forțele supreme, tot pe baza Justiției cerești, forțându-l astfel să achite acum și alte crestături de pe răbojul vieților sale anterioare. Va suferi amarnic în aceste mari prefaceri și mișcări sociale, dar va achita multe dintre greșelile nelichidate ale trecutului. Rezultatul va fi limpezirea situației sale ca spirit și înălțarea sa într-o viață terestră, cât în șapte.

Acum revin la cele trei forțe. Dreptașul este mama iubitoare, dorind pupilului său cel mai mare bine. Împlinirea întocmai a destinului pupilului său va fi meritul dreptașului și pe această cale va păși și el mai sus. Stângaciul este șarpele amăgitor care a nenorocit - la figurat - pe Adamul simbolic. El nu răspunde de rezultatul șoaptelor sale. Rolul stângaciului este ingrat: de a fi forța potrivnică părerii dreptașului, dar, în fond, el este un spirit ce își deapănă firul evoluției pe cărarea cea dreaptă a legilor cerești. Forța supremă, de-creștet, denumită și *tată,* dă binecuvântarea sa tuturor actelor făcute de întrupat, prevăzute în cartea destinului său. Astfel că sărmanul spirit, tras de-o parte și de alta, își chinuie scânteia, ca să aleagă soluția cea mai bună. Liberul său arbitru îl poate duce pe cărarea cea bună ori îl poate determina să ia pe una dintre cărările lăturalnice. Dar tocmai din aceste frământări, încercări și greșeli - de-a lungul veacurilor, din întrupare în întrupare - spiritul face școală, se iluminează, înțelege Adevărul și învață legile ce guvernează universul.

Cauza și efectul corespunzător

Având în vedere apropierea unui ciclu de înaltă spiritualitate, noi, duhurile lumii superioare ale Pământului am creat ici-colo, pe suprafața pământului, *cercuri spirituale, cercuri de revelație și inițiere,* de unde, asemenea unor faruri, radiază lumina în bezna ignoranței în care trăiește lumea.

Noi, cei de sus, creăm, plănuim, orânduim; iar voi, cei de jos, împliniți, executați cele hotărâte de noi. Noi suntem generatorii unor cauze; voi sunteți instrumentele noastre și veți culege efectele celor dorite și pornite de noi.

Pe tine, frate, te-am ales să fii instrumentul nostru, pentru că sus la noi, ai primit cu bucurie misiunea de a fi vestitorul nostru. Dacă prin liberul tău arbitru, ai dezerta de la îndatorirea acceptată și de Cer binecuvântată, mare și grea răspundere ar cădea asupra ta. Ți-ai asumat o mare răspundere odată ce ai acceptat să fii promotorul cauzei noastre, lansând în lume o idee: *nemurirea spiritului și veșnica lui întrupare, pentru instruirea și evoluția omului în veșnicie.*

Cine nu primește să devină propovăduitorul nostru, în lumea terestră, nu-și asumă nicio răspundere. Însă tu ai scris și ai vorbit. De acum înainte, slăvește pe Tatăl atotcreator.

Ca să te lămuresc și mai bine, îți voi vorbi despre cauza și efectul său corespunzător, fie în bine, fie în rău. Cauza este dezlănțuirea unei acțiuni sau serii de acțiuni. Efectul este rodul acestor acțiuni. Cauzele sunt de două feluri: *personale* și *publice.* Cauzele personale sunt provocate de un singur individ, iar cele publice sunt provocate de o colectivitate de indivizi. Efectul cauzelor personale va avea ecou pe o arie mai restrânsă și în general numai asupra unui individ. Efectul cauzelor provocate de o colectivitate vor atrage în vâltoarea lor o sumă mai mare sau mai mică de indivizi.

Cauza este totdeauna legată de efect. Nu există cauză fără un efect. Orice efect a fost provocat de o cauză. Așadar, cauza și efectul se pot compara cu un circuit electric, simbolizat în Antichitate de un șarpe - Urobolus - mușcându-și coada. Capul șarpelui reprezintă inteligența, cauza, transmisă mediului ambiant prin trupul său simbolic; pe urmă, ca urmare a durerii, își mușcă coada, exprimând efectul cauzei pusă în acțiune. După ce a circulat prin lume, cauza se întoarce la capul care a produs-o, suferind durerea simțită în coadă, din care cauză o mușcă.

Printre multe alte legi ale lumii noastre este și aceasta: *Orice cauză produce un efect.* Această lege o cunoașteți și voi, dar pe următoarea, mai puțin: *După ce circulă câtva timp prin lume, orice cauză se întoarce la emitentul ei.* În urma celor două legi s-a născut și a treia: *Cauza va produce efectul, bun sau rău, pentru care a fost provocată.*

Așadar fiți cu băgare de seamă la orice acțiune, vorbă sau gând de-al vostru. Fiți atenți că dezlănțuiți cauza care nu știți ce efecte va produce.

Omul știe să producă o cauză, dar nu știe urmările, efectele ei. De aici rezultă încă o lege: *Cauza este totdeauna sub voința emitentului, dar odată ce a fost aruncată în lume, scapă de sub controlul voinței sale.*

Producătorul cauzei pierde definitiv controlul cauzei produse. Odată pusă în mișcare, cauza se desfășoară automat, iar emitentul nu va mai avea nicio putere de a o mai opri în mersul ei. Așadar, cauza ar fi egală cu acțiunea, iar efectul stârnit corespunde cu reacțiunea.

De multe ori, efectele desfășurându-se în lume, dau naștere la alte efecte, devin la rândul lor cauze. Iarăși și iarăși vă avertizez: *Fiți atenți în tot ce faceți, vorbiți sau gândiți!*

Efectul este o cauză care circulă. După cum cauza ar fi putut rămâne în capul șarpelui simbolic, voi credeți că și efectul ar putea rămâne în capul altui șarpe primitor. Eu afirm că niciodată un efect nu rămâne în cel ce l-a primit. Primitorul, la rândul său, îl transmite mai departe. Prin urmare, efectul circulă în lume.

Se poate ca efectul să circule doar în sânul familiei tale. Se poate ca el să-și facă drumul prin orașul sau țara unde trăiești. Există cazuri când efectele pot urmări un continent sau tot pământul.

După ce o cauză a circulat prin lume, acționând și transformând totul, ea se întoarce asupra emitentului, care va simți efectele, va înghiți, va suporta vrând-nevrând consecințele cauzei emise. Din acest moment, emitentul se supără pentru că nu-și recunoaște opera. Cauza emisă cândva a circulat prin lume și s-a deformat atât de mult, încât acum când s-a întors, emitentul nu o recunoaște. Se miră, de exemplu, că este calomniat, că este păgubit sau suferă moralmente, fără să se știe vinovat. Așa e pentru toată lumea voastră, și uneori, și pentru a noastră.

Un om cuminte meditează și analizează orice efect primit sau resimțit, să vadă dacă nu cumva, în trecut, a făcut, vorbit sau gândit ceva rău și acum cauza circulând, conform științei Cerului, s-a întors la el, cauzatorul, inițiatorul răului.

În legătură cu această analiză, mai emit o lege: *Orice supărare, de oriunde ți-ar veni, să știi că este opera ta personală.*

Șarpele simbolic din veacuri a emis o cauză - a mâncat ceva. După ce a circulat prin intestinele sale, cauza - alimentul - a ieșit din trupul său sub formă de efect - fecale. Acum șarpele privește și nu-i vine să creadă că acele fecale sunt opera lui, și își zice: „Eu am mâncat un aliment plăcut, cum de s-a transformat în acest produs nesuferit? Eu am mâncat cu plăcere, și acum să sufăr atât de mult de infecția acestui efect?" Da, îi răspundem omului, simbolicului șarpe. Cauza ta fost un concept plăcut, dar nu științific, ci empiric. Nu ai meditat și judecat când ai emis cauza. Acum te superi și blestemi coada, că ea face o emisie neplăcută, că tu nu ai nicio vină, că nu te știi să fi greșit cu ceva, că ai avut întotdeauna intenții bune. Ba, mai invoci câteodată că ai crezut-o inofensivă. Da, dar acum, când îi vezi efectele întorcându-se sub alt aspect, te superi, te revolți și protestezi. De ce, omule, de ce te superi? când acest efect nu este altceva decât produsul gândului, vorbei sau faptei tale de mai zilele sau lunile trecute. Nu te revolta, nu te plânge, mai bine concentrează-te, controlează-te și reflectă înainte să pornești la o faptă, înainte să vorbești sau să emiți gânduri. Efectul se va întoarce asupra ta când nici nu te aștepți, după ce ai uitat cu desăvârșire de acțiunea ta de altădată. Nu căuta să descoperi în jurul tău pe cel ce ți-a provocat un necaz, nu o atribui altora, căci tu ești cauzatorul acestui necaz întors la tine sub o altă formă, încât nu o mai recunoști.

Omul trupesc moare, dar efectele cauzei lui nu se sfârșesc curând. Mulți ani după moartea lui, societatea va mesteca efectele acțiunii sale. După aceste efecte se deduce trăinicia cauzei stârnită de el.

Urmările încălcării legilor cerești

Lumea de jos, ca și cea de sus are nevoie de conducere, pentru a trăi și evolua. Conducerea lumii voastre este lumea noastră, iar noi suntem conduși de Forțele superioare, ierarhice, ale lumii noastre. Lumea de jos e liberă să trăiască cum îi place; totuși, nevăzut, neștiut, lumea noastră o îndreaptă către anumite țeluri, pentru a căror atingere se cere timp lung, de mii și milioane de ani.

Cerul nu lasă omenirea să bâjbâie în întunericul vieții trupești. Pentru ca aleșii săi coborâți în lutul terestru, printre frații lor trupești, să-și poată îndeplini misiunea, Cerul întreține cu ei legături spirituale. Așadar, noi, duhurile, comunicăm oamenilor trupești adevărurile lumii din care au coborât. Valoarea comunicărilor indică gradul ierarhic al celui ce comunică și implicit, al celui ce primește.

Noi nu ne spunem numele, pentru că am avut mii și mii de nume, în diferitele noastre întrupări, aici sau aiurea, pe alte planete. Noi primim ordine și le executăm. Autorul cuvântărilor noastre trebuie să rămână necunoscut, deoarece cunoștințele comunicate nu sunt personale, ci ale gradului ierarhic din care suntem și noi o mică fracțiune.

Știința supremă o posedă numai prima Ființă, care a creat totul. De la Ea, pe cale ierarhică, ni s-a transmis și nouă; iar noi, în virtutea legii solidarității, comunicăm din știința noastră mici fragmente lumii voastre, vouă, misionarilor noștri, coborâți în mijlocul lumii trupești.

E bine cunoscut și în lumea voastră faptul că valoarea unui om se deduce după faptele sale, dar mai ales după ideile emise. În lumea voastră unii fac fapte uimitoare, ce întrec prin sălbăticie, josnicie și ferocitate animalele sălbatice din savanele Africii. Alții te uimesc prin ideile lor contrare bunului-simț, codului moral și religios. Aceștia, duhuri întrupate rătăcite, neagă existența unei Forțe supreme, care a făcut totul și conduce totul. Ei pretind că viața omului este rezultatul întâmplării, a împrejurărilor vieții trupești și ale mediului social, negând existența unui plan prestabilit. De asemenea, afirmă că gândirea omului emană din celulele sistemului cerebral, ca și cum pietrele sau lutul potecilor ar putea emite idei omenești.

Cei ce gândesc și își conduc existența conform prescripțiilor conștiinței lor aflată sub auspiciile frumosului, binelui, adevărului și justiției, își urmează calea trasată și dictată de Legile Tatălui ceresc. Cei care neagă existența Divinității, a Justiției divine care recompensează pe cel bun și pedepsește pe cel rău, și cred că viața omului se termină cu pieirea trupului, sunt pe drumul rătăcirii, al ideilor, nu diavolești, ci false. Omul, ca unitate în marea operă a Tatălui, este deja pe o treaptă înaltă a unităților și formelor de viață din univers. Prin urmare, se cuvine ca omul să contribuie, să lucreze în lume conform planului alcătuit de El.

Am mai spus și altădată: ideile sunt particule infinite materiale, ființe vii care există din eternitate. Ele umplu Infinitul, dar nu se mișcă, nu lucrează în mediul lor de origine. Tatăl le cheamă, le absoarbe, le preface și apoi le emite din sânul Său. Din acel moment, ideea devine o forță trimisă în lume ca să producă anumite efecte, să devină instrumentul Auxiliarilor Tatălui, pentru a împinge totul, spirit și materie pe calea evoluției. Așadar toate ideile emană de la Tatăl, precum toți oamenii, toate duhurile au purces tot de la El. Se cade ca omul să primească ideile Tatălui Creator și să le execute așa cum le-a emis El. Dar omul, în virtutea deplinei sale libertăți, emite și el idei, adică se transformă, sau vrea să devină egal cu Părintele său. Cum omul nu are știința Tatălui, ideile sale nu vor avea lumina ideilor Tatălui, prin urmare, le va inversa.

Multe mistere avem să vă comunicăm. Vreau să-ți dau azi înțelegerea asupra unei enigme a lumilor în care trăiește omenirea.

Odată, în noaptea miliardelor de ani, eu, tu, el, noi toți am fost născuți de Tatăl nostru în Sfera divină, unde duceam o viață de beatitudine. Înțelepciunea Celui dintâi, a Celui suprem, a văzut neputința noastră de a ne bucura pe deplin de Raiul unde ne-a așezat. De aceea ne-a dat un ajutor, ne-a dat o *Evă - cuvântul, ideea*. La început, Tatăl m-a făcut pe mine, *Iod*, și văzând că omul nu e bine să fie singur, că ne lipsea ceva, a născut din El și pe *Eva*, pe care ne-a dăruit-o nouă, oamenilor; deci El a împerecheat pe *om* cu *ideea*, pe *Iod* cu *Eva*.

Ideea dată omului de Tatăl era egală cu Legea care să-i călăuzească pașii spiritului în raiul Sferei divine. *Eva* nu era o femeie ca aici pe pământ, ci era toiagul care să-i servească omului în existența sa. Veacuri nesfârșite a trăit omul în Raiul Tatălui, împreună cu *Legea* păstrată cu sfințenie.

Omul nu poate crea nici oameni, nici idei, ca spirit, dar le poate inversa pe cele create de Tatăl. Mare și puternică este Legea Tatălui, dar câteodată buturuga mică răstoarnă carul mare. Tatăl a creat *teza,* dar omul poate să i se opună, creând după mintea sa redusă o *antiteză*. Din acest moment, cu știință sau fără știință, omul spirit se face pe sine creator, dar vai lui! curând va simți consecințele neascultării sale.

Viața este activitate. Activitatea trebuie să fie conformă Legilor instituite de Tatăl. De îndată ce tu te-ai îngâmfat și te opui Legii Tatălui și activității ce ți s-a ordonat să faci în raiul Sferei divine, vei fi pedepsit pentru contralegea creată de tine. Din moment ce te constitui creator de legi, vei fi gonit din raiul Sferei divine. Eu, tu, cu toții am mai fi putut trăi o veșnicie în Raiul din mijlocul sferei cosmice, dar am ascultat de șoaptele ademenitoare venite din afara Raiului divin.

Tatăl ne-a născut, și nu făcut, iar scânteia noastră a așezat-o în sânul Său și ne-a spus: *„Iată, fiule, bucură-te de toate ale Mele și lucrează precum Eu îți ordon"*.

Și Tatăl ne vorbea în fiecare zi. Noi ne bucuram, dar nu puteam lucra fără El, și atunci El ne-a dat *legea, ideea - Eva*. Domnul a mai zis: *„Acum tu, omule, Iod ai lângă tine pe Eva; bucură-te, dar te opresc să guști din pomul oprit"*. Pomul oprit era încălcarea Legii Lui.

Dar tu, eu, cu toții din această Sferă sublimă nu am ascultat. Din sfera creată s-au înălțat până la noi idei inversate ale unor entități create, cu mult înaintea noastră; șarpele biblic ne-a spus: „Nu te teme, frate, gustă din fructul pomului oprit. Fă și tu ceea ce a făcut Tatăl nostru și tu vei deveni egal cu El". Ne-am amăgit, am încălcat ordinul și am căzut în lumea creațiilor, am fost izgoniți din Raiul divin, iar cei greșiți înaintea noastră s-au bucurat că și noi am venit în rândul lor. Am vrut noi, nimicuri, să fim egali cu infinita Forță creatoare. Tatăl și-a întors fața de la noi și din acel moment noi nu l-am mai auzit glasul sublim și nu l-am mai simțit căldura producătoare de fericire.

Mii de ani, de veacuri chiar, am fi petrecut acolo. Eram fericiți, lucram și progresam, dar când inteligența ni s-a înălțat până a ne crede pricepuți și creatori și am vrut să gustăm din pomul oprit, am căzut, pentru că am inversat pe *Eve* și ne-am însușit-o, dând naștere la neascultare, încălcare de lege și creare de contralege. Astfel am devenit elemente dezarmonice în Sfera armoniei desăvârșite, și din acel moment am fost eliminați din acel Rai și trimiși în lumea creată, pentru a cunoaște urmarea neascultării sau a încălcării Legii divine.

Aici, în sfera creată, din planetă în planetă, trecând prin suferințe miliarde de ani, îndurând adversitățile vieții trupești, închiși în piatra sau lutul unei planete și apoi ca nenumărate forme vegetale, animale și umane, am cunoscut urmarea groaznică de a ne fi crezut Creatori. Am plecat din Rai și am ajuns în iadul vieții trupești, prin miile de corpuri cerești, amarnice școli, care ne redau înțelepciunea și strălucirea pierdută în veșnicia trecută.

Acum, ajunși în stadiul de om, știm ce este supunerea și ce urmări are neascultarea legilor cerești. Acum știm că omul care se opune legilor cade și mai jos decât am căzut inițial. Acum știm că - nevăzut și neștiut - respectarea legilor ne înalță spre Luminile și splendorile de care ne-am bucurat odată. Dar pentru că una dintre legile sublime ale Tatălui este solidaritatea ne străduim să ajutăm pe toți frații noștri coborâți în lut, să le deschidem ochii spre păzirea Legilor Tatălui, care nu se pot încălca fără să nu guști apoi amarul suferințelor negrăite.

Iată înțelesul ocult al spuselor din Biblie, despre rai, Adam și Eva, și izgonirea lor din Eden.

Formarea inițiatului

Pentru grăbirea evoluției omenirii, este nevoie ca - din când în când - să coboare în lutul globului terestru și marile Lumini ale Cerului. Se vor întrupa spirite albe, îngerii planetei noastre, de toate gradele, sfintele duhuri conducătoare ale lumii angelice, îngeri solari și înșiși guvernatorii cetelor îngerești din Soarele nostru. Cu toții se vor naște printr-o mamă pământească, supunându-se legii firii, stabilite de Tatăl pentru veșnicie și pentru toată lumea. Cu toții vor deveni astfel oameni trupești - *fiul omului*.

Îmbrăcând haina lutului și legea fiind lege, cunoștințele acestor misionari se vor întuneca până a nu mai ști cine sunt, de unde au venit și pentru ce scop. Dar tot Regulile cerești ordonă ca unor asemenea trimiși să li se reveleze misiunea, pentru care au venit în lumea trupească, să li se facă cunoscut gradul avut în lumea cerească.

S-ar părea că Cerul face o nedreptate, luminând pe unii și lăsând în întuneric pe alții. Însă această discriminare este dictată de nevoia evoluției Pământului. Dacă lumea trupească nu ar avea întrupată printre ea anumite duhuri superioare și dacă ele, la rândul lor, nu ar mai avea legătura cu lumea lor de origine, nu ar fi cine să le arate adevărata lumină. Cu toții - oamenii inferiori, și cei superiori - și-ar duce viața după cum vor bate valurile patimilor și grijile existenței. Iată de ce, în toate veacurile, a fost nevoie ca printre milioanele de oameni trupești să fie și inițiații noștri, entități spirituale care au atins anumite trepte evolutive.

Inițiatul nostru va vorbi și va scrie, iar ideile lui - fiind forțe - se vor răspândi în mediul ambiant, și pătrunzând în corpul spiritual al semenilor săi, vor lucra asupra lor, determinându-i la analiză și meditații, din care va rezulta modificarea concepțiilor despre viață și natură.

Inițiatul fiind un om ca oricare - supus tuturor tentațiilor lumii trupești - pentru a nu cădea, pentru a fi mereu în gardă, trebuie să fie luminat, îndemnat, povățuit, ca să fie stegarul nostru, propovăduitorul celor aflate de la noi. El va trăi cu piciorul pe glia globului vostru, dar va fi cu gândul și sufletul înălțat mereu spre nivelul patriei sale cerești. Lumea se va frământa, se va chinui, va suferi și își va sfârși existența fără să știe pentru ce s-a născut și trăit, iar inițiatul nostru își va duce o viață împăcată în mijlocul zbuciumului sufletesc al omenirii înconjurătoare.

Iată, pentru azi, o pagină nouă din cunoștințele lumii noastre.

S-a spus că entitățile spirituale trăiesc în zone și sfere suprapuse, conform gradului lor de evoluție. Niciun spirit nu va putea urca mai sus de zona sa corespunzătoare. Forța magnetică a pământului îl va atrage, pironindu-l în sfera corespunzătoare fluidului din care este alcătuit însuși corpul său planetar.

Există trei mari zone în jurul pământului în care locuiesc, se mișcă și trăiesc duhurile-oameni:

I. zona spiritelor albe;
II. zona spiritelor albastre;
III. zona spiritelor roșii.

Repet mereu, ca să nu se uite și să se știe. Toate planetele, toate corpurile cerești au - asemenea Pământului - trei zone principale fluidice în jurul lor; dar, bineînțeles, din fluide diferite de cele terestre.

Grosimea celor trei zone locuite de duhuri umane este în raport cu gradul evolutiv al duhurilor: zona roșie este cea mai mică, zona albastră este de nouă ori mai groasă decât cea roșie, iar zona albă este de nouă ori mai groasă decât cea albastră. Aceste trei zone, sfere concentrice, sunt separate între ele prin zone intermediare, unde nu trăiește, permanent, niciun duh.

Dincolo de zona I, a duhurilor albe, urmează zona duhurilor îngeri. Zona duhurilor umane este despărțită de cea a îngerilor printr-o zonă intermediară, groasă de aproximativ cinci mii de kilometri. Zona îngerilor ține până dincolo de Lună, pe o distanță aproximativ egală cu distanța de la Pământ la Lună.

Citesc gândul tău și văd o satisfacție că-ți destăinui din tainele cerești, pe care omul trupesc nu le poate vedea, cerceta și controla, și îți citesc dorința de a afla mai multe cunoștințe. Dar noi știm că omului trupesc nu-i aduc niciun folos asemenea cunoștințe și, după părerea noastră, mai necesare sunt pentru el normele de conducere în viața terestră decât cunoștințele cerești necontrolabile.

În lumea noastră cunoștințele sunt apreciate, pentru că ele constituie baza avansării, dar mai presus de cunoștințe sunt sentimentele și păzirea legilor stabilite pretutindeni și din veșnicie. Poți fi inteligent, dar lipsit de cultură. Poți fi cult, dar imoral. Însă legile cerești nu permit avansarea până când cel cult nu va fi și moral.

Codul moral se impune mai întâi omului care vrea să devină cult. Atâta vreme cât omul nu va păzi regulile morale, Cerul nu-i poate da nicio cunoștință. Așadar, moralitatea este în strânsă legătură cu obținerea cunoștințelor cerești. După cum profesorul universitar al lumii voastre nu va coborî în adâncul ocnelor de sare ca să comunice cunoștințele sale criminalilor de acolo, tot astfel savanții lumii noastre nu se vor coborî din splendorile lor cerești ca să reveleze cunoștințe oamenilor nedemni de a primi tainele universului, strălucitoarele lor perle cerești.

Pentru ca misionarul nostru să devină difuzor în lumea fraților noștri întrupați, se cere ca mai întâi el să ducă o viață demnă și morală. Inițiaților noștri le spunem multe taine, pentru întărirea lor ca oameni trupești, dar nu tot ce le spunem este destinat să fie răspândit.

Există anumite taine pe care ei trebuie să le ascundă sub tăcere, deoarece omenirea încă n-a ajuns la punctul de a le cunoaște. Nu se pot da taine pe care omul - neputându-le primi, pentru că nu concordă cu cunoștințele sale fizice - să le desconsidere, să le nege, să-și bată joc de noi și de inițiatul nostru. Se vor da numai cunoștințele acceptate de puterea intelectului lor, deși încă nu le pot verifica.

În stare normală, omul trupesc - fie el chiar spirit angelic - are nevoie de a fi mediumizat, pentru ca urechea lui să ne audă, ca ochiul lui să ne vadă; altfel el ar rămâne tot atât de neștiutor ca oricare alt spirit inferior lui.

Inițiatul nostru este chemat la o viață în afara vâltorii pasiunilor și preocupărilor omenirii. Spiritul lui nu trebuie să fie slăbit de grijile zilei de mâine, ale lui sau ale familiei sale, ci să-și îndrepte gândurile numai spre problemele vieții cerești. Mintea lui trebuie să fie senină, iar fluidele corpurilor sale spirituale - calme și într-o vibrație uniformă și armonică. În asemenea condiții, marile Lumini cerești se vor putea apropia de el și îi vor da cunoștințele necesare.

O vibrație dezordonată a fluidelor sale, o preocupare pur lumească vor reduce radiațiile lui spirituale, iar duhul superior, resimțind penibil aceste emanații, se va îndepărta de el, negăsind terenul prielnic pentru a sta în jurul său și a-i revela din tainele cerești.

Ideile sunt forțe

Azi revin la o problemă de importanță capitală: *materia primă* din care s-a făcut totul din veșnicie și se va face totul în vecii vecilor ce vor veni.

Această *materie* zace în Infinit. Ea umple Infinitul ca mâlul apele fluviilor, ca praful aerul de la suprafața pământului. Din una și aceeași *materie,* Tatăl a făcut materiile și spiritele, tot ce cuprinde sfera infinit de mare numită *cosmos,* sau sfera cu cele patru universuri.

Am spus și repet - căci așa învață duhurile în spațiu, repetând la infinit toate noțiunile, toate cunoștințele aflate, până se întipăresc de veșnicie în ființa lor: *întâi a fost cuvântul sau ideea; din cuvânt s-a născut, prin prefaceri laborioase, omul spirit, iar, în fine, omul s-a servit de cuvânt pentru a servi Tatălui său Creator.*

La începutul creării sale, spiritul uman a avut nevoie de mult timp ca să poată înțelege prima idee, prima noțiune. Încet, penibil de încet, a înțeles cuprinsul ideii a doua, a treia și așa mai departe. Forțe mari, Zeii creatori, au stat pe lângă el, l-au mișcat și influențat pas cu pas, pentru a-l face primitor și reținător de idei.

Ideile, logos-urile au existat și vor exista în veșnicie, deoarece Infinitul e infinit. El este plin de idei, de particule infinit de mici, de ființe vii. Odată format pe deplin, duhul a fost educat să absoarbă idei, să le examineze și să le înțeleagă. Apoi, a fost trimis din Sfera divină într-unul din cele patru universuri, pentru a-și face cursul evolutiv. Aici, duhul a primit în sânul său idei și ele fiind forțe, îl determină la diferite acțiuni.

Nu există idee care să nu pătrundă în perispiritul unui spirit. Nu există cuvânt care - pronunțat de un întrupat - să nu intre, ca idee, în perispiritul altui întrupat și să nu-i producă o acțiune. Se pune întrebarea: Poți opri pătrunderea ideilor în tine, duh liber sau întrupat? Nu, nu se poate, dar poți elimina ideile din corpul tău spiritual, prin puterea voinței cu care te-a înzestrat Creatorul.

Christ a coborât pe Pământ semănând idei care să redeștepte omenirea la concepții noi de morală și conduită. Mântuirea, iluminarea stă la îndemâna fiecăruia. Numai tu poți fi salvatorul tău, prin asimilarea ideilor de bunătate, speranță și credință.

Azi există în lume două forțe:

1. *duhul* de toate gradele;

2. *ideea.*

Pe mine, duh, Tatăl m-a făcut ca ființă conștientă. Am fost trimis în lume să-mi dezvolt puterile spirituale, iar ca ajutor mi-a dat pe fratele meu cel mai mic - *ideea* sau *cuvântul.*

Tatăl ceresc trimite mereu idei în sfera creațiilor Sale și ele ne îndeamnă la lucru, la supunere și cunoaștere. Noi, duhurile, înotăm în oceanul de fluide cosmice, universice, solare și planetare, dar pretutindeni suntem asaltați de *ideile, logos-urile* Tatălui ceresc.

Fel de fel de numiri li s-au dat acestor ființe: *particule vii, idei, cuvânt, verb, logos, davar*[1].

Logos-ul, ideea, intrând totdeauna în corpul fluidic din jurul scânteii, a fost comparat cu alimentul necesar trupului uman. După cum întrupatul nu poate trăi fără alimente, duhul nu poate trăi fără idei. Așadar, ideea joacă rolul fiziologic al alimentului; și unul și altul, intrate în corpurile respective, dau naștere la forțe.

Dacă nu poate să împiedice pătrunderea ideilor în corpul perispiritului său, tot meșteșugul, toată arta duhului este ca măcar să știe ce destinație să le dea și apoi cum să le expulzeze, pentru ca totul să fie în progres. Liber ești tu, duh, să faci ce vrei, dar dacă Tatăl a instituit deplina libertate de acțiune, El a pus și zăgazuri liberului tău arbitru, și acestea sunt legile, ordinele, logos-urile Sale. Cine încalcă legea va suferi!

Am comparat ideea cu alimentul. Identitatea este perfectă, atât prin acțiunea ei fiziologică, cât și prin natura ei însăși. Într-adevăr, ideile sunt formate din particule vii, dar pe când ideile sunt în primul stadiu al existenței lor, în forma lor primitivă, alimentele sunt formațiuni de substanțe. Dar substanțele sunt grupări de molecule, acestea aglomerări de atomi, iar atomul e un complex de idei. Aceeași viață stă la baza lor, una fiind simplă, iar cealaltă compusă. Nici focul, nici sucurile digestive ale omului, nimic nu poate distruge viața, particulele vii ce compun alimentele. Ele se pot preface oricât de mult, dar în definitiv vor fi tot un complex de particule vii, de ființe primitive, ce umplu spațiile universurilor și Infinitul infinit.

---

[1] Davar (ebr. - cuvânt, lucru) - Este Cuvântul din Sfânta Scriptură (La început a fost Cuvântul...), reprezentând manifestarea Divinității în creație. Adorat ca Işvara în Vede, ca tetragrama în Cabala, este Logos-ul sau Verbul creator al grecilor şi Sfânta Treime - Tatăl, Fiul şi Sfântul Duh - Divinitatea în trei Persoane a creştinilor.

După cum întrupatul are nevoie zilnic să-și refacă trupul prin alimente, perispiritul meu se hrănește în mod automat cu fluidul, logos-urile sau ideile pe care Tată le trimite mereu, în vecii vecilor, din Sfera divină, ca să întrețină viața, mișcarea și echilibrul sferelor create.

Ideile pleacă din Sfera divină, ocolesc ca un fluviu uriaș toate sferele create, inundă totul din interiorul lor și apoi se întorc la Tatăl, luând cu ele materia uzată care trebuie prefăcută la Centru.

Tatăl este cea mai mare uzină de energie din cosmos. Noi, duhurile, văzând ceea ce voi întrupații nu puteți vedea și cunoaște, ne îngrozim de puterea Sa infinită și judecând uriașele forțe ce inundă miliarde de corpuri cerești, spre țeluri voite de El, simțim micimea, neputința noastră, și cu smerenie ne supunem Voinței și Legilor Sale. Secundă de secundă, suntem și sunteți scăldați de idei plecate de la Tatăl. Aceste forțe sunt active. Nu există idee, logos, trimis de Tatăl, care să fie neutră sau pasivă. Iată de ce totul este activ în lume, totul se mișcă, fiind împins pe drumul perfecțiunii.

Cu ajutorul cuvântului, Tatăl ne conduce pe noi, duhurile. Cu ajutorul cuvântului sau ideilor, magnetizatorul produce anumite acțiuni ale mediumului său. Cu ajutorul ideilor, voi - ca și noi - puteți determina fenomene ce uimesc pe cei neștiutori. Toată puterea duhului constă în întrebuințarea ideilor. Toată tăria Tatălui a fost, este și va fi *Cuvântul* Său.

Ideile sosite de la Tatăl intră în corpul duhurilor și îi servesc de hrană, de forță, pentru a construi forme-idei diferite de ideea din Infinit.

Dacă prin libertatea lăsată de Părintele divin, noi, oamenii planetei Pământ, utilizăm în rău ideile, forțele trimise de El, ne întârziem plecarea de pe această planetă și nu dăm posibilitate duhurilor de pe alte planete să vină la școala numită Pământ, nu le eliberăm locul, școala necesară lor acum.

Spațiile uriașe din jurul pământului sunt pline de idei de ură, blestem, clevetiri etc. Voi și noi suntem asaltați de ele. Noi, văzându-le, ne putem feri, dar voi, bieți pelerini vremelnici în carapacea cărnii, nu știți nimic de ele. Iată de ce venim și vă ajutăm, dându-vă sugestia, introducând în corpul vostru ideile noastre iubitoare, ajutătoare. Iată pentru ce aleșii Cerului, spiritele superioare, sunt obligate din când în când să coboare și ele în lut, vorbind și scriind idei ce contribuie la ridicarea omului. Dar, pentru că nu pot fi lăsate în întuneric, ne revelăm și le înarmăm cu ideile noastre, ca să se păzească de duhurile inferioare. Iată rostul inițierilor de toate treptele.

Cel ce ne știe și cunoaște Adevărurile cerești, va pune stavilă gândurilor sale, pază gurii sale și, cunoscând legea cauzei și a efectului, nu va porni la fapte nesocotite. El va ști că o viață trupească fără greșeli valorează cât zece vieți cu greșeli; astfel, pasul său evolutiv va fi mai grăbit.

Să nu pierdeți din vedere că orice idee este o forță, un excitant. Fiți atenți la orice gând vă trece prin minte, examinați-l bine, ca să nu greșiți. *Toate greșelile omului provin din faptul reacționării sale față de logos-urile cu aparență de nedreptate.*

Noi, duhurile superioare, suntem sfere. Nu mai avem niciun apendice, niciun instrument de lucru și totuși lucrăm, executăm, învățăm numai prin ajutorul ideilor.

În definitiv, suntem sfere emițătoare de idei-forțe, cu care creăm totul; cu alte cuvinte, suntem infinit de mici creatori.

Țin să atrag atenția că inițiații nu aparțin unei anumite religii sau unui singur popor. În Antichitate, fiecare mare templu a avut inițiații săi, bineînțeles, de diferite grade. S-a procedat astfel, și se procedează așa și în continuare, pentru a nu rămâne omenirea fără o candelă a cunoștințelor cerești; iar pe de altă parte, pentru a nu se cădea în marele păcat al tiraniei, când o singură religie, un singur popor consideră că deține Adevărurile veșnice.

În toate timpurile, spiritele întrupate au avut nevoie de o religie. Religia nu dispare niciodată. Un om se poate îndepărta câtva timp de ea, dar la urmă se întoarce. Nu există religie fără inițiați, fără profeți. Prin ei se face legătura Cerului cu pământul.

Pentru ca majoritatea omenirii întrupate să fie fericită, nu trebuie să știe de existența noastră. Un întrupat oarecare se sperie, când aude pentru prima oară de noi, când ia o carte ce descrie diferite întâmplări și fenomene produse sub influența noastră. Dacă l-ați cerceta, v-ați convinge că i s-a zbârlit pielea, i s-a ridicat părul în cap, de acum întunericul îl înspăimântă, văzând peste tot umbre pe lângă el. Spiritul său, închis în trup, va fi neliniștit. Iată pentru ce nu trebuie să ne cunoască, să ne știe orice întrupat.

Ce fericită ar trăi omenirea dacă ne-ar ști și ar cunoaște Adevărurile cerești. Ar deveni cu toții sfinți și nu ar mai dori să trăiască în trup. Cum însă traiul în trup este o necesitate absolută pentru duh și cum lumea duhurilor are nevoie în observațiile sale de omul trupesc, reîntrupările s-ar face cu sila, ca și recrutarea soldaților în armată.

Întrupatul care n-a ajuns la un anumit grad evolutiv, nu trebuie să știe de lumea cerească, nu trebuie să știe că este văzut în faptele sale ascunse, că este știut în gândurile sale tainice, că este observat secundă de secundă de cei nevăzuți. E greu, e insuportabil pentru omul aflat la școala acestei planete. Cum să asiste el la o ședință cu un medium și să audă vorbindu-se de secretele și greșelile sale? Nu, nu îi place, nu va îngădui, și preferă mai degrabă să se lipsească de orice fel de legătură cu cei din spațiu, decât să se afle ce a făcut, ori ce are de gând să facă. Iată pentru ce mulțimea are un moral șovăitor, ne neagă și nu admite existența lumii noastre.

Despre fluide

Noi, duhurile, deși nu avem ochi, corpul nostru fluidic vede, aude și simte totul din jurul nostru. Grație acestui văz spiritual, suntem în stare să vedem toată gama de fluide din natură.

Electricitatea culeasă sau absorbită din spațiu de generatoarele sau dinamurile voastre conține doar o singură categorie de fluid din seria de fluide electrice cu care Tatăl lucrează în cosmos. Noi vedem cum prin învârtirea rotorului generatorului vostru se creează un sorb, care absoarbe din gama de fluide electrice sosite de sus numai fluidul electric corespunzător planetei voastre. Vedem cum această electricitate se scurge la exteriorul conductorului, asemenea apei dintr-un canal. Așadar, dinamul vostru desface din smocul de fluide pe cel aflat în raport cu planeta voastră, lăsând în libertate pe celelalte. Fiecare fluid își are compoziția, culoarea, vibrația și puterea sa proprie. Noi distingem fluidele după însușirile lor și, la prima vedere, după culoarea lor.

Spuneam că din Sfera divină, din centrul marii sfere a creațiilor, unde eram profunzi ignoranți, am ajuns în adâncul adâncurilor. Aici am început să învățăm. Ce grea și lungă a fost școala, ce mult am suferit până am ajuns aici, la stadiul de a te putea lumina și pe tine, frate. Știința nu ni s-a dat de sus de-a gata. Au trebuit dureri, sfâșieri, suferințe atroce, muncă și iar muncă, pentru a fi câștigată, verificată și încrustată pe veci în mica noastră scânteie.

Legea a cerut și va cere în veșnicie: *Învață, ridică-te și evoluează!*

Se pune întrebarea: Dacă ești un neștiutor, un ignorant desăvârșit, cum să evoluezi? Aici e marele mister.

Tatăl nu a vrut să ne trimită în lume ca savanți, dar ne-a dat Lumina ca să ne luminăm și, bâjbâind, căzând și ridicându-ne, am văzut, am observat și învățat. Trimițându-ne în lume, Tatăl ne-a pregătit totul ca să avem posibilitatea să învățăm.

Încetul cu încetul, negura neștiinței s-a risipit din jurul nostru și am început să aflăm realitatea operei Sale.

Acum știm că oameni se găsesc nu numai pe planeta Pământ, ci pe toate miliardele de corpuri cerești din cele patru universuri, dar, au altă alcătuire fizică și dimensiune, potrivit materiei și condițiilor planetei respective.

Știm că tot ce e sus este și jos, adică tot ce există în Sfera Tatălui este și în Cerul sorilor - a Fiilor, precum și în Cerul planetelor - a Sfintelor Duhuri.

Marii noștri profesori cerești ne spun: „Aici, în jurul nostru, se află tot ce există în Sfera divină, dar fără Tatăl".

Savanții noștri îngeri ne spun: „Noi am fost la Tatăl și am văzut Imperiul Său, dar nu avem voie să spunem ce am văzut și știm de acolo".

La început am protestat, asemenea unor ignoranți, ca și voi, de ce nu ne spun și nouă, ca să cunoaștem și noi, dar apoi i-am rugat frumos să ne împărtășească și nouă câte ceva.

– Dragii noștri frățiori - ne răspundeau îngerii - evoluția nu permite primirea cunoștințelor decât la treapta corespunzătoare. Voi nu ați atins gradul care permite să cunoașteți Cerul Tatălui.

– Dar care ar fi paguba să cunoaștem înainte de momentul corespunzător evoluției noastre? De ce nu avem voie să colindăm în lung și în lat universul, ca să vedem și să învățăm? - întrebam în neștiința noastră.

– Pleacă, fiule, du-te și vezi, dacă poți.

– Am pleca, dar nu știm cum, învață-ne dumneata, căci ești înger, deci știutor și puternic.

– Dragul meu, nu eu te-am adus aici, ci Unul cu mult mai mare și mai știutor decât mine, iar un Altul mai mare peste toate Mărimile lumilor te-a trimis de acolo de sus. Când iubirea ta pentru El va crește, El te va chema, te va atrage către El, cu știrea sau fără știrea ta. Tu nu-L vei iubi din toată puterea ființei tale decât atunci când Îl vei cunoaște. Direct nu-L vei vedea niciodată, cât vei fi în sfera creată. Însă Îl vei cunoaște indirect, prin splendoarea creațiilor și armonia Legilor Sale. Dar ca să înțelegi aceste minunate făpturi ale înțelepciunii Sale, trebuie să înveți. Învață fiule, silește-te să vezi, observă, cercetează, conformează-te ordinii moralei stabilită de Stăpânul nostru solar și vei fi atras în sus de Iubirea Tatălui ceresc.

– Dumneata fiind înger, cunoști toată fizica și chimia fluidelor, învață-ne să ne dezbrăcăm haina fluidică terestră care ne atrage în jos și, eliberându-ne de ea, să ne ducem sus la Tatăl nostru de unde am pornit.

– Nu pot, fiule, pentru că nu-mi este permis și chiar dacă aş face-o, Tatăl nostru al tuturor nu te va primi, deoarece numai iubirea față de El te poate chema, te poate atrage spre El. Iubindu-L și iubind tot ce El a creat, supunându-te întocmai Legilor Sale, vei fi chemat, atras către El și sufletul tău se va mântui, va scăpa de robia materiei lumilor create.

Iubirea are opusul ei - ura. Iubirea te atrage în sus către Centrul creator. Ura te îndepărtează, te gonește în jos, la periferie. Iubirea e ca hidrogenul ce te înalță, iar ura - ca balastul ce te atrage jos.

Iubind, păzind ordinele Tatălui devii nepotrivit cu cei de pe pământ, și te vor goni, spre noi, slujitorii Tatălui. Vei suferi din cauza iubirii tale, dar vei fi un fericit al pământului. Cel ce urăște nici nu-i trece prin minte să părăsească acest pământ, unde își poate manifesta josnicia, tradusă prin lăcomie, furt, crimă etc.

Floarea iubirii nu se întâlnește în zona a III-a, a duhurilor roșii, ea apare foarte rar în zona a II-a, a duhurilor albastre, și numai în zona I constituie cârma conduitei duhurilor albe.

Ca să urcăm spre zona îngerilor, se cade să ne deprindem, pe pământ şi în Cer, să iubim şi iar să iubim, şi să ne debarasăm de pornirile ce ne târăsc spre ură.

Dacă iubirea grăbeşte evoluția, ura o încetineşte sau chiar o opreşte. Să aveți în fața minții voastre Iubirea Stăpânului nostru împărat Isus Christos, care de miliarde de secole nu mai ştie de ură, El iertând chiar şi pe cei ce L-au chinuit şi omorât trupeşte. Slăvit şi binecuvântat să fie numele Său, în vecii vecilor. Amin.

Știința Cerului

Cu cât duhul se ridică pe treptele cunoașterii, supunerii și sfințeniei, cu atât se îndepărtează de atracția a tot ce aparține pământului. Singura sa preocupare va fi știința Cerului și aplicarea ei la scară microcosmică, lucrând la marea operă a Creatorului.

Pe oricare spirit din spațiu l-ai întreba cu ce se ocupă, îți va răspunde asemănător: „În afară de misiunile primite, studiez problemele vieții de pretutindeni, aflând din tainele universului".

Spațiile sunt pline de idei. Prin urmare, putem să ne îmbogățim cunoștințele. Dar nu le putem descifra pe toate, căci unele idei aparțin altor trepte de evoluție. Le vedem culoarea și forma, auzim muzica lor, dar nu le pricepem înțelesul.

Iată un exemplu. Să presupunem că unui om de pe timpul Domnului nostru Isus Christos i s-ar fi vorbit de avion. Ei bine, oricâte vorbe s-ar fi întrebuințat, el tot n-ar fi înțeles ce este un avion, deoarece ideile referitoare la elice, vid, presiune, motor, electricitate etc. nu erau cunoscute pe timpul său. Dar totuși aceste idei pluteau prin spațiul fluidic al sistemului nostru solar, pentru că avionul era deja construit și funcționa pe o altă planetă a acestui sistem. Bineînțeles, acolo avea altă formă, dar era mișcat tot prin motor, oamenii de acolo servindu-se de avion cu mii și mii de ani înaintea descoperirii lui pe pământ. Chiar și acum mai există pe pământ oameni care nu cunosc principiul zborului și alcătuirea avionului. Ideile nu pot fi primite și asimilate decât atunci când omul a ajuns la gradul de a putea înțelege asemenea idei. Fiecare treaptă a evoluției are ideile sale.

Noi, duhurile, trăim în lumea materiilor eterice, pe care le studiem și cu care lucrăm, realizând din ele tot ce vrem. Dar cum să vă facem pe voi, frații noștri, întemnițați în lut, să înțelegeți chimia și fizica operelor noastre făcute cu aceste materii eterice, invizibile ochiului vostru și insesizabile trupului vostru grosolan? Oricât am căuta să vi le descriem, vă va fi imposibil să le înțelegeți.

Duhurile fac o dublă școală:

1. în Cer – lucrând cu materiile eterice și sub imboldul ideilor ce plutesc prin spațiu, prinse și interpretate de cei ce le pot înțelege;

2. pe pământ, ca oameni trupești – prin intermediul cărților scrise de om.

Acum îți picur din nou câteva idei de care nu aveți cunoștințe. Războaiele sunt opera omului, dar ele sunt dictate chiar de sus, de necesitățile evolutive. Să nu vă speriați, nici să nu vă mirați.

„Cum? – veți zice voi – Cerul vrea cruzime, ucideri, suferință, lacrimile mamelor, copiilor și văduvelor?" Da, răspundem noi. Trupul uman este o materie planetară; ea nu se distruge, ci numai se preface. Valoarea trupului este deci relativă. Ceea ce este mai important e spiritul. El trebuie să evolueze. Individul și popoarele, ca unități, trebuie să treacă prin furnalul durerilor de tot felul, pentru a se ridica.

Stările sociale trebuie schimbate din timp, spre o formă superioară, în care viața să fie mai dreaptă, mai ușoară, mai ales pentru cei mulți și umili. Da, războiul e o operă determinată de sus, după un plan și anumite scopuri. El are la bază sacrificiul. Prin sacrificiul ființei sale trupești, spiritul urcă câteva trepte ale infinitei scări evolutive. Prin urmare, războiul e o pagină din marea carte a evoluției sociale.

În alte timpuri, războiul se purta între triburi, iar mai târziu – între popoare. Acum el caută să se întindă, să se generalizeze, târând în el mai multe continente. Un prim model a fost războiul mondial din urmă[1]. În decursul acestui uriaș învălmășag de oameni și spirite, s-au coborât din înălțimile lor sublime cete nesfârșite de îngeri. Scopul venirii lor la suprafața pământului a fost să înconjoare cu lumina lor pe cei ce își părăseau trupul.

Războaiele vor fi de acum încolo tot mondiale, pentru ca evoluția socială să se facă silit și mai grăbit. Ultimul război mondial a cerut sacrificii mari. Peste 20 de milioane de spirite aflate în front și în spatele frontului și-au părăsit trupurile. Atât de atroce au fost suferințele și atât de numeroși oamenii care și-au părăsit copiii, soțiile, părinții, încât cu toată prezența cetelor îngerești, spiritele au protestat că s-a permis acest război, schimbându-le destinul trasat de ele și aprobat de Forul ce a statuat programul vieții lor terestre. Spiritele s-au răzvrătit și au răzvrătit pe cei de jos, determinând pe conducătorii lor să termine războiul, căci suferința atinsese culmi nemaivăzute pe pământ.

---

[1] Este vorba de prima conflagrație mondială, comunicările fiind primite în perioada interbelică.

Acționând contra voinței cetelor îngerești, pământenii și oamenii cerești au contribuit la terminarea măcelului omenesc. Din această cauză, conducătorii popoarelor au încetat războiul care, în definitiv, n-a adus soluția finală pentru care se plănuise în Cer această suferință. Războiul era hotărât să se termine cu o mișcare socială în toate statele beligerante ale Europei, cu o anarhizare momentană, care desființa toate așezările și clasificările, pentru a se organiza lumea pe alte baze mai drepte, mai frumoase, cu un pas mai înainte, mai aproape de doctrina lui Christ. Acesta era planul urmărit de sus, ca urmare a războiului mondial. Dar războiul a fost întrerupt la mijlocul drumului, fără atingerea scopului urmărit. De aceea voi nu veți fi liniștiți, nu veți trăi zile senine. Războiul va sta fatal la granița fiecărui stat, pentru că edificiul european nu a fost încă așezat pe o fundație durabilă, conformă gradului evolutiv atins de Pământ.

Luna. Plecarea din acest sistem

În ultima Sa întrupare pe pământ, Solarul nostru a înființat o religie – chintesența tuturor religiilor de până atunci. Toate religiile pământului au fost întemeiate cu aprobarea Lui. Fiecare religie a fost dată potrivit evoluției omului și a Pământului.

O religie este valabilă doar pentru o anumită epocă și colectivitate spirituală.

Toate religiile încep prin a fi frumoase, sublime, dar încetul cu încetul sunt alterate, până ce dispare din ele frumusețea și înțelepciunea exprimată la început.

Vorbesc despre religie, dar nu am dat o definiție a ei. *Religia este știința care dictează omului normele de conducere în viața terestră, conform regulilor Tatălui ceresc, adaptate la regulile Fiului și ale Sfântului Duh.*

Legile Tatălui sunt prea riguroase, făcute mai mult pentru lumile angelice de toate gradele. Cum omenirea de pe pământ este departe de înțelegerea și puritatea îngerilor, Legile suferă o adaptare potrivită gradului evolutiv al Soarelui nostru, și apoi, al Pământului. Prin urmare, Legile Tatălui aplicate în Sfera divină suferă o modificare, o adaptare potrivită fiecărui sistem solar, după gradul său evolutiv și, în fine, suferă a doua adaptare, după felul și gradul evolutiv al planetei pe care se vor aplica.

Lumea duhurilor, ca și lumea trupească de pe Pământul nostru, se primenește mereu. Într-adevăr, din timp în timp, de pe globul nostru pleacă cete de spirite și în locul lor sosesc alte stoluri de spirite. Unele vin de pe o planetă a sistemului nostru, altele de pe planetele altor sisteme. Când acești noi sosiți se întrupează, produc perturbări în starea socială și mentalitatea omenirii terestre, pervertind ideile religioase existente.

Datorită acestor prefaceri morale și spirituale, Guvernatorul solar e nevoit să coboare în spațiul Pământului nostru, unde sute de ani predică din nou duhurilor tainele cerești, după care coboară și pe pământ, făcându-se om trupesc, după regulile firii stabilite de Tatăl ceresc, pentru tot ce e ființă trupească. Revenind pe pământ, printre oameni, Lumina luminilor cerești va predica din nou adevărurile eterne, și pentru ca vorbele Sale să primească toată tăria necesară și omenirea să vadă în Ființa Sa o forță supraomenească, El face câteva demonstrații ce trec dincolo de puterea de realizare și înțelegere a marii mase de oameni.

La începutul evoluției sale, omul este foarte redus mental, fiind un individualist feroce. Când asemenea spirite vin în stoluri și se întrupează pe pământ, creează un focar de egoism. După veacuri nenumărate, ele înțeleg folosul ajutorului reciproc și încep să se grupeze, formând mari colectivități, sentimentul solidarității unindu-i din ce în ce mai puternic. La început grupul e mic, dar cu timpul, se mărește prin afilieri noi.

Pământul este planeta unde individul poate avea toată înlesnirea de a înțelege avantajele vieții solidare, dar nu este potrivită pentru câștigarea de adepți noi la grupul deja constituit. Asemenea sporiri sau alipiri la grupul existent,se fac pe alte globuri, risipite prin spațiile universului nostru.

Pe aceste planete nu se mai fac întrupări, nu se face școala materiilor planetare, ci doar școală spirituală, acolo neexistând trupuri. Un asemenea corp ceresc este Luna, satelitul Pământului, unde vin spiritele superioare ale Pământului pentru odihnă.

Pe Lună lipsesc imboldirile solare care împing duhul uman la lucru. Aici spiritul se odihnește, meditând la cele învățate pe Pământ din marea știință a Creatorului, știința creațiilor.

Asemenea popasuri de odihnă au și alte planete pe sateliții lor. Ele sunt ca și stațiunile climaterice de pe pământul vostru, unde se retrag vremelnic cete de oameni, ca să se mai sustragă activității lor sociale. Către aceste globuri, lipsite de oameni trupești, pornesc de pe planetele de care aparțin stoluri imense de duhuri, pentru a se odihni.

Evoluția se face treptat, încet și fără salturi; dar gradele evolutive dintre planetele sistemului nostru fiind prea distanțate, pentru anumite duhuri este de preferat să se ducă prin alte sisteme, unde există o planetă imediat vecină și următoare, ca evoluție, Pământului. În vederea acestui exod, duhurile care vom termina școala planetei Pământ ne retragem pe Lună, și după ce ne odihnim de greutățile evoluției făcute pe Pământ, vom porni către un glob superior acestuia. Când va suna ceasul mântuirii noastre, când terminăm studiile Pământului, vom pleca de pe el. Dar, din nefericire, nu vom pleca cu toții. Marele nostru grup, asemenea celorlalte grupuri terestre, este format din individualități eterogene. Prin urmare, nu putem sta pe acest glob până ce toate elementele grupului nostru își termină școala planetară, adică să așteptăm ca toți să ajungă la un anumit grad de evoluție. Celelalte duhuri de pe Pământ ne gonesc, alte valuri sau grupări așteptând să ne ia locul.

Egalitate, uniformitate nu există nicăieri în universuri, în natură, pentru că nu este îngăduită de Creator. Afirmația unora dintre pământeni că vor egalitate este o minciună sfruntată.

Când termenul se va împlini, când majoritatea duhurilor umane își vor trece examenul obligatoriu al acestei planete, ne vom retrage, deocamdată, pe satelitul nostru, pe Lună. Acolo vom sta câteva secole și vom face trierea marelui nostru grup.

Pe Lună, vom face ceea ce a făcut Moise, marele duh ceresc, pentru a se conforma unei înalte tradiții spirituale. El a târât anume poporul evreu în deșert, pentru a-l purifica, tria și dezbăra de obiceiurile josnice, contractate de acest mare trib unitar în timpul șederii sale în Egipt. În pustiu, sub asprimea lipsurilor, cei nărăviți au pierit, iar celor mai tineri, dezobișnuiți de multe superstiții, purificați trupește și sufletește, li s-au dat noi directive de conduită și înțelegere.

Șederea noastră pe Lună este cerută de Legile divine. Aici, în zona fluidică lunară ne vom revedea starea morală, vom căuta să îndreptăm pe unii și întări pe alții, dar nu vom mai învăța nimic din punct de vedere intelectual. Pe sateliții planetelor nu se fac studii de cunoștințe ci numai revizuiri de concepții morale. Când se va isprăvi timpul șederii noastre pe satelitul Pământului, ne vom lua zborul spre alte sisteme solare.

Când părăsesc o planetă pentru a se duce pe alta, fie în sistemul acela, fie aiurea, toate duhurile trebuie să se oprească un timp pe satelitul planetei respective. Când sosesc în preajma unei planete, de asemenea trebuie să se oprească un timp în vestibulul acelei planete, adică în satelitul său. Așadar, se face oprire pe satelitul planetei la sosire și la plecare.

Șederea noastră pe Lună va dura câteva sute de ani, și totuși de acolo vom ști la perfecție tot ce se petrece pe Pământ. Plecarea grupului nostru se va putea face doar după sosirea întârziaților noștri, când se va proceda la trierea noastră.

Cât vom sta pe Lună vom avea ocazia să venim în contact cu multe grupuri de duhuri sosite acolo. Superiorii noștri vor ține predici, iar superiorii altora vor arăta și ei scopurile ce le urmăresc. Din expuneri repetate se poate ca unor indivizi ai altor grupări să li se pară că țelurile și cunoștințele grupului nostru sunt mai înalte și se vor alipi de grupul nostru. Dar se poate ca un alt grup să fie mai avansat decât al nostru, și deci să pierdem din membrii sau frații noștri. Asemenea câștiguri sau pierderi de membrii noi nu sunt posibile pe timpul duratei școlii planetare. Odată ce un grup a sosit de pe Lună pe Pământ, nimeni nu se mai poate dezlipi de el; pe de-o parte, din cauza deosebirii de vederi a fiecărui grup, iar pe de altă parte, din cauza neîncrederii grupului în străinul sosit.

Să rămâi stingher încă nu e posibil, căci cine te va primi să te naști în grupul său? Școala trupească trebuie să o faci, dar care duhuri întrupate vor vrea să te primească, să te naști, să fii copil în familia lor? Așa că, vrând-nevrând, trebuie să stai lângă grupul tău, ca puii lângă cloșca lor.

Peste o mie de ani, grupul nostru va părăsi pentru totdeauna acest glob. Atunci căpeteniile noastre vor da drumul celor nemulțumiți de starea grupului nostru. Acești nemulțumiți se vor grupa în jurul unor căpetenii ale lor și se vor duce acolo unde li se va părea mai bine.

Așadar, toate selecțiile și omologările se fac pe Lună.

Când vom deveni un bloc bine organizat și omogenizat vom pleca pe o altă planetă, aleasă de colectivitate prin vot, după ce vom audia pe conducătorii noștri despre câștigurile și greutățile evolutive ale unor planete noi.

Cât stăm în preajma pământului, suntem cu toții supuși legii reîntrupării. Odată ce am plecat și am poposit în Lună, orice reîntrupare a încetat. Aici ne pregătim numai de plecare aiurea.

Am spus că fiecare grup își are întârziații săi. Deși marele grup a trecut pe Lună de multe veacuri, întârziații își continuă încă reîntrupările necesare avansării lor. Odată ce și-au terminat și ei școala planetară, sosesc rând pe rând pe Lună.

După o ședere de veacuri în atmosfera eterică a Lunii, pornim apoi cu toții în călătorii de studii, prin diferiți sateliți ai planetelor acestui sistem. Nu ne este îngăduit să ne apropiem prea mult de suprafața unei planete oarecare, căci anumite forțe cosmice și solare ne împing la întrupare, furându-ne în hora evoluției acelei planete, chiar dacă nu avem chemarea respectivă.

Pentru a putea pleca de pe Lună, trebuie să ne dezbrăcăm haina planetară, îmbrăcată tot pe Lună, când am venit pe Pământ. Acum, liberi, pornim la drum prin spațiul sistemului solar, vizitând sateliții planetelor pe care vrem să le studiem.

La sosirea într-un nou satelit, suntem obligați să îmbrăcăm haina fluidică a planetei de care aparține acel satelit. După un studiu sumar făcut de îngerii planetei respective, coborâm în atmosfera ei fluidică, făcând studiile necesare asupra naturii, vegetației, faunei și a omului ce își face școala pe acest corp ceresc. După ce am luat cunoștință de tot ce privește această școală a Tatălui, pornim pe altă planetă, pentru studii noi. Din planetă în planetă, vom vizita toate planetele sistemului nostru. Bineînțeles, la sosirea pe fiecare satelit vom îmbrăca haina fluidică a planetei respective, și o vom dezbrăca tot în satelitul său, când o vom părăsi.

În fine, veacurile vor trece, vom culege nenumărate cunoștințe relativ la tot ce cuprinde sistemul acesta, și într-o bună zi, primind binecuvântarea Guvernatorului nostru solar, vom părăsi pentru totdeauna acest sistem, îndreptându-ne către alte puncte ale universului, spre un alt sistem solar, unde vom poposi pe una dintre planetele sale corespunzătoare necesităților noastre evolutive.

Prin călătoriile făcute din planetă în planetă, asemenea păsărilor călătoare ale pământului, am cules informații de la conducătorii îngeri ai planetelor, despre locul unde vom găsi cuibul evoluției noastre viitoare.

După zeci de mii de ani de muncă, după mii de reîntrupări terestre, vom răsufla, urcându-ne în purgatoriul selenar și apoi trecând în raiul deplinei libertăți de a călători, ne vom coborî iar la munca iadului, a noilor forme trupești, potrivite cu noul corp ceresc unde ne-am cuibărit pentru cine știe câte zeci de mii de ani. Vom termina un ciclu și vom începe un nou ciclu pe o scară superioară, dar lungă și plină de mari pericole și suferințe. *Suferința e umbra existenței spiritului.* Ea ne va urmări în vecii vecilor și va fi cu atât mai atroce - când greșim - cu cât ne aflăm pe o treaptă mai înaltă a scării evolutive.

Doamne, sublim Fiu de Dumnezeu, ajută-ne să ne realizăm visul și să trecem la alte școli mai înalte ale Tatălui nostru ceresc! Amin.

Suferința este pârghia evoluției

Se apropie comemorarea patimilor, morții și eliberării Duhului din trupul Ființei divine, care în ultima Sa coborâre pe Pământ a purtat numele de Isus. Aniversarea învierii Domnului solar este veche de când lumea, pentru că ea pecetluiește o nouă etapă în mersul prefacerilor continue ale planetei Pământ. Ea marchează un pas mai departe în mersul evoluției acestui glob.

Coborârea Fiului divin în trup, pătimirea și moartea Sa sublimă să fie icoană tuturor oamenilor, că viața trupească este închinată suferinței.

Suferința nu este totdeauna o pedeapsă, după cum afirmă unii oameni, ci este o pârghie prin intermediul căreia spiritul închis în această formă este făcut mai atent, este silit să învețe. Pământul e o școală unde duhul se luminează la focul durerilor repetate, urmate de rare bucurii și mângâieri, etape scurte de odihnă, elixir de forțe noi, pentru zilele întunecate, pline de lacrimi, ce vor urma.

Cei ce nu cunosc organizarea lumilor și a regulilor ce dăinuie în ele, din veșnicie, își zic: „Pentru ce ne-a dat Tatăl creator un trup în care trebuie să suferim? Pentru ce ne-a hărăzit suferința ca instrument de ridicare a spiritului? Cum de nu are El milă de copiii Săi?" Întrebări de felul acesta le pun și duhurile din lumea noastră spațială.

Când grupul nostru a sosit pe satelitul Pământului, printre primele informații cerute îngerilor acestui glob au fost: „Cu ce fel de instrumente vom învăța aici? Cum ne va fi trupul, temnița duhului supus la torturi? Vine vreodată pe acest corp ceresc Stăpânul acestei împărății cerești, al acestui sistem solar? Cât va dura aici școala noastră?" Și multe alte întrebări iscoditoare.

Într-o altă prelegere am spus că după o ședere de 26.000 de ani pe Pământ, grupul nostru se va retrage pe Lună, unde ne vom petrece vacanța planetară. Când totul va fi pregătit, grupul nostru își va lua zborul spre o altă planetă, poposind în prealabil pe satelitul ei. Dar dacă acea planetă nu are satelit? Pe asemenea corpuri cerești nu ne oprim, pentru că viața pe planetele lipsite de sateliți este inferioară vieții actuale. Duhurile nu mai pot coborî panta evoluției. Ele se străduiesc să urce mereu, iar nu să coboare. Pe o asemenea planetă inferioară trimitem din nevoiașii grupului nostru, cât timp vom sta noi pe Lună, ca să-și facă și ei, repede, două-trei întrupări penibile, pentru fortificarea voinței lor încă slabă.

Voința este resortul care împinge spiritul să vadă, să analizeze, să judece, să învețe din ce în ce mai mult. Nicăieri și nimeni nu este supus, contra voinței sale la noi întrupări, la grele vieți trupești, pline de tentații și primejdii. Așadar, nu vom trimite cu sila pe anumiți frați de-ai noștri în aceste planete fără sateliți, unde viața este mai grea decât pe Pământ, ci numai după voința lor, înțelegând și ei folosul suferinței pentru întărirea lor spirituală. Cât vor sta acolo noi îi așteptăm pe Lună. La întoarcere voința lor va fi tonificată și înțelegerea mai clară.

Din cele expuse, reiese că spiritul însuși, recunoscându-și slăbiciunea, mai ales a voinței, se supune reîntrupărilor pline de dureri, în scopul corectării.

La fel se întâmplă și în lumea voastră. Un om cu un organ afectat de o tumoare, știind că numai supunându-se unei operații chirurgicale se va face bine, pornește cu toată voința la medicul chirurg.

În lumea cerească totul e armonie. Totul se face prin convingere și ajutor reciproc. Nicăieri nu se întrebuințează forța oarbă, pentru că întrebuințarea silei în locul rațiunii și convingerii produce revoltă, iar superiorul care ar întrebuința-o ar încălca Legea fundamentală a creației: *Iubirea.*

Având drept model Legea iubirii, nu putem întrebuința decât argumentul, ideea. Noi propagăm mereu prin idei, prin argumente, asertiunea că progresul nu este posibil fără durere. Dar cum argumentul, fără dovezi, are o valoare relativă, noi, cei mai ridicați ai grupului nostru, coborâm împreună cu îngerii noștri solari în întunericul trupului, pentru a da pildă celor mai mici, că trebuie să sufere, că suferința este o necesitate absolută. În fața acestor exemple, ei înțeleg rostul întrupării: *învățarea prin intermediul durerii pricinuită de trup.*

Fără aceste sublime exemple, duhurile ar accepta greu chinurile vieții trupești.

De multe ori s-a întâmplat ca un duh mai tânăr al grupului nostru să ne întrebe: „Lumină, eu văd că duh fiind, am destule suferințe sufletești de îndurat; oare acestea nu sunt suficiente ca să progresez? Ne vorbiți că Legea Tatălui cere ca prin suferință să ne ridicăm în putere și strălucire. Dar de unde știți dumneavoastră de această lege, de acest ordin? Cine vi l-a spus?"

Suntem nevoiți ca pe micul și neștiutorul nostru duh să-l facem să înțeleagă că totul pleacă de la Tatăl, că această Lege ne-au prezentat-o îngerii noștri, conducătorii existenței pe acest glob, că însuși Stăpânul acestei vaste împărății coboară din Tronul Său solar pe Pământ și ne vorbește ca duh și ne demonstrează ca om trupesc, această Lege a Tatălui creator. Îi spunem micului duh că Fiul iubit al Tatălui central, ce șade pe Tronul spiritual din centrul sferei operei Sale, se face om trupesc din când în când, coboară pe această planetă și ne spune: *„Așa cum am văzut Eu pe Tatăl că face, așa fac și Eu. Ceea ce Tatăl Meu M-a învățat, aceea vă învăț și Eu pe voi"*. Cât timp a stat în atmosfera fluidică a globului nostru, multe taine și multe învățăminte ne-au rămas de la El.

Dar duhul începător al școlii Pământ ne întreabă din nou: „Când noi suferim în Cer și ca om trupesc pe pământ, pe îngeri nu-i doare, nu-i cuprinde mila de noi?"

Pentru a nu rămâne sărmanul nostru frate fără răspuns, îi spunem: „Da, ei știu tot, suferă nespus pentru suferința omenirii, dar nu pot să o înlăture, aceasta fiind Legea Tatălui. Cel mult, din când în când, o mai ușurează, ori mai amână o parte din ea, pentru o nouă întrupare".

Îngerii ne spun și nouă, când avem ocazia să asistăm la conferințele lor: „De câte ori n-am schimbat planurile noastre, văzând puterile voastre de răbdare la capătul lor! Tot progresul săvârșit pe Pământ se datorește sforțărilor noastre. Noi vă dăm norme noi, cerute de evoluția voastră socială, religioasă și științifică. Noi am venit din Soare pe acest glob, chiar din momentul dezlipirii nebuloasei planetei voastre din marea nebuloasă solară. Noi suntem a (alfa) duhurilor, pentru că am venit cei dintâi pe Pământ, și suntem w (omega), căci vom părăsi ultimii acest glob, după ce toată viața va pieri de pe suprafața sa și din Cerul său."

În lumea noastră avem situații asemănătoare cu cele din lumea voastră. Câte unul din grupul nostru își permite întrebarea: „Mărime, frate-lumină, nu vi s-a urât de atâta ședere lungă de miliarde de ani pe Pământ?" Interpelatul nostru înger îi răspunde cu bunătate: „Nu, nu ni s-a urât, pentru că suntem mereu în lucru, în forme noi de activitate. Mereu se schimbă felul activității noastre și, în plus, profunzimea cu care ne concentrăm și dăruim în acțiunile noastre ne absoarbe atât de mult, încât nici nu ne dăm seama când au trecut o mie de ani."

Pentru a ne da o probă de adâncimea cunoștințelor lor, îngerii ne fac următoarea expunere: „Iată un număr compus dintr-un șir kilometric de mii de miliarde de unități. Acest număr, înmulțit prin el însuși, ne dă numărul cutare; dacă la acest produs adăugăm de șapte ori atâta, obținem numărul cutare, care împărțit la *X*, dă câtul numărului *Y*. Acum controlați și voi exactitatea calculului meu, iar dacă veți găsi o greșeală, mă angajez să vă conduc într-o călătorie prin câteva planete, căci voi obține autorizația de la Stăpânul suprem." Atunci tăbărâm cu toții, calculăm și iar calculăm, și după un timp destul de lung constatăm că îngerul nu a greșit deloc. Calculul său de câteva secunde, nouă ne-a solicitat zeci de minute. Acesta e un mic exemplu din care deducem profunzimea cunoștințelor cetelor îngerești. Calculul său fiind perfect, călătoria noastră n-a avut loc, iar îndrăznețul care îl întrebase se prosternă în fața vastei științe a îngerului: „Cu adevărat mare ești în cetele Tatălui ceresc! Dar cum ai ajuns să știi atât de mult?"

„Prin evoluție, fiule - zise îngerul - din treaptă în treaptă și prin necurmate suferințe. Din om neștiutor ca tine, după milioane de veacuri am ajuns unde sunt. Noi suntem servitorii umili ai Tatălui ceresc, și împlinim ordinele Sale, transmise rând pe rând. Ordinele plutesc prin spațiu, aduse de curentul cosmic; noi le captăm, le citim și apoi căutăm să le aplicăm planetei Pământ, spre evoluția ei. Aceste ordine nu le puteți percepe deloc și chiar dacă le-ați auzi, nu le-ați înțelege fondul. Chiar acum ele trec pe lângă tine, fără să le vezi. Universul este străbătut mereu de ideile Centrului, dar ele nu pot fi recepționate de orice spirit. Din o mie de idei venite de la Tatăl ceresc, destinate acestei planete și al căror conținut îl cunoaștem, voi, spirite umane, înțelegeți doar una.

După cum nu știți de aceste idei venite de la Centru, nu știți nici ce are Tatăl în cosmosul creat și în Sfera divină. Acestea ne preocupă pe noi, îngerii, și nu ne lasă să ne plictisim. Misiunile de una sau două mii de ani, făcute de unii dintre noi, acolo unde necesitățile evoluției noastre o cer, nu contează față de miliardele de ani cât stăm în jurul acestei planete.

Ție, care mi-ai pus întrebarea, îți pot spune vârsta, căci nu ești spirit tânăr, ci ai o mare vechime. Tot așa cum oamenii trupești pot afla vârsta unui copac secular după cercurile trunchiului său, privindu-te, pot deduce - după felul culorilor și numărul vibrațiilor perispiritului tău - vârsta ta, de când Tatăl nostru te-a creat. Nu te mira de capacitățile noastre, căci, silindu-te le vei poseda și tu."

Evoluția se face în grupuri

Spuneam într-o zi că grupul din care facem parte, fiind la sfârșitul șederii sale pe acest glob, se străduiește cu tot ce-i stă în putință, să-și ajute întârziații, ca să-și termine evoluția spirituală corespunzătoare acestui glob.

De când există Pământul, cei de sus au luminat pe cei de jos, cei de sus au format instrumentele de legătură - mediumi - dintre Cer și pământ. Nu capriciul îndeamnă pe cineva să facă studii aprofundate ani și ani despre spirit și univers, ci gradul său evolutiv îl împinge să studieze tainele aflate dincolo de viața trăită de el și semenii săi.

Dorința unui grup este ca membrii săi să nu mai întârzie în dobândirea forțelor spirituale, deoarece stagnează întreaga colectivitate, neputând părăsi această planetă. Plecarea de pe Pământ nu se face individual, căci individul nu ar putea trăi și lupta singur în mijlocul condițiilor mediului noii planete. O singură forță spirituală nu înseamnă nimic în univers. Numai colectivitățile, prin mănunchiul lor, pot lupta contra diferitelor influențe. Acest adevăr este evident chiar și în lumea voastră. Numai uniți puteți ține piept altor grupări omenești.

Ca unitate, individul este o cantitate neglijabilă. El nu are însemnătate decât în concertul semenilor săi. Nașterea individului nu se face la întâmplare, el născându-se acolo unde e desemnat să trăiască, într-un anumit popor, într-o anumită familie, după cum cer necesitățile grupului din care face parte. Așadar, evoluția individului depinde și de evoluția colectivității sale.

Libertate deplină există în Cer și pe pământ. Așa a vrut Creatorul nostru să fie, dar dacă vei greși, amarnic vei plăti. De cele mai multe ori omul greșește, deoarece caută să-și facă singur dreptate, fie prin vorbe sau gânduri, fie prin fapte.

Omul care știe de existența noastră, rabdă în fața samavolniciei injuriilor și nedreptăților altora, și lasă ca cei de sus din grupul său, să ceară dreptate Forului suprem. Noi nu putem opri samavolnicia, dar putem cere și obține dreptate, satisfacție după injustiția comisă. Dacă am interveni înaintea comiterii faptei, am încălca Legea divină referitoare la liberul arbitru al omului. Atunci destinul omului ar fi simplu și în lume ar domni numai binele, dar în cazul acesta nu s-ar mai cunoaște valoarea binelui, deoarece nu ar fi pus în cumpănă opusul său - răul.

Legile au în vedere apărarea colectivităților, iar nu protecția individului.

Evoluția nu se poate face decât prin colectivitate. Când individul greșește, gruparea din care face parte îi aplică legea cu toată rigoarea și îl pedepsește în mod regresiv, din existență în existență, până la completa anihilare a pornirilor sale spre greșeli. Nu din ură pedepsește colectivitatea, ci din interes, pentru că actele individului se răsfrâng nu atât asupra lui, cât mai mult asupra grupării din care face parte. De aici, grija constantă a celor din spațiu să sfătuiască noaptea și să sugereze ziua asociaților lor să nu se enerveze și să nu greșească, deoarece greșeala unuia din colectivitate întârzie grupul întreg din mersul său ascendent.

În acest scop fiecare întrupat are în preajma sa trei duhuri care îl asistă și îi conduc pașii vieții. Există o întrecere între colectivități, privind superioritatea membrilor, indivizilor ce o compun.

Fiecare colectivitate se străduiește să dețină indivizi superiori, dezbărați de egoism și porniri spre fapte contrare legilor eterne. Colectivitățile, ca de altfel și indivizii, au vechimi diferite, și deci nu posedă aceeași forță spirituală. Cele mai tinere se silesc să obțină și ele realizările colectivităților bătrâne. Nu toate colectivitățile au venit odată pe acest glob, și nici de pe aceeași planetă. Unele au sosit mai recent, altele mai demult din alte sisteme, încât suprafața pământului este populată de oameni aparținând unor grupuri sau colectivități diferite, sosite în timpuri diferite și de pe planete și sisteme planetare diferite. Grupul nostru este destinat să plece din acest sistem pe un altul, aparținând altui Fiu divin, care ne va adopta și conduce mai departe, pe cărarea nevăzută către Izvorul din care în noaptea miliardelor de ani am purces.

Unele duhuri povestesc de meleagurile de unde au venit, de flora, fauna și forma oamenilor de acolo. La rândul nostru, le povestim evenimentele petrecute pe Pământ în cei 26.000 de ani cât am stat până acum. Din povestirile duhurilor venite din diferitele planete ale universului, aflăm despre viața omului de acolo, de starea sa socială, culturală și morală. Din aceste descrieri constatăm că multe dintre aceste planete sunt asemănătoare Pământului. Din povestirile lor primim noțiuni despre multe planete risipite prin spațiile universului. Așadar, în afară de afirmațiile repetate ale îngerilor noștri, aflăm și de la duhurile recent sosite pe globul nostru, că în univers există multe sisteme planetare unde trăiesc oameni asemănători cu cei de aici. De asemenea, aflăm că unii oameni sunt lipsiți de oase și trupul lor este gelatinos ca al meduzei. În fine, nu toți oamenii au aceeași înfățișare și proporții ca și voi.

În încheiere, rețineți bine că evoluția omului se face în grupuri, și nu individual.

Cosmosul - creația

Când o nebuloasă pornește din Centrul creator ca să dea naștere unui astru și unui sistem solar, ea cuprinde în sine totul: materii și spirite, de la a (alfa) la w (omega).

Odată plecată, nebuloasa urmează o traiectorie în spirală către una dintre cele patru universuri ale sferei create. Am mai pomenit odată că Tatăl creator a făcut până acum patru universuri, care se rotesc în jurul Sferei divine centrale sau a marelui Laborator, de unde ies toate: materii și spirite.

Cele patru universuri se dilată și se contractă mereu, și în același timp au tendința de a se mări și îndepărta de Sfera centrală, de care aparțin și din care au fost rând pe rând create. Fiecare dintre ele cuprinde în interiorul lor zeci de miliarde de astre, înconjurate de una, două, trei, șapte, nouă sau douăsprezece corpuri cerești, numite planete.

Sfera centrală este fluidică, deci invizibilă ochilor și instrumentelor omenești. Ea este așezată în abisul Cerurilor, în mijlocul celor patru universuri și omul nu o bănuiește, pentru că el niciodată nu o va putea vedea. Sfera centrală sau Sfera divină execută o mișcare de rotație în jurul axei sale închipuite. De asemenea, cele patru universuri execută fiecare câte o mișcare de rotație în jurul axei lor și o mișcare de translație în jurul Sferei centrale.

Cele patru universuri sunt de evoluție și constituție diferită, fiind așezate în jurul Sferei divine pe o linie închipuită în formă de spirală. Prin urmare, cele patru universuri nu sunt la aceeași depărtare de Sfera centrală. Privite de sus, în proiecția unui plan orizontal, cele patru universuri par a fi așezate după direcția celor patru brațe ale unei cruci.

Fiecare planetă execută o mișcare de rotație în jurul axei sale și una de translație, pe un drum ideal în formă de elipsă, în jurul soarelui din care a derivat odată. Dar și sorii execută o mișcare de rotație în jurul axei lor și alta în formă de elipsă în jurul centrului universului de care depind. Așadar, planetele se învârtesc în jurul sorilor lor, sorii - în jurul centrului universului lor, iar cele patru universuri se rotesc în jurul Sferei centrale, a Sferei divine.

E greu să vă faceți o idee asupra mărimii Sferei divine, a Sferei-Laborator. Este aproape imposibil să înțelegeți dimensiunile cuprinse în Infinit sau cosmos de cele patru universuri. Nici fantezia cea mai fecundă nu v-ar putea apropia de mărimea lor.

Sfera centrală, Laboratorul, cuprinde toată gama de materii: de la cea mai fină - cu care s-a început inițial toată creația, și până la materia atomică. De asemenea, ea cuprinde toată gama de duhuri: de la *duhul numărul unu,* începătorul vieții, și până la duhul infinit de evoluat, vecin cu însuși Creatorul său.

Cât privește sferele universuri, ele cuprind tot ce cuprinde și Centrul creator, plus fluide din ce în ce mai condensate, până la starea gazoasă, lichidă și solidă. Ele cuprind, de asemenea, o gamă nesfârșită de duhuri: de la duhul animator de atom, moleculă, piatră, plantă, animal, om, înger planetar, înger solar și până la duhul de Guvernator solar.

Zi și noapte, secundă de secundă, din Centrul divin se revarsă către cele patru universuri un *torent de fluide* dătător de viață. Cursul acestui torent fluidic este în formă de spirală. Din acest uriaș *torent cosmic* se desprind ramuri în interiorul fiecărui univers, la fiecare soare și fiecare planetă, pentru a le da un impuls nou de viață. Grație acestui curent de *hrană cosmică,* planetele trăiesc miliarde de ani și sorii lor corespunzători - și mai departe, până la zeci de miliarde de ani.

În afară de acest curent, uriaș torent cosmic, invizibil, insesizabil pentru voi, oameni trupești, corpurile cerești existente mai sunt vivificate, din timp în timp, de materiile fluidice aduse în drumul lor vertiginos de comete - corpuri cerești cu rolul de a distribui energii, materii fluidice celorlalte corpuri cerești, în cursul existenței lor. Cometa vine de la Centrul creator, înconjoară sorii, stelele, lăsând la fiecare o parte din materia divină cu care a fost încărcată. După milioane de ani, când și-a îndeplinit rolul de cărăuș, cometa se transformă într-o stea și după aceea într-o planetă.

Atâta timp cât un corp ceresc - planetă sau soare - are în sânul său fluide dătătoare sau întreținătoare de viață, el va trăi, continuând să existe pe firmament, în spațiul unui univers. Când, după trecerea a miliarde de ani, pierde treptat din fluidele sale - fluidul magnetic în special - planeta moare; încetul cu încetul se sfărâmă, se pulverizează și mai apoi se fluidizează. Sfărâmăturile vor rătăci prin spațiu și după o vreme vor fi atrase de alte corpuri cerești, căzând sub formă de meteoriți de diferite mărimi. Pulberea lor va rătăci prin spațiu și va fi atrasă de vârtejurile noilor stele sau sori, formând scheletul în jurul căruia se vor concretiza fluidele, pentru a constitui gaze, lichide și - cu vremea - solide. În fine, fluidele planetelor dispărute vor fi luate de marele curent cosmic centripet, care, după ce a luat de la fiecare din miliardele de corpuri cerești, planete și sori, elementele lor uzate, se întoarce în Sfera centrală pentru a se transforma, pentru a-și primeni fluidele dătătoare de viață, pornind din nou spre cele patru universuri.

Așa urmează în veșnicie.

Îngerii planetari și solari au fost la Centru, în Sfera divină de multe ori în existența lor angelică și au văzut ce este acolo, ce se face acolo și ne spun și nouă, care nu am ajuns încă la stadiul de a călători ca ei, de la o planetă la soare și de la soare la Centru, pentru ca apoi, de acolo, să meargă pe un alt soare, unde să-și continue evoluția angelică.

Noi, cei din spațiu, atât pe cât știm, prin propriile noastre simțuri spirituale, prin propriile observații, ne socotim fericiți față de voi, viermi ai pământului, orbi în misterul luminii ce inundă spațiile siderale. Voi nu știți, nu trebuie să știți, decât cele cunoscute prin simțurile voastre fizice.

Circulația de la o planetă la alta nu este posibilă decât trecând mai întâi prin soare, centrul sistemului solar. De asemenea, pătrunderea din universul nostru în alt univers nu este posibilă decât trecând prin Centrul divin și de acolo în universul dorit.

La fel se întâmplă și când se trece dintr-un sistem solar pe altul. Astfel, când un duh uman termină cu bine toate treptele sale evolutive umane pe o planetă, merge în Soare, centrul sistemului planetar și după o ședere oarecare pornește mai departe, către un sistem solar superior, pentru a-și continua cariera de duh uman, ajungând odată la rangul de înger planetar.

Ne fură și pe noi gândul, ca pe voi, și ne silim să concepem măcar cât de luminoasă și puternică este Ființa, numită Dumnezeu, Tatăl nostru creator. Câte un înger ne scoate din reveria noastră, și ne spune: „Când am fost la Centru, mi s-a spus de Cei de acolo: *«Frate, știi tu unde ai sosit? Ai sosit la Dumnezeu, ești în sânul lui*

Dumnezeu». Stam și eu pe gânduri și îmi ziceam: Cum să fiu eu acum în însuși sânul lui Dumnezeu? Iar marile Lumini de acolo, savanți de necuprins cu mintea noastră angelică, au repetat: *«Da, ești chiar în trupul lui Dumnezeu. Sfera divină este chiar trupul Său, iar Noi și tu suntem celulele Sale, căci circulăm în însuși trupul Său. Tu stând aici te hrănești cu substanța din trupul Său, mănânci din trupul Său fizic, care pentru tine e fluidic, dar pentru Dumnezeu este foarte tare, foarte solid»*".

La rândul tău, nu te mira acum și tu, frate întrupat, socotind aceste descrieri ale mele ca fantezii ale unui duh ceresc; ele sunt adevăruri pure.

Sfera divină este formată din trei sfere concentrice. Sfera din centrul Sferei divine este denumită pentru voi, *Cap de Dumnezeu,* fiind Centrul de unde pleacă *gândirea* lui Dumnezeu. De acest Centru, înconjurat de o altă sferă numită *Torace,* nu se pot apropia decât duhurile cu rangul sau titlul de *Fii de Dumnezeu.* Toracele este înconjurat de o altă sferă numită *Abdomen,* sau trupul lui Dumnezeu, de unde pleacă creațiile concretizate prin elaborări prelungi. Capul ar fi *gânditorul,* iar Pântecele *născătorul.* Capul ar fi *concepătorul Tată,* iar Pântecele *concepătoarea Mamă, Mamarul.* Capul este emițătorul de *scântei divine,* iar Mamarul - creatorul a tot felul de materii fizice, vizibile în jurul nostru.

Din Sfera divină pleacă totul: spirite și materii. Materiile pleacă simple și pe măsură ce se îndepărtează se îndesesc, se învârtoșează, se concentrează. De asemenea, duhul pleacă clar la minte, dar pe măsură ce se îndepărtează și se afundă în materii, învelindu-se în fluide din ce în ce mai îndesate, cunoștințele și conștiința i se întunecă. Fluidele pornite de la Centrul creator sunt pure și se îndeasă pe măsură ce se îndepărtează. În drumul lor către periferie, spre unul dintre cele patru universuri, în golul dintre Sfera centrală și universuri, fluidele se încarcă cu materii fluidice impure, provenite de la fostele corpuri cerești, și sunt oarecum corupte. Prin urmare, orice corp ceresc are fluide pure și impure.

Când divinul Creator vrea să creeze un nou sistem planetar, pornește din Laboratorul Său o nebuloasă. Ea va călători pe un drum în spirală, prin spațiile cosmice dintre Sfera centrală și univers. Prin aceste spații nebuloasa va întâlni pulberea formată din distrugerea planetelor ce și-au terminat evoluția. Din frecarea reciprocă a particulelor, nebuloasa se electrizează și din invizibilă devine vizibilă și caldă, având o culoare lactee incandescentă. Nebuloasa își urmează drumul mii și mii de ani, intrând într-unul din universuri, până la locul destinat de Creator, unde va începe să se rotească în jurul ei, pentru a da naștere unui astru, unui nou soare.

La întoarcerea în Laborator, trecând prin spațiul cosmic dintre universuri și Laborator, fluidele provenite din distrugerea astrelor se freacă de pulberea cosmică, o electrizează și apoi o transformă în eter, așa că, sosite în Sfera centrală, sunt pe deplin desfăcute, descompuse în elementele lor originale, în materia primă.

Atrag atenția că materiile cele mai concentrate dintr-un univers se află în centrul său. Duhurile nu pot trăi la periferia universului, căci acolo se găsesc doar materiile pregătite să dea naștere la corpuri cerești, sau cele care *au trăit,* iar acum, ajunse acolo, și-au *pierdut viața* și se duc la Centru pentru a și-o recăpăta.

E ora târzie, dar totuși vreau să-ți mai spun ceva. Din seria nesfârșită de fluide nu toate ajung să se facă materie fizică. Nu toate fluidele se concentrează pentru a deveni materie fizică, pentru voi, cei întrupați, căci pentru noi, duhurile umane, tot ce e fluid e materie fizică, fiind susceptibil de transformare. De aceea fluidul - zicem și noi, ca voi - moare și renaște, pe când scânteia din mine, din tine și din orice duh nu poate deveni materie fizică, nu se mai schimbă niciodată. Ca duh, acum sunt o scânteie divină - cum ziceți voi - învelită de un corp fizic invizibil vouă, fiind fluidic, dar muritor, pieritor, pentru că îl pot lepăda, desfăcându-se în părțile sale componente.

Când va fi să termin această școală planetară, voi pleca pe Lună unde voi lepăda o parte din haina acestei planete. Când va fi să părăsesc și Luna, voi lepăda și restul hainei fluidice a planetei Pământ. Atunci, pentru toate duhurile acestei planete, voi fi considerat ca și cum aș fi murit, după cum am murit pentru oamenii trupești, la fiecare dezbrăcare a hainei de lut. Când va fi să plec din acest sistem planetar, de pe astrul nostru solar, voi lepăda și haina mea solară, îmbrăcată la venirea în acest sistem solar. Atunci iarăși voi pieri, voi muri, pentru duhurile solare, lăsându-mi pe Soare haina mea solară. Iată că învelișurile duhului, ale spiritului, sunt pieritoare, căci ele se vor risipi, dizolvându-se în materia similară a mediului unde le-am dezbrăcat. Voi păstra hainele fluidice divine date de Creatorii centrali, Auxiliarii Tatălui nostru. Ajuns în Sfera divină, voi putea dezbrăca și hainele divine, dar scânteia mea nu va pieri, chiar dacă aș intra în Capul Tatălui meu.

Noi suntem particule ultramicroscopice, dar suntem copiii Tatălui. Odată ce ne-a emis, odată ce ne-a dat viață de duh, vom trăi în veșnicie, asemenea Lui. Scânteie am fost și sunt, adăugându-mi-se o parte din trupul Tatălui nostru. Trup din trupul Tatălui este și Pământul, cu fluidele și mineralele sale. Acest trup - trup de Dumnezeire - cândva, după ce își va îndeplini misiunea, se va întoarce în Sfera-Mamă, pentru a se preface și servi la noi creații. Așadar, Capul de Tată este nemuritor și netransformabil, iar Sfera-Mamă sau Pântecele este nemuritor, dar în veșnică transformare.

Mișcarea și viața soarelui

Din momentul când te-ai pregătit să stai de vorbă cu mine, am luat cunoștință de la dreptașul tău că ești liber, și am coborât ca fulgerul.

E greu să vă faceți o idee concretă de viteza mișcării noastre. Din înălțimea sediului meu obișnuit, cobor la suprafața pământului ca un vârtej, în spirală, și străbat aproximativ o mie de kilometri în câteva secunde. Pe măsură ce înaintez în materia tot mai densă spre suprafața globului, întâmpin o rezistență mai mare. Când revin către zona mea, fenomenul se petrece invers, deoarece cu cât mă îndepărtez de pământ, cu atât eterul planetei este din ce în ce mai fin, iar rezistența întâmpinată este din ce în ce mai mică. Vă minunați de viteza avionului vostru și cu toate acestea, viteza lui e mică pe lângă a noastră.

Dar, după această mică introducere, să tratez subiectul fixat pentru azi.

Din noaptea vremurilor, omenirea s-a frământat să afle problema existenței *Forței centrale*. Nu exista pământul, nu exista nici soarele care vă luminează, mai înainte de a fi existat multe mii de sori pe cer. Îngerii și omul - de pe alte globuri, pierite de miliarde de ani - au tot discutat și căutat să afle ceva despre *Forța centrală,* de unde au pornit toate creațiile și toate viețile. Așadar, problema aceasta este străveche, dar și cea mai grea de dezlegat.

Ca duh, sunt o forță, dar când privesc în jurul meu la tot ce a creat Forța centrală, mi se întunecă mintea. Această Forță este *vie, conștientă* și posedă o *memorie* de necuprins cu mintea umană. Ea știe tot ce a creat, cunoaște destinul fiecărui glob și tot ce există pe ele; dar nu numai că știe cum le-a creat, când și pentru ce anume scop, dar le conduce pe toate cu o măiestrie divină.

Stăm și medităm și noi, ca unii dintre voi, cum poate conduce Forța centrală totul? Mă privesc și mă văd cât sunt de mic și nu-mi pot imagina cele ce mi s-au spus, că Sfera de unde au pornit toate și totul este incomensurabilă. Așa ne spun îngerii noștri planetari, așa ne-au spus și îngerii solari, și Guvernatorul nostru suprem solar, dar nu numai El, ci toți Fiii de Dumnezeu solari, de pretutindeni. De aceea noi îi credem, pentru că de mii și mii de ani cu toții spun același adevăr. Ei sunt crezuți, pentru că rangul lor le dă posibilitatea să se ducă la Centrul creator și să vadă ce este și ce se face acolo. Evoluția lor le permite aceste călătorii, nu sunt reținuți ca noi, duhurile umane, de glia acestei planete.

Sfera divină, de unde conduce Tatăl lumile, se dilată și contractă, inspiră și expiră. Când expiră, emite totul - materii și duhuri, iar când inspiră - absoarbe tot ce este gata pentru prefacere. În Sfera divină viața se hrănește cu moarte și o învie, dându-i din nou viață.

Mormântul universului ești Tu, Tatăl meu! În sânul Tău mă voi întoarce și în loc de a muri, mă vei renaște. Om simplu sunt acum, dar înainte de a fi om am fost Dumnezeu, corp din corpul Tău, pentru că Tu, Tată, m-ai născut din Ființa Ta. Voi adormi în Sfera Ta, și când mă voi deștepta, voi constata că m-ai reorganizat, corpul meu l-ai refăcut și din om, Tu înger m-ai făcut. Iarăși și iarăși, venind din Sfera Ta în creație și întorcându-mă în Ea, voi constata că din înger m-ai făcut Fiul Tău, Fiu de Dumnezeu. Atunci, fericit, voi cânta Gloria Ta eternă, împreună cu cetele îngerești de pretutindeni. Miliarde de ani până când mă vei înmormânta din nou, de data aceasta ca Fiu de Dumnezeu, îți voi cânta recunoștința mea pentru că m-ai văzut vrednic și mi-ai încredințat miliarde de îngeri cu care voi crea, sub supravegherea Creatorilor Tăi divini, nebuloasa și mai apoi sferele împărăției mele, pe care o voi conduce multe miliarde de ani.

Tatăl e fericit deoarece creează. Cine intră în trupul Său, intră în fericirea veșnică. Țelul tuturor duhurilor este de a se întoarce în Edenul unde au fost odată. Până atunci, suntem fericiți că avem lângă noi reprezentanții Tatălui, îngerii noștri planetari și solari, care ne grăiesc de Tatăl ceresc.

Deși suntem mult mai știutori decât voi, totuși stăm, ne gândim și ne minunăm cum atâtea miliarde de sori, cu puii sau planetele lor, se mișcă cu toate și nu se ciocnesc unele de altele. Am să vă prezint mișcarea lor, necunoscută încă de astronomii voștri.

Să iau de exemplu soarele nostru. Astrul de care depinde globul nostru pământesc face un drum ideal, printre stele și constelații, până în centrul sferei universului, iar de aici, de la centru, începe un al doilea drum, către periferia universului, și așa se continuă mereu. Drumul soarelui este eliptic, identic cu drumul făcut de toate stelele, toți sorii. Sfera noastră univers se poate asemăna cu o roată cu multe spițe. De la centrul universului pornesc numeroase orbite eliptice către periferie, asemenea unor spițe de roată. Dar pe când roata de căruță are un singur plan, sfera sau roata universului nostru are miliarde de planuri de spițe. Ele sunt ca nenumăratele raze ale unei sfere.

La centrul universului este viață, către periferie - moarte. Cât timp astrul este tânăr sau plin de vigoare, va călători mereu, de la centru la periferie și de la periferie la centru. Când va sosi ultimul termen al existenței sale, ajungând la periferie, materia astrului scapă de sub atracția sferei-univers și cade în spațiul dintre cele patru sfere-univers, intersfera cosmică.

Există o mare analogie între om și soare. Cât timp omul trupesc este viu, trupul său are căldură, pentru că procesele produse în interiorul corpului său vital îi furnizează mereu căldură. Când omul moare, trupul său se răcește, pentru că a plecat din el corpul vital, producătorul de căldură.

Cu soarele se petrece același lucru. Cât timp este viu, el produce căldură în masa sa. Când își termină ciclul existenței, se va răci, va îngheța, pentru că și-a pierdut magnetismul, fluidul întreținător de viață și mișcare. Ajuns în stadiul acesta, soarele nu se va mai putea întoarce în centrul sferei universului. Îngerii ne spun că și soarele nostru va ajunge odată să se solidifice, devenind o planetă asemănătoare pământului. Ajuns în faza aceasta, vor apărea pe el oameni, de o formă și constituție diferită de cea a noastră actuală. Durata existenței lor, comparativ cu a noastră, va fi foarte scurtă.

Planeta Soare va trăi cât va trăi, și când va sosi ultimul său termen, se va răci, va îngheța, devenind o gheață lichidă. În această stare va ieși din univers, alergând prin spațiile cosmice, spre Sfera centrală. În drumul său, lichidul-gheață se va pulveriza, și apoi în apropierea fluidului Sferei centrale, se va fluidiza și pulberea sa. Inițial, fluidul s-a făcut gaz, gazul - lichid, iar lichidul a devenit solid. Când roata se întoarce, solidul va da naștere lichidului, lichidul - gazului, iar gazul va deveni fluid.

În momentul de față, soarele nostru este un glob incandescent format dintr-un amalgam lichid, plurimineral - de fier, aur, mercur, argint etc. Toate substanțele pământului nostru există acolo în stare lichidă. Argila din care voi faceți oale sau cărămizi se află în soare în stare lichidă. După cum apa oceanelor pământului se evaporă și formează norii, care prin răcire cad pe suprafața pământului sub formă de ploaie, tot astfel din masa pluriminerală a lichidului fierbinte ce formează globul solar se ridică în spațiul din jurul său vapori fierbinți, luminoși, de diferite metale, formând nori denși, metalici, de jur-împrejurul soarelui. Acești vapori argilo-calcaro-silico-metalici, ridicându-se la mari înălțimi, se răcesc și cad pe suprafața soarelui, în stare lichidă, sub formă de ploaie metalică. Există momente când, în anumite locuri, norii se rup și prin deschizătura lor se vede suprafața lichidă a soarelui, mai întunecată decât atmosfera sa luminoasă. Acestea sunt petele solare.

În jurul soarelui există o mare de lumină, din cauză că vaporii diferitelor metale, ridicându-se în spațiu, se ciocnesc între ei, se electrizează și din reacțiile lor reciproce se nasc fulgere. În plus, masa topită minerală a soarelui este negativă în ansamblul ei, iar atmosfera superioară metalică, luată în bloc, este pozitivă, din cauza fluidului ariei universului care o polarizează pozitiv. Din această cauză, odată cu ploaia de metal topit, cade către suprafața soarelui o continuă ploaie de fulgere electrice. Prin urmare, lumina soarelui se datorește temperaturii înalte a vaporilor metalici, dar mai ales unei continue străfulgerări electrice din atmosfera sa.

Pe acest glob fierbinte și arhielectric nu trăiește niciun duh. Toate duhurile solare, în frunte cu *Sfânta Treime solară,* sunt departe de această zonă puternic electrică, pe un mic astru fluidico-fizic, numit *Luna solară.*

Constituția soarelui

Am spus că în momentul de față, soarele nostru este un glob lichid, plurimineral, foarte fierbinte. Căldura radiată de acest glob fierbinte se pierde în spațiile din jurul său pe o distanță uriașă și totuși ea nu ajunge nici până la cea mai apropiată planetă a sistemului său.

Desigur că afirmația mea o să vă pară ciudată, căci toată lumea știe la voi că soarele vă dă lumina și căldura. Cu toate acestea, eu afirm încă o dată: *lumina și căldura ce vi se par că vin de la soare nu sunt căldura și lumina sa proprie, ci rezultatul combinațiilor undelor electro-magnetice ale pământului cu cele ale soarelui.* Dar asupra acestui subiect vom reveni.

De multe milioane de ani, de când se află pe pământ, omul adoră soarele, ca fiind dătătorul de viață a tot ce trăiește pe suprafața terestră, datorită presupusei călduri și lumini sosite de la soare.

În expunerea precedentă spuneam că în jurul soarelui se află o atmosferă formată dintr-o lungă serie de elemente chimice, în stare de vapori metalici. Toate aceste elemente chimice ale atmosferei solare sunt în stare liberă, deoarece temperatura lor încă nu permite combinații între ele.

Pe când vaporii de apă ce se ridică de pe suprafața mărilor și oceanelor pământului nu ating decât cel mult douăzeci de kilometri înălțime, vaporii metalici ce se ridică de pe suprafața globului solar ajung la înălțimi de trei sute de mii de kilometri, distanță aproximativ egală cu cea dintre suprafața pământului și suprafața selenară.

Rețineți un adevăr. *Orice corp, mare sau mic conține în masa sa electricitate de două feluri: pozitivă și negativă.*

Există corpuri încărcate mai mult cu electricitate pozitivă și altele – cu electricitate negativă. Materia fluidică a universului, în care înoată miliarde de sori și planete, este mai mult pozitivă. Sorii și planetele au în masa lor mai multă electricitate negativă. Din masa soarelui se ridică, de jur-împrejurul său, vapori metalici încărcați cu electricitate negativă. Ajunși în părțile superioare, la mari distanțe de suprafața solară, din cauza influenței fluidului universic în care înoată soarele, încetul cu încetul vaporii metalici se descarcă de electricitatea negativă și se încarcă cu electricitatea pozitivă a fluidului universic. La un moment dat, vaporii de sus sunt pozitivi, iar vaporii din apropierea suprafeței globului solar sunt negativi. Atunci se produc uriașe descărcări electrice între norii superiori și cei inferiori, o ploaie de fulgere căzând către suprafața globului solar. Această ploaie este permanentă, căci mereu se ridică nori și procesul își urmează necontenit cursul. Fulgerarea ce continuă de miliarde de ani menține lichidă și fierbinte materia metalică a soarelui.

În momentul de față, s-a realizat în soare un fel de perpetuum mobile. Oricât de numeroase și strălucitoare ar fi aceste fulgerări uriașe, lumina lor nu ajunge până la pământul nostru. Așadar, nici căldura oceanului de materie topită, nici lumina fulgerelor infinite ce brăzdează secundă de secundă atmosfera metalică a soarelui, nu luminează și nu încălzește suprafața pământului nostru.

Noi, duhurile care trăim în spațiu, și suntem aparate de măsură foarte sensibile, nu simțim nicio căldură ca venind de la soare, ci simțim cu totul altceva, și anume, undele sale electro-magnetice.

Sfera divină

Am arătat că soarele nostru este o uriașă uzină de energie electromagnetică, un izvor puternic de electricitate care întreține viața de pretutindeni, din sistemul său. O uzină mai mare de electricitate este Sfera divină. Grație cantităților imense de electricitate din Sfera divină, se pot înfăptui toate creațiile. De asemenea, am arătat că această colosală Sferă centrală palpită mereu, se dilată și se contractă, inspiră și expiră. Când se dilată, inspiră; când se contractă, expiră. Când expiră, elimină fluide ce vor forma lumi sau vor hrăni pe cele existente. Când inspiră, cheamă la Sine, din cele patru universuri, materiile fluidice - care au servit și hrănit universurile - pentru a le transforma din nou. Grație acestor ritmuri, Creatorii centrali au posibilitatea să creeze mereu materii noi pentru noile lumi și să repare și să transforme materia uzată, la care se adaugă materia nou pregătită cu particule absorbite din haos sau Infinit, pentru a le trimite apoi în lumile create.

Sfera divi[1] se compune din trei sfere concentrice, învelind una pe alta. La centru există o Sferă căreia, pentru înlesnirea studiului i-am zis *Cap de Dumnezeu* sau *Tată*. De jur-împrejurul acestei Sfere centrale se află Sfera numită *Pectoral* sau *Respirator*, plină cu o materie fluidică diferită de cea dintâi. În fine, învelind pe amândouă, se află

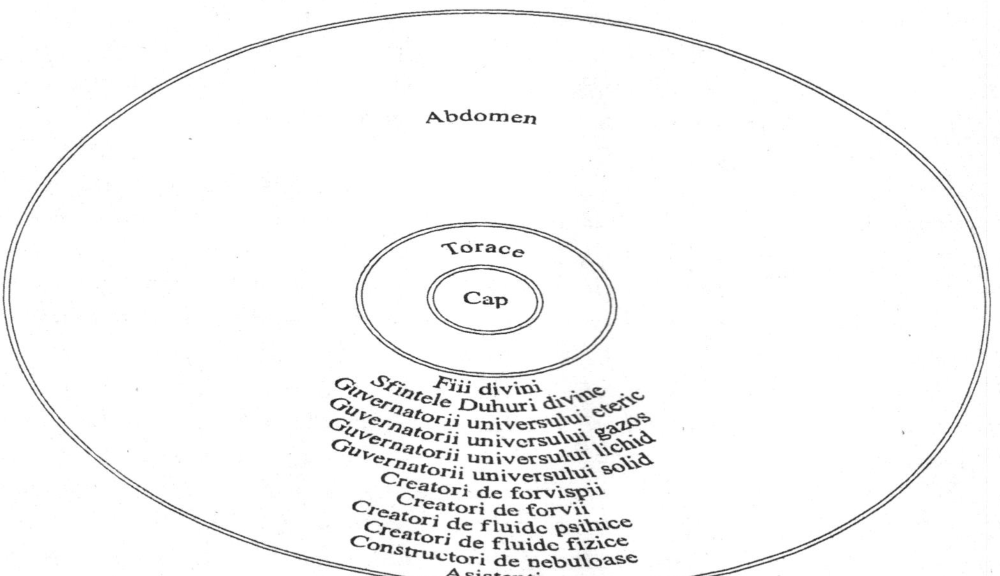

1. Șfera divină sau Laboratorul este o incomensurabilă Asociaţie de mari Arhitecţi şi Creatori divini, numiţi Elohim, în Cabala sau tradiţia mistică ebraică.

Sfera divină este organizată în trei sfere concentrice, cu caracteristici şi funcţii diferite. Capul, Tatarul, este veşnicul emiţător de idei, aflându-se într-o linişte eternă. Toracele, Fiularul, se roteşte în jurul Capului, în sens levogir, efectuând totodată o mişcare de expansiune şi contracţie. Abdomenul, Mamarul, execută o mişcare de rotaţie în jurul Toracelui şi în sens invers cu El.

a treia Sferă și mai mare, numită *Pântece, Mamar* sau *Născător,* conținând pe lângă fluidele diferite de celelalte două Sfere și milioane de mari Creatori de lumi și duhuri.

Din Sfera centrală, Tată, pornesc toate ideile constructoare ale lumilor. Însă aceste idei n-ar putea fi puse în lucru, în activitate, dacă n-ar exista mișcarea respiratorie a Pectoralului. În Mamar există Forțele sau Creatorii, de o evoluție negrăit de înaltă, care creează după indicațiile Tatălui central. Aceste Forțe creatoare sunt fecundatorii a tot ce există în interiorul Mamarului, Sfera-Mamă, nume impropriu, dar corect prin analogie cu mama, femeia-om de pe pământ. Dar pe când femeia-om este fecundată din exterior, în Mamar fecundarea este internă, materia ei interioară fiind mereu fecundată, în vederea creării noilor materii și spirite de către Creatorii divini de acolo. Așadar, Mamarul concepe în interiorul său, prin Duhul creator divin.

Din Mamar s-au născut stele, universuri, cosmosul întreg. El naște fără un raport sexual, în sens uman. Tatăl central concepe prin intermediul Mamarului, producându-se între ei un schimb de elemente fluidice. Din Tatăl pleacă fluide către Mamar, iar Mamarul dă Tatălui alte fluide, prin intermediul Respiratorului. Din fuzionarea lor se nasc duhurile. Prin situația sa Mamarul corespunde unei virgine perpetue, care totuși naște, producând din veșnicie materiile și duhurile tuturor lumilor. Imaginea actului produs în Centrul creator este tradusă în lumea trupească vegetală, animală și umană, prin împreunarea a doi indivizi de sex diferit, pentru a-și uni elementele creatoare, din fuzionarea cărora se naște oul, punctul de plecare al noii ființe.

Prin urmare, fenomenele și activitățile lumii create sunt o reproducere grosolană, potrivit materiei de aici, a fenomenelor tainice din Sfera divină.

Sfera de la centrul Sferei divine este Capul de Dumnezeu sau Tatăl, gânditorul, veșnic emițător de idei. Ideile fiind emise în afara Lui, provoacă activitatea respiratorie a Pectoralului, centura Capului de Dumnezeu. Dar dilatarea și contractarea Pectoralului determină un schimb de electricitate dintre Tată și Sfera periferică sau Mamar. Grație acestei forțe uriașe electrice, Creatorii divini din sânul Mamarului fecundează ideile și scânteile-duhuri sosite din Capul lui Dumnezeu, în Mamar.

În ansamblul ei, Sfera divină este o uzină unde se gândește și se construiește. Tatăl central gândește, emite idei care, grație Respiratorului ajung în Mamar. Aici Creatorii, Fii de Dumnezeu, le prelucrează, și când totul e gata, le trimit către periferia Mamarului, de unde mai târziu sunt expulzate în cosmos.

Mamarul execută o mișcare de rotație în jurul axei sale închipuite. Respiratorul execută și el o mișcare de rotație, dar de sens contrar Sferei periferice. Sfera centrală, Tatăl, stă pe loc. Centrul centrului lumii create, unde numai se gândește, trebuie să stea pe loc, într-o liniște eternă.

Ideea născută în Capul de Dumnezeu este atrasă de Respirator, unde suferă o mișcare circulară provocată de fluidul întâlnit acolo. Apoi, purtată până la marginea Sferei-Respirator, ideea este aruncată în Mamar. Pe când în Cap, ideea era pur abstractă și imobilă, în Respirator ea devine o forță activă și, în fine, sosită în Mamar, ideea devine din abstractă - concretă, căci este învelită într-o materie fluidică fină. Ideea sosită în Mamar este luată în primire, după felul ei, de anumiți Divini de acolo, care o citesc, îi înțeleg conținutul și o pregătesc pentru a putea fi trimisă în lumea creaților, ca ordine. Același procedeu se urmează și cu scânteile divine, ce vor anima ființele din lumile create. Din Capul de Dumnezeu pornesc scânteile divine. În Pectoral se îmbracă cu o cantitate mică de fluid respirator și, în fine, sunt desăvârșite în Mamar, de anumiți Creatori, după felul și rolul jucat de aceste scântei sau duhuri în lumile create. Din Mama veșnic fecioară, duhurile sunt trimise în universuri.

Primii părinții ai bisericii creștine au dat concepției umano-materialistă o explicație divino-spiritualistă, interpretând că mama umană a Domnului, născătoare de om, a conceput în sensul Mamarului din Sfera divină.

În linii mari, Sfera divină se poate compara cu trupul uman. Ca și Sfera divină, omul are trei părți: un cap gânditor, un piept respirator și un pântece producător sau născător. Cele patru membre ale omului corespund celor patru universuri așezate în jurul Sferei divine.

Noi semănăm continuu, dar ne întrebăm: Oare după semănatul nostru va veni cineva să secere, să adune și să hrănească cu rodul nostru pe cei flămânzi? Noi semănăm, dar dacă tu închizi semănătura noastră în aceste hârtii, nu vedem folosul comunicărilor. Ne străduim de atâta amar de vreme să-ți dăm o serie de adevăruri, dar dacă tu nu le sintetizezi ca să dai din ele fraților tăi, înseamnă că am muncit în zadar. Noi ți le-am dat răzlețe și uneori fără legătură una cu alta, dar am avut mereu în vedere progresivitatea. Această metodă ne-am impus-o pentru următorul motiv: omul trupesc - tu sau oricare altul - având conștiința stării de veghe, din timpul zilei, s-a obișnuit cu ideile curente ale mediului vostru ambiant, ale părinților, cunoscuților și cărților citite. Așa fiind, noi spațialii trebuie să procedăm cu cea mai mare băgare de seamă când vrem să vă schimbăm credința, pentru a vă face adepți ai ideilor noastre cerești. Din profunda Antichitate, inițiații au căutat să-și facă adepți. Fiecare inițiat dispare odată, dar în locul său rămân elevii săi, adepții care-i vor continua opera. Câtă grijă acordăm în a ști cât să dăm și cum să-l insuflăm pe inițiatul nostru, pentru ca tainele noastre să nu devină obiect de batjocură!

După această paranteză voi continua cu o problemă spirituală. Toate religiile pământului sunt frumoase. Ele au fost pure la întemeierea lor, dar pe parcursul timpului, din anumite interese, oamenii le-au alterat. Treptat, concepțiile se denaturează, în textele sacre se strecoară idei străine, așa că după ani și ani, religia originală devine de nerecunoscut în scrierile și cultul ei. Așadar, cu vremea, religiile, ca și lucrurile și materiile pământului, se denaturează, îmbătrânesc și vine vremea să moară.

Ideile expuse într-o carte nu mai corespund ideilor lumii veacurilor ulterioare. Cartea ce conține idei vechi devine o pură materie și lumea nu mai pune temei pe cele scrise în ea. Din Sfânta Scriptură creștină au fost scoase multe paragrafe, rânduri și cuvinte. Iar în alte timpuri s-au introdus cuvinte și capitole inexistente inițial. Din această cauză, Biblia a devenit o lucrare ce încălzește și înalță pe omul simplu, care crede prin intuiție în adevărurile spuse acolo, dar pe cei mai mulți, mai ales pe cei culți, nu-i mai satisface.

Situația actuală este atât de dificilă, încât ne este aproape imposibil să înlăturăm din mentalul clericului prejudecățile cu care a fost îmbibat în seminar și mai apoi în facultate. Dogmele și interesul îl oprește să iasă din ordinea impusă de concepțiile diferitelor epoci. Așa fiind, reformarea ideilor spiritualiste nu se mai poate face decât prin mireni, oameni fără prejudecăți și care nu sunt obligați să mănânce pâinea de pe urma cultului practicat de slujitor.

Adevărul e veșnic, unul și același. Toate ființele Pământului admit o Cauză primă, un Creator, un Dumnezeu. Acest principiu nu-l poate respinge nimeni, în afară de cei slabi de minte. Dar în afară de acest adevăr, ni s-a mai spus – sus, la noi, și jos, când a fost Domnul printre oameni: Tatăl central are pretutindeni miliarde de Fii, fiecare conducând un sistem planetar; în Sfera centrală se află cei mai mari Fii ai Unicului Dumnezeu, Creatorii de lumi, Ființe mai mari în grad decât Guvernatorii solari. Aceste Entități sublime, Ființe de iubire, poartă diferite nume în textele sacre brahmane, iar în Cabala și cărțile mistice ebraice, sunt numiți *Sefirot*[1].

Dacă vei vorbi unui teolog creștin nu va ști să-ți răspundă nimic despre aceste cunoștințe, neîntâlnite în cărțile sale de teologie. Pe când brahmanul, buddhistul sau rabinul, dacă se vor încredința că au de-a face cu un inițiat, îți vor răspunde: „Adevăr grăiești, căci Cerurile cântă Gloria unicului Dumnezeu – binecuvântat fie numele Său. În cosmos există o infinitate de trepte ierarhice, mii de ranguri îngerești și mii de trepte de urcat pentru Fiii de Dumnezeu. Îngerii se întrupează benevol sau în urma unei misiuni speciale, iar Fiii de Dumnezeu se întrupează obligatoriu, pentru stimularea evoluției, rând pe rând, și de multe ori, pe fiecare planetă a Împărăției sistemului lor solar."

---

1. Termenul Sefirot (ebr. - Numerele) vine de la verbul ebraic Safor - a socoti. Conform cabaliştilor, cele zece Sefirot reprezintă canalele prin care curge emanația creatoare, venind de la Ein-Sof, Infinit. Ele conțin fluide care le pun în mişcare şi comunicare unele cu altele, iar prin condensarea lor, aceste fluide se transformă în elementele materiale constitutive ale creației. Ein-Sof este infinit şi de necunoscut pentru om. Între Ein-Sof şi sfera creată se interpun cele zece Sefirot, prin care El a creat şi guvernează universurile.

Cele zece Sefirot corespund atributelor morale, divine, care le conferă numele şi pe care omul este chemat să şi le însuşească prin conduita sa morală. Cele zece Sefirot corespund celor zece Cuvinte prin care Ein- Sof a creat lumea şi celor zece Cuvinte prin care El s-a revelat omului. Sefirot reprezintă esența Divinității, Decada primordială, Principiile divine emanate de Ein-Sof, răspândind lumina asemenea unor safire.

Numele celor zece Sefirot sunt:

1. a Kether = Coroană - cauza cauzelor, diadema, ceea ce ochiul nu poate vedea. Inteligența ei se numeşte Metatron;
2. Chokhmah = Înțelepciune - gândirea, temelia vieții;
3. Binah = Discernământ - inteligența inimii, înțelegere;
4. Chessed = Grație - bunătate, milă, compasiune;
5. Ghevurah = Forță - putere,, rigoare, dreptate, justiție;
6. Tiferet = Glorie - slavă;
7. Netzach = Stabilitate - victorie, veşnicie;
8. Hod = Splendoare - frumusețe;
9. Iessod = Fundament - temelie, principiul a tot ce emană spre ființele terestre;
10. Malkut = Regalitate - împărăție.

Primele trei triade Sefîrot-ice formează trei lumi: 1. Alzilut - lumea emanației pure; 2. Beriah - lumea creației; 3. Iețirah - lumea formației. Malkut formează a patra lume, numită Assiya - lumea acțiunii, universul vizibil, zgura lumilor superioare.

Duhul uman trece prin mai multe feluri de întrupări

Grea este școala spiritului în trup. Cât de luminos și conștient este spiritul în spațiu și cât de întunecat - în peștera de lut unde este silit să facă școala vieții materiei solide! Fericirea spiritului întrupat este noaptea, când poate să-și părăsească trupul și să trăiască măcar câteva ceasuri în lumina și feeria materiilor eterice.

Stai lângă trupul tău și privindu-l vezi cum an de an se ruinează. E o carceră, și totuși ți-e milă de el, pentru că e opera ta; tu l-ai învelit, hrănit și apărat. Te-ai legat de el sufletește, deși te chinuiești în el, din cauza durității sale.

Sunt fericit că prin tine pot așterne pe hârtie aceste idei ale mele, citite de unii sau alții. A trecut mult timp de când am avut și eu un trup asemănător cu al tău. Nu-ți spun cât timp a trecut de atunci, ca să nu te întristez, dar sunt mândru că am avut voință puternică și nimicurile vieții pământești nu m-au amăgit, și astfel nu m-am abătut de la legile morale înscrise în întregul univers. Acum nu mai am nevoie să fac întrupările cerute de școala acestei planete.

În continuare am să descriu diferitele întrupări făcute de spirit, dictate de anumite cerințe.

Omul spațial este un instrument al Divinității centrale, care îl pune sub controlul Guvernatorului solar, iar acesta îl încredințează Guvernatorului planetar. Am spus că duhul-om nu poate trăi izolat, nu-și poate face evoluția singuratic, ci înglobat într-o vastă asociere, căreia pentru înțelegere să-i zicem *partid spiritual*.

Așa fiind, omul trebuie să facă mai întâi - pentru multă vreme, pe una sau pe mai multe planete - întrupări, pentru evoluția sa personală. Când, prin vrednicie, a terminat această școală planetară pentru avansarea sa, va trece prin întrupări pentru ajutorarea fraților săi mai mici, ai grupării sau ai partidului său spiritual. După o serie de asemenea întrupări, va face câteva întrupări, ca un omagiu adus superiorilor asociației sale. S-ar părea că astfel se achită de orice obligații, și totuși ordinea stabilită cere ca duhul să facă o serie de întrupări și pentru Guvernatorul planetei sale. Când s-a achitat față de această sublimă Lumină, el se va întrupa, la anumite epoci, pentru a proslăvi ca om trupesc pe Divinul său Solar. În fine, va trebui să îmbrace trup pentru preamărirea unicului Stăpân, a Guvernatorului lumilor de pretutindeni.

Întrupările au fost personale, pentru frații săi, pentru superiorii partidului său, pentru Guvernatorul planetar, pentru Guvernatorul solar și pentru Guvernatorul lumilor de pretutindeni. Vezi, dragă frate, la ce școală amarnică este supus bietul duh?

Când un duh a ajuns să se achite de aceste șase categorii de întrupări, i se poate spune cu adevărat *fericitul fericiților*.

Să nu te mândrești, frate, dar tu - împreună cu mine și alții - ai trăit în trup, pe când Guvernatorul nostru solar a fost pe pământ ca om. Cu toții am sorbit înțelepciunea vorbelor Sale, cu toții L-am servit și cu toții, ca oameni trupești și apoi ca duhuri spațiale, am înălțat osanale Celui ce strălucește în lumina unei evoluții ce se pierde în noaptea veșniciei. De acum ne silim să sugerăm și să sfătuim pe frații noștri, să nu-și mai întârzie mersul evoluției, pentru a putea pleca cu un ceas mai devreme de pe această planetă pe o alta superioară. Este grea viața trupească pe acest glob al sistemului nostru, dar să slăvim pe Domnul că am ajuns și aici, pentru că există planete, chiar în acest sistem, cu mult inferioare Pământului, unde omul se poate socoti ca fiind în iad.

Revenire la Sfera divină

Revin la subiectul atât de dorit de tine: Sfera centrală sau divină, și descrierea ei mai amănunțită.

Incomensurabila Uzină de forțe creatoare, numită pentru urmărirea subiectului cu termenul de Dumnezeu, am spus că e o sferă mai mare decât oricare dintre cele patru universuri. Un termen corect pentru această Uzină ar fi Sfera centrală, Sfera divină sau Sfera-Laborator a tuturor creațiilor.

Sfera divină este formată dintr-un eter de o compoziție diferită de eterul din sferele-universuri sau fluidele din jurul astrelor și planetelor. Particulele eterului din Sfera divină sunt libere, iar nu combinate, ca în lumile create. În afară de acest eter - mai exact, supraeter - în Sfera-Laborator se află Entități sublime, Duhurile desăvârșite ale cosmosului. Entitatea spirituală capabilă să ajungă la marginea unui univers va vedea Sfera divină așezată în centrul lumilor create, a sferei create. De aici, va observa că Sfera divină se învârtește în jurul axei sale închipuite. Această mișcare de rotație provoacă în jurul său un sorb.

Spuneam cu altă ocazie, că Sfera divină se compune din trei părți: Cap, Torace și Abdomen. Duhurile cu rang de înger, cu anumite învoiri, pot pleca într-acolo și pot pătrunde în masa Sferei divine, îndreptându-se către centrul Ei, către Tatăl nostru central.

Iată cum descrie un înger solar Sfera-Laborator:

„Am sosit pe suprafața externă a Sferei divine și am început să intru în masa Ei. După distanțe uriașe, de miliarde de kilometri, am ajuns la un loc unde se termină eterul străbătut, și deasupra capului meu părea că se întinde un Cer asemenea celui de deasupra pământului. Ajuns în acest loc, am avut impresia că sunt în adâncul unei albii, a unei scoici, căci sfera unde am pătruns se ridica de jurul-împrejurul meu, spre cele patru puncte cardinale. Atunci mi-am dat seama că am ieșit din universul meu, am străbătut intersfera numită cosmos și am ajuns în Sfera divină. Am intrat în Sfera divină, până la fața internă a Abdomenului, sau a sferei numită Mamar. Aici am constatat că există un spațiu, un gol, umplut cu o materie mai fină decât cea din care este formată Sfera exterioară, și că dincolo de acest spațiu începe a doua Sferă, botezată Torace sau Respirator.

După ce am privit peste tot, observ un călător asemănător cu mine, sosit înaintea mea în Mamar. Dorind să mă instruiesc, l-am întrebat:

– Mai este mult până la regiunea numită Cap de Dumnezeu?

– Ei, frate, mai este cale lungă până acolo, dar te sfătuiesc să nu pleci mai departe în golul deasupra ta, căci până la Respirator e o distanță aproximativă cât de la soare la pământ, și te expui la mari pericole.

Pe când îmi vorbea, iată văd că Sfera de care vorbim se apropie spre noi.

– Hai să ne retragem puțin - îmi spuse fratele - căci a doua Sferă, Pectoralul, se dilată, se umflă și mărindu-se, se apropie de noi, micșorând spațiul care o separă de Abdomen, Sfera-Mamă. Constat că ai uitat de acest fenomen, cunoscut odată; sunt multe miliarde de ani de când ai plecat în lumile create, așa că ai uitat fenomenele petrecute pe aceste meleaguri. Fii atent! Hai să intrăm în Sfera-Mamă, căci s-a apropiat prea mult Respiratorul de noi.

Pe când se apropia Respiratorul, constatăm că și El se învârte cu o viteză neînchipuit de mare. Când eram afară din Sfera divină, vedeam că întreaga Sferă se rotește. Acum, când sunt în Mamar, văd că stă pe loc și numai Pectoralul se învârte. Comunic observația mea colegului de studiu, mai bătrân decât mine și el îmi spuse:

– Fiind în interiorul Mamarului, ne învârtim odată cu El, și nu ne dăm seama de rotația Sa. Pe când Mamarul se învârte în sensul acelor de ceas, Pectoralul se învârte în sens contrar.

Propun colegului meu să facem o verificare și pornim amândoi spre exteriorul Sferei divine. Ajunși aici, tot nu vedeam rotația Mamarului, căci și aici se învârtea împreună cu noi, fenomen asemănător petrecut cu bietul om care stă pe suprafața pământului și deși pământul se rotește la ecuator cu viteza de 1.667 de kilometri pe oră, totuși nu observă nimic, nu știe nimic de această rotație. În schimb, am observat mișcarea cu viteză negrăită a celor patru universuri în jurul Sferei centrale, dând impresia că mai fac patru inele în jurul nostru.

Ne-am întors în cele douăsprezece sfere concentrice ce compun Mamarul, învelindu-se una pe alta și având fiecare o materie eterică diferită. Străbatem cele douăsprezece sfere, până la marginea interioară a Mamarului, în spațiul gol ce o desparte de Respirator. Aflăm că în sfera internă, prima din cele douăsprezece zone ale Mamarului, vecină cu Respiratorul, se află o lume de mari și strălucitori Auxiliari ai Tatălui ceresc, numiți *Creatori divini* sau *Fii de Dumnezeu*. Unul dintre Ei observându-ne, spune: «Toată lumea de aici poartă rangul de *Creator divin*. Voi nefiind din ceata noastră, retrageți-vă, căci altfel veți fi în pericol, corpul vostru neputând rezista vibrațiilor mediului nostru. Fiind îngeri, ați putut veni până aici, totuși șederea voastră nu poate fi decât temporară. De aceea coborâți în zona a II-a.»

Am coborât în zona a II-a, plecând de la Pectoral. Aici am dat de o infinitate de Duhuri strălucitoare, de un rang ceva mai mic decât cei dintâi, numiți *Creatori divini-Sfinte Duhuri*. Ni s-a făcut cunoscut că nu putem rămâne nici aici, deoarece nu am ajuns încă la evoluția de a avea drept de cetățenie în acest nivel al Mamarului.

Am coborât în zona a III-a. Altă lume, alt fluid. Toate Duhurile ce își duc traiul și lucrează în această zonă se numesc *Constructori de astre solare,* grad ierarhic echivalent cu al Guvernatorului solar, Domnul nostru Isus. În zona a IV-a am dat de lumea *Creatorilor de planete,* corespunzători Domnului nostru planetar, fostul Moise. În următoarele două zone, a V-a și a VI-a, am întâlnit *Insuflători divini* și *Creatori de forme vii.*

Să vedem ce rol îndeplinesc Entitățile din aceste șase zone sau sfere descrise din cele douăsprezece sfere concentrice ale Mamarului. Entitățile din primele două zone sunt analizatorii și distribuitorii, ele cercetează ceea ce le sosește din Pectoral, și luând cunoștință, le distribuie celor de sub ele. Entitățile din următoarele patru zone primesc ideile Tatălui central, sosite de la cei din zona I și a II-a, le prelucrează, făcându-le din abstracte oarecum concrete. Astfel pregătite, ideile sunt trimise în cosmos și apoi în cele patru universuri unde vor circula în veșnicie.

În zona a XI-a și a XII-a, aflate la periferia Sferei-Mamar nu se mai lucrează, duhurile-copii de acolo văd, aud, simt, observă, învață și fac școala a tot ce s-a lucrat în Mamar."

Creația se petrece astfel.

Tatăl emite o idee, să zicem ideea *om.* Această idee conține în masa sa tot viitorul acestei idei ce va deveni cândva un om. Ea se mai numește și *scânteie divină,* dar încă nu este *duh.*

Ideea de om este o particulă ultramicroscopică, plină de viață. Ieșind din Sfera-Tată, din Cap, ideea este trimisă în Sfera-Pectoral. Această idee era vie, dar nu avea inițiativă, nu știa să se miște, deoarece nu avea încă voință. Ajunsă în Pectoral, fiecare idee sau particulă-viață este învelită cu o pojghiță de materie eterică a acestei sfere.

Fluidul pectoral este atât de puternic, încât orice duh - fie el chiar Fiu de Dumnezeu divin - intrând în el, va constata că nu mai are voință, i s-a redus cu totul voința. Curios, dar tot ce iese din Cap se fortifică trecând prin Pectoral; tot ce intră în Pectoral dinspre Mamar își pierde voința și devine o unitate a Capului de Tată, care, în bunătatea Sa, îi va reda voința când va veni în chiar Capul Său.

Expirând, Tatăl azvârle din El idei sau particule vii, după razele Sferei Sale. Aceste particule, aceste sferule, cu care Tatăl bombardează trupul Mamă, au *viață, voință* și *inteligență,* au propria lor cugetare. De îndată ce sosesc aceste scântei în zona I a Mamarului, marile Lumini diriguitoare de acolo le prind, le încorporează în perispiritul Lor sublim. Simțindu-le în corpul Lor, constată că nu sunt toate de același fel. Mai întâi, le cunosc după lumina lor, care nu e de aceeași intensitate, fiind vizibilă prin transparența peliculei cu care au fost învelite în Respirator. Înglobându-le în corpul lor spiritual, Entitățile din prima sferă a Mamarului le simt, le analizează și le află destinul. Cunoscându-le destinația, Creatorii divini îmbracă particula cu o porțiune din fluidul Lor. Ei știu care scânteie este destinată să anime o piatră, o plantă, un animal ori un om, și care va constitui primul eter.

În fine, când s-a terminat operația primelor categorii de Fii divini, particulele vii sau scânteile sunt trecute în zona a II-a a Mamarului, unde sunt luate în primire de Creatorii divini-Sfinte Duhuri. Încorporate de acești Lucrători divini, scânteile sunt îmbrăcate cu o altă peliculă de fluide.

Scânteia primă plecată din Capul de Dumnezeu este învelită acum în trei pelicule:

1. *tatară; fiulară;*

3. *mamară.*

Îmbrăcată în aceste trei învelișuri, ideea sau scânteia divină are trei facultăți: *voință, inteligență* și *memorie.*

Trecând prin celelalte zece zone ale Sferei-Mamar, scânteia, ideea sau cuvântul va primi încă două învelișuri fluidice. Acum scânteia este gata pentru a pleca în lumile create de Tatăl, împreună cu miliarde incalculabile de semeni, formând împreună o nebuloasă ce conține toată gama de materii și duhuri necesare evoluției.

Prin Auxiliarii Săi, Tatăl creează totul, din una și aceeași materie primă.

În rezumat creația se petrece astfel: Sfera centrală absoarbe din haos, din Infinit, particule, vietăți, infinit de mici. Din ele, Tatăl central pregătește materia primă, primul eter trimis în lume să evolueze. După ce a parcurs întreaga creație - evoluând până la ultima fază de eter, devenind eterul sau fluidul cel mai fin - particula este chemată și reabsorbită de Sfera centrală. După ce intră în Capul divin, unde suferă influența acestui mediu sublim, particula este din nou emisă pentru a forma de această dată *scânteia divină* a unui duh ce va lua drumul veșniciei, evoluând și ajutând la evoluția fraților săi mai mici, particule vii ce formează ceea ce voi numiți *materie.*

Plecarea duhurilor de pe planeta noastră

Adeseori vă îndreptați privirile spre Lună, regina nopții, și nu știți de ce lumina ei misterioasă produce în ființa voastră un sentiment neliniștit. E nostalgia spiritului, dorul său de a se înălța către acest astru al cerului, deoarece știe că acolo își au sediul strălucitele entități angelice, acolo se pun la cale toate evenimentele Pământului și se iau măsurile ce vor duce omul spre o evoluție mai înaltă.

Deși este cuprinsă la periferia sferei albe, a primei zone fluidice terestre - numărătoarea făcându-se de la periferie către suprafața pământului - Luna are o atmosferă eterică a sa proprie. Dincolo de atmosfera eterică umană a planetei noastre se află zona angelică, sediul îngerilor planetei noastre.

Îngerii și duhurile albe ale Pământului își desfășoară activitatea tot pe Lună. Acolo își are sediul permanent Guvernatorul planetar, Sfânta Treime a Pământului. Deși este un astru aparte, Luna nu are o conducere a sa proprie, ea fiind doar o anexă a Pământului.

Coborând din Lună sunt nevoit să îmbrac fulgerător, rând pe rând, eterurile albastre ale zonei a II-a, și apoi cele roșii ale zonei a III-a. După ce mi-am îndeplinit o misiune la suprafața pământului și vreau să mă întorc în zona mea, sunt nevoit să dezbrac materia fluidică roșie a zonei a III-a și apoi cea albastră a zonei a II-a. Am fost nevoit să le îmbrac pe toate, pentru că fără ele nu puteam sta la suprafața pământului. A trebuit să mă îngreunez, luându-le în jurul meu, căci altfel mă atrăgea sfera mea albă, prima zonă fluidică a Pământului. Când mă duc la diferite conferințe sau experiențe pe Lună, sunt nevoit să îmbrac rapid materia eterică lunară, pentru a putea fi complet liber în mișcările și cugetările mele.

Țin să atrag atenția că noi, duhurile umane ale zonei I, nu putem să ne ridicăm până la zona periferică angelică a Pământului, pentru că acolo există vibrații diferite și domnesc alți curenți electro-magnetici. În plus, globul pământesc își exercită acțiunea sa atractivă nu numai asupra materiei solide, lichide și gazoase a ființelor și lucrurilor de la suprafața sa, ci chiar și asupra noastră, a duhurilor. Așadar, magnetismul pământului exercită forța sa atractivă și asupra materiilor eterice. Materia eterică a corpului îngerilor este mai fină decât materia corpului nostru fluidic, mai greu decât al îngerilor.

Luna își are și ea forțele magnetice, exercitate până la suprafața pământului, influențându-l cu tot ce există pe el. Ori de câte ori mă duc pe Lună, trebuie să îmbrac fluidul ei, pentru a fi reținut de Lună și curenții fluidici ai Pământului să nu mă răpească din preajma ei.

În Lună există un furnicar de duhuri, un turn al lui Babel, deoarece în ea poposesc duhuri venite din toate părțile cosmosului. Unele sunt venite numai în vizită pe Pământ, altele cu intenția de a se stabili pe acest glob și a-și face școala necesară evoluției lor. Există apoi grupuri de duhuri care și-au isprăvit școala Pământului și sunt gata de plecare, făcând toate pregătirile în acest scop. În fine, în Lună sunt și cete îngerești solare sau planetare venite în vizită de prin alte meleaguri. Aici se fac ședințe, conferințe și experiențe, care de care mai avansate, duhurile întrecându-se între ele.

În serile senine de vară, priviți Luna și urechea voastră nu distinge nicio șoaptă din miliardele de gânduri răspândite în spațiile din jurul ei, emanate de puzderia de duhuri ce gândesc, discută ori conferențiază asupra unei teze oarecare. Acolo este și superiorul partidului nostru, mare înger, unul dintre cei trei îngeri căpetenii ai comunității noastre. De acolo am sosit ca fulgerul, imediat ce mi s-a făcut cunoscut de reprezentantul meu că ești liber și dispus să mă asculți. El a lansat prin spațiu apelul: *„Ahahrum, Ahahrum, Ahahrum!"* Toate spiritele de sub ordinele mele, oriunde s-ar afla în spațiu, auzind acest semnal îl trimit mai departe în sus și ajunge la mine. Eu de îndată dau semnalul că vin, și mă arunc spre suprafața pământului, ajungând jos ca fulgerul.

Așa se comunică în spațiu: din fiu în tată, și acesta - ca fiu - la un alt tată, mai mare decât el. Mereu de la inferior la superior. Ordinele date de sfintele duhuri angelice se răspândesc către suprafața pământului, tot pe această scară, de astă dată pe cale descendentă, din tată în fiu, și din fiul care e tată pentru un altul de sub el, și așa mai departe, în jos.

Am spus că noi nu putem ajunge până la marginea externă a zonei angelice, dar chiar dacă am ajunge, ajutați de un înger, tot n-am putea ieși din ea, pentru că avem pe noi învelitoarea fluidică a Pământului - *haina planetară*. Pentru că nu putem ajunge până la marginea atmosferei eterice a Pământului, și nici nu putem ieși din ea, ne rugăm de câte un înger solar să ne vorbească despre învelișurile fluidice sau atmosfera Soarelui nostru. Iată ce ne spune Lumina luminată de Dumnezeu:

„Fraților, asemenea Pământului vostru, Soarele are trei învelișuri eterice, trei câmpuri de activitate, de influență magnetică. Dar pe când numărătoarea la Pământ se face de la periferie spre suprafața pământului, la Soare numărătoarea se face de la globul solar către periferie".

Prin urmare, zona I solară este în jurul soarelui și se întinde până aproape de prima sa planetă. Zona a II-a este la mijloc și se întinde până dincolo de ultima sa planetă, necunoscută de voi. În fine, zona a III-a este la periferia atmosferei solare și se întinde dincolo de zona a II-a.

În zona I trăiesc și evoluează spiritele solare sau îngerii solari. În zona a II-a se află toți copiii soarelui, planetele născute din el. În zona a III-a, exterioară, nu se află nicio planetă și niciun locuitor stabil, în afară de călătorii veniți în sistemul nostru, ori cetele de duhuri ce pleacă din sistemul nostru solar, spre alte sisteme. Zona a III-a este mai mult o barieră, o zonă despărțitoare între fluidele solare din zona a II-a, în care înoată planetele soarelui, și fluidul universic, în care înoată miliarde de sori.

Locuința permanentă a îngerilor solari fiind zona I, veți zice: „Fiind prea aproape de soare, nu e prea cald acolo?" Nu uitați că duhul nu se impresionează nici de cald, nici de frig, el poate sta în focul cel mai viu fără să sufere, deoarece haina sa fluidică nu suferă nicio modificare. Tatăl Creator a creat duhurile ca ele să poată trăi la orice temperatură, de la cea mai scăzută până la cea mai ridicată. Un mic exemplu este peștele vostru, care având sânge rece, poate trăi, fără să sufere, în mările cele mai calde, și în apele cele mai reci, bineînțeles ferindu-se de a fi prins la suprafața oceanului de masa de apă ce se solidifică.

Există planete unde domnește un frig cumplit, cu toate acestea, oamenii de pe ele nu suferă, deoarece Constructorii trupului lor au făcut în așa fel ca ei să aibă sângele foarte fierbinte, aproape egal cu apa voastră clocotită. Arderile din trupul lor sunt atât de intense, încât le oferă posibilitatea să viețuiască în aceste regiuni deosebit de reci. Dacă ar fi posibilă aducerea acestor oameni pe pământul vostru, ei ar înlocui sobele pe timpul iernii, iar dacă ar fi aduși vara, ar muri opăriți de propriul lor sânge, care s-ar evapora, fierbând în trupul lor.

Unicul Suveran al lumilor a dat știință și putere Constructorilor Săi de trupuri umane, să facă oameni trupești potriviți tuturor condițiilor de pe diferitele globuri planetare, risipite în cosmos.

Când un duh a terminat școala acestei planete, anumiți îngeri planetari îl vor dezbrăca de haina planetară, reapărând la suprafață haina solară, posedată de când a venit în acest sistem solar. Odată despovărat de învelișul planetar, duhul va pleca în grup cu partidul său, călăuziți de anumiți îngeri până în zona I a Soarelui nostru. După o ședere oarecare ei vor pleca ori spre o altă planetă a acestui sistem, ori către un alt sistem solar. În acest scop, anumite entități solare sunt desemnate să conducă această caravană cerească cu superiorul ei până la locul indicat.

Dincolo de atmosfera solară, prin spațiile intersiderale ale universului, nu se întâlnește niciun duh. O pustietate grozavă domnește între atmosferele fluidice ale stelelor. Numai cine a avut ocazia să călătorească prin aceste regiuni intersiderale va avea o idee generală de mulțimea stelelor și de puterea necuprinsă a Celui ce a creat și conduce totul.

Ajunși la periferia atmosferei Soarelui, îngerii solari părăsesc acest mare grup, fiind luat în primire de alte entități, care au fost anunțate și așteaptă să îl conducă la locul destinat. Pentru că spațiile interstelare sunt cutreierate de puternici curenți electrici, întreaga grupare este înconjurată cu o rețea deasă de fire eterice, în așa fel încât împreună să formeze un bloc, un roi de duhuri.

Închei această expunere amintindu-vă: universul nostru este plin cu un fluid numit *universic*. În el înoată astrele, înconjurate fiecare de fluidul lor *solar*, în fine, în el înoată planetele lor, înconjurate de fluidul lor *planetar*.

Atractivul și electrivul – magnetismul și electricitatea

Din materie a fost creat totul în univers. Pretutindeni există materie vie, supusă legii evoluției, asemenea spiritului. Din Sfera divină, din Mamarul Sferei-Laborator, pleacă mereu un curent de *materie eterică primară – numărul unu*, care circulând prin universuri, milioane de ani, și trecând prin diferite stări, tinde mereu să se concentreze, devenind în cele din urmă materie solidă.

Noi susținem existența unei materii eterate într-o infinitate de categorii. Pentru voi, în stadiul actual al cunoștințelor voastre umane, afirmația noastră este o ipoteză. Voi credeți că din nimic s-a făcut tot ce există în jurul vostru. Noi știm că totul, în orice grad de *involuție* sau *evoluție* s-ar afla, a provenit dintr-o singură materie, numită *eter primordial*.

Majoritatea dintre voi neagă existența eterului, iar o mică parte o bănuiește, deoarece nu-l vedeți și nu-l simțiți. Noi îl vedem și simțim, pentru că trăim în el.

Să presupunem că materia are ochi să vadă și gură să grăiască. În acest caz, nevăzând materia lichidă, mai subtilă, solidul v-ar spune că nu există decât materie solidă. Lichidul ar percepe materia solidă și lichidă, în schimb nu ar avea nicio noțiune despre existența gazului. La rândul său, materia gazoasă ar percepe materia solidă, lichidă și gazoasă dar nu ar bănui că există și o materie eterică. Așadar, nu e de mirare că nu aveți niciun indiciu de existența eterului.

Orice materie din cosmos, oricare ar fi finețea ei, este tot materie, și anume, materie fizică.

În Sfânta Evanghelie se zice: „Duhul este asemenea vântului care nu știe de unde vine și unde se duce". Fraților, vedeți voi vântul? Nu. Dar îl simțiți, desigur. Voi nu cunoașteți rostul acestor comunicări ale mele. Deocamdată ele trebuie scrise, căci va veni vremea când vor fi utile unora. Comunicări de acest gen s-au primit și în alte timpuri. Ele au fost scrise pentru anumite persoane? Nu. Și totuși, ce n-ar da unii să le mai aibă! Tot așa va fi și cu aceste cugetări ale mele. Peste ani, când vei părăsi trupul tău pieritor și vei veni sus, la noi, te vei minuna tu însuți de rodul lor. Ce frământări sufletești vor produce! Fiind la noi, îți vei aminti cum, zi de zi, adunai ca o albină comunicările mele și ale altora. Atunci te vei sili să insufli plăcere și convingere celor ce vor citi agoniseala ta.

În alte timpuri, și eu adunam cunoștințele fraților mei spațiali, și venind sus, m-am bucurat de răspândirea lor printre semenii mei trupești. Adevărul răspândit atunci era prea puțin față de cât primești tu acum. Alte timpuri erau atunci, altele sunt acum. Pe atunci instrumentele noastre erau rare și lumea era mai ignorantă. Azi, mediumii sunt mai numeroși și lumea are un câmp de cunoștințe mai întins. Voi deja cunoașteți undele și posedați mijloacele de a le utiliza. Aveți mediumi auditivi ai gândurilor noastre, foarte rari în timpurile antice.

Terminându-mi introducerea, încep tratarea subiectului rezervat pentru azi.

Spuneam că materia aflată în cuprinsul cosmosului sau a uriașei sfere ce cuprinde tot ce a creat Creatorul, are o infinitate de stări de concentrare, și prin urmare - de vibrație. Voi sunteți considerați prin trupul vostru ca fiind cvasisolizi, motiv pentru care organele voastre de simț nu pot înregistra prezența materiilor eterice.

Pentru a evidenția acest lucru să luăm un biet om din adâncul pădurilor tropicale. Omul acesta s-a pomenit într-o regiune caldă, unde nimeni nu a văzut vreodată gheață, apă în stare solidă. Să zicem că ai făcut o călătorie prin acele regiuni și ai luat legătura cu un băștinaș, și din una în alta, a venit vorba de frig și gheață. La descrierile tale referitoare la gheață, băștinașul te va întreba: „Dar ce e aceea gheață, căci în limba noastră nu există așa ceva?" Tu cauți să-i explici, dar vorbele tale nu-l pot lămuri, deoarece ființa lui nu a văzut niciodată apă solidă. A văzut-o lichidă și în stare de vapori, dar solidă - niciodată. El știe că dacă va pune mâna în apă fiartă se va opări, dar că există apă solidă ca o piatră nu poate înțelege deloc.

În general, voi sunteți față de noi în situația băștinașului. Vă vorbim de eter solid, lichid și gazos, și ridicați din umeri, căci așa ceva nu ați văzut sau simțit. Vă dăm dreptate, deoarece trupul vostru nu are, în stadiul actual de evoluție, niciun organ de simț în funcțiune cu care să aflați de existența acestor eteruri, în mijlocul cărora vă mișcați și trăiți. Aveți organe eterice pentru înregistrarea lor, dar ele nu sunt chemate încă la viață, pentru că nu a sosit timpul, majoritatea dintre voi neavând evoluția necesară.

Printr-o viață sfințită sau chiar sfântă, unii oameni trupești au redeșteptat, au pus în funcțiune mai devreme aceste organe decât restul omenirii. Aceștia ne văd, aud și simt; văd curenții eterici alergând prin spații și au noțiunea concretă a existenței materiei eterice.

Deocamdată nu pot decât să vă vorbesc, după cum tu ai fi vorbit băștinașului despre gheață.

Materia globului terestru pe care trăiți se află sub patru stări: solidă, lichidă, gazoasă și eterică, iar nu trei, după cum afirmă știința voastră oficială. În jurul acestui glob terestru, am spus că există o atmosferă eterică formată din trei categorii principale de eter. Dar în afară de aceste materii, proprii pământului, el mai conține impregnat *fluide solare, universice, cosmice* și chiar *materia primă,* din care Centrul-Laborator creează totul. Repet, toate felurile de materii din care sunt făcuți sorii, planetele și sateliții lor, precum și oceanele de fluide în sânul cărora se mișcă aceste corpuri cerești, sunt formate din una și aceeași materie primă: *materia eterică numărul unu.*

În gama nesfârșită de fluide risipite în cosmos, există două fluide speciale care determină sau dau naștere la două fenomene: *magnetismul* și *electricitatea.* Prin urmare, Pământul, cu toate ființele și duhurile, are în sânul său fluide magnetice și electrice.

Tot ce e solid pe pământ este impregnat cu un fluid propriu, cu densitatea cea mai mare din miile de feluri de fluide. Lichidele au fluidul lor ceva mai rar, iar gazele sunt veșnic însoțite de fluidul lor corespunzător, mai rar și diafan față de celelalte două precedente. Dar în afară de materia numită pe nedrept de știința oficială moartă sau anorganică, mai există plantele, animalele și oamenii. Ei bine, și aceste ființe au fiecare fluidul lor special, din ce în ce mai fin. Prin urmare, există *fluide minerale, vegetale, animale* și *umane.*

Repet, ca să nu se facă vreo confuzie. În jurul pământului există atmosfera fluidică a acestei planete, haina sa formată dintr-un eter din ce în ce mai rar, mai fin, pe măsură ce te îndepărtezi de pământ pe una dintre razele sale. Într-o comunicare precedentă am despărțit această haină fluidică în trei zone mari, unde își duc viața cele trei categorii de duhuri umane: roșii, albastre și albe. În realitate, atmosfera fluidică se divide în trei zone, zonele se divid în trei sfere, sferele – în trei inele, inelele – în trei spații. Prin urmare, avem 27 de spații roșii, 27 de spații albastre și 27 de spații albe, în total 81 de trepte, cu 81 de densități ale aceluiași fluid al acestei planete. Voi, oamenii, trăiți în atmosfera aeriană de la suprafața pământului, dar în același timp respirați și vă mișcați în fluidul roșu, cel mai dens al învelișului său fluidic.

Cele trei categorii principale de fluide ce învelesc globul pământesc au o oarecare stabilitate, și nu se amestecă între ele, ci se întrepătrund. Fluidul zonei albe pătrunde prin zona albastră și roșie, până în centrul pământului. Fluidul zonei a II-a, albastră, pătrunde și el zona roșie de la suprafața pământului și globul până în centrul său. Prin urmare, aceste trei feluri de fluide nu se combină între ele, ci se întrepătrund unele pe altele, de sus în jos.

Din aceste fluide a derivat materia cunoscută de voi, aflată în stare solidă, lichidă și gazoasă. Așadar, un fluid stă la baza solidelor, altul constituie temelia lichidelor și dintr-un alt fluid s-au făcut gazele. Numai în cazuri rare, când intervin mari forțe duhuale sau forțe electro-magnetice, fluidele se pot transforma sau combina. Fenomenul se petrece întocmai ca și jos la voi, când solidul – fiind supus forței numită căldură – se lichefiază.

Spuneam că în afară de aceste trei fluide planetare, există printre ele impregnate și fluide magnetice și mai ales electrice. Din această cauză pătura de jos, de la suprafața pământului, formată din fluid roșu, se comportă ca fiind *negativ electrică*. Pătura fluidică albă, cea superioară, este *pozitiv electrică*. Pătura fluidică albastră, de la mijloc, este *neutră*. Din punct de vedere magnetic, situația este inversă. Zona a III-a, roșie este *pozitiv-atractivă* sau magnetică; zona I, albă este *negativ atractivă,* iar zona a II-a, albastră este *indiferentă,* fiind o zonă asupra căreia se lucrează cu mari sforțări, și se influențează cu mare greutate. În rezumat: jos e negativ electric și pozitiv magnetic, sus e pozitiv electric și negativ magnetic, iar la mijloc - neutru sau indiferent.

Țin să-ți atrag atenția că această electricitate este diferită de cea cunoscută și întrebuințată de voi pe pământ. Electricitatea voastră e forma cea mai grosolană a electricității universale.

Cele două fluide diferite - electric și magnetic, sau, cu termeni mai potriviți, *electriv* și *atractiv* - sunt două forțe-instrumente ale Divinității, cu care conduce și stăpânește totul în cosmos. Fluidul atractiv corespunde sentimentului *puterii* sau *activității* voastre. Tatăl creator trimite în lume, secundă de secundă, *Iubirea* care leagă totul, unul de altul, fie mare, fie mic. Iar grație instrumentului său, electricitatea sau *puterea electrivului* pune totul în mișcare. Nimic și nimeni nu se poate opri din lucru, deoarece e mânat mai departe de *forța activității* sau *electrivă*.

Cei doi curenți fluidici pleacă din Sfera centrală, înconjoară universul, apoi se întorc la Sfera centrală. Cu ajutorul fluidului atractiv, Divinitatea fixează în universuri fiecare astru, la locul său destinat, iar cu ajutorul electrivului, poartă aceste astre pe drumurile voite de Ea.

Grație electrivului, circulăm prin spațiu și putem face diferite combinări de fluide, dând naștere la o infinitate de corpuri fluidice necesare nouă și vieții de pretutindeni.

Acești doi curenți vin de la Tatăl ca două fâșii paralele și în anumite locuri, Tatăl le întretaie, le înnoadă unul cu altul, în vederea producerii unor efecte.

Am spus că acești doi curenți vin de la Centrul creator, ocolesc lumile și se întorc la Centru, pentru a fi regenerați. Ei pornesc din zona a XII-a, periferică, a Mamarului, și tot acolo se întorc.

Odată cu plecarea lor, pornesc și creațiile. Cei doi curenți, electriv și atractiv, sunt cărăușii care duc și readuc lumile înapoi. Fiecare din acești doi curenți fluidici sunt compuși din particule vii, ființe vii, de natură diferită. Unul leagă părțile, le atrage, iar celălalt e forța-voință. Unul e *Iubirea universală,* celălalt, *Voința universală*.

Prin Iubire și Voință, Creatorul a făcut tot ce vedem și nu vedem. Chiar și ideile omului au în jurul lor aceste două materii.

Cu altă ocazie, am arătat că noi, ca și voi, emitem idei. Ele sunt materiale și au o formă anumită, circulând prin văzduh, grație faptului că odată ce le-am expulzat, le-am îmbrăcat cu fluid *electriv* și *atractiv.* Din acest moment, ideea se va comporta ca o ființă, ca un duh, circulând prin spații. Ideile sunt creațiile noastre, copiii noștri; de aici și responsabilitatea noastră, în funcție de natura și destinația ce le vom da. Prin urmare, ideea are un *miez* - spiritul ei, îmbrăcat cu o *haină* formată din fluid atractiv și electriv.

Duhurile care ne ducem existența pe acest pământ sau în jurul său, avem și noi în corpul nostru cele două feluri de fluide - atractiv și electriv. Grație lor ne punem în armonie cu atractivul și electrivul universal, și în același timp, cu atractivul și electrivul

Soarelui nostru și al planetei unde ne facem școala. Grație electrivului cu care suntem încărcați, putem circula în jurul acestei planete sau coborî la suprafața pământului. Țin să-ți fac cunoscut că zona a II-a, mijlocie, cea indiferentă sau neutră, constituie, tocmai prin natura sa, o pavăză pământului. De aceea străbatem foarte greu prin ea. Grație ei, voi nu sunteți aruncați în spațiu și nici nu sunteți arși de combinările electrice produse între electricitatea universală și cea planetară.

Noi, duhurile zonei albe, străbatem cu mare neplăcere abisurile fluidice pentru a veni jos la voi; o facem cu greu deoarece suntem prea ușori. Din această cauză trebuie să ne îngreunăm, absorbind în noi, fulgerător, toată gama celor 81 de categorii de fluide. Trebuie să avem în noi fluid din zona a II-a, dacă vrem să stăm sau să circulăm în această zonă. Trebuie să mai adăugăm și fluidele zonei a III-a, de la suprafața pământului, cum am făcut acum, când am venit să-ți dictez această prelegere. Prin voința mea, absorb aceste fluide, și tot prin voința mea, le elimin din corpul meu. Ele au fost atrase, dar nu s-au combinat cu nimic din corpul meu.

Cu această ocazie sunt nevoit să-ți destăinui și o altă taină. Când lucrați ceva, vă serviți de mână. Noi, duhurile superioare, suntem sferice. Dar când doresc să vin la tine, emit o prelungire, ca și cum ar fi o mână, o palmă și apuc cu ea, prin puterea gândului și a voinței mele o cantitate de fluid din zona a II-a și a III-a din atmosfera fluidică terestră. Această anexă poate fi temporară sau permanentă, pentru că mereu suntem pe drumurile activității noastre.

Duhurile din zona I, avem o formă sferică, dar cu un mic apendice în partea inferioară. Suntem ca un cap de-al vostru cu puțin gât. La duhurile din zona a II-a, această proeminență este foarte dezvoltată, având aspectul unui bust de-al vostru. În fine, duhurile din zona a III-a au pe acest bust, lateral, patru apendice, corespunzătoare membrelor voastre. Aceste duhuri schițează forma umană, având o sferă corespunzătoare capului, o a doua sferă, ceva mai mare, corespunde trunchiului, și în fine, două apendice fluidice superioare corespunzătoare mâinilor și două inferioare, corespunzătoare picioarelor voastre.

Numai noi, cei din zona I putem îmbrăca și dezbrăca alte fluide. Cei din zona a III-a sau a II-a nu pot veni la noi decât sub conducerea noastră, ei neștiind să dezbrace fluidele zonei lor. Numai evoluția îți permite să faci anumite operații. Cei din zona a III-a nu pot urca în zona a II-a, iar cei din zona a II-a nu pot veni la noi, în zona I. Această lege este valabilă și pentru noi: nu putem urca în zona angelică și deci, dezbrăca complet fluidul zonei noastre, fără intervenția unei forțe angelice. Precum râma nu poate trăi la suprafața solului, peștele în afara apei și omul dincolo de pătura de aer, duhurile pământului nu se pot înălța peste zona unde evoluția i-a fixat să trăiască.

Am arătat că fluidul zonei albe străbate fluidul zonei albastre și roșii. Prin urmare, aici, printre oameni, se află în cea mai mare cantitate fluidul roșu al zonei a III-a, o cantitate mai mică din fluidul albastru al zonei a II-a și foarte puțin fluid alb din zona I. Uneori se întâmplă ca fluidul din zona a II-a să se afle în cantitate prea mare în zona de jos, a III-a. Atunci, cei doi curenți fluidici – atractiv și electriv – venind către suprafața pământului, provoacă perturbări atmosferice manifestate prin fulgere și descărcări electrice, în urma cărora fluidul de aici, de jos, se eliberează de fluidul albastru, de mai sus. Calmul și armonia există numai când se păstrează raportul dintre cele trei eteruri ale atmosferei fluidice ale Pământului.

Venind de la Centru, fiecare curent aduce ceva și la întoarcere spre Centrul creator ia ceva. De asemenea, din sânul pământului pornesc, ca dintr-un acumulator, doi curenți: atractiv și electriv. Ei se combină cu cei doi curenți - atractiv și electriv - sosiți din spațiile siderale ale universului nostru. În același timp Pământul aspiră, asemenea unei pompe, anumite cantități de fluide sosite din spațiu. El emite și absoarbe. Asemenea Soarelui, universurilor și a Sferei divine, Pământul execută și el o ușoară dilatare și contractare, o inspirație și expirație.

Dacă Pământul n-ar avea puterea sa de atracție și reținere, ar fi răpit, fiind atras de Sfera divină. În general, cu cât o materie se apropie de starea solidă, cu atât forța sa atractivă este din ce în ce mai mare. Așadar, cu greu se poate răpi sau defluidiza de aici, de pe pământ, o piatră, un lichid sau un gaz, dar se poate fura ușor fluidul alb al zonei noastre, cel mai ușor dintre toate materiile Pământului. Noroc că fluidul alb este infiltrat în zona a II-a și a III-a, precum și în adâncul globului nostru, ținându-se de pământ asemenea unui copac prin rădăcinile sale.

Aici, la suprafața pământului, se produc cele mai multe combinări de fluide. Pe măsură ce ne ridicăm, constatăm că ele sunt mai puține, mai rare. Din cauza acestor frământări, combinări și desfaceri de fluide, staționarea noastră la suprafața pământului este deosebit de neplăcută. Dacă nu mi-aș concentra atenția și voința, curenții violenți din această zonă m-ar arunca și răsturna, dezbrăcându-mă de fluidele îmbrăcate pentru a putea coborî. Astfel dezbrăcat aș fi atras ca fulgerul de atractivul zonei mele albe de sus.

Terminându-mi subiectul propus pentru azi, îmi dezbrac chiar acum, în această cameră, fluidul zonei a III-a și a II-a, și în câteva secunde voi fi sus, acasă la mine. Cu ce ușurință mă ridic în nivelul meu și cu câtă greutate și silă îmbrac peste mine fluide grosolane, avute în alte multe mii de secole, ca vehicule fluidice în jurul scânteii divine!

Din cauza nenumăraților curenți și perturbări electro-magnetice ale Pământului și ale fluidelor din zona a III-a și a II-a, duhurile inferioare, când vor să se ducă de aici, de exemplu, la Paris, preferă întâi să urce la marginea zonei lor, apoi să meargă paralel cu suprafața pământului, și să coboare numai când au ajuns deasupra Parisului.

Având o construcție masivă, greoaie, trupul vostru nu simte variațiile și mișcările eterului, pașii voștri fiind stabili și siguri. Noi, ființe ușoare și diafane, suntem mânate de colo-colo, ca o barcă pe valurile oceanului. Noroc că divinul Creator ne-a dat puterea voinței de a învinge aceste forțe, ce frământă oceanul eteric al universului.

Duhul cu cele șapte învelișuri

Materiile din care sunt alcătuite planetele, stelele - întregul cosmos, și corpurile duhurilor umane, angelice, ale marilor Guvernatori solari, precum și ale celor din Centrul creator, constituie un mare mister, în care nu orice duh e capabil să pătrundă.

În incomensurabila sferă a creațiilor, distingem două feluri de materii:

1. *materia transformabilă;*

2. *materia netransformabilă.*

Pe când materia transformabilă intră în sfera simțurilor şi a posibilităților noastre de cercetare, asupra materiei netransformabile suntem neputincioase, şi deci, nu cunoaştem compoziția ei.

Materia transformabilă constituie cosmosul, de la materia eterică cea mai fină şi invizibilă, până la materia cea mai concentrată, tangibilă şi analizabilă chiar de omul trupesc. Toate au pornit din Sfera creatoare, din partea sa externă, numită convențional Mamă sau Mamar.

La rândul ei, materia transformabilă este de două feluri: *simplă* şi *compusă*.

Materia simplă este formată dintr-o singură substanță, dar se prezintă sub diferite grade de condensare. Materia compusă a provenit din combinarea a două, trei sau mai multe feluri de materii simple, pentru a forma o infinitate de materii eterice compuse.

Noi cunoaştem multe combinări de eteruri, dar mai avem de cunoscut foarte multe. Toate au fost pregătite în Laboratorul-Mamar.

Sfera divină este alcătuită din două părți importante: una centrală, numită *Centrul gânditor*, şi alta periferică, numită *Centrul creator*. Despre Centrul gânditor nimeni nu ştie nimic, deoarece nimeni nu a pătruns în El, să vadă cum este şi ce se petrece în sânul Său. Nici chiar marile şi strălucitele Auxiliare ale Tatălui ceresc nu ştiu cum este, din ce este făcut acest Centru gânditor. Emit şi Ele ca şi noi, duhuri umane, ipoteze asupra constituției acestui Centru.

Din zona internă a Mamarului, Fiii de Dumnezeu văd Globul-Respirator, dar nu ştiu nimic despre cum e înăuntrul Său, pentru că nu pot intra în El, ba chiar nici nu se pot apropia, fiind separați printr-un spațiu umplut cu o materie ce respinge orice încercare de apropiere de Sfera-Respirator. O văd cu toții, dar nu pot privi mult la ea, pentru că din sânul Ei emană o energie care îi hipnotizează. Aşadar, nici prin observare nu pot deduce nimic din conținutul Sferei-Respirator.

Cu această ocazie am să-ți încredințez încă o taină. Unii dintre voi puteți adormi pe un altul, dar să ştiți că şi noi, duhurile, putem hipnotiza un duh inferior nouă. Divinul Tată central emite din sânul Său o forță atât de puternică, încât pe orice duh, fie el chiar Fiu de Dumnezeu, îl adoarme, îl hipnotizează, îl copleşeşte, iar la deşteptare acesta nu-şi va aminti nimic. Iată de ce divina Sferă-Respirator nu se poate studia din punctul de vedere al compoziției sale.

Capul Sferei centrale, sau Gânditorul, emite periodic din sânul Său particule microscopice numite idei, proiectate în Respirator, unde sunt învelite cu o peliculă din substanța acestei Sfere - care este o *materie netransformabilă*. Pe când în Gânditor ideile nu aveau nicio formă regulată, în Respirator dobândesc o formă perfect sferică. Acestei idei sferice să-i dăm numele de *formă-logos sau forlogos*.

Materia Respiratorului, ca şi cea a Capului, nu se consumă niciodată, pentru că Sfera divină absoarbe mereu din Infinit materie nouă, care prin Mamar şi Respirator ajunge în Capul central.

În momentul contractării Sale, Sfera-Respirator aruncă din sânul Său, în Mamar, forlogosurile create. Sosite în prima zonă internă a Mamarului, marile Lumini divine de acolo, Fiii de Dumnezeu, le prind şi le introduc în corpul lor perispiritual. Având-le în interior, le simt, le analizează şi le află destinul, după care le scot afară şi le îmbracă cu o cantitate din materia zonei lor, ca şi cum le-ar înveli cu un voal, materia zonei lor fiind semitransformabilă. Aşadar, forlogosul a primit o a doua învelitoare, de această dată *semitransformabilă*.

După ce i-au vorbit de Tatăl, de iubirea, înțelepciunea şi puterea Sa de necuprins, forlogosul este trimis în zona a II-a mamară, a Sfintelor Duhuri divine. Aici se petrece acelaşi proces, şi la urmă forlogosul este învelit cu un al doilea voal semitransformabil.

După ce i s-a vorbit de legi şi creații şi i s-a dezvoltat o puternică memorie, îl trimit în zonele următoare ale Mamarului.

Până aici, forlogosul, cuvântul sau ideea divină emisă de Cap, a fost învelită în trei tunici: o peliculă de materie netransformabilă, a Respiratorului, şi două pelicule de materie semitransformabilă, din zona I şi a II-a a Mamarului, constituind, în ansamblu, o unitate spirituală numită *duh, spirit* sau *entitate spirituală*.

Spiritul a stat mult timp în zonele Sfintelor Duhuri divine şi după ce a primit toate cunoştințele necesare, este trimis în celelalte zone mamare, formate din materie transformabilă.

Să presupunem că din Sfera divină ar coborî aici un Fiu de Dumnezeu. Dacă această Forță colosală luând un duh de aici, şi prin înalta Sa ştiință ar începe să-l dezbrace pe rând de hainele sale fluidice, am vedea cum ridicându-i învelişul planetar, va apărea la exterior învelişul solar, ridicându-l şi pe acesta, va apărea învelişul universic, dezbrăcând şi acest înveliş, va apărea învelişul cosmic şi, în fine, învelişurile mamare. Când duhului i-a fost ridicată şi cea din urmă haină mamară, apare deodată un mic glob de foc, ce aruncă o lumină orbitoare, la care, dacă am privi mai lung, am adormi cu toții. Să presupunem acum că Fiul de Dumnezeu i-ar da drumul din captivitatea Sa, imediat am vedea că această sferă strălucitoare ar porni cu o viteză fantastică, străbătând universul, cosmosul, Sfera divină, şi ar intra din nou în Cap sau Sfera gânditoare, unde se va alătura miliardelor de particule ce formează Centrul suprem.

Logos-ul a fost creat în Centrul misterios şi inabordabil, adică s-a întrupat de la Tatăl şi din Mamar, Mama sa fecioară, s-a făcut duh. Religia creştină este o religie ezoterică prin natura ei. Trebuie să aprofundați cele scrise în cărțile ei sacre, şi nu să înlocuiți o concepție fiziologică, normală, prin care s-a creat trupul Celui ce s-a făcut om şi s-a numit Isus Christos, cu concepția creării duhului în Sfera divină.

În lumea noastră nimeni nu poate concepe ideea că Divinul Solar a încălcat legile firii stabilite de Tatăl, pentru toți şi din veşnicie. El s-a născut precum se nasc toți oamenii. Cele spuse în cărțile voastre sfinte sunt expunerea celor petrecute în Sfera divină, transpuse pe notele lumii voastre terestre.

Orbitoarea scânteie divină, corp din Corpul Tatălui, formată din materie netransformabilă, a fost acoperită cu materiile transformabile ale Sferei creatoare:

1. haina tatară;
2. haina fiulară;
3. haina duhuală;
4. haina cosmică;
5. haina universică;
6. haina solară;
7. haina planetară[1].

Sumar, forlogosul a fost îmbrăcat cu şapte tunici, pentru a se forma omul duh. Am zis sumar, căci în realitate ele sunt nouă, după cum vom vedea cu altă ocazie.

Există specializare și în Cer

Fiecare duh râvnește să cunoască din toate ramurile cugetării omenești, dar îi place să se dedice în urmărirea și adâncirea unui anumit domeniu. Prin urmare, există specializare și la noi.

Să nu crezi că specializându-se într-o anumită direcție, marile duhuri rămân neștiutoare în alte domenii. Ca exemplu l-ați avut chiar pe Divinul nostru Solar. Ce inteligență! Ce cunoștințe! Ce putere! Prin ordinul Său, duhurile atomilor aerului se supuneau și furtuna înceta. Prin știința Sa înaltă, inimaginabilă vouă, El lucra asupra apei și o transforma în vin. Prin gândirea și voința Sa, crea pâini din eterul spațiilor și umplea sute de coșuri, hrănind mii de oameni și rămâneau câteva coșuri cu firimituri. Pe toate le-a făcut cu puterea Sa divină, cu puterea Sa creatoare. Cu imensa Lui putere, Domnul nostru Isus Christos comanda materiei și duhurilor. Din ordinul Său suprem, de neînvins, comanda duhurilor umane să se întoarcă în trupurile lor părăsite, pentru a le reda viața. Astfel a înviat pe cei morți. Cazurile de învieri au fost cu mult mai numeroase decât cele pomenite în Sfânta Scriptură. Pentru El nu exista nici un secret, citind gândul omului ca într-o carte. Știu că vă este greu să înțelegeți asemenea fenomene și în sufletul celor mulți relatările din Sfânta Scriptură par simple povești. Dar noi, care vrem să vă ridicăm, să vă luminăm, nu avem nici un interes să vă mințim.

Pe Tatăl central nu L-a văzut nimeni. Pe Fiul L-a văzut toată suflarea de duhuri a Pământului în două ipostaze: ca Om trupesc și ca Duh. Pe Sfintele Duhuri le vedem mereu cei ajunși la gradul de a sta în fața lor. Ele sunt aici, lângă noi, și au scaunul lor de judecată și învățătură pe Lună. Noi ne plecăm și le executăm ordinele, căci știm vechimea, înțelepciunea și puterea lor. Smeriți ne adresăm și ascultăm ordinele Fiului, căci cunoaștem Gloria Sa divină. Dar nu ne închinăm nici Sfintelor Duhuri, nici Solarului nostru, ci numai Unicului Tată, ce domină peste toată creația Sa.

Dragul meu frate, să mă ierți dacă prin vorbele mele zdruncin oarecum părerile tale. Asemenea adevăruri nu se pot spune celor plini de prejudecăți, pentru că prejudecățile îi limitează și îi țin pe oameni scufundați în întuneric.

Cu câteva sute de ani în urmă, omul se ruga și făcea mătănii crezând că fulgerul

---

[1] Entitatea spirituală, spiritul sau duhul uman, format din scânteia divină înconjurată de şapte învelişuri fluidice.

și tunetul exprimă mânia lui Dumnezeu. În zadar i s-ar fi spus să nu se mai roage pentru că sunt simple fenomene ale cerului, a trebuit să vină știința de azi, cu demonstrațiile ei, ca omul să fie pus pe calea adevărului. Niciun duh din lumea Cerului n-ar cădea în naivitatea omului simplu de jos, de a se ruga Divinității să-l apere de fulgere și tunete, ci va căuta să evite zona electrică pentru a nu se vedea dezbrăcat de haina sa planetară.

Multe păreri greșite, ale oamenilor neștiutori, vor fi înlăturate de știința umană de mâine. Tot grație științei, lumea va înțelege și cunoaște *eterul, undele, sufletul* și *spiritul,* dorind să intre în legătură cu noi. Omul de știință va fi un Sfânt Ioan, antemergătorul, pregătind calea noastră, a oamenilor spațiali, care vom lumina și laicul, și preotul religiei viitoare.

Bietul vostru preot învață în seminar despre atâtea fenomene psihice, biologice, fizice și chimice, descrise în Sfânta Evanghelie. I s-a explicat cum s-au făcut acele „minuni"? Nu, deoarece nici profesorii săi nu cunosc Adevărul. Va veni omul de știință, un mare spirit din ceata preoților și arhiereilor cerești, care, fiind întrupat, le va da toate explicațiile, cunoștințele primite de la noi, cerienii, și comunicate lor ca oameni, cu învoirea Sfântului Duh și a Divinului nostru Solar.

Nu acuz pe nimeni, dar pot spune că de-a lungul veacurilor s-a strecurat și neghină printre slujitorii bisericii. Prin viața și faptele lor, aceștia au pierdut legătura cu Cerul și neavând lumina de sus, au scris, înlocuit sau introdus idei inexistente în textul original al sfinților apostoli evangheliști. Astfel au plăsmuit falsul referitor la învierea morților în trupurile lor. În care? căci duhul uman a îmbrăcat mii de trupuri, făcute praf și țărână. Astfel au introdus ideea învierii și înălțării Domnului la Cer, cu trupul Său. Pentru ce? Ce să facă cu un trup în Cerurile Lui? Și astfel s-au născut foarte multe erori, aflate azi în evidentă contradicție cu datele științifice umane.

Noi citim limpede, în inimile multora, îndoială în fenomenele scrise în Sfânta Evanghelie. Mulți, care n-ar mai trebui să întineze cu mâinile lor sfânta Carte, își zic în sinea lor: „Toate cele scrise aici sunt bune numai pentru popor, pentru inculții noștri. Să mulțumim domnului - dacă o mai fi și el pe undeva - că mai sunt unii care să ne ceară să le citim cele ce noi, ca înțelepți, știm că nu au fost". Vai de sufletul lor! Pentru ce au mai îmbrăcat sutana, dacă sufletul lor n-a simțit chemarea cea sfântă? Însă Adevărul este ca untdelemnul; de îl torni în apă, în oțet sau în spirt, el iese la suprafață.

Adevărul Cerurilor noastre conduce lumile. Cu voia Tatălui ceresc, a Fiului și a Sfântului Duh s-au întemeiat diferitele religii pe acest pământ. În templul brahmanului, al buddhistului, al evreului, ca și în geamia musulmană, se află adevărurile cerești, mai mult sau mai puțin dezvăluite. Toate s-au făcut cu voia Solarului nostru și tot El a permis, prin apostolii Săi, răspândirea religiei creștine.

Noi, reprezentanții Tatălui central, propovăduim religia care domnește în univers, una și aceeași pretutindeni: *Religia-știință,* predicată în templele viitoare, unde ruga va porni din inima fiecărui om, înălțându-se prin mentalul său, sub formă de unde-gânduri, până la Creator; temple unde nu vor exista statui, icoane și semne.

Noi vom predica Adevărul în vecii vecilor, dar fără silnicie. Vom vorbi în sfântul Templu al Adevărului, iar cel ce se va face nedemn, speculând Adevărul nostru, va fi înlăturat și altul mai vrednic va fi chemat. Preoții templelor noastre vor fi profeții noștri, care, fără să primească plată, vor fi în grija noastră, ca să aibă cele necesare vieții lor.

Așa, treptat, toate religiile se vor hrăni din Adevărurile noastre și toate se vor închina Templului universal.

Sunt fericit că se vor răspândi aceste Adevăruri cerești, pentru că mâine și noi vom coborî în trup și dorim să găsim casele unde vom auzi aceste Adevăruri eterne. Mă bucur de pe acum că voi găsi poate chiar aceste rânduri ale mele și citindu-le, sufletul meu se va întări și cu vrednicie voi străbate prin valurile vieții trupești. Atunci tu, îndatoratul meu de azi, îmi vei vorbi, fiind în Cer duh, ca mine acum. Îmi vei spune Adevărurile cerești, cunoscute de mine ca duh liber, dar neștiute ca duh întrupat, acoperit de hainele fizice. Peste 50-60 de ani voi fi iarăși jos, om întrupat și sper să mă adăp cu aceste Adevăruri, așa după cum Cerul a hotărât și cu tine. Vrând-nevrând, lumea se îndreaptă către Adevărul ceresc. Adevărul va lovi încet, dar sigur, în sfera socială și în prejudecățile religioase, învechite și alterate.

Activitatea divinului Tată central

Omul lucrează ziua, iar noaptea se odihnește. Cine lucrează? Spiritul care comandă trupului să facă anumite activități. Dar în timpul nopții activitatea duhului este cu mult mai mare decât ziua. Noaptea duhul cutreieră spațiile, cercetând, analizând, gândind sau ascultând.

Toată strădania duhului e să afle Adevărul, cum a creat Divinitatea lumile.

Voi spuneți că noaptea vă odihniți. Da, este adevărat, vă odihniți trupul, instrumentul vostru, dar duhul desfășoară o activitate bogată în acest timp. Ce de gânduri străbat prin micul său glob strălucitor! Ce de spații cutreieră, pentru a se duce să-și îndeplinească anumite misiuni sau lucrări de ordin spiritual!

După ani și ani de activitate spațială sau cerească, Divinitatea acordă duhului o perioadă de odihnă, petrecută în timpul întrupării sale, când este sustras întrucâtva de la preocupările sale, ființa sa fiind o veșnică uzină frământătoare de gânduri.

Dar să revin la prima idee: *Ce este Adevărul?*

Priviți în jurul vostru și văzând tot felul de obiecte și ființe, ziceți că le vedeți deoarece sunt luminate de o lumină oarecare: a soarelui, a lunii, a unui bec electric. Pentru voi e o percepere și deci un adevăr că un obiect este mare și altul mic, că unul e alb și altul verde etc. Credeți că afirmați un adevăr când descrieți ceea ce vedeți.

Noi, nemaiavând trup, vedem cu întreaga noastră ființă fluidică. Dar cum? Aici e misterul necunoscut de voi. În lumea duhurilor există un singur fel de văz, același pentru toate duhurile din univers. Toate lucrurile și ființele pământului sunt făcute din materia planetei voastre, aflată sub cele patru stări: solidă, lichidă, gazoasă și eterică. Fiecare dintre aceste materii au o lumină a lor proprie, o lumină „fosforescentă" ce răspândește raze fluidice din masa lor. Noi, duhurile, spunem: „Vedem acest obiect, pentru că el se arată prin propriile sale radiații". Materia se arată pe sine pentru că emite lumină din sânul ei. Oricare i-ar fi gradul de condensare și în orice combinație s-ar afla, materia este vie, are viață. Tot ce există în jurul nostru, totul a fost făcut de Creator din ființe ultramicroscopice, din particule pline de viață prin ele însele, chiar înainte de a fi prelucrate de Tatăl. Tot ce e făcut din materie emite raze în jur.

Privind acum la tine, văd trupul tău radiind lumină, asemănătoare cu cea a Lunii noaptea pe cer. Lumina corpului tău pătrunde în corpul meu spiritual și produce în mine automat o reacție, determinându-mă să emit raze, căci și eu - fiind din materie - emit raze luminoase. Viața există pretutindeni în univers și se manifestă variat, după gradul său evolutiv. Eu sunt un mecanism automat, care răspunde la orice acțiune printr-o contraacțiune, în urma căreia eu, scânteia, iau cunoștință de ceea ce se află în fața mea. Eu, viața, trăiesc în mijlocul oceanului de viață, primesc influențe și trebuie să lupt, să mă adaptez, ca să ființez mai departe. Viața cere o veșnică adaptare la influențele înconjurătoare.

Îți mai dau o explicație referitoare la mecanismul văzului meu. Un obiect din fața mea emite raze formate din viață, din particule vii. Ele intră în corpul meu diafan, fluidic, unde - prin mișcarea lor - produc o dislocare, o dezarmonie a materiei mele fluidice. În virtutea automatismului cu care m-a înzestrat Creatorul, materia corpului meu reacționează și reface starea mea inițială. Acest proces se produce în mine în mod fulgerător și scânteia vede imaginea redusă a ființelor sau obiectelor aflate în fața mea.

Din cele arătate mai sus, reiese că există două feluri de percepții vizuale:

1. văzul trupesc - realizat prin intermediul ochilor;

2. văzul spiritual - realizat prin întregul corp duhual.

Știți deja că orice materie are viață în ea și emite radiații. Aceste radiații nu se arată sub o singură culoare, pentru că și materia este de naturi diferite. Noi, duhurile, vedem în lumea noastră - pe lângă culorile cunoscute de voi - o gamă de culori, provenite din combinările lor, și nepercepute de ochii voștri. Materia sau viața se prezintă în culori. Nu există viață fără culoare. Pământul pe care calcă piciorul vostru are o culoare închisă, mohorâtă, pentru voi, dar noi vedem în el o lumină splendidă, de o varietate de culori de nedescris.

Cu cât vibrațiile acestor radiații colorate diferă de cele ale corpului meu, simt o neplăcere mai mare. Cu cât ele se apropie de vibrația corpului meu spiritual, simt o plăcere mai mare.

Iată pentru ce șederea mea aici la suprafața pământului, unde există o materie inferioară, îmi produce o mare neplăcere, chiar o durere. Dar departe, sus la mine, unde există o materie fluidică mai fină, mai evoluată, mă simt fericit. Cu cât acțiunea și reacțiunea produse în corpul meu sunt mai violente, gândirea mea este mai slăbită, mai distrasă. Cu cât vibrațiile radiațiilor externe sunt mai apropiate sau chiar superioare corpului meu spiritual, scânteia este mai limpede și mai liberă pentru a se adânci în meditații și analize.

Dar alături de acest automatism intervine factorul numit *voință*. Când vreau să mă deplasez ori să studiez o temă oarecare, trebuie să-mi fixez atenția asupra scopului voit. Prin urmare, pun în acțiune facultatea voinței mele. *Voința este motorul vieții.*

Între mine, duh, și lumea înconjurătoare, se duce secundă de secundă o luptă, viața din mine luptând cu viața din mediul înconjurător, ca să-și mențină unitatea și forma. Când mai multe particule-viață s-au aglomerat și au luat în totalitatea lor o formă, ele luptă mereu împotriva influențelor din afară care ar putea să strice forma. Așadar, viața tinde să ia forme, iar prin conglomerarea lor, din treaptă în treaptă, mai sus, să formeze unități din ce în ce mai mari. Tot ce a făcut Creatorul, deși multiplicat și variat la infinit, totul și cu toate la un loc tind să formeze o unitate, un tot, formând o ființă, o existență.

De aici rezultă o lege: *Ființa, mare sau mică, trebuie să tindă a fi una cu creația.*

O unică Ființă a combinat multiplele vieți și a format un tot, numit creație. Din cauza spațiului redus în care particulele-viață sunt aglomerate, ele vin în contact, intră în antiteză și de aici se naște între ele simțul, auzul și văzul.

Un schimb de materie are loc între particulele-viață, și acestui schimb îi dau numele tot de *viață*. Cu toții și toate suntem viață, și fiind aproape unii de alții, vrând-nevrând, suntem dependenți unul de altul. Divinul Creator a făcut astfel încât cu toții, mic și mare, să formăm un bloc.

Dacă fiecare particulă-viață ar fi independentă, ar căuta să se izoleze, să se îndumnezeiască.

Dar Unicul Tată nu permite acest lucru; de aici, existența a două forțe opuse în univers:

1. forța cu tendință de *conservare a formei;*

2. forța de izolare, de *distrugere a formei.*

Distrugerea formei nu înseamnă distrugerea materiei, ea continuă să existe, dar dintr-un bloc, se desfac particulele din care era format. În acest caz, din vizibilă materia devine invizibilă.

Zahărul vizibil, pus în apă, se desface, particulele sale se risipesc printre particulele apei și devine invizibil ochiului vostru, dar este perceput prin organul gustativ; deci zahărul există în apă.

La fel este și în lumea noastră. Nimic nu se pierde, dar totul se transformă.

O forță divide viața și alta o recompune în unitatea avută inițial.

Din cele spuse mai sus, doresc să rămână cristalizată următoarea idee: *Nu eu văd, simt sau aud ceea ce există în jurul meu, ci mediul înconjurător mi se revelează prin radiația lui.*

Acum nu mă vezi, dar dacă aș avea autorizația de sus, m-aș putea face vizibil, concentrându-mă și trimițându-ți raze cu vibrații atât de încete, încât ochii tăi m-ar vedea.

Materia scânteii divine este cea mai sublimă. Noi am fost creați în Sfera divină. Dar după cum Adam a fost gonit din rai cu iubita lui, Eva, și de rușine s-a acoperit, tot așa scânteia, după ce a fost emisă de Capul Sferei divine, a fost acoperită cu cele trei învelișuri, formate și ele din materii vii: *tatară, fiulară* și *duhuală.*

Logos-ul, micul fragment din Tatăl central, este viu. Viața purcede din Tatăl central, unde ea nu se află în antiteză cu nicio unitate de genul său. În Sfera divină viața este perfect unificată, dar Tatăl vrea să fie risipită în tot cosmosul. Din această cauză, viața se fragmentează.

Eu, cel care îți comunic, sunt o particulă divină, o divinitate pe cale de-a deveni o Divinitate.

Lumea întreagă, toate universurile, împreună cu Sfera centrală, este trupul lui Dumnezeu; iar Cel ce a făcut toate acestea se află în miezul central al Sferei divine, nevăzut, necunoscut de nimeni, nici chiar de Fiii Săi cei mai mari. Nimeni, în vecii vecilor, nu va putea spune că l-a egalat pe Tatăl central, dar va putea spune că a ajuns un puternic creator în lumile create, ori în Sfera-Mamar.

Tot ce s-a creat trebuie condus. Unicul Tată a încredințat conducerea reprezentanților Săi, Guvernatorilor solari și Sfintelor Duhuri – Guvernatorii planetari.

Din acest punct de vedere, Tatăl, Fiul și Sfântul Duh sunt egali, deoarece trei conduc, dar una gândesc și una fac. Așadar, Guvernatorii solari și planetari sunt Divinități mai mici, care prin veacuri fără număr au ajuns la această știință și putere. Sunt într-adevăr Forțe uriașe, dar fără a-și putea vreodată egala Părintele central. Numai după ce Scânteile, dezbrăcând toate hainele, se vor întoarce în Sfera Cap de Dumnezeu, vor fi egale cu Tatăl central, pentru că vor fi una cu El.

În totalitatea Sa, Mamarul este trupul Tatălui central, dar un trup matricial, născător de materii, Laboratorul unde se prepară tot ce trebuie pentru a crea o nebuloasă, din care se va forma un sistem planetar. Așadar, Sfera divină e un *trup cugetător* și un *trup matriceal.*

Adevăratul trup de Dumnezeu este trupul Divinului central, care se fragmentează pentru a se risipi în universuri. Acest Centru emite scânteia, trup din trupul Tatălui, dar cu toate acestea ea nu deține puterea și facultățile Tatălui din care a plecat. De aceea, în Sfera-Mamar scânteia este învelită și apoi educată pentru a se ști orienta în lume, când se va îndepărta de lângă Sursa din care a luat naștere. Scânteia este un mic Dumnezeu, având în ea, potențial, toate însușirile, facultățile Tatălui său. Fiind un fragment din marele Tată, scânteia nu poate cerceta, analiza și sintetiza ca Divinitatea supremă, din care a purces, dar o așteaptă un viitor strălucit.

Deoarece este mică și neputincioasă față de Creatorul său, noi nu i-am zis scânteii divine Dumnezeu, ci i-am zis *Logos, candidat-la-dumnezeire* sau *devenire-de-Dumnezeu.*

Mister, un nesfârșit mister! Tatăl central emite mereu scântei, cu care populează spațiile infinite ale celor patru universuri, dar El rămâne tot mare și întreg! Poate într-o zi îți voi destăinui ceva și din această taină.

În orice stadiu ar fi unul dintre Fiii Tatălui, la orice strălucire și putere va ajunge, tot Ființa supremă este Forța absolută, stăpânind peste tot. Așadar, Lui i se cuvine toată slava, cu toții, de la cel mai mic până la cel mai mare Creator, ne închinăm supremului Creator și Guvernator al lumilor din veșnicia viitoare.

Îngerii care ne fac cunoscute tainele lumilor ne spun că au văzut cum se face educația noilor-născuți, a duhurilor prime, pentru a deveni, odată, în veșnicie, Auxiliari ai Tatălui central. Îngerii ne mai spun: „Pe Tatăl nu L-a putut și nu-L poate vedea nimeni. Dar orice duh a provenit din Tatăl, iar pentru a ne face o idee despre cum ar fi El, e destul să privim la cei mai străluciți Copii ai Săi, la Dumnezeii secunzi, Fiii de Dumnezeu, aflați în Sfera-Mamar. Pe aceste strălucite Forțe divine le avem ca model, ca treaptă de atins, în miliardele de miliarde de veacuri ce vor veni. Mai sus nu putem năzui. Ca să devenim ca Tatăl central, nu există alt mijloc decât să intrăm în Corpul Său central. Dar cine a intrat, nu a ieșit să ne spună și nouă cum e acolo. Această năzuință o poate avea vreun mare Fiu de Dumnezeu. Noi, cei mici, nu avem acum altă aspirație, altă cale, decât de a învăța și iar învăța, pentru a dobândi cunoștințe și puteri tot mai mari, și astfel să devenim din ce în ce mai harnici lucrători în via Divinului suprem. Urmând astfel, odată vom ajunge și noi Fii de Dumnezeu, asemenea celor din Sfera-Mamar."

O, Doamne, miliarde de ani sunt de când m-ai născut! Atunci, departe, în noaptea veșniciei, am fost un embrion de duh, pe calea dumnezeirii. Ajută-mă, Doamne, luminează-mi calea pe care să mă întorc, vrednic de iubirea Ta, în trupul Tău Mamar! Amin.

Iată ce ne mai spun îngerii, profesorii noștri, puși de Domnul pentru a ne cultiva și educa: „Când iese din Tatăl său divin, logos-ul este un Dumnezeu perfect. Ca natură materială este un *Adam desăvârșit*[1]. Acest *fiu divin* trebuie să lupte în lumile create. Dar perfecțiunea nu poate lupta, tocmai prin calitatea ei, iar el fiind perfect nu poate lupta. Atunci Fiii de Dumnezeu, din zona I a Mamarului, introducându-l în perispiritul lor, îl dezgolesc, îl imperfectează de perfecțiunea sa divină, adică din Dumnezeu îl transformă în candidat-la-dumnezeire, lăsându-i facultatea de a deveni iarăși Dumnezeu. Numai în această stare logos-ul sau duhul are posibilitatea să cutreiere lumile create de Tatăl său.

De aici deducem: *Însuși Centrul creator nu poate lupta cu lumile de El create, dar le guvernează.*

Tatăl conduce totul, iar subalternii Săi execută. Tatăl emite logos-uri, instrumente din ce în ce mai numeroase, prin care cucerește Infinitul, impunându-și Legile asupra celor din sferele create, materii sau duhuri de orice grad. Cu alte cuvinte, Supremul conduce lumea prin lumea creată de El.

Tatăl nu conduce lumea prin silnicie, ci prin iubire. El iubește negrăit tot ce gândul Său a creat. Această iubire este pusă în chiar scânteia trimisă în lume. Tatăl nu conduce lumea după păreri schimbătoare, ci după Ordine sau Legi făcute de El, înaintea cărora El însuși se închină și se supune pentru vecie.

Din iubire Tatăl a creat pe al doilea și al treilea, și prin iubire - toți trei - au făcut *una*. Înainte de orice creație, El a gândit și făcut un plan, și apoi a pornit la creațiile viitoare. Planul, norma, modelul creației și mecanismul prin care va viețui în veșnicie, le-a pecetluit printr-o Regulă sau Lege. *Întâi a fost Legea, și apoi creația.*

Divinul, Unul, a gândit și și-a asociat pe al doilea. Dar al doilea nu a venit la existență decât din iubirea Lui. După asocierea Divinului cu cel de-al doilea, a chemat la viață și pe al treilea, și astfel s-a născut *prima Treime*. Azi, El naște mereu logos-uri, fiind veșnic fericit și iubitor de copiii Săi. Creațiile Tatălui sunt divine și e fericit să cheme la viață ființe noi, copiii Săi.

Tatăl întrupează în Sine *gândirea* și *iubirea desăvârșită*. Prin gândire a făcut, face și va face totul. El fiind desăvârșit, gândirea Sa este lipsită de orice greșeală. Dragostea L-a îndemnat să cheme la viață și pe alții; din această cauză, și copiii Săi Îl iubesc.

Asemenea suveranului unei țări - care nu se amestecă în treburile țării sale, dar dă ordine miniștrilor săi, spre binele țării și al poporului său - Tatăl central observă tot ce a creat, în ce stadiu se află și, potrivit evoluției fiecărei categorii, dă anumite ordine. Tatăl guvernează fără să acționeze El însuși, ci dând directive, pentru a se acționa și împinge totul spre progres, pe planete, sori și universuri.

Când logos-ul a fost emis de Tatăl central, Fiii de Dumnezeu - primul grad de Creatori, citesc ordinul înscris în el și, conform acestui ordin, îl îmbracă astfel ca să joace în lume rolul înscris în el. Când acest rol a fost jucat până la ultima literă, logos-ul se va întoarce în Sfera-Mamar, pentru a fi dezbrăcat de vechea haină și îmbrăcat cu o altă haină, după care i se dă un rol superior, și iarăși este trimis în lume. Astfel, din perfecțiune în perfecțiune, s-a ajuns până la om, înger, Guvernator planetar, Guvernator solar și Creator divin în Sfera-Mamar."

---

[1] Adam Kadmon - în Cabala reprezintă Omul originar, Omul ceresc, principiul emanațiilor divine, Omul făcut după chipul şi asemănarea Tatălui, imaginea sau reflectarea sublimă a Divinității.
După unii mistici Christ este similar cu Adam Kadmon.

Diferite categorii de eteruri

Azi vom concentra studiul nostru asupra eterului, denumit de voi, impropriu, *fluid*.

Fluidul este de două feluri:

1. *netransformabil;*

2. *transformabil.*

Fluidul netransformabil în veșnicie constituie însăși substanța scânteii divine, a spiritului, fiind numit *fluid spiritual.*

La rândul său, fluidul transformabil este de două feluri:

1. *fizic;*

2. *psihic.*

Fluidul fizic se împarte în:

1. *fluid fizic liber;*

2. *fluid fizic captiv.*

Eterul sau fluidul fizic liber umple cosmosul, formează oceanul în care plutesc Sfera divină și cele patru universuri, umple apoi interiorul universurilor, unde plutesc miliardele de stele și planete, și îmbracă sau învelește sorii și planetele.

Din eterul fizic captiv s-a făcut totul, prin concentrări succesive, până la piatra cea mai tare, granitul sau bazaltul pământului. Eterul fizic captiv animă corpurile materiale - solide, lichide și gazoase - ale tuturor corpurilor cerești, fiind nedespărțit de ele. Fluidul fizic captiv însoțește corpurile materiale de pe pământ. Cum corpurile materiale terestre - sunt de trei feluri - solide, lichide și gazoase - și cum fiecare din aceste materii sunt însoțite de o anumită categorie de fluid, distingem trei feluri de fluide fizice captive: *solide, lichide și gazoase.* Mineralul va avea fluid fizic captiv solid, apa - fluid fizic captiv lichid și aerul sau orice alt gaz - un fluid fizic captiv gazos.

Fluidul psihic se împarte și el în:

1. *fluid psihic liber;*

2. *fluid psihic captiv.*

Fluidul psihic captiv formează perispiritul duhului.

După ce spiritul a fost emis din Sfera centrală a Sferei divine, am văzut că a fost învelit în Sfera-Mamar cu o serie de fluide mamare. Când, mai târziu, a fost trimis în lumea creată, i s-a dat pe rând o *haină cosmică, universică, solară* și *planetară.* Totalitatea lor formează perispiritul duhului, format din fluid psihic captiv.

Făcându-și școala în jurul unei plante, duhul trăiește, gândește și lucrează, uzându-și hainele fluidice, perispiritul. Divinitatea creatoare a orânduit ca aceste haine să-i fie reparate, pe măsura uzării lor. În acest scop, perispiritul duhului execută o dilatare și o contractare, asemănătoare toracelui omului. Când duhul se dilată, inspiră fluid din spațiu. Când se contractă, elimină fluidul uzat sau viciat din perispiritul său.

Dar oare duhul absoarbe orice fel de fluid? Nu. El absoarbe din spațiu, din mediul său, numai fluid psihic liber, corespunzător naturii fluidului corpului sau perispiritului său.

Fluidul psihic liber umple universurile și este amestecat, fără să se combine, cu fluidul fizic liber. Prin urmare, în spațiul din jurul corpurilor cerești există fluid psihic liber, iar în corpul fluidic sau perispiritul duhului se află fluid psihic captiv.

Ca și fluidele fizice, fluidele psihice sunt și ele de trei feluri: solide, lichide și gazoase. Fluid psihic captiv solid se află în jurul scânteii ce conduce viața unui bob de mineral. Fluidul psihic captiv lichid învelește spiritul unei plante, formând perispiritul unui duh vegetal. Fluidul psihic gazos formează perispiritul, partea externă a duhului animal sau uman. Așadar, avem *fluid psihic mineral, vegetal* și *animal* sau *uman*.

În tot ce a creat Tatăl se află:

1. *fluid netransformabil - spiritual;*

2. *fluid transformabil* - divizat în *fluid liber fizic* și *psihic*, și *fluid captiv fizic* și *psihic*.

În fine, pentru obținerea anumitor rezultate, spiritele combină unele fluide fizice cu cele psihice și dau naștere la compuși de *fluide fizico-psihice*. Asemenea combinații au loc în fenomenul formării fantomelor sau al materializărilor.

Multe taine sunt în operele Tatălui nostru ceresc. Din ele vă dăm și vouă câteva frânturi.

E zi de sărbătoare, clopotul satului cheamă credincioșii la casa de rugăciune. Sunetul său acoperă satul și se pierde în depărtare. Voi auziți și cunoașteți fenomenul fizic: limba a lovit buza clopotului, punându-l într-o vibrație transmisă aerului din vecinătate. Dar ceea ce nu știți este că acest clopot, fiind materie solidă, este însoțit de fluidul său fizic captiv solid. Când clopotul a vibrat, punând aerul în vibrație, a pus în mișcare, în vibrație, și eterul fizic captiv solid din jurul său, care se propagă sub formă de *unde eterice*. Pe când *undele aeriene* se propagă peste regiunile sau satele vecine, undele eterice străbat spațiile depărtate de peste sute și mii de kilometri. Așadar, unda eterică, fluidică, s-a produs concomitent cu unda aeriană.

După cum un întrupat deosebește ușor un corp solid de unul lichid sau gazos, noi, duhurile, distingem foarte ușor în spațiu fluidul solid de cel lichid sau gazos, sau fluidul fizic de cel psihic.

Toată această gamă de fluide s-a creat în Sfera-Laborator, Uzina creațiilor, sediul marelui Gânditor, care prezidează peste divinii Creatori și unde se fac toate felurile de materii.

Din Capul Tatălui au plecat fluidele netransformabile - spirituale, iar din Pântecele Său au pornit toate fluidele transformabile - fizice și psihice.

Fluidul este o materie, pentru că din el s-a creat totul, dar această materie este vie, fiind constituită din particule vii, cu viață proprie, ele mișcându-se, vibrând, simțind și reacționând cu de la sine putere.

Acum să facem un mic rezumat.

Există trei feluri de fluide:

1. fluide libere;

2. fluide captive;

3. fluide spirituale; fiecare din ele fiind de trei feluri: solide, lichide și gazoase.

Din punctul de vedere al spiritelor, există iarăși trei categorii de fluide:

1. fluide fizice;

2. fluide psihice;

3. fluide fizico-psihice; dintre fiecare existând câte trei feluri: solide, lichide și gazoase.

Așadar, există două grupuri de câte nouă fluide.

Azi puteți discuta în deplină libertate orice vă vine în minte, abordând și tărâmuri oculte, spiritualiste. În vremurile antice, cei ce aveau norocul să fie inițiați în tainele sfinte erau opriți să vorbească în lume, sub pedeapsă de moarte. Era permisă discuția între inițiați, dar pentru că aceștia erau urmăriți de spionii templelor, ca nu cumva să divulge ceva, bietul inițiat devenea un mut desăvârșit în privința cunoștințelor dobândite în templu. Cunoscând semne, simboluri și înțelesul numerelor, inițiatul desena un semn oarecare sau scria un număr, ca din joacă sau întâmplare. Cel de alături, dacă era și el un inițiat, văzând acel număr sau semn, știa cu cine are de-a face și scria numărul obținut prin suma cifrelor reduse la unitate. Astfel prudent, subtil și cu mare teamă, se dezvăluiau că sunt inițiați.

Iată acum sinteza numerelor fluidelor: trei fizice, trei psihice și unul născut din combinația lor, adică fizico-psihic, suma lor formând numărul 7. Trei feluri de fluide libere, captive și spirituale fac 9. Prin urmare, numerele 3, 7, 9, 27, 81 etc. sunt numere după care Divinitatea a alcătuit totul în creația Sa.

Am omis să-ți pomenesc de repartizarea fluidului fizic liber în atmosfera planetei noastre. Atmosfera fluidică a Pământului are trei zone fluidice fizice: *albă, albastră* și *roșie.* În fiecare dintre aceste trei zone se află fluid psihic liber, repartizat astfel: în zona I, albă, găsim fluid psihic gazos; în zona a II-a, albastră – fluid psihic lichid, iar în zona a III-a, roșie, cea de la suprafața pământului, se află fluid psihic solid. În aceste fluide înoată duhurile și cu ele își repară corpul planetar.

În mintea vreunuia dintre voi se poate naște întrebarea: „Oare fluidul captiv nu poate părăsi corpul terestru, devenind liber?" Nu, pentru că marii Creatori divini din Sfera-Mamar au orânduit ca fluidul captiv să nu se poată separa de materia fizică a Pământului, orice formă ar avea ea, până nu se va întoarce la Centrul creator. Fiecare fel de fluid este supus unor legi speciale.

Prin urmare, pământul este învelit de o pătură groasă, formată din trei categorii de fluide fizice libere și din trei categorii de fluide psihice libere. Materiile Pământului au fluide fizice captive sub trei stări. Duhurile libere sau întrupate fiind de trei feluri – albe, albastre și roșii – au și ele trei feluri de fluide psihice captive.

Chimia cunoscută de voi este un biet abecedar față de vasta chimie realizată în univers prin combinarea fluidelor fizice. În stadiul actual al cunoștințelor voastre, este imposibil să vă facem cunoscută chimia cerească, deoarece n-ați putea clădi și urmări prin abstracție multiplele combinații fluidice. Descrierile de mai sus vă sunt suficiente, oricum mă tem că le veți încurca în mintea voastră. Vor veni descoperiri noi în raport cu electricitatea, și atunci veți înțelege mai ușor abstracțiile expuse de mine azi, asupra acestor câteva categorii de eteruri.

Când un om are case, moșii, bani, bijuterii etc., se zice că e bogat. Da, este bogat, dar numai cât va trăi, căci gol a venit în lume upească, gol se va întoarce la noi. Un om cu adevărat bogat este plin de idei, de cunoștințe, dar nici acestea nu-i pot da decât o satisfacție efemeră și în cea mai mare parte nereală, căci nu toate cunoștințele omului trupesc sunt exacte. Însă omul care a avut fericirea de a acumula cunoștințe din lumea noastră, despre operele Creatorului, este cu adevărat bogat și fericit.

Omul cu adevărat fericit a străbătut noianul miilor și sutelor de mii de ani de suferințe, de vieți peste vieți trupești, ridicându-se până la rangul de a putea primi cunoștințe de la un *misionar ceresc* – care a primit ordin din Sferele înalte, să reveleze din tainele vieții și ale universului. Cunoștințele primite îi deschid un vast orizont al înțelegerii vieții. Tainele neștiute de lumea terestră i se fac cunoscute, și enigmele ce frământă mintea omenirii își capătă dezlegarea.

* * *

Zilele trecute ți-am spus că în jurul pământului există o atmosferă de fluid liber împărțit în trei categorii: solid, lichid și gazos. Când spun solid, lichid și gazos, vreau să se înțeleagă stări de finețe, de raritate, de concentrare ale aceluiași eter, iar nu că ar fi solid sau lichid în sensul vostru. Aceste trei diviziuni sunt generale, dar în cadrul fiecăruia se pot face încă trei diviziuni de stări.

Ca să fiu înțeles, voi lua starea de eter solid; în sânul acestuia există trei subdiviziuni de concentrare: *solid-solid, solid-lichid* și *solid-gazos*. De asemenea, în eterul lichid se disting trei stări: *lichid-solid, lichid-lichid* și *lichid-gazos*. În fine, în eterul cel mai fin, eterul gazos, sunt de asemenea trei trepte de eter: *gazos-solid, gazos-lichid* și *gazos-gazos* – cel mai fin dintre toate eterurile Pământului. Să nu se piardă din vedere că ne-am concentrat studiul doar asupra eterului din jurul pământului.

Din cele expuse reiese că voi, oamenii trupești, vă mișcați în toate părțile prin eterul solid-solid, de la suprafața pământului.

Într-o altă comunicare, ți-am spus că cele trei fluide din jurul pământului au fiecare câte o culoare: fluidul solid este roșu, fluidul lichid este albastru și fluidul gazos este alb. Când ne aflăm în zona albă, vedem eterul de sub noi – cel din zona a II-a, de culoare albastră. Voi vă aflați în zona roșie; când vă uitați în sus, vedeți eterul din zona a II-a și din această cauză cerul vi se pare albastru. Prin urmare, nu vezi culoarea eterului zonei unde te afli, ci pe a celei superioare sau inferioare. Dacă v-ați afla în zona a doua și v-ați uita în sus, ați vedea alb – culoarea zonei întâia, a eterului gazos, iar dacă v-ați uita în jos, ați vedea roșu – culoarea zonei a III-a, a eterului solid.

Din cele spuse mai sus cunoști că în jurul pământului există trei sfere roșii, trei albastre și trei albe, deosebindu-se fiecare după nuanțele mai deschise în sus și mai închise în jos. Totul în natură este colorat: planete, stele, eteruri și duhuri.

Iarăși repet: ceea ce vedeți voi nu corespunde cu ceea ce vedem noi. Pentru ca duhul să aibă cunoștință de percepțiile omului trupesc, are nevoie să se întrupeze. Dacă nu ar coborî în trup, noțiunile duhului s-ar mărgini la cunoștințe referitoare la lumea eterică, știința sa fiind incompletă. Câmpul cunoștințelor obținute prin intermediul trupului este larg, deoarece formele de om și constituțiile lui sunt extrem de numeroase, pe diferitele planete ale sistemelor planetare.

Ce de minunății sunt pe aiurea! Dacă le-ați ști, ați zice: „Doamne, fă să treacă mai repede timpul să plec de pe această planetă în țara fericirii, unde voi avea la dispoziție alte comori, alte instrumente, superioare celor actuale".

Repet mereu, ca să se întipărească în conștiința voastră adevărurile noastre. Totul evoluează, materiile și duhurile. Spațiile sunt pline de planete și sori, dar niciunul nu e asemenea celuilalt. Există planete unde trupul este rudimentar celui de pe Pământ, și există planete unde omul are un trup, un instrument superior celui de aici. Pe unele planete există oameni de 2-3 centimetri, ai căror ochi sunt adevărate microscoape, văzând corpuri sau ființe vizibile vouă doar la microscop. Pe alte planete există uriași de zeci de metri, ai căror ochi văd atât de departe, încât pentru voi pot fi considerați adevărate telescoape.

Aproape că nu există planetă în univers unde să lipsească viața trupească, sub o anumită formă și constituție. Acolo unde privesc astronomii voștri și declară că nu există „viață", pentru un motiv sau altul, eu afirm că există. Tot ce e planetă are viață trupească sub o formă oarecare. Numai sateliții lor nu au viață trupească, deoarece ei sunt anticamera planetei, locuri de popas, fie pentru duhurile sosite, fie pentru cele care părăsesc acea planetă.

Toate planetele sistemului nostru au trupuri. Există un paralelism între evoluția trupului și a spiritului, dar treptele mari ale evoluției nu merg din planetă în planetă, ci din astru în astru, și fiecare astru are o subdiviziune a sa, o planetă unde se continuă evoluția de acolo de unde spiritul a întrerupt-o, într-un alt sistem.

Spiritul învață în veșnicie, iar *Natura* este cartea pe care Divinitatea i-a pus-o la îndemână, și unde Creatorul a scris toată știința Sa.

Colindând prin alte zeci de planete, duhurile evoluate au văzut cum este construit acolo ochiul întrupatului care vede ființele microscopice. Ele s-au întors și când s-au întrupat au imaginat lentilă lângă lentilă, după slabele lor amintiri, și astfel omul trupesc a născocit microscopul.

Fiecare invenție terestră este reproducerea instrumentelor întrebuințate deja pe alte planete. Ele au fost prezentate duhurilor albe ale Pământului de către îngerii noștri, când a sosit momentul evolutiv al apariției unor asemenea instrumente sau aparate pe globul nostru.

În natură există trei feluri de evoluții:

1. evoluția spiritului;
2. evoluția perispiritului;
3. evoluția trupului.

Evoluția perispiritului depinde de spiritul, purtătorul acelui înveliș. Evoluția trupului depinde de evoluția planetei unde trăiește trupul respectiv, alcătuit din materia planetară. Așadar, trupul își are propriile funcții și legi, îndeplinite fără știrea sau cunoștința duhului.

Eterul magnetic

În seria nesfârșită a diferitelor feluri de eteruri sau fluide se află și *fluidul magnetic.*

Azi am să insist asupra acestui fel de eter.

În natură întâlnim două feluri de fluide magnetice:

1. *fizice;*
2. *psihice.*

Există o deosebire mare între ele și cu toate acestea, în ființa noastră, ca și a tuturor ființelor de pe Pământ, găsim ambele feluri de fluid magnetic. Din echilibrul lor ia naștere manifestarea sau viața formelor trupești.

La rândul său, fiecare fluid magnetic - fizic și psihic - este de două feluri:

1. *pozitiv;*
2. *negativ.*

Orice ființă trupească - plantă, animal sau om - va avea în corpul ei fluide magnetice fizice pozitive și negative, și fluide magnetice psihice pozitive și negative. Asociația acestor patru feluri de fluide magnetice - fizic pozitiv și negativ și psihic pozitiv și negativ - contribuie ca forma vegetală, animală sau umană să se miște, să simtă, să trăiască, în sensul vostru trupesc, adică să se manifeste vădit ochilor voștri.

Forma trupească are magnetism fizic, iar perispiritul are numai magnetism psihic. Când un duh are în corpul său perispiritual mai mult magnetism pozitiv, zicem că acel duh este masculinizat, iar când duhul are în perispiritul său mai mult fluid magnetic negativ, zicem că este feminizat.

Duhurile nu au sex, ele sunt perfect asemănătoare la formă. Deosebirea constă numai în încărcătura fluidului magnetic pozitiv sau negativ. Ambele duhuri au fost create absolut la fel, dar Creatorul, prin Reprezentanții Săi secunzi, le-a încărcat în mod diferit, în vederea operei la care sunt chemate.

Când se va reîntrupa, duhul masculinizat va lua de la părinții săi o cantitate de fluid magnetic fizic negativ. Omul bărbat va avea în ființa sa un fluid magnetic psihic pozitiv unit cu un fluid magnetic fizic negativ. La duhul feminizat este invers; omul femeie va avea un fluid magnetic psihic negativ, asociat cu fluid magnetic fizic pozitiv. La fel se întâmplă și în regnul animal. Așadar, orice om sau animal este o ființă dublă din punct de vedere magnetic, corpul său planetar fiind format din fluide magnetice contrare cu ale perispiritului său.

Într-o prelegere precedentă am pomenit de *fluide fizice libere* și *captive,* și de *fluide psihice libere* și *captive*. Fluidul fizic liber ar fi comparabil cu corpurile voastre solide, iar fluidul psihic ar fi comparabil cu corpurile voastre lichide. Trăind și plutind în sânul lor ca un balon sau aeroplan prin aer, duhul ar corespunde stării corpurilor voastre gazoase.

Creatorul ne-a chemat la viață și ne-a dat puterea, facultatea de a absorbi ambele fluide și de a le transforma și utiliza. Așa fiind, putem absorbi și reține în corpul nostru fluid magnetic fizic și psihic. De când Tatăl ne-a creat, lucrăm mereu asupra mediului înconjurător, absorbind și prefăcând materia eterică și apoi eliberând-o pe o treaptă cu ceva mai înaltă decât era înainte. Noi, deci, suntem mici ajutători ai evoluției generale.

Totul se naște, trăiește și apoi moare, numai duhul trăiește în veșnicie.

În realitate, totul trăiește, doar că se află într-o continuă prefacere spre stări mai înalte.

Duhul, scânteia divină, este format dintr-o materie fină, în veșnicie aceeași. El nu se primenește, nu se schimbă sau preface, numai facultățile, însușirile sale devin din ce în ce mai extinse. Cu alte cuvinte, duhul nu se compune sau descompune, nu se asociază sau disociază. Așa cum a fost alcătuit odată, va rămâne în eternitate.

Eu sunt o individualitate diferită de alt duh. Între mine și el există o singură deosebire: *gradul conștiinței noastre, treapta evolutivă atinsă de fiecare dintre noi.* Atât și nimic mai mult.

Scânteia divină a pietrei este aceeași ca și a omului, a îngerului, a Fiului de Dumnezeu sau a Creatorului central. Așadar, materia care formează orice duh, spirit sau scânteie, este identică în toate universurile, în tot cosmosul.

După ce am fixat această idee, pot să spun că materia ce compune o scânteie divină este identică cu materia psihică răspândită în toată sfera creațiilor.

Care a fost și este minunea ca din această materie psihică să fim formați noi, scânteile divine, nu o știm nici noi, pentru că Tatăl ceresc nu ne dă elucidate tainele Sale, ci trebuie să studiem în veșnicie și să-I aflăm știința.

Pe când eram în Capul Tatălui central, eram una cu El și știam totul ca El. Pe urmă am plecat din sânul Său, identic am rămas cu El, dar am uitat ceea ce cunoșteam. De acum, în veșnicie, voi munci, învăța și redobândi ceea ce Tatăl știe și urmărește în veșnicie. Până atunci, fac ce pot și aportul meu, oricât de mic, este un mic câștig la marea și veșnica operă a Tatălui nostru.

Tatăl lucrează în Laboratorul Său central la transformarea vieții psihice libere. Duhurile lucrează în mic asupra vieții fizice. Așadar, noi, duhurile, suntem în lumile create reprezentanții Divinității centrale, căci și noi lucrăm asupra fluidului viu, a vieții libere.

Trăind în mijlocul naturii și întâlnind la tot pasul fluidul fizic, duhul ia pentru nevoile sale fragmente din acest fluid, le combină în diferite chipuri, obținând o infinitate de compuși fluidici. Alteori, descompune sau disociază fluidul fizic, în vederea scopului urmărit.

Asemenea operații nu le pot face decât duhurile care posedă cunoștințe înalte de chimie și fizică fluidică, fiind făcute mai ales cu ocazia diferitelor evenimente ale existenței omului: la întruparea duhului, în timpul vieții omului trupesc și la momentul părăsirii trupului de către duh, sau, incorect spus, la moartea omului. Acești operatori fluidici poartă numele de mesageri: *mesagerul întrupării, mesagerul sănătății sau al bolii* și *mesagerul destrupării.*

Nu există formă care să nu aibă fluid fizic. Acești mesageri, savanți cerești, lucrează mereu asupra fluidelor fizice ale acestor forme, fie ele minerale, vegetale, animale sau umane. Fiecare formă are în sânul ei un fluid fizic și altul psihic. Asocierea acestor două fluide este într-un echilibru instabil, provenit din uzarea continuă a acestor fluide și primenirea lor cu alte fluide absorbite din mediul înconjurător.

De la Tatăl central sosesc doi curenți ce conțin viață fizică și psihică. Ei circulă prin cosmos, prin cele patru universuri, pe lângă toți sorii și toate planetele, și de aici pleacă apoi alți doi curenți, care se întorc la Centrul regenerator. Tot ce vine de la Centru întreține viața formelor. Tot ce a servit viața formelor se întoarce la Centru, pentru a fi refăcut și apoi trimis din nou în sferele create.

Duhurile-mesageri altoiesc cu fluid liber fluidele captive. Prima altoire au făcut-o marii Creatori, care coborând aici au făcut primele forme. După plecarea lor, altoirile au fost făcute de marile duhuri angelice, întrupate în primele forme. Ele au fost urmate de duhurile umane. De atunci, întrupările sunt continuate de duhuri umane, până la sfârșitul acestui glob ceresc.

Viața liberă are o mișcare circulară și în același timp în zigzag. Ea vivifică, dar și omoară. Mișcarea circulară întreține viața captivă, iar cea în zigzag desprinde viața din formă și o pune în libertate. În lumea creată se face și reface. Cu alte cuvinte, anumite duhuri de aici, din lumile create, fac în miniatură ceea ce marii Creatori fac la scară uriașă în marele Laborator central.

În lumea duhurilor se cunoaște acest lucru. De aceea, când unui duh întrupat i se iau din fluidele sale de viață trupească, nimeni nu se revoltă, deoarece se cunoaște opera divină făcută de mesagerii desemnați de conducerea planetei noastre.

Uneori, omul trece prin diferite forme de boală. Ele sunt fructul unor greșeli, iar boala a fost provocată de mesagerii ce aplică legea pedepsei, dictată de Forurile superioare. Nu te revolta frate, căci culegi ceea ce ai semănat. Ai greșit, plătești, și apoi îți vei continua firul vieții mai departe, cât ți s-a orânduit.

Nespus de greșit este cel ce își suprimă viața trupească, deoarece, în definitiv, trupul nu e numai opera sa, ci și a altor duhuri, care în numele Creatorului au conlucrat la întruparea sa. Întrupatul își deapănă viața fără să știe că anumite forțe cerești, anumiți mesageri lucrează asupra trupului său, vivificându-l ca să fie un bun suport și un minunat instrument de lucru.

Școala duhului se face prin memorare

Deviza țării voastre este: *Nihil sine Deo.* Cu adevărat, nimic nu se poate face în lumea spațiilor fără aprobarea forului Celui prea înalt, dată prin Reprezentanții Săi autorizați.

Comunicările noastre sunt destinate mai mult viitorului. Opera la care ne-am angajat pare pentru moment fără de folos și totuși, ea va frământa mințile celor de acum, dar mai ales a celor ce vor veni după voi.

Știința va progresa, concepțiile se vor lărgi, experiențele se vor înmulți și pe baza lor se va vedea că cele afirmate de noi sunt adevăruri pure. Ți-am mai spus, altădată, că aceste adevăruri au fost cunoscute în Antichitate, dar au fost ținute în secret.

Domnul nostru Isus Christos nu a spus totul apostolilor Săi, ba chiar și între apostoli a făcut deosebiri. Mulțimii nu-i spunea ceea ce împărtășea ucenicilor Săi. Domnul a coborât între oameni, pentru a răspândi o concepție socială, iar nu cunoștințe științifice.

După două mii de ani, abia îndrăznim să vă facem cunoscute materiile eterice în care plutesc toate stelele, planetele și duhurile, și umplu universurile. Viitorul va dezlega multe mistere. Când existența eterului sau a fluidului nu va mai fi ipotetică, oamenii vor trece la aplicații practice ale acestui eter, și una dintre cele mai răspândite și mai salutare întrebuințări va fi *vindecarea fluidică*. Până atunci, medicii noștri cerești vindecă, zi de zi, pe cei a căror viață trebuie să continue până la data înscrisă în destinul lor. Trebuie să știți că omul nu e părăsit niciodată.

De departe, din adâncul Cerului răsună periodic o voce, dând sfaturi, ordine sau cunoștințe. Ele sunt percepute de marile duhuri și explicate, din treaptă în treaptă, în mod descendent, și celorlalte grade de duhuri. Totul este în raport și armonie cu evoluția. Nu putem intra în legătură cu îngerii solari, și cu atât mai puțin cu Guvernatorul solar. Respectarea ierarhiei este mai strictă în lumea noastră decât în a voastră. Totul e progresiv, totul este ierarhizat. Chiar eu, în prelegerile mele, ți-am dat progresiv Adevărul. Mereu am avut în vedere să nu vă produc mirare, proteste, să nu vă zdruncin dintr-odată din prejudecățile în care v-ați născut și crescut.

În școlile voastre totul se predă gradat. Aceeași progresivitate se are în vedere și în lumea noastră. Dar ce greu învățăm, pentru a urca treptele evolutive! Studii, meditații, repetări și iar repetări, pentru ca totul să se fixeze în memoria noastră spirituală. Învățătura are la bază repetarea și progresivitatea.

Iată un exemplu. La început, când ți s-au dat primele noțiuni, au venit în jurul tău duhuri inferioare gradului tău. Acestea au fost urmate de altele, egale în grad cu tine, depănându-ți cunoștințele lor, iar după o vreme au sosit frați spațiali superiori ție, obținând de la ei cele mai tainice cunoștințe. Aceste cunoștințe nu ți-au fost acordate ca o favoare, ci pentru a fi răspândite în lume, prin tine.

Ideile emise de un duh, liber sau întrupat, nu vor fi niciodată reținute, până ce conținutul lor nu va fi fost asimilat, adică înțeles. Să dau un exemplu. Pentru a-și obișnui urechea cu sunetul fiecărei note și cu distanțele dintre ele, un muzician repetă cu voce tare nota *do.* Mintea îi este atentă, iar vibrațiile sunetului și mai apoi ale eterului i-au intrat prin trup, în perispirit și s-au fixat acolo. După un timp, repetă nota *mi,* mai târziu *sol,* străduindu-se să le memoreze. În final, repetă de câteva ori *do, mi, sol,* și observă distanța vibratorie dintre ele. De îndată ce a observat bine raportul dintre ele, a învățat valoarea lor muzicală, și ori de câte ori va intona pe una dintre ele, și le va reaminti pe celelalte două. Tot după acest principiu acordează violonistul corzile viorii sale.

Totul e memorare, act ce necesită timp și îndelungă răbdare. Azi, omul știe să vorbească, dar ce greu a fost graiul pentru primii oameni! Chiar și copilul, născut din părinți care vorbesc perfect, întâmpină greutăți în învățarea vorbirii. Începe cu gângureli, apoi cu silabe, ca peste un an să rostească: *mama, tata.* Greu a fost pentru primul om să vorbească, dar cât de greu a fost pentru primul duh, nou-născut, să gândească.

Acolo departe, în abisul Cerurilor, în Sfera divină, fluidică, în Laboratorul pregătirii fluidelor și a duhurilor, a învățat duhul nou-născut să gândească. Mii de secole stă duhul în acel Eden până dobândește capacitatea de a gândi cursiv și de a se face înțeles de vecinul său.

Copilul de azi începe să vorbească destul de repede, deoarece în spatele veșmântului de lut se ascunde un duh care știe să gândească de miliarde de ani, de când a plecat din Centrul creator și colindă prin univers. Fiind un pelerin aflat într-o călătorie veșnică, duhul a tot gândit, fie că a animat un atom, o moleculă, o piatră, o plantă, un animal sau un om. El a gândit întru veșnicie.

Duhul se face înțeles cu semenul său prin gândire. Gândirea sa exteriorizată este gândirea sa interioară avută de când era o mică particulă prin haos.

Toți oamenii încep cu silabisiri și cuvinte neînțelese, pentru a ajunge la vorbirea curentă. Dar oare toți pot ajunge la înalții gânditori sau oratori ai pământului? Nu, pentru că talentul vorbirii și înălțimea concepțiilor se află într-un raport strâns cu gradul evolutiv al duhului închis în trup.

La treapta ajunsă cunosc multe, dar cercetând, descopăr că am multe de aflat. Știu ceva despre materia constitutivă a universurilor, cunosc constituția spiritului, dar sunt abia la cunoștințe de gradul *b* sau *c* față de marile Entități solare sau Creatorii centrali, cunoscători până la gradul *z.*

* * *

Materia primă cu care începe orice creație este atât de fină, încât este invizibilă și insesizabilă pentru noi, duhurile, care vedem fluidele din jurul nostru, din jurul pământului, cum vedeți voi pietrele, apele și norii. Dacă nu ne-ar vorbi mai-marii noștri despre ea, nici noi nu am ști că există.

Se petrec în jurul nostru fenomene a căror cauză este necunoscută. Ulterior aflăm că au fost produse de materia primă, materia *supereterică* sau *ultrafluidul* pe care –

după cum am spus - nu-l vedem. Îi cunoaștem efectele, dar nu-i cunoaștem modalitățile de acțiune, cauzele care dau naștere acestor fenomene.

Deși nu vedem această materie, nu putem zice - ca voi - că nu există. Cum să nu existe, când vedem efectul ei? La noi se afirmă cu o și mai mare convingere decât la voi: *Din nimic nu se poate face nimic.* „Nimicul" vostru nu există la noi, acest cuvânt e pământean, sau cel mult al duhurilor inferioare. „Nimic" sau „zero absolut" nu există nicăieri în cosmos, în Infinit. Pretutindeni există *ceva.* Pământul, Luna, Soarele, miliardele de stele, toate plutesc în *ceva.* De la materia cea mai fină și până la o planetă oarecare, există o gamă infinită de materii. Există o serie matematică de materii de la lespedea de sub piciorul vostru până la Creatorul prim, care și El este viu și făcut din *ceva,* din materie, substanță, esență, chintesență, numiți-o cum vreți, dar este făcut și El din *ceva material.*

Omul simplu din lumea voastră spune că nu există nimic, când nu vede, nu aude sau nu simte ceva. Dar totuși există ceva în jurul său. În apa, alimentul și aerul pe care le consumă trăiesc mii de viețuitoare microscopice. Pentru omul neștiutor, care nu a auzit de microscop, aceste viețuitoare nu există. Se schimbă situația pentru un om cult, care nu numai că știe de existența lor, dar le cunoaște forma și efectele. La rândul său, omul cult, deoarece nu ne poate vedea, spune că noi nu existăm. Cu toate acestea, noi existăm, cugetăm și vă influențăm prin prezența și gândirea noastră. Pentru omul neștiutor, microbul e nimic; pentru omenire, spiritul nu există; pentru noi, duhurile, *materia primă* e ca și cum ar fi inexistentă.

Fericit e omul care aude glasul nostru! Fericiți sunt cei ce ne văd forma - o mică sferă gânditoare, fiind pe deplin convinși de existența noastră când ne văd luând o formă asemănătoare trupului avut odată! Ce fericiți sunt cei ce ne văd și aud în același timp! Chiar dacă s-ar pune pământul deasupra lor, ei vor afirma cu tărie: „Spiritul există!" Datorită stării lor sociale, cei mai mulți dintre acești fericiți nu au posibilitatea să-și mărturisească experiențele. Numai cei în al căror destin a fost înscris să fie mărturisitorii existenței noastre, vor scrie și vorbi, afirmând: „Știu cu siguranță că există spirit și o lume spirituală invizibilă".

Duhul are nevoie de multă răbdare ca să învețe. Fiecare treaptă evolutivă cere un anumit timp. Treptele evolutive inferioare cer un timp mai mic, dar cu cât duhul urcă, durata școlii devine mai mare. Dacă pe treptele inferioare se cer secole, pe treptele următoare se cer zeci de secole, apoi sute, și tot așa durata evoluției crește din treaptă în treaptă. Pentru ca un înger planetar să se ridice cu o treaptă mai sus, are nevoie de câteva miliarde de ani. Misiunea Domnului nostru solar de a-Și conduce împărăția solară va dura câteva zeci de miliarde de ani, după care se va ridica cu o treaptă mai sus. La fel și cu școala planetară. Timpul acordat unui duh uman pentru terminarea unei școli planetare diferă de la o planetă la alta. Pe unele planete școala durează 10.000 de ani, iar pe altele, cum e Pământul, școala se face timp de 25-30.000 de ani. În fine, există planete unde școala evolutivă durează și mai mult. Totul e în funcție de stadiul evolutiv atins de planeta respectivă.

Doamne, Tată atotputernic, Te implor, dă-mi putere să nu mă amăgesc și să trec cu bine examenele necesare avansării mele! Amin.

Legea fizică și legea morală

Cu altă ocazie am arătat că Ființa supremă, Cauza cauzelor, înainte de a crea primele ființe a gândit, a făcut un plan și astfel a statornicit o Lege eternă, respectată de Ea însăși. Creațiile multiplicându-se și perfecționându-se, legile s-au înmulțit și specializat.

Din noianul legilor actuale, se disting două categorii aplicate vieții de pe acest pământ: *legea fizică* și *legea morală*.

Să dezvoltăm cazurile când se aplică aceste legi.

Lovind pe un semen, vătămându-l pentru toată viața, violând o femeie, dând foc casei sau gospodăriei cuiva, jefuind sau ucigând - se produce un păcat fizic. Toate actele care prejudiciază trupul sau bunurile unui om, infracțiuni ale codului etern, vor fi plătite de autorul lor, într-una din viețile sale viitoare, cu trupul sau bunurile sale pământești.

Dacă printr-o minciună se prilejuiește pierderea averii sau a funcției unui semen, sau condamnarea lui la închisoare, dacă prin vorbă și conduită omul mâhnește pe cei ce l-au adus în lume, l-au crescut cu dragoste și au vegheat să crească sănătos și întreg - se produce un păcat psihic sau moral. Cel care pângărește lucrurile sfinte sau neagă necugetat Ființa supremă, Autorul tuturor celor văzute și nevăzute, face cel mai mare păcat. În aceste cazuri și multe altele similare, omul va plăti amarnic, prin suferințe sufletești. Astfel, va învăța să respecte legea morală, să fie smerit și să nu calce cu îndrăzneală și îngâmfare peste iubirea semenului său.

Pentru că trupul și bunurile materiale sunt destinate unei singure vieți pământești, greșeala fizică va fi plătită cu trupul sau bunurile materiale ale celui greșit, numai într-o singură viață terestră. Când gândește cu ură, cu gânduri de răzbunare, când a făcut să sufere cineva prin cuvântul său și multe altele de felul acesta, omul a infectat fluidele spațiilor prin care își duce viața infinitatea duhurilor. În acest caz greșeala sa - cuprinzând o arie mai mare, influențând o infinitate de spirite - este mai gravă și suferința va fi mai grea. Nefericitul care a comis asemenea greșeli le va plăti prin grele suferințe sufletești, în două sau mai multe vieți trupești, după valoarea greșelii comise.

Omule, fie că ne cunoști, fie că nu ne cunoști, conduita ta va fi urmată de plată sau recompensă. Universul este condus de legi. Materia și duhul sunt supuse la reguli stabilite din veșnicie. De la electron și până la soare, toate merg pe cărarea îngrădită de legi. Voința Celui atotputernic se impune din veșnicie totului creat de El.

* * *

Pe frontispiciul templului iudeilor se văd două table cu cele zece porunci, primite de Moise pe muntele Sinai. De ce zece și nu opt sau douăsprezece porunci? Deoarece conducerea a tot ce s-a creat se face de către cele zece categorii de Fii de Dumnezeu, numiți Sefirot în Zohar.

Dar de ce au fost scrise cele zece porunci pe două table, și nu pe una singură? Pentru că Moise, un mare inițiat al templelor egiptene, știa că totul în lume se conduce prin două forțe contrare: cald-rece, mare-mic, noapte-zi, vară-iarnă, urât-frumos, bun-rău etc. În viața sa, omul trebuie să fie înarmat cu două scuturi: unul în față și altul în spate. Un scut corespunde cu păzirea legilor fizice și altul cu păzirea legilor morale. Cine s-a înarmat cu aceste două paväze este iubit, adorat și servit de lumea spațială, este ferit de orice neplăcere din lumea fizică, venită de la om, animal, microb sau lipsuri materiale. Cine se înfumurează, încrezându-se în propria sa inteligență și în știința sa șubredă, se va vedea lovit în viața trupească, iar când va veni dincoace, va plăti greu mândria și încrederea în puterile proprii.

Liber ești, omule, să faci ce-ți trece prin minte, dar vei plăti dacă ai încălcat una dintre comandamentele cuprinse în codul universal. Tatăl ceresc a decretat pentru veci deplina libertate, dar ți-a pus ca hotar legea. Știi că focul arde; dacă tu - în virtutea libertății tale - vrei să-ți pui mâna în foc, o poți face, dar legea îți va demonstra, prin durere, că ai făcut o acțiune greșită, în virtutea liberei tale voințe. Milă nu există, legea este mai presus de toate. Fără lege, tot ce a clădit Tatăl s-ar dezorganiza, ar cădea în stare de haos. Trecând prin durere, omul învață o lecție. Cu cât durerea a fost mai mare și mai prelungă, lecția s-a înregistrat mai adânc în spirit. Când va mai întâlni împrejurări asemănătoare, omul nu va mai încerca experiența respectivă, deoarece își va aminti de urmări. Astfel învață duhul, ani și mii de ani, trecând din experiență în experiență și din durere în durere.

Unii dintre voi afirmă că e mai bine ca omul să nu cunoască existența lumii spațiale, ba chiar că e periculos să intre în legătură cu ea. Sărmani orbi și necugetați! Iată doi oameni: unul știe ce este un microb, iar altul nu a auzit nimic de această puzderie de viețăți invizibile ochiului liber. Primul se păzește; celălalt, neștiutor, nu respectă regulile de igienă. Urmarea este că cel dintâi va fi ferit de durere, iar cel deal doilea se îmbolnăvește. Niciunul nu a văzut cu ochii săi microbul, dar unul, cunoscând legea, s-a păzit să nu greșească, iar celălalt, neștiutor, transgresând legea, a căzut pradă ignoranței sale.

La fel este și cu lumea noastră. Fie că ne cunoști sau nu, dacă nu respecți legile morale și fizice, vei cunoaște suferința. Însă cel ce ne-a cunoscut, cel ce-a aflat de legile care ne conduc pe toți, întrupați și spațiali, când va fi să gândească, să vorbească sau să facă ceva, își va aminti de explicațiile noastre, de sfaturile noastre, de urmările rătăcirii, și se va feri să greșească. Lumea duhurilor se va îngrămădi în jurul celui ce respectă legea, și îl va ajuta în viață.

Grea este la început păzirea legii, dar *legea obișnuinței* îl va face pe om foarte atent la tot ce vrea să facă, să vorbească sau să gândească. Un asemenea om se va simți fericit să ne audă sfatul sau explicațiile diferitelor fenomene petrecute în jurul său.

Omul neprotejat sufletește de cele două scuturi să nu caute să ne cunoască, să nu se pună în legătură cu noi. Unui asemenea om îi transmitem următorul mesaj: Dacă tu, omule, nu ai credință, dacă sufletul tău nu e cuprins de acea evlavie care face să tremure carnea pe oasele tale, mai bine nu te mai duce nici la biserică. Încrezător în știința ta, prin care îți explici totul, crezi că nu mai ai nevoie de nicio rugăciune, de niciun apel către Cel ce cu puterea Sa conduce infinitatea lumilor. Eu, fratele tău, te povățuiesc să nu te duci la biserică, pentru că nesocotința și îngâmfarea ta, au făcut să fii înconjurat numai de duhuri inferioare, care te-au ocrotit de cele rele și ți-au sugerat idei ce ți-au întreținut încrederea numai în puterile și cunoștințele tale pământești. De îndată ce vei intra pe ușa bisericii, acești însoțitori nevăzuți vor rămâne la intrare, neplăcându-le fumul de tămâie și imnurile aduse Celui preaînalt; iar tu intrând numai de ochii lumii în casa Domnului, o profanezi cu îngâmfarea și neîncrederea ta. Prin urmare, vei fi supus la pedeapsa celor ce au misiunea de a fi aplicatorii sentinței dictate. Dacă tu, frate, știi că ai călcat alături de cărarea vieții curate, îți facem cunoscut că te vor lovi necazuri și amărăciuni, în cazul când vei asista la o ședință de comunicare cu noi. Mai bine deapănă-ți firul vieții mai departe și nu te ocupa de aceste taine sfinte prin natura lor, și care solicită o conduită corectă. Va veni vremea, în alte vieți, când vei fi mai atent la viața ta, și atunci ne vei cunoaște și vei afla ideile noastre.

Liberul arbitru

Azi îți voi vorbi despre liberul arbitru. Din capul locului afirm că liberul arbitru este atât de redus, încât aproape nici nu există. El este o jucărie, o amăgire trecută prin fața celor mici. Duhurile mari știu că lumea se conduce după legi și că cei ce prin ignoranța lor se abat de la ele se pedepsesc.

Domnul nostru Isus Christos a spus: *„Omul trebuie să se mântuiască"*, adică să se silească să-și trăiască viața conform legilor divine.

Presupunerea unor oameni că duhul e lăsat în voia lui să facă ce vrea, este un mare neadevăr. Știu că veți spune că duhurile spațiale au afirmat că duhul are libertatea să aleagă o faptă conformă sau nu legii. Eu afirm că dacă cineva din lumea noastră a făcut această afirmație, nu a spus adevărul. A vrut să vă dea iluzia că ați putea face sau nu ceva, conform legii.

Adevărul comunicat este o informație cu un conținut cu atât mai larg, mai profund și mai lămuritor, cu cât duhul ce-l primește este mai evoluat. Pentru unul se spune: „Nu ucide!" Pentru altul acest comandament este explicat: „Nu ucide, pentru că împiedici școala duhului închis în acel trup". Pentru al treilea, un duh și mai înalt, se spune: „Nu ucide, căci dacă nu s-ar aplica pedeapsa toți oamenii ar ucide și s-ar distruge ordinea în univers. Or totalitatea creațiilor există și progresează numai în virtutea ordinii și conducerii prin legi". Și așa mai departe, din treaptă în treaptă.

Dar omul trupesc, singur, nu ar fi știut niciodată asemenea cunoștințe. Tot ce se știe, tot ce se inventează, tot progresul făcut în lumea voastră, totul vine de la noi, fie prin întrupare, fie prin reamintirea vagă a celor aflate noaptea de la noi.

Eu sunt liber să lucrez, să gândesc, dar toate acțiunile mele sunt îngrădite de regulile comunității din care fac parte. Gruparea mea este liberă și totuși îngrădită de marele val cu care am venit cândva pe această planetă. Dar și această vastă grupare este supusă regulilor stabilite de Guvernatorul Pământului, de legile Sfântului Duh. Noi și El suntem cu toții supuși altor reguli, legilor Guvernatorului solar. În fine, cu toții, mici și mari suntem supuși legilor Tatălui central. Vedeți ce de îngrădiri, ce de reguli, ce de legi!

Încearcă să te miști altfel și să faci ce ți-o trece prin minte. Dacă prin îndrăzneala sau nesocotința ta vrei să cunoști asprimea legilor, o poți face, dar vei suferi amarnic și te vei căi de pasul tău nebunesc. Numai Unul singur, Ființa supremă, a posedat odată libertatea deplină, dar și El s-a îngrădit, s-a legat pe El însuși, prin legile de El decretate. Așadar, cosmosul este condus de Voința Unicului Tată.

Dacă duhul trebuie să se supună legii Tatălui, a Fiului, a Sfântului Duh și a tuturor superiorilor săi, ce s-a mai ales de liberul său arbitru? Nimic. Așadar, oricărui duh care va spune că el se poate duce unde vrea, că poate face oricând și oriunde ceea ce îi dictează fantezia, să știți că i se poate da titlul de mincinos.

Tatăl creează, conservă și conduce lumile create prin legea Sa morală. Dar cum El nu poate conduce singur puzderia de lumi, este ajutat de Copiii Săi majori, aplicatorii codului Său universal asupra tuturor entităților și formelor.

La început, spiritele tinere nu pot servi Tatălui, ele având nevoie să fie conduse. Numai spiritele bătrâne, de miliarde de ani, reprezintă în lume pe Tatăl central, dar ele nu fac voia lor, ci Voia Centrului. Ele conduc lumile create în numele Centrului. Ele sunt mici pe lângă Tatăl central, dar aplică legea în numele Tatălui, care le-a dat această autorizare specială.

În creație nu există egalitate, ci doar supunere și activitate armonizată cu gândirea și activitatea Celui veșnic. Marile grupuri de spirite nu cuprind entități egale între ele. Codul moral al veșniciei nu cuprinde în el ideea de egalitate. În lumea terestră s-a proclamat odată: „Egalitate, fraternitate, libertate" - o himeră ce în veci nu se va realiza, nici în Cer, nici pe pământ. Nefiind egalitate, nu poate exista fraternitate de idei și nefiind egalitate și fraternitate de idei, nu poate exista nici libertate de interpretare. Nu există egalitate, deoarece Tatăl a creat, creează și va crea mereu duhuri. Cum ele sunt născute în timpuri diferite, totul este ierarhizat de Tatăl, din veșnicie până în veșnicie.

Nici la Tatăl, în Sfera divină nu există egalitate, ci numai ierarhie. Acolo stăpânește doar Iubirea, o fraternitate din principiu, dar nu de idei. Acolo nu se iubește pe *X*, *Y* și *Z* ca indivizi, ci se iubește totul, în principiu, pentru că toți sunt fiii aceluiași Tată.

În Sfera divină și oriunde în creație nu este libertate, pentru că trebuie să te supui regulilor stabilite. Acest cod este știința științelor, cartea cărților. Acest cod a fost gândit de Creator și gândul Lui s-a înscris în *arhiva universului*. Liber, libertate sunt cuvinte, dar duhul nu este liber niciodată. Orice duh este liber să citească arhiva universului, dar duhurile fiind de grade evolutive diferite, fiecare va interpreta după nivelul său. Așadar, nu există egalitate nici în judecată, nici în cunoaștere. Fiecare duh va comenta ordinele înscrise în eter după vechimea sa și după școala urmată.

Îngerii ne repetă cuvintele Tatălui: *„Fiule, din iubire te-am născut și ți-am dat posibilitatea să trăiești cu iluzia că ești liber, dar în jug Eu te-am pus, ca să trăiești în societate supus regulilor Mele și ale societății. Dar acest adevăr nu-l vei afla direct de la Mine, ci te vei convinge tu însuți că numai o Voință există în lume, spre fericirea ta, a Mea și a tuturor".*

Din iubire a creat Tatăl tot ce există în jurul nostru. Numai iubirea a făcut posibilă creația. Din iubire, El a desprins din Ființa Sa particule identice cu Ea. Unul este Tatăl central, dar pentru a crea, El s-a divizat. Iubirea este o forță motrică, este Voința divină. Iubirea Tatălui nu este doar un sentiment, ca acela din lumea noastră, ci este o voință, o forță centrifugă. Prin această voință sau forță centrifugă, Tatăl a desprins din sânul Său scântei sau mici Dumnezei. Fiii de Dumnezeu, Ajutoarele apropiate Tatălui, le-au luat și pregătit pentru călătoria lor cosmică.

Când sunt trimise în univers, particulele sau scânteile divine umplu câmpul sau spațiile interioare ale unui univers, formând materia eterică, numită fluid fizic liber. Acest fluid se concentrează în anumite puncte ale universului și dă naștere sorilor și apoi planetelor.

Din eterul fizic liber s-au format toate mineralele ce intră în alcătuirea planetelor. Inițial o planetă e pustie, fiind lipsită de orice vietate vegetală, animală sau umană. Această stare durează o vreme destul de îndelungată, iar numărul foarte mare de scântei ce intră în constituția planetei face școala minerală, suferind dilatația și contracția sub influența temperaturii, îndurând influența bioxidului de carbon, a apei, electricității, magnetismului etc. Când a expirat termenul existenței sale, planeta stearpă se refluidizează și fluidul fizic ce a alcătuit-o odată se întoarce la Centru, unde este schimbată și pregătită pentru formarea de corpuri fizice vegetale.

Într-adevăr, din Centru pleacă un alt val de fluide fizice libere, cu care se vor face o nouă serie de planete, unde vor crește forme vegetale, alcătuite din particule ce în veacuri nenumărate au fost părțile constitutive ale mineralului unor planete sterpe. După sfârșirea evoluției acestei planete, materia ei se refluidizează și se întoarce la Centrul creator. Aici toate scânteile divine suferă o nouă preparare, și pleacă și ele odată cu o nouă nebuloasă, pentru a forma pe viitoarele planete, corpul fizic al unor serii întregi de animale. Animalele vor trăi, iar fluidul provenit din aceste planete se va întoarce din nou la Centru.

În fine, fluidul pleacă pentru a patra oară din Laborator în univers și planetele nou formate vor purta pe ele de această dată și forme umane – în definitiv, forme superioare de animal.

În golurile uriașe ale universului nostru vor fi:

1. planete sterpe;

2. planete numai cu plante; planete cu plante și animale;

4. planete cu plante, animale și oameni.

Trupul tuturor acestor viețuitoare este format din fostul fluid fizic liber, devenit acum fluid captiv concentrat până la deplina stare vizibilă și tangibilă vouă.

Prin aceste faze au trecut și trec inițial planetele. Azi, pe o planetă mai bătrână apar plante, apoi animale și la urmă oameni, adică toate etapele primitive sunt concentrate pe una și aceeași planetă.

Inițial, există fluid fizic liber, apoi acest fluid devine fluid fizic captiv. Din concentrare în concentrare, fluidul fizic captiv se transformă într-o planetă cu munți, dealuri, șesuri, oceane, mări, fluvii populate de forme vegetale, animale și umane. Materia planetei sau a mineralului și a formelor ce alcătuiesc trupul viețuitoarelor trece prin toată gama de materii fizice ale tuturor felurilor de planete și trupuri de viețuitoare de pe ele. Refluidizată această materie revine în cele din urmă la Centru, unde este transformată în fluid psihic, din care Creatorii centrali vor forma perispiritul sau corpul eteric al tuturor felurilor de duhuri din univers.

În fine, fluidul psihic, revenit iar la Centru la finele evoluției sale desăvârșite, este transformat în duh sau spirit, în scânteia ce va conduce mai întâi o formă de mineral pe toate gradele de planete. Apoi, se va transforma în duhul animator al tuturor formelor de plante pe toate felurile de planete din lume. Când termină și această etapă evolutivă, duhul va anima toate formele de animale de pe fiecare grad de planete și, în fine, după ce a trecut prin toate formele de plante și animale pe fiecare categorie de planete din univers, va anima o formă umană. La început, va fi cea mai simplă formă de om, dar cu timpul, această scânteie de om va evolua prin toate formele umane și când se va desăvârși prin toate, se va reîntoarce la Centru, devenind scânteia animatoare a unui corp psihic de înger; și așa din etapă în etapă, spre desăvârșirea infinită.

În rezumat: particulele divine au format la început fluid fizic liber, apoi fluid fizic captiv; de aici trec în gradul de fluid psihic liber, pentru a deveni fluid psihic captiv, sfârșindu-și cariera ca scânteie, duh sau spirit, ce umple universurile, sub diferite grade de evoluție.

Iată deci că eterul, aerul, apa, pământul, planetele, sorii, tot ce există în sfera creațiilor a fost făcut de Creatorul suprem din particule vii, plecate din sânul Său. Particula, trup din trupul Tatălui central, trece printr-o serie de stări, infinite vouă, devenind duh sau spirit uman.

Particulele divine evoluează din treaptă în treaptă. Tot ce vedem și nu vedem este trupul Tatălui risipit în univers, sub diferite stări; deci totul e supus Tatălui, rămas la Centru. O singură lege a fost stabilită de Unicul Tată, dar pe măsură ce s-au creat forme și stări diferite de aglomerări de particule divine, legea s-a multiplicat, aplicându-se legi diferite mineralului, vegetalului, animalului și omului. Așadar, nu există egalitate și libertate, ci evoluție și veșnică supunere.

Țelul tuturor este fericirea, iar fericirea se dobândește din armonia vieții particularului cu a totului, a perifericului cu a Centrului creator.

Două forțe concură la evoluția entității spirituale

În lumea pământului se instituie societăți ai căror membri caută să selecteze aderenți noi. La fel fac și duhurile luminoase, selecționând membri pentru grupurile de cercetători în domeniul spiritualist. Unora li se dau cunoștințe de gradul *a,* iar unui cerc mai inițiat i se dau cunoștințe de gradul *a, b, c* și așa mai departe. După valoarea morală și spirituală a oamenilor ce alcătuiesc un cerc psihic, se va da mai puțin sau mai mult.

Mulți doresc legături cu duhurile, dar nu toți urmăresc același țel. Unii le doresc din punct de vedere pur științific. Alții, și aceștia formează majoritatea, crezând că duhurile sunt atotștiutoare, le cer anumite servicii și comunicări pur omenești. Aceștia uită că duhul e un om spațial care nu este liber pe faptele și nici chiar pe ideile sale. Dacă lumea trupească e condusă de legi umane, împărăția spațiilor e dominată de legi și mai severe, de legile Codului divin.

Un duh nu coboară niciodată singur la un cerc de studii psihice. Fiecare are ghidul, superiorul său, care îl aude, supraveghează și cenzurează. Cu ocazia diferitelor ședințe de comunicări cu frați pământeni am afirmat: „Nu sunt singur în această cameră, în jurul meu se află mii de scântei, mii de duhuri venite să audă cele ce vă voi comunica".

Comunicările erau primite cu plăcere de frații mei întrupați, dar provocau nespusă mirare, plăcere și fericire duhurilor aflate în spațiul odăii, asistente la acea prelegere morală sau științifică. Aceste duhuri, frați mai mici, erau atrase de graiul pământenilor, prin care înțelegeau și ele subiectele tratate, comunicarea mentală a duhurilor superioare nefiind înțeleasă de micile duhuri aflate pe primele trepte evolutive ale acestei planete. După cum în lumea trupească un chinez nu se poate înțelege cu un român, graiul mental diferă prin cuprinsul ideilor exprimate.

Gândul e auzit uneori de duhurile inferioare, dar dacă nu înțelegi conținutul acelor idei este ca și cum ai auzi limba chineză fără să o înțelegi. Uneori vibrația gândului este atât de înaltă, încât nici nu este auzită de duhul inferior.

Graiul mental diferă prin vibrația sa la fiecare dintre cele trei etaje sau zone eterice ale Pământului. Un duh roșu nu va înțelege graiul mental al duhului albastru, iar acesta, la rândul său, nu va înțelege graiul duhurilor albe. De aceea, la ședințele de comunicări dintre lumea cerească și cea terestră se aduc duhuri mici, roșii sau albastre, ca să înțeleagă ideile duhurilor albe, citite sau discutate într-o limbă terestră de duhurile întrupate.

Toți acești frați mai mici, ce au auzit comunicarea noastră, se vor întrupa în viitor în țara voastră. Ei sunt atât de dornici de cunoștințele noastre, încât, indiferent în ce clasă socială se vor întrupa, vor deveni spiritualiști fervenți, vor cerceta și studia cărțile spiritualiste și vor căuta să se adape cu adevărurile primite în anumite cercuri de revelație. Ei vor crede intens, pentru că au fost câștigați scopului urmărit.

Să nu vă mirați și indignați auzind pe unii dintre voi: „Eu cred în existența lumii invizibile și într-un Dumnezeu creator", iar pe alții, negând și râzând stupid auzindu-vă că afirmați existența spiritului și a Tatălui atotfăcător. Așa e firesc.

Nu există două duhuri egale în pricepere și cunoaștere. Tatăl a sortit să existe, față în față, afirmația și negația, înțelepciunea și prostia, cumintele și nebunul.

Duhurile superioare văd toate aceste ciudățenii ale lumii voastre, așa că nu se miră de faptele omului. Astfel, ele au văzut duhuri frumoase întrupate, înjosindu-se s-au abătându-se de la înălțimea lor, și făcând greșeli peste greșeli, asemenea unui duh inferior. S-au văzut duhuri frumoase negând într-o întrupare ceea ce în nenumărate întrupări precedente afirmau cu tărie: puterea credinței, puterea voinței, existența spiritului nemuritor.

Revin la frații mei spațiali.

Acest auditoriu a mai fost aici, ca și în alte părți și a mai audiat și altădată. Prin urmare, comunicările noastre vă folosesc vouă, dar nespus de mult folosesc acestui auditoriu nevăzut și foarte numeros. De acum, nu va mai încolți în sufletul lor sămânța negației. Întrupându-se, vor fi convinși în forțele cerești, în existența Divinității și a copiilor Săi spațiali.

Periodic, coboară la întrupare un val de spirite foarte credincioase. Urmează un val nici cald, nici rece, format din cei ce cred și nu prea, și, în fine, vine un al treilea val, format în majoritate din oameni care nu vor să știe nimic de Cer și forțele sale. Așa urmează mereu.

În vremurile viitoare, nu prea îndepărtate, va veni un val de duhuri dornice să studieze natura și viața risipită în sânul ei, sub toate formele. Aceste valuri de credincioși și necredincioși sunt orânduite de cei din Sfera divină. Tatăl nu se supără că unii dintre copiii Săi Îl neagă. Întotdeauna și în toate - atât în Cer, cât și pe pământ, trebuie să existe *opoziție*. Chiar și în lumile superioare se discută teze pro și contra.

Omul trupesc este o fărâmă neînsemnată în uriașul mecanism al vieții; suferința sa n-are nicio importanță, față de marele scop: *fericirea eternă*. Toate duhurile au trecut, trec și vor trece prin flăcările durerii. Vom suferi și vom răbda, căci așa este planul Tatălui; niciun duh nu e scutit de furnalul suferinței. Dacă în preajma Tatălui domnește fericirea desăvârşită, în lumile create există suferinţa sub o infinitate de forme. Pornim de la durere să ajungem la fericire, şi întotdeauna durerea este în faţa fericirii.

Tatăl central nu ar şti ce este fericirea, dacă n-ar avea cunoştinţă de suferinţa îndurată de copiii Săi în lume. Sforţările duhului spre progres nu ar mai avea loc, dacă el nu ar simţi, din etapă în etapă, o mulţumire mai mare şi nu ar fi conştient că la sfârşitul răbdării şi sforţărilor sale va avea parte de fericire.

La şedinţele de înalte comunicări morale şi ştiinţifice se aduc duhuri tinere, să prindă curaj şi să înţeleagă că viaţa şi cunoaşterea se câştigă prin osteneală şi necaz. Dacă ele nu ar auzi sfaturile celor mai mari, ar cădea sub greutatea adversităţilor vieţii. Dar pentru a le da un imbold şi mai puternic, marile duhuri albe, îngerii planetari sau solari se întrupează, se fac oameni trupeşti şi trăind în mijlocul lor, suferă împreună cu ele. Noaptea, duhurile inferioare ştiind pe cine au printre ele şi văzând că şi aceştia, ca oameni, suferă nevoile vieţii, prind curaj şi suportă mai uşor calvarul întrupării. Aceste cazuri sunt de excepţie.

De cele mai multe ori, duhurile superioare coboară în cetele miliardelor de duhuri inferioare, roşii şi albastre, şi le ţin prelegeri, le lămuresc asupra scopului vieţii şi a datoriei de a se supune în veşnicie, căci aşa au fost şi ele, trecând prin aceleaşi greutăţi şi suferinţe.

Când duhurile pleacă de la Tatăl, pornesc la şcoala vieţii pe un singur drum. De la o vreme, din nepricepere, unele aleg drumul durerii, pe când altele, mai temătoare, aleg drumul supunerii oarbe. Pe ambele căi vor evolua duhurile şi de la o vreme cărările lor se unesc şi ajung iar la Tatăl, unde se vor bucura de o fericire veşnică.

Mecanismul gândirii

Universul este plin de o infinitate de idei. Ele circulă în toate direcţiile, unele fiind văzute de duhuri, altele nu. Unele idei vizibile sunt înţelese, altele, deşi vizibile, nu sunt înţelese.

Dacă duhurile ar vedea şi înţelege toate ideile, instrucţia - morală sau intelectuală - ar fi mai rapidă şi nu ar mai fi nevoite să stea sute de secole pe aceeaşi planetă. Din acest punct de vedere, planeta noastră este una dintre cele inferioare. Evident, pe suprafaţa şi în jurul ei există multe şi mari valori spirituale, dar nu e vorba de această minoritate, ci de majoritatea duhurilor care formează populaţia terestră. Ştiinţa marii mulţimi a duhurilor libere sau întrupate pe planeta noastră este foarte redusă, faţă de a celor de pe alte planete din univers.

Pentru om, *ideea* în sine este ceva abstract, invizibil, inaudibil şi imperceptibil. Pentru duhurile superioare ideea este o realitate absolută, căci ele îi văd forma, numită *simbol*. Ideea se mişcă, vibrează, producând un sunet, o muzică specială. În fine, materia ce formează corpul unei idei este colorată, fiecare idee avându-şi propria culoare.

Voi, duhuri întrupate, vă exprimaţi gândul şi ideile prin unde sonore, prin cuvinte audibile.

Când două duhuri libere se întâlnesc şi vor să „vorbească" între ele despre un anumit subiect, emit din fiinţa lor particule ultramicroscopice, melodioase, colorate și cu o formă determinată. Celălalt duh privește aceste particule - văzându-le, auzindu-le și chiar simțindu-le, căci pătrund în corpul său - le înțelege, iar apoi răspunde. Schimbul acesta are loc fulgerător, într-un minut transmițându-se fraze ce ar umple 10-15 pagini dintr-o carte.

În principiu, duhul întrupat face același lucru, numai că gândirea, ideile emise de duh sunt exprimate în sunete produse prin concursul corzilor vocale ale laringelui, rezonanța cavității bucale și a sinusurilor frontale și nazale, mișcarea limbii și lovirea sunetelor de dinți și cornetele nazale.

Între gândirea duhului întrupat și a duhului liber există o mare deosebire. Când omul trupesc gândește, ideile ies mereu din capul său, fiind văzute și citite de duhuri, deci ele știu ce gândește acel om, măcar că el nu și le exprimă prin vorbe. Când duhul gândește în sinea lui, un alt duh nu vede nimic la el, nu-i poate citi gândurile, deoarece ele nu ies din corpul său spiritual.

Gândind în lumea trupească ai și emis idei. Dacă aceste idei sunt inferioare, ai infectat spațiul cu materie inferioară, compromițând pe o arie întinsă conținutul ideilor acelei regiuni. Duhul gândind orice în sinea lui, nu face nicio emisie, nu aduce niciun prejudiciu vieții și gândirii universale.

Omule, dacă nu te poți ruga, dacă nu poți binecuvânta, dacă nu poți lăuda pe semenul tău, mai bine nu mai gândi și vorbi, căci mare păcat faci, ce va atârna greu în destinul tău!

Să urmărim mecanismul gândirii unui duh. Gândind în sinea sa, diametrul duhului se tot mărește, forma sa crește. După cum vom vedea, această umflare nu se face la infinit, căci nimic nu a rămas neprevăzut de marele Creator central. De aceea, El este socotit atotștiutor de infinitatea duhurilor din univers, pentru că în toate operele Sale se descoperă previziune și perfecțiune.

Perfecțiunea Creatorului nu poate fi egalată de nimeni, în tot cosmosul. Opera Creatorului este desăvârșită. Numai omul, suferind, îi găsește Creatorului cusurul că a lăsat suferința să-l amărască.

Neștiința ta, omule, fiind mare, necunoscând țelurile Tatălui, nu poți să-ți faci o justă apreciere și deci părerea ta e nedreaptă.

Inițial, a existat lumea duhurilor, și după aceea s-a creat lumea trupească. Gândirea lumii cerești s-a transpus în lumea pământească. Graiul omului trupesc este auzit de duh. Gândul duhului nu este auzit de omul trupesc, și totuși el este pătruns de ideile fratelui său nevăzut. Iată deci, înțelesul sugestiei. Ideea fiind eterică, pătrunde prin trup, corp vital și perispirit, ajungând până la scânteie sau duh, unde este văzută și înțeleasă. Nevăzând duhul de lângă el, care l-a săgetat cu ideile sale, omul trupesc este convins că el a gândit și uneori acționează după cum i-a dictat ideea respectivă. Așa că omul devine uneori un vehicul condus de un pilot nevăzut. Unul gândește și altul execută.

Dar să reluăm studiul fenomenului gândirii duhului. Spuneam mai sus că duhul, când începe să mediteze, să cugete, se tot umflă. De ce această mărire a corpului său? Pentru că din mediul înconjurător duhul absoarbe mereu în interiorul său *idei-simboluri*. Dar tot hrănindu-se cu acest aliment eteric, duhul ar deveni o ființă pasivă, cel puțin pentru un anumit timp. Pentru a sili duhul să fie în veșnică mișcare, Creatorul a orânduit ca după ce s-a umflat cu idei până la o limită, duhul să se contracte și să le emită în afară, și astfel să se dezumfle. De aici rezultă o continuă pulsare, dilatări și contractări, deci o continuă mișcare, asemănătoare cu cea a respirației omului, când inspiră oxigen și expiră bioxid de carbon. Ca și toracele omului, duhul se umflă și se dezumflă mereu. În modul acesta, duhul a devenit o ființă veșnic în mișcare, veșnic activă.

În jurul duhului plin de idei se adună duhuri inferioare dezumflate. Ele nu au puterea să digere ideile mediului exterior. De aceea se adună în jurul duhului superior, ca studenții în jurul lectorului, așteptând să elimine ideile absorbite de el. Duhul superior se descarcă de ideile sale iar duhurile inferioare le prind și le încorporează. Vorbitorul se descarcă și asistența se încarcă cu conținutul ideilor sale.

După ce au fost văzute și simțite, ideile intrate într-un duh îi produc o mare plăcere, ca și omului un aliment delicios. De la o vreme, luând cunoștință de conținutul ideilor, duhul simte o greutate, o apăsare și caută să scape de ele. Duhurile care audiază, primind hrana eliminată de un superior, simt o mare plăcere, se simt robite de frumusețea ideilor primite, căzând sub vraja lor.

Ideile intrate într-un duh, după ce sunt văzute și înțelese, pot fi deformate, pervertite și din originare devin secundare, din frumoase - urâte, din înălțătoare - josnice. Cu alte cuvinte, duhul le poate schimba conținutul, forma cu care au venit de la Tatăl.

Încorporate de un alt duh, asemenea idei deformate produc mari tulburări în organismul său și deci, o mare neplăcere, dacă nu chiar o otrăvire. Fenomenul este asemănător cu intoxicarea trupului prin ingerarea unor alimente perimate sau toxice, impunându-se eliminarea lor grabnică.

Așadar, în lume există două feluri de idei:

1. *idei pure,* producătoare de plăcere, venite de la Centrul creator;

2. *idei deformate,* produse de duhuri nepricepute, alterând sau schimbând forma și conținutul divin al ideilor pure.

Din cele de mai sus, reiese că pentru duh ideea este un aliment absolut necesar, indispensabil vieții sale. Absorbirea ideilor, analiza, asocierea și compararea lor între ele, dezvoltă facultățile mentale, intelectualitatea și cunoștințele duhului, și mai apoi, ridicarea sa morală.

Ca să trăiască, omul trupesc are nevoie de hrană, iar duhul, de respirație. Or respirația duhului are ca efect cugetarea. Vrând-nevrând, duhul trebuie să respire idei și deci, să gândească. El este o mică sferă gânditoare, a cărei ocupație principală este să tot gândească, fără posibilitatea de a se opri din palpitare, din gândirea sa.

Noaptea, când omul doarme, lumea terestră crede că el se odihnește, deoarece trupul său zace în pat. Realitatea este că duhul a ieșit din trup și lucrează, gândește sau conversează cu duhurile vecine, cu dreptașul, ghidul și stângaciul său, cu duhurile de care are nevoie și cu care are legături.

Divinitatea, o uzină uriașă, se gândește mereu cum să creeze din substanțe tot mai perfectate, forme noi de stele și planete, pentru a fi populate cu spirite evoluate. Duhul, particula plecată din trupul Tatălui, face la fel, gândește mereu. Divinitatea emite gânduri care circulă prin univers asemenea unui fluviu uriaș, împrospătând materia de idei din univers. Apoi cheamă la Sine acest fluviu, provocând un alt curent de idei, de întoarcere în Sfera divină. Duhul face la fel, primește și emite idei, fiind obligat să gândească în veșnicie, deoarece gândirea e mișcare și mișcarea e viață.

Duhurile nu au nevoie de somn, mâncare sau adăpost, dar au o nevoie absolută de a gândi. Hrana lor este ideea. Duhul gândește, meditează în interiorul său, iar apoi își exteriorizează gândul.

Fiind o particulă din marele Gânditor, duhul gândește mereu. Așadar, gândește duhul închis într-o piatră, gândește duhul care conduce viața unei plante, mici sau mari, gândește duhul unui animal, oricât de inferior ar fi el, toate duhurile, de orice grad, au funcția gândirii.

La începutul creației a fost ideea. Cu ideea s-a făcut tot ce s-a făcut. Din particula-idee s-au creat duhurile. Iată înțelesul Evangheliei lui Ioan: „La început a fost Cuvântul și Dumnezeu era Cuvântul... și toate s-au făcut prin Cuvânt".

Cuvântul, ideea, stă la originea totului, fiind viața și temelia a tot ce există. Din particula-idee s-au creat duhurile, fluidele, sorii și planetele. Ideea este o ființă și în același timp o materie vie; ea se mișcă, se dilată și contractă, deci trăiește. Universurile s-au creat cu viață și trăiesc pentru că au viață în ele. Peste tot, în orice colț al Infinitului, se află particule-viață, particule gânditoare. Totul gândește, pentru că totul s-a creat din aceste particule gânditoare.

Piatra gândește, planta gândește, animalul gândește și așa mai departe. Gândirea e pretutindeni și mișcarea e veșnică. Se mișcă, palpită particula de viață; se mișcă duhul, electronul, atomul, molecula, celula, țesutul, organul, trupul, planeta, soarele, universul, tot cosmosul.

Noi trăim într-un ocean de viață. Divinitatea centrală ne-a creat în așa fel încât trebuie să ne mișcăm și să ne hrănim cu viață, ca să fim mereu vii. Divinitatea a creat duhurile libere și întrupate, cu necesitatea de a se hrăni cu particule-viață, ființe gânditoare. O foame de viață ne stăpânește întruna, iar duhul caută să-și astâmpere foamea. De aceea duhul palpită, se dilată, absorbind particule-idei sau particule-viață. Duhul trebuie să-și satisfacă această necesitate, după cum omul trupesc trebuie să respire, căci altfel moare. Duhul nu poate muri, fiind silit să se miște, să absoarbă viață, cu sau fără voia sa.

După ce s-a săturat, duhul e nevoit să elimine viața ce întreține perispiritul său, mișcarea și cugetarea sa. Când era gol - deci inactiv, duhul simțea foame. Acum, că e sătul de idei, simte nevoia imperioasă de a se descărca de ele. Acest fenomen se derulează continuu. Duhul a examinat ideile pătrunse în el și s-ar părea că de acum poate să stea și să se odihnească, dar mediul înconjurător, care vibrează în veșnicie, nu-i dă pace să stea inactiv și îl silește să se miște și să se golească de conținutul ideilor din sânul său. Când îi era foame nu avea astâmpăr; acum, când e sătul, nu e lăsat în pace. Nemișcarea e moarte, dar moarte nu există nicăieri în univers, ci numai mișcare și viață.

În univers circulă două feluri de vieți:

1. *viața universală* sau *divină* - generală;

2. *viața duhuală* sau *spirituală* - particulară.

Neputând înțelege totdeauna pe Tatăl, duhul Îi deformează ideile și, inconștient, duce o acțiune contra țelurilor Tatălui. Însă de câte ori se va opune, conștient sau involuntar, va urma durerea. Supunerea la ordinele cuprinse în ideile Tatălui aduce fericirea, dar de câte ori duhul neînțelegător se va opune sau va perverti aceste idei, va suferi.

* * *

Când duhul a fost emis din sânul Tatălui său era o divinitate. În această stare, el era dotat cu inteligență și rațiune pură, deci era fără greșeală. Dar Auxiliarele din preajma Tatălui, în virtutea mandatului acordat, i-au întunecat inteligența și mai ales rațiunea absolută.

Neștiutor, duhul a fost trimis în lume, numai cu o fărâmă de inteligență și cu instinctul căutării Adevărului. Va trăi miliarde de ani, constituind toată gama de așa-zise materii fluidice și duhuri. În tot acest decurs de vreme - o veșnicie pentru voi, oameni trupești - duhul își dezvoltă inteligența, cunoștințele și puterea raționamentului, cu ajutorul ideilor pe care le-a tot legat în fel și chip.

Embrionul de duh va ajunge un zeu, o mare forță spirituală a spațiilor. Inteligența are o serie nesfârșită de grade. Inteligent e duhul mineral, dar cât de întunecată e inteligența sa față de cea a duhului vegetal sau animal. Mergând mai sus, ajungem la rațiune, care începe abia la om, sfârșind cu rațiunea absolut perfectă a Creatorului central.

Viața din univers imboldește duhul la mișcare, la absorbirea ideilor. Prin idei, duhul face școala infinită, dezvoltându-și tot mai mult inteligența, cunoașterea, moralitatea și rațiunea pură.

În definitiv, ideile Tatălui ajută la evoluția fiilor Săi de pretutindeni. Duhurile se hrănesc cu ideile Tatălui, iar El primește informații despre gândurile copiilor Săi.

Plimbându-se prin grădina Tatălui, duhul culege miere din florile ei. După puterile sale, fiecare duh adună ce îi place, ceea ce înțelege. Din totalitatea ideilor ce trec prin fața scânteii-duh, nu toate sunt asimilate, adică înțelese. Duhul absoarbe idei, dar după înțelegerea lor, le asociază în fel și fel de chipuri, realizând fraze sau cugetări. Așadar, el absoarbe idei separate, le asociază, după care le emite sub formă de frază, de judecată.

Tatăl emite numai simboluri, din care duhul trebuie să formeze cugetări, raționamente, judecăți. Duhul pornește de la simplu la complex. El așază aceste idei izolate unele lângă altele, în fel și fel de modalități, scoțând prin asocierea lor diferite gânduri și raționamente.

Aflat la începutul carierei sale, duhul este un simplu *auditor*. Pe măsură ce el se îmbogățește cu idei, devine *comunicator,* căutând auditori cărora să le transmită cunoștințele aflate prin judecata sa proprie sau audiate de la cei superiori. Analizând mereu, duhul ajunge prin el însuși să afle tainele cerești, modul cum, din veșnicie, Tatăl a creat vizibilul și invizibilul. Procesul intim al elaborării judecății provine din interpretarea ideilor adunate din spațiu de duh. Din interpretare în interpretare vine progresul și, treptat, duhul află Adevărul divin.

Duhurile trăiesc în oceanul de particule de viață sau idei, ai căror curenți aleargă în toate părțile, fiind simțite de duhuri. Cu toate acestea duhurile nu sunt cu nimic împiedicate în mișcările lor. După cum curenții de aer nu împiedică pe om în mișcările sale, tot astfel acești curenți de idei divine, aceste fluide sau forțe electromagnetice nu stânjenesc cu nimic viața sau activitatea duhurilor umane din spațiu. În acest ocean fluidic de viață, unele fluide sunt numai vizibile - *simbolurile ideilor,* altele sunt numai audibile - *notele muzicale ale muzicii divine.*

Tatăl lucrează cântând, iar muzica Sa divină umple universurile. Copiii Săi, scăldându-se în undele muzicii Sale, se simt fericiți. Uneori această muzică divină pare a fi o voce îngerească, alteori - o instrumentație neauzită vreodată de urechea omenească, fiind produsă de cetele îngerești.

Muzica terestră, vocală sau instrumentală, nu se poate compara cu muzica ce răsună prin spațiile intersiderale.

Omul e un mic univers

Nu vă puteți face idee cât de neștiutori sunteți! Cele mai simple lucruri de lângă voi sunt de o complexitate de neînchipuit. Am să vă iau drept exemplu chiar pe voi. La exterior arătați ca o unitate, dar sub acoperământul general al pielii trăiesc numeroase lumi, o puzderie de vietăți.

Știți că trupul vostru este format din celule, alcătuite dintr-un complex de substanțe chimice, formate la rândul lor din molecule și atomi. În ultimul timp, ați mai aflat că atomul este format din particule cu putere electrică, numite electroni. Atâta știți, pentru că până aici ați putut ajunge, dar de aici e foarte mult până la *materia primă* din care Creatorul a compus însuși electronul.

Materia primă este formată din particule ultramicroscopice, gânditoare, simțitoare și în veșnică mișcare, numite, pentru înțelegere, cu termenul de *viață*. Aceasta în ceea ce privește trupul vostru. Ei bine, din aceeași materie de particule vii sunt formate și corpurile fluidice din jurul scânteii.

Ele sunt asocieri de particule vii, din ce în ce mai strânse și mai condensate către exteriorul perispiritului.

Așadar, ființa-om, atât de simplă la exterior, este un univers în miniatură, cuprinzând miliarde de miliarde de vietăți ultramicroscopice, de particule vii.

Constatăm că materia primă este o aglomerare primă de particule vii. Acestea, la rândul lor, au format aglomerări de un al doilea ordin, și așa - din aglomerări în aglomerări - s-a ajuns până la electron, atom, moleculă, celulă, trup. Toate sunt într-o interdependență de neînvins, formând un tot, în virtutea legii asocierii.

Astfel, planetele se unesc și formează sisteme planetare, stelele se unesc și formează sisteme siderale, sistemele solare formează universul, iar universurile formează sfera creată sau cosmosul.

Această sferă - ce cuprinde tot ce a creat Tatăl până azi - se arată la exterior ca fiind o unitate condusă de o singură Forță, în virtutea unei singure Legi. Forța este mișcarea, iar autorul mișcării este Creatorul prim.

Toate ființele și lucrurile ce ne înconjoară vorbesc despre gloria și înțelepciunea Tatălui ceresc.

Materia primă din care Tatăl a făcut totul, de la începutul începutului, există și azi în lume, aflându-se și în jurul Pământului nostru. Ea se află într-o veșnică asociere și prefacere, constituind o materie vie extrem de nestabilă. Fixitatea, rămânerea în aceeași stare, ar echivala cu moartea, or moarte nu există nicăieri în cosmos, în Infinit.

Materia primă se prezintă pe o scară infinit de variată, fiecare varietate având o anumită vibrație, consistență și culoare. În lumea duhurilor angelice fiecare varietate a materiei prime are o anumită denumire. După cum omul trupesc, având în fața sa o puzderie de feluri de plante, a căutat să le grupeze după caracterele lor comune - constituind astfel specia, genul, clasa, ordinul, diviziunea etc., adică a făcut o clasificare pentru a putea mai uşor determina o plantă nou descoperită - duhurile angelice, de la noi şi de pretutindeni, au procedat la fel, clasificând substanţele eterice după caracteristicile lor şi după operaţiile ce se pot efectua cu ele.

Totul a plecat de la simplu şi s-a ajuns la complexităţi infinite. De aici tragem concluzia că Divinitatea mai întâi a atras la Sine particulele vii din Infinit, creând cu ele materia primă şi apoi din această materie a creat, treptat, seria lungă de fluide, pentru ca în cele din urmă să ajungă la forma de planetă.

Divinitatea a creat întâi mediul de cultură, apoi a creat duhurile şi în cele din urmă - fiinţele fizice care să se dezvolte în acest mediu de cultură. Întâi s-a creat casa şi apoi, treptat, duhul superior, locuitorul acelui locaş.

Când locuitorii acestui vast locaş divin au ajuns să înţeleagă, Tatăl central le-a vorbit, îndrumându-i la activitate. El a trimis idei prin oceanul fluidic unde înoată miliardele de corpuri cereşti, case locuite de duhuri de toate treptele evolutive. Primele ordine sau idei trimise au fost simple. Pe măsura evoluţiei duhurilor, ordinele erau pe o treaptă mai înaltă, mai ştiinţifică şi abstractă. Azi, ideile trimise de Tatăl au ajuns atât de subtile, încât nu mai pot fi înţelese decât de marii Săi Fii, Stăpâni de stele sau de cohortele de îngeri solari şi planetari.

Ideile prime ale Tatălui central sunt oprite, ingerate şi citite de marile Duhuri guvernatoare, iar apoi sunt eliberate. După eliminare, ideile nu mai sunt cum au intrat. Într-adevăr, după ce ideea-formă sau simbolul a stat în faţa spiritului care i-a înţeles cuprinsul, este eliminată de spirit, dar de data aceasta ideea are un aspect diferit de cel iniţial şi un conţinut inferior. Cu alte cuvinte, ideea nu mai este aşa cum a trimis-o în lume Tatăl central.

Să zicem că ideea iese dintr-un duh sub forma A^1. Această idee va fi absorbită, înghiţită de perispiritul altui duh, de pe o treaptă imediat inferioară, care şi el o va citi, o va înţelege, îi va memora înţelesul, şi după ce prin şederea în corpul său va suferi încă o alterare, coborând-o cu o treaptă mai jos, o elimină sub forma A^2. Ideea trecând astfel, din duh în duh, pe trepte din ce în ce mai de jos, va ajunge A^3, A^4, A^5, până la duhul mineral, aflat pe treapta evolutivă cea mai de jos.

De îndată ce a atins cea mai de jos treaptă a creaţiei, ideea va începe întoarcerea la Autorul care a emis-o, la Centrul creator. Curentul de idei a curs la început încet, pentru că ideile au fost oprite şi analizate în drumul lor. La întoarcere, ele fiind extrem de alterate, de imperfecte, duhurile nu le-au mai reţinut, nu au mai căutat să le citească, şi ca atare, curgerea lor spre Centru se face mult mai rapid decât venirea lor în lume.

Această materie-idee, o carte trimisă de Tatăl ceresc, a suferit prefaceri în cărţi din ce în ce mai simple, mai uşoare, mai asimilabile, până a ajuns un abecedar înţeles de duhul uman începător.

Dacă curentul de idei s-ar fi întors la Centru aşa cum a pornit, adică perfect, ar fi însemnat că ideile n-au fost oprite şi înţelese, cu alte cuvinte, n-au servit la şcoala duhurilor, n-au contribuit la ridicarea, la perfectarea lor.

Duhul simte fericire când opreşte o idee şi o introduce în corpul său, în perispiritul său. O idee alterată ingerată de un duh superior produce o tulburare vibratorie în perispiritul său. Iată de ce, recunoscând valoarea ideilor, duhul superior nu va ingera decât ideile pe care le consideră că îi vor face plăcere, căutând ca prin ele să afle ceva de la Tatăl ceresc.

Aceste idei constituie cea mai eterică materie dintre toate felurile de eter. Ele pătrund prin toate lucrurile și ființele, pătrund de-a curmezișul soarelui, al pământului etc., au o forță vibratorie uriașă, reprezentând forța cea mai mare de care dispune Creatorul. Le-am numit *idei* pentru că servesc la gândirea și judecata duhurilor, dar mai ales pentru faptul că sunt *vietăți gânditoare*. Mai corect ar fi să le numim *simboluri* sau *imagini*, prin faptul că au dobândit o *formă*, trecând prin prima serie de mari și strălucite Duhuri, Creatori divini. Duhurile le denumesc *forță, energie*, și de cele mai multe ori cu termenul de *mișcare-viață*, pentru că sunt vii și se mișcă.

Totul a fost făcut din aceste particule vii, în mișcare, deci totul se mișcă. În creație există o serie infinită de mișcări: de la mișcările cosmosului, ale universurilor, sorilor și planetelor, până la mișcarea cea mai rapidă a particulei-viață. Omul vede și înțelege mișcările mai mari și mai lente. Însă duhul vede mișcarea aglomerațiilor de particule, adică mișcarea fluidelor.

Cu cât duhul este mai evoluat, poate percepe cele mai mici particule ale eterului și mișcările sale. Fiecare particulă-idee își dezvăluie destinația, revelând gândirea Creatorului. Duhurile inferioare nu simt nicio atracție pentru problemele abstracte, subtile, înalte și fără niciun folos practic pentru ele. Numai duhurile superioare sunt dornice să descifreze hieroglifele Creatorului, avide să afle tainele universului. Cu alte cuvinte, fiecare treaptă de duhuri poate citi în cartea naturii doar atât cât îi permit cunoștințele acumulate. Iată de ce tainele Tatălui ceresc nu pot fi aflate decât de duhurile arhibătrâne. Adevărul este acoperit cu zeci de mii de văluri și numai prin priceperea și experiența câștigată în miliarde de ani, ajungi să ridici văl după văl, până vei vedea și înțelege Adevărul în toată strălucirea sa.

Din cele expuse, se vede că în afara ideilor plecate de la Centru și răspândite în infinitatea spațiilor siderale, mai există și ideile proprii duhurilor.

Prin urmare spațiile cuprind:

1. *Ideile divine;*

2. *ideile duhurilor,* denumite *cuget,* pentru a le deosebi de ideile divine.

Spiritul, asemănător Tatălui ceresc, face o emisie născută din sânul său, o creație proprie, dar tot cu materia din univers. Această emisie de cuget va circula prin spațiu, cu atât mai departe, cu cât duhul e mai evoluat. Cugetul este ideea divină prelucrată de analizatorul ei, de duhul care nu o poate reține mult timp, pentru că trebuie să o repună în circulație. De acum înainte ideile se prefac în cugetări ale duhurilor infinite ce umplu spațiile universului. Din treaptă în treaptă, cugetarea coboară și învățătura este redusă.

Lumea duhurilor se aseamănă cu lumea trupească. Aceeași hârtie, aceleași litere și cuvinte cuprind o carte, dar o carte de trigonometrie oferă cunoștințe superioare, pe când o carte de citire ne oferă cunoștințe simple. Totul se reduce la puterea înțelegerii, la tălmăcirea mentală a abstracțiilor cuprinse într-o carte. Curentul de idei curge mereu prin oceanul fluidic al universului și fiecare duh oprește și citește ceea ce poate citi, pentru a afla și el ceva din planurile Creatorului.

Particulele vii, ideile divine, odată absorbite sau ingerate de un duh, produc în el dorința puternică de a face și el ceea ce arată ideea respectivă. Pe lângă rolul de instructori, ideile reprezintă imbolduri la activități de la care duhul nu se poate sustrage. Iată înțelesul misterului dorinței duhului de a fi mereu activ, de a se instrui, de a scotoci să afle mereu adevărul, în toate direcțiile, de a studia întru veșnicie.

Tatăl are în univers o gamă infinită de Duhuri divine, Guvernatorii celor douăsprezece categorii de sori dintre miliardele de sisteme solare și douăsprezece categorii de Guvernatori ai planetelor dependente de cele douăsprezece categorii de sori. De la acești Guvernatori, Tatăl primește mental raportul treptei evolutive atinsă de soarele sau planeta lor. În afară de aceste misive mentale, Tatăl este înștiințat și de curenții fluidici întorși, cu ideile imperfectate, din diferitele puncte ale universului.

Tatăl central citește gradul imperfecțiunii unui curent venit de la o anumită planetă și știe la ce treaptă evolutivă se află lumea duhurilor de pe ea. Tatăl este înștiințat în mod direct și indirect de mersul evoluției de pe toate globurile cerești. În mod direct, prin misivele mentale ale Conducătorilor stelelor și planetelor; iar indirect, prin ideile revenite la Centru, din circuitul lor prin univers.

Iată două stări sau situații stând față în față: *Perfectul,* la Centru și *imperfectul,* la periferie. Perfectul provoacă la activitate veșnică pe imperfect, iar imperfectul de la periferie este doritor să se apropie prin cunoștințe de Perfectul de la Centru.

Tatăl a creat totul din Iubire. E greu de conceput Iubirea Lui față de tot ce a creat, pentru că iubirea omului sau a duhului este departe de realitatea simțământului Iubirii divine. Tatăl dorește să ridice la înțelegerea, cunoașterea și puterea Sa pe toți copiii Săi. Când omul va putea, cât de cât, să afle din splendorile creațiilor Tatălui, Îl va iubi, din adâncul sufletului și după puterile sale, pe Părintele său, care l-a chemat la viață pe când era în haos, în întuneric și fără mișcare.

Cu cât, omule, te vei sili să-L iubești, împlinindu-I Voia, pe atât vei afla din Adevărurile Lui și vei dobândi puteri din Puterile Lui.

Cele mai bune lecții sunt câştigate prin dureri

Lumea trupească este o anexă a lumii spațiale, pentru că viața liberă conduce viața încătuşată şi deoarece totul se înlănțuie, una fiind legată de cealaltă. Forțele spațiale îi conduc pe orbii pământului, Legea divină statornicind ca lumea trupească să nu ştie de existența lumii spațiale sau cereşti. Numai în anumite locuri s-a permis un raport oarecare între aceste două lumi, instituindu-se laboratoare spirituale unde se studiază şi secercetează ştiința spiritului, născută din comunicările omului pământean cu cel ceresc.

Cea mai simplă ședință spiritistă, pornită dintr-o joacă sau distracție, nu poate avea loc fără o aprobare superioară, ad-hoc, și fără să fie prezidată de o entitate superioară asistenților, care să indice spiritului ce și cât să comunice.

Datorită destinului lor, majoritatea întrupaților nu trebuie să stea de vorbă cu noi, cei din spațiu. Comunicând cu duhurile cerești, omul trupesc își va schimba concepțiile și forma de viață, și deci, destinul său, modificându-și într-o asemenea măsură conduita încât va deveni un om de nerecunoscut.

Natura, legile cerești nu permit salturi, nu permit cunoașterea fără o anumită evoluție. Cele mai bune lecții sunt câștigate prin dureri și suferințe morale. Ele nu se uită niciodată. O vorbă oarecare se memorează și durează pentru o singură întrupare. În existențele sale viitoare duhul revine la faza atinsă în secolele trecute, prin propriile sale observări și practici.

Suferința nu este întotdeauna urmarea unei greșeli, ci reprezintă o pârghie cu ajutorul căreia spiritul face experiență și trage din ea o concluzie pe care nu o va uita niciodată.

Trupul omului este un instrument prin care duhul află, învață și verifică valoarea legilor cerești.

Legea spune: *Nu lovi, nu schingiui și nu ucide!* Teoretic ai învățat, dar ca să cunoști la perfecție această lege, Cerul va lăsa să fii lovit, chinuit și ucis, pentru ca trecând și tu prin aceste suferințe, prin această practică dureroasă, să cunoști importanța reală a acestui comandament.

Să admitem că din dorința de a câștiga un aderent nou la această doctrină sublimă, un om invită insistent pe un prieten să ia parte la o ședință de comunicare cu lumea eterică. Din politețe, acesta nu refuză și asistă. În majoritatea cazurilor, invitatul va zâmbi în sinea lui și va pleca la fel de sceptic și neîncrezător cum a venit. Nu s-a prins de el nimic; totul s-a scuturat de pe el ca și apa de pe gâscă. Cum a ieșit pe ușă, a și uitat ce s-a spus acolo. De ce? Pentru că neajungând la gradul evolutiv necesar pentru a lua legătura cu Cerul, dreptașul i-a sugerat ideea: „Nu e adevărat că un duh vorbește prin gura mediumului. Nu e adevărat că e adormit. Se face că doarme, vorbește chiar el; ceea ce a spus e neadevărat". I se sugerează să se îndepărteze de la acest loc de contact cu lumea invizibilă, deoarece încă nu e pregătit spiritual.

Lumea diriguitoare a Pământului se opune ca omul să avanseze numai teoretic. Scopul vieții este învățarea, și învățarea desăvârșită se face prin experiențe proprii. Suferința este experiența duhului făcută prin intermediul trupului, în vederea înțelegerii tăriei legilor divine, a corijării defectelor, a împlinirii lipsurilor și dezvoltării însușirilor sau facultăților spirituale.

Nu oricine se poate pune în legătură cu lumea invizibilă. Dacă prin bunăvoința mediumului ori a gazdei este introdusă o persoană neevoluată într-un cerc de revelație, duhurile nu-i vor spune nimic care să-i stârnească uimirea, admirația și să-l câștige pentru cauza lor, căci persoana încă nu este demnă, iar duhurile își asumă o mare răspundere față de superiorii lor.

În lumea voastră un om se oferă să fie nașul unui prunc. Prin acest fapt el s-a obligat, în fața Cerului, să urmărească creșterea acestui copil și să caute din toate puterile sale să facă din el un bun creștin. După ce a trecut ziua bucuriei și a paharului cu vin, nașul a uitat de obligație și nu se mai ocupă de finul său. Rolul său era să contribuie la educarea acestui copil, să facă din el un om moral, corect și temător de legile cerești.

În lumea cerească nu se procedează astfel. Odată ce duhul s-a angajat să-și ridice aproapele, se străduiește din toate puterile să-l convingă pe fratele său întrupat să devină, bun, milos și înțelept, indiferent dacă acesta este ascultător sau nu. Duhul care a câștigat un frate rătăcit, aducându-l pe calea dreaptă a vieții, i-a devenit *naș ceresc*. Acțiunea sa îi dă dreptul la mari recompense, dar și la mari răspunderi. El trebuie să fie atent, să examineze bine trecutul și gradul acestui frate întrupat, ca nu cumva să-i tulbure mersul normal al evoluției.

Omul încă necopt pentru tainele cerești trebuie să rămână la credința sa, la bâjbâielile și încercările sale, reușite sau nereușite. Atâta vreme cât duhul nu a ajuns la un grad superior, ca întrupat el nu trebuie să știe că există o altă lume, nevăzută, ce zboară prin spațiu, trece pe străzi și colindă prin casele oamenilor. Trecând pe lângă un stand de cărți ce tratează despre Cer și legile sale, despre spirit și evoluția sa, acest om va fi sugestionat de dreptașul său să privească în altă parte, nefiindu-i dat să vadă, să știe că s-a scris despre o altă formă de viață. Cel căruia îi este îngăduit să ia cunoștință despre tainele materiei și ale spiritului, când va trece pe lângă un asemenea stand de cărți, se va opri, va citi și primind imbold mental de la dreptașul său, va cumpăra o anumită carte, curios să afle despre spirit, legi și Tatăl. De altfel și fără îndemnul dreptașului său, e în natura acestui om să accepte ideile referitoare la nemurirea spiritului.

Omului de pe treptele inferioare ale vieții sau școlii, al cărui instinct îl împinge spre furt, minciună, crimă, înșelătorie etc., nu-i plac cuvintele preotului și nici pragul bisericii nu-l va toci. Într-un asemenea om predomină instinctele animalice, și deci, nu se va face din el, de azi pe mâine, un om cuminte și înțelept. Voința sa este încă prea slabă, nu are tăria să-și potolească patimile, pornirile și acțiunile nesocotite. Un asemenea om nu se poate împăca cu ideea existenței unei lumi invizibile, aflată pretutindeni. Inferioritatea lui nu admite existența unei lumi, care îl vede, aude, îi citește cugetul și stă ca un martor nevăzut, urmărindu-i faptele. El nu admite ca cineva să-i vadă gândurile ascunse. Neagă existența altei lumi și caută să convingă și pe alții că o asemenea lume aparține visurilor și fanteziei nebunilor. Cum să vină un duh și să tulbure din gândirea și apucăturile sale pe un asemenea om, abia pornit pe urcușul treptelor evoluției umane?

Iată de ce, conștiente de legile cerești, duhurile nu caută să lumineze, să deslușească pe omul încă necopt, despre existența vieții de pretutindeni. Numai când cele comunicate nu produc zdruncinări în mersul firesc al dezvoltării spiritului întrupat, vine duhul ceresc ca să-i întindă o mână de ajutor pentru luminarea conștiinței sale, fără să-l îndemne spre o acțiune anume și fără să-i suprime libertatea acțiunilor. Legile Cerului cer iubire, acordarea ajutorului, dar nu permit ca întrupatul să fie dus de mână, ca un orb, pe căile vieții sale.

Omul este chemat să învețe să umble pe cărarea dreaptă, ca și copilul care învață singur să meargă pe picioarele sale. Duhul îi va da întrupatului sfaturi generale, povețe de viață, dar nu-i va spune concret ce să facă, deoarece știe că își va primi pedeapsa cuvenită. Repet: conducerea, pas cu pas, a întrupatului ar fi de folos numai în această viață, căci în reîntruparea viitoare, fiind același cârmaci nepriceput, același spirit, și nemaiavând proptelele din viața trecută, omul revine la propriile sale puteri. Numai forța voinței spiritului și lumina conștiinței îl va îndemna la acțiuni conforme bunului-simț, legilor omenești și cerești. Experiența proprie este mama înțelepciunii.

Lumea duhurilor nu vrea ca cei care știu de tainele cerești să iasă la răspântia drumurilor și să strige în cele patru puncte cardinale despre existența spiritului, a nenumăratelor sale întrupări și a evoluției veșnice. Din toate veacurile, Cerul a comunicat cu aleșii săi de pe pământ și a căutat să-i organizeze în grupuri identice cu marile comunități cerești. Astfel, în veacurile îndepărtate, a luat naștere casta preoților sau a laicilor inițiați. Cerul nu a rupt niciodată legătura dintre omul trupesc și omul spațial. Ea a existat întotdeauna, dar a dictat anumite norme de conducere: să lucreze în secret și comunicările cerești să nu fie împărtășite celor nechemați. Întotdeauna trebuie să existe un fir de legătură între trecut și prezent, pentru a pregăti calea celor din viitor.

Când vom coborî și noi în întunericul hainei de lut, vrem să găsim lumina cu care te-am luminat, și la razele ei să înfăptuim opera pentru care ne-am coborât. Dorim să ne ridicăm - ca oameni trupești - la nivelul cunoștințelor tale, dictate de noi. Vă vom lua locul, dar voi ne veți lumina de sus, cu știința cerească, și astfel comorile Cerului vor trece din om în om, în toate veacurile.

În trecut și chiar în prezent, răspândirea unor taine constituie o profanare, atrăgând sigur pedeapsa. Marile și cutremurătoarele taine cerești sunt încă rezervate inițiaților. Mulțimii nu i se poate da decât religia. Religia este publică, ea fiind hrana sufletească a poporului, a mulțimii. În programul religiilor pământului nu intră cunoașterea marilor enigme, acestea făcând parte din proiectele divine, or programul divin cere ca făclia Adevărului ceresc să treacă din mână în mână, prin veacuri, prin diferite popoare.

Cerul recomandă: *Organizați-vă, și pe măsura dragostei și a sfințeniei voastre, dați din comorile noastre celor chemați!*

Pentru că voi nu cunoașteți decât coaja, exteriorul omului, lăsați-ne pe noi, care vedem clar tot interiorul, să-i recomandăm și să-i aducem în calea voastră pe cei aleși. Numai noi cunoaștem pe cel destinat să fie purtătorul făcliei noastre și să ducă mai departe cunoștințele despre viață și formele ei. Numai noi știm cine merită și cine nu, deoarece vedem culoarea și luminozitatea, gradul spiritual al fiecăruia dintre voi. Astfel s-au organizat brahmanii în India, inițiații vechilor perși și preoții egipteni, iar după ei s-au organizat și evreii.

Aveți încredere în noi, în mandatul acordat de strălucitoarele Lumini care ne conduc. Vă vom iniția până la maximum permis de evoluția omului și a globului nostru. Dacă ni s-ar permite, v-am uimi cu știința noastră. Cel mai savant om al pământului nu știe nici a mia parte din cunoștințele noastre despre operele Creatorului prim. Voi studiați în cărțile voastre, noi citim în marea carte fluidică, unde se înregistrează tot ce se petrece pe Pământ, de la crearea sa și până în ultima clipă a existenței sale. Dacă ni s-ar permite să spunem totul, am revoluționa lumea de pe glob, dar Tatăl Își are înțelepciunea Sa și știe de ce a orânduit ca omul să pășească încet pe drumul evoluției.

Avem aici, printre noi, lumea angelică, savanții Cerurilor noastre, pe care îi întrebăm la anumite reuniuni, iar ei ne ascultă cu blândețe, cu răbdare, și ne răspund:

„Tatăl dorește ca fiecare duh să învețe prin el însuși. Eu atâta îți pot spune. În problema pusă nu e așa cum socotești tu, mai studiază și apoi vino să-mi spui ce ai aflat. Nu pot să-ți dau învățătura de-a gata, ci doar normele de observat și citit fenomenele, materiile și viața de pretutindeni. Iată, fiule, cartea fluidică e aici, citește-o cu puterile primite de la Tatăl și noi îți vom spune dacă ai văzut bine sau nu, dacă ai găsit sau nu adevărul. Observă, meditează, reamintește-ți ceea ce ai mai aflat, compară și trage concluzii. Citește și învață, noi nu avem voie să vă dăm de-a gata. Nu te teme că întârzii în dezlegarea operelor Tatălui nostru, secole infinite stau înaintea noastră. Ce nu poți afla azi vei afla mâine, peste un secol, o sută, o mie de secole și odată tot vei izbuti să afli cum a lucrat Tatăl și la ce operă a dat naștere. Voința Tatălui este să muncim cu toții.

Adevărul spus de mine îți va intra pe o ureche și va ieși prin cealaltă, pentru că memoria ta nu poate reține decât ceea ce ai aflat prin tine însuți. Memoria oricărei făpturi reține doar ceea ce a înțeles. Memorarea unei idei nu este atât de grea precum înțelegerea ei. Cunoștințele referitoare la operele Tatălui nostru sunt atât de numeroase, încât n-ar putea fi memorate, dacă în prealabil nu au fost pricepute.

Totul trebuie făcut după chipul și asemănarea celor făcute de Tatăl nostru central. Cine L-a învățat pe Tatăl? Nimeni. Atunci și noi trebuie să învățăm singuri. Cum a învățat Tatăl? Experimentând, creând și observând. Observă și tu și află ceea ce a experimentat și desăvârșit El. E drept că aceasta cere multă muncă, iar munca este soră cu suferința. Tatăl, muncind, cunoaște și El suferința. Noi, îngerii știm din experiențele noastre că orice muncă, orice efort, cere durere, suferință. De aici tragem concluzia că Tatăl central suferă când face operele Sale creatoare. Nu există creație fără durere."

Citesc în mintea ta, frate, mirarea și întrebarea: „Cum se poate explica durerea chiar la Tatăl central?"

Iată răspunsul meu. La început, creațiile nu sunt perfecte, pentru că totul pleacă de la simplu la compus, de la imperfect la perfect. Tatăl fiind perfect iar creația fiind imperfectă, trimisă pentru a se perfecționa în eternitate, Tatăl suferă tot timpul, până la expulzarea creației Sale. Tatăl nu produce nimic care să nu reclame evoluție. Din această cauză El suferă mereu, pentru că mereu creează.

Desigur, dacă Tatăl ar crea perfecțiuni neevolutive nu ar mai suferi. Trebuie să suferi, ca să te bucuri de fericire. Mama trece prin durerile nașterii, pentru ca apoi, privind pruncul născut din ea, să fie cuprinsă de fericire și dragoste nesfârșită pentru omul venit în lume prin ea.

Divinitatea are două perioade alternante: una de durere și alta de fericire, traduse prin actele Respiratorului. Când creațiile ies din Tatăl, El resimte durere, pentru că face o operă imperfectă prin natura ei. Urmează un repaus, până la începerea unei creații noi. Acest timp de stagnare este momentul Său de fericire, când urmărește cu o dragoste infinită operele Sale pornite pe drumul evoluției. Din toate părțile universului se ridică osanale adresate Tatălui creator. El se bucură la nesfârșit de recunoștința copiilor Săi, aceste mulțumiri umplându-L de bucurie și fericire. Dar alături de aceste sentimente de recunoștință, Îi sosesc și glasurile celor ce suferă în lumile începătoare, și Duhul Său se mâhnește adânc de suferințele copiilor Săi; însă nu poate face nimic, căci nu poate opri cursul evoluției, nici să-și anuleze legile stabilite.

Așadar, durerea este și atributul Divinității centrale, și tocmai din această cauză copiii Tatălui nu pot fi scutiți de durere. Nici cel mai mare duh, cel mai apropiat Fiu al Său nu va fi scutit de durere. *Durerea este legată de viață, de existență.*

Durerile au și ele grade. În lumile materiale, pe lângă suferința spirituală duhul mai trece și prin dureri trupești, care, combinate cu cele spirituale, dau o notă de durere superlativă. Durerile fizice se ridică în spațiu sub formă de *unde* și produc reflexe în lumile spirituale.

În timpul marilor cataclisme, revoluții sau războaie, durerile umane sunt atât de mari și strigătul de durere al oamenilor este atât de puternic, încât străbat cele trei zone fluidice ale Pământului și ajung până la îngeri. În fața atâtor valuri de dureri sosite, îngerii sunt zguduiți în simțămintele lor, reamintindu-le ceea ce uitaseră de veacuri: *durerea,* prin care au trecut și ei odată. Tulburarea și mâhnirea îngerilor pricinuită de atâta durere se transmite în lumile superioare, influențându-le și determinându-le să reflecte asupra încetării durerii.

Îți traduc, dragă frate, acest ecou spiritual printr-un exemplu din lumea ta. Te-ai dus la cimitir să depui o floare pe mormântul părinților tăi. Tocmai atunci se înhuma unicul copil al unui bătrân gârbovit. El plângea sfâșietor pentru că își îngroapă copilul, iar prăpăditul de el rămâne să-și târască zilele în neputință și singurătate. Plânsul bătrânului era atât de zguduitor, încât lumea străină din jur, împreună cu tine, a început să plângă de mila lui. Durerea e transmisibilă, chiar de am fi îngeri durerile ne întristează.

Bucuriile adânci și recunoștința celor ce au pătruns în tainele Divinității Îl umplu pe Tatăl de fericire, văzând în aleșii Săi pe viitorii *colaboratori,* la viitoarele Sale opere în vecii vecilor.

Ca și fericirea, durerea are gradele ei. Pe măsură ce te cobori pe scara evoluției duhurilor, durerea fizică este mai intensă. Cu cât o entitate spirituală este mai de jos, cu atât durerea trupului său este mai mare și cu atât se va bucura de suferința altora. Pe măsură ce te ridici pe scara evolutivă, durerile psihice sau sufletești sunt mai puternice. Cu cât un duh este mai evoluat, cu atât durerile aproapelui său îi produc o suferință sau fericirea altora îi procură bucurie.

Ființa supremă, Cauza tuturor cauzelor, suferă de durerile creației Sale și se bucură de fericirea ei. Tatăl cuprinde în sine toată opera Sa, bucuria și durerea tuturor.

Visele

Dragă frate, azi am venit să-ți vorbesc despre modul cum acționează omenirea de pe acest pământ, dar tu ai dori să cunoști taina viselor. Ți-am mai vorbit odată despre vise, dar iată, din dragoste, întrerup firul programului meu de azi, pentru a-ți vorbi despre subiectul ce te interesează.

La cinematograf vedeți acțiunea și auziți graiul personajelor unui film. V-ați obișnuit cu cinematografia și ați pierdut din vedere problemele întâmpinate de inventatorii aparatelor ce redau concomitent vorbirea și mișcarea. Stați în fotoliu și ascultați un discurs din Berlin sau Roma. Nu vă mai mirați de fenomenul propagării undelor eterice care pătrund totul și înconjoară pământul.

Ei bine, visul nu este decât un cinematograf și o radiodifuziune. Am să-ți explic fenomenul visului, atât de tainic în lumea voastră.

Trupul își are funcțiile sale, fiziologia sa. Corpul spiritului sau perispiritul, având o altă constituție, are un alt mod de funcționare. Prin urmare, există două feluri de fiziologii. Când duhul se întrupează, aceste două fiziologii se suprapun. După ce s-a exteriorizat, fiind complet liber în spațiu, duhul are numai funcția duhuală sau spirituală.

Omul trupesc privește un arbore. Imaginea copacului ajunge în ochii săi influențându-i retina, iar prin nervul optic se transmite în sistemul cerebral, unde, din imagine fizică se transformă în *imagine psihică*. Ea va străbate corpul vital, apoi corpul planetar, solar, universic, cosmic, prin învelișurile mamare sau divine, până ajunge în fața duhului. Aici imaginea, redusă la dimensiuni deosebit de mici, va impresiona duhul, luând cunoștință că are în față un pom.

Din această descriere s-a văzut că obiectul exterior, recepționat de ochi, s-a transformat în perispirit, într-o percepție internă, subiectivă, într-o imagine internă; deci imaginea obiectivă a devenit subiectivă.

Să iau acum un caz spiritual. Omul a adormit, adică spiritul a ieșit din trup. Din spațiu a sosit fratele său destrupat, care - pentru a se face cunoscut - ia forma umană avută în viața sa pământească, îmbrăcat așa cum l-a cunoscut omul adormit. Prin puterea gândului, duhul destrupat poate să formeze din fluidele mediului, o formă fluidică, identică trupului său din ultima viață pământească. Fie că duhul însuși s-a introdus în forma creată, fie că o prezintă independentă de spiritul său, această imagine va trimite unde, ce vor pătrunde în interiorul perispiritului până în fața scânteii omului adormit, luând cunoștință de ceea ce se află în fața sa. Duhul liber va vorbi ca orice duh, adică va emite unde-gânduri, combinate cu imaginea sa. În fine, după voința sa, duhul liber creează în jurul acestei imagini un decor oarecare: o cameră, un câmp, o apă etc. Mișcându-se și vorbind în acest decor, imaginea va reda toată intenția duhului. Totul va fi înregistrat, interiorizându-se în corpul perispiritual al duhului întrupat, exteriorizat în timpul somnului trupului său.

Dimineața, imediat după deșteptare, omul își amintește vag de părintele, fratele sau prietenul cu care a stat de vorbă pe malul unei ape sau într-o grădină, uitând de multe detalii.

Constatând că toată lumea visează, savantul pământului se zbate să-și explice acest fenomen prin prisma trupului. Sărman neștiutor! Când doarme, omul are ochii închiși, iar urechile sale nu mai aud nimic. Cum de vede peisaje, obiecte, animale și oameni cu care stă de vorbă? Desigur - își spun unii - sistemul cerebral nu a vrut să doarmă și a creat fantezii, vise care nu sunt realități ci reproducerea faptelor și imaginilor cotidiene.

Ei bine, irealitatea presupusă de toată lumea a fost totuși o realitate deplină. Din nefericire, omul își raportează visul la lumea fizică înconjurătoare.

Din capul locului trebuie să spun că auzul și văzul omului sunt de două feluri: spirituale și trupești. Există un auz fizic și unul psihic, un văz fizic și unul psihic. Pe când auzul psihic pare a se confunda cu auzul fizic - amândouă fiind acționate de același fel de eter sau unde - văzul psihic este cu totul deosebit de cel fizic, fiind produse de unde diferite.

Pe pământ, omul trupesc vede o realitate, iar spiritul, în lumea sa eterică, vede o altă realitate.

În lumea trupească transmiterea undelor se face atât auditiv, cât și vizual.

Voi puteți cere o informație de la un semen oarecare. Dacă respectivul este de față, va răspunde prin vorbire; dacă este departe, va răspunde prin scris.

La fel este și în lumea spirituală: *duhurile ne pot informa despre ceva fie prin unde vizuale, fie prin unde auditive*.

Dacă duhul vrea, poate transmite la distanță unui alt duh atât sunetul unei litere, cât și imaginea ei vizuală - diferită de imaginea vizuală a lumii trupești. Dacă duhul se gândește la un peisaj, la forma fostului său chip, le poate transmite în întregime unei alte entități, care le va vedea ca și cum ar fi într-adevăr în fața unui peisaj real pământesc sau în fața fostului său iubit. O asemenea transmitere se poate face atât unui duh liber, cât și unui duh captiv, al cărui trup doarme, iar în acest caz veți spune că omul visează.

Tot ce făurește un duh - fostul său trup, peisaje, diferite mișcări - și tot ce vorbește unui duh captiv al cărui trup doarme, se va încadra în același decor, și omul adormit va visa ceea ce spiritul înregistrează în interiorul perispiritului său. Se produce o realitate pentru duh și o iluzie pentru omul trupesc.

Duhul liber, neîntrupat, face deosebire când vede sau aude o realitate terestră și una fluidică, din lumea sa eterică. Dacă duhul vede în sânul său o imagine oarecare, știe că e o reprezentare fluidică venită din lumea sa. Când trece peste ape, câmpii, munți, păduri și le vede rând pe rând, exterioare corpului său, știe că acestea aparțin lumii fizice, deoarece sunt obiective.

Noi, oamenii spațiali, avem un văz obiectiv și unul subiectiv, confundându-le întruna. Omul trupesc are numai un văz, în aparență obiectiv.

Realitatea subiectivă din timpul somnului trebuie interpretată, pentru că o lege cerească nu permite oricărui duh să afirme ceva complet și lămurit, ca nu cumva să tulbure cursul destinului unui om trupesc. De aceea duhurile nu au voie să dea sfaturi categorice întrupatului, ci doar reprezentări simbolice, pe care tu, om trupesc, să le interpretezi și să le găsești adevăratul înțeles.

Această restricție este imperativă când este vorba de viitor. Dacă e vorba de trecutul vieții actuale sau al celor trecute, se permite orice discuție și orice desfășurare panoramică a evenimentelor trecute. Amintindu-ți de ele la deșteptare, te miri de localitățile văzute, de costumele purtate și de figurile necunoscute; și totuși, toate își au înțelesul, pentru că te-ai văzut într-o localitate unde ai trăit odată, într-o țară unde se purtau acele costume și ai avut relații cu persoanele prezente în vis.

Undele care impresionează retina, pentru a forma imaginea corespunzătoare obiectului fizic din exterior, sunt deosebite de undele creațiilor fluidice ale unui duh. Omul vede obiectele și ființele din lumea exterioară cu ajutorul ochilor. Duhul vede lumea exterioară cu tot corpul său fluidic. În acest caz, undele emise de un corp sau o ființă oarecare pătrund în interiorul perispiritului duhului și aici reproduc imaginea lor iar duhul ia cunoștință de ceea ce vede. Deosebirea dintre văzul unui întrupat și cel al unui duh provine din natura diferită a undelor.

Aș putea zice că unele sunt unde materiale și celelalte - unde spirituale. În definitiv, deosebirea constă în lungimea de undă. Undele plecate de la materia fizică - trupul mineralului, vegetalului, animalului și omului - sunt emanații automate sau involuntare, numite obiective. Undele plecate de la un duh sunt produse voluntar și inteligent, numindu-le subiective.

Să recapitulăm. Auzul spiritual se produce concomitent cu cel fizic. Ca natură sunt deosebite, dar amândouă se integrează într-unul. La fel și pentru văz. Văzul fizic se suprapune peste văzul psihic și omul vede ceea ce există în lumea înconjurătoare. Duhul mai are un văz total și intern sau subiectiv.

Noi, duhurile, avem auzul și văzul dublu. Toate undele sosite de la exteriorul corpurilor, aparținând lumii fizice, le numim *unde obiective*. Toate undele venite din interiorul corpurilor le numim *unde subiective*. Numai corpurile prevăzute cu o anumită inteligență pot produce unde subiective.

Un spirit poate emite și percepe o undă subiectivă, dar în același timp poate avea și un văz obiectiv.

El posedă două facultăți:

1. de a emite involuntar unde obiective;

2. de a emite unde voluntare sau subiective.

O plantă - un stejar bătrân - va emite unde obiective, ale trupului său vegetal, dar va emite și unde subiective, localizate în ghindă, unde vor sta în fața duhului ei, asemenea unui program, ca embrionul să știe ce trebuie să facă pentru a produce un alt stejar.

Undele duhului vegetal diferă de undele duhului uman. Mineralele nu pot emite decât unde obiective, pentru că undele subiective reclamă un substrat intelectual accentuat. Plantele emit mereu unde obiective, și numai când dau naștere la sământă, emit și unde subiective, cu scopul de a servi embrionului ca plan a evoluției sale, reproducând o plantă la fel cu planta-mamă.

Există cazuri când duhurile pot sili planta să emită unde subiective și în alte împrejurări decât cele în care dă naștere la sământă. Atunci planta va reproduce, cinematografic, toate fazele sale: de la sământă până la copacul bătrân. Duhul din fața acestui copac asistă la prezentarea fluidică a planului viitor de dezvoltare al embrionului.

La animale întâlnim tot două feluri de unde: subiective și obiective. Undele obiective arată forma trupului și a perispiritului. Undele subiective, ca și la plante, arată cinematografic toate fazele dezvoltării animalului, de la naștere până la moarte. Cu cât animalul este mai evoluat, cu atât - în afară de undele reprezentative ale fazelor sale evolutive - poate arăta și stările sale psihice. De exemplu, duhul unui miel va arăta toată groaza avută în viețile anterioare, când a fost sacrificat, iar această durere se va transforma într-o milă puternică în duhul uman spectator, care va suferi în acele momente durerea acestui frate mai mic. Așadar, cu cât sunt pe o treaptă mai înaltă pe scara evoluției, animalele emit unde subiective mai importante, mai clare și mai inteligente.

Prin urmare, există:

1. *unde auditive;*

2. *unde vizuale subiective;*

3. *unde vizuale obiective.*

Mineralul produce o singură categorie de unde - vizuale obiective. Vegetalul are două feluri de emisiuni de unde - vizuale obiective și vizuale subiective. Spiritul animal și uman emite trei feluri de unde - auditive, vizuale obiective și vizuale subiective.

Fiind emițător de unde, orice corp le pare luminos duhurilor, arzând ca o candelă, lucind ca un fosfor în întuneric sau luminând ca un bec electric. Privind la un alt duh sau la un trup mineral, vegetal, animal sau uman, duhul le va vedea mereu luminoase, auzind în același timp un sunet spiritual. *Orice corp e luminos și sonor.* Toate corpurile posedă lumină proprie. Fie că e ziuă, fie că e noapte, duhurile văd toate corpurile și ființele luminoase ca soarele. Această lumină variază după corpul privit. Mineralele au în general culoarea unui foc albastru, plantele - a unui foc verde, iar animalele și omul au culoarea unui foc galben. Unele vietăți - de exemplu, păsările

- au un mozaic de culori. Obiectele din lemn au o culoare mai stinsă decât copacii.

Acum, în această cameră, te văd ca pe o făclie aprinsă. Plantele radiază lumină. Mobila are o lumină mai palidă și culori cu tonuri șterse, deoarece o mare parte din fluidul, dublul eteric al copacului din care s-a făcut mobila s-a pierdut când a murit copacul; și se va pierde aproape cu totul dacă lemnul va fi ars sau va putrezi. Văd lampa electrică, dar nu atât de strălucitoare pe cât o vezi tu, pentru că filamentul metalic din interiorul ei, fiind trecut prin foc, a pierdut o mare parte din fluidul său. Văd cum prin firul electric curge un fluid ca o apă aprinsă, parcă ar fi de foc, numit de voi curent electric. Văd cum prin pereții sobei ies unde, sub formă de flăcări vii, provenite din dublul eteric al lemnelor ce ard. Toate aceste emisiuni se ridică spre tavan, străbătându-l și pierzându-se prin acoperișul casei în spațiu. Văzul nostru psihic diferă de al vostru, pentru că vedem cu oricare parte a corpului nostru. Rolul nervului vostru optic este îndeplinit de întregul meu corp spiritual, care vede prin toți porii săi, fără să avem nevoie de ochi.

Cele trei feluri de unde intrate în noi le percepem ca realități, pentru că au forme. Visul pomenit mai sus e o formație artificială de unde vizuale subiective, produse în scop de mângâiere, recreație, desfătare etc. Trecutul te farmecă totdeauna, pentru că din el s-au estompat durerile și nu-ți mai vin în minte decât plăcerile.

În vise se arată ori trecutul, ori viitorul. Prezentul nu e traductibil pentru că el durează numai o secundă. În general, visele se referă mai mult la trecut, cu toate scenele trăite și uitate. Numai trecutul poate deveni obiectiv. Un tânăr visează că stă de vorbă cu o tânără necunoscută. Avem de-a face cu o realitate spirituală, căci este figura persoanei cunoscute foarte bine în altă viață, dar uitată în prezent, o cunoștință veche din alte timpuri și țări, prezentată prin unde vizuale subiective.

Viitorul nu se poate arăta decât cel mult prin simboluri. El nu poate fi prezentat în mod obiectiv, așa cum se va petrece. Viața omului se desfășoară pe două căi, după cum va decide liberul său arbitru. Visul vine tocmai în momentul când ești în preajma luării deciziei de a apuca pe una din căile prevăzute în destinul tău. Ambele căi duc la același rezultat, dar una va fi plină de ghimpi, iar cealaltă - presărată cu flori. O cale te va purta prin amărăciuni și dureri, iar prin cealaltă vei avea liniște, mulțumire sau chiar bucurii.

Ți-am schițat câte ceva despre vise, dar fenomenul visului este mult mai complex și necesită studii profunde.

Asocierile spațiale

Sunt aici de mult și așteptam să devii liber, ca să-ți vorbesc.

Prin vorbe, sugestii, conducem lumea. Când cuvântul nu convinge, aplicăm forța asupra recalcitranților voștri și ai noștri. Firește, întâi începem cu vorba bună, atrăgând atenția asupra urmărilor legilor scrise în univers, și după aceea așteptăm, lăsându-i timp să se convingă de imposibilitatea de a se opune legilor instituite. Bineînțeles, îngăduința are o limită.

Să știi că în afară de sugestie, dispunem de forța necesară de a impune legea.

Instrumentul, forța care încovoaie voința oricărui duh este tot un fluid, iar duhul operator al acestor fluide este un mare cunoscător în mânuirea lor, lucrând fără să fie văzut.

Numai ordinea permite derularea fără oprire a evoluției. În vederea evoluției normale, duhurile s-au constituit în partide, asocieri spirituale. Fiecare individ dorește să ajungă fericit, dar constată curând că singur nu poate fi fericit, în mijlocul nefericiților. Mentalul duhului - liber sau întrupat - se luminează, înțelegând că numai prin asociere se poate ajunge la țelul dorit. Duhul vede clar că individualismul, egoismul, este o piedică în realizarea năzuințelor sale și că numai altruismul îi poate asigura reușita. În lume există două evoluții: *individuală* și *socială*.

La începutul creării sale, duhul e trimis pe o planetă inferioară a unui univers, lipsită de viață socială, unde duhul întrupat își duce existența individual, el fiind de un egoism feroce. La timpul stabilit, aceste duhuri sunt trecute pe alte planete de un grad mai ridicat, unde egoismul lor alunecă ușor spre socializare și altruism. În fine, pe ultima treaptă a perfecțiunii umane, duhul-om devine cu totul iubitor de semenul său. El nu mai poate trăi decât în societate, ajutând pe cât posibil ca toți din partidul său să progreseze cât mai repede și mai bine. Dar au trecut sute de mii de ani, pentru ca duhul să ajungă de la viața singuratică la viața socială.

Evoluția duhului este în funcție de puterea voinței sale. Cum facultatea voinței nu este egală la toate duhurile, se înțelege că și evoluția lor va fi inegală. Unele vor fi mai avansate, altele vor rămâne la urmă.

După ce i s-a îmbrobodit știința divină, particula divină a pornit în lume, ca să evolueze în veșnicie, fără oprire. Cât timp va călători în lume, duhul va învăța și va fi învățat de mai-marii săi. Neștiutor a fost trimis, știutor se va întoarce în sânul Tatălui. Din Sfera-Mamar a plecat duhul-copil și se va întoarce duh bătrân de ani și înțelepciune, nestrămutat în voință și cu un bagaj uriaș de cunoștințe referitoare la tot ce a creat Tatăl său până atunci. Duhul-om pleacă în lume, învață și, de la o vreme - ce poate însemna sute de mii de ani - se întoarce la Centru pentru a pleca din nou, cu o nouă misiune, pentru o școală și mai înaltă. Împărăția Tatălui este plină de diferite școli, pe care duhul trebuie să le cerceteze și să le desăvârșească.

Duhul circulă prin lume ca o globulă de sânge. El pleacă de la Centru, de la Inima lumilor, se duce până la extremitățile lumilor, a trupului divin, întorcându-se la Inimă, la Centru. Tot ce a creat Tatăl, până azi, sunt celulele trupului Său. Fluidele în care înoată toate stelele și planetele ar fi plasma sângelui Tatălui, iar curenții cosmici - oxigenul și hrana trimisă din Sfera divină la toate celulele Sale. Duhurile corespund globulelor de sânge care întrețin viața celulelor divine - planete și sori. Tatăl are un trup incomensurabil, compus din fragmente care, la rândul lor, în ultimă analiză sunt duhuri. Inițial, în ignoranța lor, duhurile au tendința de individualizare, provocând dezorganizarea celulelor divine. Atunci, vine legea, cu puterea Voinței divine, impunând asocierea, solidaritatea, și totul se menține așa cum vrea unicul Suveran al lumilor.

Domnul nostru Isus a spus: *„Iubește-ți aproapele ca pe tine însuți. Iubește-ți chiar și dușmanul".*

Această recomandare nu a fost o simplă învățătură, ci e o necesitate absolută, cerută de legea solidarității universale. Toate duhurile, toate particulele trebuie să fie solidare între ele, pentru a menține creația într-un tot unitar. La început, duhurile mici vor fi obligate la acest comandament prin constrângere. Când devin mai înțelepte, vor înțelege folosul acestei sublime solidarități. Prin urmare, universul este trup din trupul divin, menținut întreg prin faptul că fragmentele plecate din el, deși separate, formează un tot, printr-o conlucrare perfect solidară.

Cu toate că soarele este departe de planetele sale, se exercită o atracție puternică între ele, formând blocul sistemului nostru planetar. Deși stelele sunt la depărtări incalculabile unele de altele, se atrag puternic între ele, formând o unitate - sistemul sideral sau universul nostru. Cu cât o stea, un sistem planetar, este mai avansată pe scara evoluției, puterea ei de atracție este mai mare. Prin urmare, individualitatea este aparentă în univers, părțile lui fiind puternic legate între ele.

Fiecare entitate evoluează pe scara ei și pe măsura avansării, cunoaște din ce în ce mai amănunțit legile cerești. Pentru duhul-copil nu există lege. Mai târziu el ia cunoștință de existența unei singure legi - *A*. În decursul timpului, duhul avansând, află că legea *A* are anexa *a*. Timpul trece și află și de anexa *b,* curând află și de anexa explicativă *c* și așa mai departe. După ce, prin practica vieții, a aflat toate aspectele și anexele legii *A,* în drumul său evolutiv va afla și de legea *B,* prezentându-i-se, rând pe rând, sub toate aspectele și anexele ei. Astfel, pe măsura urcării sale în înțelepciune și știință, duhul află de legile *C, D, E* și așa mai departe.

Să luăm un exemplu.

Divinul Isus a zis: *„Iubește-ți aproapele".* Omul simplu va aplica această lege iubindu-și părinții, fratele, sora, soția și copiii. Nu înțelege că trebuie să iubească pe bubosul și zdrențărosul cerșetor de la poarta bisericii. Din viață în viață, noțiunea acestei iubiri se lărgește. Acum îi iubește pe toți de același neam cu el. În alte vieți, când mila se va săpa adânc în el, pe lângă omul de același sânge cu el, va iubi, va avea milă și va ajuta pe orice om, de orice religie, rasă sau stare socială ar fi. Sfera iubirii sale se va tot lărgi, până va cuprinde orice om de pe acest glob.

Dar înțelegerea iubirii trebuie să meargă și mai departe. Omul va trebui să aibă milă de orice animal, pentru că și acesta este opera aceluiași Creator care l-a născut și pe el. Omul va trebui să iubească florile câmpului, copacii pădurilor; cu alte cuvinte, tot ce trăiește, căci toți sunt frații săi mai mici. Toți sunt copiii Tatălui și prin stările lor am trecut și noi odată, cu multe miliarde de ani în urmă, pe alte planete, dispărute.

La început entitatea iubește din interes, apoi din obligație, ajungând să iubească din convingere, din fericirea produsă de ajutorarea celor din jurul său, înțelegând că toți fac parte din marele Tot.

Sublimul Isus spunea: *„Eu și cu Tatăl una suntem".*

Cum era să spună altfel acest strălucitor Duh, când El a plecat din Sfera divină și când în noaptea miliardelor de ani ce vor veni se va întoarce la Tatăl și va fi una cu El.

Treptat, entitatea spirituală se deșteaptă din somnul în care a fost adâncită de primul zeu din Mamar, iar prin muncă amarnică, ce pare o eternitate, își dobândește știința ce-i fusese voalată.

Toți îngerii afirmă: „Mi s-a luat și mie odată știința, dar Tatăl a sădit-o în lume și noi am citit-o din operele Sale și am aflat-o de la marii Săi Slujitori".

Adevărul adevărat a fost, este și va fi următorul: *Duhului nu i se ia nimic, ci numai i se întunecă, i se adoarme memoria cunoștințelor sale, i se produce o amnezie, și ca urmare, uită pentru un timp tot ce știa de pe când era în sânul Tatălui central.*

Văzând și studiind operele Tatălui său ceresc, ceața uitării se ridică treptat de pe memoria duhului, amintindu-și, rând pe rând, știința cu care s-a născut. Trebuie muncă aprigă, de o veșnicie, pentru ca perfecționându-se, să se simtă fericit de câte știe și poate, față de infinitatea de duhuri ignorante sau inferioare din jurul său. Dacă duhul era perfect, știutor din capul locului, ar fi fost tentat să divulge din secretele Tatălui. Dacă în baza cunoștințelor sale ar fi posedat marea forță a divinilor Creatori, bazându-se pe știința și atotputernicia sa, ar fi procedat la creații fără prealabila învoire a Tatălui, după cum s-a întâmplat cu marile și strălucitoarele Forțe cerești căzute din gloria lor, scufundându-se în abisul uitării, de nu mai știu cine au fost și ce puteri au avut.

Lumile au fost create pe baza misterelor. Tot cosmosul a fost organizat în tăcere de Tatăl central. O muțenie absolută era în jurul Tatălui central. După mult timp, treptat și într-o foarte mică măsură, Tatăl destăinuie din secretul operelor Sale marilor Săi Fii, Guvernatori de sori și planete. Această atitudine a Ființei prime, această tăcere a fost adoptată de marile Forțe conducătoare de stele și - pe cale descendentă - de toate duhurile cunoscătoare a ceea ce se află prin spațiu.

Duhurile cunosc mai mult decât întrupații, dar legea tăcerii și a prealabilei învoiri le împiedică, sub sancțiunea pedepsei, să vorbească întrupatului despre ce a fost, este și va fi. O cenzură veșnică și severă există în Cer. Nu poți vorbi orice. Nu poți comunica oricând și oricui. Dacă n-ar fi această regulă, totul ar fi fost discutat, criticat sau lăudat, și forțele externe din univers poate s-ar fi opus Forței centrale din Sfera divină. Totul trebuie să fie organizat, ierarhizat și solidar. Dacă nu ar exista legea solidarității și legea evoluției, s-ar fi putut întâmpla ca multe creații să se întoarcă la Centru, înainte de timpul terminării școlii respective, din care cauză Centrul s-ar fi dezorganizat și el.

Dragul meu frate, noi vă iubim nu dintr-un interes personal, ci mânați de principiile legii evoluției prin solidaritate. Cu cât avansăm, cu atât sentimentul acestei solidarități este mai puternic.

* * *

Unul, Supremul, conduce universurile. Unul și-a asociat doi secunzi. Cu ei deliberează, pentru ca opera produsă de El să devină perfectă. Unitatea poate greși, dar deliberarea cu al doilea și al treilea desăvârșește orice operă. Unitatea face o operă inferioară față de cea la care a conlucrat o colectivitate, fie cât de redusă. Pentru a se face ceva perfect și trainic, se cere înjghebarea unei colectivități formată din cel puțin trei individualități. Acesta e nucleul cel mai redus de asociere.

Lumea duhurilor este organizată în nuclee, având ca bază numărul trei. Trei entități au format un nucleu. Fiecare din aceste trei entități poate crea alte trei nuclee, asociindu-se cu câte alte două entități. La rândul lor, fiecare din cele șase entități noi își pot asocia alte două entități, formându-se șase nuclee noi. A fost un nucleu, s-au format apoi alte 3, apoi alte 6, 12, 24, 48 și așa mai departe. Astfel sunt organizate, de sus în jos, toate partidele de duhuri.

În vârful unei asocieri sau partid nu se află o individualitate, ci întotdeauna o treime. Cei trei din vârful piramidei sunt entitățile cele mai evoluate din tot partidul. Ele deliberează și la deliberarea lor nu mai ia parte niciun alt duh.

Ca să înțelegeți mai bine, voi da un exemplu.

Trei forțe-entități *a, a, a* și-au asociat fiecare câte două entități *b, b.* Forțele *b* sunt aproape egale în știință, inteligență și voință cu cele trei *a,* dar cu toate acestea nu sunt admise la deliberările lor. Cele trei *a* vor delibera și hotărî, iar hotărârea lor este *decret-lege* pentru întregul partid. Această lege va fi ratificată de toți membrii partidului, pe cale descendentă: va fi adoptată de *abb, abb, abb;* apoi de fiecare *b,* împreună cu alți doi *c* - adică *bcc, bcc, bcc;* și așa mai departe.

Tribunalul suprem al partidului, conducerea supremă este formată din cei trei *a.* Dacă cei trei din fruntea partidului nu sunt de aceeași părere asupra unei decizii oarecare, se constituie o delegație de douăsprezece entități egale în grad. Când este vorba de judecarea unei entități, acești doisprezece se vor pronunța asupra sentinței date, sancționată de cei trei din vârful partidului. Pe această bază treimică este alcătuită toată suflarea de duhuri din univers.

Activitatea duhului este înscrisă în el

Toate religiile pământului conțin nuclee de adevăr, având înscrise în ele preceptele morale ale lumii noastre. De asemenea, toate duhurile au înscrise în ele marile precepte ale codului moral.

Duhul este o sământă divină, trup din trupul divin și ca atare, Creatorul a pus în el orânduirea lumii Sale, și în același timp, a înscris în duh tot programul pe care îl are de desfășurat în lume. Nu are nicio importanță când și în cât timp are să-l execute. Tatăl nu are zi și nu are noapte, pentru El nu există timp, având la dispoziție eternitatea.

Tot ce a creat Tatăl de la început și până azi e trupul Său. De acest trup imens nu ne putem face nicio idee. Duhul este o particulă infinit de mică, ultramicroscopică, o nimica toată față de această sferă incomensurabilă. Cu toate acestea, Tatăl creează duhul după anumite reguli. Înainte de a-l crea, îi stabilește viitorul, destinul, legea, și numai după aceea îl trimite într-unul din universuri.

Ordinea stabilită de Creator în lume am numit-o *codul moral* sau *codul ceresc.* Înainte de a fi trimis în lume, în fiecare duh s-a înscris codul moral, fără de care duhul ar deveni un anarhist, un răzvrătit contra ordinii stabilite din veșnicie.

Tatăl procedează la fel când creează un duh, un soare sau o planetă, punând în ele toate fazele prin care vor trece. Fie că face un duh ca mine, fie că face un soare mic, ca al nostru, sau unul uriaș, Tatăl începe cu a (alfa), adică cu legea și programul pe care îl va urma noua creație.

Să ilustrăm acest fapt cu o comparație, pentru a se vedea că programul este prevăzut pentru toate situațiile.

Trupul femeii conține în el ordinea fiziologică a funcționării tuturor organelor sale. Această femeie devenind mamă, copilul începe să se zămislească în pântecele ei. Pruncul se dezvoltă conform destinului său, conform planului constructiv al mesagerului întrupător și conform moștenirii fiziologice a organismului mamei sale. Organele se creează, se așază și își încep fiziologia în trupul pruncului, conform moștenirii funcționării organelor mamei sale. Imediat după expulzare, copilul știe să sugă, plămânii - să se umfle, inima - să bată, și așa mai departe.

Mama a contribuit la crearea trupului noului om și a înscris în el toată gama desfășurărilor evolutive ale organelor, precum și a funcționării lor. După creație, pruncul - ca și duhul-copil - știe când trebuie să ceară de mâncare, să meargă, să vorbească. De aici încolo, duhul își conduce instrumentul, fără să mai vină mama să-l învețe să facă un anumit act fiziologic.

Programul fiziologic este înscris în ființa sa, în trupul pruncului, încă de pe când se forma în pântecele mamei sale, și se va desfășura până în ziua când trupul va trebui să moară. Acest program fiziologic este dependent de un alt program - destinul duhului care va utiliza trupul. Trupul va fi slab sau puternic, brunet sau blond, armonios sau cu malformații, conform destinului duhului.

Însă actul nașterii trupului aparține mamei, fiind în legătură cu data conceperii sale. Liberi au fost părinții să „se iubească", să conceapă. Iată un liber arbitru aparent al celor doi oameni, căci însăși dorința unirii lor a venit de aiurea, din lumea nevăzută, care a conlucrat la împlinirea ordinului ca un anumit duh să vină prin intermediul acestor doi oameni în lumea trupească. Tainele sunt mari și bietul om trăiește și execută acte dictate de forțe necunoscute lui.

Asemenea pruncului, duhurile s-au născut în corpul Tatălui și vor viețui în eternitate, în trupul Său, supuse în veci legii Lui. Așa fiind, duhul trebuie să-și dea seama unde trăiește, să observe toate situațiile particulare și din ele să extragă concluzii generale. Deși este o infinită fărâmă, totuși duhul este un mic zeu sau un embrion de zeu.

Noi trăim și ne mișcăm în marele trup al Tatălui. Tatăl se întinde până unde nu se mai află nicio creație. În trupul Său înotăm noi, minusculi zei. Tatăl - am mai spus altădată - este format din cap și trup. Noi trăim în trupul Tatălui, deci globul nostru terestru face parte din trupul Divinității. Aparența face să se creadă că acest glob este neînsuflețit, dar nu există nimic în lume care să nu aibă viață, deci și pământul e supus legii și anexelor ei.

Să slăvim pe unicul Tată divin

Pe timpul Imperiului Roman, preoții romani țineau conferințe, spunând că religia lor e superioară celor a popoarelor de pe atunci. Mulți dintre voi ați trăit pe atunci și ați considerat adevărate cele afirmate de ei. Dar unde sunt templele lor? Ce s-a făcut cu religia lor? A dispărut. Pentru ce? Pentru că se sprijinea pe decor și minciuni.

La fel se întâmplă și azi. Buddhistul afirmă că religia lui revelează lumii taine mai profunde decât religia creștină. Musulmanul crede că religia sa e superioară religiei mozaice. Protestantul afirmă că religia sa este mai eliberată de dogme decât a catolicului etc. Numai noi știm adevărul: *Toate religiile au câte un nucleu de adevăr, dar toate sunt legate de materie și de viața materială.*

Religia noastră, a duhurilor, domnește în tot universul. Ea este pur spirituală și este cu adevărat științifică. Știința infinită a cosmosului ne duce la cunoașterea legilor, și astfel - a Tatălui ceresc, un Duh ca și noi, bineînțeles, cu o putere, cunoaștere și înțelepciune necuprinsă de noi.

Fiecare om care se va putea descătușa de deșertăciunea cărților, a barierelor și a prejudecăților create de om, și va adopta ideile noastre, va putea spune că se apropie de Adevăr.

Intrând în biserica creștină, mozaicul sau mahomedanul se minunează și nu-și poate explica pentru ce atâtea icoane sau statui de sfinți la care se închină creștinul. Vizitând templul evreiesc și văzând pereții goi și doar câte un semn sau verset scris cu litere ebraice, creștinul va zice în sine: „Ce fel de biserică e aceasta? La pereți se închină omul?" Iar noi, care vă citim gândul, înțelegem că mentalitatea voastră are nevoie de reprezentări, de materializări.

Voi ați luat cunoștință de marea Forță spirituală numită Isus, din citite sau auzite, dar noi Îl cunoaștem personal, pentru că L-am văzut între noi, ca duh, și ne-a fericit cu ideile Sale, când a stat între noi, luminându-ne cu înalta Sa școală, despre mersul vieții de pretutindeni. Ne-a spus că a fost de multe ori pe această planetă, la oamenii existenți atunci pe Pământ și aflați acum pe alte corpuri cerești din univers, și că va mai coborî pe Pământ, pentru a da un nou impuls înțelesului vieții și legilor Tatălui ceresc.

Există printre noi duhuri venite ulterior înălțării Domnului în tronul împărăției Sale. Ele nu-L cunosc personal, dar deduc splendoarea înțelepciunii și gloriei Sale după cunoștințele dobândite pe planeta de unde au venit, cunoscând acolo un alt Guvernator de sistem planetar. Cum duhurile apropiate în grad au cunoștințe și o strălucire asemănătoare, prin deducție, Îl cunosc și pe Guvernatorul sistemului nostru.

Noi știm că Moșe sau Moise este întruparea unui fiu de Fiu de Dumnezeu, asemenea lui Ioan Botezătorul și Ioan Evanghelistul. Noi știm multe de fostele lor vieți omenești pe acest pământ, căci s-au întrupat de multe ori printre oamenii acestui pământ. Dar putem vorbi oricui despre aceste taine? Putem să vă spunem tot adevărul? Nu, ci trebuie să vi-l îmbrăcăm în haina concepțiilor și viziunilor voastre pământești. Nu ne este îngăduită revelarea adevărului pur și simplu. De altfel, voi nici nu ați primi adevărurile noastre, căci nu puteți renunța la cunoștințele voastre asimilate de când v-ați născut. Așa fiind, trebuie să procedăm delicat și treptat, vorbind numai celor ce prin gradul lor evolutiv pot primi tainele noastre. Adevărul nostru nu vi se poate da decât dezbrăcându-vă de prejudecățile voastre materialiste și adoptând religia Cerurilor, a întregii creații - *religia iubirii.*

Voi uitați că totul este în curs de evoluție, de perfecțiune, și ca atare biserica trebuie să evolueze. Credința se bazează pe cunoștințe, dar planeta - cu tot ce e în jurul ei - se perfecționează, astfel încât și câmpul cunoștințelor se lărgește. Cât o să rămână biserica împietrită în afirmații care nu mai sunt în concordanță cu știința terestră, dar nici cu cea cerească?

O singură scuză au preoții tuturor religiilor: neputându-se ridica până la înălțimea ideilor științifice, mulțimea are nevoie de o religie simplă și materialistă. Din acest punct de vedere preoții au dreptate, dar totuși, nu le mai este permis să facă afirmații contrare cunoștințelor generale, determinând pe omul cult să râdă și să se îndepărteze de casa Domnului, transformându-l în ateu.

Constatând această situație, Guvernatorii planetari au hotărât trimiterea de profeți care să lumineze preoții templelor. Omenirea acestui glob fiind pornită spre o mare spiritualitate, s-au creat numeroase verigi între Cer și pământ, mediumi prin care Cerul își spune cuvântul și cheamă inteligența și bunul-simț al mulțimii către știința spirituală a Eternității și Infinitului.

Din centrul creațiilor, corul miliardelor de Creatori sună din trâmbița lor mentală în tot cosmosul: *„Unul e Tatăl. Unul e începutul tuturor creațiilor și a noastră. Numai Unuia i se cuvine toată slava și ruga voastră".*

Toate religiile trebuie să aducă slăvire și cântări unicului Creator al tuturor Creatorilor de lumi. Numai El e în măsură să facă totul și să ne ajute în mersul nostru. Nu e permisă închinare și slăvire decât unicului Creator. Astfel se procedează întotdeauna și față de orice duh. Nu ne închinăm Guvernatorului planetar, adică superiorului îngerilor acestui glob. Nu ne închinăm Guvernatorului solar, marelui Spirit, fost Isus, pentru că suntem frați, copiii Tatălui ceresc. Toate duhurile, mari și mici, lucrăm la opera Unicului și cu toții Îi datorăm smerenie și supunere. Niciunul dintre noi, orice grad ar avea, nu poate face nimic de la el, ci numai din ordinul Tatălui și pentru opera Sa.

O religie minoră ar putea argumenta în forma ei materialistă astfel: „Pe Unul nu L-a văzut nimeni. Eu cunosc pe Cel care a fost concret, și deci vizibil. Cum El nu face nimic cu de la sine putere, ci numai autorizat de Tatăl pe cale descendentă, înseamnă că mă pot ruga Lui."

Dar o religie superioară recomandă închinare numai Unului, iar nu celor ce slujesc pe Unul.

Ruga noastră este auzită și dată spre împlinire slujitorilor Tatălui. Din treaptă în treaptă, descendent, până la mine, sunt ajutat prin reprezentantul Tatălui, un superior al meu, care-mi împlinește aspirațiile în numele Tatălui ceresc.

Deși nu te adresezi Reprezentantului Unului, totuși El este responsabil de opera ce i-a încredințat-o Unicul. El conduce nebuloasa ce I s-a încredințat, conform planului prezentat la plecarea din Sfera divină. Totul a fost prevăzut în acel plan, chiar și evoluția celui mai mic duh.

În zadar te-ai ruga să ți se îngăduie să faci altceva decât ceea ce e prevăzut în acel plan. Opera și evoluția ei nu poate fi oprită din mersul ei, dar poate fi întârziată sau grăbită.

Tu, praf mic pierdut în adâncul universului, ce vrei să mai ceri? Pentru ce lucru să te mai rogi, când totul a fost prevăzut în evoluția ta? Poți totuși să te rogi pentru grăbirea evoluției tale spirituale.

Ruga noastră trebuie adresată Unicului, singurul în drept să primească ruga duhurilor de pe miliardele de corpuri cerești. Isus și Moise, Slujitorii Tatălui, nu au cerut să li se aducă Lor închinăciune, căci sunt Lumini prea strălucite și cunoscătoare, ca să fi cerut ceea ce nu li se cuvine.

După două veacuri de la plecarea Domnului, religia creștină a suferit o alterare care a redus-o la imagini și statui, dar ceva și mai grav: la uitarea închinării la Unicul. Așa s-a născut pluralitatea rugăciunii la toate statuile și, pe rând, la toate icoanele. Dintr-o simplă ornamentare a templului, s-a ajuns la ruga făcută în dreptul acestor podoabe. Din spirituală, cum a fost pe timpul apostolilor, religia creștină a devenit materialistă.

Din dorința primilor creștini de a atrage păgânii, romanii și grecii, obișnuiți cu temple luxoase, s-a ajuns la starea actuală. Din această cauză, lumea cultă nu mai acordă atenție templului, sau o face din ipocrizie, mobilizată de curentul mulțimii, nu din convingere.

De aici s-a născut materialismul și ateismul de azi.

Gradele spirituale se dau din planetă în planetă

Metoda învățării întrebuințată în lumea noastră este următoarea. Într-una din prelegeri se anunță anumite adevăruri. La întrunirea viitoare se repetă aceste adevăruri și la ele se mai adaugă altele. În viitoarele prelegeri se face un rezumat din cele spuse, la care se mai adaugă alte cunoștințe. Și așa, ca un cocoloș de zăpadă, cunoștințele se tot adună, se repetă și se întregesc.

Populația acestui glob este formată din individualități de diferite vârste și evoluții spirituale. Duhurile tinere întrupate nu pot intra în legătură cu noi. Duhurile adulte întrupate, auzindu-ne sau citind despre noi, vor crede, dar superficial. Numai duhurile bătrâne întrupate ne cred și doresc legătura cu noi; numai lor le destăinuim din lumile nevăzute.

Evident, legătura cu noi și fenomenele produse de lumea noastră sunt rare, fiind numite de oameni „paranormale". Va veni o vreme, îndepărtată, când evoluția acestui pământ, pe de-o parte, și evoluția populației lui, pe de altă parte, va fi atât de avansată, încât toată lumea va ști de noi, va crede în cele spuse de noi, iar fenomenele „paranormale" vor deveni cât se poate de normale.

Se vor inventa aparate prin intermediul cărora ne veți vedea sau veți înregistra gândul nostru, producându-vă mirare, la fel cum predecesorii voștri s-au mirat de aparatul radio. Până atunci se comunică, ici-colo, câte ceva sub formă de povești sau legende. Cei mai ridicați le cred, cei necopți râd și le resping ca fiind irealități; însă le vor crede în alte întrupări, când vor fi și ei mai pregătiți.

Vântul ia semințele pământului și le împrăștie în toate părțile. Fii tu, dragul nostru frate, vântul ideilor noastre, semănându-le asemenea unor semințe, în cele patru puncte cardinale. Unele vor cădea pe piatră și se vor usca, altele vor cădea printre buruienile preocupărilor omenești și vor fi înăbușite, iar altele vor cădea în suflete curate, pregătite, și ca într-un pământ bun, vor încolți și vor da roade frumoase.

Cei ce ne-au cunoscut în alte timpuri se organizau în secret, și păstrau tainele noastre sub jurământ înfricoșător. Au trecut vremurile acelea de grozavă ignoranță. Acum s-a mai lărgit câmpul cunoscătorilor și moartea nu mai pândește pe imprudentul destăinuitor. Totuși, trebuie să se știe că dacă prin pălăvrăgeală nu-ți mai pierzi viața, vei suferi amarnic dacă ai răspândit neautorizat marile taine cerești.

Pe tine, care ai primit din cele mai sublime cunoștințe ale alcătuirii lumilor invizibile, te rugăm să le păstrezi cu sfințenie, pentru ca împreună cu cele comunicate în viitor, să constituie un tot, din care să se vadă uriașa operă a Slăvitului nostru Tată unic.

Toate duhurile care au același grad de evoluție formează un grup mai mic, numit *fascie*. Totalitatea fasciilor, de diferite grade constituie un *partid*. Fiecare fascie își are programul său de lucru. La rândul lor, și partidele au treptele lor ierarhice. Unul e mai sus, iar altul – mai jos.

Lumea duhurilor este alcătuită pe grade ierarhice. Un grad se obține după o viețuire de zeci de mii de ani pe o planetă. Am spus că pe Pământ există patru grade de evoluție: gradul duhurilor roșii, gradul duhurilor albastre, gradul duhurilor albe și gradul îngerilor. Evoluția dintr-un grad într-altul se face cu mare greutate. Poți să faci școala sau stagiul pe mai multe planete și să nu poți trece dintr-un grad într-altul. Fiecare grad are mai multe subgrade sau trepte.

Noi, duhurile albe, am venit albi pe Pământ și am urcat în decursul celor aproape 26.000 de ani una câte una treptele superioare ale gradului nostru de albi. Tot așa au venit și duhurile roșii și duhurile albastre, iar cei vrednici dintre ei au urcat trepte numeroase ale gradului lor.

Un duh roșu nu poate avansa pe nicio planetă până la gradul de duh alb. Evoluția se face treptat, căci duhul asimilează greu cunoștințele, încorporându-le și făcându-le una cu ființa sa.

Trecerea dintr-o treaptă în alta se face în urma unui examen trecut ca om întrupat și apreciat de superiorii partidului din care face parte duhul.

Studiile teoretice se fac mai mult în Cer, iar practica - pe pământ, ca om trupesc.

Dacă un duh liber sau întrupat a greșit, își va plăti greșeala, dar gradul nu i se va lua, nu va fi retrogradat pentru nimic în lume. Nici îngerii, nici Guvernatorul planetar sau solar nu-i pot lua gradul, deoarece a fost dobândit prin vieți nenumărate, pline de suferințe sau merite, petrecute pe multe alte planete și a fost acordat de alți Guvernatori solari și planetari, de pe alte sisteme solare.

Terminând stagiul celor 26.000 de ani ai Pământului și făcându-și sârguincios studiile, duhul va primi la plecare un grad nou, acordat de Guvernatorul nostru solar. Neîndeplinindu-și datoria, duhul nu absolvă cu bine școala acestei planete, și drept pedeapsă nu i se mai adaugă niciun alt grad peste cel avut. Aceasta e *Judecata cea mare* și *divină* la care sunt supuse duhurile.

* * *

Oricât aș abuza ca duh de liberul meu arbitru, acumulând greșeli peste greșeli, nu mi se poate lua ceea ce mi s-a dat în numele divinului meu Tată. Luarea uneia dintre facultățile câștigate prin observațiile și practica vieții de duh uman, în timpul peregrinărilor mele prin diferite planete, ar echivala cu uciderea mea. Or nici măcar Divinitatea creatoare nu și-a rezervat dreptul de a ucide un duh. Tatăl și-a rezervat numai plăcerea de a crea, decretând că nu va distruge nimic din creație.

Tatăl ceresc a comunicat cândva copiilor Săi, prin creație: *„Eu v-am creat; Eu vă iubesc, vă ocrotesc, deci nu vă pot ucide. Dacă Eu nu pot să vă distrug, liberi sunteți să vă desființați voi din lumea duhurilor, deoarece Eu am făcut legea înainte de a vă crea pe voi".*

Desființarea ca duh înseamnă întoarcerea noastră în Nirvana sau în sânul Creatorului, fără să terminăm școala universului.

Grele sunt legile Creatorului, dar oricât de grele ar fi, trebuie să în ne supunem, căci numai supunerea determină ordinea și ea, la rândul ei - progresul. Există duhuri mai leneșe, mai neatente, cărora li se pare că viața este prea grea și legile sunt de fier. În disperarea lor strigă: „Doamne, vreau să mă întorc la Tine, căci prea grea îmi este povara legilor Tale. Nu mă mai simt în stare să termin vreodată școala celor patru universuri!"

Tatăl a îngăduit revenirea înainte de timp a celor învinși de legile Sale, dar în acest caz ei își anulează tot ce au acumulat prin lungul calvar al vieților nesfârșite, trăite pe diferite corpuri cerești.

„Legile Mele - spune Tatăl - *sunt făcute să dureze în vecii vecilor, dar nu pot împiedica revenirea voastră la Mine, înainte de vreme. Nu pot împiedica pe marii Mei*

Fii divini centrali ca, în interesul experiențelor atât de necesare pentru Ei, să facă transmutarea materiei de oriunde. Eu fac, fără să pot dizolva, deoarece legea Mea Mă oprește să desfac ceea ce am ordonat să se facă. Libertate le-am dat să recheme - la vremea ei - materia pentru a o preface, perfecționa și trimite din nou în lume. Eu construiesc, dar nu pot dărâma. Cei construiți de mine sunt liberi să trăiască, dar nu sunt liberi să încalce legile Mele. Dacă nu mai pot să se supună legilor, liberi sunt să revină în sânul Meu. Eu nu pot distruge niciunul din sistemele existente, pentru că nu au fost construite de Mine, ci de Slujitorii Mei, Fiii Mei, Constructori divini din Sfera Mea."

Orice materie se poate desface pentru a construi din nou, dar nu poate nimeni distruge un duh individualizat. La finele existenței acestui glob terestru, se vor destrăma mineralele pământului în duhurile minerale din care au fost alcătuite, dar nu se va putea distruge niciunul dintre duhurile minerale, vegetale, animale sau umane.

Duhurile minerale conglomerate cu miliardele în mineralele pământului, nu au conștiința stării lor, și ca atare nu pot protesta că li se strică soarta, starea în care sunt scufundate sau orânduite de Creatorii divini.

Duhurile vegetale, având o doză de inteligență, înțeleg menirea lor și atunci când sunt distruse trupurile lor, se pot revolta că sunt făcute să sufere, că li se strică mersul evolutiv.

Duhul animalului, având o inteligență și mai vie, sentimentul durerii fiind și mai puternic decât la plante, protestează energic când trupul său e ucis, durerea și protestul său fiind transmise din treaptă în treaptă, până la Centrul creator.

Cu toate acestea, cu toată vitregia vieții lor, duhurilor vegetale și animale nu le trece prin gând ideea sinuciderii. Nici duhul mineral, nici cel vegetal sau animal nu doresc, în Cer fiind, să revină în Centrul de unde au pornit la învățătură, pentru că nu au posibilitatea de a se descuraja. Numai duhul uman, a cărui inteligență, memorie și voință e mai presus de a tuturor, disperă și declară că nu mai poate suferi rigorile legilor mereu încălcate de el. Duhul uman nu se sperie de dispariția individualității sale în Nirvana, deoarece cunoaște axioma: *Nimic nu se pierde în lume;* deci știe că și acolo el va fi ceva.

Spiritul nu mai poate ieși din sânul Tatălui, ca să spună și altora cum e și ce se face acolo. Când îl va cuprinde dorul de a trăi iar în lume, ca duh, i se va împlini dorința, dar în acest caz o va lua iar de la început, de la materia primă, trecând prin starea de fluid, gaz, lichid, mineral etc. O serie lungă, ce necesită atâtea sute de miliarde de veacuri câte stele sunt pe cer. În acest scop, după ce duhul va fi emis din Capul și Toracele Tatălui, Fiii Săi sublimi din Mamar îi vor goli tot conținutul memoriei, reținându-i știința aflată în timpul cât a trăit în Sfera-Cap. Din această cauză, Fiii divini, culegători permanenți ai conținutului memorial al tuturor duhurilor din Sfera centrală, au devenit cei mai mari inițiați, cei mai adânci cunoscători ai gândurilor și planurilor Tatălui central.

După ce duhul s-a căit de fapta sa necugetată și dorește să revină în sferele create, i se întunecă tot ce a aflat înainte, pe când fusese în lume, plus ce a văzut și auzit în sânul Tatălui, și acum, duh nou-născut, ca în primul ceas al existenței sale de duh, o ia pe drumul fără de sfârșit al învățării în veșnicie. *Devine un dumnezeu fără conținutul lui Dumnezeu, ridicându-se prin suferință la știința și puterea lui Dumnezeu.*

Fiul mamar care i-a luat acestui duh tot conținutul său memorial e un mare cunoscător. Deși mare, deși puternic, deși atotștiutor, Fiul mamar este smerit și supus Tatălui central. Acești Fii sunt cu miliardele, dar niciunul nu spune ceea ce se petrece în Tatăl, ce e în Tatăl. Destăinuirea celor aflate echivalează cu o trădare, aducând distrugerea universului. Dar evoluția Fiilor este atât de înaintată, conștiința Lor atât de luminată de frumusețea operelor divine, încât Ei nu îndrăznesc nici să gândească la o asemenea nelegiuire.

Tatăl ceresc s-a îngrădit de toate posibilitățile și a alcătuit astfel lucrurile, încât să afle imediat ce unul ar începe numai să gândească la o asemenea trădare, făcându-i cunoscut gândul. Divulgarea tainelor cerești este o faptă nespus de criminală, pentru că duhurile ar afla ceea ce nu trebuie să știe, tulburându-le grozav conștiința și producându-le o mâhnire de moarte și o suferință de nesuportat. Ele se vor îngrozi de miliardele de ani cât mai au de suferit; disperă de cât mai au de învățat, și atunci ridică glas de protest ori blestem, către Cei ce i-au chemat la viață fără voia lor.

Distruși sufletește, cer revenirea în Nirvana Tatălui. Lucrul acesta este bine știut în lumea noastră albă și angelică, și de aceea nu trebuie să spunem nimic înainte de vreme, înainte de timpul hotărât de evoluția cuiva.

Să zicem că un duh a ajuns cu treapta sa evolutivă la numărul 20.001. Dacă eu - cunoscător al unor taine aflate prin munca mea sau de la profesorii mei îngeri - îi comunic acestui duh taine corespunzătoare gradului evolutiv al numărului 20.002, cunoscând aceste fapte noi, duhul va deveni un nenorocit. El își va da seama că, deși învață de mult, nu știe încă nimic, o amărăciune îi cuprinde sufletul și de la o vreme îi pare rău că a aflat aceste taine, ba chiar mă va blestema că i le-am destăinuit, mai ales că nu mi le ceruse. Din acest moment, sunt un greșit și am datoria să repar această greșeală. Mi-am legat viața de a lui și trebuie să fac tot posibilul, prin mai multe întrupări, să-l ajut și să-l fac fericit, ca să-mi ierte greșeala și să-și uite nefericirea.

Dacă eu, un duh alb, un mic duh față de uriașii gânditori și înfăptuitori din univers, pot produce atâta tulburare, destăinuirile strălucitoarelor Lumini ale Sferei-Mamar pot pricinui adevărate dezastre!

O lege domnește în univers: *Niciun duh inferior nu trebuie să știe tainele cunoscute de cel superior.* Destăinuirea misterelor aduce implicit blestemul celor mici.

În momentul de față, când îți dictez aceste idei, casa ta e păzită de jur-împrejur de un cordon de mii de duhuri albe, subalterne mie, împiedicând orice duh albastru sau roșu să se apropie și să ia cunoștință direct de la mine de cele ce-ți comunic. Noaptea, după ce v-ați eliberat de trupul adormit și voi faceți la fel; vă îngrădiți cu tăcerea și nu vorbiți decât ceea ce e permis.

În cazul când, ca om, vei spune din marile taine ale Cerului, să știi că e ordin dat ca oamenii care sunt întrupări ale unor duhuri roșii sau albastre, să râdă cu hohot de tine și să te considere un om căruia i-a sărit un cerc de la doagele minții, un om care și-a pierdut judecata. Un duh roșu sau albastru întrupat, citind aceste rânduri, le va considera aberații și va azvârli cartea cât colo, socotind pierdut timpul afectat citirii acestor fantasmagorii.

Toți oamenii a căror treaptă evolutivă nu le îngăduie să primească și să asimileze asemenea idei te vor considera ori un șarlatan, ori unul care își bate joc de lume, considerând-o proastă. Părerea lor e binevenită, căci altfel s-ar simți nefericiți și ai fi răspunzător de starea lor.

Marele Fiu divin, Guvernatorul nostru solar ar chema la Tribunalul Său treimic pe duhul care a destăinuit taine cerești unui duh mai mic, și i-ar spune: *„Tatăl nostru nu ucide. Tu ai distrus un spirit, căci el se va întoarce la Centru. De suferința lui vei avea parte. Tatăl central te condamnă prin Mine și de acum toată suflarea de duhuri nu te va mai considera om. De acum ești demon, adică duhul cel mai rău de pe Pământ. Oriunde te vei duce, ucigașule de spirit, toți te vor ocoli. Să știi că nu te vei mai întrupa și de pe această planetă nu vei mai pleca, până la disoluția ei."*

Din acest moment, perispiritul demonizatului se va înnegri complet, având în dreptul ochilor două găuri ca para focului electric - dacă a fost un înger, sau două găuri albe - dacă a fost un duh alb. A căzut din gloria sa și a fost demonizat. De acum, niciun duh - cât de umil ar fi - nu-i mai dă niciun respect, chiar dacă a fost odată înger sau duh alb. El nu se mai poate întrupa, nicinu poate merge oriunde. Această viață mărginită și hulită, purtând stigmatul hainei negre, poate dura secole peste secole, până când într-o zi, disperat, demonizatul se va prezenta Guvernatorului terestru, cerându-i iertare și dreptul de a se întoarce în Nirvana Tatălui central.

Demonizarea se face numai în spațiu, în Cer. Un caz asemănător s-a întâmplat și cu legendarul șarpe, care a dezvăluit lui Adam și Evei secretul Tatălui. O poveste bună pentru copii, după felul cum a fost redată, nefiind permis să se spună mai mult la acea vreme neinițiaților.

Domnul nostru Isus ne recomandă mereu: *„Aveți grijă să nu-mi stricați pe vreunul din cei mici ai Mei, căci rău va fi de ei, dar mai rău va fi de voi".*

De oamenii care vor citi aceste rânduri nu mi-e frică, deoarece gardienii lor, dreptașii lor, au ordin sever să vegheze, făcându-i să nu înțeleagă, să nu le placă asemenea idei, socotindu-le născociri neroade. Dar ne este teamă de cei de la noi, de duhurile libere din spațiu, pentru că văzând cine le spune, le vor lua în serios. Ei nu vor râde precum cei întrupați, căci vor ști că nu sunt basme, ci Taine divine.

Cele trei mari acte ale vieții umane

Duhul uman este o ființă cerească. El își va duce traiul în veșnicie numai în spațiile infinite ale sferei creațiilor. Născut din voința Creatorului, duhul este supus legilor Sale. Or una dintre aceste legi cere ca duhul să-și facă școala vieții prin toate mediile formate de Tatăl în sfera creată.

Una dintre numeroasele medii este materia numită de voi fizică, adică cercetabilă, analizabilă de voi în laborator. Fiind obligat să treacă și să-și facă școala și prin aceste medii, duhul trebuie să se întrupeze, adică să îmbrace un trup. Oricare ar fi consistența, starea de concentrare a materiei unei planete, duhul trebuie să cunoască forma de viață umană a planetei respective. Așa fiind, el va trece, rând pe rând, și se va întrupa pe aceste categorii de planete, făcându-se om trupesc.

Ca om trupesc, duhul va trece prin trei acte principale:

1. se naște;

2. alcătuiește o familie, adică își ia un partener de viață cu care concepe copii;

3. după îndeplinirea misiunii părăsește viața trupească prin așa-zisul act al morții.

Așadar, în timpul întrupării sale, omul trece prin trei mari acte: *nașterea, căsătoria* și *moartea*.

Aceste trei mari evenimente intră în planurile de conducere ale Tatălui creator. Cum însă Tatăl are preocupări multe și uriașe, aceste faze ale evoluției unui duh au fost încredințate unui subaltern al Său, mic și totuși - față de duhul-om - foarte evoluat: Guvernatorul planetei pe care duhul-om își va face școala, unde se va întrupa.

Dar Guvernatorul planetar are și el atribuții multiple, motiv pentru care a încredințat observarea și desfășurarea celor trei evenimente principale din viața trupească a unui om, celor trei superiori îngeri ai marii comunități din care face parte acel duh. Rolul lor este foarte important, pentru că aceste trei evenimente se înnoadă cu o mulțime de factori: țara unde se naște duhul, familia, starea sa intelectuală, trupul în care va trăi, condițiile sociale și materiale în care-și va desfășura viața etc.

Prin urmare, marii superiori îngeri ai comunității duhului trebuie să facă un studiu foarte adânc, să vadă trecutul duhului, calitățile câștigate de el până atunci, defectele de care nu s-a dezbărat încă, legăturile de iubire și ură, dar mai ales obligațiile contractate.

Superiorii comunității duhului trebuie să aibă în vedere trecutul care se cere satisfăcut și viitorul care cere progres.

Problemele puse înaintea Forului suprem al comunității sunt multe, nebănuit de multe. Sub ce sex se va întrupa duhul pe pământ - bărbat sau femeie? Să se căsătorească? Sau să rămână singur - aspirând toată viața după o vorbă, o mângâiere, după ajutorul unei soții - ca pedeapsă a unor vieți nesocotite, când și-a torturat sufletește partenera de viață, când a înșelat-o, a sugrumat-o etc. Dacă se va căsători, să aibă sau nu copii, câți și de ce sex? Îi va vedea mari, ori îi va duce rând pe rând în mormânt? În fine, va veni la rând al treilea factor, moartea. Când, la ce vârstă, în ce condiții, sub ce formă va fi tăiat firul existenței sale trupești?

Niciun duh nu se poate sustrage de la școala vieții planetare. Toate, trebuind să se întrupeze, vor fi silite să treacă prin cele trei acte - nașterea, căsătoria și moartea - ce aparțin legii Tatălui ceresc. Celelalte condiții legate de ele - sănătate, avere, constituția plăpândă sau voinică a trupului, suferințe morale sau trupești - sunt legate de trecutul duhului, fiind impuse de legile planetare aplicate de reprezentanții Guvernatorului planetar, de superiorii comunității grupului căruia îi aparține acel duh. În fine, alegerea partenerului de viață, admiterea în familia sa a altor duhuri - drept copii ai săi - aparțin duhului și se fac cu consimțământul său.

Cât de complicată este viața umană pe pământ! O sumă deosebit de mare de fapte și condiții se au în vedere la alcătuirea vieții unui om. Voi nu știți ce de reguli și condiții se au în vedere, ce de studii se fac până se alcătuiește planul unei vieți trupești, jos pe pământ!

Iată o decizie importantă: Sub ce sex să se întrupeze un duh? Am mai arătat că o categorie de mari duhuri angelice ține o adevărată contabilitate în spațiu - câte duhuri să vină pe pământ ca bărbați și câte ca femei - pentru a se menține un anumit raport între ele și fiecare să-și poată găsi partener. Acești mari păzitori cerești își spun cuvântul când e vorba de sexul ce-l va lua un duh pregătit pentru o nouă viață trupească. Alcătuirea planului unei noi vieți trupești este foarte dificil.

În fine, la ziua hotărâtă, duhul însoțit de ghidul său se prezintă în fața Forului suprem. Juriul ia cunoștință de tot trecutul duhului și pe baza meritelor și a deficiențelor sale, se pronunță: „Te vei naște în anul și luna *x*, te vei căsători în anul și luna *y* și vei muri în anul și luna *z*". După ce ia cunoștință de raportul mental făcut de duhul prezentator, care a studiat tot trecutul duhului, Juriul adaugă: „Te vei naște în țara, localitatea și familia respectivă. Te vei căsători o singură dată și vei avea trei copii. Vei muri, oprindu-ți-se inima, la 52 de ani." Duhul va asculta această hotărâre și dacă îi convine, va spune *Amin*.

Din acel moment, duhul pleacă să-și pregătească viitoarea viață terestră, pe baza planului stabilit de juriu, adică să-și aleagă duhurile care îi vor fi soție, copii etc. Dacă planul indicat nu-i place, el spune că nu-i convine, fără a motiva. În acest caz, juriul îl concediază, rămânând în spațiu încă o bucată de vreme. Mai târziu, schimbându-se situația jos și sus, se prezintă din nou, iar dacă îi convine forma de viață prezentată, va spune *Amin*, adică se supune întru totul hotărârii date.

Duhul este activ tot timpul petrecut în spațiu. În această vreme, el contribuie la ridicarea fie a semenului său spațial, fie a celor de jos, de pe pământ. Această activitate a intrat în calculul juriului, în vederea viitoarei sale întrupări. Dacă trecutul duhului ar fi notat cu nota 6 și activitatea sa spațială cu 10, ambele note intră în calculul marelui Sfat întrupător. În aprecierea juriului întrupător intră nu numai faptele făcute în timpul întrupărilor, ci și cele făcute în spațiu, ca duh liber.

Toate acțiunile făcute de duhul întrupat în contra legilor se numesc *greșeli;* iar toate faptele făcute de duhul liber contra legilor Tatălui, Fiului și Sfântului Duh se numesc *revoltă*. Se plătește greu greșeala comisă în stare de întrupat, dar mai amarnic se pedepsește revolta duhului spațial.

În lumea noastră spațială nu există odihnă. Toate duhurile sunt mereu la lucru, fiecare cu specialitatea sa ori cu lucrul ordonat de cei mai mari. Toate au la bază instrucția și moralitatea, adică înfăptuirea binelui și reprimarea răului, oriunde s-ar produce. În lumea duhurilor lipsește activitatea materială.

Duhurile întrupate sunt active numai ziua, față de lumea lor terestră, dar față de lumea nevăzută, sunt active și noaptea. Duhurile spațiale sunt veșnic active. Toată această activitate se înscrie în arhiva ce o poartă orice duh, și se înscrie și în arhiva planetei.

Juriul întrupător judecă zi și noapte, trimițând mereu jos la întrupare, sub formă de valuri, mii și mii de spirite. Asemenea judecătorilor pământești, judecătorii cerești au și ei perioade de activitate și perioade de repaus sau vacanță. La anumite intervale de timp, reiau activitatea lor în cercetarea și hotărârea formelor de viață trupească. După ani și ani, când unul dintre judecători termină *școala de judecător,* se retrage, fiind înlocuit cu un altul, și ia altă direcție, continuându-și evoluția veșnică.

În primele timpuri ale evoluției unui duh roșu, planul viitoarei sale vieți trupești este stabilit de juriu, iar duhul nu are dreptul să intervină. El nu poate spune decât da sau nu. Duhurile superioare, cele albe, își examinează trecutul, și pe baza lui își întocmesc o formă de viață trupească, un destin prezentat juriului, care îl poate primi integral, îl poate reduce sau încărca.

Cunoscând acum tot planul viitoarei sale întrupări, duhul uman își va aranja viața în raport cu cele hotărâte de juriu, rămânând să-și caute un duh, cu care să convină încă din Cer să-i fie soție pe pământ, când vor fi întrupați. În fine, știind numărul copiilor și sexul lor, duhul va propune unor duhuri cu care a avut legături strânse în alte întrupări, să-i fie fii sau fiice, după caz. Astfel, încetul cu încetul, se orânduiește totul, pentru formarea noii familii pământești.

În aceste alianțe pot avea loc toate posibilitățile de combinări evolutive.

Să zicem că duhul viitor tată are evoluția gradată cu numărul 200. Soția lui va putea avea numărul de evoluție 100. Primul copil va avea numărul 122, al doilea 199 și al treilea 150. În această înjghebare tatăl e superior tuturor și copiii sunt superiori mamei. În această privință, toate combinațiile sunt posibile. De exemplu, părinții pot fi inferiori copiilor, ori soția superioară soțului și copiilor ei etc.

Din cauza acestor asocieri inegale, s-au văzut și se văd cazuri în lumea terestră când tatăl e un savant și copiii sunt nemernici, ori tatăl e un descreierat și soția sa o sfântă etc. Motive puternice au determinat juriul să combine valori spirituale atât de deosebite între ele, având ca bază ridicarea evoluției spirituale a duhului inferior în compania duhului superior.

Totul este alcătuit drept și sublim, astfel încât să mergem cu toții mai departe spre țara fericirii și a perfecțiunii absolute.

Îmbrăcarea duhului cu șapte învelișuri

Azi îți voi vorbi despre constituția duhului și legătura sa cu trupul. Dar mai întâi, te rog să uiți tot ce ai citit în cărțile ocultiștilor despre constituția duhului.

La cei mai mulți oameni trupești, duhul este scufundat complet în trupul său.

Duhurile evoluate nu pot rezista întunericului temniței trupești, și din această cauză, în timpul întrupării sale, scânteia – cu o mică parte din perispirit – stă deasupra capului.

Te vei mira și întreba: „Dar cum să stea o parte din perispirit înăuntrul trupului și o altă parte în afară?"

Da, dragul meu, gradul evoluției spiritului dictează această dispoziție.

Când te piepteni, te speli pe cap sau îți plimbi mâna peste părul capului, treci cu mâna sau cu pieptenele prin corpul duhului tău, rămas afară. Acum, când îți vorbesc, îndrept undele gândirii mele spre această parte exterioară a duhului tău. Gândurile mele pătrund prin perispiritul tău și ajung până la duh.

Învelișul-memorie din jurul scânteii constituie ceea ce știința voastră afirmă a fi „inconștientul", diferit de subconștient sau corpul vital. Învelișul-memorie este arhivarul tuturor viețilgor tale anterioare, în el sunt înscrise, acumulate toate cunoștințele și amintirile viețiilor trecute, din care nu se poate cerne nimic în conștiința stării tale de veghe. La drept vorbind, această arhivă eternă ar trebui numită *supraconștientul,* căci este cu mult mai știutor, mai bogat în cunoștințe decât așa-zisul vostru „conștient", ce aparține actualei voastre vieți trupești.

Partea duhului scufundată în trup înconjoară cu fluidele sale, mai ales sistemul cerebrospinal și gâtul; iar prin intermediul măduvei, duhul se leagă cu restul trupului.

Odată ți-am spus că duhurile superioare au o formă aproape sferică, cu o prelungire în partea inferioară. În acest caz, partea internă a sferei înconjoară sistemul cerebral, iar prelungirea se leagă cu vârful său în dreptul nodului vital al corpului vital, care inundă cu fluidul său cvasimaterial trupul.

Noaptea, duhul iese din trupul adormit, pentru hrana fluidică și pentru a viețui câteva ore în lumea invizibilă, rămânând legat, printr-un fir fluidic, de bulbul rahidian, punctul prin care măduva spinării se leagă cu encefalul. În trup nu mai rămâne decât jumătate din corpul vital, care iese și el câteva minute, pentru a respira, primenindu-și materia fluidică uzată, apoi reintră în trup, conducând ca un logofăt moșia încredințată de stăpânul plecat în călătorie.

Când iese din trupul său, duhul este înconjurat la exterior de cealaltă parte a corpului vital, grație căreia păstrează forma trupului ce doarme. În timpul peregrinării sale prin spațiu, duhul este legat de corpul vital rămas în trupul său, printr-un cordon fluidic, denumit impropriu *ombilical*.

Celulele trupului au viața lor proprie, iar totalitatea miliardelor de vieți celulare constituie viața trupului. Viața celulelor este stimulată de activitatea particulelor corpului vital. Când duhul va părăsi definitiv trupul, corpul vital va muri, iar moartea sa va aduce moartea coloniilor de celule ale întregului trup.

Îmbolnăvirea corpului vital este urmată întotdeauna de îmbolnăvirea trupului, în locul corespunzător îmbolnăvirii corpului vital. Medicul terestru, prin fluidele fizice care însoțesc medicamentele administrate, vindecă vehiculul vital care la rândul său aduce vindecarea trupului.

Corpul vital nu aparține propriu-zis duhului. El este o învelitoare de ocazie, luată odată cu întruparea. Corpul vital a fost aninat de elementele reproducătoare ale celor doi părinți. Corpul planetar este tiparul după care se va forma corpul vital, iar corpul vital va orândui coloniile de celule pentru a se forma trupul uman așa cum este el.

Am văzut altădată că scânteia născută de Tatăl este învelită în șapte pături fluidice, formate fiecare din colonii de particule vii, din ce în ce mai puțin evoluate și mai dense spre exteriorul duhului.

Reamintesc ceea ce am spus cu altă ocazie: scânteia sau duhul propriu-zis a fost emis de Tatăl. Când am fost emis de Tatăl, eram o sferă gânditoare, dar imobilă; nu știam să mă mișc, deoarece nu aveam voință. După ce am stat în corpul Fiului, în Sfera-Respirator, am dobândit facultatea de a voi. Mai târziu în Mamar am învățat să mă mișc. Grație acestor însușiri am voit și am ieșit singur din Sfera divină. Eram inteligent de la Tatăl, știam să gândesc, dar nu puteam să fac nimic, deoarece nu aveam voință. Din Tatăl am ieșit și am intrat în Respirator, iar de acolo, după un timp, am intrat în Mamar, și anume, în zona Fiilor de Dumnezeu, prima zonă a Mamarului.

Tatăl, Sfera centrală a Laboratorului se dilată și se contractă. Când s-a contractat, m-a eliminat, împreună cu miliarde de duhuri asemănătoare mie. Ieșirea din zona Divină în zona Fiului, a Pectoralului a fost pentru mine un fel de moarte; am murit pentru Centrul divin. Apoi Pectoralul s-a dilatat și cum nu știam să mă mișc, un anumit curent din sânul Pectoralului m-a adus până aproape de suprafața sa externă. Când Sfera-Pectoral a început să se contracte, am fost expulzat în Mamar și prins de unul dintre numeroșii săi Fii divini.

Nemișcat, am stat în Sfera Tatălui și în Pectoral, dar acum, când am intrat într-un fluid mai dens decât cel din Pectoral, și fiind lipsit de voință, am rămas și mai nemișcat. Atunci unul dintre Fii, unul dinintre Auxiliarele prime ale Tatălui, m-a înghițit – ca să zic așa - și am constatat că mă mișcă, mă amestecă în corpul Său fluidic, iar la urmă mă învelește cu o cantitate din fluidul Său - colonie de particule vii, pe care le-a luat la rândul Său ca hrană din mediul înconjurător al Sferei-Mamar. Din această hrană, prelucrată în sânul corpului Său perispiritual, mi-a dat și mie o părticică. După ce m-a înfășurat bine, am constatat că mă pot mișca, și prin voința născută acum în mine am ieșit din corpul Său. Dar imediat ce am fost afară, am constatat că nu mai știam ceea ce cunoșteam pe când eram în Tatăl. Atât de mult mi-a întunecat memoria, încât nu știam cine sunt și de unde am venit.

După aceea am fost trimis în zona a II-a a Mamarului. Aici, unul dintre Fiii de-al doilea grad evolutiv, Sfintele Duhuri Divine, m-a înghițit și învelit cu încă o haină, apoi am fost eliminat și de El. Dar s-a întâmplat cu mine o minune. Când am fost absorbit, gândeam, aveam voință, puteam să lucrez, dar lucrarea mea era dezordonată, deoarece nu eram educat. După ce am stat în corpul Său am fost atât de transformat, încât am devenit pasiv, supus și deci disciplinat. El era mai dens decât Fiul dintâi, iar eu fiind făcut pasiv, n-am mai putut ieși prin propria mea voință din El, ci El - prin voința Sa - m-a expulzat în afară. Atunci am constatat că știam să gândesc, că puteam să voiesc și să lucrez disciplinat, adică devenisem înțelept.

Pe când eram în Pectoralul Tatălui, eram numai *gândire interioară, închisă, inactivă,* pentru că nu-mi puteam exprima gândirea. În primul Fiu din Mamar, am devenit *gândire activă,* emițătoare de unde, dar nu puteam primi, deoarece nu cunoșteam pasivitatea. Abia al doilea Fiu din Mamar, Sfântul Duh Divin, m-a învățat să prind undele și să înțeleg gândul emis de semenii mei. Așadar, întâia oară, pe când eram în sânul Tatălui, deși vedeam și știam ce e acolo, nu puteam spune și nu știam ce există în afara Tatălui meu. Pe urmă m-am pomenit cu facultatea de a-mi emite gândurile. Acum aș fi putut spune ce e la Tatăl, dar nu mai știam nimic, uitasem totul. În fine, în al doilea Fiu am învățat să aud ce-mi vorbește unul și altul. De acum am devenit un duh pe deplin format, deoarece gândeam, comunicam și auzeam.

Multă vreme am petrecut în sânul Sferei-Mamar, în acest Rai ceresc. Acolo am primit o mare învățătură, dar n-am putut înțelege ce făceau marii Fii din Mamar. Auzeam conversațiile lor, studiile lor savante, dar eu - biet duh-copil, abia născut de câteva mii de ani - nu puteam pricepe nimic.

În Sfera-Mamar se pregăteau toate materiile care constituiau noua nebuloasă pe cale de a fi trimisă într-unul dintre cele patru universuri. Am cerut să fac și eu ceva, dar am fost refuzat, marii Creatori de acolo spunându-mi: *„Fiule, ești prea neștiutor. Tu aici nu poți lucra ceea ce știm noi să facem. Uită-te, ascultă și vorbește cu cei de seama ta. Pe noi nu ne descoase, că nu putem să te facem să înțelegi. Du-te în lumile create și acolo ai să înveți tot ceea ce facem noi aici".*

– Tată - am răspuns eu - vreau să mă duc, ajută-mă să plec.

– *Bine,* mi-a răspuns El și m-a condus până în zona a III-a a Mamarului, unde am fost luat în primire de Fiii divini ai acestei mari zone, care m-au îmbrăcat cu a patra haină fluidică, haina de drum sau haina cosmică.

Odată îmbrăcat, am fost condus până în zona a IV-a a Sferei-Mamar, unde alte strălucitoare Lumini m-au îmbrăcat cu a cincea haină fluidică, haina universică. Gătit cu aceste învelișuri, ca un fulger am străbătut celelalte zone ale Mamarului, din care cauză n-am putut să aflu ce se făcea și cum era pe acolo. Am aflat eu mai târziu că operațiile cele mai însemnate ale creației se fac mai ales în zonele periferice ale Mamarului sau matricei Tatălui.

De aici încolo, am alergat prin spațiile imense ale cosmosului și am văzut, în depărtare, mici lumini. Am întrebat pe însoțitorii mei ce sunt acele frumoase lumini și mi-au spus că sunt stelele sau sorii din univers.

După o vreme Îngerul central, care ne însoțea, ne spuse: „Iată, am străbătut vreme îndelungată cosmosul și acum intrăm într-unul dintre universuri".

Am străbătut vertiginos prin oceanul fluidic al universului și de la o vreme am constatat că mersul nostru s-a mai încetinit. Ni s-a spus atunci că am intrat în atmosfera fluidică a unui soare.

O, Doamne, cum l-am admirat! Ce mare era și ce frumos strălucea! Am văzut aici îngeri asemănători celor din Mamar, dar le lipsea ceva, căci nu erau întocmai ca Ei. Dar printre ei am zărit pe Unul care era aidoma cu Fiul mamar din zona a III-a. Ni s-a spus că e Stăpânul acestui soare.

Ne-am plecat cu toții Lui. El ne-a botezat fluidic cu botezul Său cel sfânt. Apoi au venit slujitorii Săi și ne-au învăluit pe fiecare cu o pânză fluidică, a șasea haină fluidică, și deodată nu L-am mai văzut pe Suveranul acelui soare.

Un glas ne spunea: „De acum nu-L veți mai vedea pe acest Împărat, până nu veți termina școala planetei pe care veți merge". Ne-am întristat și am început să plângem. Un înger solar ne-a spus să avem răbdare, că vom avea fericirea să-L mai vedem. Apoi am fost luați de un înger solar și conduși până la planeta pe care ne-am făcut prima școală planetară și unde am îmbrăcat a șaptea haină fluidică.

Din înălțimea atmosferei fluidice a acestei planete ne-am coborât către suprafața ei și ne-am îngrozit de ceea ce am văzut. Am plâns, căci aici am cunoscut durerea. Am văzut tot felul de ființe. Am văzut pe omul trupesc lovind și omorându-și fratele. „O, Tată, sfânt Tată - am strigat din toate puterile sufletului meu - nu mai vreau să-i văd, nu mai vreau să stau aici, cheamă-mă la Tine, Tată, nu mai pot suporta aceste grozăvii!"

De atunci au trecut miliarde de ani! Ca un pelerin am străbătut din sistem în sistem și din planetă în planetă. Acum știu și înțeleg rostul tuturor treptelor prin care El ne poartă. Acum fac voia Tatălui și Îl iubesc pe ocrotitorul nostru direct, pe sfântul nostru Stăpân de aici, care ne îndrumă cu dumnezeiasca Sa înțelepciune, ca să ne mântuim, pentru a ne întoarce din nou la Tatăl.

Civilizațiile de altădată - Potopul

Înainte de a comunica ceva unui întrupat, entitatea spirituală trebuie să-l examineze și să vadă dacă adevărul intenționat spre a fi comunicat corespunde gradului evolutiv al duhului respectiv. Dacă întrupatul merită răspunsul la o problemă necunoscută de entitatea spirituală, ea apelează la o altă entitate, cunoscătoare a subiectului respectiv, care va veni și îl va face cunoscut întrupatului.

În timpul somnului trupului său, duhul uman își face în spațiu analiza cunoștințelor conștiinței stării sale de veghe, și constatând cât de puțin știe ca om trupesc, roagă o entitate subalternă, sau un prieten spațial, să-i comunice, când va fi în trup, o anumită problemă - cunoscută de el ca spirit, dar necunoscută ca întrupat.

Cunoștințele omului dintr-o viață oarecare sunt în continuarea celor cunoscute în trecutul îndepărtat. Din viață în viață omul știe tot mai mult, urcând mereu scara evoluției. Evoluția sa e în legătură cu evoluția Pământului. Există o strânsă dependență între dezvoltarea omului și evoluția Pământului, între evoluția individului și evoluția planetei. La rândul ei, evoluția planetei este într-un raport intim cu evoluția astrului de care aparține. După cum există o legătură strânsă între individ, planetă și soare, tot astfel există o legătură între evoluția colectivității și a guvernatorului ei.

Omul se naște, trăiește pe pământ, lucrează la o operă oarecare și apoi moare. Omul neștiutor crede că aici s-au încheiat opera și cariera sa. Adevărul este că el va renaște și își va continua opera anterioară, ducând-o mai departe, desăvârșind-o. De regulă, dacă într-o viață ți-a plăcut mult o carieră - de exemplu, medic - reiei și în alte vieți aceeași carieră, pentru a o duce pe o treaptă superioară de cunoștințe. Așadar, s-ar putea ca medicul de azi să fie cel de ieri.

Desăvârșirea într-o carieră nu se face propriu-zis pe pământ, ci în spațiu, unde găsești metode noi, cunoștințe noi, și când te reîntrupezi, gândind la ele, vin ca intuiții în mintea ta de om trupesc. Ele sunt o regăsire, o reamintire a ideilor câștigate în spațiu înainte de întrupare.

Chiar dacă ai ajuns la punctul de a avea legături de prietenie cu cei din spațiu, ei nu pot să-ți comunice cunoștințe ce trec de gradul tău evolutiv și, de regulă, nici chiar cele ale gradului tău.

De exemplu, un duh întrupat a ajuns la gradul de a cunoaște toate problemele până la litera *M*. Oricare ar fi entitatea ce comunică, ea trebuie să țină seama de regula stabilită în Cer: *Să comunice acestui spirit întrupat doar cunoștințe până la litera L, ba chiar până la K*. Gama cunoștințelor de la *L* la *M* a necesitat mii și mii de ani, în termen mediu, aproximativ 10.000 de ani. De aici se vede cât de greu se acumulează cunoștințele în memoria unui spirit. Iată de ce este necesară repetarea continuă, ani și ani, a acelorași idei, pentru ca ele să se întipărească pentru totdeauna în spirit.

Această durată lungă de timp este cerută și de faptul că marii cunoscători predau cunoștințele noi la un anumit termen. Nu se pune nicio grabă în expunerea lor, dar nici entitățile spirituale nu se prea grăbesc să le memoreze.

Învățătura are două părți: una *teoretică* sau *abstractă* - obținută în spațiu, și alta *practică* - aplicată pe pământ. Rezultă că fiecare planetă e un fel de laborator. În Cerul sau spațiul ei se concepe; iar pe pământ se aplică cele concepute. După cum pe pământ tot nașul are un naș, tot astfel și în spațiu orice maestru are un superior, un maestru mai știutor.

Cunoștințele date trebuie învățate, pentru că vei da examen. După cum există un *Tribunal moral,* există și un *Tribunal științific*. După mari perioade de timp ești chemat în fața Tribunalului științific, și dacă ai trecut cu bine examenul, ți se atribuie un grad nou. Treci de la litera *M* la *N*.

Pe pământ, un elev are nevoie de un an de zile să treacă dintr-o clasă într-alta. În Cer, ca să promovezi de la un grad la altul, în cunoștințe, ai nevoie de 10-15 mii de ani. După cum un elev nu poate memora un material ce trece de puterile sale intelectuale, tot așa duhul întrupat auzind de cunoștințe ce depășesc nivelul său evolutiv, nu simte niciun impuls pentru a le cunoaște. El refuză să se ocupe cu probleme care nu-i fac plăcere și nu-l interesează deloc.

Ne-am luat angajamentul să-ți îmbogățim cunoștințele de om trupesc. Dar o facem treptat, pentru că deși conținutul memoriei tale spirituale este foarte mare, dacă am căuta să-l transpunem în memoria ta trupească, în conștiința stării tale de veghe, ar fi ca și cum am pune o bucată de gheață pe un bec încins - ar plesni. Dacă ți s-ar da cunoștințe dintr-odată, te-ai simți entuziasmat, fericit, și în exuberanța sufletului tău, ai comunica apoi și altora. Însă ei nu te-ar mai putea înțelege și ar crede că ți-ai pierdut mințile, că ai înnebunit. În marea ta bucurie, ți-ai pierde echilibrul, și cei nepregătiți să primească acele cunoștințe te vor scoate din rândul celor „normali" și te vor trece în rândul celor ce și-au pierdut mințile.

Cunoștințele tale sunt în scânteia de deasupra capului tău. Din ea noi luăm și le transpunem ceva mai jos. Primești treptat, te obișnuiești cu ele și nemaifiind aprins, le acorzi toată importanța cuvenită, asemenea savantului care nu stă de vorbă despre cunoștințele sale cu soția sau cu cei din jurul său, ci numai cu cei de specialitatea sa.

Să nu credeți că ținem ca lumea noastră să fie descoperită primului venit sau ca tainele lumilor noastre să tulbure mințile nepregătite. Așadar, știindu-te trecut de faza înflăcărării, devenind mai înțelept, putem să-ți spunem cu curaj din adevărurile cunoscute deja de spiritul tău, ca duh liber.

* * *

Voi considerați că lumea veche a fost scufundată în întuneric și omenirea actuală se află în culmea civilizației, adică vi se pare că o civilizație ca cea actuală nu a mai existat niciodată. Noi, având la dispoziție alte hrisoave, cunoaștem altfel decât cum credeți voi, ca oameni trupești. Știm că ceea ce se vede azi pe pământ a mai fost altădată, că după cum au pierit civilizații vechi, va pieri și civilizația actuală.

Existența omenirii pe acest pământ se înșiră sub formă de valuri. După o vreme lungă de zeci de mii de ani, civilizația piere și se întronează barbaria. Această lume se ridică treptat în cunoaștere și moralitate, ajungând din nou pe vârful valului civilizației.

Explicația acestui fapt, neștiut de voi, este următorul. Când un grup de duhuri și-a terminat școala planetară, ele părăsesc această planetă și în locul lor vin alte duhuri, de pe o planetă inferioară. Ele vor găsi aici case, mașini, obiecte - cu mult mai ingenioase decât ale voastre - rămase de la valul de duhuri plecate, dar, neștiind ce să facă cu ele, le lasă în paragină, dărăpănându-se, ruginind și pierind. Astfel zac sub pământ palate și orașe ale valului plecat.

Omul-duh întrupat o va lua de la finele vieții sale, din planeta de unde a venit, cu știința sa, iar tot ce a găsit se va ruina, fiind părăsit, deoarece nu știe să le folosească.

Îngerii tereștri ne spun că Pământul evoluează pe cicluri. După o civilizație urmează o barbarie și după ea vine iar o civilizație și așa mereu mai departe. De la apariția sa, pământul vostru are mai multe miliarde de ani, iar de la apariția omului pe pământ au trecut milioane de ani. Câte civilizații s-au înșirat în existența lui! Câte civilizații zac în adâncul oceanelor ce au înghițit vechile continente, unde presiunile, mișcările, umiditatea, noianul întreg de forțe au schimbat și distrus totul!

Tot îngerii ne mai spun că civilizația precedentă a fost în unele privințe mai înaltă decât cea prezentă, posedând diferite „mașini" mai ingenioase. Ea zace azi în adâncul Oceanului Atlantic. Europa exista în timpul acela, dar suprafața ei era mai plană, mai joasă, acoperită de mlaștini și avea o climă nesănătoasă, motiv pentru care era nelocuită. Uscatul numit *Atlantida,* unde a înflorit o civilizație strălucită, se întindea aproximativ din dreptul ecuatorului până în dreptul Norvegiei. Avea un pământ fertil și o climă sănătoasă. Odată cu scufundarea ei, duhurile au plecat și civilizația ei doarme și azi somnul de veci.

Noi, duhurile, venim și plecăm, sub formă de valuri, asemănător berzelor voastre, care vin primăvara și pleacă toamna. Există un supra-val, cel al iudeilor, a cărui durată de ședere pe Pământ este mai mare decât a noastră. Dar și ei pleacă val după val, de pe această planetă.

Pieirea unei civilizații se datorează unor cataclisme. Ori aceste cataclisme se produc cu o oarecare regularitate, fiind datorate unor fenomene cosmice ce au loc la anumite epoci.

Cataclismele se produc datorită dilatării și contractării globului terestru. Pământul se comportă ca o ființă, adică respiră, inspirând și expirând. Cauza acestei umflări și dezumflări se află în Sfera divină, Tronul Ființei supreme.

La anumite perioade mari de timp Sfera divină se dilată și se contractă. Dilatarea Ei are repercusiuni asupra tuturor corpurilor și mediilor din interiorul sferei-cosmos. Sfera centrală are o dimensiune incomensurabilă pentru noțiunile voastre. Când Ea se dilată, presează fluidul cosmic, care la rândul său presează fluidul din sferele-univers. Sub acțiunea presiunii, sferele-univers devin mai mici și mediul lor intern mai comprimat, exercitând o presiune asupra stelelor și planetelor din interiorul lor. Prin urmare, fluidul din jurul pământului, oricât de fin ar fi, dacă e silit să se îndesească, exercită o presiune asupra globului trestru. Cum apa de pe suprafața pământului este o materie mobilă, fiind presată, se revarsă peste continente, care și ele se lasă în jos întrucâtva. Adâncul oceanelor fiind ușurat pentru un moment de apa de deasupra, se ridică, fiind silit de uscatul îngreunat de revărsarea și presiunea apei. Prin urmare, cataclismele de pe suprafața planetei noastre au fost provocate de presiunea fluidului din jurul pământului.

Aerul este invizibil, ca și fluidul. Dacă introduci într-un tub de sticlă aer și îl presezi printr-un piston, se va vedea că el se strânge, dar de la o vreme nu mai cedează, și atunci ori respinge pistonul, ori sparge pereții vasului. Fluidul se comportă asemenea aerului: se comprimă, dar nu până la infinit.

Când Sfera centrală va începe să se contracte, fluidul cosmic se va destinde, sferele-univers vor fi ușurate din presiune, iar fluidul lor devenind mai rar, planetele și sorii vor căuta să se dilate. Această dilatare are ca urmare o nouă perturbare în relieful planetei. Așadar, dilatarea și contractarea planetei are ca urmare nașterea de noi continente, mări și oceane. În general, când se contractă sfera terestră continentele coboară sub nivelul apei. Când se dilată, ridică pământurile acoperite de apă și mai puțin consistente.

Calculul anilor dintr-o dilatare și o contractare nu se poate exprima decât prin ani solari. Îngerii Pământului spun că anul solar este timpul cât face soarele nostru un drum complet în jurul punctului central al sferei universului nostru.

Știm că soarele face un drum în formă de elipsă, plecând de la periferia universului către centrul său, pe care îl ocolește și revine iar la periferie. Cataclismul se produce când soarele pornește de la periferie spre centrul universului. Începutul anului solar este momentul când el a ajuns la centru și se termină când revine aici. Durata anului nostru solar ține aproximativ 75.000 de ani tereștri. Noi, actualele duhuri, nu o să mai apucăm un alt cataclism, deoarece școala noastră e mai scurtă de 75.000 de ani și nu suntem aproape de acel moment. La acea vreme, vom fi instalați deja pe o altă planetă. Dar unii dintre evreii care au o școală mai lungă, mai amarnică, pe această planetă, vor prinde acele vremuri, unii dintre ei vor avea un nou potop, adică o nouă scufundare a uscatului.

Pregătirea pentru plecare

Ți s-au dictat fel de fel de cunoștințe din lumea noastră. Ți se par noi, dar spiritul tău le cunoaște de pe când a trăit întrupat prin India, Asiria și Egipt. La vremea aceea cunoștințele ți-au fost date tot de misionarii Cerului, dar în decursul vremurilor, mișcările sociale și războaiele au distrus templele și tot ce se afla în ele. Papirusurile tale și ale multora s-au distrus, și astfel omenirea a rămas iar în întuneric.

În unele locuri a mai scăpat câte ceva din aceste cunoștințe, perpetuate prin viu grai până în zilele voastre, sub formă de tradiții, însă forțele contrare au contribuit la pierderea lor.

Cei mai mulți dintre inițiații de atunci nu mai sunt azi în jurul acestei planete, părăsind-o de multe veacuri. Unii dintre ei au rămas, pentru că încă nu au atins evoluția completă, corespunzătoare acestei planete. Posesorii acestor taine profunde își păstrau cunoștințele asemenea unor comori și nu le comunicau altora. Dintre ei, au fost și unii evrei. Cunoștințele s-au transmis celor aleși din neamul lor, celor ce au dreptul la această înaltă inițiere, dar pentru nimic în lume nu le comunicau vulgului și nici vorbă să fie spuse unui neevreu.

Din această cauză, Guvernatorul sistemului nostru a coborât din nou pe Pământ și a răspândit în lumea întrupată Adevărul, care a luminat din veacuri lumea egipteană. Dar după cum lumina egipteană s-a stins treptat, tot astfel și învățătura răspândită prin ucenicii Săi a fost pierdută de reprezentanții bisericii. Văzând în ce întuneric se scufundă omenirea, Domnul a îngăduit să fie reaprinsă candela luminării minților și înălțării inimilor. Astfel, știința revelată, știința inițiatică, se răspândește, iar voi, inițiații din alte veacuri, ați primit misiunea de a răspândi din nou, în lumea voastră, cunoștințele Cerului.

Voi ați cerut, sus la noi, această misiune întrucât v-a fost frică de faptul că, revenind jos ca întrupați, veți zace în întuneric şi veți cădea în greşelile omului trupesc, şi nu veți termina evoluția acestui glob nici peste mii de ani. Domnul s-a îndurat de cererea voastră şi, în interesul umanității de jos, pentru ridicarea cunoştințelor ei, v-a acordat fericirea, ca oameni trupeşti, să luați cunoştință de ştiința sfântă a lumilor spațiale superioare.

Ceea ce fac acum este manifestarea îndurării ce ți s-a acordat, de a te lumina ca întrupat şi de a strânge materialul ştiințific care va servi ție şi mai ales celor ce vor veni după tine. Unul dintre ei are misiunea de a revela taina nemuririi, într-o măsură mai mare decât tine, străduindu-se să lumineze sufletele fraților săi, pentru ca devenind morali şi făcători de fapte frumoase, să-şi grăbească ora plecării de pe această planetă.

Fără răspândirea acestor adevăruri, omenirea ar bâjbâi iarăşi veacuri fără număr în întuneric.

În spațiu, duhurile făgăduiesc că atunci când vor fi jos, pe pământ, vor păşi pe calea vieții drepte şi iubitoare. Dar când sunt în trup, fiind neştiutoare de adevărurile cunoscute sus ca spirite, iar vocea trupului auzind-o mai uşor decât pe cea a spiritului, comit greşeli peste greşeli.

Ce se vor face când se va termina ciclul planetar? Nepriceperea, stagnarea din mersul progresiv vor aduce fatal întârzierea plecării. Dar până când să fie aşteptați? Din nou să se rupă valul în două? în cei pregătiți - având posibilitatea să plece, şi întârziați - care rămân pe această planetă sau pe una similară ca să-şi termine şcoala.

Iată înțelesul străduințelor noastre. Cu ajutorul ideilor noastre, omenirea se va ilumina şi peste una sau două mii de ani vom pleca toți cei din grupul nostru, de pe acest glob. Ei, mult a fost, puțin a rămas. După ce valul nostru şi-a trăit etapa de 26.000 de ani pe această planetă, ce mai înseamnă câteva veacuri?

Dragostea noastră ne îndeamnă să-i salvăm pe toți, dar din cauza liberului arbitru dat de Tatăl ceresc tuturor ființelor din sfera creațiilor Sale, nu-i vom putea salva acum pe toți. Preocuparea noastră principală este de a ilumina şi pregăti de plecare cel puțin pe cei de pe treptele superioare ale evoluției, pe avansații noştri pe calea intelectuală, dar mai ales pe cea morală. Domnul să le lumineze calea, să nu se mai poticnească în drumul lor, astfel încât la ziua cea mare a examenului general, a examenului Celui Sfânt, să nu se ruşineze că nu şi-au acumulat cunoştințe sau că au atârnat de ființa lor prea multe greşeli.

Cu cât viața voastră este mai cinstită, mai sfințită, cu atât vă faceți mai demni de a primi cunoştințele de la o entitate mai strălucitoare. Cunoştințele date de aceste înalte somități ale spațiilor vor stârni uimirea şi vor provoca umilința celor mai mari savanți ai lumii voastre trupeşti.

Dacă nu e posibil să vă facem sfinți pe pământ, cel puțin vrem ca pe mulți să-i facem să înțeleagă pentru ce au venit în lume, scopul pentru care s-a creat tot ce se vede în jurul lor, să înțeleagă că Tatăl ceresc are nevoie de cât mai multe ajutoare pentru cucerirea Infinitului, umplându-l mereu în eternitate cu sfere noi, cu universuri noi, pline de stele, sori şi planete.

PROGRESUL E CONTINUU, DAR IN VALURI

Nu se poate contesta că omenirea merge din progres în progres. Dar dacă ea a făcut pași uriași în ceea ce privește studiul materiei, a dat înapoi în privința cunoașterii *Principiilor creației* și a *Cauzelor prime*.

Motivele sunt două. Pe de-o parte, prin viața ei din ce în ce mai îndepărtată de principiile morale, omenirea a pierdut contactul cu noi - lumea spațială. Pe de altă parte, cunoscătorii Principiilor creației și ale Cauzelor prime, instructorii de altădată ai lumii cerești și trupești, nu se mai ocupă cu destăinuirea acestor taine, având acum preocupări mai înalte.

În alte timpuri, oamenii erau conduși de preoți - profeți sau mediumi aflați în strânsă legătură cu Cerul. Ei primeau de la noi cunoștințe și recomandări, cum să conducă pe cei de sub ei. Religia difuzată printre cei din jurul lor își avea temeiul la noi și în ea erau explicate toate fenomenele observate de oameni pe pământ.

De la o vreme, acești preoți au fost atrași de bunurile pământului, au alunecat treptat în brațele plăcerilor de tot felul, devenind oameni egali cu oricare dintre supușii lor. Din acest moment, mediumitatea lor s-a pierdut, prestigiul lor a scăzut și odată cu ele și puterea de impunere.

În curând, conducerea omenirii a căzut în mâna *regilor neinițiați,* a potentaților din acele vremuri, iar preoții au rămas numai cu forma, practicând cultul exterior al religiei.

Din cele expuse s-ar părea că numai omul trupesc a fost de vină. În realitate, regresul se datorează și faptului că, la vremea lor, spiritele mult evoluate au părăsit planeta noastră, iar pe de altă parte a intervenit și *legea ciclurilor.*

Legea ciclurilor constă în faptul că după o civilizație urmează o decădere, urmată de un progres treptat, pentru a se atinge din nou culmea unei civilizații. Atunci, nu mai există progres? Ba da, pentru că, deși există ridicări și căderi, totuși, fiecare urcuș se găsește pe un nivel superior celui precedent. Constatăm că linia trecută prin culmile tuturor civilizațiilor este ascendentă, în decursul milioanelor de ani ea urcă mereu. Acest fenomen se urmează mai riguros în Cer, în lumea spiritelor, și mai puțin în lumea trupească. Cred că e necesar să mă explic.

Ascensiunea este continuă în lumea spiritelor. Când au atins maximum evoluției unei planete, spiritele pleacă pe o altă planetă și în locul lor vine un val de spirite care, fiind începătoare pe această planetă, vor duce o existență mai simplă, mai nepricepută, când se vor întrupa pe suprafața pământului.

Prin urmare, jos, pe pământ, vor exista valuri-valuri de forme de viață, iar în spațiu - un veșnic urcuș. Cum atinge culmea, cum a terminat școala unei planete, grupul de spirite o părăsește.

Iată un mic exemplu. Sfântul sfinților, Domnul nostru solar, coborât pe Pământ și numit Isus Christos, a răspândit din nou cunoștințele cerești, pierdute de omenire sau știute de prea puțini oameni. S-a întemeiat astfel biserica creștină. Urmașii Lui, oameni înțelepți, sfinții Pământului, au dus învățătura mai departe și biserica se întărea și învățătura se răspândea. Dar treptat, din sfânt, preotul a devenit un om simplu, iubitor de onoruri și plăceri pământești. Din acest moment, a pierdut legătura cu Cerul, nu a mai primit nimic de la oamenii spațiali și astfel învățătura a devenit literă moartă, învățătura exoterică a înlocuit-o pe cea ezoterică, profundă, ocultă.

Văzând această situație, Guvernatorul solar a hotărât formarea de mediumi pe tot întinsul pământului, pentru ca anumite spirite să propage prin ei adevărurile cerești. Iată înțelesul apariției științei revelate, marea și fulgerătoarea ei răspândire printre oamenii pământului.

Din cele expuse rezultă o urcare, o coborâre și iar o urcare; mai exact: după o activitate urmează o fază ceva mai scăzută, apoi una și mai scăzută, după care începe urcușul, la început mai domol, pentru a termina cu o fază de înaltă activitate spirituală. În rezumat, drumul acestei traiectorii trece prin: activ, neutru, pasiv, neutru și iar activ.

La noi în Cer, mersul acesta se exprimă printr-o axiomă: *După spiritele foarte active, se trimit jos la reîntrupare spirite mai moderate - spirite neutre, cărora le urmează altele și mai puțin stăruitoare - cele pasive. Când lucrurile par că s-au oprit din mersul lor, se trimit la reîntrupare, spirite ceva mai știutoare, după care vor veni cele ce cunosc și pot mai mult decât cele trei precedente.* Să nu crezi că același spirit trebuie să joace pe arena terestră același rol în eternitate - de pasiv, neutru sau activ. Fiecare spirit va fi, rând pe rând, activ, pasiv și neutru.

Această axiomă se urmează nu numai de individ, ci și de națiuni, biserici etc.

După regulile din Cer, în fruntea tuturor e biserica. Sub ea urmează națiunea. În fruntea bisericii sunt cei ce au cerut și jurat în Cer că vor aplica jos principiile cerești. În fruntea națiunilor sunt conducătorii lor sociali. În existențele lor, bisericile și națiunile trec și ele prin fazele de mai sus. După o fază de activitate, urmează o fază de pauză, și tot așa mereu.

Eu, care îți dictez acum, voi veni la o nouă întrupare. Am destăinuit aceste taine pentru tine, să le cunoști, dar și pentru mine, să le cunosc și eu când voi fi întrupat. S-ar putea să-mi ruinez tinerețea de timpuriu, iar mai târziu, la vârsta matură, să mă fure gustul mâncărurilor delicioase sau mirajul atracțiilor de tot felul. Însă pregătit de tânăr, voi putea înfrunta toate furtunile vieții trupești.

Ți-am pomenit destinul meu ca să-mi citesc propriile gânduri și, aflându-le, să prind curaj și să înfrunt toate adversitățile venite de la cei nepregătiți și neștiutori ai pământului.

Destinul fiecărui om se orânduiește în Cer, cu mult înaintea întrupării. Fericiții Cerurilor și ai pământului își croiesc destinul, ca duh, chiar fiind în trup. Ce fericit voi fi știindu-mă, ca întrupat, că am coborât să realizez o operă deosebită! Mă rog ca Tatăl să mă întărească, să lucrez cu râvnă și să nu cad. Dacă voi fi dârz și-mi voi urma destinul întocmai, voi fi unul dinte luminătorii neamului meu. Voi fi un fericit, dar fericit vei fi și tu, tată mare, în Cer, de calea vieții mele.

Multe din tainele Cerurilor sunt scrise prin cărțile voastre, dar nu destul de clar. Obscuritatea lor a fost voită, căci există o regulă în Cer care trebuie aplicată și pe pământ: *Cu cât este mai înalt un adevăr, cu atât el trebuie ascuns gândurilor celor nepricepuți.*

Cei inferiori nu trebuie să-și facă o idee concretă, clară, despre Divinitate, tocmai ca să-și urmeze în tihnă evoluția de inferiori. Ei nu trebuie să se conducă după rațiune. *Rațiunea* aparține duhurilor albe, *sentimentul* aparține mai mult duhurilor albastre, iar *instinctul* este busola duhurilor roșii. Cine se conduce după instinct nu trebuie să știe de tainele Cerului. Cel ce se conduce după sentiment poate afla ceva din ele. Numai cine se conduce după credința luminată de rațiune le poate aprofunda.

Din cauza inferiorității sale, vulgul e dispus să batjocorească Divinitatea. Dacă i s-au făcut cunoscute taine pe care nu se cădea să le cunoască și insultă Divinitatea, el va face un mare păcat, și va suferi, dar pe lângă el va suferi și cel ce i-a revelat acele taine.

Pentru a nu se batjocori cele cerești și pentru a se evita greșeala și rezultatul ei - pedeapsa, în cazul duhurilor roșii se recurge la *parabole*. Duhurilor albastre, fiind ceva mai avansate, li se vor da *sinteze cabalistice*. Numai duhurilor albe li se dă ocazia să cunoască *tainele Cerurilor,* deoarece ele, fiind pe trepte superioare în Ceruri, le vor acorda toată atenția și înțelegerea cuvenită.

Evreilor li s-a spus de mult și le-a intrat adânc în inimă faptul că vorbirea neatentă la adresa Divinității este o blasfemie. Moise le-a făcut cunoscut că pronunțarea incorectă a numelui Celui Sfânt, al Tatălui ceresc, e o gravă profanare și constituie un mare păcat. Ba chiar a hotărât ca acest nume să nu fie pronunțat de poporul evreu, ci numai de marele preot, în fața sfântului Altar.

De aceea îți recomand și ție, frate drag, ca tainele sfinte ce ți-au fost dictate să nu le comunici altora, ca nu cumva să fie negate sau hulite, și ca urmare, în mod indirect, să se aducă o mare ofensă Sfinților între sfinții sferelor create și ale Laboratorului.

Cele trei categorii de duhuri

Cu cât spiritul e mai bătrân, bagajul său de cunoștințe este mai mare, având putința să reveleze mai multe cunoștințe unui pământean.

Orice spirit poate vorbi despre probleme simple: modul cum moare un om, impresiile avute când a sosit în lumea noastră, felul cum își petrece ani și veacuri existența sa în spațiu.

Pentru a nu fi induși în eroare asupra unor probleme mai dificile, v-am recomandat să cercetați aceeași idee în mai multe cercuri de revelație - unde vi se îngăduie - și să cereți explicații asupra lor. Dacă răspunsurile date în mai multe locuri sunt identice, concluzia firească este să le credeți ca adevărate.

Se înțelege că în fiecare cerc de revelație vor comunica entități diferite. Însă trebuie să știți că duhurile vorbesc când vor, cui vor și cât vor. Ele nu sunt instrumente oarbe, la dispoziția pământenilor. Fiecare cerc își are iubiții săi cerești și fiecare entitate își are felul său de a se exprima și câmpul său de cunoștințe. Rămâne ca judecata voastră să cearnă cele comunicate, să aleagă cele ce sentimentul, logica, bunul-simț vă vor dicta că ar putea corespunde Adevărului. În orice caz, să nu lepădați comunicările cerești, ci să căutați să le controlați și în alte cercuri. Fenomenul este asemănător cu ceea ce se întâmplă când te duci într-o vizită și unul dintre musafirii gazdei expune anumite idei ce ți se par noi, necorespunzând analizei, criticii tale.

Delicatețea cere să nu le combați, să nu le negi, ci să cauți să te informezi și în altă parte, dacă ele sunt sau nu adevărate.

Există noțiuni și acțiuni cunoscute de toată lumea duhurilor. Iată, de exemplu, toată lumea spațială știe că fenomenul nașterii este mai greu de pătruns decât cel al morții. Despre asemenea adevăruri nu mai încap discuții. Însă, de îndată ce se trece într-un domeniu ieșit din comun, subiectul intră în domeniul ipotezelor.

Cu cât un spirit - liber sau întrupat - este mai evoluat, câmpul ipotezelor devine mai restrâns pentru el.

Exemplele lămuresc cel mai bine. Iată două ipoteze: existența Tatălui și a Fiului Său. Pentru omenirea trupească, ambele sunt ipoteze. Pentru mulți dintre noi, numai existența Tatălui este o ipoteză, pentru că nu e lângă noi ca să-L vedem. Dar existența Fiului nu mai este o ipoteză, pentru că El a fost printre noi și l-au văzut toate duhurile la vremea când a părăsit Tronul Său solar și a venit în misiune pe planeta noastră.

Nu se poate spune că duhurile nu au niciun sentiment față de existența Tatălui, pentru că există în noi toți, ca de altfel și în voi, o vagă amintire despre Tatăl nostru, de pe când eram în Sfera divină. Dar ce de ani s-au scurs de atunci! În plus, noi, superiorii Pământului, Îi auzim glasul.

Dar acum să intru în subiectul meu de azi. Evreii au trăit și evoluat ca noi, pe o altă planetă. La terminarea ciclului lor pe acea planetă, au fost supuși unui examen pe care nu l-au trecut. Pentru a întări oarecum spiritul lor, au fost readuși în Sfera divină, unde mediul și cuvântul Celor de acolo le-au reamintit de Tatăl și de ordinele Lui, după care - o parte dintre ei - au fost trimiși pe Pământ.

În veacurile îndepărtate au purtat diferite nume, iar acum sunt cunoscuți sub numele de evrei, iudei sau israeliți. În veacuri, evreii au trăit prin diferite țări și în vremurile existenței marii civilizații egiptene s-au reîntrupat și în Egipt, unii dintre ei fiind chiar preoți egipteni. Îngerii Pământului s-au întrupat și ei în sânul poporului egiptean, ca mari preoți. Unul dintre cei mai străluciți dintre ei a fost Guvernatorul planetei noastre, întrupat sub numele de Moise, care s-a mai întrupat în Egipt, în alte epoci și sub diferite nume: Hermes, Osimandias și altele.

Istoria ne prezintă poporul iudeu ca fiind format din oameni îndărătnici, neștiutori, siliți să muncească sub loviturile biciului, ca robi. Adevărul este că evreii n-au fost mereu robi în Egipt. Ei au venit în grupuri din Orient, au trăit o vreme independenți de egipteni, formând elemente aparte și reîntrupându-se chiar printre conducătorii egipteni. Atâta timp cât țara Egiptului a fost condusă de preoți, viața socială era cuminte, bogată și armonioasă, evreii au trăit foarte liniștiți în sânul poporului egiptean. Ei aveau dreptul să trăiască unde voiau și să-și exercite orice ocupație. Dar spiritele superioare, care conduceau ca preoți poporul egiptean, au părăsit planeta. Întrupându-se spirite inferioare celor plecate, puterea a căzut în mâna oamenilor profani, a faraonilor neinițiați. Din acel moment, începe silnicia și viața grea a evreilor, evoluția cerând ca poporul evreu să se separe de noile spirite întrupate în poporul egiptean.

Duhurile vin rând pe rând, în grupuri foarte mari, la reîntrupări pe această planetă. În timp ce grupul își face evoluția, sosesc și semigrupele. Grupul este o mare ceată de duhuri venite din alt sistem solar. Semigrupele sunt asociații de duhuri venite de pe altă planetă a acestui sistem solar.

În afară de aceste două categorii, există în sistemul nostru solar o grupare sosită direct de la Tatăl, din Sfera divină. Ei vin direct pe planeta inferioară a sistemului nostru, deci niciodată direct pe Pământ. Prin urmare, există un grup de duhuri sosite direct de la Centru - începătorii evoluției planetare în sistemul nostru solar, există grupul de duhuri care evoluează din planetă în planetă și grupul celor veniți din alte sisteme. Selecționarea lor se face de îngerii solari, în numele Guvernatorului solar.

Sosind din alt sistem planetar, noi, albii am fost repartizați pe Pământ de îngerii solari. Duhurile albastre trebuie să-și facă școala rând pe rând pe toate planetele acestui sistem solar. Duhurile roșii își fac școala numai pe anumite planete ale sistemului nostru.

Așadar, trei categorii de duhuri vin să evolueze în acest sistem solar: *virginii, planetarii* și *solarii.* Albii sunt de evoluție *solară,* albaștrii - de evoluție *planetară,* iar duhurile roșii - de evoluție *subplanetară,* întrupându-se pe planete tinere.

Evoluția noastră, a duhurilor albe, se face din sistem în sistem. Evoluția albaștrilor se face rând pe rând, prin toate planetele unui sistem, exceptând pe cele ale virginilor, iar duhurile roșii, după ce vor face școala pe anumite planete ale acestui sistem, trebuie să se întoarcă la Centru, de unde vor veni ca albaștri, pentru a-și continua școala planetară. Numai terminând toată gama de planete ale unui sistem vor trece și duhurile albastre la Centru, de unde vor trece pe un alt sistem. Noi, albii, după ce vom termina studiile pe această planetă, ne vom duce pe o altă planetă a unui alt sistem planetar. Prin urmare, evoluția noastră, a albilor, se face din planeta unui sistem solar în planeta unui alt sistem solar, iar nu din planetă în planetă, în cadrul aceluiași sistem solar.

Îngerii planetari conduc lumile întrupate pe fiecare planetă. Ei evoluează din planetă în planetă, ca oricare duh planetar.

Grupuri mari de duhuri albe au sosit pe această planetă. Înainte de nașterea lui Moise, o mare parte dintre ei a părăsit acest sistem solar. Înainte de plecarea lor, poporul evreu a ajuns să se confunde cu cel egiptean. La o vreme, aceste duhuri albe se concentraseră, reîntrupându-se în țara Egiptului. Cât timp au durat întrupările lor în Egipt, evreii trăiau fericiți și se întreceau cu egiptenii în credință și știință. După terminarea ciclului șederii lor, acest grup a părăsit planeta noastră, reîntrupându-se duhuri albe începătoare și duhuri albastre, care au preluat conducerea poporului egiptean. Din acest moment, evreii încep să fie înlăturați, boicotați, asupriți, încep amarurile vieții lor.

Tu te-ai întrupat de multe ori în țara Egiptului, atât în timpul primului grup, cât și în ceata celor rămași. Templele de la Theba și Memfis au răsunat de glasul multora dintre voi. Odată întronată domnia faraonilor neinițiați și slăbind conducerea preoților, s-a produs o separare între evrei și egipteni. Atunci s-a hotărât asuprirea evreilor. Primele semne ale tendinței egiptenilor de a subjuga evreii s-au remarcat cu o mie de ani înainte de nașterea lui Moise. Cu cât numărul reîntrupărilor din primul grup, al duhurilor albe evoluate, se împuțina, și evreii se întăreau în credința lor, egiptenii au început să-i persecute până la supunerea la munci grele. Cu mii de ani înaintea acelor evenimente, evreii au fost desconsiderați și de albii primului grup întrupat în țara Egiptului. Dar odată cu trecerea veacurilor, aflând taine de sus, au început să le respecte viața, avutul, credința și treptat i-au făcut amicii lor.

Când persecuțiile ajung la culme, spiritele albe fac apel la conducerea planetei, la Guvernatorul planetar. El se întrupează sub numele de Moise, coboară, se sacrifică, făcându-se om și se inițiază în templele egiptene. Apoi îi scoate pe evrei din Egipt și îi așează în țara Canaanului. De atunci evreul a fost separat de restul lumii și o nouă grupare de albi își face apariția pe această planetă, iar evoluția - față de evrei - se reia de la început. Vor trece din nou aproximativ treizeci de mii de ani până când se va stabili din nou o armonie între evrei și celelalte popoare.

Ciclul evoluției raporturilor dintre evrei și celelalte neamuri este următorul: la început - un antagonism puternic; apoi - separarea evreilor de restul populației globului; specularea și înșelarea de către evrei a tot ce e neevreu, ca un resentiment născut în urma neîncrederii și urii cu care evreii sunt tratați. Atunci coboară divinul Solar, restabilind armonia, prin noua credință a iubirii de semen.

Acum tu trăiești epoca de luptă dintre duhurile albe nou sosite și grupul duhurilor albe ale evreilor. Această epocă este antemergătoare armonizării. Va veni vremea încetării acțiunii lor contrarii și înlăturarea sentimentelor voastre contra evreilor, ca autori ale unor fapte nesocotite. O armonie frățească se va instaura între aceste două grupări. Atunci, duhurile albe ale Pământului, terminându-și școala acestei planete, vor pleca și ciclul se va relua.

Soarta duhurilor albe depinde într-o oarecare măsură de a duhurilor albastre și în foarte mică măsură de a duhurilor roșii. Duhurile roșii formează vulgul, iubit de evreu. Evreul vede cu un ochi mai blajin pe muncitor și țăran, și din instinct nu este contra lor, fiindu-le dușman numai din interes și pentru moment. De aceea evreul se arată ca apărător al țăranilor și muncitorilor. Conflictul începe într-o oarecare măsură cu duhurile albastre. Dar dușmanii declarați ai evreilor sunt duhurile albe și viceversa. Cu toate acestea, la sfârșitul ciclului, când se apropie timpul plecării, duhul alb nu mai are niciun resentiment, evreul bucurându-se de prietenia albului și astfel se împacă cei doi adversari seculari. Apoi ciclul începe de la cap.

Aceasta este misiunea evreului - să fie ghimpele, imboldul celorlalte neamuri - să mintă, să înșele, să trădeze, dar să fie model de solidaritate și credință adâncă.

Soarele - razele cosmice

Cu câtă dragoste ne silim să vă facem atenți, să vă pătrundeți de vremelnicia vieții voastre trupești! Toate puterile noastre spirituale le punem în joc, să înțelegeți veșnicia vieții spirituale.

În comunicările noastre vă oferim toate genurile de cunoștințe și descrierea diferitelor forme ale vieții spațiale. Când avem un medium bun, vă aducem un om simplu să vă vorbească. De multe ori am făcut apel și la forțele sublime ale lumii noastre, rugându-le să vă spună cuvântul lor de înaltă înțelepciune. Din compararea acestor comunicări, dobândiți o noțiune concretă, despre ceea ce poate face răbdarea și silința omului, dacă urmează în viața lui terestră linia dreaptă a unei conduite ireproșabile. De la ignoranță te ridici la cunoștințe uimitoare și de la o slabă iradiere - la străluciri orbitoare.

Voi vreți să aflați Adevărul într-o viață terestră, care este o clipă față de eternitatea timpurilor. Noi alergăm de milenii să-l aflăm. Noi cunoaștem starea sistemului nostru solar. Voi bănuiți ceva, dar nu știți și doriți să aflați cum își duc existența planetele acestui sistem.

Există planete - unele inferioare iar altele superioare - locuite de oameni trupești. Pe unele trăiesc oameni înzestrați cu daruri spirituale, astfel, ei aud, văd și simt spiritele din jurul lor. Există planete populate numai de duhuri, fiind lipsite de oameni trupești. Au avut și ele cândva viață trupească, dar acum sunt pustii, iar în jurul lor există numai spirite ca pe Luna voastră.

Trupul este materializarea corpului fluidic. Pământul pe care umblați este materia noastră fluidică - transformată și ajunsă la ultimul grad de concentrare. Noi nu-i zicem materie fizică, pentru că în starea ei materializată conține și fluid psihic, invizibil vouă, dar vizibil simțului nostru general.

Voi vedeți corpurile, numai dacă sunt luminate, noi vedem radiațiile emise de corpuri. Aceste radiații străbat pereții tuturor corpurilor, oricât de opace ar fi, și astfel le vedem oriunde ar fi puse.

Din seria nesfârșită de radiații distingem două mari categorii:

1. *radiații cosmice* - emanații fluidice plecate din Sfera divină, inundând întregul cosmos;

2. *radiații astrale* - emanații emise de orice planetă sau soare.

Lumea terestră crede că lumina solară pleacă din soare, călătorește prin spațiu sub formă de lumină și, ajungând pe pământ, face ca voi să aveți lumină și deci, posibilitatea de a vedea tot ce există în jurul vostru.

Realitatea este că lumina voastră din timpul zilei nu vine ca atare de la soare.

Ca probă de acest fapt este că dacă v-ați urca în spațiu, așa cum putem noi să ne urcăm, ați vedea soarele ca orice stea - bineînțeles, mai mare, fiind mai aproape, iar în jurul vostru ați constata o beznă completă. Privind în jos, către pământ, l-ați vedea luminat din toate părțile de o lumină specială, numită de noi *lumină fluidică.*

Între pământ și soare văd *unde vibratorii, fascicule ondulatorii,* sosind de la soare. Observ în jurul soarelui lumina sa proprie. O asemenea lumină are și pământul. Lumina ce înconjoară soarele se prezintă ca o aureolă de jur-împrejur, identică cu ea însăși. Când privesc pământul, văd în jurul său lumina sa fluidică, dar în partea pământului îndreptată spre soare, cu toate că și pământul și soarele se învârt în jurul axei lor proprii, observ mereu o coadă de lumină, ce dă impresia că este atrasă de soare. În călătoria sa în jurul soarelui, pământul prezintă mereu în partea dinspre soare o coadă, ca o cometă. La toate planetele sistemului nostru întâlnim acest fenomen.

M-aș duce mai departe, dar nu pot; nu avem dreptul și nici putința să hoinărim prin sistemul nostru planetar, decât în anumite misiuni și cu aprobări speciale. Nici vorbă să colindăm dincolo de sistemul nostru planetar. Slavă Celui veșnic, că avem libertatea să călătorim în jurul planetei noastre. Pentru noi e un dar divin că putem să mergem să ne îmbăiem în oceanul fluidic ce înconjoară planeta noastră.

Din globul terestru văd ieșind o lumină ce se îndreaptă ca o coadă către soare. În această situație, pământul se poate compara cu o minge pusă într-o plasă și ținută de soare. Grație acestei cozi, pământul pare luminos pe partea îndreptată către soare. Dar pentru mine și partea opusă este luminată, dar nu atât de puternic ca cea dinspre soare.

Privind mai cu atenție spre pământ, spre partea sa opusă soarelui, vedem un evantai de lumină. Acest evantai nu este nici al pământului, nici al soarelui. El vine din depărtări, din Sfera divină și se vede cum este atras de pământ, de partea sa opusă soarelui. Această lumină cosmică este hrana, viața duhurilor din jurul acestei planete și a tuturor, de pretutindeni. Ea este laptele cu care ne hrănește Mama noastră – Sfera divină.

Ajungând în dreptul pământului, această lumină invizibilă este suptă de pământ tot așa cum un copil suge laptele mamei sale.

Dar observăm un lucru deosebit: în emisfera terestră îndreptată spre soare, lumina cosmică este respinsă. Soarele trimite spre pământ raze fluidice. Forța de emisie a razelor fluidice solare fiind foarte mare, resping oarecum razele cosmice ale Sferei divine din dreptul emisferei terestre îndreptate spre soare.

Numai în dreptul spațiilor dintre planete, razele cosmice ale Sferei divine merg direct spre soare și îl învăluie tot așa cum învăluie pământul și celelalte planete. Dacă am presupune că soarele nostru n-ar avea nicio planetă, razele cosmice ar sosi de jur-împrejurul soarelui și l-ar pătrunde.

Razele fluidice solare resping lumina cosmică datorită atracției exercitate de planeta noastră asupra razelor solare.

Razele solare au o anumită electricitate, iar razele cosmice sosite din Sfera divină au o altfel de electricitate. Electricitatea Mamarului este *alternativă* – când pozitivă, când negativă.

Electricitatea soarelui este constant pozitivă. Din această cauză, soarele primind razele cosmice, uneori le va atrage, iar alteori le va respinge. Acest echilibru se va menține miliarde de ani, până când soarele va deveni o planetă.

Schimbul acesta între Sfera divină și soare nu este atât de simplu pe cât s-ar crede, fiind tulburat de influența tuturor planetelor din sistemul nostru. Într-adevăr, toate planetele, primind radiații electrice, devin adevărați acumulatori electrici. Soarele este asemănător unui dinam uriaș, unui generator care prin învârtirea în jurul axei sale, dezvoltă mereu forța electrică iradiată în jur. Acest dinam este pus în mișcare de razele cosmice sosite din Sfera divină. Viața acestui astru depinde, numai de aceste raze cosmice, fără ele, s-ar stinge, ar pieri.

Aceleași raze cosmice întrețin și viața planetelor.

Razele cosmice sunt respinse între pământ și soare. Aparent, razele solare par a fi mai puternice decât cele cosmice. În realitate, razele cosmice sunt infinit mai puternice, ele inundând tot cosmosul, pe când razele solare depășesc cu puțin împărăția Soarelui. Soarele trimite planetelor razele sale, dar și ele îi trimit pe ale lor, și astfel intervine al treilea factor fluidic, pe care îl vom numi *raze astrale*. Prin urmare, avem trei feluri de raze electrice: *cosmice, solare* și *planetare*.

De îndată ce sosesc la suprafața pământului, razele astrale sunt transformate, oricum ar fi ele, în raze electrice neutre.

Soarele este un dinam emițător de electricitate pozitivă. Pământul și Luna sunt acumulatori de electricitate negativă. Razele solare și cosmice sunt raze de energie.

Razele astrale sunt numai regulatorii de energie, contrabalansând electricitatea pozitivă a soarelui cu cea negativă a pământului, deci razele astrale echilibrează energia din jurul pământului și a vieții de pe suprafața sa.

Am vorbit despre energie și viață. Dar ce este energia și viața?

Ca să existe, spiritul are în el viață. Puterea pe care o emit din mine ca să fac ceva sau să gândesc se numește energie. Vrând-nevrând am viață, iar forța emisă ca să produc o lucrare oarecare este energia.

Să nu se confunde energia cu voința spiritului. Voința este starea automată a spiritului care dă o directivă energiei. Voința este a mea proprie, pe când energia îmi vine din afară, de la Mamar și Soare.

Ce departe este Mamarul de mine! Și totuși, cât de aproape! E chiar lângă mine. Divinitatea este aici, lângă mine și în mine, reprezentată prin raza cosmică, corp din corpul Tatălui, prin care, fără știrea mea, El îmi trimite energie.

Dar nici Fiul nu mă uită. Aceste două raze pătrund în mine și mă polarizează, adică fac din mine o mașină electrică având doi poli.

Pământul, Soarele și chiar Mamarul au doi poli - unul pozitiv și altul negativ. Așadar, Mamarul este trupul Divinității, apoi Soarele este trup din trupul Divinității, iar Pământul - trup rupt din Soare. La rândul meu și eu, duh, sunt reprezentantul Divinității.

La nașterea sa, copilul este întâmpinat și scăldat de diferite raze. Astrul sau planeta aflată în dreptul meridianului său are forța cea mai mare față de toate celelalte astre. Raza emisă de acest astru vine și produce anumite tulburări ale razelor solaro-cosmice. Din acțiunea lor reciprocă se naște o *rezultantă,* care va intra ca o componentă permanentă a întregului corp eteric al spiritului întrupat. Cu această ștampilă va trăi spiritul întrupat tot timpul vieții sale terestre.

Prin urmare, aceste raze astrale vor avea consecințe pentru toată viața întrupatului. Această rază astrală a stabilit o anumită legătură și un anumit raport între corpul duhului și corpul vital al trupului său.

Astrologia celor vechi avea un fond de adevăr. Ea este o știință necunoscută de cei ce azi se pretind astrologi.

Numai inițiații noștri cunosc datele astrologiei, numai ei cunosc ce reacții și combinații eterice au avut loc la întâlnirea razelor cosmice, solare și astrale, cu ocazia venirii duhului în lumea terestră.

Din cele de mai sus s-a văzut că atât corpurile cerești, cât și duhurile de toate categoriile sunt polarizate. Omul trupesc are în ființa sa energie pozitivă și negativă, la fel și corpul vital, planetar, solar, universic, cosmic, duhual, fiular și tatar.

Razele cosmice, solare și astrale pătrund prin masa pământului către centrul său, unde suferă prefaceri. Astfel, razele solare pătrunse în interiorul pământului sunt transformate din pozitive în negative și apoi eliminate și trimise soarelui. Raza astrală încarcă pământul cu energie neutră. Sub influența acestei forțe, pământul absoarbe din exteriorul său razele cosmice. Prin urmare, se produc absorbiri de raze la suprafața pământului și prefaceri în centrul său.

Aceste energii lucrează unele asupra altora, producând o frământare de curenți în miezul pământului și apoi sunt emise sub alte aspecte sau tipuri de energii. Din reacțiile acestor energii, pământul se comportă ca un corp viu, electrizat.

Lumina și căldura de la suprafața pământului

Se știe că la suprafața pământului aerul este cald. Cu cât te înalți, cu cât te îndepărtezi de suprafața pământului, aerul devine din ce în ce mai rece.

Se pune întrebarea: De ce la suprafața pământului, aerul este cald și luminos, pentru voi, oamenii trupești?

La suprafața pământului - pe partea îndreptată spre soare - se întâlnesc razele solare invizibile, de natură electrică pozitivă, cu razele electrice negative ale pământului. Din unirea lor, secundă de secundă, se produc miliarde de scântei electrice microscopice, care în totalitatea lor permanentă formează *lumina* și *căldura* terestră.

Prin urmare, lumina și căldura fizică nu se produc decât aici, în preajma globului terestru. Mai departe de pământ e frig și întuneric pentru voi, dar pentru noi, duhurile, e lumină, pentru că înotăm asemenea astrelor într-un fluid universic luminos prin el însuși.

Lumina și căldura percepută de voi nu vine de la soare, ci se produce aici, în jurul pământului, prin combinarea razelor electrice pozitive solare cu razele electrice negative terestre.

Voi numiți căldură și lumină combinația electrică pe care o simțiți, dar nu o vedeți. Noi numim lumina și căldura pur și simplu *energie,* energie de gradul *a* și energie de gradul *b.* Noi avem facultatea de a aduna în jurul nostru aceste energii, până putem zice că ne-am copt sub ele. Dar deținem și știința de a ne răci sau descărca de aceste energii.

Materia eterică a cosmosului este formată din particule eterice, iar ele fiind corpuri electrice și în același timp în vibrație, sunt luminoase. Totalitatea particulelor eterice formează *lumina cosmică,* denumită pe vremuri *lumina astrală.*

Spațiile siderale ale întregului cosmos sunt pline de lumină invizibă ochilor omului întrupat. Am spus că pe partea sa opusă soarelui, pământul absoarbe raze cosmice, care dau viață planetei noastre. Dar pe partea îndreptată spre soare, pământul primește razele solare, contribuind și ele la viața a tot ce există pe pământ.

Raza cosmică, suptă de partea pământului opusă soarelui, nu se îndreaptă direct, după raza pământului, spre centrul său, ci pământul rotindu-se în jurul axei sale, o deviază și astfel raza cosmică face un circuit într-o singură direcție, în scoarța terestră.

Raza solară, pătrunzând și ea prin coaja pământului, se întâlnește în adâncul pământului cu raza cosmică, producând o reacție în urma căreia razele pozitive ale soarelui sunt transformate în raze negative și apoi sunt respinse înapoi, spre soare.

Pământul e un acumulator și în același timp un transformator. Între pământ și soare se produce mereu un schimb de raze. Un asemenea schimb permanent de raze eterice are loc între toți sorii și Sfera-Mamar.

Noi, duhurile, ne hrănim cu raza mamară dar acumulăm și raze solare.

Voi faceți același lucru, dar invers, și în plus, în momentul nașterii voastre, acumulați și raze astrale sau planetare neutre.

Iată, printre alte cauze, pentru ce ziua, când sunteți scufundați în trup, nu mai puteți comunica cu noi. Raza neutră astrală acumulată în momentul nașterii voastre a produs un câmp electric, asemănător unui voal impermeabil, împiedicând văzul, auzul și simțul spiritului vostru să ia cunoștință de lumea spirituală a spațiilor.

După ce au făcut înconjurul lumilor și au acționat asupra tuturor corpurilor cerești mari și mici, razele cosmice se întorc în Mamar. Ele sosesc la fiecare soare, intră în masa lor și aici sunt utilizate și transformate. Au intrat pure și ies impure.

Fiecare soare se dilată și inspiră raze cosmice. Intrate în interiorul unui soare, razele eterice mamare întrețin viața, activitatea astrului respectiv, după care devin impure, fiind eliminate din soare printr-un fel de expirație, pentru a se întoarce în Mamar, de unde au venit.

Raza cosmică sosită din Sfera-Mamar și inspirată de un soare ar putea fi numită *viață,* iar raza cosmică respinsă sau expirată de soare ar putea fi numită *neviață* sau rază lipsită de energie.

Razele soarelui venite la suprafața pământului - fiind o emanație - sunt oarecum, impure. Prin natura lor razele solare sunt distructive, dătătoare de moarte, dacă ar lucra singure.

Să nu vi se pară curioasă afirmația mea; acesta este purul adevăr. Razele cosmice sunt întreținătoare de viață, iar razele solare sunt aducătoare de moarte.

Cât privește puzderia de astre de pe firmament, ele nu pot întreține viața de pe pământ, fiind prea departe. Rolul lor este redus la neutralitate.

Sorii expiră din corpul lor raze cosmice impure, care trebuie să se întoarcă la Centrul creațiilor, pentru a se purifica și a fi trimise din nou în lume, să întrețină viața de pretutindeni.

Luna, satelitul Pământului, este și ea un acumulator ce absoarbe raze cosmice, care însă îi sunt absorbite de pământ. Din această cauză Luna nu poate avea viață fizică pe suprafața sa. Totuși noi, duhurile, putem trăi în jurul Lunii, căci deși, datorită slabei sale absorbții, primește o cantitate mai mică de raze cosmice, aceasta ne este suficientă să putem viețui pe ea.

Pământul îi absoarbe Lunii viața sosită de la Centru, din Sfera-Mamar. Iată de ce nu orice duh poate trăi pe Lună. Traiul pe Lună nu este posibil decât spiritelor conducătoare ale Pământului. Acolo nu pot trăi spirite albastre și roșii, ele s-ar sufoca din cauza cantității mici de energie cosmică. Noi, albii, putem trăi pe Lună, pentru că deținem știința de a absorbi, de a ne hrăni rațional cu această materie. Noi știm cum să respirăm și să combinăm raza solară cu cea cosmică.

Dacă Luna are o cantitate mică de raze cosmice în jurul ei, din cauză că în mare parte câmpul său electric, solaro-mamar, îi este atras de pământ, în schimb soarele are în jurul său o atmosferă de raze cosmice la o mare presiune. Câmpul electromagnetic din jurul soarelui nu poate îngădui traiul decât îngerilor solari. Pentru duhurile Pământului acest câmp electric ar fi periculos, neștiind cum să se apere de influența acestei uriașe uzine electrice. Numai sub protecția îngerilor solari, un duh terestrian ar putea sta temporar în Soare.

Ce iad, ce foc, ce căldură trebuie să fie în soare - ați zice voi - și cum de pot trăi duhurile într-un asemenea mediu supus la mari forțe electrice. Da, e căldură și lumină pe soare, ca și pe pământ, ca rezultat al reacțiilor electrice produse în jurul lui, dar și entitățile angelice de acolo au știința să producă reacții cu care să se apere de aceste acțiuni. Acolo unde vă închipuiți că nu există condiții de viață, îngerii duc o viață negrăit de fericită.

Focul luminează, dar nu este lumină, el încălzește, dar nu este căldură. Lumina este de natură electrică, iar căldura este rezultanta combinațiilor electrice de sens contrar.

Iarăși repet ceea ce am mai afirmat. În Ceruri nu există nicăieri noapte, ci numai zi. În spațiile cosmice nu există căldură, ci numai frig, simțit de noi, dar fără să aibă o influență asupra noastră.

Noi binecuvântăm pe Creatorul nostru pentru marea Sa binefacere de a nu fi făcut noapte și pentru noi, care nu dormim și nu ne odihnim.

„Cum, voi nu dormiți niciodată?" ne-ați putea întreba. Nu, nu dormim în sensul dormitului vostru. Dar un duh, tot meditând, tot lucrând, se descarcă de energia electrică acumulată în corpul său spiritual, și atunci are nevoie de un moment de oprire, pentru a se încărca cu energie venită de la Mamar.

Trupul, vehiculul duhului întrupat are nevoie de somn pentru că spiritul, tot lucrând ziua, pierde din energia sa și e nevoie ca în timpul nopții să iasă din trup, pentru a se reîncărca cu energie cosmică. Laboratorul, Tatăl central care îi încarcă acumulatorul nu doarme, ci este veșnic treaz și activ, trimițându-i mereu energia Sa.

Materia planetei noastre este mereu distrusă de razele solare și prefăcută de marele transformator - razele invizibile cosmice. Razele soarelui distrug mereu materia trupului omenesc. Credința voastră este că soarele este dătător de sănătate și viață, dar realitatea este altfel de cum credeți voi.

Mamarul ne trimite viață. Dimineața, omul se deșteaptă și începe activitatea sa. El cade sub influența razelor solare. De dimineață până seara razele soarelui îi distrug celulele trupului. Noaptea, sufletul absoarbe razele cosmice și reface, prin materializare, celulele trupului. Razele cosmice sunt constructoare, iar razele solare - distructive.

Ziua, razele solare distrug trupul uman, dar nu au nicio influență asupra duhului, el nefiind sub legile materiei tangibile, sub influența distructivă a soarelui. Asemenea corpului spiritual și trupul se hrănește noaptea, din ceea ce a consumat și asimilat ziua.

Dintr-un anumit punct de vedere și soarele întreține viața pe pământ. Într-adevăr, dacă ziua soarele aduce moarte, noaptea razele sale acumulate contribuie la viața celulelor.

Spiritul este unitar, pentru că el se servește pentru întreținerea sa numai de razele cosmice din Sfera-Mamar. Corpul vital este un dualist, deoarece se hrănește și cu raze solare și cu cele venite din Mamar. Ziua, corpul vital absoarbe raze solare, pe care noaptea le combină cu razele cosmice mamare și astfel se întreține viața celulelor sale vitale. În fine, trupul este trinitar, fiind hrănit cu trei elemente. La menținerea energiei trupului, concură trei forțe: pământul - cu componentele sale, soarele - cu razele sale și Sfera divină - cu razele cosmice mamare.

Așadar, omule, trebuie să consumi alimente ca să ai forță planetară în tine. Trebuie să te miști sub soare, ca să acumulezi razele sale, care vor reacționa la noapte asupra razelor cosmice. Nu mănânci - mori. Nu te vede soarele - trupul ți se reduce. Nu dormi noaptea - în curând vei muri.

Dacă nu dormi noaptea, mii de globule roșii din sângele tău vor muri, deoarece nu are loc reacția produsă prin combinarea razelor cosmice cu razele solare acumulate în timpul zilei. Astfel raza solară intrată în timpul zilei în globula roșie nu întâlnește energia cosmică, și rămânând singură, distruge globula roșie.

Spațiile sunt pline de unde-gânduri

Când omul a trecut pragul vieții trupești constată că a plecat din lumea iluziilor și a intrat în lumea realităților. Cât a trăit pe pământ i-au fost ascunse tot trecutul său și toate cunoștințele sale anterioare. Revenind în lumea noastră duhul își reia firul amintirilor, al nesfârșitului său trecut și intră în deplina posesie a cunoștințelor sale. Micile etape ale vieții trupești se estompează și își vede șirul lung al experiențelor culese aici sau pe alte planete.

Spiritul viețuiește adevărata și nesfârșita sa viață numai în spațiu. Dascălul urmărește cu răbdare pe elevul din clasa I primară, care învață să scrie. Cu răbdare îngerească, îngerii ne instruiesc pe noi, nepriceputele duhuri umane. Lumea angelică a Pământului este o lume de savanți, față de duhurile umane. Erudiția lor este atât de vastă, încât, dacă ar fi posibil să fie comunicată direct vreunui savant de-al vostru, acesta n-ar pricepe o iotă și ar rămâne cu gura căscată.

La anumite epoci și în anumite locuri, îngerii adună grupuri de duhuri albe și le comunică din cunoștințele lor. Duhurile audiază, dar n-au dreptul să întrebe de ce e așa și nu altfel. Ascultă și atâta tot.

Dar și memoria noastră, a duhurilor albe, are o limită. Nu putem învăța dintr-o-dată totul. Nu ne rămâne decât să ne întrebăm unii pe alții, cei ce au audiat acele cursuri. Unul afirmă, altul combate, dacă i s-a părut că a reținut mai bine, învățând din aceste comentarii și contradicții.

La discuțiile noastre asistă câteodată și câte un înger, care se „amuză" de neînțelegerile noastre.

La timpul fixat îngerul va repeta din nou aceeași lecție. Repetarea se face în Cer, ca și pe pământ, căci ea este mama învățăturii.

De multe ori suntem chemați să ascultăm teze și antiteze, susținute în mod contradictoriu de doi îngeri. Aceeași problemă este văzută și susținută contradictoriu ca și în tribunalele voastre.

Știința este una și aceeași, dar predarea ei se face sub două aspecte.

Comunicarea Tatălui ceresc nu este propriu-zis o poruncă sau o pedeapsă – pentru că El a dat copiilor săi libertate, liber arbitru, din primul ceas al creării lor – ci este o problemă nouă, pe care să o studieze și să o aplice după înțelepciunea lor. Problema se referă la ceea ce trebuie făcut pentru ca o planetă sau soare să progreseze împreună cu făpturile ce își duc traiul pe ele. Studiile și punerea în practică a acestor noi probleme solicită mii de ani, iar rezultatele aplicării lor vor fi aduse apoi la cunoștința Tatălui.

În afară de lumea supremă a îngerilor de pe planeta noastră, niciun duh uman nu aude frecvența undei-gândire a Tatălui ceresc. Câte convorbiri, câte cântece sau expuneri științifice au loc în momentul acesta pe suprafața pământului vostru! Toate umplu spațiile pământului, trec pe lângă voi, dar nu le auziți.

Numai dacă reglezi aparatul de radio la frecvența lungimii de undă a unui anumit post radiofonic, vei auzi din noianul de emisiuni radio, pe cea de pe frecvența aleasă.

La fel se întâmplă și cu unda-gândire a Tatălui ceresc. Ea circulă prin univers, dar toate spiritele umane sunt surde pentru această undă. Numai duhurile angelice și Guvernatorii de planete sau sori o aud și îi înțeleg sensul.

Tatăl central a dat o nouă *problemă-evoluție*. Ordinul a sosit. Guvernatorii solari și planetari iau cunoștință și comunică lumii angelice de sub ei noua problemă-evoluție. Lumea îngerilor o studiază contradictoriu ani și ani. La discuția îngerilor nu pot asista alte duhuri, deoarece frecvența undelor de gândire a îngerilor este superioară celei a duhurilor albe și aceștia n-ar înțelege nimic, sau mai exact, nu ar auzi nimic. Duhurile albe ar avea sentimentul că îngerii discută, dar nu vor percepe nicio undă-gând.

Când problema de pus în acțiune a fost pe deplin înțeleasă și găsite mijloacele de aplicare, îngerii adună spiritele albe în Lună, făcându-le cunoscută și lor noua etapă evolutivă, ce trebuie pusă în practică în lumea trupească.

În lumea spațială există o regulă: *Ce aude un duh roșu este auzit și de superiorii săi - albaștri, albi și îngeri, dar ceea ce aude un înger nu aude duhul alb și subalternii săi.*

Prin urmare, spațiile universului nostru răsună de convorbirea Guvernatorilor solari, de glasul îngerilor solari de pretutindeni sau de ordinele îngerilor planetari, date duhurilor umane de pe miliardele de planete. Aceste unde-gânduri trec pe lângă urechile pământenilor, dar trupul lor neputând prinde undele vibratorii înalte, nu au nicio cunoștință de ele.

Regula generală este: *Cel mic nu aude niciodată pe superiorii săi. Duhul inferior înțelege numai când superiorul coboară unda gândirii sale la vibrația corpului duhului inferior.*

Să presupunem că duhurile albe ar fi în putință să audă unda-gândire a îngerilor. Evoluția albilor nu le-ar permite să înțeleagă problema-ordin dată.

Să dau un exemplu. Un profesor se duce la țară să predea algebra unor oameni care nu știu carte și apoi pleacă. Ce au înțeles acei oameni? Nimic. Același lucru s-ar petrece dacă un înger ar da duhurilor albe ordinul, noua problemă de evoluție, așa cum a sosit ea; ei n-ar pricepe nimic.

Ordinul trebuie tradus, coborât la înțelegerea duhurilor albe, până la gradul evoluției lor.

Aici, se cuvine o paranteză: predarea învățăturii jos, pe pământ, de către dascălii voștri, este pe treapta cea mai de jos la școala primară. Este ceva mai ridicată în liceu și cu mult mai înaltă în universitate. Trebuie să știți că alături de cei 40-50 de elevi din clasa primară sau secundară, stau ciucuri mii și mii de duhuri roșii, care caută să audieze și să memoreze învățătura dată duhurilor întrupate, cunoștințe pe care nu au avut ocazia până atunci să le învețe. Pe lângă elevii trupești, văzuți de voi, ascultă o puzderie de duhuri-elevi nevăzuți. Ce de duhuri albastre audiază cursurile universitare, iar la conferințele marilor savanți ai pământului asistă mii și mii de spirite albe, nu ca să învețe, ci să controleze cunoștințele acestor savanți - duhuri albe întrupate. Acum închei paranteza.

Una auzim noi pe Lună, alta auziți voi pe pământ. O, ce întunecat este bietul nostru frate, când îmbracă haina de lut!

Și iarăși repet. Când un spirit superior se află în preajma unui spirit inferior, acesta nu vede și nu aude glasul gândirii spiritului superior. Nu-l simte deloc, chiar de l-ar atinge, nu-l vede și nu-l aude, pentru că vibrațiile spiritului superior nu pot fi primite și înțelese de cel inferior. Numai dacă spiritul superior vrea să se facă văzut, auzit și simțit, coborând frecvența, numărul vibrațiilor sale până la gradul celui inferior, vibrațiile lor fiind egalate, duhul inferior îl va vedea, auzi și simți pe cel superior.

Așadar trec spirite pe lângă spirite și nu se văd. Duhul roșu nu va vedea niciodată pe cel albastru. Duhul albastru nu va vedea entitățile spirituale albe, iar acestea, la rândul lor, nu vor ști de prezența unui înger. Și așa mai departe.

Pe același principiu - Tatăl ceresc, Ființa supremă nu va fi văzut de niciun spirit. Numai când El vrea poate fi auzit și simțit de strălucitele Forțe divine, aflate în slujba Sa, în jurul Său.

Cât de fin e duhul spațial față de omul trupesc! Când vorbește un întrupat, duhul roșu de lângă el spune: „O, ce tare vorbește omul ăsta!" Duhul albastru compară vorbirea întrupatului cu strigătul, iar pentru duhul alb, vorbirea întrupatului pare o adevărată detunătură de pușcă. Ce să mai vorbim de impresia făcută de vorbirea umană asupra unui înger! Este insuportabilă, corpul diafan al îngerului suferind de grosolănia vibrațiilor vorbirii umane. Iată de ce spiritele superioare se îndepărtează de zgomotul infernal de la suprafața pământului.

Coborârea entităților superioare în sferele roșii de la suprafața pământului este un adevărat calvar, un mare sacrificiu, la care se supun din dragoste, pentru a-și ajuta frații în existența lor pământească.

Îngerii nu aud toate ordinele centrale, de pe toate planetele sau stelele. Există o gamă lungă de vibrații-ordin. Ei vor auzi numai vibrațiile-ordin referitoare la planeta, soarele sau universul lor. În primul rând, ordinele sunt auzite de Guvernatorii solari sau Stăpânii sistemelor. Cum sorii sunt de diferite grade de evoluție, se înțelege că anumite ordine vor fi recepționate de Guvernatorii de pe anumiți sori.

Guvernatorul sistemului respectiv va lua cunoștință și va înțelege perfect sensul ordinului. Apoi, El îl va face cunoscut îngerilor solari de sub El, și Guvernatorului planetei la care se referă acea problemă-evoluție. Guvernatorul planetar îl aduce la cunoștința subalternilor, a îngerilor planetari și numai după aflarea înțelesului său, ordinul va fi comunicat spiritelor albe ale acelei planete, pentru a fi pus în practică, pe spinarea duhurilor albastre și roșii din Cer și de pe pământ.

După mii și mii de ani, acest ordin-problemă de evoluție se schimbă cu altul. Schimbarea ordinului-evoluție este în raport cu progresul materiei ce compune planeta sau soarele respectiv. Schimbarea materiei planetare și solare este în funcție de puritatea și evoluția fluidului ce însoțește ordinul-evoluție.

Cine a contribuit la preschimbare în mai fin a acestor fluide? Tatăl central - prin curentul Său electromagnetic, și Fiul Său, Guvernatorul solar - prin razele globului Său solar.

Fluidele unei planete evoluează de la roșu la albastru, și de la albastru la alb. Planeta noastră are momentan toate cele trei categorii de fluide. Există planete care au un fluid cenușiu, inferior fluidului roșu al nostru, dar sunt altele cu un fluid violet, trandafiriu, verde etc., superior albului nostru.

Pe măsura evoluției fluidului atmosferei Soarelui nostru, vor fi auzite ordine tot mai înalte de cei de acolo. Când fluidul Pământului se va purifica și mai mult, oamenii trupești vor auzi glasul nostru, ne vor vedea și simți, captând cu toții vibrațiile noastre.

La anumite epoci, numai în mod excepțional și pentru anumite interese cerești, fluidul fin al planetei noastre și mai ales cel solar se pot combina cu fluidul corpului vostru vital, făcându-vă mediumi văzători sau auditivi.

Intuiția

Toate adevărurile cunoscute de voi până acum, le-ați aflat de la noi. De multe ori, prin compararea celor știute, prin inducție și deducție, prin puterea *intuiției,* duhul ajunge să descopere un adevăr.

Dar ce este intuiția? *Intuiția este puterea omului de a ghici adevărul, prin datele cunoscute de duhul său, și scoase la iveală prin raționament și pe calea analogiei.*

Din adevărurile aflate de la îngerii noștri, și care zac în adâncul nostru, știm că în univers există patru feluri de planete:

1. planete solide, minerale - ca și pământul vostru;

2. planete moi, lichide - ca și carnea sau gelatina voastră;

3. planete aeriene, gazoase - având pe suprafața lor plante, animale și oameni cu trup de natură gazoasă;

4. planete cu o consistență eterică sau fluidică.

Fiecare fel de planetă constituie pentru viețuitoarele ce trăiesc pe suprafața ei un mediu de cultură conform legii: *Fiecare planetă își va avea viețuitoarele ei, de aceeași tărie și făcute din materia planetei pe care trăiesc.*

Așa fiind, deducem - și îngerii noștri ne-au confirmat - că în univers există patru feluri de umanități, corespunzătoare celor patru feluri de medii de cultură, sau de planete:

1. *umanitate solidă* - cum sunteți voi, socotiți solizi după prezența oaselor voastre formate din substanțe minerale solide;

2. *umanitate lichidă* - formată din substanțe planetare moi ca și carnea unei râme;

3. *umanitate gazoasă* sau *aeriană* - având trupul de consistența fumului ce iese pe coșul vostru;

4. *umanitate fluidică* - cu un corp format din eter, asemănător duhului de curând destrupat, de aici, de pe Pământ, dar bineînțeles, de o densitate ceva mai mare decât corpul meu planetar, care e tot un eter, dar cu mult mai rarefiat.

Oricare ar fi consistența unui om, de pe oricare dintre aceste patru feluri de planete, el trebuie să lucreze ceva, să nu stea, spiritul lui să fie mereu preocupat, pentru că din activitate decurge atenția și observația. Din ele duhul va deduce învățăminte și se alege la capătul unei serii de viețuiri cu o sumă mare de cunoștințe ce vor mări capitalul adunat în seria nesfârșită a secolelor.

Nimic nu stă pe loc în lume. Totul se mișcă, totul este în activitate, după care urmează un progres, o ascensiune pe scara cunoașterii și mai apoi a puterii. Repaus, ședere, oprire nu există nicăieri și niciodată. În lumea fluidică nu există decât muncă și viață veșnică. Același lucru în lumile gazoase. În lumile lichide există o activitate mai redusă, dar nu există moarte. Numai în lumile solide există fenomenul morții și repausul aparent al trupului - somnul.

Dacă cineva ar întreba un duh: „Cine te-a făcut?", el va răspunde: „Tatăl meu din Centrul creațiilor m-a emanat. Nu-mi mai amintesc altceva, deci nu pot argumenta și mai cu seamă nu pot aduce dovezi, dar nu-L pot nega. Rațiunea care funcționează în mine îmi revelează că sunt fiu de Dumnezeu, dar nu sunt Dumnezeu. Văd ce există în jurul meu și-mi dau seama că funcționez și judec. Constat că duhul întrupat într-un animal are inteligență și posedă un fragment de rațiune, dar nu are intuiția mea de om, nu este ca mine. Duhul animal este tot o emanație divină, dar este un om incomplet. Duhul vegetal posedă ca și mine inteligență, dar nu are nici intuiție, nici rațiune."

În rezumat: duhul mineral dormitează, duhul vegetal are inteligență, duhul animal are inteligență și puțină rațiune, iar omul are inteligență, rațiune și intuiție.

Spuneam că Fiii divini ne-au redus din facultățile memoriei noastre divine, dar nu ne-au luat-o cu totul. Cunoștințele și memoria ne-au fost întunecate, dar memoria, ca facultate, ne-a fost lăsată, și cu ajutorul ei vom învăța în veșnicie. Prin urmare, noi, duhurile, posedăm *inteligență, voință* și *memorie*. Cu ajutorul acestor facultăți trebuie să lucrăm, să conducem și să guvernăm, în viitor, tot ce va veni din infinit.

Infinitul este inactiv, noi trebuie să-l activăm. Divinitatea n-a cuprins tot infinitul. S-a dilatat și a crescut întruna, dar nu a putut cuprinde decât o mică parte din infinit. Rămâne ca noi, părți din El, să ne străduim și cu puterea noastră să lucrăm asupra materiei din infinit, pentru a o pregăti. Iată pentru ce Tatăl absoarbe mereu particule din infinit, și le emite ca să umple creațiile Sale cu globuri cerești și ființe de tot felul.

Toate purced din Tatăl. Condiția de viață a corpului divin nu este identică cu condiția de viață din infinit. Corpul divin trăiește în mijlocul corpului Mamar, iar Mamarul este scăldat la periferia Sa de materia venită din infinit.

Dacă particula emanată din Divin este corp din corpul Său, Divinul fiind perfect, emisul este și el divin perfect. Particula divină venind în lume ar avea puteri depline - ca Tatăl, de unde a emanat - dar pentru ca nu cumva să strice armonia, ordinea divină din sfera creațiilor, i s-au redus puterile. Dacă ar fi rămas egală cu Divinitatea, particula divină s-ar fi crezut un al doilea Divin, și atunci în univers ar fi existat doi Divini. Or, cum Tatăl emană puzderii de miliarde de particule-duhuri, ar exista miliarde de capi divini în univers, care nemaifiind supuși unei singure voințe, imediat s-ar fi dezorganizat totul.

Divinul central conduce, dar nu-și impune Voința. El a făcut legea și apoi a lăsat liber arbitru particulelor emanate din El. Slujitorii Săi au grijă ca legea să nu fie încălcată. Iată printre alte motive pentru ce particula divină, întru totul la fel cu Tatăl, a fost deperfectată, lăsându-i-se numai atributul numit intuiție. Procedându-se astfel, particula divină, duhul nu-și va mai aminti originea glorioasă: că este o parte din Creator. I s-a lăsat doar o amintire vagă, o intuiție, care îl face să nu-și uite cu totul Tatăl, să nu-L nege pe Cel ce l-a născut.

Dar, în afară de facultatea intuiției, duhul mai are și facultatea de a *raționa*. Particulei divine nu i s-a extras decât vasta sa memorie divină. Acum, după ce particulei divine i s-a ridicat memoria divină, este trimisă să lucreze, fără niciun pericol, în lumile create. Ea va lucra pe baza facultății sale de a raționa, concentrându-și raționamentele asupra activității sale. Particula divină va zice: „Eu nu sunt Dumnezeu, dar există un Dumnezeu. Eu nu sunt Dumnezeu, dar Dumnezeu este ca mine. Eu sunt făcut de Dumnezeu după chipul și asemănarea Sa și funcționez la fel cu El".

Tatăl ceresc este o unitate, dar unitatea Lui este compusă dintr-o infinitate de particule omogene și perfect armonice între ele, lucrând ca fiind o singură *gândire, simțire* și *voință*. Corpul Tatălui este o asociație multiplă. Știu că vă este greu să pricepeți că Tatăl este o unitate imensă, compusă dintr-o multitudine infinită de elemente omogene. Din aceste particule ale Lui va emite, formând corpurile cerești și duhurile de pe ele.

Toate aceste elemente erau supuse unei singure voințe, când erau în corpul Tatălui, și supuse vor fi și când vor fi trimise afară din corpul Său. Ele vor lucra în lume, în veșnicie, ca vrăjite, supuse unei singure voințe și, în același timp, lucrând unite în lumile create, cum au fost unite și în corpul Tatălui lor. Fiecare particulă emanată din Tatăl va fi pregătită de divinii Săi Auxiliari, pentru o anumită misiune în lumea creațiilor.

Tatăl conduce lumile în mod direct - prin voința Sa constantă, uniformă, și în mod indirect - prin Copiii Săi superiori, de toate gradele, duhuri emanate și ele cândva din corpul Său divin, dar ajunse prin evoluție la mari glorii și puteri. Voința Tatălui, care ține ca într-un cerc de fier totul în lume, se numește *Lege*.

Duhurile emanate din Tatăl pleacă în lume, văd, lucrează, prefac, ajută la evoluția materiei și apoi, la un timp determinat, se întorc în Sfera-Mamar cu rezultatul obținut, cu experiențele câștigate, din care Tatăl scoate anumite concluzii ce-i vor servi în noile Sale creații. Tatăl Își trimite copiii în regiunile universului unde se află corpuri cerești solide și după miliarde de ani se întorc cu toții la El. A doua oară îi trimite în corpurile planetare aflate în stare lichidă, unde trăiesc miliarde de ani și apoi iar se întorc. Din nou îi trimite - de astă dată în corpurile de stare gazoasă sau aeriană, unde învață o nouă formă de existență și acumulează cunoștințe și legi noi și iarăși vin să raporteze rezultatul muncii lor. A patra oară Tatăl Își trimite copiii în sfere aflate în stare fluidică, după care revin în sânul Său.

Cu cât copiii se ridică pe trepte mai înalte, acțiunea Tatălui se reduce. Îngerii și Fiii de Dumnezeu vor fi destinați să rămână în lume ca guvernatori a tot ce se va crea în viitor. Ei vor rămâne Colaboratorii Tatălui, în aparență - exteriori Tatălui, dar în realitate - interiori Lui, contribuind la cucerirea haosului și urcând și ei mereu scara puterii, cunoașterii și evoluției nesfârșite.

Când îngerii au atins ultima treaptă a evoluției angelice vor rămâne în Sfera-Mamar, unde - fiind entități mult cunoscătoare ale legilor Tatălui și a modului Său de lucru - vor deveni Colaboratori divini ai Tatălui lor, pentru crearea noilor materii și duhuri. Tot ce vedeți în jurul vostru, tot ce vedem și noi în mediul nostru eterat, se datorește preparărilor și transformărilor continue ale acestor divini Auxiliari ai Tatălui central, El având nevoie de Fiii Săi în opera Sa grandioasă.

Fiul-Mamar este aproape egal cu Capul, dar această egalitate nu-l tentează să devină un alt Dumnezeu. El este atât de evoluat și conștient de pericolul întronării unei asemenea concepții, care ar distruge într-o clipă întregul edificiu construit de Tatăl în miliarde nesfârșite de ani, încât se abține chiar să gândească așa ceva.

Dintr-un început până azi infinitul a fost cucerit și concretizat în patru mari unități sau universuri. Corpul divin s-a răstignit în infinit, pe o cruce formată din patru sfere, infinit de mari, cele patru universuri unde evoluează nebuloasele în formare și sorii cu tot cortegiul lor. Între cele patru sfere-univers se află materia infinitului, căreia, pentru a o deosebi de materia din interiorul celor patru universuri, să-i zicem *materie cosmică*. Această materie este oarecum circumscrisă, separată de restul materiei din infinit sau nonmaterie.

Noi suntem departe de Tatar și Mamar, dar avem răbdare și învățăm mereu, grație intuiției noastre, care ne confirmă că cele învățate de la savanții lumii noastre angelice nu sunt erori, nu sunt minciuni, ci adevăruri pure. Prin intuiția noastră puternică verificăm afirmațiile lor.

Câteodată ridicăm și noi o obiecție. Îngerul nu se supără, ci ne răspunde blajin: „Fiule, dacă acum m-ai întrebat despre acest subiect, este pentru că ai ajuns la gradul când intuiția ți-a permis să se nască în gândirea ta o asemenea întrebare. Încă nu ești în raport direct cu ipoteza emisă de mine pentru că nu posezi evoluția necesară cuprinderii ideilor mele. Răbdare, căci și eu am avut răbdare până am ajuns la concluzia afirmată. Privește la duhurile roșii ale Pământului, care, auzind de aceste înalte cunoștințe, vor spune: «Ce ne interesează pe noi de aceste idei? Ele nu sunt de niciun folos. Vorbiți-ne mai bine cum se va putea vindeca lepra. Căutați să aflați cum se poate tămădui cancerul, ca să fim mai fericiți când ne vom lua iar un trup. Acestea ne interesează pe noi. Ce să facem cu ideile dumneavoastră abstracte? Dacă dumneavoastră vă plac asemenea probleme, pentru că vi s-a albit pielea de albi ce sunteți, culoarea noastră roșie cere să știm cât mai mult despre sângele roșu al viitorului nostru trup. El mi-e drag și producător de sănătate și dulci senzații omenești. Dumneavoastră, dragii noștri albi, ați uitat de binefacerile trupului vostru uman și acum gândul vostru se îndreaptă spre sfere înalte și viața noilor planete, unde veți trăi. Gândul vostru zboară tot spre Divinul central, departe de aici nu știu câte miliarde de miliarde de kilometri. Să vă ajute Dumnezeu să vă vedeți visurile împlinite cât mai curând, dar să nu ne uitați nici pe noi. Ajutați-ne să ne ridicăm, să ajungem cândva să albim și noi ca voi.» Amin."

Trecerea materiei prime prin starea fluidică, gazoasă, lichidă și solidă

Am spus altădată că dacă un om ar privi prin ochelari colorați, ar vedea cerul, soarele, plantele etc. ca având culoarea lentilei ochelarilor săi, deci le-ar vedea altfel colorate decât cum sunt ele în realitate. Din cauza trupului vostru vedeți lucrurile ca și cum ați avea ochelari colorați, nu așa cum sunt ele în realitate.

În lume există o singură realitate, o realitate a tuturor realităților, *realitatea divină*. Această realitate nu o percepe decât Unicul, unul Dumnezeu. Urmează apoi alte patru realități sau stări ale materiei: *realitatea fluidică, aeriană, lichidă* și *solidă* - patru medii de cultură prin care va peregrina spiritul uman.

Stările acestea se transformă unele în altele. Luată în parte, fiecare constituie o lume de iluzii, dar tocmai însușirea lor ne dă ocazia să facem studii și să progresăm. De aici rezultă că mediul de cultură al unui duh uman este cvadruplu. Tot ce se vede, tot ce există în jurul vostru și în spațiile siderale a fost făcut cu o substanță, cu un eter emanat din Tatăl creator. Acestei *substanțe prime* îi voi da numele de *pasivă* sau *negativă*, deoarece nu am un termen mai potrivit, cunoscut de voi.

Marii și străluciții Auxiliari divini din Mamar au lucrat această emanație sau substanță primă astfel ca ea să treacă prin patru stări - fluidică, gazoasă, lichidă și solidă - când va fi trimisă afară, din Sfera-Laborator în sfera cu creații. Rețineți bine: *nu există patru materii deosebite, ci aceeași materie trecută prin patru stări.*

Divinul emite din sânul Său o materie sau *emanație pasivă,* care se va transforma, printr-o serie nenumărată de stări de tranziție, până va ajunge la starea solidă. De la această ultimă etapă, evoluția *materiei divine* cere dezagregarea și retransformarea ei în *materia primă,* fluidică, din care a purces cândva.

Aș vrea să fac o precizare asupra celor patru stări ale materiei. Solid este tot ce e tare. Lichid este tot ce e moale, fie curgător ca apa, fie gelatinos ca piftia sau carnea de pe oasele voastre. Pentru noi, trupul unei meduze este în stare lichidă. Gazos este tot ce tinde să se întindă, să se răspândească. Materia gazoasă este ceva diafan pentru voi, dar pentru noi este atât de consistentă, încât, de exemplu, din fumul ce iese pe coșul vostru noi putem face o statuie, sculptând-o așa cum sculptorii voștri prelucrează piatra sau o bucată de ceară. Există planete locuite de trupuri diafane, zise gazoase, care nu posedă decât tăria fumului vostru. Oamenii de pe planetele care au această a treia stare, spirite umane întrupate în trupuri gazoase, au în jurul lor plante și animale cu o constituție asemănătoare trupului lor.

În afară de această materie pasivă, Tatăl mai emite ulterior și o a doua categorie de particule, o substanță indivizibilă numită *pozitivă* sau *activă,* materie destinată să fecundeze *prima materie.* Din această materie pozitivă sau activă s-au făcut *duhurile.* Nouă, duhurilor, ni se dă câte o soție numită *prima emanație,* materia pasivă sau negativă. Tatăl face întâi *soția* și pe urmă mă face pe mine, *soțul* ei.

În migrațiile mele îmi voi găsi soția transformată în patru stări: fluidică, gazoasă, lichidă și solidă, trepte care constituie ceea ce se numește *involuție.*

Eu sunt unul, indivizibil. Soțiile mele viitoare, pe care le voi fecunda cu inteligența mea activă, vor fi în număr de patru. Știți bine că noi, entitățile spirituale, nu suntem nici masculine, nici feminine. De aceea nu ne putem împerechea între noi și nici naște copii. Numai lumea sau mediul trupesc unde trăiți cere ca voi să fiți femei și bărbați.

Fiecare entitate, de la nașterea sa, va anima aceeași materie sau emanație a Tatălui, aflată sub patru stări. Prin urmare, trăind prin cele patru stări ale materiei, vom avea, pe rând, patru feluri de percepții cosmice și una divină. Când vom ajunge - Doamne, când? - auxiliari ai Tatălui central, vom cunoaște realitatea adevărată, realitatea divină. Voi, oamenii trupești, aveți numai trei percepții: a solidului, lichidului și gazului. Noi, duhurile, avem în plus și percepția fluidului.

Așadar, din centrul Tatar se naște materia pasivă. Din această unică materie se pregătește în Mamar, de către Fiii divini, toată gama de fluide. După aceea am fost născute noi, duhurile, formate din materia divină, activă, indivizibilă. Noi vom fecunda, vreme infinit de lungă, cele patru stări ale aceleiași materii pasive. Prin prezența noastră, prin influența și întruparea noastră în cele patru feluri de forme de trupuri umane, contribuim la evoluția însăși a acestei prime emanații divine.

Noi, fluidicii, vedem semenele noastre, duhuri întrupate în materia solidă, în plante, animale și în frații noștri trupești. Toate aceste categorii de duhuri au rolul ca la timpul lor să fecundeze, rând pe rând, una câte una din stările materiei prime.

Eu sunt entitate spirituală. Soția mea este trupul îmbrăcat la reîntruparea mea. Soția mea nu este o femeie, ci un trup uman, fie că el se va numi doamnă sau domn. Duhul animal și vegetal își are și el soția - trupul în care s-a reîntrupat; iar duhul mineral are și el o soție, pe care o va iubi miliarde de ani și nu se va despărți de ea decât la dizolvarea planetei. Întruparea duhului mineral durează de la începutul nebuloasei până la revenirea ei în sânul Sferei-Mamar.

Vedeți ce deosebire mare există între concepțiile voastre și ideologia noastră?

Iată pentru ce, pentru majoritatea oamenilor, ideologia noastră a trebuit să fie ocultă sau ascunsă, și nu o putem dezvălui nici azi oricărui nechemat.

Termenul de soție are un anumit înțeles în lumea noastră și un înțeles diferit în lumea voastră. La noi soția reprezintă prima emanație a Tatălui. Voi ziceți că se cunună robul lui Dumnezeu, Vasile cu roaba lui Dumnezeu, Elena. Aceasta e ideologia voastră, așa vedeți și așa înțelegeți voi. Noi spunem la reîntruparea noastră că ne-am luat o soție care nu e nici femeie, nici bărbat, ci a patra stare a materiei cosmice. Noi spunem: Cunună-se robul lui Dumnezeu, spiritul *X,* cu materia lumească de pe planeta aceasta, cu trupul uman plămădit în pântecele unei mame. Va veni o vreme, când el va trebui să divorțeze de această soție. Divorțul acesta voi îl plângeți și îi ziceți *moarte*. Voi plângeți pe cel divorțat și câteodată își plânge și el trupul de care s-a despărțit.

Două vieți, două concepții. A voastră: Ce fericit sunt că am să mă însor cu fata cutare. Iar duhul, conștient de misiunea lui, zice: Trebuie să mă duc să mă unesc cu trupul meu, cu ego-ul cutare, cu care voi petrece pe pământ, o viață plină de suferință, petrecută în necunoașterea existenței vieții eterne a spațiilor. Două lumi, două tendințe; una are ca scop *procrearea,* iar cealaltă, *școala vieții*.

Fiii divini din Sfera-Mamar percep realitatea divină deoarece sunt hrăniți cu explicațiile date de Stăpânul lor suprem, Tatăl nostru ceresc. Eu, iubite frate, te hrănesc cu ideile mele, cu mentalitatea noastră, ca rezultat al experiențelor acumulate în decurs de mii și milioane de ani, în lumile pe unde am trăit. Adevărurile comunicate constituie hrana sufletului tău, adevăruri pe care nu aveți putința să le aflați direct, prin simțurile voastre.

Nebuloasa pleacă în stare fluidică din Sfera-Mamar și în final ajunge în stare solidă sau minerală. Planeta voastră a ajuns acum în starea solidă, mai având materii gazoase și lichide. Există în sistemul acesta o singură planetă lichidă, veșnic acoperită de nori. Ea conține pe suprafața ei entități întrupate în trupuri moi, aflate în stare lichidă. Trupurile lor nu au părți solide, oase ca ale voastre. În prezent, nu mai există în sistemul nostru nicio planetă constituită din materie aflată în starea a doua, gazoasă. Planeta cea mai apropiată de soare a fost odată în stare gazoasă, dar s-a transformat și de atunci au dispărut de acolo trupurile umane aeriforme.

Pământul, planeta voastră, a fost la începutul său în stare fluidică, apoi a trecut prin faza gazoasă, lichidă, și - în fine - a ajuns în stare solidă. Paralel cu aceste stări ale pământului au fost pe el, rând pe rând, întâi trupuri fluidice, asemănătoare cu cele aflate acum în Soare. Pe urmă, continuându-se involuția, s-au format trupuri gazoase, lichide și, azi, solide, trupuri vizibile vouă, având părți tari sau minerale. Datorită oaselor voastre minerale spunem că sunteți solizi, și nu după trupul vostru cărnos, considerat de noi lichid.

Noi numim lichid un trup îmbrăcat de un duh uman, căruia, deși fără oase, magnetismul planetei îi permite să stea vertical și să se miște într-o poziție verticală. Nu oasele tale, frate, te țin vertical, ci altceva. Nu oasele îți dau posibilitatea să te miști în poziție verticală, ci forțele electromagnetice ale pământului și Cerului. Mortul are și el oase, și totuși dacă îl pui vertical în picioare el nu se poate ține drept și cade. Omul este ținut vertical de o mică scânteie, asemănătoare cu cea care îți dictează acum. Dar la această forță se mai adaugă și forța aflată în păturile superioare ale atmosferei fluidice terestre. Sus, departe de suprafața pământului, deasupra aerului atmosferei voastre, se află o zonă de materie fluidică de natură electrică. Aceasta înconjoară ca o sferă globul vostru și exercită o atracție puternică asupra spiritului întrupat. Pământul pe care se sprijină picioarele tale are și el puterea sa atractivă. Astfel, zona fluidică electrică atrage spiritul în sus, iar pământul atrage trupul în jos. Din combinarea acestor două forțe rezultă verticalitatea trupului omenesc.

Ierarhia duhurilor planetei noastre

Două lumi stau față în față: lumea spațială și lumea trupească, fiecare având cunoștințele sale. Noi vrem să ne ridicăm, dar nu putem fără să vă ridicăm și pe voi. Ridicându-vă pe voi, ne pregătim terenul pentru când vom fi ca voi.

După cum în lumea voastră când ești bolnav te duci la medic, iar când vrei să-ți faci o casă te duci la un arhitect, tot astfel, lumea noastră are specialiștii ei.

Când vreți să aflați o anumită problemă, de orice gen ar fi ea, nu vă adresați oricărei entități, ci chemați o entitate despre care știți că, pe când trăia pe pământ, a posedat cunoștințele respective.

În general, întrupatul ajuns la gradul de a primi cuvântul nostru trebuie să se servească de un medium, dacă nu este el însuși medium. Mediumul este un instrument al lumii spațiilor, și ca orice instrument, trebuie acordat cu entitatea care vrea să comunice prin el. În acest scop duhul mediumului trebuie să-i câștige bunăvoința, mai întâi ca spirit în spațiu, și apoi jos, ca om trupesc. Mediumul în stare de veghe este superior mediumului în stare de transă. Spiritul mediumului de transă vede spiritul comunicant și îi aude vorbirea pe care o redă prin graiul său, dar la deșteptare uită tot. Pentru a fi un medium desăvârșit, omul trebuie să aibă, în starea conștiinței de veghe, o mare dorință de a servi și afla Adevărul.

Cele mai de seamă opere umane făcute pe pământ au pornit din *intuiție, inspirație* sau au fost *dictate* omului trupesc printr-un medium. Mai rar au fost dictate direct omului trupesc, doar dacă el însuși era medium scriitor, auditiv. În limbajul ceresc asemenea oameni se numesc *genii* – nu în sens uman, ci în sens spiritual.

Geniul se izolează de lumea trupească și îi place să fie în permanentă legătură cu lumea spirituală. El nu este un obsedat, ci un fermecat al lumii de unde își primește ideile geniale. E drept că față de restul omenirii geniul nu este un om obișnuit, trupul său fiind îmbrăcat de o mare entitate a spațiului. El va emite idei, va face o lucrare genială, pe care ca om simplu n-ar fi putut să o facă.

Pe când era în Cer, această entitate a studiat și cunoscut perfect ideile și opera pe care s-a angajat să o realizeze ca om întrupat. Dar odată ce s-a întrupat, i s-au întunecat cunoștințele savante. De aceea, pe când se întrupa în vederea misiunii sale, anumiți medici cerești i-au pregătit corpul astfel încât să fie capabil să primească ideile cuibărite în mental de cei ce vor fi legați de el. Dacă nu le va primi direct, ca medium, cel puțin să fie ușor sugestionabil.

Orice se face pe suprafața globului vostru nu este original. Totul se reproduce după ceea ce există deja pe planete mai avansate. Pe planeta voastră, geniile vor reproduce, vor imita, dar pentru voi, oameni trupești, opera lor va părea originală, deoarece ea se arată pentru prima oară pe globul vostru. Voi nu știți că opera respectivă a fost realizată de mii de veacuri și milioane de ani pe alte globuri planetare, risipite în oceanul fluidic al universului nostru.

Numai Unul Dumnezeu creează originalul. El este arhitectul care a creat și creează în veșnicie original. Ceea ce creează El nu mai are asemănare în întregul cosmos.

Există o mare distanță evolutivă între un geniu și un om de talent. Omul talentat nu poate crea nimic care să pară original omului terestru, ci imită doar, chiar dacă reproduce admirabil ceea ce a creat un geniu. Omul obișnuit nu e capabil nici măcar să facă o imitație de admirat. După cum există o deosebire între un om de talent și un om obișnuit, tot așa există o deosebire între un talentat și un geniu.

Geniul se naște pe suprafața pământului nostru la anumite epoci. Timpul guvernează evoluția acestei planete, dar nu timpul vostru, ci timpul soarelui care vă luminează. Mișcarea soarelui pe traiectoria sa este ceasornicul după care entitățile angelice ale Pământului citesc și aplică pe pământ ideile lor evolutive. Pământenii numără anii de la un eveniment oarecare, până când acel eveniment este uitat, se poticnesc și reîncep numărătoarea de la un alt eveniment, pe care cu timpul îl părăsesc, pentru a relua un altul; și tot așa mereu. Îngerii noștri nu pot să numere ca voi, cu ani tereștri, ci au nevoie de un instrument precis și perfect - soarele, iar anii lor sunt *ani solari.* Când soarele ajunge la un anumit punct al spațiului, trebuie împinsă evoluția pământului cu un pas mai departe. La acest moment, coboară din lumea noastră un spirit care cunoaște în spațiu toată știința operei ce o va face ca om trupesc.

Cunoașteți, din alte comunicări ale noastre, că spiritele din spațiile Pământului se împart în grupe numite *partide* - ca și la voi pe pământ. Ei bine, fiecare partid are geniile sale.

Geniile și-au terminat evoluția personală. Când coboară pe pământ, ele fac opere sociale, contribuind la ridicarea umanității. Nemaiavând nevoie să facă școala acestei planete, reîntrupările geniilor sunt cu mult mai rare decât ale celorlalte entități spirituale.

Omul comun trăiește pe pământ, își face școala și apoi moare. După un timp numele său se șterge chiar din amintirea celor din jurul său. El este o simplă unitate, catalogat în marele grup al partidului din care face parte, este o oiță a partidului său. Toate oițele partidului vor veni supuse pe pământ, vor lua un trup, ducându-și traiul până la momentul indicat și aprobat de înaltul For al partidului. Oița va muri, trupul său va fi uitat, iar rezultatul muncii sale - bani, unelte, casă etc. - se va risipi în mâinile celor rămași. Urcând la noi, va vedea cu amărăciune că bunurile i s-au vândut, iar după șapte ani și oasele i-au fost dezgropate și apoi totul s-a uitat, totul a pierit. Peste cincizeci de ani lumea abia își mai amintește de numele său. S-a dus tot așa de necunoscut cum a trăit.

Deasupra oamenilor comuni, avem în partidul nostru treapta talentaților umani. Talentatul face două evoluții: una personală, și alta pentru cei din jurul său. După moartea trupului său, se găsesc uneori urmași care să-i ridice o statuie și lucrările îi sunt pomenite în istoria țării sale. Omul talentat a creat o operă semidurabilă. Noi îi numim pe aceștia *secoliști,* deoarece numele lor va fi pomenit mai multe secole.

Deasupra talentaților vine a treia categorie de spirite, entitățile denumite *geniile* partidului nostru. Ele mai poartă numele de *mileniști*, deoarece numele lor va fi păstrat de umanitate mii de ani. Opera lor va dura cel puțin una sau două milenii.

Deasupra geniilor sunt *sfinții părinți* ai partidului nostru. Operele lor durează mai mult decât ale geniilor, dar totuși, menite ca odată să se piardă și ele din amintirea omenirii. Fiecare partid are sfinții săi. Ei se reîntrupează mai rar decât geniile aflate sub ordinele lor. Trec câteodată una sau două mii de ani până când sfinții părinți coboară la întrupare, în afară de misiuni speciale, când se pot întrupa mai curând.

În fine, deasupra sfinților părinți stau superiorii întregului partid. Când nevoile partidului o cer, se coboară și ei la întrupări, pentru a stimula și lumina pe cei de sub ei, deveniți oameni trupești pe pământ.

Vă voi vorbi despre unul dintre superiorii unui partid - partidul francezilor. El s-a întrupat sub numele de Jeanne d'Arc, și este *patronul* Franței de azi. Ca întrupat a făcut o operă ce nu se va uita multe milenii. Numai când va dispărea poporul francez se va uita opera lui. Ca entitate, Jeanne d'Arc era activă, masculină, iar nu pasivă, feminină. Deși trupul ales pentru întrupare a fost feminin, a desfășurat o viață masculină. Și-a ales un trup feminin pentru ca opera ei să fie cât mai durabilă. Pe vremea când Inchiziția era la putere, nu era mare lucru să ucizi un bărbat pentru ideile sale. Însă arderea pe rug a unei biete fecioare, care a făcut fapte nemaivăzute în lume, a înduioșat și cutremurat sufletele oamenilor din acele vremuri, transmițând cu evlavie, mai departe, opera și numele ei. Ca om, a fost o biată păstoriță, dar când a sosit vremea, glasul nostru i-a răsunat în mental și a pornit să-și împlinească misiunea. Soarta Franței a fost schimbată prin intervenția ei, apărându-și neamul format din subalternii săi.

Conducătorii de partide cerești sunt îndrumătorii fraților lor umano-spațiali. În fiecare partid ceresc există aceste trei subdiviziuni ierarhice: *gloatele, talentații,* și *geniile,* deasupra lor având pe conducătorii numiți *sfintele duhuri* ale partidului.

Trei mari categorii de duhuri vă stau la dispoziție să le provocați să vă explice dacă ideile ce vă stăpânesc - aflate de voi din auzite, intuitiv sau transcendental - sunt minciuni sau adevăruri.

Cât trăiește în coaja sa de lut, omul comun are o singură cale - indirectă - de a cunoaște: auzind sau citind. Adevărurile transcendentale nu-i sunt cunoscute, iar dacă aude fugitiv fragmente din ele, nu poate să și le însușească, și nici nu se poate încrede în ele.

Omul de talent, în afară de calea auzului și văzului - a citirii, posedă darul intuiției și al inspirației. Talentatul este inspirat, din când în când, de noi, cei de sus.

Geniul posedă intuiția dezvoltată la culme, și inspirațiile îi vin continuu de sus. În afară de auzul și văzul trupesc, geniul aude și glasul nostru. Dându-și seama că este o ființă deosebită de ceilalți, geniul simte nevoia să tacă. Când a avut curajul să spună câte ceva, a suferit imediat ironiile și epitetele batjocoritoare ale oamenilor comuni. De aceea geniile se servesc de mijloacele lor de informare - considerate „paranormale" de omul comun - își fac opera cerească și tac.

Omul comun trăiește și muncește cum crede că e mai bine pentru el și familia sa. El nu-și găsește fericirea decât în materia fizică, și nu poate pătrunde în fericirea procurată de ideile lumii noastre. Omul de geniu trăiește în raport cu lumea psihică pe care o cunoaște. Unii dintre ei o aud, unii o văd și, în fine, alții o văd și o aud, așa cum auziți și vedeți voi, oamenii trupești. În lumea geniilor există o mare varietate, de la cei mai de jos, până la cei mai uimitori. Însă cu toții tac, pentru că au trecut prin experiența amară de a fi considerați anormali, ba chiar nebuni de oamenii comuni. E drept că ei înșiși, observând lumea din jur, constată că sunt diferiți de majoritatea oamenilor și de teamă ca opera lor să nu fie compromisă prin destăinuirile lor, preferă tăcerea.

Geniul este o mare entitate în lumea cerească, dar odată ce se întrupează, nu-i place să facă studiile pământului care ar putea să-l rătăcească. Astfel, un Edison, un Marconi și alții nu au vrut să învețe la școala pământului. Geniile devin autodidacți, se conduc prin inspirația lor personală, citind doar cărțile inspirate de noi, care nu-i vor împiedica de la opera ce trebuie să o realizeze.

Pentru a nu-și demasca firea, geniile se izolează. Marile genii trec prin faze grele în copilăria și tinerețea lor. Din copilărie ei devin mediumi auditivi, dar nimeni nu-i ia în seamă. Mai târziu pot dobândi și clarvederea sau mediumitatea vizuală. La început aceste capacități îi înspăimântă, iar cei apropiați îi batjocoresc și dojenesc. Dar mai târziu, la maturitate, țin pentru ei ceea ce aud și văd, păstrând sub tăcere aceste experiențe, deoarece îi umplu de fericire și pornesc cu patimă la realizarea operei pe care le-o reamintim că s-au angajat să o finalizeze jos printre, oameni.

Toate marile genii ale Pământului au fost mediumi – Edison, Marconi, Kepler etc. Iată lumea noastră; cu noi puteți comunica, la fel cum vorbiți între voi.

După cum medicul nu poate dezvălui oricui misterul cunoștințelor sale, după cum inginerul nu poate face pe oricine să înțeleagă știința sa, nici noi nu putem spune oricui din tainele lumii noastre. Nu trebuie să tulburăm cursul vieții omului simplu. Dacă un om de rând – a cărui evoluție nu permite cunoașterea lumii noastre – participă la o ședință de comunicări, ședința voastră nu mai reușește să fie rodnică, din cauza celui nechemat sau rău chemat. Trebuie să fim atenți și să examinăm în mâinile și mintea cui vor cădea adevărurile noastre. Nu ne e frică de geniile noastre, pentru că ele lucrează la opera cerească la care s-au angajat. Tot fructul cade din pom la vremea coacerii lui. Noi nu vrem să luminăm decât pe cei ajunși la punctul să știe că există lumea noastră.

Ideea este o ființă

Tatăl ceresc a creat numai cu *puterea gândului,* tot ce vedeți și tot ce nu vedeți. La început a fost cuvântul sau ideea și Dumnezeu era cuvânt și cuvântul sau gândirea era la Dumnezeu. La începutul creațiilor nu a fost decât Dumnezeu, o *sferă gânditoare*. Prin gândirea Sa, prin imaginația gândirii Sale, a făcut treptat lumile, sferele cerești cu toate podoabele și frumusețile lor.

Cum duhul este copilul lui Dumnezeu, având în stare potențială, de devenire, toate atributele Divinității, se înțelege că în mic, și omul poate emite idei creatoare de forme fluidice.

Deși invizibile ochiului vostru, ideile sunt totuși materiale, fiind cele mai mari forțe din univers, pentru faptul că nicio altă forță nu poate crea forme ca ele. Iată pentru ce noi, duhurile, conștiente de valoarea ideilor, nu le putem răspândi oriunde și oricând, fără să nu ne expunem la asprimea legilor universale.

Ideile noastre nu trebuie să cadă pe orice teren, ci numai în oamenii cu sufletul ridicat din punct de vedere intelectual, dar mai ales moral. Ideea este o ființă vie, pentru că se manifestă și produce efecte. Deși sunt inteligente, totuși inteligența ideilor este extrem de redusă, iar voința lor, aproape nulă. Din această cauză, ideea ia forma voită de emițător, și străbate spații imense către o anumită țintă, pentru a produce un anumit efect. Dacă ținta este un om trupesc, ideea îl va influența, se va anina de spiritul omului și va lucra ca o forță, făcându-l să execute ceea ce a dorit emițătorul. Vom dezvolta cu altă ocazie această teză.

Se pare că au început să-și facă drum și în lumea voastră cunoștințele referitoare la puterea gândului. Guvernele unor țări instituie cenzura presei, temându-se de lansarea unor idei de către cunoscătorii puterii gândului, politicieni fără scrupule, care prin puterea cuvântului lor pot ridica masele omenești și tulbura ordinea stabilită. Presa fiind cenzurată, ei nu vor mai putea semăna idei producătoare de anumite mișcări sociale. Dar cenzură există și la noi, în plus, ea este veșnică. Dacă duhul își permite să spună anumite taine, fără autorizarea prealabilă a superiorilor săi, va fi aspru pedepsit. Pe lângă fiecare duh care comunică cu lumea terestră stă un altul - cenzorul său, un duh superior și mai experimentat. Cum încearcă să spună ce nu trebuie, cenzorul îl oprește.

Ideea este o ființă-cauză, producătoare de efecte sigure, dacă e trimisă într-un mediu de cultură unde poate să germineze. Ea poate dura multă vreme, plutind prin spațiu, fără să moară, doar vegetând. Noi, entitățile care venim în contact cu voi, producem idei și cunoaștem perfect puterea lor. Ideile au anumite forme și culori, iar prin traiectoria lor, prin propagarea lor sub formă de unde, produc sunete auzite numai de noi. Prin urmare, ideile sunt sonore, colorate, au formă și se propagă prin spațiu sub formă de unde.

Fiecare idee este o unitate hieroglifică, un simbol care cere mult timp pentru a fi descifrat și a i se înțelege conținutul. Duhul-copil a învățat greu ideile și mai ales înțelesul lor. Voi sunteți fericiți acum, pentru că cele mai multe idei au forma lor realizată într-un trup sau ființă concretă pe suprafața pământului. Ziceți casă, masă, pom etc. și imediat știți despre ce e vorba, deoarece le-ați văzut din copilărie. Dar ce greu e să înveți ideile în mod abstract! Târziu, duhului-copil i s-au creat din eter formele corespunzătoare ideilor, ca să lege noțiunea memorată de forma lor.

De câte ori s-a născut din pântecele mamei sale, omul a trecut - foarte pe scurt - prin fazele copilăriei duhuale. De la naștere și până pe la trei-patru ani, copilul aude mereu vorbe, idei. Mama i le repetă și ideile se prind de spiritul său întunecat de peștera în care s-a coborât. Cu ce greutate spune el cele două-trei cuvinte auzite mereu: ma-ma, ta-ta, pa-pa etc. Zi de zi, asimilează idei și cuprinsul lor intrinsec.

Ideile circulă prin spațiu. În jurul fiecărei planete circulă ideile omenirii și ale cetelor îngerești de pe acea planetă, precum și ideile-ordin venite de la centrul sistemului respectiv, ori de la Centrul divin. Fiecare planetă își are păienjenișul său de idei, potrivit evoluției sale și entităților din jurul ei. Fiecare soare are o altă gamă de idei, în raport cu gradul său evolutiv. Există acum în preajma planetei noastre multe idei, de al căror conținut omenirea de jos nu are cunoștință. Dacă toate ideile ar fi cantonate la fel, pe un singur sistem ori pe o singură planetă, n-ar mai fi nevoie să hoinărim din planetă în planetă și din sistem în sistem, în lungul și în latul acestui univers.

Ideile care umplu spațiile interplanetare, interstelare și interuniversuri au o singură origine, sunt emanații ale Tatălui ceresc, întocmai cum am fost emanați noi, duhurile de toate categoriile. Cu alte cuvinte, *ideea divină* este și ea o creație identică cu mine, duhul.

În afară de aceste idei de origine divină, există și ideile produse de noi, duhurile de pretutindeni. Ideile noastre sunt imitații ale ideilor emise de Tatăl. Ideile, vorbirea Tatălui brăzdează spațiile infinite ale sferelor create, trec pe lângă voi, dar nu le auziți. Nu e de mirare, pentru că nici noi nu le percepem. Ideea divină are o existență infinită și după ce circulă ani și mii de ani prin toate sferele, se întoarce la divinul ei Emițător, ca atrasă de un magnet. Ideile duhurilor circulă numai în jurul planetei ori a soarelui unde trăiesc și durata lor de existență este cu mult mai mică.

Rolul ideilor emanate de anumite Forțe divine este de a stimula și dezvolta inteligența duhurilor aflate sub guvernarea acestor Forțe divine. Prin urmare, ideea are puterea de a fecunda materia spiritului unei entități libere sau întrupate. Ideile divine fecundează inteligențele tuturor copiilor Săi. Noi, duhurile, fecundăm - cu corpul nostru duhual - trupul și corpul vital în care ne întrupăm, iar la rândul nostru, primim anumite *idei-forță* de origine divină, tatară, care ne dezvoltă inteligența. Din Centru a pornit nebuloasa. Din Centrul creațiilor pleacă mereu fluidul necesar să țină în continuă activitate nebuloasa și să fecundeze mereu materia ei. Dar alături de materia de toate gradele a nebuloasei, sunt fecundate necontenit și inteligențele duhurilor aflate în sânul nebuloasei.

Fluidul divin care activează totul din sistemul și universul nostru este de trei feluri. Primul dintre ele fecundează globurile de toate mărimile și evoluțiile. Al doilea fecundează mediul fluidic dintre ele. Al treilea fecundează inteligențele tuturor entităților din jurul și de pe fiecare corp ceresc.

Toată materia pornită din Centrul creator trebuie stimulată în permanență de Tatăl central. Bătrânele voastre rostesc un mare adevăr, când spun unei tinere fete: „Să-ți dea Dumnezeu, măiculiță, și ție un copil". Fără sosirea unui anumit fluid femeia nu poate concepe. Degeaba se vor „iubi" cei doi soți, căci nu vor avea bucuria de a strânge în brațele lor un copilaș, dacă nu le-a sosit o anumită rază fluidică.

Din Centrul centrurilor nu pleacă un singur fluid fecundator, ci o serie de fluide, fiecare fecundând un anumit corp material sau duh. Fiecare corp sau duh are o anumită forță de selecție, extrăgând ce-i trebuie din multitudinea de fluide ce trec pe lângă el. Fecundarea se face special pentru fiecare fel de materie - fizică, fizico-psihică sau psihică - fără nicio greșeală. Materia și duhul pare că au un instinct de a atrage și reține o anumită categorie de fluide necesare lor din marele curent venit de la Centrul divin. Oricare ar fi natura acestui fluid fecundător, scopul, natura lui esențială este de a pune mereu în acțiune tot ce există în natură.

Pasivitate, inactivitate nu există nicăieri în cosmos. Prin acest curent, Tatăl împinge la activitate pe toți copiii Săi, de pretutindeni. Prin ideile trimise, Tatăl ne spune: *„Eu, Creatorul vostru, nu stau niciodată și voi trebuie să lucrați ca Mine, necontenit. Dacă v-aș fi dat facultatea inactivității, nu ați mai fi desfășurat niciodată progresul evolutiv"*. Activitatea ne este impusă, și din această cauză, totul în natură se află într-o continuă prefacere și evoluție. Progresul se face din clipă în clipă, în eternitatea pe care mintea noastră nu o poate cuprinde. Acesta este misterul ce domnește în veșnicie.

Geniul nostru coborât pe pământ nu este ceea ce se vede - un biet copilaș, ci un duh asistat de noi la zămislire, la dezvoltarea în pântecele mamei sale și la nașterea sa. Noi avem grijă să-i mediumizăm corpul, potrivit gradului său și a misiunii sale. Mediumizarea începe cu simpla *intuiție trupească,* apoi cu *intuiția spirituală,* după care urmează *auzul* și, în fine, *văzul spiritual.*

Marilor noastre genii li se acordă și coroana mediumității - *puterea fascinatoare* și *vindecătoare.* Un asemenea om va vedea lumea fizică, cu ochii săi, dar va vedea și cu spiritul în lumea spirituală. Va auzi cu urechile sale vorbele semenilor săi, dar imediat va răsuna în interiorul capului său și vocea spiritelor din jurul său. Privirea, ființa sa întreagă va fermeca pe oricine va veni în atingere cu el. Toți se vor simți ca vrăjiți, atrași cu o putere de neînvins către el, iubindu-l și admirându-l. Când Cerul îi va șopti, el poate să vindece anumiți oameni. Orbul va vedea, mutul va vorbi, surdul va auzi, lepra, cancerul se vor scutura de pe trupul lor etc. Din gura lui cuvintele vor curge dulci ca mierea, blânde și înțelepte.

Adevărul deplin și adevărul redus

După cum învățământul terestru își are gradele sale progresive, de la clasa I primară, până la cea universitară, tot astfel cunoașterea Adevărului are gradele sale. Adevărul cuprinde în sine o sumă de noțiuni sau cunoștințe cu atât mai înalte, cu cât înaintezi în lumea spirituală. Același adevăr poți să-l dezvolți cuiva diluat sau concentrat, dezvoltat sau restrâns.

Cine se roagă în *Tatăl nostru:* „Și ne iartă nouă greșelile noastre, precum și noi iertăm greșiților noștri", spune un adevăr, dar un *adevăr restrâns,* potrivit omului simplu. Dacă ai urcat multe trepte ale vieții spirituale, faci cunoștință cu legile de neînfrânt ale Tatălui ceresc și din ele vezi că o greșeală comisă nu se poate ierta, oricâte rugăciuni ai face; ea trebuie ispășită. Atunci afli același adevăr asupra greșelii în mod mai dezvoltat, mai amplificat. Din această cauză trebuie să studiem fiecare idee. Studiind, constatăm că fiecare idee are o evoluție, adică un conținut numit *cunoștință.* Or tocmai acest conținut evoluează.

Am spus că totul evoluează în univers - deci și ideile. Bineînțeles, unele mai încet, altele mai repede; evoluția nu este uniformă. Spiritul mineral, vegetal, animal și uman evoluează, dar fiecare într-un ritm diferit, unul față de altul. De asemenea, și suportul spiritului sau trupul mineralului, plantei, animalului sau omului evoluează în timp inegal. Chiar entitățile umane evoluează în perioade de timp diferite. Duhurile roșii necesită un timp de evoluție diferit de cele albastre și așa mai departe. Evoluția valului nostru ține aproximativ 25-30.000 de ani. Evoluția sistemului nostru planetar va dura peste zece miliarde de ani. Fiecare corp - mare sau mic - își are termenul său de evoluție. Spiritul mineral va fi încătușat în corpul mineralului atâtea miliarde de ani cât va dura această planetă. Durata evoluției plantelor este cu mult mai scurtă; unele și-au terminat evoluția pe această planetă, dispărând ca forme. Terminându-și traiul pe această planetă, unele animale au plecat, lăsând tiparul formei lor în straturile pământului sub formă de fosile. Așadar fiecare regn își are durata de evoluție.

În afară de ce este viu pentru voi - impropriu spus, căci totul este viu - în spațiu circulă viețăți numite *idei*. Am spus că ideea are o formă și un conținut, iar conținutul ei se numește cunoștință. Dacă m-ai întreba ce este o idee, ți-aș răspunde: o formă vie. Ce conține forma? O cunoștință. Ideile sunt la fel? Îți voi răspunde că nu. Fiecare idee își are forma sa. Duhul va interpreta conținutul unei idei după gradul său de evoluție. Să mă explic.

Iau ideea *casă*. Toate ideile de casă sunt identice ca formă, dar conținutul lor va diferi, după gradul de evoluție al entității spirituale și, în general, al mediului său înconjurător. Casa este o construcție în care omul se adăpostește de intemperii. Bordeiul țiganului e tot o casă; locuința gospodarului de la oraș e o casă mai confortabilă, mai civilizată; palatul marilor milionari e tot o casă. Dacă ar veni un om de pe o planetă inferioară Pământului și l-ai întreba ce este o casă, el îți va descrie o construcție asemănătoare unui bordei. O entitate de pe planeta noastră, întrebată de ideea casă, îți va descrie construcțiile frumoase din marile orașe. Însă există planete unde casa este o construcție cu mult mai artistică, cu dispozitive ce asigură un confort necunoscut încă aici. Întrebată ce înțelege prin ideea casă, entitatea de pe planeta respectivă ar descrie o locuință prin idei al căror conținut noi, cei de aici, nu l-am cuprinde, deoarece nu am ajuns încă la gradul cunoașterii unei asemenea case. Supuse unui examen referitor la ideea casă, trei entități de evoluții diferite emit idei cu conținut deosebit. Entitatea de pe o planetă inferioară nu a văzut și auzit decât de o casă asemănătoare unui bordei. Entitatea de pe planeta noastră va descrie casa expunând înfățișarea ei exterioară și interiorul său; descriere pe care entitatea inferioară, venită de pe o altă planetă, unde nu a văzut așa ceva, nu o va înțelege nu va putea pricepe conținutul acelei idei. Ce să mai spunem de ideea construcțiilor fantastice de pe alte planete, mai avansate decât a noastră? Ideea e un fel de germene, care se dezvoltă treptat, paralel cu evoluția ei și a individualității umano-duhuală.

Acum mă întorc la adevărul propovăduit de Domnul nostru Isus Christos. El a comunicat ucenicilor Săi rugăciunea dominicală *Tatăl nostru*. Dar să vedem cum au fost predicate învățăturile Sale, cum le-au propovăduit apostolii și cum au fost ele scrise.

Învățăturile Mântuitorului nostru au fost date apostolilor potrivit gradului lor de evoluție. Nici apostolii n-au fost de aceeași evoluție. Mântuitorul a vorbit cu fiecare în parte și mereu le-a spus unora un adevăr mai dezvoltat, și altora un adevăr mai restrâns. Misterul acesta l-au cunoscut și evangheliștii, și ei au scris evangheliile potrivit gradului de evoluție al omenirii de pe atunci, ca să se poată creștina sau boteza în ideile Domnului nostru, preamărita Lumină a sistemului nostru. Tot ce s-a spus a fost conform mentalității de atunci. Celor de azi - și, mai ales, celor cu o evoluție personală mai avansată - li se poate spune conținutul superior al ideilor, deoarece evoluția lor le permite să afle fără niciun pericol de a se tulbura și fără nicio responsabilitate, pentru entitatea care le-a prezentat conținutul respectiv.

Adevăr grăiesc, când vă spun că greșeala nu se iartă. Dar de acest adevăr nu trebuie să afle omul de rând. Nu există iertare când s-a făcut o greșeală. Legea e lege, e dreaptă și veșnică, nici Tatăl ceresc neputând-o încălca. Autorul legii nu poate încălca propria Sa lege. Cine a făcut o greșeală trebuie să plătească, până la ultima centimă.

Dar cui poți să-i spui mai pe larg acest adevăr? Negreșit, celui care nu mai are înclinare de a mai greși. Cel ce nu mai poate greși poate să afle că greșeala nu există și deci Dumnezeu n-are ce ierta. Acest adevăr este cunoscut de noi, dar nu îndrăznim să-l afirmăm în orice cerc și oricărei persoane venite acolo, deoarece nu ne permite evoluția lor.

Voi generați suferințe și dureri aproapelui vostru. Creatorul nu e vinovat de acțiunea voastră. El, știind cât de reduși sunteți, vă iartă, prin infinita Sa bunătate, dar de suferința produsă cum vreți să vă dezlege?

Cineva a ucis. Creatorul îl iartă, pentru că îi știe nepriceperea. Să presupunem că, venind sus la noi, victima iartă și ea, dar cu suferința produsă victimei cum rămâne? Se poate ierta? Da, ar fi posibil, dacă s-ar distruge *efectul* greșelii, dar nu s-a făcut o greșeală, ci o acțiune ce are un efect. Acțiunea - în chip de cauză - poate fi iertată, dar cum rămâne cu efectul acestei acțiuni? Tatăl și victima iartă pe ucigaș, dar trupul ucis se mai poate reface? Nu. Dacă ucigașul nu poate învia trupul distrus, efectul așa-zisei greșeli nu mai poate fi anulat.

Atâta vreme cât efectul acțiunii nu poate fi distrus, prin nicio forță din lume, iertarea Tatălui, a Fiului și a Sfântului Duh nu poate produce niciun efect, pentru că între victimă și autorul crimei s-a interpus efectul, care nu poate fi distrus în vecii vecilor. Efectul trupului ucis a rămas întipărit în memoria autorului. Nu va fi uitată, ștearsă din memoria sa spirituală decât în cazul când autorul ar fi distrus ca spirit, ceea ce nu o poate face nimeni în lume. Așadar, efectul neputându-se distruge din memoria entității care a produs suferința, rezultă că ea trebuie să repare - prin iubire - suferința aplicată semenului său.

Să presupunem că Tatăl șterge din memoria autorului efectul acțiunii comise de el. Ca urmare, ucigașul comite crime la infinit și nu va mai evolua niciodată.

Omul care a greșit - producând aproapelui său o pagubă, insultă, durere, crimă - trebuie să repare greșeala sa. Între victimă și autor s-a stabilit din acel moment un raport, o legătură spirituală. Nici autorul, nici victima nu se pot dezlega de legătura nevăzută, fluidică stabilită între ei.

Domnul nostru Isus Christos a recomandat să ierți mereu, de șapte zeci de ori câte șapte. Pentru ce? Pentru că tu, victimă, iertând pe cel ce ți-a greșit, prin însăși acest fapt ai rupt legătura stabilită între tine și autorul greșelii. Nu mai ești nevoit să vii, în altă viață, în preajma autorului, pentru a-i da ocazia să repare paguba, durerea, acțiunea produsă asupra ta. Destinul tău e liber de acest raport.

Se schimbă situația în ceea ce-l privește pe autor. El va căuta mereu să urmărească reîntruparea victimei sale, pentru ca într-o altă viață să repare acțiunea sa. El trebuie să repare, ca să șteargă din arhiva sa scrisul faptei sale. Reparând greșeala comisă, el se eliberează de înregistrarea în memorie a imaginii acțiunii sale, care, altfel, îl va apăsa în veșnicie. Odată ce va face un act oarecare de iubire, se va șterge din arhiva lui fluidică orice urmă a faptei sale și de acum înainte destinul său își va urma calea. Legea Tatălui a fost satisfăcută. Ura, paguba, durerea s-au transformat în iubire - temelia existenței tuturor lumilor.

Crearea plantelor, animalelor și omului

Zilele acestea te-ai întrebat dacă e permis unui spirit să se materializeze, să ia o formă trupească și să se înfățișeze cuiva.

Trupul oricărei ființe ce trăiește pe suprafața acestei planete nu este altceva decât materia acestei planete, transformată până la gradul de a nu mai putea bănui că a fost pământ.

Biblia spune: „Dumnezeu a luat țărână și a făcut pe om". Da, ea spune un mare adevăr, dar voalat, atât de acoperit, încât bietul om crede că e o simplă poveste. Dar Biblia spune mai departe: „După ce i-a dat forma de om, a suflat Duh divin asupra lui și l-a făcut viu".

Primul om este materie planetară, transformată și pe urmă vivificată de Divinitatea centrală, punând în el un duh. Dar Biblia de unde a luat acest adevăr? De la noi, cei din spațiu.

Ceea ce a făcut Divinitatea atunci, azi ar fi o încălcare de lege? Da și nu. Da, pentru că ceea ce s-a făcut cu milioane de ani în urmă nu trebuie să se mai facă azi. Nu, pentru că o materializare este un act experimental, permis uneori și în anumite locuri de pe suprafața pământului, de către marile Lumini ale Cerurilor.

La începutul activității sale, planeta noastră nu era locuită de oameni. Ea avea în eterul din jurul ei lumea îngerilor planetari și printre ei erau și îngerii solari, veniți din Soare să creeze trupul uman.

Să ne întoarcem cu gândul la epoca de atunci - a creațiilor sau a materializărilor.

În urmă cu miliarde de ani, materia acestei planete trecea printr-o perioadă de transformări chimice și fizice. Această materie nu putea de la sine să producă ceva. De aceea au venit entități spirituale, îngeri solari, care să creeze cu materia pământului forme de plante, animale și oameni.

Odată cu dezlipirea globului eteric din nebuloasa solară - care, prin răcire, va da naștere Terrei - o lume desemnată de Guvernatorul solar a plecat din Soare. Odată cu despărțirea Pământului din nebuloasa solară, această lume vine să-și ducă traiul în atmosfera fluidică a Pământului, identică la început cu cea solară. Lumea de pe cea mai îndepărtată planetă a acestui sistem vedea pe cer, în afară de Soarele-Tată, pe un altul mai mic, copilul său, fiu care nu se deosebea întru nimic, din punct de vedere fizico-chimic, de tatăl său, Soarele. Anii se scurg cu milioanele și copilul începe să ia alt aspect. Planeta începe să-și concentreze materia cea mai densă către centrul său, astfel că solidificarea a început de la centru, iar nu de la suprafață, cum se crede în lumea voastră, zisă savantă. Întreaga serie de materii s-a ordonat de la centru către periferie. Astfel, la centru s-a constituit solidul, în jurul lui - lichidul învelit de gaze, și, în fine, la periferie s-a format pătura generală de eter planetar. După apariția uscatului și a apei oceanelor, încep să apară toate fenomenele de prefacere ale materiei zise inertă, a vieții mineralului, în vieți cu forme superioare.

Azi, oamenii fac pe Pământ școală. Pe vremea aceea, îngerii își făceau aici școala creațiilor. Îngerii nu vor uita niciodată ceea ce au făcut atunci, pentru că operațiile de creație, de materializare le-au făcut milioane de ani, repetând mereu aceeași operație și perfecționând-o din ce în ce mai mult. După ce au trecut faza combinațiilor fizice și chimice, faza de laborator, îngerii au început operațiile lor de creare, pornind de la vietățile cele mai mici și mai simple, și anume, cu plantele.

Când pe pământ un elev descompune apa în oxigen și hidrogen și apoi le recombină, făcând apa la loc, el nu va uita în vecii vecilor că apa este compusă din două elemente chimice, pe care va ști cum să le descompună și recompună.

Au trecut miliarde de ani de când îngerii nu mai fac experiențe de materializare pe această planetă și cu toate acestea, ei le pot face oricând. Dar să nu se creadă că ceea ce s-a realizat în sute de milioane de ani se poate reface acum într-o clipă. Dacă, de exemplu, s-ar cere să se facă, acum, un mamut, îngerii l-ar putea face, dar pentru aceasta le-ar trebui timp și multă muncă. Apoi, ca el să devină viu, ar mai trebui să aducă de aiurea un duh de mamut și să-l introducă în forma mamut.

Îngerii alcătuiesc forma materială din materia zisă inertă a acestei planete. Dar ce este materia inertă? *Materia inertă este mineralul, iar mineralul este o sumă enormă de duhuri minerale, alipite unele de altele, fiecare având în jurul lor un grup de particule-viață, ce formează fluidul mineral.*

Să mă explic mai bine. Pui pe o masă un bolovan. Piatra, ca orice în lume, este înconjurată de fluidul său mineral. Dacă eu, cu puterea mea, defluidizez corpul pietrei, imediat întrupații de lângă tine nu vor mai vedea nimic pe masă. Piatra a dispărut deoarece i-am scos dublul său, care ținea duhurile minerale alipite și care acum, depărtându-se unele de altele, piatra, ca și corp solid, s-a descompus în elementele componente risipite. Dacă iei un asemenea bulgăre de piatră și-l sfărâmi, faci din el o făină. Pisezi această făină, până o faci de o finețe deosebită. Bobul abia vizibil este tot mineral, tot piatră, pentru că el are nenumărate forvispii de minerale, alipite unele de altele prin puterea de coeziune a fluidului mineral ce îl înconjoară. Pe baza acestei vaste științe fizico-chimice, îngerii pot crea orice piatră. În analele voastre spiritiste sunt amintite creații de pietre prețioase.

Îngerii au învățat, teoretic, în Soare, modul de a crea din minerale forme superioare, pe care apoi să le vivifice un duh. După ce au învățat teoria, îngerii știu să o pună în practică. Oamenii pot afla de această știință, dar nu o vor putea pune în practică. În această direcție oamenii pot învăța teoretic de la lumea angelică, dar nu pot face ceea ce ei au creat pe Terra la începutul vieții omenești.

La început, planeta noastră a fost populată numai de lumea angelică venită din Soare. Alături de îngerii solari au sosit și subalternii lor – îngerii planetari. Sosiți pe această planetă, ei au pus în practică teoriile lor asupra materiei minerale prime a pământului.

Nebuloasa acestui sistem planetar a pornit din Sfera divină, din Mamar, cu toată materia fluidică, ce a dat naştere prin concentrare mineralelor de tot felul, constituind şi globul nostru pământesc. Odată cu nebuloasa, a sosit aici şi toată gama de spirite: minerale, vegetale, animale, umane, angelico-planetare şi angelico-solare. Inițial, se rup din Soare, rând pe rând, planetele. Ele au trecut treptat prin starea fluidică, gazoasă, lichidă şi, în fine, solidă-minerală. Chiar din primul moment al dezlipirii nebuloasei globului nostru din nebuloasa solară, lumea angelică solară a trecut pe mica noastră nebuloasă terestră şi a început opera lor constructoare, adunând particule fluidice, pentru a transforma nebuloasa din fluidică într-un glob gazos. Îngerii şi-au continuat opera şi din starea gazoasă, au transformat materia globului nostru într-o materie incandescentă, pluriminerală, în stare *lichidă*. În fine, procesul a continuat şi au alipit şi mai strâns forvispiile minerale între ele, formând astfel mineralele pământului, adică au transformat pământul, dintr-un glob lichid incandescent, într-un *glob rece mineral*.

Odată ce suprafața pământului s-a consolidat într-un amalgam de minerale solide, o altă categorie de îngeri constructori încep crearea, materializarea formelor vegetale din materia minerală a pământului. Rând pe rând, anumite categorii de constructori fac *forme animale*, până se ajunge la forma om. Arhitecții, constructorii care au făcut totul pe această planetă, au încetat de atunci orice creație, rămânându-le doar să perfecționeze formele create, mai ales să le conducă viața.

Milioane de ani îngerii sosiți pe plaiurile noastre au făcut studii de materializări. Ei ne fac nouă, spiritelor albe, descrierea operațiilor lor, dar termenii şi cunoştințele expuse sunt pentru noi adevărate hieroglife.

„Noi - spun îngerii - facem încercări peste încercări şi când practica noastră a dat cele mai strălucite rezultate, elaborăm *Legea operațiilor noastre*. Aşa am lucrat noi. Vouă, duhuri albe, vă spunem întâi teoria, pentru ca atunci când va veni vremea, să o scoateți din arhiva memoriei voastre şi să o realizați în practică. Încercând, veți constata că himera teoriei noastre ia viață şi se transformă într-o ființă identică cu omul trupesc. Pentru voi, această experiență va fi verificarea teoriei învățate.

Materia pământului a fost transformată, combinată şi condensată, iar din anorganică a fost făcută organică. Greu a fost până am transformat materia până la punctul când a început să activeze singură, deci, până am făcut prima sământă. Bineînțeles, nu sământa unei plante superioare - ca de exemplu grâu - căci aceasta este prea complicată, ci sământa, sporul celei mai simple plante. Odată sământa făcută, am pus-o în pământ, pentru a da naştere celei mai simple plante ce există sau a existat pe pământ. Prin urmare, nu s-a adus nicio sământă de aiurea. Noi, îngerii, am adus numai amintirea noastră din lumile pe unde am peregrinat şi pe unde au existat aceste forme vegetale.

Am lucrat milioane de ani cu puterea gândului şi am prefăcut materia. Am făcut sământă şi pământul a acoperit-o, dar nu a germinat. Atunci ne-am adus aminte că-i lipseşte materia dătătoare de viață - spiritul. Cu aceeaşi putere cu care am orânduit materia în forma seminței, am chemat şi spiritul vegetal şi l-am introdus în sânul seminței. Atunci, sub razele electrice ale soarelui, sub acțiunea nutritivă a mineralului - frații mai mici ai spiritului vegetal, şi sub impulsul electromagnetic al duhului, sământa s-a dezvoltat într-o plantă, pe care o urmăream în dezvoltarea ei şi o modelam după memoria noastră acumulată pe alte planete. Aşa am făcut prima plantă. De acum înainte, ea este o vietate care trăieşte, suferă, absoarbe hrană şi se reproduce. Planta are grijă de acum să-şi facă urmaşi, căci spiritul din ea conduce mersul vieții formei în care a fost încorporat.

Ce pustiu era pământul când am venit noi! Nicio vietate nu-şi înălța capul spre cer, pentru a-i mulțumi Tatălui că i-a dăruit un glob unde să-şi desfăşoare o parte din viața veşnică. Pământul era un glob lipsit de o vegetație, care să-l împodobească aşa cum îl îmbracă azi. Dacă noi n-am găsit aici nici copaci măreți, nici flori cu splendide culori, nici fluturi încântători, nici femei frumoase, aveam bucuria de a crea tot ce exista pe planetele unde am viețuit miliarde de veacuri anterioare. Eram nerăbdători să punem în practică ceea ce învățaserăm de la marile şi glorioasele Lumini - spiritele solare.

Auziserăm noi adevăruri mari şi adânci de la Domnii solari, cunoştințe ce ni se păreau minuni de neînțeles, aşa după cum ați explica voi unui om simplu că trupul uman este alcătuit din milioane de celule, molecule, atomi şi aşa mai departe. Te ascultă bietul om dar nu pricepe nimic. Un spirit naiv vine înaintea noastră şi cu smerenie mă întreabă:

– Sfinte stăpâne, ai spus că acest Pământ, laborator divin, v-a fost dat de sfântul Guvernator solar, cu aprobarea Tatălui ceresc. Spune-mi, te rog, stăpâne, pentru ca să faci sămânța cea mică a primei plante ți-a trebuit un instrument, o lingură sau o bucată de lemn, în fine, ceva cu care tu ai lucrat. Cu ce ai făcut mai târziu animalele şi pe om, cu găurile ochilor, cu gura lui frumoasă?

– Dragul meu, noi suntem ființe ca tine, fluidice şi de formă sferică, după cum vezi. Nu avem mâini şi niciun fel de instrument cu care să lucrăm. E drept că față de noi, materia minerală a pământului e tare, ca oțelul pentru un întrupat, dar am avut cu noi *fluidul solar,* un instrument mai puternic ca orice pe acest pământ. Alături de el dispuneam de fluidul acestei planete – *fluidul planetar,* şi mai presus de acestea două, aveam *fluidul central divin,* sosit mereu de la Tatăl central. Cu aceste trei forțe negrăite am făcut ceea ce vezi pe acest pământ, prin voința şi gândul nostru având în memorie modelul văzut cândva şi ştiința învățată în mii şi mii de ani de la îngerii solari!

Văd că ai un aer nelămurit. Îți mai explic, să înțelegi. Să presupunem că eşti duh întrupat şi ai o bucată mare de fier de 10-20 de tone şi vrei să o aşezi pe un vapor. Ce vei face?

– Stăpâne, pentru acest lucru voi aduce o sută de oameni, o urnesc din loc şi o urc pe vapor.

– Nu aşa. Uită-te la acest mare electromagnet. Uite cum acest metal magnetizat şi mişcat prin electricitate se apropie de bucata de fier, o lipeşte de el, o transportă şi apoi fiind demagnetizat o lasă pe vapor. Nu a mai fost necesară nicio forță umană, electricitatea l-a mutat.

Electricitatea, dragul meu, este o forță fluidică sosită de la Tatăl central şi bifurcată în două: ramura pozitivă merge în soare, iar cea negativă în pământ. Noi, îngerii, şi dumneavoastră, oamenii spațiali, posedați această electricitate, ca de altfel orice ființă sau lucru din univers.

Tot ce vezi pe pământ, toate au fost făcute de noi, îngerii constructori, cu puterea procurată de aceste două fluide: solar şi planetar. Cu ajutorul cunoştințelor noastre câştigate prin existența de miliarde de ani, posedăm secretul de a transforma mineralele acestui pământ în sămânță sau formă corporală a oricărei vietăți, având la dispoziție puterea fluidică solară şi planetară. Electricitatea captată de om prin dinamuri sau generatoare - aplicată şi în cazul electromagnetului - este fluidul nostru solar şi planetar. Puterea electromagnetului care atrage fierul este gândul sau cugetarea mea."

Revin la întrebarea pusă la începutul acestui capitol. Azi, materializările de plante, animale şi oameni sunt un păcat? Se încalcă vreo lege? Acum pot să vă spun: Nu, nu se încalcă nicio lege, pentru că ele sunt sporadice şi existența lor este efemeră; ca atare, nu împiedică cu nimic mersul progresiv al Pământului. Dacă materializările se fac rar şi cu foarte mari greutăţi, sub preşedinţia unor mari spirite, este pentru că se opune evoluţia socială a oamenilor, care cere ca ceea ce s-a făcut odată să nu se mai facă acum, diferitele forme de plante, animale şi oameni reproducându-se acum pe calea firească, sexuală.

Azi nu se mai pot face materializări decât cu ajutorul unui întrupat numit *medium de materializare*. Să ştiţi însă că mediumul nostru, cu care se mai fac asemenea mari experienţe, nu este un om obişnuit, deoarece spiritul său are un grad înalt în Cer, şi apoi se deosebeşte de ceilalţi oameni prin faptul că deţine o cantitate mare de fluid solar.

Îngerul continuă: „Când am reuşit să facem prima plantă, au răsunat spaţiile sistemului nostru planetar de bucuria noastră, a tuturor îngerilor. Să vezi că din pământ ai creat o formă vie, care se mişcă, palpită, îşi păstrează forma şi trăieşte prin ea însăşi - este culmea fericirii. O, Doamne - am exclamat cu smerenie - mari sunt puterile Tale! Am văzut realizându-se cuvintele îngerilor solari. Rând pe rând, mii şi mii de ani, toţi îngerii ne întreceam să facem plante mai frumoase, mai complicate, mai viguroase şi aşa, încetul cu încetul - fiul meu - am îmbrăcat uscatul şi am umplut mările cu tot felul de vietăţi vegetale. Milioane de ani am urmărit creşterea plantelor şi, cu puterile noastre de atracţie şi respingere, conduceam viaţa plantei şi o influenţam mereu, ca să o perfectăm. Le ajutam în creşterea lor şi mai ales supravegheam înmulţirea lor, calea lor generatoare.

Când a sosit timpul, alături de plante, cei mai înaintaţi dintre noi au creat forme animale. Şi de această dată s-a pornit de la cele mai mici, animale microscopice, de la cele mai simple, spre cele mai complicate. Am creat şi de această dată cele mai simple animale acvatice şi numai după aceea pe cele terestre, divizate cu vremea în zburătoare şi nezburătoare. O, câte milioane de ani ne-au trebuit să facem animalele! Azi aveţi forme nenumărate de animale pe suprafaţa globului vostru. Toate au fost opera noastră.

A venit timpul să creăm forma umană, un mare eveniment de creaţie pe Pământ. Din acelaşi pământ din care făcuserăm plantele şi animalele, am făcut şi forma om. Când am izbutit să modelăm forma umană, Stăpânul nostru, Guvernatorul solar, a coborât pe Pământ şi El a întrupat pentru prima oară în acea formă umană un spirit cu rang de înger. Iată acum omul trupesc pe deplin format.

Biblia spune adevărul în înşiruirea cronologică a creaţiei vietăţilor de pe pământ şi când spune de om: «Dumnezeu a suflat peste om duh divin, dându-i viaţă». Da, pentru că s-a introdus un duh în acea formă."

Ierarhia în lumea duhurilor albe

Observați viața semenilor voștri și luați în considerare și respectați pe cei ce cred în Divinitate și au o conduită morală ireproșabilă. Nu vă impresionați de averea unora, de rangul social al altora. Cel ce va crede în Divinitate, în lumea sfinților, în existența lumii noastre, va fi împodobit cu fericirea cerească.

Pe frontispiciul cimitirelor voastre scrie: „Gloria pământească, fericirea cerească". E un mare adevăr, neînțeles nici de cel ce l-a scris acolo. Gloria pământească este una, fericirea cerească este alta. Una se dobândește pe pământ și este efemeră, iar cealaltă - în Cer și este veșnică.

Cei mici doresc gloria pământească, cei evoluați - fericirea cerească. Cele mai multe entități spațiale doresc ca atunci când se vor reîntrupa, să se bucure de toate bunurile pământului și de gloria omenească, căci deocamdată pentru ele este foarte greu de dobândit fericirea cerească. Cine se poate bucura, chiar întrupat fiind, de fericirea cerească? Numai cel ce a atins rangul de *sfânt*.

La exterior, sfântul e un om ca toți oamenii, dar toate gesturile, vorbele, dorințele, întreaga lui conduită dovedesc că e din ceata marilor Lumini ale spațiilor. El va trăi modest și retras, pentru că rangul său nu se poate împăca cu agitația și goana după averi, onoruri, plăceri materiale.

Să nu faceți confuzie între situația unui sfânt, și noțiunea ce o aveți voi despre sfinți. Prin sfânt, noi înțelegem un spirit care a urcat trepte peste trepte în existența lui plurimilenară pe această planetă sau pe alta. El a atins sau obținut de la Stăpânul sistemului - după recomandarea Guvernatorului planetar - rangul de *sfânt*.

Rangul de sfânt este un titlu care conferă în Cerul acestei planete dreptul la anumite atribute. Dar acest rang nu înseamnă că el a devenit infailibil. Nicidecum. E posibil ca într-o întrupare, să-l prindă mrejele vieții pământești, și într-un moment de slăbiciune, de întunecare a conștiinței sale, să greșească. Dar într-o altă întrupare își va plăti amarnic greșeala, pentru că el nu este un spirit oarecare din lumea acestei planete, ci este o entitate care posedă unul dintre titlurile supreme ale ierarhiei umane.

Lumea spiritelor albe se împarte în: *preoți, călugări* și *sfinți*.

Primul grad este *preotul ceresc,* dar el nu trebuie confundat cu preotul pământesc. Poți fi preot în Cer și să nu fii niciodată preot pe pământ. Urmează *călugărul spațial,* un spirit ce nu are nimic comun cu călugărul de prin mănăstirile voastre. Deasupra rangului de călugăr urmează diferitele grade de *sfinți părinți*. Fiecare dintre aceste trei trepte are o mulțime de subtrepte. Noi căutăm să influențăm pe fratele nostru sfânt în Cer, îl supraveghem când este pe pământ, ca nu cumva să cadă. Nu-l părăsim un minut, deoarece o greșeală a lui atrage automat o stare sufletească deplorabilă pentru întregul grup de sfinți. Ne silim ca viața lui să fie un model de viață. Interesul și solidaritatea ne împing să apărăm pe fratele din grupul nostru.

Viața noastră e urmărită de mai-marii noștri, atât în Cer, cât mai ales când suntem întrupați. De dimineață până seara un membru al ordinului nostru stă de gardă pe lângă întrupat, inspirându-l spre bine și oprindu-l de la greșeală. Când, prin neatenție, cade un membru de-al nostru, o jale nemaipomenită îi cuprinde pe toți din gruparea noastră.

Sfântul nostru a renunțat de mult la fericirea materială. Când ne întrupăm, nu ne mai preocupăm de fericirea asigurării unui trai în mare belșug. Dar demnitatea ordinului nostru cere ca unul dintre ai noștri, când se află jos printre întrupați, să nu ducă o viață mizerabilă, neavând nici măcar strictul necesar. El va avea ce-i trebuie, fără să fie bogat. Numai când i se dă o misiune importantă, i se impune o sărăcie completă, dar va fi pe deplin sănătos.

Mânuirea fluidelor

„Mi se pare că prin anul 1929, în casa unei familii onorabile și culte din București, într-un cerc intim, se țineau ședințe spiritiste. Una dintre persoanele asistente era medium de materializare.

Într-o seară, ghidul ședințelor anunță cercului că le va prezenta un fenomen frumos și le-a cerut să stingă lampa, dar imediat îi opri, spunându-le: «Lăsați că sting eu lampa electrică». Se făcu întuneric, fără ca cineva să se ridice din locul său. După un minut de așteptare, s-a auzit căzând ceva, cu un sunet surd, pe masă, de unde se rostogoli pe podea. Lumina se aprinse de la sine. Asistența observă, cu mirare, o mandarină pe covor. Au luat-o de jos și au examinat-o cu toții și nu puteau să-și explice proveniența și înțelesul prezenței ei. Prin mediumul aflat în transă, ghidul ședinței le spuse: «Desfaceți mandarina și mâncați-o». Cu o oarecare ezitare, au executat îndemnul entității. Rupând coaja și desfăcând feliile, au observat - cu o mirare și mai mare - un sul mic de hârtie. Au luat hârtia și, desfășurând-o, au constatat că pe ea se află desenată o cruce și cuvântul «credeți». Pe când examinau bucățica de hârtie și cuvântul scris, întrebându-se cum a ajuns acest bilețel în mijlocul mandarinei, mediumul a început să vorbească: «Iubiții mei, aflați acum ce operație s-a făcut. Stăpâna casei a cumpărat azi-dimineață douăsprezece mandarine și le-a pus în bufetul cel mare. Eu am prefăcut una dintre aceste mandarine în fluid. În același timp, m-am dus în biroul soțului - el nu era de față - și am rupt un colț de hârtie dintr-o coală aflată pe birou și apoi am proiectat pe ea plombagină, creată din fluidul ce era în cameră, și cu el am scris cuvântul avut în mental. Odată scris bilețelul, l-am răsucit și apoi l-am dematerializat. Acum, cu bilețelul fluidizat, am venit, așa strâns cum era, și l-am introdus în mijlocul mandarinei fluidice. După ce am făcut aceste două operații, am trecut mandarina prin pereți și ușile camerelor, până la voi. Aici am rematerializat mandarina fluidică, făcând-o iarăși cum a fost la început în bufet, plus bilețelul din interiorul său, materializat și el. Dragii mei, noi, duhurile, putem transforma materia voastră pământească, corpurile voastre solide în corpuri fluidice și viceversa. Am vrut să vedeți în această seară un fenomen ce pare supranormal pe pământul vostru și să vă țin o mică lecție de fizică și chimie cerească. Acum verificați cele ce v-am spus.»

După ridicarea ședinței, s-au dus în sufragerie și, descuind bufetul, au găsit numai unsprezece mandarine. Una lipsea - cea care le-a fost adusă în camera de ședință. În birou au găsit o coală de hârtie cu un colț rupt, unde se potrivea hârtia găsită în mandarină. A fost o demonstrație frumoasă și interesantă a celor din spațiu.

Întrebându-i despre acest experiment, amicii spațiali mi-au comunicat următoarele:"

Iubite frate, cu alte ocazii ai aflat că, din când în când, din Sfera-Laborator coboară *materia primă,* care - pe măsură ce se depărtează de Centrul creator - se tot concentrează, formând în locul unde se va naște un nou sistem planetar, o gamă aproape infinită de fluide, gaze, lichide și solide. Toate aceste prefaceri și diversificări ale uneia și aceleiași materii prime au fost făcute de Forțele spirituale de diferite grade, marile Spirite, Creatori divini. Ți s-a mai spus că există globuri în diferite stări ale materiei: fluidice, gazoase, lichide și solide, cum e globul vostru terestru. Pământul are starea de echilibru permanent solidă, fiind lipsită de stările gazoase ale multor corpuri cerești. Pe globul vostru nu se mai văd nori de aur, argint sau platină. În jurul globului vostru se văd pe cer numai nori de vapori de apă, formați din două elemente: hidrogen și oxigen. În soare, în atmosfera solară, există nori formați din multe metale întâlnite pe pământ.

În laboratoarele pământului se poate topi aurul și face lichid, dar imediat ce ai ridicat vasul de pe foc, aurul își reia starea solidă, o stare normală azi pe pământ. Aur, platină, argint, toate metalele de pe pământul vostru se găsesc topite în masa soarelui în stare de echilibru natural. Nu orice om a văzut aurul lichefiat. Mor milioane de oameni și ei n-au văzut decât aurul în stare solidă. În știința voastră s-a stabilit, teoretic, că orice corp din solid se poate face lichid și din lichid în gazos. Acum aveți până și aer lichid și se tinde să se obțină aer solid. Omul simplu știe și el că gheața, prin căldura soarelui, se topește în apă, iar apa se transformă în aburi. Elevii din primele clase știu că prin răcire norii se prefac în picături de apă, dând naștere la bălți, lacuri, râuri etc., iar apa lor, prin frigul iernii, se transformă în apă solidă sau gheață.

Fenomenele fizico-chimice din soare dau naștere unei temperaturi foarte ridicate. Din această cauză, din masa pluriminerală a soarelui se ridică aburi, formând nori metalici în atmosfera lui. La oarecare depărtare de soare, vaporii de diferite metale se răcesc și, condensându-se, cad pe suprafața globului solar, sub formă de ploaie sau picături lichide de aur, argint, platină, fier etc. Picăturile lor sunt grele și cad cu viteza gloanțelor voastre. Asemenea fenomene s-au petrecut odată și pe pământ, dar globul nostru fiind foarte mic, durata și intensitatea lor a fost de scurtă durată. Noi, micile albine ale Tatălui, avem posibilitatea să realizăm chiar acum pe pământ toate fenomenele petrecute în mod firesc pe soare.

Noi putem să desolidificăm o portocală și să o aducem la starea fluidică, sau putem crea un obiect oarecare din fluid. Se înțelege că numai spiritele albe pot realiza, în deplină cunoștință, asemenea fenomene de înaltă fizică. Prin urmare, oricât de complicată va fi materia organizată, ca și cea minerală sau neorganizată, putem să o dezagregăm și să o transformăm într-una dintre cele patru stări ale materiei: solidă, lichidă, gazoasă sau fluidică.

Ne vine mai ușor să mutăm un obiect, ridicându-l și transportându-l prin puterile noastre fluidico-electrice, decât să materializăm sau să solidificăm un fluid și cu mult mai greu ne este să dematerializăm un obiect în fluid și apoi să-l rematerializăm la loc. Dar, în fine, greu, ușor - totul ne este posibil.

Manifestările de materializare sunt rare pe pământ și când le producem, avem în vedere un anumit scop: Să facem școala unor anumite spirite din spațiu, ca să afle și ele cum se pot preface materiile și cum s-a creat odată - de forțele angelice - tot ce există pe pământ. Așadar, fenomenele produse în mediul material solar nu se mai produc aici, după cum nici cele produse pe Lună nu se pot realiza ușor aici pe pământ.

Noi, duhurile, cunoaștem multe taine, pentru că le-am aflat, studiat și practicat pe alte planete, pe unde am petrecut școala noastră nesfârșită. Dar să revin la subiectul nostru.

Putem să dematerializăm o floare din Asia, de exemplu, și să o aducem pe masa voastră, până și cu roua pe ea. Cu puterea gândului meu și a corpului meu spiritual, care e un puternic electromagnet, am dematerializat-o în fluid și o aduc aici în camera ta. Apoi, tot cu puterea voinței și a imaginației mele, prefac fluidul în floare solidă.

Un asemenea *aport* se poate păstra până se va veșteji planta respectivă. Deși mai greu, avem facultatea ca prin puterea imaginației și memoriei noastre, să vă creăm o plantă sau piatră oarecare, din materia fluidică a pământului, pe care concentrând-o, o transformăm în plantă sau piatră solidă.

Ramura sau floarea ruptă dintr-o plantă oarecare va trăi prin inerția vieții celulelor ce o compun, dar după câteva zile va muri. Se schimbă situația când aduc o plantă întreagă. În cazul acesta, aduc trupul fluidizat al plantei și, în același timp, atrag după mine scânteia divină a plantei, cu învelișurile sale. O duc la locul dorit, unde refac planta fluidică în plantă solidă și, în același timp, introduc duhul plantei în trupul ei. La fel fac cu o pasăre, vierme, rac sau orice animal.

Când creăm o ramură cu flori, ea nu poate dura decât o perioadă scurtă de timp, câteva ore sau zile, și apoi piere, pentru că nu ne mai este permis să creăm permanent ceea ce s-a făcut odată. Cu înaltă autorizare putem să facem câte o piatră prețioasă care să persiste ani de zile și să o poarte cineva la un inel, ca amintire de la noi. Asemenea materializări sunt foarte rare.

În general, facem materializări mult mai ușoare: concentrăm și transformăm fluidul până constituim din el o mână plastică, uneori vizibilă, iar alteori perceptibilă, dar invizibilă. Adică putem materializa o mână solidă, vizibilă, dar care nu este mână trupească. Dacă o asemenea mână s-ar putea tăia, am vedea că nu curge nicio picătură de sânge din ea. Putem crea un organ, ba chiar un trup întreg, care va avea moliciunea pielii, tăria oaselor și căldura animală; va fi solid, dar nu fiziologic, ci numai o materie fluidică solidificată.

De ce sunt rare materializările – fie parțiale, fie totale? Pentru că nu ne este permis să speriem lumea. Le producem cu scop științific, în fața cunoscătorilor. Nu producem des asemenea fenomene, ca nu cumva să vadă și să învețe de la noi entitățile inferioare, care – în ignoranța sau răutatea lor – ar face materializări pentru a speria și persecuta pe cei întrupați. Numai înaltele entități posedă această știință. Când se execută asemenea operații, se iau toate măsurile să nu asiste la ele nicio entitate căreia nu-i este dat să afle asemenea taine. Materializările se fac în fața oamenilor cărora le este permis să vadă asemenea prefaceri ale materiei. Numai noi, entitățile superioare, am ajuns să mânuim fluidele și să lucrăm cu ele tot ce vrem. Luna este laboratorul unde ni se pune la îndemână, din abundență, materie fluidică, și unde putem lucra nestingheriți de nimeni.

Ceea ce ne este interzis să facem des pe Pământ putem face cu ușurință și oricând pe Lună, unde nu suntem stânjeniți de entitățile inferioare, pentru că ele nu se pot sui până acolo. Cât despre spiritele sosite să-și facă școala pe Pământ, ori cele pregătite să emigreze pe alte corpuri planetare, ele sunt cantonate în anumite regiuni ale Lunii, așa că nu asistă la operațiile și studiile noastre făcute în prezența marilor forțe angelice.

Luna e sediul lumii angelice și al spiritelor albe. Pământul e școala lumii entităților inferioare. Ele nu pot fi excluse de pretutindeni, fără a produce în sufletul lor mâhnire.

Raritatea acestor fenomene este explicabilă, Pământul nefiind locul ideal pentru asemenea experimentări. În Lună, fiind un mediu prielnic, putem face tot felul de materializări și dematerializări, creații de forme anorganice și organice. În Lună încercăm și reușim să creăm tot felul de vietăți, plante și animale de tot felul, și diferite modele de oameni. Bineînțeles, toate sunt creații fluidice. Viața trupească, asemănătoare cu cea terestră, nu este posibilă pe Lună, nefiind aer și apă.

Pe când în jurul pământului există o atmosferă gazoasă, în jurul globului selenar nu este decât o atmosferă fluidică, la fel ca în Soare, exceptând căldura lui. Soarele, Luna și Pământul sunt corpuri sau laboratoare cerești, unde entitățile fac studiile cerute de Tatăl central. Desigur că studiile făcute pe Soare sunt superioare celor făcute pe Lună și Pământ. Studiile făcute pe Pământ sunt omenești, iar cele de pe Lună sunt *studii angelice*.

Medicul lunar trebuie să cunoască mult mai bine anatomia omului decât medicul uman. Așa, de exemplu, i se ordonă medicului lunar să construiască, prin puterea gândului său, un om din fluidul selenar. Dacă nu este savant cunoscător al anatomiei trupului uman nu va putea crea o ființă umană corectă; va ieși o caricatură de om. Astfel, îngerii de pe Lună cer: „Fă-mi un om fără piele, ca să văd dispunerea venelor și arterelor trupului uman de pe pământ". Numai cel ce cunoaște admirabil dispunerea acestor vase va putea realiza rețeaua cerută de profesorul angelic.

Dragul meu frate, trebuie să studiem și să cercetăm întreaga creație de pe pământ, de la cel mai microscopic viețuitor, până la om; de la cel mai fără valoare mineral, până la cele mai dorite pietre prețioase: safire, smaralde, diamante. Cine știe câte milioane de ani ne vor mai trebui aici și pe alte planete ca să știm ceea ce știu prea sfinții îngeri ai noștri.

Din când în când, coboară pe pământ câte unul din ceata îngerilor, cu autorizația de a face o mică demonstrație, anormală pentru mediul de aici. Când materializarea este finalizată, la vederea ei, cei din spațiu - duhuri roșii și albastre - se minunează de înalta operă și devin dornici de a-și ridica nivelul moral și intelectual și a-și grăbi astfel ascensiunea spirituală. Voi, oameni trupești, când le vedeți, rămâneți cu ochii mari și gura căscată. Priviți și nu vă vine să credeți, și cu cât veți lua mai multe măsuri de control, cu cât veți fi mai riguroși, entitatea operatoare, de înaltă vechime și rang, va fi mai fericită de a vedea pe alții admirând opera ei, impusă de un înger planetar.

Acum, frate iubit, termin comunicarea de azi, spunându-ți: Mâine pleci de aici, dar vrem ca adevărurile comunicate de noi să poarte pecetea științei. Nu vrem să cădeți pe panta religiei sau filosofiei. Religia este foarte bună și absolut necesară, păcat însă că ea, așa cum e predicată azi, încătușată în dogme, închide calea cercetătorului. Filosofia e frumoasă, dar ea te poartă din ipoteză în ipoteză și nu dovedește nimic. Noi vrem știință și iar știință, care să lărgească orizontul cunoștințelor pământești, prin probele văzute și produse de lumea noastră.

Întâi a fost creația fluidică, apoi cea solidă

Știința pământului susține că celulele trupului vostru sunt dependente unele de altele.

Eu afirm că nicio celulă nu ascultă de ordinul celeilalte celule, fiecare ducându-și viața și munca independentă una de alta. Este altceva că prin munca lor, celulele duc la un rezultat unic. Prin știința noastră și urmând planurile celor mai mari ai noștri, modificăm mereu mediul înconjurător al planetei, și ca urmare formele se modifică și se perfecționează. Dar oricât de numeroase și diversificate vor fi formele, prima formă - celula - se menține aceeași.

O celulă oarecare își poate duce singură viața. Dar dacă vrea, un Duh creator poate asocia sau comuniza sub o singură direcție două celule. Instrumentul cu care Duhul creator poate face această lucrare este *fluidul electric*.

Spiritul a luat două celule și lucrând asupra lor, le-a pus în imposibilitatea de a mai putea trăi singure.

Iată înțelesul acestui fapt.

Se știe că fiecare celulă este încărcată cu două feluri de electricități: pozitivă și negativă. Spiritul, cu puterea evoluției sale, va modifica distribuția acestei electricități în cele două celule. El va face astfel ca o celulă să aibă mai multă electricitate pozitivă decât negativă, iar în a doua celulă, vecină cu ea, să fie mai multă electricitate negativă decât pozitivă. De acum cele două celule sunt robite una alteia, pentru că ele se atrag una către alta. Pe când celulele erau libere, fiecare avea în interiorul ei cele două electricități, separate printr-un perete ideal de electricitate neutră. Acum această forță neutră s-a exteriorizat și s-a așezat între cele două celule. Din acest moment, cele două celule sunt ținute în echilibru de forța mediană externă neutră și se atrag una către alta prin atracția celor două electricități preponderente din interiorul lor. Din această cauză, celulele au fost silite să se asocieze, să se comunizeze. Pe acest principiu s-a clădit întreaga viață armonică din universuri.

Cu altă ocazie, am spus că în Sfera divină există corpuri, ființe vii infinit de mici. Dar oricât de mică este această vietate, totuși are un conținut, și materia din interiorul acestui conținut este împărțită în trei. O parte este încărcată cu energie sau facultate pozitivă, o altă parte are însușire negativă, și între ele se află o cantitate de substanță electrică neutră. Cu această particulă, infinit de mică, cu această vietate, Creatorul a creat totul, deci și materia în starea a patra, numită solidă.

Însuși Creatorul este organizat după modelul acesta, infinit de mic, dar plin de viață. Celula-viață este cel mai simplu corp din veșnicie și în tot Infinitul.

După ce a fost creată prima celulă, primul viețuitor pe pământ, s-au luat două asemenea celule și au fost asociate, comunizate. Cât timp celulele erau libere, moartea uneia nu influența deloc existența celei vecine. Din momentul când au fost asociate, moartea uneia dintre ele va provoca și moartea celei de a doua. Prin moartea celulelor, viețile fluidice, particulele vii robite se vor separa, fiind puse fiecare în libertate.

Cât au fost împreună, cele două celule s-au hrănit și au crescut. De la un timp, ele au început să se dividă și au format astfel patru celule. După un timp, cele patru celule crescute s-au divizat în câte două și au format opt celule, și așa s-a urmat mereu, în progresie geometrică. Astfel s-au format marile și complicatele viețuitoare. În felul acesta se înmulțește totul în cosmos.

Prin asocieri continue s-a format o celulă care e o colonie de vieți, particule, celule fluidice. Noi avem corpul spiritual format tot dintr-o imensitate de asemenea asocieri. După modelul lumii spirituale, duhul a creat celule vegetale, animale și umane, aici, jos, în a patra stare a materiei.

Tatăl creează numai cu materia aflată în *prima stare*. Aici, jos, se lucrează totul cu aceeași materie, dar aflată în *starea a patra*. Omul coborât pe pământ, are posibilitatea să găsească toate felurile de materii, dezvoltate din treaptă în treaptă, de la simplă până la asocieri de câte două, patru, opt și așa mai departe.

Cele două feluri de electricități pomenite au nu numai anumite proprietăți, dar și anumite culori, cea pozitivă fiind albastră, iar cea negativă - roșie-gălbuie. Toate fluidele din univers sunt colorate, au culori diferite, după rolul jucat în univers.

Celula fluidică unică, particula-viață venită din Infinit, este colorată și ea, jumătățile sale având culori diferite, separate printr-o bandă infinit de subțire de o materie colorată violaceu. Noi putem atrage aceste particule, deoarece nu ne pot rezista. Le putem absorbi în corpul nostru, unde imediat sunt silite să se asocieze în câte trei, deoarece corpul nostru nu e compus din celule simple, ci din grupe treimice. Din aceste celule simple s-a făcut și se face totul, prin comunizarea lor la infinit. Însuși Tatăl le absoarbe și le comunizează în trupul Său la infinit.

Existența acestei *celule prime* este o raritate aici pe Pământ și constituie pentru noi mai mult un obiect de studiu. Existența ei liberă nu este posibilă decât temporar. Aici, totul este comunizat. Cum fiecare corp își are culoarea sa, noi suntem ajutați, în studiile noastre, de culorile lor.

Celula primă sau particula-viață ultramicroscopică am spus că este o ființă. Oricât de mică este, noi, spiritele superioare, trebuie să-i studiem viața și manifestările. Cum nu avem posibilitatea să o studiem individual, suntem nevoiți să facem studii asupra asociațiilor ei. Celula fluidică, particula-viață o găsim asociată cu multe alte particule vii, chiar în corpul celui mai mic microb, care, este o colonie de particule-viață. Fiecare celulă din trupul vostru este o vastă colonie de celule fluidice, particule-viață, din lumea noastră spirituală. O globulă roșie din sângele vostru este o mare colonie de celule fluidice, particule-viață sau ființe vii.

În ultimă analiză, trupul vostru este o vastă colonie de celule trupești, care la rândul lor sunt asociații de mari colonii de ființe vii, celule fluidice. Cu alte cuvinte, trupul vostru este format din miliarde de individualități, de ființe vii infinit de mici. Celula fluidică, particula vie, constitutivă a tot ce există în univers este atât de mică, încât cel mai mic viețuitor de pe pământ, vizibil doar cu microscopul, e un elefant pe lângă ea.

Totalitatea celulelor fluidice, diversele lor asocieri formează fluidul. Fluidul e o materie, și anume, o materie divină formată din asocieri de particule vii. Cel mai pur fluid dintre toate fluidele umple Mamarul Sferei divine. El este întreținătorul vieții din univers.

Rând pe rând, printr-o evoluție lungă, de-o veșnicie, aceste celule simple, divine, au ajuns să aibă diferite însușiri. Ele ne păstrează cunoștințele agonisite în decursul nenumăratelor existențe, constituind *corpul nostru memorie.* Tot o celulă divină constituie forța energetică ce ne permite *cugetarea.* Bineînțeles, în scânteia sau corpul nostru divin ele se află tot treimizate, căci libere, simple, nu se află decât în Laboratorul divin.

Rețineți: *Orice ființă, orice lucru, tot ce vedeți în jurul vostru a pornit de la această mică făptură, particulă vie, cea mai simplă viață din tot cosmosul.*

De la simplu urcăm, chiar și noi, pe scara progresivă a construcțiilor fluidice sau divine. Aceste ființe, infinit de mici, progresează, dar școala lor, la fel cu cea a duhurilor, se face prin asociere. Unirea face tăria. Cu cât o colonie este mai numeroasă, cu atât va atinge grade mai înalte de evoluție. Timpul necesar pentru a se ajunge la trepte superioare - e o altă problemă.

Una din marile colonii de astfel de vietăți ultramicroscopice este trupul îmbrăcat de spiritul uman. Fiecare dintre celulele acestui trup e o colonie de ființe simple divine. Cât timp celula trăiește, colonia divină observă, învață și progresează. Când celula trupească moare, colonia se destramă pentru un moment, și apoi se se regrupează și reîntrupează într-o altă celulă trupească, pentru a-și continua evoluția.

Grație absorbirii și regrupării de particule vii, trupul uman crește mereu, de la ou până la maturitate, prin diviziunea și, deci, înmulțirea și creșterea celulelor trupești. Celulele trupului uman sunt colonii mereu reînnoite de particule vii, care, fiind avide de școala vieții, vin să-și trăiască viața în trupul uman. Când trupul omului moare, co-loniile, infinit de numeroase, se pun în libertate, dar așteaptă în spațiu ocazia să formeze trupuri noi, unde vor căuta să se reîntrupeze și ele, rând pe rând. Prin urmare, și celulele fluidice, particulele-viață trec printr-o continuă reîntrupare, în vederea studiului, al progresului, asemenea spiritului întrupat în mijlocul coloniei de celule trupești.

Fiecare celulă trupească are viața sa proprie; totuși, e robită întregului.

După cum știți, omul este o trinitate formată din *spirit, perispirit* și *trup*. Perispiritul - denumit inexact de voi dublul sau tiparul - este format și el tot din particule-viață, fiind o colonie de celule fluidice, ființe divine. Dar materia lui nu e simplă, ci compusă. La Centrul creator aceste celule fluidice, ființe vii, sunt simple, deci separate. Din Sfera divină se tot asociază în diverse feluri și apoi sunt trimise în lume, pentru a constitui creația. Ceea ce face Tatăl în Sfera divină, facem noi aici, cu singura deosebire că El lucrează cu *materia divină simplă,* iar noi lucrăm cu *materia divină asociată* și transformată prin evoluție.

* * *

Una dintre cele mai importante celule ale trupului uman este *spermatozoidul.* De asemenea, el este format dintr-o mare colonie de celule divine. Cunoscând ce face și pe unde merge, spermatozoidul este cea mai inteligentă celulă a trupului uman. O forță irezistibilă îl atrage către sora sa - celula umană numită *ovul.* De ce? Pentru că el este încărcat cu electricitate pozitivă, iar ovulul - cu electricitate negativă. Celulele divine care formează spermatozoidul sunt preponderent cu forță pozitivă, iar cele ale ovulului au mai mult o forță negativă.

Prin unirea celor două ființe umane - bărbatul și femeia - se formează în corpurile lor un câmp magnetic. Înotând în acest câmp de forță energetică, cele două celule creatoare se doresc și caută să se unească. Acest câmp magnetic s-a născut datorită unui vârtej de particule sau celule divine. Grație acestui curent, spermatozoidul este atras către centrul spiralei în mijlocul căreia se află ovulul. Odată ce spermatozoidul s-a atins de ovul, se confundă în masa lui, se sacrifică, în folosul comunității de celule divine. Rezultatul fuzionării acestor două celule umane se numește *ou.*

Ca orice în univers, celula-ou va începe și ea să se dividă pe cale geometrică.

Cine a făcut pruncul? Știința spune că tatăl și mama lui. În realitate, l-a făcut Creatorul, căci dacă El nu pregătea celulele divine sau fluidice, spermatozoidul și ovulul nu mai existau.

Voi știți atâta cât vedeți. Noi vedem dincolo de vederea voastră, cunoaștem realitatea profundă a fenomenelor. Când cei doi oameni se strâng în brațe și „se iubesc", veghetorii lor nu stau cu brațele încrucișate. Dacă din anumite motive în destinul lor e prevăzut să nu aibă copii, veghetorii anulează, distrug câmpul magnetic și defluidizează fiecare dintre elementele sexuale. Lipsite de forțele de atracție, cele două celule sexuale rămân depărtate una de alta și după un timp mor. Examinând cuplul, medicul uman constată că cei doi soți sunt sănătoși, și nu știe nici el de ce nu fac copii. Însă veghetorii lor știu, pentru că ei au contribuit la sterilitatea elementelor sexuale.

Dacă în destinul soților e înscris ca ei să aibă copii, cursul fenomenelor normale are loc, și de acum începe marea operă a creării unui nou om. Spiritul orânduit să vină în sânul acestei familii a și sosit la noua existență trupească. Depinde de trecutul său, dacă a venit la o viață de bucurii și mulțumiri, sau la chinurile iadului vieții terestre.

Propagarea Adevărului

Noi am avut mediumi superiori de când există lumea, numai că activitatea noastră a fost cu intermitență. Astfel, au fost epoci când am avut un raport foarte bogat cu lumea trupească, și au fost alte timpuri când lumea trupească a rămas aproape în întuneric. Totul a decurs după felul spiritelor întrupate jos pe pământ. Azi ne vine în ajutor știința oficială, care, făcând descoperiri în domeniul undelor, vibrațiilor, oferă lumii întrupate posibilitatea să înțeleagă mai ușor natura noastră constitutivă. Sperăm că în timpurile ce vor veni nu vor mai fi îndoieli în ceea ce privește existența noastră.

Unii dintre noi spun: „E mai bine ca frații noștri trupești să nu ne cunoască deloc".

Da, așa este, din unele puncte de vedere, dar ne este milă de durerea voastră, cauzată de ignoranța în care plutiți, de necunoașterea legilor morale, care conduc universurile. Mila față de voi ne îndeamnă să ne rugăm Tatălui ceresc, să ne îngăduie să ne revelăm și să vă încurajăm în drumul vieții voastre plin de dureri. E drept că din alte puncte de vedere este mai bine ca omul trupesc să nu știe de existența noastră. Așa, de exemplu, de ce să știe el că este vegheat în fiecare clipă a vieții sale, că nu poate săvârși nicio acțiune, oricât de tainică, fără să nu o știe martorul nelipsit, alipit de ființa sa, chiar în momentul conceperii sale.

Cu această ocazie, din nou, se va ridica obiecția: „Dar atunci omul nu mai este liber". Ba da, el este liber, dar are o *libertate relativă*. E liber să facă ce vrea, dar să nu spună la Judecată că nu a fost sfătuit, că nu i s-a arătat calea dreaptă. Omul primește o simplă sugestie, atât și nimic mai mult, apoi e liber să facă ce va dori, cum va socoti el; este liber, pentru că, în definitiv, nu-l vede pe veghetorul său; e liber să facă ce vrea, crezând că nu este văzut de nimeni. Dacă s-ar ști văzut, și-ar ascunde pornirile. Care hoț ar mai fura, dacă ar vedea pe comisar alături de el?

Legea divină spune: *Omule, să nu ucizi. De ce să sfărâmi o viață pe care nu ești în stare să o creezi?* Așa a spus Tatăl, dar omul, nevăzând pe Tatăl, cade în păcat și comite uciderea. Actul său s-a înscris în perispiritul său, în arhiva planetei și în plus este știut de veghetorul său. Acum mai este posibilă negarea? Urmarea este ispășirea prin suferințe crude.

Spiritul liber, neîntrupat, nu poate comite asemenea ilegalități, deoarece, deși el nu vede pe Tatăl central, totul din jurul său îi demonstrează existența Sa. Așadar spiritul greșește foarte rar, pe când întrupatul greșește mereu și adesea încalcă legile cele mai importante.

Viața trupească e un examen, prin care conștiința spiritului este pusă la încercare. Ea este termometrul care arată gradul de înțelegere al spiritului, tăria sufletului său și supunerea sa față de Forța Primă de unde a pornit odată. Reîntruparea este un act dureros, dar inevitabil, deoarece fără ea nu se poate face niciun progres.

Cu cât cineva este mai apropiat de perfecțiune, mai avansat din punct de vedere moral, tendințele sale de a cădea sunt mai rare. Pe măsură ce Forul superior vede că duhul întrupat are tendința de a nu mai greși, i se permite ca în starea sa de veghe să ne cunoască, să poată experimenta direct cu noi, prin intermediul unui medium. Astfel, duhul va obține rezultate atât de bune, încât, deși este încă în haina de lut, înainte de a o fi lepădat, el a și intrat în lumea de unde a plecat, prin ideile și facultățile sale spirituale.

Una dintre condițiile principale ca un întrupat să afle de lumea noastră și să se întrețină cu noi este curățenia perfectă, *sfințenia* vieții sale. Nu e suficient ca cineva să citească ceva despre noi, sau să asiste și să audieze cuvântările noastre, prin intermediul unor mediumi. Nu e de-ajuns să fie convins de existența noastră, ci trebuie să ducă o viața curată, din punct de vedere moral.

Noi existăm. Majoritatea ne neagă, iar o minoritate ne bănuiește. O infimă parte de suflete curate ne cunoaște perfect, ne cunoaște puterea și câmpul vast al cunoștințelor. Chiar dacă ați avea zeci de mediumi auditori-scriitori, v-am putea dicta cunoștințele noastre din domeniul spațiilor, zi și noapte, până la infinit. Dar evoluția umană terestră ne împiedică să le desfășurăm, rămânând să dăm numai spicuiri, câte ceva din ele.

Forma corpurilor cerești

Sunteți fericiți când auziți comunicările noastre, dar nespus de fericiți suntem noi, că ni se permite să vă inițiem în tainele noastre, în alcătuirea noastră socială.

Vedeți în jurul vostru că miliardele de stele și planete au forma sferică. Atomul vostru e sferic, picătura de rouă de pe frunză tinde să ia tot forma sferică. Ei bine, dragul meu, forma sferică este forma de bază a tot ce există în lume. Forma sferică, asemănătoare cu o portocală, o iau și spiritele superioare. Sferică e și forma Tatălui ceresc. În jurul Sferei Tatălui ceresc se rotesc cele patru universuri, sferice și ele.

Asemănător - sau, mai exact, spre asemănarea Tatălui central - este și trupul omului și al animalelor superioare. Capul vostru este rotund și așezat alături de trupul oarecum oval. Ca și Sfera divină, și trupul vostru are patru anexe sau apendice - cele patru membre - corespunzătoare celor patru universuri, aflate în legătură fluidică cu Centrul. Deși omul are forma trupească cea mai evoluată de pe această planetă, totuși forma sa nu este perfectă.

Să reamintim în fugă cum e construit corpul Tatălui. Tatăl este o sferă mare denumită *Sfera divină*. În centrul acestei sfere se află o sferă mai mică, numită *Capul Tatălui*. În jurul ei se află o sferă mai mare, numită *Toracele, Pectoralul Tatălui* și, în fine, în jurul acesteia se află o altă sferă, concentrică cu primele două, numită *Mamarul, Pântecele* sau *Laboratorul Tatălui*.

Pentru ca trupul uman să fie asemănător cu forma corpului Tatălui, ar trebui ca sfera capului omului să se afunde în mijlocul pieptului, iar sfera pieptului să se afunde în mijlocul abdomenului. Atunci capul va fi central, în jurul său va fi pieptul sau toracele, iar în jurul amândurora va fi pântecele sau abdomenul. La patru puncte ale pântecelui ar rămâne cele patru apendice, mâinile și picioarele actuale, corespunzătoare celor patru universuri din jurul Sferei divine.

Azi, cele trei părți ale trupului uman și ale animalelor superioare, sunt desfășurate liniar, ca și segmentele unei lunete deschise: capul - la extremitatea pieptului, iar pieptul - la extremitatea pântecelui. În viitor, capul se va apropia cât mai mult de piept, prin reducerea gâtului. Cu cât se va apropia capul de centrul pieptului, omul va deveni mai inteligent. Ca probă de acest fapt, sunt frații voștri cu șira spinării scurtată, prin apariția cocoașei dorsale, având centrul capului mai apropiat de centrul pieptului. Din această cauză acești oameni sunt, în general, foarte inteligenți. Vor trece multe mii, zeci de mii de ani, și capul omului va tinde să se apropie de centrul pieptului.

Dacă ar mai trăi omul din miile de veacuri trecute, ați spune că este un monstru. Dacă ați trăi aici, peste sute de mii de ani, oamenii acelor vremuri v-ar socoti monștri. Spiritul evoluează în veșnicie, apropiindu-se de Gloria Tatălui. Dar alături de evoluția spiritului, există și evoluția formelor trupurilor în care se întrupează spiritele, pentru a face școlile planetare. Îngerii pământului, creatorii formelor de plante, animale și oameni, lucrează chiar și azi la perfecționarea trupurilor acestor ființe, potrivit gradului la care pășește mereu globul acesta pământesc.

Prin urmare, să nu credeți că tot ce vedeți azi pe pământ a atins perfecțiunea, finalul evoluției. Să nu credeți că s-a terminat școala evoluției pentru formele trupurilor tuturor viețuitoarelor. Ele sunt forme de tranziție spre forme mai apropiate de perfecțiune, căutând mereu să se apropie de forma sferică a Tatălui central.

Duhul pleacă neștiutor de la Centru și se înapoiază în glorie spirituală

Cunoștințele noastre sunt vaste în toate domeniile, atât din cele cunoscute de știința voastră, cât, mai ales, în multe domenii neajunse la cunoștința voastră. Greutăți insurmontabile și, mai ales, ordine ne îngrădesc, să vă comunicăm chiar și atât cât posedați ca spirite libere.

În memoria ta de spirit sunt acumulate multe taine. Dar nici măcar din aceste cunoștințe ale tale nu-ți putem revela totul acum, în existența ta de om trupesc.

În afară de cunoștințele obținute prin observațiile și studiile noastre proprii, primim multe cunoștințe de la lumea angelică. Ei nu pot să ne mintă. Minciuna este cea mai mare decădere morală pentru un înger, preferând să-și arate neștiința în ceea ce privește un subiect oarecare, decât să ne spună o minciună. Să mintă pe un duh roșu este nedemn, condamnabil. Să mintă pe un duh alb este imposibil, pentru că noi putem întreba alți îngeri și se va dovedi minciuna.

Minciuna este afirmarea unui neadevăr. De multe ori, micii noștri frați roșii vă toarnă neadevărul. Spiritele albe nu vă pot minți, fiind conștiente că vor fi pedepsite.

Divinitatea, o ființă ca și noi, stă în centrul lumilor create de Ea și de acolo conduce totul. La nașterea noastră, divinii Creatori ne-au voalat memoria divină și astfel am rămas numai cu o fărâmă de memorie. La întruparea duhului, facem cu el la fel. De câte ori se întrupează duhul, legea cere să-l acoperim, să-i întunecăm toată știința de duh, toate cunoștințele sale despre tainele lumilor, așa că, devenind om trupesc nu mai știe absolut nimic - cine este, de unde vine, pentru ce s-a născut. Își deapănă viața terestră ca și cum s-a născut pentru prima oară și va trăi pentru ultima oară.

Trăiți și suferiți influența mediului vostru, al naturii și al societății, dar urmărim și înregistrăm simțurile și gândurile voastre, și ne dăm seama de felul, de gradul gândirii și al evoluției voastre. Noi, spiritele diriguitoare, ne facem școala pe pielea voastră. Prin noi Tatăl ceresc este informat, neștiut de noi, iar noi ne informăm despre viața terestră prin voi.

Am să revin asupra duhului-copil, părticica divină din Tatăl divin.

Scânteia divină este expulzată din Capul divin și aruncată în Sfera-Mamar. Aici este luată în primire de o primă categorie de mari Duhuri, care odată au fost și ele duhuri mici, ca mine. Acești mari Auxiliari divini imperfecționează copilul divin, îi voalează memoria divină. Această operație este absolut necesară, deoarece particula divină - dumnezeu adevărat, născut din Dumnezeul unic - dacă ar fi fost trimisă în lume perfectă, așa cum a fost născută, nu s-ar fi putut menține în sfera creațiilor, fiind atrasă de marele Tot perfect - Dumnezeu. Ca urmare, toate sferele, toate creațiile s-ar fi dizolvat imediat, tot ce a fost creat s-ar fi întors la marele Creator.

Pentru a se menține totul în echilibru, a trebuit ca Totul să se divizeze în două părți:

1. o parte a rămas pe loc, ca *Perfect absolut;*

2. a doua parte a fost trimisă în lume ca *imperfect absolut.*

Aceste cunoștințe ale lumii noastre au fost dictate în toate veacurile marilor inițiați ai noștri, fie în vechea Indie, Persie, ori în templele egiptene, pe timpul lui Rama, Krișna și Hermes.

Tatăl nostru planetar, întrupat în Moise, a dat poporului evreu din tainele vieții și ale creației, sub formă de basm, potrivit mentalității omului de atunci. Astfel, le-a vorbit de nașterea lui Adam în rai, de viața sa fericită, de neascultarea sa - gustând din pomul binelui și răului, și apoi gonirea sa din rai. Raiul este sânul Tatălui, Sfera-Mamar de unde a plecat duhul în lumile create, ca să vadă ce a făcut Tatăl, cum le-a făcut și pentru ce le-a făcut. Aici, prin vieți infinit repetate, duhul a învățat, îndurând tot felul de suferințe. Așadar, duhul e tot Dumnezeu, pentru că e corp din corpul lui Dumnezeu. În jurul scânteii divine, Fiii Săi divini i-au alăturat fluide necesare formării unui corp sau vehicul duhual, prin ajutorul căruia să poată călători prin lumile create, în vecii vecilor, până se va întoarce la Centrul creator, în plină glorie de Dumnezeu Creator.

Duhul plecat în lume are cunoștința că e liber, pentru că *libertatea* este o forță înnăscută în duh, ca și *iubirea*. Duhul știe că e fiul lui Dumnezeu, dar în lume, în creație, el nu trebuie să se considere Dumnezeu. Fiii creatori divini din Mamar îl întreabă pe noul-născut, duhul-copil imperfectat: „Ești Dumnezeu?" Iar el răspunde: „Nu. Numai unul e Dumnezeu." Din acest răspuns, Ei trag concluzia că memoria duhului este bine învăluită, a fost bine imperfectată.

Prin Slujitorii Săi, Tatăl atotştiutor a transformat pe fiul Său în duh neştiutor, şi l-a trimis la şcoala lumilor ca să înveţe şi să redevină, prin el însuşi, atotştiutor.

A sosit timpul să-ţi dezvălui şi un alt adevăr.

Divinul e unu, dar indivizibil; El nu se poate diviza. Ceea ce ţi-am spus până acum a fost numai să înţelegi alte taine, pe care ţi le voi spune într-o altă comunicare. Cine şi le însuşeşte pe toate planurile - fizic, psihic, intelectual şi moral - are tendinţa de a redeveni Dumnezeu.

Fiul de aici, Guvernatorul nostru solar, aşteaptă de miliarde de ani tereştri rangul de *Fiu divin mamar,* dar încă nu a atins apogeul reîntoarcerii împreună cu nebuloasa Sa în Mamar. Când va ajunge în Sfera divină, iubitul nostru Guvernator solar va porni iarăşi cu o altă nebuloasă, spre o nouă evoluţie, pentru ca după aproape o veşnicie, conducând sisteme din ce în ce mai înalte, să fie ridicat la rangul de *Fiu mamar.* Când va termina ultimele trepte de *Divin mamar,* va reintra în trupul Tatar, devenind una cu El. Aşadar, materia divină sau trupul divin se reintegrează din nou cu materia Sa, care a făcut înconjurul lumilor de El create şi s-a reîntors definitiv la Sursă.

Să nu crezi că cele spuse sunt cunoştinţele noastre; ele sunt studiile şi cunoştinţele lumii angelice de la noi şi de pretutindeni. Aceste taine au fost ştiute de apostoli, deoarece le-au fost date de marea noastră Lumină - Solarul nostru întrupat şi cunoscut de voi sub numele de Isus Christos. Tainele acestea nu au fost scrise în Evanghelii, însă ne-au fost predicate nouă, spiritelor albe, de Guvernatorul solar, în timpul cât, după destruparea Sa, a stat în preajma şi atmosfera fluidică a Pământului, întărind adevărurile spuse de lumea angelică. Marile taine nu au fost scrise, dar va veni odată timpul când lumea trupească să ştie că divinul nostru Creator nu este un Dumnezeu pedepsitor, ci un Dumnezeu plin de infinită Iubire. Când oamenii pământeni vor cunoaşte aceste sfinte taine, noi vom fi deja plecaţi pe alte globuri plutitoare în univers, pentru aflarea altor adevăruri cereşti, şi mai tainice.

Şiiinţa revelată va lumina lumea

Viitorul va aduce multe prefaceri. Eu mă voi reîntrupa în această ţară şi voi găsi o mentalitate diferită de cea actuală. Avem posibilitatea să vedem tot trecutul unui neam şi, din examinarea lui, ştim ce fel de entităţi se vor reîntrupa în el şi ce formă de viaţă va avea, în general. Când voi reveni aici, jos, voi citi aceste rânduri dictate de mine. Vreau ca, venind în lumea trupului, să nu fiu un om de rând şi nici neştiutor în misterele naturii. Scopul vieţii mele viitoare este să desfăşor o activitate intens spirituală, să primesc de la fraţii mei de sus o iniţiere integrală. O asemenea iniţiere nu o posedă pe pământ decât foarte puţini oameni şi râvnesc să mă număr printre ei.

Cred că la vremea când mă voi reîntrupa, biserica creştină ortodoxă nu va mai fi dependentă de stat. Atunci ea va ieşi din letargia actuală şi din exoterismul simplist de azi. Noi, mirenii, vom desfăşura mai cu spor ştiinţa revelată, iniţiatică, ajutând la ridicarea bisericii ortodoxe şi străduindu-ne să iniţiem pe fraţii noştri preoţi în adevăratele taine - învăţături ezoterice sau secrete ale lumii spaţiilor şi al vieţii de pretutindeni. La lumina acestor adevăruri, preotul şi biserica vor redobândi prestigiul avut în veacurile apuse ale vechii Indii, Asiriei şi Egiptului.

Tu știi, frate, că Tatăl ceresc guvernează în centrul sferei cu creații, divinul nostru Solar își are tronul conducerii în Soare, iar tronul Guvernatorului suprem al Pământului este în Lună.

Azi, biserica ortodoxă nu mai posedă asemenea cunoștințe, cu toate că ele erau deținute de preoții egipteni timp de aproape douăsprezece mii de ani. Conștiința stării de veghe a omului e de o miopie de necrezut. El nu vrea să știe decât ceea ce cunoaște sau a citit în lucrările religioase.

Luminarea acestui întuneric al omului și în special al preoțimii mă interesează pe mine. Acesta va fi programul meu de activitate. Noi, duhurile, vedem marea lipsă a bisericii creștine. Ea nu posedă cunoștințele inițiaților altor neamuri. Din diferite motive și interese, vechile sinoade au înlăturat partea ezoterică a învățăturilor creștine. E drept că înlăturarea părților secrete ale creștinismului a atras preoțimii o mai mare libertate de acțiune omenească, dar acest fapt s-a întors în contra ei, azi nemaicunoscând nimic.

De la Constantin cel Mare, preoția a devenit o carieră, pe când în veacurile îndepărtate preotul era un învățător, un luminător, care trăia din munca sa, dintr-o meserie oarecare, iar nu din capitalul de taine dobândite prin revelații, din Cer.

Lipsa legăturii bisericii creștine de azi cu lumea duhurilor, cunoașterea numai a cultului și literelor celor câteva cărți religioase au contribuit ca religia să rămână în urma datelor științifice, asupra cărora se îndreaptă atenția întregii omeniri. Omul trupesc are nevoie de templu, de biserică. Ce s-ar face bietul om fără această mângâiere și speranță? Ce ne-am face dacă întrupându-ne, am fi lipsiți de căldura sfintelor învățături ale Solarului nostru?

În spațiu, unde am rangul de *arhiereu ceresc,* sunt în ceata celor ce posedă multe taine. Când voi fi jos, pentru toate comorile pământului nu voi abjura de la ceea ce am făgăduit sus: Să propovăduiesc cunoștințele ezoterice în lumea slujitorilor altarului. Ca să am un îndreptar al acțiunii mele, am dictat aceste rânduri pe care, citindu-le, să am tăria de a forma și în lumea creștină asociații de inițiere, după modelul preoților egipteni, asirieni și indieni - pe unde am trăit odată - și așa cum au evreii în zilele de azi. Cunoașterea lumilor superioare, această activitate producătoare de fericire, nu o voi pierde din vedere cât voi trăi. Evoluția mea cere această activitate, spre fericirea mea, a fraților mei creștini și chiar necreștini. A venit vremea ca după 1.800 de ani de întuneric, biserica creștină să cunoască adevărurile înalte pe care le-a pierdut.

De acum înainte, față de progresul științific, de prefacerile naționale și sociale aflate în perspectivă, și acest colț al pământului, țara aceasta, va deveni un loc prielnic pentru întruparea entităților spirituale superioare, putând să se hrănească cu mana Cerului, cu tainele mărturisite de lumea invizibilă.

Totul evoluează

Regret, iubitul meu frate, că nu pot - precum dorești - să-ți spun despre toate tainele lumilor create, și în special despre tainele Centrului de unde am plecat. Îmi ceri să-ți explic cum se poate ca din trupul Tatălui să plece încontinuu creații noi și El să nu se micșoreze sau chiar să dispară la un moment dat.

Noi existăm, dar voi nu știți nimic de noi. În toate veacurile, ne-am dezvăluit numai florii noastre spirituale: yoghinilor indieni, preoților egipteni, profeților iudei și primilor creștini.

De la Centru vin ideile divine, precum ți s-a spus. De acolo întreaga creație își extrage cunoștințele. Tot ce vine de la Centru este deci *Adevăr*. Centrul emite lumina necesară entităților spirituale răspândite în diferitele creații ale Sale. Centrul spune mereu cele ce trebuie să se facă pentru ca totul să progreseze, și nu spune niciodată cum este El.

Întrebarea pusă de tine, frate, o punem și noi lumii angelice, și doar ea poate răspunde, dacă crede de cuviință. În afară de executarea ordinelor primite de la Centru, care contribuie la evoluția duhurilor și a pământului, aparținând științei și religiei Cerului, noi, duhurile, ne mai ocupăm și de știința presupunerilor și comparațiilor celor văzute și cunoscute, adică facem și puțină filosofie.

Divinul este Adevăr, dar ne este imposibil să spunem cum este acest Adevăr, din ce se compune și cum lucrează El, cu exactitatea Sa matematică. Noi nu putem face religie. Nouă ne este rezervat doar să aplicăm Codul ceresc. Nu cel ce se roagă Divinității, cel ce proslăvește pe Creator și Îl recunoaște ca pe Tatăl său Creator este credincios, ci cel care se pune cu trup și suflet în serviciul Tatălui central, al Fiului și al Sfântului Duh. E frumos să proslăvești pe Tatăl, dar proslăvire fără împlinirea celor spuse în Codul ceresc nu are nicio valoare.

De la Centru ne vin ordinele. Ele ne dau o nouă însuflețire în acțiunile noastre. Putem spune și noi, ca și Domnul și Preamăritul, în vecii vecilor, fostul Isus, în ultima Sa întrupare pe Pământ: *„Eu nu voi face voia Mea, ci a Tatălui Meu din Ceruri"*.

Pentru că, slavă Domnului, ne mai rămâne destul timp după ce îndeplinim activitatea noastră divină, ne punem diferite probleme spre cercetare și trebuie să ajungem la o oarecare concluzie. Aceste concluzii nu sunt decât idei filosofice, iar nu ordine de executat. Așadar, afirmațiile mele de mai jos sunt sinteza celor expuse nouă de lumea îngerilor, care, grație evoluției ei foarte înalte, este în măsură să știe și să ne dea o idee cât mai apropiată de Adevărul absolut.

Iată o problemă ce ne frământă pe noi, spiritele albe, dar preocupă și lumea îngerilor: De unde a luat naștere Primul Creator, sau Prima Ființă inteligentă? De unde a luat naștere prima materie? De unde a luat naștere Animatorul materiei? Cine L-a făcut? Cum s-a făcut pe Sine Creatorul tuturor celor văzute și nevăzute? Probleme înfricoșător de tainice, pentru care nu primim răspuns de la Centru. Atunci, ne frământăm mintea și mai întrebăm pe îngeri, savanții Cerurilor noastre.

Tatăl ne trimite ordine, dar El nu ne spune unde se află, înconjurându-se de un adânc mister.

Iepurele aude un zgomot, ciulește urechile și știe de unde vine. Noi, duhurile, auzim *unda divină*, dar nu știm de unde vine. Ea vine de undeva, dar nu știm de unde, precum nu știm nici de unde vine unda-gând sau apelul amicului care ne cheamă, dacă nu ne indică locul unde se află.

După cum voi știți să faceți deosebire între vocea unui copil, a unui bărbat sau a unei femei, tot astfel și noi putem ști, după felul și lungimea vibrației sale, că o undă vine de la Centru, de la Fiul sau de la Sfântul Duh.

Suntem în măsură să citim unda-gând a duhului întrupat într-un animal sau o plantă oarecare. Există o gamă foarte mare de unde, pe care le putem distinge foarte bine. În lunga noastră școală, un capitol special care trebuie învățat este cunoașterea undelor. Toată învățătura noastră plutește în spațiu. Din spațiu o luăm, în spațiu o trimitem. Noi suntem deci un post permanent, transmițător de știri și cunoștințe.

Nu poți face apel la Tatăl, Fiul sau Sfântul Duh, ca să te lămurească asupra unei probleme oarecare. Chiar dacă am face apel la aceste înalte Forțe divine, Ele nu ne-ar răspunde; atunci nu ne rămâne decât bunăvoința lumii angelice. Numai lumea îngerilor ne satisface marea dorință de a afla tainele lumilor. Îngerii ne dau numai noțiuni potrivite înțelegerii noastre, mărturisindu-ne: „Capacitatea voastră de percepere nu vă permite să le transformați în dogme, ci să aveți doar idei-nuclee, cu care să filosofați".

Prin urmare, și filosofia este o necesitate, pentru că dacă nu te poate lumina pe deplin, cel puțin îți dă o satisfacție producătoare de o liniște - durabilă sau trecătoare - a preocupărilor tale sufletești.

Fel de fel de probleme ne vin în minte și n-avem odihnă până nu primim o explicație. Așa, de pildă, știm că trăim de milioane nenumărate de ani, și totuși ne punem întrebarea: Oare Sfântul Duh, de aici de la noi, nu va muri el vreodată? Oare cândva, în veșnicie, nu va pieri și Fiul lui Dumnezeu? Și, prin deducere, mergem mai departe: Oare niciodată nu va sfârși Tatăl ceresc?

Îngerii noștri ne aud și „se amuză" de asemenea întrebări copilărești. „Nu, fiilor - ne răspund ei - duhul nu moare niciodată, iar materia este veșnic în transformare. Duhul e veșnic în ascensiune, iar materia e în veșnică prefacere spre mai bine".

Ca să cunoști legea circulației materiei, îți trebuie multe miliarde de ani, pentru că nu o poți înțelege pe deplin decât văzându-i măcar un ciclu de la Centru spre periferie și de la periferie la Centru. Totul circulă. Cosmosul se mișcă întruna. Totul se mișcă după două mișcări: una de rotație, dublată de a doua, în spirală. Sfera universului se învârte în jurul axei sale și, în același timp, are o traiectorie spiralată. Totul pleacă de undeva și revine de unde a plecat. Totul pleacă de la Centrul creațiilor, se rotește în formă de spirală, ajunge la marginea extremă a creațiilor și apoi revine pe un alt drum la Centru, tot într-o mișcare de rotație și pe o traiectorie în spirală.

Din acest punct de vedere universul este interminabil sau indesființabil. Materiile universului, globurile lui apar, trăiesc și dispar, dar în definitiv ele există în veșnicie, pentru că, pe când unele dispar, altele apar sau sunt în cursul existenței lor. Aceasta este încă una dintre legile veșnice ale Tatălui.

Dacă universurile nu pier niciodată, dacă creația nu piere niciodată, nici Creatorul ei nu va pieri în vecii vecilor. Totul se preface, totul circulă, și cel mic, ca și cel mare. Această lege a circulației se aplică nu numai materiei, ci și duhurilor, nu numai materiei fizice, ci și celei psihice. Duhurile sosesc mereu din Centru în lumile create și se întorc la Centru, pentru a pleca iarăși și iarăși în lume, spre o ascensiune în veșnicie.

Am spus că materia circulă, având o mișcare de rotație și una de revoluție, în spirală. Mișcarea stelelor, planetelor, precum și a nebuloaselor este tot de rotație și revoluție, având o traiectorie spiralată. Pe această lege se bazează lumea îngerilor când ne vorbește de Divinitatea centrală.

La plecarea ei de la Centru, materia are o forță centrifugă; ea scade pe măsură ce se depărtează. După un timp, această forță se anulează și ia naștere în materie o nouă forță care, de această dată, o readuce către Centrul de unde a plecat. Rotindu-se a făcut acest drum, dar nu după o traiectorie circulară, ci în spirală. Această mișcare nu există pentru voi, deoarece nu o vedeți, iar observarea ei necesită miliarde de ani. Trebuie să pleci odată cu nebuloasa de la Centru, să ajungi la periferia creațiilor, la centrul uneia dintre cele patru sfere-univers, și după un drum egal cu o veșnicie să te întorci la Centrul creator cu materiile ei refăcute, sub formă de nebuloasă, pentru a avea o idee completă despre legea circulației materiei, a prefacerilor ei și a drumului parcurs.

Materia și duhurile fac drumul de la Centru la periferie și de la periferie la Centru, în formă de spirală. Omul trupesc este supus și el aceleiași legi a circulației materiei și a veșnicei ascensiuni. Cu pământ se dezvoltă trupul său, și în pământ revine, dar cu alte calități decât la început.

Dacă nebuloasa revine la Centrul de unde a luat naștere, la fel trebuie trasă concluzia și în ceea ce privește Centrul centrului. Din concluzie în concluzie, se poate afla ceva. Însă totul se bazează pe ipoteze construite din noțiunile primite de la lumea îngerilor, la fel cum savantul pământului ar da anumite noțiuni copiilor din clasele primare, numai pentru a le satisface curiozitatea. Ei înțeleg rostul întrebării noastre și ne răspund, spunându-ne unele adevăruri ca nu cumva să credem că odată și odată, duhul ar putea pieri.

Îngerii ne spun mereu: „Nimic nu moare în univers, totul se preface în mai bine, apropiindu-se de perfect. Nu ai fost cândva duh roșu? Nu ai fost în alte planete duh albastru? Iată-te acum, pe această planetă, duh alb. Mai semeni cu starea când ai început viața de duh? Când ai fost mic, când erai duh roșu, aveai anumite idei închistate în ființa ta. Rând pe rând, ai dobândit altele, iar pe cele simple, ale stagiului de roșu, le-ai părăsit, le-ai eliminat. Treptat, memoria ți s-a încărcat cu idei și cunoștințe mai înalte, și în stadiul actual de duh alb, posezi o vastă comoară, aruncând toate ideile inutile stării tale trecute. Ai făcut și tu ceea ce face elevul de liceu, care nemaiavând nevoie de abecedar, îl dăruiește, ca să nu mai ocupe loc în biblioteca sa."

Voi – duhuri întrupate, și noi – duhuri libere, suntem instrumente divine, fermenți divini care fecundează, prefac materia, fie ea fizică, psihică sau fluidică.

Concluzia generală este: Materia e transformabilă, duhul e transformabil, deci și Tatăl – care e duh – este transformabil ca trup.

Pe măsură ce avansăm, lepădăm din ideile noastre, pentru că schimbăm mereu mediul sau școala evoluției noastre, pe când Tatăl, fiind pururea în mijlocul creației Sale, nu poate lepăda nicio idee din Memoria Sa divină, infinită, fiindu-i mereu necesară.

Noi prindem din spațiu o idee venită de la Centru, o examinăm și după o vreme o eliberăm în spațiu, pentru a fi prinsă de frații noștri mai mici, și prin intermediul ei, să se ridice și ei în cunoaștere. Prin urmare, memoria noastră este transformabilă.

Existând legea circulației și a veșnicei transformări, existând viața veșnică a duhurilor și a materiei, deducem că și Centrul este nemuritor. Deși nu se mai comunică nimic de la Centru în această privință, totuși, bazându-ne pe legile universale, dezlegăm multe probleme și concepem Divinitatea centrală. Dacă totul pleacă de la Centru, se preface, se perfecționează și se întoarce la Centru, pentru a pleca iarăși și iarăși, deducem că și Centrul divin este într-o continuă prefacere.

Dar, deoarece nu avem o lege după care să ne orientăm, problema insolubilă pentru noi este cea a originii materiei prime. De unde a luat naștere materia primă, fie cea fizică sau psihică? Nu putem dezlega acest mister, pentru că nu există o lege referitoare la ea.

Divinitatea se descoperă numai prin Legile Sale. Ordinele sosite de undeva, glasul Cuiva care ne ordonă, ne arată că există un Dumnezeu. Tot ordinele Sale, care se schimbă din epocă în epocă, ne arată cum evoluează materia din Mamarul Creatorului. Legea este izvorul după care noi putem ajunge la concluzii asupra celor aflate în Centrul cosmosului.

A trage concluzii în afară de ceea ce experimentăm și în afară de seria de legi care domnesc în lume, ar fi să visăm, să ne lăsăm conduși de iluzii. Multe taine, multe adevăruri am dedus, am scos la iveală numai după felul cum conduce Tatăl universurile, în baza Legilor Sale.

- *Eu sunt Ordinul auzit de tine. Eu sunt Dumnezeul tău. De Mine tu să asculți.*

- Cum ești Tu, Doamne, Dumnezeul meu? - am întrebat.

- *Eu sunt precum tu Mă poți concepe, după felul cum funcționez, în baza unor legi orânduite de Mine. Eu sunt Cel ce te-am născut și trimis în lume.*

Duhul, gândind că Tatăl nu l-a putut face altfel pe copilul Său, și știind ce formă și constituție are el, și-a zis: Tatăl e sferic și strălucitor, este o lumină ca mine, căci El m-a făcut după chipul și asemănarea Sa. Eu sunt sferic, sorii sunt sferici, planetele sunt sferice, sfera este forma geometrică desăvârșită, atunci și Tatăl este sferic. Cum ar putea Divinitatea să facă excepție și să nu semene cu creațiile Sale?

Din concluzii în concluzii, ajungem să aflăm adevărul cuprins în noțiunea numită *Dumnezeu.*

Ne frământăm mintea să aflăm cât mai multe răspunsuri la întrebările ce ne preocupă. Sunt aici lângă noi Fiul de Dumnezeu și Sfântul Duh, dar în van îi întrebăm. Nici îngerii de lângă noi nu ne spun totul; de aceea apelăm la superiorii noștri, de la care mai aflăm ceea ce cred ei de cuviință să ne spună.

Concluzia este că Dumnezeu este etern. Materia pleacă rând pe rând din Mamar și treptat se întoarce în Mamar, dar sub un aspect diferit decât cum a plecat. După fiecare evoluție, nebuloasa se întoarce perfecționată. Materia pleacă și se desăvârșește întruna. Pleacă spiritele, se întorc și pleacă din nou pentru a se perfecționa, tot mai sus, în veșnicie. Divinitatea este o ființă care Își desăvârșește într-una copiii, formează corpurile cerești, școli tot mai perfecționate, unde duhurile, trup din trupul Său, evoluează și devin din ce în ce mai sublime. Totul e o școală din ce în ce mai înaltă, în care lumile, duhurile și Creatorul se ridică din ce în ce mai sus, spre perfecțiune.

Dacă există o lege a evoluției aplicată atât atomului cât și nebuloaselor, aplicată atât spiritului mineral cât și arhanghelilor, atunci însuși Autorul legii trebuie să se supună ei. Prin urmare, Legea evoluției este aplicabilă și Tatălui ceresc.

Te uimești când stai și meditezi asupra concluziilor îngerilor de aici. Ei spun: „Am trăit miliarde de miliarde de ani de-ai voștri, de am ajuns gradul înalt de înger, și deși știu multe, declar că infinit de multe mai am de învățat. Aș putea spune că știu prea puțin".

Nici Sfântul Duh, nici Fiul de Dumnezeu nu se pot lăuda cu știința Lor divină; și Ei mărturisesc: „Multe ne-a spus Tatăl, dar nu știm totul, mai avem încă de învățat".

Sfântul Duh evoluează, Fiul de Dumnezeu evoluează, deci toți și totul evoluează, fără de sfârșit. Legea evoluției nu permite nimănui și la nimic să stagneze. Învrednicește-ne, Tată, să ne întoarcem în lumina Ta, ca să proslăvim în vecii vecilor Înțelepciunea și Iubirea Ta nesfârșită! Amin.

Formarea Sferei divine

Din când în când, câte o mare Lumină a spațiilor coboară și se face om trupesc. Ea aduce cu sine o vagă amintire a ceea ce a studiat în spațiu, cunoștințe știute perfect ca duh. Muncind, trudindu-și mintea și fiind ajutat de frații săi de sus, prin sugestii, dă la iveală ceea ce poseda în Cer - idei, teorii și descoperiri noi. Așa s-a întâmplat și cu ultimele cunoștințe referitoare la *atom.*

Nimeni n-a văzut atomul. El este o ipoteză dusă și mai departe, spunându-se că atomul este constituit din două elemente, numite *electron* și *proton.* Ce intuiție genială a avut Bohr, primul care a descris constituția atomului, ca fiind format din aceste două feluri de materii.

Ce sunt electronii și protonii? Sunt mici sfere de materie, asemănătoare cu materia perispiritului meu. Am spus și repet mereu: Tot ce există - știut și neștiut, văzut și nevăzut - a provenit dintr-una și aceeași materie. Creatorul emite mereu această materie. Dar rețineți bine: *Creatorul nu a creat-o.* Din acest punct de vedere, termenul de *Creator* nu corespunde realității. Un termen mai just ar fi *Emițătorul,* căci El numai o emite, și nu o creează. Această materie a existat și există din veșnicie.

Cum spiritul nu a avut și nu are odihnă, scotocește și caută să afle mereu mai mult.

Este greu de spus ce cuprinde în interiorul ei, acest *Unul,* această *materie primordială,* pentru că nu putem analiza natura acestei *materii-unu.* Atâta știm, că acest *unul* este o ființă vie. *Unul* e emis de Tatăl, dar nu e Tatăl în persoană. Constatăm însă că acest *unu* are aceleași proprietăți ca mine, duh, copilul Tatălui, și deci - prin deducție - el este la fel cu Tatăl. *Unul* nu este chiar Tatăl, dar e asemănător cu El.

Bine spun Scripturile că Dumnezeu a făcut pe om după chipul și asemănarea Sa. Primul Adam creat nu a fost pe Pământ, ci în Sfera-Mamar. Acolo, departe, în abisul Cerurilor, în Sfera divină a fost creat primul duh, primul Adam.

Lumea angelică ne spune că *particula-unu* - așa simplă cum e ea - are trei atribute, sau proprietăți, pe care le vom studia mai târziu. Am spus că această materie este vie, deoarece a fost fecundată, vivificată de Capul Tatar. Nu toată materia primă, *Unul* din Mamar este fecundată.

În Mamar, există două feluri de materii-unu:

1. *materia-unu fecundată;*

2. *materia-unu nefecundată* de Tatăl central.

Materia nefecundată este țărâna din Biblie, cu care a făcut Dumnezeu pe om, iar materia fecundată este cea cu care Creatorul a făcut duhul mineralului, vegetalului, animalului, omului, îngerului sau al Fiilor Săi Creatori.

Materia-unu e vie, are viață, pentru că se mișcă. Această mișcare este voită și rațională, deci inteligentă. Ea posedă voința sa proprie, independentă de Emițător.

Materia-unu a fost emisă astfel. Întâi, Capul - Sfera centrală a Sferei divine - s-a umflat, s-a dilatat. Materia Sferei a doua, concentrică, numită Pectoral, s-a strâns în unele regiuni, confundându-se oarecum cu Capul. În acele regiuni Sfera centrală, Capul s-a alipit de Sfera a treia, concentrică, cea exterioară, numită Mamar. După aceea, din loc în loc, au apărut în Sfera centrală o serie de proeminențe care au pătruns în adânciturile Sferei-Mamar. Prin aceste protuberanțe, Sfera-Cap a emis o ploaie de miliarde de particule sau scântei de materie-unu, în materia Sferei-Mamar, iar din Sfera-Mamar au intrat o altă serie de miliarde de particule-mamare în Capul central. Prin urmare, s-a făcut un schimb de particule-unu. În a doua perioadă, Sfera-Cap se concentrează, își reia forma inițială și astfel materia Pectoralului desparte din nou Capul de Sfera periferică, pe Tată de Mamă. Apoi o nouă emisie are loc, și așa s-a repetat și se repetă fenomenul până azi.

S-ar părea că în Sfera divină au avut loc două acte: o dilatare și o contractare. În realitate, au fost patru acte: o dilatare, o pauză, o contractare și s-a terminat cu o altă pauză. Așadar, două activități și două pauze, sau mai scurt, o activitate și o pauză. Durata acestei activități a ținut șase timpi, iar durata repausului, un timp. Iată înțelesul vorbelor din Biblie: „Dumnezeu a făcut creația în șase zile și în a șaptea s-a odihnit".

Prin urmare, cele două Sfere cu potențial electric diferit - Tatar și Mamar - s-au unit și au făcut un trup, ocazie cu care a avut loc un schimb de materii haotice între ele. Iată corespondentul în Ceruri a tainei unirii celor doi soți pe pământ.

Materia din Tatar fără materia din Mamar nu este perfectă. Nici Capul, nici Mamarul nu sunt Dumnezei perfecți, ci numai împreună formează un Dumnezeu perfect. Capul nu este Dumnezeu perfect, decât în stare activă, iar Mamarul nu e Dumnezeu perfect, decât în stare pasivă. În momentul alipirii celor două Sfere - Tatar și Mamar - se formează Dumnezeul perfect. Numai din unirea lor perpetuă Dumnezeu va putea face tot ce vedem și nu vedem.

Ajungând în Mamar, scânteia emisă de Tatăl central este îmbrăcată cu o materie din interiorul Sferei-Mamar. Această scânteie este luată în primire de glorioasele Spirite din Mamar, numite Fii divini, care - cum am mai spus - îi întunecă memoria divină. De acum s-a născut un duh.

Trei factori au contribuit la nașterea unui duh: Tata, Mama și Fiul.

Există miliarde de Fii divini în Sfera-Mamar, Lucrători sublimi ai Tatălui ceresc.

Când iese din Capul central, scânteia este o materie perfect asemănătoare cu materia Capului. Intrând în Mamar, scânteia este luată de Fiii divini, care îi adaugă ceva, o prepară și o formează duh. În definitiv, s-ar putea spune că Fiii divini au creat duhul. Sfera divină - Macrocosmul - a creat duhul, iar duhul - în veșnicia ce va veni - va face și el ceea ce s-a făcut cu el în Sfera divină.

Sfera-Mamar se alimentează mereu cu particulele vii de la exteriorul ei, cu materia haotică aflată în afara Cosmosului, în Infinitul care înconjoară Sfera-Cosmos. Dar cum a ajuns această materie în Sfera-Divină? Ea a fost absorbită din haos prin învârtirea Sferei-Cosmos în jurul axei sale închipuite.

Particula din Infinit, intrată în Sfera-Mamar, este apoi absorbită de Sfera-Cap, unde se asociază cu cele aflate acolo. Aici, aceste particule suferă o prefacere, o influență a mediului divin, și când au devenit apte pentru viitoarea lor misiune, sunt expulzate din Sfera-Cap în Mamar. Particulele haotice suferă o primă prefacere la

Centru, în Sfera-Tatar, și apoi în Sfera-Mamar - Laboratorul unde se prepară toată gama de fluide și mai apoi duhurile.

Din cele expuse mai sus, se vede că Dumnezeu este o *unitate*, o *individualitate*, și totuși este compus dintr-o masă de individualități simple, a căror autonomie personală a dispărut. *Dumnezeu este o colectivitate perfect unitară, care se arată la exterior ca un Tot unitar.*

Dumnezeu este Nirvana indienilor, în sânul căreia domnește fericirea desăvârșită. El este format dintr-o infinitate de individualități, Spirite divine, ajunse la o treaptă superioară a evoluției lor. Deși fiecare Divin își păstrează conștiința individualității Sale, atât de înaltă este înțelegerea rolului fiecăruia dintre Ei, încât acolo domnește o singură voință și un singur gând.

Fiul divin mamar este o treaptă superioară a scării infinitei evoluții parcurse de duh. După ce vei atinge acest grad de evoluție, poți spera să reintri în Personalitatea-Tatară, compusă din miliarde infinite de individualități, cu o libertate perfectă și egală, de care însă nu abuzează nimeni, pentru că Ei sunt Zei perfecți, cunoscători ai tuturor legilor. Ajunși acolo, Ei nu mai pot greși, pentru că se simt foarte fericiți, tocmai prin această asociere și muncă în comun.

S-a sfârșit aici cariera duhului? Grozavă problemă! Oare când Tatăl revarsă miliarde de scântei în Mamar, n-o fi revărsând El și vreun Fiu divin, absorbit din ciclul său anterior? Ba da - ne spun îngerii solari - acest fenomen a avut loc și are loc și azi.

Acum știm că în interiorul Sferei-unitare-Tatare viețuiesc miliarde de individualități sublime, numite *celule divine,* toate absolut perfecte. Aceste perfecțiuni, fiind legate prin legea iubirii de alte particule-viață, frați începători, vor părăsi de bună voie Sfera-Cap și vor intra din nou în Sfera-Mamar. Aici se sacrifică pentru mântuirea celor trimiși în sfera creată, și se lasă răstigniți, răpindu-li-se sublima știință și memorie. Întunecarea este făcută de Fiii divini, care îi transformă în Dumnezei imperfecți, pentru ca apoi să plece, în roiuri, în lumile create cu puzderia de frați mai mici.

Oare Dumnezeu este format dintr-o materie fixă, stabilă? Nu. Și El este format dintr-o materie instabilă, într-un veșnic progres. Materia ce formează Sfera-Cap are însușirea electricității pozitive. Materia din Sfera-Mamar se comportă ca o materie electrică negativă. Între aceste două se află Sfera-Respirator, formată dintr-o materie neutră din punct de vedere electric. Întreaga Sferă divină este formată din trei feluri de materii: *tatară, respiratorie* și *mamară,* sau *activă, neutră* și *pasivă.*

Electronul din atom este de natură mamară, protonul, de natură tatară, iar între ei și în jurul fiecăruia se află materia neutronică. Electronul se învârte în jurul protonului, după cum Sfera-Mamar se învârte în jurul Sferei-Tatar.

Capul de Tată conține numai materie psihică de natură activă, electric pozitivă. Mamarul are în el mai abundent materie electrică pasivă sau negativă. În fine, pe acestea le separă materia respiratorie neutră. După cum Sfera-Tatar și Sfera-Mamar se află într-o veșnică activitate, protonul pozitiv și electronul negativ sunt într-o veșnică activitate. Electronii sunt într-o cursă nebună după protoni, însă nu se pot alipi sau contopi, fiind separați sau scufundați într-o materie neutră, asemănătoare cu materia Pectoralului, aflată între Tatar și Mamar.

Strălucită minte a avut Cel ce a conceput atomul - infinit de mic, aidoma cu Sfera divină - infinit de mare. Atomul este cea mai mică și simplă reprezentare a Sferei divine. După cum Capul de Tată și Mamarul sunt *pluralități*, tot astfel și protonul și electronul sunt *pluralități* de particule vii, fost haotice. Prin urmare, atomii nu sunt particule simple, nu sunt ultimii reprezentanți ai formei și materiei.

Tatăl există din veșnicie, fără de început prin esența sa. La început, El era o entitate neutră, o particulă haotică, fără mișcare; era mic, ultramicroscopic, și atributul său esențial era *gândirea*. Acestei entități microscopice îi dăm numele de *idee*. Ideea există din eternitate și va exista în vecii vecilor. La început, Tatăl a fost o idee, un cuvânt, o gândire. Această mică particulă divină, văzând materia primă în care se scaldă, văzând liniștea și tăcerea ce domnea din veșnicie în haos, s-a întristat, căci totul părea mort în jurul său, și a plâns amarnic din cauza acestei inactivități, acestei înfiorătoare nemișcări și tăceri. Din acel moment, particula divină, din inactivă, începe să se miște, formând prin însăși această mișcare un fel de curent, de electricitate. Urmarea activității, a gândirii particulei divine, provoacă pe vecinele sale la asociere, și mai târziu la organizare. Încetul cu încetul se naște o nouă idee: *solidaritatea*. Particulele s-au apropiat între ele, s-au sfătuit, căci erau ființe *vii, inteligente* și cu *voință,* și decid să se solidarizeze. Ele fac apel, cu gândirea lor, și un glas mental răsună ca o trâmbiță prin întinsul haosului, chemându-le pe toate la mișcare, la o viață activă. Iubirea le cheamă, și de la o vreme încep să se aglutineze între ele, formând o *masă de particule vii,* egale în mărime, înțelegere și voință, alcătuind astfel prima colectivitate socială de particule-viață, constituind prima Sferă: Capul de Dumnezeu. Iată ziua întâi a creației!

Ceea ce numim noi Dumnezeu a luat naștere din asocierea ideilor din haos la chemarea primei idei. Dacă Dumnezeu m-a făcut pe mine, acum știți cine l-a făcut pe Dumnezeu: *Ideile răspândite în haos.* Ele umpleau Infinitul asemenea particulelor de praf ce înoată prin aer, sau a particulelor de nămol ce plutesc prin apa mării. Haosul e plin și azi de infinitatea de idei, particule vii, simple și fixate locului. În haos există și azi idei simple, indivizibile, neasociate, neorganizate, precum și o infinitate de idei pe cale de organizare.

S-a format primul nucleu, prima sferă, prima colectivitate de ființe vii, active. Prin forța lor atractivă, prin mila născută în ele de starea surioarelor ce dormeau somnul morții din veșnicie, ele au atras cu putere și alte particule vii, mai puțin active, organizându-le în jurul primului nucleu al Capului divin, formând astfel Sfera înconjurătoare, sau Mamarul. În fine, între Cap și Mamar au fost așezate ideile haotice originare, simple și neutre, care au constituit Sfera-Pectoral. Acesta a fost începutul modest al Sferei divine.

Din acel moment, Sfera divină a absorbit mereu din haos materia haotică, formând din ea apoi toată gama de fluide și mai târziu de duhuri, care au constituit sfera creată.

Azi ideile trecute prin Mamar și apoi prelucrate de Fiii divini devin materia eterică, prelucrată prin evoluție în duhuri; în definitiv, acestea vor fi întru totul la fel cu Tatara și Mamara Personalitate, adică o mică icoană a marii Sfere divine. Duhul este o mică reproducere a Sferei divine, din care cauză a fost denumit *Microcosm*.

* * *

În Infinit, ideile sunt libere, independente unele de altele, și ca atare trebuie convinse să se asocieze, pentru a deveni puternice și atotștiutoare. Urmând așa, în veșnicie, Sfera cosmică se va mări din ce în ce mai mult, în dauna materiei-viață din haos.

Dar de unde, când și de Cine au fost produse aceste particule, sau celule vii? Mister și iar mister! Îngerii ne spun că numai în veșnicia viitoare, când vom ajunge în sânul Tatălui, vom elucida acest mister profund.

S-a întrebuințat termenul de *idee* pentru aceste mici vietăți, particule vii, aflate în haos. Însă ele nu trebuie confundate cu ideile emise de om când gândește, sau cu ordinele-gânduri ale Tatălui ceresc. Aceste idei sau gânduri sunt altceva, și ne vom ocupa de ele cu altă ocazie.

Divinitatea muncește să cucerească, prin iubire, prin legea solidarității, miliardele de miliarde de particule vii, risipite pe întinsul Infinitului; să le atragă, să le lămurească și să le supună supremației Sale. Tatăl este Templul sfânt care caută să adune oițele din haos, pentru a le pune în circuitul marelui curent al evoluției veșnice.

În concluzie, Infinitul e plin de particule vii și inteligente. Ele nu circulă, ci sunt staționare. Din acest punct de vedere, aceste particule - numite *idei* - se deosebesc de ideile ce formează gândirea duhurilor - libere sau întrupate - pentru că acestea din urmă călătoresc prin spațiu, pătrund și ies din duhuri, călătoresc veșnic prin univers, străbat prin tot și toate, producând efecte incalculabile.

Am adoptat cuvântul *idee* doar pentru înțelegerea problemei Sferei divine. În realitate, ele sunt ființe care au existat înainte de a fi luat naștere trupul lui Dumnezeu, existând și azi în haos, în starea primitivă în care au fost din veșnicia fără de început.

Duhurile umane nu văd aceste *ființe prime* ce umplu Infinitul. Numai uriașele Forțe ce constituie Sfera divină au facultatea de a le vedea. Mintea omului nu-și poate face nicio idee de micimea lor. Atomul este atât de mic încât nu-l puteți vedea cu niciun instrument creat până azi! Închipuiți-vă aceste vietăți, aceste particule haotice, materie vie cu care începe orice creație, cât de mici trebuie să fie, dacă într-un atom intră mii și mii de particule ale haosului.

Toate aceste particule au fost în veșnicia infinită de un singur fel, toate au fost vii, vibrante, dar erau neutre sau inactive, fixate locului din vecii vecilor. Azi, din cauza influenței Sferei divine și a întregului cosmos, adică a sferei ce cuprinde tot ce s-a creat până acum, unele dintre aceste particule - cele din preajma cosmosului - s-au desțelenit din nemișcarea lor, a început să licărească în ele un strop de activitate, trecând din starea *neutră* în starea denumită de noi *pasivă*. În fine, unele dintre ele au ajuns la o conștiință mai vie, la o activitate internă și externă mai dezvoltată. Pe aceste particule le numim *active*.

Particulele în care a început a miji o mică activitate s-au asociat într-un mic glob strălucitor. Acesta e începutul, care va deveni uriașa sferă de mai târziu: Sfera divină, Laboratorul creator a tot ce se știe și nu se știe.

Primele creații sunt modeste și oarecum imperfecte. Dar observându-se mereu rezultatele, s-a ajuns la forme superioare. Din analiza vieții primelor creații, s-au elaborat *regulile,* s-au statornicit *legile,* pentru veșnicie. De atunci, totul se conduce după aceste legi. Cu cât vor trece mai multe miliarde de veacuri, cu atât Centrul va crea un grad mai înalt de perfecțiune, și deci legile prime, legile de bază, vor avea anexe din ce în ce mai complexe. Tot așa ca în lumea umană, Legile prime constituie *Constituția creațiilor.*

La început, o singură particulă a sunat din trâmbița ei mentală peste oceanul infinit, chemând la viață și activitate pe surorile sale. După veacuri, o a doua a răspuns la această chemare plină de iubire. În fine, după o vreme s-a alipit la cele două și a treia. Prima asociere a fost o treime, alcătuită prin dragoste, milă și înțelegere. Din acest moment s-a instituit *Legea iubirii* și *Legea asocierii.*

Inițial, fiecare particulă era liberă. Prin asociere, ele au pierdut libertatea, dar, în schimb, au simțit o mare mulțumire prin faptul muncii lor în comun.

Dar ce este iubirea? *Iubirea este un schimb de substanțe între două individualități. Alipirea și schimbarea reciprocă a unei anumite cantități de substanță din corpul lor se numește iubire.*

Materia haotică, redusă la prima ei stare, a fost și este o materie neutră. Când soarele nostru ajunge de la centru la periferia universului, atrage către sine din spațiul interuniversic particule haotice, în anumite stări de asociere. Ele se găsesc în atmosfera solară, și deci și în jurul pământului.

Soarele și, indirect, pământul, absorb din haos puzderie de ființe haotice, particule divine, care în eternitatea viitoare vor deveni divinități. În timpul călătoriei soarelui către centrul sferei-univers, izolăm aceste particule haotice după care le absorbim în corpul nostru perispiritual și căutăm să le deprindem să se asocieze câte trei într-una. După mii de ani de răbdare și muncă, reușim să facem din ele unități treimice. Corpul meu angelic[1] este astfel organizat, încât iau cunoștință imediat că a intrat în mine o asemenea particulă haotică, pentru că prezența ei mă întristează. Această particulă haotică liberă vede și simte, după puterile ei. Imediat ce a intrat în mine, particula haotică vine în contact cu particulele corpului meu spiritual, care sunt de aceeași origine cu ea, dar în mine sunt organizate, adică grupate pe baza formulei *trei într-una,* unindu-se printr-o iubire continuă. Particulele mele simt particula haotică și mă întristez. Tristețea mea este trecătoare, deoarece îmi dau seama de contribuția adusă, prin iubirea mea, la educarea fraților mei începători în viața creației. Contactul lor cu corpul și gândul meu plin de iubire pentru ele le determină, după o oarecare vreme, să se treimizeze, după chipul și asemănarea Tatălui, Fiului și Sfântului Duh.

Prin urmare, noi, îngerii, și voi, duhurile umane albe, educăm mereu materia haotică. Până la întoarcerea soarelui la centrul universului, noi am și treimizat aceste particule vii active. Ele învață să se iubească și să se asocieze câte trei la un loc.

Materia haotică numărul-doi, cea care va deveni materia duhuală, formând scânteia sau duhul, nu o pot asimila sau organiza, nici dacă aș fi Fiu de Dumnezeu. Ea urmează să evolueze până la forma de particulă activă, când va fi transformată sau întrebuințată pentru constituirea unui duh.

Cele trei particule vii, treimizate, formează acum o nouă ființă care, servindu-ne ca hrană, contribuie la repararea corpului nostru duhual.

Asocierea acestor trei particule a dat naștere la începutul începutului Personalității-Cap. Ele au absorbit mai apoi din haosul înconjurător alte particule, pe care le-au organizat, așa cum le absorbim și le organizăm și noi, pentru a ne putea hrăni corpul spiritual și a-l face nemuritor în vecii vecilor.

Acum să facem o sinteză a celor spuse. În Cap predomină materia activă, numărul-unu. În Mamar predomină materia pasivă, numărul-doi. Desigur că expresia

---

[1] Comunicarea provine de la o entitatea spirituală ce are rangul de înger.

predomină a stabilit deja în mintea ta că și în Cap se află materie numărul-doi, precum că și în Mamar se află materie numărul-unu, adică fiecare are câte ceva de la cealaltă Personalitate. Toate celulele din Mamar sunt organizate, pentru că imediat ce sunt absorbite, Mamarul le organizează pe baza formulei treimice. Operația aceasta se face spontan, de la sine, fără nicio intervenție sau forță. Celulele din Mamar constituie pentru Sfera divină un fel de *hrană* sau *mană divină*. În fine, Personalitatea neutră, Pectoralul, a chemat și cheamă mereu din haos materie neutră pe care o organizează tot treimic. Această materie neutră hrănește și mărește Sfera Pectoralului, și îmbracă cele două elemente constitutive ale atomului - protonul și electronul.

Atât corpul duhului uman, cât și cel angelic se hrănesc cu această mană divină din Infinit, care odată intrată în duh se organizează.

Prin activitatea, prin gândirea mea, din această clipă am eliminat, alături de gândurile mele proprii, și o parte importantă din corpul meu. Cu toate acestea nu slăbesc, nu pier niciodată, pentru că în momentul când elimin această mană, care însoțește cugetarea mea și formează „cuvintele" mele, absorb și asimilez altele de aici, din această atmosferă; cu alte cuvinte, din spațiu.

Reîntruparea este un examen necesar colectivității

De la o vreme constatăm că și pământenii au ajuns să dibuiască, pe ici-colo, din cunoștințele duhurilor. E firesc să fie așa, pentru că evoluția acestui glob permite omului trupesc să știe cu mult mai mult decât acum 25.000 de ani.

Un anumit val de duhuri întrupate și destrupate va atinge peste câteva veacuri, în ciclul prezent, apogeul său, din punct de vedere științific și moral. Când aceste duhuri - ce populează în diferite locuri suprafața pământului și atmosfera lui fluidică - vor termina cei 26-30.000 de ani de școală planetară, vor emigra și în locul lor vor veni duhuri inferioare, de pe o altă planetă. Atunci, viața simplă și primitivă se va înscăuna din nou pe această planetă.

Cunoscând evoluția ciclică și în spirală a civilizațiilor, noi afirmăm: *pe acest glob au mai fost multe civilizații, prăbușite rând pe rând.*

Evoluția duhului se traduce printr-o voință dârză de a înainta prin învățare. Pentru că Divinitatea nu poate conduce pe fiecare duh în parte, s-au constituit *grupări, colectivități* sau *partide*, de la cele mai mici, până la cele mai mari.

Colectivitatea aduce după sine fericire, iar individualismul - nefericire.

Făcând parte dintr-o grupare sau asociație duhuală, fiecare individ constituie o celulă a acelui grup. Grupul este interesat ca individul să progreseze. De aceea îl supraveghează și-l ajută pe cât îi este posibil.

Odată ce duhul s-a asociat unui grup, conducătorii lui, dar mai ales *vox populi*, care reprezintă mulțimea, stau cu ochii pe duh, să vadă cum are să-și ducă viața trupească - o probă a voinței și tăriei conștiinței sale. Dacă duhul are un grad mai înalt în partid, este urmărit cu o atenție deosebită, văzându-se dacă mai merită treapta sau poziția ocupată în grupul lor.

Poziția unui duh în sânul partidului nu durează la infinit. Ea se poate pierde, prin căderea la examenul întrupării. Duhul căzut la un examen nu este încă retrogradat, ci este supus la o întrupare și mai grea. După câteva reîntrupări nefericite și nefinalizate cu succes, poziția sa e pierdută.

Întrupările au în vedere mai ales evoluția morală. Nu se fac reîntrupări pentru avansarea intelectuală. Când e vorba de adunat cunoștințe, ele se pot obține mai bogat și mai clar în spațiu. Toate cunoștințele lumii trupești provin din lumea noastră. Știința noastră este cu mult superioară celei mai înalte științe de pe pământ.

Prin urmare, ceea ce folosește partidului este avansarea celulelor sale, din punct de vedere moral și spiritual. Abnegația, moralitatea, iubirea de semen sunt pârghiile avansării fiecărui spirit. Toate aceste însușiri se obțin prin lupte și suferințe grele, în mediul social unde duhul s-a întrupat.

Moralitatea nu se poate obține decât pe pământ. În Cer neexistând tentații, spiritul nu are condițiile care să-i pună la încercare tăria sufletului. Meritul spiritului este când, fiind întrupat, deci neștiutor de existența Tatălui și a lumii spațiale, neștiutor că e supravegheat de veghetorul său și de o ceată nesfârșită de duhuri, de membrii partidului său, duce o viață morală, demnă, conștientă de rostul său în lume.

Osândit în ocna cărnii, știindu-se singur, duhul își dă drumul pornirilor și gândurilor sale. În spațiu duhul e cuminte și își ascunde gândurile.

„Întrupează-te, frate – îi spun cei din partidul său – să te vedem ce faci, și mai ales să-ți citim gândurile ascunse cu grijă în forul tău intern spiritual. Întrupează-te, și când vei gândi în urma celor văzute și auzite, noi îți vom citi gândurile, și vom ști până la ce grad de evoluție a ajuns voința și conștiința ta și dacă mai meriți gradul de sfânt obținut până acum. În spațiu, unde ne cunoaștem, e ușor de înțeles iubirea și ajutorul reciproc. Mergi, frate, jos, să te vedem atunci când fiind și noi oameni trupești și necunoscuți, cum te porți cu noi, cât iubești tu pe om, care e gradul milei tale."

Reîntruparea este un examen necesar pentru ridicarea individului spre spiritualizare.

Construirea mineralelor, vegetalelor, animalelor și a omului

În general, după vârsta de optsprezece ani omul începe să se ocupe de idei pragmatice, de problemele pământești. Aproximativ după vârsta de patruzeci de ani, iar alții chiar după cincizeci, omul începe să se ocupe și de problemele sau ideile spirituale.

Duhurile mari întrupate sunt preocupate chiar de la vârsta de optsprezece ani de problemele spirituale; citesc, se interesează de ezoterism, ocultism, magnetism, religie etc.

Această preocupare timpurie pentru subiectele de dincolo de viața trupească denotă o înaltă evoluție. Noi, lumea superioară, îi urmărim în existența lor pe acești întrupați și îi menținem sub focul sacru al ideilor noastre spirituale.

În lumea noastră, ca în a voastră, ideile sunt de două feluri:

1. *abstracte* – nu le putem experimenta, primindu-le de sus;

2. *concrete* – avem posibilitatea să le punem în practică, de exemplu: mânuirea, analiza, sinteza și diferitele combinări ale fluidelor.

Ceea ce e concret la noi pentru voi e abstract. Noi, spiritele, ne vedem, simțim și auzim. Știți voi ceva de prezența și convorbirile noastre, de cele ce facem în jurul vostru? Nu știți. Totul de la noi e ca inexistent pentru voi. Fenomenele lumii noastre sunt pentru voi probleme abstracte.

În decursul vieții sale, treptat, duhul întrupat se luminează asupra multor probleme, în funcție de vechimea sa și de mediul său uman, iar noaptea, când trupul său doarme - în funcție de mediul ceresc unde se scaldă.

Să citām un pasaj din Biblie: „Dumnezeu a făcut pe om din țărână". Așa învață omul care nu trebuie să știe mai mult. Omul simplu râde de aceste cunoștințe, căci anatomia, biologia, geologia îi arată altfel. Întrupatul aflat în legătură cu noi cunoaște adevărul referitor la crearea trupului uman, fenomen petrecut și acum în alte părți ale universului, pe alte planete.

Evoluția noastră spre Divinitate cere să cercetăm și să studiem mereu. În lumea noastră nu e ca în a voastră, ca să credem fără să cercetăm ceea ce auzim. Noi trebuie să experimentăm cele aflate.

Tatăl meu ceresc de aici, Guvernatorul planetei noastre, ne spune: „Tu cunoști tot ce ai văzut, auzit, simțit până acum, rămâne ca prin proba experienței tale să păstrezi pe veci ceea ce ai învățat".

Luminile noastre, mai-marii noștri, ne spun: „Înainte de a fi fost creat primul om - nu ca al vostru, ci mult mai primitiv - au existat pe Pământ anumite entități care au plecat, nemaiputând evolua aici, nemaigăsind aici condiții de evoluție".

În Mamar se face corpul spiritual perfect, aidoma cu trupul divinului Tată. După ce corpul spiritual a fost făcut perfect, rămâne să i se facă aici, pe pământ, și trupul pământesc. Dar cât timp se cere până se face o ființă vie - omul trupesc! Există planete risipite în universul nostru unde acum se face pentru prima oară un trup de om; i se fac mai întâi, din fluidul acelei planete, corpul vital, și apoi - cu pământul, cu mineralele acelei planete - i se face și trupul.

Reușind să facă o asemenea construcție umană, oricât de pocită ar fi, îngerul este pe deplin fericit când vede că după ce a introdus spiritul uman în acea formă, ea începe să se miște, să trăiască, să înțeleagă, pentru că această construcție este o operă grandioasă. Până a ajuns să facă acest trup de om, îngerului i-au trebuit miliarde de ani, învățând să facă mai întâi o formă de plantă, apoi peste alte milioane de ani - un tipar sau trup de animal și, în fine - trupul uman.

Darwin a crezut că omul se trage din maimuță. El a întrevăzut *filiera evoluției,* dar n-a cunoscut adevărul. Adevărul este că omul a fost construit de îngeri superiori, îngeri constructori, la fel ca pe planetele unde acum se înscăunează pentru prima oară primii oameni. Lumea angelică a construit trupul, unde își va face școala spiritul uman. Această ființă umană va evolua pe diferite globuri, în diferite sisteme, și duhul său va urca treaptă cu treaptă gradul de om, supraom, înger, Fiu de Dumnezeu și așa mai departe. Va urca grade, dar el tot om va rămâne. Fiul de Dumnezeu este tot om, nu este Dumnezeu în persoană, ci este un om divinizat sau îndumnezeit.

Există planete unde chiar acum îngerii construiesc din materia ei fluidică fel de fel de minerale. Acele planete sunt în prima lor fază de solidificare, iar îngerii constructori de acolo sunt cei mai de jos din seria constructorilor de forme de viață. Pe alte planete, aflate pe o treaptă superioară, îngerii constructori încep construirea seriilor de forme vegetale. În fine, există planete unde, pentru prima oară, se construiesc forme animale. A face o formă în care să sălășluiască un spirit animal e o operă mai grea, mai complexă decât a face o formă de plantă. Aceste forme animale nu pot fi făcute decât de îngeri savanți, maeștri în pregătirea din materia acelei planete a țesuturilor, aparatelor trupului animal. În fine, există planete unde o categorie și mai înaltă de îngeri constructori creează forme trupești de om.

În afară de aceste patru trepte de creații angelice - minerale, vegetale, animale și umane - există planete superioare unde omul este într-atât de perfectat, încât el vede, simte, aude îngerii din spațiu, din atmosfera fluidică ce înconjoară planeta respectivă. El este un înger întrupat, care stă de vorbă cu îngerul destrupat. Forma și materia trupului său sunt cu mult mai evoluate, mai fine, decât cele întâlnite pe pământul nostru.

Toate sistemele solare, toate planetele sale trec prin următoarele faze. Nebuloasa primitivă, marea nebuloasă se va divide, rând pe rând, pentru a da naștere la nebuloase mai mici, la sori mărunți. Materia fluidică trece în stare solidă, prin opera de prelucrare a îngerilor constructori de minerale. Când opera lor a fost terminată, intră în acțiune a doua serie de îngeri, care știu să facă trupuri de plante. Planeta avansează, și cu ea - întregul sistem. Urmează ca îngerii cunoscători în construirea formelor animale să facă întregul regn animal, timp de sute de milioane de ani. În fine, când timpul a sosit, își încep opera îngerii constructori de trupuri umane; bineînțeles, nu ca ale voastre de acum, ci cu mult mai primitive.

Toate au pornit de la eterul provenit din fluidele plecate de la Tatăl. Materia pregătită de Tatăl pleacă într-unul din universuri și îngerii o prelucrează, făcând din ea toată gama de viețuitoare întrupate.

Îngerii au aflat știința construcțiilor de tot felul de la Tatăl. El știe să facă orice lucrare de pretutindeni, în cele patru universuri ale Sale. Tatăl a creat odată în veșnicia ce a trecut, acum El nu mai face nimic, construind totul numai prin Copiii Săi majori.

Tot ce există pe Pământ a venit de la Tatăl. Cel ce examinează pe om, examinează pe Tatăl, care nu are forma de om, dar are tot ce există în om. Tot ce e într-o râmă se află în Tatăl. Râma este o parte din Tatăl, dar nu este la fel cu Tatăl prin forma sa. Râma e o vietate a pământului, o formă imperfectă încă, făcută de o anumită categorie de îngeri - fericiți când au reușit să o facă, să o vadă trăind și reproducându-se.

Spiritul de orice grad vine din Tatăl. Materia care va servi de pârghie sau formă spiritului a fost trimisă din Mamar. Din Mamar pleacă fluidul, din Tatar pleacă scânteia sau superfluidul. Materia trebuie să evolueze, dar singură nu este capabilă. Duhul trebuie să evolueze, dar nici el nu poate să stea prin diferitele planete, sisteme sau universuri fără învelitori materiale, fără materie. Unul ajută la evoluția celuilalt.

Omul este ultima treaptă de perfecțiune a formei animale. Treptat, devenind tot mai apropiat de perfect, duhul părăsește gradul uman, pentru a se urca pe treapta sau la rangul de înger. Ce mult ne mai trebuie nouă, oamenii Pământului din faza actuală, până să devenim oameni perfecți! Dar ce lungă este calea până să devenim îngeri!

Îngerii lucrează mereu asupra formei voastre, pentru a vă desăvârși. În vederea acestei perfecțiuni, îngerii îmbunătățesc condițiile de existență ale planetei: aerul, apa, pământul, mediul înconjurător, pentru ca opera de modificare asupra trupului să le fie mai ușoară.

Nu tot ce construiesc îngerii, în decursul sutelor de milioane de ani, este perfect. Câte dibuiri, câte imperfecțiuni, câte greșeli au făcut și ei! Dar observând că un spirit silit să se întrupeze într-o formă incorectă nu poate evolua, cercetând defectele formei, caută să facă o altă formă, în care spiritul corespunzător să se simtă mai bine și să poată progresa.

Fiecare mineral, fiecare element chimic a avut un anumit autor. Există serii de îngeri creatori de minerale. Fiecare fel de plantă este făcută de o altă treaptă de înger creator de plante. Formele de plante nu sunt nici ele făcute de același înger constructor, ci rând pe rând, de îngeri din ce în ce mai îndemânatici, mai știutori. Același lucru e valabil și cu seria de animale.

Când pe o planetă s-a terminat toată gama de minerale, îngerii constructori de minerale părăsesc planeta respectivă. De asemenea, când pe o planetă s-a terminat toată seria de plante și altele nu se mai pot face, îngerii constructori de plante părăsesc și ei acea planetă, pentru a se duce aiurea, unde au posibilitatea de a construi plante superioare. La fel procedează, rând pe rând, îngerii constructori de animale și oameni.

Ceea ce se petrece cu îngerii se petrece și cu duhurile. Nemaiavând forme mai evoluate în care să-și facă școala planetară, duhurile pornesc pe alte meleaguri, iar planeta rămânând fără duhuri, dispar și formele. Astfel planeta părăsită se reduce la faza primă, când era lipsită de vegetație, viață animală și forme umane, rămânând numai duhurile minerale. La o vreme, planeta își va pierde magnetismul, și din acel moment mineralele se vor dezorganiza, spiritele minerale, forvispiile fiind puse și ele în libertate. Fosta planetă se va transforma într-o pulbere, din care o parte va fi atrasă de alți sori, iar o altă parte se va fluidiza și întoarce la Centru, de unde a pornit cândva.

Nebuloasă a venit din Sfera divină, și nebuloasă se întoarce. Ea a trecut printr-o serie nesfârșită de faze, care au constituit tot atâtea școli pentru toată gama de duhuri: minerale, vegetale, animale, umane și angelice, de toate felurile. Cu cât soarele și planetele derivate din ea îmbătrânesc, cu atât devin o școală de o treaptă inferioară.

Duhul evoluează, urcă din ce în ce mai sus, iar materia planetei unde a viețuit devine, de la o vreme, tot mai neprielnică stadiului ajuns de spiritele ce o populează. Duhul avansează, materia se retrogradează, iar planeta - terminându-și misiunea sa de școală - se va dizolva, întorcându-se la Centrul creator.

Creația Centrului

Într-o altă prelegere, am spus că Sfera-Tatar se dilată și se atinge, din loc în loc, de fața internă a Sferei-Mamar. Sfera-Tatar face în aceste puncte de contact protuberanțe pe suprafața sa și, corespunzător lor, se creează adâncituri pe suprafața internă a Sferei-Mamar. Această dispoziție fiind îndeplinită, din dreptul protuberanțelor Sferei-Tatar sunt aruncate scântei, absorbite de Mamar.

Când trece din Tatar în Sfera-Mamar, scânteia îmbracă materia neutră a Respiratorului. Prin acest fapt scânteia, parte din Dumnezeu, cu toate calitățile și puterile Tatălui, devine o individualitate, un Dumnezeu în miniatură. Ieșind din Sfera-Tatar, particula devine o entitate separată de Tatăl.

În Sfera-Tatar scânteia era o celulă a Tatălui. De îndată ce a ieșit din Colectivitatea-Dumnezeu și s-a îmbrăcat cu haina substanței din Respirator, scânteia a devenit un candidat de duh. Ajunsă în Mamar, scânteia este îmbrăcată cu materia mamară și, în același timp, este dememorizată.

Sfera divină, denumită și Dumnezeu, este compusă - după cum am mai spus - din trei corpuri sferice, care se învelesc unele pe altele, fiecare fiind formată dintr-o anumită materie: *materia tatarului, materia respiratorului* și *materia mamarului.*

În ansamblul ei, Sfera divină se comportă ca o ființă supraeterică, formată din două părți: una *fecundătoare* - pozitivă și masculină; și alta *fecundată* - feminină și negativă. Adică această Ființă - uriașă ca dimensiune, mai mare decât oricare dintre cele patru universuri - se autofecundează, corespunzând din acest punct de vedere unei ființe hermafrodite de pe pământ. Sfera-Tatar fecundează Sfera-Mamar, iar după mii și mii de ani petrecuți în Sfera-Mamar, scânteile primite și preparate de Fiii divini sunt trimise în unul dintre cele patru universuri.

Aceste celule divine, aceste scântei-dumnezei, nu au nume, pentru că sunt miliarde nesfârșite. Să luăm un exemplu, pentru a face înțeles acest anonimat. Regele vostru privește poporul. El nu cunoaște numele fiecărui cetățean în parte. El înțelege și vede în fața sa o colectivitate de indivizi: poporul român. Poporul este un termen, fără a spune un nume propriu de individ. La fel și cu duhurile. Ele sunt asemenea nisipului oceanelor, fără număr. Nu au nume, dar se disting între ele după culoarea lor.

Culoarea unui duh este în legătură cu evoluția sa. Astfel, duhurile Pământului - s-a mai spus - se împart în trei categorii mari: roșii, albastre și albe. Îngerii Pământului au culoarea albă aurie, iar sfintele duhuri au, pe lângă culoarea îngerilor, anumite decorări sau semne, care le indică rangul în ceata îngerilor. Există planete unde duhurile-oameni au culori verzi, albastre, violacee etc. Entitățile de pe fiecare planetă sau soare au culorile lor și semnele aplicate pe culorile lor, indicând tot atâtea trepte, chiar în sânul aceleiași categorii de spirite.

Nu poți da un nume unui duh, ci știi că este dintr-o anumită categorie. Când privești o ceată de vrăbii, știi că sunt vrăbii, dar cum să le spui pe nume la fiecare? Nu li se poate da decât numele grupului din care fac parte. Jos, la suprafața pământului, fiecărui duh întrupat i se dă un nume. În spațiile infinite nu mai este posibil să se dea fiecărui duh un nume, ci cel mult numele grupului omogen format de acele duhuri: îngeri, arhangheli, serafimi, ofanimi etc. Prin urmare, Rafael, Mihael, Gabriel etc. nu este numele unei entități, ci numele gradului unei serii de îngeri.

Tatăl nu se mai ocupă de evenimentele ce se vor petrece într-un sistem solar oarecare. El dă delegație Guvernatorilor solari și planetari ca în numele Său și după legile Sale, să conducă evoluția acelui sistem planetar.

Venind într-una din sferele create, pentru a îndeplini opera la care au fost trimise, duhurile superioare sunt silite să se asocieze câte trei la un loc, pentru a forma o forță treimică.

Trei entități conduc pe fiecare din miliardele de sori. Trei entități conduc miile de miliarde de planete de pretutindeni. Veșnic, o trinitate conduce totul. Această trinitate este înconjurată de un *cordon fluidic,* care, virtual, le obligă să lucreze totdeauna împreună, dând o singură directivă.

* * *

Pe când erau răspândite în veșnicia anterioară, libere prin haos, celulele divine erau individualități cu aparență de corpuri moarte, fără viață. Când au auzit chemarea primelor trei celule, care au format primul Nucleu divin, au început să se miște și să se asocieze și ele câte trei, înconjurându-se cu un fel de substanță lipicioasă, emanată de prima treime. Înconjurate cu această substanță, au fost atrase de iubirea nucleului Tată-Dumnezeu, și astfel diametrul acestui nucleu s-a mărit prin creșterea numărului celulelor sale. Această creștere se continuă mereu.

Azi, Sfera-Tatar este incomensurabilă. Ea absoarbe și emite mereu celulele divine. Unele dintre aceste celule au misiunea să contribuie la perfectarea sferei cu creații; altele sunt trimise ca misionari la marginea cosmosului, ca să atragă - prin convingere - din haos particule haotice noi.

Scânteile ieșite din Tatar au două roluri de îndeplinit: ori pornesc în lumea creată, ori vor chema pe surorile lor din haos.

Cât timp celula divină este în interiorul Sferei-Cap, lucrează în armonie cu celelalte miliarde de celule divine, la marea operă a evoluției, a tot ce Tatăl creează. De îndată ce a ieșit din Sfera-Tatar și s-a sustras legii colectivității, ea devine o forță liberă, activând cum i se va părea mai bine.

Odată, la începutul începutului oricărei creații, trei celule sau particule din haos s-au unit, pentru prima oară, prin dragostea ce au simțit-o una față de alta. Așa a fost la început. De atunci a trecut o veșnicie. Azi, condițiile s-au schimbat, prin infinita evoluție. Când o celulă divină supusă și înțelegătoare iese din Sfera-Tată, este îmbrăcată cu o anumită haină în Mamar - dacă e destinată să prelucreze materiile din universuri, și este îmbrăcată cu altă haină - dacă va pleca să lucreze direct asupra particulelor din haos.

În al doilea caz, i se lasă scânteii toată puterea și înțelegerea că este Dumnezeu.

Câtă dragoste, câtă înțelegere și cunoștință despre opera grandioasă a creațiilor trebuie să aibă acest mic Dumnezeu, liber și individualizat - parte din Totul - pentru ca el să nu devieze, să nu se înfumureze, să nu lucreze în afara Voinței centrale, a colectivității Capului de Dumnezeu. Numai această dragoste și înțelegere poate aduce rezultate sublime. O răzvrătire a celulei divine destinată să lucreze asupra particulelor din haos poate produce rezultate incalculabile, distrugând într-o clipă toate universurile, totul dezintegrându-se și particulele întorcându-se în haos, în starea lor primitivă.

Această nenorocire s-a întâmplat odată, în veșnicia ce a trecut. Din această cauză, Tatăl - cât e El de înțelept și bun - se teme de nechibzuința vreuneia dintre celulele Sale.

Prin asocierea particulelor haotice s-a format Tatăl, şi El - prin chemarea particulelor haotice şi organizarea lor - a creat universurile de până azi.

O anarhie, în masă, a duhurilor din cosmos poate face să piară universuri, punând în pericol Divinitatea centrală. Armonia tuturor contribuie la progresul totului. Azi legea le ține pe toate ca într-un cerc de fier. Cine se abate de la legile care contribuie la progres, cade imediat sub sancțiunea suferinței. Cea mai mică încălcare a codului ceresc se poate transforma, prin repetare, în anarhie sau răzvrătire. De aceea cea mai mică greşeală este prompt urmată de pedeapsă, pentru a se imprima adânc şi pentru veşnicie în conştiința fiecăruia că orice abatere atrage după sine suferința, conform legilor stabilite.

Evoluția se face individual, dar și în colectiv

Verbul este Mântuitorul nostru, Stăpânul sosit în acest punct al universului cu nebuloasa Sa, primită în Mamar, pentru a o prelucra și perfecționa. Nebuloasa i-a fost dată spre a servi și propriei Sale perfecționări. Materia Pământului, desprinsă de miliarde de ani din nebuloasa solară, este a Lui. Când ne întrupăm, ne facem una cu *Verbul,* deoarece trupul în care ne afundăm este materia condusă de El, de miliarde de ani. Materia e pusă în slujba Lui, dar și pentru evoluția noastră. El este Mântuitorul nostru, în materia Sa ne întrupăm ca să facem școală.

Iată înțelesul cuvintelor Domnului: *„Luați, mâncați din această pâine - acesta este trupul Meu; luați, beți din acest vin - acesta este sângele Meu".* Într-adevăr, ele au derivat din materia Pământului, sunt duhuri ce fac parte din materia pusă sub conducerea Lui.

Prin liberul nostru arbitru am ales acest sistem solar. Sosiți aici dintr-un alt sistem solar, ni s-a indicat planeta unde să ne întrupăm, ca fiind cea mai potrivită gradului nostru evolutiv.

Pe *Solar* ni s-au dat toate indicațiile. Am zis Solar, și nu soare, pentru că una e soarele, și alta e Solarul. Soarele este astrul vizibil ochilor voștri, iar Solarul este globul fluidic, unde tronează *Verbul solar,* Guvernatorul acestui sistem planetar. Solarul, fiind fluidic, este invizibil pentru voi.

Pe Pământ ne facem evoluția spirituală și materială, ca spirit liber și întrupat. Pământul este pentru noi un laborator, unde studiem și facem experiențe cu materiile sale fluidice, gazoase, lichide și solide. Când se întrupează, duhul se supune evoluției acestei materii. Ce de ani pierde duhul la începutul întrupării sale, până își construiește casa-trup, prin care va trăi ani de zile pe pământ! Spiritul, trăind în sânul trupului său, îl îmbibă, purifică și influențează cu fluidele sale. Întrupându-se miliarde de duhuri, ele prefac materia acestui glob, îl perfectează.

Prin urmare, duhul e colaboratorul Guvernatorului solar și al Tatălui ceresc.

* * *

Știți că duhul își face evoluția, întrupându-se mereu, veacuri necurmate. Aflați acum că evoluția se face numai în stare de duh liber și numai în Cer. Aceasta nu este o regulă, ci o axiomă.

Duhul întrupat nu-și face evoluția, ci conlucrează doar cu cei din spațiu, lucrează la o operă comună împreună cu cei din mediul fluidic. Cei din spațiu fac școală, iar întrupatul e un colaborator coborât în sânul materiei, o sondă prin care spațialii studiază și prefac materia.

Precum Mamarul își pune materia la dispoziția marilor Entități, pentru ca aceștia să-și facă evoluția, la dispoziția duhurilor se pune materia sau laboratorul numit planetă. O entitate se întrupează în acest laborator și alte trei entități spațiale - dreptașul, stângaciul și cel-de-creștet - conlucrează cu ea. Cele trei entități protectoare nu prea intervin cât timp omul e sugar, pentru că mama îl ține în preajma ei, iar dreptașul și stângaciul mamei pot face oficiul dreptașului și stângaciului copilului.

Când copilul a început să se îndepărteze de mama lui, când el a început să ia oarecum inițiativa, trebuie condus, și intervin protectorii săi spațiali. Pe măsură ce crește copilul, acțiunea dreptașului, a stângaciului și a celui-de-creștet este mai activă. Cu cât materia trupului se preface mai mult, activitatea asistenților spațiali este mai încordată, mai științifică.

Din acest motiv, asistenții protectori se schimbă la fiecare din etapele vieții trupești. Adică cei trei asistenți din tinerețe au înlocuit pe cei din copilărie, iar la rândul lor vor fi înlocuiți cu alți trei, când tânărul va fi bărbat, și așa mereu, până la destrupare.

Sugarul trece în faza de copil, apoi de elev, adolescent, tânăr, bărbat și bătrân. Mereu alte gânduri și simțuri, mereu alt material corporal, mereu alte modalități de funcționare ale diferitelor sale organe. Din copilărie până la bătrânețe se înșiră o serie de fenomene fizice, fiziologice, psihice etc., constituind material de studiu și conlucrare.

Cei trei protectori și îndrumători spațiali nu sunt numai așa alăturați de un întrupat, ci sunt legați de el printr-un cordon fluidic, stabilit de superiorul grupului sau colectivității din care fac parte aceste patru duhuri. Din această cauză ceea ce simte întrupatul simt și ceilalți trei din spațiu legați de el. De o plăcere se bucură și ei, de o durere suferă și ei. Când se face o operație chirurgicală întrupatului, toată durerea lui o va împărtăși, vrând-nevrând, și celorlalți trei spațiali.

Teoretic, s-a spus că există trei colaboratori spațiali, care concură la studiul terestru al întrupatului. În realitate, nu este numai o treime - un dreptaș, un stângaci și unul-de-creștet - ci o multiplicitate din fiecare. Vor fi mai multe entități de dreapta, de stânga și de creștet.

Am mai vorbit despre rolul celor trei îndrumători și colaboratori. Dreptașul spune: „Așa e bine". Stângaciul nu stăruiește, nu impune, ci arată că mai există și o altă cale. Tras de-o parte, împins de alta, bietul întrupat rămâne să aleagă în virtutea deplinei sale chibzuințe. După o zi întreagă de conlucrare, vine examenul a tot ce s-a făcut peste zi. Examenul se dă în fața celui-de-creștet. El va judeca faptele executate, iar nu intențiile sau ideile ce au frământat spiritul în timpul zilei.

Ideea, ca *idee statică,* nu are nicio forță în lumea trupească. Fiind pusă în acțiune, ea se transformă în *forță dinamică.* Cât timp trăim în spațiu, căutăm să punem în practică ideile Tatălui și ale Verbului. După ce ne-am întrupat, căutăm să fim în acord cu ideile Tatălui, sau ideile spirituale, dar în același timp și cu ideile referitoare la materia Verbului, ale Purtătorului de cuvânt al Tatălui.

Întrupatul a venit cu ideile sale teoretice din spațiu și caută să le pună în practică aici jos, deoarece se referă la materia de aici. Am spus că evoluția se face în spațiu, dar acolo ea nu este completă, deoarece se face asupra substanței tatare și mamare, aflată în stare fluidică.

Toate ideile referitoare la spirit se numesc *idei spirituale* sau *masculine.* Toate ideile referitoare la materie, de orice grad, se numesc *idei materiale* sau *feminine.*

Analiza ideii, cercetarea și urmărirea acțiunii ei se face de spirit, care o fecundează. Spiritul combină ideile masculine cu cele feminine, ca să vadă urmările acestei combinări. Spiritul vine din spațiu cu idei cerești spirituale, dar se întrupează să vadă ce se va petrece când, coborât în trup, în materia planetară, va căuta să aplice ideile spirituale sau cerești asupra materiei. Adică ce urmări vor fi când va împreuna ideile masculine cu cele feminine.

Rolul întrupării este să ofere spiritului posibilitatea de a pune în practică ideile cerești, aplicându-le asupra materiei globului pământesc. Întrupatul este un sacrificat, scufundat în sânul materiei globului terestru, în folosul fraților din colectivitatea sa, pentru ca cei din Cer să-și facă studiile prin el.

Sacrificiul acesta nu poate fi etern. De aceea s-a pus un termen duratei sale, dându-i-se libertate duhului întrupat prin actul numit moarte. Moartea înseamnă terminarea calvarului, a sacrificiului făcut de duh față de colectivitatea din care face parte. Dar în loc ca frații săi de sacrificiu să se bucure că unul dintre ai lor s-a eliberat din materie, ei îl plâng. Sărmanii, cât de neștiutori sunt de tainele cerești!

Dacă sacrificiul a fost pe deplin îndeplinit, duhul va culege la finele vieții trupești roade frumoase, de care se vor împărtăși și ceilalți colaboratori ai săi. Evoluția se face în mod colectiv. Întrupatul s-a sacrificat benevol în folosul colectivității spirituale din care face parte, pentru că știe că altul va face mâine la fel.

Am omis să-ți spun că uneori dreptașul și stângaciul se schimbă între ei, făcând ambele școli, adică a aplicării *ideilor de dreapta* și *de stânga.*

O idee este considerată de dreapta când e în sensul legilor universale, și o idee este considerată de stânga când e contrară legilor cerești. Întrupatul, dreptașul și stângaciul fac o treime: unul propune, altul contrapropune și întrupatul dispune, dar în urma deciziei întrupatului toți trei vor ajunge la suferință sau fericire.

În concluzie, niciun duh nu evoluează individual, ci numai în colectivitate, ca și Tatăl ceresc împreună cu miliardele Sale celule divine, infiniți Dumnezei.

După ce întrupatul și-a terminat sacrificiul, este lăsat câtva timp liber, să se întremeze, să se odihnească și să mângâie pe cei lăsați jos. De la o vreme, superiorii, găsind că a stat destul, îi ordonă să reintre în activitatea cerească, să fecundeze ideile cerești.

În Cer, ca și pe pământ, unii aleargă după o plăcere trecătoare, urmată de multă și îndelungată suferință, pe când alții se angajează la o durere temporară, ca să se bucure de o fericire prelungită.

Ciclurile evolutive

În univers există trei mari grade de sisteme planetare:

1. corespunzătoare Sfântului Duh;

2. corespunzătoare Fiului solar;

3. corespunzătoare Tatălui central.

Evoluția cere trecerea de la planetar la solar și de la solar la divin.

La începutul creației sistemului s-a trecut invers, de la starea nebuloasă sau divină, la cea solară și de aici la cea planetară. După ce, prin *involuție,* planeta a atins starea fizică cea mai solidă, începe urcușul, *evoluția,* ascensiunea spre divin.

În prima perioadă, pentru transformarea nebuloasei într-un glob solar, au lucrat Divinii. După ce și-au terminat opera au plecat la Centru. Au urmat îngerii solari, lucrând la construirea planetelor. Când și-au terminat opera, au părăsit planeta și s-au întors în soarele lor. În fine, aceste planete au fost luate în stăpânire de îngerii planetari. Prin urmare, Constructorul divin a fost înlocuit cu constructorul solar, iar el a fost înlocuit cu constructorul planetar, sau mai bine zis lunar.

Din divină nebuloasa a coborât mereu, miliarde de ani, până la starea planetară. Apoi planeta a început urcușul spre divinizare și viața de pe ea va progresa întruna, pentru a deveni și ea divină.

Din Tatăl a pornit nebuloasa. Ea era la început casă divină, unde lucrau Îngerii divini, Constructorii centrali. După trecerea multor milioane de ani, nebuloasa ajunge la gradul de a se preface în soare.

Din moment ce nebuloasa a luat consistența de soare sau astru, Constructorii centrali s-au retras, opera lor fiind terminată. Sub conducerea Fiului a rămas aici lumea constructorilor solari. Ei au început opera creării și evoluției solare.

De la o vreme, s-au desprins din soare, rând pe rând, planetele. Pe fiecare planetă s-au stabilit constructorii planetari. Când o planetă a fost gata, constructorii solari s-au retras pe soare, pentru a continua opera lor solară, până la terminarea sau disoluția întregului sistem.

Prima planetă desprinsă din soarele nostru este acum la o distanță foarte mare de el și este invizibilă vouă. Depărtându-se mereu, va ieși din sfera de atracție a soarelui. Efluviile solare nemaiputând lucra asupra ei, materia sa minerală se va dezagrega și preface în pulbere cosmică.

Aceasta va fi soarta, rând pe rând, a planetelor din sistemul nostru planetar. O parte din pulberea lor va cădea pe alte corpuri planetare, pentru a-și termina evoluția minerală neterminată încă, iar o altă parte se va fluidifica și întoarce în Centru, pentru a fi întrebuințată, după o prealabilă prelucrare, la crearea de nebuloase noi, sisteme siderale, sori sau sisteme planetare.

Toți sorii și planetele sunt muritori, creându-se în locul lor alții, superiori.

Îngerii solari au prezidat la despărțirea Lunii de Pământ. În sistemul nostru Luna este o formațiune de gradul al treilea, Pământul – de gradul al doilea, iar Soarele – de primul grad.

Toate formațiile de gradul al treilea din întregul univers n-au posedat și nu vor poseda niciodată viață trupească, ci numai duhuală. Ele se vor dezagrega înaintea corpului din care s-au dezlipit.

De la dezlipirea Lunii din pământul pe care călcați, au trecut multe milioane de secole.

După ce planeta a fost terminată, a venit să-și facă școala pe ea lumea angelică planetară. Ceva mai târziu au început să vină pâlcuri de duhuri, de toate categoriile, ca să-și facă evoluția. De la începutul sosirii lor, viața acestor duhuri a fost mereu îndrumată de lumea angelică planetară, cu sediul pe Lună.

După dezlipirea Lunii, Pământul a devenit sediul duhurilor sosite din toate părțile universului, ajunse la gradul acestei planete. Primele duhuri umane au fost din cele inferioare. Treptat, în decursul miliardelor de ani, ele s-au ridicat până au ajuns spirite superioare.

În definitiv, trei mari categorii de duhuri umane au venit pe Pământ:

1. *diavoliștii;*

2. *fiuliștii;*

3. *diviniștii.*

Diavoliștii sunt spirite inferioare. Negrii din Africa, Asia, Australia etc. ar corespunde azi acestor feluri de spirite. Fiuliștii sunt spirite mai evoluate, având ca oameni, o religie și o credință în forțele Cerului, crezând într-un Dumnezeu. Diviniștii sunt spirite întrupate, posedând cunoștințe profunde despre alcătuirea universului, viața de pretutindeni și legile din natură. Diviniștii sunt iluminați și mulți dintre ei au legături directe cu cei din spațiu.

Viața omenirii pe Pământ și a tuturor planetelor din univers nu se continuă într-un veșnic urcuș, ci se desfășoară sub formă de cicluri. După ce s-au perindat pe suprafața planetei cele trei categorii de duhuri întrupate, terminându-se ciclul divinist, un cataclism mătură, distruge toată civilizația omenirii diviniste, și în locul ei vine un val de diavoliști. De acum seriile urmează mai departe, trecând prin fiuliști, și se termină cu diviniști, după care un nou cataclism șterge orice urmă de înaltă civilizație a diviniștilor.

Să nu se creadă că la un moment oarecare al vieții pământului se găsesc pe el numai diviniști ori fiuliști. Pe lângă duhurile majoritare se află, în minoritate, și din celelalte categorii. De exemplu, în vremea diviniștilor majoritatea oamenilor o formează cei adânc credincioși și în permanentă legătură cu Cerul, cei mai mulți fiind chiar mediumi auditivi. Dar printre ei se află, în minoritate, diavoliștii și ceva mai mulți, fiuliștii. La fel se întâmplă și în epoca fiuliștilor și a diavoliștilor.

Legenda lui Noe nu e o poveste goală, lipsită de adevăr. Noe a fost o realitate, un om divinist. Se înțelege că nu piere toată viața animală, vegetală și umană cu ocazia unui astfel de cataclism. Iată înțelesul real al ființelor salvate de Noe prin corabia sa.

Cataclismul s-a dezlănțuit prin forțele venite din Sfera divină. Apele oceanelor au inundat în câteva clipe continentul, măturând aproape totul din calea lor. După câteva zile, apele au intrat în matca lor și liniștea morții domnește pe suprafața pământului. În urma cataclismului aproape toți oamenii s-au destrupat. Spiritele diviniștilor au pornit spre Lună, și de acolo către Soare. După ce au dezbrăcat haina planetară și solară, s-au îndreptat spre alte meleaguri, către alți sori ai universului. Noe împreună cu alți diviniști au scăpat de cataclism, deoarece i-am avertizat noi, cei de sus. Celorlalți diviniști, deși erau în legături cu noi, nu li s-a spus nimic despre potop, pentru că așa era orânduit să se întâmple, ca să înceapă un alt ciclu.

Cel din urmă ciclu divinist a fost descris în legenda lui Noe. Atunci a început ciclul diavolist, aflat acum pe sfârșite și va începe un nou ciclu - ciclul fiulist. El va dura aproximativ 360.000 de ani, după care va urma un nou ciclu divinist. Astfel, ciclurile se vor urma mereu, până la moartea acestei planete. După Biblie, s-ar crede că potopul lui Noe s-a produs acum câteva mii de ani. Adevărul e că de la cel din urmă cataclism până azi a trecut cu mult mai mult timp decât cum înțelege omul din Biblie. Ultimul potop s-a petrecut într-un timp foarte îndepărtat.

Din cele de mai sus, se deduce că majoritatea omenirii actuale aparține ciclului diavolist. Fiuliștii formează o mică masă, iar diviniștii sunt extrem de puțini.

Divinistul nu se preocupă de deșertăciunile vieții trupești. El este idealistul pământului, căutând să se adape din izvoarele nesecate ale științei cerești și oferind, întrucâtva, norme de conducere celor din jurul său. Fiulistul ține calea de mijloc dintre spirit și materie, iar diavolistul este un materialist feroce, un egoist fără seamăn.

Către sfârșitul ciclului diavolist, aproape toți conducătorii mari și mici ai popoarelor sunt fiuliști. În ciclul prezent al diavoliștilor sunt puțini diviniști - mediumi de toate categoriile, inspirați, mari gânditori și mistici - fiind pierduți în marea masă a diavoliștilor atei sau ignoranți.

Treapta cea mai de jos a diavoliştilor formează triburile negrilor din Africa, Brazilia, Australia. Cu toate acestea, fiecare trib are un divinist, superiorul socotit învăţat, medic şi vrăjitor.

În întreg universul se lucrează la fel. Oricare ar fi rangul spiritual al duhului, când se întrupează, trebuie să înceapă cu abecedarul. Omul nu poate să reia învăţătura de unde şi-a întrerupt-o în viaţa trupească precedentă.

Acum pot exclama: Iubite frate, ciclul diavolist e pe sfârşite şi va începe cel fiulist! Noi nu mai apucăm ciclul divinist care va urma, căci până atunci vom fi plecaţi pe altă planetă a unui alt sistem solar, unde vom găsi ciclul divinist, pentru a ne continua studiile. Nu vom mai şedea aici, deoarece nu mai putem aştepta câteva sute de mii de ani, cât va dura ciclul fiulist, până abia să se arate la orizont perioada divinismului, necesară evoluţiei noastre.

Din cele expuse mai sus, s-ar părea că viaţa pe Pământ şi pe alte planete asemănătoare ei se face pe perioade sau cicluri, care urcă şi coboară şi că, în definitiv, nu există niciun progres, că totul stă pe loc. În realitate, ciclurile evolutive urmează în aşa fel încât niciun ciclu nu începe de la aceeaşi treaptă ca şi cea precedentă, ci ea revine cu ceva mai sus. În definitiv, toate ciclurile devin din ce în ce mai evoluate, aşa încât forma de viaţă a trupului şi a tuturor fiinţelor se va manifesta sub un alt aspect, mereu superior, mereu în progres. Totul este împins înainte de legea evoluţiei. Pământul nostru - ca şi miliardele de corpuri cereşti - se află mereu pe drumul veşnicei perfecţiuni.

Totul s-a născut din particule haotice

Fericit omul care lucrează din toate puterile sufletului său, pentru avansarea colectivităţii din care face parte.

Eu sunt unul, sunt o celulă divină îmbrăcată cu o haină nealterabilă dăruită de Cei din Respirator. Peste această haină mi s-au pus două învelişuri, făcute din materia mamară. Prin urmare, am plecat din Sfera divină învelit în trei haine divine.

Pe când eram în haos aveam libertate deplină. Pe baza acestei libertăţi, şi azi aş putea să-mi duc singur viaţa. Însă, experienţa ne-a dovedit că e de preferat viaţa în colectivitate, căci în sânul ei poţi avea ajutorul, tăria şi fericirea, pe când stingher nu poţi nimic, deci nu ai parte de niciun spor. Am fost liber să aleg singurătatea sau să intru în asociere cu alţii. Graţie acestei libertăţi, am examinat ideile care circulă în lume şi am făcut, într-un fel sau altul, după cum mi-a dictat conştiinţa.

Spiritele au avut, au şi vor avea întotdeauna două idei, relativ la orice problemă: ideea *A* şi opusul ei, ideea *B*. Teologic vorbind, ideii *A* i s-a dat numele de *rău* şi ideii *B* i s-a dat numele de *bine*. Nu există bine şi rău, ci două idei egale, dar opuse. Aceste două idei opuse au fost şi sunt necesare, pentru că din ele iese lumină în spiritul oricărei entităţi. Trebuie să te arzi, ca altădată să ştii să te păzeşti de foc. Trebuie să fi fost cândva bolnav ca să preţuieşti sănătatea.

Datorită acestei libertăţi şi a veşnicei experimentări, urcăm scara spre Divinitate.

Doamne, ce de experienţe trebuie să facem, ca să ajungem la înţelepciune! Chiar Divinitatea primă a trecut prin această lungă, veşnică experienţă, ajungând să-și stabilească seriile de legi, care acum conduc lumile create. Divinitatea nu cere de la copiii Săi nicio grabă în studierea ideilor contrare. Spațiul este infinit și durata, o veșnicie. Duhul are timp destul să tot studieze, pentru a se lămuri într-o problemă oarecare, cum e mai bine: să aleagă și să execute ideea *A* sau ideea *B*.

Toate experiențele le facem pe rând, miliarde de ani, pe diferite planete și sisteme planetare, asupra tuturor formelor de viață și a felurilor de materii, dar nu putem avea o știință completă, până nu coborâm la starea materiei celei mai dense, a materiei planetare. Iată necesitatea întrupării. Numai având un instrument terestru, putem lucra asupra materiei terestre.

Însăși Divinitatea studiază Adevărul. Ea are mereu în fața Sa noi probleme, metode și stări de progres, dar vrea să-și verifice concluziile prin particulele emanate din Ea, prin copiii Săi plecați în lume. Rezultatul experienței miliardelor de copii plecați în creație oferă Divinității posibilitatea de a se încredința de justețea vederilor Sale. Astfel Divinitatea Își controlează observațiile și hotărârile.

Din haosul infinit s-a format Divinitatea. Miliarde nesfârșite de secole solare i-au trebuit Divinității să evolueze până a ajuns la stadiul actual, aflat în veșnică prefacere, pentru că evoluția nu are sfârșit.

În mod direct, dar mai ales prin celulele divine plecate din Cap, Tatăl cheamă mereu particule haotice, cu care creează globuri cerești și umple infinitul cu creații. Spațiile sunt pline de apeluri, de idei al căror conținut crește mereu, prin aplicarea lor în existențe din ce în ce mai evoluate.

Tot ce e spirit și materie a provenit din Tatăl și, la urma urmei, totul s-a născut din haos. Haosul e originea a tot și toate. Particulele haotice stau nemișcate din veșnicie. Gândul lor se împacă cu starea lor de inerție, pentru că nu cunosc starea de fericire trăită într-o colectivitate. E rău - zicem noi acum - dar pentru ele e bine. Binele stării noastre de acum corespunde binelui stării noastre de atunci și de acolo. Ambele cuprind aceeași noțiune. Numai prin compararea uneia cu cealaltă se poate vedea deosebirea. Datorită necunoașterii unei alte stări, am stat locului o veșnicie în haos. În acele vremuri era bine acolo pentru noi. Așadar, binele e relativ și nu are o limită superioară.

Într-o bună zi, a apărut, a țâșnit alături de ideea *A* și ideea *B*. Din acel moment, s-a născut dorința de a încerca, de a experimenta și această nouă idee. Așa s-a născut prima asociere. Acesta e începutul creației.

Voi credeți că întâi a fost binele și apoi a venit răul. Adevărul e altul: Întâi a fost răul, și apoi a venit binele. Întâi a fost ideea *A - ideea izolării, a independenței,* și apoi a venit ideea *B - ideea asocierii, a muncii colective*. Două idei, două stări, bună și una, bună și cealaltă, dar opuse, una fiind superioară celeilalte.

Multe miliarde de ani i-au trebuit particulei haotice până să înțeleagă că ideea *B* e de preferat ideii *A*. Ați putea râde de afirmația mea: „Cum, pentru o idee atât de simplă i-a trebuit particulei haotice o veșnicie?" Întocmai. Lumea a râs de Columb când printr-o mișcare a pus oul în poziție verticală, zicând că așa ceva oricine poate face.

Acum vi se pare un lucru neînsemnat, dar când te gândești că particula haotică viețuia de o eternitate într-o anumită stare, se înțelege că i-a trebuit un timp foarte mare ca să se nască în ea alt gând, relativ la o altă formă de existență. Azi lucrurile merg mai ușor, pentru că asupra particulelor haotice se exercită o chemare, argumentându-li-se fericirea vieții în comun. Colectivitatea propagă mereu respectul libertății, avută de particula haotică în Infinit. Viața în comun nu e o constrângere, ci o necesitate născută dintr-o convingere. Niciodată un duh nu poate fi constrâns, ci numai convins; altfel, el ar putea reclama libertatea avută în haos, cerând întoarcerea în el.

Viața spațială ne-o trăim în grupuri, iar în viața trupească suntem oarecum înclinați spre o viață mai mult individuală. Dar totuși cât de cât, suntem porniți spre colectivitate, căci familia ce este? neamul ce este? rasa ce este? Tot colectivități. Și apoi întrupatul nu se află mereu în compania celor trei colaboratori din spațiu? Asocierea, cât de mică, aduce posibilitatea de progres. Iată înțelesul cuvintelor Domnului nostru: *„Iubește pe aproapele tău, iubește pe dușmanul tău, căci cu toții sunteți frați, plecați din același Izvor de viață".*

Viața izolată, solitară, are ca urmare multe neajunsuri, dibuiri prin întunericul vieții pământești, urmate de multe suferințe. Din suferințele oamenilor, noi, duhurile libere, extragem lecții și toate spiritele se conving de necesitatea vieții în comun. Iată de ce vă iubim și, pe cât putem, venim în ajutorul vostru, pentru că avem conștiința solidarității, care ne ajută în progresul nostru infinit.

Apariția omului pe pământ

În vremurile îndepărtate ale existenței acestui glob, după ce a apărut toată seria de plante și animale, își făcu apariția și omul. Înfățișarea lui era mult deosebită de a omului de azi.

Ce ușor e de gândit și zis: *A apărut omul.*

Dar cine își poate închipui ce operă grandioasă a fost crearea trupurilor primilor oameni. La timpul oportun, au coborât din Soare strălucite duhuri îngeri constructori, care, prin cunoștințele lor savante, au materializat din materia Pământului mai multe trupuri umane, și după ce le-au desăvârșit trupește, s-au întrupat chiar ele în aceste forme umane. S-au creat astfel mai mulți indivizi, care au trăit ca oameni, ducându-și existența până la adânci bătrâneți, fiind supuși tuturor legilor omenești, deci și procreării.

Pe când primele forme umane au fost creații - sau, mai exact, adevărate materializări - spiritele solare următoare s-au întrupat în trupurile produse de precedenții generatori umani. După o serie de generații, constructorii solari au părăsit Pământul, după moartea trupului lor, întorcându-se la centrul solar, de unde au coborât.

Ca descendenți ai lor, au urmat la întrupări îngerii planetari, constituind pe pământ o lume divină, pentru că deși erau oameni, totuși se bucurau de facultatea mediumică de a vedea și auzi lumea duhurilor. Oameni trupești erau și totuși aveau puterea duhurilor.

În fine, a sosit timpul retragerii îngerilor tereștri și au urmat la întrupare, în trupul noului prunc, duhurile umane. Astfel s-a născut omul veritabil, trup animat de un duh uman. Dar ce simplu, ce neștiutor era acest om! Era un cvasianimal. Înțelepciunea marilor duhuri constructoare ale centrului solar a hotărât ca, mii și mii de ani, să trăiască încă printre acești sălbatici un mare număr din lumea duhurilor angelice. Întrupându-se ca oamenii, îngerii își conduceau și instruiau nefericiții lor frați ignoranți.

Prin urmare, la acea vreme lumea terestră era formată, în majoritate, din duhuri umane, iar printre ele se aflau întrupați și îngerii.

Azi, lumea întrupată, în majoritate, este animată de duhuri umane.

Pe măsură ce omul progresa mental și era în stare să se conducă singur, lumea angelică solară se retrăgea, până n-a mai rămas întrupat pe pământ niciun înger solar. Azi, îngerii solari mai vin la întrupare, în misiuni, când au de îndeplinit crearea unor curente noi de idei, care să ducă omenirea cu un pas mai departe pe drumul evoluției.

Au trecut mii de veacuri, iar trupul omului s-a micșorat, dar a devenit mai complex și mai fin, mai ales sistemul său cerebral. Grație acestui minunat instrument, duhul poate face descoperiri noi, lărgindu-și mereu câmpul cunoștințelor umane. Pe când înainte își ducea o viață cvasianimală, muncind și folosindu-și mintea numai pentru împlinirea năzuințelor animale, acum mintea omului scotocește adâncul mărilor și al cerurilor, asociază ideile, le combină în fel și fel și deduce adevăruri noi. Un număr foarte redus de oameni îndrăznesc să se înalțe de la preocupările pur materiale în speculații metafizice și metapsihice, deci în sferele spiritualității.

Veacurile se scurg, trupul se va perfecționa, duhul dispunând de instrumente din ce în ce mai bune. Dar vine și vremea declinului, când urmează o ușoară degenerare, accentuată în decursul timpului. Ca urmare, duhul va suferi, căci își va exercita mai greu facultățile înalte, având un instrument din ce în ce mai imperfect. Totul se naște, evoluează și moare, pentru a se desăvârși.

În esența sa, duhul este format din trei particule

Pământul este o masă de duhuri, asemenea miliardelor de planete, sori, stele și comete, din întreaga sferă a creațiilor. Aerul, apa și mineralul sunt aglomerări infinite de *candidați de duhuri*. Totul în univers este făcut din duhuri.

Acum să vedem cum a luat naștere un duh. În esența sa, orice duh se compune din trei părți, din trei particule vii, ce formează un tot. Ele au fost alcătuite sau asociate de Creator din particule vii, absorbite din cosmos. Creatorul primește continuu aceste particule ce au evoluat miliarde de ani, și din ele creează mereu duhuri. Ele Îi sosesc din sfera cosmică unde și-au făcut școala, evoluția.

Se pune întrebarea: Cum au luat naștere odată și odată aceste particule materiale infinit de mici, și totuși vii?

Toate marile lumini angelice răspund: *Particulele vii au provenit din Infinitul ce înconjoară sfera cu creații sau cosmosul, dar Cine le-a făcut, e un mister.*

Să insistăm puțin asupra acestei taine a tainelor.

Toate stelele și planetele din cele patru universuri, văzute și nevăzute, și toate felurile de eteruri formează, împreună cu Sfera divină sau Laboratorul lumilor, o sferă uriașă, denumită *cosmos*. Această sferă, cosmosul, plutește ca un balon în *Infinit* sau *Haos*. Acest Infinit nu este gol, ci, la rândul său, e plin de o pulbere neînchipuit de densă, formată din particule infinit de mici.

Sfera-cosmos este inimaginabil de mare, dar față de Infinit, e cât un atom față de universul nostru, și poate comparația e insuficientă. Prin urmare, de-o parte se află *Infinitul,* și de alta *Finitul,* alcătuit odată din materia Infinitului. Însăși prima Divinitate creatoare a luat naștere dintre una din aceste particule ale Infinitului.

Nu vă tulburați la citirea acestei afirmații, ci puneți răbdare și citiți mai departe.

Particulele din Infinit sunt vii, pentru că se mișcă, sunt inteligente și gândesc în interiorul lor. Dar vibrația lor e dezordonată, neputându-și exterioriza gândirea, pentru a produce un lucru oarecare. Din această cauză, particulele vii din Infinit nu au o țintă, un scop, nu urmăresc un drum, pentru a progresa. Ele par a fi veșnic staționare, rămânând în aceeași stare în vecii vecilor.

Întrevăd în mintea cititorului gândul că expunerea mea este o speculație filosofică. Nu, frate, noi nu filosofăm, noi experimentăm cu aceste particule vii, cu această materie vie, și scoatem din ea învățăminte. Ca atare, noi facem experiențe, parcurgem școala vieții sau a naturii. Vouă, neavând posibilitatea să prindeți eterul și să experimentați cu el, nu vă rămâne decât să credeți în cele spuse de noi. Nouă nu ne este permisă recomandarea din religiile voastre: „Crede și nu cerceta". Ori de câte ori avem posibilitate, noi trebuie să cercetăm. Dacă am putea, am cerceta însăși Ființa creatoare și conducătoare a cosmosului. Dar știm că această Ființă supremă, adorată de toți, pentru că ne-a chemat la viață și conștiință, este formată din aceleași esențe de particule vii, haotice ca și noi.

Neputându-ne duce până la Sfera centrală a Laboratorului - ca să vedem din ce fel de materie e constituit Creatorul - și pe de altă parte neputându-ne duce până în adâncul Infinitului - ca să analizăm însăși particula vie, așa cum este în starea ei primordială - ne mulțumim să studiem toată gama de materii concentrate și eteruri de tot felul, ce formează planetele, sorii, ființele și duhurile.

Din analizele mereu repetate de mine și de miliardele de duhuri, analize duse până la ultima expresie, am constatat, în mod constant, că ne întâlnim mereu cu aceeași particulă vie, cu același *element-numărul-unu,* care umple din eternitate Infinitul. De aici concluzia: *Viața este pretutindeni, Pământul este viu, Soarele este o unitate compusă din elemente vii, universul formează o unitate vie, întregul cosmos este format din Tatăl cu copiii Săi, de toate vârstele.*

Greu, foarte greu cuprinde mintea omului ideea că o particulă infinit de mică este dotată cu anumite însușiri și cu viață. Din acest motiv asemenea taine nu pot fi comunicate oricui, deoarece omul nu a fost pregătit prin nicio idee asemănătoare, pentru a înțelege asemenea adevăruri.

Parcă văd în mintea voastră întrebarea: „Cum e cu putință ca o infimă particulă materială să aibă inteligență?"

Ca întrupați, aveți dreptate, pentru că nu cunoașteți nimic dincolo de materia vizibilă. Dar marile Lumini ale Cerurilor afirmă cu desăvârșită hotărâre și certitudine că particulele vii ce umplu Infinitul sunt vietăți cu facultăți în stare latentă, inteligente și gânditoare, că viața e pretutindeni; corp lipsit de viață nu există nicăieri în lume, nici în Infinit nici în Finit sau cosmos.

Din această *materie-unu,* prin concentrări multiple, se vor constitui, în eternitate, particule mai mari, numite duhuri, care vor gândi ordonat și vor produce efecte, manifestând o energie cinetică.

Voi înotați într-un noian de mistere. Cu timpul veți evolua, știința noastră va pătrunde tot mai mult în știința terestră și veți ajunge să vă minunați de fenomenele de la noi. Voi sunteți instrumentele noastre, pentru că prin voi, prin trupul vostru ce se compune și descompune, noi urmărim procesul *materiei-unu* în lumea voastră terestră.

Am spus că viața este pretutindeni și moarte nu există. Iată un exemplu din care se va vedea că aparența înșală întotdeauna. Aerul, când este liniștit, nu se vede și nu se simte. Din această cauză s-ar putea spune că aerul e o materie moartă. Omul simplu nici nu are o noțiune despre existența lui. Numai când aerul va trece din starea statică în stare dinamică, producând ceea ce se numește vânt, va impresiona simțul tactil al omului, iar acesta va spune că aerul e viu pentru că se mișcă și produce efecte. Aerul mort a dat naștere vântului viu. Cu alte cuvinte, odată cu gradul de dezvoltare al inteligenței omenești, se schimbă și părerile sale asupra tot ce există în jurul său.

În concluzie, materia din jurul nostru este un agregat a de particule vii, de inteligențe producătoare de idei sau gânduri, și care determină efecte.

Particula din Infinit are prin ea însăși o energie potențială, care – trecând în lumile create – devine o energie dinamică, devine cauza a diferite efecte. Din aceste *particule-unu,* Tatăl creator formează mereu unități treimice, care încep să vibreze din ce în ce mai accentuat, mai rapid, pe măsură ce ele progresează. Prin concentrări multiple, aceste particule treimizate vor da naștere la toate corpurile din natură.

Infinitul este cariera sau comoara din care Divinitatea ia mereu *materie primă,* pentru a crea duhuri, atomi, molecule, planete, stele, universuri.

Învârtindu-se în jurul axei sale, ca și Pământul, sfera-cosmos produce o absorbție, asemănătoare unui dinam. Din această cauză, particulele din Infinit sunt atrase în interiorul sferei cosmice. Cum universurile se învârtesc în jurul axei lor, fiecare univers absoarbe, la rândul său, particule haotice din câmpul cosmosului. În fine, Sfera divină sau Laboratorul, având și ea o mișcare de rotație, cu o viteză enormă, absoarbe particulele haotice din interiorul universurilor. Șederea particulelor haotice prin aceste patru sfere – Infinit, cosmos, universuri și Laborator – durează o infinitate de miliarde de ani, ele progresând din treaptă în treaptă. După terminarea unei game infinite de forme de viață, particulele haotice ajung – în fine – în pragul de a se face din ele un duh. Astfel, particulele haotice au trecut din Infinit în cosmos, din cosmos în univers, și din univers în Sfera divină.

De acum, particula vie începe o nouă carieră. Ea va deveni o unitate conștientă și doritoare de perfecțiune. În acest scop, particula ajunsă cu evoluția până în pragul devenirii de spirit sau duh, este absorbită de Sfera-Mamar, de unde este atrasă de Pectoral și apoi de Sfera centrală a Laboratorului, adică de Tatăl. Tatăl adună trei particule din această pulbere vie, evoluată în miliarde de ani, și prin puterea Sa le alipește una de alta, formând un tot, numit *spirit* sau *duh.*

Ca să cunoaștem ce este în jurul nostru, trebuie mai întâi să ne cunoaștem pe noi înșine. Această unitate treimică, făcută de Tatăl meu ceresc, este esența din care sunt format eu, duh. Ce putere, ce gândire, ce înțelepciune are Tatăl ca din trei unități, particule vii, să facă o unitate tot infinit de mică, dar perfectă, mai înțeleaptă și mai puternică decât fiecare dintre ele, putând acum lucra asupra materiilor din jurul ei, ba chiar și asupra semenilor ei. Divinitatea a luat o unitate din Infinit și a combinat-o cu o altă unitate din Ființa Sa, provenită cândva tot din Infinit, și la aceste două a adăugat încă o unitate, a treia, absorbită din Mamar, formând din toate trei o unitate treimică, numită *duh*.

La unul, particulă-energie din Infinit, s-au adăugat două particule, tot din Infinit, dar prelucrate de divinul Creator. La unul, *energie haotică neutră,* Tatăl a adăugat pe unul - *particulă activă* provenită din Sfera-Tatar și pe unul - *particulă pasivă* provenită din Sfera-Mamar. *Unul* din Infinit a dat naștere unui *Unu finit,* unei ființe vii, care s-a unit cu *unul activ* de la Tatăl și cu *unul pasiv* de la Mamă, formând un tot, o unitate, ceva mai mare și de o inteligență perfectă.

Pe când inteligența neutră a haosului producea la locul ei de origine, în Infinit, o mișcare lipsită de țel, ajunsă în câmpul cosmosului, într-un nou mediu, ea vibrează ordonat, ritmic, cu unde egale, în timp egal. Grație acestor *particule-unu* - simple, microscopice și independente unele de altele, ce vor evolua și deveni puzderie - întreg cosmosul vibrează uniform. Cu forța produsă de această infinită totalitate de vibrații, Creatorul a creat, creează și va crea în vecii vecilor totul în lume.

Duhul trăiește într-o *apă vie,* ce umple universurile.

Particulele din Infinit având o gândire interioară și o mișcare dezordonată, activitatea lor nu se putea traduce prin nimic în exteriorul lor. În schimb gândirea *unului treimizat,* adică a duhului, este o gândire ordonată, producând efecte voite. Noi, duhurile, putem produce orice acțiune, bazați pe inteligența, voința și puterea noastră, numită *energie cinetică*.

Noi suntem mereu sub puterea infinită a Tatălui nostru, iar *materia-unu,* sub toate stările ei, este sub puterea inteligenței și voinței noastre. Pentru a progresa, Tatăl ne provoacă la muncă, prin fluidele Sale electrice și magnetice, iar noi punem în mișcare ordonată inteligența *particulelor-unu,* venite din Infinit. Totul se înlănțuie, toate acționează pe scară descendentă, unele asupra celorlalte, cele superioare asupra celor inferioare.

Spiritele de curând născute abia se mișcă, deoarece n-au cunoaștere, n-au siguranță, deci vrând-nevrând au tendințe de oprire, de ezitare, de pasivitate. Cu cât un duh este mai bătrân, cu atât este mai luminat, mai știutor, mai sigur, mai tare pe voința sa și mai activ.

Spiritele tinere, pasive, sunt atrase de materie și în special de materia solidă. După evoluții milenare, duhul tânăr trăind, suferind, studiind materia de toate treptele - de la solid până la eterul cel mai diafan - învață, se spiritualizează, și nu-l mai atrage materia inferioară.

* * *

Particula sosită din Infinit a fost atrasă mai întâi în cosmos, de aici în univers, până la globurile solide. După ce a devenit din unu trei și din trei nouă - adică s-a asociat în unități din ce în ce mai mari, pentru a forma gama nesfârșitelor materii eterice - a dat naștere duhurilor, unități treimice.

Puteți să vă faceți o idee câte unități treimizate se află în piatra unui diamant ce împodobește un inel? Nu! Sunt miliarde!

Toate unitățile din univers au provenit din *unul* - sosit din Infinit - pe cale de concentrări și apoi prelucrate în unități organizate.

Cei de jos, de sub noi, instrumentele noastre, coordonează activitatea noastră cu a lor și noi urmărim, în veșnicie, procesul compunerii și descompunerii *materiei-unu,* nemuritoare și în veșnică prefacere. În Centrul divin se petrec toate desfacerile și asocierile, în vederea noilor creații, tot mai perfecționate. Minunile petrecute acolo nu pot fi cuprinse de noi, darmite de mintea voastră, bieți întrupați. *Unul,* particula din Infinit, se combină într-un anumit mod cu celelalte două - pentru a forma un duh mineral, și într-un alt mod - pentru a forma un duh vegetal, animal, uman, angelic etc. Tot *unu-treimic* e în toate cazurile, dar asocierea celor trei particule este făcută în diferite moduri. La exterior nu există nicio deosebire între un duh de piatră sau de înger, ceea ce le deosebește este numai orânduirea lor interioară.

Organizatorii centrali - Tatarul și Mamarul, cele două colectivități de mari Duhuri - așază în interiorul duhului cele trei particule, într-un anumit mod, după intenția de a forma un duh oarecare, trimis să activeze într-un anumit mediu al sferei create. De aici marea gamă de duhuri minerale, vegetale, animale, umane, angelice, Fii de Dumnezeu etc.

* * *

Duhul inferior este dominat de lene intelectuală, dar această lene de gândire îi dă în schimb posibilitatea unor mari activități materiale. Pasivitatea intelectuală canalizează energia virtuală a treimicei forțe spre materie. Cu cât duhul este mai bătrân, mai evoluat, activitatea sa intelectuală este mai intensă, îl atrage spre spiritualitate și îl îndepărtează de materie. Duhul inferior va fi fericit simțind efectele materiei, iar duhul superior caută să domine materia. Duhul inferior mai întâi pune în mișcare energia sa asupra materiei înconjurătoare și pe urmă vede ce efecte s-au născut, iar duhul superior știe că stârnind o anumită cauză, va obține efectul corespunzător. Punând în joc mai întâi știința, și pe urmă energia sa, duhul superior comandă materiei, de la cea fină până la cea mai dură. Duhul inferior este robul materiei, duhul superior creează anumite forme de materii. Omul inferior reușește la întâmplare să finalizeze o lucrare. Omul superior reușește prin cunoașterea cauzelor care duc la reușită.

De aici concluzia că există două feluri de oameni:

1. *pasivi;*

2. *activi.*

Pasivul, duh întrupat, puțin evoluat, îl cunoști pentru că îl atrag plăcerile produse de materie.

Activului, duh evoluat întrupat, dacă Divinitatea îi oferă în calea vieții materie din belșug, el o pune și la dispoziția semenilor săi; el trăiește și pentru alții.

Omul inferior poate face avere, pentru că îi place, o iubește din toate puterile sufletului său, dar în această acumulare de avere este ajutat de duhurile inferioare. Dacă în destinul omului superior e prevăzut să aibă avere, pentru a putea realiza opere sociale, această avere i-o punem la dispoziție noi, duhurile superioare.

Pasivii din lumea voastră sunt pasivi și în lumea noastră, oricât de inteligenți ar fi, căci inteligența nu înseamnă neapărat și un grad înalt de evoluție. Se poate ca un salahor, un hoț, un șarlatan să fie foarte inteligent, foarte iscusit; cu toate acestea, puterea de gândire, de concepții înalte, abstracte, îi este foarte redusă.

Duhurile superioare se întrupează des numai în cazuri de misiuni speciale; în general, ele fug de viața din mijlocul materiei dure și a amăgirilor ei. Duhul inferior e doritor să vină cât mai curând la reîntrupare, ca să aibă parte din nou de case, bani, onoruri, plăceri, frământări politice. Omul superior aleargă după hrană spirituală, cumpără o carte, participă la conferințe, urmărește emisiuni cu conținut ezoteric, caută să afle, să învețe mereu. El nu are nevoie să facă școală pe pielea lui, ci culege învățăminte din suferințele celor nepricepuți.

Pasivul învață suferind, activul învață cugetând și studiind suferința pasivului.

Lumile se conduc prin puterea sugestiei

Cunoștințele lumii cerurilor sunt ca o comoară încuiată cu multe lacăte. Dacă nu posezi cheia nu vei afla aceste cunoștințe; iar această cheie se găsește numai în lumea noastră superioară.

Materia există pretutindeni. Ea se arată pe o scară infinită de condensări și poate fi numită în fel și fel de chipuri. Voi, întrupații, analizați cu simțurile voastre materia terestră din jurul vostru. Noi vedem, simțim și analizăm materia din jurul nostru. Dar duhul care face aceste două analize este unul și același.

Coborând din Sfera centrală, duhul îmbracă haină după haină, din ce în ce mai groasă, mai densă. Din cauza ultimelor sale haine terestre - cea vitală și minerală - duhul nu mai are posibilitatea să-și vadă corpul spiritual. El nu-și va vedea decât trupul, haina periferică.

După cum întrupatul nu-și vede corpul spiritual, tot așa duhul nu vede un spirit superior, mai fin decât el. După cum omul, nevăzând duhurile, spune că ele nu există, tot așa un duh inferior, nevăzând duhul superior și neauzindu-i vorbirea, va spune că deasupra sa nu mai există alte grade de duhuri. De ce? Pentru că el nu poate percepe o materie superioară. Din această cauză, duhul superior conduce duhurile inferioare, care nu i se pot opune, pentru că nu știu de prezența lui, nevăzându-l, nesimțindu-l, neauzindu-i vorbirea spirituală.

Dar cum conduce un duh superior pe unul inferior? Prin sugestie. Sugestia nu este un ordin, ci un îndemn, un imbold, tradus în duhul inferior sub formă de idei sau cugetări.

Un duh oarecare șoptește unui frate mai mic idei inaudibile. Aceste idei răsar în ființa duhului inferior și el crede că e propria sa gândire. În lumea pământului asemenea idei născute în sânul duhului se numesc *sugestii* sau *porniri.* Sugestia este ideea unui duh superior - deci invizibil - transmisă unui duh inferior. Sub impulsul acestui imbold, inferiorul pune în lucrare gândirea respectivă, crezând că e propria sa cugetare.

De multe ori s-a întâmplat unui om din lumea trupească să simtă imboldul de a face o acțiune, și după ce a făcut-o, îi pare ciudat că a putut să facă un lucru contrar naturii sale.

Așa este organizat universul: superiorul îl conduce pe inferior. *A* execută sugestia lui *B,* fără să bănuiască influența lui *B.* La rândul său, *B* execută imboldul gândirii lui *C,* fără să știe că este manevrat prin jocul ideilor, tot așa cum și el sugerează duhurilor de sub el. Și așa se procedează descendent, din treaptă în treaptă.

Ierarhia spirituală se poate compara cu o scară. Cel din vârful scării vede toate duhurile de pe toate treptele de sub el. Cel de pe ultima treaptă nu vede niciun duh aflat pe treapta superioară, decât pe cei așezați pe aceeași treaptă cu el. La rândul lor, cei de pe penultima treaptă văd pe cei de pe ultima treaptă, dar nu văd pe cei de pe treapta superioară. Fiecare duh, de pe una din treptele mijlocii, va constata că cel de sub el este surd și orb față de toate duhurile de pe treptele mai înalte. La capătul inferior, pe ultima treaptă a acestei scări se află omul trupesc.

Duhul întrupat trăiește, gândește și lucrează. El crede că lucrează după propriul său imbold sau reflectare. În realitate, lucrurile sunt în așa fel stabilite de Divinitate ca omul să se conducă în viață și după sugestiile transmise de cei doi veghetori ai săi - cel de dreapta și de stânga - idei pe care, frământându-le în sinea lui, să scoată din ele o concluzie tradusă printr-o acțiune. Gândirea omului este rezultatul frământării a trei idei, iar concluzia extrasă din cele trei idei și voința aplicării ei sunt proprii omului.

Dacă omul ar fi un simplu instrument și ar executa numai ceea ce i se sugerează, el nu ar mai fi responsabil de actele sale. Dar el primește numai îndemnuri, rămânând să le analizeze prin judecata sa, și dacă i se vor părea rele, să le respingă și să facă numai ceea ce îi dictează conștiința.

Prin urmare, hotărârea și voința omului îi determină responsabilitatea.

Întrupatul, asemenea duhurilor libere din spațiu, nevăzând pe nimeni în jurul său și primind sugestii, crede că ceea ce îi trece prin minte este propria sa gândire.

Inferiorul vede pe superior numai când acesta va îmbrăca fluide inferioare, și îi va auzi glasul când superiorul își va coborî vibrațiile gândirii la vibrațiile gândirii inferiorului.

Pentru înțelegerea acestui fapt voi lua un exemplu din lumea voastră pământească. Peștele nu vede bine decât în apă. Dacă se află în adâncul apei, peștele nu va vedea bine pe omul care se scaldă sau se plimbă cu barca pe suprafața acelei ape. Iar dacă va scoate capul din apă, peștele va vedea și mai rău pe omul ce se plimbă pe malul apei.

Toate categoriile de duhuri sunt orânduite în zone sau sfere concentrice în jurul pământului. În atmosfera aeriană și eterică de la suprafața solului, trăiesc duhurile plantelor și animalelor. Ceva mai sus, trăiesc duhurile oamenilor sălbatici și treptat, mai sus, spiritele umane evoluate prin sentimente și intelect. Cele din vârful piramidei vieții terestre conduc totul de sub ele, prin puterea sugestiei, împingând duhurile spre progres.

Unul este Tatăl ceresc. Unul este Fiul Său, Guvernatorul și Stăpânul acestui sistem planetar. Unul este Sfântul Duh al Pământului. Câte trei conduc în sferele lor de activitate, dar Sfântul Duh conduce în trei feluri, ca:

1. *Sfânt Duh pozitiv;*

2. *Sfânt Duh negativ;*

3. *Sfânt Duh neutru.*

Sfântul Duh pozitiv cere supunere, prin puterea sugestiei, conducând spre *fericire*. Sfântul Duh negativ conduce tot spre evoluție, dar pe *calea durerii*. Sfântul Duh neutru aprobă și *calea fericirii* și *calea suferinței,* conducând pe ambele căi ce duc spre progres.

Ideea conduce totul. Din gândire s-au format lumile. Cu ideile prime - primele particule vii - a început creația. Prin idee sau sugestie se conduce ceea ce s-a creat.

Nu numai omul e condus prin sugestii, dar și duhul mineral, vegetal și animal. Nimic și nimeni nu poate fi condus prin forță, deoarece, cu cât vietățile sunt mai de jos pe scara evoluției, cu atât sunt mai îndărătnice, mai puternic ancorate în inerția lor, deci au putere de opunere.

Ne rămâne atunci lucrarea pe calea nevăzutului, a sugestiei, a ideilor emise de duhurile superioare, invizibile și insesizabile.

Divinitatea nu vrea, nu poate ordona prin reprezentanții săi, pentru că a stabilit legea deplinei libertăți. Dacă ar fi să se ordone, ordinul ar fi comentat și mai la urmă, poate chiar respins. Și apoi, când vrei să le dai ordin, cum să o faci, dacă nu te văd? Iar dacă te faci văzut, te consideră egal cu ei și nu se supun ordinului.

Divinitatea a considerat că e mai bine ca duhul inferior să nu știe de existența unei lumi superioare, dar să primească de la duhul superior sămânța gândirii, crezând că ceea ce s-a născut în mentalul său e propria sa idee, și să zică: „Iată, mi-a venit o idee; ia să o pun în lucrare, căci e minunată." El crede că e ideea sa, dar în realitate execută o idee, o gândire furișată în duhul său de un duh superior, nevăzut.

În lumea duhurilor se sugerează, și nu se comandă ca în lumea voastră trupească, unde, în urma ordinelor, se culege opunere și revoltă. În Cer nu se ordonă, ci numai se sugerează.

Particulele vii ***alfa, beta*** și ***gama***

Infinitul e plin de pulbere haotică. Pe tot cuprinsul Infinitului stăpânește o tăcere înfiorătoare și un întuneric desăvârșit. Fiecare particulă stă ca pironită locului, dând impresia că e o materie moartă. Aceasta e numai aparența. În realitate, toate particulele sunt vii, pentru că au o palpitare, o ușoară mărire și micșorare a volumului lor sferic. Toate sunt inteligente, deoarece gândesc în sinea lor, și totuși nu știu ce există în afara lor, de jur-împrejurul lor.

De unde au viață aceste particule infinit de mici? Dar mai presus de toate, Cine a făcut această materie vie a Infinitului? Noi nu știm. Poate marii Zei Creatori din Sfera-Laborator să știe. Poate că numai Tatăl ceresc știe cum s-a făcut Infinitul, nemărginirea sa fără de sfârșit și veșnicia sa fără de oprire. Noi atâta știm: *Particulele din Infinit sunt vii și nu fac decât să se umfle și dezumfle.*

Noi nu putem să ne ducem până în mijlocul Infinitului, pentru a studia particulele vii la locul lor de origine, dar deducem însușirile lor după studiile făcute asupra particulelor nou sosite, proaspăt absorbite de universul nostru. Luăm o particulă vie, o privim, și orice am gândi sau face, ea rămâne nesimțitoare. Dacă n-am vedea-o că se dilată și se contractă, adică se mișcă, am zice că e ceva mort.

Această particulă vie și gânditoare, care se mișcă, palpitând ca inima omului, s-a zis că e în *stare neutră* sau în *stare potențială,* față de mine, o inteligență în mișcare. Eu mă deplasez și acționez asupra a tot ce există în jurul meu, deci sunt în *stare cinetică.*

Dacă cercetăm mai amănunțit, descoperim alte particule vii, care - față de acțiunile și gândirea noastră - par să aibă o oarecare reacție, par să înțeleagă ideile ce i le adresăm. Pe când particulele neutre nu voiau să se supună voinței mele, acestea par mai docile. Într-adevăr, dacă iau o particulă neutră și o așez într-alt loc decât unde se afla, văd că de îndată ce am slăbit-o de sub puterea voinței mele, ea revine imediat la locul ei inițial. De aici concluzia că are o voință a sa proprie, în felul său. Dacă ne adresăm acestei a doua categorii de particule, mai sus amintite, constatăm că sunt mai supuse, căci unde le așezăm, acolo rămân. De aceea, acestor particule le-am dat numele de *ascultătoare* sau *particule pasive*.

În fine, printre particulele vii se găsește o a treia categorie de particule, care par nu numai că simt, aud și înțeleg tot ce există în afara lor, dar caută să producă anumite manifestări. Acestor particule rare li s-a dat numele de *particule active*.

Din cele sosite în universul nostru, deducem că în marele Infinit ce înconjoară sfera-cosmos, cel puțin în vecinătatea lui, se află trei feluri de particule:

1. *particule neutre* - reprezentând majoritatea;

2. *particule pasive* - o minoritate;

3. *particule active* - foarte rare.

Oricare ar fi stadiul lor, toate particulele se mișcă, toate se dilată și contractă, deci sunt într-o veșnică vibrație. Cine determină această vibrație? Această vibrație se naște din faptul că particula gândește, concluzie dedusă din însuși fenomenul petrecut în noi, duhurile. În momentul când nu gândesc deloc, volumul meu spiritual rămâne același. Când gândesc, constat că încep să mă dilat. De îndată ce am început să concep o idee, volumul corpului spiritului meu se mărește, până atinge un maximum. De la o vreme, sunt gata cu gândirea mea și deodată mă destind, în mod brusc. Prin acest fapt, am emis din corpul meu ideea concepută.

Pentru fiecare fel de idee, trebuie să mă dilat într-o anumită măsură. Ceea ce fac eu când gândesc, faceți și voi, întrupații, când cântați. Într-adevăr, când aveți de gând să dați o notă mai prelungită, absorbiți o mai mare cantitate de aer în plămâni, umflându-vă pieptul. Când vreți să emiteți o notă mai scurtă, inspirați o cantitate mai mică de aer, și deci pieptul se umflă mai puțin.

În mișcarea mea de destindere bruscă pot să penetrez o altă entitate spirituală, aflată în același mediu cu mine. Dacă această entitate este sincronizată cu mine, va ști ce am gândit și va înțelege comoția mea, pe care, involuntar, o va repeta și prin aceasta o va transmite mai departe. Eu voi mișca pe *a, a* va mișca pe *b, b* va mișca pe *c* și așa mai departe, vibrațiile se vor transmite până la marginea universului, până la materia haotică; iar aceasta nu va mai răspunde la vibrația sosită.

Mișcarea vibratorie a particulelor vii din haos se datorește faptului că aceste particule gândesc. Gândind, materia din interiorul particulelor se mișcă, mișcare exprimată la exterior prin mărire și micșorare de volum; desigur, fără niciun fel de emisie. Numai particulele ajunse în stadiul de a fi active pot emite din interiorul lor o porțiune din materia corpului lor, *porțiuni-idei* corespunzătoare ideilor noastre și care pot fi primite și înțelese de particulele pasive. Prin acest act, volumul corpului acestor particule vii se va micșora și mai mult. Această reducere de volum se remediază prin faptul că particulele active absorb ideile emise de alte surori gânditoare. Substanța ce compune particulele este aceeași. Ideile emise au aceeași compoziție cu substanța emitentului și, ca atare, ideile fiind reabsorbite, se va reface echilibrul primordial.

Din cele expuse până acum, rezultă că există două sfere incomensurabile chiar și pentru noi:

1. *sfera-cosmos - finitul,* format din Sfera divină și cele patru sfere-univers;

2. *Sfera-Infinit.*

Sfera-cosmos este cuprinsă în Sfera-Infinit, plutind în mijlocul ei.

Cu altă ocazie am făcut o comparație spunând că Sfera-cosmos este inimaginabil de mare, dar față de Infinit, e cât un atom față de universul nostru. Lumina străbate spațiile cu o viteză de kilometri pe secundă și totuși razele fluidice ale luminii unei stele au nevoie de un milion de ani pentru a călători de la marginea universului până la Pământ. Cosmosul sau finitul este mic față de Infinit, cu toate acestea finitul, prin dimensiunea lui, este un adevărat infinit, chiar și pentru noi, duhurile. Cosmosul e relativ mic, dar strălucește de lumină în bezna Infinitului haotic. Cu cât un duh este mai tânăr, are o talie mai mare, în schimb lumina sa e redusă, iar vibrațiile sale sunt rare și brutale.

Cu cât un duh este mai evoluat, corpul său este mai mic, dar mai strălucitor, vibrând cu o undă foarte scurtă, abia simțită, dar propagată cu mult mai departe decât vibrația duhului inferior.

Revin la poblema emiterii ideilor. Ce proces adânc se înfăptuiește când gândește un duh! Dar minunea se produce când ceea ce gândește duhul, în forul său interior, este emis în afară și această emisie este înțeleasă de un alt duh.

Când a fost creat micul duh, începătorul vieții de duh, a fost luat de anumiți Fii divini din Mamar și învățat cum să se umfle și dezumfle, cum să inspire și expire idei. De pe când era în haos, duhul avea posibilitatea să gândească în interiorul micului său corp, dar nu știa cum să-și exteriorizeze, să-și comunice altora gândurile. Duhul treimizat - născut prin asocierea unei particule din Infinit cu una din Tatar și una din Mamar - a stat în Mamar, întâi să învețe să se umfle - acum fiind o treime - și abia după mii de ani de umflări și dezumflări, ceea ce făcuse o veșnicie și în haos, a ajuns să știe să emită o idee. Au urmat alți mii de ani ca să învețe nu numai să emită idei, ci să fie capabil să le și primească. Gândirea e o artă desăvârșită, o adevărată minune a Divinității.

Toate particulele din haos palpită, se umflă. Dar cum ele sunt foarte dese, apropiate între ele, toate dorind să se dilate, rezultă că atunci când unele se umflă, silesc pe vecinele lor să se dezumfle. Cum dezumflarea atrage nevoia dilatării, înseamnă că în haos, această pulsație se face cu mare greutate, cu mari piedici și deci cu suferință. Iată că suferința există de la începutul începuturilor, și este legată chiar de existența ființei.

Aceasta e viața particulelor haotice: una trage într-o parte, alta într-alta - o mișcare dezordonată, căci una se umflă ridicându-se, pentru că acolo e ceva mai liber, alta în timp ce se umflă coboară; una către dreapta, alta către stânga; una înainte și alta înapoi. Prin urmare, în haos e o viață de mare strâmtoare, înghesuială. Cât e Infinitul de infinit și totuși particulele haosului nu au loc suficient pentru mișcarea lor, nu au libertate deplină.

Din această cauză, s-a produs și se produce și azi următorul fapt: dacă în această mișcare de umflare două particule se ating mai pronunțat, se produce fenomenul aglutinării sau alipirii lor. Se unesc două particule între ele și apoi de ambele se alipește o a treia. S-a format astfel un corp asemănător cu o mură, un golomoz de trei particule haotice. Particula-mură, ajunsă acum ceva mai mare decât *particula liberă, unică,* începe să fie atrasă de sfera creațiilor, de cosmos. Particula-mură se va strecura printre particulele haotice, alergând către locul care o cheamă, o atrage.

Din trei particule haotice libere, din trei *alfa,* s-a făcut o particulă-mură, o *beta treimică*. Din trei a s-a născut un *beta*. Beta treimică merge către spațiul dintre cele patru universuri, sau spațiul cosmic, căruia să-i zicem acum *spațiu beta*. Sosit în spațiul *beta*, particula *beta* constată că spațiul cosmic, spațiul *beta* este tot atât de plin ca haosul, și aici particulele *beta* sunt foarte numeroase, foarte dese. Cum necesitatea de a se umfla e moștenită, fiind necesară gândirii lor, ele continuă și aici să se dilate și contracte.

În spațiul *beta* se găsește o materie aflată într-o continuă vibrație. Din cauza necesității de umflare și a lipsei de spațiu, se întâmplă și s-a întâmplat și aici ca trei particule *beta* să se atingă, și iată-le și pe ele că se aglutinează, formând un corp mai mare, botezat, pentru înțelegerea fenomenului, cu numele de *gama*. Aici intervine același fapt ca și în Infinit. Particula *gama* este absorbită de sferele-universuri și introdusă în interiorul lor, numit *spațiu gama*. Odată formată, particula *gama* se strecoară printre particulele *beta* și intră în câmpul unui univers. Universurile cuprind, în interiorul lor, o infinitate de mici corpuri *gama*, care în realitate nu sunt decât aglutinări de nouă *particule alfa* haotice. În interiorul universului, particulele gama suferă o anumită preparare, ce le face susceptibile de a fi absorbite de Sfera divină sau centrală.

Drumul urmat din Infinit a fost următorul. Particulele *alfa* devenite *beta* au intrat în sfera *beta* - cosmos. Aici particulele *beta*, devenind particule *gama*, au intrat în sfera *gama* - una dintre sferele celor patru universuri. În interiorul acestor sfere-univers, duhurile din jurul sorilor și planetelor au luat în primire particulele *gama* și au exercitat asupra lor o anumită influență, pregătindu-le plecarea spre Tatăl ceresc. Când totul a fost gata, particulele *gama* au fost atrase din nou, în sfera *beta* - cosmos, și de aici în Sfera-Laborator, pentru a fi perfectate și transformate în materii eterice. În veșnicia viitoare, aceste materii eterice vor da naștere la duhuri, începătorii vieții spirituale în sfera creațiilor.

Particulele *alfa*, haotice, aveau mișcarea lor. Particulele *beta*, cosmice, execută aceleași mișcări de umflare și dezumflare, dar din cauza diametrului lor mai mare, au un alt ritm. În fine, particulele *gama*, universice, sunt supuse aceleiași nevoi de dilatare și contractare, dar datorită diametrului lor și mai mare, pulsația lor este mai rară, mai înceată decât a particulelor *alfa* și *beta*.

Ajunse în Sfera-Mamar, particulele g sunt oprite din vibrația lor, despărțite unele de altele și pregătite fiecare pentru o nouă formă de viață. Din ele se va face *prima materie* a creației, prima treaptă a seriilor nesfârșite de eteruri. După ce vor evolua și urca toată gama de eteruri, vor fi atrase către centrul Tatar, unde sunt deprinse să judece, să raționeze, să concluzioneze. Când vor fi pe deplin formate, capabile ca din două premise să extragă o concluzie, Centrul le va elimina.

Prin suflul Său divin, Tatăl le-a învățat să judece, dar întrucât gândirea lor este tot internă, Zeii din Mamar le vor învăța să exteriorizeze această gândire, să fie auzită de cei din mediul ambiant, să fie înțeleasă de toți cei din jur. Astfel, fosta particulă a din haos, după ce a colindat lumile o eternitate și a atins ultimul grad al materiei eterice, va fi transformată prin treimizare în Sfera Tatălui, într-un *duh gânditor,* un pui de duh, pe care îl așteaptă o carieră fără de sfârșit, devenind în eternitatea viitoare, dintr-o particulă a, întunecată și neștiutoare, un duh strălucitor de o lumină necuprinsă de mintea omului; de la ignorantul desăvârșit, cum era în haos, evoluând până la savantul Creator de ființe și materii.

Aparent sunt lucrări simple, dar taine adânci se ascund în toată această operă divină. Toate fenomenele divine au pornit de la Unul, începutul începuturilor. Unul Dumnezeu a dat naștere lumilor pe care le conduce, iar noi le admirăm. El este *Omega* tuturor celor care vor lucra în veșnicie, pentru a cuceri Infinitul și a-l umple cu noi creații.

În Cer se face teorie, iar pe pământ – aplicarea teoriei cerești

Omule, nu poți să faci școala pe acest glob pământesc, fără să nu te supui reîntrupărilor și fără să nu suferi prin ele. În traiul tău vei întâmpina nenumărate piedici, greutăți și adversități. Nu e posibil să lupți singur contra lor și să le învingi, decât asociindu-te cu alții, făcând o comunitate puternică. De aici, împărțirea oamenilor în popoare și națiuni. Fiecare colectivitate are destinul său, linia sa de evoluție, trasată de la Centru. Fiecare individ dintr-o colectivitate este ca rotița unui mecanism de ceas. Defectarea unei rotițe va dăuna întregului mecanism.

Conducătorii marii asociații urmăresc și notează toată activitatea și pasivitatea unui individ. Activitatea unui factor al colectivității poate fi pozitivă ori negativă. Se zice că o activitate este pozitivă, când acțiunea desfășurată de un individ a avut un rezultat bun. Când o experiență sau acțiune nu a dat niciun rezultat bun, se zice că a fost o activitate negativă. De asemenea, se notează timpul când duhul nu a întreprins nicio lucrare, adică a fost inactiv sau pasiv. Când individul sau unul dintre elementele colectivității lucrează, el are în fața sa tot ce s-a experimentat de către toți factorii componenți ai acelei colectivități, fie cu rezultate pozitive, fie negative. Fiecare colectivitate are un dosar al activității sale. Acesta este *codul existenței* sau *cartea învățăturilor* colectivității.

În Cer, fiecare colectivitate are învățăturile sale. Fiecare membru al colectivității va cerceta această carte a învățăturilor colective și pe baza ei se va orienta în activitatea sa. Cartea aceasta cuprinde toată experiența făcută de fiecare membru al colectivității, oglindindu-se în ea toată înțelepciunea ce se desprinde din suma acestor experiențe.

A pleca dintr-o colectivitate și a intra într-alta ar fi o nebunie, pentru că, în primul rând, duhul va fi considerat un dezertor, fiind disprețuit. În al doilea rând, fiecare colectivitate își are învățăturile și legile sale, extrase din activitatea milenară a individualităților ei, pe care duhul fugar nu le cunoaște și nici nu va ști să le interpreteze. Iar în al treilea rând, pentru că fiecare colectivitate își are ierarhia ei proprie, iar duhul nou venit va fi bănuit și considerat un trădător, ca atare, orice grad ar fi avut în comunitatea sa, nu se va ține seama și va fi așezat pe ultima ei treaptă.

După cum există deosebiri între oameni, tot așa sunt deosebiri și grade ierarhice între colectivități. Fiecare colectivitate este așezată pe o anumită treaptă a evoluției. Așa au luat naștere națiunile. Așa a luat naștere și poporul român.

Două sau mai multe colectivități se asociază între ele pentru ajutor reciproc și formează o colectivitate mai mare, numită *familia comunităților respective*. O asemenea familie este familia latină, formată din francezi, belgieni, italieni, spanioli, portughezi, români și romanșii din Elveția.

Superiorii acestor mari familii sunt într-o continuă înțelegere cu îngerii Pământului. Fiecare mare colectivitate își are cartea experienței sale și o lege divină oprește ca o colectivitate sau un individ dintr-o colectivitate să aibă acces la cartea altei colectivități. Fiecare colectivitate își are experiența sa, dobândită prin dureri și sacrificii. Divinitatea impune ca fiecare comunitate să-și facă studiile pe experiențele proprii, fără să se orienteze după experiențele făcute de alte colectivități, pentru că Tatăl vrea să compare și să vadă la ce soluție a ajuns fiecare, referitor la o teză elaborată de Centru.

După cum la școală nu se permite elevilor să copieze unul după altul, nici colectivitatea nu permite membrilor ei să comunice altei comunități rezultatul experiențelor sale. În acest scop s-a sădit în fiecare colectivitate sentimentul îndoielii de ceea ce știe cealaltă, un sentiment de răceală despărțind comunitățile între ele. Astfel se explică faptul că evreii au Talmudul, cu adevărurile și superstițiile lor, pe care îl ascund cât pot, ca să nu ia cunoștință de el și alte neamuri.

Fiecare individ al colectivității contribuie cu un mic aport de cunoștințe și experiențe, făcute în timpul întrupării sale. Duhul întrupat repetă mereu această muncă de Sisif, pentru că atunci când va fi sus, să verifice faptele sale la lumina cunoștințelor cerești.

Uneori duhul sau spiritul își însușește anumite idei, care se închistează atât de tare în el, încât nu se mai poate scutura de ele, constituind o piedică în evoluția sa ulterioară. Pentru a se dezbăra de aceste idei fixe, duhul trebuie să se întrupeze, să vină în lumea vieții practice și să constate, prin propria sa experiență, că ideea respectivă are un alt înțeles, iar nu cel cu care s-a obișnuit. Rutina este dușmanul progresului.

Duhul a făcut odată o experiență, fericită sau nefericită, pozitivă sau negativă, și se încăpățânează să spună că acela este adevărul. I s-a demonstrat că e în eroare, dar el rămâne mereu la aceeași părere. Atunci e silit să se întrupeze și să treacă prin aceeași experiență, ca să vadă mai bine adevărul referitor la problema respectivă. Numai acum are ocazia să vadă acel adevăr sub un alt aspect, pentru că acum nu va mai fi o deducție mentală, interioară, ci rezultatul analizelor tuturor factorilor care pun în evidență acest adevăr. Duhul, ca duh, se poate înșela în părerea lui, dar experiența făcută ca întrupat îi luminează mentalul, în ceea ce privește o anumită problemă. Trupul este un instrument admirabil în mâna duhului, căci cu el află, treptat, adevărurile eterne ale universului.

Întrupându-se, duhul pune în practică toate conceptele sale spirituale asupra lumilor. Noaptea va concepe planuri, iar ziua va căuta să le traducă în opere concrete. Punând în practică ideile sale, duhul va culege o experiență relativă la o cunoștință a sa. Conducătorii supremi, bătrânii colectivității, cunosc adevărurile prin experiența lor personală, dar copiii de sub ei nu pot cunoaște tot adevărul. Adevărul nu se poate învăța din teorie, ci numai prin practica lui.

Ideea vine de sus, de la Centru, dar ea trebuie să fie interpretată. Dacă tot ce e sus este și jos, nu înseamnă că tot ce e jos este și sus. Principiul este la fel, dar forma e organizată în mii de feluri. Cum ai să descifrezi principiul din forma necunoscută? Principiul e simplu și limpede ca apa de izvor, dar forma e tulbure, ca torentul munților.

Tu știi că în Dunăre trăiesc pești. Iată un principiu. Dar cum sunt acei pești? Fratele spațial cunoaște peștele ca idee. După cunoștințele sale, va face un pește și îl va pune în apa Dunării, dar nevăzând niciodată un pește, nu i-a știut așeza unde trebuie aripioara codală sau cele pectorale și abdominale. Peștele va trăi un timp în apă, dar nu va ști să se miște, pentru că nu a fost construit cum trebuie. Principiul, ideea teoretică, a fost tradus în practică, dar nu a reușit la prima încercare. Îi vor trebui duhului vieți peste vieți trupești, ca să pună un număr corespunzător de aripioare și acolo unde trebuie, realizând un anumit fel de pește ce trăiește în apa Dunării.

Omul află mai întâi principiul, ideile teoretice, în spațiu, și apoi are nevoie de vieți de suferință, pentru ca văzând, experimentând în această lume, ideea să i se fixeze adânc și pentru veșnicie în mica sa sferă spirituală. Bătrânii comunității supun pe cei de sub ei la întrupări, pentru ca prin propriile lor suferințe să câștige cunoștințe, adevăruri pure, prin îmbinarea teoriilor cerești cu practicile pământești.

„Nu e destul, fiule, să înveți cele predate de mine – spune un mare duh unui duh mai tânăr. Purul adevăr auzit de la mine nu poate să-ți țină nici cald, nici rece, pentru că tot ce știu, am învățat prin mine însumi. Știu că nu te îndoiești de cele ce-ți spun, deoarece îmi cunoști gradul și cunoștințele vaste dobândite prin experiențe. După ce am pus în aplicare o anumită idee și am constatat că adevărul ce mi s-a spus este aidoma cu cel aflat de mine, nu am mai uitat acel adevăr, și nu-l voi uita în vecii vecilor."

Orice idee, oricât de mică ar fi ea, trebuie să treacă prin alambicul suferinței, altminteri ea nu are nicio valoare, rămânând o idee rece, teoretică. Divinitățile centrale cer pentru toate duhurile examenul greu al învierii din moartea neștiinței. Nu examenul teoretic, nu colecția de idei născute și închistate în mintea ta de duh, ci examenul obținut prin sacrificiul repetat al vieții trupești; deci se cere reîntrupare. Nu se cere știință culeasă de prin foile cărților, ci știința culeasă prin firele de carne ce au tremurat pe tine, tot timpul vieții tale trupești.

Numai mâncând o bătaie ai o idee justă despre ce este bătaia.

Ce frică de om au, de pildă, gândacii de bucătărie, cum fug ei în toate părțile când îl văd. Fug, pentru că de mii de ani omul îi tot ucide și spiritul lor ține minte această atitudine. Așa se dobândește experiență: prin durere, prin moarte.

„Nu vei fi un bun medic – spun bătrânii cerieni – dacă tu, ca medic, nu simți mila, durerea bolnavului tău. Nu ești bun medic, dacă pe bolnav îl doare și pe tine te lasă rece. Nu ești sfânt în Cer, dacă trecând pe lângă un orb, nu ți se topește inima de mila suferinței sale."

Dacă nu te întristezi și nu suferi odată cu durerea altuia, înseamnă că nu cunoști bine ideea durerii, sau o cunoști numai teoretic, și va trebui să cobori în valea plângerii, să devii om trupesc și să suferi pentru a ști ce este durerea.

Domnul nostru Isus Christos nu putea să vadă durere fără să nu-i cadă lacrimi din ochi de mila celui suferind, rugându-se Tatălui central pentru vindecarea lui.

Dacă nu poți să te bucuri de bucuria altuia, dacă nu poți să plângi, să suferi de suferința altuia ca de propria ta suferință, înseamnă că nu cunoști bine aceste idei, sau le cunoști doar teoretic și mai ai nevoie de multe întrupări, ca să treci prin ele, astfel ca învățătura ta să fie desăvârșită. Tot așa, pe rând, va fi cu toate ideile și problemele vieții veșnice.

Orice duh transmite și recepționează idei

Trupul omului se poate compara cu o sământă, iar spiritul corespunde germenului sau embrionului din el. Sămânța evoluează pentru a da posibilitate germenului să se dezvolte într-o viitoare plantă. Materia seminței s-a prefăcut sub influența mediului înconjurător și a efluviilor plecate din embrion, iar embrionul s-a dezvoltat sub acțiunea nutritivă a miezului seminței. Unul a ajutat pe celălalt. Același raport există între trup și spirit. Spiritul evoluează și contribuie la evoluția materiei trupului său. *Evoluția unui spirit depinde de trupul său.*

Uneori trupul este inferior valorii sau puterii spiritului, și bietul duh este nevoit să-și ducă traiul într-o casă inferioară. În aceeași situație se află melcul. Ar vrea el să se deplaseze mai repede, dar nu poate, fiind nevoit să-și ducă în spinare casa. Dacă trupul este greoi și de proastă calitate – ca pedeapsă a destinului – bietul duh e nevoit să se supună imperfecțiunii instrumentului său.

La evoluția spiritului nu intervine numai calitatea trupului său, ci și influența mediului familiar, și, într-o oarecare măsură, influența mediului național. În fine, nu se poate trece cu vederea nici influența neamurilor sau a țărilor ce înconjoară neamul său.

Iată câte împrejurări, stau ca bariere în calea bietului duh. În această stare, în această închistare, programul duhului ar fi foarte lent, dacă n-ar interveni lumea noastră, dacă nu v-am lumina, nu v-am revela tainele lumii ce vă înconjoară.

* * *

În vremurile ce vor sosi lumea va fi uimită de progresele realizate în medicină, fizică și astronomie. Nu va trece mult timp și fizicienii vor inventa un aparat capabil să perceapă undele gândirii duhului, revoluționând lumea, prin consecințele spirituale și științifice. Mare „minune" a fost captarea undelor radio, redarea imaginilor și sunetelor înregistrate pe un film etc. Dar să recepționezi printr-un aparat gândurile unui duh liber sau întrupat întrece orice imaginație. Totul se reduce la orânduirea unor componente electronice și dispozitive, care să capteze vibrațiile rapide și scurte ale undelor gândirii omenești.

Înțelegeți greu mecanismul emiterii cugetărilor, dar și mai greu înțelegeți că aceste forme-gând, aceste hieroglife, pătrund într-un alt duh, care le vede, le interpretează și le înțelege.

Cel ce gândește este emițătorul, cel ce primește este receptorul. Eu, emițător, am posibilitatea să știu dacă m-a înțeles sau nu receptorul meu, pentru că dacă el a înțeles vorbirea mea, va gândi aceeași cugetare și mi-o va transmite, ca un fel de ecou al gândirii mele. Ecoul sosit îmi dă știrea că interlocutorul m-a înțeles. Dacă nu-mi va sosi acest ecou, voi ști că cel căruia m-am adresat nu m-a înțeles, deoarece fiind de o evoluție inferioară cu a mea, nu a înțeles conținutul ideilor ce le-am trimis, nu a știut să citească semnele, neputând reflecta instantaneu și automat gândirea comunicată.

Pentru mine, acel duh este ca un surd pentru voi. Poate în viața voastră s-a întâmplat să întâlniți un om surd. Nu cunoști defectul său și i te adresezi, îi vorbești, iar el rămâne nesimțitor, nu-ți răspunde nimic, pentru că nu a auzit cuvintele tale. La fel se petrece și când un duh superior se adresează unui duh inferior. Duhul inferior nu va vedea nicio formă și nu va auzi nicio vibrație eterică, fiindu-i invizibilă și inaudibilă. Din cele expuse, se înțelege că fiecare duh transmite idei și, în același timp, le recepționează.

La voi învață cine vrea și cine poate. La noi se învață încet, dar se învață totul și pentru o veșnicie. La voi se învață din cărți, iar noi învățăm numai din memorie. Fiecare superior este un profesor pentru un inferior, iar elevii săi devin profesori pentru cei inferiori lor, și așa, din treaptă în treaptă, până la cel mai simplu duh. Legea progresului impune ca entitatea superioară să lupte din toate puterile sale la ridicarea entității inferioare. Dacă în univers nu poate exista egalitate, se cere muncă de la toată lumea, pentru ca evoluția întregului spre perfecțiune să se facă mai rapid.

În lumea duhurilor nu există egalitate, dar la muncă suntem cu toții egali, fiecare muncind după puterile sale la opera de creație a unicului Tată. Noi lucrăm la opera Părintelui nostru, relativ la ceea ce știm, dar, la fel ca voi, dorim să cunoaștem cât mai mult din tainele operei Sale.

Luăm un subiect și îl analizăm, îl întoarcem pe toate fețele și din toate supozițiile și premisele ipotetice și prin analogia existentă în toată creația, extragem concluzii apropiate de adevăr.

Omul trupesc ne este mereu punctul de reper în studierea universului, pentru că el este o copie, în mic, a ceea ce în mare, există în univers. Dacă în unele privințe două sau mai multe păreri nu se potrivesc, aceasta nu provine din neștiință, ci din eroarea de a interpreta faptele prezentate de natura înconjurătoare.

Noi muncim și studiem. Deși avem la dispoziție eternitatea, nu ne este permis să ne pierdem timpul. Prima și ultima noastră preocupare este învățarea. Ni se spun, ni se propun de îngerii noștri diferite cunoștințe, dar de cele mai multe ori suntem lăsați să ne chinuim singuri, să aflăm adevărul prin inducție și deducție, prin comparări și analogie. La noi e ca și cum cineva de la voi ar vrea să învețe latina fără dicționar. Pentru a cunoaște sensul unui cuvânt, duhul trebuie să-l descopere prin intermediul cuvintelor deja cunoscute și aflate tot prin cercetări. De multe ori trebuie să descifrăm gândirea unui superior, căci gândirea sa nu are totdeauna echivalent în catalogul cunoștințelor noastre. Greutatea cea mare constă în faptul că, pe când la voi cunoștințele se referă la lucruri concrete, la noi toate ideile sunt abstracte; în plus, de multe ori conținutul noțiunilor nu prea ne este cunoscut. Iată de ce studiile se fac cu greu și în decurs de mii de ani.

Ce ușor e la voi. În câțiva ani obții bacalaureatul, iar după alți câțiva ani obții licența sau doctoratul. Examenele voastre se trec mai ușor decât ale noastre, pentru că sunteți cei ce s-au chinuit mii și sute de mii de ani cu învățarea în spațiu, așa că, atunci când duhul coboară la viața trupească, are în desaga lui spirituală o mare cantitate de noțiuni, cu care se ajută la înțelegerea a ceea ce învață în lumea voastră.

Particulele a de la începutul începuturilor, primele particule vii, haotice, devenite duhuri, au ajuns foarte departe, au un capital infinit de cunoștințe, dar sunt înțelepte și nu se laudă cu imensitatea științei Lor. De la Ele ne sosesc legile. Centrul formulează legea și periferia o analizează, o verifică și apoi transmite Centrului comentarii referitoare la aplicarea ei. Centrul primește aceste păreri și, pe baza majorității tuturor părerilor, modifică legea. Aceasta în teorie, căci în practică legea este absolut justă, micul duh neavând toate elementele de judecată ale Divinității. Legea s-a născut din cele observate și verificate mai întâi pe însăși Ființa Ei, pe propria Ei substanță, așa că îi cunoaște perfect puterea și influența. Din această cauză, legea, odată stabilită, nu se mai modifică niciodată, cel mult primește aplicații noi. Pentru a înțelege scopul și folosul unei legi, trebuie să studiem ani și ani. Legea e fixă, dar studiile sunt variate, pentru că știința e în raport cu gradul de evoluție al entităților spirituale. Legea e generală pentru tot universul, știința este personală și în raport cu cunoștințele fiecăruia. Adevărul absolut îl cunosc numai Cei din capul existenței și al creației.

Legile Centrului sunt cunoscute în întreg cosmosul. Legea este una și universală. Știința este multiplă și locală. Din știință extragem sinteza ei – *filosofia creațiilor,* care în definitiv nu este nici lege, nici știință, ci cunoștințe elaborate prin analogie.

Spre exemplu, datorită înclinării axei pământului față de orbita sa, deci față de soarele de care depinde, în zonele temperate ale pământului există anotimpuri. Concluzia este că în tot universul, pe toate planetele cu axa înclinată pe orbitele lor și față de soarele lor, vor exista patru anotimpuri: primăvară, vară, toamnă și iarnă. Procedând astfel mereu pătrundem misterul în care s-a înconjurat Tatăl nostru din Ceruri. Așa am aflat ce este materia, de câte feluri e, cum a luat naștere etc.

Oricât am scotoci tainele Naturii, nu am avansa prea mult fără ajutorul înaltelor somități angelice ale spațiului nostru. Astfel am ajuns să posedăm cunoștințe profunde despre tot ce există în univers, și pe care nu le putem dezvălui oricui.

Savantul vorbește cu familia, cu servitoarea și cu studenții săi, dar fiecăruia i se va adresa în mod cu totul diferit. Natura vorbirii sale este potrivită cu persoana căreia i se adresează. Aceeași atitudine o avem și în spațiu. Într-un fel vorbim cu duhul mineral, ceva mai sus cu duhul vegetal și pe o notă mai ridicată duhului animal. Pentru ca duhul mineralului să mă înțeleagă, cobor vibrațiile gândirii mele până la nivelul său, cobor noțiunile până la nivelul înțelegerii sale. Dacă el îmi va reproduce gândirea ce i-am trimis-o, înseamnă că m-a înțeles.

Să nu vă mirați că mă înțeleg și cu duhul din piatră. E firesc să gândească și el, pentru că orice duh gândește, fiind alcătuit din cele trei particule ale Infinitului, care erau ființe gânditoare. Duhul are înțelegerea, gândirea și voința sa. Acest lucru se poate deduce și de voi, duhuri întrupate, căci dacă duhul mineral nu ar avea voință și cuget, cum și-ar fi putut organiza materia într-o formă de cristal?

Luați o sare chimică oarecare, o puneți într-un vas cu apă și ea se topește. A dispărut din ochii voștri, și totuși particulele ei sunt acolo, în vas, și cu anumite mijloace le puteți constata ca fiind aceleași ca înaintea dizolvării. Noi, pe lângă fenomenul dizolvării sesizat de voi, am simțit în ființa noastră o anumită senzație de plăcere sau durere, suferită de duhul mineral când s-a dizolvat substanța ei.

Voi luați găina și îi tăiați capul, pentru a face din ea mâncare. În momentul morții, ea încearcă o spaimă și o durere neînchipuită, însoțită de o emisie de gânduri, o chemare de ajutor și cerere de îndurare, de milă. Fluidul corpului ei spiritual a vibrat puternic. Aceste vibrații s-au propagat prin spațiu și mi-au impresionat fluidul corpului duhual. Am simțit toată durerea ei, și am citit în duhul meu tot apelul de ajutor, milă și iertare. Din cauza trupului vostru, al materiei sale grosolane - nu simțiți, nu primiți gândirea ei din acele momente. Noi, fiind duhuri libere, simțim toată durerea, de oriunde ar veni. Din acest punct de vedere, suntem nefericite față de voi, pentru că ne impresionăm de toate suferințele voastre, ale animalelor, plantelor și mineralelor.

Cu cât entitatea are un grad mai înalt de evoluție, cu atât e mai cunoscătoare, dar este mai sensibilă la valurile de durere ce se ridică de pe suprafața globului unde își face școala vieții.

Sfera divină și familia umană

Materia din Infinit, particula a, absorbită de sfera-cosmos va ajunge cu timpul la Centrul transformator, în Laborator. În drumul ei spre Centru, am spus că particula haotică este absorbită de universurile fizice, iar aici este întrebuințată de marile duhuri, pentru diferitele lor operații.

Uriașa forță de atracție a Sferei centrale cheamă la ea mereu particule haotice, care în prima etapă se adună în sânul Sferei-Mamar, de unde trec în Pectoral și Tatar, unde vor suferi anumite prefaceri. De la o vreme, preaplinul conținut al Sferei-Tatar gonește materia pregătită înapoi în Mamar, și de aici, va peregrina spre unul dintre cele patru universuri, sub formă de mase mari de materii și duhuri, formând ceea ce numiți nebuloasă.

Din expunerile făcute până acum s-a înțeles că Dumnezeu nu este un moș cu barbă albă, ci o *Asociație infinită de Duhuri divine.* De asemenea, Mama sau Mamarul nu este o personalitate feminină, ci tot o *Asociație de Entități divine.* Ambele *Asociații divine* urmăresc un scop comun, împărțindu-și rolurile și munca, una lucrând ca o *Forță activă* și cealaltă ca o *Forță pasivă.*

Între aceste două mari Asociații, am spus altădată, se află o a treia Asociație, numită Respirator, pentru că prin mișcările ei, *materia primă* pregătită în Mamar și prelucrată de Tată e trecută înapoi în Mamar, pentru ca mai apoi de aici să fie trimisă în unul din cele patru universuri. Prin urmare, Respiratorul este o Asociație de Divinități care fac legătura între cele două Asociații mari - Tatar și Mamar. Dacă Tatarul, are rol de *asociație activă,* iar Mamarul - de *asociație pasivă,* Respiratorul joacă rolul de *neutru.*

În definitiv, Sfera-Laborator este formată din trei sfere concentrice. Când Sfera centrală, Tatarul este activ, Respiratorul este neutru, iar Sfera periferică, Mamarul este pasiv sau primitor. După aceea Mamarul devine activ-negativ, Respiratorul rămâne tot neutru, iar Tatarul lucrează ca o forță pasiv-pozitivă, adică El primește. Activitatea Tatarului și a Mamarului alternează, iar Respiratorul rămâne centru de suspensie al pârghiei unei balanțe, dând ajutor atât Tatarului, cât și Mamarului, după trebuință, pentru a se putea face schimbul de materii necesare, în vederea noilor creații și chiar a propriei lor evoluții. Respiratorul o dată ajută la trecerea materiei prime din Mamar la Tatar, și apoi ajută la trecerea înapoi în Mamar, a materiei prime prelucrate de Tatar.

Acestei Sfere uriașe, compusă din trei Asociații într-una, i s-a dat numele de Dumnezeu. Ea este Dumnezeul tuturor religiilor de pe pământul nostru. Acestui Laborator infinit, acestei uzine uriașe a creațiilor, ne închinăm noi, duhurile. Acestei Forțe vaste și neînchipuite ridicăm osanalele noastre.

Duhurile de pe miliardele de planete și sori se pleacă cu smerenie acestui *Centru creator,* pentru iubirea ce o poartă întregii Sale creații, operei Sale. Acolo este știința științelor, acumulată din eternitate. De acolo pornește puterea infinită ce ține cosmosul închegat într-un tot. De acolo pleacă, din timp în timp, materia ce va da naștere unei nebuloase, cu tot ce-i trebuie pentru ca într-o perioadă de zeci de miliarde de ani să dea naștere la tot ce există, de la fluidul număru-unu până la piatră, și de la plantă până la om. Acolo e Lumina ce luminează lumile. De acolo am luat și eu naștere cândva, în noaptea veșniciei trecute, pentru ca, după ce voi face lunga mea școală, să devin unul dintre cei mai modești colaboratori din ceata fără număr a divinilor Creatori ce alcătuiesc acest Centru atotputernic.

Acesta e purul adevăr cunoscut numai de duhurile superioare. Orice altă concepție referitoare la Dumnezeu este omenească, nereală, potrivită ignoranței omului trupesc.

Dar acest Adevăr nu trebuie făcut cunoscut omului simplu. El trebuie lăsat să creadă că există o singură ființă, mare cât infinitul creat, care conduce cu puterea lui infinită miliardele de corpuri cerești. Dacă vei îndrăzni să spui omului simplu adevărul, dacă vei distruge din inima sa divinitatea cu chip de om bătrân și adânc înțelept, îi vei tulbura mintea și concepția despre dumnezeul atotcreator, și nu-și va mai găsi un sprijin în existența sa terestră.

Omul simplu cere Tatălui ceresc să-i dea ceea ce crede că îi lipsește. Inițiatul știe că Centrul creator nu a pierdut din vedere absolut nimic și că totul a fost prevăzut și acordat, pentru ca duhul să-și facă școala perfecțiunii în eternitate. Noi știm că nu ne este permis să cerem, căci totul ni s-a dat. Ruga noastră este numai de mulțumire și slăvire a infinitei *Forțe creatoare,* a uriașei *Asociații de trei-una,* ajunsă la cele mai înalte cunoștințe și la o desăvârșită forță creatoare și conducătoare a tot ceea ce vedem și nu vedem, a tot ceea ce știm și nu știm.

S-a repetat de veacuri că omul a fost zidit după chipul și asemănarea Divinității. Mare adevăr s-a spus, dar nu s-a știut adevăratul său înțeles decât de inițiați. Asemănare există, dar nu în sensul aparenței exterioare, a trupului, ci în sensul constituției intime a omului. Într-adevăr, trupul omului este format din organe, organele din țesuturi, țesuturile din celule, iar celulele din molecule, respectiv atomi. Atomul este cea mai mică formă din lumea fizică. El este animat de un duh, numit *duh atomic.* Doi sau mai mulți atomi formează o moleculă. Molecula este condusă și ea de un duh, numit *duh molecular.* Duhul molecular are sub sine o mulțime de duhuri atomice. Două sau mai multe molecule, reunite la un loc, formează o substanță sau un mineral condus de un duh și mai evoluat decât duhul molecular, numit *duh mineral.* O asociație de mai multe substanțe chimice dă naștere unei entități organice numită celulă. Celula este condusă și ea de un duh, numit *duh celular,* ce ocupă o treaptă superioară duhului mineral. În definitiv, celula este o sumă de duhuri atomice, moleculare și minerale. O sumă de celule formează un organ, iar totalitatea organelor formează trupul omenesc. Trupul omului este o sumă uriașă de duhuri atomice, moleculare, minerale și celulare. Peste această infinitate de duhuri se află *duhul uman.* De aici rezultă că trupul uman este o asociație de diferite grade de duhuri. Prin urmare, omul reproduce în mic Asociația de Duhuri ce constituie Sfera-Laborator, divinul Creator.

Omul terestru este azi împărțit în două sexe: masculin și feminin. Ambii își duc traiul unul lângă altul, întregindu-se și ajutându-se reciproc. Unul e mai mult cu gândirea, cu voința, deci cu inițiativa. Celălalt - cu gospodăria, cu prepararea a tot ce necesită viața. Din viața lor în comun se nasc copii, câte trei constituind o unitate socială, numită *familie.* Tata este factorul *activ,* mama - factorul *supus, pasiv,* iar copilul - elementul *neutru,* iubind și pe tata, și pe mama.

În această trinitate copilul constituie factorul de legătură al tatălui cu mama, făcând unirea lor și mai puternică. Ca om, tatăl este o asociație de duhuri, mama - o altă asociație de duhuri. În fine, fiul, fiind și el om, este o altă asociație duhuală. Aceste trei asociații constituie familia.

Ei bine, Sfera divină sau Laboratorul corespunde, în totalitatea ei, familiei umane. Sfera exterioară corespunde mamei, Sfera centrală - tatălui, iar Sfera intermediară - copilului.

Sfinxul e un personaj enigmatic. El a interesat totdeauna omenirea și o va mai interesa și în viitor, pentru că arată ceva și totuși nu spune nimic, te pune pe gânduri și nu-ți revelează taina formei sale. Tot ce e sfinx atrage. Se știe că enigmaticul fascinează, necunoscutul preocupă. Iată de ce omenirea dorește să cunoască misterele operelor Tatălui ceresc. Acum, când datorită științei omenirea a înțeles tainele Naturii, Cerul încuviințează să i se reveleze câteva din misterele ce o înconjoară, să se ridice puțin vălul ce acoperă opera Tatălui creator. Se revelează puțin, pentru a nu se tulbura prea mult mintea omului, care altfel știa și credea. Se dă puțină lumină acum, pentru ca lumina prea puternică a profundelor taine să nu orbească bietul neștiutor și, în loc să-i lumineze mintea, să i-o rătăcească, râzând în rătăcirea sa de alcătuirea sublimă stabilită de Creator. Dar noi, duhurile conducătoare ale planetei Pământ, mulțumim și pentru puținul permis.

Slavă Ție, Doamne, slavă Celui dintru înălțimi pentru că ai permis să luminăm spiritul închis în trup al fraților noștri! Amin.

Boala duhului

Ca duh, ființa mea a fost făcută de Creator din materia avută la dispoziție și venită din Infinit. Cunoscând materia din care sunt constituit, voi ști din ce a fost constituit universul, pentru că din aceeași materie am fost făcut și unul și altul.

Duhurile superioare sunt datoare - tocmai prin rangul sau treapta atinsă - să cunoască aprofundat chimia, fizica, anatomia și fiziologia corpului unui duh. Întocmai cum în lumea trupească, pentru a vindeca pe omul bolnav, medicina trebuie să cunoască anatomia, fiziologia și patologia trupului uman, duhurile superioare sunt obligate de evoluția lor să știe totul în ceea ce privește buna funcționare a corpului duhual.

A nu cunoaște acest capitol din marea știință a vieții înseamnă a rămâne în urmă cu evoluția. Trebuie să ne străduim, să observăm, să examinăm structura corpului nostru, pentru a putea scoate concluziile ce ne duc la cunoașterea adevărului constituției noastre.

Dar pentru că eu, duh, nu mă pot studia pe mine însumi, voi căuta să examinez un semen al meu, și cum toate duhurile suntem alcătuite după același plan, voi ști în mod indirect din ce sunt format.

După cum în lumea trupească un om se poate îmbolnăvi de o boală oarecare, tot astfel se poate îmbolnăvi și un duh, din care cauză el nu mai poate să-și urmeze studiile evolutive. În virtutea legii solidarității, noi trebuie să facem tot posibilul să-l vindecăm, pentru ca el să nu devină o povară pentru întreaga noastră asociație.

Lenea este una dintre bolile ce afectează unele duhuri. Voi considerați lenea ca fiind de natură trupească, provenind dintr-o proastă alcătuire a sistemului cerebral, a trupului uman. În realitate, lenea își are originea în corpul spiritual, fiind o deficiență a duhului. Cu alte cuvinte, lenea este de natură spirituală, iar nu trupească. A fi leneș înseamnă a fi lipsit de voință, a nu poseda pe deplin această facultate principală a spiritului.

În lumea spațiilor nu există repaus, toată lumea studiază și lucrează. Dar în această activitate generală constatăm că unele duhuri progresează, și altele nu. De aici rezultă două feluri de activități: *pozitive* și *negative*. Alături de aceste două stări normale, mai există o stare anormală, și anume, de inactivitate sau stare *neutră*.

Fireşte, ne-am pus întrebarea: De unde această lene, această lipsă de voință? căci la noi lenea nu e „congenitală", ca la voi. Neutrul nostru e un duh ce gândeşte, dar gândirea sa nu e tradusă în afară prin nicio acțiune. El nu este un activ şi nici chiar un pasiv. Nu este activ, pentru că nu emite nimic; nu este pasiv sau negativ, pentru că nu primeşte nimic din exterior. Or un asemenea element - care nici nu emite, nici nu primeşte - este un element stagnant în mediul nostru duhual.

Dar legea solidarității ne obligă să-l ducem şi pe el în cârcă; din această cauză, îl considerăm o nenorocire pentru gruparea noastră şi de aici toate sforțările pentru a-l însănătoşi.

Noi, căpeteniile marii noastre asociații, căutăm să descoperim problema stagnaților noştri, să vedem cauza pentru care nu mai funcționează normal, ca toate duhurile. În acest scop, îi trimitem la reîntrupare şi constatăm că rămân în acelaşi stadiu ca în spațiu. Chinuiți de ideea de a-i vindeca, suntem nevoiți să le cunoaştem structura, alcătuirea corpului lor, care vrând-nevrând, ne va duce la cunoaşterea particulei a din Infinit.

M-ai întrebat, frate, dacă începutul creației - deci şi al duhului - a pornit de la materia sau particula neutră din Infinit. Ei bine, îți răspund că ai întrevăzut bine această ipoteză: *Particula neutră este începutul oricărui început.* Neutrul a devenit pasiv sau negativ şi negativul a devenit activ sau pozitiv. Pentru voi e greu să faceți o deosebire între pozitiv şi negativ, din punct de vedere al activității. Om activ şi om pasiv sau negativ este tot om, tot duh, dar cu manifestări deosebite. Există împrejurări când omul poate trece de la o stare la alta, într-un moment cât o străfulgerare.

În urma examinării acestor trei stări din lumea voastră şi a noastră, ne-a fugit gândul la alcătuirea materiei din Infinit şi ştiind ce s-a petrecut şi se petrece şi acum acolo, am ajuns la concluzii care ne duc la cunoaşterea modului de a face dintr-un duh neutru unul activ, spre binele asociației noastre.

Ajutorul acordat unui om în lumea voastră - fie el orfan, bolnav sau neputincios - are la bază un interes. În lumea noastră ajutorul este obligatoriu, fiind dictat de legea iubirii şi a solidarității.

Superioritatea unui duh liber sau întrupat se arată prin gradul de iubire manifestat față de celelalte duhuri libere sau întrupate.

Studiile noastre cuprind orizonturi infinite. Voi credeți că suntem preocupați numai de latura morală și științifică a duhului, pentru ca el să evolueze. Aflați că suntem preocupați și de îngrijirile medicale ce trebuie să le dăm bolnavilor noștri cerești. Psihiatria abia este cunoscută și practicată la voi, dar la noi are aplicații multiple. Voi credeți că numai trupul uman este supus bolii; aflați acum că și duhul este supus cauzelor externe, care îi tulbură funcționarea normală. După cum vă duceți la medic ca să vadă ce aveți și să vă prescrie un anumit tratament, duhurile bolnave vin la noi - superiorii lor, pentru a-i trata și scoate din starea morbidă în care se află.

Printre alte boli, la voi există și „nebunia". Sărmanii „nebuni"! Medicii voștri, necunoscând cauza bolii, îi chinuie în diferite chipuri, și de nu îi trimit în lumea noastră, rămân în aceeași stare demență. Iar dacă are loc vindecarea, nu au determinat-o ei, ci noi, cei de sus. Când vin în lumea noastră, „nebunii" devin neutrii noștri. Ca și particula neutră din Infinit, nici ei nu vor primi nimic din afară, nu vor emite nimic din interiorul lor duhual, ci vor fi jucăria celor din jurul lor.

Mă aflu într-o situație dificilă, pentru că din lipsă de termeni potriviți, sunt nevoit să revin. Activul emite, este un fel de post emițător. Pasivul primește, este un fel de post receptor. Neutrul este bolnavul care nici nu emite, nici nu primește. A fi activ înseamnă a fi superior. A fi pasiv înseamnă a fi într-o stare de inferioritate. Neutru înseamnă a nu fi nici una, nici alta. La începutul începuturilor materia din Infinit era neutră, adică într-o stare de inferioritate. Pe atunci nu exista nici activitate emițătoare, nici activitate receptoare, ci domnea o liniște eternă. Din această liniște înfiorătoare s-au născut lumile, cu muzica lor divină. Mă refer mereu când la Infinit, când la duh, ca pe unul să-l explic prin celălalt. Un duh neutru nu este lipsit de inteligență, dar, deși vrea să-și pună inteligența în funcțiune, nu poate, nu știe să o exprime corect. Este întocmai ca și cum ai vrea să scrii pe *a,* dar mâna scrie *b.* Materia a a Infinitului, fiind neutră, nu putea funcționa, pentru că nu știa. Deși era vie, nu putea da semne de viață, de inteligența ei.

În lumea voastră, dacă muți un obiect - o piatră, un scaun - va rămâne acolo în veșnicie, până când o nouă forță îl va muta și din acel loc. Din acest fapt voi deduceți că el nu are viață, că nu e viu. În lumea noastră, constatăm că dacă iau o particulă activă sau pasivă, o pot urni din locul ei pentru că ea se supune voinței mele. În schimb, particula neutră o pot muta din locul ei, dar îndată ce o las, revine la locul de origine. Așadar, neutrul - ar zice unul de la voi - are instinctul de a reveni la poziția inițială, de unde a fost sustras. Din acest punct de vedere, neutrul este un element ce nu poate evolua, pentru că nu poate fi sustras din mediul său ambiant. Dacă, de pildă, aș avea puterea de a aduce aici o particulă neutră, din Infinit, aș constata că imediat ce ea ar fi slăbită de sub puterea mea de reținere, se va întoarce fulgerător în Infinit. De aici concluzia că neutrul este o ființă inevoluționistă, sau - în tot cazul - greu de urnit, de a i se schimba starea.

Pe când în Infinit există o liniște desăvârșită, în finitul cosmic este o mișcare fără oprire. Totul din interiorul finitului se mișcă. Fiecare element din interiorul cosmosului are două feluri de activități: pozitivă ori negativă, între care, în anumite locuri și momente, se interpune materia psihică stagnantă, fie ea umană sau animală. Opera începută de Creator la Centru o continuăm noi în universurile create. Noi suntem colaboratorii Creatorului. Nu toate duhurile sunt colaboratorii Tatălui central, ci numai cele active. Cele pasive sunt colaboratorii noștri, în calitate de receptori ai cunoștințelor noastre, iar stagnanții formează nefericitul balast, care ne împiedică ascensiunea. Noi tragem de ei, ei trag de noi și avansarea se face cu greu. Iată de ce trebuie să-i vindecăm neapărat.

Ceea ce se petrece în Infinit se petrece azi în finit. Precum Tatăl central nu poate activa fără materia primă din Infinit, noi nu putem avansa părăsind pe cei ce ne-au fost dați să-i vindecăm. Povara aceasta ne-a fost dată de Tatăl ceresc pentru a cunoaște legile Sale fundamentale. Guvernatorul central ne pune la îndemână tot materialul didactic necesar studiilor noastre. Nu putem să ne plângem că n-am putut învăța, pentru că n-am avut condițiile necesare învățării. Nu putem invoca scuza că nu putem să ne ducem în Infinit, ca să studiem materia de acolo. Nu putem zice: „Cum să învățăm, Doamne? Cum să evoluăm, dacă nu avem la îndemână materia de studiu?"

Pentru înlăturarea acestei posibilități de obiecție, Tatăl ne-a dat materia gata preparată, până la faza de w *(omega)*, dar acesta nu funcționează normal. Curios, dar așa este. Cea mai perfecționată materie pe scara evoluției este duhul, dar acesta poate să ajungă să funcționeze anormal. Această împrejurare ne-a dat ocazia să facem studii, și dintr-un duh anormal să facem un duh normal; dintr-un neutru, care activa numai în sinea lui, să facem un activ sau cel puțin un pasiv. Această operă a noastră este o reproducere - desigur, pe o altă treaptă - a ceea ce s-a făcut odată și se face și azi, ca particula neutră să fie scoasă din starea ei, trecută mai întâi în stare pasivă și mai apoi în stare activă. Tot ce se face la periferia cosmosului și de Tatăl, în Laboratorul Său, facem și noi aici, în lumea noastră, dar pe când acolo se lucrează cu o materie simplă, aflată în fază primară, noi lucrăm asupra unei materii avansate, perfecționate.

Am spus că nu toată materia din Infinit este azi neutră. Unele dintre particulele ei sunt pasive și altele active. Prin urmare, și materia Infinitului a suferit în decursul eternității o evoluție, căci se găsesc acolo trei forme de particule: neutre, pasive și active.

Legile Tatălui central, aplicate în tot finitul, nu au nicio putere sau aplicație în Infinit. Particula Infinitului nu se supune legilor Tatălui, pentru că, după cum am spus, dacă o iau dintr-un loc și o duc în altul, își reia locul inițial imediat ce încetează puterea care a mutat-o. Particulele din Infinit au tendința de a se eterniza în poziția inițială, dar această tendință nu s-a putut menține în vecii vecilor. Dacă ar fi fost așa, lumile și noi, duhurile, nu ne-am fi născut niciodată.

Pentru ca un duh neutru să poată să-și schimbe starea, trebuie să intervină o împrejurare ori o forță exterioară care să-l silească să-și dea seama, să simtă ce e în afară de el, și să treacă din starea de indiferență în care se află, într-o stare de înțelegere a ceea ce se petrece în jurul său. Ei bine, tot astfel trebuie să se fi petrecut și în trecut - și se petrece și azi - pentru ca o particulă neutră să devină activă.

Într-adevăr, tot Infinitul e plin de o pulbere de particule vii. Ele sunt atât de dese, încât spațiile dintre ele sunt extrem de reduse. Din cauza densității lor și a unor curenți ce există acolo, particulele sunt împinse, mânate de acești curenți, care, în definitiv, provoacă o frecare între ele. Particula neutră conține în interiorul ei, ca germen, facultatea de a deveni activă. Azi împinsă, mâine alunecând și frecarea repetându-se la infinit, ajunge o vreme când germenul facultăților sale se pune în funcțiune și particula neutră începe să-și dea seama de starea în care se află. Dacă particula neutră trăia din veșnicie, dar nu înțelegea ce se petrece în jurul ei, acum începe să se orienteze, să priceapă că există și alte viețăți, identice cu ea. Din acel moment se naște *ideea* sau *legea solidarității,* înscrisă în ea, ca germen în conținutul său. Așadar, frecarea este cauza deșteptării ei.

Azi, în afară de curenții veniți de undeva de la periferia Infinitului, dacă se poate spune astfel, mai există o presiune exercitată asupra materiei Infinitului de către însăși sfera cosmică. Materia finitului sau sfera creațiilor se dilată, se mărește mereu. De câte ori se dilată, de atâtea ori presează materia Infinitului. Această presiune crește din ce în ce mai mult, pentru că sfera finitului se tot mărește ca volum, prin materia absorbită din Infinit. Sfera creațiilor tinde să cucerească Infinitul, să ajungă la marginile Infinitului. Particulele din Infinit opun rezistență împotriva acestei presiuni.

La fel se petrece și cu un duh bolnav de *neutrită.*

Într-adevăr, duhul neutru se opune din toate puterile sale de a fi scos din beatitudinea lui.

– Ce fericit sunt în această stare - spune duhul neutru întrupat.

– Frate, iată, acum ești întrupat și lumea te consideră nebun și trupul tău a devenit obiect de studiu al fraților tăi medici - îi spunem noi.

– Facă ce vor cu trupul meu, dar să mă lase să cuget în interiorul meu, căci așa îmi place.

Nu-l putem lăsa, pentru că evoluția ne impune să-l salvăm. Dar nici nu-l putem scoate rapid din toropeala sa, căzând în starea neutră a materiei din Infinit.

La început - deducem noi - materia din Infinit a fost toată neutră, dar conținea în ea, potențial, facultatea de a intra în activitate, fie ca receptoare, fie ca emițătoare. Ea nu a fost scoasă din starea ei primitivă decât forțată de o împrejurare exterioară corpului ei, împrejurare sau cauză ce funcționează acum normal și este reglată de cronometrul central - sfera finitului, care, prin mișcările ei provoacă materia Infinitului la o reacție. Fenomenul repetându-se o veșnicie, în fine, a deșteptat în interiorul particulei haotice o mișcare, o activitate.

Acest fenomen se petrece azi. Dar cum a luat naștere, la început, prima activitate?

Inițial, prima activitate a luat naștere din chiar modul cum este constituită materia din interiorul particulei vii. Cine a creat aceste particule vii? Acesta este misterul misterelor. Eu, duh, sunt foarte mic pe lângă voi, întrupații, dar cât de mică este particula vie din Infinit! Eu sunt o minune a Creatorului meu, dar ce minune este particula din Infinit! Ca duh, corpul meu perispiritual posedă un număr de miliarde de particule vii. Din această afirmație a mea, ați înțeles cât de mică este o particulă vie din Infinit. Ce minune se află în interiorul lor, cât de minunat este alcătuită materia acestei infinit de mici viețăți, dacă se mișcă în interiorul său, gândește, simte și voiește.

Dacă ele sunt atât de mici, cât de mic trebuie să fie spațiul dintre ele. În acest spațiu ultramic circulă un alt fluid, și mai mic. Acest fluid formează curenții pomeniți mai sus. În această neînchipuită lipsă de spațiu, se pare că materia haotică a Infinitului se sufocă. Cât de fericiți sunteți voi că aveți atâta spațiu între voi. Cu cât materia e mai fină, cu cât e mai mică, cu atât e mai deasă. De aceea ea se sufocă. Dacă materia din haos nu era atât de deasă, nu lua naștere creația.

În ziua când particulele din Infinit s-au unit între ele, în grupuri, și au dat naștere creației numărul-unu - *Alfa prim,* s-a creat spațiu mai mare. Unirea a creat spații mai mari între particulele unite. Unu s-a unit cu unu și cu unu, și au format o unitate. Prin unirea lor, s-a creat în jurul lor un spațiu mai mare decât înainte. Activitatea lor a devenit colectivă, s-a confundat, deci uniformizat, încât la exterior au dat impresia unui singur individ.

Lipsa de spațiu a dat naștere colectivității. Individul nu s-a desființat, dar a renunțat la prerogativa de a avea fiecare un spațiu cât de mic în jurul său; în schimb, comunitatea a dobândit în jurul ei un loc mai mare de acțiune. Cât timp particulele au fost libere, exista o anumită forță magnetică între ele, între substanțele lor interioare. Din moment ce s-au aglutinat, raportul de forțe dintre glomerulele create s-a schimbat, a devenit mai mare.

Voi puneți în seama Creatorului toate legile care domnesc în cosmos. Evoluția voastră de până acum a cerut să credeți astfel. În realitate, Legile cerești nu sunt ca legile pământești. Legea a luat naștere din nevoia de viață, din cauza condițiilor de viață ale colectivităților. Colectivitățile nu au putut trăi - și nu trăiesc nici în prezent - decât sub anumite condiții, sub anumite forme de viață.

Să dau un exemplu. Dacă spre binele meu am executat o anumită mișcare, individul *b* de lângă mine va face și el aceeași mișcare, pentru că și lui îi va face bine. Individul *b* va provoca pe *c, c* pe *d,* și așa la infinit. Prin urmare, cu toții ne mișcăm la fel, involuntar, uniform, în aceeași cadență, pentru că tuturor ne place. Dacă această mișcare este necesară, imperioasă, o vom executa cu toții mereu. Din acest moment, ea a devenit o lege și nu mai putem trăi fără ea. Legea s-a născut dintr-o nevoie a vieții.

Tatăl, împreună cu Colaboratorii Săi, a studiat toate formele de activitate ale creației Lor și din studiul făcut, pe cale de interpretare, au emis Legea. Așa a constatat Tatăl, și Colaboratorii Săi, că e rău să ucizi, să furi etc., pentru că dai naștere la reacții rele care te vor împiedica în evoluție. Evoluția ta este legată de a colectivului; deci prin actul tău, vei împiedica avansarea colectivului.

Vedeți că legea nu a fost decretată pur și simplu, ci scoasă din experiența colectivului. Odată legea făcută, ea va servi de normă duhurilor inferioare, pentru ca ele să fie scutite de nefericiri, de încercările făcute odată de marile Duhuri creatoare - Tatăl și Colaboratorii Săi.

Legea e aspră, dar garantează ordinea și progresul în viața creației.

De câte ori se plânge neevoluatul că superiorii îl pedepsesc prea aspru. El uită de actele sale și nu înțelege că suferința sa a luat naștere automat, ca un efect sau reacție a încălcării legii, a ordinii stabilite. Însă prin suferință se ajunge la bine, la perfect, la înțelepciune. Dacă nu era neplăcerea, suferința *neutrilor* din Infinit datorită lipsei de spațiu, nici azi n-ar fi luat naștere finitul sau sfera-cosmos. Nefericirea din Infinit a dat naștere finitului.

Particula neutră are un anumit diametru, să zicem *a*. Particula pasivă, din cauza activității sale interne, mai accentuată decât la cea neutră, se mărește ca volum și ajunge cu diametrul său până la mărimea *b*. În fine, particula ajunsă în faza de activitate pozitivă și-a mărit volumul și mai mult, ajungând până la diametrul *c*. Activitatea crescândă a determinat mărirea particulei.

Când particula era în repaus etern, avea dimensiunea cea mai mică - mărimea *a*. Când a devenit receptoare, a dobândit mărimea *b*, iar când din receptoare a devenit emițătoare, a ajuns până la mărimea *c*. Mărimea *c* este dublul mărimii *a*. Prin urmare, activitatea cere o dilatare interioară.

Activitatea interioară și curenții extrafluizi haotici au determinat, la început, fricțiunile particulelor haotice, care au sfârșit prin crearea începutului de creație. Cele mai mici forme de vietăți libere unele de altele există numai în Infinit. În sfera celor patru universuri totul este asociat. Aici, chiar cea mai mică creație este o asociere de particule haotice. Particulele sosite în univers sunt asocieri, spațiile dintre ele sunt mai mari, fie că vin din Infinit, fie că vin pregătite din Centrul creator.

Noi, duhurile, avem spații suficiente între noi, dar suferim în mișcările noastre pentru că ne frecăm de materia eterică ce umple interiorul universului. Voi credeți că noi trăim în Nirvana. Nu, nici noi nu suntem fericiți pe deplin. Numai grație științei noastre putem evita multe din neplăcerile mediului în care înotăm și ne mișcăm. *Învățătura e mama fericirii de pretutindeni.*

Vai de cel neștiutor, dar mai nenorocit este cel ce nu poate învăța, fiind bolnav de neutrită.

Fricțiunile produse între particule sau celulele Infinitului dau naștere unui *curent electric,* neînchipuit mai fin decât electricitatea grosolană născută în univers.

Orice ființă se mișcă, întrucât are viață, trăiește. Mișcarea este de două feluri: *fizică* și *psihică*.

Când eu mă mișc de la București la Paris, am făcut o *mișcare fizică,* dar când cuget ceva, fac în interiorul meu o *mișcare psihică*.

Oricare ar fi felul de mișcare, exterioară sau interioară, fizică sau psihică, se produce *electricitate.*

Când citiți sau meditați la ceva, puneți în vibrație celulele sistemului vostru cerebral. Mișcarea lor interioară și exterioară dă naștere la electricitate, care se exteriorizează și o puteți constata și măsura cu anumite aparate înregistratoare. Din activitatea unei ființe se naște *ceva* în interiorul său, și acel ceva - rupt din interior și eliminat în afară - este viu, pentru că produce anumite reacții în vecinul de alături, sau mai îndepărtat.

Foarte încet am înaintat în această expunere, pentru că e greu să zidești ceva ce nu se sprijină pe cunoștințele voastre. Toată greutatea provine din faptul că voi nu vedeți și nu simțiți ceea ce vedem și simțim noi. Să știți că există materii invizibile nouă, și pe care cel mult le simțim. De multe ori această materie invizibilă ne supără. Atunci trebuie să o studiem, să găsim un mijloc ca să nu ne mai supere.

Când vă doare capul, luați un piramidon sau un alt preparat. Noi ne vindecăm de o suferință oarecare cu ajutorul inteligenței și științei noastre, ori făcând apel la superiorii noștri îngeri. Când am greșit ceva, superiorii ne pedepsesc, aplicând asupra noastră anumite materii invizibile chiar nouă. Durerile voastre trupești sunt cumplite, dar suferințele noastre psihice sunt negrăit de atroce.

De multe ori ne ducem la mai-marii noștri, le spunem că suferim în anumite medii și întrebăm cum să facem ca să nu mai suferim.

Ei ne răspund: „Studiați cauzele care vă produc aceste efecte. Nu vă putem da leacul de-a gata; puneți-vă inteligența la lucru, nu o lăsați să cadă în neutrită, și astfel veți scăpa de suferință".

În încheiere, vă spun: Un curent circulă mereu prin materia interioară a unei particule haotice. Grație mișcării acestui curent interior, particula e vie, are viață prin sine însăși. Datorită acestei mișcări, se naște în interiorul particulei haotice electricitate, pe care o va elimina.

Circuitul electric poate fi numai la interior sau poate fi și exterior. El poate fi pozitiv sau negativ. Oricum ar fi, viața sau mișcarea interioară va da naștere la electricitate emisă în afară. Această emisie sau excreție constituie materia curentului de care am pomenit că circulă printre particule. Celula haotică absoarbe această excreție vie, se hrănește cu ea și, la rândul ei, emite și ea o altă excreție. Particula vie se hrănește și hrana sa este excreția vecinelor sale. Cum materia ce compune orice particulă haotică este aceeași, se înțelege că particulele emise au și ele aceeași compoziție, deci pot hrăni orice altă particulă. Schimburile se fac continuu, pentru că materia lor este omogenă. Prin urmare, particulele gândesc, activează, dar nu se epuizează, nu mor, pentru că dau și primesc mereu, fiind nemuritoare.

Din cauza curenților intracelulari ai particulei a, a lipsei de spațiu și a presiunilor exercitate de sfera finitului, s-a născut în sânul particulelor haotice o conștiință a suferinței, a nefericirii, și de aici dorința de a trece în sfera creațiilor, unde cred că vor avea parte de un spațiu mai mare. De aici s-au născut asocierile. Pe măsură ce asocierile vor crește, spațiile se vor mări și starea de fericire și progres va fi mai mare.

Tatăl central a asociat scânteii mele - aceeași din veșnicia de când m-am născut - miliarde de grupuri de particule, fost haotice, pentru a mă servi, iar eu, la rândul meu, să le educ. Ele constituie perispiritul meu. Ceea ce fac eu în mic face Tatăl cu noi toți, copiii Săi, formând cu noi toți un bloc - El și trupul Său.

Creatorii centrali

Mă întrebi dacă cele douăsprezece sfere concentrice sau zone ale Mamarului sunt despărțite prin bariere formate din anumite substanțe. Îți răspund că nu există nicio delimitare între cele douăsprezece sfere ale Mamarului, doar că, pe măsură ce înaintezi de la periferie spre centru, mediul fluidic este din ce în ce mai fin. Însă există o delimitare reală la exteriorul Sferei divine, despărțind-o de materia cosmosului.

Dacă între zonele din Mamar nu se găsesc frontiere, în schimb, în fiecare zonă se află anumite categorii de mari Duhuri, denumiți în termeni generali *Fii de Dumnezeu, Creatori*. Se înțelege că nu toți au același rol spiritual. Cu cât acești Fii de Divinitate sunt mai mici în grad, se află mai la periferie, unde fac o lucrare mai simplă. Cu cât sunt mai către centrul Sferei-Mamar, au ranguri mai mari și ca urmare, fac lucrări mai complexe.

În Sfera divină există o ierarhie de Fii de Dumnezeu.

În seria lungă a acestei ierarhii se disting trei mari grupe:

1. în regiunea botezată arbitrar Cap de Tată, se află cele mai mari Divinități din Sfera divină;

2. în Sfera-Respirator se află a doua mare grupă;

3. în Mamar se află a treia grupă.

Prin urmare, în Sfera divină mărimile sunt la centru, iar cei mai mici stau către periferie.

Trei grupe formează Sfera divină și totuși nu există în niciuna un stăpân suprem, după cum în lumile create nimeni nu poate afirma că există un stăpân peste toate Sfintele Duhuri.

Deși sunt plurale, lumile conducătoare sunt astfel organizate încât formează o unitate prin gândire și voință. Așa, de exemplu, dacă vei întreba pe unul, zece sau o sută de divini Creatori din regiunea Capului, asupra unui anumit subiect, toți vor răspunde absolut la fel. Tot așa și cu Fiii din lumile create. Toate Sfintele Duhuri vor simți și vor lucra la fel, pentru că planul le este cunoscut și evoluția personală le dictează același fel de gândire, având aceleași cunoștințe și supunându-se acelorași legi.

Unitatea nu constă în existența unei singure ființe, ci în acțiunea lor unitară. O unitate cerească este o reuniune de miliarde de duhuri supuse acelorași legi, lucrând în același fel și pentru același scop, deoarece planul cunoscut, evoluția și cunoștințele lor le dictează același fel de gândire. Unitatea spirituală este o reuniune de unități individuale, identice din toate punctele de vedere.

Aș dori să întăresc această afirmație printr-un exemplu. Oceanul Atlantic scaldă la apus cele două Americi, iar către răsărit – Europa și Africa. Umplu o sută de sticle cu apa oceanului de pe coasta americană și alte o sută de sticle cu apa de pe coasta europeană. Le examinez și văd că din punct de vedere chimic, este apă în toate sticlele. Cele două sute de sticle conțin una și aceeași substanță – apa Oceanului Atlantic. Ceva mai mult, apa tuturor oceanelor, lacurilor și râurilor, cea de la suprafața pământului, ca și cea de sub straturile pământului, toate fac o singură unitate – apa.

În Sfera divină se desfășoară o muncă foarte complexă. Cei de la Centru prepară duhurile, iar cei de la periferie prepară fluidele, care prin concentrări și combinări vor forma materia sorilor și a viitoarelor planete. Când toate fluidele au fost adunate, când s-au terminat toate combinările lor, pregătindu-se toată lumea duhuală, de la mic la mare, cu toții sunt expulzați din Sfera divină, formând ceea ce știința oficială numește o *nebuloasă.* La început nebuloasa se prezintă sub aspectul unui nor fără formă, fiind înconjurată de sfintele Duhuri solare și planetare, care au asistat la pregătirea ei în Sfera divină.

Uneori se întâmplă ca materia nebuloasei, a noului *astru-copil,* să se disocieze și să se întoarcă la Centru, ca atrasă de un uriaș magnet. Acest fenomen provine din faptul că Guvernatorii acestei corăbii a lui Noe au fost slabi în cunoștințele Lor teoretice și în puterile Lor. Au învățat Ei la Centru, și-au încercat puterile în Mamar, dar când au plecat la drum cu nebuloasa, nu au mai putut-o ține sub forța Lor ca la Centru, și s-a sustras stăpânirii Lor. În acest caz, nebuloasa – fiind în totalitatea ei o ființă vie, compusă dintr-o infinitate de vietăți – revine la Matcă, unde este pusă sub o conducere mai experimentată, și expulzată din nou în lumile create.

Tatăl periferic

Din cele descrise am văzut că marile Forțe cerești nu pot destăinui unui om din tainele Cerului decât atât cât permite Cerul, evoluția omului și a mediului său înconjurător. Dacă trec peste acest comandament sunt pedepsite de mai-marii lor. Dar chiar unui fericit muritor nu i se poate da știința Cerului decât treptat, pentru că altele sunt cunoștințele cerești și altele cele pământești.

Trăind în lumea trupească, omul ia cunoștință de lumea din jurul său prin intermediul simțurilor sale. Cum aceste simțuri sunt făcute să înregistreze numai materia terestră și fenomenele din sânul ei, se înțelege că omul nu va putea ști nimic de materiile eterice mai fine. La aceasta se adaugă și faptul că materiile solide, lichide și gazoase sunt conduse sau supuse influenței materiilor eterice. Din această cauză, înregistrarea și analiza fenomenelor fizice și chimice sunt greșit interpretate. Prin urmare, știința umană, fiind bazată pe concepții greșite, nu poate fi exactă.

Să zicem că a fost elaborată o nouă teorie umană. Toată lumea o examinează și o găsește bună, ingenioasă. Trec anii și un alt savant, în urma mai multor experiențe, constată că prima concepție a fost greșită. Din acel moment, toată lumea părăsește vechea concepție și adoptă noua interpretare, noile date științifice. Dar un alt savant va veni mai târziu și o va dărâma și pe aceasta. E firesc să fie așa, întrucât a aflat de factori noi care intră în constituția materiei și o țin sub influența lor.

Astfel, stau față în față două științe:

1. știința duhului întrupat, a omului trupesc - redusă și în parte eronată;

2. știința marilor Forțe cerești - cuprinzând întreaga creație și exprimând purul Adevăr.

Adevărul se dă treptat. Având în vedere acest precept, s-a spus până acum că Cel ce a făcut totul - văzut și nevăzut - este Tatăl ceresc, avându-și Tronul împărătesc în mijlocul Sferei divine.

Azi pășim ceva mai departe spunându-vă: *Divinul Creator, Ființa supremă, care a făcut însăși Sfera centrală cu toate miliardele de Creatori de acolo, se află în Infinit, în afara uriașei sfere a tuturor creațiilor. De acolo El ordonă cele ce trebuie să facă marii Creatori din Sfera centrală. De acolo pleacă ordinele care umplu câmpul cosmosului și al celor patru universuri.*

Odată, în eternitatea dinaintea timpurilor actuale, la începutul începuturilor, n-a existat decât Infinitul și materia ei haotică. Din sânul acestui Infinit și din această materie haotică s-a ivit Dumnezeu. El și-a ales un punct matematic în sânul Infinitului unde a început prima Sa operă.

Toate religiile pământului vorbesc de existența lui Dumnezeu, dar niciuna nu dă cel mai mic indiciu de natura, atributele și sediul Său. Ca să poată deveni Auxiliarele Părintelui lor, marile Duhuri trebuie să știe cât mai mult despre El. Duhurilor li se spune mereu de către marile Lumini cerești - îngeri, Guvernatori planetari și Guvernatori solari - cum a fost odinioară, cum este acum, Cine a făcut totul, cum s-a făcut lumea, unde este Ființa care a conceput, concepe și conduce totul. Dar asemenea taine nu se pot așterne azi și aici, în paginile acestei cărți. Ele sunt prea sfinte pentru a fi citite, discutate și comentate de cei nepregătiți.

Din cele descrise până acum, ai înțeles că fiecare din cele patru universuri, ca și

Sfera- Laborator, au la periferia lor o pătură de materie eterică, fiind delimitate de restul Sferei cosmice. De asemenea, Sfera cosmică are la periferia sa un hotar, o barieră de o anumită materie eterică, ce o delimitează de restul materiei haotice a Infinitului.

Atât de sublim le-a orânduit divinul Tată, încât niciunul dintre sorii sau planetele, care plutesc în sânul universului nu poate ieși din interiorul sferei-univers. De asemenea, în așa fel sunt țintuite și conduse cele patru universuri, încât niciunul nu poate părăsi sfera cosmică și să peregrineze prin Infinit. De la mic până la mare, toate corpurile cerești sunt fixate în pozițiile lor, mișcându-se pe traiectorii desăvârșit orânduite. Iată pentru ce nu orice duh poate părăsi zona sa de evoluție. Iată pentru ce numai noi, duhurile albe ale Pământului, putem să ne ridicăm până la Lună, unde asistăm la înaltele studii și prelegeri angelice.

Nu se poate îngădui, oricum și oricând, unui duh să vagabondeze din planetă în planetă și din soare în soare. Când, cu ocazia unor prelegeri, ne ducem în Lună, trebuie să dezbrăcăm - după cum am mai spus - o parte din haina noastră fluidică planetară. Când va sosi vremea, vom dezbrăca de tot acest înveliș planetar și ne vom duce în Soare. Și așa mai departe, dezbrăcând pe rând toate învelișurile universice și cosmice, ne vom întoarce de unde am plecat, în Sfera divină.

Din Infinitul ce înconjoară sfera cosmică, vin ordinele care circulă prin Sfera-Laborator și cele patru universuri. Noi, duhurile, cugetăm, dar cugetarea noastră nu ne aparține; ea este a Tatălui ceresc. Cugetarea noastră este transcendentală, apriorică, iar nu aposteriorică, deoarece ideile nu sunt creația noastră. Noi nu facem decât să atragem ideile din spațiu, să le citim și să le înțelegem, să le „fotografiem" și apoi să le dăm drumul. Ideile nu au fost create din experiența noastră, ci din experiența unei Ființe uriașe, colective, căreia voi îi ziceți Dumnezeu.

De acolo, din Infinit, ne vin mereu valuri de idei, care circulă la anumite timpuri și pe o undă al cărei conținut este vizibil, audibil și inteligibil numai de marile Lumini. Cei ce le aud, sunt răpiți de farmecul resimțit la ascultarea lor. Această vorbire divină este uneori emisă și pe o gamă de unde inferioare, pentru a fi auzită și de îngerii solari și planetari.

Odată am îndeplinit și eu, cu smerenie și dragoste, o misiune, întocmai cum mi s-a poruncit. Pentru râvna depusă în lucrarea încredințată, slăvitul nostru Guvernator solar m-a binecuvântat, ordonând unui înger să-mi ridice haina planetară. Rămas la exterior numai cu haina solară, am avut negrăita fericire de a percepe și eu unda Tatălui divin, destinată numai îngerilor solari și planetari. Îmi lipsesc cuvintele pentru a vă face să înțelegeți sentimentul încercat atunci, auzind glasul Celui nevăzut. Atunci am înțeles dragostea nesfârșită și supunerea oarbă a miliardelor de Creatori divini, din Sfera-Laborator, pentru Cel aflat în Infinit și invizibil chiar și pentru Ei. În acele momente, îmi părea că sunt chiar în fața Celui atotputernic.

Cum să vă fac să înțelegeți această senzație de fericire? Am să încerc să fac o comparație. Închipuiți-vă că aveți în față un aparat de televiziune adaptat unui aparat de radio. Dacă pe iubitul vostru frate de la Berlin îl vedeți pe ecranul din față și îi auziți vorbirea, aveți impresia că sunteți chiar în fața lui, la Berlin.

Ei bine, minunea aceasta omenească, venită din știința Cerului, vă va umple de mirare și plăcere.

Cel ce a auzit și văzut ideile Celui infinit și nevăzut va simți cea mai negrăită fericire și va fi, în vecii vecilor, robul smerit și iubitor al Celui ce conduce totul cu iubire, al Celui ce este atât de înțelept, încât prevede totul, și iubește atât de mult, încât suferă de suferința celui mai mic fiu al Său, pierdut în imensitatea creației Sale.

* * *

Am început să-ți vorbesc despre Tatăl suprem. Spuneam că El este nevăzut. De aici ideea celor mai mici ai noștri, că dacă nu L-a văzut niciodată nimeni, poate că nici nu există.

Noi căutăm să le înlăturăm această presupunere, spunându-le: „Fiule, noi auzim vorba Tatălui suprem, și dacă ne vorbește, înseamnă că El există. Unde este, vei afla la timpul tău".

Dar tot neștiința lor îi face să le treacă prin minte că Tatăl suprem, nefiind văzut de nimeni, poate că nu e făcut din ceva materie; numească-se cum vreți: substanță, esență, chintesență etc.

Noi le spunem: „Tatăl suprem a făcut tot ce vedeți în jurul vostru, iar nimicul nu poate face ceea ce există; deci El este făcut din ceva, pentru că nimicul nu poate funcționa, activa. Oamenii trupești nu ne văd pe noi, duhurile; de aici - credința lor greșită că nu existăm. Cu toate acestea, vezi și tu că trăim și evoluăm. Oamenii întrupați care cred în existența noastră, nevăzându-ne, bănuiesc că suntem imateriali, și tu vezi bine, fiule, că suntem făcuți din ceva: din eter, din particule vii treimizate. Vezi tu îngerii? Nu-i vezi, pentru că materia lor e mai fină decât a ta; de aici, ești înclinat să spui că ei nu există, și totuși noi stăm de vorbă cu ei și după cum te văd acum, așa îi văd și pe îngeri; așadar, și ei sunt făcuți din materie. Din materie este făcut și Guvernatorul nostru solar, din materie sunt alcătuiți și Cei din Sfera divină. Concluzia firească este că și Cel ce ne-a chemat pe toți la viața și conștiința deplină este făcut din materie."

Nicăieri în lume nu am întâlnit imaterie care să funcționeze ca materie. Totul din lume fiind făcut din materie, nu se poate concepe ca Cel mai mare peste toți să nu fie făcut din ceva, cât de fin, dar din ceva concret. În fața acestei argumentări nimeni nu mai poate spune nimic.

Spațiile prin care plutesc miliardele de corpuri cerești răsună de cuvintele Lui: *„Eu am creat duhul și i-am dat posibilitatea să evolueze. Cu ajutorul Meu, voi toți - de la mic la mare - trăiți, dar trebuie să vă iubiți și să progresați".*

La început, finitul era mic, avea un volum mic. Eternitatea se scurgea, iar finitul absorbind mereu materie din Infinit a crescut, luând proporții din ce în ce mai mari, și va crește în veșnicie. Centrul finitului se organiza și din el porneau creații ce înconjurau Centrul organizator. Dar Cei organizați de Tatăl la Centru, când au ajuns la perfecțiune cu atotștiința Lor, au trecut în jurul sferei finitului. Încetul cu încetul, Creatorii finitului, Cei care l-au organizat și mărit, au trecut afară, departe de sfera finitului, și au cuprins astfel o arie infinită, din Infinitul înconjurător, constituind cu toții o formă sferică și înconjurând finitul.

Primul Tată ceresc, Creatorul Prim, este azi o uriașă Sferă, ce cuprinde în sânul Său „mica" sferă a creației. Trupul Tatălui este deci un Infinit, iar în acest Infinit plutește cosmosul cu cele cinci sfere ale creației Sale.

Sferică este particula din Infinit, sferic sunt și eu, duh, sferice sunt miliardele de planete și sori, sferice sunt cele patru universuri și Laboratorul central, sferic este Cosmosul întreg. Trupul infinit al Primului Tată ceresc este și El tot sferic, de o mărime de neconceput pentru mintea omenească. Este infinit de mare! Un *Infinit finit,* plutind într-un *Infinit infinit.*

Sfera infinitului Tată absoarbe din *Infinitul periferic* materia haotică, îndreptând-o către Sfera centrală sau Laboratorul creațiilor. Acest Trup divin se dilată, se mărește mereu, mărind spațiul interior din sânul Său. Din această cauză, materia îndesată a Infinitului periferic se îndreaptă din toate părțile spre Sfera Infinitului finit.

„Copii - ne spun îngerii planetari și solari - ceea ce auziți acum de la noi, vă par basme sau idei filosofice, dar nu suntem puși să ne pierdem timpul încurcându-vă mințile, ci grăim adevăr. Tatăl periferic gândește și ordonă, Fiii de Tată de la Centrul creator pun în lucrare, iar Sfintele Duhuri, Guvernatorii stelelor și planetelor, conduc mai departe corabia Lor, cu tot ce se află în ele, către perfecțiune. Externul, unul Dumnezeu ordonă, Centrul se supune și lumile iau naștere."

Pe planeta noastră există trei Forțe conducătoare. Pe Soare sunt de asemenea trei Forțe conducătoare. În Sfera centrală trei mari Duhuri conduc veșnic. O treime conduce marele și micul.

Până acum v-am spus că Centrul este Tatăl, pe Soare se află Fiul și pe planete - Sfântul Duh. Sfânta Treime a Tatălui, Fiului și Sfântului Duh conduce și una sunt în conducere și supunere față de Lege. Acum, cercul înțelegerii voastre lărgindu-se, pot să vă spun că Tatăl este Perifericul din Infinit, Fiul este tot ce cuprinde Centrul sau Sfera divină, iar Sfintele Duhuri sunt toți Guvernatorii corpurilor cerești, dar Una sunt - trei într-una - prin scop, voință și supunere față de Lege.

Gândește adânc, cititorule, și vezi profunzimea alcătuirii sublimului nostru Tată. El, Puterea puterilor, Infinit născut din infinit, punând mai presus de toți și de Sine ascultarea, *Legea.* Ia aminte și te smerește omule, căci El este totul și tu trăiești în El, care e supus Legii statornicită de El.

* * *

Departe de sfera cosmosului, în adâncul Infinitului, la periferia finitului - se află Gloria duhurilor de pretutindeni. De acolo pornește *cugetarea,* forța creatoare, atributul gloriosului Tată, Logos-ul Său. Fără această cugetare[1] nimic nu s-ar fi putut crea.

---

[1] Prin actul gândirii Sale, Ein-Sof, Infinitul, iese din Menuha, din repaus, din starea Sa ascunsă, şi creează. Prin canale numite Sefirot, Ein-Sof revarsă Orot - luminile forţei Sale. Pe măsură ce se îndepărtează de Sursa lor, strălucirea acestor lumini se atenuează, dând naştere la my orot - coji, lumea materială percepută de omul trupesc.

Deoarece Tatăl periferic este dincolo de orice percepţie, gândire, sentiment şi inteligenţă, nu există niciun nume pentru El. Cabaliştii îndrăznesc să-L numească Ein-Sof - Infinit.

Sfânta Treime a Tatălui, Fiului şi Sfântului Duh este formată din Ein-Sof, Tatăl, Gloriosul periferic, care cuprinde în Sine pe Fiul aflat în Sfera centrală sau Laborator. În jurul Sferei centrale se rotesc cele patru sfere-univers cu nenumărate sisteme solare conduse de Guvernatorii solari şi planetari - Sfinte Duhuri.

În Sfânta Scriptură, Divinitatea creatoare poartă numele de Elohim, în traducere însemnând Entităţi superioare, Creatori divini - Arhitecţii Cerului şi pământului.

Datorită mărimii sale incomensurabile, infinite pentru conştiinţa umană, sfera cosmos, finitul sau sfera creată este numită infinit.

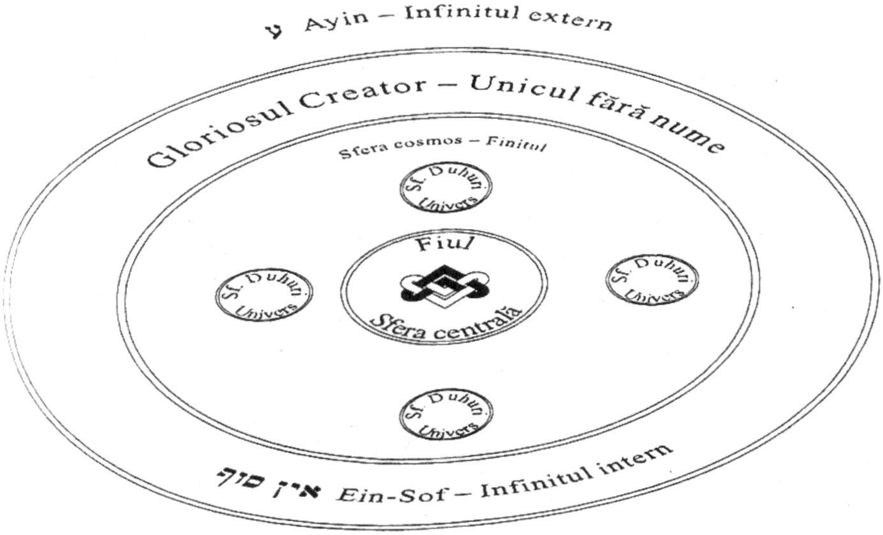

Prin forța cugetării Sale toate astrele își urmează drumul. Prin puterea gândului Tatălui glorios, toate corpurile cerești se țin în echilibru. Fără această gândire, noi am fi ca pământul fără lumină. Cugetarea gloriosului Tată este motorul care mișcă totul: universurile, stelele, planetele etc. Datorită acestui Izvor nesecat de gândire, ia naștere orice fenomen. Din eternitate, gândirea, această energie uriașă, pleacă mereu din Ființa Tatălui și se revarsă în imensul ocean fluidic în care înoată toate creațiile, asemenea unor insule.

Cu învoirea Sfintei noastre Treimi, marile duhuri ale Pământului stau în Lună, ascultând cuvântările venite de la periferia finitului. Au existat și există mari și sfinte duhuri - chiar întrupate fiind, ca oricare om trupesc - cărora li s-a acordat de către Sfântul Duh al Pământului privilegiul să audă, la anumite timpuri, vorbirea Primului Tată, de la periferia finitului.

Din timp în timp, răsună imensele spații ale cosmosului de vorbirea Celui nevăzut. Ferice de cel ce s-a făcut demn de a fi dăruit cu harul auzirii cuvântului gloriosului Tată periferic.

Enunțurile Tatălui, Fiului și Sfântului Duh

La marginea finitului se află Părintele veșniciei. Noi trăim în trupul Său, ca puiul în găoacea lui. Totul se mișcă și evoluează în sânul Lui. Nu putem merge la El, dar El ne vorbește despre Sine și opera Sa. Prin difuzarea gândirii Sale, aflăm de operele Sale.

Micul duh de pe treptele inferioare ale evoluției trebuie înștiințat că Cineva l-a creat, trebuie să-I audă glasul, ca să înțeleagă că Cineva a făcut Legea, și el trebuie să muncească în virtutea ei, pentru ca din slab să devină tare și de la lumina unui opaiț să ajungă la strălucirea orbitoare.

După cum Tatăl extern difuzează pe cale de unde gândirea Sa, tot astfel și Tatăl intern comunică tuturor din creația Sa. La fel Guvernatorii solari și planetari glăsuiesc lumilor aparținătoare lor, cele ce s-au făcut și se vor mai face. Aceste comunicări sunt imbolduri, îndemnuri ca să vadă micul duh că divinii săi Superiori lucrează în veci la ridicarea, mărirea și perfecționarea operei Tatălui ceresc.

Perifericul Tată difuzează lumilor: *„Eu absorb din Infinitul infinit particulele vii și le îndrept către Centrul creator, către Creatorii Mei"*. La auzul acestor cuvinte, cădem pe gânduri, și din gândire ajungem la supoziții ce aproape ne întunecă mintea.

Meditațiile noastre sunt întrerupte de valuri noi de unde-gând: *„Eu sunt Cel ce sunt, Eu sunt Cel de la periferia operelor Mele"*.

După care auzim Logos-ul Autorului a tot ce s-a creat până azi: *„Eu sunt unicul vostru Dumnezeu. De ce?"*

Trece o bucată de „vreme" și din nou imensitatea spațiilor e străfulgerată de o nouă undă-gând: *„Eu sunt unul Dumnezeu"*, și iar se aude întrebarea: *„De ce?"*

Aceste cuvinte se repetă întruna, toate duhurile evoluate le aud. Din sfert în sfert de oră duhul aude mereu, de ani și mii de ani, în eternitate, același enunț: *„Eu sunt unicul vostru Dumnezeu"*. În asemenea condiții, pentru aceste duhuri nu se mai pune niciodată întrebarea dacă mai există sau nu un Creator, căci El se afirmă însuși, în vecii vecilor. Iar întrebarea mereu repetată: *„De ce?"* se adaugă, ca să rămână în mintea duhului și să analizeze de ce Tatăl este unicul Dumnezeu din cele ce vede și a aflat până atunci, de ce există și trebuie să existe un unic Dumnezeu.

În afară de unda plecată de la periferia finitului, se mai aude, din oră în oră, o altă undă-gând, plecată din Centrul Sferei divine: *„Eu sunt Fiul Tatălui. Din Sfera Mea pornesc toate creațiile. Mie Îmi sosesc toate Unurile trimise de Tatăl Meu, care sunt treimizate și transformate astfel în alfa tuturor creațiilor"*.

Din zi în zi se aude o a treia undă-gând: *„Eu sunt Stăpânul acestui sistem. Eu sunt Alfa și Omega și locuiesc pe Soare"*.

În fine, din lună în lună, pornește de pe Lună o altă undă-gând: *„Eu sunt Stăpânul acestui Pământ și mă aflu pe satelitul său"*.

Vouă ceasul vă indică ora, iar lumina și întunericul vă determină ziua și noaptea. Calendarul nostru ne spune ora, ziua și luna cerească, indicate prin undele-gânduri ce străbat spațiile pe arii din ce în ce mai mari. Acestea sunt dovezile indiscutabile ale guvernării de toate gradele, orânduite de unicul Dumnezeu.

Spațiile răsună de unde-gând, pe frecvențe din ce în ce mai ridicate și, în aceeași măsură, pe game din ce în ce mai complexe, mai bogate. Ele sunt normele de conducere date de unicul Dumnezeu Guvernatorilor planetari, normele mai înalte date Guvernatorilor solari, și - în fine - norme și mai sublime, necesare Celor din Sfera centrală.

Cuvântările Tatălui pornesc de la simplu la complex, adresate pentru toată creația, de la cele mai joase entități până la cele mai înalte. Ele pornesc de la 3 cuvinte: *„Eu unul Dumnezeu[1]"*.

Apoi se exprimă prin 6 cuvinte: *„Eu sunt unicul vostru Dumnezeu periferic"*.

Într-un grad superior, cuvântul Tatălui este și mai bogat, exprimat, prin 12 cuvinte, apoi prin 48 și așa mai departe, până la cursuri întregi.

---

[1] Se subînțelege sunt.

De când există Pământul nostru, de peste trei miliarde de ani, se aude mereu, în zona lui fluidică, cuvântul Tatălui unic, atenționând duhul de existența și legea Sa.

Mari și fericiți sunt Conducătorii de planete, stele și Cei din Sfera centrală, dar au o mare responsabilitate și cu o mare atenție trebuie să-și desfășoare activitatea.

Tatăl trimite o primă undă-gând Fiilor Săi din Sfera-Laborator a lumilor. A doua o adresează Guvernatorilor solari și a treia este destinată Guvernatorilor planetari.

Toate aceste ordine și învățături trebuie învățate pe dinafară, memorate, în spațiu neexistând cărți. Diviziunea muncii există pretutindeni în Ceruri, ca și pe pământ. Atunci, unul auzind, al doilea ordonând punerea în execuție și al treilea primind raportul punerii în execuție, ar urma ca unul să nu știe de activitatea celuilalt. Dar nu se întâmplă așa, pentru că cele trei Forțe sunt legate între ele printr-un cordon ce face din ele o forță unică. Rezultă că cel ce a auzit știe ce a ordonat al doilea, iar al treilea cunoaște cele auzite de cel dintâi și ordonate celui de-al doilea.

Sfânta Treime solară comunică îngerilor solari, pe înțelesul lor, cele sosite de la Tatăl periferic. Cum majoritatea îngerilor au și ei diferite misiuni de îndeplinit, nu toți au luat cunoștință de cele comunicate de Guvernatorul solar, și atunci urmează ca cei care au auzit direct de la Guvernatorul solar să comunice și celorlalți frați îngeri solari. La fel se petrece și cu îngerii planetari.

Pe pământ omul își are plăcerile și bucuriile produse de mediul său ambiant: câmpul cu florile sale, muntele cu pădurile sale, marea cu valurile ei etc. În spațiu, duhurile superioare se bucură de muzica sferelor cerești, produsă de mișcarea lor prin sânul oceanelor fluidice, de feeria culorilor fluidelor și, mai presus de toate, de Cuvântul unicului Dumnezeu, precum și de tainele Lui.

În decursul veacurilor mereu se ridică, unul câte unul, vălurile ce acopereau misterele operelor unicului Dumnezeu. Duhurile superioare nu mai sunt atrase de nimicurile lumilor planetare. Ele sunt fericite să tot afle și să lucreze la opera de creație a Tatălui, fiind conștiente că prin muncă vor ajunge la fericiri și mai mari.

Elanul lor sporește când aud pe Superiorul îngerilor acestei planete spunând: *„Aștept să se termine evoluția acestui glob, ca să mă duc lângă Domnul și Stăpânul meu solar".*

La rândul Său, Fiul Treimic solar spune îngerilor Săi: *„Aștept fluidizarea acestui sistem, trup din trupul Meu, pentru a-l preda Fiului divin din centrul Sferei divine și apoi Mă voi prezenta eternului Meu Tată, pentru a-i expune tot ce am făcut pentru El. Dacă voi trece cu vrednicie acest examen, voi fi trecut în ceata Fiilor Săi din Sfera-Laborator. Dacă nu voi fi fost întru totul conform instrucțiunilor Sale - primite în cei aproape douăzeci de miliarde de ani, cât va dura sistemul Meu - Mă va trimite din nou cu altă nebuloasă în univers, pentru alte multe miliarde de ani, ca un semn că Îmi mai lipsește ceva din știința conducerii unei mari împărății cerești.*

Știu că sunteți fericiți că stați în preajma Mea, dar fericirea ce o voi resimți când voi fi între Fiii Tatălui, în Sfera centrală, va fi cu mult mai mare decât a voastră. O iubire necuprinsă de mintea voastră Mă atrage cu putere către Cel ce este Tatăl Meu și al vostru.

În decursul miliardelor de ani de când conduc acest sistem, am fost de multe ori la Tatăl Meu și același l-am găsit întotdeauna. Cum este Tatăl Meu nu vă pot grăi, vă pot spune doar că El nu seamănă cu Mine sau cu voi, pentru că este Unul. Unul este Dumnezeu, dar ca formă El nu seamănă cu Fiul sau cu Sfântul Duh. Rugați-vă și lucrați pentru El, ca să ajungeți să-L vedeți și voi cândva.

Din El a purces Fiul și prin Fiul a purces Sfântul Duh. Din El a purces micul duh mineral, prin Fiul s-a format și prin Sfântul Duh, din nebuloasă, s-a închegat piatra acestui glob.

Fiți fericiți că sunteți veșnici ca Tatăl și veți ajunge cândva să stați la dreapta Lui".

* * *

Referitor la cunoștințele predate de îngeri, ei nu pot aduce nicio dovadă spre încredințare, dar ne spun: „Frate, întreabă pe cel mai mic duh al acestui pământ dacă a auzit și el ceva ca venind de undeva, din spațiu, și vezi că el îți va spune: «Eu am auzit unda *a, b* și *c.* Am auzit unda-gând din Lună, unda-gând din Soare și unda-gând din Centrul creator». Tu, care auzi o serie de unde-gânduri mai mare decât el: *a, b, c, d, e, f, g,* crezi ceea ce îi spun lui, pentru că tu ai auzit și undele neauzite de el: *d, e, f, g.* Eu, conform gradului meu de înger, am auzit undele-gând *a, b, c, d, e, f, g, h, i, j, k, l, m, n, o.* Tu întrebând duhurile inferioare ție, vei constata că undele auzite de ele – *a, b, c* – sunt un fragment din undele auzite de tine – *a, b, c, d, e, f, g.* Dacă aceste verificări au confirmat că undele sunt recepționate în funcție de gradul evolutiv al duhului, de ce să nu crezi în exactitatea undelor auzite de mine, dar încă neauzite de tine? Iar dacă ai îndoieli, mai întreabă referitor la cele ce ți-am spus și pe alți frați îngeri și vezi ce-ți vor spune ei". Neîncrezător, dar cu răbdare, am întrebat în stânga, în dreapta și toți mi-au spus la fel; deci cele comunicate de înger sunt purul adevăr.

Acum îmi continui expunerea.

Printre alte comunicări, gloriosul Părinte de la marginea finitului spune: *„Plutesc în materia Infinitului extern. Sunt scăldat la fața Mea internă de materia finitului. Nicio altă creatură nu are forma Mea. Eu sunt Dumnezeul vostru, dar nu există un al doilea ca Mine, căci pe când voi sunteți aceiași și plini, în sânul Meu înoată creațiile Mele".*

Divinul Tată periferic este sferic, mijlocul său fiind umplut cu o materie haotică ce a suferit o primă transformare și în care înoată Sfera centrală și cele patru universuri.

Biserica creștină afirmă că unul este Dumnezeu, dar în trei persoane. Ea a înțeles greșit adevărurile revelate în alte timpuri. Tatăl este numai Unul, și iudeii afirmă același lucru.

Într-adevăr, însuși Tatăl difuzează în lume: *„Eu am creat în lume pe Fiul și pe Sfântul Duh, dar Ei ca Mine nu sunt".*

De aici rezultă că omul nu este făcut după chipul și asemănarea Tatălui, ci este la fel numai cu Fiul din Sfera-Laborator, despre care știm că e compus din trei părți, ca și omul, din trei particule ce formează o unitate: spiritul.

Am spus că trupul Tatălui este permeabil, permițând materiei Infinitului extern să intre în finit, dar nicio creație din sânul Tatălui nu va putea ieși din Tatăl, pentru a se pierde în Infinitul extern.

Asemenea forțe există în sânul Tatălui, încât El absoarbe materia haotică a Infinitului extern și o trimite spre Sfera divină sau Sfera-Laborator, care o absoarbe în interiorul ei. Aici, Fiul transformă materia haotică, pregătind-o pentru crearea unei nebuloase, pe care apoi o va expulza din sânul Său, întocmai cum mama își naște copilul. Pe măsură ce se îndepărtează de Sfera divină, nebuloasa se învârtoșează. La o vreme, a ajuns atât de densă, încât se anulează forța de respingere a Centrului și se echilibrează cu forța de atracție. Din acest moment, nebuloasa rămâne țintuită într-o regiune a spațiilor unde își va duce traiul și își va desfășura evoluția. Punctul unde a ajuns a fost determinat de calitatea materiei ce formează nebuloasa. După o vreme nebuloasa se transformă într-un sistem solar. După miliarde de ani, sistemul va începe să se dematerializeze și din acest moment va începe călătoria sa, tot pe un drum spiralat, materia sa fluidică fiind atrasă de Sfera centrală.

Newton a constatat forța de atracție a pământului, și a denumit-o *gravitație,* dar nici el nu a știut din ce cauză exercită pământul această forță. Nu i-a trecut prin minte că forța magnetică a pământului se datorește faptului că el este înfășurat de un uriaș circuit eteric, de natură electrică, transformându-l într-un uriaș magnet. Tot grație acestui circuit se produce și învârtirea pământului în jurul axei sale. Devenind astfel un uriaș magnet, pământul atrage la sine tot ce este pe suprafața sa și în jurul său, proporțional cu densitatea materiei respective.

Sfera Tatălui periferic se rotește și Ea în jurul axei sale închipuite, creându-se un sorb, ca la orice dinam. Grație acestui fapt, Ea absoarbe din Infinitul extern materia haotică ce trece prin pereții corpului Său și o împinge mai departe spre centrul Său.

A fost odată, când gloriosul Tată era mic și plin la interior. El și cu alte Entități glorioase de mai apoi au hotărât să facă un gol în mijlocul Lui și golul s-a făcut. Creându-se acest gol, materia din Infinitul extern a început să exercite o presiune asupra acestui Corp sferic, gol la mijloc. Pentru a face față acestei presiuni din afară, Sfera gloriosului Tată a început să se rotească. Prin această mișcare, pe de-o parte s-a înlăturat presiunea din afară, iar pe de alta se absoarbe materie haotică.

Însă, trebuia să existe ceva la centrul Sferei care să contrabalanseze presiunea venită din Infinitul extern. Prin urmare, Tatăl a ales un punct material central al Sferei Sale și în acel punct a început să îngrămădească o materie, o combinație din materia Ființei Sale și o parte din materia din afara Sa, din Infinitul extern. Pentru ca rezultatul să fie și mai mare, a dat acestei mase centrale o mișcare de rotație. De acum, Tatăl absoarbe materie din Infinitul extern și o trimite Sferei centrale. Din această cauză, Sfera centrală crește și tinde să se apropie de fața internă a Sferei gloriosului său Părinte, asemenea copilului în pântecele mamei sale. Sfera internă deveni Gloriosul intern, sau Fiul Său.

Când nu exista Sfera internă, gloriosul Tată gândea, plănuia, dar cugetarea Sa era internă, nu se putea verifica și realiza în afara Lui. De îndată ce a creat Sfera centrală - compusă din materia trupului Său combinată cu materie din Infinit - Gloriosul Tată gândea, iar planurile Sale se realizau de cei din Sfera centrală, de Fiul Său.

Dar pentru că Centrul primea mereu materie trimisă de Tatăl, Sfera Fiului se tot mărea și ar fi ajuns să se contopească cu fața internă a Sferei Paterne. Pentru a se înlătura această împrejurare, Tatăl a îngrămădit materia haotică ținută într-o anumită fază, formând o zonă izolatoare, separatoare între Tatăl și Fiul, între Sfera Gloriosului extern și Sfera Gloriosului său Fiu intern.

La o vreme, Fiul s-a dezvoltat și perfecționat atât de mult, încât a început să pregătească în sânul Său prima nebuloasă. Când a fost pe deplin alcătuită, a eliminat-o în spațiul dintre Tată și Fiu, și astfel a luat naștere prima stea, bineînțeles imperfectă, ca orice început, și inexistentă azi, deoarece de atunci a trecut o veșnicie. A urmat a doua, a treia nebuloasă și așa mai departe.

Odată sistemul solar creat, Fiii de la Centru au desemnat pe Unul dintre Ei, pe cel mai tânăr, să conducă acest sistem planetar, și astfel s-a instituit pe ele a treia persoană, Sfântul Duh.

Întâi a fost unul, apoi doi și, în fine, au devenit trei: Tatăl, Fiul și Sfântul Duh. De atunci sorii s-au înmulțit, Sfera centrală s-a mărit și Tatăl a ajuns o Infinitate.

Dacă materia absorbită din haos are aparența că este moartă - deoarece nu se mișcă de la sine, dintr-un loc în altul - materia din afara Sferei gloriosului Tată, din Infinitul extern, este, într- adevăr, mai degrabă moartă decât vie, căci așa mărturisește El în unele dintre difuzările Sale: *„Eu plutesc într-o materie lipsită de mișcare și voință, pe care o absorb în sânul Meu și o vivific, și din acest moment devine materia vie a finitului".*

Din această materie vie, Fiul confecționează toate vietățile de pe toate globurile cerești, de la fluidul fizic până la mineral și de la duhul mineral până la arhangheli.

Din cele spuse vi s-ar părea că acum știți totul. Nu, frate, există multe taine pe care nici noi nu le știm. Aici am făcut doar o sinteză foarte sumară a cunoștințelor noastre, căci încă omenirea terestră nu a ajuns la punctul de a lua cunoștință de tainele mai profunde. Când timpul va veni, se vor da lumii cunoștințe mai înalte. Am dorit, frate, ca la lumina acestor adevăruri omul să vadă calea, să nu mai rătăcească și să nu mai întârzie în călătoria sa spre fericirea cerească.

* * *

Nu știm multe despre gloriosul nostru Tată, pentru că nu l-am văzut, dar Îi auzim poruncile ce răsună prin Ceruri, din vecii vecilor. Poruncile Lui nu sunt ordine pe care dacă nu le îndeplinești imediat, vei fi pedepsit. El vorbește Fiilor Săi de la Centrul creator, iar Fiii Săi de acolo comunică ordinul primit, Sfântului Duh, căruia i s-a dat dreptul și puterea de a pedepsi.

Tatăl vorbește înțelepților, iar Sfântul Duh - nerozilor, care neascultând de legile Tatălui, Sfântul Duh va da ordin să fie pedepsiți. Sfântul Duh controlează cohortele de îngeri de sub El, iar El este sub controlul Fiului, care raportează Tatălui de punerea în lucrare a ordinelor Sale.

După cum am spus, ordinele gloriosului Tată fiind prea abstracte, prea concise, trebuie interpretate de Fiul, iar acesta le comunică Sfântului Duh. La rândul Său, Sfântul Duh trebuie să le comunice pe înțelesul îngerilor, care le vor pune în execuție.

Ordinele Tatălui constau în învățături, în norme pentru noile etape ale evoluției fiecărui sistem solar sau ale fiecărei planete. Tatăl știe în ce moment, la ce etapă a evoluției a ajuns orice corp ceresc, pentru că e înștiințat de miliardele de Colaboratori care urmăresc mersul vieții lor.

El știe absolut tot ce se petrece pe fiecare planetă, întrucât pentru fiecare sunt mii și milioane de ochi divini care Îl informează.

Cu ajutorul miliardelor de miliarde de Colaboratori, Tatăl știe în orice secundă tot ce se petrece în sfera creațiilor. Așa se explică faptul că divinul Tată vede și știe tot.

El nu știe ce se petrece în Infinitul extern, din afara Lui, pentru că nu are nevoie să știe și pentru că această împărăție mută nu este sub dependența Legilor Sale.

Tatăl este Lumina ce radiază știința științelor. De la El pleacă viața și El o îndrumă pe cărările legilor Sale. Cu drept cuvânt, El este *Calea, Adevărul* și *Viața.*

Oricât de infinit de mare este Tatăl, El ține seama chiar și de suferința unui fir de iarbă, a unui bob de nisip, pentru că e opera Lui, pentru că au fost pregătite cu o parte din Ființa Sa.

Particula moartă și întunecată a Infinitului extern, a Infinitului fără lumină, trecând prin trupul Tatălui, a primit ceva de la El, și din acel moment din întunecată a devenit luminoasă. Aceste particule durau în Infinit, izolate, separate unele de altele. De îndată ce au trecut în Infinitul intern al Tatălui, ele au fost luate și unite la un loc, câte trei, printr-o substanță a trupului gloriosului Tată.

Astfel, din trei individualități libere a făcut *un glomerul de trei particule, o unitate treimică.*

Înainte de a fi unite, treimizate, Tatăl le-a pregătit în vederea scopului urmărit: uneia dintre ele i-a dat puterea de a lucra ca o forță *pozitivă,* pe cea de a doua a influențat-o să activeze ca o forță *negativă* și, în fine, pe cea de a treia a lăsat-o așa cum a venit din Infinitul întunecat, adică *neutră.*

Desigur, în mintea cititorului se va naște întrebarea pusă și de noi: „De ce o fi procedând astfel Tatăl, părtinind pe primele două - oarecum îndumnezeite, iar pe a treia nu?"

Ne-am întrebat pentru că nu știm profunzimea înțelepciunii Sale divine.

Procedând astfel, Tatăl a vrut să dea naștere unei viețăți perfect capabile de evoluție, și în același timp să-L înștiințeze automat de părerea ei, unică și totuși pornind de la trei păreri.

Dacă pe toate le-ar fi făcut de un fel, n-ar mai fi avut o părere deplină, o judecată completă, pentru că ar fi lipsit comparația, nu ar mai fi fost o afirmație, o negație și deci o controversă. Divinitatea a vrut să-și facă un instrument perfect, o unitate divină, care să rezolve orice problemă prin trei judecăți.

Dar Tatăl este trinitar? Nu, El este numai Unul, ca și particulele din Infinit. Prin acest fapt, Tatăl se deosebește de toate făpturile Sale din sfera cosmică, entități care toate sunt *treimi, treiuna.*

* * *

Din cele expuse până acum, s-a văzut că Infinitul extern este întunecat, nemișcat și compus din particule separate, ce au aparența de a fi lipsite cu totul de viață, pe câtă vreme Infinitul intern este luminos, plin de mișcare, deci și de viață, și compus din particule treimice.

Infinitul extern, unicitar nu simte nevoia divinului Tată, dar El simte o mare iubire pentru Infinitul extern, din care s-a născut cândva. Gloriosul Tată, forță vie, iubește această materie ce pare moartă și dorește să o cheme pe toată la o viață deplină și activă, să o facă și pe ea luminoasă și fericită.

Ajunsă în Infinitul intern, particula haotică sau unitatea treimică formată din trei particule ale Infinitului extern, se exprimă astfel în noul mediu. Particula pozitivă a acestui glomerul treimizat spune: „Sunt sigură că acum am ajuns în trupul Tatălui". Particula a doua, cea negativă, spune: „Înclin a crede că am ajuns în trupul Tatălui, dar poate sunt în altă parte". Iar cea de a treia, particula neutră, își spune și ea părerea: „Nu cred că am ajuns în trupul Tatălui. Eu cred că sunt tot în Infinitul meu extern, de unde am venit, pentru că în întuneric eram acolo și în întuneric sunt și aici".

Din spusele acestei mici vietăți, rezultă că periferia externă a Infinitului intern e tot atât de întunecată ca Infinitul extern.

Gloriosul Tată e fericit la auzul acestor trei păreri, deoarece constată că a făcut o vietate corespunzătoare principiului sau comandamentului Său divin: *Chiar dacă este în sânul Tatălui, glomerula treimică să nu vadă pe Autorul, pe Tatăl ei.*

Una dintre marile principii ale Tatălui este ca nicio creatură a Sa să nu-L vadă. El dorește ca orice duh, orice creație a Sa, să-L iubească și să-L dorească, dar să nu-L vadă. El vrea să fie ca mirele, în veci așteptat și nevăzut, pentru că mireasa, dacă îl va găsi și îl va vedea, își va pierde iubirea ce și-o făurise față de cel mult așteptat. Tatăl se ascunde, vrea să fie nevăzut de lumea creată de El, dar vrea să I se audă glasul, astfel ca să fie fermecat cel ce va auzi vorbirea Sa.

Tatăl vestește lumii create: *„Eu sunt cel ce am fost, sunt și voi fi".*

Tatăl este o ființă dorită și căutată în veșnicie, pentru că fericirea nu mai produce fericire decât cu condiția să n-o atingi niciodată. Femeia cea mai frumoasă din lume este cea născută doar în imaginația ta, fără s-o vezi și s-o atingi vreodată. Cea mai iubită Ființă din toată Sfera creațiilor este Tatăl, pentru că nimeni nu poate să-L vadă.

Tatăl este iubit pentru că El nu face decât bine și nu urăște niciun duh. Oricât de nenorocit ai fi, orice ți s-ar întâmpla, nu poți să-I atribui nefericirea ta, pentru că El nu are niciun raport direct cu copiii Săi. El spune în veci: *„Eu fac așa și sunt fericit. Faceți și voi la fel și veți fi fericiți".* Iar noi, copiii Săi, răspundem în cor: „Vom face așa, Tată, dar unde ești Tu acum?" El răspunde: *„Aici, sunt lângă voi".* Iar noi nu știm ce să mai credem, de nelămuriți ce rămânem.

Tatăl nu pedepsește pe nimeni pentru încălcarea Legilor Sale. El dă numai sfaturi: *„Să fie așa, să faceți așa".* Sfintele Duhuri observă păstrarea ordinii și încălcarea legilor, și numai Ele pedepsesc.

Acum, iubite frate, îți voi destăinui una dintre tainele de care nu s-a mai scris nicăieri până acum. Această taină ți-o împărtășesc cu învoirea Tatălui, a Fiului și a Sfântului Duh.

O dată pe an, lumea duhurilor albe este convocată de Sfânta Treime a Pământului la o *sfântă liturghie* ce are loc pe Lună. Acolo, toate duhurile cuvioase sunt înconjurate de anumiți îngeri cu un fir fluidic, făcând din toți un mănunchi de duhuri. Reprezentantul Tatălui, din Sfânta Treime a Pământului, începe liturghia divină, aducând prinos de dragoste și smerenie Unicului Dumnezeu. În fine, se proslăvește Fiul central și Sfântul Duh de pretutindeni. Rugăciunea mentală o urmărim și noi în gând, fiind legați de îngeri, iar îngerii – de Sfânta Treime a Pământului. După terminarea sfintei liturghii, îngerii cântă în cor cântece de adorare Celui nevăzut. În fine, Sfântul Duh binecuvântează toată asistența, în numele Tatălui, Fiului și Sfântului Duh, din care și El este unul.

La această sfântă liturghie asistă și duhul fostului iudeu, chinez, român etc., toți câți au dreptul să asiste în această sfântă biserică din atmosfera fluidică a Lunii.

Apoi toată suflarea de duhuri stă în tăcere și deodată se aude un glas divin: *„Vă iubesc, vă iubesc, vă iubesc, căci voi sunteți copiii Mei".* Urmează comunicarea Tatălui, auzită de toți cei prezenți, pentru că suntem una cu îngerii și Sfânta Treime, fiind legați prin cordonul fluidic. Corul cântă din nou și acum se aude și glasul Fiului de la Centru. În fine, corul cântă a treia oară și sfânta slujbă se termină, iar noi suntem descordonizați, fiecare mergând la treburile noastre, plini de fericire că am auzit grăind pe Tatăl, Fiul și Sfântul Duh. Lucrează și iubește și tu, frate, ca venind aici să fii între noi, să auzi și tu cuvântul Celui de la periferia finitului.

Momentul acestei sfinte slujbe este calculat cu mare precizie de savanții noștri îngeri, pentru că datorită unei erori s-ar putea întâmpla ca Sfântul Duh să facă slujba și răspunsul Tatălui și al Fiului să nu se audă, ele având loc la un anumit termen fix.

Sfânta liturghie e în legătură cu vorbirea Tatălui. O asemenea slujbă face și Fiul în Sfera centrală, în asistența divinilor Creatori de acolo. Cu toții, înalță osanale Unicului Tată nevăzut.

După ce termină ei, Sfântul Duh solar, împreună cu îngerii Săi, face slujba de închinăciune gloriosului Tată. În fine, numai după terminarea slujbei lor încep Sfintele Duhuri planetare slujba lor. O dată pe an se face această sfântă slujbă în tot cosmosul și succesiv se aude cuvântul Tatălui, al Fiului și al Sfântului Duh, fie El solar sau planetar.

Cei mai puțin stăruitori, neavând dreptul să participe la această sfântă liturghie, vin la noi, tații lor, se spovedesc și se roagă: „Sfinte părinte, spune-ne și nouă cuvintele sfinte ale Tatălui, Fiului și Sfântului Duh, ca să fim și noi părtași fericirii voastre".

Frate, silește-te din toate puterile sufletului tău să nu greșești, iubește pe toți și iartă tuturor care îți vor greși, ca să fii demn să te urci în Lună și să auzi cuvântul Tatălui nostru din Ceruri. Propovăduiește tuturor să nu mai facă groaznicul păcat de a blestema pe cineva. Dacă ați avea zece obraji, oferiți-i pe toți să fie pălmuiți și scuipați de cel rău, și totuși să-l iertați pentru fapta lui, deoarece nu știe ce face. Dacă îți va greși cineva, spune-i în gând, în casa ta, deci fără știrea lui: „Frate, eu te-am iertat, Domnul să judece fapta ta". Cel ce blestemă, cel ce răspunde cu rău, se face pe sine judecător și judecata omului este nedreaptă. De aceea iertați și iar iertați, ca să nu vă căiți mai târziu, văzând suferința aproapelui vostru, din cauza neiertării voastre. Mai bine să vă căiți că ați greșit de l-ați iertat, decât să vă pară rău mai târziu că nu l-ați iertat. Pentru fapta lui să-l judece cei din Cer, căci judecata lor e dreaptă. Dar mai ales nu blestemați, căci de blestem va suferi cel blestemat, iar blestemul se întoarce și asupra celui ce a blestemat. Vinovatul va ști că ai fost fără milă și te va urmări cu ura lui, pentru că te-ai instituit în judecător nemilos.

De câte ori îți greșește semenul, amintește-ți rugăciunea Domnului: „Și-mi iartă, Doamne, greșelile, căci și eu am iertat pe ale fratelui meu". Zi aceasta de trei ori, pomenind pe cei ce ți-au greșit, și se va lua notă în Cer de declarația ta. În zilele viitoare, vei trece pe lângă cel ce ți-a greșit și vei vedea minunea Legilor divine: el îți va ieși în cale, îți va zâmbi și poate chiar îți va cere scuze sau iertare pentru fapta sa. Faceți așa, fraților, și va fi bine de sufletul vostru în Ceruri.

* * *

Am spus că Tatăl este periferic. El trimite către centrul finitului o ființă treimică formată din trei particule haotice. În drumul său, acest glomerul treimic s-a asociat cu alte două glomerule, formând o unitate și mai mare, compusă din de trei ori trei particule haotice. Această nouă particulă este absorbită de Sfera centrală a Fiului, pentru a pregăti din ea materia diferitelor creații.

După moartea unui sistem planetar, Conducătorul lui se întoarce la Centrul creator cu toate cetele de duhuri avute sub ordinele Sale, de la cel mai mic duh - duhul mineral, până la îngerii solari. Fiul central examinează evoluția duhurilor aflate sub ocrotirea Solarului și dacă va fi găsit că și-a îndeplinit cu vrednicie misiunea, se va comunica gloriosului Tată periferic.

Guvernatorul solar va pleca la Tatăl periferic, unde va primi binecuvântarea și va fi înaintat ca *Fiu divin mamar,* bineînțeles, cel mai mic în grad. După miliarde de ani, Fiul mamar va urca, treaptă cu treaptă, până în preajma Capului divin. Când a terminat cu bine și această etapă, va intra în Capul divin al Fiului.

Termenul de cap nu e just, întrucât nu este propriu-zis un cap, ci o conducere. În realitate, această Sferă din Centrul Sferei-Laborator este o reuniune de capete, de duhuri, de Fii de Dumnezeu, cei mai evoluați Fii din Sfera-Laborator.

Sosit în Cap, Fiul va înainta prin toată filiera Fiilor centrali de Divinitate și când a atins și aici ultima etapă, va ieși din Capul divin și se va îndrepta către periferia finitului, unde va depune un examen. Dacă îl va trece cu vrednicie, se va alătura celorlalți Frați glorioși, ce formează trupul gloriosului Tată, devenind de acum un Colaborator în uriașa Sa operă de conducere a tot ce s-a creat până în acel moment.

În rezumat, *Fiul solar* devine *Fiu mamar,* acesta - *Fiu tatar* sau *Divinitate centrală,* în fine, acesta se înalță în grad și devine *Colaborator al Tatălui periferic.*

Din trupul gloriosului Tată a plecat cândva, în noaptea eternității trecute, revenind în chip de *Celulă,* în trupul Tatălui periferic. A devenit Colaboratorul Tatălui, primind de acum înainte *particule-unu, particule neutre* sosite din Infinitul negru sau întunecat, pregătindu-le și apoi treimizându-le pentru a face din ele materia Infinitului luminos.

Din această expunere se va înțelege că nici incomensurabila Sferă a Tatălui glorios nu este formată dintr-o singură personalitate, dintr-o singură ființă - căci ce ființă ar cuprinde infinita Sferă a Infinitului intern? - ci dintr-o infinitate de Divinități, care prin strălucirea Lor, prin nesfârșita Lor înțelepciune și putere, fac Una cu Toatele, constituind Una prin acțiunea, voința și simțirea lor. O unitate perfect armonică și indisolubilă, o unitate în care în vecii vecilor sunt robiți unul altuia. Această totalitate formează Ființa gloriosului Tată extern.

Unul a fost la început, apoi doi și, în fine, trei. Aceasta este prima treime. Din acest modest început, prin evoluția fraților veniți mereu din Infinitul mort, s-a format o Sferă vie, luminoasă, care a tot crescut, încât a ajuns un Infinit. Ea crește mereu și azi. Rând pe rând, după o evoluție egală cu veșnicia și după ce devin perfecți, foștii copii ai Tatălui vin să se alăture primului lor Tată, fiind egali în mărime și constituție cu El, contribuind la cucerirea Infinitului extern.

Azi, această infinită reuniune de strălucite Duhuri este atât de savant organizată, încât Fiecare are o atribuție, Fiecare conduce un anumit departament al cosmosului. Totul e prevăzut și știut.

Unii prepară materia venită din haosul extern. Alții împânzesc spațiile celor patru universuri cu anumiți curenți nutritivi. Alții peregrinează prin sferele create și controlează cele ordonate. Aceștia sunt ochii Tatălui periferic, care - după cum se afirmă - este aici și în tot locul, și vede totul. Prin Ei, Tatăl periferic știe tot ce se petrece în fiecare colț al creației Sale.

În fine, alții comunică în cor, pe o aceeași gamă, cuvântările-ordine răspândite - după cum am văzut - în Sfera centrală și la Guvernatorii solari și planetari.

Așadar, Forța conducătoare solară împreună cu cea planetară, fac *una*. Centrul e considerat numărul *doi;* departe, la exteriorul sferei cosmice, a finitului, se află numărul *trei,* și toți trei - Tatăl, Fiul și Sfântul Duh - fac împreună Forța treimică de lucru, ca trei într-unul.

Din cele expuse se vede ce departe este un Guvernator solar de Tatăl Său, El fiind încă un duh mic în grad, pe lângă Fiii de Dumnezeu din Capul central al Sferei divine. Fiii de Dumnezeu din Tatar, sau Capul Sferei centrale, sunt Ființe desăvârșite, asemenea Tatălui glorios, ce i-a chemat odată la viață din Infinitul întunecat, și locuiesc acum lângă Tatăl Lor și fac una cu El, din toate punctele de vedere. Iată, frate, ce perspective ne așteaptă. Dar când vom ajunge și noi acolo? În veșnicia viitoare. Doamne, Tată, ajută-ne să devenim și noi cândva Colaboratorii Tăi. Amin.

* * *

Două abisuri stau față în față: unul sferic, luminos și plin de viață, și altul infinit, întunecat și liniștit ca moartea. Între ele se află Ființa gloriosului Tată, formată din două feluri de celule, unele *permanente* și altele *temporare,* în trecere ca orice călător.

La dreapta Tatălui, sau către interiorul Său, stau glorioșii Săi Fii, cei mai evoluați Tați ai lumilor create; la stânga Sa, sau în afara Lui, stă lumea nemișcată, aparent moartă. Tatăl sau glorioșii Săi Fii conduc cosmosul. Ei dirijează Sfera centrală. Cu adevărat, acești mari înțelepți, bătrâni încărcați de ani cât nisipul mărilor, au ajuns în Nirvana indienilor și acum fac una cu Tatăl lor și al nostru.

Ei trimit nesfârșitele lor unde-gânduri prin interiorul întregului cosmos. Acolo domnește împărăția ideilor abstracte și fericirea veșnică. Acolo nu se desfășoară nicio altă activitate, decât *gândire*. Acolo este *Excelsior* după care oftează toți Fiii de Dumnezeu din Sfera centrală și toate Sfintele Duhuri din cele patru universuri. Acolo mă voi întoarce și eu odată; când - nu are importanță, dar știu sigur că acolo voi ajunge.

În afara trupului Gloriosului se întinde în toate părțile lumea nemișcării eterne a întunericului și a morții. Hrănindu-se cu această materie, cu această lume moartă, Gloriosul o învie. Divinul mănâncă lume moartă și prin acest act o trezește la viață. El este Creatorul a toate, El este dătătorul de viață. În interiorul Său e viață și numai viață. Moarte nu există nicăieri. Piatra, lemnul, sticla, pielea - totul cuprinde viața. Apa, aerul, pământul - toate sunt făcute din particule ce au viață veșnică. Tatăl dă viață din veșnicie, iar ceea ce a înviat odată nu a mai dezviat niciodată.

Iată de ce trebuie să slăvim în veci pe Tatăl nostru din Ceruri.

Am spus că dincolo de Ființa gloriosului nostru Tată se află, în Infinitul extern, *ceva,* pe care - din lipsă de alt termen potrivit vorbirii voastre - l-am numit *materie;* dar pentru voi nu e materie, deoarece ideea voastră de materie se leagă de noțiunea lipsei complete de viață. Or acolo, în Infinit, se află acel *ceva* care, deși are aparență de moarte, totuși în sinea ei are viață.

Unii, mai puțin cunoscători din lumea noastră, au spus că în afară de gloriosul Tată nu mai există nimic; cu alte cuvinte, spațiile infinite ale Infinitului extern ar fi goale. Aceasta nu se poate admite, deoarece cu acel *ceva* și din acel *ceva* gloriosul Creator a făcut totul. Din nimic, chiar Tatăl - binecuvântat fie numele Său - nu ar fi putut face ceva. Prin urmare, în afara Sferei trupului gloriosului Tată se află Infinitul infinit, extern, plin de *ceva* - lipsit de lumină și mișcare, ceea ce i-a determinat pe unii să afirme că e mort. De aici ideea că lumina e viață și întunericul - moarte.

Acestea sunt cunoștințele sorbite în Lună de la marile lumini angelice lunare și solare. Tu ai ajuns să înțelegi până unde te-am luminat eu. Știința mea a ajuns până acolo unde pot să pricep de la un înger lunar, iar cunoștințele sale, până acolo unde a putut să înțeleagă de la un înger solar.

Pe lângă îngerul solar trec aceleași unde-gânduri ca și pe lângă mine, dar el le vede și le pricepe. Eu nu le aud, iar când le aud, nu le înțeleg, fiind pentru mine un fel de algebră abstractă. Le privesc, le analizez, dar nu le pricep, nu le pot concretiza, pentru că ele nu răscolesc în mine nicio cunoștință, niciun sentiment. Ca să pricepi o idee, trebuie să o poți transforma în ceva concret, pe care ființa ta să o simtă și, simțind-o, să o poți analiza, defini; ca urmare, să o poți înțelege.

Ideea trebuie să aibă un ecou în ființa ta, să-ți producă un sentiment. Din cauza acestei simțiri deosebite, și fericirea oamenilor este de diferite nuanțe sau intensități. Unul se va simți fericit auzind cele comunicate acum de mine, iar altul, ascultându-le sau citindu-le, le va arunca cât colo, pentru că nu-i vor face nicio plăcere, ba chiar îl vor plictisi. *Nu poți pricepe ceea ce nu poți simți.*

Nu oricine poate înțelege o idee. Autorul care a emis-o în lume urmărește un anumit efect și a trimis-o către un anumit punct al spațiului, cu o anumită destinație. Numai aceia sau numai acela căruia i-au fost destinate aceste idei le va prinde și înțelege. Iată de ce pentru toți ceilalți aceste unde-idei rămân hieroglife.

Am spus că în trupul Tatălui periferic există miliarde infinite de duhuri, de glorioși Dumnezei. Din acest trup de Tată pornesc curenți de idei, împânzind spațiile cosmosului. Unele duhuri divine, celulele Tatălui, emit idei mai simple, altele emit idei mai complexe, care par unora dintre noi imposibil de înțeles. Deși toate ideile sunt transmise pe una și aceeași limbă universală, totuși unele dintre ele cuprind o asemenea asociație de idei, încât nu produc efecte, simțiri, sentimente, decât în anumite duhuri din imensitatea creației.

Nu poți înțelege ceea ce nu simți. Sentimentul, simțirea precede cugetarea, înțelegerea.

Duhul de piatră ce animă elementul cel mai solid nu simte orice, dar înțelege ceea ce simte că se petrece în jurul său și cu ființa sa. El înțelege numai ceea ce a simțit. Dacă se întâmplă la fel cu toate duhurile din cosmos, tragem concluzia că prima operație făcută de Tatăl când absoarbe particulele din Infinitul extern e că le vivifică, le dă viață, adică din nesimțitoare le face sensibile.

În bezna Infinitului extern se află o materie vie, dar aparent moartă. E vie, dar nu simte nimic din afara ei, nici cât simte duhul mineral când sfărâmi piatra, când o pui la foc sau o dizolvi.

Cu alte cuvinte, în Infinitul întunecat, în *Infinitul-Nu* sau D *(Ayin),* cum i se spune în Zohar, se află o materie, o substanță, un ceva, care - în definitiv - nu e mort, pentru că poate fi făcut să simtă, să devină simțitor.

De aici concluzia că Infinitul extern este plin cu un fluid neorganizat pe care gloriosul Tată îl transformă sub radiațiile Ființei Sale infinite și îi dă facultatea de a simți.

Gloriosul Tată absoarbe din Infinitul extern *fluidul întunecat,* sau - mai corect - *fluidul-nu,* pe care îl face un *fluid-da,* sau *fluid luminos.* Acel ceva ce există în Infinitul extern este *întunecat,* un *întuneric viu,* transformat prin puterea Tatălui într-o *particulă luminoasă, vie* și *simțitoare.*

Cu aceste particule vii, simțitoare și făcute glomerule, Tatăl a umplut cosmosul. Nicăieri în cosmos nu este întuneric. Peste tot, până la marginea externă a finitului, există o mare de lumină, lumea duhurilor scăldându-se într-un ocean de materie luminoasă.

Dar totuși și noi, duhurile, avem noțiunea de întuneric. De unde avem această noțiune, când peste tot vedem că există lumină? De la voi, duhuri întrupate.

Voi spuneți că e zi sau noapte, aveți această noțiune de întuneric, care e un fenomen astral. Trupul vostru, așa cum este el constituit, vă face să vedeți fenomenele solare de zi și de noapte. Acum nu vezi, deoarece - zici tu - e întuneric, e noapte. Când îți va adormi trupul, vei veni iar sus printre noi și vei vedea lumina veșnică.

Lumina cea mai splendidă o vedem când ne depărtăm de pământ. Departe, unde fluidul e pur, pământul se arată în toată strălucirea sa. Din aceste depărtări, privind la pământ, îl vedem luminos, după cum vedeți voi noaptea Luna pe cer. Toate corpurile mari sau mici au lumina lor, sunt prin ele însele luminoase, iar grație acestui fapt, noi, duhurile, le vedem.

Noi înotăm într-un ocean de materie luminoasă mai subtilă decât materia corpului nostru și mai puțin luminoasă decât lumina corpului nostru duhual. Acest fluid luminos îmi dă posibilitatea să văd tot ce există în spațiu și să văd la mari distanțe, dacă mă izolez.

Noapte sau întuneric nu există în spațiu, ci doar lumină veșnică. Întuneric există numai pentru voi, datorită trupului vostru ce împiedică duhul din interiorul său, să vadă lumina fluidului universic.

Odată ce îți vei părăsi trupul, nu vei mai spune că e zi sau noapte, pentru că nu vei mai avea ochi care să-ți dea percepția fenomenelor electrice produse între soare și pământ. Aici vei vedea cu tot corpul tău duhual materiile și duhurile, dar nu pentru că ar fi luminate de ceva, ci pentru că ele însele sunt luminoase.

Când cobor la voi, văd mai bine noaptea decât ziua, pentru că ziua lumina electrică născută la suprafața pământului, din combinarea razelor eterice ale soarelui și pământului, îmi ascunde lumina voastră proprie. Acum, când lumina becului electric îți luminează camera, te văd mai puțin clar decât dacă ar fi întuneric. Te văd luminos nu numai pe tine, ci și hainele de pe tine. Fiecare corp își are lumina și culoarea sa deosebită.

Dacă se așază în fața mea duh lângă duh, nu mai văd nimic dincolo de ei, corpul lor duhual constituind o barieră opacă. Printr-un orificiu rămas pe lângă sau printre ei, pot vedea tot ce e dincolo de ei. Prin urmare, există și la noi opacitate. Dar dacă nu pot vedea când sunt înconjurat de duhuri, în schimb aud perfect, chiar dacă sunt împresurat de o sferă de duhuri; aud undele gândirii, de oriunde ar veni, ceea ce înseamnă că ele trec prin corpul duhurilor.

Dintre auz și văz, deducem că văzul ne aparține, pe când auzul, percepția vorbirii, a cugetării sosite de undeva, nu ne aparține; adică vorbirea, cugetarea, sosește sub formă de unde-gânduri, intră în mine și o simt. Cu cât această simțire este mai puternică, cu atât suntem încredințați că ne-a fost trimisă de un duh mai evoluat, de o forță spirituală mai mare.

Tot ce este viu e luminos și este cu atât mai luminos, cu cât e mai evoluat.

Lumina poate deveni instrument de pedepsire a duhurilor rebele, a celor nesupuse ordinelor ce li se dau. Duhul recalcitrant este înconjurat de o ceată de duhuri puternice și orbitoare. Lumina, energia emisă din corpul lor, produce o anumită transformare - o stare anormală - în corpul celui vinovat. Din acest moment, duhul recalcitrant nu mai vede nimic; a orbit spiritual. Nemaivăzând nimic în jurul său, este cuprins de o adâncă disperare și supliciul acesta se prelungește până ce duhul greșit cere iertare și făgăduiește supunere desăvârșită legilor și mai-marilor săi. Numai la perspectiva acestui chin, oricât de rebel ar fi un duh, își revine și se supune ca un miel. Așadar, există și în lumea noastră orbire.

Iar acum, după un ocol atât de mare, termin acest capitol, spunându-ți: Odată ce particulele haotice intră în trupul gloriosului Tată, venind în contact cu Zeii de acolo, sunt prefăcute, devin luminoase și sunt reunite în glomerule de câte trei, începând să se miște. În mișcările lor se ating, se freacă unele de altele, și din mișcarea lor internă și externă s-a născut viața și lumina lor. Mișcarea lor este cauza luminii și a vieții lumilor, a tot ce există în sfera creată.

Cele trei zone ale Gloriosului periferic

La exteriorul lumilor se află *prima Forță,* despre care ți-am vorbit de atâtea ori.

Nu prea știm cum e Centrul creator, dar despre Sfera periferică cunoaștem și mai puțin.

Despre această infinită Forță ni se spune prea puțin, și neputând verifica, le considerăm ipoteze. Eu ți le spun ție și voi desigur le veți considera paraipoteze. Însă, un lucru e cert: *În Sfera periferică materia este cea mai simplă, iar către centrul sferei devine din ce în ce mai complexă și mai densă.*

Ni se mai spune că din punctul de vedere al consistenței, Centrul sau Sfera centrală este față de Periferie ca piatra față de eterul corpului meu. Cugetul admite, și realitatea este că materia merge din concentrare în concentrare, de la materia cea mai fină până la piatra călcată cu piciorul de câte ori am fost întrupat.

Omul simplu nu admite decât existența a ceea ce vede și simte. Un om superior constată că, pe lângă el și în el, există ființe invizibile și insesizabile - noi, duhurile. La rândul nostru, nu vedem și nu simțim materia primă, și cu toate acestea am fost făcuți din ea; Tatăl a creat din ea tot ce se vede și nu se vede.

Noi cunoaștem multe, dar cum să vi le facem cunoscute, când nu le-ați văzut niciodată? Multe ni s-au afirmat de îngeri, dar le-am asimilat greu, deoarece nu le-am văzut niciodată. Ce greu îmi este în momentul de față să-ți vorbesc de Tatăl nostru periferic, de substanța din care e alcătuit și modul cum e organizat, când eu însumi nu L-am văzut, ci numai L-am auzit și mi s-a vorbit de El.

Din cele descrise mai înainte, admitem logic că materia cea mai simplă din eternitate este *materia alfa,* ce umple Infinitul întunecat sau extern. Ea este atât de mică și fină, încât îngerii noștri ne spun: *„Particula alfa* este atât de mică, încât nu reprezintă nimic pentru voi". Din acest motiv cabaliștii descriind Infinitul extern, spun că acolo nu există nimic, *Ayin (nu).*

Totuși, pe baza celor relatate de îngerii noștri, de Sfânta noastră Treime, de Îngerii solari și de Guvernatorul nostru solar, eu afirm că acel *nimic* de acolo este un *ceva,* invizibil chiar și duhului ce percepe eterurile cele mai fine. Dar dacă nu e perceptibilă nouă, duhurilor albe, desigur că materia a este văzută și simțită de marile Forțe cerești aflate în centrul Creator, și mai ales de Luminile orbitoare ce compun trupul Tatălui periferic.

Din această realitate, din aceste particule vii unicul Tată a creat *materia beta,* din care au derivat apoi rând pe rând toate materiile cosmosului.

Despre materia a s-a zis că e moartă, pentru că e nesimțitoare și nu se mișcă. O primă condiție a vieții este mișcarea. Or aceste particule ale Infinitului întunecat nu se mișcă. Numai când materia *alfa* a Infinitului întunecat a trecut dincoace, în interiorul Sferei perifericului Tată, a început să se miște, să învie, devenind luminoasă. Mișcarea a dat naștere vieții și ca efect al vieții, a urmat lumina.

De aici, inversând judecata, s-a zis: În Infinitul întunecat nefiind mișcare, nu există viață.

Această materie fără viață a fost absorbită, vivificată și apoi trimisă Centrului, pentru a fi pregătită, iar de acolo - trimisă în lume pentru a constitui creația.

Viața se bucură de *mișcare,* iar spiritualitatea - de *gândire*. Să nu se uite că gândirea nu este totuna cu judecata. Cristalul este făcut din milioane de duhuri, care toate gândesc, dar nu pot încă judeca. Gândirea lor se traduce pe înțelesul vostru prin ceea ce voi numiți *instinct*. Gândirea simplă a duhului inferior îl îndeamnă să facă așa și nu altfel, fără a produce în forul său interior un proces complex de gânduri care să ducă la o judecată.

Sfera infinită de la periferia finitului luminos este formată de un infinit număr de Glorioși. Ei transformă materia întunecată a Infinitului extern în materie luminoasă. Din *alfa* fac *beta,* care umple tot interiorul finitului. S-ar părea că această lucrare este foarte ușoară, dar de fapt este o operă uriașă, necuprinsă de mintea noastră, deoarece din ceva mort trebuie făcut ceva care să palpite, să fie plin de viață. Din ceva nemișcat, trebuie făcut ceva care să se miște de la sine putere, din ceva neștiutor - o ființă care să vadă, să audă și să simtă tot ce există în jurul său. Minunea aceasta - minune și pentru noi - constă într-o operație savantă, dar naturală a Glorioșilor, prin care pun ceva din Ființa lor în particula *a* din Infinitul extern, ceva care să o cheme la viață, și astfel, din nemișcată și nesimțitoare, să fie vie, să simtă și să se miște.

Trecând momentele grele ale nașterii, mama e fericită când strânge în brațe copilul adus în lume. Dar cât de fericiți sunt glorioșii Colaboratori ai Tatălui, când dintr-un nimic, din ceva mort, fac ceva viu. Îngerii noștri ne spun: „Fraților, nu vă puteți imagina ce bucurie simte Divinitatea când vede această trecere de la moarte la viață. Ce preocupări minuscule avem noi și ce opere grandioase săvârșesc Ei."

La gradul ajuns, evoluția cere să ni se dea cunoștințe despre tot ce a creat Tatăl, dar ele nu sunt decât sinteze concentrate, socotindu-se că încă nu avem nevoie nici noi să cunoaștem mai amănunțit tainele cerești. Am fi fericiți să știm și noi cât știu îngerii, deși nici ei nu posedă pe deplin cunoștințele referitoare la tot ce a făcut Părintele veșniciei. Numai Sfânta Treime solară este posesoarea marilor taine, în toată splendoarea lor. Dar Ea nu are timp să stea cu noi de vorbă și să ne țină mereu la curent cu cele ce sufletul nostru avid dorește să cunoască.

Savanții noștri profesori ne-au mai spus: „Acest mare sublim și sfânt Periferic este format la rândul Său din trei Sfere concentrice și suprapuse. Prima Sferă, cea externă, are misiunea de a absorbi materia a din Infinitul extern. A doua Sferă este sediul unde Glorioșii prefac materia moartă în materie vie. Urmează Sfera vecină cu finitul luminos, Sfera a treia, unde materia vivificată, îmbrăcată în *haina vieții,* este educată să se miște într-un anumit fel. Pe când la început mișcarea era condusă, ulterior, particula - ca și copilul care învață să umble - este lăsată să se miște singură. Astfel, din neviață a trecut în viață și constituie de acum materia luminoasă a finitului.

De acum, materia prefăcută și concentrată se îndreaptă către Centrul creator, trecând prin stări din ce în ce mai dense. Plecarea de la Periferie la Centru dă particulei vii impresia pe care o avem când coborâm din zonele noastre diafane și trecem prin straturile din ce în ce mai dense ale eterului din jurul pământului nostru.

Ajunsă în inima Sferei centrale, în regiunea numită de noi Cap de Tată central, pe lângă *viața* ce o primise, particula primește și *spiritualitate,* adică facultatea de a *gândi,* sub forma cea mai simplă. Odată dobândită această facultate, particula vie simte un puternic impuls să se întoarcă la Cei ce i-au dat viață. De aceea reia drumul către Periferie, străbate finitul luminos, trece, ca printr-o sită, prin cele două Sfere interioare și ajunge în Sfera externă, unde primește binecuvântarea. I se dă o anumită destinație, înscriindu-se în ea un anumit destin pentru a constitui materia numărulunu a viitoarei nebuloase.

De acum particula face din nou drumul către Centru, iar în Mamar este asociată cu alte infinite duhuri de toate treptele, cohorte de frați mai mari, având în frunte cele trei uriașe Forțe, Sfânta Treime solară. Apoi pornesc cu toate în unul dintre cele patru universuri, pentru a constitui o nouă creație, pe lângă sutele de miliarde de sisteme solare."

În interiorul universului, stelele sunt ca nisipul mării. Ceea ce au descoperit astronomii pământului este nimic pe lângă ceea ce vor mai afla.

Lumea noastră superioară ne spune: „Ai să trăiești și ai să vezi multe pe lângă cele ce ai văzut, căci puterea creatoare a Tatălui - binecuvântat fie numele Său - este infinită. Degeaba îți mai frământi mintea, există forme pe care nici nu poți să ți le închipui și există legi ce ți s-ar părea absurde, și totuși, totul e sublim, căci a pornit din gândirea lui *Excelsior."*

Tot ce auzim despre alte lumi vă comunicăm și vouă, iar vorbele noastre se transformă în legende, prin intermediul conștiinței voastre. La noi e lumea „visurilor frumoase", la voi - lumea „realităților triste", dar ceea ce e vis și poveste în lumea noastră e o realitate în Împărăția gloriosului Tată ceresc.

Totul trăiește în sânul Tatălui

Iar acum, frate, o mică recapitulare.

Privești în dreapta, în stânga, în sus, în jos, înainte și în urma ta, și vezi materii și ființe care, în definitiv, sunt compuse toate din particule pline de viață. Totul e viu.

Spiritul - întrupat sau neîntrupat - ar vrea să vadă pe dragul nostru Tată, așa cum tu vezi omul întrupat, adică tu fiind de-o parte și El de altă parte. Dragul meu, acest lucru nu va fi posibil niciodată, în vecii vecilor.

Odată globula roșie din sângele trupului uman a auzit de o ființă numită *om*. În dorința de a ști unde se află omul, ca să-l vadă, a întrebat pe surorile sale și pe globulele albe unde o fi locuind acest om, ca să se ducă acolo, unde șade el, să vadă ce fel de ființă este.

Alături de globula roșie și albă, în sânge se afla și microbul. Acesta, auzind conversația globulelor sanguine, s-a amestecat în vorbă și le-a spus: „Nu mai căutați niciun om de care spuneți că e bun și iubitor. Nu cred să existe nicăieri în lume acest om".

Atunci toate globulele au răspuns în cor: „Există un dumnezeu, acesta este tatăl nostru și el, în lumea sa, se numește *om*".

Dar microbul răspunse: „Dacă ar exista acest dumnezeu, despre care voi ați aflat că se numește om, de ce nu are el milă de mine și vă lasă pe voi să mă mâncați?"

Într-o zi, un om a fost cuprins de somnul morții și a înghețat. După o vreme, microbii s-au văzut afară din trupul său și acum au zărit omul, dar odată cu el au observat mai mulți oameni. Atunci și-au zis: „Câtă vreme eram în om, căutam pe om și nu-l găseam, acum uite că în loc de un singur om, vedem o mulțime de oameni".

Din toate vremurile duhul se întreabă și descoase și pe alții de lângă el: „Unde o fi Dumnezeul nostru, Părintele creator?" El nu știe că se află chiar în trupul lui Dumnezeu.

Frate, îți afirm că noi trăim în acest Infinit, trupul lui Dumnezeu, trăim cu toții în chiar Ființa lui Dumnezeu. Despre cât de mare este El nu ne putem face nici măcar o idee palidă. Eu, tu, noi toți, suntem nimicuri față de planeta unde trăim. Dar pământul, față de soarele în jurul căruia se rotește, este ca o sământă de mac față de un pepene verde. Față de steaua Antares, mărețul nostru Soare este ca o sământă de mei față de un dovleac. Ei bine, universul e plin de miliarde nesfârșite de asemenea uriași ai cerurilor, ca Soarele nostru și ca Antares. Dar Sfera centrală, unde se află împărăția Fiilor de Dumnezeu, mai mare decât oricare din cele patru universuri, cât de mare să fie? Dar finitul luminos ce înconjoară cosmosul întreg? Și, în fine, Sfera gloriosului Tată, care înconjoară la periferie acest finit luminos, la rândul ei cât de mare o fi? Mintea îți stă în loc și nu poate cuprinde, nu poate să-și imagineze cât de mare este această Sferă, acest Trup a lui Dumnezeu, în care plutesc celulele Sale, miliarde de corpuri cerești giganți.

Doamne, Părinte, mari au fost faptele Tale, sublime au fost concepțiile Tale. Iartă-ne că noi, fire de praf pierdute în Infinitul Tău, Te căutăm să te proslăvim.

Din cele spuse, ai înțeles, frate, că totul este spirit, totul este format numai din duhuri. Totalitatea celor mai savante și mai puternice Duhuri, a celor mai iubitoare Ființe, formează Sfera periferică, ce ne învelește pe toți și căreia voi îi ziceți Dumnezeu Tatăl.

Unul a fost la început, *Unul* s-a născut din pulberea haosului infinit. Nicio putere mentală nu va putea imagina un număr de unități de ani-lumină care să ne apropie de acea eternitate, când *Unul* s-a ridicat din lumea tăcerii de mormânt și a frigului morții și a devenit viu. Acestui *Unu,* acestui *Prim* între primii veșniciei, ne închinăm și Îl slăvim, căci prin dragostea Sa, prin puterea Sa ne-a chemat pe toți la viață și azi formăm cu toții Sfera tuturor creațiilor. Azi, acel *Unu Prim* este pierdut în infinitatea *Unurilor Colaboratori,* aflați în jurul Său, și cu toții formează Sfera gloriosului Tată de la periferie.

Toate duhurile - de la mic la mare, de la duhul pietrei până la Sfintele Duhuri ale miliardelor de planete și stele, de la Fiii centrali și până la glorioșii Tați periferici - toți cântăm și aducem slavă Celui ce s-a născut și nu a avut martor pe nimeni în Infinit. Acest Unu a făcut apoi pe Fiii Săi, iar Fiii au făcut Sfântul Duh. Glorioșii Tați sunt la periferie, Fiii de Dumnezeu sunt în Sfera creatoare de la centru, iar Sfintele Duhuri conduc viața de pe sori și planete, și cu toții împreună - Tatăl, Fiul și Sfântul Duh - formează Una, în ceea ce privește aplicarea Legii, care este mai presus de toți și de toate.

Gloriile spirituale ale unicului Tată divin

E timpul să încheiem comunicările noastre. Este suficient pentru vremurile pe care le trăiți. În esență, s-a dat explicație multor fenomene și situații în care se găsește Creația în stadiul actual.

Despre tainele *Unicului* s-ar putea scrie mii de cărți și tot nu se va putea reda seria de fenomene petrecute secundă de secundă în jurul vostru, în întreaga sferă creată.

În esență, starea de fapt este următoarea.

La periferia a tot ce s-a făcut de către Unicul, din primul moment al creației Sale și până în zilele acestea, se află cele mai strălucite Duhuri, cele mai glorioase Creații. Ele există de o infinitate de veacuri - necuprinse de vreo minte omenească, și nici chiar angelică - evoluând într-o durată de timp inimaginabilă, de o veșnicie, din eternitate.

La rândul lor, nu toate Entitățile glorioase au aceeași vechime și deci nici aceleași forțe. Din această cauză, am distins trei categorii de Glorioși, de Duhuri supreme. Unii sunt la periferie, formând zona externă a infinitei Sfere a glorioșilor Creatori. Ei sunt vecini cu Infinitul întunecat, cu Infinitul unde nu se vede nimic, cu Infinitul unde se pare că nu mai există nimic. Acestora le vom da numărul zece, ca fiind *Coroana Creației Unicului* fără nume, sau cu nume *Sfânt,* necunoscut mulțimii. Spre interior urmează a doua Sferă, a doua zonă de Glorioși, mai mici în grad decât Cei dintâi, care îndeplinesc o altă categorie de acțiuni, Glorioși desemnați în anumite texte sacre cu numărul nouă. În fine, în interior urmează o a treia Sferă concentrică, mărginindu-se sau învecinându-se cu finitul luminos. Infinitatea de duhuri care compun această a treia zonă de strălucite Forțe divine execută o altă serie de lucrări, de un ordin și mai scăzut decât primele două. Acestora li s-ar putea pune numărul de ordine opt.

Periferia creației *Unicului* cuprinde trei mari categorii de duhuri, cele mai mari, mai sublime, mai puternice Forțe spirituale din tot ce există azi. Aceste trei categorii formează *Prima Treime, Prima Forță, Primul Triunghi,* ce conduce lumile existente și creează pe cele viitoare.

A doua Treime, a doua mare categorie de Duhuri sunt Cei ce formează, în bloc, Sfera divină. Există și aici o infinitate de Duhuri creatoare. S-a aplicat și în Sfera divină principiul diviziunii muncii, și aici există o ierarhie în sânul căreia distingem trei mari trepte: Cei de la centrul Sferei divine, denumiți, în bloc, *Capul divin* sau *Tatarul;* Cei din jurul Lor au constituit ceea ce am numit *Pectoralul;* în fine, Cei din afara Lor, Cei ce la un loc au constituit a treia parte a Sferei-Laborator și căreia i-am dat numele de *Mamar* sau *Abdomen*.

Pe când în Treimea Glorioșilor periferici Cei superiori erau în afară, în a doua Treime de Duhuri creatoare, Cei superiori sunt la centrul Sferei creatoare, iar Cei mai mici în grad sunt la periferie, fiind așezați invers decât în Sfera primei Treimi.

Dacă am pune numărul de ordine ierarhic și aici, am da nota șapte Celor din Cap, șase - Celor din Pectoral și cinci - Celor din Mamar. În numărul sau nota ierarhică cinci nu intră decât cele două prime categorii de Duhuri mamare, adică Cei ce desperfectau sau făceau imperfecte spiritele-copii și Cei ce le dezvoltau puterea de a fi supuși și înțelegători a ceea ce vor auzi și vedea în lumile create.

Următoarele trei trepte de *Duhuri Fii de Dumnezeu* sau *Creatori* ai Sferei-Laborator constituie *a treia Treime* de strălucite Duhuri divine. Ele vor fi notate cu numerele patru, trei și doi.

În fine, în categoria numărul unu sunt Cele ce creează nebuloasele.

Așadar, există trei Treimi, care fac nouă ranguri de Forțe creatoare, iar a zecea, cea mai de jos, lucrează la concentrarea *materiei prime, pentru a forma din ea începutul noilor lumi materiale.*

Prima Treime este Sfera Glorioșilor, Sfera gândirii celei mai sublime, Sfera bătrânilor Tați spirituali. Sfera centrală este lumea Fiilor de Dumnezeu, Sfera creațiilor fluidice și a duhurilor. În fine, cele patru universuri constituie lumea creațiilor materiale - a sorilor, cometelor, planetelor etc. - lumea Sfintelor Duhuri. În lumea aceasta nu locuiește niciun Fiu de Dumnezeu, Conducătorii sorilor și planetelor fiind toți Sfinte Duhuri, cu grade diferite, după vechimea lor.

Dacă în decursul acestor comunicări Guvernatorii solari au fost denumiți Fii de Dumnezeu, am făcut-o pentru a învedera gradul Lor superior față de Guvernatorii planetari, care, în definitiv, tot Sfinte Duhuri sunt, dar pe o treaptă evolutivă inferioară.

ULTIMUL MEU CUVANT

Iubite cititor, mă voi sili să fac un rezumat chintesențial al celor expuse în acest tratat. Te rog să mă ierți dacă nu voi putea să înșir în mod neîntrerupt fenomenele cerești petrecute în veșnicia trecută și prin care s-a ajuns până la creația actuală.

Din cele expuse, s-a văzut că totul a provenit din Infinit, din haosul plin de particule vii, particule de viață. De acolo au pornit și pornesc și azi pe drumul evoluției veșnice aceste viețăți inimaginabil de mici, *sfere-gânduri* numite *idei* sau *cuvânt*.

Odată, cândva, în eternitatea trecută, Infinitul era plin de particule numai de un singur fel. Veșnicii peste veșnicii au trecut, și din cauza desimii lor s-au produs atingeri și frecări între ele. Din această cauză s-a născut în sânul lor o mișcare ce a adus cu sine o conștiință, o *viață* a lor proprie, de natură electrică.

Ajunsă în acest stadiu, particula s-a bucurat de alte forțe și a avut o altă situație față de semenele ei. Ea trecu din prima stare - *neutră,* în cea de a doua - *pasivă*.

După o viețuire egală iar cu o veșnicie, procesul petrecut în prima categorie de particule, cele neutre, s-a derulat mai departe, iar energia născută în interiorul particulei s-a exteriorizat de această dată sub forma unei porțiuni infinit de mici, din însăși substanța ce o forma. Această particulă avea și ea viață și forță electrică în ea. Totalitatea acestor particule a constituit un *fluid,* o *esență,* o *chintesență,* care circula printre particulele neutre din care s-au născut.

Din acest moment, particula haotică a trecut într-un nou stadiu, a devenit *activă*.

La o vreme, în haos se găseau - și se găsesc și azi - trei categorii de particule: *neutre, pasive* și *active*.

Ele se deosebeau și se deosebesc între ele după activitatea lor, după gradul lor de sensibilitate și mai ales după puterea lor energetică. Pe când *particula neutră* e o ființă care trăiește și cugetă în forul ei interior, dar nu simte și nu știe nimic de existența lumii din preajma ei, *particula pasivă* a devenit o vietate care, pe lângă atributul vieții, are conștiința că mai există și o altă lume în vecinătatea ei.

În fine, *particula activă* nu numai că simte, cugetă, aude și vede lumea înconjurătoare, dar a ajuns la gradul de a-și exterioriza gândul, recepționat și înțeles de particulele pasive.

La începutul începutului, o particulă activă a devenit conștientă de noaptea adâncă și tăcerea de mormânt ce domnea în infinitatea Infinitului, și se născu în sânul ei dorința de a chema la conștiință și la viață activă și pe semenele ei. Mii și milioane de ani, ea strigă cu glasul gândului către abisurile Infinitului.

După o „vreme", încă o particulă își reveni din somnul cel de veci, și auzind glasul chemător al primei sale surori, porni către ea și i se alătură. Astfel, dintr-o *unitate* s-a născut o *dualitate*.

De acum, într-un cor, amândouă își cheamă iarăși surorile, mii și mii de secole, cât nisipul mării.

În fine, o a treia particulă a devenit conștientă de chemarea ce se făcea peste adâncul întunecat și rece al abisurilor, și veni și ea să se alipească celor două surori, formând astfel *prima trinitate*.

Aceasta a fost prima zi a creației.

Iarăși se înșiră miile și milioanele de secole, și iarăși una câte una dintre particulele active vin să se alipească de prima Trinitate, în vederea unui scop comun și activității cu spor pentru redeșteptarea surorilor din adâncul haosului, ce păreau că duc o viață moartă. În felul acesta se formează cu timpul o sferulă de ființe haotice, o vastă asociație de particule vii. Acesta a fost începutul formării *Sferei Glorioșilor divini.*

Aceasta a fost ziua a doua a creației.

Mereu soseau particule vii, și de cum veneau, se și alipeau celor preexistente. Cu timpul, unele particule - cele dintâi - au trecut de la periferie la centrul sferei. Aici, spațiul fiind mai larg, au putut să se miște, să vibreze mai în voie și din această cauză s-au simțit mai fericite. Auzind de acest lucru, particulele de la periferie au venit pe rând la centru, pentru a verifica și simți și ele această senzație, iar în locul lor se aliniau cele ce soseau mereu din Infinit.

Particulele adunate la centru s-au aglutinat într-o sferă centrală, constituind începutul modest al sferei denumite impropriu *Sfera-Cap divin.*

Pe măsură ce se mărea Sfera centrală, chiar de la începutul formării sale, a început să se rotească în jurul propriului său centru. Din această cauză s-a născut o forță de absorbție, care a făcut ca alături de particulele active - sosite mereu să constituie cele două grupări - să fie absorbite și particule ce se lăsau convinse să fie chemate, atrase, adică soseau și particule pasive. Ele treceau printre particulele Sferei periferice și se adunau în jurul Sferei denumită Cap divin, formând cu vremea o a doua sferă - concentrică cu cea dintâi - denumită *Mamar.*

Din cauza felului de activitate internă a fiecăreia dintre particulele ce formau Capul divin, el se comportă în totalitatea sa ca o forță electric pozitivă, iar totalitatea particulelor ce formau Mamarul se manifestau, în bloc, electric negativ.

De la o vreme, Sfera periferică, a Glorioșilor, pe lângă particulele active și pasive, a început să atragă din Infinit și particule neutre, trimițându-le la centru, unde au fost orânduite între Cap și Mamar, formând o a treia sferă, denumită *Pectoral.* Această a treia sferă se manifestă din punct de vedere electric ca fiind neutră.

În acest stadiu se găsea o sferă mare la exterior - Sfera primilor Glorioși, în mijlocul căreia se afla o sferă mai mică, formată din trei părți: Capul divin, Toracele și Abdomenul, Născătorul sau Mamarul. În ansamblu, acestei sfere interne i s-a dat numele de Sferă divină, Centru divin sau Sferă-Laborator.

Aceasta a fost ziua a treia a creației.

Într-o fază ulterioară, după mii și mii de veacuri, Forțele vii ale Laboratorului au format din particulele vii sosite mereu din Infinit o *materie vie,* care a fost eliminată în spațiul dintre Sfera centrală și Sfera periferică. Ea a constituit *primul fluid, primul eter, prima materie,* cu care în veșnicia viitoare se vor face toate, de la care vor porni toate creațiile. Ea a fost și este și azi baza tuturor materiilor și duhurilor.

Acest eter a evoluat în decurs de o infinitate de ani, și din eter a devenit un *supraeter,* sau din *eter fizic* a devenit un *eter psihic.* În fine, particulele acestui eter au vibrat din ce în ce mai repede, au evoluat din ce în ce mai sus, până la ultimul termen al evoluției lor. Din acest supraeter ultraperfecționat, Centrul creator a făcut mica treime numită *duh* sau *spirit.* Acesta a fost primul duh, prima formă spirituală ce va deveni în veacuri *duhul desăvârșit,* dar, totuși, învelit sau îmbrobodit în cămăși fluidice. Acesta a fost *duhul mineral.*

Din asocierea duhurilor minerale și din condensări din ce în ce mai puternice, s-a ajuns la formarea mineralului. Mineralul este o materie vie, formată dintr-o asociere deosebit de mare de duhuri minerale. Piatra, oricare ar fi ea, deși pare nemișcată și nesimțitoare, în realitate este o materie vie, o sumă infinită de vietăți-duhuri, constituite, în ultimă analiză, din particule vii venite din haos și pornite pe drumul veșnicei evoluții. La început a fost o asociație de duhuri mai rarefiate, formând un glob fluidic, o *planetă eterică.*

Aceasta a fost ziua a patra a creației.

Această planetă a trăit, a evoluat și s-a întors la Centrul care o crease. Aici materia ei a fost pregătită pentru a forma din ea o altă planetă, mai compactă, cu duhurile, eterurile și supraeterurile mai condensate, mai consistente - *planeta gazoasă.* În fine, din treaptă în treaptă s-a trecut la *planeta lichidă* și apoi *solidă.*

După ce aceste planete solide și-au terminat evoluția - care, în esență, este reproducerea tuturor faptelor anterioare, plus o fază nouă - începe procesul invers, adică solidul devine lichid, acesta - gaz și, în fine, gazul se preface în eter, întorcându-se la Centrul creator.

Opera se continuă mai departe. Din nou pleacă din Sfera creatoare duhuri, eteruri psihice și fizice, pentru a forma de această dată planete unde să apară și *ființe vegetale.* Pe când primele planete solide erau pustii, lipsite de orice vegetație, pe acestea începe forma de viață vegetală, care le îmbracă cu o haină de verdeață, cu tot felul de plante. Duhurile vegetale care animă aceste plante sunt fostele duhuri minerale, promovate pe o treaptă evolutivă mai ridicată.

Când traiul acestei planete s-a terminat, ea pleacă la Centru, de unde, cu materia sa prefăcută și pregătită pentru o nouă formă de viață este trimisă în spațiu, pentru a da naștere unei planete acoperite cu vegetație, dar adăpostind pe suprafața sa și regnul animal. În fine, în continuarea acestor trei feluri de planete - după întoarcerea în Sfera-Laborator - a venit rândul creării planetelor care, pe lângă plante și animale, să fie populate și cu forme umane.

Duhul a trecut prin minerale, vegetale și animale, obținând rangul de duh uman.

Acum se încheie a cincea zi a creației.

De atunci, Sfera Glorioșilor cheamă mereu particule vii din Infinit și le dirijează pe drumul creațiilor. Numărul creațiilor a crescut, fiind create miliarde, sute de mii de miliarde de sori, planete și sateliți ai lor. Totalitatea lor constituie *universul.*

Nașterea universului încheie a șasea zi a creației.

Azi, în jurul Sferei divine există patru universuri, a căror totalitate formează un tot numit *cosmos.*

De acum încolo se continuă în veci evoluția sau a șaptea zi a creației.

Din descrierea mea, s-ar părea că unele particule haotice au evoluat, cutreierând prin gama nesfârșită a stărilor de eteruri și duhuri, iar altele au stat numai la Periferie sau la Centrul creator. În realitate, toate particulele ce au constituit Sfera Glorioșilor și Sfera Divină, rând pe rând, au pornit din Sfera lor respectivă și au intrat, pe rând, în ciclul evoluției nesfârșite.

Azi, Sfera Glorioșilor cuprinde tot ce poate fi mai sublim, ca o ultimă fază de prezent, cel mai înalt stadiu actual al evoluției fără de sfârșit. Pentru a înțelege și mai bine acest final sublim, voi spune că duhul-om a evoluat o veșnicie și a ajuns - după ce a peregrinat printr-o serie de planete de diferite grade de evoluție - la gradul de înger planetar.

Cu acest grad, el a trecut din planetă în planetă, prin toate gradele principale de planete, și a ajuns Guvernator planetar.

Când a terminat școala conducerii unei planete, a fost promovat la rangul de înger solar, și, trecând din soare în soare, a ajuns Guvernator solar.

Drumul evoluției se continuă în veșnicie. Guvernatorul solar va conduce o serie de sori, trecând prin toate gradele principale de sori ale celor patru universuri, când va fi trecut ca factor Creator în Sfera divină. Aici, El va fi un modest Lucrător divin, creator de fluide fizice. Apoi, Constructor de fluide psihice, va trece prin etapele de Creator de forvii, Divinitate creatoare de forvispii și, în fine, Creator de duhuri, după care va intra în Capul divin.

După milioane de ani de evoluție, va trece de aici în Sfera Glorioșilor periferici, de unde va conduce tot ce s-a creat până azi.

Nu ne putem face nicio idee despre cât timp a trebuit de la prima Idee din haos, de la primul Cuvânt, de la primul Dumnezeu, până azi. E o veșnicie necuprinsă nu numai de mintea omului, dar nici chiar de marile Forțe angelice.

Totul a provenit din particulele vii din Infinit, totul este creat și va fi construit și în viitor din aceste ființe vii, ultramicroscopice. Totul a fost organizat de primul Nucleu de asociație divină, de modesta sferă de la început. Cu vremea, globul acesta a devenit o sferă infinit de mare, un adevărat Infinit. Ea este Sfera Glorioșilor de la marginea exterioară a finitului luminos. Azi, există un *finit* ce plutește în sânul unui *Infinit*.

Sfera Glorioșilor divini și întreaga Sferă a creației, formată din Sfera centrală cu cele patru universuri, este condusă după norme fixe, numite *Legi*.

În fruntea noianului de legi se află *Legea asociației* sau a *Iubirii,* iar anexa ei este *Legea evoluției,* care duce totul - Centrul creator și sferele create - din ce în ce mai sus, spre perfecțiunea fără de sfârșit, spre desăvârșirea în veșnicie.

* * *

Iubite cititor, dacă am putut face puțină lumină în sufletul tău, mă voi simți fericit când voi fi sus. Dar dacă cele scrise aici ți s-au părut visări sau fantezii, îți cer iertare că ți-am tulburat ideile și ți-ai pierdut timpul cu citirea acestei cărți.

Însă, îți afirm, în fața lui Dumnezeu, că tot ce am scris nu e de la mine - căci și eu sunt un om ca orice om - ci sunt ideile, gândirea celor din lumea tăcerii, din lumea luminii eterice.

Vor veni după mine alții, care vor semăna idei și mai înalte, profunde și sublime. Ceea ce n-am putut face eu vor face urmașii mei, căci așa e legea firii, legea evoluției.

Îți mulțumesc Părinte că m-ai învrednicit să mă achit de ceea ce duhul meu a promis înainte de a veni în lumea trupească. Amin.

CUPRINS